中華大藏經編輯局編

漢文部分
二六

中華書局

圖書在版編目(CIP)數據

中華大藏經:漢文部分. 第 26 册/《中華大藏經》編輯局編.
—北京:中華書局,1987. 5(2022. 8 重印)
ISBN 978-7-101-00116-7

Ⅰ. 中…　Ⅱ. 中…　Ⅲ. 大藏經　Ⅳ. B941

中國版本圖書館 CIP 數據核字(2022)第 120412 號

內封題簽:李一氓
裝幀設計:伍端端

中華大藏經(漢文部分)

第二六册

《中華大藏經》編輯局 編

*

中華書局出版發行
(北京市豐臺區太平橋西里 38 號　100073)
http://www.zhbc.com.cn
E-mail:zhbc@zhbc.com.cn
北京建宏印刷有限公司印刷

*

787×1092 毫米 1/16 · 61¾印張 · 2 插頁
1987 年 5 月第 1 版　2022 年 8 月第 4 次印刷
定價:600.00 元

ISBN 978-7-101-00116-7

中華大藏經(漢文部分)

第二十六册目録

千字文編次　立——谷

大智度論釋勝出品第二十二　卷五十一

聖者龍樹造

後秦龜茲國三藏鳩摩羅什譯

立

經慧命須菩提白佛言世尊摩訶衍摩訶衍者勝出一切世間及諸天人阿修羅世尊是摩訶衍與虛空等如虛空受無量無邊阿僧祇衆生摩訶衍亦如是受無量無邊阿僧祇衆生世尊是摩訶衍不見來處不見去處不見住處是摩訶衍前際不可得後際不可得中際不可得三世等是摩訶衍世尊以是故是乘名摩訶衍佛告須菩提如是如是菩薩摩訶薩摩訶衍所謂六波羅蜜檀波羅蜜尸羅波羅蜜羼提波羅蜜毗梨耶波羅蜜禪波羅蜜般若波羅蜜是名菩薩摩訶薩摩訶衍復次須菩提菩薩摩訶薩摩訶衍所謂一切陁羅尼門一切三昧門所謂首楞嚴三昧乃至離著虛空不染三昧是名菩薩摩訶薩摩訶衍復次須菩提菩薩摩訶薩摩訶衍所謂內空乃至無法有法空是名菩薩摩訶薩摩訶衍復次須菩提菩薩摩訶薩摩訶衍所謂四念處乃至十八不共法是名菩薩摩訶薩摩訶衍如須菩提所言是摩訶衍勝出一切世間及諸天人阿修羅須菩提若欲界當有實不虛妄不異諦不顛倒有常不壞相非無法者是摩訶衍不能勝出一切世間及諸天人阿修羅須菩提以欲界虛妄憶想分別和合名字等有一切無常相無法以是故摩訶衍勝出一切世間及諸天人阿修羅須菩提色界無色界若當實有不虛妄不異諦不顛倒有常不壞相非無法者是摩訶衍不能勝出一切世間及諸天人阿修羅須菩提以色界無色界虛妄憶想分別和合名字等有一切無常破壞相無法以是故摩訶衍勝出一切世間及諸天人阿修羅須菩提若色當實有不虛妄不異諦不顛倒有常不壞相非無法者是摩訶衍不能勝出一切世間及諸天人阿修羅須菩提以色虛妄憶想分別和合名字等有一切無常破壞相無法以

是故是摩訶衍勝出一切世間及諸天人阿修羅受想行識亦如是須菩提若眼乃至意色乃至法眼識乃至意識眼觸乃至意觸眼觸因緣生受乃至意觸因緣生受若當實有不虛妄不異諦不顛倒有常不壞相非無法者是摩訶衍不能勝出一切世間及諸天人阿修羅須菩提以眼乃至意觸因緣生受虛妄憶想分別和合名字等有一切無常破壞相無法以是故摩訶衍勝出一切世間及諸天人阿修羅須菩提若法性是有法非無法者是摩訶衍不能勝出一切世間及諸天人阿修羅須菩提以法性無法非法以是故摩訶衍勝出一切世間及諸天人阿修羅須菩提若如實際不可思議性是有法非無法者是摩訶衍不能勝出一切世間及諸天人阿修羅須菩提以如實際不可思議性無法非法以是故摩訶衍勝出一切世間及諸天人阿修羅須菩提若檀波羅蜜是有法非無法者是摩訶衍不能勝出一切世間及諸天

人阿修羅以檀波羅蜜無法非法以是故摩訶衍勝出一切世間及諸天人阿修羅若尸羅波羅蜜羼提波羅蜜毗梨耶波羅蜜禪波羅蜜般若波羅蜜是有法非無法者是摩訶衍不能勝出一切世間及諸天人阿修羅以尸羅波羅蜜乃至般若波羅蜜無法非法以是故摩訶衍勝出一切世間及諸天人阿修羅須菩提若內空乃至無法有法空是有法非无法者是摩訶衍不能勝出一切世間及諸天人阿修羅以內空乃至無法有法空無法非法以是故摩訶衍勝出一切世間及諸天人阿修羅須菩提若四念處乃至十八不共法是有法非無法者是摩訶衍不能勝出一切世間及諸天人阿修羅以四念處乃至十八不共法無法非法以是故摩訶衍勝出一切世間及諸天人阿修羅須菩提若性人法是有法非无法者是摩訶衍不能勝出一切世間及諸天人阿修羅以性人法無法非法以是故摩訶衍勝出一切世間及諸天人阿

大智度論第五十卷　第四張　立

修羅須菩提若八人法須陁洹法斯陁含法阿那含法阿羅漢法辟支佛法佛法是有法非无法者是摩訶衍不能勝出一切世間及諸天人阿修羅以八人法乃至佛法無法非法以是故摩訶衍勝出一切世間及諸天人阿修羅須菩提若性人是有法非無法者是摩訶衍不能勝出一切世間及諸天人阿修羅以性人無法非法以是故摩訶衍勝出一切世間及諸天人阿修羅須菩提若八人須陁洹乃至佛是有法非無法者是摩訶衍不能勝出一切世間及諸天人阿修羅以八人乃至佛無法非法以是故摩訶衍勝出一切世間及諸天人阿修羅須菩提若一切世間及諸天人阿修羅是有法非無法者是摩訶衍不能勝出一切世間及諸天人阿修羅以一切世間及諸天人阿修羅無法非法以是故摩訶衍勝出一切世間及諸天人阿修羅須菩提若菩薩摩訶薩從初發心乃至道場於其中間諸心若當是有法非無法者是摩

大智度論第五十卷　第五張　立

訶衍不能勝出一切世間及諸天人阿修羅以菩薩從初發心乃至道場諸心無法非法以是故摩訶衍勝出一切世間及諸天人阿修羅須菩提若菩薩摩訶薩如金剛慧若是有法非無法者是菩薩摩訶薩不能知一切結使及習無法非法得一切種智須菩提以菩薩摩訶薩如金剛慧無法非法是故菩薩知一切結使及習無法非法得一切種智以是故摩訶衍勝出一切世間及諸天人阿修羅須菩提若諸佛三十二相是有法非無法者諸佛威德不能照然勝出一切世間及諸天人阿修羅須菩提以諸佛三十二相無法非法以是故諸佛威德照然勝出一切世間及諸天人阿修羅須菩提若諸佛光明是有法非無法者諸佛光明不能普照恒河沙等世界須菩提以諸佛光明無法非法以是故諸佛能以光明普照恒河沙等世界須菩提若諸佛六十種莊嚴音聲是有法非無法者諸佛不能以六十種莊嚴音聲遍至十方

大智度論第五十卷　第六張　立

無量阿僧祇世界須菩提以諸佛六十種莊嚴音聲無法非法以是故諸佛能以六十種莊嚴音聲遍至十方無量阿僧祇世界須菩提諸佛法輪若是有法非無法者諸佛不能轉法輪諸沙門婆羅門若天若魔若梵及世間餘衆所不能如法轉者須菩提以諸佛法輪無法非法以是故諸佛轉法輪諸沙門婆羅門若天若魔若梵及世間餘衆所不能如法轉者須菩提諸佛為衆生轉法輪是衆生若實有法非無法者不能令是衆生於無餘涅槃而般涅槃須菩提以諸佛為衆生轉法輪是衆生無法非法以是故衆生於無餘涅槃中已滅今滅當滅論者言須菩提上以五事問摩訶衍佛已答竟須菩提歡喜讚歎作是言世尊是摩訶衍有大力勢破壞人天世間已能於中勝出譬如三人度惡道一者於夜逃遁獨脫其身二者以錢求免三者如大王將大軍衆摧破賊衆軍全濟無所畏難三乘亦如是如阿羅漢不能知一切總相別

大智度論第五十一卷　第七張　立

相亦不能破魔王人不能降伏外道猒老病死直趣涅槃如辟支佛入諸法實相深於聲聞少有悲心以神通力化度衆生能破煩惱不能破魔人及外道如菩薩從初發心於一切衆生起大慈悲雖未得佛於其中間利益無量衆生決定知諸法實相具足六波羅蜜故破諸魔王及壞外道斷煩惱習具足一切種智總相別相悉知悉了成阿耨多羅三藐三菩提三人雖俱免生死然方便道各異是故須菩提讚歎摩訶衍摧破一切世間勝出人天阿修羅上譬如虛空含受一切國土而虛空故不盡摩訶衍亦如是含受三世諸佛及諸弟子摩訶衍亦不滿又如虛空常相故無入相無出相無住相是乘亦如是無未來世入處無過去世出處無現在世住處破三時故三世等名摩訶衍問曰佛應讚須菩提所歎言善哉何以更歎而讚說以上說摩訶衍遠故今略說摩訶衍相然後廣述須菩提所讚

大智度論第五十一卷　第八張　立

摩訶衍者所謂六波羅蜜諸陁羅尼門三昧門十八空四念處乃至十八不共法等如須菩提所說摩訶衍破壞一切世間勝出人天阿修羅上者是事實爾何以故是三界虛誑如幻如夢無明虛妄因緣故有因果無有定實一切無常破壞磨滅皆是空相以摩訶衍與三界相違故能摧破勝出若三界定實常不虛妄是摩訶衍不能摧破勝出何以故力等故五衆十二入十八界六觸生諸受亦如是若法性是有法非無法者摩訶衍不能破世間得勝出須菩提以法性非有故摩訶衍能得勝出世間問曰有為法因緣和合虛誑故言無如法性實際不思議性是無為實法名為實際云何言無答曰無為空故言無復次佛說雖有為无為法不可得有為法實相即是無為法復次觀是有為法虛誑如如法性實際是實以人於法性取相起諍故言無法性或說有或說無各有因緣故無咎如實際不可思議性亦如是世間擅波羅蜜著

大智度論第五十一卷　第九張　立

故有出世間檀波羅蜜無故空為破慳貪故言有檀波羅蜜破邪見故言檀波羅蜜無為處初學者說言有菩聖人心中說言無如檀波羅蜜乃至若衆生實有非是無法不應令强滅入無餘涅槃問曰從三十二相已後何以不說言摩訶衍勝出荅曰應當說直丈煩故不說復次三十二相乃至為衆生轉法輪亦是摩訶衍但名字異耳復次上捴相說摩訶衍勝出不知去何勝出今別相說所謂佛三十二相莊嚴身故勝一切衆生佛光明勝日月諸天一切光明佛音聲勝一切音樂世界妙聲諸天梵音佛法輪勝轉輪聖王寶輪及諸外道一切法輪無障无导餘法輪所利益微淺或一世二世極至千万世佛法輪能令永入無餘涅槃不復還入生死復次若衆生實有者佛不應令衆生入涅槃永拔其根此過於煞一身有如是大咎以衆生顛倒心見我故佛欲破其顛倒說言涅槃無衆生可滅故無咎有如是功德故摩訶衍能勝出一

大智度論第五十一卷　第十張　丑

切世間問曰一切世間者十方六道衆生何以獨說勝出諸天人阿修羅荅曰六道中三是善道三是惡道摩訶衍尚能破三善道勝出何況惡道問曰龍王經中說龍得菩薩道何以說是惡道荅曰衆生無量無邊龍得道者少復次有人言大菩薩變化身教化故作龍王身

大智度論釋含受品第二十三

經佛告須菩提汝所言衍與空等如是如是須菩提摩訶衍與空等須菩提如虛空無東方無南方西方北方四維上下須菩提摩訶衍亦如是无東方無南方西方北方四維上下須菩提如虛空非長非短非方非圓須菩提摩訶衍亦如是非長非短非方非圓須菩提如虛空非青非黃非赤非白非黑摩訶衍亦如是非青非黃非赤非白非黑以是故說摩訶衍與空等須菩提如虛空非過去非未來非現在摩訶衍亦如是非過去非未來非現在以是故說摩訶衍與空等須菩提如虛空不增不減摩訶衍亦如是不增

大智度論第五十一卷　第十一張　丑

不減須菩提如虛空無垢無淨摩訶衍亦如是無垢無淨須菩提如虛空無生無滅無住無異摩訶衍亦如是無生無滅無住無異須菩提如虛空非善非不善非記非無記摩訶衍亦如是非善非不善非記非無記以是故說摩訶衍與空等如虛空無見無聞無知無識摩訶衍亦如是無見無聞無知無識如虛空不可知不可識不可見不可斷不可證不可修摩訶衍亦如是不可知不可識不可見不可斷不可證不可修以是故說摩訶衍與空等如虛空非染相非離相摩訶衍亦如是非染相非離相如虛空不繫欲界不繫色界不繫无色界摩訶衍亦如是不繫欲界不繫色界不繫無色界如虛空無初發心亦無二三四五六七八九第十心摩訶衍亦如是無初發心乃至無第十心如虛空無乾慧地姓地八人地見地薄地離欲地已辦地摩訶衍亦如是无乾慧地乃至已作地如虛空無須陁洹果無斯陁含果無阿那含果無阿羅漢

大智度論第五十一卷　第十二張　丑

果摩訶衍亦如是無須陁洹果乃至無阿羅漢果如虛空無聲聞地無辟支佛地無佛地摩訶衍亦如是無聲聞地乃至無佛地以是故說摩訶衍與空等如虛空非色非無色非可見非不可見非有對非無對非合非散摩訶衍亦如是非色非無色非可見非不可見非有對非無對非合非散以是故說摩訶衍與空等須菩提如虛空非常非无常非樂非苦非我非無我摩訶衍亦如是非常非無常非樂非苦非我非无我以是故說摩訶衍與空等須菩提如虛空非空非不空非相非無相非作非無作摩訶衍亦如是非空非不空非相非無相非作非無作以是故說摩訶衍與空等須菩提如虛空非寂滅非不寂滅非離非不離摩訶衍亦如是非寂滅非不寂滅非離非不離以是故說摩訶衍與空等須菩提如虛空非闇非明摩訶衍亦如是非闇非明以是故說摩訶衍與空等須菩提如虛空非可得非不可得摩訶衍亦如是非可得非不可得以是故說摩訶

大智度論第五十一卷 第十五張 立

衍與空等須菩提如虛空非可說非不可說摩訶衍亦如是非可說非不可說以是故說摩訶衍與空等須菩提以是諸因緣故說摩訶衍與空等論者言須菩提讚衍如虛空佛即廣述成其事如虛空無十方是摩訶衍亦無十方無長短方圓青黃赤白等是摩訶衍亦如是問曰虛空應尒是無為法無色無方摩訶衍是有為法是色法所謂布施持戒等云何言與虛空等荅曰六波羅蜜有二種世間出世間世間者是有為法色法不同虛空出世間者與如法性實際智慧和合故似如虛空從得無生忍巳後無所分別如虛空復次如佛以無㝵智觀實相如虛空餘人則不然智慧未畢竟清淨故復次佛前後說諸法畢竟空如無餘涅槃相如虛空不應致疑餘法亦如是乃至如虛空非說非不說亦如是問曰如虛空言無所有便足何以說無種種相荅曰初發心菩薩於內外種種因緣法中著心以是故佛說如虛空無是種種相摩

大智度論第五十一卷 第十四張 立

訶衍亦如是經須菩提如汝所言如虛空受無量無邊阿僧祇衆生摩訶衍亦受無量无邊阿僧祇衆生如是如是須菩提衆生無所有故當知虛空無所有虛空無所有故當知摩訶衍亦無所有以是因緣故摩訶衍受無量無邊阿僧祇衆生何以故是衆生虛空摩訶衍是法皆不可得故復次須菩提摩訶衍無所有故當知阿僧祇無所有阿僧祇無所有故當知無量無所有無量無所有故當知無邊無所有無邊無所有故當知一切諸法無所有以是因緣故須菩提是摩訶衍受无量無邊阿僧祇衆生何以故是衆生虛空摩訶衍阿僧祇無量無邊是一切法不可得故復次須菩提我無所有乃至知者見者無所有故當知如法性實際無所有如法性實際無所有故當知乃至無量無邊阿僧祇無所有無量無邊阿僧祇無所有故當知一切法無所有以是因緣故須菩提摩訶衍受無量無邊阿僧祇衆生何以故是衆生乃至知者見者實際乃至无量無邊

大智度論第五十一卷 第十五張 立

阿僧祇是一切法不可得故復次須
菩提我無所有乃至知者見者無所
有故當知不可思議性無所有不可
思議性無所有故當知色受想行識
無所有色受想行識無所有故當知
虛空無所有虛空無所有故當知摩
訶衍無所有摩訶衍無所有故當知
阿僧祇無所有阿僧祇無所有故當
知無量无所有無量無所有故當知
無邊無所有無邊無所有故當知一
切諸法無所有以是因緣故須菩提
當知摩訶衍受無量无邊阿僧祇衆
生何以故須菩提我乃至知者見者
等一切法皆不可得故復次須菩提
我無所有乃至知者見者無所有故
當知眼無所有耳鼻舌身意无所有
眼乃至意無所有故當知虛空無所
有虛空無所有故當知摩訶衍無所
有摩訶衍無所有故當知阿僧祇無
所有阿僧祇無所有故當知無量無
所有無量無所有故當知無邊無所
有無邊無所有故當知一切諸法無
所有以是因緣故須菩提摩訶衍受
無量無邊阿僧祇衆生何以故須菩

大智度論第三十一卷　第十六張　立

提我乃至一切諸法皆不可得故復
次須菩提我無所有乃至知者見者
無所有故當知檀波羅蜜無所有尸
羅波羅蜜羼提波羅蜜毗梨耶波羅
蜜禪波羅蜜般若波羅蜜無所有般
若波羅蜜無所有故當知虛空無所
有虛空無所有故當知摩訶衍無所
有摩訶衍無所有故當知無量無邊
阿僧祇無所有無量無邊阿僧祇無所
有故當知一切諸法無所有以是因緣
故須菩提摩訶衍受無量無邊阿僧祇
衆生何以故我衆生乃至一切諸法皆
不可得故復次須菩提我无所有乃
至知者見者無所有故當知內空無
所有乃至無法有法空無所有無法
有法空無所有故當知虛空無所有
虛空無所有故當知摩訶衍無所有
摩訶衍無所有故當知阿僧祇無量
無邊無所有阿僧祇無量無邊無所
有故當知一切諸法無所有以是因
緣故須菩提摩訶衍受無量無邊阿
僧祇衆生何以故我衆生乃至一切
諸法皆不可得故復次須菩提我衆
生乃至知者見者無所有故當知四

大智度論第五十卷　第十七張　上

念處無所有四念處無所有故乃至
十八不共法無所有十八不共法无
所有故當知虛空無所有虛空無所
有故當知摩訶衍無所有摩訶衍無
所有故當知阿僧祇無量無邊無所
有阿僧祇無量无邊無所有故當知
一切諸法無所有以是因緣故須菩
提是摩訶衍受無量无邊阿僧祇衆
生何以故我衆生乃至一切諸法皆
不可得故復次須菩提我衆生無所
有乃至知者見者無所有故當知性
地無所有乃至巳作地無所有巳作
地無所有故當知虛空無所有虛空
無所有故當知摩訶衍无所有摩訶
衍無所有故當知阿僧祇無量無邊
無所有阿僧祇無量无邊無所有故
當知一切諸法無所有以是因緣故
是摩訶衍受无量無邊阿僧祇衆生
何以故我衆生乃至一切諸法皆不
可得故復次須菩提我衆生乃至知
者見者無所有故當知須陁洹無所
有須陁洹無所有故當知斯陁含無
所有斯陁含無所有故當知阿那含

大智度論第五十一卷　第十八張　女

無所有阿那含無所有故當知阿羅
漢無所有阿羅漢無所有故當知乃
至一切諸法無所有以是因緣故須
菩提摩訶衍受無量无邊阿僧祇衆
生何以故須菩提我乃至一切諸法皆
不可得故復次須菩提我乃至知者見
者無所有故當知聲聞乘無所有聲
聞乘無所有故當知辟支佛乘无所
有辟支佛乘無所有故當知佛乘无
所有佛乘無所有故當知聲聞人無
所有聲聞人無所有故當知須陁洹
無所有須陁洹無所有故乃至佛無
所有佛無所有故當知一切種智无
所有一切種智無所有故當知虛空
無所有虛空無所有故當知摩訶衍
無所有摩訶衍無所有故當知乃至
一切諸法無所有以是因緣故摩訶
衍受無量无邊阿僧祇衆生何以故
我乃至一切諸法皆不可得故譬如須
菩提涅槃性中受無量无邊阿僧祇
衆生是摩訶衍亦受無量无邊阿僧
祇衆生以是因緣故須菩提如虛空
受無量无邊阿僧祇衆生是摩訶衍

亦如是受無量无邊阿僧祇衆生論
問曰何以不說虛空廣大無邊故受一
切物而言虛空無所有故能受一切
物衆生摩訶衍亦無所有荅曰現見
虛空無所有一切万物皆在其中以
無所有故能受問曰心心數法亦無
形質何以不受一切物荅曰心心數
法覺知相非是受相又無住處若內
若外若近若遠但以分別相故知有
心形色法有住處因色處故知有虛
空以色不受物故則知虛空受物色
與虛空相違色若不受則知虛空是
受如以無明故知有明以苦故知有
樂因色無故說有虛空更无別相復
次心心數法更有不受義如邪見心
不受正見正見心不受邪見虛空則
不然一切皆受故又心心數法生滅
相是可斷法虛空則不然心心數法
虛空但無色无形同不得言都不異
以是故諸法中說虛空能受一切問
曰我先問意不然何以不言虛空無
量無邊能受一切物而言無所有受
一切物荅曰我說虛空無自相待色

相說虛空若無自相則無虛空云何
言無量無邊問曰汝言受相則是虛
空云何言無荅曰受相即是無色相
色不到處名為虛空以是故無虛空
若實有虛空未有色時應有虛空若
未有色有虛空虛空則無相何以故
以未有色故因色故知有虛空有色
故便有無色若先有色後有虛空虛
空則是作法作法不名為常若有無
相法是不可得以是故無虛空問曰若
常有虛空因色故虛空相現然後相
在虛空荅曰若虛空先無相後相亦
無所住若虛空先有相相無所相若
先無相相亦無所住若離相無相巳
相無住處若相無住處所相處亦無
所相處無故相亦無離相及相處更
無有法以是故虛空不名為相不名
為所相不名為法不名為非法不名
為有不名為無斷諸語言寂滅如無
餘涅槃餘一切法亦如是問曰若一
切法如是者即是虛空何以復以虛
空為喻荅曰諸法因果皆是虛誑因
無明故有誑衆生心衆生於是法中

生著而不於虛空生著六塵法誑衆生心虛空雖復誑則不尒以是故以虛空為喻以麁現事破微細事如虛空因色故但有假名無有定法衆生亦如是因五衆和合故但有假名亦無定法摩訶衍亦如是以衆生空無佛無菩薩以有衆生故有佛有菩薩若無佛無菩薩則無摩訶衍以是故摩訶衍能受無量无邊阿僧祇衆生若是有法不能受無量諸佛及弟子問曰若實無虛空去何能受無量无邊阿僧祇衆生荅曰以是故佛說摩訶衍無故阿僧祇無阿僧祇無故無量亦無无量無故无邊亦無无邊無故一切法亦無以是故能受阿僧祇者僧祇秦言數阿秦言無衆生諸法各各不可得邊故名無數數虛空十方遠近不可得邊故名無數分別數六波羅蜜種種布施種種持戒等無有數數幾衆生已上乘當上乘今上乘不可數是名無數復次有人言初數為一但有一二一故言二如是等皆一更無餘數法若皆是一則無

大智度論第五十二卷　第廿二張　五

數有人言一切法和合故有名字如輪輞輻轂和合故名為車無有定實法一法無故多亦無先一後多故復次以繫數事數事无故數亦无無量者如以斗稱量物以智慧量諸法亦如是諸法空故無數無數故無量無邊無有實智云何能得諸法定相無量故無邊量名撿相邊名別相量為初始邊名終竟復次我乃至知者見者無故實際亦無實際無故無數亦无無數無故无量亦無无量無故无邊亦無无邊無故一切法亦无以是故一切法無畢竟清淨是摩訶衍能含受一切衆生及法二事相因若無衆生則無法若無法則無衆生先撿相說一切法空後一一別說諸法空實際是末後妙法此若無者何況餘法從不可思議性乃至如涅槃性亦如是

經須菩提汝所言是摩訶衍不見來處不見去處不見住處如是如是須菩提是摩訶衍不見來處不見去處不見住處何以故須菩提一切諸法不動相故是法無來處無去處無住處

大智度論第五十二卷　第二十三張　五

何以故須菩提色無所從來亦無所去亦無所住受想行識無所從來亦無所去亦無所住須菩提色法無所從來亦無所去亦無所住受想行識法無所從來亦無所去亦無所住須菩提色如無所從來亦無所去亦無所住受想行識如無所從來亦無所去亦無所住須菩提色性無所從來亦無所去亦無所住受想行識性無所從來亦無所去亦無所住須菩提色相無所從來亦無所去亦無所住受想行識相無所從來亦無所去亦無所住須菩提眼眼法眼如眼性眼相無所從來亦無所去亦无所住耳鼻舌身意意法意如意性意相无所從來亦無所去亦無所住色聲香味觸法亦如是須菩提地種地種法地種如地種性地種相無所從來亦无所去亦無所住水火風空識種識種法識種如識種性識種相亦如是須菩提如如法如如如性如相無所從來亦無所去亦無所住須菩提實際實際法實際如實際性實際相無所

大智度論第五十二卷　第二十四張　五

從来亦無所去亦無所住須菩提不可思議不可思議法不可思議如不可思議性不可思議相無所從来亦無所去亦無所住須菩提檀波羅蜜檀波羅蜜法檀波羅蜜如檀波羅蜜性檀波羅蜜相無所從来亦無所去亦無所住尸羅波羅蜜羼提波羅蜜毗梨耶波羅蜜禪波羅蜜般若波羅蜜般若波羅蜜法般若波羅蜜如般若波羅蜜性般若波羅蜜相無所從来亦无所去亦無所住須菩提四念處四念處法四念處如四念處性四念處相無所從来亦無所去亦無所住乃至十八不共法亦如是須菩提菩薩菩薩法菩薩如菩薩性菩薩相無所從来亦無所去亦無所住佛佛法佛如佛性佛相無所從来亦無所去亦無所住阿耨多羅三藐三菩提阿耨多羅三藐三菩提法如性相無所從来亦無所去亦無所住須菩提有為法有為法法有為法如有為法性有為法相無所從来亦無所去亦無所住須菩提無為法無為法法無為法如無為法性無為法相無所從来亦無所去

大智度論第五十一卷　第十五張　丘

亦無所住以是因緣故須菩提是摩訶衍不見来處不見去處不見住處論者言佛謂須菩提汝何以但讃摩訶衍無来無去無住一切法亦如是無来無去無住一切法實相不動故問曰諸法現有来去可見云何言不動相無来無去荅曰来去相先已破今當更說一切佛法中無我無衆生乃至無知者見者故来者去者无来者去者無故来去相亦應無復次三世中求去相不可得所以者何已去中無去未去中亦無去離已去未去去時亦無去問曰有身動處是名為去已去未去中無身動以是故去時身動即應有去荅曰不然離去相去時不可得離去時去相不可得云何言去時去復次若去時有去相應離去相有去時何以故汝說去時有去故復次若去時去應有二去一者知去時二者知去時去問曰若尒有何各荅曰若尒有二去者何以故離去者無去相若離去者無去相離去相無去者是故去者不去不去者亦不去離

大智度論第五十一卷　第十六張　丘

去不去亦無有去来者住者亦如是以是故佛說凡夫人法虚誑無實雖復肉眼所見與畜生無異是不可信是故說諸法無来無去无住處亦無動何者是所謂色色法色如色性色相色名眼見事未分別好醜實不實自相他相色法名無常生滅不淨等色如名色和合有如水沫不牢固離散則無虚偽無實但誑人眼色現在如是過去未来亦尒如現在火熱比知過去未来亦如是復次如諸佛觀色相畢竟清淨空菩薩亦應如是觀色眼法色如何因緣不如凡夫人所見性自尒故此性深妙云何可知以色相力故可知如火以烟為相見烟則知有火今見眼色无常破壞苦惱麁澁相知其性尒此五法不去不来不住如先說乃至無為無為法如性相不来不去不住亦如是經須菩提汝所言是摩訶衍前際不可得後際不可得中際不可得是衍名三世等以是故說名摩訶衍如是如是須菩提是摩訶衍前際不可得後際不可得

大智度論第五十一卷　第十七張　丘

中際不可得是衍名三世等以是故說名摩訶衍何以故須菩提過去世過去世空未來世未來世空現在世現在世空三世等三世等空摩訶衍摩訶衍空菩薩菩薩空何以故須菩提是空非一非二非三非四非五非異以是故說名三世等是菩薩摩訶薩摩訶衍是衍中等不等相不可得染不染不可得瞋不瞋不可得癡不癡不可得慢不慢不可得乃至一切善法不善法不可得是衍中常不可得無常不可得樂不可得苦不可得實不可得空不可得我不可得无我不可得欲界不可得色界不可得無色界不可得度欲界不可得度色界不可得度無色界不可得何以故是摩訶衍自法不可得故須菩提過去色過去色空未來色未來現在色空過去受想行識過去受想行識空未來現在受想行識未來現在受想行識空空中過去色不可得何以故空中空亦不可得何況空中過去色可得空中未來現在色不可得

大智度論第五十一卷　第二十八張

何以故空中空亦不可得何況空中未來現在色可得空中過去受想行識不可得何以故空中空亦不可得何況空中過去受想行識可得空中未來現在受想行識不可得何以故空中空亦不可得何況空中未來現在受想行識可得須菩提過去檀波羅蜜不可得未來檀波羅蜜不可得現在檀波羅蜜不可得三世等中檀波羅蜜亦不可得何以故等中過去世不可得未來世不可得現在世不可得等中等亦不可得何況等中過去世未來世現在世可得尸羅波羅蜜羼提波羅蜜毗梨耶波羅蜜禪波羅蜜般若波羅蜜亦如是復次須菩提過去世中四念處不可得乃至過去世中十八不共法不可得未來世現在世亦如是復次須菩提三世等中四念處不可得三世等中乃至十八不共法亦不可得何以故等中過去世四念處不可得等中未來世四念處不可得等中現在世四念處不可得等中等亦不可得何況等中過去

大智度論第五十一卷　第二十九張

世四念處未來現在世四念處可得等中等亦不可得何況等中過去乃至十八不共法可得未來現在世亦如是復次須菩提過去世中凡夫人不可得未來世現在世中凡夫人不可得三世等中凡夫人亦不可得何以故衆生不可得乃至知者見者不可得故過去世中聲聞辟支佛菩薩佛不可得未來現在世中聲聞辟支佛菩薩佛不可得三世等中聲聞辟支佛菩薩佛不可得何以故衆生不可得乃至知者見者不可得故如是須菩提菩薩摩訶薩住般若波羅蜜中學三世等相當具足一切種智是名菩薩摩訶薩摩訶衍所謂三世等相菩薩摩訶薩住是衍中勝出一切世間及諸天人阿修羅成就薩婆若尒時須菩提白佛言世尊善哉善哉是菩薩摩訶薩摩訶衍何以故過去諸菩薩是衍中學得一切種智未來世諸菩薩摩訶薩亦是衍中學當得一切種智世尊今十方無量阿僧祇世界中諸菩薩摩訶薩亦是衍中學得一切種智

大智度論第五十一卷　第三十張

以是故世尊是行實是菩薩摩訶薩
摩訶衍佛告須菩提如是如是過去
未來現在諸佛是摩訶衍中學已得
一切種智當得今得論者言須菩提
略讚說是摩訶衍前際後際中際俱
不可得三世等故名摩訶衍今佛廣
演須菩提所讚是三世云何不可得
所謂過去世過去世空未來世未來
世空現在世現在世空故不可得三
世等等者空摩訶衍摩訶衍自空菩
薩菩薩自空是三世中三世相空空義
如先說此中佛自說空因緣所謂空
空相非一非二非三非四非五等不
異不合不散無有分別是故三世等
空相無所有故是等亦空菩薩能如
是解諸法三世等不以無始世來為
疲猒不以未來世無邊故為難是為
菩薩三世等名摩訶衍是摩訶衍中
等相不可得不等相亦不可得得是
三世等三昧破是不等相不等相待
故有等不等畢竟无故等亦無欲不
欲乃至三界度三界是相待法亦如
是此中佛自說是諸法皆從因緣和

大智度論第五十一卷　第十一張　在

合故無自性自性無故空復次過去
色過去色相空未來現在亦如是如
色餘四衆亦如是所以者何空中空
相不可得何況空中有三世五衆相
菩薩觀五衆空斷貪欲入道行所謂
檀波羅蜜等亦如是五衆三世中不
可得三世等故等即是空是等中檀
波羅蜜不可得問曰何以故三世及
三世等中檀波羅蜜不可得荅曰諸
法等中無三世等等中等相亦不可得
何況三世六波羅蜜乃至十八不共
法亦如是復次三世中凡夫相不可
得聲聞乃至佛亦不可得以衆生空
故菩薩住般若波羅蜜能如是學三
世等空集諸善功德便具足一切種
智佛說菩薩能如是三世等中住則
能勝出一切世間及諸天人阿修羅
是時須菩提讚言世尊善哉善哉是
摩訶衍利益諸菩薩所以者何過去
諸菩薩學是摩訶衍得一切種智未
得今得亦如是有人言得清淨無因
緣淤垢織亦无因緣大小好醜縛解
皆無主所與有人言好醜縛解至時

大智度論第五十一卷　第十二張　在

節自得有人言福德成就故得佛道
有人言但得清淨實智慧得佛道如
是等說皆是非因緣少因緣須菩提
所不讚歎今佛捨非因緣亦捨不具
足因緣說是具足因緣所謂六波羅
蜜三世菩薩學是乘具足得成佛道
佛亦可須菩提所歎言如是如是

大智度論卷第五十一

庚子歲高麗國大藏都監奉
勅雕造

大智度論第五十一卷　第十三張　在

大智度論卷五十一

校勘記

一 底本，麗藏本。

一 一頁上一行經名，石作「大智度經論卷第五十六」；磧、普、南、徑、清作「大智度論卷第五十一」。

一 一頁上三行後，石有「摩訶般若波羅蜜經勝出品第二十二釋」；磧、普、南、徑、清有「釋勝出品第二十二」。

一 一頁上四行「經慧」，石、磧、普、南、徑、清作「〔經〕慧」。

一 一頁上六行第九字「與」，磧、普、南、徑、清無。

一 一頁上一三行第六字「是」，磧、普、南、徑、清作「是是」。

一 一頁上一八行「所謂」，磧、普、南、徑、清無。

一 二頁中一行第九字「法」，石作「法若」。

一 二頁中末行第七字「是」，磧、普、南、徑、清無。

一 二頁下二行第一三字至三行第九字「道場諸心無法非法以是故」，磧、普、南、徑、清作「道場於其中間諸心若當有法非無法者是」。

一 二頁下三行第一二字「衍」，磧、南、清作「衍不能」。

一 二頁下四行第一一字「羅」，磧、南、清作「羅以菩薩從初發心乃至道場於其中間諸心無法非法以是故摩訶衍勝出一切世間及諸天人阿脩羅」。

一 二頁下一九行「世界」，石作「國土」，下同。

一 二頁下二一行首字「恒」，石作「如恒」。

一 二頁下末行第三字「以」，石作「以佛」。

一 三頁上九行第一三字「魔」，磧作「摩」。

一 三頁上一〇行第七字及五頁下四行第九字、五行第三、第八字、六行第四字「所」，磧、南、徑、清無。

一 三頁上一五行首字「故」，磧、普、南、徑、清作「故能令」。

一 三頁上一六行「論者言」，石作「〔論〕釋曰」；磧、普、南、徑、清冠以〔論〕，下同。

一 三頁上二二行第二字「役」，磧、普、南、徑、清作「寇」。

一 三頁下一六行第三字「不」，石、磧、普、南、徑、清作「不可」。

一 三頁下二二行第四字「各」，石作「各自」。

一 四頁上八行第四字「煩」，石作「繁」。

一 四頁上二一行第一四字「欲」，磧、普、南、徑、清無。

一 四頁中八行末字「身」，石有夾註「釋第二十二品竟」。

一 四頁中九行品名，石作「摩訶般若波羅蜜經含受品第二十三釋」；徑、清作「釋含受品第二十三」。

一 四頁中一〇行「經佛」，磧、普、南、

經、清作「〔經〕佛」。

一　四頁中一一行「摩訶」，磧、普、南、經、清無。

一　四頁中一四行第二及第四字「方」，石無。

一　四頁中一九行第一二字「空」，石作「虛空」。

一　四頁下八行第三字及九行第三字「知」，石作「覺」。

一　四頁下一九行第九字「無」，磧、普、南、經、清無。

一　四頁下二〇行第五字「姓」，磧、普、南、經、清作「性」。

一　四頁下二〇行第六字「地」，石作「人地」。

一　四頁下二一行第四字「辦」，石作「作」。

一　四頁下二二行第三字「至」，石、磧、普、南、經、清作「至無」。

一　五頁上一六行第七字「無」，石作「不」。

一　五頁下四行第九字及五行第三、第八字、六行第四字「所」，普、經無。

一　六頁上一二行第二字「知」，石作「知是」。

一　六頁中二一行第五字，七頁上四行第二字「提」，石、磧、普、南、經、清作「提是」。

一　七頁中一一行第七字「故」，磧、普、南、經、清作「性」。

一　七頁下五行第三字「有」，磧、普、南、經、清無。

一　八頁上一六行「僧祇秦言數阿秦言無」，石有夾註。

一　八頁中四行「繫數事數事」，石、磧、普、南、經、清作「數數事事」。

一　八頁中一三行第五字「無」，磧、普、南、經、清無。

一　八頁中一六行首字「說」，磧、普、南、經、清無。

一　八頁下二行第九字「識」，石作「識亦」。

一　八頁下七行第七字「如」，石作「性」。

一　八頁下一四行首字「相」，石作「相亦」。

一　八頁下二一行「如性」，磧、普、南、經、清作「性如」。

一　九頁上一九行「阿耨多羅三藐三菩提」，磧、普、南、經、清無。

一　九頁下一三行第二字及一六行第七字「眼」，磧、普、南、經、清無。

一　九頁下一七行第八字「五」，磧、普、南、經、清作「三」。

一　一〇頁上末行第三字「可」，磧、普、南、經、清作「不可」。

一　一〇頁下四行第一一字「中」，磧、普、南、經、清無。

一　一〇頁下一六行第五字「行」，石無。

一　一〇頁下二〇行第一〇字「世」，磧、普、南、經、清無。

一　一一頁上七行第九字「世」，石作「世法」。

一　一一頁上一一行第一四字「空」，磧、普、南、經、清無。

一　一一頁上二〇行第一三字「相」，

磧、普、南、徑、清作「相相」。

一一一頁中六行第八字及下五行第五字「是」，磧、普、南、徑、清無。

一一一頁中一一行第五字「六」，磧、普、南、徑、清作「五」。

一一一頁下四行首字「所」，磧、普、南、徑、清作「所以」。

一一一頁下七行第八字「歎」，石作「讚」。

一一一頁下七行末字「是」後，石有夾註「釋第三十三品竟」。

一一一頁下八行經名，石作「大智度經論卷第五十六」。

趙城縣廣勝寺

大智度論釋會宗品第二十四　卷五十二　立

聖者龍樹造

後秦龜茲國三藏鳩摩羅什譯

爾時慧命富樓那彌多羅尼子白佛言世尊佛使須菩提爲諸菩薩摩訶薩說般若波羅蜜今乃說摩訶衍爲須菩提白佛言世尊我說摩訶衍將無離般若波羅蜜佛言不也須菩提汝說摩訶衍隨般若波羅蜜不離何以故一切所有善法助道法若聲聞法若辟支佛法若菩薩法若佛法是一切法皆攝入般若波羅蜜中須菩提白佛言世尊何等諸善法助道法聲聞辟支佛法菩薩法佛法皆攝入般若波羅蜜中佛告須菩提所謂檀波羅蜜尸羅波羅蜜羼提波羅蜜毗梨耶波羅蜜禪波羅蜜般若波羅蜜四念處四正勤四如意足五根五力七覺分八聖道分空無相無作解脫門佛十力四無所畏四無礙智大慈大悲十八不共法無錯謬相常捨行須菩提是諸餘善法助道法若聲聞

法若辟支佛法若菩薩法若佛法皆攝入般若波羅蜜中須菩提若摩訶衍若般若波羅蜜禪波羅蜜毗梨耶波羅蜜羼提波羅蜜尸羅波羅蜜檀波羅蜜若色受想行識眼色眼識眼觸眼觸因緣生諸受乃至意法意識意觸意觸因緣生諸受地種乃至識種四念處乃至八聖道分空無相無作解脫門及諸善法若有漏若無漏若有爲若無爲若苦諦集諦滅諦道諦若欲界若色界若無色界若內空乃至無法有法空諸三昧門諸陀羅尼門佛十力乃至十八不共法若佛佛法法性如實際不可思議性性涅槃是一切諸法皆不合不散無色無形無對一相所謂無相須菩提以是因緣故汝所說摩訶衍隨順般若波羅蜜何以故須菩提摩訶衍不異般若波羅蜜般若波羅蜜不異摩訶衍般若波羅蜜摩訶衍無二無別檀波羅蜜不異摩訶衍摩訶衍不異檀波羅蜜檀波羅蜜摩訶衍無二無別乃至禪波羅蜜亦如是須菩提四念處

不異摩訶衍摩訶衍不異四念處四念處摩訶衍無二無別乃至十八不共法不異摩訶衍摩訶衍不異十八不共法十八不共法摩訶衍無二無別以是因緣故須菩提汝說摩訶衍即是說般若波羅蜜論者言富樓那雖自無疑為新學鈍根者不解義一而名字異故發問須菩提即以其事白佛佛法甚深我所說者將無有失佛答汝說摩訶衍隨順般若無有違錯此義初已論之今佛為說隨順因緣所謂三乘所攝一切善法皆合聚在般若波羅蜜中所以者何一切三乘善法皆為涅槃故涅槃門有三種一切法皆入空門無相無作門如持戒能生禪定禪定能生實智慧不著世間故何等三乘助道法攝在般若中所謂六波羅蜜三十七品三脫門佛十力四無所畏四無㝵智大慈大悲十八不共法無錯謬相常捨行此中三十七品三脫門是三乘共法六波羅蜜是菩薩法十力乃至常捨行是佛法有人言六波羅蜜有具足有不具足不具足者共二乘法具足獨菩薩法復次摩訶衍空般若波羅蜜亦空空義一故須菩提隨順無錯如般若波羅蜜空五波羅蜜乃至如法順性實際不可思議性涅槃亦如是復次從般若波羅蜜乃至涅槃皆是不合不散無色無形無對一相所謂無相是同相故說摩訶衍則是般若波羅蜜摩訶衍般若無二無別故

大智度論釋十無品第二十五

慧命須菩提白佛言世尊菩薩摩訶薩前際不可得後際不可得中際不可得色無邊故當知菩薩摩訶薩亦無邊受想行識無邊故當知菩薩摩訶薩亦無邊色是菩薩摩訶薩是亦不可得受想行識是菩薩摩訶薩是亦不可得如是世尊於一切種一切處求菩薩不可得世尊我當教何等菩薩摩訶薩般若波羅蜜世尊菩薩摩訶薩但有名字如說我名字我畢竟不生如我諸法亦如是無自性何等色畢竟不生何等受想行識畢竟不生世尊是畢竟不生不名為色是畢竟不生不名為受想行識世尊若畢竟不生法當教是般若波羅蜜耶離畢竟不生亦無菩薩行阿耨多羅三藐三菩提若菩薩聞作是說心不沒不悔不驚不怖不畏當知是菩薩摩訶薩能行般若波羅蜜舍利弗問須菩提何因緣故言菩薩摩訶薩前際不可得後際不可得中際不可得須菩提何因緣故言色無邊故當知菩薩亦無邊受想行識無邊故當知菩薩亦無邊須菩提何因緣故言色是菩薩是亦不可得受想行識是菩薩是亦不可得須菩提何因緣故言於一切種一切處菩薩不可得當教何等菩薩般若波羅蜜須菩提何因緣故言菩薩摩訶薩但有名字須菩提何因緣故言如說我名字我畢竟不生如我諸法亦如是無自性何等色畢竟不生何等受想行識畢竟不生須菩提何因緣故言畢竟不生不名為色畢竟不生不名為受想行識須菩提何因緣故言若畢竟不生法當教是般若波羅蜜耶須菩提何因

緣故言離畢竟不生亦無菩薩行阿耨多羅三藐三菩提須菩提何因緣故言若菩薩聞作是說心不沒不悔不驚不怖不畏若能如是行是名菩薩摩訶薩行般若波羅蜜尒時須菩提報舍利弗言衆生無所有故菩薩前際不可得衆生空故菩薩前際不可得衆生離故若菩薩前際不可得舍利弗色無有故菩薩前際不可得受想行識無有故菩薩前際不可得色空故菩薩前際不可得受想行識空故菩薩前際不可得色離故菩薩前際不可得受想行識離故菩薩前際不可得舍利弗色性無故菩薩前際不可得受想行識性無故菩薩前際不可得舍利弗檀波羅蜜無有故菩薩前際不可得尸羅波羅蜜羼提波羅蜜毗梨耶波羅蜜禪波羅蜜般若波羅蜜無有故菩薩前際不可得何以故舍利弗空中前際不可得後際不可得中際不可得空不異菩薩菩薩不異前際舍利弗空菩薩前際是諸法無二無別以是因緣故舍利

弗菩薩前際不可得舍利弗檀波羅蜜空故檀波羅蜜離故檀波羅蜜性無故菩薩前際不可得尸羅波羅蜜羼提波羅蜜毗梨耶波羅蜜禪波羅蜜般若波羅蜜空故般若波羅蜜離故般若波羅蜜性無故菩薩前際不可得何以故舍利弗空中前際不可得後際不可得中際不可得空不異菩薩亦不異前際舍利弗空菩薩前際無二無別以是因緣故舍利弗菩薩前際不可得復次舍利弗內空無所有故菩薩前際不可得乃至無法有法空無所有故菩薩前際不可得內空空故內空離故內空性無故乃至無法有法空空故離故性無故菩薩前際不可得餘如上說復次舍利弗四念處無所有故菩薩前際不可得四念處空故離故性無故菩薩前際不可得乃至十八不共法無所有故菩薩前際不可得十八不共法空故離故性無故菩薩前際不可得餘如上說以是因緣故舍利弗菩薩前際不可得復次舍利弗一切三昧門

一切陁羅尼門無有故菩薩前際不可得三昧門陁羅尼門空故離故性無故菩薩前際不可得餘如上說復次舍利弗法性無有故菩薩前際不可得法性空故離故性無故菩薩前際不可得餘如上說復次舍利弗如無有故空故離故性無故實際無有故空故離故性無故不可思議性無有故空故離故性無故菩薩前際不可得餘如上說復次舍利弗聲聞無有故菩薩前際不可得聲聞空故離故性無故菩薩前際不可得辟支佛無有故空故離故性無故菩薩前際不可得佛無有故空故離故性無故菩薩前際不可得阿耨多羅三藐三菩提無有故乃至性無故菩薩前際不可得復次一切種智無有故乃至性無故菩薩前際不可得何以故舍利弗空前際不可得後際不可得中際不可得菩薩不可得舍利弗空不異菩薩亦不異前際空菩薩前際是諸法無二無別以是因緣故舍利弗菩薩前際不可得後際中際亦如是

問曰上已說菩薩菩薩字不可得為誰說般若波羅蜜今何以更說荅曰不應作是問須菩提空行第一常樂說空若有所說常以空門利益衆生復次上略說是中十種廣分別菩薩不可得行者若觀諸法空隨順無相無作以無作心故不欲有所作尚不能自作利益何況利益人若人住我心中能分別諸法善不善相集諸善法捨不善法今佛說般若波羅蜜中不應計我心不應分別諸法但行衆善是事為難行者作是念若無我者為誰修善先有我今以般若波羅蜜故無心生憂慼是故須菩提更重說我從本已來無非無有今無行者如是如是本來自無今無所失故無所憂譬如深根大樹不可以一斫能辦多用斧力乃斷菩薩空亦如是不可一說便得以是故廣分別須菩提問佛時作是念若定有菩薩法應三世通有今前世中無有菩薩何以故前世無初故未來世亦如是未有因緣故前後相待故有中間若無前後則

大智度論第四十三卷 第九張 亦字號

無中間若謂五衆是菩薩五衆無邊如先種種因緣說五衆畢竟空故無量無邊無量無邊故同無為法若菩薩無邊者是事不然以此因緣故菩薩不可得當為誰說常一切處一切種一切時求菩薩不可得當為誰說如我畢竟不生空無所有五衆亦如是畢竟不生無所有既無衆生及五衆法云何有菩薩問曰衆生及五衆法畢竟不生解是法者即是菩薩荅曰畢竟不生不名為色不名為受想行識何以故五衆是生相畢竟不生中無是分別五衆畢竟不生不可以教化離畢竟不生亦無菩薩行道當教誰菩薩聞是不怖不畏是為能行菩薩道問曰我與菩薩一切法何以我喻菩薩荅曰是般若波羅蜜中一切法空初學不得便為說空先當分別罪福捨罪修福德果報無常無常故生苦是故捨福猒世間求道入涅槃爾時應作是念因我故生諸煩惱是我於六識中求不可得但以顛倒故著我是故解無我易易可受化若

大智度論第四十三卷 第十張 亦字號

言色空則難解雖耳聞說空眼常見實是故先破惡罪中我後破一切諸法一切佛弟子得道者自知自證無我未得道者信餘法空不能如信無我是故以無我為喻此中須菩提說一切法空推無菩薩用無我為喻以小喻大如石蜜喻甘露問曰舍利弗知空無我義何以故事事致問荅曰須菩提聲聞人德不如菩薩而於佛前說深般若新學菩薩心或生疑上佛雖言汝說摩訶衍隨順般若猶謂佛將順須菩提舍利弗欲斷此疑故發問復次佛欲共須菩提說般若乃至終竟是故舍利弗事事質問令須菩提善分別深義使衆人敬信以是故問過去世中菩薩不可得乃至不恐不怖須菩提荅義我衆生人即是一物未得道時名凡夫人初入道乃至阿羅漢名聲聞人觀因緣法悟空小深少慈衆生名辟支佛人深入空法行六波羅蜜大慈大悲是名菩薩人功德別異故名字亦異如我衆生人一事以眼見事故名見者意得故

大智度論第四十三卷 第十一張 亦字號

名知者受苦樂故名受者是我衆生人等先已說種種因緣無故菩薩亦應無是故須菩提語舍利弗衆生無故三世中無菩薩問曰五衆和合有菩薩菩薩應無五衆應有答曰為破是事故言無衆生無我無我故則五衆無所屬無所屬故空空故無菩薩問曰若五衆空者空即是菩薩答曰五衆空亦非菩薩空無所有無分別故五衆離五衆無性亦無菩薩若說無菩薩則三世皆無觀是五衆等世間法六波羅蜜等道法是名菩薩是法空故菩薩亦空此中佛自說因緣諸法空不異菩薩菩薩不異空菩薩空三世空無二無別從六波羅蜜乃至一切種智行是諸法故名為菩薩是諸法空故菩薩亦空此中法空聲聞辟支佛得是空故名聲聞辟支佛聲聞辟支佛人空故菩薩亦如是如舍利弗言色無邊故當知菩薩亦無邊受想行識無邊故當知菩薩亦無邊舍利弗色如虛空受想行識如虛空何以故舍利弗如虛空邊不可得

中不可得無邊無中故但說名虛空如是舍利弗色邊不可得是色空故空中亦無邊亦無中受想行識邊不可得中不可得識空故空中亦無邊亦無中以是因緣故舍利弗色無邊故當知菩薩亦無邊受想行識無邊故當知菩薩亦無邊乃至十八不共法亦如是如舍利弗言色是菩薩是亦不可得受想行識是菩薩是亦不可得舍利弗色色相空受想行識識相空檀波羅蜜檀波羅蜜相空乃至般若波羅蜜亦如是內空內空相空乃至無法有法空無法有法空相空四念處四念處相空乃至十八不共法十八不共法相空如法性實際不可思議性不可思議性相空三昧門三昧門相空陁羅尼門陁羅尼門相空一切智一切智相空道智道智相空一切種智一切種智相空聲聞乘聲聞乘相空辟支佛乘辟支佛乘相空佛乘佛乘相空聲聞人聲聞人相空辟支佛辟支佛相空佛佛相空空中色不可得受想行識不可得以是

因緣故舍利弗色是菩薩是亦不可得受想行識是菩薩是亦不可得如舍利弗言何因緣故一切種一切處菩薩不可得當教何等菩薩般若波羅蜜舍利弗色色中不可得色受中不可得受受中不可得受色中不可得受想中不可得想想中不可得想色受中不可得想行中不可得行行中不可得行色受想中不可得行識中不可得識識中不可得識色受想行中不可得舍利弗眼眼中不可得眼耳中不可得耳耳中不可得耳眼中不可得耳鼻中不可得鼻鼻中不可得鼻眼耳中不可得鼻舌中不可得舌舌中不可得舌眼耳鼻中不可得舌身中不可得身身中不可得身眼耳鼻舌中不可得身意中不可得意意中不可得意眼耳鼻舌身中不可得六入六識六觸六觸因緣生受亦如是檀波羅蜜乃至般若波羅蜜內空乃至無法有法空四念處乃至十八不共法一切三昧門一切陁羅尼門性法乃至辟支佛法初地乃至

十地一切智道種智一切種智亦如是須陁洹乃至阿羅漢辟支佛菩薩佛亦如是菩薩菩薩中不可得菩薩般若波羅蜜中不可得般若波羅蜜菩薩中不可得般若波羅蜜中教化無所有不可得教化中教化無所有不可得教化中菩薩及般若波羅蜜無所有不可得舍利弗如是一切法無所有不可得以是因緣故一切種一切處 菩薩不可得當教何等菩薩般若波羅蜜如舍利弗言何因緣故說菩薩摩訶薩但有假名舍利弗色是假名受想行識是假名色名非色受想行識名非識何以故名名相空若空則非菩薩以是因緣故舍利弗菩薩但有假名復次舍利弗檀波羅蜜但有名字名字中非有檀波羅蜜檀波羅蜜中非有名字以是故菩薩但有假名尸羅波羅蜜羼提波羅蜜毗梨耶波羅蜜禪波羅蜜般若波羅蜜但有名字名字中無有般若波羅蜜般若波羅蜜中無有名字以是因緣故菩薩但有假名舍利弗內空但有名字乃至無法有法空但有名字名字中無內空內空中無名字何以故名字內空俱不可得乃至無法有法空亦如是以是因緣故舍利弗菩薩但有假名舍利弗四念處但有名字乃至十八不共法但有名字一切三昧門一切陁羅尼門乃至一切種智亦如是以是因緣故舍利弗我說菩薩但有假名如舍利弗言何因緣故說我名字畢竟不生舍利弗我畢竟不可得云何當有生乃至知者見者畢竟不可得云何當有生舍利弗色畢竟不可得云何當有生受想行識畢竟不可得云何當有生眼畢竟不可得乃至意觸因緣生受畢竟不可得云何當有生檀波羅蜜畢竟不可得乃至般若波羅蜜畢竟不可得云何當有生內空畢竟不可得乃至無法有法空畢竟不可得云何當有生四念處畢竟不可得乃至十八不共法畢竟不可得云何當有生諸三昧門諸陁羅尼門畢竟不可得云何當有生聲聞乃至佛畢竟不可得云何當有生以是因緣故舍利弗我說如我名字我亦畢竟不生

問曰心數法無形不可見故可無邊色是有形可見云何無邊答曰無處不有色不可得籌量遠近輕重如佛說四大無處不有故名為大不可以五情得其限不可以斗稱量其多少輕重是故言色無邊復次是色過去時初始不可得未來時中無有恒河沙劫數限色當有盡是故無後邊初邊後邊無故中亦無復次邊名色相是色分別破散邊不可得無有本相復次無為法不生不滅故無數無量無邊以法空觀色皆空與虛空及無為同相無量無數無邊法中乃至微塵不可得何況菩薩是故說五衆無邊菩薩亦無邊如色無邊乃至十八不共法亦如是隨相分別如先說是五衆無量無數無邊故不得言色是菩薩四衆亦如是復次色若離心心數法如草木瓦石云何名菩薩若心心數法離色則無依止處亦無所能為云

何名菩薩復次六波羅蜜十八空三十七品十力乃至十八不共法如法性實際不可思議性三解脫門陁羅尼門諸三昧門薩婆若道智一切種智三乘三乘人是法若修若觀是名菩薩是法皆以自相空故空所謂檀波羅蜜檀波羅蜜相空乃至佛佛相空一切處者五衆十二入十八界乃至一切種智一切種者十八空三解脫門般若波羅蜜觀若常若無常等入一門二門乃至無量門等是名一切種求索菩薩不可得又以自法中無自法亦無他法如此中說色色中不可得色受中不可得受受中不可得受色中不可得乃至般若波羅蜜般若波羅蜜中不可得乃至教化中教化不可得但有名字者是五衆破壞散滅如虛空無異是菩薩但有名字如幻化人假名字中更為立名須菩提語舍利弗不但菩薩假名字五衆皆亦假名字假名字中假名字相不可得皆入第一義中若如是空者則非菩薩復次六波羅蜜乃至一切

種智行是法故名為菩薩是法亦假名字菩薩亦假名字無所有是諸法等強為作名因緣和合故有亦無其實我名字畢竟不生者如此品初已說此中須菩提亦如衆生空法空破我所謂我畢竟不可得乃至知者見者不可得云何當有生五衆畢竟不可得云何有五衆生乃至意觸因緣生受畢竟不可得云何當有生六波羅蜜畢竟不可得乃至諸陁羅尼門三昧門聲聞辟支佛佛畢竟不可得云何當有生若法先有然後可問生法體先無云何有生如舍利弗所言如我諸法亦如是無自性舍利弗諸法和合生故無自性舍利弗何等和合生無自性舍利弗色和合生無自性受想行識和合生無自性眼和合生無自性乃至意和合生無自性色乃至法眼界乃至法界地種乃至識種眼觸乃至意觸眼觸因緣生受乃至意觸因緣生受和合生無自性檀波羅蜜乃至般若波羅蜜和合生無自性四念處乃至十八不共法和合

生無自性復次舍利弗一切法無常亦不失舍利弗問須菩提何等法無常亦不失須菩提言色無常亦不失受想行識無常亦不失何以故法無常即是動相即是空相以是因緣故舍利弗一切有為法無常亦不失若有漏法若無漏法若有記法若無記法何以故若法無常即是動相即是空相以是因緣故舍利弗一切作法無常亦不失復次舍利弗一切法非常非滅舍利弗言何等法非滅須菩提言色非當非滅何以故性自尒受想行識非常非滅何以故性自尒乃至意觸因緣生受非常非滅何以故性自尒以是因緣故舍利弗諸法和合生無自性如舍利弗所言何因緣故色畢竟不生受想行識畢竟不生須菩提言色非作法受想行識非作法何以故作者不可得故舍利弗眼非作法何以故作者不可得故乃至意亦如是眼界乃至意觸因緣生受亦如是復次舍利弗一切諸法皆非起非作何以故作者不可得故以是

因緣故舍利弗色畢竟不生受想行識畢竟不生如舍利弗所言何因緣故畢竟不生是不名為色畢竟不生是不名為受想行識須菩提言色生空是空無生無滅無住異受想行識性空是空無生無滅無住異眼乃至一切有為法性空是空無生無滅無住異以是因緣故舍利弗畢竟不生不名色畢竟不生不名受想行識如舍利弗所言何因緣故畢竟不生法當教是般若波羅蜜耶須菩提言畢竟不生即是般若波羅蜜般若波羅蜜即是畢竟不生般若波羅蜜畢竟不生無二無別以是因緣故舍利弗我說畢竟不生當教是般若波羅蜜耶如舍利弗所言何因緣故離畢竟不生無菩薩行阿耨多羅三藐三菩提須菩提言菩薩摩訶薩行般若波羅蜜時不見畢竟不生異般若波羅蜜亦不見畢竟不生異菩薩畢竟不生及菩薩無二無別不見畢竟不生異色何以故是畢竟不生及色無二無別不見畢竟不生異受想行識何

以故畢竟不生受想行識無二無別乃至一切種智亦如是以是因緣故舍利弗離畢竟不生無菩薩行阿耨多羅三藐三菩提如舍利弗所言何因緣故菩薩聞作是說心不沒不悔不驚不怖不畏是名菩薩行般若波羅蜜須菩提言菩薩摩訶薩不見諸法有覺知想見一切諸法如夢如幻如炎如影如化舍利弗以是因緣故菩薩聞作是說心不沒不悔不驚不怖不畏

論者言諸法無有生性者以性空破諸法各各性　此中須菩提自說諸法和合生無有自性如和合五衆等法及六波羅蜜等善法從是出菩薩名字是菩薩從作法衆法和合生故非一法所成以是故言假名是衆法亦從和合邊生譬如有眼有色有明有空有欲見心等諸因緣和合生眼識是中不得言眼是見者若識是見者若色是見者若明是見者若是眼色識等各各不得有所見和合中亦不應有見以是故見法畢竟空如幻如

夢一切諸法如是復次一切法無常亦不失無常破常倒不失破斷滅倒是無常不失法即是入實相門是故須菩提語舍利弗無常即是動相即是空相一切法亦如是復次一切法非常非失者如十八空後義說色畢竟不生者五衆作者生者起者不可得故復次生相不可得者如先破生中說一切法亦如是何以故說若不生為非色非受想行識者此中須菩提自說色從因緣生無有自性常空相若法常空相是法無生相無滅相無住異相受想行識亦如是故不生相法即是無為非有為相餘法亦如是畢竟不生當教誰般若者畢竟不生即是諸法實相諸法實相即是般若波羅蜜云何以般若波羅蜜教般若波羅蜜若離是畢竟不生有菩薩者應當教般若波羅蜜是菩薩般若波羅蜜畢竟不生無二無別云何當教離畢竟不生行道者上說中已答解菩薩聞是不沒不悔者菩薩於一切法中不見我衆生乃至知者見者

亦無說者亦無聽者無邪說無正說亦無無說者知一切法因緣和合故生諸緣離故滅無有起者無有滅者故不畏不怖不沒不悔菩薩知一切法虛誑無實無定若死急時若墮阿鼻泥犁心猶不動況聞虛聲而有恐怖如人夢中見怖畏事覺已則無恐心知夢法能誑心無有實事菩薩亦如是入世間心夢中見有恐畏得諸法實相覺時則無所畏知諸法但是虛誑無有真實復次譬如幻事智者雖見心無所惑知是誑法菩薩亦如是知一切法如幻能誑人心是中無實以是故不怖畏如炎如影如化亦如是須菩提白佛言世尊菩薩摩訶薩行般若波羅蜜如是觀諸法是時菩薩摩訶薩不受色不示色不住色不著色不言是色受想行識亦不受不示不住不著亦不言是受想行識眼不受不示不住不著亦不言是眼耳鼻舌身意亦不受不示不住不著亦不言是意檀波羅蜜不受不示不住不著亦不言是檀波羅蜜尸羅波

羅蜜羼提波羅蜜毗梨耶波羅蜜禪波羅蜜般若波羅蜜不受不示不住不著亦不言是般若波羅蜜內空不受不示不住不著亦不言是內空乃至無法有法空亦如是復次世尊菩薩摩訶薩行般若波羅蜜時四念處不受不示不住不著亦不言是四念處乃至十八不共法不受不示不住不著亦不言是十八不共法一切三昧門一切陀羅尼門乃至一切種智不受不示不住不著亦不言是一切種智復次世尊菩薩摩訶薩行般若波羅蜜時不見色乃至不見一切種智何以故色不生是非色受想行識不生是非識眼不生是非眼耳鼻舌身意不生是非意檀波羅蜜不生是非檀波羅蜜乃至般若波羅蜜不生是非般若波羅蜜何以故色不生不二不別乃至般若波羅蜜不生不二不別內空不生是非內空乃至無法有法空不生是非無法有法空何以故內空乃至無法有法空不生不二不別世尊四念處不生非四念處何

以故四念處不生不二不別何以故世尊是不生法非一非二非三非異以是故四念處不生不二不別乃至十八不共法不生非十八不共法何以故十八不共法不生不二不別何以故世尊是不生法非一非二非三非異以是故十八不共法不生非十八不共法世尊如不生是非如乃至不可思議性不生是非不可思議性世尊是阿耨多羅三藐三菩提不生一切智一切種智不生是非一切種智何以故是阿耨多羅三藐三菩提乃至一切種智不生不二不別何以故世尊是不生非一非二非三非異以是故乃至一切種智不生非一切種智世尊色不滅相是非色何以故色及不滅相不二不別何以故世尊是不滅法非一非二非三非異以是故色不滅相是非色受想行識不滅相是非識何以故識不滅不二不別何以故世尊是不滅法非一非二非三非異以是故識不滅是非識檀波羅蜜乃至般若波羅蜜內空乃至無

法有法空四念處乃至十八不共法亦如是。世尊，以是故色入無二法數，受想行識入無二法數，乃至一切種智入無二法數。

論者言：須菩提白佛：菩薩能如是觀諸法，於五衆中有五種正觀行，所謂不受，以五衆中有無常火能燒心故；不亦者，不取相，非但觀無常等過，觀是五衆空，不取相故；不住者，不依止五衆，畏諸煩惱賊來故不敢久住，譬如空聚落賊所止處，智者不應久住；不著者，五衆若有一罪猶不應著，何況身有飢渴寒熱老病死等，心有憂愁恐怖妬嫉瞋恚等，後世墮三惡道，一切無常苦空無我，不得自在，如是等無量無邊過罪，云何可著？不言是色者，不以邪見說色若常若無常等；不言五衆如是空相，乃至一切種智亦如是。何以故？色中行五種正行，是五衆皆無生相，相皆一相，一相則無相，若無相則非有五衆，乃至一切種智亦如是。若一切法無生相，般若波羅蜜不二不別，得是無生心，即是般若波羅蜜；得般若波羅蜜，即知諸法不生不滅，以是故般若波羅蜜即是不生不二不別。復次，須菩提自說因緣，所謂是無生法不一相，不二不三不異。何以故？諸法無生一相故，乃至一切種智亦如是，如無生，無滅亦如是。問曰：末後何以說色乃至一切種智入無二法數？答曰：菩薩若未破色，則生愛等結使著是色等；破色已，則生邪見著是色空等。令色等用空智慧故皆空，不二相，是諸法虛誑不實，內外入所攝故名為二，色等乃至一切種智離是二名不二。令須菩提憐愍衆生，利益諸菩薩故，說是諸法不二入無二法數中。

大智度論卷第五十二

大智度論卷五十二

校勘記

一　底本，金藏廣勝寺本。

一　五頁中一行經名，石作「大智度經論卷第五十七」；磧、普、南、徑、清作「大智度論卷第五十二」。

一　五頁中三行後，石有「摩訶般若波羅蜜經會宗品第二十四釋」；磧、普、南、徑、清有「釋會宗品第二十四」。

一　五頁中四行首字「介」，石、磧、普、南、徑、清、麗冠以「經」。

一　五頁中九行第一三字「離」，石、磧、普、南、徑、清、麗作「離般若波羅蜜」。

一　五頁下一三行末字「佛」，石無。

一　五頁下一四行「佛法」，磧、普、南、徑、清作「法佛」。

一　五頁下一四行「性性」，石、磧、普、南、清作「性」。

一　六頁上一行第一三字「處」，石

作「處是摩訶衍」。

一一六頁上二行「摩訶衍」，石無。

一一六頁上六行「論者言」，石作「釋曰」；磧、普、南、徑、清冠以〔論〕；麗作「〔論〕者言」。

一一六頁上一八行第一二字及二一行第六字「三」，石、磧、普、南、徑、清作「三解」。

一一六頁中一一行第一三字「足」，石、麗作「足者」。

一一六頁中四行末字「順」，石、磧、普、南、徑、清、麗無。

一一六頁中六行第二字「從」，石無。

一一六頁中九行第七字「若」，石、麗作「若波羅蜜」。

一一六頁中九行末字「故」後，石有夾註「釋第二十四品竟」。

一一六頁中一〇行品名，石作「摩訶般若波羅蜜經十無品第二十五釋」。徑、清作「釋十無品第二十五」。

一一六頁中一一行首字「慧」，石、磧、普、南、徑、清、麗冠以〔經〕。

一一六頁下二行第八字及末行第三字「是」，石、麗作「誰是」。

一一六頁下二行末字「那」，磧、普、南、徑、清、麗作「耶」，下同。

一一七頁上八行第七字「若」，石、磧、普、南、徑、清、麗無。

一一七頁上九行第六字及一〇行第六字「有」，石作「所有」。

一一七頁上二二行第三字「不」，石作「亦不」。

一一七頁中九行「菩薩」，石、麗作「菩薩菩薩」。

一一七頁中一〇行首字「際」，石、麗作「際是諸法」。

一一八頁上一行首字及二〇行下四行首字「問」，磧、普、南、徑、清冠以〔論〕。

一一八頁上一五行第八字「無」，石、磧、普、南、徑、清、麗作「先」。

一一八頁上一六行「如是」，石、磧、普、南、徑、清作「知」。

一一八頁上一八行第五字「乃」，石、麗作「乃能」。

一一八頁中一六行「一切」，石、普作「一物」；磧、南、徑、清、麗作「是一物」。

一一八頁中一九行「福德」，石、麗作「福德福德」；磧、普、南、徑、清作「福福德」。

一一八頁下一一行首字「佛」，磧、普、南、徑、清作「佛歎」。

一一九頁上一八行末字「佛」，石、麗作「佛人」。

一一九頁上一九行末字「如」，石、磧、普、南、徑、清、麗冠以〔經〕。

一一九頁上二〇行第四字及二〇頁上一二行第一〇字、中一〇行第一一字「言」，磧、普、南、徑、清作「所言」。

一一九頁中二行第一〇字「得」，石、磧、普、南、徑、清、麗作「得中不可得」。

一一九頁中一八行「智道」，石、磧、普、南、徑、清、麗作「種智道種」。

一 一九頁中二二行第五至七字「辟支佛」，石作「人辟支佛人」。

一 一九頁下三行第八字「故」，石、磧、南、徑、清、麗作「故於」。

一 二〇頁上一〇行第一一字「故」，石、磧、普、南、徑、清、麗作「故於」。

一 二〇頁上一九行第一一字「是」，石、磧、普、南、徑、清、麗作「是因緣」。

一 二〇頁下四行第八字「形」，磧、普、南、徑、清作「形故」。

一 二〇頁下四行「故可」，磧、普、南、徑、清無。

一 二〇頁下一五行第五字「色」，麗作「觀色」。

一 二一頁上九行第九字「者」，石、麗作「智者」。

一 二一頁上一二行第二字「種」，磧、普、南、徑、清作「種智」。

一 二一頁中二行第八字「字」，石、磧、普、南、徑、清作「字空」。

一 二一頁中五行第八字「如」，磧、普、南、徑、清作「以」。

一 二一頁中八行第一二字「觸」，磧、普、南、徑、清作「解」。

一 二一頁中一三行第九字「如」，石、磧、普、南、徑、清、麗冠以〔經〕。

一 二一頁下四行第一三字「法」，磧、普、南、徑、清、麗作「若法」。

一 二一頁下六行第一三字「失」，石作「失復次舍利弗」。

一 二一頁下八行首字「法」，石、磧、普、南、徑、清、麗作「法無常亦不失」。

一 二一頁下一一行第一〇字「法」，石、磧、普、南、徑、清、麗作「法非常」。

一 二一頁下一四行第三字「觸」，麗作「識」。

一 二二頁上五行第一〇字、六行第一一字及八行第二字「異」，石、磧、普、南、徑、清作「無異」。

一 二二頁上九行「不名」，石、麗皆作「是不名」。

一 二二頁中二行第七字「亦」，石作「法亦」。

一 二二頁中八行第五字「想」，石、麗作「相」。

一 二二頁中八行第一二字「夢」，石作「夢如響」。

一 二二頁中一二行，二四頁上五行「論者言」，石作「釋曰」；磧、普、南、徑、清冠以〔論〕；麗作「〔論〕者言」。

一 二二頁中一二行第八字「生」，石、磧、普、南、徑、清、麗作「自」。

一 二二頁中一六行第九字「法」，石、麗作「緣」。

一 二二頁中一七行第五字「以」，石作「如」。

一 二二頁中一七行第一三字「法」，石作「生」。

一 二二頁下一行第五字「法」，石、磧、普、南、徑、清、麗作「法亦」。

一 二二頁下二行第一一字「破」，磧、南、徑、清無。

一　二二頁下三行第六字「法」，石無。

一　二二頁下九行第一三字「若」，石、磧、普、南、徑、清、麗作「若色」。

一　二二頁下一三行第一一字「是」，石、磧、普、南、徑、清作「是是」。

一　二三頁上二行「無説」，石作「誑」。

一　二三頁上六行末字至七行首字「恐怖」，磧、普、南、徑、清作「怖畏」。

一　二三頁上一五行第三字「須」，石、磧、普、南、徑、清、麗冠以〔經〕。

一　二三頁上一七行第一〇字「示」，麗作「視」。

一　二三頁下一四行第六字「生」，石、磧、普、南、徑、清、麗作「生法」。

一　二三頁下一七行第二字「及」，石作「乃」。

一　二三頁下二〇行第八字「識」，麗作「識及」。

一　二三頁下二〇行第一〇字「滅」，石作「滅相」。

一　二三頁下二二行第九字「滅」，石、麗作「滅相」。

一　二四頁上五行第八字「佛」，石作「佛言」。

一　二四頁上一八行第七字「空」，磧、普、南、徑、清、麗作「定」。

一　二四頁上二〇行「相相」，石、麗作「相」。

一　二四頁中四行第一二字「二」，石、麗作「二相」。

一　二四頁中七行第七字「以」，石、麗作「以故」。

一　二四頁中一五行末字「中」後，石有夾註「釋第二十五品竟」。

一　二四卷末經名，石作「大智度經論卷第五十七」。

大智度論釋無生品第二十六 卷五十三

立

聖者龍樹造

後秦龜茲國三藏鳩摩羅什譯

尒時慧命舍利弗語須菩提菩薩摩訶薩行般若波羅蜜觀諸法何等是菩薩何等是般若波羅蜜何等是觀須菩提語舍利弗如所問何等是菩薩為阿耨多羅三藐三菩提是人發大心以是故名為菩薩亦知一切法一切種相是中亦不著知色相不著乃至知十八不共法亦不著舍利弗問須菩提何等為一切法相須菩提言若以名字因緣和合等知諸法是色是聲香味觸法是內是外是有為法是無為法以是名字相語言知諸法是名知諸法相如舍利弗所問何等是般若波羅蜜遠離故名般若波羅蜜何等法遠離遠離衆界入遠離檀波羅蜜乃至禪波羅蜜遠離內空乃至無法有法空以是故遠離名般若波羅蜜復次遠離四念處乃至遠離十八不共法遠離一切智以是因緣故遠離名般若波羅蜜如舍利弗所問何等是觀舍利弗菩薩摩訶薩行般若波羅蜜時觀色非常非無常非樂非苦非我非無我非空非不空非相非無相非作非無作非滅寂非不滅寂非離非不離受想行識亦如是檀波羅蜜乃至般若波羅蜜內空乃至無法有法空四念處乃至十八不共法一切三昧門一切陁羅尼門乃至一切種智觀非常非無常非樂非苦非我非無我非空非不空非相非無相非作非無作非滅寂非不滅寂非離非不離舍利弗是名菩薩摩訶薩行般若波羅蜜時觀諸法問曰所謂菩薩義般若波羅蜜義諸觀義上已問今何以更問荅曰先已荅大樹喻非一斫可斷是事難故更問復次是般若波羅蜜有無量義如曇無竭品中說般若波羅蜜如大海水無量如須弥山種種嚴飾是故問又此問雖同荅義種種異復次諸佛斷法愛不立經書亦不莊嚴言語但為拯濟衆生隨應度者說如大清涼美池

無量衆生前後來飲各飽而去聽者亦如是佛先說菩薩般若及觀前來者有得解悟而去後來者未聞是故重問菩提者菩提有三種有阿羅漢菩提有辟支佛菩提有佛菩提無覺智慧清淨無垢故名為菩提菩薩雖有大智慧諸煩惱習未盡故不名菩提此中但說一種所謂佛菩提也薩埵秦言衆生是衆生為無上道故發心修行復次薩埵名大心是人發大心求無上菩提而未得以是故名為菩提薩埵佛已得是菩提不名為菩提薩埵大心滿足故菩薩餘義如先廣說復次佛此中自說因緣是人為佛道故修行知一切諸法相亦不著諸法相者可以知諸法門是色聲等略說菩薩義先知諸法各各相如地堅相然後知畢竟空相於是二種智慧中亦不著但欲度衆生菩薩得如是智慧一切別相法中皆得遠離如色中離色離色即是自相空遠離者是空之別名菩薩得般若波羅蜜於一切法心皆遠離所以者何見一切諸法罪過故阿羅漢秦言遠離波羅蜜秦言度彼岸此二音相近義相會故以阿羅漢釋波羅蜜遠離何等法所謂衆界入乃至一切智以遠離是諸法故名般若波羅蜜如禪波羅蜜能調伏人心般若波羅蜜能令人遠離諸法觀者不觀諸法常無常等如先說舍利弗問須菩提何因緣故色不生是非色受想行識不生是非識乃至一切種智不生是非一切種智須菩提言色色相空色空中無色無生以是因緣故色不生是非色受想行識識相空識空中無識無生以是因緣故受想行識不生是非受想行識舍利弗檀波羅蜜檀波羅蜜相空檀波羅蜜空中無檀波羅蜜無生尸羅波羅蜜羼提波羅蜜毗梨耶波羅蜜禪波羅蜜般若波羅蜜般若波羅蜜相空般若波羅蜜空中無般若波羅蜜無生以是因緣故舍利弗般若波羅蜜不生是非般若波羅蜜內空乃至無法有法空四念處乃至十八不共法一切種智亦如是以是因緣故內空不生是非內空乃至一切種智不生是非一切種智舍利弗問須菩提汝何因緣故言色不二是非色受想行識不二是非識乃至一切種智不二是非一切種智須菩提荅言所有色所有不二所有受想行識所有不二是一切法皆不合不散無色無形無對一相所謂無相眼乃至一切種智亦如是以是因緣故舍利弗色不二是非色受想行識不二是非識乃至一切種智不二是非一切種智舍利弗問須菩提何因緣故言是色入無二法數受想行識入無二法數乃至一切種智入無二法數須菩提荅言色不異無生無生不異色色即是無生無生即是色受想行識不異無生無生不異識識即是無生無生即是識以是因緣故舍利弗色入無二法數受想行識入無二法數乃至一切種智亦如是問曰上品竟便應問下生何以此中方問荅曰三種大法易解利益多衆生故先問何因緣故色不生為非色乃至一切種智

不生為非一切種智須菩提荅色是
空色中無色相行者以是無生智慧
令色無生若能得是無生心作是念
令即得色實相是故說色無生為非
色色性常自無生非令智慧力故使
無生如有人破色令空猶存本色想
譬如除廁作舍本雖無廁猶有不淨
想若能知廁本無幻化所作則無廁
想行者如是若能知色從本已來初
自無生者則不復存色想是故言色
無生為非色乃至一切種智亦如是
問曰汝先自說無生即是無二今何
以更問荅曰義雖一所入觀門異上
言破因中先有果若無果是生法一
異等是生若初生若後生破如是等
生名無生今破眼色有無等諸二故
是名不二行者或先入無生觀門後
入不二或先入不二後入無生觀義
雖一行者分別破色二故言不二破
色生故言無生上說無生因緣謂自
相空今說不二因緣所謂不合不散
一相所謂無相等義雖同一空上自
相空此是散空色入無二法數者行

者觀色不生不滅相是時分別色令
變為無生是故說色無生即是不二
何以故色破散即是無生如先分別
諸法時離色不得更有生令色破散
即是無生不得更有無生以是故色
即是入無二法數是二阿羅漢於佛
前共論竟須菩提白佛而更說是義
欲使佛證知故尒時須菩提白佛言
世尊若菩薩摩訶薩行般若波羅蜜
如是觀諸法是時見色無生畢竟淨
故見受想行識無生畢竟淨故見我
無生乃至知者見者無生畢竟淨故
見檀波羅蜜無生乃至般若波羅蜜
無生畢竟淨故見內空無生乃至無
法有法空無生畢竟淨故見四念處
無生乃至十八不共法無生畢竟淨
故見一切三昧一切陁羅尼無生畢
竟淨故乃至見一切種智無生畢竟
淨故見凡人凡人法無生畢竟淨故
見須陁洹須陁洹法斯陁含斯陁含
法阿那含阿那含法阿羅漢阿羅漢
法辟支佛辟支佛法菩薩菩薩法佛
佛法無生畢竟淨故舍利弗語須菩

提如我聞須菩提所說義色是不生
受想行識是不生乃至佛佛法是不
生若尒者受應得須陁洹須陁洹果
斯陁含斯陁含果阿那含阿那含果
阿羅漢阿羅漢果辟支佛辟支佛道
不應得菩薩摩訶薩一切種智亦無
六道別異亦不得菩薩摩訶薩五種
菩提須菩提若一切法不生相何以
故須陁洹為斷三結故修道斯陁含
為薄婬恚癡故修道阿那含為斷五
下分結故修道阿羅漢為斷五上分
結故修道辟支佛為辟支佛法故修
道何以故菩薩摩訶薩作難行為衆
生受種種苦何以故佛得阿耨多羅
三藐三菩提何以故佛轉法輪須菩
提語舍利弗我不欲令無生法有所
得我亦不欲令無生法中得須陁洹
須陁洹果乃至不欲令無生法中得
阿羅漢阿羅漢果辟支佛辟支佛道
我亦不欲令菩薩作難行為衆生受
種種苦菩薩亦不以難行心行道何
以故舍利弗生難心苦心不能利益
無量阿僧祇衆生舍利弗今菩薩憐

愍眾生於眾生如父母兄弟想如兒子及已身想如是能利益無量阿僧祇眾生用無所得故所以者何菩薩摩訶薩應生如是心如我一切處一切種不可得內外法亦如是若生如是想則無難心苦心何以故是菩薩於一切種一切處一切法不受故舍利弗我亦不欲令無生法中佛得阿耨多羅三藐三菩提亦不欲令無生中轉法輪亦不欲令以無生法得道論者言無生觀有二種一者柔順忍觀二者無生忍觀前說無生是柔順忍觀不畢竟淨漸習柔順觀得無生忍則畢竟淨問曰菩薩未盡結未得佛道智慧未淳淨云何言畢竟清淨荅曰是菩薩得無生忍時滅諸煩惱得菩薩道入菩薩位雖有煩惱氣坐道場時乃盡無所妨故畢竟淨復次畢竟清淨者於柔順道畢竟清淨非為佛道以眾生空法空故從見色無生畢竟淨乃至佛及佛法無生畢竟清淨須菩提種種因緣說諸法相決定無生因此事舍利弗作是難賢聖

中聚小者須陁洹須陁洹法聚大者佛佛法若尒者聖人無大無小聖法亦無優劣亦無六道別異此略難問斷三結修道者為廣難問曰云何是五種菩提荅曰一者柔順忍二者無生忍及三種菩提於三菩提中過二而住第三菩提復有五菩提一者名發心菩提於無量生死中發心為阿耨多羅三藐三菩提故名為菩提此因中說果二者名伏心菩提折諸煩惱降伏其心行諸波羅蜜三者名明菩提觀三世諸法本末總相別相分別籌量得諸法實相畢竟清淨所謂般若波羅蜜相四者名出到菩提於般若波羅蜜中得方便力故亦不著般若波羅蜜滅一切煩惱見一切十方諸佛得無生法忍出三界到薩婆若五者名無上菩提坐道場斷煩惱習得阿耨多羅三藐三菩提如是等五菩提義餘諸賢聖斷結義如先說問曰聲聞道廣說斷結義何以不說辟支佛行菩薩有種種行荅曰辟支佛於聲聞無復異道但福德利根小

深入諸法實相為異菩薩道雖有種種眾行但難行苦行為希有事眾生見已歡喜言菩薩為我等作此行餘行雖妙深人所不知不能感物故不說復次如舍利弗難意若諸法都是無生空寂者一切眾生皆著樂菩薩何以故獨受苦行復次諸佛常樂遠離寂滅斷法受決定知諸法不轉不還何故與眾生轉法輪須菩提於佛前說無生法佛不呵折得快心樂說無難力故荅舍利弗我亦都不欲令無生法中有六種聖人除菩薩故言六及六道別異何以故以得無生法證故謂為聖法聖人有差別於無生法中都無所有復次於無生法中有二種失麤失者煞盜等罪故有三惡道細失者用著心布施持戒等福故有三善道若菩薩生難心苦心則不能度一切眾生如世間小事心難以為苦猶尚不成何況成佛道成因緣者所謂大慈大悲心於眾生如父母兒子已身想何以故父母兒子已身自然生愛非推而愛也菩薩善修大

悲心故於一切衆生乃至怨讎同意愛念是大悲果報利益之具都無所惜於内外所有盡與衆生此中說不惜因緣所謂一切處一切種一切法不可得故若行者初入佛法用衆生空知諸法無我今用法空知諸法亦空以此大悲心及諸法空二因緣故能不惜内外所有利益衆生不起難行想苦行想一心精進歡喜如人為自身及為父母妻子勤身修業不以為苦若為他作則無歡心苦行難行如後品本生因緣變化現受畜生形中說一切諸法畢竟空不可思議相故一切法還而不轉故不名為轉但為破虚妄顛倒故名為轉法輪舍利弗語須菩提今欲令以生法得道以無生法得道須菩提語舍利弗我不欲令以生法得道舍利弗言今須菩提欲令以無生法得道須菩提言我亦不欲令以無生法得道舍利弗言如須菩提所說無知無得須菩提言有知有得不以二法今以世間名字故有知有得世間名字故有須陁洹

乃至阿羅漢辟支佛諸佛第一實義中無知無得無須陁洹乃至無諸佛須菩提若世間名字故有知有得六道分異亦世間名字故有非以第一實義耶須菩提言如是如是舍利弗如世間名字故有知有得六道別異亦世間名字故有非以第一實義何以故舍利弗第一實義中無業無報無生無滅無淨無垢舍利弗語須菩提不生法生生法生須菩提言我不欲令不生法生亦不欲令生法生舍利弗言何等不生法不欲令生須菩提言色是不生法自性空不欲令生受想行識不生法自性空不欲令生乃至阿耨多羅三藐三菩提不生法自性空不欲令生舍利弗語須菩提生生不生生須菩提言非生生亦非不生生何以故舍利弗生不生是二法不合不散無色無形無對一相所謂無相舍利弗以是因緣故非生生亦非不生生介時舍利弗語須菩提須菩提樂說無生法及無生相須菩提語舍利弗我樂說無生法亦樂說

無生相何以故諸無生法無生相樂說及語言是一切法皆不合不散無色無形無對一相所謂無相舍利弗語須菩提汝樂說不生法亦樂說不生相是樂說語言亦不生須菩提言如是如是舍利弗何以故舍利弗色不生受想行識不生眼不生乃至意不生地種不生乃至識種不生身行不生口行不生意行不生檀波羅蜜不生乃至一切種智不生以是因緣故舍利弗我樂說不生法亦樂說不生相是樂說語言亦不生論者言介時舍利弗知須菩提樂說無難而問言若一切法無生相此無生相云何證用是生法得證為用不生法得證若用生法得證生法虚誑汝已種種因緣破又不可以生法得脫生法若以無生得證無生未有法相不可以證云何得證須菩提二法皆不受俱有過故如先說舍利弗作是念佛經說二法攝一切法若有為若無為生者有為無生者無為今須菩提離此二法云何當說得道事作是念已問

須菩提無有得道事耶須菩提是大阿羅漢行無諍三昧第一但為菩薩故說是無生汝云何當作邪見說無得道者是故言有知有得知得即是得道果之別名須菩提恐違前語故言不以二法故但為世俗故說有須陁洹乃至佛何以故一切語法實無我相今用我分別須陁洹乃至佛是世俗法復次未得法空故言是善是不善是有為是無為等第一義中無衆生故無須陁洹乃至佛法空故無須陁洹果乃至佛道聖人聖法猶尚虛誑無定實何況凡人六道業及果報問曰須菩提已種種因緣定說不生法生答曰須菩提上說得道因緣生法今舍利弗何以更問不生法生故舍利弗得須菩提意雖說不生法破一切法為因緣故說而心不著無生法是故更問又以此法甚深欲令聽者了了得解故更問上問得道行法今摠問一切法云何生用慧眼知一切法皆不生今現見諸法生是故問云何生須菩提荅二事皆非若生

生生法已生不應更生若不生生生法未有故不應生若謂生時半生半不生是亦不生若生分則已生竟若未生分則無生故是須菩提不用是肉眼竟以不通達故二法皆不受但說是生如幻如夢從虛誑法生應離應不取相舍利弗問何等法二俱不受須菩提以世諦故說色乃至一切種智畢竟不生自然空相不欲令實中有生若世諦虛誑可有生生如幻化此中說不生因緣所謂不合不散有人言生與法異謂生是常所可生法無常是故更問荅者以生法不異若說生法已說生相生不生如上說舍利弗聞須菩提所說知須菩提心愛樂無生法故語須菩提汝實愛樂說無生法須菩提即受其問心亦無愧何以故是論議不可破無有過罪何以知之須菩提自說無法可合無法可散無色無形空一相所謂無相空相尚不受何況餘相舍利弗重讚汝說樂無生法及語言皆無生是實清淨若當樂說及語言非無生但說

外物無生者則非清淨須菩提即復受其讚荅舍利弗非但樂說語言是無生色乃至一切種智亦無所生
尒時舍利弗語須菩提須菩提於說法人中應最在上何以故須菩提隨所問皆能荅須菩提言諸法無所依故舍利弗語須菩提云何諸法無所依須菩提言色性常空不依內不依外不依兩中間受想行識性常空不依內不依外不依兩中間眼耳鼻舌身意性常空不依內不依外不依兩中間色性常空乃至法性常空不依內不依外不依兩中間檀波羅蜜性常空乃至般若波羅蜜性常空不依內不依外不依兩中間內空性常空乃至無法有法空性常空不依內不依外不依兩中間舍利弗四念處性常空乃至一切種智性常空不依內不依外不依兩中間以是因緣故舍利弗一切諸法無所依性常空故如是舍利弗菩薩摩訶薩行六波羅蜜時應淨色受想行識乃至應淨一切種智舍利弗問須菩提菩薩摩訶薩

云何行六波羅蜜時淨菩薩道須菩提言有世間檀波羅蜜有出世間檀波羅蜜尸羅波羅蜜羼提波羅蜜毗梨耶波羅蜜禪波羅蜜般若波羅蜜有世間有出世間舍利弗問須菩提云何世間檀波羅蜜云何出世間檀波羅蜜須菩提言若菩薩摩訶薩作施主能施沙門婆羅門貧窮乞人須食與食須飲與飲須衣與衣卧具牀搨房舍香華瓔珞醫藥種種所須資生之物若妻子國土頭目手足支節內外之物盡以給施施時作是念我與彼取我不慳貪我為施主我能捨一切我隨佛教施我行檀波羅蜜作是施已用得法與一切衆生共之迴向阿耨多羅三藐三菩提念言是布施因緣令衆生得今世樂後當令得入涅槃是人布施有三导何等三我相他相施相著是三相布施是名世間檀波羅蜜何因緣故名世間於世間中不動不出是名世間檀波羅蜜云何名出世間檀波羅蜜所謂三分清淨何等三菩薩摩訶薩布施時我

不可得不見受者施物不可得亦不望報是名菩薩摩訶薩三分清淨檀波羅蜜復次舍利弗菩薩摩訶薩布施時施與一切衆生衆生亦不可得以此布施迴向阿耨多羅三藐三菩提乃至不見微細法相舍利弗是名出世間檀波羅蜜何以故名為出世間於世間中能動能出是故名出世間檀波羅蜜尸羅波羅蜜有所依是為世間尸羅波羅蜜無所依是為出世間尸羅波羅蜜餘如檀波羅蜜說羼提波羅蜜毗梨耶波羅蜜禪波羅蜜般若波羅蜜有所依是名世間無所依是名出世間餘亦如檀中說如是舍利弗菩薩摩訶薩行六波羅蜜時淨菩薩道舍利弗問須菩提云何菩薩摩訶薩為阿耨多羅三藐三菩提道須菩提言四念處是菩薩摩訶薩為阿耨多羅三藐三菩提道乃至八聖道分空解脫門無相解脫門無作解脫門內空乃至無法有法空一切三昧門一切陁羅尼門佛十力四無所畏四無导智十八不共法大慈

大悲舍利弗是名菩薩摩訶薩為阿耨多羅三藐三菩提道

問曰五百阿羅漢佛各說其第一如舍利弗智慧第一目揵連神足第一摩訶迦葉行頭陁中第一須菩提得無諍三昧第一摩訶迦旃延分別修多羅第一富樓那說法人中第一今舍利弗何以故讚須菩提於說法人中應最第一荅曰佛以佛眼觀一切衆生利根鈍根籌量一切法㧾相別相隨其所得法各記第一無錯富樓那於四衆中用十二部經種種法門種種因緣譬喻說能利益衆生第一須菩提常行無諍三昧與菩薩同事巧便樂說一種空相法門勝富樓那譬如工師多有所能所能多故普不精悉如有人偏能一事則必盡其美富樓那雖多能不如須菩提常樂行空故能巧說空是故舍利弗聞須菩提巧說空義便讚言汝於說法人中應作第一舍利弗見須菩提隨所問皆能荅如風行空中無所罣导尒時須菩提不諱不受何以故安立平實

好人相故好人相者不自讚不自毀於他亦不讚不毀若自讚身非大人相不為人所讚而便自美若自毀是輪人若毀他是讒賊人若讚他是諂媚人須菩提說無生法故舍利弗雖讚而非諂須菩提以舍利弗實讚故不謙又以斷法愛故心不高亦不愛著但荅無导無障因緣所謂一切法無所依止無所依止故無障無导無所依止義如先說此中須菩提自說內法空故色不依止內外法空故色不依止外中間無所有故色不依止中間如色乃至一切種智亦如是若菩薩知一切三界無常空故不中依止尒時煩惱折能淨菩薩道是故須菩提說菩薩行六波羅蜜應淨色乃至一切種智問曰淨色乃至淨一切種智即是淨菩薩道何以故更問荅曰菩薩能令色畢竟空是名清淨是事深妙不可頓得是故舍利弗問新學菩薩云何修是初方便道須菩提荅若菩薩能行二種波羅蜜六波羅蜜是初開菩薩道能用無所得空行

三十七品是開佛道淨者名為開如去道中判棘名為開道何等是二種波羅蜜一者世間二者出世間世間者須菩提自說義所謂須食與食等是義如初品中說若施時有所依止譬如老病人依恃他力能行能立施者離實智慧心力薄少故依止依止者已身財物受者是法中取相心著生憍慢等諸煩惱是名世間不動不出動者柔順忍出者無生法忍聲聞法中動者學人出者無學餘者五波羅蜜亦如是是名初開菩薩道問曰菩薩道即是阿耨多羅三藐三菩提道何以更問荅曰菩薩時有道佛已到不須道是道為得阿耨多羅三藐三菩提故名菩薩道菩薩行是道故名菩薩道此中佛說遠道所謂六波羅蜜菩薩道也近道所謂三十七品菩提道也六波羅蜜中布施持戒等雜故遠三十七品但有禪定智慧故近六波羅蜜有世間出世間雜故遠三十七品三解脫門等乃至大慈大悲畢竟清淨故近復次阿耨多羅三

藐三菩提道者從初發意乃至金剛三昧其中為菩提苦行皆是菩提道尒時舍利弗讚須菩提言善哉善哉何等波羅蜜力須菩提言是般若波羅蜜力所以者何般若波羅蜜能生一切諸善法若聲聞法辟支佛法菩薩法佛法舍利弗般若波羅蜜能受一切諸善法聲聞法辟支佛法菩薩法佛法舍利弗過去諸佛行般若波羅蜜得阿耨多羅三藐三菩提未來諸佛亦行般若波羅蜜當得阿耨多羅三藐三菩提舍利弗今現在十方諸國界中諸佛亦行是般若波羅蜜得阿耨多羅三藐三菩提舍利弗若菩薩摩訶薩聞說般若波羅蜜時不疑不難當知是菩薩摩訶薩行菩薩道菩薩道者救一切衆生故心不捨一切衆生以無所得故菩薩常應不離是念所謂大悲念舍利弗復問欲使菩薩摩訶薩常不離是念所謂大悲念若菩薩摩訶薩不離大悲念令一切衆生皆當作菩薩何以故須菩提一切衆生亦不離諸念故須菩提

言善哉善哉舍利弗汝欲難我而成
我義何以故衆生無故念亦無衆生
性無故念亦性無衆生法無故念法
亦無衆生離故念亦離衆生空故念
亦空衆生不可知故念亦不可知舍
利弗色無故念亦無色性無故念亦
性無色離故念亦離色空故念亦空
色不可知故念亦不可知受想行識
亦如是眼乃至意色乃至法地種乃
至識種檀波羅蜜乃至般若波羅蜜
內空乃至無法有法空四念處乃至
十八不共法一切三昧門一切陀羅
尼門一切智一切種智乃至阿耨多
羅三藐三菩提無故念亦無乃至阿
耨多羅三藐三菩提不可知故念亦
不可知舍利弗菩薩摩訶薩行是道
我欲使不離是念所謂大悲念今時
佛讚須菩提言善哉善哉是菩薩摩
訶薩般若波羅蜜其有說者亦當如
是說汝所說般若波羅蜜皆是承佛
意故菩薩摩訶薩學般若波羅蜜應
如汝所說學須菩提說是般若波羅
蜜品時三千大千世界六種振動東

湧西沒西湧東沒南湧北沒北湧南
沒中湧邊沒邊湧中沒介時佛微笑
須菩提白佛言何因何緣故微笑佛
告須菩提如我於此世界說般若波
羅蜜東方無量阿僧祇世界諸佛亦
為諸菩薩摩訶薩說般若波羅蜜南
西北方四維上下亦說是般若波羅
蜜說是般若波羅蜜品時十二那由
他諸天人得無生法忍十方諸佛說
是般若波羅蜜時無量阿僧祇衆生
亦發阿耨多羅三藐三菩提心
論者言舍利弗作是念須菩提所說
分別六波羅蜜世間出世間及菩提
道大利益衆生故歡喜讚言善哉善
哉弟言之者喜之至也問是何波羅
蜜力須菩提作是思惟一切心數法
中除智慧無能如是分別斷疑開道
諸波羅蜜中離般若波羅蜜自體不
能成就何況能分別開道如是思惟
已荅舍利弗是般若波羅蜜力如先
說諸法中無我無知者無見者今以
此證知是般若波羅蜜力非佛力非
須菩提力何以故須菩提說因緣所

謂般若波羅蜜離斷常有無二邊等
故能生一切善法所謂三乘法定相
堅牢不壞相又般若波羅蜜無量無
邊故能受一切善法如大海能受衆
川万流三乘善法者所謂六波羅蜜
乃至十八不共法十方三世諸佛行
般若波羅蜜故皆得阿耨多羅三藐
三菩提雖行餘波羅蜜般若波羅蜜
最尊大有分別通達力譬如和合下
藥巴豆最有力般若波羅蜜亦如是
雖與餘波羅蜜合而破諸煩惱拔邪
見捨戲論般若波羅蜜力最勝以是
故說皆是般若波羅蜜力問曰種種
讚此般若波羅蜜微妙甚深誰能隨
順應般若波羅蜜行有菩薩無量世
集諸福德利根諸煩惱折薄雖未到
阿鞞跋致地聞般若波羅蜜即時信
受深入通達如是相者則能行般若
波羅蜜道所謂救度一切衆生令離
世間憂惱大悲心故不離一切衆生
菩薩常不應離大悲及畢竟空念畢
竟空破世間諸煩惱示涅槃而大悲
引之令還入善法中以利益衆生介

時舍利弗難須菩提若菩薩不離是大悲及畢竟空念者一切衆生皆當作菩薩何以故是畢竟空無相無所分別不應菩薩有而衆生無若有一切衆生應共有若無菩薩亦應無須菩提答汝欲難我而助成我義何以故諸法相畢竟空故衆生亦空衆生空故畢竟空念亦空若諸法畢竟空何有衆生實空而難我言衆生不離是念皆當爲菩薩是故說衆生無所有故畢竟空念亦無所有衆生無性衆生離衆生空衆生不可知畢竟空念亦空色乃至阿耨多羅三藐三菩提亦如是問曰此中念是不離大悲念何以說不離畢竟空念答曰菩薩不離是念心不捨衆生用無所得故無所得空畢竟空名異而義一不可得空在初畢竟空在後以畢竟空大故生悲亦大大悲如阿差末經中說有三種悲衆生緣法緣無緣無緣悲從畢竟空生以是解舍利弗所難佛證其說故讚言善哉若欲解說般若波羅蜜者當如汝所說尒時衆生天

人菩薩作是念般若波羅蜜甚深三世諸佛皆從中生須菩提小乘人公何佛讚欲說般若波羅蜜當如汝所說是故次言須菩提所說皆承佛意正使弥勒等諸菩薩梵天王等不承佛意尚不能得聞何況須菩提在佛前自恣樂說諸菩薩欲學般若波羅蜜亦當如汝所說學說是品時三千大千世界地六種振動者是時會中多有菩薩發阿耨多羅三藐三菩提心皆當作佛佛是天地大主地神歡喜我主今生故使地大動復次人心信深般若波羅蜜者難得希有故是人以福德因緣感大風以動水水動故地動復次地下大龍王欲來聽般若波羅蜜從水出故水動水動故地動復次佛神力故令地動般若波羅蜜難見難知欲引導衆人令益信樂故餘地動因緣如先說此中佛自說因緣所謂我說般若波羅蜜十方諸佛亦說是般若波羅蜜十二阿由陁天人得阿鞞跋致地入法位是故地動又十方世界衆生等亦發無上道

意是故地動尒時諸天亦有散種種蓮華及種種雜香天衣天蓋千万種天妓樂諸龍王等從四大海水中涌出及諸夜叉羅刹等皆生慈心合手讚佛又佛笑時無量光明遍覆十方如恒河沙等世界有尒所等希有事取要言之地動皆由說諸法實相所謂般若波羅蜜

大智度論卷第五十三

大智度論卷五十三

校勘記

一 底本，金藏廣勝寺本。

一 二八頁中一行經名，石作「大智度經論卷第五十八」；磧、普、南、徑、清作「大智度論卷第五十三」。

一 二八頁中三行後品名，石作「摩訶般若波羅蜜經無生品第二十六釋」；磧、普、南、徑、清作「釋無生三觀品第二十六」。（徑、清有夾註「經作無生品」）。

一 二八頁中四行首字「介」，石、磧、普、南、徑、清、麗冠以〔經〕，下同。

一 二八頁中七行第八字「如」，石、麗作「如汝」；磧、普、南、徑、清作「汝」。

一 二八頁中一八行第一〇字「衆」，石作「陰」。

一 二八頁下一四行第一三字「問」，石、磧、普、南、徑、清、麗冠以〔論〕，下同。

一 二九頁上三行第二字「有」，磧、普、南、徑、清無。

一 二九頁上四行第三、四字「菩提」，麗作「菩薩」。

一 二九頁上五行末字「覺」，石、磧、普、南、徑、清、麗作「學」。

一 二九頁上九行「秦言衆生」，石作夾註。

一 二九頁上一六行第一二字「色」，麗作「色是」。

一 二九頁上一六行第一三字「聲」，石、磧、普、南、徑、清、麗作「是聲」。

一 二九頁上一七行第五字「義」，磧、普、南、徑、清作「我」。

一 二九頁上一九行第一〇字「生」，磧、普、南、徑、清、麗作「生故」。

一 二九頁中一行第八字及三行第五字「漢」，石、磧、普、南、徑、清、麗作「蜜」。

一 二九頁中八行第三字，三二頁上一五行第一三字「舍」，石、磧、普、南、徑、清、麗冠以〔經〕。

一 二九頁下二一行第三字「下」，石、磧、普、南、徑、清、麗作「不」。

一 三〇頁上四行第九字「說」，石、麗作「言」。

一 三〇頁上七行第七字「本」，石、磧、普、南、徑、清、麗作「今」。

一 三〇頁上八行末字「廁」，石作「惡」。

一 三〇頁上一二行第七字「無」，石作「不」。

一 三〇頁上一二行第一三字「今」，磧、普作「念」。

一 三〇頁中一七行第六字「昧」，石作「眛門」。

一 三〇頁中一七行第一一字「尼」，石作「尼門」。

一 三〇頁中一九行「人凡人」，石、麗作「夫凡夫」。

一 三〇頁下三行第五字「受」，石、麗作「不」；磧、普、南、徑、清作「今不」。

一 三〇頁下九行第七字「三」，磧作「王」。

一　三〇頁下二〇行第五字「令」，石、磧、普、南、徑、清、麗作「令無生法中」。

一　三一頁上三行第三字「生」，石、磧、普、南、徑、清、麗作「生是」。

一　三一頁上九行末字，三二頁下一八行第三字「生」，石、麗作「生法」。

一　三一頁上一一行，三二頁下一二行，三六頁中一二行「論者言」，石作「釋曰」；磧、普、南、徑、清冠以〔論〕；麗作「〔論〕者言」。

一　三一頁上二一行第四字「淨」，石作「清淨」。

一　三一頁中三行末字「問」，石、磧、普、南、徑、清、麗作「後問」。

一　三一頁中七行第九字「五」，石、麗作「五種」。

一　三一頁中一〇行第一二字，三五頁上一五行第六字「折」，石作「断」。

一　三一頁中一一行末字「明」，磧、普、南、徑、清作「明心」。

一　三一頁下八行第六字「受」，石、磧、普、南、徑、清、麗作「愛」。

一　三一頁下九行第二字「何」，石、麗作「何以」。

一　三一頁下末行「推而愛」，石作「思惟而生」。

一　三一頁下末行第八字「愛」，磧、普、南、徑、清作「生愛」。

一　三二頁上二行第一一字「具」，磧、麗作「且」。

一　三二頁上三行第二字「於」，石、磧、普、南、徑、清作「持」。

一　三二頁中二行第一三字「諸」，石無。

一　三二頁中四行第二字「分」，石、磧、普、南、徑、清、麗作「別」。

一　三二頁中一〇行第三字「生」，麗作「王」。

一　三二頁下一行第一〇字「法」，磧、普、南、徑、清、麗作「法及」。

一　三二頁下四行及一一行「不」，磧、普、南、徑、清均作「無」。

一　三二頁下一四行第六字「無」，石作「不」。

一　三二頁下一八行首字「以」，磧、南、徑、清作「已」。

一　三三頁上三行第五字「生」，石、磧、普、南、徑、清、麗作「生法」。

一　三三頁上三行第六字「汝」，石無。

一　三三頁上四行第一二字「得」，石、麗作「得者」。

一　三三頁上七行第一一字「語」，石、磧、普、南、徑、清、麗作「諸」。

一　三三頁上一三行第二字「誑」，石作「空」。

一　三三頁上一五行第八字「以」，磧、普、南、徑、清作「以故」。

一　三三頁中五行第三字「竟」，石、磧、普、南、徑、清、麗作「見」。

一　三三頁下三行第一〇字「亦」，磧、普、南、徑、清作「皆亦」。

一　三三頁下四行第一三字「於」，石作「於諸」。

一　三四頁上三行第五字「羅」，磧、普、南、徑、清無。

一 三四頁上二行第一二字「謂」，石作「說」。

一 三四頁中四行第三字「施」，磧、普、南、清無。

一 三四頁下三行第一〇字「說」，石、磧、普、南、徑、清作「記」。

一 三四頁下一三行第七字「說」，石、麗作「說法」。

一 三四頁下一六行第三字「工」，石、麗作「巧」。

一 三五頁上四行首字「輪」，石、麗作「姣輸」；磧、普、南、徑、清作「妖諂」。

一 三五頁上六行第三字「非」，石作「不」。

一 三五頁上一五行第六字「折」，磧、普、南、徑、清作「斷」。

一 三五頁中一一行第一〇字「學」，石作「學人」。

一 三五頁中一四行第三字「以」，石、麗作「以故」。

一 三五頁中一六行第五字「名」，石、麗作「名爲」。

一 三五頁中一六行第七字「薩」，磧、普、南、徑、清、麗作「提」。三五頁下一七行第三字，石同。三六頁下一六行末字，麗、石同。

一 三五頁下二行第八字「苦」，石、麗作「菩薩」。

一 三五頁下一三行第二字「國」，石作「世」。

一 三五頁下一三行「諸國」，磧、普、南、徑、清作「世」。

一 三五頁下一七行首字「道」，石作「道行」。

一 三五頁下一八行第九字「故」，麗作「故是」。

一 三五頁下二一行第九字「不」，麗作「常不」。

一 三六頁上七行第三字「色」，磧、普、南、徑、清作「色法無故念亦法無色」。

一 三六頁上七行第四字「離」，石、麗作「法無」。

一 三六頁上七行「故念」，石作「故念亦法無色離故念」；麗作「故念亦法無色離故」。

一 三六頁上二〇行第三字「汝」，磧、普、南、徑、清、麗作「如汝」。

一 三六頁上二一行末字「應」，石、麗作「應當」。

一 三六頁上末行第一二字，三七頁中九行第八字「振」，徑、清作「震」。

一 三六頁中三行第九字「何」，石無。

一 三六頁中五行第一一字「界」，石作「界中」。

一 三六頁中一五行第六字「喜」，石、麗作「善」。

一 三六頁中一七行末字及一九行第一〇字「道」，磧、普、南、徑、清作「導」。

一 三六頁中一八行第五字「中」，磧、普、南、徑、清作「中若」。

一 三六頁下五行「川万流」，石作「流萬川」。

一 三六頁下一一行第一三字「拔」，

磧、普、南、徑、清無。

一　三六頁下一二行第二字「捨」，石無。

一　三六頁下一五行第九字「有」，石、磧、普、南、徑、清、麗作「答曰有」。

一　三六頁下二〇行第一〇字「離」，磧、普、南、徑、清作「捨」。

一　三六頁下末行第三字「令」，石作「令」。

一　三六頁下末行第五字「入」，石作「人」。

一　三七頁上二行第二字「悲」，石、磧、普、南、徑、清、麗作「悲念」。

一　三七頁上一三行第二字「亦」，石、麗作「亦畢竟」。

一　三七頁上末行第一三字「生」，石、磧、普、南、徑、清、麗作「中」。

一　三七頁中二一行「阿由陁」，石、磧、普、南、徑、清、麗作「那由他」。

一　三七頁下八行末字「蜜」，石、磧、普、南、徑、清作「蜜故」；石有夾註「釋第二十六品竟」。

一　三七頁下卷末經名，石作「大智度經論卷第五十八」。

大智度論釋天主品第二十七 卷五十四 立

聖者龍樹造

後秦龜茲國三藏鳩摩羅什譯

尒時三千大千世界諸四天王天與無數百千億諸天俱来在會中三千大千世界諸釋提桓因等諸忉利天須夜魔天王等諸夜魔天刪兜率陁天王等諸兜率陁天須涅蜜天王等諸妙化天婆舍跋提天王等諸自在行天各與無數百千億諸天俱來在會中三千大千世界諸梵天王乃至首陁婆諸天各與無數百千億諸天俱来在會中是諸四天王天乃至首陁婆諸天報生身光明於佛常光百分千分万億分不能及一乃至不可以筭數譬喻為比世尊光明最勝最妙最上第一諸天業報光明在佛光邊不照不現譬如燋炷比閻浮檀金尒時釋提桓因白大德須菩提是三千大千世界諸四天王天乃至首陁婆諸天一切和合欲聽須菩提說般若波羅蜜義須菩提菩薩摩訶薩云何應住般若波羅蜜中何等是菩薩摩訶薩般若波羅蜜云何菩薩摩訶薩應行般若波羅蜜須菩提語釋提桓因言憍尸迦我今當承順佛意承佛神力為諸菩薩摩訶薩說般若波羅蜜如菩薩摩訶薩所應住般若波羅蜜中諸天子今未發阿耨多羅三藐三菩提心者應當發心諸天子若入聲聞正位是人不能發阿耨多羅三藐三菩提心何以故與生死作障隔故是人若發阿耨多羅三藐三菩提心者我亦隨喜所以者何上人應更求上法我終不斷其功德憍尸迦何等是般若波羅蜜菩薩摩訶薩應薩婆若心念色無常念色苦念色空念色無我念色如病如敗癰瘡如箭入身痛惱衰壞憂畏不安以無所得故受想行識亦如是眼耳鼻舌身意地種水火風空識種觀無常乃至憂畏不安是亦無所得故觀色寂滅離不生不滅不垢不淨受想行識亦如是觀地種乃至識種寂滅離不生不滅不垢不淨亦無所得故復次憍尸迦

菩薩摩訶薩應薩婆若心觀無明緣
諸行乃至老死因緣大苦聚集亦無
所得故觀無明滅故諸行滅乃至生
滅故老死滅老死滅故憂悲愁惱大
苦聚滅以無所得故復次憍尸迦菩
薩摩訶薩應薩婆若心修四念處以
無所得故乃至修佛十力十八不共
法以無所得故復次憍尸迦菩薩摩
訶薩應薩婆若心行檀波羅蜜以無
所得故行尸羅波羅蜜羼提波羅蜜
毗梨耶波羅蜜禪波羅蜜以無所得
故復次憍尸迦菩薩摩訶薩行般若
波羅蜜時作是觀但諸法諸法共相
因緣潤益增長分別挍計是中無我
無我所菩薩迴向心不在阿耨多羅
三藐三菩提心中阿耨多羅三藐三
菩提心不在迴向心中迴向心於阿
耨多羅三藐三菩提心中不可得阿
耨多羅三藐三菩提心於迴向心中
不可得菩薩雖觀一切法亦無法可
得是名菩薩摩訶薩般若波羅蜜釋
提桓因問大德須菩提云何菩薩迴
向心在阿耨多羅三藐三菩提心中

云何阿耨多羅三藐三菩提心不在
迴向心中云何迴向心於阿耨多羅
三藐三菩提心中不可得云何阿耨
多羅三藐三菩提心於迴向心中不
可得須菩提語釋提桓因言憍尸迦
迴向心阿耨多羅三藐三菩提心非
心是非心相非心相中不可迴向是
非心相常非心相不可思議相常不
可思議相是名菩薩摩訶薩般若波
羅蜜尒時佛讚須菩提言善哉善哉
須菩提汝為諸菩薩摩訶薩說般若
波羅蜜安慰諸菩薩摩訶薩心須菩
提白佛言世尊我應報恩不應不報
恩過去諸佛及諸弟子為諸菩薩說
六波羅蜜亦教利喜世尊尒時亦在
中學得阿耨多羅三藐三菩提我今
亦當為諸菩薩說六波羅蜜亦教利
喜令得阿耨多羅三藐三菩提問曰
初品中佛放殊勝光明諸天大集此
間何以更說荅曰有人言此是後會
有人言即是前會天以須菩提善能
說深般若波羅蜜諸天歡喜以是故
佛微笑常光益更發明諸天光明不

復現如日出時星月燈燭無復光明
譬如燋炷在閻浮檀金邊四天王天
者東方名提多羅吒秦言治國主乾
闥婆及毗舍闍南方名毗流離秦言
增長主弓槃荼及薜荔多西方名毗
流波叉秦言雜語主諸王及富樓多
那北方名鞞沙門秦言多聞主夜叉
及羅剎釋提桓因釋迦秦言能提婆
秦言天因提秦言主合而言之釋提
婆那民須夜磨夜摩天王名也秦言
妙善删兜率陀兜率陀天王名也秦
言妙足須涅蜜陀秦言化樂婆舍跋
提秦言他化自在天此間一梵天王
名尸棄秦言火從梵天乃至首陀婆首陀婆
天秦言淨居天業報生身光者欲界
天以燈燭明珠等施及布施持戒禪
定等清淨故身常光明不須日月色
界天行禪離欲修習火三昧故身常
出妙光勝於日月及欲界報光明離
欲天取要言之是諸光明皆由心清
淨故得佛常光明者面各一丈諸天
光大者雖無量由旬於佛光邊蔽而
不現釋提桓因見佛神力光明作是

念佛光明能蔽諸天光智慧之明亦當能破我愚闇又以佛命須菩提說般若是故言一切諸天皆大集會欲聽須菩提說般若義今大福德諸天皆集欲聞般若義云何是般若波羅蜜者是問般若體云何行者是問初入方便行云何住者問深入究竟住須菩提受其語作是答若人飢渴給是飲食感恩則深菩薩亦如是發心求佛道為是人說般若則大得利益感恩亦深是故說般若未發心者當發已入聖道者則不堪任以漏盡無有後生故如是等因緣故言不任問曰若是人不任者何以故言是人若發心者我亦隨喜不障其功德上人應更求上法答曰須菩提雖是小乘常習行空故不著聲聞道以是故假設言若發心有何咎此中須菩提自說二因緣一者不障其福德心二者上人應更求上法以是故上人求阿耨多羅三藐三菩提無咎若上人求小法是可恥以中間傍及餘事故更稱問何等是般若波羅蜜者所謂應薩

婆若心觀色無常苦空無我如先說觀五衆能生諸惱故言如病有人聞五衆如病謂為輕微故言如癰疽有人以癰疽難愈猶或可差故言如箭鏃入體不可得出有人以箭鏃在體雖況深難拔良方妙術猶可令出故言常痛惱如人著衰常有不告五衆亦如是若人隨逐則無安隱以有衰故常懷憂怖是五衆如與師子虎狼共住常懷憂畏是五衆無常虛誑等過故常不安隱問曰五衆但有此十五種惡更有餘事答曰略說則十五廣說則無量無邊如雜阿含中呵五衆有百種罪過問曰何以常說無常苦空無我或時說八事如病如癰等餘七事少有說處答曰人有上中下為利根故說四即入苦諦中根者說四則不能生厭心說如病如癰等八事則生厭心鈍根人聞是八事猶不生厭更為說痛惱等七事然後乃厭利根易度故常多說四事鈍根人時有可度者故希說餘事上八事名為聖行餘七事凡夫聖人共行初四入

十六聖行故般若中常說又說般若為菩薩利根故多說聖行今問云何是初行法故此中都說十二入乃至六種等亦應如是呵十八界等亦應具說誦者妄失所以者何此十八界等諸法皆是五衆別名故不應不說若行者觀五衆等寂滅遠離不生不滅不垢不淨此但為般若波羅蜜故不合上十五說十五事三乘共故聲聞人智力薄故初始不能觀五衆若遠離若寂滅等但能觀無常等入第三諦乃能觀寂滅菩薩利根故初觀五衆便得寂滅相用無所得者常用無所得空慧觀諸法相復次釋提桓因問般若波羅蜜相不問五衆患厭事但說般若相般若相者不離五衆有涅槃不離涅槃有五衆五衆實相即是涅槃是故初發心鈍根者先用無常等觀然後觀五衆寂滅等十二因緣亦如是復次修四念處乃至八聖道分是共法應薩婆若心以無所得者是名般若波羅蜜相六波羅蜜乃至十八不共法獨是大乘法問曰

應說般若波羅蜜相行何以故中閒說諸法諸法更相因緣潤益增長答曰須菩提上先說諸法無常等過後說諸法遠離寂滅無所得空然後說諸法雖空從因緣和合故有次說四念處乃至十八不共法行佛道聽者作是念上說遠離寂滅空故知非常說十二因緣故知不滅而無知者見者誰修行是諸法得佛是故說菩薩作是念諸法空無我無衆生而從因緣故有四大六識是十法各各有力能生能起能有所作如地能持水能爛火能消風能迴轉識能分別是十法各有所作衆生顛倒故謂是人作我作如皮骨和合故有語聲或者謂人語如火燒乾竹林出大音聲此中無有作者又如木人幻人化人雖能動作無有作者此十法亦如是前生法後生法後生法因緣或共生因緣或相應因緣或報因緣等常修常集因緣令果報增長如春殖果樹隨時溉灌華果繁茂以智慧分別知一切諸法無有作者菩薩初發意迴向與

佛心作因而初發意迴向時未有佛心佛心中無初迴向心雖無而能作因緣問曰若初發心迴向時無菩提心者何所迴向答曰般若波羅蜜實相中諸法非常相非無常相非有相非無相故不應難言迴向心已滅無所有云何與菩提作因若諸法不生不滅非不生非不滅云何以不生不滅作難無菩提心何所迴向復次佛自說菩提相非過去非未來非現在云何難言未來無菩提故何所迴向復次如如品中說過去世不離未來世未來世不離過去世過去世如未來世如一如無二云何說菩提心不在迴向心中迴向心不在菩提心中但菩薩聞讃歎佛法發心愛樂我所有功德皆迴向佛道從發心已來乃至佛道修是功德不休不息用如幻如夢無所得故是名菩薩般若波羅蜜能知諸法因緣生果報而無有定相釋提桓因難何以故迴向心不在菩提心中可得菩提心不在迴向心中可得須菩提不以世諦如幻如夢

說但以第一義諦說是二心皆空非心相何以故諸法畢竟空中無是心非心如是法云何可有迴向若有二法可有迴向譬如乘車西行南有止宿處故迴車趣向與迴向處異故可有迴向不得但有車而言迴向無異故非心相常非心相者須菩提意謂是心相如常住不生不滅不垢不淨以非心相故非心亦無是非心是故說不可思議不可思議亦常不可思議不可籌量思惟取相以是因緣故阿耨多羅三藐三菩提所因心似果不似則不能生若初心不淨後不能發淨心如鍊鐵不能成金佛以須菩提深入因緣般若波羅蜜此是般若波羅蜜名也以能深得諸法因緣故即以為名無有違錯故於大衆中讚言善哉善哉汝是小乘人能善說深般若波羅蜜安慰諸菩薩心者以般若波羅蜜亦諸菩薩汝莫自以煩惱未盡未成佛道故而自懈廢諸法無礙初心後心無有異相但勤精進則成佛道我應報恩者須菩提作是念

我行此諸法實相得脫老病死苦我云何不念是法大恩以是故常樂說復次佛有大悲心樂說法度衆生我以佛恩故得道我亦助佛說法度衆生是為報恩又如今世尊因過去諸佛得成佛道是故我亦愛敬過去佛如子愛敬父故亦愛重於祖又亦愛敬過去諸菩薩及弟子能說法教示故今世尊亦因此得成須菩提深心信三寶故說我知今世尊及法過去諸佛及弟子恩法即是法寶今佛過佛即是佛寶諸菩薩及弟子是僧寶六波羅蜜如先說示者示人好醜善不善應行不應行生死為醜涅槃安隱為好分別三乘分別六波羅蜜如是等名示教者教言汝捨惡行善是教利者未得善法味故心則退沒為說法引導令出汝莫於因時求果汝今雖勤苦果報出時大得利益令其心利故名利喜者隨其所行而讚歎之令其心喜若樂布施者讚布施則喜故名喜以此四事莊嚴說法

介時須菩提語釋提桓因言憍尸迦

汝今當聽菩薩摩訶薩般若波羅蜜中如所應住所不應住憍尸迦色色空受想行識識空菩薩菩薩空是色空菩薩空不二不別受想行識空菩薩空不二不別憍尸迦菩薩摩訶薩般若波羅蜜中應如是住復次眼眼空乃至意意空菩薩菩薩空眼空乃至菩薩空不二不別六塵亦如是地種地種空乃至識種識種空菩薩菩薩空憍尸迦地種空乃至識種空菩薩空不二不別憍尸迦菩薩摩訶薩般若波羅蜜中應如是住無明無明空乃至老死老死空無明滅無明滅空乃至老死滅老死滅空無明滅空乃至老死滅空菩薩菩薩空不二不別憍尸迦菩薩摩訶薩般若波羅蜜中應如是住檀波羅蜜乃至般若波羅蜜內空乃至無法有法空四念處乃至十八不共法一切三昧門一切陀羅尼門聲聞乘辟支佛乘佛乘聲聞辟支佛菩薩佛亦如是一切種智一切種智空菩薩菩薩空一切種智空菩薩空不二不別憍尸迦菩薩摩

訶薩般若波羅蜜中應如是住介時釋提桓因問須菩提云何般若波羅蜜所不應住須菩提言憍尸迦菩薩摩訶薩不應色中住以有所得故不應受想行識中住以有所得故不應眼中住乃至不應意中住不應色中住乃至不應法中住眼識乃至意識眼觸乃至意觸眼觸因緣生受乃至意觸因緣生受中不應住以有所得故地種乃至識種中不應住以有所得故檀波羅蜜乃至般若波羅蜜四念處乃至十八不共法中不應住以有所得故須陀洹果中不應住以有所得故乃至阿羅漢果辟支佛道菩薩道佛道一切種智不應住以有所得故復次憍尸迦菩薩摩訶薩色是常不應住色是無常不應住受想行識亦如是色若樂若苦若淨若不淨若我若無我若空若不空若寂滅若不寂滅若離若不離不應住以有所得故受想行識亦如是復次憍尸迦菩薩摩訶薩須陀洹果無為相斯陀含果無為相阿那含果無為相阿羅

大智度論第五十四卷　第十五張　競字號

漢果無為相不應住辟支佛道無為相佛道無為相不應住須陁洹福田不應住斯陁含阿那含阿羅漢辟支佛佛福田不應住復次憍尸迦菩薩摩訶薩初地中不應住以有所得故乃至第十地中不應住以有所得故復次菩薩摩訶薩住初發心中我當具足檀波羅蜜不應住乃至我當具足般若波羅蜜不應住具足六波羅蜜當入菩薩位不應住入菩薩位已當住阿鞞跋致地不應住菩薩當具足五神通不應住以有所得故菩薩住五神通已我當遊無量阿僧祇佛界礼敬供養諸佛聽法聽法已為他人說菩薩摩訶薩如是不應住以有所得故如諸佛世界嚴淨我亦當莊嚴世界不應住以有所得故成就衆生令入佛道不應住到無量阿僧祇世界諸佛所尊重愛敬供養以香華瓔珞澤香擣香幢幡華蓋百千億種寶衣供養諸佛不應住以有所得故我當令無量阿僧祇衆生發阿耨多羅三藐三菩提心如是菩薩不應住

大智度論第五十四卷　第十六張　競字號

我當生五眼肉眼天眼慧眼法眼佛眼不應住我當生一切三昧門不應住隨所欲遊戲諸三昧不應住我當生一切陁羅尼門不應住我當得佛十力不應住我當得四無所畏四無㝵智十八不共法不應住我當具足大慈大悲不應住我當具足三十二相不應住我當具足八十隨形好不應住以有所得故是八人是信行人是法行人如是不應住須陁洹極七世生不應住家家不應住須陁洹命終垢盡不應住須陁洹中間入涅槃不應住是人向斯陁含果證不應住是人斯陁含一來入涅槃不應住是人向阿那含果證不應住斯陁含一種不應住是人阿那含彼間入涅槃不應住是人向阿羅漢果證不應住是人阿羅漢今世入無餘涅槃不應住是辟支佛不應住過聲聞辟支佛地我當住菩薩地不應住道種智中不應住以有所得故一切種一切法知已斷諸煩惱及習不應住佛得阿耨多羅三藐三菩提當轉法輪不應

大智度論第五十四卷　第十七張　競字號

住作佛事度無量阿僧祇衆生入涅槃不應住四如意足中不應住入是三昧住如恒河沙等劫壽不應住我當得壽命無殃數劫不應住三十二相一一相百福莊嚴不應住我一世界如十方恒河沙等世界不應住我三千大千世界純是金剛不應住我菩提樹當出如是香衆生聞是無有婬欲瞋恚愚癡亦無聲聞辟支佛心是一切人必當得阿耨多羅三藐三菩提若衆生聞是香者身病意病皆悉除盡不應住當使我世界中無有色受想行識名字不應住當使我世界中無有檀波羅蜜名字乃至無有般若波羅蜜名字當使我世界中無有四念處名字乃至無有十八不共法名字亦無須陁洹名字乃至無有佛名字不應住以有所得故何以故諸佛得阿耨多羅三藐三菩提時一切諸法無所得故如是憍尸迦菩薩於般若波羅蜜中不應住以無所得故尒時舍利弗心念菩薩今云何應住般若波羅蜜中須菩提知舍利弗

心所念語舍利弗言於汝意云何諸佛何所住舍利弗語須菩提諸佛無有住處諸佛不色中住不受想行識中住不有為性中住不無為性中住不四念處中住乃至不十八不共法中住不一切種智中住舍利弗菩薩摩訶薩般若波羅蜜中應如是住如諸佛住於諸法中非住非不住舍利弗菩薩摩訶薩般若波羅蜜中應如是學我當住不住法故論者言般若波羅蜜中住者所謂五衆五衆相空五衆相空者以十八空觀故復次般若波羅蜜經說空義五衆相空但凡夫顛倒故取五衆相五衆和合中取菩薩相般若波羅蜜中以衆生空除衆生即是無菩薩相以法空除五衆則無五衆相二空無有別異故言五衆空菩薩空無二無別如栴檀火滅糞草木火滅滅法無異取未滅時相於滅時說故有別異於滅中則無異乃至一切種智亦如是不應住者所謂五衆中不應住問曰應說如住義何以故說不住答曰不能於五衆中

心離不住則是住義是故說以有所得故不應住乃至一切種智亦如是先說五衆中不應住不知以何門不應住今說常無常等門中不應住乃至遠離不應住問曰須陁洹果等無為相不應住有何次第答曰菩薩先觀諸法空無所有心退沒欲取涅槃涅槃即是無為相是故今說須陁洹果等無為相不應住若是須陁洹果無為相則無法可著何所愛何所取若是有為相有為相則虛誑無實亦不應住是故說須陁洹果無為相不應住乃至佛無為相不應住亦如是如菩薩欲行佛道初行檀波羅蜜應求福田所以者何福田因緣功德故所願得滿如種良田則所收益多如佛說餘田果報有量賢聖田無量菩薩聞是須陁洹等福田果報無量故便欲作須陁洹以是故說須陁洹福田不應住乃至辟支佛亦如是問曰二乘小故應過不住佛福田何以不住答曰菩薩法於諸法應平等若以佛為大衆生為小則破等法相復次

空故一切處不應住復次菩薩等心布施若分別福則破大悲亦破三分清淨布施初地中不應住者若不捨初地則不得二地求大益故應捨小利復次著心取相故不應住乃至第十亦如是問曰若菩薩摩訶薩法從初發心應行六波羅蜜行六波羅蜜故入法位入法位故應住阿鞞跋致地住阿鞞跋致地已應起五神通供養十方諸佛如後廣說今何以故皆言不應住答曰不破清淨住但破計我邪見取相心住譬如治田去其穢草復次為斷法愛故不應住不欲遠諸佛說畢竟空智慧故不應住若以方便不著心憐愍衆生故雖住無咎乃至八十種隨形好亦如是八人者所謂見諦道中信行法行須陁洹極久七世生有須陁洹今世煩惱盡得阿羅漢有家家須陁洹三世生三世生已入涅槃有中間須陁洹除第三餘中間入涅槃住六無𢚩五解脫中者是須陁洹向斯陁含斷欲𢚩六種結生天上從天上來生人間入涅槃

名斯陀含斷欲界第七分結名向阿那含斷第八分結亦名向阿那含名一種子斯陀含此間死彼間生入涅槃能斷欲界一切結使名阿那含此間死生色無色界入涅槃更不復來生有今世滅阿那含有中陰滅阿那含有即生時入涅槃阿那含有生已修起諸行入涅槃阿那含有不勤求諸行入涅槃阿那含有上行乃至阿迦貳吒阿那含有生無色界入涅槃阿那含有得身證入涅槃阿那含是名阿那含亦名向阿羅漢阿羅漢有九種漏盡捨身時名入無餘涅槃過聲聞辟支佛佛地住菩薩地道種智一切種智知一切法斷一切煩惱及習成佛轉法輪三十二相莊嚴世界度無量衆生無量壽命皆如先論議中說聲聞人善修四如意足得是三昧力能住壽若一劫若減一劫菩薩善修四如意三昧若欲如恒河沙劫壽亦得如意三千大千世界純是金剛者餘世界雖底有金剛及佛所行所坐處有金剛而餘處皆無是菩薩所

願世界皆是金剛菩提樹香度衆生者如先義中說問曰此中事雖希有皆可信無有色受想行識名字無檀波羅蜜名字乃至佛名字是難可信答曰有世界大福德智慧人生處樹木虛空土地山水等常出諸法實相之音所有法皆是不生不滅不淨不垢空無相無作等衆生便聞是音自然得無生法忍如是世界中不須分別說諸法名字所謂是五衆十二入等檀波羅蜜乃至十八不共法須陀洹乃至諸佛是世界衆生皆有三十二相八十隨形好莊嚴身無量光明一種道一種果是中不應住者菩薩自念我能生如是世界則生高心以是故不應取相住此中須菩提自說不住因緣諸佛得佛道時於諸法中不得定實相故當何所住令舍利弗作是念若都無所住當住何處得成佛道須菩提知舍利弗心所念語舍利弗諸菩薩皆是佛子子法如父所行諸佛心於一切法中無所住所謂色乃至一切種智菩薩亦應如是學

用無所住心行般若波羅蜜如諸佛無所住心中亦不住非不住心中亦不住畢竟清淨故諸菩薩亦應隨佛住畢竟清淨故諸菩薩亦應隨佛學尒時會中有天子作是念諸夜叉言語字句所說尚可了知須菩提所說言語論議解釋般若波羅蜜了不可知須菩提知諸天子心所念語諸天子不解不知耶諸天子言大德不解不知須菩提語諸天子汝等法應不知我無所論說乃至不說一字亦無聽者何以故諸字非般若波羅蜜般若波羅蜜中無聽者諸佛阿耨多羅三藐三菩提無字無說諸天子如佛化作化人是化人復化作四部衆比丘比丘尼優婆塞優婆夷化人於四部衆中說法於汝意云何是中有說者有聽者知者不諸天子言不也大德須菩提言一切法皆如化此中無說者無聽者無知者諸天子譬如人夢中見佛說法於汝意云何是中有說者有聽者有知者不諸天子言不也大德須菩提語諸天子一切法皆

如夢無說無聽無知者諸天子譬如二人在大深淵各住一面讚佛法衆有二嚮出於諸天子意云何是二嚮展轉相解不諸天子言不也大徳諸天子一切法亦如是無說無聽無知者諸天子譬如工幻師於四衢道中化作佛及四部衆於中說法於諸天子意云何是中有說者有聽者有知者不諸天子言不也大徳諸天子一切諸法如幻無說者無聽者無知者尒時諸天子心念須菩提所說欲令易解轉深轉妙須菩提知諸天子心所念語諸天子言色非深非妙受想行識非深非妙色性非深非妙受想行識性非深非妙眼性乃至意性色性乃至法性眼界性乃至意界性眼識乃至意識眼觸乃至意觸眼觸因緣生受乃至意觸因緣生受檀波羅蜜乃至般若波羅蜜内空乃至無法有法空四念處乃至十八不共法一切諸三昧門一切陁羅尼門乃至一切種智一切種智性非深非妙諸天子復作是念是所說法中不說色不

說受想行識不說眼乃至意識因緣生受不說檀波羅蜜乃至般若波羅蜜不說内空乃至無法有法空不說四念處乃至十八不共法不說陁羅尼門三昧門乃至一切種智不說須陁洹果乃至阿羅漢果不說辟支佛道不說阿耨多羅三藐三菩提道是法中不說名字語言須菩提知諸天子心所念語諸天子言如是如是諸天子是法中諸佛阿耨多羅三藐三菩提不可說相是中無聽者無知者以是故諸天子善男子善女人欲住須陁洹果欲證須陁洹果者是人不離是忍斯陁含阿那含阿羅漢果辟支佛道佛道欲住欲證不離是忍如是諸天子菩薩摩訶薩從初發心般若波羅蜜中應如是住以無說無聽故

問曰諸夜叉語雖隱覆不正而事則鄙近說深般若波羅蜜雖用常辭而幽旨玄遠事異趣乖何以相況荅曰諸天適以人所不解況已未悟不必事趣皆同以為喻也有人言天帝九百九十九門皆以六青衣夜叉守之

此諸夜叉語言浮僞情趣妖諂諸天賤之不以在意是故不解其言而其意況可不須言辯而識故言尚可了知今聞深般若言似言及而玄旨幽邃尋之雖深而失之逾遠故以夜叉言況其叵知又以夜叉語雖難解眼見見相傳以其言度其心則皆可知譬如深淵駛水得船可渡須菩提所說般若波羅蜜畢竟空義無有定相不可取不可傳譯得悟不得言有不得言無不得言有無不得言非有非無非有非無亦無一切心行處滅言語道斷故是故諸天子驚疑迷悶須菩提荅諸天子汝所不解者汝自應尒是法無所一說乃至不說一字可著可取無字語無是諸佛道何以故名字皆空虛誑無實如破色名字中說用名字則有語言若無名字則無語言諸天子作是念若無說若無聽今日和合聚會有何所作須菩提欲解此義故以譬喻明之諸天子復作是念欲以譬喻解悟我等而此譬喻轉更深妙譬喻以麁喻細以定事明

大智度論第五十四卷　第二十七張　辛号

不定今此譬喻亦微妙無定相須菩提知諸天子心於深般若中迷没不能自出是故說般若波羅蜜不異五衆五衆實相即是般若波羅蜜今是五衆非深非妙乃至一切種智非深非妙諸天子尒時深知須菩提口雖說色心無所說乃至阿耨多羅三藐三菩提亦如是須菩提知諸天子心荅言如是如是非我獨尒佛得菩提時亦無說寂滅相實無說者聽者是故須陁洹果乃至佛道皆因無爲法而有離是法是忍則無須陁洹乃至佛道亦如是菩薩初發心乃至得佛於其中間一切法無說無聞諸觀滅故語言斷故不可說不可說故不可聽不可聽故不可知不可知故於一切法無受無著則入涅槃

大智度論卷第五十四

[illegible]

大智度論卷五十四

校勘記

一　底本，金藏廣勝寺本。

一　四二頁中一行經名，石作「大智度經論卷第五十九」；磧、普、南、徑、清作「大智度論卷五十四」。

一　四二頁中三行後，石有「摩訶般若波羅蜜經天主品第二十七釋」；磧、普、南、徑、清有「釋天主品第二十七」。

一　四二頁中四行首字，四六頁上末行、四九頁下五行首字「尒」，石、磧、普、南、徑、清、麗冠以「經」。

一　四二頁中四行第一三字「天」，石、麗作「天等各」。

一　四二頁中八行第一二字「天」，石、磧、普、南、徑、清、麗作「陁天」。

一　四二頁中九行第五字「婆」，石作「諸婆」。

一　四二頁中一一行第一一字「天」，磧、普、南、徑、清無。

一　四二頁中一一行第一二字「王」，石作「王等」。

一　四二頁中一二行第三字「婆」，石、磧、南、徑、清作「會」。

一　四二頁中一二行第五字「天」，石、麗作「天等」。

一　四二頁中一四行第五字「報」，石、磧、普、南、徑、清、麗作「業報」。

一　四二頁中一四行第一三字及一七行末字「光」，石作「光明」。

一　四二頁中一五行第四字「万」，石、磧、普、南、徑、清作「千万」。

一　四二頁中一五行末二字至一六行首字「不可以」，石無。

一　四二頁中一六行「爲比」，石作「所不能及」。

一　四二頁中一七行第一三字「佛」，麗作「佛常」。

一　四二頁中一八行第一三字「檀」，石作「那提」。

一　四二頁下八行第七字「應」，石、磧、普、南、徑、清作「今應」。

一 四二頁下八行第一〇字「心」，麗無。

一 四二頁下一六行「如敗癰瘡」，石、磧、普、南、徑、清作「如疸如癰如瘡」；麗作「如疽癰瘡」。

一 四三頁上一〇行第六字「羅」，磧、南、徑、清無。

一 四三頁上二〇行首字「不」，石、麗作「亦不」。

一 四三頁上二〇行第五字「薩」，石作「薩摩訶薩」。

一 四三頁上末行第三字「在」，石、磧、普、南、徑、清、麗作「不在」。

一 四三頁中一八行，五〇頁中一八行「問曰」，石、磧、普、南、徑、清、麗冠以〔論〕。

一 四三頁下三行「秦言治國」，石、麗作夾註。

一 四三頁下四至五行「秦言增長」，石、麗作夾註。

一 四三頁下五行第四字「弓」，石、磧、普、南、徑、清、麗作「拘」。

一 四三頁下六行「秦言雜語」，石、麗作夾註。

一 四三頁下六行第一〇字「王」，石、磧、普、南、徑、清、麗作「龍王」。

一 四三頁下六行第一三字「樓」，石、麗無。

一 四三頁下七行「秦言多聞」，石、麗作夾註。

一 四三頁下一〇行第六字「磨」，磧、普、南、徑、清作「摩」。

一 四三頁下一四行第一五至一七字「首陁婆」，麗無。

一 四三頁下二〇行第八字「諸」，石、麗作「諸天」。

一 四三頁下二二行首字「光」，石、麗作「光明」。

一 四四頁上二行第四字「我」，石、麗作「我等」。

一 四四頁上六行第六字「若」，麗作「若波羅蜜」。

一 四四頁上一一行第九字，下一行末字「若」，磧、普、南、徑、清作「若若」。

一 四四頁上一二行第五字「者」，磧作「是」。

一 四四頁中二行第七字「惱」，石作「煩惱」。

一 四四頁中四行第五字「難」，石、麗作「雖難」。

一 四四頁中七行第一二字「吉」，磧作「告」。

一 四四頁中一三行第一一字「含」，清作「舍」。

一 四四頁中一五行末字「等」，石、磧、普、南、徑、清、麗作「疸等」。

一 四四頁中末行第七字「夫」，石作「夫人」。

一 四四頁下二行首字「爲」，磧、普、南、徑、清作「若爲」。

一 四四頁下五行第五字「妄」，磧、普、南、徑、清作「忘」。

一 四四頁下八行第五字「淨」，石、麗作「淨等」。

一 四五頁上六行第一二字「道」，徑

作「銜」，下同。

一　四五頁上一九行第五至九字「後生法因緣」，石、麗作「因緣」；磧、普、南、徑、清作「因緣和合」。

一　四五頁中一行第四字「因」，石、磧、南、徑、清、麗作「因緣」。

一　四五頁中一六行第四字「聞」，石、麗作「聞如」。

一　四五頁中末行第七字「不」，石作「不可」。

一　四五頁下五行第八字「與」，石、磧、普、南、徑、清、麗作「車與」。

一　四五頁下一五行第一〇字及次頁下三行首字「蜜」，石、磧、普、南、徑、清、麗作「蜜中」。

一　四五頁下一八行第一一字「能」，石、磧、南、徑、清、麗作「而能」。

一　四五頁下二〇行第五字「示」，石、麗作「教」。

一　四五頁下二一行第一三字「法」，石、磧、南、徑、清作「法無障」。

一　四六頁上二行末字「說」，石、麗作「說法」。

一　四六頁上五行第七字「如」，磧、普、南、徑、清、麗作「知」。

一　四六頁上六行第三字「成」，石作「成就」。

一　四六頁上七行第一二字「又」，磧、普、南、徑、清作「父」。

一　四六頁上一二行第一二字「是」，石、麗作「即是」。

一　四六頁上一六行末字「是」，石、麗作「是名」。

一　四六頁上二一行第六字「若」，石作「爲」。

一　四六頁中一四行第一〇字「空」，石、磧、普、南、徑、清、麗作「空菩薩菩薩空憍尸迦無明空乃至老死空」。

一　四六頁中一五行第七、八字「菩薩」，石、普、徑、麗無。

一　四六頁下二行第一〇字「何」，石、麗作「何菩薩」。

一　四七頁上一一行「鞞跋」，石作「惟越」。

一　四七頁上一四行首字「界」，磧、普、南、徑、清作「世界」。

一　四七頁上一九行「香華」，石作「花香」。

一　四七頁上二〇行第三字「澤」，石、磧、普、南、徑、清作「塗」。

一　四七頁中一四行第七字「来」，石、麗作「往来」。

一　四七頁下四行第六字「殃」，磧、普、南、徑、清作「央」。

一　四七頁下七行末字「我」，石、磧、普、南、徑、清、麗作「使我」。

一　四七頁下八行第一二字「是」，石、麗作「者」。

一　四七頁下一七行第一二字「至」，磧、普、南、徑、清作「至佛」。

一　四八頁上八行第四字「於」，磧、普、南、徑、清無。

一　四八頁上一〇行「論者言」，石作「〔論〕釋曰」；磧、普、南、徑、清冠以〔論〕；麗作「〔論〕者言」。

一　四八頁上一三行第五字「經」，石、麗作「經中」。

一　四八頁上一四行第一三字「中」，磧、普、南、徑、清無。

一　四八頁上末行第九字「不」，磧、普、南、徑、清、麗作「若」。

一　四八頁中一七行第一三字「量」，石、磧、普、南、徑、清、麗作「量果報亦無量」。

一　四八頁中二一行第一三字「以」，石、麗作「故」。

一　四八頁下一行第一三字「等」，石、麗作「應等」。

一　四八頁下二行第六字「福」，磧、普、南、徑、清、麗作「福田」。

一　四八頁下五行第三字「次」，石、磧、普、南、徑、清、麗作「次以」。

一　四八頁下六行首字「十」，石、麗作「十地」。

一　四八頁下一二行第一一字「田」，石作「田法」。

一　四八頁下一四行第三字「説」，石作「法」。

一　四八頁下二一行第一〇字「㝵」，石作「破」。

一　四八頁下二二行第二字「是」，石、麗作「皆是」。

一　四八頁下二二行第一二字「㝵」，石、麗作「界」。

一　四九頁上二行末字「名」，石、麗作「又名」。

一　四九頁上一〇行第二字「貳」，石、清作「膩」。

一　四九頁上一四行「佛佛」，石、磧、普、南、徑、清、麗作「佛」。

一　四九頁上一六行「庄嚴」，磧、普、南、徑、清作「廣」。

一　四九頁上一六行「世界」，石作「國土」。

一　四九頁中二行第四字「義」，磧、南、徑、清作「議」。

一　四九頁中六行第七字「水」，石作「川」。

一　四九頁中八行第九字「生」，石、磧、普、南、徑、清、麗作「生生」。

一　四九頁中一二行「世界」，石、麗作「世界中」。

一　四九頁中二〇行第一〇字「心」，石、麗作「心之」。

一　四九頁中二一行第一二字「如」，石、磧、普、南、徑、清、麗作「應如」。

一　四九頁下五行第六字「天」，石、磧、南、徑、清、麗作「諸天」。

一　四九頁下六行第二字「宇」，磧、南、徑、清作「名字」。

一　四九頁下九行第六字「那」，石、磧、普、南、徑、清、麗作「耶」。

一　四九頁下一八行「知者」，石、磧、普、南、徑、清、麗作「有知者」。

一　四九頁下一九行第四字及末行第六字「提」，石作「提須菩提」。

一　四九頁下末行第一三字「法」，石、磧、普、南、徑、清作「諸法」。

一　五〇頁上三行第二字「二」，石作「二種」。

一　五〇頁上三行第一三字「二」，石、

磧、普、南、徑、清、麗作「二人」。

一　五〇頁上四行第一三字及九行第一〇字「德」，麗作「德須菩提語」；石、磧、普、南、徑、清作「德須菩須菩提提語」。

一　五〇頁上六行第七字「工」，磧、普、南、徑、清作「巧」。

一　五〇頁上二一行第七字「切」，石作「切諸」。

一　五〇頁中一行第一二字「識」，磧、普、南、徑、清、麗作「觸」。

一　五〇頁中一〇行第七字「佛」，石、麗作「佛得」。

一　五〇頁中一一行「無聽者無知者」，磧、普、南、徑、清作「亦無說者亦無聽者亦無知者」；麗作「亦無說者無聽者無智者」。

一　五〇頁中一四行第六字及第九字「含」，石作「含果」。

一　五〇頁中一五行第三字「道」，磧、普、南、徑、清無。

一　五〇頁中二〇行第二字「旨」，磧、普、南、徑、清作「音」。

一　五〇頁中末行第五字「門」，石、磧、普、南、徑、清作「門門」。

一　五〇頁中末行第七字「以」，石作「以十」。

一　五〇頁下三行第九字「識」，磧、普、南、徑、清作「識之」。

一　五〇頁下四行第九字「言」，石、磧、普、南、徑、清、麗作「可」。

一　五〇頁下五行第四字「雖」，石作「唯」。

一　五〇頁下七行首字「見」，石、磧、南、徑、清、麗無。

一　五〇頁下七行第五字「以」，磧、普、南、徑、清無。

一　五〇頁下九行末字「想」，磧、普、南、徑、清、麗作「相」。

一　五〇頁下一二行「非有非無」，石、麗作「非非有非非無」。

一　五〇頁下一三行第一〇字「驚」，石作「抱」。

一　五〇頁下一四行第一二字「汝」，石、磧、普、南、徑、清作「法」。

一　五〇頁下一五行第六字「一」，磧、普、南、徑、清無。

一　五〇頁下一七行首字「名」，石、麗作「是名」。

一　五〇頁下二〇行第七字「有」，麗作「爲」。

一　五一頁上七行第八字「至」，磧、南作「生」。

一　五一頁上一二行第五字「法」，石、麗作「法離」。

一　五一頁上一二行第六字「是」，磧、普、南、徑、清作「得是」。

一　五一頁上一七行第四字「愛」，磧、普、南、徑、清、麗作「受」。

一　五一頁上一七行後，石有夾註「釋第二十七品竟」。

一　五一頁上末行經名，石作「大智度經論卷五十九」。

大智度論釋幻人聽法品第二十八　卷五十五　立

聖者龍樹造

後秦龜兹國三藏鳩摩羅什譯

介時諸天子心念應用何等人聽須菩提所說須菩提知諸天子心所念語諸天子言如幻化人聽法我應用如是人何以故如是人無聞無聽無知無證故諸天子語須菩提是衆生如幻如化聽法者亦如幻如化耶如是如是諸天子衆生如幻聽法者亦如幻衆生如化聽法者亦如化諸天子我如幻如夢衆生乃至知者見者亦如幻如夢諸天子色如幻如夢受想行識如幻如夢眼乃至意觸因緣生受如幻如夢内空乃至無法有法空檀波羅蜜乃至般若波羅蜜如幻如夢諸天子四念處乃至十八不共法如幻如夢須陁洹果如幻如夢斯陁含果阿那含果阿羅漢果辟支佛道如幻如夢諸天子佛道如幻如夢介時諸天子問須菩提汝說佛道如幻如夢汝說涅槃亦復如幻如夢耶

須菩提語諸天子我說佛道如幻如夢我說涅槃亦如幻如夢若當有法勝於涅槃者我說亦復如幻如夢何以故諸天子是幻夢涅槃不二不別

問曰上已說如幻如夢無說者無聽者今何以復問應用何等人隨須菩提意聽法者答曰諸天子先言須菩提所說不可解此中須菩提說幻化人譬令諸天子更作是念何等人聽與須菩提所說相應能信受行得道果須菩提答如幻化人聽者則與我說法相應問曰是化人無心心數法不能聽受何用說法答曰非即使幻化人聽但欲令行者於諸法用心無所著如幻化人是化人無聞亦無證衆生如幻如夢聽法亦如幻如夢衆生者說法人聽法者是受法人須菩提言不但說法者聽法者如幻如夢我乃至知者見者皆如幻如夢色亦如幻如夢乃至涅槃如幻如夢即是所說法如幻如夢一切衆生中佛為第一一切諸法中涅槃第一聞是二事如幻如夢心則驚疑佛及涅槃寂

上寂妙去何如幻如夢以是故更重問其事佛及涅槃悉如幻如夢耶須菩提將無誤說我等將无謬聽是以更定問須菩提語諸天子我說佛及涅槃正自如幻如夢是二法雖妙皆從虛妄法出故空所以者何從虛妄法故有涅槃從福德智慧故有佛是二法屬因緣無有實定如念佛念法義中說須菩提作是念般若波羅蜜力假令有法勝涅槃者能令如幻何況涅槃何以故涅槃一切憂愁苦惱畢竟滅以是故無有法勝涅槃者問曰若無法勝涅槃者何以故說若有法勝涅槃亦復如幻荅曰譬喻法或以實事或時假設隨因緣故說如佛言若令樹木解我所說者我亦記言得須陁洹但樹木無因緣可解佛為解悟人意故引此喻耳涅槃是一切法中究竟無上法如眾川万流大海為上諸山之中須弥為上一切法中虛空為上涅槃亦如是無有老病死苦無有邪見貪恚等諸衰无有愛別離苦無怨憎會苦無所求不得苦無

常虛誑敗壞變異等一切皆無以要言之涅槃是一切苦盡畢竟常樂十方諸佛菩薩弟子眾所歸處安隱常樂無過是者終不為魔王魔人所破如阿毗曇中說有上法者一切有為法及虛空非智緣盡無上法者智緣盡所謂涅槃是故知無法勝涅槃者須菩提美般若波羅蜜力大故言若有法勝涅槃者是亦如幻譬如大熱鐵丸以著氎上直燒下過熱勢無損但更無可燒者般若波羅蜜智慧破一切有法乃至涅槃直過無㝵智力不滅直更無法可破是故言設有法勝涅槃智慧力亦能破尒時慧命舍利弗摩訶目揵連摩訶拘絺羅摩訶迦旃延富樓那弥多羅尼子摩訶迦葉及無數千菩薩問須菩提般若波羅蜜如是甚深難見難解難知寂滅微妙誰當受者尒時阿難語諸大弟子及諸菩薩阿鞞跋致諸菩薩摩訶薩能受是甚深難見難解難知寂滅微妙般若波羅蜜正見成就人漏盡阿羅漢所願已滿亦能受復次

善男子善女人多見佛於諸佛所多供養種善根親近善知識有利根是人能受不言是法非法須菩提言不以空分別色不以色分別空受想行識亦如是不以無相無作分別色不以色分別無相無作受想行識亦如是不以無生無滅寂滅離分別色不以色分別無生無滅寂滅離受想行識亦如是眼乃至意觸因緣生受亦如是檀波羅蜜乃至般若波羅蜜內空乃至無法有法空四念處乃至十八不共法一切三昧門一切諸陁羅尼門須陁洹乃至阿羅漢辟支佛佛一切智不以空分別一切智不以一切智分別空不以空分別一切種智不以一切種智分別空無相無作無生無滅寂滅離亦如是須菩提語諸天子言是般若波羅蜜甚深誰能受者是般若波羅蜜中無法可示無法可說若無法可示無法可說受人亦不可得尒時舍利弗語須菩提言般若波羅蜜中廣說三乘之教及攝取菩薩之法從初發意地乃至十地檀

波羅蜜乃至般若波羅蜜四念處乃
至八聖道分佛十力乃至十八不共
法護持菩薩之教菩薩摩訶薩如是
行般若波羅蜜常化生不失神通遊
諸佛國具足善根隨其所欲供養諸
佛即得如願從諸佛所聽受法教至
薩婆若初不斷絶未曾離三昧時當
得捷疾辯利辯不盡辯不可斷辯隨
應辯義辯一切世間最上辯須菩提
言如是如是如舍利弗言般若波羅
蜜廣說三乘之教及護持菩薩之教
乃至菩薩摩訶薩得一切世間最上
辯不可得故我乃至知者見者不可
得色受想行識檀波羅蜜乃至般若
波羅蜜不可得內空乃至無法有法
空不可得四念處乃至八聖道分佛
十力乃至一切種智亦不可得故舍
利弗語須菩提何因緣故般若波羅
蜜中廣說三乘而不可得何因緣故
般若波羅蜜中護持菩薩何因緣故
菩薩摩訶薩得捷疾辯乃至一切世
間最上辯不可得故須菩提語舍利
弗言以內空故般若波羅蜜廣說三
乘不可得外空乃至無法有法空故
廣說三乘不可得內空故護持菩薩
乃至一切世間最上辯不可得故外
空乃至無法有法空故護持菩薩乃
至一切世間最上辯不可得故論者
言是時諸大弟子舍利弗等語須菩
提是般若波羅蜜法甚深難解以諸
法無定相故為甚深諸思惟觀行滅
故難見亦不著般若波羅蜜故名難
解難知滅三毒及諸戲論故名寂滅
得是智慧妙味故常得滿足更無所
求餘一切智慧皆麤澁不樂故言微
妙諸大弟子作是言般若波羅蜜智
甚深世間人智慧淺薄但貪著福德
果報而不樂修福德者著則情勇破
有則心怯本所聞習邪見經書堅著
不捨如是人常樂世樂以是故言誰
能信受是深般若波羅蜜若無信受
何用說為阿難助荅有四種人能信
受是故大德須菩提所說必有信受
不空說也一者阿鞞跋致菩薩摩訶
薩知一切法不生不滅不取相無所
著故是則能受二者漏盡阿羅漢漏
盡故無所著得無為最上法所願已
滿更無所求故常住空無相無作三
昧隨順般若波羅蜜故則能信受三
者三種學人正見成就漏雖未都盡
四信力故亦能信受四者有菩薩雖
未得阿鞞跋致福德利根智慧清淨
常隨善知識是人亦能信受信受相
不言是法非佛菩薩大弟子所說雖
聞般若波羅蜜諸法皆畢竟空不以
愛先法故而言非法問曰自上已來
阿難都無言論今何以代荅荅曰阿
難是第三轉法輪將能為大眾師是
世尊近侍雖得初道以漏未盡故雖
有多聞智慧自以於空智慧中未能
善巧若說空法自未入故皆是他事
是故無言或時說諸有事則能問能
荅如後品中問佛言世尊何以故但
讚歎般若波羅蜜不讚五波羅蜜此
中問人誰能信是深般若波羅蜜者
非是空事故阿難便荅須菩提常樂
說空事不喜說有又以阿難是時樂
說心生是故聽荅阿難煩惱未盡故
智慧力鈍然信力猛利故於甚深般

若波羅蜜中能如法問荅問曰般若波羅蜜無所有無有一定法云何四種人信受不言非法荅曰今須菩提此中自說因緣不以空分別色色即是空空即是色以是故般若波羅蜜無所失無所破若無所破則無過罪是故不言非法空即是般若波羅蜜不以空智慧破色令空亦不以破色因緣故有空空即是色色即是空故以般若波羅蜜中破諸戲論有如是功德故無不信受無相無作無生無滅寂滅遠離亦如是乃至一切種智皆應廣說問曰諸大弟子問是義須菩提何以乃荅諸天子荅曰諸大弟子已得阿羅漢但自為疑故問益利事少諸天子發心為菩薩利益深故為說復次雖為諸天說即是荅諸弟子上說諸法空今深說般若波羅蜜中衆生畢竟空以是故般若波羅蜜中無有說者何況有聽受者若能如是解諸法空心無所著則能信受尒時須菩提說深般若波羅蜜舍利弗讚歎助成其事般若波羅蜜非但以空故可受亦廣說有三乘三乘義如先說攝取菩薩者以般若波羅蜜利益諸菩薩令得增長復次攝取者是般若中有十地令菩薩從一地至一地乃至第十地十地義從六波羅蜜乃至一切種智義如先說化生者說般若行報行般若波羅蜜於一切法無礙故得捷疾辯有人雖能捷疾鈍根故不能深入以能深入故利是利辯說諸法實相無邊無盡故名樂說無盡般若中無諸戲論故無能問難斷絕者名不可斷辯斷法愛故隨衆生所應而為說法名隨應辯說趣涅槃利益之事故名義辯說一切世間第一之事所謂大乘是名世間最上辯須菩提然其問言如是如是舍利弗作是念須菩提常樂說空何以故受我所說般若波羅蜜廣說三乘之教應當更有因緣須菩提荅般若波羅蜜雖廣說三乘法非有定相皆以十八空和合故說攝取菩薩七種辯亦如是以空智慧故

大智度論釋散華品第二十九

尒時釋提桓因及三千大千世界中四天王天乃至阿迦尼吒諸天作是念惠命須菩提為雨法雨我等寧可化作華散佛菩薩摩訶薩比丘僧須菩提及般若波羅蜜上釋提桓因及三千大千世界中諸天化作華散佛菩薩摩訶薩比丘僧及須菩提上亦供養般若波羅蜜是時三千大千世界華悉周遍於虛空中化成華臺端嚴殊妙須菩提心念是天子所散華天上未曾見如是華比是華是化華非樹生華是諸天子所散華從心樹生非樹生華釋提桓因知須菩提心所念語須菩提言大德是華非生華亦非意樹生須菩提語釋提桓因言憍尸迦汝言是華非生華亦非意樹生憍尸迦是若非生法不名為華釋提桓因語須菩提言大德但是華不生色亦不生受想行識亦不生須菩提言憍尸迦非但是華不生色亦不生若不生是不名為色受想行識亦不生若不生是不名為識六入六識六觸六觸因緣生諸受亦如是檀波

羅蜜不生若不生是不名檀波羅蜜乃至般若波羅蜜不生若不生是不名般若波羅蜜內空不生若不生是不名內空乃至無法有法空不生若不生是不名無法有法空四念處不生若不生是不名四念處乃至十八不共法不生若不生是不名十八不共法乃至一切種智不生若不生是不名一切種智

釋曰釋提桓因及諸天聞須菩提所說般若義一切法盡是實相無所分別雖說空於諸法無所破亦不失諸行業果報聲聞人於佛前能說是甚深法故釋提桓因等皆歡喜作是念須菩提所說法無礙無障譬如時雨如有國土溉灌種蒔及種種用水常苦不足若時雨普降無不沾洽無不如願小乘法亦如是初種種讚歎布施持戒禪定無常等諸觀有量有限末後說涅槃此中須菩提所明從初發心乃至佛道唯說諸法實相無所分別譬如大雨遍滿閻浮提無所不潤又如地先雖有穀子無雨則不生行者亦如是雖有因緣不得法雨發心者退未發者發者住若得法雨發心者增長未發者發以是故說如雨法雨復次譬如惡風塵土諸熱毒氣等得雨則消滅法雨亦如是惡覺觀塵土三不善毒邪見惡風邪師惡蟲及諸惡知識等得般若波羅蜜法雨則皆除滅人蒙時雨故供養天諸天聞法雨大利益欲供養故作是念我等寧可作華散佛諸大菩薩比丘僧及須菩提亦供養般若波羅蜜以須菩提善說般若敬之重故亦名供養是般若波羅蜜多說諸法空又上欲得如化人聽法隨其相故以化華供養復次諸天當歡喜時便繫心供養不容多還取即作化華散佛須菩提諸菩薩比丘僧及般若波羅蜜華散佛上是供養佛實散諸菩薩須菩提及般若波羅蜜是供養法實散諸比丘僧是供養僧實作是念已隨喜變化供養三寶大福德成就故心生所願皆得如意不從他求問曰華臺端嚴為是誰力答曰是諸天力諸天福德自在故不能為大有人言是佛神力佛以此般若波羅蜜有大功德因時少而果報甚大成就佛道是故現此奇特須菩提即時分別知非實華釋提桓因知須菩提覺是化華語須菩提言大德是華非生華非生華者言是華無生空無所出須菩提是般若波羅蜜諸法無生空寂故以無生華供養意樹者諸天隨意所念則得以要言之天樹隨意所欲應念則至故言意樹釋提桓因難須菩提故言是華無生何以言是華不從樹生須菩提又質言若不生何以名華不生法中無所分別所謂是華是非華是時釋提桓因心伏而問但是華無生諸法亦無生須菩提答非但是華不生色亦不生何以故若一法空則一切法皆空若行者於一法中了了決定知空則一切法中皆亦明了若五眾不生則非五眾相乃至一切種智亦如是五眾從因緣和合生無有定性但有假名假名實相者所謂五眾如法性實際須菩提所說不違此理何以

故聖人知名字是俗諦實相是第一義諦有所說者隨凡夫人第一義諦中無彼此亦無諍乃至一切種智亦如是衆生空乃至知者見者空故須陁洹但有假名乃至佛亦如是尒時釋提桓因作是念慧命須菩提其智甚深不壞假名而說諸法實相佛知釋提桓因心所念語釋提桓因言如是如是憍尸迦須菩提其智甚深不壞假名而說諸法實相釋提桓因白佛言大德須菩提云何不壞假名而說諸法實相佛告釋提桓因色但假名須菩提不壞假名而說諸法實相受想行識但假名須菩提亦不壞假名而說諸法實相以者何是諸法實相無壞不壞故須菩提所說亦無壞不壞眼乃至意觸因緣生諸受亦如是檀波羅蜜乃至般若波羅蜜內空乃至無法有法空四念處乃至十八不共法亦如是須陁洹果乃至阿羅漢果辟支佛道菩薩道佛道一切智一切種智亦如是須陁洹乃至阿羅漢辟支佛佛是但假名須菩提不壞假名而說諸

法實相以故是諸法實相無壞不壞故須菩提所說亦無壞不壞如是憍尸迦須菩提不壞假名而說諸法實相須菩提語釋提桓因如是如是憍尸迦如佛所說諸法但假名菩薩摩訶薩當作是知諸法但假名應如是學般若波羅蜜憍尸迦菩薩摩訶薩作如是學為不學色不學受想行識何以故不見色當可學者不見受想行識當可學者菩薩摩訶薩如是學為不學檀波羅蜜何以故不見檀波羅蜜當可學者乃至不學般若波羅蜜何以故不見般若波羅蜜當可學者如是學為不學內空乃至無法有法空何以故不見內空乃至無法有法空當可學者如是學為不學四念處乃至十八不共法何以故不見四念處乃至十八不共法當可學者如是學為不學須陁洹果乃至一切種智何以故不見須陁洹果乃至一切種智當可學者尒時釋提桓因語須菩提言菩薩摩訶薩何因緣故不見色乃至不見一切種智須菩提言色色空

乃至一切種智一切種智空憍尸迦色空不學色空乃至一切種智空不學一切種智空憍尸迦若如是不學空是名學空以不二故是菩薩摩訶薩學色空以不二故乃至學一切種智空不二故名學色空不二故乃至學一切種智空不二故是菩薩摩訶薩能學檀波羅蜜不二故乃至能學般若波羅蜜不二故能學四念處不二故乃至能學十八不共法不二故能學須陁洹果不二故乃至能學一切種智不二故是菩薩能學無量無邊阿僧祇佛法若能學無量無邊阿僧祇佛法是菩薩不為色增學不為色減學乃至不為一切種智增學不為一切種智減學若不為色增減學乃至不為一切種智增減學是菩薩不為色受學不為色滅學亦不為受想行識受學亦不為滅學乃至一切種智亦不為受學亦不為滅學舍利弗語須菩提菩薩摩訶薩如是學不為受色學不為滅色學乃至一切種智亦不為受學亦不為滅學須菩提

言菩薩摩訶薩若如是學不為受色學不為滅色學乃至一切種智亦不為受學亦不為滅學須菩提何因緣故菩薩摩訶薩不為受色學不為滅色學乃至一切種智亦不為受學亦不為滅學須菩提言是色不可受亦無受色者乃至一切種智不可受亦無受者內外空故如是舍利弗菩薩摩訶薩一切法不為受故能到一切種智是時舍利弗語須菩提菩薩摩訶薩如是學般若波羅蜜能到一切種智耶須菩提言菩薩如是學般若波羅蜜能到一切種智一切法不受故舍利弗語須菩提若菩薩摩訶薩於一切法不受不滅學者菩薩摩訶薩云何能到一切種智須菩提言菩薩摩訶薩行般若波羅蜜不見色生不見色滅不見色受不見色不受不見色垢不見色淨不見色增不見色減何以故舍利弗色色性空故受想行識亦不見生亦不見滅亦不見受亦不見不受亦不見垢亦不見淨亦不見增亦不見減何以故識識性空

故乃至一切種智亦不見生亦不見滅亦不見受亦不見不受亦不見垢亦不見淨亦不見增亦不見減何以故一切種智一切種智性空故如是舍利弗菩薩摩訶薩為一切法不生不滅不受不捨不垢不淨不合不散不增不減故學般若波羅蜜能到一切種智無所學無所到故釋提桓因歡喜言須菩提其智甚深不壞假名而說諸法實相尒時佛讚須菩提言如是如是如釋所言問曰佛何故讚須菩提答曰示師不自高弟子承順師法故有人師所說弟子不受弟子所說師不聽如凡夫人與衆說法時破一切語不受以佛無吾我心故讚須菩提言如是如是復次佛以大悲心欲令衆生信受須菩提所說故讚言其智甚深菩薩知一切法假名則應般若波羅蜜學所以者何一切法但有假名皆隨順般若波羅蜜畢竟空相故如是學不學色者假名法中無有定色若無色者云何學色何以故菩薩以五眼求色而不見是色若我

若無我等相乃至一切種智亦如是何以故不見色者荅言色中色相空不可得故不可見即是自相空乃至一切種智亦如是復次不學色者是色空即自不能學色空以諸法行於他相不行自相故譬如人乘馬非馬乘馬問曰若如是不學一切法云何學一切智荅曰是中說若斯於諸法空中無所著是為真學色空若著空者是破諸法而不破空若人破色而不著空是則色與空不二不別是為能學色空不得故不見乃至一切種智亦如是無量無邊阿僧祇佛法者是讚一切種智上一切種智是菩薩心中有量有限在佛心中則無量無限以是故上雖說學佛法今更別說若能如是學正行菩薩道不增減色學增者若但見四大及造色和合成身者則不生著以於是身中起男女好醜長短相謂為定實生染著心是為增若破色使空心著是空是為減乃至一切種智亦如是不受不滅者空故不受業果因緣相續故不滅是

中須菩提自說因緣色受者不可得故不受又以色內外空故不受以色中內外空空故不滅問曰應以十八空空諸法此中何以但說內外空答曰受色者無故說內空色不可受故名外空是內外空則攝一切法空乃至一切種智亦如是若菩薩能如是學則出生一切種智一切種智是無障礙相若菩薩觀一切法如虛空無障礙則是學一切種智因果相似故舍利弗作是念菩薩法應當滅一切煩惱應當受一切諸善法今不受不滅學云何出至薩婆若作是念已問須菩提須菩提荅言破一切法生相故不生破一切法無常相故不滅觀一切法種種過罪故不受觀一切法種種利益故不捨一切法性常清淨故不垢一切法能生著心故不淨一切法雖是有作無作起滅入出來往等而不多不少不增不減譬如大海衆流歸之不增火珠煎之不減諸法亦如是法性常住故一切法自性不可得故能如是學則出至薩婆若不

見學相不見出相不見菩薩相不見般若波羅蜜相此中略說故但說無學無出尒時釋提桓因語舍利弗菩薩摩訶薩般若波羅蜜當於何處求舍利弗言菩薩摩訶薩般若波羅蜜當於須菩提品中求釋提桓因語須菩提是汝神力使舍利弗言菩薩摩訶薩般若波羅蜜當於須菩提品中求須菩提語釋提桓因非我神力釋提桓因語須菩提是誰神力須菩提言是佛神力釋提桓因言一切法皆無受處何以言是佛神力離無受處相如來不可得離如如來亦不可得須菩提語釋提桓因言如是如是憍尸迦離無受處相如來不可得離如如來亦不可得無受處相中如來不可得如中如來不可得色如中如來如不可得如來如中色如不可得色法相中如來法相不可得如來法相中色法相不可得受想行識法相中乃至一切種智亦如是憍尸迦如來色如來色如中不合不散受想行識如中不合不散如來離色如不合不

散離受想行識如不合不散乃至一切種智亦如是如來色法相中不合不散受想行識法相中不合不散如來離色法相中不合不散離受想行識法相中不合不散乃至一切種智亦如是憍尸迦如是等一切法中不合不散是佛神力用無所受法故如憍尸迦言菩薩摩訶薩般若波羅蜜當於何處求憍尸迦不應色中求般若波羅蜜亦不應離色求般若波羅蜜不應受想行識中求亦不應離受想行識求何以故是般若波羅蜜色受想行識是一切法皆不合不散無色無形無對一相所謂無相乃至一切種智中不應求般若波羅蜜亦不應離一切種智求般若波羅蜜何以故是般若波羅蜜一切種智是一切法皆不合不散無色無形無對一相所謂無相何以故般若波羅蜜非色亦非離色非受想行識亦非離受想行識乃至非一切種智亦非離一切種智般若波羅蜜非色如亦非離色如非受想行識如亦非離受想行識

如般若波羅蜜非色法亦非離色法非受想行識法亦非離受想行識法乃至非一切種智如亦非離一切種智如般若波羅蜜非一切種智法亦非離一切種智法何以故憍尸迦是一切法皆無所有不可得以無所有不可得故般若波羅蜜非色亦非離色非色如亦非離色如非色法亦非離色法乃至非一切種智亦非離一切種智非一切種智如亦非離一切種智如非一切種智法亦非離一切種智法問曰佛舍利弗須菩提從如來種種因緣明般若波羅蜜相今釋提桓因何以故問當何處求般若荅曰此不問般若體但問般若言說名字可誦讀事是故舍利弗言當於須菩提所說品中求須菩提樂說空常善修習空故舍利弗雖智慧第一以無吾我嫉妬心又斷法愛故而言當於須菩提所說品中求問曰佛處處說般若波羅蜜欲比須菩提所說百千万倍不可筭數譬喻為比何以不言於佛所說品中求荅曰釋提桓因意除佛一人誰能善說者是以推須菩提復次佛常一日一夜六時以佛眼觀衆生無令不聞法故墮落是故隨衆生所應解所應得所應習行等說或說般若波羅蜜無常苦空無我如病如癰等名為般若波羅蜜或分別諸法摠相別相或說諸法因緣和合生無有作者受者無知者見者名為般若波羅蜜或時說法空或說畢竟空名為般若波羅蜜以是故不示佛所說品中求釋提桓因心念不知何者定是般若定相是以舍利弗言須菩提常深入空所說皆趣空所說空亦空是故言當於須菩提所說品中求釋提桓因歡喜讚須菩提言大德神力甚大須菩提謙言非是我力是佛所受神力釋提桓因言若一切法皆無所受云何言是佛所受神力若離無受相如來不可得離如來不可得釋提桓因作是念言一切法無受相一切法空無依止處云何當言定有如來若無如來云何有所受神力又復離無受相如來亦不可得今離是如如來不可得問曰無受相與如有何等異荅曰諸法實相亦名無受亦名如諸法不可著故名無受諸戲論不能破壞故名為如令如來空中不可得離空亦不可得須菩提然其言如是如是今須菩提廣說其事無受相如相中如來不可得者或以佛名名為如來或以衆生名字名為如來如先世來後世亦如是去是亦名如來亦名如去如十四置難中說死後如去者為有為無亦有亦無亦非有非無佛名如來者如定光佛等行六波羅蜜得成佛道釋迦文佛亦如是來故名如來如錠光佛等智知諸法如從如中來故名如來釋迦文佛亦如是來故名如來此二種如來中此間說是佛如來因解佛如來無所有一切衆生一切法皆如亦無所有無受及如來義如先說今當更略說無受相如來相皆空無所有無受相如相無定性故無如來有人諸法實相二種說一者諸法相畢竟空是實二者有人言畢竟空可示可說故

非實如涅槃相不可亦不可說是名為實於此二事畢竟空中如來不可得破畢竟空實相中如來亦不可得畢竟空即是無受相破畢竟空實相即是如從此已下廣說二義於五衆乃至一切種智如來不可得如來不可得故云何當有如來神力如來不可得如上說是五衆非如來離五衆非如來五衆不在如來中如來不在五衆生如來亦不有五衆五衆中滅無常苦空無我相故非是如來若是如來者如來亦應是滅復次五衆是五法如來是一云何五法作一若五即是一一亦應即是五若尒者世間法出世間法一切亂壞如是種種因緣故五衆非如來若離五衆有如來者如來應無見無聞無知無識亦不覺苦樂所以者何知覺等是五衆法故問曰如來用眼耳智慧等能知見者有何咎答曰能見是眼非是如來若如來非見相用眼能見者未取色時云何知用是眼亦可用耳見問曰如來用智慧分別能知眼是能見餘不

能見是以用眼不取餘根答曰知亦如眼過知是五衆非是如來若用知知眼復用何事能知此知問曰如來用知知眼以眼知色若欲知如來以何得知若以如來知如來是則無窮答曰知相知中住如來若知即是知相若是知相則是無常若無常者則無後世復次離五衆有如來者如來應是常如虛空相不應變異受苦受樂亦應無縛無解有如是等過罪破異故五衆不在如來如來不在五衆亦非如來有五衆問曰應以五衆因緣故有如來若無五衆則無如來苔曰若以五衆因緣有如來者則如來無自性若無自性何得從他性生於五衆中五種求如來不可得是故無如來但以戲論故說有如來以斷戲論故無如來如來是不生不滅法云何當以戲論求於如來若以戲論求如來者則不見如來若當都無如來則墮邪見是故若以有無戲論求如來是則不識如來相即是一切法相一切法相即是如來如來相即是畢

竟空畢竟空相即是一切法相問曰此中何以但說二事言五衆如中無如來如來如中無五衆如苔曰此是略說說二則五事都攝復次二十種我見雖一切凡夫人有不能一時起今是會中或此二事以是故但說二事如五衆乃至一切種智亦如是五衆法相乃至一切種智法相亦如是五衆如即是法相問曰若如即是法相何以重說答曰行者既到五衆如心驚法何以畢竟空無所有是故說五衆法法相自尒如人觸火燒手則無愠心以其火相自尒故若人執火燒之則忿然而怒以其執火燒故如來五衆如中五衆法相中不合不散者除五衆如無如來即是一相所謂無相所以者何一法無合無散故二法故有合有散離五衆法相亦無合散所以者何離五衆法相如來不可得故如來如法相五衆如法相無二無別故言離五衆如五衆法相亦不合不散乃至一切種智亦如是能如是知諸法如法相不合不散故有

是神力當於何處求者上來因佛神力説般若相今宣説云何求般若論者言五衆虛誑無常本無今有已有還無如幻如夢般若波羅蜜是諸佛實智慧云何當於五衆中求譬如求重寶必於大海寶山中求不應在溝瀆晃穢處求離五衆則無生無滅無作無起無有法相是中云何可求復次五衆般若波羅蜜不一不異不合不散無色無形無對一相所謂無相問曰般若波羅蜜是智慧心數法故可應無色無形無對五衆中色衆云何當説無形無對答曰聖人以慧眼觀諸法平等皆空一相所謂無相以是故色衆無形無對復次凡夫人所見色非實種種如先破復次有因緣五衆破凡夫人所見五衆故即是般若波羅蜜故言不離乃至一切種智亦如是如相法相相如先説釋提桓因語須菩提是摩訶波羅蜜是菩薩摩訶薩般若波羅蜜無量波羅蜜無邊波羅蜜是菩薩摩訶薩般若波羅蜜諸須陀洹須陀洹果從是般若波羅蜜中學成乃至諸阿羅漢阿羅漢果諸辟支佛辟支佛道諸菩薩摩訶薩皆從是般若波羅蜜中學成成就衆生淨佛世界得阿耨多羅三藐三菩提皆從是學成須菩提語釋提桓因言如是如是憍尸迦是摩訶波羅蜜是菩薩摩訶薩般若波羅蜜無量波羅蜜無邊波羅蜜是菩薩摩訶薩般若波羅蜜從是中學成須陀洹果乃至阿羅漢果辟支佛道諸菩薩摩訶薩從是般若波羅蜜中學成成就衆生淨佛世界得阿耨多羅三藐三菩提已得今得當得憍尸迦色大故般若波羅蜜亦大何以故是色前際不可得後際不可得中際不可得受想行識大故般若波羅蜜亦大何以故受想行識前際不可得後際不可得中際不可得乃至一切種智亦如是以是因緣故憍尸迦是摩訶波羅蜜是菩薩摩訶薩般若波羅蜜憍尸迦色無量故般若波羅蜜無量何以故色量不可得故憍尸迦譬如虛空量不可得色亦如是量不可得虛空無量故色無量色無量故般若波羅蜜無量受想行識乃至一切種智無量故般若波羅蜜無量何以故一切種智量不可得譬如虛空量不可得一切種智亦如是量不可得虛空無量故一切種智無量一切種智無量故般若波羅蜜無量以是因緣故是菩薩摩訶薩般若波羅蜜無量憍尸迦色無邊故諸菩薩摩訶薩般若波羅蜜無邊何以故憍尸迦色前際不可得後際不可得中際不可得受想行識無邊故般若波羅蜜無邊何以故受想行識前際後際中際皆不可得故乃至一切種智無邊故般若波羅蜜無邊何以故一切種智前後中際不可得故以是因緣憍尸迦是般若波羅蜜無邊色無邊乃至一切種智無邊復次憍尸迦緣無邊故般若波羅蜜無邊須菩提云何緣無邊故般若波羅蜜無邊須菩提言緣一切無邊法故般若波羅蜜無邊云何緣一切無邊法故般若波羅蜜無邊須菩

提言緣無邊法性故般若波羅蜜無邊復次憍尸迦緣無邊如故般若波羅蜜無邊釋提桓因言云何緣無邊如故般若波羅蜜無邊須菩提言如無邊故緣亦無邊緣無邊故如亦無邊以是因緣故諸菩薩摩訶薩般若波羅蜜無邊復次憍尸迦衆生無邊故般若波羅蜜無邊釋提桓因問須菩提云何衆生無邊故般若波羅蜜無邊須菩提言於汝意云何何等法名衆生釋提桓因言無有法名衆生假名故為衆生是名字本無有法亦無所趣強為作名憍尸迦於汝意云何是般若波羅蜜中說衆生有實不釋提桓因言無也憍尸迦若般若波羅蜜實不說衆生無邊亦不可得憍尸迦於汝意云何佛恒河沙劫壽說衆生衆生名字頗有衆生法有生有滅不釋提桓因言不也何以故衆生從本已來常清淨故以是因緣故憍尸迦衆生無邊故當知般若波羅蜜亦無邊問曰釋提桓因是須陁洹人云何能問深般若波羅蜜答曰如須

菩提是具足阿羅漢以利益菩薩憐愍衆生故問菩薩所行事釋提桓因雖聲聞人是諸天主有利智慧憐愍衆生故問般若波羅蜜亦如是復次有人言三千大千世界中有百億釋提桓因中阿含中說釋提桓因得須陁洹者異今釋提桓因今釋提桓因是大菩薩憐愍衆生故三種讚般若波羅蜜所謂摩訶波羅蜜無量波羅蜜無邊波羅蜜是般若波羅蜜中學成諸聖道故須菩提然釋提桓因讚而廣解其讚言以五衆大故般若波羅蜜大五衆大者所謂三際不可得故亦無量無邊故言大破是無量無邊五衆將一切衆生入無餘涅槃中故言般若波羅蜜大乃至一切種智亦如是無量者亦尒但以虛空譬喻為異有法雖大不必無量是故不得以空為喻如須弥山於諸山中雖大而有量所謂八万四千由旬無邊者以五衆廣大無量故言無邊亦以五衆有邊則有始有始則有終即是無因無緣墮斷滅等種種過故復次五

衆三世中不可得故言無邊緣無邊者所謂一切法四緣因緣生一切有為法次第緣過去現在心心數法緣緣增上緣一切法是四種緣一切處一切時皆有故說緣無邊緣無邊故般若波羅蜜無邊復次緣無邊者四緣法虛誑無實畢竟空故無邊復次緣如法性實際無邊故般若波羅蜜無邊如法性實際是自然無為相故無量無邊五衆無邊是觀力故强作無邊復次衆生無邊者以衆生多故無量阿僧祇三世十方衆生無人能知數故言無邊復次是中說衆生空故言無邊但强為作名亦無所趣者以衆生無有定法可趣向故如火定有所趣而衆生名無實衆生可趣於汝意云何般若波羅蜜中頗說實有衆生不不也大德若衆生實無云何有邊譬如諸佛是一切實語人中第一於無量恒河沙劫壽說衆生名字是衆生法不以說故有生有滅何況餘人顛倒虛誑少時說生我心故當有衆生是衆生不以入般若波羅蜜

中故言無從本已來常清淨無所有
有無等戲論滅故是以說衆生無邊
故般若波羅蜜無邊問曰無邊中何
以故廣說而大及無量何以略說答
曰以衆生因緣故一切凡夫起諸煩
惱於五衆中作諸邪行難破故是以
廣說若破衆生相餘一切易破

大智度論卷第五十五

大智度論第五十五卷　第三十六張　主字号

大智度論卷五十五

校勘記

一　底本，金藏廣勝寺本。

一　五六頁中一行經名，石作「大智度經論卷第六十」；磧、普、南、徑、清作「大智度論卷第五十五」。

一　五六頁中三行品名，石作「摩訶般若波羅蜜經幻人聽法品第二十八釋」；磧、南、徑、清作「釋幻品第二十八」；徑、清有夾註「經作幻」。

一　五六頁中四行首字「尒」，石、磧、普、南、徑、清、麗冠以〔經〕，下同。

一　五六頁中九行第一三字「邪」，石、磧、普、南、徑、清、麗作「耶」。

一　五六頁中一九行第一一字「果」，石作「果如幻如夢」。

一　五六頁下一行第七字「子」，石作「子言」。

一　五六頁下五行首字，六四頁上一二行第四字，六七頁上一二行第四字「問」，石、磧、普、南、徑、清、麗冠以〔論〕。

一　五六頁下六行第四字「以」，石、麗作「以故」。

一　五六頁下一一行第八字「化」，石作「如化」。

一　五六頁下一五行第八字「化」，石、磧、普、南、徑、清、麗作「幻化」。

一　五七頁上二行第八字「悉」，石、麗作「審」。

一　五七頁上一五行第五字「時」，石作「以」。

一　五七頁上一八行第九字「耳」，石作「也」。

一　五七頁上末行第九字「所」，石無。

一　五七頁中四行第一二字「人」，磧作「又」。

一　五七頁中一〇行「熱勢」，磧、普、南、徑、清作「勢熱」。

一　五七頁中一三行第四字「滅」，石、麗作「減」。

一　五七頁中二〇行第七字「薩」，石作「薩言」。
一　五七頁中二〇行第一二字「諸」，石無。
一　五七頁中末行第一二字「受」，石、磧、普、南、徑、清、麗作「受之」。
一　五七頁下一二行第一二字「諸」，石、麗無。
一　五七頁下一四行第二字「切」，石作「切種」。
一　五八頁上二〇行末字「故」，石作「故言」。
一　五八頁中一行第四字及二行第七字「得」，石、麗作「得故」。
一　五八頁中五行第一三字至六行首字「論者言」，石作「〔論〕釋曰」；磧、普、南、徑、清冠以〔論〕；麗作「〔論〕者言」。
一　五八頁中一三行末字「智」，石、麗作「智慧」。
一　五八頁中一五行「者著」，石、磧、普、南、徑、清、麗作「著有」。
一　五八頁下二行第六字「故」，石無。
一　五八頁下二行第八字「住」，石作「行」。
一　五八頁下一〇行首字「愛」，磧、普、南、徑、清作「受」。
一　五八頁下一一行第一〇字「伐」，石、磧、普、南、徑、清作「代須菩提」；麗作「伐須菩提」。
一　五八頁下一七行第一三字「故」，石、磧、普、南、徑、清無。
一　五八頁下一八行第九字「讃」，石作「讃歎」。
一　五九頁上一行「波羅蜜」，石無。
一　五九頁上一七行第八字「天」，石、麗作「天子」。
一　五九頁上一七行第一三字「諸」，石、磧、普、南、徑、清、麗作「諸大」。
一　五九頁中四行第二字及七行第二字「若」，石、麗作「若波羅蜜」。六〇頁中二行第八字，石同；六四頁上一四行第一三字，麗同。
一　五九頁中一一行第二字「盡」，石、麗作「盡辯」。
一　五九頁中二二行末字「故」後，石有夾註「釋第二十八品竟」。
一　五九頁中末行品名，石作「摩訶般若波羅蜜經散花品第二十九釋」；徑、清作「釋散華品第二十九」。
一　五九頁下三行第二字「恵」，磧、普、南、徑、清作「慧」。
一　五九頁下一〇行第一〇字「天」，石、麗作「諸天」。
一　五九頁下一七行第五字「是」，磧、普、南、徑、清作「是華」。
一　五九頁下一七行第七字「非」，石作「不」。
一　五九頁下二一行第八字及二二行第九字「爲」，石無。
一　六〇頁上一〇行首字，六二頁中八行第一一字「釋」，石、磧、普、南、徑、清、麗冠以〔論〕。
一　六〇頁上一三行第一三字「是」，石無。
一　六〇頁上一六行第八字「蒔」，石

作「殖」。

一　六〇頁上二一行第七字「唯」，磧、普、南、徑、清作「雖」。

一　六〇頁中一六行第三字「取」，石、麗作「取故」。

一　六〇頁中二〇行第一一字「喜」，磧、普、南、徑、清、麗作「意」。

一　六〇頁下一行第一〇字「是」，磧、普、南、徑、清無。

一　六〇頁下七行第一〇字「提」，石、麗作「提說」。

一　六〇頁下二一行至六一頁上五行「是五衆……佛亦如是」共一一〇字，磧、普、南移至六二頁中一八行「甚深」下。

一　六一頁上六行第八字「慧」，石、磧、普、南、徑、清、麗作「是慧」。

一　六一頁中四行第七字「因」，石作「因言」。

一　六一頁下六行第三字「不」，石、麗作「以不」。

一　六一頁下六行第六字「名」，石、磧、普、南、徑、清、麗作「若」。

一　六二頁上九行第八字「爲」，石、磧、普、南、徑、清、麗無。

一　六二頁上一二行第三字「那」，石、磧、普、南、徑、清、麗作「耶」。

一　六二頁上一二行第九字「薩」，石、磧、普、南、徑、清、麗作「薩摩訶薩」。

一　六二頁下八行第一一字「斯」，石、磧、普、南、徑、清、麗作「能」。

一　六二頁下九行首字「空」，石無。

一　六二頁下一二行「不得」，石作「以不可得空」。

一　六二頁下一二行「空不得故不見」，磧、普、南、徑、清作「空不可得故不見空」；麗作「空以不可得空故不見空」。

一　六二頁下一八行第二字「增」，石、麗作「不增」。

一　六二頁下二一行第八字「心」，石作「心不」。

一　六三頁上二一行第四字「之」，石作「趣」。

一　六三頁上末行第一〇字「至」，石、磧、普、南、徑、清、麗作「到」。

一　六三頁中一二行第五字「以」，石、磧、普、南、徑、清、麗作「以故」。

一　六三頁中二二行「如來色」，石、磧、普、南、徑、清、麗無。

一　六三頁下二〇行第二字、第一一字及二一行第一一字「非」，石作「不」。

一　六四頁上一二行末字「如」，石、磧、普、南、徑、清、麗作「上」。

一　六四頁上一四行第一三字「若」，麗作「若波羅蜜」。

一　六四頁中五行首字「說」，石無。

一　六四頁中八行「有作者」，石作「作者無」。

一　六四頁中一〇行末字「示」，石、麗作「言」。

一　六四頁中一一行第六字「求」，石、磧、普、南、徑、清、麗作「求又」。

一　六四頁中一一行第一二字「念」，石作「疑」。

一 六四頁中一五行第九字「讚」，石作「讚歎」。
一 六四頁中一九行第一一字「離」，石、磧、普、南、徑、清、麗作「離如中」。
一 六四頁中二二行第一二字「所」，磧、普、南、徑、清無。
一 六四頁中末行第五字「無」，磧、普、南、徑、清作「無所」。
一 六四頁中末行末字「今」，普、南、徑、清作「令」。
一 六四頁下三行第六字「法」，石、麗作「法中」。
一 六四頁下四行第一一字「令」，石、磧、普、南、徑、清、麗作「今」。
一 六四頁下一四行第九字「錠」，磧、普、南、徑、清作「定」。
一 六四頁下一四行第一三字「智」，石無。
一 六四頁下一八行第一一字「如」，石、磧、普、南、徑、清、麗作「如是」。
一 六四頁下二一行第一二字「人」，石、磧、普、南、徑、清、麗作「人言」。
一 六四頁下二二行第三字「二」，石、磧、普、南、徑、清、麗作「有二」。
一 六五頁上五行第三字「如」，石作「如来」。
一 六五頁上一〇行第三字「生」，石、磧、普、南、徑、清、麗作「中」。
一 六五頁上一〇行第一三字「中」，石、磧、普、南、徑、清、麗作「生」。
一 六五頁上一二行第八字「是」，石、磧、普、南、徑、清、麗作「是生」。
一 六五頁上一七行第八字「聞」，普作「間」。
一 六五頁上末行第一二字「見」，石作「見者」。
一 六五頁中一行「是以」，石、麗作「以是故」。
一 六五頁中五行「如来知」，石作「知知」。
一 六五頁中末行第八字「来」，石、麗作「来相」。
一 六五頁下一行第二字「空」，石、磧、普、南、徑、清、麗作「空相」。
一 六五頁下六行第六字「或」，磧、普、南、徑、清作「惑」。
一 六五頁下一一行第四字「法」，石、磧、普、南、徑、清、麗作「法相」。
一 六五頁下一二行第五字「法」，磧、普、南、徑、清無。
一 六五頁下一六行第一〇字「即」，磧、普、南、徑、清作「如則」。
一 六五頁下一九行第二字「散」，石、麗作「無散」。
一 六六頁上二行第七字「宣」，石、磧、普、南、徑、清、麗作「直」。
一 六六頁上四行第四字「幼」，石、普、徑、麗作「幻」。
一 六六頁上五行第六字「當」，磧、普、南、徑、清無。
一 六六頁上七行第四字「處」，石作「中」。
一 六六頁上八行「作無起」，石作「起無作」。
一 六六頁上二〇行第一二字「釋」，

石、磧、普、南、徑、清、麗冠以「經」。

一　六六頁中五行及一三行「世界」，石、磧、普、南、徑、清作「國土」。

一　六六頁中二一行第六字「訶」，石、磧、普、南、徑、清作「訶薩」。

一　六六頁下一一行第一〇字「色」，磧、普、南、徑、清作「是色」。

一　六六頁下一六行第一二字「後」，石作「際後際」。

一　六六頁下一七行第八字「緣」，磧、普、南、徑、清、麗作「緣故」。

一　六六頁下一八行第九字「乃」，石、磧、普、南、徑、清作「故乃」。

一　六七頁上四行第二字、一二行第三字「故」，石無。

一　六七頁上一六行第二字「蜜」，石、磧、普、南、徑、清、麗作「蜜中」。

一　六七頁上一七行第八字「佛」，石作「佛壽如」。

一　六七頁上一七行第一三字「壽」，石無。

一　六七頁中三行首字「雖」，石、麗作「雖是」。

一　六七頁中一〇行第一二字「蜜」，石、磧、普、南、徑、清、麗作「蜜是般若波羅蜜」。

一　六七頁中一四行第二字「亦」，石、磧、普、南、徑、清、麗作「亦以」。

一　六七頁下二行「一切法」，石無。

一　六七頁下一〇行第六字「衆」，石作「衆是」。

一　六七頁下一二行第二字「量」，石作「邊」。

一　六七頁下二〇行第九字「壽」，石作「壽命」。

一　六八頁上七行末字「破」下，石有夾註「釋第二十九品竟」。

一　六八頁上卷末經名，石作「大智度經論卷第六十」。

趙城縣廣勝寺

大智度論釋顧視品第三十　卷五十六　立

聖者龍樹造

後秦龜茲國三藏鳩摩羅什譯

介時諸天王及諸天諸梵王及諸梵天伊賒那天及神仙并諸天女同時三反稱歎使哉慧命須菩提所說法皆是佛出世間因緣恩力演布是教若有菩薩摩訶薩行是般若波羅蜜不遠離者我輩視是人如佛何以故是般若波羅蜜中雖無法可得所謂色受想行識乃至一切種智而有三乘之教聲聞辟支佛佛乘介時佛告諸天子如是如是諸天子如汝所言是般若波羅蜜中雖無法可得而有三乘之教所謂聲聞辟支佛佛乘諸天子若有菩薩摩訶薩行是般若波羅蜜不遠離者視是人當如佛以無所得故何以故是般若波羅蜜中廣說三乘之教所謂聲聞辟支佛佛乘檀波羅蜜中佛不可得離檀波羅蜜佛亦不可得乃至般若波羅蜜中佛不可得離般若波羅蜜佛不可得內

空乃至無法有法空四念處乃至十八不共法一切種智亦如是佛語諸天子菩薩摩訶薩若能學是一切法所謂檀波羅蜜乃至一切種智以是事故當視是菩薩摩訶薩如佛諸天子我昔於然燈佛時華嚴城內四衢道頭見佛聞法即得不離檀波羅蜜行不離尸羅波羅蜜羼提波羅蜜毗梨耶波羅蜜禪波羅蜜般若波羅蜜行不離內空乃至無法有法空四念處乃至八聖道分不離四禪四無量意四無色定一切三昧門一切陁隣尼門不離四無所畏佛十力四無礙智十八不共法大慈大悲及餘無量諸佛法行亦無所得是時然燈佛記我當來世過一阿僧祇劫當作佛号釋迦牟尼多陁阿伽度阿羅訶三藐三佛陁鞞侈遮羅那傰伽度路迦憊無上調御天人師介時諸天子白佛言世尊希有是般若波羅蜜能令諸菩薩摩訶薩得薩婆若於色不取不捨故於受想行識不取不捨故乃至一切種智不取不捨故釋曰人以歎

喜之至則三反稱歎是故諸天聞大
德須菩提說般若波羅蜜歡喜言快
哉快哉天王者四天處天四王三十
三天王釋提桓因乃至諸梵天王梵
天已上更無有王諸天是欲界天諸
梵是色界天伊賒鄉是大自在天王
并其眷屬神仙者有二種或天或人
天女者是天帝釋夫人舍脂等諸天
女所以歎須菩提說深般若波羅蜜
者知其承佛神力故若能行是般若
波羅蜜我等當視是人如佛所以者
何尊重法故法者所謂深般若波羅
蜜深法者一切法雖畢竟空而有三
乘分別所以者何諸法若畢竟空更
不應修集三乘功德則墮斷滅中若
修三乘功德則是分別老降不應是
畢竟空是般若波羅蜜雖畢竟空而
不墮斷滅雖分別有三乘亦不生著
心於三事中不取定相是事甚深微
妙故諸天大歡喜歎言快哉佛然其
讚更說甚深因緣從六波羅蜜乃至
一切種智中佛不可得離此佛亦不
可得諸法和合因緣故有佛無有自

性若菩薩能如是行者當知是菩薩
即是佛即是佛者是世界中諸如太
子雖未正位必當為王此中佛自引
本事以為證此菩薩已得無生忍入
菩薩位見十方諸佛諸天聞佛廣明
已所歎義解心轉深重復讚歎以見
一切法過罪故不取有利益故不捨
又以一切法畢竟空不生不滅故不
取不捨

尒時佛觀四衆和合比丘比丘尼優
婆塞優婆夷及諸菩薩摩訶薩并四
天王天乃至阿迦尼吒諸天皆會坐
普觀已佛告釋提桓因憍尸迦菩薩
摩訶薩若比丘若比丘尼若優婆塞
若優婆夷若諸天子若諸天女是般
若波羅蜜若聽受持親近讀誦為他
說正憶念不離薩婆若心諸天子是
人魔若魔天不能得其便何以故是
善男子善女人諦了知色空空不能
得空便無相不能得無相便無作不
能得無作便諦了知受想行識空空
不能得空便乃至無作不能得無作
便乃至諦了知一切種智空空不能
得空便乃至無作無能得無作便何
以故是諸法自性不可得無事可得
便誰受惱者復次憍尸迦是善男子
善女人人不能得其便何以故是善
男子善女人一切衆生中善修慈心
悲喜捨心以無所得故憍尸迦是善
男子善女人終不横死何以故是善
男子善女人行檀波羅蜜於一切衆
生等心供給故復次憍尸迦三千大
千世界四天王天三十三天夜摩天
兜率陁天化樂天他化自在天梵天
光音天遍淨天廣果天是諸天中有
發阿耨多羅三藐三菩提心者是未
聞般若波羅蜜未受持親近是諸天
子今應聞受持親近讀誦正憶念不
離薩婆若心復次憍尸迦諸善男子
善女人聞是般若波羅蜜受持親近
讀誦正憶念不離薩婆若心是諸善
男子善女人若在空舍若在曠野若
人住處終不怖畏何以故是善男子
善女人明於內空以無所得故明於
外空乃至無法有法空以無所得故
問曰此中佛觀四部衆已何以告釋

提桓因答曰餘品中多說般若波羅蜜體今欲讚般若功德故命釋提桓因譬如先以好寶亦人然後讚寶所能復次普觀者欲令會中衆生各知佛顧念則不自輕不自輕故堪任聽法是以普觀譬如顧眄羣下羣下則欣然自慶說功德故應以白衣證白衣中釋提桓因為大說般若者以出家人為證出家人中是舍利弗須菩提等為大問曰先言釋提字提婆因是天主今佛何以不言釋乃命言憍尸迦答曰昔摩伽陁國中有婆羅門名摩伽姓憍尸迦有福德大智慧知友三十三人共修福德命終皆生須弥山頂第二天上摩伽婆羅門為天主三十二人為輔臣以此三十三人故名為三十三天喚其本姓故言憍尸迦或言天主或言千眼等大人喚之故攝姓此中所說般若波羅蜜者是十方諸佛所說語言名字書寫經卷宣傳顯示實相智慧何以故般若波羅蜜無諸觀語言相而因語言經卷能得此般若波羅蜜是故以名字經

卷名為般若波羅蜜此中略說佛意若能聞受持般若等當得種種功德復當廣說欲度衆生為得佛道故供養受學般若波羅蜜是人魔若魔天不能得便問曰何者是魔何故惱菩薩云何得便答曰魔名自在天主雖以福德因緣生彼而懷諸邪見以欲界衆生是已人民雖復死生展轉不離我界若復上生色無色界還來屬我若有得外道五通亦未出我界皆不以為憂若佛及菩薩出世者化度我民拔生死根入無餘涅槃永不復還空我境界是故起恨讎嫉又見欲界人皆往趣佛不來師已失供養故心生嫉妬是以以佛菩薩為怨家是菩薩入法位得法性生身魔雖起惡不能壞敗若未得阿鞞跋致者魔則種種破壞若菩薩一心不惜身命有方便求佛道者十方諸佛及諸大菩薩皆共護持以是因緣故能成佛道若為菩薩而有懈怠貪著世樂不能專心勤求佛道是則自欺亦欺十方諸佛及諸菩薩所以者何自言我為

一切衆生故求佛道而行雜行壞菩薩法以是罪故諸佛菩薩所不守護魔得其便所以者何一切聖人已入正位一心行道深樂涅槃魔入邪位愛著邪道邪正相違是故憎嫉正行狂愚自高喚佛沙門瞿曇佛稱其實名為弊魔以相違故名為怨家如經說魔有四種一者煩惱魔二者五衆魔三者死魔四者自在天子魔此中以般若力故四魔不能得便得諸法實相煩惱斷則壞煩惱魔天魔亦不能得其便入無餘涅槃故則壞五衆魔及死魔云何為得便魔及魔人來恐怖菩薩如經中說魔作龍身種種異形可畏之象夜來恐怖行者或現上妙五欲壞亂菩薩或轉世間人心令作大供養行者貪著供養故則失道德或轉人心令輕惱菩薩或罵或打或傷或害行者遭苦或生瞋恚憂愁如是等魔隨前人意所趣向因而壞之是名得便如魔品中廣說問曰魔力甚大肉身菩薩道力尚少云何不得便答曰如上說為諸佛菩薩所

護故此中佛自說因緣是人善修諸法空亦不著空不著空者云何當得便譬如無瘡則不受毒無相無作亦如是復次一切法實觀皆是空無相無作相皆是空無相無作相故則無得便亦無受便者是故空不應得空便無相不應得無相便無作不應得無作便以一相故如火不能滅火得水則滅以異相故問曰菩薩住三解脫門則是受便處與一切法相違故空與有相違無相與有相相違無作與有作相違答曰此經中佛自說三解脫門無有自性又先論議中說於空無相無作中亦不著是故雖住三解脫門魔及魔民不得其便問曰餘處皆言菩薩摩訶薩今何以言善男子善女人答曰先說實相智慧難受以能受故則是菩薩摩訶薩今說供養受持讀誦等雜說故攝得善男子善女人復次經中說女人有五㝵不得作釋提桓因梵王魔王轉輪聖王佛聞是五㝵不得作佛女人心退不能發意或有說法者不為女人說佛

道是故佛此間說善男子善女人女人可得作佛非不轉女身也五㝵者說一身事善男子善女人義先已廣說人不得便者人名若賊若官若怨等欲惱亂菩薩求索其便問曰先說不得便因緣何以但說空令說人不得便但說四無量心答曰有人先說魔若魔民怨大故法亦大故說空怨小故法亦小故說四無量心有人言四無量心是菩薩常行為集諸功德故後以般若波羅蜜空相令除邪見不著衆生亦不著法是二法前後無在復次上魔作恐怖事甚多不現本形或現雷震或作風雨或作病痛等是故說諸法空令人來惡口罵詈刀杖破故用四無量心不横死者所謂無罪而死或壽命未盡錯投藥故或不順藥法或無看病人或飢渴寒熱等夭命是名横死菩薩從初發意來於一切衆生中常行檀波羅蜜應病與藥隨病所須拯濟孤窮隨其所乞皆給與之於一切衆生中悉皆平等好心供養亦行是般若波羅蜜以是

功德故不横死是中略說三功德已三千大千世界中諸天發心來聞般若波羅蜜者先說善男子善女人應聞受持乃至正憶念今說因緣諸天有大功德猶尚供養何況於人雖一切人天應聽般若能發無上道心者審應深心聽所以者何般若是佛道之本故問曰此天發心何以不聞般若答曰有人言此天前世人中發意今生天上五欲覆心故不聞復次諸天雖發無上道心五情利五欲妙深著深故視東忘西不能求般若色界諸天雖先聞法發心以味著禪定深故不能求般若是故說不聞者應聞受持復次先說魔及魔民不能得其便是內因緣所謂空三昧乃四無量心今更說不得便是外因緣所謂佛告諸天汝等供養受持般若是善男子善女人亦受持供養是般若同事故若魔來破汝應守護復次受持般若者若在空舍住若在曠野若在人間住處空舍中多諸鬼魅及以賊寇衆惡易來故初說除人住處及以空

舍餘殘山澤樹林等皆是曠野少人
行故多諸虎狼師子惡賊鬼魅人所
住處不淨故魔及鬼神斷來諸難少
故是以後說行者於三處住無所畏
懼以二因緣故一者善修十八空二
者般若波羅蜜威德故

尒時三千大千世界中諸四天王天
三十三天夜摩天兜率陁天化樂天
他化自在天乃至首陁婆諸天白佛
言世尊是善男子善女人能受持般
若波羅蜜親近讀誦正憶念不離薩
婆若心者我等常當守護何以故世
尊以菩薩摩訶薩因緣故斷三惡道
斷天人貧斷諸災患疾病飢餓以菩
薩因緣故便有十善道出世間四禪
四無量心四無色定檀波羅蜜尸羅
波羅蜜羼提波羅蜜毗梨耶波羅蜜
禪波羅蜜般若波羅蜜內空乃至無
法有法空四念處乃至一切種智以
菩薩因緣故世間便有生刹利大姓
婆羅門大姓居士大家諸王及轉輪
聖王四天王天乃至阿迦尼吒天以
菩薩因緣故有須陁洹須陁洹果乃

至阿羅漢阿羅漢果辟支佛辟支佛
道以菩薩因緣故有成就衆生淨佛
世界便有諸佛出現於世便有轉法
輪知是佛寶法寶比丘僧寶世尊以
是因緣故一切世間諸天及人阿脩
羅應守護是菩薩摩訶薩佛語釋提
桓因如是如是憍尸迦以菩薩摩訶
薩因緣故斷三惡道乃至三寶出現
於世以是故諸天及人阿修羅常應
守護供養恭敬尊重讚歎是菩薩摩
訶薩憍尸迦供養恭敬尊重讚歎是
菩薩摩訶薩即是供養我以是故是
諸菩薩摩訶薩諸天及人阿修羅常應
守護供養恭敬尊重讚歎憍尸迦若
三千大千世界滿中聲聞辟支佛譬
如竹葦稻麻叢林若有善男子善女
人供養恭敬尊重讚歎不如供養恭
敬尊重讚歎初發心菩薩摩訶薩不
離六波羅蜜所得福德何以故不以
聲聞辟支佛因緣故有菩薩摩訶薩
及諸佛出現於世以有菩薩摩訶薩
因緣故有聲聞辟支佛諸佛出現於
世以是故憍尸迦是諸菩薩摩訶薩

一切世間諸天及人阿修羅常應守
護供養恭敬尊重讚歎釋曰尒時諸
天白佛我等當守護是菩薩與我等
同事故亦以求佛道者能自捨身樂
欲使一切衆生得樂故因菩薩斷三
惡道者菩薩雖未離欲能遮衆生十
不善故斷三惡道及天人貧諸災患
等行十善故開三善道門或有菩薩
見五欲過罪能離欲得四禪以本願
故起四無量心欲離種種因緣身苦
故起四無色定為佛道故修六波羅
蜜乃至一切種智是法亦自行亦教
人以是福德道法於衆生中展轉相
教常在世間今當說是諸善法果報
生刹利大姓乃至三寶出現於世如
先義中說今是菩薩結業生身在因
緣中無有力勢而能說是善法令衆
生修行我等云何當不守護譬如太
子雖小群臣百官無不奉承佛可諸
天述而成之若供養菩薩即是供養
佛者般若是三世佛母若為般若故
供養菩薩則為供養佛不如供養恭
敬初發意菩薩者問曰二乘已證實

際是一切衆生福田何以故不如初發意菩薩荅曰以三事故不如一者用薩婆若心行二者常不離六波羅蜜等諸功德三者由是菩薩斷三惡道出生三乘依二乘人不能斷三惡道出生三乘

大智度論釋滅諍亂品第三十二

尒時釋提桓因白佛言世尊甚奇希有諸菩薩摩訶薩是般若波羅蜜若受持親近讀誦為他說正憶念時得如是今世功德亦成就衆生淨佛世界從一佛界至一佛界供養諸佛所欲供養之具隨意即得從諸佛聞法至得阿耨多羅三藐三菩提終不中忘亦得家成就母成就生成就眷屬成就相成就光明成就眼成就耳成就三昧成就陁羅尼成就是菩薩以方便力變身如佛從一界至一界到無佛處讚檀波羅蜜乃至般若波羅蜜讚四禪四無量心四無色定讚四念處乃至十八不共法以方便力說法以三乘法度脫衆生聲聞辟支佛佛乘世尊快哉希有受是般若波羅

蜜為已揔攝五波羅蜜乃至十八不共法亦攝須陁洹果乃至阿羅漢果辟支佛道佛道一切智一切種智佛告釋提桓因如是如是憍尸迦受是般若波羅蜜為已揔攝五波羅蜜乃至一切種智復次憍尸迦是般若波羅蜜受持親近讀誦為他說正憶念是善男子善女人所得今世功德汝一心諦聽釋提桓因言唯世尊受教佛告釋提桓因憍尸迦若有外道諸梵志若魔若魔民若增上慢人欲垂錯破壞菩薩般若波羅蜜心是諸人適生心即時滅去終不從願何以故憍尸迦菩薩摩訶薩長夜行檀波羅蜜行尸羅羼提毗梨耶禪般若波羅蜜以衆生長夜貪諍故菩薩悉捨内外物安立衆生於檀波羅蜜中以衆生長夜破戒故菩薩悉捨内外法安立衆生於戒以衆生長夜鬬諍故菩薩悉捨内外法安立衆生於忍辱以衆生長夜懈怠故菩薩悉捨内外法安立衆生於精進以衆生長夜亂心故菩薩悉捨内外法安立衆生於禪

以衆生長夜愚癡故菩薩悉捨内外法安立衆生於般若波羅蜜以衆生長夜為愛結故流轉生死是菩薩摩訶薩以方便力斷衆生愛結安立於四禪四無量心四無色定四念處乃至八聖道分空無相無作三昧安立衆生於須陁洹果乃至阿羅漢果辟支佛道憍尸迦是為菩薩摩訶薩行般若波羅蜜得現世功德後世功德得阿耨多羅三藐三菩提菩薩轉法輪所願滿足入無餘涅槃憍尸迦是為菩薩摩訶薩後世功德復次憍尸迦善男子善女人是般若波羅蜜若聞受持親近讀誦為他說正憶念其所住處魔若魔民若外道梵志增上慢人欲輕毁難問破壞般若波羅蜜終不能成其人惡心轉滅功德轉增聞是般若波羅蜜故漸以三乘道得盡衆苦譬如憍尸迦有藥名摩祇有虵飢行索食見虫欲噉虫趣藥所藥氣力故虵不能前即還去何以故是藥力能勝毒故憍尸迦摩祇藥有如是力是善男子善女人是般若波羅

蜜若受持親近讀誦爲他人說正憶念若有種種鬪諍起欲來破壞者以般若波羅蜜威力故隨所起處卽疾消滅其人卽生善心增益功德何以故是般若波羅蜜能滅諸法諍亂何等諸法所謂婬怒癡無明乃至大苦聚諸蓋結使纏我見人見衆生見斷見常見垢見淨見有見無見如是一切諸見慳貪犯戒瞋恚懈怠亂意無智常想樂想淨想我想如是等愛行者色著受想行識著檀波羅蜜尸羅波羅蜜羼提波羅蜜毗梨耶波羅蜜禪波羅蜜般若波羅蜜著內空外空內外空乃至無法有法空著四念處乃至十八不共法著一切智一切種智著涅槃是一切法諍亂盡能滅不令增長釋曰聞者若從佛若菩薩若餘說法人邊聞般若波羅蜜是十方三世諸佛法寶藏聞已用信力故受念力故持得氣味故常來承奉諮受故親近親近已或看文或口受故言讀爲常得不忘故誦宣傳未聞故言爲他說聖人經書直說難了故解義觀

諸佛法不可思議有大悲於衆生故說法不以邪見戲論求佛法如佛意亦不著故說法亦不著除四顚倒等諸邪憶念故住四念處正憶念中但爲得道故不爲戲論名爲正憶念正憶念是一切善法之根本修習行者初入名爲正憶念常行得禪定故名爲修今世功德者如先說義今釋提桓因更說今世功德所謂教化衆生乃至令衆生得三乘先說般若波羅蜜攝三乘令解其義是故言般若波羅蜜中攝五波羅蜜乃至一切種智佛可其所說者欲令人信故所得今世功德汝一心諦聽者上略說今世功德佛今欲廣說其事難信故言一心諦聽帝釋雖信受人不知故言唯世尊是般若波羅蜜雖不可破壞而宣示實相語言可破語言破故信心未定者亦可破是故說若外道梵志等來欲破壞般若波羅蜜梵志者是一切出家外道若有承用法者亦名梵志梵志愛著其法聞實相空法不信故欲壞魔若魔民如先說增上慢

人者是佛弟子得禪定未得聖道自謂已得是人聞無須陁洹乃至無阿羅漢無道無涅槃便發增上慢生忿心欲破是實相空法是般若波羅蜜神力故令彼惡心卽時滅去終不成願如人以手障鉾但自傷其手鉾無所損何以故菩薩於內外法不著衆生從無始世界來常著內外法故起鬪諍菩薩捨內外著處自安立六波羅蜜教化衆生令捨內外鬪法安立衆生於六波羅蜜是無量世修集福德力鬪諍根盡故雖有鬪亂事來不能得便譬如毒虵欲食蝦蟇常隨逐之蝦蟇到摩祇藥所虵聞藥氣毒卽消歇是壞法惡人亦復如是欲壞行般若波羅蜜人常隨逐之以般若力勢故瞋恚邪見之毒卽時消滅有降伏得道者有作弟子者有復道還去者是般若波羅蜜能破無明等諸結使滅諸斷常邪見等能滅著五衆乃至涅槃何況瞋恚嫉妬鬪亂之事而不能滅復次憍尸迦三千大千世界中界諸四天王諸釋提桓因諸梵天

王乃至阿迦尼吒天常守護是善男子善女人能受持供養讀誦為他說正憶念般若波羅蜜者十方現在諸佛亦共擁護是善男子善女人能聞受持供養讀誦為他說正憶念般若波羅蜜者是善男子善女人不善法滅善法轉增所謂檀波羅蜜轉增以無所得故乃至般若波羅蜜轉增以無所得故內空轉增乃至無法有法空轉增以無所得故四念處乃至十八不共法轉增以無所得故諸三昧門諸陀羅尼門一切智一切種智轉增以無所得故是善男子善女人所說人皆信受親友堅固不說無益之語不為瞋恚所覆不為憍慢慳貪嫉妬所覆是人自不煞生教人不煞讚不煞生法亦歡喜讚歎不煞生者自遠離不與取亦教人遠離不與取讚遠離不與取法亦歡喜讚歎遠離不與取者自不邪婬教人不邪婬讚不邪婬法亦歡喜讚歎不邪婬者自不妄語教人不妄語讚不妄語法亦歡喜讚歎不妄語者兩舌惡口無利益

語亦如是自不貪教人不貪讚不貪法亦歡喜讚歎不貪者不瞋惱不邪見亦如是自行檀波羅蜜教人行檀波羅蜜讚行檀波羅蜜法亦歡喜讚歎行檀波羅蜜者自行尸羅波羅蜜教人行尸羅波羅蜜讚尸羅波羅蜜亦歡喜讚歎行尸羅波羅蜜者自行羼提波羅蜜教人行羼提波羅蜜讚羼提波羅蜜亦歡喜讚歎行羼提波羅蜜者自行毗梨耶波羅蜜教人行毗梨耶波羅蜜讚毗梨耶波羅蜜亦歡喜讚歎行毗梨耶波羅蜜者自行禪波羅蜜教人行禪波羅蜜讚禪波羅蜜亦歡喜讚歎行禪波羅蜜者自行般若波羅蜜教人行般若波羅蜜讚般若波羅蜜亦歡喜讚歎行般若波羅蜜者自修內空教人修內空讚內空亦歡喜讚歎修內空者乃至自修無法有法空教人修無法有法空讚無法有法空亦歡喜讚歎修無法有法空者自入一切三昧中教人入一切三昧中讚一切三昧亦歡喜讚歎行一切三昧者自得陀羅尼教人

得陀羅尼讚陀羅尼亦歡喜讚歎得陀羅尼者自入初禪教人入初禪讚初禪亦歡喜讚歎入初禪者二禪三禪四禪亦如是自入慈心中教人入慈心讚慈心亦歡喜讚歎入慈心者悲喜捨心亦如是自入無邊空處教人入無邊空處讚無邊空處亦歡喜讚歎入無邊空處者無邊識處無所有處非有想非無想處亦如是自修四念處教人修四念處讚四念處亦歡喜讚歎修四念處者四正勤四如意足五根五力七覺分八聖道分亦如是自修空無相無作三昧教人修空無相無作三昧讚空無相無作三昧亦歡喜讚歎修空無相無作三昧者自入八解脫中教人入八解脫讚八解脫亦歡喜讚歎入八解脫者自入九次第定中教人入九次第定讚九次第定亦歡喜讚歎入九次第定者自修佛十力四無所畏四無导智大慈大悲十八不共法亦如是自行不謬錯法自行常捨法教人行不謬錯法常捨法讚不謬錯法常捨法亦

歡喜讚歎行不謬錯法常捨法者自得一切種智教人得一切種智讚一切種智亦歡喜讚歎得一切種智者是菩薩摩訶薩行六波羅蜜時所有布施與衆生共已迴向阿耨多羅三藐三菩提以無所得所有持戒忍辱精進禪定智慧與衆生共已迴向阿耨多羅三藐三菩提是亦無所得是善男子善女人如是行六波羅蜜時作是念我若不布施當生貧窮家不能成就衆生淨佛世界亦不能得一切種智我若不持戒當生三惡道中尚不得人身何況能成就衆生淨佛世界得一切種智我若不修忍辱則當諸根毀壞色不具足不能得菩薩具足色身衆生見者必至阿耨多羅三藐三菩提亦不能得以具足色身成就衆生淨佛世界得一切種智我若懈怠不能得菩薩道亦不能得成就衆生淨佛世界得一切種智我若乱心不能得生諸禪定不能以此禪定成就衆生淨佛世界得一切種智我若無智不能得方便智以方便智

過聲聞辟支佛地成就衆生淨佛世界得一切種智是菩薩復作是思惟我不應隨慳貪故不具足檀波羅蜜不應隨犯戒故不具足尸羅波羅蜜不應隨瞋恚故不具足羼提波羅蜜不應隨懈怠故不具足毗梨耶波羅蜜不應隨乱意故不具足禪波羅蜜不應隨癡心故不具足般若波羅蜜若不具足檀波羅蜜尸羅波羅蜜羼提波羅蜜毗梨耶波羅蜜禪波羅蜜般若波羅蜜我終不能出到一切種智如是善男子善女人是般若波羅蜜受持親近讀誦為他說正憶念亦不離薩婆若心得是今世後世功德釋提桓因白佛言世尊希有是菩薩摩訶薩般若波羅蜜為迴向薩婆若故亦為不高心故佛告釋提桓因憍尸迦云何菩薩摩訶薩般若波羅蜜為迴向薩婆若心故亦為不高心故釋提桓因白佛言世尊菩薩摩訶薩若行世間檀波羅蜜布施諸佛辟支佛聲聞及諸貧窮乞句行路人是菩薩無方便故生高心若行世間尸羅

波羅蜜言我行尸羅波羅蜜我能具足尸羅波羅蜜無方便故生高心言我行羼提波羅蜜毗梨耶波羅蜜禪波羅蜜我行般若波羅蜜我修般若波羅蜜以是世間般若波羅蜜無方便故生高心世尊菩薩修世間四念處時自念言我修四念處我具足四念處無方便力故生高心我修四正懃四如意足五根五力七覺分八聖道分自念言我修空無相無作三昧我修一切三昧門當得一切陁羅尼門我修十力十八不共法我當成就衆生我當淨佛世界我當得一切種智著吾我無方便力故生高心世尊如是菩薩摩訶薩行世間善法著吾我故生高心世尊若菩薩摩訶薩行出世間檀波羅蜜不得施者不得受者不得施物如是菩薩摩訶薩行出世間檀波羅蜜為迴向薩婆若故亦不生高心行尸羅波羅蜜尸羅不可得行羼提波羅蜜羼提不可得行毗梨耶波羅蜜毗梨耶不可得行禪波羅蜜禪不可得行般若波羅蜜般若

不可得修四念處四念處不可得乃
至十八不共法十八不共法不可得
修大慈大悲大慈大悲不可得乃至
修一切種智一切種智不可得世尊
如是菩薩摩訶薩般若波羅蜜為廻
向薩婆若故亦為不生高心故
問曰先已說魔若魔民等三種人欲
破壞般若今何以故重說荅曰佛先
說三種人来求便恐怖欲令愁惱中
來者不為惱人但欲破毀般若波羅
蜜不隨其願不能得破後来三種人
雖欲生心破壞即時滅去所語人皆
信受者是菩薩常令不善法折滅善
法轉增所謂檀波羅蜜乃至一切種
智是入修集福德智慧故成大威德
故使妄語人皆信受何況實語親友
堅固者是人於一切衆生中深有慈
悲心何況親友於我有益是菩薩愛
敬佛道知身口無常故不說無益之
言以善法增長故瞋恚等煩惱不能
覆心行者作是念結使雖起智慧思
惟不令覆心結使若起今世不善後
世不善妨於佛道設使心起結使不
起口業設口業起不成身業設身業
起不至大惡如凡夫人是菩薩雖昇
陋鄙賤以行勝法故得在勝人數中
是今世功德是入深樂善法故能於
善法四種正行求二乘人不能具足
四行以不深樂善法故所謂自不煞
生慈悲一切深自利故亦不教他慈
是一切賢聖法故當讚歎是經菩薩
常欲令人得樂故見有不煞者歡喜
愛樂乃至一切種智亦如是上四種
行廣說今略說功德總攝入六波羅
蜜中所得果報與衆生共之是菩薩
未入正位諸煩惱未盡故或時起慳
等諸煩惱尒時應作是思惟諫喻其
心若不布施我自失四事功德所謂
後身生貧窮貧窮故自不能利益何
能利他若不利他則不能成就衆生
若不能成就衆生亦不能淨佛世界
何以故以衆生淨故世界清淨若不
具足是等衆事云何當得一切種智
以要言之無方便者雖行六波羅蜜
內不能離我心外取諸法相所謂我
是施者彼是受者是布施物是因緣
故不能到佛道與此相違是有方便
問曰若世間波羅蜜等非是正道是
般若波羅蜜中佛何以說荅曰此等
行者初門與正道相似故先行相似
法後得真道

大智度論卷第五十六

大智度論卷五十六

校勘記

— 底本，金藏廣勝寺本。

— 七三頁中一行經名，石作「大智度經論卷第六十一」，卷末經名同；磧、南、清作「大智度論卷第五十六」。

— 七三頁中一行「釋顧視品」，經無。

— 七三頁中三行與四行間，石有「摩訶般若波羅蜜經三及稱歎品第三十釋」；磧、南、經、清有「釋三歎品第三十」。

— 七三頁中四行首字，七四頁中一〇行首字，七八頁上八行首字「介」，石、磧、南、經、清、麗冠以〔經〕。

— 七三頁中六行「快哉」，石、磧、南、經、清、麗作「快哉快哉」。

— 七三頁中七行第一二字「布」，石作「出」。

— 七三頁中一二行第三字「教」，石、磧、南、經、清作「教所謂」。

— 七三頁中一二行第五字「聞」，石作「聞乘」，下同。

— 七三頁中一二行第八字「佛」，石作「佛乘」。

— 七三頁中末行第一一字「不」，石、磧、南、清、麗作「亦不」。

— 七三頁下三行末字「法」，石、磧、南、經、清作「諸法」。

— 七三頁下七行第二字「頭」，石作「中」。

— 七三頁下一二行首字「意」，石、磧、南、經、清、麗作「心」。

— 七三頁下一二行末字「憐」，石、磧、南、經、清作「羅」。

— 七三頁下一五行第八字「得」，石、麗作「得故」。

— 七三頁下一八行第一三字「迦」，石作「伽」。

— 七三頁下一九行第二字「上」，石、磧、南、經、清、麗作「上士」。

— 七三頁下一九行第四字「御」，石、磧、南、經、清、麗作「御丈夫」。

— 七三頁下一九行第七字「師」，石、磧、南、經、清、麗作「師佛世尊」。

— 七三頁下末行第一〇字，七九頁上一七行第三字「釋」，石、磧、南、經、清、麗冠以〔論〕。

— 七四頁上三行「天四」，石、磧、南、經、清、麗作「四天」。

— 七四頁上一一行第八字「是」，石作「其」。

— 七四頁上一九行第三字「三」，石、磧、南、經、清、麗作「二」。

— 七四頁中二行第一二字「諸」，石、磧、南、經、清、麗作「語」。

— 七四頁中六行第三字「歎」，磧、南、經、清作「讚」。

— 七四頁中一二行第三字「天」，磧、南、經、清無。

— 七四頁中一三行第一二字「迦」，石、磧、南、經、清、麗作「迦若」。

— 七四頁中一五行第一三字「是」，磧、南、經、清作「於是」。

— 七四頁中一八行第九字「其」，石

無。
一 七四頁下一行第八字「無」，石、磧、南、徑、清、麗作「不」。
一 七四頁下四行第三字「人」，石、磧、南、徑、清、麗作「人老人非」。
一 七四頁下一三行第一三字至一四行首字「是未聞」，石、磧、南、徑、清、麗作「未聞是」。
一 七四頁下二〇行第一一字「是」，石、麗作「是諸」。
一 七四頁下末行首字，八二頁上七行首字「問」，石、磧、南、徑、清、麗冠以〔論〕。
一 七五頁上六行第八字「顧」，石、磧、南、徑、清、麗作「王顧」。
一 七五頁上九行第八字「中」，石作「中大」。
一 七五頁上一〇行第一〇字「提」，石、磧、南、徑、清、麗作「是」。
一 七五頁上一〇行第一三字「婆」，磧、南、徑、清作「桓」。
一 七五頁上一六行第一三字「二」，石、磧、南、徑、清、麗作「三」。
一 七五頁上一七行第一二字「言」，石作「言姓」。
一 七五頁上一九行第二字「攝」，石、磧、南、徑、清、麗作「稱其」。
一 七五頁中三行首字「復」，石、麗作「後」。
一 七五頁中一四行第九字「師」，石、磧、南、徑、清、麗作「歸」。
一 七五頁中一五行「嫉妬」，石作「妬嫉」。
一 七五頁中一五行第一一字「爲」，石、磧、南、徑、清、麗作「名爲」。
一 七五頁下一三行第一三字「人」，石、麗作「民」。
一 七五頁下一七行第九字「著」，石無。
一 七六頁上一九行「攝得」，石、麗作「得稱」。
一 七六頁中五行末字「説」，磧、南、徑、清作「説魔」。
一 七六頁中七行第一二字「人」，石、磧、南、徑、清、麗作「人言」。
一 七六頁中一三行第一一字「多」，石、麗作「多多」。
一 七六頁中一五行第七字「令」，石作「今」。
一 七六頁中一六行第二字「破」，石、磧、南、徑、清、麗作「打斫」。
一 七六頁中二一行末字「乞」，石作「之」。
一 七六頁下二行第一二字「来」，石、磧、南、徑、清、麗作「未」。
一 七六頁下一五行第一〇字「民」，石、磧、南、徑、清作「天」。
一 七六頁下一六行第一一字「乃」，石、磧、南、徑、清、麗作「及」。
一 七七頁上一一行第一二字「不」，石、麗作「亦不」。
一 七七頁上一六行末字「羅」，磧、南、徑、清無，下同。
一 七七頁中三行「世界」，石、磧、南、徑、清作「國土」，下同。
一 七七頁中四行第三字「是」，石、麗

作「有」。

一　七七頁中五行第一三字「何」，磧、南、徑、清、麗作「阿」。

一　七七頁中七行第二字「因」，石作「因言」。

一　七七頁中一三行第八字「大」，石、磧、南、徑、清、麗作「天」。

一　七七頁中末行「摩訶薩」，石無。

一　七七頁下二行第一〇字「釋」，石、磧、南、徑、清冠以〔論〕。

一　七七頁下七行第一一字「貧」，磧、南、徑、清作「貧窮」。

一　七七頁下九行「過罪」，磧、南、徑、清作「罪過」。

一　七七頁下一〇行「欲離」，石作「破」。

一　七七頁下一八行「云何當」，石、磧、南、徑、清作「當云何」。

一　七七頁下一九行第一一字「承」，石作「敬」。

一　七八頁上三行第六字「行」，石、麗作「行波若」。

一　七八頁上六行末字「乘」下，石有夾註「釋第三十品竟」。

一　七八頁上七行品名，石作「摩訶般若波羅蜜經滅諍亂品第三十一釋」；磧作「大智度釋論滅諍品第三十一」；南作「大智度論釋滅諍品第三十一」；徑、清作「釋滅諍品第三十一（以下夾註）經作現滅諍品」。

一　七八頁上九行第八字「是」，磧、南、徑、清作「從」。

一　七八頁上九行末字「若」，石、磧、南、徑、清、麗作「若聞」。

一　七八頁上一〇行第八字「他」，石、麗作「他人」，下同。

一　七八頁上一二行第五字及第九字「界」，石作「國」。

一　七八頁上一八行第一〇字及第一三字「界」，石、磧、南、徑、清作「佛國」。

一　七八頁上二二行第九字「生」，石、磧、南、徑、清、麗作「生所謂」。

一　七八頁中一三行第三字「心」，石、磧、南、徑、清、麗作「此心」。

一　七八頁中一五行「羅羼提毗梨耶禪」，石作「羅波羅蜜羼提波羅蜜毗梨耶波羅蜜禪波羅蜜」，下同。

一　七八頁下四行第六字「力」，石、麗作「力故」。

一　七八頁下四行第一三字「立」，石作「立衆生」。

一　七八頁下八行「佛道」，石、磧、南、徑、清、麗作「佛道佛道」。

一　七八頁下二一行第八字「即」，石、磧、南、徑、清、麗作「即便」。

一　七九頁上一行第一一字「人」，麗無。

一　七九頁上三行第一三字「疾」，磧作「自」。

一　七九頁上一六行第一一字「能」，磧、南、徑、清作「能消」。

一　七九頁中一一行第五字，一五行第四字「今」，石、磧、南、徑、清、麗作「令」。

一　七九頁中一五行第一一字「信」，

石、磧、南、徑、清作「信持」。

一　七九頁中一六行首字「心」，石、磧、南、徑、清、麗作「心諦聽復次因小果大難信故言一心」。

一　七九頁中二〇行「来欲」，石作「欲来」。

一　七九頁中二一行第一一字「法」，石、磧、南、徑、清、麗作「其法」。

一　七九頁中末行第四字「壞」，石、麗作「破壞」。

一　七九頁下三行末字「忿」，石、磧、南、徑、清作「忿怒」；麗作「忿惱」。

一　七九頁下四行第三字「破」，石作「破壞」。

一　七九頁下二二行第四字「復」，石、磧、南、徑、清、麗冠以〔經〕。

一　七九頁下末行第二字「界」，石、磧、南、徑、清、麗無。

一　七九頁下末行第六字「王」，麗作「王天」。

一　八〇頁上一行第一〇字「守」，磧作「子」。

一　八〇頁上六行第五字「是」，石作「是故」。

一　八〇頁上一六行第一三字「熱」，石、麗作「熱生」。

一　八〇頁上二〇行第一三字及二二行第八字「讚」，石作「讚歎」。

一　八〇頁中六行第九字「讚」，石作「讚行」，下同。

一　八〇頁中七行首字「亦」，石作「法亦」。

一　八〇頁中一七行末字「讚」，石作「讚修」，下同。

一　八〇頁中二二行第六字，下七行第七字「讚」，石作「讚入」。

一　八〇頁中末行第二字「行」，石、麗作「入」。

一　八〇頁下一行第五字「讚」，石作「讚得」。

一　八〇頁下五行第二字「心」，石、磧、南、徑、清、麗作「心中」。

一　八〇頁下五行第四字「慈」，磧、南、徑、清作「入慈」。

一　八〇頁下五行第六字「亦」，磧、南、徑、清作「法亦」，下同。

一　八〇頁下一〇行第一〇字「讚」，石、磧、南、徑、清作「讚修」。

一　八〇頁下一〇行第一三字「處」，石、磧、南、徑、清作「處法」。

一　八〇頁下一五行首字「味」，石、磧、南、徑、清作「味法」。

一　八〇頁下一六行「解脱」，石作「背捨」，下同。

一　八〇頁下一八行末字「讚」，磧、南、徑、清作「讚入」。

一　八〇頁下一九行第四字「定」，磧、南、徑、清作「定法」。

一　八〇頁下末行第六字「讚」，石、磧、南、徑、清作「讚行」。

一　八一頁上三行第三字「智」，磧、南、徑、清作「智法」。

一　八一頁上四行末字「有」，石作「得」。

一　八一頁上六行第八字，八行第一三字「得」，石、磧、南、徑、清、麗作「得故」。

一　八一頁上八行「是亦」，磧、南、徑、清作「亦以」。

一　八一頁中一六行末字「若」，石、麗作「若心」。

一　八一頁中二二行「乞句」，石、磧、南、徑、清、麗作「乞丐」。

一　八一頁下一二行「修十力」，石、磧、南、徑、清、麗作「修佛十力四無所畏」。

一　八一頁下一二行末字「就」，石作「就一切」。

一　八一頁下一五行第一二字「法」，石作「法者」。

一　八一頁下末行末字「若」，石作「若波羅蜜」。

一　八二頁上二行首字「至」，石、磧、南、徑、清、麗作「至修」。

一　八二頁上八行第二字「壞」，石無。

一　八二頁上一三行第一二字「折」，石、磧、南、徑、清、麗作「斷」。

一　八二頁上一六行首字「故」，石、磧、南、徑、清、麗作「設」。

一　八二頁中二行第九字「人」，石、磧、南、徑、清、麗作「人也」。

一　八二頁中二行第一三字「雖」，石、磧、南、徑、清作「雖復」。

一　八二頁中七行第一一字「不」，石、麗無。

一　八二頁中八行第八字「當」，石、磧、南、徑、清、麗作「常」。

一　八二頁中八行第一二字「經」，磧、南、徑、清、麗無。

一　八二頁中一一行第七字「功」，石、麗作「一切功」。

一　八二頁中一五行第七字「自」，石無。

一　八二頁中一六行第三字「生」，石無。

一　八二頁中一八行首字「若」，磧、南、徑、清無。

一　八二頁下三行末字「等」，石、磧、南、徑、清、麗作「是」。

一　八二頁下五行第五字「道」下，石有夾註「釋第三十一品竟」。

大智度論釋寶塔校量品第三十二　卷五十七　立

聖者龍樹造

後秦龜茲國三藏鳩摩羅什譯

介時佛告釋提桓因若有善男子善女人聞是深般若波羅蜜受持親近讀誦正憶念不離薩婆若心兩陣戰時是善男子善女人誦般若波羅蜜故入軍陣中終不失命刀箭不傷何以故是善男子善女人長夜修行六波羅蜜自除婬欲刀箭亦除他人婬欲刀箭自除瞋恚刀箭亦除他人瞋恚刀箭自除愚癡刀箭亦除他人愚癡刀箭自除邪見刀箭亦除他人邪見刀箭自除纏垢刀箭亦除他人纏垢刀箭自除諸結使刀箭亦除他人結使刀箭憍尸迦以是因緣是善男子善女人不為刀箭所傷復次憍尸迦是善男子善女人聞是深般若波羅蜜受持親近讀誦正憶念不離薩婆若心若以毒藥熏若以蠱道若以火坑若以深水若欲刀殺若與毒如是衆惡皆不能傷何以故是般若波羅蜜是大明呪是無上呪若善男子善女人於是明呪中學自不惱身亦不惱他亦不兩惱何以故是善男子善女人不得我不得衆生不得壽命乃至知者見者皆不可得不得色受想行識乃至一切種智亦不可得以不得故不自惱身亦不惱他亦不兩惱學是大明呪故得阿耨多羅三藐三菩提觀一切衆生心隨意說法何以故過去諸佛學是大明呪得阿耨多羅三藐三菩提當來諸佛學是大明呪當得阿耨多羅三藐三菩提今現在諸佛學是大明呪得阿耨多羅三藐三菩提復次憍尸迦般若波羅蜜若有但書寫經卷於舍供養不受不讀不誦不說不正憶念是處若人若非人不能得其便何以故是般若波羅蜜為三千大千世界中四天王諸天乃至阿迦尼吒諸天子及十方無量阿僧祇世界中諸四天王天乃至阿迦尼吒諸天所守護故是般若波羅蜜所止處諸天皆來供養恭敬尊重讚歎礼拜已去是善男子善女

大智度論第五十七卷　[illegible]

人般若波羅蜜但書寫於舍供養不
受不讀不誦不說不正憶念今世得
如是功德譬如若人若畜生來入菩
提樹下諸邊内外設人非人來不能
得其便何以故是處過去諸佛於中
得阿耨多羅三藐三菩提未來諸佛
現在佛亦於中得阿耨多羅三藐三
菩提得佛已施一切衆生無怨無畏
令無量阿僧祇衆生受天上人中福
樂亦令無量阿僧祇衆生得須陁洹
果乃至得阿耨多羅三藐三菩提般
若波羅蜜力故是處得恭敬礼拜華
香瓔珞擣香澤香幡蓋伎樂供養
問曰現有受持讀誦入於軍陣為刀
兵所傷或至失命又佛說業因緣非
空非海中無有得免者是中佛何以
故言讀誦般若者入軍陣中兵刃不
傷亦不失命荅曰有二種業因緣一
者必應受報二者不必受報為必應
受報故法句中如是說此中為不必
受報故說讀誦般若兵刀不傷譬如
大逆重罪應死之人雖有强力財寶
不可得免有人罪雖入死科理在可

救用力勢財物便得濟命不救則死
善男子亦如是若無必受報罪雖有
死事來至讀誦般若波羅蜜則得濟
度若不讀誦則不免死是故不得言
般若波羅蜜無有力勢復次善男子
善女人名遠離惡法調伏其心煩惱
折滅一心直信善法無有疑悔從久
遠已來修集福德智慧於一切衆生
有慈悲心教化衆生除去惡心如是
善男子刀兵不傷命不中斷如佛自
說因緣長夜行六波羅蜜除已身及
他身三毒刀箭五波羅蜜是福德般
若波羅蜜是智慧以廣集此二事故
不中失命毒藥水火等亦如是復次
如外道神仙呪術力故入水不溺入
火不熱毒蟲不螫何況般若波羅蜜
是十方諸佛所因成就呪術問曰如
上所說是事可信今此中不能受持
讀誦念般若等但書寫供養云何得
是功德荅曰是人所得功德亦同於
上何以故有人先已聞師說般若義
深入愛樂然不識文字遠離師故不
能讀誦而不惜財寶雇人書寫盡心

種種供養意與讀誦者同故亦得功
德人不能得便者諸天守護是事難
信故佛以菩提樹為喻佛以般若力
故於菩提樹下成無上道無上道氣
勢故其處猶有威德衆生入中衆惡
不得其便何況般若波羅蜜是諸佛
之母善男子盡心供養而無功德
釋提桓因白佛言世尊若善男子善
女人書寫般若波羅蜜華香瓔珞乃
至伎樂供養若有人佛般涅槃後若
供養舍利若起塔供養恭敬尊重讚
歎華香瓔珞乃至伎樂供養是二何
者得福多佛告釋提桓因我還問汝
隨汝意荅我於汝意云何如佛得一
切種智及得是身從何道學得是一
切種智得是身釋提桓因白佛言佛
從般若波羅蜜中學得一切種智及
相好身佛告釋提桓因如是如是憍
尸迦從般若波羅蜜中學得一切種
智憍尸迦不以是身名為佛得一切
種智故名為佛憍尸迦是佛一切種
智從般若波羅蜜中生以是故憍尸
迦是佛身一切種智所依處佛因是

身得一切種智善男子當作是思惟是身一切種智所依處是故我涅槃後舍利當得供養復次憍尸迦善男子善女人若聞是般若波羅蜜書寫受持親近讀誦正憶念華香瓔珞擣香澤香幢蓋伎樂恭敬供養尊重讚歎是善男子善女人則為供養一切種智以是故憍尸迦若有善男子善女人書是般若波羅蜜若受持親近讀誦說正憶念供養恭敬尊重讚歎華香瓔珞乃至伎樂若復有善男子善女人佛般涅槃後供養舍利起塔恭敬尊重讚歎華香乃至伎樂若有善男子善女人是般若波羅蜜書持供養恭敬尊重讚歎華香瓔珞乃至伎樂是人得福多何以故是般若波羅蜜生五波羅蜜生內空乃至無法有法空四念處乃至十八不共法一切三昧一切禪定一切陁羅尼皆從般若波羅蜜中生成就衆生淨佛世界皆從般若波羅蜜中生菩薩家成就色成就資生之物成就眷屬成就大慈大悲成就皆從般若波羅蜜中生

剎利大姓婆羅門大姓居士大家皆從是般若波羅蜜中生四天王天乃至阿迦尼吒天須陁洹乃至阿羅漢辟支佛諸菩薩摩訶薩諸佛諸佛一切種智皆從是般若波羅蜜生尒時釋提桓因白佛言世尊閻浮提人不供養般若波羅蜜不恭敬不尊重不讚歎為不知供養多所利益耶佛告釋提桓因憍尸迦於汝意云何閻浮提中幾所人信佛不壞信法信僧不壞幾所人於佛無疑於法於僧無疑幾所人於佛決了於法於僧決了釋提桓因白佛言世尊閻浮提人於佛法僧不壞信少於佛法僧無疑決了亦少憍尸迦於汝意云何閻浮提幾所人得三十七品三解脫門八解脫九次第定四無礙智六神通閻浮提幾所人斷三結故得須陁洹道幾所人斷三結亦婬嗔癡薄故得斯陁含道幾所人斷五下分結得阿那含道幾所人斷五上分結得阿羅漢閻浮提幾所人求辟支佛幾所人發阿耨多羅三藐三菩提心釋提桓因白佛

言世尊閻浮提中少所人得三十七品乃至少所人發阿耨多羅三藐三菩提心佛告釋提桓因如是如是憍尸迦少所人信佛不壞信法不壞信僧不壞少所人於佛無疑於法無疑於僧無疑少所人於佛決了於法決了於僧決了憍尸迦亦少所人得三十七品三解脫門八解脫九次第定四無礙智六神通憍尸迦亦少所人斷三結得須陁洹斷三結亦婬瞋癡薄得斯陁含斷五下分結得阿那含斷五上分結得阿羅漢少所人求辟支佛於是中亦少所人發阿耨多羅三藐三菩提心於發心中亦少所人行菩薩道何以故是衆生前世不見佛不聞法不供養比丘僧不布施不持戒不忍辱不精進不禪定無智慧不聞內空外空乃至無法有法空亦不聞不修四念處乃至十八不共法亦不聞不修諸三昧門陁羅尼門亦不聞不修一切智一切種智憍尸迦以是因緣故當知少所衆生信佛不壞信法不壞信僧不壞乃至少所衆

大智度論第五十七卷　第九張　六字号

生求辟支佛道於是中少所衆生發阿耨多羅三藐三菩提於發心中少所衆生行菩薩道於是中亦少所衆生得阿耨多羅三藐三菩提憍尸迦我以佛眼見東方無量阿僧祇衆生發心行阿耨多羅三藐三菩提心行菩薩道是衆生遠離般若波羅蜜方便力故若一若二住阿鞞跋致地多墮聲聞辟支佛地南西北方四維上下亦如是以是故憍尸迦善男子善女人發心求阿耨多羅三藐三菩提者應聞般若波羅蜜應受持親近讀誦說正憶念受持親近讀誦說正憶念已應書經卷恭敬供養尊重讚歎香華瓔珞乃至伎樂諸餘善法入般若波羅蜜中者亦應聞受持乃至正憶念何等是諸餘善法所謂檀波羅蜜尸羅波羅蜜羼提波羅蜜毗梨耶波羅蜜禪波羅蜜內空外空乃至無法有法空諸三昧門陀羅尼門四念處乃至十八不共法大慈大悲如是等無量諸善法皆入般若波羅蜜中是亦應聞受持乃至正憶念何以故

大智度論第五十七卷　第十張　六字号

是善男子善女人當如是念佛本為菩薩時如是行如是學所謂般若波羅蜜禪波羅蜜毗梨耶波羅蜜羼提波羅蜜尸羅波羅蜜檀波羅蜜內空乃至無法有法空諸三昧門諸陀羅尼門四念處乃至十八不共法大慈大悲如是等無量佛法我等亦應隨學何以故般若波羅蜜是我等所尊禪波羅蜜乃至無量諸餘善法亦是我等所尊此是諸佛法印諸辟支佛阿羅漢阿那含斯陀含須陀洹法印諸佛學是般若波羅蜜乃至一切種智得度彼岸諸辟支佛阿羅漢阿那含斯陀含須陀洹亦學是般若波羅蜜乃至一切智得度彼岸以是故憍尸迦若善男子善女人若佛在世若般涅槃後應依止般若波羅蜜禪波羅蜜毗梨耶波羅蜜羼提波羅蜜尸羅波羅蜜檀波羅蜜乃至一切種智亦應依止何以故是般若波羅蜜乃至一切種智是諸聲聞辟支佛菩薩摩訶薩及一切世間天人阿修羅所依止問曰佛已種種讚般若功德今

大智度論第五十七卷　第十一張　六字号

釋提桓因何故以舍利校般若功德多少荅曰信根多者意供養舍利慧根多者好讀誦經法是故聞有人書經供養有人供養舍利何所為多華香瓔珞等義如先說於汝意云何何者四事荅中此是反問荅是故佛即反問釋提桓因或有人供養舍利得福德多或有人供養般若波羅蜜得福德亦多隨人心故佛不得一定荅是故反問從般若波羅蜜中生五波羅蜜者後品中佛自說無方便智慧布施迴向不名檀波羅蜜十八空即是智慧智慧因緣故生四念處乃至一切種智雖非盡是智慧以性同故以智慧為主是故言從般若生行般若波羅蜜得諸法實相於布施持戒等通達若不得般若實相不能通達布施持戒何以故若一切法空則無罪無福何用布施持戒若諸法實相有不應從因緣生先已有故若衆生是常則譬如虛空亦無死者若無常神則隨身滅亦無後世罪福若無衆生何有殺罪如是亦無不殺生戒等

若得是般若波羅蜜實相法則不墮有無二邊用中道通達布施持戒等以此布施持戒等果報故有剎利大姓乃至諸佛問曰閻浮提人多貪利福德何以不供養般若波羅蜜荅曰智人少故不知供養般若無咎譬如金寶盲者不識以閻浮提人但信三尊者少何況知而能行佛教令釋提桓因自說故反問有幾許人於三尊得不壞信等問曰不壞信無疑決了有何差別荅曰有人言無有差別佛莊嚴種種說開悟人心故有人言於三寶中得不壞信何以知之以無疑故何以知無疑以決了故問曰無疑決了有何異荅曰初信三寶故是無疑智慧究竟故決了譬如度水初入是無疑出彼岸是決了三分聖戒力故信不壞四分力故是無疑正見分力故是決了復次見諦道中是不壞信思惟道中是無疑無學道中是決了如是等種種分別是三事得何果報從三十七品至六神通是有為果三結盡乃至煩惱及習盡是無為果得如是等果報釋提桓因有報生知他心亦曾以天耳聞諸道差別又以是大菩薩利根入觀衆生心三昧故得知諸道差別是故荅佛深信者少從須陁洹乃至初發心求佛道轉少轉少故不知供養般若何以故少前世生死中不聞三寶名乃至不聞一切種智名佛欲證上事故說我今以佛眼觀十方無量阿僧祇衆生發無上道離般若方便力故若一若二住阿毗跋致地諸餘善法入般若波羅蜜者是諸餘經所謂法華經密迹經等十二部經中義同般若者雖不名為般若波羅蜜經然義理即同般若波羅蜜問曰云何須陁洹亦學般若波羅蜜乃至一切種智得到彼岸荅曰此中六波羅蜜三解脫門三十七品等乃至一切種智此非獨菩薩法三乘共有各隨分學

憍尸迦若有善男子善女人佛般涅槃後為供養佛故作七寶塔高一由旬天香天華天瓔珞天擣香天澤香天衣天幢蓋天伎樂供養恭敬尊重讚歎憍尸迦於汝意云何是善男子善女人從是因緣得福多不釋提桓因言世尊甚多甚多佛言不如是善男子善女人聞是般若波羅蜜書寫受持親近正憶念不離薩婆若心亦供養恭敬尊重讚歎華香瓔珞擣香澤香幢蓋伎樂供養是善男子善女人福德多佛告釋提桓因憍尸迦置一七寶塔若善男子善女人供養佛故佛般涅槃後起七寶塔滿閻浮提皆高一由旬恭敬尊重讚歎華香瓔珞幢蓋伎樂供養憍尸迦於汝意云何是善男子善女人得福多不釋提桓因言世尊其福甚多佛言不如是善男子善女人如前供養般若波羅蜜其福甚多憍尸迦復置一閻浮提滿中七寶塔有善男子善女人供養佛故佛般涅槃後起七寶塔滿四天下皆高一由旬供養如前憍尸迦於汝意云何是善男子善女人其福多不釋提桓因言甚多甚多佛言不如是善男子善女人書持般若波羅蜜恭敬尊重讚歎華香乃至伎樂供

養其福甚多憍尸迦復置四天下滿中七寶塔若有善男子善女人供養佛故佛般涅槃後起七寶塔滿小千世界皆高一由旬供養如前憍尸迦於汝意云何是善男子善女人其福多不釋提桓因言甚多甚多佛言不如是善男子善女人書是般若波羅蜜受持恭敬尊重讚歎華香乃至伎樂供養其福多憍尸迦復置小千世界滿中七寶塔若有善男子善女人供養佛故佛般涅槃後起七寶塔滿二千中世界皆高一由旬供養如前故不如供養般若波羅蜜其福多復置二千中世界七寶塔若善男子善女人供養佛故佛般涅槃後起七寶塔滿三千大千世界皆高一由旬盡形壽供養天華天香天瓔珞乃至天伎樂於汝意云何是善男子善女人得福多不釋提桓因言世尊甚多甚多佛言不如是善男子善女人書持是般若波羅蜜恭敬尊重讚歎華香乃至伎樂供養其福甚多復置三千大千世界中七寶塔若三千大千世

界中衆生一一衆生供養佛故佛般涅槃後各起七寶塔恭敬尊重讚歎花香乃至伎樂供養若有善男子善女人書持般若波羅蜜乃至正憶念不離薩婆若心亦恭敬尊重讚歎華香瓔珞乃至伎樂供養是人得福甚多釋提桓因白佛言如是如是世尊是人供養恭敬尊重讚歎是般若波羅蜜則為供養過去未來現在佛世尊若十方如恒河沙等世界衆生一一衆生供養佛故佛般涅槃後各起七寶塔高一由旬是人若一劫若減一劫恭敬尊重讚歎華香乃至伎樂供養世尊是善男子善女人得福多不佛言甚多釋提桓因言有善男子善女人書持是般若波羅蜜乃至正憶念亦恭敬尊重讚歎華香乃至伎樂供養其福大多何以故世尊一切善法皆入般若波羅蜜中所謂十善道四禪四無量心四無色定三十七品三解脫門空無相無作四諦苦諦集諦滅諦道諦六神通八解脫九次第定檀波羅蜜尸羅波羅蜜羼提波

羅蜜毗梨耶波羅蜜禪波羅蜜般若波羅蜜內空乃至無法有法空諸三昧門諸陀羅尼門佛十力四無所畏四無㝵智大慈大悲十八不共法一切智道種智一切種智世尊是名一切諸佛法印是法中一切聲聞及辟支佛過去未來現在諸佛學是法得度彼岸

釋曰般若波羅蜜若聞受誦讀等有無量功德更欲說故以現事譬喻證之人見土塔高大即時生心謂是塔王福德極大何況七寶起塔高一由旬是故佛以塔為喻問曰是塔為實為假荅曰佛欲使人解知分別福德多故作是譬喻不應問其虛實有人言有實有假如迦葉佛般涅槃後有國王名吉梨姞介時人壽二万歲是土為供養舍利故起七寶塔高五十里又過去世有轉輪王名徳主一日起五百塔高五百由旬此言滿三千大千世界是事假喻有人言皆是實有如小國王隨力起七寶塔大王能起一由旬寶塔或過一由旬小轉輪

王能起七寶塔滿四天下大轉輪王能起七寶塔過四天下梵天王主三千大千世界是佛弟子能心生變化起塔高至梵天滿三千大千世界或有菩薩得陁羅尼門諸三昧門深行六波羅蜜故佛滅度後能起七寶塔滿三千大千世界滿者舉其多故不言間不容間後言一一衆生者施主多故福德多佛是中自說得福因緣十善道乃至一切種智皆攝在般若波羅蜜中和合是法名為般若波羅蜜是般若中但出生佛尚當供養何況出生三乘及人天中樂皆因般若波羅蜜有而不供養舍利是無記法是諸善法所依止處故後乃能與人果報行般若波羅蜜即時得果後亦得報

大智度論釋述誠品第三十三

介時佛告釋提桓因如是如是憍尸迦是諸善男子善女人書是般若波羅蜜持經卷受學親近讀誦說正憶念加復供養華香瓔珞擣香澤香幢蓋伎樂當得無量無數不可思議不

可稱量無邊福德何以故諸佛一切智一切種智皆從般若波羅蜜中生諸菩薩摩訶薩禪波羅蜜毗梨耶波羅蜜羼提波羅蜜尸羅波羅蜜檀波羅蜜皆從般若波羅蜜中生內空乃至無法有法空四念處乃至十八不共法皆從般若波羅蜜中生諸佛五眼皆從般若波羅蜜中生成就衆生淨佛世界道種智一切種智諸佛法皆從般若波羅蜜中生聲聞乘辟支佛乘佛乘皆從般若波羅蜜中生以是故憍尸迦善男子善女人書是般若波羅蜜持經卷親近讀誦說正憶念加復供養華香乃至伎樂過出前供養七寶塔百分千分千億万分及算數譬喻所不能及何以故憍尸迦若般若波羅蜜在於世者佛寶法寶比丘僧寶終不滅若般若波羅蜜在於世者十善道四禪四無量心四無色定檀波羅蜜乃至般若波羅蜜四念處乃至十八不共法一切智一切種智皆現於世若般若波羅蜜在於世者世間便有刹利大姓婆羅門大

姓居士大家四天王天乃至阿迦尼吒諸天須陁洹果乃至阿羅漢果辟支佛道菩薩摩訶薩無上佛道轉法輪成就衆生淨佛世界

釋曰上答佛言供養般若福德甚多更有大天以帝釋非一切智人故所說或錯是以佛印可所說言如是如是問曰若般若波羅蜜相一切諸觀滅語言道斷不生不滅如虛空相今何以說般若在世者三寶不滅答曰般若波羅蜜體性有佛無佛常住不滅此言在世者所謂般若經卷可修習讀誦者是因中說果譬如井深綆短不及便言失井井實不失般若波羅蜜實相如深井經卷名為綆行者不能書寫修習故言滅問曰若說三寶盡攝一切善人善法何以復言般若在世者世間有十善道乃至一切種智答曰此諸法及諸道皆廣解三寶中義佛寶者佛法所攝無學五衆法寶者第三諦所謂涅槃除四沙門所攝學無學功德餘殘辟支佛功德菩薩功德僧寶者四向四得學無學

五衆餘十善道四禪四無量等皆是道方便門是故別說

大智度論第五十七卷　第二十張　辛亥

大智度論卷第五十七

大智度論卷五十七

校勘記

一　底本，金藏廣勝寺本。

一　八八頁中一行經名，石作「大智度經論卷第六十二」；磧、普、南、徑、清作「大智度論卷第五十七」。

一　八八頁中三行後，石有品名「摩訶般若波羅蜜經寶塔校量品第三十二釋」；磧、普、南、徑、清品名作「釋大明品第三十二」；徑、清下有夾註「經作寶塔大明品」。

一　八八頁中四行首字，九四頁上一九行首字「尒」，諸本（此卷不包括資，下同。）冠以〔經〕。

一　八八頁中九行第一二字「修」，磧、普、南、徑、清無。

一　八八頁中二一行「欲刀殺若與」，石作「以刀殺若以」。

一　八八頁下二行第五字「是」，磧、普、南、徑、清無。

一　八八頁下七行首字「不」，諸本作「不可」。

一　八八頁下二一行第七字「天」，磧、普、南、徑、清作「天等」。

一　八九頁上一行首字「人」，石、麗作「人是」。

一　八九頁上一行第九字「寫」，石、麗作「寫經卷」。

一　八九頁上七行第三字「佛」，諸本作「諸佛」。

一　八九頁上八行第一二字「怨」，諸本作「恐」。

一　八九頁上一一行第一三字「提」，石、麗作「提以」。

一　八九頁上一四行首字，九一頁中末行第三字「問」，諸本冠以〔論〕。

一　八九頁上二一行第一〇字「刀」，諸本作「刃」。

一　八九頁上末行第七字「罪」，石、麗作「罪輕」。

一　八九頁上末行第一一字「科」，磧、普、南、徑、清作「料」。

一八九頁中六行第四字「名」，諸本作「若」。

一八九頁中一二行第二字「身」，石、磧、普、南、徑、清無。

一八九頁中一七行第三字「方」，磧、普、南、徑、清作「力」。

一八九頁中二二行第一三字「故」，石、磧、普、南、徑、清作「教」。

一八九頁下四行末字「氣」，磧、普、南、徑、清作「力」。

一八九頁下八行首字「釋」，諸本冠以〔經〕。

一八九頁下八行第一〇字「若」，磧、普、南、徑、清無。

一八九頁下一三行「得福」，石作「福德」。

一八九頁下一九行第三字「從」，石、麗作「佛從」。

一九〇頁上二行第一二字「我」，石作「我般」。

一九〇頁上一一行「華香」，石作「香花」，下同。

一九〇頁上一二行第五字「般」，磧、普、南、徑、清無。

一九〇頁上一七行第三字及中五行第一二字「生」，石、麗作「中生」。

一九〇頁中四行「諸佛諸佛」，石作「諸佛」。

一九〇頁中一〇行第一一字「法」，石作「法不壞」。

一九〇頁中一六行「八解脱」，石作「八背捨」，下同。

一九〇頁中二〇行第一〇字「得」，石作「故得」。

一九〇頁下一〇行第八字「断」，石作「果断」。

一九〇頁下二〇行及次頁上二〇行「陁羅尼門」，麗作「諸陁羅尼門」。

一九一頁上二行「菩提」，諸本作「菩提心」。

一九一頁上一五行「香華」，石作「花香」。

一九一頁中一五行第六字「智」，磧、普、南、徑、清作「種智」。

一九一頁中一六行第三字「若」，磧、普、南、徑、清無。

一九一頁中二二行末字「所」，諸本作「所可」。

一九一頁下五行末字「何」，諸本無。

一九一頁下六行第四字「答」，磧、普、南、徑、清作「問」。

一九一頁下六行末字「即」，磧、普、磧、徑、清作「即是」。

一九一頁下九行第二字「德」，石無。

一九一頁下一九行末字至二〇行首字「相有」，石、麗作「有相」；磧、南、徑、清作「有」。

一九二頁上八行首字「尊」，磧、普、南、徑、清作「寶」。

一九二頁上八行第一一字「教」，諸本作「欲」。

一九二頁上一六行第六字「故」，石、麗作「故是」。

一九二頁中二〇行首字「憍」，諸本冠以〔經〕。

一九二頁中末行第五字「盖」，石作

「天蓋」。

一　九二頁下六行「供養」，磧、普、南、徑、清無。

一　九二頁下八行「釋提桓因」，石、磧、普、南、徑、清無。

一　九三頁上九行及一三行「福多」，諸本作「福甚多」。

一　九三頁上一〇行第四字「七」，磧、普、南、徑、清作「起七」。

一　九三頁上一三行首字「故」，石、麗無。

一　九三頁中一〇行第一一字「界」，磧、普、南、徑、清作「界中」。

一　九三頁中一八行第六字「大」，南作「太」。

一　九三頁下三行第三字「諸」，磧、普、南、徑、清無。

一　九三頁下七行第一三字「法」，麗作「法印」。

一　九三頁下九行及次頁下五行「釋曰」，諸本冠以〔論〕。

一　九三頁下九行第一〇字「受」，諸本作「受持」。

一　九三頁下一二行首字「王」，諸本作「主」。

一　九三頁下一五行首字「多」，諸本作「多少」。

一　九三頁下一七行第六字「姑」，磧、普、南、徑、清作「姑」。

一　九三頁下一八行首字「土」，諸本作「王」。

一　九三頁下二〇行第七字「百」，磧、普、南、徑、清作「十」。

一　九三頁下末行第五字「寶」，諸本作「七寶」。

一　九四頁上一二行第一〇字「尚」，石、麗作「尚應」。

一　九四頁上一七行末字「報」，石下有夾註「釋第三十二品竟」。

一　九四頁上一八行品名，石作「摩訶般若波羅蜜經述誠品第三十三釋」；徑、清作「釋述成品第三十三」。

一　九四頁中一三行第五字「持」，磧、普、南、徑、清、麗作「受持」。

一　九四頁中一五行末字「及」，諸本作「乃至」。

一　九四頁中一八行第五字「終」，磧、普、南、徑、清作「亦終」。

一　九四頁下五行第三字「上」，諸本作「上帝釋」。

一　九四頁下七行第七字「印」，磧、普、南、徑、清作「即」。

一　九四頁下末行第一一字「得」，麗作「果」。

一　九五頁上二行末字「說」，石下有夾註「釋第三十三品竟」。

一　九五頁上末行經名，石此處不分卷，故無。

大智度論釋勸受持品第三十四 卷五十八 立

聖者龍樹造

後秦龜茲國三藏鳩摩羅什譯

尒時三千大千世界所有四天王天乃至阿迦尼吒天語釋提桓因諸天言應受是般若波羅蜜應持應親近應讀誦說正憶念何以故受持般若波羅蜜乃至正憶念故一切所修集善法當具足滿增益諸天衆減損阿修羅諸受持般若波羅蜜乃至正憶念故佛種不斷法種僧種不斷佛種法種僧種不斷故便有檀波羅蜜尸羅波羅蜜羼提波羅蜜毗梨耶波羅蜜禪波羅蜜般若波羅蜜皆現於世四念處乃至十八不共法菩薩道皆現於世須陁洹果斯陁含果阿那含果阿羅漢果辟支佛道佛道須陁洹乃至佛皆現於世尒時佛告釋提桓因憍尸迦汝當受是般若波羅蜜持讀誦說正憶念何以故若諸阿修羅生心欲與三十三天共鬪憍尸迦汝尒時當誦念般若波羅蜜諸阿修羅惡心即滅更不復生憍尸迦若諸天子天女五死相現時當墮不如意處汝當於其前誦讀般若波羅蜜是諸天子天女聞般若波羅蜜功德故還生本處何以故聞般若波羅蜜有大利益故復次憍尸迦若有善男子善女人若諸天子天女聞是般若波羅蜜經耳是功德故漸當得阿耨多羅三藐三菩提何以故憍尸迦過去諸佛及弟子皆學是般若波羅蜜得阿耨多羅三藐三菩提入無餘涅槃憍尸迦未來世諸佛今現在十方諸佛及弟子皆學是般若波羅蜜得阿耨多羅三藐三菩提入無餘涅槃何以故憍尸迦是般若波羅蜜攝一切善法若聲聞法若辟支佛法若菩薩法若佛法釋提桓因白佛言世尊般若波羅蜜是大明呪無上明呪無等等明呪何以故世尊是般若波羅蜜能除一切不善法能與一切善法佛語釋提桓因如是如是憍尸迦般若波羅蜜是大明呪無上明呪無等等明呪何以故憍尸迦過去諸佛因是明

呪故得阿耨多羅三藐三菩提未來世諸佛今現在十方諸佛亦因是明呪得阿耨多羅三藐三菩提因是明呪故世間便有十善道便有四禪四無量心四無色定便有檀波羅蜜乃至般若波羅蜜四念處乃至十八不共法便有法性如法相法住法位實際便有五眼須陁洹果乃至阿羅漢果辟支佛道一切智一切種智憍尸迦菩薩摩訶薩因緣故十善出於世間四禪四無量心乃至一切種智須陁洹乃至諸佛出於世間譬如滿月照明星宿亦能照明如是憍尸迦一切世間善法正法十善乃至一切種智若諸佛不出時皆從菩薩生是菩薩摩訶薩方便力皆從般若波羅蜜生菩薩摩訶薩以是方便力行檀波羅蜜乃至禪波羅蜜內空乃至無法有法空四念處乃至十八不共法不證聲聞辟支佛地成就衆生淨佛世界壽命成就世界成就菩薩眷屬成就得一切種智復次憍尸迦若善男子善女人聞般若波羅蜜受持親近

乃至正憶念是人當得今世後世功德釋提桓因白佛言世尊何等是善男子善女人受持般若波羅蜜乃至正憶念得今世功德佛告釋提桓因若有善男子善女人受持般若波羅蜜乃至正憶念終不中毒死兵刃不傷水火不害乃至四百四病所不能中除其宿命業報復次憍尸迦若有官事起是善男子善女人讀誦般若波羅蜜故往到官所官不譴責何以故是般若波羅蜜威力故若善男子善女人讀誦是般若波羅蜜到王所若太子大臣所王及太子大臣皆歡喜問訊和意與語何以故是諸善男子善女人常有慈悲喜捨心向衆生故憍尸迦若善男子善女人受持般若波羅蜜乃至正憶念得如是等種種今世功德憍尸迦何等是善男子善女人後世功德是善男子善女人終不離十善道四禪四無量心四無色定六波羅蜜四念處乃至十八不共法是人終不墮三惡道受身完具終不生貧窮下賤工師除廁人擔死

人家常得三十二相常得化生諸現在佛界終不離菩薩神通若欲從一佛界至一佛界供養諸佛聽諸佛法即得隨意所遊佛界成就衆生淨佛世界漸即阿耨多羅三藐三菩提憍尸迦是名後世功德以是故憍尸迦善男子善女人應當受持般若波羅蜜親近讀誦說正憶念華香乃至伎樂供養常不離薩婆若心是善男子善女人乃至阿耨多羅三藐三菩提得今世後世功德成就釋曰佛是法王讚歎受持般若波羅蜜者已天帝王釋讚釋讚已令欲諸天讚以多衆讚故令人信心轉深作是言應受持是般若波羅蜜此中說受持因緣修諸功德增益諸天減損阿修羅三寶不斷六波羅蜜等諸功德亦現於世尒時佛可諸天讚告釋言汝受持是般若波羅蜜此中說因緣若阿修羅生惡心欲共三十三天鬬汝尒時讀誦般若者惡心即滅若二陣相對時讀誦般若者阿修羅即退去問曰若尒者何以不常誦般若令阿修羅惡

心不生何故乃使兩陣相對荅曰諸天多著福樂染欲心利雖知般若有大功德不能常誦故又以忉利天不淨業因緣故致有怨敵不得不鬪諸天命欲終時五死相現一者華鬘萎二者掖下汗出三者蠅來著身四者見更有天坐已坐處五者自不樂本坐諸天見是死相念惜天樂見當生惡處心懷憂毒尒時若聞般若波羅蜜實相諸法虛誑無常空寂信是佛法心清淨故還生本處是天人不但還生本處以聞般若故世世受福樂漸成無上道此中因緣如經說般若波羅蜜為大明呪者是問曰釋提桓因何以故名般若為大明呪荅曰諸外道聖人有種種呪術利益民人誦是呪故能隨意所欲使諸鬼神諸仙人有是呪故大得名聲人民歸伏貴呪術故是以帝釋曰佛言諸呪術中般若波羅蜜是大呪術何以故能常與衆生道德樂故餘呪術樂因緣能起煩惱又不善業故墮三惡道復次餘呪術能隨貪欲瞋恚自在作惡是般

若波羅蜜呪能滅禪定佛道涅槃諸著何況貪恚麁病是故名為大明呪無上呪無等等呪復次是呪能令人離老病死能立衆生於大乘能令行者於一切衆生中最大是故言大呪能如是利益故名為無上先有仙人所作呪術所謂能知他人心呪名抑叉尼能飛行變化呪名揵陁梨能住壽過千万歲呪於諸呪中無與等於此無等呪術中般若波羅蜜過出無量故名無等等復次諸佛法名無等般若波羅蜜得佛因緣故言無等等復次諸佛於一切衆生中名無等是般若呪術佛所作故名無等等呪復次此經中自說三呪因緣所謂是呪能捨一切不善法能與一切善法佛順其所歎故言如是如是亦更廣其所讚所謂因般若故出生十善道乃至諸佛是般若波羅蜜屬菩薩故佛說譬喻諸佛能大破無明闇故如滿月菩薩破闇不如故如星宿如夜中有所見皆是星月力世間生死夜中有所知見皆是佛菩薩力若世無佛

尒時菩薩說法度衆生著人天樂中漸漸令得涅槃樂菩薩所有智慧皆是般若波羅蜜力復次是菩薩雖行三十七品十八空知諸法畢竟不可取亦不證聲聞辟支佛道而能還起善法教化衆生淨佛世界壽命具足等皆是方便般若波羅蜜力若是人能受持般若乃至正憶念得今世後世功德今世功德者所謂終不中毒死等問曰先已說不横死今何以更說荅曰先已說般若波羅蜜不一會中說此為後來者更為說復次刀毒水火有二種有他作有自作先說他加兵毒水火等今為不自傷何以知之次說四百四病故知上雖說人不能得其便不說其人還恭敬供養四百四病者四大為身常相侵害一一大中百一病起冷病有二百二水風起故熱病有二百二地火起故火熱相地堅相堅相故難消難消故能起熱病血肉筋骨骸髓等地分除其業報者一切法和合因緣生無有作者無有作者故必受業報佛所不能救

何況般若必受業報不必受業報先已說官事起者誦般若波羅蜜力故隨起皆滅問曰先說人不能得便令何以復更說答曰先雖說人不能得便不說國王大臣等既不能得便還復恭敬供養何以故是菩薩常有慈悲喜捨心向衆生故後世功德者世世所生常不離十善道等是故常不墮惡道是人折伏惡心故受身皃具不生下賤等家學佛所學道故得變化身似佛有三十二相八十隨形好常得化生現在佛國者隨心所到十方世界供養諸佛聽受諸法教化衆生漸漸得成佛道是故行者應聞受持乃至正憶念不離薩婆若心如是得今世後世功德

大智度論釋梵志品第三十五

尒時諸外道梵志來向佛所欲求佛短是時釋提桓因心念是諸外道梵志來向佛所欲求佛短我今當誦念從佛所受般若波羅蜜是諸外道梵志等終不能中道作礙斷般若波羅蜜釋提桓因作是念已即誦般若波羅蜜是時諸外道梵志遥遶佛復道還去時舍利弗心念是中何因緣諸外道梵志遥遶佛復道還去佛知舍利弗心念告舍利弗是釋提桓因誦念般若波羅蜜以是因緣故諸外道梵志遥遶佛復道還去舍利弗我不見是諸外道梵志一念善心是諸外道梵志持惡心來欲索佛短舍利弗我不見說般若波羅蜜時一切世間若天若魔若梵若沙門衆婆羅門衆中有持惡意來能得短者何以故舍利弗是三千大千世界中諸四天王天乃至阿迦尼吒天諸聲聞辟支佛諸菩薩摩訶薩守護是般若波羅蜜所以者何是諸天人皆從般若波羅蜜中生故復次舍利弗十方如恒河沙等世界中諸佛及聲聞辟支佛菩薩摩訶薩諸天龍鬼神等皆守護是般若波羅蜜所以者何是諸佛等皆從般若波羅蜜中生故尒時惡魔心念今佛四衆現前集會亦有欲界色界諸天子是中必有菩薩摩訶薩受記當得阿耨多羅三藐三菩提我寧可至佛所破壞其意是時惡魔化作四種兵來至佛所尒時釋提桓因心念是四種兵或是惡魔化作欲來向佛何以故是四種兵嚴飾頻婆娑羅王四種兵所不類波斯匿王四種兵亦不類諸釋子四種兵諸梨唱四種兵皆亦不類是惡魔長夜索佛便欲惱衆生我寧可誦念般若波羅蜜釋提桓因即時誦念般若波羅蜜惡魔如所誦聞漸漸復道還去尒時會中四天王諸天子乃至阿迦尼吒諸天子化作天華於虛空中而散佛上作是言世尊願令般若波羅蜜久住閻浮提所以者何閻浮提人受持般若波羅蜜隨所住時佛寶不滅法寶僧寶亦住不滅尒時十方如恒河沙等世界中諸天亦散華作是言世尊願令般若波羅蜜久住閻浮提若般若波羅蜜久住佛法僧亦當久住亦分別知菩薩摩訶薩道復次所在住處有善男子善女人書持般若波羅蜜經卷是處則為照明已離衆冥佛告釋提桓因等諸天子如是如是憍尸

迦及諸天子閻浮提人受持般若波羅蜜隨所住時佛寶如是住法寶僧寶亦如是住乃至所住在處善男子善女人有善持般若波羅蜜經卷是處則為照明已離衆冥尒時諸天子化作天華散佛上作是言世尊若有善男子善女人受持般若波羅蜜乃至正憶念魔若魔天不能得其便世尊我等亦當擁護是善男子善女人何以故若善男子善女人受持般若波羅蜜乃至正憶念我等視是人即是佛若次佛是時釋提桓因白佛言世尊善男子善女人受持般若波羅蜜乃至正憶念者當知是人先世於佛所作功德多親近供養諸佛為善知識所護世尊諸佛一切智應當從般若波羅蜜中求般若波羅蜜亦當從一切智中求所以者何般若波羅蜜不異一切智一切智不異般若波羅蜜般若波羅蜜一切智不二不別是我等視是人即是佛若次佛佛告釋提桓因如是如是憍尸迦諸佛一切智即是般若波羅蜜般若波羅蜜

即是一切智何以故憍尸迦諸佛一切智從般若波羅蜜中生般若波羅蜜不異一切智一切智不異般若波羅蜜般若波羅蜜一切智不二不別

釋曰上品中說聞受般若者魔若魔民外道梵志不得其便今欲現證驗故以威神感致衆魔及諸外道是以外道梵志作是念佛在耆闍崛山中說般若波羅蜜所謂諸法畢竟空無所有以引致十方衆生我等共往難問破此空論其論若破佛則自追我等還得如本是論外道但有邪見惡心憍慢故來欲出是畢竟清淨般若波羅蜜過罪譬如狂人欲中傷虛空徒自疲苦尒時帝釋如佛教受持般若外道不能得便尒欲驗實令人信知故帝釋無量福德成就以天利根深信般若即時誦念得般若力故外道遥繞佛復道而去問曰何以不直還方遠佛而去答曰以般若神力故於遠處降伏作是念佛衆威德甚大我等今往徒自困辱無所成辦我等今若遥見直去人當謂我等怯弱來

而空去以是故詐現供養繞佛復道而去舍利弗本是梵志見諸外道遠處而去心少憐愍不以能小事故入三昧求知作是念此諸外道何因緣來竟不蒙度而空還去佛言是般若波羅蜜力舍利弗意念佛以般若波羅蜜無事不濟云何令此外道空來而去佛知舍利弗所念語舍利弗是諸梵志乃至無一念善心但持惡意邪見著心欲求諸法定相是故不中度譬如必死之病雖有良醫神藥不能救濟舍利弗說般若波羅蜜時非但此梵志一切世間人持惡心來不能得便何以故一切諸佛及諸菩薩諸天常守護般若故所以者何諸佛菩薩天人作是念我等皆從般若生故魔來欲難問破壞亦如是是時會中諸天子先聞般若功德今見證驗心大歡喜化華供養作是願令般若波羅蜜久住閻浮提是事如下廣說佛即印可諸天於佛道自誓言行者若聞受般若波羅蜜乃至正憶念我等常當守護所以者何我等視是人

如佛若次佛如佛者法性身住阿鞞跋致得無生法忍乃至十地次佛者肉身菩薩能說般若波羅蜜及其正義尒時帝釋以先世因緣所集功德智慧讚是菩薩此中更說讚歎因緣諸佛一切種智應從般若中求者菩薩行般若波羅蜜具足故得佛時般若變成一切種智故言一切種智當從般若中求佛能說般若波羅蜜故言般若波羅蜜當從一切智中求譬如乳變為酪離乳無酪亦不得言乳即是酪般若波羅蜜變為一切種智離般若亦無一切種智亦不得言般若即是一切種智般若與一切種智作生因一切種智與般若作說因因果不相離故言不二不別

大智度論釋阿難稱譽品第三十六

尒時慧命阿難白佛言世尊何以不稱譽檀波羅蜜尸羅波羅蜜羼提波羅蜜毗梨耶波羅蜜禪波羅蜜乃至十八不共法但稱譽般若波羅蜜佛告阿難般若波羅蜜於五波羅蜜乃至十八不共法為尊導阿難於汝意

云何不迴向薩婆若布施得稱檀波羅蜜不不也世尊不迴向薩婆若尸羅羼提毗梨耶禪智慧是般若波羅蜜不不也世尊以是故知般若波羅蜜於五波羅蜜乃至十八不共法為尊導是故稱譽阿難白佛言世尊云何布施迴向薩婆若作檀波羅蜜乃至作般若波羅蜜佛告阿難以無二法布施迴向薩婆若是名檀波羅蜜以不生不可得迴向薩婆若布施是名檀波羅蜜乃至以無二法智慧迴向薩婆若是名般若波羅蜜以不生不可得迴向薩婆若智慧是名般若波羅蜜阿難白佛言世尊云何以不二法迴向薩婆若布施是名檀波羅蜜乃至以不二法迴向薩婆若智慧是名般若波羅蜜佛告阿難以色不二法故受想行識不二法故乃至阿耨多羅三藐三菩提不二法故世尊云何色不二法乃至阿耨多羅三藐三菩提不二法佛言色色相空何以故檀波羅蜜色不二不別乃至阿耨多羅三藐三菩提檀波羅蜜不二不

別五波羅蜜亦如是以是故阿難但稱譽般若波羅蜜乃至一切種智為尊導阿難譬如地以種散中得因緣和合便生是諸種子依地而生如是阿難五波羅蜜依般若波羅蜜得生四念處乃至一切種智亦依般若波羅蜜得生以是故阿難般若波羅蜜為五波羅蜜乃至十八不共法尊導尒時釋提桓因白佛言世尊佛說善男子善女人受持般若波羅蜜乃至正憶念者功德未盡何以故受持般若波羅蜜乃至正憶念則受三世諸佛無上道所以者何欲得薩婆若當從般若波羅蜜中求欲得般若波羅蜜當從薩婆若中求世尊受持般若波羅蜜乃至正憶念故十善道現於世間四禪四無量心四無色定乃至十八不共法法現於世間受持般若波羅蜜乃至正憶念故世間便有剎利大姓婆羅門大姓居士大家四天王天乃至阿迦尼吒諸天受持般若波羅蜜乃至正憶念故便有須陁洹乃至阿羅漢辟支佛菩薩摩訶薩受

持般若波羅蜜乃至正憶念故諸佛出於世閒尒時佛告釋提桓因憍尸迦善男子善女人受持般若波羅蜜乃至正憶念我不說但有尒所功德何以故憍尸迦是善男子善女人受持般若波羅蜜乃至正憶念不離薩婆若心無量戒衆成就定衆慧衆解脫衆解脫知見衆成就復次憍尸迦是善男子善女人能受持般若波羅蜜乃至正憶念不離薩婆若心當知是人為如佛復次憍尸迦一切聲聞辟支佛所有戒衆定衆慧衆解脫衆解脫知見衆不及是善男子善女人戒衆乃至解脫知見衆百分千分千億万分乃至筭數譬喻所不能及何以故善男子善女人於聲聞辟支佛地中心得解脫更不求大乘法故復次憍尸迦若有善男子善女人書持般若波羅蜜經卷供養恭敬尊重華香瓔珞乃至伎樂亦得今世後世功德尒時釋提桓因白佛言世尊是善男子善女人受持般若波羅蜜乃至正憶念不離薩婆若心供養般若波

羅蜜恭敬尊重華香乃至伎樂我常當守護是人釋曰阿難雖多聞力能分別空而未離欲不能深入雖常侍佛不數問難空事令佛讃歎般若波羅蜜亦讃歎行者是故阿難白佛言世尊何以不稱歎餘波羅蜜及諸法而獨稱歎般若波羅蜜問曰佛從初以來常說六波羅蜜名今阿難何以言不稱說苔曰雖說名字不為稱美皆為入般若中故說佛說阿難一切有為法中智慧第一一切智慧中度彼岸般若波羅蜜第一譬如行路雖有衆伴導師第一般若亦如是雖一切善法各各有力般若波羅蜜能示導出三界到三乘若無般若波羅蜜雖行布施等善法隨受業行果報有盡以有盡故尚不能得小乘涅槃何況無上道若布施等善法能觀如佛道相不二不生不滅不得不失畢竟空寂是名迴向薩婆若是布施福世世常受果報而不盡後當得一切種智如布施一切法亦如是相問曰佛何以苔不二因緣還以不二解苔曰

阿難不問不二因緣但問何法不二是故佛苔色等諸法不二故般若波羅蜜能令五事等作波羅蜜故但稱譽般若波羅蜜佛欲令是義了了易解故作喻譬如大地能生万物般若波羅蜜如是能持一切善法種子者從發心來除般若波羅蜜餘一切善法是因緣和合者是佛道中一心信忍精進不休不息欲受通達不壞有如是等法事得成辦者是增長者從發心起學諸波羅蜜從一地至一地乃至佛地是問曰帝釋何以故言佛說行者受持般若功德未盡苔曰般若波羅蜜無量無邊功德亦無量無邊說未究竟中閒外道梵志及魔來故傍及異事令還欲續聞帝釋深受福德果報樂聞般若功德聽無猒足今更欲聞說故自說因緣世尊若人受持般若波羅蜜乃至正憶念則受三世諸佛無上道功德智慧所以者何般若中應求一切種智一切種智中應求般若如上品未說行者若受持般若發心求阿耨多羅三藐三菩

大智度論第五十八卷　第二十張　辛字号

提為度衆生故集般若波羅蜜等諸功德所謂十善道乃至十八不共法現於世間是善法因緣故有剎利大姓乃至諸佛佛告天帝是人不但得如上功德亦得無量戒衆等功德戒衆者是菩薩行般若波羅蜜於一切衆生中修畢竟無畏施衆生十方中數無量無邊三世中數亦無量無邊六道四生種類各各相亦無量無邊於此無量無邊衆生中施第一所愛樂物所謂壽命是故得無量戒衆果報如是不煞等戒但說名字則二百五十毗尼中略說則八万四千廣說則無量無邊是戒凡夫人或一日受或一世或百千万世菩薩世世於一切衆生中施無畏乃至入無餘涅槃名是無量戒衆乃至解脫知見衆亦如是隨義分別是五衆功德勝於二乘不可計量若人書寫供養般若波羅蜜得今世後世功德問曰今世後世功德深重書持供養輕微云何得二世功德答曰供養有二種一者執他供養二者深心供養知般若力德

大智度論第五十八卷　第二十一張　辛字号

深心供養故得二世功德是般若有種種門入若聞持乃至正憶念者智慧精進門入書寫供養者信及精進門入若一心深信則供養經卷勝若不一心雖受持而不如復次有如意寶珠是無記色法無心無識以衆生福德因緣故生有人供養者能令入隨意所得何況般若波羅蜜是無上智慧諸佛之母諸法寶中是第一寶若人如所聞一心信受供養云何不得二世功德但人不一心供養又先世重罪故雖供養般若而不得如上功德般若無咎佛告釋提桓因憍尸迦是善男子善女人欲讀誦說般若波羅蜜時無量百千諸天皆來聽法是善男子善女人說般若波羅蜜法諸天子益其膽力是諸法師若疲極不欲說法諸天益其膽力故便能更說善男子善女人受是般若波羅蜜乃至正憶念供養華香乃至伎樂故亦得是今世功德復次憍尸迦是善男子善女人於四部衆中說般若波羅蜜時心無怯弱若有論難亦無畏

大智度論第五十八卷　第二十二張　辛字号

想何以故是善男子善女人為般若波羅蜜所護持故般若波羅蜜中亦分別一切法若世間若出世間若有漏若無漏若善若不善若有為若無為若聲聞法若辟支佛法若菩薩法若佛法善男子善女人住內空乃至住無法有法空故不見有能難般若波羅蜜者亦不見受難者亦不見般若波羅蜜如是善男子善女人為般若波羅蜜所護持故無有能難壞者復次善男子善女人受持般若波羅蜜乃至正憶念時不沒不畏不怖何以故是善男子善女人不見是法沒者恐怖者憍尸迦善男子善女人受持般若波羅蜜乃至正憶念華香供養乃至幡蓋亦得是今世功德復次憍尸迦善男子善女人受持般若波羅蜜乃至正憶念書持經卷華香供養乃至幡蓋是人為父母所愛亦親知識所念諸沙門婆羅門所敬十方諸佛及菩薩摩訶薩辟支佛阿羅漢乃至須陀洹所愛敬一切世間若天若魔若梵及阿脩羅等皆亦愛敬是

入行檀波羅蜜檀波羅蜜無有斷絶時尸羅波羅蜜羼提波羅蜜毗梨耶波羅蜜禪波羅蜜般若波羅蜜亦無有斷絶時修内空不斷乃至修無法有法空不斷修四念處不斷乃至修十八不共法不斷修諸三昧門不斷修諸陁羅尼門不斷諸菩薩神通不斷成就衆生淨佛世界不斷乃至修一切種智不斷是人亦能降伏難論毀謗善男子善女人受持般若波羅蜜乃至正憶念不離薩婆若心書持經卷華香供養乃至幡蓋亦得是今世後世功德復次憍尸迦善男子善女人書持經卷在所處三千大千世界中所有諸四天王天發阿耨多羅三藐三菩提心者皆來到是處見般若波羅蜜受讀誦說供養礼拜還去三十三天夜摩天兜率陁天化樂天他化自在天梵衆天梵輔天梵會天大梵天光天少光天無量光天光音天淨天少淨天無量淨天遍淨天無蔭行天福德天廣果天發阿耨多羅三藐三菩提心者皆來到是處見般若

波羅蜜受讀誦說供養礼拜還去淨居諸天所謂無誑天無熱天妙見天憙見天色究竟天皆來到是處見是般若波羅蜜受讀誦說供養礼拜還去復次憍尸迦十方世界中諸四天王天乃至廣果天發阿耨多羅三藐三菩提心及淨居天并餘諸天龍鬼神揵闥婆阿修羅迦樓羅緊那羅摩睺羅伽亦來見般若波羅蜜受讀誦說供養礼拜還去是善男子善女人應作是念十方世界中諸四天王天乃至廣果天發阿耨多羅三藐三菩提心及淨居天并餘諸天龍鬼神揵闥婆阿修羅迦樓羅緊那羅摩睺羅伽來見般若波羅蜜受讀誦說供養礼拜我則法施已憍尸迦三千大千世界中所有諸四天王天乃至阿迦尼吒天乃至十方世界中諸四天王天乃至阿迦尼吒天發阿耨多羅三藐三菩提心者護持是善男子善女人諸惡不能得便除其宿命重罪憍尸迦是善男子善女人亦得是今世功德所謂諸天子發阿耨多羅三藐

三菩提心皆來到是處何以故憍尸迦諸天子發阿耨多羅三藐三菩提心欲救護一切衆生不捨一切衆生安樂一切衆生故尒時釋提桓因白佛言世尊善男子善女人云何當知諸四天王天乃至阿迦尼吒天來及十方世界中諸四天王天乃至阿迦尼吒天來見般若波羅蜜受讀誦說供養礼拜時佛告釋提桓因憍尸迦若善男子善女人見大淨光明必知有大德諸天來見般若波羅蜜受讀誦說供養礼拜時復次憍尸迦善男子善女人若聞異妙香必知有大德諸天來見般若波羅蜜受讀誦說供養礼拜時復次憍尸迦善男子善女人行淨潔故諸天來到其處見般若波羅蜜受讀誦說供養歡喜礼拜是中有小鬼輩即時出去不能堪任大德諸天威德故以是大德諸天來故是善男子善女人生大心以是故般若波羅蜜所住處四面不應有諸不淨應然燈燒香散衆名華衆香塗地衆蓋幢幡種種嚴飾復次憍尸迦善

男子善女人說法時終無疲極自覺身輕心樂隨法偃息臥覺安隱無諸惡夢夢中見諸佛三十二相八十隨形好比丘僧恭敬圍遶說法在諸佛邊聽受法教所謂六波羅蜜四念處乃至十八不共法分別六波羅蜜義四念處乃至十八不共法亦分別其義亦見菩提樹莊嚴見諸菩薩趣菩提樹得阿耨多羅三藐三菩提見諸佛成已轉法輪見百千万菩薩共集法論義應如是求薩婆若應如是成就衆生應如是淨佛世界亦見十方無數百千万億諸佛亦聞其名號某方某甲某佛若干百千万菩薩若干百千万聲聞恭敬圍繞說法復見十方無數百千万億諸佛般涅槃復見無數百千万億諸佛七寶塔見供養諸塔恭敬尊重讚歎華香乃至幢蓋憍尸迦是善男子善女人見如是善夢臥安覺安諸天益其氣力自覺身體輕便不大貪著飲食衣服臥具湯藥於此四供養其心輕微譬如比丘坐禪從禪定起心與定合不貪著食

其心輕微何以故憍尸迦諸天法應以諸味之精益其氣力故十方諸佛及天龍鬼神阿修羅揵闥婆迦樓羅緊那羅摩睺羅伽亦益其氣力如是憍尸迦善男子善女人欲得今世如是功德應當受持般若波羅蜜親近讀誦說正憶念亦不離薩婆若心憍尸迦善男子善女人雖不能受持乃至正憶念應當書持經卷恭敬供養尊重讚歎華香瓔珞乃至幡蓋憍尸迦若善男子善女人聞是般若波羅蜜受持讀誦說正憶念書經卷恭敬供養尊重讚歎華香乃至幢蓋是善男子善女人功德甚多勝於供養十方諸佛及弟子恭敬尊重讚歎衣服飲食臥具湯藥諸佛及弟子般涅槃後起七寶塔恭敬供養尊重讚歎華香乃至幢蓋

問曰天上自有般若何以來至說法人所益其膽力答曰天上雖有般若諸天憐愍衆生故來天來惡鬼遠去益法師膽力令其樂說又使衆生益加信敬以是故來有人言天甘露味

微細沾洽能入毛孔使善男子四大諸情柔軟輕利樂有所說問曰一切說般若者皆得諸天甘露味令其樂說不答曰不也若有行者一心求佛道折伏結使衣服淨潔所說法處清淨華香幡蓋香水灑地無諸不淨是故諸天歡喜亦利益諸聽者說法者雖不多讀內外經書深入般若波羅蜜義故心不怯弱不沒不畏不恐何以故般若波羅蜜中無有定法可執可難可破故復次是般若波羅蜜中亦分別說諸法世間出世間常無常善不善等無法不有以備有諸法故不怯不畏若但有一法則多不關故有恐畏是菩薩行般若波羅蜜煩惱折薄諸福德增益勤身故威德不敬身是功德住處故雖形體醜陋無所能作猶為人所愛重何況自然端政能利益人問曰若諸佛沙門婆羅門所愛敬可爾父母愛念何足稱答曰人雖父母所生不順父母教則不愛念菩薩於恭順之中倍復殊勝供養恭敬尊重道德故沙門婆羅門愛敬

平實至誠口不妄言深愛後世功德不著今世樂撿養下人不自高大若見他有過尚不說其實何況讒毁若必不得已殀不盡說給恤孤窮不私附已如是等事皆是般若波羅蜜力是久功德遠聞故諸天世人皆所愛敬是供養般若波羅蜜故世世常得六波羅蜜等無有斷絶時是人福德智慧名聞故若有問難毁謗悉能降伏復次諸天為供養般若波羅蜜故來至般若所住處復次山河樹木土地城郭一切鬼神皆屬四天王四天王來故皆隨從共來是諸鬼神中有不得般若經卷者是故來至般若波羅蜜處供養讀誦礼拜亦為利益善男子故此亦是今世功德以諸天善神來故天帝破肉眼人疑故問云何知大德天來時見大光明若聞殊異之香亦以如先說住處清淨故問曰人身不淨内外淨何益荅曰淨其住處及以衣服則外無不淨外無不淨故諸天歡喜譬如國王大人來處羣細庶民避去諸大德天來小鬼去亦如是大天威德重故舊住小鬼避去是諸大天來近故是人心則清淨廣大行者若欲令大德天來當知經所說恶鬼遠去故身心輕便所以者何近諸恶鬼令人身心漸恶譬如近瞋人喜令人瞋近美色則令人好色情發是人内外恶因緣遠離故卧安覺安無諸恶夢若夢但見諸佛如經所說問曰般若波羅蜜在佛身中若供養一佛則供養般若波羅蜜何以言供養十方佛不如供養般若波羅蜜荅曰供養者心若供養佛取人相人畢竟不可得以取相故福田雖大而功德薄少供養般若波羅蜜者則如所聞般若中不取人相不取法相用是心供養故福德大復次般若波羅蜜是一切十方諸佛母亦是諸佛師諸佛得是身三十二相八十隨形好及無量光明神通變化皆是般若波羅蜜力以是供養故般若波羅蜜勝以是等因緣故勝供養十方諸佛非不敬佛

大智度論卷第五十八

大智度論卷五十八

校勘記

一　底本，金藏廣勝寺本。

一　九八頁中一行經名，磧、普、南、徑、清作「大智度論卷第五十八」。

一　九八頁中三行後，石有品名「摩訶般若波羅蜜經勸受持品第三十四釋」；磧、普、南、徑、清品名作「釋勸持品第三十四」。

一　九八頁中四行「尒時」，諸本（此卷不包括資，下同。）冠以「經」。

一　九八頁中七行第一〇字「故」，石、麗作「故若」。

一　九八頁中一〇行第三字「諸」，諸本作「諸天子」。
一　九八頁中一一行第八字「種」，石作「種不斷」。
一　九八頁中一二行第七字「故」，諸本作「故世間」。
一　九八頁中二一行第二字「心」，磧、曹、南、徑、清作「慈心」。
一　九八頁下四行第一二字「德」，諸本作「德力」。
一　九八頁下八行第四字「是」，石、麗作「以是」。
一　九九頁上九行「佛道」，石、麗作「佛道佛道」。
一　九九頁上二〇行末字至二一行首字「世界」，石作「國土」，下同。
一　九九頁上二二行第六字「皆」，諸本作「智皆從般若波羅蜜生」。
一　九九頁中四行「今世」，石、麗作「今世後世」。
一　九九頁中七行第二字「水」，石作「入水」。
一　九九頁中八行第三字「其」，石無。
一　九九頁中一〇行第一字「達」，石作「詰」。
一　九九頁下二行「佛果」，石作「佛國」，下同。
一　九九頁下五行第四字「即」，諸本作「釋」。
一　九九頁下一一行第一〇字「釋」，諸本冠以「論」。
一　九九頁下一三行第八字「欲」，諸本作「次」。
一　九九頁下一七行第一一字「示」，諸本作「出」。
一　一〇〇頁上五行第一三字「蔓」，磧、曹、南、徑、清作「冠」。
一　一〇〇頁上一二行「般若」，石作「般若波羅蜜」。
一　一〇〇頁上一六行「民人」，石、麗作「人民」。
一　一〇〇頁上一九行第八字「曰」，諸本作「白」。
一　一〇〇頁中二行第五字「志」，石作「瞋」。
一　一〇〇頁中九行第三字「十」，磧、曹、南、徑、清作「十歲」。
一　一〇〇頁中一三行第一三字「等」，石作「等等」。
一　一〇〇頁中一八行第二字「讚」，石作「歎」。
一　一〇〇頁下二一行「骨骸」，石、磧、曹、南、徑、清作「脉骨」。
一　一〇〇頁下二一行第九字「等」，石作「等是」。
一　一〇一頁上一四行第五字「成」，石作「成就」。
一　一〇一頁上一四行第一二字「應」，磧、曹、南、徑、清作「聽」。
一　一〇一頁上一六行末字「德」，至此石卷第六十二終，卷第六十三始，並有夾註「釋第三十四品竟」。
一　一〇一頁上一七行品名，石作「摩訶般若波羅蜜經梵志品第三十五釋」；徑、清下有夾註「經作遣異品」。

一 一〇一頁上二二行第一〇字「断」，諸本作「断説」。

一 一〇一頁中八行第四字「持」，諸本作「但持」。

一 一〇一頁中一四行第六字「薩」，石、麗作「薩等」。

一 一〇一頁中二二行末字「受」，磧、南、徑、清作「授」。

一 一〇一頁下五行「四種兵」，石作「四兵」，下同。

一 一〇一頁下六行首字「亦」，石作「所」。

一 一〇一頁下一〇行「如所誦聞漸漸」，石作「聞其所誦漸漸而退」。

一 一〇一頁下一五行第一〇字「不」，石、麗作「住不」。

一 一〇一頁下一七行第六字「亦」，石、麗作「亦皆」。

一 一〇二頁上四行第五字「善」，諸本作「書」。

一 一〇二頁上二一行首字「是」，諸本作「是故」。

一 一〇二頁中一一行第一三字「追」，諸本作「退」。

一 一〇二頁中一二行第七字「論」，諸本作「諸」。

一 一〇二頁中一六行第八字「尒」，諸本作「今」。

一 一〇二頁下三行「以能」，諸本作「能以」。

一 一〇二頁下二一行第九字「道」，諸本作「前」。

一 一〇二頁下二二行第三字「受」，磧、普、南、徑、清作「受持」。

一 一〇三頁上一六行末字「别」，石下有夾註「釋第三十五品竟」。

一 一〇三頁上一七行品名，石作「摩訶般若波羅蜜經阿歎稱譽品第三十六釋」；磧、普、南作「大智度論釋尊導品第三十六」；徑、清作「釋尊導品第三十六」，並有夾註「經作阿難稱譽品」。

一 一〇三頁上一八行第一三字「以」，諸本作「以故」。

一 一〇三頁下二行第七字「蜜」，諸本作「蜜於五波羅蜜」。

一 一〇三頁下四行第二字「合」，石、麗作「合故」。

一 一〇三頁下八行第一二字「法」，石作「法爲」。

一 一〇三頁下一八行第六字「法」，諸本無。

一 一〇四頁上一六行第二字「故」，石、麗作「故是」。

一 一〇四頁上二〇行第八字「亦」，石作「供養亦」。

一 一〇四頁中三行第八字「不」，諸本作「故不」。

一 一〇四頁中一〇行第一〇字「説」，諸本作「語」。

一 一〇四頁中二二行第七字「法」，石作「諸法」。

一 一〇四頁中末行第二字「以」，石、麗作「以不」。

一 一〇四頁下五行第三字「作」，諸本作「作是」。

一〇四頁下六行第四字「如」，諸本作「亦如」。

一〇四頁下一六行末字「受」，石、麗作「愛」。

一〇四頁下二二行第九字「未」，磧、普、南、徑、清作「末」。

一〇四頁下二二行第一一字「行」，磧、普、南、徑、清作「諸行」。

一〇四頁下末行「般若」，石、麗作「般若波羅蜜」。

一〇五頁上四行「天帝」，石作「帝釋」。

一〇五頁上一七行「名是」，諸本作「是名」。

一〇五頁中五行第一三字「如」，石、麗作「如如」。

一〇五頁中一三行第七字「佛」，諸本冠以〔經〕。

一〇五頁中一八行第六字「天」，石作「天子」。

一〇五頁中一八行「能更」，石、麗作「更能」。

一〇五頁中一九行第八字「受」，諸本作「受持」。

一〇五頁下一六行第九字「今」，石作「現」。

一〇五頁下一九行第一三字「示」，諸本作「宗」。

一〇六頁上一四行第九字「處」，諸本作「住處」。

一〇六頁上一七行第五字「受」，石作「受持」。

一〇六頁上二〇行第七字「光」，諸本作「光天」。

一〇六頁中一八行「乃至」，石、磧、普、南、徑、清作「及」。

一〇六頁中二〇行「護持」，石作「擁護」。

一〇六頁中二二行第一三字「命」，諸本作「今」。

一〇六頁中末行「所謂」，石作「是」。

一〇六頁下一二行第一三字「善」，石、麗作「若善」。

一〇六頁下一八行末字「大」，諸本作「是大」。

一〇七頁上一行第一〇字「無」，石作「不」。

一〇七頁上四行第一〇字「說」，石、麗作「而爲說」。

一〇七頁上五行「法教」，石作「教法」。

一〇七頁上八行第八字「嚴」，諸本作「嚴殊妙」。

一〇七頁上一四行第三字「甲」，石作「國」；磧、普、南、徑、清、麗作「界」。

一〇七頁上一四行及一五行「千万」，磧、普、南、徑、清作「千萬億」。

一〇七頁上一八行首字「諸」，石、麗作「諸佛」。

一〇七頁上一八行及中一三行「幢蓋」，石、磧、普、南、徑、清作「幡蓋」。

一〇七頁上二二行第三字「此」，石無。

一　一〇七頁上末行末字「食」，諸本作「飲食」。

一　一〇七頁中一〇行「華香」，石作「香花」。

一　一〇七頁中一二行第一〇字「書」，石作「書持」；磧、普、南、徑、清作「書寫」。

一　一〇七頁中一五行「弟子」，石、磧、普、南、徑、清作「弟子衆」。

一　一〇七頁中一九行首字「問」，諸本冠以〔論〕。

一　一〇七頁中二一行「天來」，石、磧、普、南、徑、清作「來則」。

一　一〇七頁下七行第一一字「者」，石、麗作「法者」。

一　一〇七頁下一一行第八字「是」，石無。

一　一〇七頁下一四行第一二字「不」，石作「所不」；磧、普、南、徑、清、麗作「所」。

一　一〇七頁下一六行第八字「勤」，諸本作「薫」。

一　一〇七頁下二〇行第三字「敬」，石、磧、普、南、徑、清作「重」。

一　一〇七頁下二二行「恭順」，石作「敬順」；磧、普、南、徑、清作「恭敬」。

一　一〇八頁上一行第八字「言」，石作「語」。

一　一〇八頁上一八行第六字「時」，麗作「答時」。

一　一〇八頁上二〇行第六字「覓」，石、磧、普、南、徑、清、麗作「充」。

一　一〇八頁中三行第一三字「知」，諸本作「如」。

一　一〇八頁中一二行第六字「者」，磧、普、南、徑、清作「著」。

一　一〇八頁中二一行「供養故」，磧、普、南、徑、清、麗作「故供養」。

一　一〇八頁下一行卷末經名，石作「大智度經論卷第六十三」。

大智度論釋校量舍利品第三十七　卷第五十九

聖者龍樹造

後秦龜茲國三藏鳩摩羅什譯

佛告釋提桓因言憍尸迦若滿閻浮提佛舍利作一分復有人書般若波羅蜜經卷作一分二分中汝取何所釋提桓因白佛言世尊若滿閻浮提佛舍利作一分般若波羅蜜經卷作一分二分之中我寧取般若波羅蜜經卷何以故世尊我於佛舍利非不恭敬非不尊重以舍利從般若波羅蜜中生般若波羅蜜薰修故是舍利得供養恭敬尊重讚歎介時舍利弗問釋提桓因憍尸迦是般若波羅蜜不可取無色無形無對一相所謂無相汝云何欲取何以故是般若波羅蜜不為取故出不為捨故出不為增減聚散損益垢淨故出是般若波羅蜜不與諸佛法不捨凡人法不與辟支佛法阿羅漢法學法不捨凡人法不與無為性不捨有為性不與內空乃至無法有法空不與四念處乃至

大智度論第五十九卷　第二張

一切種智不捨凡人法釋提桓因語舍利弗如是如是舍利弗若有人知是般若波羅蜜不與諸佛法不捨凡人法乃至不與一切種智不捨凡人法是菩薩摩訶薩能行般若波羅蜜能修般若波羅蜜何以故般若波羅蜜不行二法故不二法相是般若波羅蜜不二法相是禪波羅蜜乃至檀波羅蜜介時佛讚釋提桓因言善哉善哉憍尸迦如汝所說般若波羅蜜不行二法故不二法相是般若波羅蜜不二法相是禪波羅蜜乃至檀波羅蜜憍尸迦若人欲得法性二相者是人為欲得般若波羅蜜二相何以故憍尸迦法性般若波羅蜜無二無別乃至檀波羅蜜亦如是若人欲得實際不可思議性二相者是人為欲得般若波羅蜜二相何以故般若波羅蜜不可思議性無二無別釋提桓因白佛言世尊一切世間人及諸天阿修羅應礼拜供養般若波羅蜜何以故諸菩薩摩訶薩般若波羅蜜中學得阿耨多羅三藐三菩提世尊我

常在善法堂上坐我若不在坐時諸天子供養我故為我坐處作礼遶竟還去諸天子作是念釋提桓因在是處坐為諸三十三天說法故如是世尊在所處書是般若波羅蜜經卷受持讀誦為他演說是處十方世界中諸天龍夜叉揵闥婆阿修羅迦樓羅緊那羅摩睺羅伽皆來礼拜般若波羅蜜供養已去何以故是般若波羅蜜中生諸佛及一切衆生樂具故諸佛舍利亦是一切種智住處因以是故世尊二分中我取般若波羅蜜復次世尊我若受持讀誦般若波羅蜜深心入法我是時不見怖畏相何以故世尊是般若波羅蜜無相無貌無言無說世尊無相無貌無言無說是般若波羅蜜乃至是一切種智世尊般若波羅蜜若當有相非無相者諸佛不應知一切法無相無貌無言無說得阿耨多羅三藐三菩提為弟子說諸法無相無貌無言無說世尊般若波羅蜜實是無相無貌無言無說故諸佛知一切諸法無相無貌無言

無說得阿耨多羅三藐三菩提為弟子說法亦無相無貌無言無說以是故世尊是般若波羅蜜一切世間諸天人阿修羅應供養恭敬尊重讚歎華香瓔珞乃至幡蓋復次世尊若有人受持般若波羅蜜親近讀誦說正憶念及書供養華香乃至幡蓋是人不墮地獄畜生餓鬼道中不墮聲聞辟支佛地乃至得阿耨多羅三藐三菩提常見諸佛從一佛界至一佛界供養諸佛恭敬尊重讚歎華香乃至幡蓋復次世尊滿三千大千世界佛舍利作一分書般若波羅蜜經卷作一分是二分中我取般若波羅蜜何以故世尊是般若波羅蜜中生諸佛舍利以是故舍利得供養恭敬尊重讚歎是善男子善女人供養恭敬舍利故受天上人中福樂常不墮三惡道如所願漸以三乘法入涅槃是故世尊若有見現在佛若見般若波羅蜜經卷等無異何以故世尊是般若波羅蜜與佛無二無別故

問曰上以起七寶塔校供養般若波

羅蜜義以具足今佛何以以舍利經卷對校答曰先明七寶塔是舍利住處今但明舍利以對經卷舍利雖不及般若而滿閻浮提般若妙故但明經卷復次出家人多貪智慧智慧是解脫因緣故在家人多貪福德福德是樂因緣故出家人多貪意識所知物在家人多貪五識所知物釋提桓因已證福樂果報最大於在家人中最為尊勝以是故佛問釋提桓因釋提桓因言我於二分中取般若波羅蜜經卷此中自說因緣世尊我不敢輕慢不恭敬舍利我知供養芥子許舍利功德無量無邊乃至得佛功德不盡何況滿閻浮提世尊菩薩受身便有舍利人所不貴得成佛時舍利以般若薰修故人所恭敬尊重供養是故二分中我取勝者問曰舍利弗知釋提桓因以世諦故言取般若波羅蜜何以故難答曰釋提桓因在家中為煩惱所縛五欲所覆而能說般若波羅蜜是事希有以是故舍利弗質問欲令釋提桓因更問佛深義故

難釋提桓因順舍利弗意答言如是
釋提桓因意於一切法中無二相不
以舍利為小不以般若波羅蜜為大
般若波羅蜜無二無分別相為利益
新發意菩薩故致以世諦如是利益
故我取能令衆生心無二無分別以
是利益故我取般若是時佛讚釋提
桓因善哉善哉以能分別諸法亦能
善說般若相故所謂無二相是故讚
歎佛此中自說譬喻若人欲分別法
性實際等作二分是人為欲分別般
若波羅蜜作二分帝釋自說般若又
聞佛重說其心清淨深信歡喜言一
切世間所應礼敬帝釋此中自說因
緣一切菩薩學是般若得阿耨多羅
三藐三菩提又此中以已身為喻已
身喻佛般若經卷喻坐處有人言已
身喻般若坐處喻舍利是故二分中
我取般若復次世尊我若受持般若
讀誦是時乃至不見怖畏相何況實
怖畏所以者何一切諸法無相無言
無說故般若波羅蜜能令人得是無
相法故無所畏受持供養般若者不

墮三惡趣及二乘道世世不離諸佛
常供養十方諸佛是故般若波羅蜜
一切世間所應供養復次佛開其初
以舍利滿閻浮提帝釋既悟二事勝
負為一切衆生故廣增至三千大千
世界此中自說因緣見般若波羅蜜
與見佛無異復次世尊如佛住三事
亦現說十二部經修多羅祇夜乃至
優婆提舍復有善男子善女人受持
誦說是般若波羅蜜等無異何以故
世尊是般若波羅蜜中生三事亦現
及十二部經修多羅乃至優波提舍
復有人受般若波羅蜜為他人說等
無異何以故般若波羅蜜中生諸佛
亦生十二部經修多羅乃至優波提
舍復次世尊若有供養十方如恒河
沙等世界中諸佛恭敬尊重讚歎華
香乃至幡蓋復有人書般若波羅蜜
經卷恭敬尊重讚歎華香乃至幡蓋
其福正等何以故十方諸佛皆從般
若波羅蜜中生復次世尊善男子善
女人聞是般若波羅蜜受持讀誦正
憶念亦為他人說是人不墮地獄道

畜生餓鬼道亦不墮聲聞辟支佛地
何以故當知是善男子正住阿鞞跋
致地中故是般若波羅蜜遠離一切
苦惱衰病復次世尊若有善男子善
女人書是般若波羅蜜經卷受持親
近供養恭敬尊重讚歎是人離諸恐
怖世尊譬如負債人親近國王供給
左右債主反更供養恭敬是人是人
不復畏怖何以故世尊此人依近國
王憑恃有力故如是世尊諸舍利般
若波羅蜜薰修故得供養恭敬世尊
當知般若波羅蜜如王舍利如負債
人負債人依王故得供養舍利亦依
般若波羅蜜修薰故得供養世尊當
知諸佛一切種智亦如般若波羅蜜
修薰故得成就以是故世尊二分中
我取般若波羅蜜何以故世尊般若
波羅蜜中生諸佛舍利三十二相般
若波羅蜜中亦生佛十力四無所畏
四無礙智十八不共法大慈大悲世
尊般若波羅蜜中生五波羅蜜使得
波羅蜜名字般若波羅蜜中生諸佛
一切種智復次世尊所在三千大千

世界中若有受持供養恭敬尊重讚
歎般若波羅蜜是處若人若非人不
能得其便是人漸漸得入涅槃世尊
般若波羅蜜為大利益如是於三千
大千世界中能作佛事世尊所在處
有般若波羅蜜則為有佛世尊譬如
無價摩尼寶在所住處非人不得其
便若男子若女人有熱病以是珠著
身上熱病即時除差若有風病若有
冷病若有雜熱風冷病以珠著身上
皆悉除愈若闇中是寶能令明熱時
能令涼寒時能令溫珠所住處其地
不寒不熱時節和適其處亦無諸餘
毒螫若男子女人為毒虵所螫以珠
示之毒即除滅復次世尊若男子女
人眼痛膚瞖盲瞽以珠示之即時除
愈若有癩瘡惡腫以珠著其身上病
即除愈復次世尊是摩尼寶所在水
中水隨作一色若以青物裹著水中
隨作青色黃赤白紅縹色如是等種
種色物裹著水中水隨作種種色世
尊若水濁以珠著中水即為清是珠
其德如是尒時阿難問釋提桓因言

憍尸迦是摩尼寶為是天上寶為是
閻浮提寶釋提桓因語阿難是天上
寶閻浮提人亦有是寶但功德相少
不具足天上寶清淨輕妙不可以譬
喻為比復次世尊是摩尼寶若著篋
中舉珠出其功德薰篋故人皆愛敬
如是世尊在所住處有書般若波羅
蜜經是處則無衆難世尊佛般泥洹
後舍利得供養皆般若波羅蜜力禪
波羅蜜乃至檀波羅蜜內空乃至無
法有法空四念處乃至十八不共法
一切智法相法住法位法性實際不
可思議性一切種智是諸功德力善
男子善女人作是念是佛舍利一切
智一切種智大慈大悲斷一切結使
及習常捨行不錯謬法等諸佛功德
住處以是故舍利得供養世尊舍利
是諸功德寶波羅蜜住處不垢不淨
波羅蜜住處不生不滅波羅蜜不入
不出波羅蜜不增不損波羅蜜不來
不去不住波羅蜜是佛舍利是諸法
相波羅蜜住處以是諸法相波羅蜜

薰修故舍利得供養復次世尊置三
千大千世界滿中舍利如恒河沙等
諸世界滿其中舍利作一分有人書
般若波羅蜜經卷作一分二分之中
我取般若波羅蜜何以故是般若波
羅蜜中生諸佛舍利是般若波羅蜜
修薰故舍利得供養世尊若有善男
子善女人供養舍利恭敬尊重讚歎
其功德報不可得邊受人中天上福
樂所謂剎利大姓中婆羅門大姓居
士大家四天王天處乃至他化自在
天中受福樂亦以是福德因緣故當
得盡苦若受是般若波羅蜜讀誦說
正憶念是人能具足禪波羅蜜乃至
能具足檀波羅蜜能具足四念處乃
至能具足十八不共法過聲聞辟支
佛地住菩薩位住菩薩位已得菩薩
神通從一佛界至一佛界是菩薩為
衆生故受身隨其所應成就衆生若
作轉輪聖王若作剎利大姓若作婆
羅門大姓成就衆生以是故世尊我
不為輕慢不恭敬故不取舍利善男
子善女人供養般若波羅蜜則為供

養舍利故復次世尊有人欲見十方無量阿僧祇諸世界中現在佛法身色身是人應聞受持般若波羅蜜讀誦正憶念為他人廣說如是善男子善女人當見十方無量阿僧祇世界中諸佛法身色身是善男子善女人行般若波羅蜜亦應以法相修念佛三昧復次善男子善女人欲見現在諸佛應當受是般若波羅蜜乃至正憶念

復次佛住三事亦現說十二部經若問曰一切法人中無與佛等者佛說十二部經則無不備具云何善男子但受持讀誦般若與佛等無異荅曰此中佛欲稱歎般若為大故於十二部經中般若為最勝所以者何說是般若波羅蜜多有發菩薩心說十二部經雜發三乘意故不以菩薩功德比佛無量身此說法身菩薩但說般若勸導大乘佛雜說勸導三乘故等無異復次三事亦現及十二部經根本者所謂般若波羅蜜是供養十方如恒河沙等諸佛若復有供養般若

經卷亦等無異此中佛說般若所以福德勝因緣所謂般若能破一切苦惱衰病怖畏等如負債人依王王喻般若負債人喻舍利是先世業因緣所成因緣中應償諸對以般若波羅蜜薰修故宿命因緣諸對及飢渴寒熱所不能得而得諸天世人所見供養如負債人依王反為債主所敬先說無諸衰病及怖畏以明內今說摩尼寶人非人不得其便以明外是人供養般若波羅蜜故若今世若後世若身衰心病盡皆能除諸善願事隨意能與得是般若波羅蜜大寶故無諸怖畏無所乏短譬如無價寶珠所願皆得問曰摩尼寶於頗梨金銀車渠馬瑙琉璃珊瑚虎珀金銀等中是何等寶荅曰有人言此寶珠從龍王腦中出人得此珠毒不能害入火不能燒有如是等功德有人言是帝釋所執金剛用與阿修羅鬪時碎落閻浮提有人言諸過去久遠佛舍利法既滅盡舍利變成此珠以益衆生有人言衆生福德因緣故自然有

此珠譬如罪因緣故地獄中自然有治罪之器此寶名如意無有定色清徹輕妙四天下物皆悉照現如意珠義如先說是寶常能出一切寶物衣服飲食隨意所欲盡能與之亦能除諸衰惱病苦等是寶珠有二種有天上如意寶有人間如意寶諸天福德厚故珠德具足人福德薄故珠德不具足是珠所著房舍函篋之中其處亦有威德般若波羅蜜亦如是者如如意寶珠能與在家人今世富樂隨意所欲般若波羅蜜能與出家求道人三乘解脫樂隨意所願如意寶珠在所著處非人不得其便般若波羅蜜亦如是行者心與相應惡邪羅剎不能入其心中沮壞道意奪智慧命復次般若所在處魔若魔民地神夜叉諸惡鬼等不能得便如寶珠能除四百病根本四病風熱冷雜般若波羅蜜亦能除八万四千病根本四病貪瞋癡等分婬欲病分二万一千瞋恚病分二万一千愚癡病分二万一千等分病分二万一千以不淨觀除

貪欲以慈悲心除瞋恚以觀因緣除愚癡摠上三藥或不淨或慈悲或觀因緣除等分病如寶珠能除黑闇般若亦如是能除三界黑闇如寶珠能除熱般若亦如是能除婬欲瞋恚熱如寶珠能除冷般若亦如是能除無明不信不恭敬懈怠等冷心日月皆諸寶所成日能作熱月能作冷雖俱利益衆生以不能兼故不名為如意寶珠所在處毒虵等諸惡蟲所不能害般若亦如是貪欲等毒所不能病若有人毒虵所螫持寶珠示之即時除愈有人為貪欲等毒虵所螫得般若波羅蜜貪恚毒即除如難陁鴦群梨摩羅等有人眼痛盲瞽以寶珠示之即時除愈般若波羅蜜亦如是有人以無明疑悔顛倒邪見等破慧眼得般若即時明了如人癩瘡癰腫以寶珠示之即時除愈般若亦如是五逆癩罪等般若即時消滅如以種種色裹寶珠著水中隨作一色般若亦如是行者得般若力故心則柔軟無所著隨信手五根等亦隨順四禪四

無量心背捨勝處及一切入復次於須陁洹斯陁含阿那含阿羅漢辟支佛地隨順學無所違逆第六縹色者是虛空色行者得般若觀諸法空心亦隨順不著如是等種種者入一切諸法皆隨順無礙如水渾濁雜色不淨以珠著中皆清淨一色般若亦如是人有種種煩惱邪見戲論擾心渾濁得般若則清淨一色如如意珠有無量功德般若功德亦如是令當別相說般若功德是如意珠但能除惡鬼不能壞魔天般若則能除二事珠能治身病般若能治身心病珠能治人神所治病般若能治一切天龍鬼神所不能治病珠能治世世曾所治病般若能治無始世界來未曾所治病如是等種種差別珠能照所住處夜闇般若能照一切煩惱相應無明黑闇及不共無明一切法中不了疑黑闇珠但能破所住處熱不能破餘處熱般若力乃至無量世界劫盡大火一吹能滅何況一處熱珠但能除形質火日之熱般若能除三毒心熱

珠能除風雨寒雪般若能除十方無量世界衆生不信不恭敬懈怠心等寒珠能却外毒螫不能除四大毒虵般若能畢竟除此二種毒珠不能治邪見毒般若能除珠能治肉眼般若能治慧眼珠能治近見眼般若能治遠見眼珠能治肉眼肉眼不作珠般若能治慧眼慧眼即作般若珠能治肉眼後病復次般若治慧眼畢竟清淨珠能治癩瘡惡腫般若能治身癩心癩問曰四種病中攝一切病何以別說眼痛癩病等荅曰眼是身中第一所用最貴是故別說諸病中癩病最重宿命罪因緣故難治是故更說珠能令水隨所裹色般若能隨順心數善法珠不能轉人心般若能轉一切衆生心性所樂所欲珠能令所著處濁水清非一切水般若力能令六覺濁心即時清淨又於諸龍王鬼神王人王等貪恚濁心能令清淨珠能使所著函篋房舍有威德般若力能度十方無量世界阿僧祇衆生令有威德珠功德入函篋不能與人隨意

功德舍利得般若薰修故有人供養必還得般若而得成佛是函篋凡夫之人所貴舍利凡夫聖人所貴函篋世間受樂人所貴舍利出世間世間受樂人所貴般若是如意寶珠函篋是舍利舍利中雖無般若般若所薰故得供養復次諸聖法中般若第一無可譬喻以世間人貴是寶珠故以珠為喻人見如意寶珠所願皆得若見珠所住處亦得少願行者亦如是得是般若波羅蜜義即入佛道若見般若所住舍利供養故得今世後世無量福樂久必得道如是揔相別相應當知問曰般若若有如是功德者何以故說舍利是五波羅蜜乃至一切種智所住處故得供養答曰先已說一切諸法般若波羅蜜為首為明導譬如王來必有將從但舉其主名自譬喻已後盡讚般若波羅蜜是義先已說復次世尊有二種法相有為諸法相無為諸法相云何有為諸法相所謂內空中智慧乃至無法有法空中智慧四念處中智慧乃至八聖

道分中智慧佛十力四無所畏四無礙智十八不共法中智慧善法中不善法中有漏法中無漏法中世間法中出世間法中智慧是名有為諸法法相云何名無為諸法法相若法無生無滅無住無異無垢無淨無增無減諸法自性云何名諸法自性諸法無所有性是諸法自性是名無為諸法相爾時佛告釋提桓因如是如是憍尸迦過去諸佛因是般若波羅蜜得阿耨多羅三藐三菩提過去諸佛弟子亦因般若波羅蜜得須陁洹道乃至阿羅漢辟支佛未來現在世十方無量阿僧祇諸佛因是般若波羅蜜得阿耨多羅三藐三菩提未來現在諸佛弟子亦因般若波羅蜜得須陁洹道乃至辟支佛道何以故般若波羅蜜中廣說三乘義以無相法故無生無滅法故無垢無淨法故無作無趣不入不出不增不損不取不捨法故以俗法故非以第一義何以故是般若波羅蜜非此非彼非高非下非等非不等非相非無相非世間非

出世間非有漏非無漏非有為非無為非善非不善非過去非未來非現在何以故憍尸迦般若波羅蜜不取聲聞辟支佛法亦不捨凡夫法釋提桓因白佛言世尊菩薩摩訶薩行般若波羅蜜知一切衆生心亦不得衆生乃至知者見者亦不得是菩薩不得色不得受想行識不得眼乃至意不得色乃至法不得眼觸因緣生受乃至意觸因緣生受不得四念處乃至十八不共法不得阿耨多羅三藐三菩提不得諸佛法不得佛何以故般若波羅蜜不為得法故出何以故般若波羅蜜性無所有不可得所用法不可得處亦不可得佛告釋提桓因如是如是憍尸迦如汝所說菩薩摩訶薩長夜行般若波羅蜜阿耨多羅三藐三菩提不可得何況菩薩及菩薩法爾時釋提桓因白佛言世尊菩薩摩訶薩但行般若波羅蜜不行餘波羅蜜耶佛告釋提桓因言憍尸迦菩薩盡行六波羅蜜法以無所得故行檀波羅蜜不得施者不得受者

不得財物行尸羅波羅蜜不得戒不得持戒人不得破戒人乃至行般若波羅蜜不得智慧不得智慧人不得無智慧人憍尸迦菩薩摩訶薩行布施時般若波羅蜜為作明導能具足檀波羅蜜菩薩摩訶薩行持戒時般若波羅蜜為作明導能具足尸羅波羅蜜菩薩摩訶薩行忍辱時般若波羅蜜為作明導能具足羼提波羅蜜菩薩摩訶薩行精進時般若波羅蜜為作明導能具足毗梨耶波羅蜜菩薩摩訶薩行禪時般若波羅蜜為作明導能具足禪波羅蜜菩薩摩訶薩觀諸法時般若波羅蜜為作明導能具足般若波羅蜜一切法以無所得故所謂色乃至一切種智憍尸迦譬如閻浮提諸樹種種葉種種華種種果種種色其蔭無差別諸波羅蜜入般若波羅蜜中至薩婆若無差別亦如是以無所得故釋提桓因白佛言世尊般若波羅蜜大功德成就世尊般若波羅蜜一切功德成就世尊般若波羅蜜無量功德成就無邊功德

成就無等功德成就世尊若有善男子善女人書是般若波羅蜜經卷恭敬供養尊重讚歎華香乃至幡蓋如般若波羅蜜所說正憶念復有善男子善女人書般若波羅蜜經卷與他人其福何所為多佛告釋提桓因憍尸迦我還問汝隨汝意報我若有善男子善女人供養諸佛舍利恭敬尊重讚歎華香乃至幡蓋若復有人分舍利如芥子許與他人令供養恭敬尊重讚歎華香乃至幡蓋其福何所為多釋提桓因白佛言世尊如我從佛聞法中義有善男子善女人自供養舍利乃至幡蓋若復有人分舍利如芥子許與他人令供養其福多世尊佛見是福利眾生故入金剛三昧中碎金剛身作末舍利何以故有人佛滅度後供養佛舍利乃至如芥子許其福報無邊乃至苦盡佛告釋提桓因如是如是憍尸迦若善男子善女人書般若波羅蜜經卷供養恭敬華香乃至幡蓋若復有人書般若波羅蜜經卷與他人令學是善男子善女

人其福甚多復次憍尸迦善男子善女人如般若波羅蜜中義為他人說開示分別令易解是善男子善女人勝於前善男子善女人功德所從聞般若波羅蜜當視其人如佛亦如高勝梵行人何以故當知般若波羅蜜即是佛般若波羅蜜不異佛佛不異般若波羅蜜過去未來現在諸佛皆從般若波羅蜜中學得阿耨多羅三藐三菩提及高勝梵行人高勝梵行人者所謂阿鞞跋致菩薩摩訶薩亦學般若波羅蜜當得阿耨多羅三藐三菩提聲聞人學是般若波羅蜜得阿羅漢道求辟支佛道人學是般若波羅蜜得辟支佛道菩薩學是般若波羅蜜得入菩薩位以是故憍尸迦善男子善女人欲供養現在佛恭敬尊重讚歎華香乃至幡蓋當供養般若波羅蜜我見是利益初得阿耨多羅三藐三菩提時作如是念誰有可供養恭敬尊重讚歎依止住者憍尸迦我一切世間中若天若魔若梵若沙門婆羅門中不見與我等何況有

勝者自思念我所得法自致作佛我供養是法恭敬尊重讚歎當依止住何等是法所謂般若波羅蜜憍尸迦我自供養是般若波羅蜜恭敬尊重讚歎已依止住何況善男子善女人欲得阿耨多羅三藐三菩提而不供養般若波羅蜜恭敬尊重讚歎華香瓔珞乃至幡蓋何以故般若波羅蜜中生諸菩薩摩訶薩菩薩摩訶薩中生諸佛以是故憍尸迦善男子善女人若求佛道若求辟支佛道若求聲聞道皆應供養般若波羅蜜恭敬尊重讚歎華香乃至幡蓋

問曰何因緣故說是有為法無為法相答曰帝釋讚歎般若波羅蜜攝一切法此中欲說因緣有為法相所謂十八空三十七品乃至十八不共法略說善不善等乃至世間出世間是名有為法相何以故是作相先無今有已有還無故與上相違即是無為法相是二法皆般若波羅蜜中攝有為善法是行處無為法是依止處餘無記不善法以捨離故不說此是新

發菩薩意所學若得般若波羅蜜方便力應無生忍則不愛行法不增捨法不離有為法而有無為法是故不依止涅槃是以經中說般若波羅蜜中廣說三乘用無相法故無生無滅等以世諦故作是說非第一義諦菩薩行是諸法實相雖能觀一切衆生心亦不得衆生雖能行一切法亦不得一切法何以故以得無所得般若波羅蜜故佛可其所歎菩薩常習是行乃至阿耨多羅三藐三菩提不可得何況餘法帝釋意念若般若是究竟法者行人但行般若波羅蜜何用餘法佛答菩薩行六波羅蜜以般若波羅蜜用無所得法和合故此即是行般若波羅蜜若但行般若不行五法則功德不具足不美不妙譬如愚人不識飲食種具聞鹽是衆味主便純食鹽失味致患行者亦如是欲除著心故但行般若反墮邪見不能增進善法若與五波羅蜜和合則功德具足義味調適雖衆行和合般若為王若布施等諸法離般若波羅蜜則

有種種差別至般若波羅蜜中皆一相無有差別譬如閻浮提阿那婆達多池四大河流一大河有五百小川歸之俱入海則失其本名為一味無有別異又如樹木枝葉華果衆色別異蔭則無別問曰蔭亦有差別樹大則蔭大枝葉華果大小種種異形云何無差別答曰蔽光故影現無光之處即名為蔭蔭不以大小異形為義問曰行般若波羅蜜受誦乃至正憶念此事為難書持般若經卷與他人為易功德尚不應等云何言勝答曰獨行誦讀正憶念雖難或以我心故功德小以經卷與他者有大悲心作佛道因緣無吾我故功德為大如佛問帝釋若人自供養舍利復有人以舍利與他令供養其福何所為多答曰與他人令供養得福多以無吾我慈心與故佛雖不用福德見有如是大利益衆生故是以入金剛三昧自壞其身問曰若福德在佛心佛何用碎身如芥子令人供養答曰信深心從二因緣生一者內正憶念二者外

有良福田譬如有好㯉子田有良美所收必多是故心雖好必因舍利然後得大果報佛既可其言復更自說有人書寫經卷與人復有人於大衆中廣解其義其福勝前視是人如佛若次佛如佛若次佛義如先說佛以二種因緣證般若波羅蜜為勝一者三世聖人從中學成聖道二者我以此法故得成無上聖我今還師仰此法法者諸法實相所謂般若波羅蜜憍尸迦我更無所求而猶推尊般若供養何況善男子不以種種具足供養般若波羅蜜此中說因緣般若是菩薩根本因緣菩薩是諸佛根本因緣諸佛是一切世間大利益安樂因緣是故聲聞辟支佛人欲疾安隱入三解脫行者猶尚供養般若波羅蜜何況菩薩供養具者所謂以一心聽受乃至正憶念及以華香乃至幡蓋

大智度論卷第五十九

大智度論卷五十九

校勘記

一　底本，金藏廣勝寺本。

一　一一三頁中一行經名，石作「大智度經論卷第六十四」；磧、普、南、徑、清作「大智度論卷第五十九」。

一　一一三頁中三行後，石有品名「摩訶般若波羅蜜經校量舍利品第三十七釋」；磧、普、南、徑、清品名作「釋舍利品第三十七」。

一　一一三頁中四行首字「佛」，諸本（此卷不包括資，下同。）冠以〔經〕。

一　一一三頁中六行第一〇字「中」，諸本作「之中」。

一　一一三頁中六行末字「所」，石作「等」。

一　一一三頁中一一行第六字「重」，石作「重世尊」。

一　一一三頁下四行首字「人」　石作「夫」。

一　一一三頁下七行第五字及一一行第四字「法」，石、磧、普、南、徑、清作「法相」。

一　一一四頁上二行第二字「子」，諸本作「子來」。

一　一一四頁上一〇行第六字「及」，石作「及生」。

一　一一四頁上一一行第一二字「因」，諸本作「因緣」。

一　一一四頁上一四行「深心入法」，石、麗作「心深入法中」；磧、普、南、徑、清作「深心入法中」。

一　一一四頁上二一行末字「般」，石、麗作「用般」；磧、普、南、徑、清作「以般」。

一　一一四頁中二行第三字「法」，諸本作「諸法」。

一　一一四頁中七行第四字「書」，石、麗作「書寫」。

一　一一四頁中一〇行「佛界」，石作「佛國」，下同。

一　一一四頁中一四行「中我取」，石

一　作「之中我故取」；麗作「中我故取」。

一　一一四頁中末行首字，一二一頁上一四行首字「問」，諸本冠以〔論〕。

一　一一四頁中末行第九字「校」，磧、普、南、徑、清作「對校」。

一　一一五頁上五行第一三字至六行第三字「利益故我取」，諸本作「說般若波羅蜜」。

一　一一五頁上一八行「坐處喻舍利」，石作「舍利喻坐處」。

一　一一五頁上一九行第四字及末行第一二字「若」，石作「若波羅蜜」。

一　一一五頁中七行第三字「佛」，石、磧、普、南、徑、清作「佛等」。

一　一一五頁中七行，一一九頁上二〇行「復次」，諸本冠以〔經〕。

一　一一五頁中一二行末字「舍」後，諸本有「故(「故」，石無)復次世尊十方諸佛住三世示現說十二部經修多羅乃至(「至」，石無)優波提舍」。

一　一一五頁下一行末字「地」，石作「道」。

一　一一五頁下二行第九字「子」，諸本作「子善女人」。

一　一一五頁下九行末字「國」，石、磧、普、南、徑、清作「於」。

一　一一五頁下一〇行第一一字「諸」，諸本作「諸佛」。

一　一一五頁下一〇行末字「般」，麗作「是般」。

一　一一五頁下一五行第九字「如」，石、麗作「從」；磧、普、南、徑、清作「以」。

一　一一五頁下一六行第一三字「分」，石、磧、普、南、徑、清作「分之」。

一　一一五頁下二一行第一三字「使」，磧、普、南、徑、清作「便」。

一　一一六頁上五行「所在」，石作「在所」；磧、普、南、徑、清作「在所住」。

一　一一六頁上一六行第五字「瞳」，石、磧、普、南、徑、清作「瞖」。

一　一一六頁上二〇行「隨作青色」，諸本作「水色則(「則」，石、麗作「即」)爲青若黃赤白紅縹物裹著水中水隨作」。

一　一一六頁上二二行第八字「中」，磧、普、南、徑、清作「水中」。

一　一一六頁中二行「阿難」，磧、普、南、徑、清作「阿難言」。

一　一一六頁中七行「在所」，石作「所在」。

一　一一六頁中八行第二字「經」，諸本作「經卷」。

一　一一六頁下一〇行第八字「中」，麗無。

一　一一六頁下二二行第一二字「利」，諸本作「利以」。

一　一一七頁上二行第一二字「佛」，石、麗作「諸佛」。

一　一一七頁上一一行首字「復」，諸本冠以〔論〕。

一　一一七頁上一二行第五字「法」，

石無；磧、普、南、徑、清、麗作「說法」。

一 一一七頁中四行「債人」，石作「人債」。

一 一一七頁中一五行第一〇字下二行第六字「寶」，磧、普、南、徑、清、麗作「寶珠」。下二行第六字麗同。

一 一一七頁下一七行「般若」，麗作「般若波羅蜜」。

一 一一七頁下一八行第一一字「寶」，磧、普、南、徑、清作「意」。

一 一一七頁下一九行「四百」，諸本作「四百四」。

一 一一七頁下一九行第七字「病」，石、磧、普、南、徑、清作「病者」。

一 一一八頁上一四行第九字「除」，石作「滅」。

一 一一八頁上一六行第三字「時」，石作「得」。

一 一一八頁上二〇行第四字「等」，磧、普、南、徑、清、麗作「等得」。

一 一一八頁中三行第五字「學」，諸本作「遍學」。

一 一一八頁中一四行第二字「神」，磧、普、南、徑、清作「被」。

一 一一八頁中一九行第七字「明」，磧、普、南、徑、清作「明及」。

一 一一八頁中一九行末字「疑」，諸本作「癡」。

一 一一八頁下九行第六字「次」，諸本作「發」。

一 一一八頁下一一行末字「以」，石、麗作「以故」。

一 一一八頁下一九行第三字「心」，石作「水心」。

一 一一八頁下末行「功德」，諸本作「功德力」。

一 一一八頁下末行「函筬」，麗作「函筬函筬」。

一 一一九頁上一三行第四字「樂」，石作「德」。

一 一一九頁上一九行「自譬喻已後盡」，諸本作「餘音已盡得」。

一 一一九頁上二一行第一〇字「何」，石、麗作「何名」。

一 一一九頁中一三行第八字「佛」，諸本作「佛道」。

一 一一九頁中一四行第八字「佛」，石作「佛亦」。

一 一一九頁中二〇行第二字「趣」，磧、普、南、徑、清、麗作「起」。

一 一二〇頁上一二行第六字「禪」，石作「禪波羅蜜」。

一 一二〇頁上一九行第一〇字「若」，石作「若亦」。

一 一二〇頁上末行第一三字「功」，磧、普、南、徑、清作「大功」。

一 一二〇頁中一三行第五字「有」，石、麗作「若有」。

一 一二〇頁中一五行第一二字「多」，諸本作「甚多」。

一 一二〇頁中一九行第九字「盡」，石、麗作「盡故」。

一 一二〇頁下二行末字「說」，石作「演說」。

一 一二〇頁下一二行首字「學」，麗

作「學是」。

一　一二〇頁下一三行第七字及一四行第一一字「學」，石、麗作「亦學」。下一五行第一一字，磧、普、南、徑、清、麗同。

一　一二〇頁下一七行第一二字「佛」，麗作「諸佛」。

一　一二〇頁下末行第一一字「等」，石、麗作「等者」。

一　一二一頁上一行「息思」，石、磧、普、南、徑、清作「我自思惟」；麗作「我自思」。

一　一二一頁上二行末字「住」，諸本作「住依是法」。

一　一二一頁上七行「華香」，石作「香花」。

一　一二一頁上九行第九字「善」，石、麗作「諸善」。

一　一二一頁上二一行第五字「法」，磧、普、南、徑、清作「法相」。

一　一二一頁中一行「菩薩意」，石、麗作「意菩薩」；磧、普、南、徑、清作「心菩薩意」。

一　一二一頁中二行第一三字「增」，徑、清、麗作「憎」。

一　一二一頁中一八行第九字「鹽」，磧、普、南、徑、清作「醬」，下同。

一　一二一頁中一九行第二字「食」，磧、普、南、徑、清作「飲」。

一　一二一頁中末行首字「王」，諸本作「主」。

一　一二一頁下四行第五字「海」，諸本作「大海」。

一　一二一頁下四行第一一字「爲」，石、麗作「合爲」。

一　一二一頁下一九行首字「慈」，麗作「慈悲」。

一　一二一頁下二一行首字「壞」，磧、普、南、徑、清、麗作「碎」。

一　一二一頁下二一行第一〇字「佛」，麗無。

一　一二一頁下二二行第一三字「深」，磧、普、南、徑、清、麗作「淨」。

一　一二二頁上一行第九字「槃」，磧、普、南、徑、清、麗作「般」。

一　一二二頁上一行第一二字「有」，磧、普、南、徑、清、麗作「又」。

一　一二二頁上一二行「具足」，磧、普、南、徑、清、麗作「供具」。

一　一二二頁上一七行第四字「行」，磧、普、南、徑、清作「門行」；麗作「門」。

大智度論釋校量法施品第三十八 卷六十 立

聖者龍樹造

後秦龜茲國三藏鳩摩羅什譯

經佛告釋提桓因言憍尸迦若有善男子善女人教一閻浮提人行十善道於汝意云何以是因緣故得福多不荅言甚多世尊佛言不如是善男子善女人書持般若波羅蜜經卷與他人令讀誦說得福多何以故是般若波羅蜜中廣說諸無漏法善男子善女人從是中學已學今學當學入正法位中已入今入當入得須陁洹果已得今得當得乃至阿羅漢果求辟支佛道亦如是諸菩薩摩訶薩求阿耨多羅三藐三菩提入正法位中已入今入當入得阿耨多羅三藐三菩提已得今得當得憍尸迦何等是無漏法所謂四念處乃至八聖道分四聖諦內空乃至無法有法空佛十力乃至十八不共法善男子善女人學是法得阿耨多羅三藐三菩提已得今得當得憍尸迦若有善男子善女人教一人令得須陁洹果是人得福德勝教一閻浮提人行十善道何以故憍尸迦教一閻浮提人行十善道不離地獄畜生餓鬼若憍尸迦教一人得須陁洹果離三惡道故乃至阿羅漢果辟支佛道亦如是憍尸迦若善男子善女人教一閻浮提人令得須陁洹果斯陁含果阿那含阿羅漢辟支佛道不如善男子善女人教一人令得阿耨多羅三藐三菩提得福多何以故憍尸迦以菩薩因緣故生須陁洹果乃至阿羅漢辟支佛以菩薩因緣故生諸佛以是因緣故憍尸迦當知善男子善女人書般若波羅蜜經卷與他人令書持讀誦說得福多何以故是般若波羅蜜中廣說諸善法是善法中學便出生剎利大姓婆羅門大姓居士大家四天王天乃至非有想非無想天便有四念處乃至一切種智便有諸須陁洹乃至阿羅漢辟支佛便有諸佛憍尸迦置一閻浮提人若有善男子善女人教四天下世界中衆生令行十善道於汝意云何是

人以是因緣故得福多不荅言甚多世尊佛言不如是善男子善女人書般若波羅蜜經卷與他人令書持讀誦說得福多餘如上說憍尸迦置四天下世界中衆生若教小千世界中衆生令行十善道亦如是憍尸迦置小千世界中衆生若教二千中世界中衆生令行十善道若有善男子善女人書般若波羅蜜經卷與他人令書持讀誦是人得福多餘如上說憍尸迦置二千中世界中衆生若教三千大千世界中所有衆生令行十善道復有人書般若波羅蜜經卷與他人令書持讀誦是人福德多憍尸迦置三千大千世界中衆生若教如恒河沙等世界中所有衆生令行十善道若復有人書般若波羅蜜經卷與他人令書持讀誦其福德多餘如上說復次憍尸迦有人教一閻浮提衆生令立四禪四無量心四無色定五神通於汝意云何是善男子善女人福德多不釋提桓因言甚多世尊佛言不如是善男子善女人書般若波羅

蜜經卷與他人令書持讀誦說得福多何以故是般若波羅蜜中廣說諸善法餘如上說憍尸迦置閻浮提衆生復置四天下世界中衆生小千世界中衆生二千中世界中衆生三千大千世界中衆生憍尸迦若有人教十方如恒河沙等世界中衆生令立四禪四無量心四無色定五神通於汝意云何是人福德多不荅言甚多世尊佛言不如是善男子善女人書般若波羅蜜經卷與他人令書持讀誦說得福多何以故是般若波羅蜜中廣說諸善法餘如上說復次憍尸迦若有善男子善女人受是般若波羅蜜書持讀誦說正憶念是人福德勝教閻浮提人行十善道立四禪四無量心四無色定五神通正憶念者受持親近般若波羅蜜乃至正憶念不以二法不以不二法受持親近禪波羅蜜毗梨耶波羅蜜羼提波羅蜜尸波羅蜜檀波羅蜜乃至正憶念不以二法不以不二法為阿耨多羅三藐三菩提正憶念內空乃至一切種智不以

大智度論第六十卷　第四張　立

二法不以不二法復次憍尸迦若有善男子善女人為他人種種因緣演說般若波羅蜜義開示分別令易解憍尸迦何等是般若波羅蜜義憍尸迦般若波羅蜜義者不應以二相觀不應以不二相觀非有相非無相不入不出不增不損不垢不淨不生不滅不取不捨不住非不住非實非虛非合非散非著非不著非因非不因非法非不法非如非不如非實際非不實際憍尸迦若善男子善女人能以是般若波羅蜜義為他人種種因緣演說開示分別令易解是善男子善女人所得福德甚多勝自受持般若波羅蜜親近讀誦說正憶念復次憍尸迦善男子善女人自受持般若波羅蜜親近讀誦說正憶念亦為他人種種因緣演說般若波羅蜜義開示分別令易解是善男子善女人所得功德甚多釋提桓因白佛言世尊善男子善女人應如是演說般若波羅蜜義開示分別令易解佛告釋提桓因如是憍尸迦是善男子善女人

大智度論第六十卷　第五張　立

應如是演說般若波羅蜜義開示分別令易解憍尸迦善男子善女人如是演說般若波羅蜜義開示分別令易解得無量無邊阿僧祇福德若有善男子善女人供養十方無量阿僧祇諸佛盡其壽命隨其所須恭敬尊重讚歎華香乃至幡蓋供養若復有善男子善女人種種因緣為他人廣說般若波羅蜜義開示分別令易解是善男子善女人功德甚多何以故諸過去未來現在諸佛皆於是般若波羅蜜中學得阿耨多羅三藐三菩提已得今得當得復次憍尸迦若善男子善女人於無量無邊阿僧祇劫行檀波羅蜜不如是善男子善女人以般若波羅蜜為他人演說其義開示分別令易解其福甚多以無所得故云何名有所得憍尸迦若菩薩摩訶薩用有所得故布施布施時作是念我與彼受所施者物是名得檀不得波羅蜜我持戒此是戒是名得戒不得波羅蜜我忍辱為是人忍辱是名得忍辱不得波羅蜜我精進為是事懃

大智度論第六十卷　第六張　立

精進是名得精進不得波羅蜜我修禪所修是禪是名得禪不得波羅蜜我修慧所修是慧是名得慧不得波羅蜜憍尸迦是善男子善女人如是行者不得具足檀波羅蜜尸羅波羅蜜羼提波羅蜜毗梨耶波羅蜜禪波羅蜜般若波羅蜜釋提桓因白佛言世尊菩薩摩訶薩云何修具足檀波羅蜜尸羅波羅蜜羼提波羅蜜毗梨耶波羅蜜禪波羅蜜般若波羅蜜佛告釋提桓因菩薩摩訶薩布施時不得與者不得受者不得所施物是人得具足檀波羅蜜乃至修般若波羅蜜時不得智不得所修智是人得具足般若波羅蜜憍尸迦是為菩薩摩訶薩具足檀波羅蜜乃至般若波羅蜜善男子善女人如是行般若波羅蜜當為他人演說其義開示分別令易解禪波羅蜜毗梨耶波羅蜜羼提波羅蜜尸羅波羅蜜檀波羅蜜演說其義開示分別令易解何以故憍尸迦未來世當有善男子善女人欲說般若波羅蜜而說相似般若波羅蜜有

善男子善女人發阿耨多羅三藐三菩提心聞是相似般若波羅蜜失正道善男子善女人應為是人具足演說般若波羅蜜義開示分別令易解釋提桓因白佛言世尊何等是相似般若波羅蜜佛言有善男子善女人說有所得般若波羅蜜是為相似般若波羅蜜釋提桓因白佛言世尊云何善男子善女人說有所得般若波羅蜜是為相似般若波羅蜜佛言善男子善女人說有所得般若波羅蜜是相似般若波羅蜜者說色無常作是言能如是行是行般若波羅蜜行者求色無常是為行相似般若波羅蜜說受想行識無常作是言能如是行是行般若波羅蜜行者求受想行識無常是為行相似般若波羅蜜說眼無常乃至說意無常說色無常乃至說法無常說眼界無常色界眼識界無常乃至說意界法界意識界無常說地種無常乃至說識種無常說眼識界無常乃至說意識界無常說眼觸無常乃至說意觸無常說眼觸

因緣生受無常乃至說意觸因緣生受無常廣說如五衆說色苦乃至說意觸因緣生受苦說色無我乃至說意觸因緣生受無我皆如五衆說行者行檀波羅蜜時為說色無常苦無我乃至意觸因緣生受說無常苦無我尸羅波羅蜜乃至般若波羅蜜亦如是行四禪四無量心四無色定為說無常苦無我行四念處為說無常苦無我乃至行薩婆若時為說無常苦無我作如是教能如是行者是為行般若波羅蜜憍尸迦是名相似般若波羅蜜復次憍尸迦若善男子善女人當來世說相似般若波羅蜜作是言汝善男子修行般若波羅蜜汝修行般若波羅蜜時當得初地乃至當得十地禪波羅蜜乃至檀波羅蜜亦如是行者以相似有所得以揔相修是般若波羅蜜憍尸迦是名相似般若波羅蜜復次憍尸迦善男子善女人欲說般若波羅蜜作是言汝善男子修行般若波羅蜜已當過聲聞辟支佛地是名相似般若波羅蜜復

次善男子善女人為求佛道者如是說汝善男子善女人修行般若波羅蜜已入菩薩位得無生法忍得無生法忍已便住菩薩神通從一佛界至一佛界供養諸佛恭敬尊重讚歎如是說者是名相似般若波羅蜜復次憍尸迦善男子善女人為求佛道者如是說汝善男子善女人學是般若波羅蜜受持讀誦說正憶念當得無量無邊阿僧祇功德如是說者是名相似般若波羅蜜復次善男子善女人為求佛道者說如過去未來現在諸佛功德善本從初發心至成得佛都合集迴向阿耨多羅三藐三菩提如是說者是名相似般若波羅蜜釋提桓因白佛言世尊云何善男子善女人為求佛道者不說相似般若波羅蜜佛言若善男子善女人為求佛道者說般若波羅蜜善男子善女人汝修行般若波羅蜜莫觀色無常何以故色色性空是色性非法若非法即名為般若波羅蜜般若波羅蜜中色非常非無常何以故是中色尚不可得

何況常無常憍尸迦善男子善女人如是說者是名不說相似般若波羅蜜受想行識亦如是復次憍尸迦善男子善女人為求佛道者說汝善男子善女人修行般若波羅蜜於諸法莫有所過莫有所住何以故般若波羅蜜中無有法可過可住所以者何一切法自性空自性空是非法若非法即是為般若波羅蜜般若波羅蜜中無有法可入可出可生可滅憍尸迦是善男子善女人如是說是名不說相似般若波羅蜜廣說如上與相似相違是名不說相似般若波羅蜜如是憍尸迦善男子善女人應如是演說般若波羅蜜義若如是說般若波羅蜜義所得功德勝於前者

論者言佛更欲以異門明般若波羅蜜勝故問帝釋言若有人教一閻浮提人行十善道其福多不如經中廣說此中說所以勝因緣所謂般若波羅蜜廣說諸無漏法成三乘道入涅槃不復還十善道但善有漏法受世間無常福樂還復墮苦是故不如

復次先是世間法後是出世間法先是能生生死法後是能滅生死法先是無常樂因緣後是常樂因緣先是凡夫聖人共法後但是為聖人法如是等差別無漏法者三十七品十八不共法乃至無量諸佛法欲令是事了了易解故更說因緣所謂教一人令得須陀洹果得大福德勝於教閻浮提人行十善道雖行十善未免三惡道故乃至得阿羅漢辟支佛道亦如是佛更說譬喻若有人教一閻浮提人令得聲聞辟支佛道不如有人教一人令得阿耨多羅三藐三菩提是人得福多何以故須陀洹至辟支佛皆從菩薩生故是般若波羅蜜中種種說佛道因緣是故書般若波羅蜜經卷與人勝以十善教四天下乃至如恒河沙等世界復次教閻浮提人乃至恒河沙等世界人令行四禪等乃至五神通亦如是但四禪等是離欲人與十善差別復次若有人教一閻浮提人乃至如恒河沙世界令行十善道四禪四無量心四無色定

五神通不如是人受持般若波羅蜜讀誦說正憶念得福多得福多者上以般若經卷與他人令自行般若爲異先十善道乃至五神通別說令合說問曰何以不解受持讀誦說但解正憶念答曰受持讀誦說福德多以正憶念能具二事所謂福德智慧是故別說如人採藥草乃至合和而未服之於病無損服乃除病正憶念如服藥病愈是故但解正憶念正憶念相所謂非二非不二行般若波羅蜜二不二義如先說初以書經卷勝舍利中以經卷與人勝教人行十善乃至五通令受持讀誦說於受持邊正憶念最勝令如諸佛憐愍衆生故爲解其義令易解勝自行正憶念是時佛欲廣分別福德故說言若有人盡形壽供養十方佛不如爲他解說般若義此中說勝因緣三世諸佛皆學是般若成無上道復次若菩薩於無量劫行六波羅蜜以有所得故不如爲人解說般若波羅蜜有所得者所謂以我心於諸法中取相故佛更欲說

般若正義故答帝釋菩薩以無所得行六波羅蜜則得具足具足即是般若波羅蜜正義有人未來世說相似般若者會中人聞說正憶念作是思惟何者是邪憶念是故說相似般若波羅蜜相如人知是道非道故能捨非道行正道復次憐愍未來世衆生不見佛及諸大菩薩但見經書邪憶念故隨著音聲說相似般若波羅蜜相似者名字語言同而心義異如以著心取相說五衆等無常乃至無生無滅是相似般若若以不著心不取相說五衆無常但爲破常顛倒故不著無常是真實般若如是說法人教捨相似般若波羅蜜修習真般若波羅蜜是名說般若波羅蜜正義勝前功德經復次憍尸迦閻浮提中所有衆生皆教令得須陁洹於汝意云何是人得福多不答言甚多世尊佛言不如是善男子善女人以般若波羅蜜爲他人種種因緣演說其義開示分別令易解如是言善男子汝來受是般若波羅蜜勤讀誦說正憶念如般若波

羅蜜中所說行何以故是般若波羅蜜中出生諸須陁洹憍尸迦置閻浮提中衆生復置四天下衆生小千世界二千中世界三千大千世界中衆生若有人教十方如恒河沙等世界中衆生盡教令得須陁洹於汝意云何是人得福多不答言甚多世尊佛言不如是善男子善女人以般若波羅蜜爲他人種種因緣演說其義開示分別令易解如是言善男子汝來受是般若波羅蜜勤讀誦說正憶念如般若波羅蜜中所說行何以故般若波羅蜜中出生諸須陁洹復次憍尸迦若有善男子善女人教閻浮提中人令得斯陁含阿那含阿羅漢於汝意云何是人得福多不答言甚多世尊佛言不如是善男子善女人以般若波羅蜜爲他人種種因緣演說其義開示分別令易解如是言汝來善男子受是般若波羅蜜勤讀誦說正憶念如般若波羅蜜中所說行何以故般若波羅蜜中出生諸斯陁含阿那含阿羅漢故乃至教十方如恒河沙等

世界中衆生亦如是復次憍尸迦若善男子善女人教一閻浮提中衆生令得辟支佛道於汝意云何是人得福多不荅言甚多世尊佛言不如善男子善女人以般若波羅蜜為他人種種因縁演說其義開示分別令易解如是言汝來善男子受是般若波羅蜜勤讀誦說正憶念如般若波羅蜜中所說行何以故般若波羅蜜中出生諸辟支佛道故四天下乃至十方如恒河沙等世界中衆生亦如是復次憍尸迦善男子善女人教一閻浮提中衆生令發阿耨多羅三藐三菩提心於汝意云何是人得福多不荅言甚多世尊佛言不如是善男子善女人以般若波羅蜜為他人種種因緣演說其義開示分別令易解如是言汝當隨般若波羅蜜中學當得一切智法汝若得一切智法汝便得修行般若波羅蜜增益具足若得修行般若波羅蜜增益具足汝當得阿耨多羅三藐三菩提何以故憍尸迦般若波羅蜜中生諸初發意菩薩摩訶薩故乃

至十方如恒河沙等世界亦如是復次憍尸迦善男子善女人教一閻浮提中衆生令住阿鞞跋致地於汝意云何是人得福多不荅言甚多世尊佛言不如是善男子善女人以般若波羅蜜為他人種種因緣演說其義開示分別令易解如是言汝來善男子受是般若波羅蜜乃至如般若波羅蜜中所說行汝便得一切智法得一切智法已乃至便得阿耨多羅三藐三菩提何以故般若波羅蜜中生諸菩薩摩訶薩阿鞞跋致地故乃至十方如恒河沙等世界亦如是復次憍尸迦一閻浮提中衆生發意求阿耨多羅三藐三菩提若有善男子善女人為是人演說般若波羅蜜及其義解開示分別如是言汝來善男子受是般若波羅蜜乃至如般若波羅蜜中所說行學已汝當得阿耨多羅三藐三菩提復有人為一阿鞞跋致菩薩演說般若波羅蜜及其義解開示分別如是言善男子汝來受是般若波羅蜜乃至如般若波羅蜜中所說行學已汝當得阿

耨多羅三藐三菩提是善男子所得功德甚多乃至十方如恒河沙等世界中亦如是復次憍尸迦若有一閻浮提中衆生皆得阿鞞跋致阿耨多羅三藐三菩提復有善男子善女人以般若波羅蜜為是人演說其義於是中有一菩薩疾得阿耨多羅三藐三菩提若有善男子善女人為是菩薩演說般若波羅蜜及其義解是人功德最多乃至十方如恒河沙等世界亦如是釋提桓因白佛言世尊如菩薩摩訶薩轉轉近阿耨多羅三藐三菩提者如是應轉轉教行檀波羅蜜尸羅波羅蜜羼提波羅蜜毗梨耶波羅蜜禪波羅蜜般若波羅蜜應教內空乃至無法有法空四念處乃至八聖道分佛十力四無所畏四無导智十八不共法亦應供養衣服卧具飲食湯藥隨其所須是善男子善女人法施財施供養是菩薩所得功德勝於前者何以故世尊是菩薩摩訶薩疾得阿耨多羅三藐三菩提故尒時慧命須菩提語釋提桓因言善哉善哉憍

尸迦汝為聖弟子安慰諸菩薩摩訶
薩為阿耨多羅三藐三菩提者以法
施財施利益法應介何以故菩薩中
生諸佛聖衆若菩薩不發阿耨多羅
三藐三菩提心者是諸菩薩不能學
六波羅蜜乃至十八不共法若不學
六波羅蜜乃至十八不共法者不能得
阿耨多羅三藐三菩提若不能得阿
耨多羅三藐三菩提者則無聲聞辟
支佛以是故憍尸迦諸菩薩摩訶薩
學六波羅蜜乃至十八不共法學六
波羅蜜乃至十八不共法時得阿耨
多羅三藐三菩提得阿耨多羅三藐
三菩提故斷地獄畜生餓鬼道世間
便有刹利大姓婆羅門大姓居士大
家四天王天乃至非有想非無想天
便有檀波羅蜜尸羅羼提毗梨耶禪
波羅蜜般若波羅蜜內空乃至無法
有法空四念處乃至十八不共法出
現於世聲聞辟支佛乘佛乘皆現於世
論者言教閻浮提人乃至如恒河沙等
世界中人令得聲聞辟支佛道不如為
他人演說般若波羅蜜義此中說因

緣是諸賢聖皆從般若波羅蜜中出
故般若波羅蜜是諸法實相正遍知
名為佛小不如是大菩薩辟支佛阿
羅漢轉不如是阿那含斯陀含須陀
洹愛念供養能知諸法實相者是天
王人王等世間福德人是故常說般
若波羅蜜出生諸賢聖刹利大姓乃
至一切諸天復次教一閻浮提乃至
恒河沙等世界中人發無上道乃至阿
鞞跋致不如為一阿鞞跋致人解說般
若波羅蜜正義問曰上說凡夫法二乘
法不如可介令說教人發無上道得阿
鞞跋致是佛道事何故不如荅曰說般
若正義有二種一者生死肉身菩薩二
者出三界不生不死法性生身菩薩
是菩薩但說過阿鞞跋致菩薩事所
謂教化衆生淨佛世界分別一切衆
生三世無量劫心行業因緣分別諸
世界起滅成敗劫數多少大慈大悲
一切智等無量諸佛法為是一人說
法勝教閻浮提乃至如恒河沙世界
衆生令發心又復至阿鞞跋致從阿
鞞跋致已上至佛道中間更有一人

近佛道疾欲成佛教是人般若波羅
蜜正義者其福甚多何以故福田大
故福德亦大譬如供養一切十方如
恒河沙等世界聖人乃至欲坐道場
菩薩不如供養一佛譬如犯於太子
得罪過犯一切人若供養太子得恩
勝於供養一切凡人若犯國王得罪
過於犯太子若供養國王勝於供養
太子如是教化供養疾近作佛菩薩
勝於供養教如恒河沙等阿鞞跋致
菩薩功德所以者何福田深厚其法
能令衆生增長故介時帝釋知是法
力大故白佛言菩薩轉轉近無上道
如是應教化供養功德轉多介時須
菩提讚帝釋言善哉善哉汝能安慰
勸進諸菩薩為阿耨多羅三藐三菩
提者以財法二施財施者供養具衣食
等法施者所謂教六波羅蜜等帝釋
得道故名為聖弟子聖弟子法應安
慰勸進諸菩薩是中說因緣是諸聖
衆皆從菩薩中出何以故若菩薩不
行六波羅蜜不成無上道則無須陀
洹乃至辟支佛菩薩因緣故十善道

乃至無量佛法出現於世是故三惡道斷有刹利大姓乃至諸佛出現於世是故菩薩說般若波羅蜜正義教近佛道福德审大

大智度論卷第六十

庚子歲高麗國大藏都監奉
勅雕造

大智度論第六十卷 第二十二張 立

大智度論卷六十

校勘記

一 底本，麗藏本。

一 一二六頁上一行經名，石作「大智度經論卷第六十五」；磧、普、南、徑、清作「大智度論卷第六十」。

一 一二六頁上三行後，石有品名「摩訶般若波羅蜜經校量法施品第三十八釋」；磧、普、南、徑、清有品名「釋十善品第三十八」。

一 一二六頁上六行第六字「以」，磧、普、南、徑、清無。

一 一二六頁上七行第一〇字「是」，磧、普、南、徑、清無。

一 一二六頁中八行第五字「果」，石、磧、普、南、徑、清無。中一一行末字磧、普、南、徑、清同。

一 一二六頁下一行第六字「故」，磧、普、南、徑、清無。

一 一二六頁下二行「不如是」，磧、普、南、徑、清作「不如」，下同。

一 一二六頁下一〇行「得福」，石作「福德」。

一 一二六頁下一八行第一〇字「德」，磧、普、南、徑、清無。

一 一二七頁上一行第一二字及一一行末字「說」，磧、普、南、徑、清無。

一 一二七頁上三行第一二字「提」，石作「提中」。

一 一二七頁上一五行首字「書」，磧、普、南、徑、清無。

一 一二七頁上二〇行第一二字「尸」，石作「尸羅」。

一 一二七頁中一行及本頁下四行「若有」，磧、普、南、徑、清作「若」。

一 一二七頁中二二行第一二字「告」，磧、普、南、徑、清作「語」。

一 一二七頁下一行首字「應」，石無。

一 一二七頁下一一行第七字「諸」，磧、普、南、徑、清無。

一 一二八頁上九行第四字「羅」，磧、普、南、徑、清無。

— 一二八頁中二二行「識界」，磧、普、南、徑、清作「識衆」。
— 一二八頁下九行第四字「苦」，磧、普、南、徑、清作「苦空」。
— 一二九頁上四行首字「法」，磧、普、南、徑、清無。
— 一二九頁上四行及五行「佛界」，石作「佛國」。
— 一二九頁上一九行及本頁中五行「善女人」，磧、普、南、徑、清無。
— 一二九頁中八行末字「是」，石作「名」。
— 一二九頁中一七行，一三二頁上二一行「者言」，石作「釋曰」；磧、普、南、徑、清作「論者言」。
— 一二九頁下四行第九字「是」，石無。
— 一二九頁下一六行末二字至一七行首字「波羅蜜」，磧、普、南、徑、清無。
— 一三〇頁上三行第九字及一四行第四字「令」，南、徑、清作「今」。
— 一三〇頁上一四行「五通」，磧、普、南、徑、清作「五神通」。
— 一三〇頁上一五行「今如」，磧、普、南作「令」；徑、清作「今」。
— 一三〇頁中二行第一〇、一一字「具足」，磧、普、南、徑、清無。
— 一三〇頁中一四行第九字「如」，磧、普、南、徑、清無。
— 一三〇頁下四行第一三字「中」，磧、普、南、徑、清無。
— 一三〇頁下末行第八字「教」，磧、普、南、徑、清無。
— 一三一頁上四行「世尊」，磧、普、南、徑、清無。
— 一三一頁中四行「得福」，磧、普、南、徑、清作「福德」。
— 一三一頁中五行第四字「是」，石無。
— 一三一頁中一二行第五字「阿」，石作「得阿」。
— 一三一頁下七行第六字「得」，磧、普、南、徑、清作「欲得」。
— 一三一頁下八行末字「演」，磧、普、南、徑、清無。
— 一三一頁下一一行第一二字「如」，石、磧、普、南、徑、清作「如是」。
— 一三一頁下一二行第五字「轉」，磧、普、南、徑、清無。
— 一三二頁上五行第九字「諸」，磧、普、南、徑、清無。
— 一三二頁上七行第一二字「者」，磧、普、南、徑、清無。
— 一三二頁上一一行至一二行「學六波羅蜜乃至十八不共法」，磧、普、南、徑、清無。
— 一三二頁上一七行「尸羅羼提毗梨耶」，石作「尸羅波羅蜜羼提波羅蜜毗梨耶波羅蜜」。
— 一三二頁上二一行「人乃至如」，磧、普、南、徑、清作「乃至」。
— 一三二頁上二一行末字及中九行第四字「等」，磧、普、南、徑、清無。
— 一三二頁中八行末字「至」，石作「至如」。

一　一三二頁中一〇行「一阿鞞跋致」，磧、普、南、徑、清無。

一　一三二頁下七行第八字「人」，石、磧、普、南、徑、清作「夫」。

一　一三二頁下八行第二字「於」，石無。

一　一三二頁下一〇行第五字「教」，磧、普、南、徑、清作「教化」。

一　一三二頁下一一行「其法」，石無。

一　一三二頁下一二行第一二字「知」，石、磧、普、南、徑、清作「了知」。

一　一三二頁下一八行第六字「謂」，磧、普、南、徑、清無。

一　一三二頁下一九行第五字「爲」，石無。

一　一三二頁下二〇行第三字「進」，磧、普、南、徑、清作「進等」。

一　一三三頁上四行末字「大」下，石有夾註「釋三十八品竟」。

一　一三三頁上五行卷末經名，石此處未換卷，故無。

大智度論釋隨喜迴向品第三十九 卷六十一　形

聖者龍樹造

後秦龜茲國三藏鳩摩羅什譯

介時弥勒菩薩摩訶薩語慧命須菩提有菩薩摩訶薩隨喜福德與一切衆生共之迴向阿耨多羅三藐三菩提以無所得故若聲聞辟支佛福德若衆生福德若布施若持戒若修定若隨喜是菩薩摩訶薩隨喜福德與一切衆生共之迴向阿耨多羅三藐三菩提其福冣上第一冣妙無上无與等何以故聲聞辟支佛及一切衆生布施持戒修定隨喜為自調為自淨為自度故所謂四念處乃至八聖道分空无相無作菩薩隨喜福德迴向阿耨多羅三藐三菩提持是功德為調一切衆生為淨一切衆生為度一切衆生故起介時慧命須菩提白弥勒菩薩諸菩薩摩訶薩念十方無量無邊阿僧祇世界中無量无邊阿僧祇諸滅度佛從初發心至得阿耨多羅三藐三菩提入无餘涅槃乃至

法盡於其中間諸善根應六波羅蜜及諸聲聞人善根若布施福德持戒修定福德及諸學人無漏善根无學人无漏善根諸佛戒衆定衆慧衆解脫衆解脫知見衆一切智大慈大悲及餘無量阿僧祇諸佛法及諸佛所說法是法中學得須陁洹果乃至得阿羅漢果辟支佛道入菩薩摩訶薩位及餘衆生種諸善根是諸善根一切和合隨喜福德迴向阿耨多羅三藐三菩提冣上第一冣妙無上无與等如是隨喜已持是隨喜福德迴向阿耨多羅三藐三菩提若有善男子行菩薩乘者作是念我心是迴向阿耨多羅三藐三菩提是生心緣事若善男子取相迴向阿耨多羅三藐三菩提如所念可得不弥勒菩薩語須菩提是善男子行菩薩乘迴向阿耨多羅三藐三菩提心是緣事若善男子取相不得如所念須菩提語弥勒菩薩若諸事諸緣無所有是善男子行菩薩乘者取相於十方諸佛諸善根從初發心乃至法盡及聲聞諸善

根學無學善根一切和合隨喜功德迴向阿耨多羅三藐三菩提以无相故是菩薩將無顛倒無常謂常想顛倒心顛倒見顛倒不淨謂淨苦謂樂無我謂我想顛倒心顛倒見顛倒若如緣如事阿耨多羅三藐三菩提亦如是迴向心亦如是檀波羅蜜尸羅羼提毗梨耶禪般若波羅蜜乃至十八不共法亦如是若尒何等是緣何等是事何等是阿耨多羅三藐三菩提何等是善根何等是隨喜心迴向阿耨多羅三藐三菩提

釋曰先七品中佛命須菩提令說般若中間帝釋多問多說功德事令弥勒順佛本意還欲令須菩提因隨喜法廣說般若波羅蜜復次帝釋聞上供養般若以華香妓樂幡蓋之具得福甚多深自慶幸此供養具唯我等能辦非出家人所有是故弥勒欲抑其自多之情故語須菩提菩薩但以心隨喜則勝聲聞辟支佛一切衆生布施等及諸无漏功德何況華香供養經卷等菩薩摩訶薩義如先說隨喜福德者不勞身口業作諸功德但以正方便見他修福隨而歡喜作是念一切衆生中能修福行道者㝡為殊勝若離福德人與畜生同行三事三事者婬欲飲食戰鬬能修行福德行道之人一切衆生所共尊重愛敬譬如熱時清涼滿月无不樂仰亦如大會先集伎樂餚饌无不畢備遠近諸人咸共欣赴修福之人亦復如是福德有二種樂因緣世間出世間出世間者諸無漏法雖无福報能生福德故名福德是故有漏无漏通名福德復次福德是菩薩摩訶薩根本能滿所願一切聖人所讚歎无智人所毀呰智人所行處无智人所遠離是福德因緣故作人王轉輪聖王天王阿羅漢辟支佛諸佛世尊大慈大悲十力四無所畏一切種智自在无导皆從福德中生如是等種種福德得正見故隨而歡喜復次菩薩自念我應與一切衆生樂而衆生能自行福德是故心生歡喜復次一切衆生行善與我相似是我同伴是故隨喜諸菩薩摩訶薩於十方三世諸佛及菩薩聲聞辟支佛及一切修福衆生布施持戒修定於此福德中生隨喜福德是故名隨喜持是隨喜福德共一切衆生迴向阿耨多羅三藐三菩提共一切衆生者是福德不可得與一切衆生而果報可與菩薩既得福德果報衣服飲食等世間樂具以利益衆生菩薩以福德清淨身口人所信受為衆生說法令得十善道四禪等與作後世利益末後成佛得福德果報身有三十二相八十隨形好無量光明觀者無猒無量清淨梵音柔和無导解脫等諸佛法於三事亦現度无量阿僧祇衆生般涅槃後碎身舍利與人供養久後皆令得道是果報可與一切衆生以果中護因故言福德與衆生共若福德可以與人者諸佛從初發心所集福德盡可與人然後更作善法體不可與人令直以无畏無惱施與衆生用無所得故者義如先說是名菩薩摩訶薩隨喜福德比一切聲聞辟支佛及衆生三種福

德寂勝寂上第一寂妙無上无與等義如先説是中説勝因縁是二乘福德皆為自調自淨自度持戒者是自調修禪者是自淨智慧者是自度復次自調者正語正業正命自淨者正念正定自度者正見正思惟正方便復次布施因縁故自調持戒因縁故自淨修定因縁故自度修定者是无漏法近因縁无漏者所謂三十七品三解脱門等布施持戒遠故不解善薩隨喜福德雖无勤勞為度一切衆生故勝問曰實不度一切衆生何以言度一切衆生故勝荅曰諸佛菩薩功德力能度一切衆生但以衆生无和合因縁故辟如大火常有燒力但以薪不近故不得燒近則能燒尒時須菩提以畢竟空智慧難問弥勒菩薩念諸佛福德隨喜迴向無上道是所念過去事是事如所念不弥勒以二因縁故荅言不也一者過去无量阿僧祇劫諸佛久已滅度無復遺餘菩薩或無宿命智或有而不能及但以如所聞憶想分別故不如所念二

者諸佛及功德出三界出三世斷戲論語言道如涅槃相畢竟空清淨隨喜者分別諸佛語弟子善根功德是迴向心及無上道非實故言不也須菩提難言若无是事是菩薩憶念分別應墮顛倒若是事畢竟空清淨相憶念亦如是諸過去佛功德亦如是无分別无異云何得隨喜是略説義廣則如經説所謂須菩提問弥勒若菩薩摩訶薩憶念過去十方無量无邊阿僧祇世界中諸滅度佛者是菩薩欲起隨喜福德佛是福德主是故念佛聞經書説有過去佛名故因是名廣念一切過去佛從初發心者初發心作願我當度一切衆生是心相應三善根不貪不瞋不癡善根相應諸善法及善根所起身口業和合是法名為福德從初發心行六波羅蜜入菩薩位得十地乃至坐道場是中菩薩自修福德和合得佛道乃至入無餘涅槃滅度後舍利及遺法皆是佛自身功德和合因諸佛大乘人行六波羅蜜相應福德相應者除六波

羅蜜餘菩薩所行法皆攝入六波羅蜜中故説應六波羅蜜和合若求聲聞辟支佛人種布施持戒修定等福德聲聞辟支佛人有二種一者漏盡者名無學二者得道漏未盡名為學是二人諸福德中善根勝故但説善根上言求二乘人者撿凡夫聖人令學無學者純是聖人相好是無記色法非是善功德故但説佛五無學衆大慈大悲佛法義如初品中説諸佛所説法學是法得須陁洹果乃至入菩薩位者是佛滅度後遺法中得道是故重説及餘衆生種諸善根者此是佛在世及遺法中天人乃至畜生種福德因縁是上四段福德行者心遍縁憶念隨喜求佛道故迴向名无上隨喜寂上無與等問曰求佛道者何以不自作功德而心行隨喜荅曰諸菩薩以方便力他勤勞作功德能於中起隨喜福德勝自作者復次是隨喜福德即是實福德所以者何念過去佛即是念佛三昧亦是六念中念佛念法念僧念戒念捨念天等因

行清淨戒入禪定起畢竟智慧和合故能起正隨喜是故不但隨喜而已亦行是實法是心迴向者即是隨喜心緣者隨喜心所緣所謂一切諸佛及一切衆生所作功德事者若是所緣之本福德是緣功德所住處所謂諸佛及衆生并土地山林精舍住處皆名事如所念可得不弥勒荅言不也須菩提語弥勒若諸事諸緣无所有者云何不墮顛倒顛倒者四顛倒三種分別此顛倒是譬喻无佛而憶想念佛猶如无常而念常不淨而念淨問曰見為諸顛倒本如得初道人能起想心顛倒無見顛倒以見諦道断故荅曰是顛倒生時異断時異生時想在前次是心後是見断時先断見見諦所断故顛倒體皆是見相見諦所断想心顛倒者學人未離欲憶念忘故取淨相起結使還得正念即時滅如經中譬喻如渧水墮大熱鐵上即時消滅小錯故假名顛倒非實顛倒是故說凡夫人三種顛倒學人二種倒復次諸緣諸事如實畢竟空

念亦空菩提亦空隨喜心亦空檀波羅蜜乃至十八不共法亦空若諸法一相所謂無相此中何等是緣何等是事何等是心迴向無上道

弥勒菩薩語須菩提若諸菩薩摩訶薩久行六波羅蜜多供養諸佛種善根與善知識相隨善學自相空法是諸菩薩是緣是事諸佛諸善根隨喜福德不取相迴向阿耨多羅三藐三菩提以不二法非不二法非相非不相非可得法非不可得法非淨非垢不生不滅法是名迴向阿耨多羅三藐三菩提若諸菩薩不久行六波羅蜜不多供養諸佛不種善根不與善知識相隨不善學自相空法是諸菩薩是諸緣是諸事諸佛諸善根隨喜福德諸心取相迴向阿耨多羅三藐三菩提是不名迴向須菩提如是般若波羅蜜義乃至一切種智義所謂內空乃至無法有法空不應為新學菩薩說何以故是菩薩所有少許信樂恭敬清淨心皆云失當在阿鞞跋致菩薩摩訶薩前說若有為善知識所護若久供養諸佛種諸善根應為是人說如是般若波羅蜜義乃至一切種智所謂內空乃至無法有法空是人聞是法不沒不驚不畏不怖須菩提菩薩摩訶薩隨喜福德應如是迴向阿耨多羅三藐三菩提所謂菩薩用心隨喜功德迴向阿耨多羅三藐三菩提是心盡滅變離是緣是事是諸善根亦盡滅變離是中何等有隨喜心何等是諸緣何等是諸事何等是諸善根隨喜迴向阿耨多羅三藐三菩提二心不俱是心性亦不可得迴向菩薩云何隨喜心迴向阿耨多羅三藐三菩提若菩薩摩訶薩行般若波羅蜜時如是知是般若波羅蜜無有法乃至檀波羅蜜亦無有法色無有法受想行識乃至阿耨多羅三藐三菩提无有法菩薩摩訶薩應如是隨喜功德迴向阿耨多羅三藐三菩提若能如是迴向是名隨喜功德迴向阿耨多羅三藐三菩提

釋曰弥勒意以諸法甚深微妙所謂不壞諸法相而隨喜心迴向無上道

是事難凡夫人心剛強不能行是法是故弥勒咨言若行者久修六波羅蜜諸功德深厚故不動所謂能信能行多供養諸佛種善根故集无量無邊阿僧祇功德結使折損其心柔軟此是先世因緣今世得好師好同學亦自學諸法實相空巧方便故不著是空如是等種種無量因緣故法雖無相而能起隨喜心迴向无上道辟如鐵雖堅鞕入鑪則柔軟隨作何器菩薩心亦如是久行六波羅蜜善知識所護故其心調柔過去諸佛諸緣諸事諸善根中不取相能起隨喜心用无相迴向無上道无相者能用不二非不二乃至不生不滅等與上相違者是不能迴向弥勒知須菩提樂說空故語言如是般若波羅蜜隨喜義不應新學菩薩前說何以故若有少福德善根者聞是畢竟空法即著空作是念若一切法畢竟無所有者我何為作福德則忘失前業以是故新發意菩薩先教取相隨喜漸得方便力尒乃能行无相隨喜辟如鳥子

羽翼未成不可逼令高翔六翮成就則能遠飛阿鞞跋致菩薩入法位得法忍能信能行故可為說若有久行六波羅蜜與善知識相隨内福德外因緣力助雖非阿鞞跋致能信能行是二種人聞是心清淨歡喜信受如久飢渴者得好飲食如大熱得涼大寒得溫其心愛樂歡喜是二菩薩亦如是得是無相智慧作是念我因是智慧能度无量衆生何況有驚懼恐怖恐怖從我心中出是法中諸法相尚空何況有我而决定取諸法相聞一切法无相則生驚懼是說隨喜義體竟後當更以種種異門釋上事復次須菩提菩薩應如是思惟用是心迴向無上道是心念念盡滅變離无有住時是諸緣事所謂過去諸佛及諸善根諸佛等諸事緣久已滅隨喜心今滅既滅無異是故經中說用是心迴向是心即盡滅如是等入過去世故入諸法實相故無有分別是心是緣是事是善根等若能如是迴向是為正迴向復次一切二心不和合隨

喜心時無菩提心一切心相畢竟空不可以取相迴向何以故菩薩知般若波羅蜜空无有定法如般若波羅蜜一切法乃至無上道亦如是是時断法愛捨著心於空無諍是名菩薩正迴向

尒時釋提桓因語須菩提新發意菩薩聞是事將無驚懼怖畏須菩提云何新發意菩薩作諸善根迴向阿耨多羅三藐三菩提復云何隨喜福德迴向阿耨多羅三藐三菩提須菩提語釋提桓因若新發意菩薩行般若波羅蜜不受是般若波羅蜜以無所得故无相故乃至檀波羅蜜亦如是多信解内空乃至多信解無法有法空多信解四念處乃至十八不共法常與善知識相隨是善知識為說六波羅蜜義開示分別如是教授令常不離般若波羅蜜乃至得入菩薩法位終不離般若波羅蜜乃至不離檀波羅蜜不離四念處乃至十八不共法亦教語魔事聞種種魔事已不增不減何以故是菩薩摩訶薩不受一

切法故是菩薩亦常不離諸佛乃至得菩薩位於中種善根以是善根故生菩薩家至得阿耨多羅三藐三菩提終不離是善根復次新發意菩薩摩訶薩於過去十方无量無邊阿僧祇世界中諸佛生死斷道斷諸戲論道盡棄重擔滅聚落刾斷有結正智得解脫及弟子所作功德於中若刹利大姓婆羅門大姓居士大家四天王天乃至淨居天所種善根是一切和合稱量以隨喜心冣上第一冣妙無上無與等迴向阿耨多羅三藐三菩提尒時弥勒菩薩語須菩提若新發意菩薩摩訶薩念諸佛及弟子諸善根隨喜功德冣上第一冣妙無上无與等隨喜已應迴向阿耨多羅三藐三菩提云何菩薩不墮想顛倒心顛倒見顛倒須菩提言若菩薩摩訶薩念諸佛及僧於中不生佛想不生僧想無善根想用是心迴向阿耨多羅三藐三菩提是心中亦不生心想菩薩如是迴向想不顛倒心不顛倒見不顛倒若菩薩摩訶薩念諸佛及

僧善根取相取相已迴向阿耨多羅三藐三菩提菩薩如是名為想顛倒心顛倒見顛倒若菩薩摩訶薩用是心念諸佛及僧諸善根是心念時即知盡滅若盡滅是法不可得迴向所用迴向心亦是盡滅相所迴向處法亦如是相若如是迴向是名正迴向非邪迴向菩薩摩訶薩應如是迴向阿耨多羅三藐三菩提復次若菩薩摩訶薩過去諸佛善根及弟子善根是中凡夫人聞法種善根若諸天龍夜叉揵闥婆阿修羅迦樓羅摩睺羅伽聞法種善根若刹利大姓婆羅門大姓居士大家四天王天乃至阿迦尼吒天聞法種善根發阿耨多羅三藐三菩提心是一切福德和合稱量隨喜冣上第一冣妙無上无與等迴向阿耨多羅三藐三菩提是時菩薩若如是知是諸法盡滅所迴向處法亦自性空能如是迴向是名真迴向阿耨多羅三藐三菩提復次若菩薩如是知無有法能迴向法何以故一切法自性空故若如是迴向是名正迴向

阿耨多羅三藐三菩提如是菩薩摩訶薩行般若波羅蜜乃至檀波羅蜜不墮想顛倒心顛倒見顛倒何以故菩薩不著是迴向亦不見以諸善根向菩提心處是名菩薩摩訶薩無上迴向問曰新發意菩薩聞是事將无怖畏驚懼者耶此義先已問荅今何以復問荅曰上弥勒雖語須菩提不應為新學說可為阿鞞跋致及久行者說是二種人聞能信行已說正迴向因緣而猶說空法是故帝釋疑言是衆中有新發意者云何更說使不恐怖須菩提欲成弥勒所說欲令新發意者應正迴向故荅帝釋若新發意菩薩雖不久行六波羅蜜不供養諸佛而以利根得善知識是二因緣故堪任正迴向是故語帝釋新發意菩薩行般若波羅蜜不受是般若以無所得故畢竟空故般若波羅蜜亦不得亦不著乃至檀波羅蜜亦如是多信解内空者常修樂入觀内空三昧故信解乃至十八不共法多信解亦如是善知識相如先說此中但

明能隨六波羅蜜義說聞是義已常不離般若波羅蜜乃至得入菩薩法位有久行入菩薩位有新發意入菩薩位復次是新發意菩薩善知識為說魔事聞魔事已不增不減以善修習諸法實相故若魔欲破為欲破空空則无破若有增益如幻如夢何所增益是故說不增不減是因緣故常不離諸佛常生菩薩家世世不離善根乃至無上道是新發意菩薩得如是因緣與久發意無異復次隨喜迴向所謂新發意菩薩於過去十方无量阿僧祇世界中諸佛斷道者斷生死道入無餘涅槃諸戲論斷故言滅諸戲論以空空等三昧捨八聖道分故言道盡五衆能生苦惱故是重檐五衆有二種捨一者有餘涅槃中捨五衆因緣諸煩惱二者入无餘涅槃中捨五衆果一切白衣舍名為聚落出家人依白衣舍活而白衣舍有五欲刺為食故來入惡刺果林以取果故為刺所刺如人着木屐踐刺刺則摧折是諸佛以禅定智慧屐摧五欲

刺名滅斷下分五結有分結盡名斷上五分結諸法實相金剛三昧相應智慧斷一切煩惱及習故言正智得解脫如是等皆名讚歎過去諸佛及弟子所作功德者佛弟子有三種菩薩辟支佛聲聞刹利大姓乃至淨居天是中種善根者是四種福田因是種福德處是福德和合稱量隨喜心寂上無與等迴向无上道是迴向心非正非邪所以者何今弥勒問須菩提若新發意菩薩念諸佛等功德迴向無上道去何不墮顛倒須菩提荅若是菩薩以般若波羅蜜方便力故於諸佛不生佛相及弟子諸善根中不生善根相一切法從和合生無有自性故無有定法名為佛是故不生佛等相是迴向心亦不生心相是故菩薩不墮顛倒與上相違即墮顛倒復次菩薩以是心念諸佛等及諸善根是心盡時即知盡盡心不得迴向何以故變失滅壞故是心亦入无常門到法性中法性中无有分別是心是非心是佛是弟子是善根是無上

道迴向心迴向處盡相亦如是初心是憶念過去諸佛等隨喜功德後心是迴向心若如是迴向是名正迴向問曰初心後心是生滅相可無常所迴向處法是無上道在未來世中云何言盡滅荅曰汝不聞我先荅入无常門到法性中此中不說盡是無常但說諸法實相是盡先亦說阿耨多羅三藐三菩提出三世過三界无受相能如是迴向者是為正迴向復次非正非邪迴向所謂菩薩於過去諸佛善根等乃至无上無與等迴向无上道若菩薩知是事皆盡滅知迴向處法亦自性空能知滅知空是真迴向若過去法无常無常故不可迴向自性空法中若過去法空空故不可迴向自性空法中用如是智慧迴向是名正迴向復次若菩薩知一切法因緣生故無自力常住自法相不動況能有所作無作故一切法中无有法能迴向法是名正迴向如是菩薩雖行般若波羅蜜等諸善法亦不墮顛倒一切法不着故復次若菩薩摩

訶薩知所起福德離五衆十二入十八界亦知般若波羅蜜是離相乃至檀波羅蜜是離相内空乃至無法有法空是離相四念處乃至十八不共法是離相如是菩薩摩訶薩隨喜心起福德迴向阿耨多羅三藐三菩提復次若是菩薩摩訶薩隨喜福德知隨喜福德自性離亦知諸佛離佛性諸善根亦離善根性菩提心菩提心性亦離迴向迴向性亦離菩薩菩薩性亦離般若波羅蜜般若波羅蜜性亦離禪波羅蜜毗梨耶波羅蜜羼提波羅蜜尸羅波羅蜜檀波羅蜜檀波羅蜜性亦離乃至十八不共法十八不共法性亦離菩薩摩訶薩應如是行離相般若波羅蜜是名菩薩摩訶薩般若波羅蜜中生隨喜福德復次菩薩摩訶薩諸過去滅度佛諸善根若欲迴向應如是迴向作是念如諸佛滅度相諸善根相亦如是滅度法相亦如是我用心迴向是心相亦如是若能如是迴向當知是迴向阿耨多羅三藐三菩提不墮想顛倒心顛倒見顛倒若菩薩摩訶薩行般若波羅蜜時取諸佛善根相迴向阿耨多羅三藐三菩提是不名為迴向何以故諸過去佛及善根非相緣非無相緣若菩薩摩訶薩亦如是取相是不名善根迴向阿耨多羅三藐三菩提如是菩薩摩訶薩墮想顛倒心顛倒見顛倒若菩薩摩訶薩諸佛及諸善根及諸心不取相是名以諸善根迴向阿耨多羅三藐三菩提是菩薩摩訶薩不墮想顛倒心顛倒見顛倒尒時弥勒菩薩問須菩提云何菩薩摩訶薩於諸善根不取相能迴向阿耨多羅三藐三菩提須菩提言以是事故當知菩薩摩訶薩所學般若波羅蜜中應有般若波羅蜜方便力若是福德離般若波羅蜜不得迴向阿耨多羅三藐三菩提何以故般若波羅蜜中諸佛不可得諸善根不可得迴向阿耨多羅三藐三菩提心亦不可得於是中菩薩摩訶薩行般若波羅蜜時應如是思惟諸過去佛及弟子身皆滅諸善根亦滅我今取相分別諸佛諸善根及諸心以是取相迴向阿耨多羅三藐三菩提諸佛所不許何以故取相有所得故所謂於過去諸佛取相分別是故菩薩摩訶薩欲以諸善根迴向阿耨多羅三藐三菩提不應有得不應取相如是迴向若有取相迴向諸佛不說有大利益何以故是迴向雜毒故譬如美食雜毒雖有好色好香為人所貪而雜毒愚癡之人食之歡喜貪其好色香美可口飯欲消時受若死若死等苦若善男子善女人不諦受不諦取相不諦誦讀不解中義如是教他言汝善男子過去十方未來現在諸佛從初發意已來至得阿耨多羅三藐三菩提入無餘涅槃乃至法盡於其中間行般若波羅蜜時作諸善根行禪波羅蜜毗梨耶波羅蜜羼提波羅蜜尸羅波羅蜜檀波羅蜜時作諸善根修四禪四无量心四無色定四念處乃至八聖道分佛十力乃至修十八不共法時作諸善根淨佛世界成就衆生作諸善根及諸佛戒衆定衆慧衆解脫

衆解脫知見衆一切種智无錯謬法常捨行及諸弟子是中所種善根及諸佛所記當作辟支佛是中諸天龍阿脩羅迦樓羅緊那羅摩睺羅伽等所種善根是諸福德稱量和合隨喜迴向阿耨多羅三藐三菩提是迴向以取相得法故如雜毒食得法者終无正迴向何以故是得法雜毒有相有動有戲論若如是迴向則為謗佛不隨佛教不隨法說是善男子善女人求佛道應如是學過去未來現在諸佛從初發意乃至法盡及弟子行般若波羅蜜時作善根乃至修一切種智如上說云何諸善根迴向阿耨多羅三藐三菩提正迴向有求佛道善男子善女人行般若波羅蜜不欲謗諸佛者諸福德應如是迴向如諸佛所知無上智慧是諸善根相是諸善根性我亦如是隨喜如諸佛所知我亦如是迴向阿耨多羅三藐三菩提求菩薩道善男子善女人應如是迴向阿耨多羅三藐三菩提若如是迴向則為不謗佛如佛所教如佛法說

是菩薩摩訶薩迴向則無雜毒釋曰所起福德離五衆者先但說過去事今說自起隨喜福德若知是福德中無五衆十二入十八界雖行般若波羅蜜等諸法亦知空離相如是福德名正迴向復次若菩薩知隨喜福德中隨喜福德性自離諸佛及善根并諸起阿耨多羅三藐三菩提心迴向心菩薩般若波羅蜜等諸行法知自性空是名正迴向隨喜福德者揔說一切福德相善根隨喜起福德是別相說菩薩自緣所求阿耨多羅三藐三菩提是名阿耨多羅三藐三菩提心是菩薩隨喜心功德果但求無上道是名迴向心行者五衆中假名字為菩薩般若波羅蜜等諸法如先義說先說福德中離五衆今說福德福德自相空復次菩薩念過去佛因緣生福德應如是迴向如過去諸佛入無餘涅槃无相無戲論性常寂滅是福德及迴向心亦如是如是迴向是名正迴向不墮顛倒復次若菩薩於諸過去佛功德取相分別迴向是不

名迴向何以故有相是一邊无相是一邊離是二邊行中道是諸佛實相是故說諸過去佛不墮相數中不墮無相數中若如是取相數是不名迴向則墮顛倒與上相違是為不墮顛倒是事難故彌勒重問所謂一切法不取相而復能迴向須菩提是中不得決定答處是故語彌勒知是事故菩薩學般若波羅蜜求方便力是福德離般若波羅蜜不得迴向者一切法中一法實而不誑所謂阿耨多羅三藐三菩提隨是阿耨多羅三藐三菩提行不誑道尒乃可得不誑道者即是般若波羅蜜是故說離般若波羅蜜是福德不可得迴向何以故是般若波羅蜜畢竟空無有分別福德若離般若波羅蜜若不離般若波羅蜜不可得迴向菩薩應作是念諸過去佛及弟子身并諸善根福德皆滅我今取相分別所謂是諸佛是弟子是善根是隨喜福德取相迴向我為不是何以故與諸法實相異故受果報已久久當盡故不疾至佛道有所

得故於過去諸佛憶想分別即是大失所謂過去佛空无而我憶想分別辟如雜毒食食是隨喜福德毒是取相故愛見等諸煩惱生好色者福德因緣作人王轉輪王天王得福樂好香者得好名譽富貴勢力凡夫無智之人所共貪愛愚癡人者是新發意取相者心菩薩貪之歡喜者富樂福德因緣故於天人中受此富樂飯欲消時受若死若死等苦者是富樂若无常破壞離時憂愁逐死若次死受諸苦惱復次若死若死等者自失命名死等死者物名死等復次若死若死等者苦惱多故失智慧命名死妨行善道名死等此經中須菩提自說是无智人不審諦受不取其義但著語言不諦取相好者不如法分別不諦讀誦者忘失句逗若自失若受不具足不解義者不得經意如是少智師教化弟子汝善男子過去未來現在十方諸佛從初發意乃至如是迴向則為謗佛不隨佛教不隨法說與此相違名為正迴向復次正迴向善

大智度論第六十一卷　第二十八張

薩應作是念如十方三世諸佛所知用無上智慧知諸善根相一切智人中佛第一勝佛所知諸善根必是實相如佛所知我亦用如是善根相迴向辟如射地無不著時若射餘物或著或不著如諸佛所知隨喜如射地無不著若用餘道隨喜如射餘物或著或不著如是迴向是為不謗佛

復次求佛道善男子善女人行般若波羅蜜時諸善根應如是迴向如色不繫欲界不繫色界不繫无色界不繫法者不名過去不名未來不名現在如受想行識不繫欲界不繫色界不繫無色界不繫法者不名過去未来現在十二入十八界亦如是如般若波羅蜜不繫欲界不繫色界不繫無色界不繫法者不名過去未來現在禪波羅蜜乃至檀波羅蜜亦如是內空乃至无法有法空亦如是如四念處不繫欲界不繫色界不繫無色界不繫法者不名過去未来現在乃至八聖道分亦如是佛十力乃至十八不共法亦如是如如法性法相法住

大智度論第六十一卷　第二十九張

法位實際不可思議性戒定慧解脫解脫知見衆一切種智不錯謬法常捨行不繫欲界不繫色界不繫無色界不繫法者不名過去未来現在是迴向所迴向處行者不繫皆亦如是如是諸佛亦不繫諸善根亦不繫是諸聲聞辟支佛善根亦不繫不繫法者不名過去未来現在若菩薩摩訶薩行般若波羅蜜時如是知色不繫三界不繫法者不名過去未來現在若法不過去未来現在者不可以取相有所得迴向阿耨多羅三藐三菩提何以故是色無生若法无生則無法無法中不可迴向受想行識亦如是檀波羅蜜乃至般若波羅蜜四念處乃至不謬錯法常捨行不繫三界不繫法者亦非過去未来現在若非過去未來現在法者不可以取相有所得法迴向阿耨多羅三藐三菩提何以故是法无生若無生則无法无法中不可迴向菩薩摩訶薩如是迴向則不離毒若求佛道善男子善女人以取相得法以諸善根迴向阿耨

多羅三藐三菩提是名邪迴向若邪
迴向諸佛所不稱譽用是邪迴向不
能具足檀波羅蜜乃至般若波羅蜜
不能具足四念處乃至八聖道分内空
乃至無法有法空佛十力乃至不錯
謬法常捨行不能具足淨佛世界成
就衆生若不能淨佛世界成就衆生
則不能得阿耨多羅三藐三菩提何
以故是迴向雜毒故復次菩薩摩訶
薩行般若波羅蜜時應作是念如諸
佛所知諸善根迴向真迴向我亦應
以是法相迴向是名正迴向尒時佛
讃須菩提善哉善哉如汝所為為作
佛事為諸菩薩摩訶薩説所應迴向
法以无相無得无出無垢無淨无法
性自相空常性空法性如實際故須
菩提若三千大千世界中衆生皆當
得十善道四禪四無量心四無色定
五神通於須菩提意云何是衆生得
福多不甚多世尊佛言不如是善男
子善女人於諸善根心不著迴向阿
耨多羅三藐三菩提冣上第一冣妙
無上无與等復次須菩提若三千大

千世界中衆生皆當作須陁洹乃至
阿羅漢辟支佛若有善男子善女人
盡形壽供養恭敬尊重讃歎衣服飲
食卧具醫藥供給所須於須菩提意
云何是善男子善女人是因緣故得
福德多不甚多世尊佛言不如是善
男子善女人於諸善根心不著迴向
阿耨多羅三藐三菩提冣上第一冣
妙無上無與等復次須菩提若三千
大千世界中衆生皆發阿耨多羅三
藐三菩提心十方如恒河沙等世界
中一一衆生如恒河沙等劫恭敬尊
重讃歎供養是菩薩衣服飲食卧具
醫藥供給所須於須菩提意云何是
善男子善女人是因緣故得福多不
甚多世尊无量無邊阿僧祇不可以
辟喻為比世尊若是福德有形者十
方如恒河沙等世界所不受佛告須
菩提善哉善哉如汝所言雖尒不如
善男子善女人於諸善根心不著迴
向阿耨多羅三藐三菩提冣上第一
冣妙無上无與等是無著迴向功德
比前功徳百倍千倍百千倍乃至筭

數辟喻所不及何以故是善男子善
女人取相得法行十善道四禪四无
量心四無色定五神通取相得法供
養須陁洹恭敬尊重讃歎衣服飲食
卧具醫藥供給所須乃至取相供養
菩薩故尒時四天王天與二万諸天
合掌礼佛作是言世尊菩薩摩訶薩
冣大迴向以方便力故以无所得故
以无相法故以無覺法故諸善根迴
向阿耨多羅三藐三菩提如是迴向
不墮二法尒時釋提桓因亦與无數
三十三天及餘諸天子持天華瓔珞
擣香澤香天幡蓋鼓天伎樂以供養
佛如是言世尊菩薩摩訶薩冣大迴
向以方便力故以无所得故以无相
法故以无覺法故諸善根迴向阿耨
多羅三藐三菩提如是迴向不墮二
法須夜摩天王與千天子刪兜率陁
化樂他化自在諸天王各與千天子
俱供養佛巳如是言世尊菩薩摩訶
薩冣大迴向以方便力故以无所得
故以無相法故以無覺法故諸善根
迴向阿耨多羅三藐三菩提如是迴

向不墮二法尒時諸梵天與无數百千億那由他諸天俱詣佛所頭面礼佛足發大音聲如是言未曾有也世尊菩薩摩訶薩為般若波羅蜜所護以方便力故勝前善男子善女人取相有所得者光音天乃至阿迦尼吒天與無數百千億那由他諸天俱詣佛所頭面礼佛足發大音聲如是言未曾有也世尊菩薩摩訶薩為般若波羅蜜所護以方便力故勝前善男子善女人取相有所得者尒時佛告四天王天乃至阿迦尼吒諸天子若三千大千世界中所有衆生皆發阿耨多羅三藐三菩提心是一切菩薩念過去未来現在諸佛及聲聞辟支佛諸善根從發意乃至法住於其中間所有善根并餘一切衆生所有善根所謂布施持戒忍辱精進一心智慧檀波羅蜜乃至般若波羅蜜戒衆定衆慧衆解脱衆解脱知見衆如是等諸餘无量佛法一切和合隨喜隨喜已迴向阿耨多羅三藐三菩提以取相有所得故復有善男子善女人

發阿耨多羅三藐三菩提心念過去未来現在諸佛及聲聞辟支佛從初發意乃至法住於其中間所有善根并餘一切衆生所有善根所謂布施持戒忍辱精進一心智慧檀波羅蜜乃至无量諸佛法一切和合稱量以無所得故无二法故無相法故不著法故无覺法故是㝡上隨喜第一㝡妙無上无與等隨喜隨喜已迴向阿耨多羅三藐三菩提是善男子善女人功徳勝前善男子善女人功徳百倍千倍百千億倍乃至筭數辟喻所不能及尒時須菩提白佛言世尊世尊說善男子善女人和合諸善根稱量隨喜迴向㝡上第一㝡妙无上無與等世尊云何名隨喜㝡上乃至无與等佛言若善男子善女人念過去未来現在諸法不取不捨不念非不念不得非不得是諸法中亦无有法生者滅者若垢若淨諸法不增不減不来不去不合不散不入不出如過去未来現在諸法相如如相法性法住法位我亦如是隨喜隨喜已迴向

阿耨多羅三藐三菩提如是迴向㝡上第一㝡妙无上無與等須菩提是隨喜法比餘隨喜百倍千倍百千億倍乃至筭數辟喻所不能及復次須菩提求佛道善男子善女人於過去未来現在諸佛及聲聞辟支佛從初發心乃至法位於其中間所有善根若布施乃至智慧檀波羅蜜乃至无量諸佛法及餘一切衆生所有善根若欲隨喜者應如是隨喜作是念布施與解脱等戒忍精進禪智與解脱等色與解脱等受想行識亦與解脱等内空與解脱等乃至无法有法空亦與解脱等四念處與解脱等乃至八聖道分亦與解脱等佛十力與解脱等乃至一切種智亦與解脱等戒衆定衆慧衆解脱衆解脱知見衆亦與解脱等隨喜與解脱等過去未来現在諸法與解脱等十方諸佛與解脱等諸佛迴向與解脱等諸佛與解脱等諸佛滅度與解脱等諸佛弟子聲聞辟支佛與解脱等諸佛弟子滅度與解脱等諸佛法相與解脱等諸

聲聞辟支佛法相與解脫等一切諸法相亦與解脫等我以是諸善根相隨喜功德迴向阿耨多羅三藐三菩提亦與解脫等不生不滅故須菩提是名諸菩薩摩訶薩隨喜功德冣上第一冣妙無上无與等須菩提菩薩成就是隨喜功德當疾得阿耨多羅三藐三菩提復次須菩提十方如恒河沙等諸佛及弟子現在若有求佛道善男子善女人盡形壽供養是諸佛及弟子一切所須供養恭敬尊重讚歎衣服飲食卧具醫藥是諸佛滅度後晝夜懃修供養恭敬尊重讚歎華香乃至幡蓋伎樂以取相有所得故持戒忍辱精進禪定修智慧以取相有所得故復有善男子善女人發意求阿耨多羅三藐三菩提行檀波羅蜜尸羅波羅蜜羼提波羅蜜毗梨耶波羅蜜禪波羅蜜般若波羅蜜以不取相无所得法方便力諸善根迴向阿耨多羅三藐三菩提是福德冣上第一冣妙無上無與等勝前福德百倍千倍百千億倍乃至筭數譬喻

所不及如是須菩提菩薩摩訶薩行檀波羅蜜時尸羅波羅蜜羼提波羅蜜毗梨耶波羅蜜禪波羅蜜般若波羅蜜時以方便力故諸善根應迴向阿耨多羅三藐三菩提以不取相无所得法故

釋曰菩薩應作是念從色乃至常捨行諸法不繫三界故三世不攝諸佛及弟子并諸功德隨喜心迴向處所用迴向法迴向者亦如是是名正迴向尒時菩薩作是念若色出三界三世不攝不可以取相有所得迴向何以故是色出三界者即是色實相初後生相不可得如破生品中說若法無生即是无所有無所有迴向心去何迴向無所有菩提心色受想行識乃至常捨行亦如是是名无雜毒迴向所謂無相无得迴向雜毒者所謂諸佛不讚歎不能具足六波羅蜜等乃至不能得阿耨多羅三藐三菩提復次菩薩應作是念如十方三世諸佛所知應如是生心如是念如是觀如是迴向是功德直至无上道我亦

如是隨喜迴向是菩薩必得實隨喜迴向不虛如先說因緣是略說諸迴向品（菩薩礼佛有三品一者悔過品二者隨喜迴向品三者勸請諸佛品）廣說則无量無邊善哉善哉汝作佛事者佛初發心撍度一切衆生須菩提雖是阿羅漢而能助佛說法開菩薩道是故讚言善哉善哉復次佛自說因緣為諸菩薩說所應迴向法用无相故者以無相智慧和合迴向福德相者與上相違名為无相無相有三種假名相法相无相相假名相者如車如屋如林如軍如衆生諸法和合中更有是名無明力故取是假名相起諸煩惱業法相者五衆十二入十八界等諸法肉眼觀故有以慧眼觀則無是故法亦虛誑妄語應捨離法相離是二相餘但有无相相有人取是无相相隨逐取相還生結使是故亦不應取无相相離三種相故名无相若无有相是中无所得無得故无出若法無得无出即是無垢无淨若法無垢无淨即是无法性若法无性即是自相空若法自相空即是法常自

性空若法常自性空即同法性如實際用如是法和合隨喜福德迴向故讃言善哉善哉復有善哉因緣所謂隨喜福德大利益衆生有大果報何者是大利益所謂佛語須菩提若三千大千世界衆生行十善乃至五通問曰欲界中二處天及梵天王何以與多天俱餘四天何以少答曰是二天依止地近佛故又五欲不如上天佛生時苦行時降魔時得道時轉法輪時常来供養佛是故多餘四處天宮殿在虚空中不屬地五欲妙深著深故不能多来又兜率天雖利根樂法而其天上常有補處菩薩説法是故不来梵天雖遠離欲故樂法情深佛為法王是故多来復次梵天王為色界主請佛初轉法輪是故應與多衆俱来餘色界天盡名梵天問曰先種種因緣説正迴向正迴向即是寂上今何以更問答曰上處處廣説今略説所謂三世十方一切法決定心知於是法中無生者滅者等一切法不可得不可念不得不念故不取不

捨入諸法實相中作是念如諸法實相我亦如是以隨喜福德迴向不分別諸法不懷法性是名冣上迴向何以故果報常無盡故問曰六波羅蜜等諸法各各相若色相若无色相等解脱有二種有為解脱无為解脱云何皆與解脱等答曰我先已説凡夫人以肉眼六識顛倒觀故見異若以慧眼觀諸法皆虚妄唯涅槃為實是有為解脱屬无為隨無為故名解脱如實得道者名道人今未得道者衣服法則隨得道者故亦名道人如无餘涅槃不生不滅不入不出不垢不淨非有非无非常非無常常寂滅相諸觀滅語言道斷非法非非法等相用無所有相故慧眼觀一切亦如是相是名六波羅蜜等與解脱等是故佛法中説解脱為貴上智慧貴解脱佛是中分別説若人无量阿僧祇劫行六波羅蜜用有所得法種種修集善根一人用無所得法但以心隨喜念他功德迴向無上道是人百千万分不及其一何以故先福德有量是福

德無量先福德有盡今福德无盡先福德雜毒今福德无毒先福德隨生死今福德隨涅槃先福德不定或作佛或退今福德定到必疾作佛有如是等差別是故四種人若凡夫人求世間樂若聲聞辟支佛人求涅槃樂若諸菩薩摩訶薩求佛樂應如是隨喜生福德迴向何耨多羅三藐三菩提如此品中説

大智度論卷第六十一

向不墮二法尒時諸梵天與无數百千億那由他諸天俱詣佛所頭面礼佛足發大音聲如是言未曾有也世尊菩薩摩訶薩為般若波羅蜜所護以方便力故勝前善男子善女人取相有所得者光音天乃至阿迦尼吒天與無數百千億那由他諸天俱詣佛所頭面礼佛足發大音聲如是言未曾有也世尊菩薩摩訶薩為般若波羅蜜所護以方便力故勝前善男子善女人取相有所得者尒時佛告宮殿在虛空中不倚地五欲妙深著深故不能多来又兜率天雖利根樂法而其天上常有補處菩薩說法是故不来梵天雖遠離欲故樂法情深佛為法王是故多来復次梵天王為色界主請佛初轉法輪是故應與多衆俱来餘色界天盡名梵天問曰先種種因緣說正迴向正迴向即是𡨥上今何以更問荅曰上處處廣說今略說所謂三世十方一切法決定心知於是法中無生者滅者等一切法不可得不可念不得不念故不取不

發阿耨多羅三藐三菩提心念過去未来現在諸佛及聲聞辟支佛從初發意乃至法住於其中間所有善根并餘一切衆生所有善根所謂布施持戒忍辱精進一心智慧檀波羅蜜乃至无量諸佛法一切和合稱量以無所得故无二法故無相法故不著法故无覺法故是𡨥上隨喜第一𡨥妙無上无與等隨喜隨喜已迴向阿耨多羅三藐三菩提是善男子善女人功德勝前善男子善女人功德百四天王天乃至阿迦尼吒諸天子若三千大千世界中所有衆生皆發阿耨多羅三藐三菩提心是一切菩薩念過去未来現在諸佛及聲聞辟支佛諸善根從發意乃至法住於其中間所有善根并餘一切衆生所有善根所謂布施持戒忍辱精進一心智慧檀波羅蜜乃至般若波羅蜜戒衆定衆慧衆解脫衆解脫知見衆如是等諸餘无量佛法一切和合隨喜隨喜已迴向阿耨多羅三藐三菩提以取相有所得故復有善男子善女人

性空若法常自性空即同法性如實際用如是法和合隨喜福德迴向故讚言善哉善哉復有善哉因緣所謂隨喜福德大利益衆生有大果報何者是大利益所謂佛語須菩提若三千大千世界衆生行十善乃至五通問曰欲界中二處天及梵天王何以與多天俱餘四天何以少荅曰是二天依止地近佛故又五欲不如上天佛生時苦行時降魔時得道時轉法輪時常来供養佛是故多餘四處天倍千倍百千億倍乃至算數譬喻所不能及尒時須菩提白佛言世尊世尊說善男子善女人和合諸善根稱量隨喜迴向𡨥上第一𡨥妙无上無與等世尊云何名隨喜𡨥上乃至无與等佛言若善男子善女人念過去未来現在諸法不取不捨不念非不念不得非不得是諸法中亦无有法生者滅者若垢若淨諸法不增不減不来不去不合不散不入不出如過去未来現在諸法相如如相法性法住法位我亦如是隨喜隨喜已迴向

大智度論卷六十一

校勘記

一 底本，金藏廣勝寺本。一四七頁上、中及一四九頁上三版係據原版重新編排。原版附於卷末。

一 一三六頁中三行後，石有品名「摩訶般若波羅蜜經隨喜迴向品第三十九釋之一」；資、磧、普、南、徑、清有品名「釋隨喜品第三十九」。

一 一三六頁中四行首字，一四〇頁下七行首字「介」，石、磧、普、南、徑、清、麗冠以〔經〕。

一 一三六頁中八行「衆生福」，石、麗作「一切衆生福」；磧、普、南、徑、清作「一切衆生」。

一 一三六頁中一二行第二字及下一二行首字「等」，石、磧、普、南、徑、清、麗作「等者」。

一 一三六頁中一四行第五字「故」，磧、普、南、徑、清作「故起」。

一 一三六頁中一九行第四字「薩」，磧、普、南、徑、清、麗作「薩言」。

一 一三六頁中二一行第六字「佛」，石、麗作「佛是佛」。

一 一三六頁中二一行第一一字「至」，磧、普、南、徑、清作「乃至」。

一 一三六頁中末行第八字「入」，石、麗作「乃至入」。

一 一三六頁下二行「持戒」，石作「若持戒福德苦」；麗作「持戒福德」。

一 一三六頁下一〇行第六字「福」，石作「功」。

一 一三六頁下一四行「心是」，石、磧、普、南、徑、清、麗作「是心」。

一 一三六頁下末行「聲聞」，石、麗作「聲聞辟支佛」。

一 一三七頁上二行第三字「何」，諸本作「阿」。

一 一三七頁上九行第九字「介」，石、磧、普、南、徑、清、麗作「介者」。

一 一三七頁上一三行，一四四頁中一行「釋曰」，石、磧、普、南、徑、清、麗冠以〔論〕。一三九頁下二二行同。

一 一三七頁中二行第二字「正」，諸本作「心」。

一 一三七頁中八行第三字「先」，資、麗作「告」。

一 一三七頁中一四行第八字「所」，石作「所共」。

一 一三七頁中二一行第七字「樂」，石作「安隱」。

一 一三七頁下三行第五字「定」，石、麗作「定慧」。

一 一三七頁下一二行第九字「十」，石、麗作「十種」。

一 一三七頁下一七行第一〇字「護」，諸本作「説」。

一 一三七頁下二〇行第一一字「今」，石作「今但」。

一 一三七頁下二一行末字「義」，資、磧、普、南、徑、清作「此義」。

一 一三八頁上一行首字「德」，石、麗作「德中」。

一　一三八頁上八行首字「目」，諸本作「自」。

一　一三八頁中三行第七字「語」，諸本作「及諸」。

一　一三八頁中一四行第八字「佛」，石、麗作「諸佛」。

一　一三八頁中一七行第九字「身」，石、麗作「身心」。

一　一三八頁下五行「者名」，石、麗作「名爲」；資、磧、普、南、徑、清作「名」。

一　一三八頁下一二行第八字「度」，石無。

一　一三八頁下一五行首字「種」，資、磧、普、南、徑、清作「種種」。

一　一三八頁下二〇行及二一行「隨喜」，石、麗作「隨喜者」。

一　一三九頁上五行第一二字「若」，資、磧、普、南、徑、清無。

一　一三九頁上一九行第六字「相」，石、磧、普、南、徑、清作「想」。

一　一三九頁上末行第三字「倒」，諸本作「顛倒」。

一　一三九頁中四行末字「道」，至此石卷第六十五終，卷第六十六始，並有品名「摩訶般若波羅蜜經隨喜迴向品第三十九之餘釋」。

一　一三九頁中五行首字「弥」，石、磧、普、南、徑、清、麗冠以〔經〕。

一　一三九頁中二二行第八字「亡」，資、磧、普、南、徑、清作「忘」。

一　一三九頁下三行第三字「智」，石、磧、普、南、徑、清、麗作「智義」。

一　一三九頁下九行末字「有」，石、磧、普、南、徑、清、麗作「是」。

一　一三九頁下二二行第一〇字「深」，石、麗作「深隨喜心」。

一　一四〇頁上一行第三字「難」，諸本作「甚難」。

一　一四〇頁上二行首字「是」，石無。

一　一四〇頁上八行第一三字「法」，石、麗作「諸法」。

一　一四〇頁上一五行第四字「二」，磧、普、南、徑、清作「二法」。

一　一四〇頁上一六行「者是」，石作「是名」；麗作「者是名」。

一　一四〇頁上二〇行第一〇字「竟」，石、資、普、南、徑、清、麗作「竟空」。

一　一四〇頁中二行末字「得」，石作「則得」。

一　一四〇頁中七行第一三字「涼」，石作「清涼」。

一　一四〇頁中一一行第一三字「法」，石、磧、普、南、徑、清作「法法」。

一　一四〇頁中一六行第一三字「離」，石作「易」。

一　一四〇頁中一八行「事緣」，磧、普、南、徑、清、麗作「緣事」。

一　一四一頁上三行第五字「至」，石、麗作「乃至」。

一　一四一頁上六行「生死断」，諸本作「斷生死」。

一　一四一頁上七行第一一字「有」，諸本作「諸有」。

一　一四一頁上一一行第五字「以」，石作「用」。

一　一四一頁上一二行、一六行及中一七行「與等」，石、磧、普、南、徑、清、麗作「與等者」。

一　一四一頁中七行第三字「是」，石作「是成」。

一　一四一頁中一二行第一一字「羅」，資、磧、普、南、徑、清、麗作「羅緊那羅」。

一　一四一頁中一七行首字「喜」，石、麗作「喜功德」。

一　一四一頁中一九行第一三字「法」，磧、普、南、徑、清作「是法」。

一　一四一頁下五行首字「向」，資、磧、普、南、徑、清、麗作「迴向」。

一　一四一頁下六行第三字「問」，石、磧、普、南、徑、清、麗冠以「論」。

一　一四二頁上五行第一一字「滅」，石作「損」。

一　一四二頁上一六行首字「故」，石、磧、普、南、徑、清作「故故」。

一　一四二頁上末行第三字「是」，石、麗作「如是」。

一　一四二頁中一行「分五」，麗作「五分」。

一　一四二頁中二行「五分」，石、麗作「分五」。

一　一四二頁中一四行第七字、一五行第五字及一七行第三、第一二字「相」，石、磧、普、南、徑、清、麗作「想」。

一　一四二頁中一四行「弟子」，石、麗作「弟子想」。

一　一四二頁下二〇行首字「況」，石作「何況」。

一　一四二頁下二〇行第六字「無」，諸本作「無所」。

一　一四二頁下二一行第六字「是」，石作「是故」。

一　一四二頁下末行第九字，一四五頁中九行首字「復」，石、磧、普、南、徑、清、麗冠以「經」。

一　一四三頁上一行第五字「起」，石作「作」。

一　一四三頁上七行第四字「是」，石、麗無。

一　一四三頁中五行第八字「亦」，麗作「作」。

一　一四三頁下一行第九字「以」，石、磧、普、南、徑、清、麗作「如」。

一　一四三頁下七行首字「有」，石、磧、普、南、徑、清、麗作「有得」。

一　一四三頁下九行第一一字「而」，磧、普、南、徑、清作「而其」。

一　一四三頁下一四行「十方未來現在」，石、磧、普、南、徑、清、麗作「未來現在十方」。

一　一四三頁下二二行「世界」，石作「國土」，下同。

一　一四四頁上一七行第四字「修」，資、麗無。

一　一四四頁中五行第五字「法」，石作「法音」。

一　一四四頁中一一行第一三字「是」，石作「是名」。

一　一四四頁下八行第一一字「知」，石、磧、普、南、徑、清、麗作「以」。

一　一四五頁上一一行第三字「破」，石作「敗」。

一　一四五頁上一二、末字「命」，石、麗作「命根」。

一　一四五頁上一三行「等死者」，諸本作「失所著」。

一　一四五頁上一七行第七字「好」，資、磧、普、南、徑、清、麗無。

一　一四五頁上二一行第九字「意」，石作「心」。

一　一四五頁下二行第一〇字及次頁上五行第一三字「不」，麗作「無」。

一　一四五頁下六行首字「如」，石、資、磧、普、南、徑、清無。

一　一四五頁下一一行第三字「不」，資、磧、普、南、徑、清作「不名」。

一　一四五頁下一二行第四字「得」，石、麗作「得法」。

一　一四五頁下一六行「不謬錯」，石、麗作「無錯謬」。

一　一四五頁下二〇行第八字「若」，石、磧、普、南、徑、清、麗作「若法」。

一　一四五頁下二二行第三字「不」，石、麗作「無」。

一　一四六頁上一一行第八字「向」，磧、普、南、徑、清、麗作「向是」。

一　一四六頁上一二行「是法相」，資作「是法是法相」。

一　一四六頁上二二行「最上」，石作「須菩提善男子善女人福德最上」。

一　一四六頁中二二行「與等」，磧、普、南、徑、清作「與等者」。

一　一四六頁中末行第一〇至一一字「千倍」，石、麗作「千億倍」；資作「千万億」；磧、普、南、徑、清作「千万億倍」。

一　一四六頁下一行第五字「不」，諸本作「不能」。

一　一四六頁下六行末字「天」，石、磧、普、南、徑、清、麗作「天子」。

一　一四六頁下一一行末字「數」，石作「數百千億」。

一　一四六頁下一三行第五字「天」，資、磧、普、南、徑、清、麗作「天衣」。

一　一四六頁下一四行及二〇行「如是」，石、麗作「作如是」；磧、普、南、徑、清作「作是」。

一　一四六頁下一八行第一一字「删」，磧、普、南、徑、清作「珊」。

一　一四七頁上一行第一〇字「天」，石、麗作「天王」。

一　一四七頁上三行第七字及八行第一二字「如」，石、磧、普、南、徑、清、麗作「作如」。

一　一四七頁上一六行第五字「從」，諸本作「從初」。

一　一四七頁中一四行第二字「説」，磧、普、南、徑、清作「所説」。

一　一四七頁中一七行第一二字「念」，資、磧、普、南、徑、清作「於」。

一　一四七頁下七行第六字「位」，諸本作「住」。

一　一四八頁上一九行第一三字「蜜」，石、磧、普、南、徑、清、麗作「蜜時」。

一　一四八頁中一行第二字「不」，石、資、磧、普、南、徑、清作「不能」。

一　一四八頁下三行夾註，石、麗作正文。

一　一四九頁中三行第五字「懷」，資、磧、普、南、徑、清、麗作「壞」。

一　一四九頁中一五行首字「諸」，石、磧、普、南、徑、清、麗作「心識」。

一　一四九頁中一六行「一切」，諸本作「一切法」。

一　一四九頁中二〇行末字「集」，資作「進」；磧、普、南、徑、清作「習」。

一　一四九頁中末行第一三字「是」，石、麗作「今」。

一　一四九頁下九行第二字「如」，石作「心如」。

一　一四九頁下九行末字「說」，石下有夾註「釋第三十九品竟」。

一　一四九頁下末行經名，石作「大智度經論卷第六十六」。經名末，磧、普、南有夾註「釋第三十九品」。

大智度論釋照明品第四十〈卷六十二〉　形

聖者龍樹造

後秦龜茲國三藏鳩摩羅什譯

尒時慧命舍利弗白佛言世尊是般若波羅蜜佛言是般若波羅蜜世尊般若波羅蜜能照一切法畢竟淨故世尊應礼般若波羅蜜世尊般若波羅蜜不著三界世尊般若波羅蜜除諸闇冥一切煩惱諸見除故世尊般若波羅蜜一切助道法中冣上世尊般若波羅蜜安隱能斷一切怖畏苦惱故世尊般若波羅蜜能與光明五眼莊嚴故世尊般若波羅蜜能示導墮邪道衆生離二邊故世尊般若波羅蜜是一切種智一切煩惱及習斷故世尊般若波羅蜜諸菩薩摩訶薩母能生諸佛法故世尊般若波羅蜜不生不滅自相空故世尊般若波羅蜜遠離生死非常非滅　故世尊般若波羅蜜无救者作護施一切珍寶故世尊般若波羅蜜具足力无能破壞故世尊般若波羅蜜能轉三轉十二

行法輪一切諸法不退不還故世尊般若波羅蜜能示諸法性无法有法空故世尊應云何供養般若波羅蜜佛言當如供養世尊礼般若波羅蜜當如礼世尊何以故世尊不異般若波羅蜜般若波羅蜜不異世尊世尊即是般若波羅蜜般若波羅蜜即是世尊是般若波羅蜜中出生諸佛菩薩辟支佛阿羅漢阿那含斯陁含須陁洹般若波羅蜜中生十善道四禪四无量心四無色定五神通内空乃至無法有法空四念處乃至八聖道分是般若波羅蜜中生佛十力十八不共法大慈大悲一切種智尒時釋提桓因心念何因緣故舍利弗問是事念已語舍利弗何因緣故問是事舍利弗語釋提桓因言憍尸迦諸菩薩摩訶薩為般若波羅蜜守護以漚和拘舍羅力故於過去未來現在諸佛從初發心乃至法住於其中間所作善根一切和合隨喜迴向阿耨多羅三藐三菩提以是因緣故我問是事憍尸迦菩薩摩訶薩般若波羅蜜勝

檀波羅蜜尸羅羼提毗梨耶禪波羅蜜辟如生盲人若百若千若百千而无前導不能趣道入城憍尸迦五波羅蜜亦如是離般若波羅蜜如盲无導不能趣道不能得一切智憍尸迦若五波羅蜜得般若波羅蜜將導是時五波羅蜜名為有眼般若波羅蜜將導得波羅蜜名字釋提桓因語舍利弗如汝所言般若波羅蜜將導五波羅蜜故得波羅蜜名字舍利弗若無檀波羅蜜檀波羅蜜不得波羅蜜名字若无尸羅波羅蜜羼提波羅蜜毗梨耶波羅蜜禪波羅蜜五波羅蜜不得波羅蜜名字若尒者何以故獨讚般若波羅蜜舍利弗言如是如是憍尸迦无檀波羅蜜五波羅蜜不得波羅蜜名字无尸羅波羅蜜羼提波羅蜜毗梨耶波羅蜜禪波羅蜜五波羅蜜不得波羅蜜名字但菩薩摩訶薩住般若波羅蜜中能具足檀波羅蜜尸羅波羅蜜羼提波羅蜜毗梨耶波羅蜜禪波羅蜜以是故憍尸迦般若波羅蜜於五波羅蜜中最上第一

最妙無上无與等舍利弗白佛言世尊云何應生般若波羅蜜佛告舍利弗色不生故般若波羅蜜生受想行識不生故般若波羅蜜生檀波羅蜜不生故般若波羅蜜生乃至禪波羅蜜不生故般若波羅蜜生內空乃至无法有法空四念處乃至八聖道分佛十力乃至一切智一切種智不生故般若波羅蜜生如是諸法不生故般若波羅蜜應生舍利弗言世尊云何色不生故般若波羅蜜生乃至一切諸法不生故般若波羅蜜應生佛言色不起不生不得不失故乃至一切諸法不起不生不得不失故般若波羅蜜生舍利弗白佛言如是生般若波羅蜜與何等法合佛言无所合以是故得名般若波羅蜜世尊不合何等法佛言不與不善法合不與善法合不與世間法合不與出世間法合不與有漏法合不與无漏法合不與有罪法合不與无罪法合不與有為法合不與无為法合何以故般若波羅蜜不為得諸法故生以是故於

諸法无所合尒時釋提桓因白佛言世尊是般若波羅蜜亦不合薩婆若佛言如是憍尸迦般若波羅蜜亦不合薩婆若亦不得釋提桓因言世尊云何般若波羅蜜亦不合薩婆若亦不得佛言般若波羅蜜不如名字不如相不如起作法合釋提桓因言今云何合佛言若菩薩摩訶薩如不取不受不住不著不斷如是合亦无所合如是憍尸迦般若波羅蜜一切法合亦无所合尒時釋提桓因白佛言未曾有也世尊是般若波羅蜜為一切法不起不生不得不失故生須菩提白佛言世尊若菩薩摩訶薩行般若波羅蜜時作是念般若波羅蜜若一切法合若不合是菩薩摩訶薩則捨般若波羅蜜遠離般若波羅蜜佛告須菩提復有因緣菩薩摩訶薩捨般若波羅蜜遠離般若波羅蜜若菩薩摩訶薩作是念是般若波羅蜜无所有空虛不堅固是菩薩摩訶薩則捨般若波羅蜜遠離般若波羅蜜須菩提以是因緣故捨離般若波羅蜜

須菩提白佛言世尊信般若波羅蜜為不信法佛告須菩提信般若波羅蜜則不信色不信受想行識不信眼乃至意不信色乃至法不信眼界乃至意識界不信檀波羅蜜尸羅波羅蜜羼提波羅蜜毗梨耶波羅蜜禪波羅蜜不信內空乃至无法有法空不信四念處乃至八聖道分不信佛十力乃至十八不共法不信須陁洹果斯陁含果阿那含果阿羅漢果辟支佛道不信菩薩道不信阿耨多羅三藐三菩提乃至一切種智須菩提白佛言世尊云何信般若波羅蜜時不信色乃至一切種智佛告須菩提色不可得故信般若波羅蜜不信色乃至一切種智不可得故信般若波羅蜜不信一切種智以是故須菩提信般若波羅蜜時不信色乃至不信一切種智

釋曰上佛弥勒須菩提釋提桓因共說隨喜義舍利弗雖嘿然聽聞是般若波羅蜜隨喜義甚深无量無邊大利益衆生雖漏盡寂滅發歡喜心從

坐起合手白佛言解作隨喜斷諸戲論利益無量衆生令入佛道者是般若波羅蜜佛可其語故言是般若波羅蜜中說諸法實相諸法實相中无戲論垢濁故名畢竟清淨畢竟清淨故能遍炤一切五種法藏所謂過去未來現在無為及不可說是故舍利弗言世尊般若波羅蜜能炤一切法畢竟淨故般若波羅蜜能守護菩薩救諸苦惱能滿所願如梵天王守護三千大千世界故衆生皆礼三界中三毒泥所不汙故言不著三界破一切愛等百八煩惱我見等六十二見故言破无明黑闇諸法中智慧最上一切智慧中般若波羅蜜為上以智慧為本分別四念處等三十七品是故言一切助道法中最上能斷生老病死等諸怖畏苦惱故言安隱是般若波羅蜜中攝五眼故言能與光明離有邊无邊等諸二邊故言能示正道菩薩住金剛三昧斷一切煩惱微習令無遺餘得无导解脫故言一切種智復次知一切法惣相別相一切種

智因緣故名一切種智能生十方三世无量諸佛法故言諸菩薩母一切法中各各自相空故言不生不滅斷常是諸見本諸見是諸結使本諸結使是一切生死中苦本是故言遠離生死能令衆生信三寶等諸善法寶得諸善法實故得世間出世間樂能令衆生得二種樂故言无救者作護是般若波羅蜜相乃至十方諸佛所不能壞所以者何畢竟不可得故何況餘人故言具足波羅蜜是般若波羅蜜中无自性故說諸法不轉生死中不還入涅槃不生故不轉不滅故不還故言能轉三轉十二行法輪三轉十二行法輪義如先說一切法有二分若有若無是般若中有亦不應取無亦不應取離是有無即是諸法性是故言能示諸法性如是等无量因緣讚歎般若後當廣說　是般若波羅蜜是无相相有人心未淳熟求其定相不能得便生惕心是舍利弗故問應云何供養佛教言當如供養佛以人從久遠已來深著衆生相

於貴法情薄是故言如供養世尊智者觀之佛與般若等无異所以者何般若修集即變為一切智此中佛自說因緣是般若波羅蜜中出生賢聖等出生十善道等世間出世間法乃至一切種智尒時帝釋作是念者帝釋意以舍利弗漏盡離欲人如似著法人讚歎般若今舍利弗自說因緣菩薩為般若守護故以方便力能隨喜福德迴向而不破般若波羅蜜相是事希有故尊敬般若波羅蜜是故問佛云何供養復次憍尸迦般若波羅蜜自力勢故勝五波羅蜜問曰五波羅蜜應以五盲人作喻何以乃說百千答曰此中說其力勢不論多少復次若言導五不足為貴故說百千復次波羅蜜亦多如賢劫三昧中有八万四千種波羅蜜廣說則无量問曰檀波羅蜜亦有眼所以者何信有罪福破邪見等无明故能布施何以故喻無眼答曰布施中智慧是客來非正體辟如四大常和合不得相離諸波羅蜜和合亦如是不能趣道

道者菩薩十地道城者一切種智等·諸佛法復次道者八聖道分城者涅槃如盲人雖有手足力不能得隨意有所至得有眼人示導則隨意所作皆能成辦五波羅蜜雖各各有事能不得般若示導尚不得二乘何況无上道五波羅蜜得般若波羅蜜將導故得波羅蜜名字至成佛道帝釋問汝自說諸波羅蜜和合互相佐助如四大不得相離如是者般若波羅蜜亦待五法何以獨說以般若故五法得波羅蜜名字荅曰雖六事和合互相佐助但般若波羅蜜力大故五法因得波羅蜜名字辟如合散雖衆藥各各有力石勢大故名為石散又如大軍推敵雖各各有力主將力大故主得名字舍利弗已問供養般若事今問行者云何生般若波羅蜜佛荅若行者觀色等諸法不生相是則生般若波羅蜜舍利弗復問云何觀色等不生故般若波羅蜜生荅曰色等因緣和合起行者知色虛妄不令起不起故不生不生故不得不得故不

失尒時舍利弗問意般若无生緣處行者亦无生如是般若與何法合終歸何處住得何果報荅曰般若波羅蜜无生相故無所合若般若波羅蜜有法合者若善若不善等是不名般若波羅蜜今无所合故入般若波羅蜜數中問曰若尒者帝釋已知一切法不合何以獨問薩婆若不合荅曰帝釋貴重深者是般若於薩婆若愛未斷故言乃至薩婆若亦不合耶佛荅般若波羅蜜薩婆若亦不合一切法畢竟无生故此中佛破斷滅邪見故說合般若波羅蜜不如凡夫人取相著名作起有為法合如佛心合問曰云何如佛心合荅曰一切相虛誑故不取相一切法中有无常等過咎故不受吾我心縛著世間皆動相故不住能生種種苦惱後變異故不著一切世間顛倒顛倒果報不實如幻如夢无所滅故不斷是故佛不著法不生高心入畢竟空善相中深入大悲以救衆生菩薩應如佛心合帝釋歎言讚言希有是般若波羅蜜不破

大智度論第六十二卷　第十二張　形字号

滅諸法不生不得不失故而能成就菩薩令得至佛須菩提言若菩薩用有所得如是分別一切智等一切法若合若不合是菩薩則失般若波羅蜜佛然可其言如是更有因緣菩薩若取汝所說一切法无合不合取是空相言般若空无所有不牢固是亦失般若波羅蜜須菩提知般若波羅蜜不可得相是故問若信般若波羅蜜信何法般若波羅蜜空亦不可得為決定心信於何法佛言色等一切法不可信何以故色等一切法自性不可得故不可信

須菩提白佛言世尊是般若波羅蜜名為摩訶波羅蜜須菩提何因緣故是般若波羅蜜名為摩訶波羅蜜須菩提言世尊是般若波羅蜜不作色大不作色小受想行識不作大不作小眼乃至意色乃至法眼識界乃至意識界不作大不作小檀波羅蜜乃至禪波羅蜜不作大不作小內空乃至无法有法空不作大不作小四念處乃至阿耨多羅三藐三菩提不作

大智度論第六十二卷　第十三張　形字号

大不作小諸佛法不作大不作小諸佛不作大不作小是般若波羅蜜不作色合不作色散受想行識不作合不作散乃至諸佛不作合不作散色不作无量不作非無量乃至諸佛不作无量亦不作非无量色不作廣不作狹乃至諸佛不作廣不作狹不作色有力不作色无力乃至諸佛不作有力不作無力世尊以是因緣故是般若波羅蜜名摩訶波羅蜜世尊若新發意菩薩摩訶薩若不遠離般若波羅蜜不遠離禪波羅蜜不遠離毗梨耶波羅蜜不遠離羼提波羅蜜不遠離尸羅波羅蜜不遠離檀波羅蜜如是念是般若波羅蜜不作色大不作色小乃至諸佛不作大不作小色不作合不作散不作色无量不作色非无量不作色有力不作色无力乃至諸佛不作有力不作無力世尊菩薩摩訶薩若如是知是為行般若波羅蜜何以故是非般若波羅蜜相所謂作色大小乃至諸佛作大小色有力无力乃至諸佛有力无力世尊是

大智度論第六十二卷　第十四張　形字号

菩薩摩訶薩用有所得故有大過失所謂行般若波羅蜜時作色大作色小乃至諸佛作有力作无力何以故有所得相者无阿耨多羅三藐三菩提所以者何衆生不生故般若波羅蜜亦應不生色不生故般若波羅蜜不生乃至佛不生故般若波羅蜜不生衆生性无故般若波羅蜜性无色性無故般若波羅蜜性无乃至佛无故般若波羅蜜性無衆生非法故般若波羅蜜非法色非法故般若波羅蜜非法乃至佛非法故般若波羅蜜非法衆生空故般若波羅蜜空色空故般若波羅蜜空乃至佛空故般若波羅蜜空衆生離故般若波羅蜜離色離故般若波羅蜜離乃至佛離故般若波羅蜜離衆生无有故般若波羅蜜无有色無有故般若波羅蜜无有乃至佛無有故般若波羅蜜无有衆生不可思議故般若波羅蜜不可思議色不可思議故般若波羅蜜不可思議乃至佛不可思議故般若波羅蜜不可思議衆生不滅故般若波

羅蜜不滅色不滅故般若波羅蜜不滅乃至佛不滅故般若波羅蜜不滅衆生不可知故般若波羅蜜不可知色不可知故般若波羅蜜不可知乃至佛不可知故般若波羅蜜不可知衆生力不成就故般若波羅蜜力不成就色力不成就故般若波羅蜜力不成就乃至佛力不成就故般若波羅蜜力不成就世尊以是因緣故諸菩薩摩訶薩般若波羅蜜名為摩訶波羅蜜

釋曰須菩提聞佛所説疑心開解讃歎般若波羅蜜言是般若名為摩訶波羅蜜佛反問須菩提於汝意云何何以名為大波羅蜜須菩提荅色等諸法不作大不作小故凡夫人心於諸法中隨意作大小如人急時其心縮小安隱富樂時心則寬大又如八背捨中隨心故外色或大或小又如凡夫人於眼見色中非色事亦言色如指業指量指數指一異等法合為色是名色作大有人眼見色可見處名色不可見處不名色有人言麁色虛

誑非真色但微塵常故是真色微微和合時假名為色是名色作小如是等因緣凡夫人於色或作大或作小隨憶想分別故破諸法性般若波羅蜜隨色性如實觀不作大小不合不散者般若波羅蜜不説微色和合更有色生但有假名无有定相色是故無合无散色無邊故无量無處不有色無時不有色故无有量色是作法般若波羅蜜中不以微塵合故有麁色不以麁色散故還歸微塵是故言不合不散起法有分別籌量多少不得言不合不散无量如凡人空故説無量實故説有量般若波羅蜜遠離空實故言非量非无量凡夫人隨心憶念得解故於色作廣作狹般若波羅蜜觀實法相不隨心故非廣非狹凡夫人不知和合因緣生諸法故言色有力如合衆縷以為繩不知者謂繩有力又如牆崩煞人言牆有力若各各分散則无有力般若波羅蜜知和合相不説一法有力不説言無力是故名摩訶波羅蜜復有大因緣若菩薩不遠

離六波羅蜜色等諸法不作大不作小但行般若波羅蜜則心散乱不調順多生疑悔邪見失般若波羅蜜相若與五波羅蜜和合行則調柔不錯能成辦衆事譬如八聖道分正見是道若无七事佐助則不能辦事亦不名正見是故佛説一切諸善法皆從因緣和合共生無有一法獨自生者是故和合時各各有力但力有大小是名行般若波羅蜜若菩薩離五波羅蜜行般若波羅蜜分別色等諸法若大若小等是人即墮用有所得墮有邊中若於色等諸法无所分別若大若小離五波羅蜜者是不大不小等空相先分別諸法大小有所得為失今者不大不小等空相亦是失所以者何此中須菩提説因緣有所得相者乃至无阿耨多羅三藐三菩提所以者何阿耨多羅三藐三菩提寂滅相无所得相畢竟清淨相有所得相者生諸戲論諍競一切法无生無滅无所得相如我衆生十方求索不可得但有假名實不生衆生不生故

般若波羅蜜亦如衆生相破吾我顛倒故不生不滅如色等諸法生相不可得故不生二法攝一切法若衆生若法此二法因緣和合生但有假名无有定性若法无定性此法即是無生是二法无生故當知色等諸法亦无生衆生法無性无所有空離不可思議不滅不可知亦如是衆生力不成就故般若波羅蜜力不成就者先說一切法從因緣和合生各各无自力般若波羅蜜知諸法各各無自力故無自性无自性故空般若波羅蜜從諸法生故無自力无自力故亦同諸法畢竟空是故說衆生及法力不成就故般若波羅蜜力亦不成就問曰先說色等諸法不作有力不作無力今何以更說衆生及色等諸法力不成就故般若波羅蜜力亦不成就答曰上說般若觀諸法不作有力不作无力聽者謂般若波羅蜜能作是觀即有大力是故此中說衆生色等力不成就故般若波羅蜜力亦不成就如是等種種因緣故名摩訶波羅蜜

大智度論釋信謗品第四十一

尒時慧命舍利弗白佛言世尊有菩薩摩訶薩信解是般若波羅蜜者從何處終來生是間發阿耨多羅三藐三菩提心來為幾時為供養幾佛行檀波羅蜜尸羅波羅蜜羼提波羅蜜毗梨耶波羅蜜禪波羅蜜般若波羅蜜来幾時能隨順解深般若波羅蜜義佛告舍利弗是菩薩摩訶薩供養十方諸佛来生是間是菩薩發阿耨多羅三藐三菩提心来无量無邊阿僧祇百千万億劫是菩薩摩訶薩從初發心常行檀波羅蜜尸羅波羅蜜羼提波羅蜜毗梨耶波羅蜜禪波羅蜜般若波羅蜜供養无量無邊不可思議阿僧祇諸佛来生是間舍利弗是菩薩摩訶薩若見若聞般若波羅蜜作是念我見佛從佛聞舍利弗是菩薩摩訶薩能隨順解深般若波羅蜜義以无相無所得故須菩提白佛言世尊是般若波羅蜜可聞可見耶佛告須菩提是般若波羅蜜无有聞者无有見者般若波羅蜜無聞无見

諸法鈍故禪波羅蜜毗梨耶波羅蜜羼提波羅蜜尸羅波羅蜜檀波羅蜜无聞無見諸法鈍故內空无聞無見諸法鈍故乃至无法有法空无聞無見諸法鈍故四念處無聞无見諸法鈍故乃至八聖道分无聞無見諸法鈍故佛十力乃至十八不共法无聞無見諸法鈍故須菩提佛及佛道無聞無見諸法鈍故須菩提白佛言世尊是菩薩幾時行佛道能習行如是深般若波羅蜜佛告須菩提是中應分別說須菩提有菩薩摩訶薩初發意習行深般若波羅蜜禪波羅蜜毗梨耶波羅蜜羼提波羅蜜尸羅波羅蜜檀波羅蜜以方便力故於諸法无所破壞不見諸法无利益者亦終不遠離行六波羅蜜亦不遠離諸佛從一佛世界至一佛世界若欲以善根力供養諸佛隨意即得終不生母人腹中終不離諸神通終不生諸煩惱及聲聞辟支佛心從一佛世界至一佛世界成就衆生淨佛世界須菩提如是等諸菩薩摩訶薩能習行深般

若波羅蜜須菩提有菩薩摩訶薩多見諸佛若无量百千万億從諸佛所行布施持戒忍辱精進一心智慧皆以有所得故是菩薩聞說深般若波羅蜜時便從衆中起去不恭敬般若波羅蜜及諸佛是菩薩今在此衆中坐聞是甚深般若波羅蜜不樂便捨去何以故是善男子善女人等先世聞深般若波羅蜜時棄捨去今世聞深般若波羅蜜亦棄捨去身心不和是人種愚癡因緣業種是愚癡因緣罪故聞說深般若波羅蜜呰毀呰毀般若波羅蜜故毀呰過去未來現在諸佛一切智一切種智是人毀呰三世諸佛一切智起破法業因緣集故無量百千万億歲墮大地獄中是破法人輩從一大地獄至一大地獄若火劫起時至他方大地獄中生在彼間從一大地獄至一大地獄彼間若火劫起時復至他方大地獄中生在彼間從一大地獄至一大地獄如是遍十方彼間若火劫起故從彼死破法業因緣未盡故還來是間大地獄

中生此間亦從一大地獄至一大地獄受無量苦此間火劫起故復至十方他世界生畜生中受破法罪業苦如地獄中說重罪漸薄或得人身生盲人家生旃陁羅家生除廁擔死人種種下賤家若无眼若一眼若眼瞎无舌無耳無手所生處无佛無法无佛弟子處何以故種破法業積集厚重具足故受是果報尒時舍利弗白佛言世尊五逆罪與破法相似耶佛告舍利弗不應言相似所以者何若有人聞說是甚深般若波羅蜜時毀呰不信作是言不應學是法是非法非善非佛教諸佛不說是語是人自毀呰般若波羅蜜亦教他人毀呰般若波羅蜜自壞其身亦壞他人身自飲毒煞身亦飲他人毒自失其身亦失他人身自不知不信毀呰深般若波羅蜜亦教他人令不信不知舍利弗如是人我不聽聞其名字何況眼見何以故當知是人名為汙法人為墮衰濁黒性如是人若有聽其言信用其語亦受如是苦舍利弗若人破

般若波羅蜜當知是名為破法人舍利弗白佛言世尊世尊說破法之人所受重罪不說是人所受身體大小佛告舍利弗不須說是人受身大小何以故是破法人若聞所受身大小便當吐熱血若死若近死苦是破法人聞如是身有如是重罪是人便如箭入心漸漸乾枯作是念破法罪故得如是大醜身受如是无量苦以是故佛不聽舍利弗問是人所受身體大小舍利弗白佛言願佛說之為未來世作明令知破法業積集故得如是大醜身受如是苦佛告舍利弗後世人若聞是破法業積集厚重具足受大地獄中久久无量苦聞是久久無量時苦足為未来世作明舍利弗白佛言世尊若白淨善男子善女人聞是法足作依止寧失身命不破法自念我若破法當受如是苦

釋曰舍利弗聞般若波羅蜜甚深微妙聞者尚難何況能行是故言信解般若者是為希有是故問世尊若信解般若何處終來生是間舍利弗作

大智度論第六十二卷　第二十四張　形字號

是念是人應從好世界終来生是間
是人不應新發意不應少供養佛不
應少行六波羅蜜必是大德人未聖
而能知聖法故是故問發意幾時供
養幾佛行六波羅蜜幾時能隨順解
深般若義者是菩薩於諸法不取相
不著空行空和合五波羅蜜行般若
波羅蜜用大慈悲心為一切衆生行
般若波羅蜜故十方諸佛清淨世界
中終不生是間者為度有緣衆生又
與釋迦文尼佛共因緣故雖有此間
死此間生者但以從他方佛所来者
貴故發心来无量阿僧祇劫諸福德
力集厚故能信解隨順深義有人雖
無量阿僧祇劫發心久不行功德者
是故說從發心来常行六波羅蜜常
行六波羅蜜福德故能得見能得供
養无量無邊阿僧祇佛是菩薩成就
上四因緣故得无量無邊福德智慧
是福德因緣故諸煩惱薄心柔軟菩
薩信慧等諸根利轉增得力故深入
般若波羅蜜汙猒世間事若見般若
經卷即時心生如見佛若披卷尋義

大智度論第六十二卷　第二十五張　形字号

即時心生如從佛聞信力成就慧力
故隨順解深般若義所謂一切无相
故出十二入二法不二法中心无所著
故名無所得略說三相是順解般若
波羅蜜義須菩提聞見經卷如見佛
讃經文如從佛如似有著是故問般
若可見可聞耶須菩提意以般若波
羅蜜畢竟空天眼天耳猶不能見聞
何況肉眼肉耳出世間慧眼亦不得
見何況世間眼佛順其意答般若波
羅蜜不可得見聞此中說因緣諸法
入般若波羅蜜中皆一相无相是中
無分別聞者見者及可聞可見三界
凡夫人作分別是眼是色是耳是聲
六情是刹六塵是賊色等諸法是鈍
慧等是利諸法入般若波羅蜜中如
百川歸海皆為一味是故說般若波
羅蜜不可見不可聞以諸法鈍故從
檀波羅蜜乃至佛道須陁洹乃至佛
亦如是從次衆生離法不能聞不能
見法離衆生亦不能聞不能見問曰
上已聞菩薩發意幾時供養幾佛能
順解深義今何以更問答曰上佛說

大智度論第六十二卷　第二十六張　形字号

般若無聞无見亦說見般若經卷如
見佛讃般若如從佛聞二相說是般
若亦言可見可聞亦言不可見不可
聞是故還問佛菩薩幾時行得是方
便能行有能行無行有不墮三界行
无不墮斷滅能隨般若波羅蜜相行
佛答有此事不定應當分別說或有
菩薩初發心便能習行甚深六波羅
蜜習行者一心信受常行方便力故
者雖行六波羅蜜起福德因緣而心
不著諸法无所破壞者是菩薩信力
智慧力大故聞摩訶衍深法即時信
聞聲聞法亦信聞外道在家出家法
亦不破壞而於中出二種利一者分
別是道非道捨非道行是道二者一
切法入般若波羅蜜中无是無非无
破无受不見諸法无利益者即是上說於中出離
者是福德具足故終不遠離六波羅蜜乃至淨佛世
界略說義有菩薩雖新發意深信受是般若波羅
蜜有菩薩久發意供養千万億諸佛
用有所得行六波羅蜜不信受是般
若波羅蜜此中佛自說因緣是人於
過去世聞深般若波羅蜜不信不受

從坐起去今佛為說不信不受破般若波羅蜜罪果報故說是人不信不受業因緣故即起愚癡業因緣得愚癡業因緣故疑悔惡邪著心轉增著心轉增故於大衆中毀呰破壞般若波羅蜜破壞般若波羅蜜故破三世十方諸佛一切智破三世十方諸佛一切智罪故轉身墮大地獄大地獄者阿鼻地獄无量百千万億阿僧祇歲受憂愁苦惱憂愁是心苦惱是身苦從一大地獄至一大地獄者如福德因緣故上有六欲天罪業因緣亦如是下有八種大地獄八種大地獄各有十六小地獄是中阿鼻最大餘須弥四天下亦如是三千大千世界中有百億須弥山有百億阿鼻地獄大地獄如人從會至會又如入正位者從天上來受人間樂從人中還至天上受樂若此間火劫起其罪未盡故轉至他處十方世界地獄中受罪若彼間火劫起復展轉至他方他方火劫起復還生此間阿鼻地獄中展

轉如前是破般若波羅蜜罪小滅展轉生勤苦畜生中此間火劫起復生他方世界畜生中展轉受苦彼間火劫起還來此間復展轉如前罪轉微輕或得人身生下賤家所謂生盲家賤家毀呰說法者故无舌不欲聞故不欲見般若波羅蜜罪故輕賤說法人故生旃陁羅及除糞擔死人等下無耳麾手非撥故无手此人心雖愛佛以愚癡無智故毀滅佛毋破壞法藏破壞法藏故生无佛法衆處問曰何以不說生餓鬼中荅曰是破壞法者多以二煩惱所謂瞋恚愚癡慳貪發故墮餓鬼此中无慳故不說問曰舍利弗何以言五逆罪與破法相似荅曰舍利弗聲聞人常聞五逆罪最重墮阿鼻地獄一劫受苦聲聞人不忠知供養般若得大果報又不知謗毀般若得大罪故舉五逆對問相似不得言相似者以相去懸遠故所以者何此人毀謗般若者自失大利亦令他失自遠離般若亦令他遠離自破壞善根亦破他善根自塗邪見毒亦

塗他邪見毒自失其身亦失他身自不知故著法愛故破亦令他破般若波羅蜜如父母愛子恩極一世又以因緣故愛是行般若波羅蜜菩薩於无邊世中深心愛念衆生父母念子無能以一眼與者行般若波羅蜜者於无邊劫中以頭目髓惱積過須弥以施衆生出佛身血煞阿羅漢但壞肉身不壞法身壞僧是離眷屬讃五法不壞般若是故五逆罪不得似壞般若波羅蜜般若波羅蜜能令人作佛毀般若罪則无喻是故破般若人不聽聞其名字何況眼見是破般若人或先世福德因緣廣學多聞富貴威德巧於談語諸魔眷屬常隨逐佐助故未得阿鞞跋致菩薩見其多人供養多有出家在家弟子是故若有讃其名者不聽聞之何況親附礼拜受其教訓所以者何菩薩欲增長善法利益衆生是人欲破法令衆生墮大衰冥二事相違故衰濁者如人著衰雖好衣美食常无色力雖勤身作務財產日耗是人壞一切佛上法寶

故雖身口業善持戒布施讀經善法終不增長如濁水泥不見面像亦不中飲是人不中親近善親近者則喜淤著是人破法故邪見疑悔常擾乱心先所聞法深淤愛著不解般若波羅蜜相故言般若波羅蜜無所有空不堅固無有罪福如是濁乱其心故不能得見清淨實法相黒性者佛法中善法名白不善法名黒是人常積集不善法故成不善性若有信受其語其罪亦同問曰舍利弗何以問是人受身大小而佛不荅答曰舍利弗既聞受罪時節及處所不聞其身大小意欲聞佛説其大身又如帝釋身長十里受樂遍滿故欲知受罪身大受苦亦多有二因緣故佛不為説一者上已説其在二惡道中久受苦惱今復説其身大醜惡人或不信不信者當受又劇之苦故二者若信佛語則大憂怖憂怖故風發吐熱血死若死等者設令不死身常乾枯若不信後世受重罪故佛不説舍利弗白佛今雖以二因緣故不説願憐愍未来

世人故説佛言若有善根白性福徳人足作依止白性者與黒性相違依止者聞是受苦更不敢作若不信雖説身大亦不信若信聞上受苦久遠足可信三業中應攝受身口意

大智度論卷第六十二

大智度論卷六十二

校勘記

一　底本，金藏廣勝寺本。

一　一五六頁中一行經名，石作「大智度經論卷第六十七」，卷末經名同；資、磧、普、南、徑、清作「大智度論卷第六十二」。

一　一五六頁中三行後，石有品名「摩訶般若波羅蜜經照明品第四十釋之一」；資有品名「釋照明品第四十」並夾註「訖四十一品上」；磧、南有品名「釋照明品第四十」並夾註「訖第四十品之上」；普有品名「釋照明品第四十」並夾註「訖四十一品之上」；徑、清有品名「釋照明品第四十」。

一　一五六頁中四行首字，一六二頁中二行首字「介」，石、磧、普、南、徑、清、麗冠以「經」。

一　一五六頁中一四行第三字「道」，磧、普、南、徑、清作「見」。

一　五六頁中二一行第一一字「力」，資無。

一　五六頁下一行第九字「退」，石、麗作「轉」。

一　五六頁下一八行末二字與一九行首三字「漚和拘舍羅」，石作「方便」。

一　五七頁上一行「尸羅羼提毗梨耶」，石作「尸羅波羅蜜羼提波羅蜜毗梨耶波羅蜜」。

一　五七頁上五行第一一字及中八行第八字「智」，諸本作「種智」。

一　五七頁上一一行第六字「助」，資、磧、普、南、徑、清、麗無。

一　五七頁中一七行首字「以」，磧、普、南、徑、清作「如」。

一　五七頁下末行第八字「捨」，石作「遠」。

一　五八頁上二行第二字「不」，麗無。

一　五八頁上二〇行首字，一六一頁上一二行首字，一六三頁下二〇行首字「釋」，石、磧、普、南、徑、清、麗冠以「論」。

一　五八頁上二〇行第四字「佛」，石、磧、普、南、徑、清作「佛與」。

一　五八頁中一行第四字「手」，石、南、徑、清、麗作「掌」。

一　五八頁中一行第八字「解」，諸本作「能」。

一　五八頁中末行第四字「知」，石作「如」。

一　五八頁下一九行第一〇字「説」，資作「説問曰」。

一　五八頁下二一行第一二字「是」，諸本作「是故」。

一　五八頁下二二行第二字「故」，資、磧、普、南、徑、清、麗無。

一　五九頁中四行末字「作」，石、磧、普、南、徑、清、麗作「往」。

一　五九頁中一六行第六字「各」，石作「復各」。

一　五九頁中末行「不得不得」，石作「不可得不可得」。

一　五九頁下一行末字「處」，石作「及處」。

一　五九頁下一五行第一二字「相」，石作「相無」。

一　六〇頁上一一行第五字「信」，資無。

一　六〇頁上一四行首字「須」，石、磧、普、南、徑、清、麗冠以「經」。

一　六〇頁中四行末字至五行首二字「色不作」，磧、普、南、徑、清作「不作色」，下同。

一　六〇頁中五行第六字及七行首字「作」，磧、普、南、徑、清作「作色」。

一　六〇頁中二〇行第一一字「行」，諸本作「不行」。

一　六〇頁下九行第一三字「佛」，諸本作「佛性」。

一　六一頁上一五行第二字「以」，石、磧、普、南、徑、清作「以故」。

一　六一頁上一八行第五字「樂」，石作「貴」。

一　一六一頁中一行第二字「非」，石作「不」。
一　一六一頁中一行末字「微」，諸本作「塵」。
一　一六一頁中六行第一〇字「微」，資、磧、普、南、徑、清作「微塵」。
一　一六一頁中末行「波羅蜜」，麗作「般若波羅蜜」。
一　一六二頁上四行第七字「緣」，石、麗作「緣故」。
一　一六二頁上末行末字「蜜」，石下有夾註「釋第四十品竟」。
一　一六二頁中一行品名，石作「摩訶般若波羅蜜經信謗品第四十一釋」；資、磧、普、南作「大智度論釋信毀品第四十一上」；徑、清作「釋信毀品第四十一之上」。
一　一六二頁中一八行第一〇字「聞」，石、麗作「聞法」。
一　一六二頁中二〇行第五字「相」，石、磧、普、南、徑、清、麗作「相無二」。
一　一六二頁下一八行「佛世界」，石均作「佛國」。
一　一六二頁下二二行「世界」，石均作「國土」。
一　一六二頁下二二行「須菩提」，石作「故須菩提」。
一　一六三頁上五行「般若」，諸本作「深般若」。
一　一六三頁上一五行第七字「起」，磧、普、南、徑、清作「故起」。
一　一六三頁上一五行第一〇字「業」，磧、普、南、徑、清作「業破法業」。
一　一六三頁上一八行第五字「至」，石作「復至」。
一　一六三頁中四行末字「生」，資、磧、普、南、徑、清作「生生」。
一　一六三頁中七行首字「无」，石、麗作「若无」。
一　一六三頁中一〇行第一〇字「法」，石、資、磧、普、南、徑、清作「法罪」。
一　一六三頁中一三行第三字「信」，石作「信般若波羅蜜」。
一　一六三頁下六行第一二字「是」，石作「若是」。
一　一六三頁下七行第一三字「便」，諸本作「便大愁憂」。
一　一六三頁下一二行第五字「令」，諸本作「戒令」。
一　一六三頁下一三行第八字「苦」，石、麗作「大苦」。
一　一六三頁下一六行「時苦」，石、麗作「苦時」。
一　一六三頁下一六行第一一字「明」，諸本作「明戒」。
一　一六三頁下一七行第八字「淨」，資、磧、普、南、徑、清作「性」。
一　一六三頁下一八行第一二字「不」，諸本作「終不」。
一　一六三頁下末行「般若」，諸本作「般若者是人於」。
一　一六四頁上六行、二二行末二字及中二行，一六五頁中一八行「般若」，石、麗作「般若波羅蜜」。
一　一六四頁上七行「行空」，石、磧、

普、南、徑、清作「行行空」；麗作「行空行」。

一　一六四頁上八行「波羅蜜」，石作「波羅蜜行般若波羅蜜」。

一　一六四頁上一〇行第三字「不」，諸本作「衆」。

一　一六四頁中一行「成就慧力」，石、麗作「成就慧力成就」；磧、普、南、徑、清作「慧力成就」。

一　一六四頁中四行第一一字「順」，石、麗作「隨順」。

一　一六四頁中五行第八字「聞」，石、麗作「聞説」。

一　一六四頁中六行首字及下二行第三字「讚」，石、磧、普、南、徑、清、麗作「讀」。

一　一六四頁中六行第六字「佛」，諸本作「佛聞」。

一　一六四頁下二行第三字「讚」，資作「説」。一六五頁下八行首字石、麗同。

一　一六四頁下一七行末字「離」，資、磧、普、南、徑、清、麗作「利」。

一　一六四頁下一八行第八字「終」，磧、普、南、徑、清作「知」。

一　一六五頁上一行「從坐起去今佛爲」，資作「去今佛從坐起作爲」。

一　一六五頁上二行第五字「罪」，石、麗作「罪業」。

一　一六五頁上六行「破壞」，石作「毀呰破壞」。

一　一六五頁上一〇行第一一字「苦」，資、磧、普、南、徑、清作「苦苦」。

一　一六五頁上一一行首字「若」，諸本作「苦」。

一　一六九頁上一三行「八種大地獄各」，石作「八大地獄各各」。

一　一六五頁上二一行「地獄」，石、磧、普、南、徑、清、麗作「大地獄」。

一　一六五頁中一行第一三字「滅」，資、磧、普、南、徑、清作「減」。

一　一六五頁中五行第一二字「生」，資、磧、普、南、徑、清、麗作「生生」。

一　一六五頁中八行第二字「家」，石作「家生」。

一　一六五頁中一三行第三字「以」，石作「是」。

一　一六五頁中一三行第一三字「慳」，資無。

一　一六五頁中一五行第一二字「相」，諸本作「罪相」。

一　一六五頁中一六行「聲聞」，石、磧、普、南、徑、清、麗作「是聲聞」。

一　一六五頁中一七行第七字「刼」，磧、普、南、徑、清作「切」。

一　一六五頁中一九行「舉五逆」，石作「與五逆罪」。

一　一六五頁中二〇行「得言」，石、磧、普、南、徑、清、麗作「答言不」。

一　一六五頁下二行第八字「破」，石、資、磧、普、南、徑、清作「自破」。

一　一六五頁下七行「須弥」，石作「須弥山」。

一　一六五頁下一三行首字「不」，石、磧、普、南、徑、清、麗作「我不欲」；資作「我不欲不」。

一　一六五頁下二一行第三字「冥」，諸本作「溟」。

一　一六五頁下末行末字「寶」，石作「實相」。

一　一六六頁上一行第一一字「讃」，資、磧、普、南、徑、清作「讀」。

一　一六六頁上三行第九字「善」，諸本作「若」。

一　一六六頁上七行「其心」，諸本作「蔽其心」。

一　一六六頁上一九行第四字「又」，諸本作「久」。

一　一六六頁中五行「三業中應攝受身口意」，麗無。

一　一六六頁中五行第九字「受」，資、磧、普、南、徑、清無。

一　一六六頁中末行經名末，資有夾註「釋第三十九品訖第四十品上」；磧、普、南有夾註「釋第四十品訖四十一上」。

趙城縣廣勝寺

大智度論釋信謗品第四十一之餘　卷六十三　形

聖者龍樹造

後秦龜茲國三藏鳩摩羅什譯

尒時須菩提白佛言世尊善男子善女人應好攝身口意業无受如是諸苦或不見佛或不聞法或不親近僧或生無佛世界中或生人中墮貧窮家或人不信受其言須菩提白佛言世尊以積集口業故有是破法重罪佛告須菩提以積集口業故有是破法重罪須菩提是愚癡人在佛法中出家受戒破深般若波羅蜜毀呰不受須菩提若破般若波羅蜜毀呰般若波羅蜜則為破十方諸佛一切智一切智破故則為破佛寳破佛寳故破法寳破法寳故破僧寳破三寳故則破世間正見破世間正見故則破四念處乃至破一切種智法破一切種智法故則得无量無邊阿僧祇罪得無量无邊阿僧祇罪已受无量無邊阿僧祇憂苦須菩提白佛言世尊是愚癡人毀呰破壞深般若波羅蜜

有幾因緣佛告須菩提有四因緣是愚癡人毀呰破是深般若波羅蜜須菩提言世尊何等四是愚癡人為魔所使故欲毀呰破壞深般若波羅蜜是名初因緣是愚癡人不信深心不信不解心不得清淨是第二因緣故是愚癡人欲毀呰破壞深般若波羅蜜是愚癡人與惡知識相隨心没懈怠堅著五受衆是第三因緣故是愚癡人欲毀呰破壞深般若波羅蜜是愚癡人多行瞋恚自高輕人是第四因緣故是愚癡人毀呰破壞深般若波羅蜜須菩提以是四因緣故愚癡人欲破壞深般若波羅蜜問曰口業是破法何以言攝身口意業荅曰意業是口業之本若欲攝口業先攝意業意業攝故身口業亦善身口業善意業亦善是中須菩提自說因緣莫受是諸苦或不見佛等世間人以身業為重口業為輕是故須菩提問但以口業得如是罪耶佛可其意示言愚癡人自无惡事又無使作者亦無所得而自以舌故作如是罪是為大

大智度論第六十三卷　第三張　形字

狂是狂人未来世在我法中出家出家者五衆受戒者有七衆是聲聞人著聲聞法佛法過五百歳後各各分別有五百部從是以来以求諸法決定相故自執其法不知佛為解脫故說法而堅著語言故聞說般若諸法畢竟空如刀傷心皆言決定之法今云何言无於般若波羅蜜無得无著相中作得作著相故毀呰破壞言非佛教佛憐愍衆生故為說是道非道今般若中是道非道盡為一相所謂无相是故先生疑後定心於空法生邪見邪見得力故於大衆中處處毀壞般若波羅蜜毀壞般若波羅蜜故則破十方三世諸佛一切智等諸功德破佛功德故即破三寶三寶破故則破世間樂因緣所謂世間正見若破世間正見則破出世間樂因緣出世間正見所謂四念處乃至一切種智是法名為無量无邊福德因緣破是法故得无量無邊罪得無量无邊罪故受无量無邊憂苦愁惱問曰先以說破法因緣所謂愛著法等須菩

大智度論第六十三卷　第四張　形字号

提何以更問答曰先論中說今經中說先不遍說今遍廣說所謂四因緣是人為魔所使若魔若魔人来入其心中轉其身口令破般若波羅蜜如阿難佛三問閻浮提樂壽命亦樂魔入身故三不答佛阿難得初道猶為魔嬈何況凡人復次魔有四種五衆魔煩惱魔死魔自在天子魔四魔中多煩惱魔自在天子魔故令不信般若自貪著法憎嫉他法愚癡顛倒故能破般若波羅蜜有人言初因緣煩惱魔後第四天子魔是二種魔所使故名為魔所使堅著邪見貪愛自法慧根鈍故不識佛意不信不受甚深般若故破有人利根堪信魔又不来但隨悪師教故破般若有人雖屬悪知識諸結使薄故勤精進能信般若波羅蜜是故二事和合為一亦屬悪知識亦深著五衆結使厚生懈怠心是故不信般若是人世世多集瞋恚成其性瞋相者是不信相是人剛強自高輕賤說法人我智德如是尚不能解況汝愚賤而能知之以是瞋恚

大智度論第六十三卷　第五張　形字号

懈慢多故破般若波羅蜜須菩提白佛言世尊是般若波羅蜜不勤精進種不善根悪友相得人難信難解佛言如是如是須菩提是深般若波羅蜜不勤精進種不善根悪友相得人難信難解須菩提白佛言世尊是般若波羅蜜云何甚深難信難解須菩提色不縛不解何以故无所有性是色受想行識不縛不解何以故无所有性是受想行識檀波羅蜜不縛不解何以故无所有性是檀波羅蜜尸羅波羅蜜不縛不解何以故無所有性是尸羅波羅蜜羼提波羅蜜不縛不解何以故无所有性是羼提波羅蜜毗梨耶波羅蜜不縛不解何以故无所有性是毗梨耶波羅蜜禪波羅蜜不縛不解何以故無所有性是禪波羅蜜般若波羅蜜不縛不解何以故无所有性是般若波羅蜜須菩提內空不縛不解何以故无所有性是內空乃至無法有法空不縛不解何以故無所有性是无法有法空四念處不縛不解何以故无所有性是四

念處乃至一切智一切種智不縛不解何以故無所有性是一切種智須菩提色本際不縛不解何以故本際无所有性是色受想行識乃至一切種智本際不縛不解何以故本際无所有性是一切種智須菩提色後際不縛不解何以故後際无所有性是色受想行識乃至一切種智後際不縛不解何以故後際无所有性是一切種智須菩提現在色不縛不解何以故現在无所有性是色受想行識乃至現在一切種智不縛不解何以故現在无所有性是一切種智須菩提白佛言世尊是般若波羅蜜不勤精進不種善根惡友相得懈怠少進喜忘無巧便慧如此之人實難信難解如是如是須菩提是般若波羅蜜不勤精進不種善根惡友相得繫屬於魔懈怠少進喜忘无巧便慧如此之人實難信難解何以故色淨果亦淨受想行識淨果亦淨乃至阿耨多羅三藐三菩提淨果亦淨復次須菩提色淨故即般若波羅蜜淨般若波

羅蜜淨即色淨受想行識淨即般若波羅蜜淨般若波羅蜜淨即受想行識淨乃至一切種智淨即般若波羅蜜淨般若波羅蜜淨即一切種智淨色淨般若波羅蜜淨无二無別无斷無壞乃至一切種智淨般若波羅蜜淨无二無別无斷無壞復次須菩提不二淨故色淨不二淨故乃至一切種智淨何以故是不二淨色淨乃至一切種智淨无二無別故我淨衆生淨乃至知者見者淨故色淨受想行識淨乃至一切種智淨色淨乃至一切種智淨故我衆生乃至知者見者淨何以故我衆生乃至知者見者淨色淨乃至一切種智淨不二不別无斷無壞

釋曰尒時須菩提白佛言是般若波羅蜜甚深故懈怠隨惡知識種不善根故難信與上相違名為信般若波羅蜜佛可其言須菩提更問是般若波羅蜜云何甚深故難信佛荅色等諸法无縛無解三毒是縛三解脫門是解是三毒等諸煩惱虛誑不實從

和合因緣生無自性故无縛無縛故無解破是三毒故三解脫門亦空復次取相著法顛倒一切煩惱等是縛縛法若實定有自性者則不可解若實定有誰能破者若破即墮斷滅中若取相顛倒等諸煩惱虛誑不實亦无所斷復次一切心心數法憶想分別取相皆縛在緣中若入諸法實相中知皆是虛誑如上品中說心清淨相者即是非心相是縛空故解亦空如是等種種因緣故色等諸法不縛不解此中佛自說因緣色等諸法有為作法從因緣和合生故无有定性故說无所有性是色等諸法復次色等諸法三世中不縛不解如破三世中說是時須菩提知般若波羅蜜非甚深非不甚深如後品中說若謂般若波羅蜜甚深則遠離般若波羅蜜以是故白佛言世尊惡人以般若波羅蜜甚深難解非謂善人惡人者不與般若相應不一心勤精進不種解般若波羅蜜善根隨破壞般若惡師懈怠者著世間樂不願出世間如此

人若有精進少不足言諸煩惱乱心故喜忘善不善法相不破憍慢不除邪見戲論故求諸法實相不知分別諸法相好醜是名无巧便慧有如是等思法故是人難解甚深般若佛可其意言如是如是問曰須菩提說中无有魔事佛說中何以益魔事答曰須菩提直說內外因緣不具足佛今具足說故言是人為魔所使佛更欲說甚深難解相告須菩提色等諸法淨故果亦淨四念處是色等諸法果何以故觀色諸法不淨无常等即得身念處餘念如上說是中四念處性无漏斷煩惱為涅槃故清淨見果淨故知因亦淨問曰先說觀色不淨无常等得身念處云何言果淨故知因亦淨荅曰不淨觀是初入門非實觀是故不入十六聖行是十六行中觀無常苦空无我不觀不淨淨顛倒故生婬欲破淨故言不淨非是實是故不淨不入十六聖行但是得解觀是般若中不觀常不觀無常不觀淨不觀不淨等常无常淨不淨空實等諸

觀戲論滅是色實相色實相淨故果亦淨復次佛此中自說因緣般若波羅蜜如虛空畢竟清淨无所染汙是般若波羅蜜觀色等諸法實相不生不滅行六波羅蜜修四念處等如是可得般若波羅蜜是般若波羅蜜三種因緣正觀正行正修是故言般若波羅蜜淨故色等諸法淨色等諸法淨故般若波羅蜜淨所以者何色等諸法般若波羅蜜實相中无二無別不異不別不離不散故不斷不壞復次如我法十方三世中求不可得於五衆中但有假名衆生乃至知者見者亦如是我空无所有清淨故一切法亦如是復次須菩提婬淨故色淨乃至一切種智淨何以故婬淨色淨乃至一切種智淨不二不別无別无斷瞋癡淨故色淨乃至一切種智淨何以故瞋癡淨色淨乃至一切種智淨不二不別復次須菩提无明淨故諸行淨諸行淨故識淨識淨故名色淨名色淨故六入淨六入淨故觸淨觸淨故受淨受淨故愛淨愛淨故取淨取淨故

有淨有淨故生淨生淨故老死淨老死淨故般若波羅蜜淨般若波羅蜜淨故乃至檀波羅蜜淨檀波羅蜜淨故內空淨內空淨故乃至无法有法空淨無法有法空淨故四念處淨四念處淨故乃至一切智淨一切智淨故一切種智淨何以故是一切智淨一切種智淨不二不別无斷無壞復次須菩提般若波羅蜜淨故色淨乃至般若波羅蜜淨一切智淨是般若波羅蜜淨一切智淨不二不別故須菩提禪波羅蜜淨故乃至一切智淨毗梨耶波羅蜜羼提波羅蜜尸羅波羅蜜檀波羅蜜淨故乃至一切智淨內空淨故乃至一切智淨四念處淨故乃至一切智淨復次須菩提一切智淨故乃至般若波羅蜜淨如是一一如先說復次須菩提有為淨故无為淨何以故有為淨无為淨不二不別無斷无壞故復次須菩提過去淨故未來現在淨未來淨故過去現在淨現在淨故過去未來淨何以故現在淨過去未來淨不二不別无斷無

壞故

問曰佛說三毒是垢穢不淨此中云何言婬欲等淨故色等亦淨荅曰佛說三毒實性清淨故色等諸法亦清淨三毒淨色等淨故不二不別欲廣說三毒清淨及三毒清淨果報因緣故說无明淨故諸行亦淨无明淨者所謂無明畢竟空如破无明十喻中說從十二因緣乃至一切種智亦如是是故色等无明等諸法清淨故般若波羅蜜清淨般若波羅蜜清淨故諸菩薩所行法所謂禪波羅蜜乃至一切種智皆清淨禪波羅蜜等諸法亦如是復次用十八空故色等乃至一切種智空乃至一切種智空故十八空亦空一切種智不離十八空十八空不離一切種智是故言不二不別空者即是清淨今色乃至一切種智一法為首餘法各各為首展轉皆清淨復次諸法多无量故略說有為無為有為法實相即是无為法知淨者行者於諸法中求常樂我淨不可得若不可得是為實知有為法實知

不可得即是無為法是法故說有為法淨故無為法清淨復次因有為法故知无為法聖人得是无為法說有為法相是故說有為法清淨故无為法清淨无為法清淨故有為法清淨有為法在三世中故說過去世清淨故未來世亦清淨未來世清淨故過去世亦清淨所以者何如過去世破壞散滅无所有故空未來世未生未有故空二世無故現在亦无何以故有先有後知有現在復次有為法念念生滅故无住時住時无故無現在世三世空故有為法空有為法空故無為法空空即是畢竟清淨不破不壞無戲論如虛空如是般若波羅蜜畢竟清淨三世諸佛法藏破是能宣示實相般若言說文字故墮地獄問曰若不信般若墮地獄信者得作佛若有五逆罪破戒邪見懈怠之人信是般若是人得成佛不復有持戒精進者而不信般若是云何墮地獄荅曰破般若有二種一者佛口所說弟子誦習書作經卷愚人謗言非是佛

說是魔若魔民所作亦是斷滅邪見人手筆莊嚴口力者說或言雖是佛說其中處處餘人增益或有人著心分別取相說般若波羅蜜口說空法而心著有初破者墮大地獄不得聖人說般若意故第二破著心論議者是不名為破般若如調達出佛身血祇域亦出佛身血雖同出血心異故一人得罪一人得福如畫作佛像一人以不好故破一人以惡心故破以心不同故一人得福一人得罪破般若波羅蜜者亦如是復次或有人破般若雖不瞋不輕佛自用心憶想分別是甚深法一切智人所說應有深妙法云何言都空佛以无著心為度衆生故說法是人以著心取相故起口業毀呰破壞般若能起身業手麾非撥指毀令去與二種不信相違故名二種信一者知般若實義信得如說果報二者信經卷言語文字得功德少邪見罪重故雖持戒等身口身業好皆隨邪見惡心如佛自說喻辟如種苦種雖復四大所成皆作苦味邪

見人亦如是雖持戒精進皆成惡法與此相違名為正見五逆罪人惡罪常覆心穌今世後世業果何况能信甚深般若雖復書經卷供養望免惡罪去般若大遠或有遇善知識先世精進福德利智第一信般若波羅蜜清淨因緣能得如所說果報如阿闍世王煞父之罪蒙佛文殊師利善知識故除其重罪得如所說般若果報受无上道記

大智度論釋歎淨品第四十二

尒時舍利弗白佛言世尊是淨甚深佛言畢竟淨故舍利弗言何法淨故是淨甚深佛言色淨故是淨甚深受想行識淨故四念處淨故乃至八聖道分淨故佛十力淨故乃至十八不共法淨菩薩淨佛淨故一切智一切種智淨故是淨甚深世尊是淨明佛言畢竟淨故舍利弗言何法淨故是淨明佛言般若波羅蜜淨故是淨明乃至檀波羅蜜淨故是淨明四念處乃至一切智淨故是淨明世尊是淨不相續佛言畢竟淨故舍利弗言何

法不相續故是淨不相續佛言色不去不相續故是淨不相續乃至一切種智不去不相續故是淨不相續世尊是淨無垢佛言畢竟淨故舍利弗言何法無垢故是淨无垢佛言色性常淨故是淨無垢乃至一切種智性常淨故是淨无垢世尊是淨無得无著佛言畢竟淨故舍利弗言何法無得无著故是淨无得無著佛言色无得無著故是淨無得无著乃至一切種智无得無著故是淨無得无著世尊是淨无生佛言畢竟淨故舍利弗言何法無生故是淨无生佛言色无生故是淨无生乃至一切種智無生故是淨无生世尊是淨不生欲界中佛言畢竟淨故舍利弗言云何是淨不生欲界中佛言欲界性不可得故是淨不生欲界中世尊是淨不生色界中佛言畢竟淨故

舍利弗言云何是淨不生色界中佛言色界性不可得故是淨不生色界中世尊是淨不生無色界中佛言畢竟淨故舍利弗言云何是淨不生无

色界中佛言無色界性不可得故是淨不生无色界中世尊是淨無知佛言畢竟淨故舍利弗言云何是淨无知佛言諸法鈍故是淨无知世尊色无知是淨淨佛言畢竟淨故舍利弗言云何色无知是淨淨佛言色自性空故色無知是淨淨世尊受想行識无知是淨淨佛言畢竟淨故舍利弗言云何受想行識无知是淨淨佛言受想行識自性空故无知是淨淨世尊一切法淨故是淨淨佛言畢竟淨故舍利弗言云何一切法淨故是淨淨佛言一切法不可得故一切法淨是淨淨世尊是般若波羅蜜於薩婆若无益無損佛言畢竟淨故舍利弗言云何般若波羅蜜於薩婆若無益无損佛言法住相故般若波羅蜜於薩婆若无益無損世尊是般若波羅蜜淨於諸法无所受佛言畢竟淨故舍利弗言云何般若波羅蜜淨於諸法无所受佛言法性不動故是般若波羅蜜淨於諸法无所受

釋曰是淨甚深者淨有二種一者智

復次行六波羅蜜乃至生柔順忍是名得能生无生法忍入菩薩位是名著是清淨法中用无所得心无此二事故名无得無著行如是法知一切法畢竟空畢竟空故不取相不取相故不起不作三種業不作業故一切世間无生世間所謂三界此中二因緣故不生一者三種生業不起故二者三界自性不可得故此中佛總說因緣所謂三界自性空是故說三界色等諸法自性不可得是淨無知諸法鈍故如上品中說一切諸法性常不生不生故不可得不可得故畢竟清淨舍利弗得聲聞波羅蜜佛為一切智人是二人問荅故諸菩薩貪著是般若波羅蜜是故舍利弗欲斷其貪著故說言世尊般若波羅蜜雖有如是功德畢竟清淨故於薩婆若亦无益無損如夢如幻中雖有得失亦無益无損如虛空畢竟清淨无所有亦因是虛空有所成濟亦不得言空有所作亦不得言空无所益檀波羅蜜因般若波羅蜜有所作是故言般

名畢竟清淨復次清淨主所謂十方三世諸佛諸佛亦不著是清淨是故言畢竟清淨故是清淨般若波羅蜜能令一切賢聖无邊苦盡有是大利益而亦不著是般若波羅蜜如是有无量因緣畢竟清淨是淨甚深舍利弗問何法畢竟清淨故是清淨甚深佛荅色等諸法清淨故是淨甚深所以者何色等諸法本末因果清淨故是淨甚深如上品中說菩薩於色等法中觀行斷故得如是清淨以是故名色等清淨是淨能破一切法中戲無明能與畢竟空智慧光明是故言淨明行檀波羅蜜等諸菩薩妙法故得是淨明是淨能與有餘涅槃故言是淨明令與无餘涅槃故言是淨不相續先以空空等三三昧捨諸善法後壽命自然盡故色等五衆不去亦不相續故淨不相續以百八諸煩惱不能遮覆汙染淨故言淨无垢行如是諸法實相不二道從苦法忍乃至十五心是名得第十六心得沙門果是名著者著者不墮落得之別名也

慧淨二者所緣法淨此二事相待離智淨无緣淨離緣淨無智淨所以者何一切心心數法從緣生若无緣則智不生辟如无薪火無所然以有智故知緣為淨无智則不知緣淨此中智淨緣淨相待世間常法是中說離智離緣諸法實相本自清淨為心心數法所緣則汙染不清淨辟如百種美食與毒同器則不可食諸法實相常淨非佛所作非菩薩非辟支佛聲聞一切凡夫所作有佛无佛常住不壞相在顛倒虛誑法及果報中則汙染不淨是清淨有種種名字或名如法性實際或名般若波羅蜜或名道或名无生無滅空無相无作無知无得或名畢竟空等如是無量无邊名字舍利弗觀是般若波羅蜜相雖不可見不可聞不可說不可破壞而誹謗得无量罪信受正行則得无上果報舍利弗發希有歡喜心而白佛言世尊是淨甚深佛荅汝所知者以為希有實相中復過汝所見一切法中畢竟淨无所著乃至淨體亦不著是

若波羅蜜無益无損般若波羅蜜觀一切法有失不淨無常苦空無我不生不滅非不生非不滅等種種因緣讚歎滅諸觀戲論斷語言道是故說般若波羅蜜清淨於諸法无所受滅諸觀戲論斷語言道即是入法性相是故此中說法性不動故今時慧命須菩提白佛言世尊我淨故色淨佛言畢竟淨故須菩提言以何因緣我淨故色淨畢竟淨佛言我无所有故色无所有畢竟淨世尊我淨故受想行識淨佛言畢竟淨須菩提言何因緣故我淨受想行識淨畢竟淨佛言我无所有故受想行識无所有畢竟淨世尊我淨故檀波羅蜜淨我淨故尸羅波羅蜜淨我淨故羼提波羅蜜淨我淨故毗梨耶波羅蜜淨我淨故禪波羅蜜淨世尊我淨故般若波羅蜜淨世尊我淨故四念處淨世尊我淨故乃至八聖道分淨世尊我淨故佛十力淨世尊我淨故乃至十八不共法淨佛言畢竟淨故須菩提言何因緣故我淨檀波羅蜜淨我淨乃至

十八不共法淨佛言我无所有故檀波羅蜜无所有淨乃至十八不共法無所有故淨世尊我淨故須陁洹果淨我淨故斯陁含果淨我淨故阿那含果淨我淨故阿羅漢果淨我淨故辟支佛道淨我淨故佛道淨佛言畢竟淨須菩提言何因緣故我淨須陁洹果淨斯陁含果淨阿那含果淨阿羅漢果淨辟支佛道淨佛道淨佛言自相空故世尊我淨故一切智淨佛言畢竟淨故須菩提言何因緣故我淨故一切智淨佛言无相無念故世尊以二淨故无得無著佛言畢竟淨須菩提言何因緣故以二淨故無得无著是畢竟淨佛言無垢无淨故世尊我無邊故色淨受想行識淨佛言畢竟淨須菩提言何因緣故我无邊故色淨受想行識淨佛言畢竟空无始空故須菩提白佛言世尊若菩薩摩訶薩能如是知是名菩薩摩訶薩般若波羅蜜佛言畢竟淨故須菩提言何因緣故菩薩摩訶薩能如是知是名菩薩摩訶薩般若波羅蜜佛言知

道種故世尊若菩薩摩訶薩行般若波羅蜜以方便力故作是念色不知色受想行識不知識過去法不知過去法未来法不知未来法現在法不知現在法佛言菩薩摩訶薩行般若波羅蜜以方便力故不作是念我施與彼人我持戒如是持戒我修忍如是修忍我精進如是精進我入禪如是入禪我修智慧如是修智慧我得福德如是得福德我當入菩薩法位中我當淨佛世界成就衆生當得一切種智須菩提是菩薩摩訶薩行般若波羅蜜以方便力故无諸憶想分別內空外空內外空空空大空第一義空有為空无為空無始空散空性空諸法空自相空故須菩提是名菩薩摩訶薩行般若波羅蜜方便力故无所导

釋曰佛初命須菩提說般若有所說不應求其因緣若餘人所說者當求因緣舍利弗已問清淨相佛作證今須菩提說清淨相佛亦為證我淨故五衆淨者如我畢竟無所有不可得

五衆亦如是畢竟空即是我清淨五衆清淨解我空易解五衆空難是故以易解喻難解六波羅蜜乃至十八不共法須陁洹果乃至佛道亦如是我淨故是法亦淨問曰上言我無所有故色乃至十八不共法亦无所有今何以說須陁洹果乃至佛道自相空荅曰我從和合因緣假名生於无我中有我顛倒是故說我虛妄無所有以五衆著處因緣故無所有檀波羅蜜等諸法雖善是有為作法菩薩所著故言无所有須陁洹果等是无為法无為法自相空所謂无生無滅無住異故是故不說无所有但言自相空復次有為法中邪行多故說无所有無為法中無生无滅無邪行故說自相空我淨一切種智淨者以菩薩深著故無相无念無相者是无相三昧无念者於無相三昧亦不念今須菩提知般若波羅蜜真清淨故白佛用二淨故无得無著清淨有二種一者用二法清淨二者用不二法清淨二法清淨是名字清淨用不二法

清淨者是真清淨佛言諸法畢竟空相云何以二法清淨有得有著此中說因緣所謂一切法无垢無淨二清淨中分別是垢是淨我无邊故五衆清淨者如我空空故无邊五衆亦如是問曰常言畢竟清淨故今何以言畢竟空无始空荅曰畢竟空即是畢竟清淨以人畏空故言清淨此中說我无邊我即衆生衆生空何以故无始空故問曰能如是知是名般若者能以衆生空法空以一切法畢竟空是名般若波羅蜜般若波羅蜜即是畢竟清淨佛常荅畢竟空是故問若畢竟空云何言菩薩能如是知是名菩薩般若（雖畢竟空也以畢竟空無知故）佛言知道種故菩薩雖知一切法畢竟空欲令衆生得此畢竟空遠離著心畢竟空但為破著心故說非是實定（畢竟空即是菩道種智）尒時須菩提白佛言世尊行般若者作是念色不知色等佛意般若无定相但以道種智故分別說令菩薩行般若有方便故法雖畢竟空亦如是知色不知色法等觀一切法畢竟空

唯有能觀智慧在不應畢竟空以引道衆生著心令入畢竟空佛荅若菩薩行般若有方便能觀外法畢竟空色不知色等内自觀内心亦如是方便力故若行檀時不作是念我施與彼彼是受施須菩提色不知色等者一切法空故不相知不相知故无所作破二事所謂受者所施物（此二事皆是外也）今破與者乃至我修一切種智亦如是此中說因緣菩薩行般若方便故无如是分別以内空故乃至自相空是十三空破諸法盡後五種空揔相說是名菩薩無所㝵无所㝵者以是諸空於一切法無所㝵

大智度論卷第六十三

大智度論卷六十三

校勘記

一 底本，金藏廣勝寺本。

一 一七一頁中一行經名，石作「大智度經論卷第六十八」；資、磧、普、南、徑、清作「大智度論卷第六十三」。

一 一七一頁中三行後，石有品名「摩訶般若波羅蜜經信謗品第四十一釋之餘」；資、磧、普、南有品名「釋第四十一品下」並夾註「訖第四十二品上」；徑、清有品名「釋信毀品第四十一之下」。

一 一七一頁中四行首字，一七六頁上一二行首字「尒」，石、磧、普、南、徑、清、麗冠以〈經〉。

一 一七一頁中四行第一一字「善」，石、麗作「若善」。

一 一七一頁中七行「世界」，石作「國土」。

一 一七一頁中九行末字「罪」，石、麗作「罪耶」。

一 一七一頁中一五行「一切智」，資無。

一 一七一頁中一七行第一三字「則」，石、麗作「則爲」。

一 一七一頁中二〇行第一一字「受」，石、磧、普、南、徑、清、麗作「則受」。

一 一七一頁下五行第一三字「心」，諸本作「法」。

一 一七一頁下一二行第八字「毀」，石、麗作「欲毀」。

一 一七一頁下一三行第一二字「故」，石、麗作「故是」。

一 一七一頁下一四行第二字「欲」，石、磧、普、南、徑、清、麗作「欲毀呰」。

一 一七一頁下一四行第一一字，一七五頁上二行首字「問」，石、磧、普、南、徑、清、麗冠以〈論〉。

一 一七一頁下二二行「愚癡」，石、麗作「是愚癡」。

一 一七二頁上一行首字「狂」，石、磧、普、南、徑、清作「狂人」。

一 一七二頁上四行第四字「百」，石、麗無。

一 一七二頁上一二行「生疑」，石、磧、普、南、徑、清作「生疑意」。

一 一七二頁上一五行第一三字「諸」，石、麗作「諸佛」。

一 一七二頁中六行第四字「三」，石作「三問」。

一 一七二頁中一二行第五字「四」，石、麗作「四自在」。

一 一七二頁中一五行「堪信」，石、磧、普、南、徑、清作「堪任信受」。

一 一七二頁中一六行第六字「故」，石、磧、普、南、徑、清作「故亦」。

一 一七二頁中一九行第七字「衆」，石作「陰」。

一 一七二頁下一行第一一字「須」，石、磧、普、南、徑、清、麗冠以〈經〉。

一 一七二頁下二行「般若」，磧、普、南、徑、清作「深般若」。

一　一七三頁上一五行及一九行「少進」，石作「少精進」。

一　一七三頁中一行第一一字，一七四頁下一〇行第七字，一七六頁上一七行第三字，一七八頁上一二行第八字及第一三行第四字「淨」，石、麗作「淨故」。一七四頁下二行第四字石同。

一　一七三頁中一七行首字「釋」，石、磧、普、南、徑、清、麗冠以〔論〕。

一　一七三頁下二行第一〇字「脱」，資、磧、普、南、徑、清無。

一　一七三頁下四行首字「縛」，磧、普、南、徑、清無。

一　一七四頁上四行「是名無巧便」，石作「名無巧方便」。

一　一七四頁上五行第五字「是」，資、磧、普無。一七五頁上一〇行第二字資、磧、普、南、徑、清同。一七八頁上六行第一〇字石同。

一　一七四頁上六行第二字「意」，石無。

一　一七四頁上一二行第五字「色」，諸本作「色等」。

一　一七四頁上一六行第一三字「知」，資、磧、普、南、徑、清無。

一　一七四頁上一九行第一一字「淨」，資無。

一　一七四頁中一行首字「觀」，石、麗作「觀滅」。

一　一七四頁中三行第八字「清」，石、麗無。一七七頁中七行第一一字諸本同。

一　一七四頁中一二行第四字「法」，石、磧、普、南、徑、清、麗作「法乃至」。

一　一七四頁中一四行第五字「我」，諸本作「如我」。

一　一七四頁中一五行「復次」，石、磧、普、南、徑、清、麗冠以〔經〕。

一　一七四頁中一七行「无別无斷」，石作「無斷無壞」；資、磧、普、南、徑、清、麗無。

一　一七四頁中二〇行首字「別」，石、資、磧、普、南、徑、清作「別無斷無壞」。

一　一七四頁中二二行「六入」，石均作「六處」。

一　一七五頁上二一行第一三字「知」，資、磧、普、南、徑、清作「如」。

一　一七五頁上二二行首字「者」，諸本無。

一　一七五頁中一行第一〇字「法」，諸本無。

一　一七五頁中二行第二字「淨」，石作「清淨」。

一　一七五頁中五行第一二字及一四行第三字「法」，石作「法亦」。

一　一七五頁下三行第一二字「人」，石作「人言」。

一　一七五頁下八行第九字「同」，石、麗作「同一名」。

一　一七五頁下一〇行第二字「以」，石、麗作「以像」。

一　一七五頁下一〇行第六字「破」，石、資、磧、普、南、徑、清作「壞」。

一七五頁下一五行第六字「空」，磧、普、南、徑、清作「空耶」。

一七五頁下二一行第一三字「身」，諸本無。

一七五頁下二二行「喻譬」，石、資、磧、普、南、徑、清作「譬喻」。

一七六頁上六行「精進」，石、資、磧、普、南、徑、清作「積集」。

一七六頁上一一行品名，石作「摩訶般若波羅蜜經歎淨品第四十二釋」。「四十二」，資、普作「四十二上」；徑、清作「四十二之上」。

一七六頁中一七行及一八行「欲界」，石均作「色界」。

一七六頁中二〇行及二一行末二字「色界」，石作「無色界」。

一七六頁中二二行「不生無色界中」，石作「無知」。

一七六頁中末行第一二字「不」至下四行首字「知」，石作「無知」。

一七六頁下一七行第五字「法」，石、磧、普、南、徑、清、麗作「法常」。

一七七頁上一一行第一一字「事」，石、資、磧、普、南、徑、清作「淨」。

一七七頁上一〇行第一〇字「非」，石、麗無。

一七七頁上一六行第九字「是」，石、麗作「是等」。

一七七頁上二一行第一一字「知」，諸本作「見」。

一七七頁中三行第六字「故」，石無。

一七七頁中一二行末字「戲」，諸本作「戲論」。

一七七頁中一六行第四字「今」，磧、南、徑、清作「令」。

一七七頁中一七行第五字「空」，石、麗無。

一七七頁中末行「著者著不墮落得之別名也」，石、磧、普、南、徑、清作夾註；末字「也」，石、麗無。

一七七頁下六行第一一字「業」，資、磧、普、南、徑、清作「三種業」。

一七七頁下一九行第七字「如」，資、磧、普、南、徑、清無。

一七八頁下三行第七字「知」，磧、普、南、徑、清作「知受想行」。

一七八頁下一九行「若有」，石、磧、普、南、徑、清作「若若有」。

一七九頁上二行第四字「解」，資、磧、普、南、徑、清作「難解」。

一七九頁上一四行第三字「異」，資、磧、普、南、徑、清作「無異」。

一七九頁中一〇行第四字「問」，資、磧、普、南、徑、清作「說」。

一七九頁中一一行第八字「以」，資、磧、普、南、徑、清無。

一七九頁中一八行第一〇字「定」，石、麗作「空」。

一七九頁下二行首字「道」，資、磧、普、南、徑、清、麗作「導」。

一七九頁下六行「彼是受施」，石作「彼是受者」；資、磧、普、南、徑、清作「是受者先」。

一七九頁下卷末經名，石無（未換卷）；資、磧、普、南下有夾註「釋第四十一品下訖第四十二品上」。

大智度論釋歎淨品第四十二之餘 卷六十四　形

聖者龍樹造

後秦龜茲國三藏鳩摩羅什譯

尒時釋提桓因問須菩提云何是求菩薩道善男子㝵法須菩提報釋提桓因言憍尸迦有求菩薩道善男子善女人取心相所謂取檀波羅蜜相取尸羅波羅蜜相羼提波羅蜜相毗梨耶波羅蜜相禪波羅蜜相般若波羅蜜相取內空相外空內外空乃至無法有法空相取四念處相乃至八聖道分相取佛十力相乃至十八不共法相取諸佛相取於諸佛種善根相是一切福德和合取相迴向阿耨多羅三藐三菩提憍尸迦是名求菩薩道善男子善女人㝵法用是法故不能無㝵行般若波羅蜜何以故憍尸迦是色相不可迴向受想行識相不可迴向乃至一切智相不可迴向復次憍尸迦若菩薩摩訶薩示教利喜他人阿耨多羅三藐三菩提示教利喜一切諸法實相若求菩薩道善

男子善女人行檀波羅蜜時不應作是分別言我施與我持戒我忍辱我精進我入禪我修智慧我行內空外空內外空乃至我行無法有法空我修四念處乃至我行阿耨多羅三藐三菩提善男子善女人應如是示教利喜他人阿耨多羅三藐三菩提若如是示教利喜阿耨多羅三藐三菩提自無錯謬亦如佛所許法示教利喜令是善男子善女人遠離一切㝵法尒時佛語須菩提善哉如汝為諸菩薩說諸㝵法須菩提汝今更聽我說微細㝵相須菩提一心好聽佛告須菩提有善男子善女人發阿耨多羅三藐三菩提心取相念諸佛須菩提所可有相皆是㝵相又於諸佛從初發意乃至法住於其中間所有善根取相憶念取相憶念已迴向阿耨多羅三藐三菩提須菩提所可有相皆是㝵相又於諸佛及弟子所有善根及餘衆生善根取相迴向阿耨多羅三藐三菩提須菩提所可有相皆是㝵相何以故不應取相憶念諸佛

亦不應取相念諸佛善根須菩提白佛言世尊是般若波羅蜜甚深佛言一切法常離故須菩提言世尊我當礼般若波羅蜜佛告須菩提般若波羅蜜無起无作故無有能得者須菩提言世尊一切諸法亦不可得佛言一切法一性非二性須菩提是一法性是亦无性是無性即是性是性不起不作如是須菩提菩薩摩訶薩若知諸法一性所謂無性无起無作則遠離一切㝵須菩提白佛言世尊是般若波羅蜜難知難解佛言如所言是般若波羅蜜无見者無聞者无知者無識者无得者世尊是般若波羅蜜不可思議佛言如所言是般若波羅蜜不從心生不從色受想行識生乃至不從十八不共法生

問曰若與　㝵相違是名為无㝵帝釋何以更問㝵荅曰菩薩㝵法微妙入諸善法和合利根者所覺鈍根者不覺以難解故於佛前更問㝵法何者是所謂菩薩分別慳心施心捨慳心取施心是名取心相知布施物貴賤

知修集布施能一切與是檀波羅蜜乃至隨喜福德取相諸善法雖為是妙內著我外著法墮㝵法中辟如食雜香美過啖則病此中須菩提自說因緣色等諸法相畢竟空故不可得迴向無上道上說㝵相今說无㝵相相謂菩薩若欲教他无上道應以實法示教利喜示教利喜義如先說實法者所謂滅諸憶想分別是故說行檀時不分別我與等若能如是教化得二種利一者自臭錯謬二者亦如佛所得法以化他人如是等無量㝵相相違是名無㝵相問曰佛以讚須菩提說無㝵相今何以故得更自說微細㝵相荅曰佛說須菩提力中讚歎汝是捨衆生人而能說菩薩㝵相微細㝵相須菩提力所不及是故佛自說是㝵微細故汝一心好聽何者是所謂菩薩用取相念諸佛等皆是㝵無相相是般若波羅蜜佛從般若中出亦是无相相諸善根若心取相迴向是世間果報有盡雜毒故不能得无上道問曰上說麁㝵言取相今微細

㝵中亦言取相有何差別荅曰上說我是與者彼是受者如是等今但說取相復次今說諸菩薩念佛三昧故微細相細心人中㝵是故名微細㝵須菩提知佛所說深妙非已所及是故讚言甚深佛荅一切法常遠離相故佛說是般若離一切法離一切法故細微相不得入般若中須菩提歡喜言我當為般若作礼須菩提意作是念我得解是般若波羅蜜甚深相故發心我應礼佛言是般若波羅蜜無起无作故十方如恒河沙佛無能得者汝聲聞人云何言得須菩提言世尊非但般若一切法皆无知無得佛言諸法一性无二性所謂畢竟空無二者無畢竟不畢竟一法性即是无性畢竟空不應著不應取相所以者何從因緣和合生故須菩提作是念若無性即以性以不起不作故後世若不相續能如是知般若波羅蜜一切諸㝵皆遠離若遠諸㝵則自在得无上道須菩提聞是說作是念我以為得佛謂不得是般若波羅蜜

難解難知佛答非獨汝難一切衆生無見者无聞者無知者无識者無得者鼻耳舌身所不知意所不識不得是般若出過六種知故言難解須菩提入深般若中智力窮極故言不可思議佛言是般若非心生非五衆生乃至不從十八不共法生无生相故問曰若說不從心生何以復說五衆五衆中識衆即是心答曰先說心是略說後說五衆等是廣說五衆乃至十八不共法可與般若作因緣不能生般若譬如猛風除雲能令日月出現而不能作日月也

大智度論釋無作實相品第四十三

須菩提白佛言是般若波羅蜜無所作佛言作者不可得故色不可得乃至一切法不可得故世尊若菩薩摩訶薩欲行般若波羅蜜應云何行佛告須菩提菩薩摩訶薩欲行般若波羅蜜不行色是行般若波羅蜜不行受想行識是行般若波羅蜜乃至不行一切種智是行般若波羅蜜不行色常無常是行般若波羅蜜乃至一

切種智不行常无常是行般若波羅蜜不行色若苦若樂是行般若波羅蜜乃至不行一切種智若苦若樂是行般若波羅蜜不行色是我非我是行般若波羅蜜乃至不行一切種智是我非我是行般若波羅蜜不行色淨不淨是行般若波羅蜜乃至不行一切種智淨不淨是行般若波羅蜜何以故是色無所有性云何有常無常苦樂我無我淨不淨受想行識亦無所有性云何有常無常乃至淨不淨乃至一切種智无所有性云何有常無常乃至淨不淨復次須菩提菩薩摩訶薩行般若波羅蜜時不行色不具足是行般若波羅蜜不行受想行識不具足是行般若波羅蜜乃至不行一切種智不具足是行般若波羅蜜何以故色不具足者是不名色如是亦不行是行般若波羅蜜受想行識不具足者是不名識如是亦不行是行般若波羅蜜乃至不行一切種智不具足者是不名一切種智如是亦不行是行般若波羅蜜須菩提

白佛言未曾有也世尊善說求菩薩道善男子善女人导不导相佛言如是如是須菩提佛善說求菩薩道善男子善女人导不导相復次須菩提若菩薩摩訶薩得般若波羅蜜時不行色不导是行般若波羅蜜不行受想行識不导是行般若波羅蜜不行眼不导是行般若波羅蜜不行耳鼻舌身不导是行般若波羅蜜不行意不导是行般若波羅蜜不行檀波羅蜜不导是行般若波羅蜜不行尸羅波羅蜜不导是行般若波羅蜜不行羼提波羅蜜不导是行般若波羅蜜不行毗梨耶波羅蜜不导是行般若波羅蜜不行禪波羅蜜不导是行般若波羅蜜不行般若波羅蜜不导是行般若波羅蜜乃至不行一切種智不导是行般若波羅蜜須菩提菩薩摩訶薩如是行般若波羅蜜時知色是不导知受想行識是不导乃至知一切種智是不导知須陁洹果不导知斯陁含果不导知阿那含果不导知阿羅漢果不导知辟支佛道不导知

大智度論第六十四卷　第九張　形字号

阿耨多羅三藐三菩提道不尋尒時
慧命須菩提白佛言未曾有也世尊
是甚深法若說亦不增不減若不說
亦不增不減佛語須菩提如是如是
甚深法若說亦不增不減若不說亦
不增不減辟如佛盡形壽若讚若毀
虛空讚時亦不增不減毀時亦不增
不減須菩提如幻人若讚時不增不
減毀時亦不增不減讚時不喜毀時
不憂須菩提諸法相亦如是若說亦
如本不異若不說亦如本不異須菩
提白佛言世尊諸菩薩摩訶薩所為
甚難脩行是般若波羅蜜時不憂不
喜而能習般若波羅蜜於阿耨多羅
三藐三菩提亦不轉還何以故世尊
修般若波羅蜜如修虛空如虛空中
无般若波羅蜜無禅无毗梨耶無羼
提無尸羅無檀波羅蜜如虛空中无
色无受想行識亦無內空外空內外
空乃至無法有法空无四念處乃至
無八聖道分無佛十力乃至無十八
不共法無須陁洹果斯陁含果阿那
含果阿羅漢果無辟支佛道無阿耨

大智度論第六十四卷　第十張　形字号

多羅三藐三菩提修般若波羅蜜亦
如是世尊應礼是諸菩薩摩訶薩能
大莊嚴世尊是人為衆生大莊嚴勤
精進如為虛空大莊嚴勤精進世尊
是人欲度衆生如欲度虛空世尊是
諸菩薩摩訶薩大莊嚴為虛空等衆
生大莊嚴世尊是人大莊嚴欲度衆
生為如舉虛空世尊諸菩薩摩訶薩
大精進力欲度衆生故發阿耨多羅
三藐三菩提心世尊諸菩薩摩訶薩
大莊嚴欲度衆生故發阿耨多羅三
藐三菩提心世尊諸菩薩摩訶薩大
勇猛為度如虛空等衆生故發阿耨
多羅三藐三菩提心何以故世尊若
三千大千世界滿中諸佛辟如竹葦
甘蔗稻麻叢林諸佛若一劫若减一
劫說法一一佛度无量無邊阿僧祇
衆生令入涅槃世尊是衆生性亦不
減亦不增何以故衆生無所有故衆
生離故乃至十方世界中諸佛所度
衆生亦如是世尊以是因緣故我如
是說是人欲度衆生故發阿耨多羅
三藐三菩提心為欲度虛空是時有

大智度論第六十四卷　第十一張　形字号

一比丘作是言我礼般若波羅蜜般
若波羅蜜中雖無法生無法滅而有
戒衆定衆慧衆解脫衆解脫知見衆
而有諸須陁洹諸斯陁含諸阿那含
諸阿羅漢諸辟支佛有諸佛而有佛
寶法寶比丘僧寶而有轉法輪
釋曰須菩提聞佛說般若波羅蜜無
起无作相是故今在佛前說般若波
羅蜜無所作若无作者不能斷諸煩
惱不能修集諸善法此中佛說因緣
從作者乃至一切法不可得故知者
尚无何況作者須菩提言若无作者
般若波羅蜜無所能作應云何行云
何得般若波羅蜜佛言若菩薩不行
一切法不得一切法所謂若常無常
乃至若淨若不淨是名行般若波羅
蜜一切法者從色乃至一切種智是
菩薩行法是法中無智人行諸法常
等智人行諸法無常等是般若波羅
蜜示諸法畢竟實相故不說諸法常
无常無常等雖能破常等顛倒般若
中不受是法以能生著心故思惟籌
量求常無常相不可得定實問曰色

等罪法可觀不淨苦餘善法云何觀不淨苦荅曰是名字不淨苦如隨意安隱好法名清淨快樂不隨意非安隱法名不淨苦於善法中愛樂悅可者以為淨樂猒惡不喜者以為不淨菩須菩提作是念若離諸觀法者將无不具足菩薩道耶是故佛說若不行色等不具足是行般若波羅蜜色具足者有人言色等法中常無常等憶想分別是名具足不具足者是中用無常等觀破常等是名不具足少常等故今於色中亦不行無常等是故言不行色不具足是為行般若波羅蜜復次有人言具足者謂補處菩薩能如色實觀乃至一切種智是名具足餘者是不具足若菩薩不行色等不具足者即是行具足般若波羅蜜何以故色不具足則非色色非常相故佛言出衆生於常中者無所有中隨語言音聲故是故說如是實清淨亦不行是為行般若波羅蜜善說道非道故須菩提言希有尊者是非道無尊者是道佛觀衆會心多迴向

空知般若波羅蜜無尊相是故說不行色等無尊是行般若波羅蜜能如是行者於色等法無尊須菩提雖不能究盡知畢竟空理而常樂說是法希有與一切世間法相違佛可須菩提所說若說不說無增无減是諸法實相若以身業毀壞亦不能令異何況口說常不生相故譬如虛空虛空是般若波羅蜜幻人是行者行者雖罪業因緣生是虛誑法般若波羅蜜合故无有異如種種諸色到須弥山邊同為金色是諸法實相不可知不可說故若說不說如本不異尒時須菩提作是念若諸法畢竟空无所有如虛空乃至無有微細相而菩薩能修集善法得无上道是事難信難受作是念已白佛言諸菩薩所為甚難能為難事故應礼拜謂能大莊嚴故須菩提希有心說是菩薩摩訶薩為阿耨多羅三藐三菩提大莊嚴一切天人皆應礼拜問曰云何知是大莊嚴荅曰須菩提此中自說譬喻如有人為虛空故勤行精進利益故大莊

嚴菩薩為利益衆生勤精進亦如是世尊若有人欲度虛空菩薩摩訶薩欲度衆生亦如是問曰一事何以再說荅曰利益者未得涅槃但令得智慧禪定等令世後世樂欲度者令得漏盡成三乘道入无餘涅槃如虛空无生無滅无苦無樂無脫无縛無所有故衆生亦如是是故說世尊為度虛空等衆生故大莊嚴如虛空无色無形若有欲舉虛空是為難衆生法亦如是畢竟空而菩薩欲舉三界衆生著涅槃中是故名大莊嚴須菩提復讚是菩薩大精進力不隨邪疑心故雖未得佛道未滅諸結而能大勇猛能如是行菩薩道為衆生衆生亦空譬如以種種綵色欲畫虛空此中佛說衆生空因緣所謂十方如恒河沙諸佛以神通力為衆生無量劫說法一一佛度無量阿僧祇衆生入涅槃假令如是於衆生無所減少若實有衆生實有減少者諸佛應有減衆生罪若衆生實空和合因緣有假名衆生故无有相定是故余所佛度衆

大智度論第六十四卷　第十五張　形字号

生實無減少若不度亦不增是故諸佛无滅衆生咎是故説菩薩欲度衆生爲欲度虛空尒時一比丘聞畢竟空相驚喜言我當礼般若波羅蜜般若中無有法定實相而有戒衆等及諸果報

尒時釋提桓因語須菩提若菩薩摩訶薩習般若波羅蜜爲習何法須菩提語釋提桓因言憍尸迦是菩薩摩訶薩習般若波羅蜜爲習空釋提桓因白佛言世尊若善男子善女人受持般若波羅蜜親近讀誦説正憶念我當作何等護尒時須菩提語釋提桓因言憍尸迦汝頗見是法可守護者不釋提桓因言不也須菩提我不見是法可守護者須菩提言憍尸迦若善男子善女人如般若波羅蜜中所説行即是守護所謂常不遠離如所説般若波羅蜜行是善男子善女人若人若非人不得其便當知是善男子善女人不遠離般若波羅蜜憍尸迦若人欲護行般若波羅蜜菩薩爲欲護虛空憍尸迦於汝意云何汝能

大智度論第六十四卷　第十六張　形字号

護夢焰影響幻化不釋提桓因言不能護若人欲護行般若波羅蜜諸菩薩摩訶薩亦如是徒自疲苦憍尸迦於汝意云何能護佛所化不釋提桓因言不能護若人欲護行般若波羅蜜諸菩薩摩訶薩亦如是憍尸迦於汝意云何能護法性實際如不可思議性不釋提桓因言不能護若人欲護行般若波羅蜜諸菩薩摩訶薩亦如是尒時釋提桓因問須菩提云何菩薩摩訶薩行般若波羅蜜知見諸法如夢如焰如影如響如幻如化諸菩薩摩訶薩如所知見故不念夢不念是夢不念用夢不念我夢焰影響幻化亦如是須菩提言憍尸迦若菩薩摩訶薩行般若波羅蜜不念色不念是色不念用色不念我色是菩薩摩訶薩亦能不念夢不念是夢不念用夢不念我夢乃至化不念化不念是化不念用化不念我化受想行識亦如是乃至一切智不念一切智不念是一切智不念用一切智不念我一切智是菩薩摩訶薩亦能不念

大智度論第六十四卷　第十七張　形字号

夢不念是夢不念用夢不念我夢乃至化亦如是如是憍尸迦菩薩摩訶薩知諸法如夢如焰如影如響如幻如化

釋曰即時帝釋問從佛須菩提所聞是甚深般若爲習何法須菩提言諸法久久皆歸涅槃故常習諸法空是故説欲習般若當習空帝釋是人天王於世間自在能與所須願作守護聞是般若波羅蜜歡喜白佛言我當作何事守護隨其所須盡當與之須菩提及一比丘出家法敬礼而已諸惡鬼常惱是人魔若魔民常惱行者是故問佛我當以何事守護若自守護若遣子弟若遣官屬侍衛隨佛教勅須菩提知般若有無量力又知佛意欲令般若波羅蜜貴重不用受恩故語帝釋憍尸迦般若波羅蜜中皆空如幻如夢汝頗見定有一法可護不帝釋言不也若可見者不名爲般若波羅蜜畢竟空若不可見云何説言我當作何事守護復次憍尸迦若行者如所説般若中住即是守護若

菩薩如般若中所說一心信受思惟正憶念入禪定觀諸法實相得畢竟空智慧應無生法忍入菩薩位如是人不惜身命何況外物是人不須守護守護名遮諸苦惱令得安樂是人離一切世間法故无有憂愁苦惱得世間事不以為喜失世間事不以為憂所謂常不離如所說般若波羅蜜行若人少時應行後還失者宜須守護若常不離如所說般若波羅蜜則不須守護如伽羅夜叉以拳打舍利弗頭舍利弗時入滅盡定不覺打痛般若波羅蜜氣分即是滅盡定是故若人若非人不能得便略說二種因緣不須守護若人若非人不得便一者從身乃至一切諸法皆默離無我无我所故皆无所著如斬草木不生憂愁二者得上妙法故為十方諸佛菩薩諸天守護復次辟如人欲守護虛空虛空雨不能壞風日不能乾刀杖等不能傷若有人欲守護虛空者徒自疲苦於空無益若人欲守護行般若波羅蜜菩薩亦如是欲令此事明

了故問汝能守護空及夢中所見人及影響幻化人不荅言不也此法但誑心眼暫現已滅云何可守護行般若菩薩亦如是觀五衆如夢等虛誑如無為法如法性實際不可思議性无能守護者亦無所利益行般若菩薩知身如如法性實際不別得供養利時不喜破壞失時不憂如是人何須守護尒時帝釋貪貴是如夢等智慧菩薩得是智慧力不須外守護故問須菩提云何菩薩知是如夢等空法如所見不念夢等者夢等喻五衆五衆人所著不著夢等欲令離著事故以不著事為喻欲令觀五衆如夢於夢亦復生著是故帝釋問如夢亦不著是夢凡夫人以夢喻五衆即復著夢作是言定有夢法眼睡時生是名念夢是夢惡是夢好如是分別是名念是夢夢得好事則心高得惡事則心愁又用此夢辟喻得是如夢實智慧是名念用夢生念聞是辟喻我因此夢知諸法如夢是名念我夢餘喻亦如是尒時須菩提荅帝釋若行者不

念色是色人色非人色樹色山色是四大若四大所造色等不念是色若常若無常等不以色故心生憍慢不念色是我所入無我門直至諸法實相中是人能不念夢不念是夢等用是夢等辟喻破著五衆破著故於夢中亦不錯若不能破色者是人於色錯於夢亦錯受想行識乃至一切種智亦如是幻焰響影化等亦如是諸菩薩知諸法如夢於夢亦不念尒時佛神力故三千大千世界中諸四天王天三十三天夜摩天兜率陀天化樂天他化自在天梵身天梵輔天梵衆天大梵天少光天乃至淨居天是一切諸天以天栴檀遙散佛上來詣佛所頭面礼佛足却住一面尒時四天王天釋提桓因及三十三天梵天王乃至諸淨居天佛神力故見東方千佛說法亦如是相如是名字說是般若波羅蜜品諸比丘皆字須菩提問難般若波羅蜜品者皆字釋提桓因南西北方四維上下亦如是各千佛現尒時佛告須菩提弥勒菩薩摩

訶薩得阿耨多羅三藐三菩提時亦當於是處說般若波羅蜜賢劫中諸菩薩摩訶薩得阿耨多羅三藐三菩提時亦當於是處說般若波羅蜜須菩提白佛言世尊弥勒菩薩摩訶薩得阿耨多羅三藐三菩提時用何相何因何義說是般若波羅蜜義佛告須菩提弥勒菩薩摩訶薩得阿耨多羅三藐三菩提時色非常非無常當如是說法色非苦非樂色非我非无我色非淨非不淨當如是說法色非縛非解當如是說法受想行識非常非無常乃至非縛非解當如是說法色非過去色非未來色非現在當如是說法受想行識亦如是色畢竟淨當如是說法受想行識畢竟淨當如是說法乃至一切智畢竟淨當如是說法須菩提白佛言世尊是般若波羅蜜清淨佛言色清淨故般若波羅蜜清淨受想行識清淨故般若波羅蜜清淨世尊云何色清淨故般若波羅蜜清淨云何受想行識清淨故般若波羅蜜清淨佛言若色不生不滅

不垢不淨是名色清淨受想行識不生不滅不垢不淨是名受想行識清淨復次須菩提虛空清淨故般若波羅蜜清淨世尊云何虛空清淨故般若波羅蜜清淨佛言虛空不生不滅故清淨般若波羅蜜亦如是復次須菩提色不汙故般若波羅蜜清淨受想行識不汙故般若波羅蜜清淨世尊云何色不汙故般若波羅蜜清淨受想行識不汙故般若波羅蜜清淨佛言如虛空不可汙故虛空清淨世尊云何如虛空不可汙故虛空清淨佛言虛空不可取故虛空清淨虛空清淨故般若波羅蜜清淨復次須菩提虛空可說故般若波羅蜜清淨世尊云何虛空可說故般若波羅蜜清淨佛言因虛空中二聲出般若波羅蜜亦如虛空可說故清淨須菩提虛空不可說故般若波羅蜜清淨世尊云何虛空不可說故般若波羅蜜清淨佛言如虛空无可說故般若波羅蜜清淨復次如虛空不可得故般若波羅蜜清淨世尊云何如虛空不可

得故般若波羅蜜清淨佛言如虛空无所得相般若波羅蜜亦如虛空無所得故清淨復次須菩提一切法不生不滅不垢不淨故般若波羅蜜清淨世尊云何一切法不生不滅不垢不淨故般若波羅蜜清淨佛言一切法畢竟清淨故般若波羅蜜清淨

釋曰是般若波羅蜜雖皆甚深是品中了了說諸法實相故是以三千大千世界中諸天持諸供養具來供養佛一面立問曰即是上諸天今更來荅曰有人言事久故去竟更來有人言更有新天上來者欲令信般若故十方面各千佛現是人福德因緣應見千佛故佛神力故在會衆人皆見十方佛人天所見有限非佛威神無由得見彼諸佛佛前說法者皆字須菩提難問者皆字釋提桓因取其同字者有千人是時須菩提帝釋皆歡喜言非獨我等能說能問佛欲證其事故廣引其事說弥勒及賢劫菩薩於是摩伽陁國王舍城耆闍崛山說般若波羅蜜如經中說弥勒菩薩摩

大衆到耆闍崛山以足指開山頂摩訶迦葉骨身著僧伽梨執杖持鉢而出弥勒為大衆說言有過去釋迦牟尼佛人壽百歲時是人是少欲知足行頭陁弟子中第一具六神通得三明常憐愍利益衆生故以神通力令此骨身至今因此小身得如是利何况汝等大身生於好世而不能自利尒時弥勒因是事廣說法令無量衆生得盡苦際以此事故知弥勒在耆闍崛山中說法是般若波羅蜜過去未來現在佛所說應當信受須菩提問弥勒以何相何因以何法師說佛言如我說色等諸法非常非無常非縛非解等如先說亦不說色過去未來現在如涅槃出三世色等法亦如是如先說一切法如涅槃相弥勒所說亦如是尒時須菩提歡喜白佛言世尊是般若波羅蜜第一清淨佛言色等諸法清淨故淨因果相似故色等法清淨者所謂色等法不失業因緣故及不得諸法生相定實故不生不滅諸法相常不汙染故不垢不淨

此中說辟喻欲令事明了故如虛空塵水不著性清淨故般若波羅蜜亦如是不生不滅故常清淨如虛空不可染汙般若波羅蜜亦如是雖有邪見戲論不能染汙刀杖惡事不能壞无色無形故不可取不可取故則不可染汙復次諸菩薩住辯才樂說無导智中為衆生說十二部經八万四千法聚皆是般若波羅蜜一事而分别為說是故說般若波羅蜜可說故清淨如虛空因虛空及山谷有人聲從口中空出因是二聲故名響如響空口聲亦如是是二聲皆虛誑不實而人以聲為實以響為虛般若亦如是一切法皆畢竟空如幻如夢凡夫法聖法皆是虛誑小菩薩以凡夫法為虛誑聖法為實問曰是二皆虛誑何以故小菩薩以凡夫法為虛聖法為實荅曰聖法因持戒禪定智慧修集功德所成故以為實以凡夫法自然有如響自然出非是人作故以為虛衆生無始世來著此身故聲從身出以為實小菩薩深樂善法故以為實

復次如虛空中无音聲語言相故无所說是語言音聲皆是作法虛空是無作法般若波羅蜜亦如是第一深義畢竟空无有言說一切語言道斷故復次如虛空無所得相不得有不得无若有無相如先破虛空相若無因是虛空造无量事般若波羅蜜亦如是有无相不可得故清淨復次般若波羅蜜因諸法正憶念故生正憶念者畢竟空清淨故一切法不生不滅不垢不淨

大智度論卷第六十四

大智度論六十四

校勘記

一　底本，金藏廣勝寺本。

一　一八三頁中一行經名，資、磧、普、南、徑、清作「大智度論卷第六十四」。

一　一八三頁中三行後，資、磧、普、南有品名「釋第四十二品下」並夾註「訖第四十三品上」；徑、清有品名「釋歎淨品第四十二之下」。

一　一八三頁中四行首字，一八八頁上七行首字，一八九頁下一〇行第一一字「尒」，石、磧、普、南、徑、清、麗冠以〔經〕。

一　一八三頁中一〇行「外空內外空」，石、麗作「外空相內外空相」。

一　一八三頁中一九行第九字「智」，磧、普、南、徑、清作「種智」。

一　一八三頁中二一行第一三字「示」，石、麗作「應示」。

一　一八三頁下九行第一〇字「許」，磧、普、南、徑、清作「說」。

一　一八三頁下一一行第五字「語」，石、磧、普、南、徑、清、麗作「讚」。

一　一八三頁下一一行「善哉」，石、麗作「善哉善哉」。

一　一八三頁下一三行第五字「相」，石、麗作「相汝」。

一　一八三頁下二二行「須菩提」，資、磧、普、南、徑、清無。

一　一八四頁上四行第一二、一三字「般若」，諸本作「是般若」。

一　一八四頁上六行第八字「法」，石作「法亦不可知」。

一　一八四頁上七行第一二字「是」，資無。

一　一八四頁上一一行第五字「㝵」，石、磧、普、南、徑、清、麗作「礙相」；資作「相礙」。

一　一八四頁上一五行第八字「如」，磧、普、南、徑、清作「如汝」。

一　一八四頁上一八行首字「問」，石、磧、普、南、徑、清、麗冠以〔論〕。

一　一八四頁上一八行「㝵相」，資、磧、普、南、徑、清、麗作「無礙相」。

一　一八四頁上一八行第一一字「无」，資、磧、普、南、徑、清、麗無。

一　一八四頁中七行首字「相」，諸本作「所」。

一　一八四頁中一四行第九字「得」，諸本作「復」。

一　一八四頁中一五行第六字「說」，諸本作「就」。

一　一八四頁中一八行第二字「㝵」，諸本作「㝵相」。

一　一八四頁中二一行第九字「若」，諸本作「著」。

一　一八四頁下四行第四字「細」，諸本作「微細」。

一　一八四頁下七行「離一切」，石、麗均作「遠一切」。

一　一八四頁下一一行第六字「礼」，諸本作「作礼」。

一　一八四頁下一九行第七字「以」，

諸本作「是」。

一　一八四頁下二一行第一〇字「遠」，諸本作「遠離」。

一　一八五頁上三行「鼻耳」，石、麗作「耳鼻」；資、磧、普、南、徑、清作「鼻」。

一　一八五頁上一三行末字「也」，石下有夾註「釋第四十二品竟」；至此卷第六十八終，卷第六十九始。

一　一八五頁上一四行品名，石作「摩訶般若波羅蜜經無作實相品第四十三釋」；徑、清作「釋無作品第四十三之上」。末字「三」，資、磧、普、南作「三上」。

一　一八五頁上一五行首字「須」，石、磧、普、南、徑、清、麗冠以〔經〕。

一　一八五頁下五行第六字「得」，諸本作「行」。

一　一八六頁上五行「甚深」，石、麗作「是甚深」。

一　一八六頁上一四行第四字「習」，諸本作「習行」。

一　一八六頁上一七行第八字「禪」，石作「禪波羅蜜」。

一　一八六頁中三行第二字「誓」，資、麗無。

一　一八六頁中三行「大莊嚴」，石、磧、普、南、徑、清作「大誓莊嚴」，下同。

一　一八六頁中一〇行第九字「諸」，資、磧、普、南、徑、清無。

一　一八六頁中一九行「減亦不增」，石作「增亦不減」。

一　一八六頁下一行第七字「我」，石、麗作「我當」。

一　一八六頁下七行，一八八頁下五行，一九〇頁下八行「釋曰」，石、磧、普、南、徑、清、麗冠以〔論〕。

一　一八六頁下一三行末字至一四行第二字「云何得」，資、磧、普、南、徑、清無。

一　一八六頁下一五行「無常」，石、麗作「若無常」。

一　一八七頁上八行首字「行」，資、磧、普、南、徑、清作「得」。

一　一八七頁上一八行末字「常」，石、麗作「無常」。

一　一八七頁上末行「衆會」，石、麗作「會衆」。

一　一八七頁中四行末字「法」，諸本作「空法」。

一　一八七頁中二二行第一二字「喻」，石無。

一　一八七頁下一三行第六字「大」，石作「大誓」。

一　一八七頁下末行「相定」，諸本作「定相」。

一　一八八頁上五行「戒衆」，資、磧、普、南、徑、清作「衆生」。

一　一八八頁上一二行第九字「讀」，資作「讃」。

一　一八八頁中一九行第九字「化」，資無。

一　一八八頁下七行第九字「常」，諸本作「當」。

一　一八八頁下一五行「子弟」，石作「弟子」。

一八八頁下一九行末字「護」，石、麗作「守護」。

一八九頁上一一行第一一字「捲」，諸本作「拳」。

一八九頁上一四行第三字「若」，石無。

一八九頁上二一行首字「等」，石無。

一八九頁中七行第一一字「別」，石、磧、普、南、徑、清、麗作「分別」。

一八九頁中一二行第四字「見」，石、磧、普、南、徑、清、麗作「知見」。

一八九頁中一九行第三字「是」，資、磧、普、南、徑、清無。

一八九頁中二一行「生念」，資、磧、普、南、徑、清、麗無。

一八九頁中二二行首字「夢」，諸本作「夢得」。

一八九頁下四行第六字「入」，石、麗作「非我所入」。

一九〇頁上二行第一一字「賢」，石、磧、普、南、徑、清、麗作「如賢」。

一九〇頁中二一行第七字「无」，石、麗作「不」。

一九〇頁下三行第三字「故」，石、磧、普、南、徑、清、麗作「相故」。

一九〇頁下一三行第六字「上」，石、麗無。

一九〇頁下一五行末字「見」，石作「令見」。

一九一頁上四行第一〇字「是」，石無。

一九一頁上八行「大身」，資、磧、普、南、徑、清作「大身大身」。

一九一頁上一三行「弥勒」，石、麗作「弥勒菩薩」。

一九一頁上一三行「法師」，諸本作「法門」。

一九一頁上一六行第一二字「法」，諸本作「諸法」。

一九一頁上二〇行第八字「淨」，石、麗無。

一九一頁中一二行第八字「二」，石、麗作「出」。

一九一頁中一四行及二一行「爲虚」，石作「爲空」。

一九一頁中二一行「人作故」，資、磧、普、南、徑、清作「人故作」；麗作「故作」。

一九一頁下六行第五字「無」，石作「若無」。

一九一頁下六行末字「無」，資、磧、普、南、徑、清作「不」。

一九一頁下一〇行第五字「空」，石無。

一九一頁下末行經名，石無（未換卷）；經名末，資、磧、普、南有夾註「釋第四十二品下訖第四十三品上」。

趙城縣廣勝寺

大智度論釋無作實相品第四十三之餘　卷六十五　邪

聖者龍樹造

後秦龜茲國三藏鳩摩羅什譯

須菩提白佛言世尊若善男子善女人受持是般若波羅蜜親近正憶念者終不病眼耳鼻舌身意亦終不病身無刑殘亦不衰耄終不橫死无數百千万諸天四天王天乃至淨居諸天皆悉隨從聽受六齋日月八日二十三日十四日二十九日十五日三十日諸天衆會善男子為法師者在所說般若波羅蜜處皆悉來集是善男子善女人在大衆中說是般若波羅蜜得無量无邊阿僧祇不可思議不可稱量福德

佛告須菩提如是如是是善男子善女人若六齋日月八日二十三日十四日二十九日十五日三十日在諸天衆前說般若波羅蜜多善男子善女人得无量無邊阿僧祇不可思議不可稱量福德何以故須菩提般若波羅蜜是大珎寶何等是大珎寶

大智度論第六十五卷　第二張　邪

是般若波羅蜜能拔地獄畜生餓鬼及人中貧窮能與剎利婆羅門大姓居士大家能與四天王天處乃至非有想非無想處能與須陁洹果斯陁含果阿鄃含果阿羅漢果辟支佛道阿耨多羅三藐三菩提何以故是般若波羅蜜中廣說十善道四禪四无量心四無色定四念處乃至八聖道分檀波羅蜜尸羅波羅蜜羼提波羅蜜毗梨耶波羅蜜禪波羅蜜般若波羅蜜廣說內空乃至无法有法空廣說佛十力乃至一切智從是中學出生剎利大姓婆羅門大姓居士大家出生四天王天三十三天夜摩天兜率陁天化樂天他化自在天梵身天梵輔天梵衆天大梵天光天少光天無量光天光音天淨天少淨天无量淨天遍淨天阿鄃婆伽天得福天廣果天无想天阿浮呵鄃天不熱天快見天妙見天阿迦尼吒天虛空無邊處天識無邊處天无所有處天非有想非無想處天是法中學須陁洹果斯陁含果阿鄃含果阿羅漢果得辟

支佛道得阿耨多羅三藐三菩提以是故須菩提般若波羅蜜名為大珎寶珎寶波羅蜜中無有法可得若生若滅若垢若淨若取若捨珎寶波羅蜜亦無有法若善若不善若世間若出世間若有漏若无漏若有為若无為以是故須菩提是名无所得珎寶波羅蜜須菩提是珎寶波羅蜜无有法能染汙何以故所用染法不可得故須菩提以是故名無染珎寶波羅蜜須菩提若菩薩摩訶薩行般若波羅蜜時亦如是不知亦如是不分別亦如是不得亦如是不戲論是為能修行般若波羅蜜亦能礼覲諸佛從一佛國至一佛國供養恭敬尊重讚歎諸佛遊諸佛刹成就衆生淨佛國土須菩提是般若波羅蜜於諸法無有力无非力亦無受亦無與不生不滅不垢不淨不增不減是波羅蜜亦非過去非未來非現在不捨欲界不住欲界不捨色界不住色界不捨無色界不住無色界是般若波羅蜜不與檀波羅蜜亦不捨不與尸波羅

蜜亦不捨不與羼提波羅蜜亦不捨不與毗梨耶波羅蜜亦不捨不與禪波羅蜜亦不捨不與般若波羅蜜亦不捨不與内空亦不捨乃至不與无法有法空亦不捨不與四念處亦不捨乃至不與八聖道分亦不捨不與佛十力亦不捨乃至不與十八不共法亦不捨不與須陁洹果亦不捨乃至不與阿羅漢果亦不捨不與辟支佛道亦不捨乃至不與一切智亦不捨是般若波羅蜜不與阿羅漢法不捨凡人法不與辟支佛法不捨阿羅漢法不與佛法不捨辟支佛法是般若波羅蜜亦不與無為法不捨有為法何以故若有諸佛若無諸佛是諸法相常住不異法相法住法位常住不謬不失故問曰若受持般若正憶念猶有衆患云何言終不病眼等苦曰是事上功德地獄品中已廣說所謂非必受報業故無衆患又常受持正憶念如所說行般若故無衆患辟如良藥能破衆病若不能將順則不除患非藥之失又如痴人雖得利器

不能御難非器之過行者如是先世重罪今世不如所說行故不得般若力非般若過問曰天上亦有般若波羅蜜諸天何以於六齋日隨逐不淨人身求聞般若答曰天上有經卷傳聞如是亦非佛說若令有者忉利天上兜率天上當有何以故阿修羅共忉利天鬪時佛勑帝釋汝當誦念般若兜率天上常有補處菩薩為諸天說故可有色界諸天身及衣服輕微乃至無兩數常樂宴寂受禪定味是故不應有經卷諸天著二種樂欲樂定樂不能懃苦書持般若波羅蜜閻浮提人能精進書持受學正憶念如經說閻浮提人以三因緣勝諸天及欝單曰人一者能斷淫欲二者强識念力三者能精懃勇猛是閻浮提人能書寫讀誦受持以是故諸天來下礼拜般若經卷或欲聞說復有人言天上若有經卷遠來供養福德增益求般若波羅蜜亦无猒足有菩薩天欲令般若尊重故來下欲令衆生益加信敬諸天尚来何况我等行者若

開好香若見光明有如是希有事故深心信樂般若又人未離欲人惡鬼魔民常逐伺便令墮惡處從四天王乃至淨居天是大力諸天來小鬼避去菩薩能生清淨大心如先品中說是故來隨逐法師六齋日諸天來觀人心十五日三十日上白諸天復次是六齋日是惡日令人衰凶若有是日受八戒持齋布施聽法是時諸天歡喜小鬼不得其便利益行者是日法師高座說法如是等種種因緣故諸天皆來說法者讚歎無量無邊无上法所謂般若波羅蜜亦得无量無邊福德若為人說人能根福德薄故得福少諸天利根福德多福田勝故得福多故佛說行者齋日諸天及大衆中說中般若得福无量此中佛可須菩提所言復自說無量福德因緣所謂般若波羅蜜是大珎寶波羅蜜如如意寶珠能滿一切人願是般若波羅蜜能滿一切衆生願所謂離苦得樂離苦者般若波羅蜜能拔衆生地獄畜生餓鬼及人中貧窮與樂者

能與剎利大姓乃至阿耨多羅三藐三菩提是樂因緣善法般若波羅蜜中廣說所謂十善道乃至一切智如如意寶能出衣服飲食金銀等隨意所須般若波羅蜜亦如是能令得十善道乃至一切智剎利大姓乃至佛以是事故名為珎寶波羅蜜復次珎寶波羅蜜者如人得如意寶則隨意所須皆得失則憂惱是般若波羅蜜不生不滅常不失世世與衆生樂未後令得佛道如人得如意寶則心生自高輕賤他人是為衰因緣若人得世間般若波羅蜜亦如是分別著諸善法捨諸惡法生高心輕蔑餘人則開諸罪門珎寶般若波羅蜜出世間般若波羅蜜中不分別善不善是名大珎寶波羅蜜能利衆生畢竟無憂是珎寶波羅蜜善法常不能汙染何況不善法如此中說如是亦不知者如上說般若作是知不作知者不取相亦不生著不分別不得定相是名无有過患無有法愛斷諸戲論如是人能實修行般若波羅蜜以法礼佛

自得實法利益故能利衆生能自離惡能令衆生離惡故得淨佛世界用無所得方便力故知諸法畢竟寂滅相而能為衆生故起諸善法般若波羅蜜畢竟清淨故無力無非力辟如虛空雖無有法而因虛空得有所作无有一法定相可著故無有力得諸法實相於諸善法無导乃至降魔成佛非無有力不受不與不生不滅等乃至不捨有為法不與無為法亦如是此中說因緣有佛无佛諸法性常住世間諸法性者即是諸法實相諸法實相者即是般若波羅蜜若以常无常等求諸法實相是皆為錯若人入法性中則無有錯謬法性常故不失尒時諸天子虛空中立發大音聲踊躍歡喜以漚鉢羅華波頭摩拘物陁分陁利華而散佛上如是言我等於閻浮提見第二法輪轉是中无量百千天子得無生法忍佛告須菩提是法輪非第一轉非第二轉是般若波羅蜜不為轉不為還故出无法有法空故須菩提白佛言世尊云何无法有法

空故般若波羅蜜不為轉不為還故出佛言般若波羅蜜般若波羅蜜相空乃至檀波羅蜜檀波羅蜜相空內空內空相空乃至無法有法空无法有法空相空四念處四念處相空乃至八聖道分八聖道分相空佛十力佛十力相空乃至十八不共法十八不共法相空須陁洹果須陁洹果相空斯陁含果斯陁含果相空阿那含果阿那含果相空阿羅漢果阿羅漢果相空辟支佛道辟支佛道相空一切種智一切種智相空須菩提白佛言世尊諸菩薩摩訶薩般若波羅蜜是摩訶波羅蜜何以故雖一切法自性空而諸菩薩摩訶薩因般若波羅蜜得阿耨多羅三藐三菩提亦无法可得轉法輪亦無法可轉亦无法可還是摩訶波羅蜜中亦無有法可見何以故是法不可得若轉若還一切法畢竟不生故何以故是空相不能轉不能還無相相不能轉不能還无作相不能轉不能還若能如是說般若波羅蜜教照開示分別顯現解釋淺易有能

如是教者是名清淨說般若波羅蜜亦無說者亦無受者亦无證者若無說无受無證亦無滅者是說法中亦无畢定福田

釋曰諸天聞般若大歡喜踊躍諸天身輕利根分別著相知有輕重聞般若波羅蜜畢竟清淨平等實相大利益衆生無有過者是故踊躍歡喜起身業口業持供養具蓮華等供養於佛作是言我等於閻浮提見第二法輪轉問曰初說法令人得道是名轉法輪今何以言第二法輪若以佛說名為轉法輪者皆是法輪何限第二答曰初說法名定實一法輪因初轉乃至法盡通名為轉是諸天見是會中多有人發无上道得无生法忍見是利益故讃言第二轉法輪初轉法輪八万諸天得無生法忍阿若憍陳如一人得初道今無量諸天得无生法忍是故說第二法輪轉今轉法輪似如初轉問曰今轉法輪多人得道初轉法輪得道者少云何以大喻小答曰諸佛事有二種一者密二者現

初轉法輪聲聞人見八万一人得初道諸菩薩見無數阿僧祇人得聲聞道無數人種辟支佛道因緣无數阿僧祇人發無上道心无數阿僧祇人行六波羅蜜道得諸深三昧陁羅尼門十方无量衆生得无生法忍无量阿僧祇衆生從初地中乃至十地住無量阿僧祇衆生得一生補處無量阿僧祇衆生得坐道場聞是法疾成佛道如是等不可思議相是名密轉法輪相辟如大雨大樹則多受小樹則少受以是故當知初轉法輪亦大後餘前无咎轉法輪非一非二者為畢竟空及轉法輪果報涅槃故如是說是則因中說果法輪即是般若波羅蜜是般若波羅蜜無起无作相故無轉无還如十二因緣中說无明畢竟空故不能實生諸行等无明虛妄顛倒無有實定故无法可滅說世間生法故名為轉說世間滅法故名為還般若波羅蜜中无此二事故說无轉無還无法有法空故無轉是有法空无還是無法空問曰須菩提何以

作是問有法無法空故般若波羅蜜
不為轉不為還故出而佛還以空荅
荅曰有人說諸法有四種相一者說
有二者說無三者說亦有亦无四者
說非有非無是中邪憶念故四種邪
行者此四法故名為邪道是中正憶
念故四種正行中不著故名為正道
是中破非有非无故名無法有法空
佛說乃至破非有非無故說无有轉
無有還破非有非无有二種一者用
上三句破二者用涅槃實相破須菩
提雖知佛以涅槃破有無是中有新
發意菩薩或錯謬故用三句破非有
非無於无法有法空中還生邪見故
佛說有法无法亦自相空是故說般
若波羅蜜無轉無還般若波羅蜜中
無般若波羅蜜相一切法无相故乃
至檀波羅蜜亦如是內空乃至一切
種智相空亦如是尒時須菩提及大
衆歡喜讚歎般若波羅蜜作是言大
波羅蜜所謂般若波羅蜜大波羅蜜
者所謂一切法雖自性空而般若波
羅蜜能利益菩薩令得阿耨多羅三

藐三菩提雖得亦無所得雖轉法輪
亦無所轉問曰若諸法空般若波羅
蜜空阿耨多羅三藐三菩提亦空不
應讚般若為摩訶波羅蜜荅曰此中
說一切法自性空故自性空中亦无
自性空是故名摩訶波羅蜜若無空
相不應作難以畢竟空故无所㝵而
能行諸善法得阿耨多羅三藐三菩
提世俗法故非第一義諸佛雖說法
令他得道破煩惱從此至彼名為轉
令我等諸煩惱虛誑顛倒妄語无有
定相若無定相為何所斷若無所斷
亦無轉無還是故說雖轉法輪亦无
轉還何以故是般若波羅蜜中无有
法五眼所能見若轉若還一切法從
本已來畢竟不生故是自性空畢竟
空非轉非還相畏墮常故不轉畏墮
滅故不還畏墮有故不轉畏墮无故
不還畏著世間故不轉畏著涅槃故
不還如是自性空畢竟空十八空等
無量諸空是空解脫門不轉不還无
相無作亦如是入是三解脫門捨我
我所心是名說得解脫能如是不取

相不著心說般若波羅蜜教照等說
者若案文若口傳教者為人讚般若
若令受持讀誦正憶念照者如人執
燈照物若人不知般若以智慧明照
之令知開者如寶藏閉門雖有好物
而不能得若開其門則隨意所取如
人疑不信般若者開邪疑扉折无明
關是人則隨意所取示者如人眼視
不明指示好醜如人有小信小智者
示是道非道是利是失等分別者分
別諸法是善是不善是罪是福是世
間是涅槃經書略說難解難信能廣
為分別解說令得信解顯現者佛為
種種衆生說種種法或時毀呰善法
助不善法趣令衆生得解說法者說
佛意趣以應衆生令知輕重相解釋
者如囊中寶物繫口則人不知若為
人解經卷囊解釋義理又如重物披
析令輕種種因緣辭喻解釋本末令
易解淺易者如深水難渡有人分散
此水令淺則淺渡者皆易般若波羅
蜜如水甚深論議方便力故種種說
能令淺易乃至小智之人皆能信解

能以十種為首說甚深義是名清淨說般若波羅蜜義第一義中實无所說畢竟空故无說無說故无受無受故无證無證故無滅諸煩惱者若无滅煩惱則無福田受者名信受讀誦行是法得沙門果無生法忍是名為證證時諸煩惱滅得有餘涅槃得有餘涅槃故是畢定福田畢定者諸法同无餘涅槃性故說無畢定福田

大智度論釋諸波羅蜜品第四十四

尒時慧命須菩提白佛言世尊无邊波羅蜜是般若波羅蜜佛言如虛空无邊故一世尊等波羅蜜是般若波羅蜜佛言諸法等故二世尊離波羅蜜是般若波羅蜜佛言畢竟空故三世尊不壞波羅蜜是般若波羅蜜佛言一切法不可得故四世尊無彼岸波羅蜜是般若波羅蜜佛言无名無身故五世尊空種波羅蜜是般若波羅蜜佛言入出息不可得故六世尊不可說波羅蜜是般若波羅蜜佛言覺觀不可得故七世尊無名波羅蜜是般若波羅蜜佛言受想行識不可得

故八世尊不去波羅蜜是般若波羅蜜佛言一切法不来故九世尊無移波羅蜜是般若波羅蜜佛言一切法不可伏故十世尊盡波羅蜜是般若波羅蜜佛言一切法畢竟盡故十一世尊不生波羅蜜是般若波羅蜜佛言一切法不滅故十二世尊不滅波羅蜜是般若波羅蜜佛言一切法不生故十三世尊無作波羅蜜是般若波羅蜜佛言作者不可得故十四世尊无知波羅蜜是般若波羅蜜佛言知者不可得故十五世尊不到波羅蜜是般若波羅蜜佛言生死不可得故十六世尊不失波羅蜜是般若波羅蜜佛言一切法不失故十七

釋曰無邊波羅蜜者須菩提聞佛說大珎寶波羅蜜義因而自讚般若波羅蜜摩訶波羅蜜又以智慧深入種種法門觀般若波羅蜜如海水无量無邊深如般若波羅蜜功德因發大歡喜欲以種種因緣讚歎般若是故白佛言世尊无邊波羅蜜是般若波羅蜜无邊義從品初至竟皆是无邊義妨說

餘事故略說若廣說則無量復次常是一邊無常是一邊我无我有无世間有邊無邊衆生有邊無邊如是等法名為邪見邊得般若波羅蜜則无是諸邊故言無邊復次辟如物盡處名為邊虛空無色无形故無邊般若波羅蜜畢竟清淨故无有邊无有盡无取處无受處无著處是故佛荅如虛空无邊故般若波羅蜜亦无邊菩薩得法忍觀一切法皆平等是故說一切法等故言等波羅蜜菩薩用畢竟空心離諸煩惱亦離諸法是故名離波羅蜜菩薩用是般若波羅蜜總相別相求諸法不得定相如毛髮許以不可得故於一切法心不著若有邪見戲論人用邪見著心欲破壞是菩薩是菩薩無所著故不可破壞是名不壞波羅蜜此岸名為生死彼岸名涅槃中有諸煩惱大河一切出家人欲捨此岸貪著彼岸而般若波羅蜜無彼岸是涅槃无色無名是故說无色無名故是名無彼岸波羅蜜有虛空則有出入息出入息皆從虛誑業因緣

大智度論第六十五卷　第十八張　形字号

生出者非入入者非出念念生滅不可得實相息不可得故一切法亦不可得不可得故名空種波羅蜜一切法空寂相故不須覺觀覺觀无故則無言說无言說故說般若波羅蜜斷語言道是故名不可說波羅蜜二法攝一切法所謂名色四大及造色色所攝受等四衆名所攝分別諸法者說般若波羅蜜是智慧相故名所攝今實不離色是名不離名是色是般若波羅蜜無知相故說受想行識不可得故言无名波羅蜜一切法无來无去故名無去波羅蜜般若波羅蜜是三世十方佛法藏以三法印印无天无人能破故名无移波羅蜜諸有為法念念盡滅無有住時若尒者過去法不盡未來法亦不盡現在法不住故不盡三世盡不可得故名為畢竟盡畢竟盡故名盡波羅蜜一切法三世中生不可得故无生無生故名无生波羅蜜不滅波羅蜜亦如是作有二種一者衆生作二者法作衆生作者布施持戒等法作者火燒水爛

大智度論第六十五卷　第十九張　形字号

心識所知衆生空故無作者一切法鈍不起不作相故法亦不作是二无作故名无作波羅蜜無知波羅蜜亦如是一切法鈍故无所知天眼見有生死用空慧眼見生死不可得生死不可得故令世衆生死无到後世者但五衆先業因緣相續生故名不到波羅蜜般若波羅蜜不失諸法實相亦能令一切法不失實相離般若波羅蜜一切法皆失觀一切法實相得般若波羅蜜是故名不失波羅蜜

世尊夢波羅蜜是般若波羅蜜佛言乃至夢中所見不可得故十八世尊響波羅蜜是般若波羅蜜佛言聞聲者不可得故十九世尊影波羅蜜是般若波羅蜜佛言鏡面不可得故二十世尊焰波羅蜜是般若波羅蜜佛言水流不可得故二十一世尊幻波羅蜜是般若波羅蜜佛言術事不可得故二十二世尊不垢波羅蜜是般若波羅蜜佛言諸煩惱不可得故二十三世尊无淨波羅蜜是般若波羅蜜佛言煩惱虛誑故二十四世尊不汙波羅蜜是般若波羅蜜佛

大智度論第六十五卷　第二十張　形字号

言處不可得故二十五世尊不戲論波羅蜜是般若波羅蜜佛言一切戲論破故二十六世尊不念波羅蜜是般若波羅蜜佛言一切念破故二十七世尊不動波羅蜜是般若波羅蜜佛言法性常住故二十八世尊无染波羅蜜是般若波羅蜜佛言知一切法妄解故二十九世尊不起波羅蜜是般若波羅蜜佛言一切法无分別故三十世尊寂滅波羅蜜是般若波羅蜜佛言一切法相不可得故三十一世尊无欲波羅蜜是般若波羅蜜佛言欲不可得故三十二世尊無瞋波羅蜜是般若波羅蜜佛言瞋恚不實故三十三世尊無癡波羅蜜是般若波羅蜜佛言無明黑闇滅故三十四世尊无煩惱波羅蜜是般若波羅蜜佛言分別憶想虛妄故三十五世尊無衆生波羅蜜是般若波羅蜜佛言衆生无所有故三十六世尊斷波羅蜜是般若波羅蜜佛言諸法不起故三十七世尊无二邊波羅蜜是般若波羅蜜佛言離二邊故三十八世尊不破波羅蜜是般若波羅蜜佛言一切法不相離故三十九世尊不取波

羅蜜是般若波羅蜜佛言過聲聞辟支佛地故十四世尊不分別波羅蜜是般若波羅蜜佛言諸妄想不可得故一四十世尊無量波羅蜜是般若波羅蜜佛言諸法量不可得故二四十世尊虛空波羅蜜是般若波羅蜜佛言一切法无所有故三四十

釋曰須菩提讚般若波羅蜜示衆生世間空如夢佛言夢亦不可得故名夢波羅蜜響影焰幻亦如是人心以聲為實以響為虛影以面鏡為實像為虛焰以風塵日光為實水為虛幻以祝術為實祝術所作為虛須菩提讚般若以喻為空佛說喻本事皆空本事皆空故是喻亦空是般若波羅蜜無垢能斷滅一切垢佛言諸煩惱從本已來常無今何所斷是故名无垢波羅蜜無淨波羅蜜亦如是無煩惱即是淨淫欲瞋恚等諸煩惱名為汙是般若波羅蜜一切垢法所不汙六情是諸煩惱處六情及一切法諸煩惱緣處住處皆不可得故名不汙波羅蜜得是般若波羅蜜一切戲論

憶想分別滅故名不戲論波羅蜜一切法畢竟空故无念相無憶無念相故名无念波羅蜜住法性菩薩一切論議者所不能勝一切法使邪見所不能覆一切法無常破壞心不生憂如是等因緣故名不動波羅蜜一切法妄解非但愛染故名无染波羅蜜憶想分別是一切結使根本有結使能起後身業知憶想分別虛妄一切後世生業更不復起故是名不起波羅蜜般若波羅蜜中不取三毒火相故言寂滅波羅蜜佛言非但三毒相寂滅一切法相不可得故是般若波羅蜜乃至善法中尚不貪何況餘欲佛說欲從本已来不可得故貪欲虛誑自性不可得故名无欲波羅蜜非是離欲故名无欲瞋恚性畢竟无所有故名無瞋波羅蜜非是離瞋故名無瞋一切法中无明黑闇破故名无癡波羅蜜非是滅癡故名无癡無煩惱波羅蜜者菩薩得无生法忍故一切煩惱滅佛言憶想分別是煩惱根本憶想尚無何況煩惱故名无煩惱

波羅蜜般若能破无衆生中有衆生顛倒故名無衆生波羅蜜佛言是衆生從本已来不生无所有故名無衆生須菩提意以般若波羅蜜能斷一切有漏法故名斷波羅蜜佛言諸法不起不生無所作諸法自然斷相故名斷二邊者所謂我無我斷無斷不斷法無斷法常滅有无如是等無量二邊般若波羅蜜中無是諸邊故名无二邊波羅蜜佛言是諸邊從本已来无但以虛誑顛倒故著菩薩求實事故離是顛倒邊是般若波羅蜜一相空故不可破佛言不但般若波羅蜜一切法皆無定異相如果不離因因不離果有為法不離無為法無為法不離有為法般若波羅蜜不離一切法一切法不離般若波羅蜜一切法實相即是般若波羅蜜故名不破波羅蜜破著所謂諸法各各離散一切法常無常等過失是故般若波羅蜜不取一切法佛言一切法乃至二乘出世間清淨法亦不取故名不取波羅蜜分別名取相生心妄想分別

般若是實相故無是妄想分別佛言因憶想分別有無分別無分別今憶想分別從本已来無故名无分別波羅蜜般若波羅蜜出四无量故名無量波羅蜜無量復次畢竟空為涅槃無量法故名无量是名六情所籌度是法空無相無生滅六情所不能量何以故物多而量器小故佛言非但是般若波羅蜜無量色等一切法不可得故皆无量如虛空無色无形無所能作般若波羅蜜亦如是佛言非但虛空無所有色等諸法皆無所有故名虛空波羅蜜

世尊無常波羅蜜是般若波羅蜜佛言一切法破壞故四十四 世尊苦波羅蜜是般若波羅蜜佛言一切法惱相故四十五 世尊無我波羅蜜是般若波羅蜜佛言一切法不著故四十六 世尊空波羅蜜是般若波羅蜜佛言一切法不可得故四十七 世尊無相波羅蜜是般若波羅蜜佛言一切法不生故四十八 世尊內空波羅蜜是般若波羅蜜佛言內法

不可得故四十九 世尊外空波羅蜜是般若波羅蜜佛言外法不可得故五十 世尊內外空波羅蜜是般若波羅蜜佛言內外法不可得故五十一 世尊空空波羅蜜是般若波羅蜜佛言空法不可得故五十二 世尊大空波羅蜜是般若波羅蜜佛言一切法不可得故五十三 世尊第一義空波羅蜜是般若波羅蜜佛言涅槃不可得故五十四 世尊有為空波羅蜜是般若波羅蜜佛言有為法不可得故五十五 世尊無為空波羅蜜是般若波羅蜜佛言无為法不可得故五十六 世尊畢竟空波羅蜜是般若波羅蜜佛言諸法畢竟不可得故五十七 世尊無始空波羅蜜是般若波羅蜜佛言諸法无始不可得故五十八 世尊散空波羅蜜是般若波羅蜜佛言散法不可得故五十九 世尊性空波羅蜜是般若波羅蜜佛言有為无為法不可得故六十 世尊諸法空波羅蜜是般若波羅蜜佛言一切法不可得故六十一 世尊自相空波羅蜜是般若波羅蜜佛言自相離故六十二 世尊無法空波羅蜜是般若

波羅蜜佛言無法不可得故六十三 世尊有法空波羅蜜是般若波羅蜜佛言有法不可得故六十四 世尊無法有法空波羅蜜是般若波羅蜜佛言无法有法不可得故六十五 世尊念處波羅蜜是般若波羅蜜佛言身受心法不可得故六十六 世尊正懃波羅蜜是般若波羅蜜佛言善不善法不可得故六十七 世尊如意足波羅蜜是般若波羅蜜佛言四如意足不可得故六十八 世尊根波羅蜜是般若波羅蜜佛言五根不可得故六十九 世尊力波羅蜜是般若波羅蜜佛言五力不可得故七十 世尊覺波羅蜜是般若波羅蜜佛言七覺分不可得故七十一 世尊道波羅蜜是般若波羅蜜佛言八聖道分不可得故七十二 世尊無作波羅蜜是般若波羅蜜佛言无作不可得故七十三 世尊空波羅蜜是般若波羅蜜佛言空相不可得故七十四 世尊無相波羅蜜是般若波羅蜜佛言寂滅相不可得故七十五 世尊背捨波羅蜜是般若波羅蜜佛言八背捨不可得故七十六 世尊定波羅蜜是般若波羅

蜜佛言九次第定不可得故七十七世尊檀波羅蜜是般若波羅蜜佛言慳貪不可得故七十八世尊尸羅波羅蜜是般若波羅蜜佛言破戒不可得故七十九世尊羼提波羅蜜是般若波羅蜜佛言忍辱不可得故八十世尊毗梨耶波羅蜜是般若波羅蜜佛言懈怠精進不可得故八十一世尊禪波羅蜜是般若波羅蜜佛言定亂不可得故八十二世尊般若波羅蜜是般若波羅蜜佛言癡慧不可得故八十三世尊十力波羅蜜是般若波羅蜜佛言一切法不可伏故八十四世尊无所畏波羅蜜是般若波羅蜜佛言道種智不没故八十五世尊无㝵智波羅蜜是般若波羅蜜佛言一切諸法無障無㝵故八十六世尊佛法波羅蜜是般若波羅蜜佛言過一切法故八十七世尊如實說者波羅蜜是般若波羅蜜佛言一切語實故八十八世尊自然波羅蜜是般若波羅蜜佛言一切法中自在故八十九世尊佛波羅蜜是般若波羅蜜佛言知一切法一切種故九十

釋曰般若波羅蜜中有無常聖行故

名無常波羅蜜佛言非但般若中有無常觀一切法無常故名無常波羅蜜問曰上来說般若波羅蜜法性常住今何以說无常答曰般若波羅蜜是智慧觀法從因緣和合生是有為法故無常般若波羅蜜所緣處如法性實際无為法故常須菩提說有為般若故言般若無常問曰若尒者佛何以說一切法盡是破壞無常無為法無破壞相答曰一切法名六情內外皆是作法作法故必歸破壞相離有為法無無為法亦更无有法相因有為法相故說無為法不生不滅復次一切有為法有二種一者名字一切二者實一切一切有為法破壞故名一切無常苦等乃至無法有法空亦如是須菩提說一切法相讃般若佛舉一切法答正觀身等四法徙四念處生四念處是四諦之初門四諦是沙門果初門阿羅漢果分別即是三乘四念處般若波羅蜜中種種廣說佛言是四種法緣處從本已来皆不可得故名念處波羅蜜從四正懃乃

至般若波羅蜜亦如是問曰餘法可以讃般若云何復以般若讃般若答曰有二種般若一者常住般若二者與五波羅蜜共行有用般若波羅蜜須菩提讃有用般若波羅蜜能破无明黒闇能與真智慧是故佛說常住般若波羅蜜癡慧不可得故行是般若波羅蜜菩薩初得菩薩十力後得佛十力是故說十力波羅蜜佛言非但十力者不可破不可伏一切法實相亦不可破亦不可伏佛愍為衆生故說十力佛力無量無邊如佛力一切法實相亦如是不可伏故名十力波羅蜜菩薩得是般若波羅蜜力於佛前能說法論議何況餘處尚不畏魔王何況外道故名無所畏波羅蜜佛言道種智不没故道種智名法眼知一切衆生以何道得涅槃般若波羅蜜常寂滅相不可說是菩薩以道種智故引導衆生於大衆中師子吼道種智增益故不没无所畏不自憍慢我有是法名無畏波羅蜜須菩提從佛聞無畏轉深故讃般若波羅蜜

言無㝵波羅蜜佛言非但四無㝵一切入如法性實際故皆是無㝵相菩薩因般若波羅蜜能集十力四無所畏四无㝵智大慈大悲等諸佛法故說佛法波羅蜜佛言聲聞法於凡夫法為勝辟支佛法於聲聞法為勝佛法於一切法㝡勝如一切色虛空廣大佛法㝡勝無能及無可喻過一切法故名佛法波羅蜜如過去佛行六波羅蜜得諸法如相今佛亦如是行六波羅蜜得佛道故多陁阿伽陁波羅蜜多陁阿伽陁者或言如來或言如實說或言如實知此中佛說非但佛說名如實說一切語言皆是如實故名如實說波羅蜜是般若波羅蜜具足後身自然作佛故名自然波羅蜜自然名佛佛所說故名自然波羅蜜復次是般若波羅蜜實相自然不由他作故名自然佛言佛一切法中得自在力故名自然波羅蜜具足十地得十力四無所畏轉法輪擊法鼓覺世間无明睡眾生故名為佛波羅蜜佛秦言覺者知者何者是所謂正知一

切法一切種故一切法者所謂五衆十二入十八界等復次一切法名外道經書伎術禪定等略說有五種所謂凡夫法聲聞法辟支佛法菩薩法佛法佛略知有二種相所謂摠相別相又以分別相畢竟空相廣知則一切種一切種是一切无量無邊法門以是事故名為佛波羅蜜不以佛身故名為佛波羅蜜但以一切種智故

大智度論卷第六十五

大智度論卷六十五

校勘記

一　底本，金藏廣勝寺本。

一　一九五頁中一行經名，石無（未換卷）；資、磧、普、南、徑、清作「大智度論卷第六十五」。

一　一九五頁中三行後，資、普有品名「釋第四十三品下」，並有夾註「訖第四十四品」；徑、清有品名「釋無作品第四十三之下」。

一　一九五頁中四行首字「須」，石、磧、普、南、徑、清、麗冠以〔經〕。

一　一九五頁中六行第一〇字「意」，資、磧、普、南、徑、清、麗無。

一　一九五頁中七行第二字「刑」，資、磧、普、南、徑、清作「形」。

一　一九五頁中一〇行第五字「日」，資、磧、普、南、徑、清無。

一　一九五頁中一二行第六字「處」，資、磧、普、南、徑、清無。

一 一九五頁中一六行第一〇字「是」，石、麗無。
一 一九五頁中一九行第四字「説」，石、麗作「説是」。
一 一九五頁中一九行第一〇字「多」，諸本作「是」。
一 一九五頁下一二行第九字「智」，磧、普、南、徑、清作「種智」。
一 一九五頁下二二行第一〇字「學」，諸本作「學得」。
一 一九六頁上末行第一二字「尸」，石作「尸羅」。
一 一九六頁中一七行第六字「問」，石、磧、普、南、徑、清、麗冠以〔論〕。
一 一九六頁下一〇行首字「説」，石作「説法」。
一 一九六頁下一一行第一三字「味」，石作「三昧」。
一 一九六頁下一七行第七字「懃」，石作「進」。
一 一九七頁上二行第八字「人」，諸本無。

一 一九七頁上一二行第四字「來」，石、普作「來下」；資、磧、南作「來不」。
一 一九七頁上一七行第四字「中」，諸本無。
一 一九七頁中一〇行末字「未」，諸本作「末」。
一 一九七頁中一八行第九字「常」，諸本作「尚」。
一 一九七頁中二〇行第五字「若」，石、磧、普、南、徑、清、麗作「若相亦不」。
一 一九七頁下一行第九字「利」，石、麗作「利益」。
一 一九七頁下二行「世界」，石作「國土」。
一 一九七頁下一一行第一一字「説」，諸本作「諸」。
一 一九七頁下一五行第四字「中」，石、麗作「中求」。
一 一九七頁下一六行首字，二〇〇頁上一一行首字「介」，石、磧、普、南、徑、清、麗冠以〔經〕。
一 一九七頁下一七行「暮拘物陁」，石、磧、普、南、徑、清、麗作「摩華拘物頭華」。
一 一九七頁下一九行「法輪轉」，石作「轉法輪」。
一 一九七頁下二二行第五字「轉」，石、磧、普、南、徑、清、麗作「轉故出」。
一 一九八頁上一四行第一三字「性」，麗作「相」。
一 一九八頁上一八行「摩訶」，石、麗作「摩訶般若」。
一 一九八頁上末行第四字「照」，資作「詔」。
一 一九八頁中五行，二〇〇頁中一六行，二〇二頁上八行，二〇四頁上末行「釋曰」，石、磧、普、南、徑、清、麗冠以〔論〕。
一 一九八頁中五行第二字「曰」，石作「曰時」。
一 一九八頁中五行第八字「大」，石

作「發大」。

一九八頁中一二行第一一字「輪」，諸本作「輪轉」。

一九八頁下五行第一三字「羅」，石作「降」。

一九八頁下一三行首字「後」，石、麗作「以後」。

一九八頁下一五行第九字「輪」，磧、普、南、徑、清作「轉」。

一九八頁下一九行「實定」，石作「定實」。

一九九頁上一四行末字「故」，石、麗作「是故」。

一九九頁中四行「般若」，石作「般若波羅蜜」。二〇三頁上一行，二〇四頁中八行石、麗同。

一九九頁中七行第一三字「㝵」，資、磧、普、南、徑、清作「破」。

一九九頁中一一行首字「令」，諸本作「今」。

一九九頁中一七行第三字「轉」，石、磧、普、南、徑、清、麗作「轉相」。

一九九頁下三行首字「若」，諸本無。

一九九頁下六行第一三字「取」，石作「求」。

一九九頁下二一行第六字「淺」，諸本無。

二〇〇頁上九行第八字「說」，資、磧、普、南、徑、清作「說亦」。

二〇〇頁上九行末字「田」，石下有夾註「釋第四十三品竟」，至此卷第六十九終，卷第七十始。

二〇〇頁上一〇行品名，石作「摩訶般若波羅蜜經百波羅蜜品第四十四釋」；徑、清作「釋諸波羅蜜品第四十四」，並有夾註「經作百波羅蜜編歎品」。

二〇〇頁上一三行第四字「一」至二一〇頁上二二行末夾註「九十」，此中凡夾註記數，石均無。

二〇〇頁上一六行「不壞」，石作「不可壞」。

二〇〇頁中一七行第一四字至第一六字「波羅蜜」，石作「波羅蜜爲」；南、徑、清、麗作「爲」。

二〇〇頁中一九行第八字「海」，石、磧、普、南、徑、清、麗作「大海」。

二〇〇頁中二〇行首字「如」，資、磧、普、南、徑、清、麗作「知」。

二〇〇頁下六行第二字「爲」，石、磧、普、南、徑、清作「爲有」。

二〇〇頁下八行首字「无」，石、磧、普、南、徑、清作「處無有」。

二〇〇頁下八行「无著處」，麗無。

二〇〇頁下一四行第四字「不」，石作「不可」。

二〇〇頁下一八行第一二字「名」，石作「是」。

二〇〇頁下二一行首字「岸」，諸本作「岸彼岸」。

二〇一頁中二行第四字「不」，石、麗無。

二〇一頁中一二行，二〇三頁上一五行「世尊」，石、磧、普、南、徑、清、麗冠以「經」。

一　二〇二頁上一一行第一〇字「面」，石、麗作「人面」。

一　二〇二頁上一四行首字「讚」，石作「讚歎」。

一　二〇二頁中二行「无念」，石、磧、普、南、徑、清、麗作「無憶無念」。

一　二〇二頁中二行第九字及末字「相」，石、磧、普、南、徑、清作「想」。

一　二〇二頁中四行第一〇字「法」，諸本作「結」。

一　二〇二頁下七行末字「不」，諸本作「可」。

一　二〇三頁上五行第七字「爲」，石、磧、普、南、徑、清、麗作「爲得」。

一　二〇三頁上七行第三字「是」，磧、普、南、徑、清作「量」。

一　二〇三頁上一七行第一二字「惱」，磧、普、南、徑、清作「苦惱」。

一　二〇三頁下五行首字「法」，石作「法空」。

一　二〇三頁下五行「念處」，石作「四念處」。

一　二〇三頁下七行「正懃」，石作「四正懃」。

一　二〇三頁下九行「如意」，石作「四如意」。

一　二〇三頁下一〇行正文第一一字「根」，石作「五根」。

一　二〇三頁下一二行正文第四字「力」，石作「五力」。

一　二〇三頁下一三行正文第一一字「覺」，石作「七覺分」。

一　二〇三頁下一五行正文第五字「道」，石作「八聖道」。

一　二〇三頁下二一行「背捨」，石作「八背捨」。

一　二〇三頁下末行正文第五字「定」，石作「九次第定」。

一　二〇四頁上六行第二字「忍」，資無。

一　二〇四頁上一六行第二字「諸」，資、磧、普、南、徑、清無。

一　二〇四頁上一八行正文第七字「者」，磧、普、南、徑、清無。

一　二〇四頁上一九行第八字「語」，石、麗作「説如」；資、磧、普、南、徑、清作「語如」。

一　二〇四頁上二二行第一三字「種」，石、麗作「種智」。

一　二〇四頁中二〇行「沙門」，石、磧、普、南、徑、清、麗作「四沙門」。

一　二〇四頁下一一行第一二字「爲」，石、麗作「爲度」。

一　二〇四頁下一二行「十力」，麗作「十方」。

一　二〇四頁下二二行第四字「是」，石無。

一　二〇四頁下末行第三字「聞」，資、磧、普、南、徑、清作「聞法」。

一　二〇五頁上一行「一切」，諸本作「一切法」。

一　二〇五頁上七行第九字「色」，諸本作「色中」。

一　二〇五頁上一一行第六字「故」，石、麗作「故名」；資、磧、普、南、徑、清作「故故名」。

一　二〇五頁中一行第六字「故」，石、麗作「故名覺」；資、磧、普、南、徑、清作「故故名覺」。

一　二〇五頁中九行末字「故」，石下有夾註「釋第四十四品竟」。

一　二〇五頁中末行經名，石無(未換卷)；資下有夾註「釋第四十三品訖第四十四品」；磧、普、南有夾註「釋第四十三品下訖第四十四品」。

大智度論釋歎信行品第四十五 卷六十六 形

聖者龍樹造

後秦龜茲國三藏鳩摩羅什譯

尒時釋提桓因作是念若善男子善女人得聞般若波羅蜜經耳者是人於前世佛作功德與善知識相隨何况受持親近讀誦正憶念如說行當知是善男子善女人多親近諸佛能得聽受如說行能問能荅當知是善男子善女人於前世多供養親近諸佛故聞是深般若波羅蜜不驚不怖不畏當知是人亦於無量億劫行檀波羅蜜尸羅波羅蜜羼提波羅蜜毗梨耶波羅蜜禪波羅蜜般若波羅蜜尒時舍利弗白佛言世尊若有善男子善女人聞是深般若波羅蜜不驚不怖不畏聞已受持親近如說習行當知是善男子善女人如阿鞞跋致菩薩摩訶薩何以故世尊是般若波羅蜜甚深若先世不久行檀波羅蜜尸羅波羅蜜羼提波羅蜜毗梨耶波羅蜜禪波羅蜜般若波羅蜜終不能

信解深般若波羅蜜世尊若有善男子善女人呰毀深般若波羅蜜者當知是人前世亦呰毀深般若波羅蜜何以故是善男子善女人聞說深般若波羅蜜時無信樂心不清淨是善男子善女人先世不問不難諸佛及弟子云何應行檀波羅蜜尸羅波羅蜜羼提波羅蜜毗梨耶波羅蜜禪波羅蜜般若波羅蜜云何應修內空乃至云何應修无法有法空云何應修四念處乃至云何應修八聖道分云何應修佛十力乃至云何應修十八不共法釋提桓因語舍利弗是深般若波羅蜜若有善男子善女人不久行檀波羅蜜尸羅波羅蜜羼提波羅蜜毗梨耶波羅蜜禪波羅蜜般若波羅蜜不行內空乃至无法有法空不行四禪四无量心四無色定不行四念處乃至八聖道分不行佛十力乃至十八不共法如是人不信解是般若波羅蜜有何可怪大德舍利弗我礼般若波羅蜜礼般若波羅蜜是礼一切智佛告釋提桓因如是如是憍尸

迦礼般若波羅蜜是礼一切智何以故憍尸迦諸佛一切智皆從般若波羅蜜生一切智即是般若波羅蜜以是故憍尸迦善男子善女人欲住一切智當住般若波羅蜜若善男子善女人欲生道種智當習行般若波羅蜜欲断一切諸結及習當習行般若波羅蜜善男子善女人欲轉法輪當習行般若波羅蜜善男子善女人欲得須陁洹果斯陁含果阿那含果阿羅漢果當習行般若波羅蜜欲得辟支佛道當習行般若波羅蜜欲教衆生令得須陁洹果斯陁含果阿那含果阿羅漢果辟支佛道當習行般若波羅蜜若善男子善女人欲教衆生令得阿耨多羅三藐三菩提若欲擁護比丘僧當習行般若波羅蜜

釋曰釋提桓因是諸天主利根智勝信佛法故倍復增益如火得風踰更熾盛聞須菩提以種種因緣讃般若波羅蜜佛以深理成其所讃帝釋發希有心作是念若善男子善女人得聞般若經耳者是人於前世多供養

諸佛作大功徳今世得遇好師同學等善知識因先世供養佛緣今世善知識故聞般若波羅蜜能信何況讀誦思惟正憶念修習禪定籌量分別義趣能成辦事者當知是人從過去諸佛及弟子聞深般若波羅蜜義信受不怖不畏何以故是人於无量阿僧祇劫行六波羅蜜等諸功德是故雖未得阿鞞跋致地於深法中不疑不悔辟如新[illegible]乾毳隨風東西濕毳[illegible]則不可動新發意菩薩亦如是不久修德作福淺薄隨他人語不能信受般若波羅蜜若久修福德不隨他語則能信受深般若波羅蜜不驚不怖帝釋思惟念般若波羅蜜有無量功德時舍利弗知帝釋所念而白佛言世尊善男子善女人雖未入菩薩位能信受深般若波羅蜜不驚不怖如說行是人大福德智慧信力故當知如阿鞞跋致无異此中佛自說因緣般若波羅蜜甚深無相可取可信可受若能信受是為希有如人空中種殖是為甚難一切凡人得勝法

則捨本事如得禪定樂捨五欲樂乃至依有頂處捨無所有功德不能无所依止而有所著如尺蠖尋條安前足進後足盡樹端更無所依止還歸本處是菩薩未得道於般若波羅蜜無所依止而能修福德捨五欲是事希有是中說因緣是人先世信受久行六波羅蜜大集諸福德與信相違則毀呰般若如厚福德者從久積集不信毀呰者亦從久習問曰若先世毀呰誹謗應墮地獄何緣復得聞般若荅曰有人言是人墮地獄罪畢還来毀呰不說次後身有人言作業積集厚重則能與果報是人前世雖不信而積集未厚則未得果報以餘福德故生人中續復不信復次有人言五逆罪次後身必受餘罪不尒或次後身或久後身尒時帝釋語舍利弗是般若波羅蜜畢竟空無所有故甚深菩薩不久行功德則著心堅固信力微弱不信般若波羅蜜乃至一切智何足怪帝釋思惟籌量信般若波羅蜜福德无量不信者得罪深重深

慶敬般若波羅蜜故發是言我當礼是般若何以故礼般若波羅蜜則為礼一切智礼一切智者則礼三世十方諸佛尒時佛可其言復說讚般若波羅蜜因緣所謂諸佛一切智慧皆從般若中生是故言若有菩薩欲住一切智中乃至抵攝比丘僧當習行般若波羅蜜釋提桓因白佛言世尊菩薩摩訶薩欲行般若波羅蜜時云何名住般若波羅蜜禪波羅蜜毗梨耶波羅蜜羼提波羅蜜尸羅波羅蜜檀波羅蜜云何住內空无法有法空云何住四禪四無量心四无色定五神通云何住四念處乃至八聖道分云何住佛十力乃至十八不共法世尊菩薩摩訶薩云何習行般若波羅蜜乃至檀波羅蜜內空乃至十八不共法佛語釋提桓因善哉善哉憍尸迦汝能樂問是事皆是佛神力憍尸迦若菩薩摩訶薩行般若波羅蜜時若不住色中為習行般若波羅蜜若不住受想行識中為習行般若波羅蜜眼耳鼻舌身意色聲香味觸法眼

界乃至意識界亦如是憍尸迦若菩薩摩訶薩不住般若波羅蜜中為習般若波羅蜜不住禪波羅蜜中為習禪波羅蜜不住毗梨耶波羅蜜中為習毗梨耶波羅蜜不住羼提波羅蜜中為習羼提波羅蜜不住尸羅波羅蜜中為習尸羅波羅蜜不住檀波羅蜜中為習檀波羅蜜如是憍尸迦是名菩薩摩訶薩不住般若波羅蜜為習般若波羅蜜憍尸迦不住內空中為習內空乃至不住无法有法空為習无法有法空不住四禪為習四禪不住四無量心為習四无量心不住四无色定為習四無色定不住五神通為習五神通不住四念處為習四念處乃至不住八聖道分為習行八聖道分不住佛十力為習行佛十力乃至不住十八不共法為習行十八不共法何以故憍尸迦是菩薩不得色可住可習處乃至十八不共法不得十八不共法可住可習處復次憍尸迦菩薩摩訶薩不習色若不習色是名習色受想行識乃至十八不共法

亦如是何以故是菩薩摩訶薩色前際不可得中際不可得後際不可得乃至十八不共法亦如是舍利弗白佛言世尊是般若波羅蜜甚深佛言色如甚深故般若波羅蜜甚深受想行識如甚深故般若波羅蜜甚深乃至十八不共法亦如是舍利弗言世尊是般若波羅蜜難可測量佛言色難可測量故般若波羅蜜難可測量受想行識乃至十八不共法難可測量受想行識乃至十八不共法難可測量故般若波羅蜜難可測量世尊是般若波羅蜜无量佛言色无量故般若波羅蜜無量受想行識乃至十八不共法无量故般若波羅蜜无量佛告舍利弗若菩薩摩訶薩行般若波羅蜜時不行色甚深為行般若波羅蜜不行受想行識乃至不行十八不共法甚深為行般若波羅蜜何以故色甚深相為非色受想行識乃至十八不共法甚深相為非十八不共法如是不行為行般若波羅蜜舍利弗若菩薩摩訶薩行般若波羅蜜時不

行色難測量為行般若波羅蜜不行受想行識乃至不行十八不共法難測量為行般若波羅蜜何以故色難測量相為非色受想行識乃至十八不共法難測量相為非十八不共法舍利弗若菩薩摩訶薩行般若波羅蜜時不行色无量為行般若波羅蜜不行受相行識乃至不行十八不共法无量為行般若波羅蜜何以故色是無量相為非色受想行識乃至十八不共法無量相為非十八不共法舍利弗白佛言世尊是般若波羅蜜甚深甚深相難解不可思量不應在新發意菩薩前說何以故新發意菩薩聞是甚深般若波羅蜜或當驚怖心生疑悔不信不行是甚深般若波羅蜜當在阿鞞跋致菩薩摩訶薩前說是菩薩聞是甚深般若波羅蜜不驚不怖心不疑悔則能信行釋提桓因問舍利弗若在新發意菩薩摩訶薩前說是深般若波羅蜜有何等過舍利弗報釋提桓因憍尸迦若在新發意菩薩前說是深般若波羅蜜或

當驚怖毀呰不信是新發意菩薩或有是處若新發意菩薩聞是深般若波羅蜜毀呰不信種三惡道業是業因緣故久久難得阿耨多羅三藐三菩提

尒時帝釋從佛聞讚般若波羅蜜具足故令問佛菩薩云何住般若波羅蜜從禪波羅蜜乃至十八不共法佛讚言善哉者以釋提桓因諸天中主言必可信聞是事斷大衆疑通達无㝵能大利益故言善哉復次佛以帝釋能捨上妙五欲七寶宮殿能問佛賢聖所行事是故言善哉以佛神力故汝能樂問此事是中更有上妙諸天觀佛神德无量令帝釋能於大衆中諮問佛事故是佛威神如持心經說佛光明入身中能問佛事佛答憍尸迦若菩薩不住色等是習行般若波羅蜜者是菩薩見色無常苦等過罪故不住色若不住色即是能習行般若波羅蜜凡夫人見色著色故起顛倒煩惱失是般若波羅蜜道以是故不住者能習行般若波羅蜜五衆

十二入十八界亦如是問曰何以故不住六波羅蜜等各各自習其行答曰是六波羅蜜等皆是善法行法以是故說不住六度等言各習其行衆界入為習行般若波羅蜜若於是法中不著則斷愛著斷著故色等諸法中清淨習此中說不住因緣所謂不得色等法住處不得色等法習處復次佛以此事難解故更說因緣不習色者是菩薩見色過故不住色中不住故不習習色名取色相若常若无常等復次菩薩常行善法正語正業等積習純厚故名習色今菩薩欲行般若故散壞是色不習所以者何過去色已隨滅未來色未有故不可習現在色生時即滅故不住若住一念尚無習何況念念滅是故此中說不習色因緣三世色不可得乃至十八不共法亦如是若能如是觀諸法散壞不取相是名能習色等習色等諸法實相尒時舍利弗從佛聞是義歡喜深入空智白佛般若波羅蜜甚深佛然可成其所讚色等諸法如故甚

深佛語不但眼見色甚深以般若波羅蜜分別色入如實故甚深如雨渧渧不名甚深和合衆流入大海乃名甚深色等亦如是天眼肉眼見淺而不深若以慧眼觀則深不可測甚深故難可測量唯有諸佛乃盡其底甚深不可測量故名無量无有智慧能取色等實相若常若無常籌量有過罪故是時舍利弗及諸聽者作是念般若波羅蜜不可測量无有量菩薩當云何行佛知其念告舍利弗菩薩摩訶薩若行色等甚深者則為失般若波羅蜜若不行色甚深是為得般若波羅蜜凡夫鈍根故言甚深若有一心福德利根者為非甚深譬如水深淺无定若於小兒則深長者則淺乃至大海於人則深於羅睺阿脩羅王則淺如是於凡夫人新發意懈怠者為甚深於久積德阿鞞跋致則淺諸佛如羅睺阿脩羅王於一切法无有深者得無㝵解脫故以是故知為衆生及時節利鈍初久懈怠精進故分別說深淺不可測量无有量亦

如是此中佛自說因緣色等法甚深相為非色何以故怖畏心沒疑悔故以色為甚深色相則無深如先說舍利弗白佛言世尊是般若波羅蜜甚深甚深相難見難解問曰上說菩薩不行甚深為行般若波羅蜜今舍利弗何以復說甚深荅曰舍利弗非定心說甚深得佛意趣為人故說甚深是故此中說世尊不應於新發意菩薩前說是般若波羅蜜新學菩薩聞是深智慧則心沒應當在阿鞞跋致菩薩前說阿鞞跋致智慧深故信而不沒譬如深水不應使小兒渡應教大人令渡帝釋問舍利弗若為新發意菩薩說有何等過舍利弗荅是新發意者則不信心沒心沒故生疑悔怖畏若受一切空法我云何當墮斷滅中若不受者佛所說法何可不受是故怖畏生疑悔若心定則生惡邪毀呰果報如地獄品中說此中略說種三惡道業因緣久久難得無上道釋提桓因問舍利弗頗有未受記菩薩摩訶薩聞是深般若波羅蜜不驚

不怖者不舍利弗言如是憍尸迦若有菩薩摩訶薩聞是深般若波羅蜜不驚不怖當知是菩薩受阿耨多羅三藐三菩提記不久不過一佛兩佛佛告舍利弗如是如是是菩薩摩訶薩久發意行六波羅蜜多供養諸佛聞是深般若波羅蜜不驚不怖不畏聞即受持如般若波羅蜜所說行尒時舍利弗白佛言世尊我欲說譬喻如求菩薩道善男子善女人夢中脩行般若波羅蜜入禪定勤精進具足忍辱守護於戒行布施脩行內空外空乃至坐於道場當知是善男子善女人近阿耨多羅三藐三菩提何況菩薩摩訶薩欲得阿耨多羅三藐三菩提覺時脩行般若波羅蜜入禪定勤精進具足忍辱守護於戒行布施而不疾成阿耨多羅三藐三菩提坐於道場世尊善男子善女人善根成就得聞般若波羅蜜受持乃至如說行當知是菩薩摩訶薩久發意種善根多供養諸佛與善知識相隨是人能受持般若波羅蜜乃至正憶念當

知是人近受阿耨多羅三藐三菩提記當知是善男子善女人如阿鞞跋致菩薩摩訶薩於阿耨多羅三藐三菩提不動轉能得深般若波羅蜜得已能受持讀誦乃至正憶念世尊辟如人欲過百由旬若二百三百四百由旬曠野嶮道先見諸相若放牧者若壃界若園林如是等諸相故知近城邑聚落是人見是相已作如是念如我所見相當知城邑聚落不遠心得安隱不畏賊難惡虫飢渴世尊善薩摩訶薩亦如是若得是深般若波羅蜜受持讀誦乃至正憶念當知近受得阿耨多羅三藐三菩提記不久當知是菩薩摩訶薩不應畏墮聲聞辟支佛地是諸先相所謂甚深般若波羅蜜得聞得見得受乃至正憶念故佛告舍利弗如是如是汝後樂說者便說世尊辟如人欲見大海發心往趣不見樹相不見山相是人雖未見大海知大海不遠何以故大海處平無樹相無山相故如是世尊菩薩摩訶薩聞是深般若波羅蜜受持乃

至正憶念時雖未佛前受劫數之記若百劫千万百千億劫是菩薩自知近受阿耨多羅三藐三菩提記不久何以故我得聞是深般若波羅蜜受持讀誦乃至正憶念故世尊辟如初春諸樹陳葉已墮當知此樹新葉華果出在不久何以故見是諸樹先相故知今不久葉華果出是時閻浮提人見樹先相皆歡喜言世尊菩薩摩訶薩得聞是深般若波羅蜜受持讀誦乃至正憶念如說行當知是菩薩善根成就多供養諸佛是菩薩應作是念先世善根所追趣阿耨多羅三藐三菩提以是因緣故得見得聞是深般若波羅蜜受持讀誦乃至正憶念如說行是中諸天子曽見佛者歡喜踊躍作是念言先諸菩薩摩訶薩亦有如是受記先相今是菩薩摩訶薩受阿耨多羅三藐三菩提記亦不久世尊辟如母人懷妊身躰苦重行歩不便坐起不安眠食轉少不喜言語猒本所習受苦痛故有異母人見其先相當知産生不久菩薩摩訶薩亦

如是種善根多供養諸佛久行六波羅蜜與善知識相隨善根成就得聞深般若波羅蜜受持讀誦乃至正憶念如說行諸人亦知是菩薩摩訶薩得阿耨多羅三藐三菩提記不久佛告舍利弗善哉善哉汝所樂說皆是佛力介時須菩提白佛言希有世尊諸多陁阿伽度阿羅呵三藐三佛陁善付諸菩薩摩訶薩事佛告須菩提諸菩薩摩訶薩發阿耨多羅三藐三菩提心安隱多衆生令無量衆生得樂憐愍饒益諸天人故是諸菩薩行菩薩道時以四事攝无量百千衆生所謂布施愛語利益同事亦以十善道成就衆生自行初禪亦教他人令行初禪乃至自行非有想非无想處亦教他人令行乃至非有想非無想處自行檀波羅蜜亦教他人令行檀波羅蜜自行尸羅波羅蜜亦教他人令行尸羅波羅蜜自行羼提波羅蜜亦教他人令行羼提波羅蜜自行毗梨耶波羅蜜亦教他人令行毗梨耶波羅蜜自行禪波羅蜜亦教他人令

大智度論第六十六卷　第十八張　秋字号

行禪波羅蜜自行般若波羅蜜亦教他人令行般若波羅蜜是菩薩得般若波羅蜜以方便力教衆生令得須陁洹果自於内不證教衆生令得斯陁含果阿那含果阿羅漢果自於内不證教衆生令得辟支佛道自於内不證自行六波羅蜜亦教无量百千万諸菩薩令行六波羅蜜自住阿鞞跋致地亦教他人住阿鞞跋致地自淨佛世界亦教他人淨佛世界自成就衆生亦教他人成就衆生自淨菩薩神通亦教他人令得菩薩神通自淨陁羅尼門亦教他人淨陁羅尼門自具足樂説辯才亦教他人具足樂説辯才自受色成就亦教他人令受色成就自成就三十二相亦教他人成就三十二相自成就童真地亦教他人成就童真地自成就佛十力亦教他人令成就佛十力自行四无所畏亦教他人行四無所畏自行十八不共法亦教他人行十八不共法自行大慈大悲亦教他人令行大慈大悲自得一切種智亦教他人令得一

大智度論第六十六卷　第十九張　秋字号

切種智自離一切結使及習亦教他人令離一切結使及習自轉法輪亦教他人轉法輪

釋曰尒時帝釋問舍利弗頗有未受記菩薩聞是深般若不驚怖者不舍若或時能信者當知垂欲受記不過利弗言無有不受記聞般若能信者見一佛二佛便得受記佛可舍利弗語舍利弗聞佛可其所説心生歡喜復欲分明了了是事故説辟喻作是言夢中心為睡所覆故非真心所作若善男子善女人於夢中發意行六波羅蜜乃至坐於道場當知是人福德輕微近於受阿耨多羅三藐三菩提記何況菩薩摩訶薩覺時實心發阿耨多羅三藐三菩提行六波羅蜜而不近受記世尊若人往来六道生死中或時得聞般若波羅蜜受持讀誦正憶念必知是人不久得阿耨多羅三藐三菩提如吞鉤之魚雖復遊戲池中當知出在不久行者亦如是深信樂般若波羅蜜不久住於生死此中舍利弗自説辟喻若人欲過險

大智度論第六十六卷　第二十張　秋字号

道險道者即是世間百由旬者是欲界二百由旬者是色界三百由旬者是无色界四百由旬者是聲聞辟支佛道復次四百由旬是欲界三百是色界二百是無色界百由旬是聲聞辟支佛欲出者是信受行般若波羅蜜人先見諸法相者見大菩薩捨世間欲樂深心樂般若波羅蜜疆界者分別諸法是聲聞法是辟支佛法是大乘法如是小利是聲聞大利是菩薩魔界是生死佛界是般若波羅蜜甘露味不死之處園林者隨佛道禪定智慧等樂如是等无量善法相聚落者是柔順法忍邑是無生法忍城是阿耨多羅三藐三菩提得安隱者菩薩聞是法思惟籌量行我得是法心安隱當得阿耨多羅三藐三菩提賊者是我等六十二邪見惡虫者是愛恚等諸煩惱不畏賊者人不得便不畏惡虫者非人不得便不畏飢者不畏不能得聖人真智慧不畏渴者不畏不能得禪定解脱等法樂味此中自説因縁菩薩摩訶薩得先相者

不久當得阿耨多羅三藐三菩提不畏墮惡道中飢餓死者不畏墮聲聞辟支佛地佛然可其喻以麁喻細以世間喻出世間餘三譬喻亦應如上分別說大海水是无上道平地無樹无山是般若波羅蜜經卷等樹果是無上道樹華是阿鞞跋致地春時陳葉落更生新葉是諸煩惱邪見疑等滅能得般若波羅蜜經卷等母人是行者所住身是无上道欲産相是菩薩久習行般若波羅蜜厭本所習是患世間婬欲樂不復喜者佛讚其所說善哉尒時須菩提聞佛然舍利弗所說讚其善哉知佛意深敬念是菩薩是故白佛言世尊甚為希有善付菩薩事菩薩事者空是福德道亦如佛種種捴相別相說以寄付阿難弥勒等入無餘涅槃後好自奉行教示利益衆生无令謬錯佛說善付因緣諸菩薩發阿耨多羅三藐三菩提心安隱多衆生者一切衆生中無量无邊阿僧祇除佛无能計知者從佛得利益者不可數故名多安隱者衆生

者常教無常著樂者教苦著實者教空著我者教無我如是等名安隱凡夫人聞是當時雖不喜樂久久滅諸煩惱得安隱樂如服苦藥當時雖苦後得除患無量衆生得樂者菩薩未般若波羅蜜未得成就時以今世後世樂利益衆生如菩薩本生經說若得般若波羅蜜已滅諸煩惱亦以世間樂出世間樂利益衆生若得无上道時但以出世間樂利益衆生安樂饒益者但以憐愍心故安樂饒益者多利益天人餘道中饒益少故不說利益具者所謂四攝法以財施法施二種攝取衆生愛語有二種一者隨意愛語二者隨其所愛法為說是菩薩未得道憐愍衆生自破憍慢隨意說法若得道隨所應度法為說高心富人為讚布施是人能得他物利名聲福德故若為讚持戒毀呰破戒則心不喜樂如是等隨其所應而為說法利益亦有二種一者今世利後世利為說以法治生勤修利事二者未信教令信破戒令持戒寡識令多聞不

施者令布施癡者教智慧如是等以善法利益衆生同事者菩薩教化衆生令行善法同其所行菩薩善心衆生惡心能化其惡令同已善是菩薩以四種攝衆生令住十善道是廣說四攝義於二施中法施隨其所樂而為說法是愛語中第一衆生愛惜壽命令行十善道則得久壽利益於一切實物利中法利最勝是為利益同事中同行善法為勝是菩薩自行十善亦以教人有人言但自行十善等是第四同義是故說自行十善亦教人行自行初禪亦教他行初禪等同離欲同持戒是故名相攝相攝故漸漸能以三乘法度　　乃至非有想非无想處亦如是自行六波羅蜜亦以教他因般若故令衆生得般若分所謂得須陁洹等方便力故自不證是人福德智慧力增益故教无量阿僧祇菩薩令住六波羅蜜自住阿鞞跋致地等亦以教他乃至自轉法輪亦教他轉法輪是故我以慈悲心故善付菩薩事不以愛著故

大智度論第六十六卷　第二十四張　平字号

大智度論卷第六十六

大智度論卷六十六

校勘記

一　底本，金藏廣勝寺本。

一　二一〇頁中一行經名，石無(未換卷)；資、磧、普、南、徑、清作「大智度論卷第六十六」。

一　二一〇頁中三行後，石有品名「摩訶般若波羅蜜經歎信行品第四十五釋之一」；資、磧、普、南有品名「釋聞持品第四十五上」；徑、清有品名「釋聞持品第四十五之上」，並有夾註「經作經耳聞持品」。

一　二一〇頁中四行首字「尒」，石、磧、普、南、徑、清、麗冠以〔經〕。

一　二一〇頁中六行第四字「佛」，資、磧、普、南、徑、清作「佛所」。

一　二一〇頁中九行第三字「受」，石、資、磧、普、南、徑、清作「受乃至正憶念」。

一　二一〇頁下二行第一三字「者」，石無。

一　二一〇頁下五行第八字「樂」，諸本作「無樂」。

一　二一〇頁下五行第一三字「是」，諸本作「當知是」。

一　二一〇頁下二〇行「般若」，石、麗作「深般若」。

一　二一一頁上一八行首字，二一六頁中四行首字「釋」，石、磧、普、南、徑、清、麗冠以〔論〕。

一　二一一頁上一八行第一三字「智」，石作「智慧」。

一　二一一頁中一二行「人語」，石作「語故」。

一　二一一頁中一九行第四字「行」，石、麗作「修行」。

一　二一一頁中末行第一一字「人」，石、麗作「夫」。

一　二一一頁下二行第九字「有」，諸本作「有處」。

一　二一一頁下五行第六字「未」，石作「未能」。

一　二一一頁下九行「般若」，石、麗作「般若波羅蜜」。
一　二一二頁上八行第六字，二一四頁中二二行首字「釋」，石、磧、普、南、徑、清、麗冠以「經」。
一　二一二頁上一二行「内空」，諸本作「内空乃至」。
一　二一二頁中二行末字「習」，石、資、磧、普、南、徑、清作「習行」。
一　二一二頁下一〇行首字「受」至一一行首字「量」，資、磧、普、南、徑、清、麗無。
一　二一三頁上八行第四字「相」，資、磧、普、南、徑、清作「想」。
一　二一三頁上一三行「難解」，資、磧、普、南、徑、清、麗作「難見難解」。
一　二一三頁中六行首字「尒」，磧、普、南、徑、清、麗冠以「〔論〕釋曰」。
一　二一三頁中九行及一一行「善哉」，磧、普、南、徑、清、麗作「善哉善哉」。
一　二一三頁下六行第八字「断」，諸本作「断愛」。

一　二一三頁下一五行第四字「隨」，石、麗無。
一　二一三頁下二〇行第八至第一〇字「習色等」，麗無。
一　二一四頁上三行第一〇字「入」，諸本作「入於」。
一　二一四頁中二〇行「毀呰」，資、磧、普、南、徑、清、麗作「毀呰毀呰」。
一　二一四頁中二一行末字「道」，至此石卷第七十終，卷第七十一始，並有品名「摩訶般若波羅蜜經歎信行品釋之餘」。
一　二一四頁下八行第一〇字「蜜」，麗作「蜜中」。
一　二一四頁下一八行第四字「成」，石作「成就」。
一　二一五頁上一八行第一二字「後」，諸本作「復」。
一　二一五頁中二行「百劫千万百千億劫」，石作「百劫千劫萬劫百千萬億劫」；資、磧、普、南、徑、清作「百劫千劫萬劫百千億劫」；麗作「劫百千劫萬劫百千萬億劫」。

一　二一五頁中九行「皆歡喜言」，石、磧、普、南、徑、清、麗作「皆大歡喜」。
一　二一五頁中一一行「菩薩」，石作「菩薩摩訶薩」。
一　二一五頁中末行末四字，原有描摹墨迹；第一二字「阿」，諸本作「訶」。
一　二一五頁下四行第六字「人」，石、麗作「菩薩」。
一　二一五頁下一〇行首字「諸」，石、麗作「是諸」。
一　二一五頁下一二行「憐愍」，石、麗作「憐愍安樂」。
一　二一六頁上一〇行「世界」，石作「國土」，下同。
一　二一六頁上一一行第一三字「淨」，諸本作「得」。
一　二一六頁上二二行第一〇字「令」，石無。
一　二一六頁中五行第一一字「怖」，

石、麗作「不怖」。

一 二一六頁中七行首字「若」，石無。

一 二一六頁中一四行「於受」，石、磧、普、南、徑、清作「受於」。

一 二一六頁中二一行第七字「在」，資、磧、普、南、徑、清作「在外」。

一 二一六頁下四行第一三字及五行第四字「百」，石、麗作「百由旬」。

一 二一六頁下七行第六字「法」，石無。

一 二一六頁下一二行第三字「味」，石、麗作「法味」。

一 二一六頁下一四行第八字「邑」，石作「邑者」。

一 二一六頁下一四行末字「城」，石作「城者」。

一 二一七頁上九行首字「減」，諸本作「滅」。

一 二一七頁上一〇行第四字「住」，石、資、磧、普、南、徑、清作「妊」；麗作「任」。

一 二一七頁上一六行第九字「是」，諸本作「道」。

一 二一七頁上末行第七字「故」，資、磧、普、南、徑、清作「知」。

一 二一七頁中一行第二字「常」，資、磧、普、南、徑、清作「常者」。

一 二一七頁中五行「菩薩」，石作「若菩薩」。

一 二一七頁中八行第八字「滅」，麗作「斷」。

一 二一七頁中一二行首字「者」，麗作「饒者」。

一 二一七頁中一二行「多利益天人餘道」，資作「天人餘道多利益」。

一 二一七頁中一三行第二字「具」，磧、普、南、徑、清、麗作「事」。

一 二一七頁中二二行第二字「說」，磧、普、南、徑、清、麗作「說法」。

一 二一七頁中二二行第一三字「未」，資、磧、普、南、徑、清作「不」。

一 二一七頁中末行第九字「索」，資、磧、普、南、徑、清、麗作「寡」。

一 二一七頁下一行首字「施」，磧、普、南、徑、清作「好施」。

一 二一七頁下二二行末字「付」，原有描摹墨迹；石、麗作「付是」。

一 二一八頁上一行卷末經名，石無（未換卷）；資下有夾註「釋第四四品上」；磧、普、南下有夾註「釋第四十五品之上」。

大智度論釋歎信行品第四十五之餘 卷六十七 形

聖者龍樹造

後秦龜玆國三藏鳩摩羅什譯

須菩提白佛言希有世尊諸菩薩摩訶薩大功德成就所謂為一切衆生行般若波羅蜜欲得阿耨多羅三藐三菩提世尊云何諸菩薩摩訶薩具足修行般若波羅蜜佛告須菩提若菩薩摩訶薩行般若波羅蜜時不見色增相不見色減相不見受想行識增相亦不見減相乃至一切種智不見增相亦不見減相菩薩摩訶薩是時具足般若波羅蜜復次須菩提菩薩摩訶薩行般若波羅蜜時不見是法是非法不見是過去法是未来現在法不見是善法不善法有記法无記法不見是有為法无為法不見欲界色界無色界不見檀波羅蜜尸羅波羅蜜羼提波羅蜜毗梨耶波羅蜜禪波羅蜜般若波羅蜜乃至不見一切種智如是菩薩摩訶薩具足修行般若波羅蜜何以故諸法无相故諸

法空欺誑無堅固無覺者无壽者須菩提言世尊世尊所説不可思議佛告須菩提色不可思議故所説不可思議受想行識不可思議故所説不可思議六波羅蜜不可思議故所説不可思議乃至一切種智不可思議故所説不可思議須菩提若菩薩摩訶薩行般若波羅蜜時知色是不可思議受想行識是不可思議乃至知一切種智是不可思議菩薩則不能具足般若波羅蜜須菩提白佛言世尊是深般若波羅蜜誰當信解者佛言若有菩薩摩訶薩久行六波羅蜜種善根多親近供養諸佛與善知識相隨是菩薩能信解深般若波羅蜜須菩提白佛言世尊云何菩薩摩訶薩久行六波羅蜜種善根多親近供養諸佛與善知識相隨佛言若菩薩摩訶薩不分別色不分別色相不分別色性不分別受想行識不分別識相不分別識性眼耳鼻舌身意色聲香味觸法眼界乃至意識界亦如是不分別欲界色界無色界不分別三

界相性不分別檀波羅蜜乃至般若波羅蜜內空乃至無法有法空四念處乃至八聖道分佛十力乃至十八不共法不分別十八不共法相性不分別道種智相性不分別一切種智不分別一切種智相不分別一切種智性何以故須菩提色不可思議受想行識不可思議乃至一切種智不可思議如是須菩提是名菩薩摩訶薩久行六波羅蜜種善根多親近供養諸佛與善知識相隨須菩提白佛言世尊色甚深故般若波羅蜜甚深受想行識甚深乃至一切種智甚深故般若波羅蜜甚深世尊是般若波羅蜜珎寶聚有須陁洹果實故有斯陁含果阿那含果阿羅漢果辟支佛道阿耨多羅三藐三菩提寶故四禪四無量心四无色定五神通四念處乃至八聖道分佛十力四无所畏四無导智大慈大悲十八不共法一切智一切種智寶故世尊是般若波羅蜜清淨聚色清淨故般若波羅蜜清淨聚受想行識清淨乃至一切種智

清淨故般若波羅蜜清淨聚

釋曰是菩薩大功德成就者如先說自行亦教他人復次多功德者衆生非親里又無所貪利而為是衆生勤苦行般若波羅蜜得阿耨多羅三藐三菩提是名菩薩摩訶薩有大恩分故名大功德修般若波羅蜜相如先品中種種因緣說今問修般若具足相佛言如修般若具足相亦如是所以者何若菩薩不見色等諸法增減如是名具足是菩薩雖得十地坐道場尒時修般若波羅蜜具足如夢如幻不增不減以畢竟空故說復次若菩薩於一切法不分別是法是非法悉皆是法如大海水百川万流皆合一味尒時修般若波羅蜜具足復次若菩薩入法空中不見法有三世善不善等不見六波羅蜜乃至一切種智尒時修般若波羅蜜具足何以故諸法無相是實相若分別諸法皆是邪見用十八空故名諸法空諸法和合因緣生以為有諸緣離則破壞故虛誑一切有為法中無常无實故是名

不堅固無覺苦樂者衆生空故無覺者不覺苦樂无壽命者壽名命根有人言是命根有我相是故壽命為我衆生中空已種種因緣破是故无行法者無受法者若觀諸法空衆生空法空如是則具足修般若波羅蜜須菩提是時驚喜不能自安所說般若波羅蜜不可思議佛言色等諸法不可思議故不可思議所以者何因果相似故復次若菩薩知色等法亦不可思議若住是不可思議中則不具足般若波羅蜜取不可思議相故是故說若菩薩知色等法不可思議相故則不具足般若波羅蜜尒時須菩提於般若中不得依止處如沒大海是故白佛是深般若不可思議不可思議亦不可思議故誰當信解者若但不可思議猶不可信何況不可思議復不可思議佛荅若菩薩久行六波羅蜜久種善根久供養親近諸佛久與善知識相隨是因緣故信心牢固能信受深般若波羅蜜餘品中說有新發意者亦能信深般若波羅蜜

今佛說久發意故能信是以須菩提問云何是久發意者佛言若菩薩摩訶薩了了知般若波羅蜜相不分別一切法所謂不分別色四大若四大造色不分別色是可見聲是可聞是色若好若醜若短若長若常若无常若苦若樂等不分別色性者不見色常法所謂地堅性等復次色實性名法性畢竟空故是菩薩不分別法性法性不壞相故乃至一切種智亦如是問曰地是堅相何以言性答曰是相積習成性譬如人瞋日習不已則成惡性或性相異如見煙知火烟是火相而非火也或相性不異如熱是火相亦是火性此中佛說因緣色等諸法不可思議不可思議即是畢竟空諸法實相常清淨須菩提言菩薩雖日月年歲不久能如是行是名久須菩提聞般若波羅蜜更得深利益故白佛言世尊般若波羅蜜甚深色等甚深故色等甚深相如先說世尊般若波羅蜜是珎寶聚珎寶者所謂須陁洹果能滅三結惡毒故乃至阿

耨多羅三藐三菩提能滅一切煩惱及習能滿一切願是諸果依諸禪乃至一切種智因果合說是名珎寶聚是般若波羅蜜清淨聚色等諸法清淨故色等法中正行不邪名為清淨無諸過患乃至畢竟空亦不著不可思議亦不著是故名清淨聚尒時須菩提應作是念是般若波羅蜜是珎寶聚能滿一切衆生願所謂今世樂後世樂涅槃樂阿耨多羅三藐三菩提樂愚癡之人而復欲破壞是般若波羅蜜清淨聚如如意寶珠無有瑕穢如虚空无有塵垢般若波羅蜜畢竟清淨聚而人自起邪見因緣欲作留難破壞譬如人眼翳見妙珎寶謂為不淨作是念已

須菩提言世尊甚可怪說是般若波羅蜜時多有留難佛言如是如是須菩提是甚深般若波羅蜜多有留難以是事故善男子善女人若欲書是般若波羅蜜時應當疾書若讀誦思惟說正憶念修行時亦應疾修行何以故是甚深般若波羅蜜若書時讀

誦思惟說正憶念修行時不欲令諸難起故善男子善女人若能一月書成當應勤書若二月三月四月五月六月七月若一歲書成亦當勤書讀誦思惟說正憶念修行若一月得成就乃至一歲得成就應當勤成就何以故須菩提是珎寶中多有難起故須菩提言世尊是甚深般若波羅蜜中惡魔喜作留難故不得令書不得令讀誦思惟說正憶念修行佛告須菩提惡魔欲作留難是深般若波羅蜜令不得書讀誦思惟說正憶念修行亦不能破壞是菩薩摩訶薩書般若波羅蜜乃至修行尒時舍利弗白佛言世尊誰力故令惡魔不能留難菩薩摩訶薩書深般若波羅蜜乃至修行佛言是佛力故惡魔不能留難菩薩摩訶薩書深般若波羅蜜乃至修行舍利弗亦是十方世界現在諸佛力故是諸佛擁護念是菩薩故令魔不能留難菩薩摩訶薩令不書成般若波羅蜜乃至修行何以故十方世界中現在无量無邊阿僧祇諸佛

擁護念是菩薩書深般若波羅蜜乃至修行法應尒無能作留難舍利弗善男子善女人應當作是念我書是深般若波羅蜜乃至修行皆是十方諸佛力舍利弗言世尊若有善男子善女人書是深般若波羅蜜乃至修行皆是佛力故當知是人是諸佛所護佛言如是如是舍利弗當知若有善男子善女人書是深般若波羅蜜乃至修行皆是佛力故當知亦是諸佛所護舍利弗言世尊十方現在无量無邊阿僧祇諸佛皆識皆以佛眼見是善男子善女人書深般若波羅蜜乃至修行時佛言如是如是舍利弗十方現在無量無邊阿僧祇諸佛皆識皆以佛眼見是善男子善女人書深般若波羅蜜乃至修行時舍利弗是中求菩薩道善男子善女人若書是深般若波羅蜜受持讀誦正憶念如說修行當知是人近阿耨多羅三藐三菩提不久舍利弗善男子善女人書是深般若波羅蜜受持讀誦乃至正憶念是人於深般若波羅蜜

多信解相亦供養恭敬尊重讚歎是深般若波羅蜜華香瓔珞乃至幡蓋供養舍利弗佛皆識皆以佛眼見是善男子善女人是善男子善女人供養功德當得大利益大果報舍利弗是善男子善女人以是供養功德因緣故終不墮惡道中乃至阿鞞跋致地終不遠離諸佛舍利弗是善男子善女人是善根因緣故乃至阿耨多羅三藐三菩提終不遠離六波羅蜜終不遠離內空乃至無法有法空終不遠離四念處乃至八聖道分終不遠離佛十力乃至阿耨多羅三藐三菩提

釋曰留難者魔事等壞般若波羅蜜因緣佛可須菩提所說若善男子善女人欲書是般若波羅蜜當疾疾書乃至正憶念如說行時疾修所以疾者是有為法不可信多有難起是般若波羅蜜部黨經卷有多有少有上中下光讚放光道行有書寫者書有遲疾有一心勤書者有懈墮不精勤者人身无常有為法不可信釋迦文

佛出惡世故多有留難是故說若可一月書竟當勤書成莫有中廢畏有留難故乃至一歲如書乃至修行亦如是隨人根利鈍得有遲疾此中佛更說因緣世間以珎寶故多有賊出般若即是大珎寶故多有留難留難者雖有疾病飢餓等但以魔事大故說言魔事若魔若魔民惡鬼作惡因緣入身中嬈乱人心破書般若或令書人疲猒或令國土事起或書人不得供養如是等讀誦時師徒不和合大衆中說時或有人來說法師過罪或言不能如說行何足聽受或言雖能持戒而復鈍根不解深義聽其所說了無所益或說般若波羅蜜空无所有滅一切法无可行處譬如裸人自言我著天衣如是等留難令不得說不正憶念者魔作好身若善知識或作所敬信沙門形為說般若波羅蜜空無所有雖有罪福名而无道理或說般若波羅蜜空可即涅槃如是等破修佛道而憶念事新發意菩薩聞是事心大驚怖我等生死身寬是

欲界主威勢甚大我等云何行般若波羅蜜得無上道是故佛說惡魔雖欲留難亦不能破壞何以故大因緣常能破小故如離欲人常勝貪欲者慈悲人常勝瞋恚者智人常勝無智者般若波羅蜜是真智慧其力甚大魔事虛誑是菩薩雖未得具足般若波羅蜜得其氣分故魔不能壞是事因緣故舍利弗白佛誰力故魔不能破佛荅佛力故如惡人中魔為大善人中佛為大縛人中魔為大解人中佛為大留難人中魔為大通達人中佛為大初說佛力者釋迦文佛後說十方現在佛是餘佛阿閦阿弥陁等知惡賊餘惡相助諸佛法亦如是常為一切衆生故有發意者便為作護所以者何般若波羅蜜是十方諸佛母人欲沮壞不得不護應當知其有書讀乃至正憶念者皆是十方佛力是諸留難力大故舍利弗言若有書持乃至修行皆是諸佛所護佛可其言舍利弗後說世尊書持等善男子善女人十方現在諸佛皆以佛眼見

知念耶佛可言如是先惡魔來破壞佛及十方諸佛守護不令沮壞令以佛眼見是善男子善女人知是人功德難有未破魔網而能行是般若波羅蜜大事是故十方佛以佛眼見知念是人問曰為以天眼見以佛眼見若以天眼見云何此中說佛眼若以佛眼衆生虛誑云何以佛眼見荅曰天眼有二種一者佛眼所攝二者不攝佛眼所不攝者見現在衆生有限有量佛眼所攝者見三世衆生無限無量法眼入佛眼中但見諸法不見衆生慧眼入佛眼中不見法但見畢竟空問曰佛眼所攝天眼為實為虛妄若虛妄佛不應以虛妄見若實者衆生空現在衆生尚不實何況未來過去荅曰佛眼所攝皆是實衆生於涅槃是虛妄非於世界所見是虛妄若人於衆生取定相故說言虛妄非為世諦故說虛妄以是故佛眼所攝天眼見衆生問曰若尒者何以不以佛眼所攝慧眼見衆生荅曰慧眼無相利故慧眼常以空無相無作共相

應不中觀衆生何以故五衆和合假名衆生辟如小兒可以小杖鞭之不可與大杖此中讚菩薩行般若波羅蜜為世諦故說非第一義諦問曰未來世未有念知尚難何況眼見荅曰如過去法雖滅無所有而心數法中念力故能憶過去事盡其宿命聖人亦如是有聖智力雖未起而能知能見復次是般若中三世无分別未來過去現在不異若見現在過去未來亦應見若不見過去未來亦不應見現在問曰北方未法衆生漏結未盡是罪惡人佛何以故見知念荅曰佛大悲相愛徹骨髓是菩薩能發無上道心為衆生故佛觀是法末後熾盛我涅槃後是人佐助佛法故是以念知復次北方未後人生於邊地惡世三毒熾盛刀兵劫中賢聖希少是人自不知諸罪福業因緣但從人聞若讀經便能信樂供養疾近無上道不久是事為難若佛在世作阿鞞跋致信行般若波羅蜜不足為難如是等種種無量因緣故佛應見念知是人

信解相大故能供養般若波羅蜜供養具華香等如先說是供養故得大果報如毀呰者受大苦惱大果報者如須陁洹終不墮三惡道是菩薩一心信解供養般若波羅蜜亦如是愛念諸佛故常行念佛三昧故終不離諸佛乃至到阿鞞跋致地教化衆生離諸佛無咎如小兒不離其母恐墮諸難故常深愛念善法故乃至阿耨多羅三藐三菩提終不離六波羅蜜等得如是等今世後世大果報

舍利弗是深般若波羅蜜佛般涅槃後當至南方是中比丘比丘尼優婆塞優婆夷當書是深般若波羅蜜當受持讀誦思惟說正憶念修行以是善根因緣故終不墮惡道中受天上人中樂增益六波羅蜜供養恭敬尊重讚歎諸佛漸以聲聞辟支佛佛乘而得涅槃舍利弗是深般若波羅蜜從南方當轉至西方所在處是中比丘比丘尼優婆塞優婆夷當書是深般若波羅蜜常受持讀誦思惟說正憶念修行以是善根因緣故終不墮

惡道中受天上人中樂增益六波羅蜜供養恭敬尊重讚歎諸佛漸以聲聞辟支佛佛乘而得涅槃舍利弗是深般若波羅蜜從西方當轉至北方所在處是中比丘比丘尼優婆塞優婆夷當書是深般若波羅蜜當受持讀誦思惟說正憶念修行以是善根因緣故終不墮惡道中受天上人中樂增益六波羅蜜供養恭敬尊重讚歎諸佛漸以聲聞辟支佛佛乘而得涅槃舍利弗是深般若波羅蜜是時北方當作佛事何以故舍利弗我法盛時無滅相舍利弗我已念是善男子善女人受是深般若波羅蜜乃至修行是善男子善女人能書是般若波羅蜜恭敬供養尊重讚歎華香乃至幡蓋舍利弗是善男子善女人以是善根因緣故終不墮惡道中受天上人中樂增益六波羅蜜供養恭敬尊重讚歎諸佛漸以聲聞辟支佛佛乘而得涅槃何以故舍利弗我以佛眼見是人我亦稱譽讚歎十方世界中無量無邊阿僧祇諸佛亦以佛眼見

是人亦稱譽讚歎舍利弗白佛言世尊是深般若波羅蜜後時當在北方廣行耶佛言如是如是舍利弗是深般若波羅蜜後時在北方當廣行舍利弗後時於北方是善男子善女人若聞是深般若波羅蜜若書持受讀誦思惟說正憶念如說修行當知是善男子善女人久發大乘心多供養諸佛種諸善根久與善知識相隨舍利弗白佛言世尊後時北方當有幾所善男子善女人求佛道書深般若波羅蜜乃至如說修行佛告舍利弗後時北方雖多有求佛道善男子善女人少有聞是深般若波羅蜜不沒不驚不怖何以故是人多親近供養諸佛多諮問諸佛是人必能具足般若波羅蜜檀波羅蜜毗梨耶波羅蜜羼提波羅蜜尸羅波羅蜜檀波羅蜜具足四念處乃至具足十八不共法舍利弗是善男子善女人善根純熟故能多利益衆生為阿耨多羅三藐三菩提何以故我今為是善男子善女人說應薩婆若法過去諸佛亦為是

善男子善女人說應薩婆若法以是因緣故是人後生時續得阿耨多羅三藐三菩提心亦為他人說阿耨多羅三藐三菩提法是善男子善女人皆一心和合魔若魔民不能沮壞阿耨多羅三藐三菩提心何況惡行人毀呰行深般若波羅蜜者能壞其阿耨多羅三藐三菩提心舍利弗是求菩薩道諸善男子善女人聞是深般若波羅蜜大得法喜法樂亦立多人於善根為阿耨多羅三藐三菩提

釋曰是深般若波羅蜜佛滅度後當至南方國土者佛出東方於中說般若波羅蜜破魔及魔民外道度無量衆生然後於拘夷那竭雙樹下滅度後般若波羅蜜從東方至南方如日月五星二十八宿常從東方至南方從南方至西方從西方至北方圍繞須彌山又如供養常法右繞過度閻浮提人以是因緣故從東方至南方從南方至西方如佛无著心故不定一處般若波羅蜜亦如是不定住一處從西方至北方二方衆生好供養

書讀乃至修行華香乃至幡蓋受大果報如經中說後展轉至北方此中供養所得果報如上說舍利弗是般若波羅蜜北方當作佛事是中說因緣佛在時能斷衆疑佛法興盛不畏法滅佛滅後過五百歲正法漸滅是時佛事轉難是時利根者讀誦正憶念亦華香供養鈍根者書寫華香等供養是二種人久久皆當得度是故說當作佛事佛言是善男子善女人我及十方諸佛皆以佛眼見念知讚歎舍利弗白佛言是深般若在北方廣行鄰廣行者於閻浮提北方廣大故又北方地有雪山雪山冷故藥草能殺熱諸毒所食米穀三毒不能大發三毒不能大發故衆生柔軟信等五根皆得勢力如是等因緣北方多行般若波羅蜜是人聞是深般若波羅蜜書持乃至正憶念如說行當知是人久發大乘意多供養佛種善根與善知識相隨是故能於惡世書持信受乃至如說修行舍利弗問北方有幾許人聞是深般若波羅蜜能書

讀誦乃至如說修行佛答是深般若雖知難行雖多有人發無上道心得名菩薩少有人聞是般若波羅蜜心通達不驚不沒心通達不驚不怖相佛此中自說是人多親近諸佛親近諸佛者於無量世常見諸佛恭敬供養問難者直問其事疑心不解重種種問名為難是人世世從諸佛問難般若波羅蜜事是人功德果報雖未成當知是人具足六波羅蜜三十七品乃至十八不共法具足是福淳熟故多利益衆生所謂檀波羅蜜尸羅波羅蜜因緣故生於富貴家自行布施教人布施羼提波羅蜜禪波羅蜜因緣故令無量衆生出家受戒發阿耨多羅三藐三菩提心此中佛說因緣是人從我及過去諸佛聞應薩婆若大乘法是故後生不失是心是人亦教化他人說如是事如然一燈展轉皆然是人諸煩惱薄無慳貪嫉妬瞋恚故不相讒謗常一心和合是故魔若魔民不能沮壞若人少有錯故魔得其便如人有瘡受毒魔是欲界

主尚不能沮壞何況惡行人或有人惡行而非惡如未離欲聖人以是故說惡惡行人毀呰般若波羅蜜毀壞菩薩復次諸善男子善女人无量世來愛佛法深著實法信力慧力多故聞深般若波羅蜜得大慈大悲心故隨衆生力令入深般若波羅蜜若令得般若因緣所謂布施持戒等諸善根為阿耨多羅三藐三菩提故者是善男子善女人求無上道故教他令住諸善根福德是善男子善女人於我前立誓願我行菩薩道時當度无數百千万億衆生令發阿耨多羅三藐三菩提心示教利喜乃至阿鞞跋致地受記我知其心亦隨喜是善男子善女人亦於過去諸佛前立誓願我行菩薩道時當度无數百千万億衆生令發阿耨多羅三藐三菩提心示教利喜乃至阿鞞跋致地受記諸過去佛亦知其心而隨喜舍利弗是諸善男子善女人所為心大所受色聲香味觸法亦大亦能大施能大施已種大善根種大善根已得大果報

為攝衆生故受能於衆生中捨內外所有物以是善根因緣發願欲生他方世界現在諸佛說深般若波羅蜜處於諸佛前聞是深般若波羅蜜已亦於彼示教利喜百千万億衆生令發阿耨多羅三藐三菩提心舍利弗白佛言希有世尊佛於過去未來現在法無法不知无法知相不知衆生之行無事不知今佛悉知過去諸佛及菩薩聲聞亦知今現在十方諸佛世界菩薩及聲聞亦知未來諸佛及菩薩聲聞世尊未来世有善男子善女人勤求六波羅蜜受持讀誦乃至脩行有得有不得佛告舍利弗若善男子善女人一心精進勤求當得應六波羅蜜諸經

舍利弗白佛言善男子善女人如是勤行者得是應六波羅蜜深經佛語舍利弗是善男子善女人得是應六波羅蜜深經何以故善男子善女人為阿耨多羅三藐三菩提故與衆生說法示教利喜令住六波羅蜜以是因緣故是善男子善女人後身轉生

易得應六波羅蜜深經得已如六波羅蜜所說脩行精勤不息乃至淨佛世界成就衆生得阿耨多羅三藐三菩提

釋曰佛說善男子善女人於我前及過去諸佛前立誓願我行菩薩道當令無量百千万衆生發无上道意示教利喜令得阿鞞跋致記我及過去佛知是善男子心大能有所作故隨喜善男子善女人聞佛知其心則生歡喜自念過去作誓願事倍加精進大心者一切衆生心皆樂緣六塵有人行雜福德所謂作福時心生疑悔是福德果報雖得富貴不能好用亦不能與他罪業因緣故諸根闇鈍不擇好醜善男子未得道時清淨福德故得上妙五欲能盡意用能隨意施與或施窮乏或種於福田若得善知識聞佛法著欲心息憐愍衆生為阿耨多羅三藐三菩提故內外所有布施无所愛惜若持戒遍行十善道具戒律儀以慈悲心共行餘善法亦如是皆以深心自行及引導他人令行

大智度論第六十七卷　第二十四張　宗字号

善道是福德因緣故不求世樂天王
人王富貴處聞有現在佛處願往生
彼是菩薩知諸法實相故不樂生若
為衆生生十方佛前聞深般若波羅
蜜聞已於彼開化無量百千衆生發
无上道心舍利弗無一切智聞說三
世菩薩願行事發希有心白佛言世
尊佛於三世中無法不知從如法性
實際無不知者諸衆生心所行業果
報因緣無事不知從十方現在諸佛
及過去未來世佛及世界弟子及所
行事皆悉遍知佛一切智其力甚大
不可思議舍利弗意謂同是出家人
俱求般若波羅蜜何以故有得有不
得者佛答若是菩薩常一心求六波
羅蜜不惜身命是人内有好心外諸
佛菩薩及諸天所護助故舍利弗意
雖復精進佛不在世魔力復大是菩
薩去何得是般若波羅蜜深經是故
更問得是應六波羅蜜深經佛言得
此中說得因緣所謂善男子善女人
為無上道故為衆生說法示教利喜
令住六波羅蜜開佛道是業果報故

大智度論第六十七卷　第二十五張　宗字号

轉身易得應六波羅蜜深經若得能
疾受持乃至如所說修行精進不捨
世世常不離用六波羅蜜果報故淨
佛世界成就衆生乃至无上道若慳
惜法則常生邊地無佛法處

大智度論第六十七卷

大智度論卷六十七

校勘記

一　底本，金藏廣勝寺本。
一　二二一頁中一行經名，石無(未换卷)；資、磧、普、南、徑、清作「大智度論卷第六十七」。
一　二二一頁中三行後，資、磧、普、南清有品名「釋第四十五品下」；徑、清有品名「釋聞持品第四十五之下」。
一　二二一頁中四行首字及二二三頁中一七行首字「須」，石、磧、普、南、徑、清、麗冠以「經」。
一　二二一頁中一〇行第四字「不」，石、麗作「亦不」。
一　二二一頁中一〇行第六字「色」，石無。
一　二二一頁下一行第五字「無」，麗作「不」。
一　二二一頁下一行「壽者」，石、麗作

「壽命者故」；磧、普、南、徑、清作「壽命者」。

一 二二一頁下一〇行第一〇字「菩」，石、麗作「是菩」。

一 二二二頁上一七行第一二字「故」，石、麗作「故有」。

一 二二二頁上二二行第二字「清」，石、麗作「是清」。

一 二二二頁中一行首字「苦」，諸本作「清」。

一 二二二頁中二行首字「釋」，石、磧、普、南、徑、清、麗冠以〔論〕，下同。

一 二二二頁中一一行第三字「名」，石、磧、普、南、徑、清作「悉名」。

一 二二二頁中二一行首字「見」，資無。

一 二二二頁中二一行第五字「八」，資作「六」。

一 二二二頁下一行第五字「覺」，資、磧、普、南、徑、清、麗作「受」。

一 二二二頁下四行「中空」，石、磧、普、南、徑、清、麗作「空中」。

一 二二二頁下一六行第一三字「不」，資作「亦不」。

一 二二二頁下一七行第三字「亦」，資無。

一 二二三頁上五行第六字「色」，石、磧、南、徑、清、麗作「色相者不分別色」。

一 二二三頁上二二行第一二字「者」，南、徑、清作「聚者」。

一 二二三頁中九行「後世樂」，資、磧、普、南、徑、清無。

一 二二三頁下一一行「欲作」，諸本作「雖欲」。

一 二二四頁上一〇行「亦是」，石作「是人亦」。

一 二二四頁中三行第六字「佛」，石、磧、普、南、徑、清、麗作「諸佛」。

一 二二四頁中九行第四字「是」，石、磧、普、南、徑、清、麗作「以是」；資無。

一 二二四頁中一八行第一一字「修」，石、磧、普、南、徑、清、麗作「修行」。

一 二二四頁中一九行第一〇字「有」，石、磧、普、南、徑、清、麗作「有留」。

一 二二四頁中二二行第一一字「墮」，石、磧、普、南、徑、清作「惰」。

一 二二四頁下九行第三字「身」，石、磧、普、南、徑、清、麗作「人身」。

一 二二四頁下九行第七字「人」，麗作「人身」。

一 二二四頁下一八行末字「識」，麗作「識身」。

一 二二四頁下二一行第一〇字「即」，諸本作「即取」。

一 二二四頁下二二行第六字「而」，諸本作「正」。

一 二二五頁上三行第一三字至四行首字「因緣常」，石、麗無。

一 二二五頁上一六行第九字「意」，石作「心」。

一 二二五頁上一九行第二字「讚」，諸本作「讀」。

一 二二五頁上二二行第五字「後」，石、磧、普、南、徑、清、麗作「復」。

一　二二五頁中一行第一二字「來」，石、麗作「來欲」。

一　二二五頁中八行第二字「眼」，石、麗作「眼見」。

一　二二五頁下六行第一一字「心」，石、麗作「心心」。

一　二二五頁下一一行「不應」，石、麗作「應不」。

一　二二五頁下一六行末字「念」，經作「命」。

一　二二六頁上一二行首字「舍」，石、磧、普、南、經、清、麗冠以〔經〕。

一　二二六頁上一三行第五字「方」，石、麗作「方國土」。

一　二二六頁上二二行第六字「常」，諸本作「當」。

一　二二六頁中一三行第三字「無」，諸本作「無有」。

一　二二六頁中一四行第五字「受」，石、麗作「受持」。

一　二二六頁中一五行第二字「行」，石、資、磧、普、南、清、麗作「行亦」。

一　二二六頁中一五行第一二字「是」，磧、普、南、經、清作「是深」。

一　二二六頁下九行第四字「諸」，磧、普、南、經、清無。

一　二二六頁下一四行第四字「有」，石、麗作「有善男子善女人」。

一　二二六頁下一四行末字「沒」，石作「沒不厭」。

一　二二六頁下一五行第四字「怖」，資、磧、普、南、經、清、麗作「怖不畏」。

一　二二六頁下二〇行第一二字「純」，磧、普、南、經、清作「淳」。

一　二二六頁下二〇行第一三字「熟」，資、麗作「厚」。

一　二二七頁上一九行第一一字「繞」，石、資、磧、普、南、經、清作「遶應」。

一　二二七頁中三行第八字「上」，石、麗作「上所」。

一　二二七頁中五行第七字「衆」，石作「衆生」。

一　二二七頁中九行第一三字「是」，資、磧、普、南、經、清無。

一　二二七頁中一三行第三字「那」，資、磧、普、南、經、清、麗作「耶」。

一　二二七頁中一五行第二字「穀」，諸本無。

一　二二七頁下一行末字「若」，石、麗作「若波羅蜜」。

一　二二七頁下一一行第一二字「福」，諸本作「福德」。

一　二二八頁上一行首字「主」，磧、普、南、經、清作「王」。

一　二二八頁上三行第三字「惡」，諸本無。

一　二二八頁上三行第一三字「毀」，石、麗作「即毀」。

一　二二八頁上六行第一一字「大」，石、資、磧、普、南、經、清無。

一　二二八頁上一一行第七字「是」，石、磧、普、南、經、清冠以〔經〕。

一　二二八頁上一五行第九字「亦」，石、麗作「我亦」。

一　二二八頁中一行第六字「受」，諸本作「受身」。

一　二二八頁中二行第九字「緣」，石、麗作「緣故」。

一　二二八頁中八行第九字「知」，磧、普、南、徑、清作「如」。

一　二二八頁中一八行「者得」，石、麗作「當得」；磧、普、南、徑、清作「者當得」。

一　二二八頁中一八行第一二字「經」，磧、普、南、徑、清作「經耶」。

一　二二八頁中二二行第一二字「蜜」，石、磧、普、南、徑、清、麗作「蜜中」。

一　二二八頁下七行第六字「万」，諸本作「萬億」。

一　二二八頁下一六行第四字「善」，諸本作「是善」。

一　二二八頁下一七行第六字「欲」，麗作「欲亦」。

一　二二八頁下一七行第一一字「能」，諸本作「亦能」。

一　二二九頁中五行末字「處」後，石有夾註「釋第四十五品竟」。

二二九頁中末行經名，石作「大智度經論卷第七十一」；資作「大智度論卷第六十七並有夾註「釋第四十五品下」；磧、南、徑、清、麗作「大智度論卷第六十七」；普作「大智度論卷第六十七」並有夾註「釋第四十五品之下」。

大智度論釋魔事品第四十六　卷六十八　形

聖者龍樹造

後秦龜茲國三藏鳩摩羅什譯

經慧命須菩提白佛言世尊是善男子善女人發阿耨多羅三藐三菩提心行六波羅蜜成就衆生淨佛世界佛已讚歎說其功德世尊云何善男子善女人求於佛道生諸留難佛告須菩提樂說辯不即生當知是菩薩魔事須菩提言世尊何因緣故樂說辯不即生是菩薩魔事佛言有菩薩摩訶薩行般若波羅蜜時難具足六波羅蜜以是因緣故樂說辯不即生是菩薩魔事復次須菩提樂說辯卒起當知亦是菩薩魔事世尊何因緣故樂說辯卒起復是魔事佛言菩薩摩訶薩行檀波羅蜜乃至般若波羅蜜著樂說法以是因緣故樂說辯卒起當知是菩薩魔事復次須菩提書是般若波羅蜜經時偃僊傲慢當知是菩薩魔事復次須菩提書是經時戲笑乱心當知是菩薩魔事復次須菩提若書是經時輕笑不敬當知是菩薩魔事復次須菩提若書是經時心乱不定當知是菩薩魔事復次須菩提若書是經時各各不和合當知是菩薩魔事復次須菩提善男子善女人作是念我不得是經中滋味便棄捨去當知是菩薩魔事復次須菩提受持般若波羅蜜讀誦說若正憶念時偃僊傲慢當知是菩薩魔事復次須菩提若受持般若波羅蜜經親近正憶念時轉相形笑當知是菩薩魔事復次須菩提若受持般若波羅蜜經讀誦正憶念修行時共相輕蔑當知是菩薩魔事若受持般若波羅蜜讀誦乃至正憶念時散乱心當知是菩薩魔事若受持般若波羅蜜讀誦乃至正憶念時心不和合當知是菩薩魔事須菩提白佛言世尊世尊說善男子善女人作是念我不得經中滋味便棄捨去當知是菩薩魔事世尊何因緣故菩薩不得經中滋味便棄捨去佛言是善薩摩訶薩前世不久行般若波羅蜜禪波羅蜜毗梨耶波羅蜜羼提波

羅蜜尸羅波羅蜜檀波羅蜜是人聞說是般若波羅蜜便從坐起作是念言我於般若波羅蜜中無記心不清淨便從坐起去當知是菩薩魔事須菩提白佛言世尊何因緣故不與受記聞說是深般若波羅蜜時便從坐起去佛告須菩提若菩薩未入法位中諸佛不與受阿耨多羅三藐三菩提記復次須菩提聞說般若波羅蜜時菩薩作是念我是中無名字心不清淨當知是菩薩魔事須菩提言何因緣故是深般若波羅蜜中不說是菩薩名字佛言未受記菩薩諸佛不說名字復次須菩提是菩薩摩訶薩作是念是般若波羅蜜中無我生處名字若聚落城邑是人不欲聽聞般若波羅蜜便從會中起去是人如所起念時念念却一劫甫當更勤精進求阿耨多羅三藐三菩提

論釋曰一切有為法各有增上增上者共相違相違即是怨賊如水得增上力滅火火得增上力則消水乃至草木各有相害何況衆生菩薩摩訶薩

有大悲心雖不與衆生作怨而衆生與菩薩作怨菩薩身有為法故能作留難佛上說菩薩功德所謂諸佛菩薩諸天所護而未說怨賊相以佛憐愍故先雖略說今須菩提請佛廣說留難事佛雖於一切衆生一切法心平等以是菩薩能大利益世間故說好醜相及利害相是道非道留難事佛不令行人毀害留難者但令覺知不隨其事何者是怨賊略說若衆生法非衆生法能沮壞菩薩無上道心非衆生者若疾病飢渴寒熱槌壓墜落等衆生者魔及魔民惡鬼邪疑不信者斷善根者定有所得者實定分別諸法者深著世間樂者怨賊官事師子虎狼惡獸毒虫等衆生賊有二種若內若外內者自從心生憂愁不得法味生邪見疑悔不信等外者如上說如是諸難事佛總名為魔魔有四種煩惱魔五衆魔死魔天子魔煩惱魔者所謂百八煩惱等分別八万四千諸煩惱五衆魔者是煩惱業和合因緣得是身四大及四大造色眼根等色是名色衆百八

煩惱等諸受和合名為受衆小大無量无所有想分別和合名為想衆因好醜心發能起貪欲瞋恚等心相應不相應法名為行衆六情六塵和合故生六識是六識分別和合无量無邊心是名識衆死魔者無常因緣故破相續五衆壽命盡離三法識斷壽故名為死魔天子魔者欲界主深著世間樂用有所得故生邪見憎嫉一切賢聖涅槃道法是名天子魔魔秦言能奪命者雖死魔實能奪命餘者亦能作奪命因緣亦奪智慧命是故名煞者問曰一五衆魔攝三種魔何以故別說四荅曰實是一魔分別其義故有四煩惱魔者人因貪欲瞋恚故死亦能作奪命因緣是近奪命因緣故別說天子魔雖福德業因緣故力勢大邪見力故能奪慧命亦能作死因緣是故別說無常死力大一切無能免者甚可畏猒故別說問曰是魔何以惱乱行道者荅曰先已廣說是品中皆有四種魔義但隨處說復次三魔不相遠離若有五衆則有煩

惱有煩惱則天魔得其便五衆煩惱和合故有天魔是故須菩提問佛上已讃歎說菩薩功德今云何是菩薩魔事起佛荅樂說辯不即生是為魔事者若菩薩摩訶薩憐愍衆生故高座說法而樂說辯不生聽者憂愁我等故來而法師不說或作是念法師怖畏故不能說或言不知故不說或自惟過咎深重故不說或謂不得供養故不肯說或謂輕賤我等故不說或串樂故不說如是等種種因緣聽者心壞故以不樂說名為魔事復次是菩薩憐愍衆生故來欲說法聽者欲聞而法師心生欲說而口不能言現見是魔事如魔入阿難心佛三問而三不荅久乃說者此中須菩提問世尊何因緣故辯不即生佛荅菩薩行六波羅蜜時難具足六波羅蜜所以者何是人先世因緣故鈍根懈怠魔得其便不一心行六波羅蜜故樂說辯不即生問曰如樂說辯不即生可是魔事今樂說辯卒起何以復是魔事荅曰是法師愛法著法求名聲故自恣樂

說無有義理如逸馬難制又如大水暴漲衆穢渾雜是故此中佛自說菩薩行六波羅蜜者樂說法是為魔事復次是般若波羅蜜為破憍慢故出而書是經者生我心憍慢心憍慢故身亦高所謂偃僂慠慢書是般若波羅蜜時用輕心瞋心戲笑不敬復次是般若波羅蜜若一心攝心猶尚難得何況散乱心書書時從人口受或寫經卷若一心和合則得若授者不與如是等種種因緣是不和合復次觀看是般若波羅蜜經時品品皆空無可樂處作是念我於是經不得滋味便棄捨去般若波羅蜜是一切諸樂根本此人不得其味是為魔事復次受持讀誦說正憶念時偃僂形笑散乱心不和合如上說共相輕蔑者從人受持讀誦正憶念時師徒不相輕賤書寫經時但有捨去無相輕賤問曰上諸事中何以但問不得經中滋味不問餘者答曰般若波羅蜜聖人所說與凡人說異是故凡夫人不得滋味須菩提意謂般若波羅蜜是清淨

珍寳聚能利益衆生無有過惡是人云何不得滋味佛答是人先世不久行六波羅蜜故菩薩信等五根薄薄故不能信空無相無作无依止法娩乱心起作是言佛一切智何以不與我受記便捨去餘者易解故不問須菩提問若尒者何以故不與授記佛是大悲應當愍念防護其心不令墮惡佛言未入法位人諸佛不與授記所以者何諸佛雖悉知衆生久遠事為五通仙人及諸天見是人未有善行業因緣可授記者若為授記輕佛不信無有因緣云何與授記是故入法位者與授記是人名字及聚落處亦如是是人從坐起去隨其起念多少念念却一刼償罪畢還得人身甫當復尒所刼行

經復次須菩提菩薩學餘經棄捨般若波羅蜜終不能至薩婆若善男子善女人為捨其根而攀枝葉當知亦是菩薩魔事須菩提白佛言世尊何等是餘經善男子善女人所學不能至薩婆若佛言是聲聞所應行經所謂

四念處四正勤四如意足五根五力七覺分八聖道分空無相无作解脫門善男子善女人住是中得須陁洹果斯陁含果阿那含果阿羅漢果是名聲聞所行經不能至薩婆若如是善男子善女人捨般若波羅蜜親近是餘經何以故須菩提般若波羅蜜中出生諸菩薩摩訶薩成就世間出世間法須菩提菩薩摩訶薩學般若波羅蜜時亦學世間出世間法須菩提辟如狗不從大家求食反從作務者索如是須菩提當來世有善男子善女人棄捨深般若波羅蜜而攀枝葉聲聞辟支佛所應行經當知是為菩薩魔事須菩提辟如有人欲得見象見已反觀其跡須菩提於汝意云何是人為黠不須菩提言為不黠佛言諸求佛道善男子善女人亦復如是得深般若波羅蜜棄捨去取聲聞辟支佛所應行經須菩提當知是為菩薩魔事須菩提辟如人欲見大海見已反求牛跡水作是念大海水能與此等不須菩提於汝意云何是人為黠不須

菩提言為不黠佛言當来世有求佛
道善男子善女人亦如是得深般若
波羅蜜棄捨去取聲聞辟支佛所應
行經當知是亦菩薩摩訶薩魔事須
菩提辟如工匠若工匠弟子欲擬作
釋提桓因勝殿而揆則日月宫殿須
提言為不黠如是須菩提當来世有
菩提於汝意云何是人為黠不須菩
薄福徳善男子善女人求佛道者得
是深般若波羅蜜棄捨去取聲聞辟
支佛所應行經中求薩婆若須菩提
於汝意云何是人為黠不須菩提言
為不黠佛言當知亦是菩薩魔事須
菩提辟如有人欲見轉輪聖王見而
不識後見諸小國王取其相貌作如是
言轉輪聖王與此何異須菩提於汝
意云何是人為黠不須菩提言為不
黠須菩提當来世有薄福徳善男子
善女人求佛道者得是深般若波羅
蜜棄捨去取聲聞辟支佛所應行經
持求薩婆若須菩提於汝意云何是
人為黠不須菩提言為不黠當知是
為菩薩魔事須菩提辟如飢人得百

味食棄捨去反食六十日穀飯須菩
提於汝意云何是人為黠不須菩提
言為不黠佛言當来世有求佛道善
男子善女人得聞深般若波羅蜜棄
捨去取聲聞辟支佛所應行經持求
薩婆若於汝意云何是人為黠不須
菩提言為不黠當知是亦菩薩魔事
須菩提辟如人得无價摩尼珠反持
比水精珠須菩提於汝意云何是人
為黠不須菩提言為不黠佛言當来
世有求佛道善男子善女人得聞深
般若波羅蜜棄捨去取聲聞辟支佛
所應行經持求薩婆若是人為黠不
須菩提言為不黠當知是亦菩薩魔
事復次須菩提是求佛道善男子善女
人書是深般若波羅蜜時樂說不如
法事不得書成般若波羅蜜所謂樂
說色聲香味觸法樂說持戒禪定无
色定樂說檀波羅蜜乃至般若波羅
蜜樂說四念處乃至阿耨多羅三藐
三菩提何以故須菩提是般若波羅
蜜中無樂說相須菩提般若波羅蜜
不可思議相般若波羅蜜不生不滅

相般若波羅蜜不垢不淨相般若波
羅蜜不乱不散相般若波羅蜜無説
相般若波羅蜜無言无義相般若波
羅蜜无所得相何以故須菩提是般
若波羅蜜中無是諸相須菩提若有
善男子善女人求菩薩道者書是般
若波羅蜜經時以是諸法散乱心當
知是亦菩薩魔事須菩提白佛言世
尊是般若波羅蜜可書耶佛言不可
書何以故般若波羅蜜自性无故禪
波羅蜜毗梨耶波羅蜜羼提波羅蜜
尸羅波羅蜜檀波羅蜜乃至一切種
智自性無故若自性无是不名為性
无法不能書無法須菩提若求菩薩
道善男子善女人作是念無法是深
般若波羅蜜當知即是菩薩魔事世
尊是求菩薩道善男子善女人用文字
書般若波羅蜜自念我書是般若波
羅蜜以字者般若波羅蜜當知亦是
菩薩魔事何以故世尊是般若波羅
蜜无文字禪波羅蜜毗梨耶波羅蜜
羼提波羅蜜尸羅波羅蜜檀波羅蜜
无有文字世尊色無文字受想行識

無文字乃至一切種智无文字世尊若求菩薩道善男子善女人著无文字般若波羅蜜乃至著無文字一切種智當知亦是菩薩魔事讀誦說正憶念如說修行亦如是復次須菩提求佛道善男子善女人書般若波羅蜜時若國土念起聚落念起城邑念起方念起若聞謗毀其師念起若念父母及兄弟姉妹諸餘親里若念賊若念旃陁羅若念衆女若念婬女如是等種種諸餘異念留難惡魔復益其念破壞書般若波羅蜜破壞讀誦說正憶念如說修行須菩提當知是亦菩薩魔事復次須菩提求佛道善男子善女人得名譽恭敬布施供養所謂衣服飲食卧牀疾藥種種樂具善男子善女人書是般若波羅蜜經受讀誦乃至正憶念時愛著是事不得書成般若波羅蜜乃至正憶念當知是亦菩薩魔事復次須菩提求佛道善男子善女人書般若波羅蜜乃至如說修行時惡魔方便持諸餘深經與是菩薩摩訶薩有方便者不應貪著惡魔

大智度論第六十八卷　第十三張　形

所與諸餘深經何以故是經不能令人至薩婆若故是中無方便菩薩摩訶薩聞是諸餘深經便捨深般若波羅蜜須菩提我是般若波羅蜜中廣說諸菩薩摩訶薩方便道諸菩薩摩訶薩應當從是中求須菩提今善男子善女人求菩薩道捨是深般若波羅蜜於魔所與聲聞辟支佛深經中求方便道當知亦是菩薩魔事

論釋曰學餘經捨般若波羅蜜等有人於聲聞法中受戒學法初不聞般若波羅蜜或時餘處聞深著先所學法捨於般若波羅蜜於先所學法中求薩婆若有聲聞弟子先得般若波羅蜜不知義趣不得滋味以聲聞經行菩薩道有人是聲聞弟子得般若波羅蜜經欲信受餘聲聞人沮壞其心語言是經初後不相應无有定相汝宜捨之聲聞法中何所不有六足阿毗曇及其論議分別諸法相即是般若波羅蜜八十部律即是尸羅波羅蜜阿毗曇中分別諸禪解脫諸三昧等是禪波羅蜜三藏本生中讚歎解

大智度論第六十八卷　第十四張　形

脫布施忍辱精進即是三波羅蜜如是等種種因緣捨般若波羅蜜於聲聞經中求薩婆若如人欲得堅實好木捨其根莖而取枝葉雖是木名而不中用復次般若波羅蜜是三藏根本得般若波羅蜜巳為度衆生故說餘事是名枝葉復次聲聞經中雖說諸法實相而不了了般若波羅蜜經中分明顯現易見易得如人攀緣枝葉則墜落若捉莖幹則堅固若執聲聞經則墮小乘中若持般若波羅蜜易得无上道是故說捨根莖取枝葉問曰三十七品三解脫門般若經中亦有今何以故但名聲聞辟支佛經荅曰摩訶衍中雖有是法與畢竟空合心无所著以不捨薩婆若大悲心為一切衆生故說聲聞經則不介為小乘證故復次菩薩行般若波羅蜜故能成就世間出世間法是故菩薩若求佛應當學般若波羅蜜辟如狗為主守備應當從主索食而反於奴客求菩薩亦如是狗喻行者般若波羅蜜喻主人般若中有種種利益而

大智度論第六十八卷　第十五張　形

捨求餘經佛欲令分明易見故說譬
喻如為大海帝釋殿轉輪聖王無價寶
亦如是問曰五欲生五蓋以五蓋覆
智慧故不應樂說何以故樂說六
波羅蜜乃至無上道而言不如法答
曰不如法者不知般若波羅蜜實相
般若波羅蜜實相中無定相法云何
可樂說若有定相則心著樂說諸佛
及菩薩以大悲心故為眾生說法不
著語言用無所得法示眾生畢竟空
相般若波羅蜜是人書讀誦等以深
著心取六塵相乃至无上道故言不
如法問曰若般若波羅蜜畢竟空無
所有法不可書讀誦等如是則不應
有魔事答曰畢竟空無所有亦非般
若波羅蜜相何以故是魔事此中說
若是人知無所有是般若波羅蜜相
即是魔事若用文字書般若波羅蜜
自知我書般若波羅蜜有此著心即
是魔事若人知般若波羅蜜相不以
著心書讀誦等若有來破者是為破般
若波羅蜜復次內有煩惱魔外有天
子魔是二事因緣故書般若波羅蜜

大智度論第六十八卷　第十六張　彩

乃至修行時壞般若波羅蜜念起
邪謂念此國土不安隱彼國土豐樂
聚落城邑亦如是或聞誹毀其師
捨般若波羅蜜欲助師除滅惡名或
聞父母疾病官事或念賊恐怖欲發
心詣餘處旃陁羅亦如是與賊旃陁
羅共住則發瞋恚與眾生安共住故
壞欲心發如是等種種因緣破壞般
若波羅蜜菩薩覺知當莫念莫說或
書般若波羅蜜時鈍根者於多恭敬
供養事中愛著自念我能書能讀行
故有是著是利養即是魔事或有剎
利若魔或思惟是菩薩不善世間樂
一心受般若波羅蜜此人不可沮壞
我今當以聲聞深經轉其心使成阿
羅漢佛言聲聞經雖深不應貪著譬
如燒熱金丸色雖妙好不可捉若菩薩
無方便不大利根得是經歡喜是空
无相無作盡苦本何復過是便捨般
若波羅蜜亦是魔事何以故此中佛
說因緣於般若波羅蜜中廣說諸菩
薩摩訶薩方便道所謂觀聲聞辟支
佛道而不證以大悲心行三解脫門

大智度論第六十八卷　第十七張　彩

說譬如人以酥和毒毒勢則歇不能害
人般若亦如是菩薩於般若中求无
上道易得於餘經則難如但服毒是
故不應從聲聞經中求菩薩道

大智度論釋兩不和合品第四十七

經復次須菩提聽法人欲書持般若波
羅蜜讀誦問義正憶念說法人懈慢
不欲為說當知是為菩薩摩訶薩魔事
須菩提說法之人心不懈墮欲令書
持般若波羅蜜聽法者不欲受之二
心不和當知是為魔事復次須菩提
聽法人若欲書持般若波羅蜜讀誦
乃至正憶念說法者欲至他方當知
是為魔事須菩提說法人欲令書持般
若波羅蜜聽法者欲至他方二心不
和當知是為魔事復次須菩提說法
人貴重布施衣服飲食臥具醫藥資
生之物聽法人少欲知足行遠離行
攝念精進一心智慧兩不和合不得
書般若波羅蜜受持讀誦問義正憶
念當知是為魔事須菩提說法人少
欲知足行遠離行攝念精進一心智
慧聽法者貴重布施衣服飲食臥具

大智度論第六十八卷　第十八張　彩

醫藥資生之物兩不和合不得書持般若波羅蜜讀誦問義正憶念當知是為魔事復次須菩提說法者受十二頭陁一作阿蘭若二常乞食三納衣四一坐食五節量食六中後不飲漿七塚間住八樹下住九露地住十常坐不卧十一次第乞食十二但三衣聽法人不受十二頭陁不作阿蘭若乃至不受但三衣兩不和合不得書持般若波羅蜜讀誦問義正憶念當知是為魔事須菩提聽法者受十二頭陁作阿蘭若乃至受但三衣說法人不受十二頭陁不作阿蘭若乃至不受但三衣兩不和合不得書持般若波羅蜜讀誦問義正憶念當知是為魔事

論釋曰一切有為法因緣和合故生衆緣離則無辟如攢燧求火有鑽有母二事因緣得火書寫般若乃至正憶念亦如是內外因緣和合故生所謂師弟子同心同事故乃得書成是故佛告須菩提聽法人信等五善根發故欲書持般若乃至正憶念說法者

五蓋覆心故不欲說問曰若五蓋覆心故不欲說何以作師荅曰是人著世間樂不觀空无常雖能心知口說不能自行弟子雖必欲行而不能知不能知故更无餘處必詣此人或時師悲心發故欲令書持般若弟子信等五善根鈍不發故者世間樂故不欲受書持乃至正憶念問曰若不欲受持何以名為聽法者荅曰少多聽受讀誦不能究竟成就故但名聽法若二人善心共同能得般若波羅蜜若不同則不能得是名魔事內煩惱發外天子魔作因緣離是般若菩薩應覺是魔事防令不起若自失當具足若弟子失當教令得復次師或慈悲心薄捨弟子至他方或不宜水土四大不和或善法无所增益或水旱不適或土地荒乱如是等種種因緣故至他方弟子亦種種因緣不能追隨貴重利養者如上五蓋覆心等復次是二人皆有信有戒而一人以十二頭陁莊嚴戒一人不能問曰一人何以故不能荅曰佛所結戒弟子受持十二頭

陁不名為戒能行則戒莊嚴不能行不犯戒辟如布施能行則得福不能行者无罪頭陁亦如是是故兩不和合則是魔事十二頭陁者行者以居家多惱乱故捨父母妻子眷屬出家行道而師徒同學還相結著心復繞乱是故受阿蘭若法令身遠離憒閙住於空閑遠離者寂近三里能遠益善得是身遠離已亦當令心遠離五欲五蓋若受請食若衆僧食起諸漏因緣所以者何受請食者若得作是念我是福德好人故得若不得則嫌恨請者彼為无所別識不應請者請應請者不請或自鄙薄懊惱自責而生憂苦是貪憂法則能遮道僧食者入衆中當隨衆法斷事擯人料理僧事處分作使心則散乱妨廢行道有如是等惱乱事故受常乞食法好衣因緣故四方追逐墮邪命中若受人好衣則生親著若不親著檀越則恨若僧中得衣如上說衆中之過又好衣是未得道者生貪著處好衣因緣招致賊難或至奪命有如是等患故

受弊納衣法行者作是念求一食尚多有所妨何況小食中食後食若不自損則失半日之功不能一心行道佛法為行道故不為益身如養馬養猪是故斷數數食受一食法有人雖一食而貪心極噉腹脹氣塞妨廢行道是故受節量食法節量者略說隨所能食三分留一分則身輕安隱易消無患於身无損則行道无廢如經中舍利弗說我若食五口六口足之以水則足支身於秦人中食可十口許有人雖節量食過中飲漿則心樂著求種種漿果漿蜜漿等求欲無猒不能一心修習善法如馬不著轡勒左右噉草不肯進路若著轡勒則不噉草意斷隨人意去是故受中後不飲漿无常空觀是入佛法門能猒離三界塚間常有悲啼哭聲死屍狼藉眼見無常後或火燒鳥獸所食不久滅盡因是屍觀一切法中易得無常相空相又塚間住若見死屍臭爛不淨易得九相觀是離欲初門是故受塚間住法能作不淨无常等觀已得道事

大智度論第六十八卷　第二十二張　形

辦捨至樹下或未得道者心則不乞猒取是相樹下思惟如佛生時成道時轉法輪時般涅槃時皆在樹下行者隨諸佛法常處樹下如是等因緣故受樹下坐法行者或觀樹下如半舍無異蔭覆涼樂又生愛著我所住者好彼樹不如如是等生漏故至露地住作是思惟樹下有二種過一者雨漏濕冷二者鳥屎汙身毒虫所住有如是等過空地則无此患露地住則著衣脫衣隨意快樂月光遍照空中明淨心易入空三昧身四儀中坐為第一食易消化氣息調和求道者大事未辦諸煩惱賊常伺其便不宜安卧若行若立則心動難攝亦不可久故受常坐法若欲睡時脅不著席行者不著於味不輕衆生等心憐愍故次第乞食不擇貧富故受次第乞食法行者少欲知足衣趣蓋形不多不少故受但三衣法白衣求樂故多畜種種衣或有外道苦行故裸形无恥是故佛弟子捨二邊處中道行住處食處常用故事多衣不須日日求故略

大智度論第六十八卷　第二十三張　形

說是十二頭陁佛意欲令弟子隨道行捨世樂故讚十二頭陁是佛意常以頭陁為本有因緣不得已而聽餘事如轉法輪時五比丘初得道白佛言我等著何等衣佛言應著納衣又受戒法盡壽著納衣乞食樹下住弊棄藥於古四聖種中頭陁即是三事佛法唯以智慧為本不以苦為先是法皆助道隨道故諸佛常讚歎

大智度論卷第六十八

庚子歲高麗國大藏都監奉
勅雕造

大智度論第六十八卷　第二十四張　形

大智度論卷六十八

校勘記

一 底本，麗藏本。

一 二三三頁上一行經名，石作「大智度經論卷第七十二」；資、磧、普、南、徑、清作「大智度論卷第六十八」。

一 二三三頁上三行後，石有「摩訶般若波羅蜜經魔事品第四十六釋」；資、磧、普、南有「釋魔事品第四十六訖四十七品上」；徑、清有「釋魔事品第四十六」。

一 二三三頁上四行首字「經」，資無；磧、普、南、徑、清作「〔經〕爾時」。

一 二三三頁上六行「世界」，石作「國土」。

一 二三三頁中一三行「輕蔑」，資作「輕慢」。

一 二三三頁下二行第一〇字「坐」，石、徑作「座」。

一 二三三頁下四行第九字「是」，石作「是爲」。

一 二三三頁下六行第五字「深」，資無。

一 二三三頁下八行第五字「受」，石作「授」。

一 二三三頁下一八行首字「念」，資無。

一 二三三頁下二〇行「論釋曰」，資作「釋曰」；磧、普、南、徑、清作「〔論〕釋曰」，下同。

一 二三四頁上五行第二字「以」，磧、南、徑、清作「今」。

一 二三四頁上八行第一三字「相」，資、磧、普、南、徑、清無。

一 二三四頁上一三行第三字「槌」，資、普、徑作「推」。

一 二三四頁中七行第三字「續」，資作「讀」。

一 二三四頁中七行第一三字「斷」，磧、普、南、徑作「熱」。

一 二三四頁中九行第二字「鬪」，石無。

一 二三四頁中一〇行第一三字至一一行第五字「魔秦言能奪命者」，石無。

一 二三四頁中一一行第六字「雖」，磧、普、南、徑、清作「唯」。

一 二三四頁下一〇行第一三字「串」，石作「慣」。

一 二三四頁下一二行第七字「爲」，石無。

一 二三四頁下一三行末字「而」，石無。

一 二三四頁下一四行第一三字「見」，資、磧、普、南、徑、清無。

一 二三四頁下二一行第一二字「可」，資、磧、普、南、徑、清無。

一 二三五頁上五行第一一字「心」，資、磧、普、南、徑、清無。

一 二三五頁上一二行「波羅蜜」，資、磧、普、南、徑、清無。

一 二三五頁上一七行末字「持」，資、磧、普、南、徑、清無。

一 二三五頁上一九行第一〇字「賤」，磧、普、南、徑、清無。

資、磧、普、南、徑、清作「賤以是故無」。

一 二三五頁上二〇行首字「諸」，資、磧、普、南、徑、清無。

一 二三五頁上二二行第三字「凡」，石作「凡夫」。

一 二三五頁中二行第八字「答」，石作「答曰」。

一 二三五頁中三行末字「薄」，石、磧、南、徑、清無。

一 二三五頁中一一行第一〇字「是」，資、磧、普、南、徑、清無。

一 二三五頁中一二行第七字「者」，資、磧、普、南、徑、清無。

一 二三五頁中一七行首字「復」，石作「復念」。

一 二三五頁中一八行首字「經」，石、磧、南、徑、清作〔經〕。

一 二三五頁下五行第六字「經」，磧、普、南、徑、清無。

一 二三五頁下一三行第四字「捨」，資、磧、普、南、徑、清無。

一 二三五頁下二一行「見巳」，資、磧、普、南、徑、清無。

一 二三六頁上一〇行第一一字「取」，資、磧、普、南、徑、清作「於」。

一 二三六頁上一五行第一三字「作」，資、磧、南、徑、清無。

一 二三六頁中一五行第七字「是」，石、磧、普、南、徑、清無。

一 二三六頁下二行末字「説」，磧、普、南、徑、清作「説無示」。

一 二三六頁下四行第一三字「是」，磧、南、清無。

一 二三六頁下五行第八字「諸」，資、磧、普、南、徑、清作「諸法」。

一 二三六頁下一三行第五字「故」，資作「法」。

一 二三六頁下一七行第一四字「文」，資無。

一 二三六頁下一八行第一一字「是」，石作「成是」。

一 二三七頁上七行第三字「若」，資無。

一 二三七頁上一二行第一二字「讀」，石作「持讀」。

一 二三七頁上一三行「菩薩」，磧、普、南、徑、清無。

一 二三七頁上一七行第一二字「受」，磧、普、南、徑、清作「受持」。

一 二三七頁上一七行第一四字「誦」，資無。

一 二三七頁上一八行第六字「愛」，資作「受」，下同。

一 二三七頁上末行第八字「者」，石、磧、普、南、徑、清作「力者」。

一 二三七頁中一一行第五字「法」，資、磧、普、南、徑、清作「師僧」。

一 二三七頁中一三行第三字「於」，資、磧、普、南、徑、清無。

一 二三七頁下七行第三字「是」，資、磧、普、南、徑、清作「是故」。

一 二三七頁下二一行第七字「當」，資、磧、普、南、徑、清無。

一 二三八頁上一行第七字「令」，資、磧、南、徑、清作「今」。

一　二三八頁上一一行末字「染」，資作「深」。
一　二三八頁中七行第九字「衆」，資、磧、普、南、徑、清作「衆女」。
一　二三八頁中一一行第一三字「隨」，石無。
一　二三八頁中一七行第三字「熱」，資、磧、普、南、徑、清作「然」。
一　二三八頁中一七行第九字「好」，資、磧、普、南、徑、清無。
一　二三八頁中二一行第一三字「諸」，石無。
一　二三八頁下四行末字「道」，石有夾註「釋第四十六品竟」。
一　二三八頁下五行品名，石作「摩訶般若波羅蜜經兩不和合品第四十七釋之一」；磧、南作「大智度論釋兩不和合品第四十七上」；普作「大智度論釋兩不和含品第四十七上」；徑、清作「釋兩不和合品第四十七之上」，下有夾註「經作兩不和合過品」。
一　二三八頁下八行第八字，二三九頁中九行第三字「爲」，資、磧、普、南、徑、清無。
一　二三八頁下一一行第七字「爲」，石作「菩薩」。
一　二三八頁下二〇行首字「書」，石作「書持」。
一　二三九頁上一行第二字「藥」，石作「樂」。
一　二三九頁上四行第四字「一」，南作「不」。
一　二三九頁中四行「不能知」，資、磧、普、南、徑、清無。
一　二三九頁下七行第六字「蘭」，石作「練」。
一　二三九頁下一五行第六字「憂」，南、徑、清作「愛」。
一　二三九頁下一六行「擯人料」，資作「擯人斷」。
一　二四〇頁上一一行第一〇字「中」，石無。
一　二四〇頁上一二行第一三字「心」，諸本作「心生」。
一　二四〇頁上一五行末字「不」，磧、普、南、清無。
一　二四〇頁上一七行第一〇字「法」，磧、普、南、徑、清作「法初」。
一　二四〇頁上二二行第五字「相」，資、磧、普、南、徑、清作「想」。
一　二四〇頁上末行「能作」，磧、普、南、徑、清無。
一　二四〇頁中二〇行「但三衣法」，資作「三衣」；磧、普、南、徑、清作「但三衣」。
一　二四〇頁下七行第四字「古」，石無。
一　二四〇頁下七行第一二字「是」，石無。
一　二四〇頁下末行經名，石無；資、磧、普、南有夾註「釋四十六品訖四十七品之上」。

大智度論釋兩不和合品第四十七之餘 十九 形

聖者龍樹造

後秦龜茲國三藏鳩摩羅什譯

復次須菩提說法者有信有善欲書深般若波羅蜜乃至正憶念聽法者無信破戒惡行不欲書受深般若波羅蜜乃至正憶念當知是為魔事須菩提聽法者有信有善說法者無信破戒惡行兩不和合當知是為魔事復次須菩提說法者能一切施心不慳惜聽法者悋惜不捨當知是為魔事須菩提聽法者一切能施心不慳惜說法者悋法不施兩不和合不得書持般若波羅蜜乃至正憶念當知是為魔事復次須菩提聽法者欲供養說法人衣服飲食臥具醫藥資生所須說法者不欲受之當知是為魔事須菩提說法者欲供給聽法人衣服乃至資生所須聽法者不欲受之兩不和合不得書持般若波羅蜜乃至正憶念當知是為魔事復次須菩提說法者易悟聽法人闇鈍當知是

為魔事須菩提聽法者易悟說法人闇鈍兩不和合不得書持般若波羅蜜乃至正憶念當知是為魔事

復次須菩提說法者知十二部經次第義所謂修妒路乃至優波提舍聽法者不知十二部經次第義當知是為魔事聽法者知十二部經次第義說法人不知十二部經次第義兩不和合不得書深般若波羅蜜乃至正憶念當知是為魔事復次須菩提說法者成就六波羅蜜聽法人不成就六波羅蜜兩不和合不得書深般若波羅蜜乃至正憶念當知是為魔事聽法者有六波羅蜜說法人无六波羅蜜兩不和合不得書深般若波羅蜜乃至正憶念當知是為魔事復次須菩提說法者於六波羅蜜有方便力聽法人於六波羅蜜無方便力兩不和合不得書深般若波羅蜜乃至正憶念當知是為魔事聽法者於六波羅蜜有方便力說法人於六波羅蜜无方便力兩不和合不得書深般若波羅蜜乃至正憶念當知是為魔

事復次須菩提說法者得陁羅尼聽法人無陁羅尼兩不和合不得書深般若波羅蜜乃至正憶念當知是為魔事聽法者得陁羅尼說法者无陁羅尼兩不和合不得書深般若波羅蜜乃至正憶念當知是為魔事復次須菩提說法者欲令書持般若波羅蜜乃至正憶念聽法人不欲書持般若波羅蜜讀誦乃至正憶念兩不和合不得書深般若波羅蜜乃至正憶念當知是為魔事聽法者欲書讀誦說般若波羅蜜說法者不欲令書般若波羅蜜乃至不欲令說兩不和合不得書深般若波羅蜜乃至正憶念當知是為魔事復次須菩提說法者離貪欲瞋恚睡眠悼悔疑聽法人貪欲瞋恚睡眠悼悔疑當知是為魔事聽法者離貪欲瞋恚睡眠悼悔疑說法人貪欲瞋恚睡眠悼悔疑兩不和合不得書深般若波羅蜜乃至正憶念當知是為魔事復次須菩提書是深般若波羅蜜乃至正憶念時或有人來說三惡道中苦劇汝何不於是

身盡苦入涅槃何用是阿耨多羅三藐三菩提為兩不和合不得書般若波羅蜜乃至正憶念當知是為魔事復次須菩提書是深般若波羅蜜受持讀誦說正憶念時或有人來讚四天王諸天讚三十三天夜摩天兜率陁天化樂天他化自在天梵天乃至非有想非无想天讚初禪乃至非有想非无想定作是言善男子欲界中受五欲快樂色界中受禪生樂无色界中受寂滅樂是事亦無常苦空無我變相盡相散相離相滅相汝何不於是身中取須陁洹果斯陁含果阿那含果阿羅漢果辟支佛道何用是世間生死中受種種苦求阿耨多羅三藐三菩提為兩不和合不得書深般若波羅蜜乃至正憶念當知是為魔事復次須菩提說法者一身無累自在无㝵聽法人多將人衆兩不和合不得書深般若波羅蜜乃至正憶念當知是為魔事聽法者一身無累自在无㝵說法者多將人衆兩不和合不得書深般若波羅蜜乃至正憶

念當知是為魔事復次須菩提說法者如是言汝能隨我意者當與汝般若波羅蜜令書讀誦說若不隨我意者則不與汝兩不和合不得書深般若波羅蜜讀誦說正憶念當知是為魔事復次須菩提聽法者欲得退隨知其意說法者不聽兩不和合不得書深般若波羅蜜乃至正憶念當知是為魔事復次須菩提說法者欲得財利故與般若波羅蜜令書持乃至正憶念聽法者以是因緣故不欲從受兩不和合不得書深般若波羅蜜乃至正憶念當知是為魔事聽法者為財利故欲書深般若波羅蜜讀誦說說法者以是因緣故不欲與兩不和合不得書深般若波羅蜜讀誦說當知是為魔事復次須菩提說法者欲至他方危命之處聽法者不欲隨去兩不和合不得書深般若波羅蜜乃至正憶念當知是為魔事聽法者欲至他方危命之處說法者不欲去兩不和合不得書深般若波羅蜜乃至正憶念當知是為魔事復次須菩

提說法者欲至他方飢餓穀貴无水之處聽法者不欲隨去兩不和合不得書深般若波羅蜜乃至正憶念當知是為魔事聽法者欲至他方飢餓穀貴無水之處說法者不欲去兩不和合不得書深般若波羅蜜乃至正憶念當知是為魔事復次須菩提說法者欲至他方豐樂之處聽法者欲隨從去說法者言善男子汝為利養故追隨我汝善自思惟若得若不得无令後悔以是少因緣故不和合聽法者聞之心猒作是念是為距逆我不欲與我相隨便止不去兩不和合不得書深般若波羅蜜乃至正憶念當知是為魔事

復次須菩提說法者欲過曠野賊怖旃陁羅怖獵師怖惡獸毒虵怖聽法者欲隨逐去說法者言善男子汝何用到彼彼中多有諸怖賊怖乃至毒虵怖聽法者聞之知其不欲與般若波羅蜜書持乃至正憶念心猒不欲追隨以是少因緣故兩不和合當知是為魔事復次須菩提說法者多有

檀越數往問訊以是因緣故語聽法者我有因緣應往到彼聽法人知其意便止兩不和合不得書深般若波羅蜜乃至正憶念當知是為魔事

問曰有人書持讀誦般若波羅蜜不能行而犯戒或可有是若不信云何從受法荅曰是人不信般若波羅蜜所謂畢竟空但欲求名故讀誦廣說如佛弟子不信外道經書亦為人講說復次不能深心信樂般若故名不信非都不信問曰弟子法應供養師舉諸所有何以言師不能施荅曰弟子作是念師少物不能捨何況捨身雖讚說布施是為欺誑是故不名利合弟子欲以四事供養師師少欲知足故不受或羞愧似如賣法故不受或師多知多識無所乏少能供給弟子弟子自念人當謂我貪師衣食故受法或自以德薄不消所給此心雖好不能成般若故亦是魔事師鈍根者是誦經師非解義師十二部經亦是誦經師復次師有六波羅蜜者作是念弟子罪人鈍根不能行六波羅蜜者

世間事但有弟子名无有實事是師不知弟子聞般若已後成大事但以現前无六波羅蜜不肯教化弟子亦作是念六波羅蜜義我亦能行師但能口說不能修行不知師轉身因緣當成大事又不知師別有讀誦利益因緣故不和合復次弟子直信著善法師不著法以方便行六波羅蜜弟子謂為不深樂六波羅蜜何以知之師或時讚歎六波羅蜜或時斷人著故破散六波羅蜜弟子有方便亦如是問曰若弟子得陁羅尼師无陁羅尼何以為師荅曰陁羅尼有種種有弟子得聞持陁羅尼能持能誦不能解義師能為解說弟子或能得諸法實相陁羅尼義而不能次第誦讀或師得聞持陁羅尼未得大悲故輕賤弟子不能教導問曰弟子欲受特般若波羅蜜師不與或可有是云何師欲與法弟子不受荅曰如先荅弟子見師有過故不欲受法復次師欲教化前人為弟子而是人或邪見諸惡因緣故不肯受教復次一切衆生所

行法同則和合一人離五蓋一人不離故相輕相輕故不和合一切上法皆尒復次書誦般若波羅蜜乃至正憶念時一人呵三惡道一人讚歎諸天是事如先荅雖不能都破其善行且壞其大乘授小乘法復次師少欲知足不樂衆聚弟子多有人衆師作是念弟子雖好可度而將徒衆多師深著善法捨離弟子弟子一身亦如是復次說法者意若弟子隨我意行若去若住隨時問訊如是等聽法者但欲從求法利不能行此衆事是不和合或時聽法者隨意進止問訊等說法者不聽作是念何用是事損我功德聽法者意謂輕賤不相好喜是不和合復次師為利養故欲與法弟子心則不敬師云何欲賣經法弟子亦如是為財利養讀誦般若非清淨心故師知弟子心如是則薄賤不與故不和合復次師欲至他方路經嶮難弟子惜身命故不能隨作是念我有身然後求法弟子欲去亦如是飢餓穀貴无水處亦如是復次師欲至

豐樂處弟子欲隨師或慚愧不欲將去或弟子串樂不任涉遠或道里懸遠或師譏彼國弟子不忠謂師稱美彼國不必實尒時或處師謂貪欲食故去如是等種種因緣師語弟子如汝所聞彼國土所有不必盡尒好自籌量若自欲去者便去无以財物豐樂故去至彼不得隨意勿以見怨師復為說汝聞彼國土豐樂故去非為法故不須隨我師好心止弟子不知是壞般若波羅蜜因緣弟子聞是說敬難師故不能荅便止不去故不和合師復欲至遠國彼中有種種虎狼賊盜語弟子言彼間多難汝不須去弟子聞已便止師但知彼有難事故止弟子不知是壞般若波羅蜜因緣問曰若遠國多難何以自去荅曰有人荅言師彼國生故服習彼土能自防護有人言彼有好師經書不惜身命故去師作是念我身自死則可云何枉他如是等因緣故止弟子不令去師多有知識檀越心生樂著弟子少欲知足不着檀越師常隨時問訊

檀越弟子但求法不喜是事師知其意語言我有因緣不得為汝說法弟子聞已不悅師貴俗緣不貴於法是不和合復次須菩提惡魔作比丘形像來方便破壞般若波羅蜜不得令書持讀誦說正憶念須菩提白佛言世尊何因緣故惡魔作比丘形像方便破壞般若波羅蜜不得令書持乃至正憶念佛言惡魔作比丘形像來壞善男子善女人心令遠離般若波羅蜜作是言如我所說經即是般若波羅蜜此經非般若波羅蜜須菩提是中破壞諸比丘時有未受記菩薩便墮疑墮疑故不書深般若波羅蜜不受不持乃至不作正憶念不和合不得書成般若波羅蜜乃至正憶念當知是為魔事復次須菩提惡魔作比丘身到菩薩所作如是言若菩薩行般若波羅蜜於實際作證得須陁洹果斯陁含果阿那含果阿羅漢果得辟支佛道以是不和合不得書般若波羅蜜乃至正憶念當知是為魔事復次須菩提說是深般若波羅蜜

時多有魔事起留難般若波羅蜜是
為魔事菩薩摩訶薩應當覺知知已
遠離須菩提言世尊何等是魔事留
難菩薩應當覺知知已遠離佛言似
般若波羅蜜諸魔事起似禪波羅蜜
似毗梨耶波羅蜜似羼提波羅蜜似
尸羅波羅蜜似檀波羅蜜魔事起菩
薩應當覺知知已遠離復次須菩提
聲聞辟支佛所應行經是菩薩摩訶
薩應當知是魔事而遠離之復次須
菩提內空乃至无法有法空四念處
乃至八聖道分空无相無作解脫門
用是法得須陁洹果斯陁含果阿那
含果阿羅漢果辟支佛道如是等諸
經惡魔作比丘像方便與菩薩摩訶
薩是不和合故不得書深般若波羅
蜜乃至正憶念當知是為魔事復次
須菩提惡魔作佛身金色丈光到菩
薩所是菩薩貪著貪著故耗減薩婆
若是不和合故不得書般若波羅蜜
乃至正憶念當知是為魔事復次須
菩提惡魔作佛身及比丘僧到菩薩
前是菩薩起貪著意作是念我於當

来世亦當如是從比丘僧為説法是
菩薩貪著魔身故耗減薩婆若不得
書成般若波羅蜜當知是為魔事復
次須菩提惡魔化作無數百千万億
菩薩行檀波羅蜜尸羅波羅蜜羼提
波羅蜜毗梨耶波羅蜜禪波羅蜜般
若波羅蜜指示善男子善女人善男
子善女人見已貪著貪著故耗減薩
婆若不得書般若波羅蜜乃至正憶
念當知是為魔事何以故是深般若
波羅蜜中無有色無有受想行識乃
至无有阿耨多羅三藐三菩提須菩
提般若波羅蜜若无有色乃至無阿
耨多羅三藐三菩提是中无佛無聲
聞无辟支佛無菩薩何以故一切諸
法自性空故復次須菩提善男子善
女人書是般若波羅蜜受讀誦說正
憶念時多有留難起須菩提辟如閻
浮提中珎寶金銀琉璃車渠馬瑙珊
瑚等多難多賊如是須菩提善男子
善女人書是深般若波羅蜜乃至正
憶念時多賊多留難起須菩提白佛
言如是世尊閻浮提中珎寶金銀珠

瑠車渠馬瑙珊瑚等多賊多難世尊
善男子善女人亦如是書是深般若
波羅蜜乃至正憶念時多賊多留難
起多有魔事何以故是愚癡人為魔
所使善男子善女人書是深般若波
羅蜜乃至正憶念時破壞令遠離世
尊是愚癡人少智少慧是善男子善
女人書般若波羅蜜乃至正憶念時
破壞令遠離是愚癡人心不樂大法
是故不書是深般若波羅蜜不受不
讀不誦不正憶念不如說修行亦壞
他人令不得書般若波羅蜜乃至如
說脩行佛言如是如是須菩提新發
大乘意善男子善女人為魔所使不
作留難是善男子善女人少智少慧
不書般若波羅蜜乃至不正憶念而
種善根不供養諸佛不隨善知識故
心不樂大法是故不能書是深般若
波羅蜜乃至正憶念魔事起欲須菩
提若善男子善女人能書是深般若
波羅蜜乃至正憶念時魔事不起能
具足禪波羅蜜乃至檀波羅蜜能具
足四念處乃至一切種智須菩提當

知佛乃故是善男子善女人能書是深般若波羅蜜乃至正憶念亦能具足禪波羅蜜乃至檀波羅蜜內空乃至无法有法空具足四念處乃至八聖道分佛十力乃至一切種智須菩提十方現在无量無邊阿僧祇諸佛亦助是善男子善女人令得書是深般若波羅蜜乃至正憶念十方阿鞞跋致諸菩薩摩訶薩亦擁護祐助是善男子善女人書般若波羅蜜乃至正憶念

釋曰魔作大沙門形有重威德令人受其語多持經卷與衆弟子俱語諸比丘般若波羅蜜如我經所說真實佛語汝先聞者不實非佛所說可毀先經種種自讚所說鈍根菩薩信受是語生邪見若利根未得受記者生疑何以故諸佛畢竟空無相智慧難解故不和合或時魔語菩薩般若波羅蜜三解脫門魔說但是空汝常習此空於中得證不得證云何作佛作佛法先行布施持戒等修三十二相福德坐道場時亦乃用空菩薩或信

或疑離般若波羅蜜問曰云何似六波羅蜜多魔事荅曰如相似般若波羅蜜中說復次以著心行六波羅蜜是名似聲聞辟支佛經无有慈悲不求佛道但欲自度雖是好事破菩薩道故名魔事問曰若菩薩見佛身則信心清淨云何名魔事荅曰一切煩惱取相皆是魔事是小菩薩未應見佛身魔作佛妙形菩薩心著為是好身故行道如未離欲人見天女形深心染著不能堪受天欲迷悶而死是故魔願得滿菩薩雖得少淨心而失實相智慧如人手捉重寶有人以少金誑之捨大價寶而取財物是名耗減魔作佛身將諸比丘示多菩薩行六波羅蜜亦如上此中佛說因緣色等一切法自性空復次衆會生疑般若波羅蜜是无上法多有利益云何有人憎嫉是故佛說譬喻如閻浮提金銀等多怨多賊為是故出不為瓦石等生般若波羅蜜是佛法藏中妙寶微妙甚深懈怠鈍根者所不解是故呰毀魔以般若波羅蜜多令衆生

入涅槃故魔作怨賊須菩提喜受佛教述其所說毀呰破壞般若者世尊是狂癡之人為魔所使不得自在以少智不能通達佛意是人无有大心不知清淨法味但知三相貪味婬欲瞋恚如畜生法與般若波羅蜜生留難佛可須菩提所說語須菩提若菩薩摩訶薩書般若乃至正憶念魔事不起當知是佛力亦是十方諸佛及諸菩薩所擁護而能具足五波羅蜜乃至一切種智亦是十方現在佛力何以故魔是欲界主世間福德智慧具足魔是世間生死根本色界諸天雖有邪見常入定故心柔軟不能有所破壞無色界中无形故又心微細不能有所作下諸天无有力勢故不能如是破壞是魔先世業因緣力又住處因緣他作奪取是中賊主名為魔是魔相亦破壞好事初發心菩薩福德智慧薄故惜身若十方諸佛菩薩不擁護佐助者不能成是故諸佛菩薩諸天為破壞魔事是菩薩或覺或不覺如賊繞城大人守護小兒不

覺略說魔事如是廣說則无量無邊然佛意但欲令行者成般若大事是故師徒宜應和合一切惡事不應計念

大智度論釋佛母品第四十八

佛告須菩提辟如母人有子若五若十若二十若四十若五十若百若千母中得病諸子各各勤求救療作是念我等云何令母得安無諸患苦不樂之事風寒冷熱蚉䖟蛇蚖侵犯母身是我等憂其諸子等常求樂具供養其母所以者何生育我等示我世間如是須菩提佛常以佛眼視是深般若波羅蜜何以故是深般若波羅蜜能示世間相十方現在諸佛亦以佛眼常視是深般若波羅蜜何以故是深般若波羅蜜能生諸佛能與諸佛一切智能示世間相以是故諸佛常以佛眼視是深般若波羅蜜又以般若波羅蜜能生禪波羅蜜乃至檀波羅蜜能生內空乃至无法有法空能生四念處乃至八聖道分能生佛十力乃至一切種智般若波羅蜜能生須陁洹斯陁含阿那含阿羅漢辟

支佛諸佛須菩提所有諸佛已得阿耨多羅三藐三菩提今得當得皆因深般若波羅蜜因緣故得須菩提若求佛道善男子善女人書是深般若波羅蜜乃至正憶念諸佛常以佛眼視是人須菩提是求菩薩道善男子善女人諸十方佛常守護令不退阿耨多羅三藐三菩提須菩提白佛言如世尊所說般若波羅蜜能生諸佛能示世間相世尊般若波羅蜜云何能生諸佛云何能示世間相云何諸佛從般若波羅蜜生云何諸佛說世間相佛告須菩提深般若波羅蜜中生佛十力乃至十八不共法一切種智須菩提得是諸法故名為佛須菩提以是故深般若波羅蜜能生諸佛須菩提諸佛說五衆是世間相須菩提言世尊云何深般若波羅蜜中說五衆相云何深般若波羅蜜示五衆須菩提般若波羅蜜不示五衆破不示壞不示生不示滅不示垢不示淨不示增不示減不示入不示出不示過去不示未來不示現在何以故空

相不破不壞无相相無作相不破不壞不起法不生法无所有法性法不破不壞相如是示如是須菩提佛說深般若波羅蜜能示世間相復次須菩提諸佛因般若波羅蜜悉知无量無邊阿僧祇衆生心所行須菩提是深般若波羅蜜中無衆生无衆生名無色无色名無受想行識无受想行識名無眼乃至意无眼識乃至无意識无眼觸乃至无意觸乃至無一切種智無一切智名如是須菩提深般若波羅蜜能示世間相須菩提是深般若波羅蜜亦不示色不示受想行識乃至不示一切種智何以故須菩提是深般若波羅蜜中尚无般若波羅蜜何况色乃至一切種智復次須菩提所有衆生名數若有色若无色若有想若无想若非有想非無想若此間世界若遍十方世界是諸衆生若攝心若乱心是攝心乱心佛如實知須菩提云何佛知衆生攝心乱心相以法相故知用何等法相故知須菩提是法相中尚无法相相何况有

攝心乱心須菩提以是法相故佛知衆生攝心乱心復次須菩提佛知衆生攝心乱心云何知須菩提以盡相故知以無涂相故知以滅相故知以斷相故知以寂相故知以離相故知如是須菩提佛因般若波羅蜜知衆生攝心乱心復次須菩提佛因般若波羅蜜知衆生涂心如實知涂心瞋心癡心如實知瞋心癡心須菩提白佛言世尊云何佛知衆生涂心如實知涂心瞋心癡心如實知瞋心癡心佛告須菩提涂心如實相則无涂心相何以故如實相中心心數法不可得何况當得涂心不涂心須菩提瞋心癡心如實相則無瞋无癡相何以故如實相中心心數法尚不可得何况當得瞋心不瞋心癡心不癡心如是須菩提佛因般若波羅蜜衆生涂心如實知涂心瞋心癡心如實知瞋心癡心復次須菩提佛因般若波羅蜜衆生无涂心如實知無涂心无瞋心无癡心如實知無瞋心無癡心須菩提白佛言世尊云何衆生無涂心

如實知無涂心无瞋心如實知无瞋心無癡心如實知无癡心佛告須菩提是心無涂相中相涂不涂相不可得何以故須菩提二心不俱故如是須菩提佛因般若波羅蜜衆生無涂心如實知無涂心須菩提是无瞋心无癡心相中癡心不癡心不可得何以故二心不俱故如是須菩提佛因般若波羅蜜衆生無瞋心无癡心如實知復次須菩提佛因般若波羅蜜是衆生廣心如實知廣心須菩提白佛言世尊云何佛因般若波羅蜜是衆生廣心如實知廣心須菩提佛知諸衆生心相不廣不狭不增不減不来不去心相離故是心不廣乃至不来不去何以故是心性無故誰作廣作狭乃至来去如是須菩提佛因般若波羅蜜是衆生廣心如實知廣心復次須菩提佛因般若波羅蜜是衆生大心如實知大心須菩提白佛言世尊云何佛因般若波羅蜜是衆生大心如實知大心佛告須菩提佛因般若波羅蜜不見衆生心来相去相不

見衆生心生相滅相住異相何以故是諸心性无故誰来誰去誰生滅住異如是須菩提佛因般若波羅蜜是衆生大心如實知大心復次須菩提佛因般若波羅蜜衆生无量心如實知無量心須菩提白佛言世尊云何佛因般若波羅蜜衆生无量心如實知無量心佛告須菩提佛因般若波羅蜜知是衆生心不見住不見不住何以故是无量心相無依止故誰有住不住處如是須菩提佛因般若波羅蜜衆生无量心如實知无量心復次須菩提佛因般若波羅蜜衆生不可見心如實知不可見心須菩提白佛言世尊云何佛因般若波羅蜜衆生不可見心如實知不可見心佛告須菩提衆生心是無相佛如實知无相自相空故復次須菩提佛知衆生心五眼不能見如是須菩提佛因般若波羅蜜衆生不可見心如實知不可見心

釋曰上說十方諸佛及大菩薩擁護般若波羅蜜乃至正憶念不令魔得

其使會中聽者聞是事已或作是念諸佛阿耨多羅三藐三菩提寂滅相於諸法乃衆生无憎無愛何以故擁護書持般若乃至正憶念者是故佛告須菩提為說譬喻如子知恩故守護其母般若是十方諸佛母故若有魔等留難欲破壞般若波羅蜜者諸佛雖行寂滅相憐愍衆生故知恩分故用慈悲心常念用佛眼常見守護是行般若者令得增益不失佛道此中佛說因緣諸賢聖及賢聖法皆從般若中生問曰須菩提問四種佛何以正荅三事而不說諸佛從般若中生荅曰般若生諸佛諸佛從般若生義無異有人言諸法和合故能生般若波羅蜜般若波羅蜜能生諸佛有人行般若波羅蜜及衆行得成佛初謂作者二謂法若言墮枝煞人若言墮樹煞人以是事同故不別荅若說般若波羅蜜能生諸佛即說諸佛從般若生問曰如餘經說五衆破壞故名世間此中何以言般若波羅蜜示五衆无破壞生滅等荅曰彼是小乘事此是大乘事小乘法多說无常大乘法中

多說法空小乘法中先說無常後說法空大乘法中初便說法空小乘法中說無常令衆生怖畏大乘則不然是故說無破壞等此中佛自說因緣空無相无作終不破不壞般若波羅蜜示如是等世間相復次五衆名世間衆生身形色易知餘心數法无形故難知是故佛語須菩提无量阿僧祇衆生心所行皆知深般若中雖无衆生及色等法乃至一切種智以般若方便力而能知衆生心所行是般若波羅蜜中畢竟空故不示色等法乃至一切種智此中佛說因緣般若波羅蜜中上无般若相何況色等法復次般若波羅蜜示世間者一切衆生若色若无色色者欲色界衆生無色者无色界衆生有想者除无想天及非有想非無想天餘者是有想無想者是無想衆生非有想非无想者是有頂處天此間世界者是三千大千世界遍十方者餘无量無邊阿僧祇世界是世界六道中三世衆生佛悉知其攝心乱心須菩提聞已心疑怪諸佛常樂行寂滅諸法空今云何遍知无

始無邊衆生攝心乱心佛心一衆生心无量種云何一時知一切衆生心以是故問佛云何知佛荅諸法實相智慧故知衆生攝心乱心須菩提問何等是諸法實相荅曰所謂畢竟空是畢竟空性亦不可得何況攝心乱心問曰諸法實相畢竟空中无分別心心數法佛云何知其心荅曰此中佛自說諸法實相性亦不可得以是智慧知衆生攝心乱心何以故若空性可得應有難空性不可得云何作難今佛過一切憶想分別虚妄法安住實相如實知一切衆生心衆生心住虚妄法中故不能知他衆生如實先略說知他心次分別衆生攝心乱心所謂三毒無三毒者廣大无量不可見出沒屈申等須菩提事事問初荅以諸法實相故知攝心乱心次以盡无染滅斷寂離故知盡者無常慧菩薩行是无常慧心離一切世間深用世間道遮滅結使是名滅用无漏道斷故名斷斷諸結使已觀涅槃寂離相以是因緣得諸法實相

以諸法實相知他攝心乱心皆是實相復次是心念念生滅未来无故不可知現在念念滅住時无故不可知凡夫人取相分別於三世中憶想妄見謂知心念以盡問觀即是畢竟空畢竟空故无所著是時得道知諸法實相於一切法不妄想分別則如實知他心染心者一切法入法性中皆清淨是故說染心實相是中无染心何以故如實中无心無心數法何況染心瞋心癡心亦如是无染心相中是中無有染心相染心從本来無故亦無不染心无染心是寂滅相无所分別此中佛自說因緣須菩提二心不俱故衆生法心心次第生无染心時則无染心何以故過去染心已滅未来未有現在無染心則无有染心染心无故亦無不染心相待法无故是故無染實相中無有染心不染心无瞋心无癡心亦如是廣狭增減心皆是衆生取相分別佛不如是知何以故是心無色无形無住處念念滅則无廣狭增減差別此中佛說因緣心

性相无故廣狭等不可得廣狭增減大小義如四無量心中說无量心者廣心大心即是无量又緣無量衆生故名無量又緣涅槃无量法故名无量又心相不可取故名無量如有眼有色因緣故眼識生是識不在眼不在色不在中間不在此不在彼故无住處若實無住處云何能有所作若好若醜如夢所見事不可求其實定相心亦如是無依止故无定相故名無量廣大亦應如是隨義分別說問曰若知心不可見佛何以故說如實知不可見心荅曰有坐禪人憶想分別見是心如清淨珠中縷觀白骨入中見心次第相續生或時見心在身或見在緣如無邊識處但見識无量無邊破如是等虛妄故佛言如實知衆生心衆生心自相空故无相相復次佛以五眼觀此心不可得肉眼天眼緣色故不見慧眼緣涅槃故不見初覺法眼分別知諸法善不善有漏無漏等是法眼入實相中則无分別如先說一切法無知者无見者是故

不應見佛眼觀寂滅相故不應見衆生心見者如實見不如凡夫人憶想分別見復次五眼因緣和合生皆是作法虛誑不實佛不信不用是故言不以五眼見

大智度論卷第六十九

大智度論卷六十九

校勘記

一 底本，金藏廣勝寺本。

一 二四四頁中一行經名，石無；資、磧、普、南、徑、清作「大智度論卷第六十九」。

一 二四四頁中三行後有品名，資、磧、普、南作「釋第四十七品下訖第四十八品之上」；徑、清作「釋兩不和合品第四十七之下」。

一 二四四頁中四行首字，二四七頁下四行第四字「復」，石、磧、普、南、徑、清、麗冠以〔經〕。

一 二四四頁中四行「欲書」，石作「欲令書受」；磧、普、南、徑、清、麗作「書受」。

一 二四四頁下六行第六字「二」，磧作「一」。

一 二四四頁下一一行第一一字「人」，資、磧、普、南、徑、清作「者」。二四五頁上二行第二字石、麗同。

一 二四五頁上八行首字「蜜」，磧、普、南、徑、清作「蜜讀誦」。

一 二四五頁上一〇行第五字「深」，資無。

一 二四五頁上一六行第八字及一七行、一八行、一九行「恌」，諸本作「掉」。

一 二四五頁中二行「書般」，石、麗作「書深般」。二四八頁上二〇行石同。二四八頁下二行及一六行磧、普、南、徑、清同。

一 二四五頁下三行第九字「說」，石、磧、普、南、徑、清、麗作「說正憶念」。

一 二四五頁下六行第一三字「退」，諸本作「追」。

一 二四五頁下一五行首字「說」，石無。

一 二四五頁下一六行末字「說」，石作「解說」。

一 二四六頁上一一行第一一字「不」，諸本作「兩不」。

一 二四六頁上一二行第九字「念」，石作「念言」。

一 二四六頁上一二行末字「我」，石、資、磧、普、南、徑、清無。

一 二四六頁上二二行第一二字「命」，諸本作「合」。

一 二四六頁中五行首字「問」，石、磧、普、南、徑、清、麗冠以〔論〕。

一 二四六頁中一四行「不名利」，諸本作「名不和」。

一 二四六頁中二〇行第五字「若」，石、麗作「若波羅蜜」。

一 二四六頁中二二行第六字「師」，資、磧、普、南、徑、清無。

一 二四六頁下二〇行第六字「不」，石、麗作「不欲」。

一 二四六頁下二一行第九字「法」，石無。

一 二四六頁下二二行首字「化」，石作「導」。

一 二四六頁下二二行第一〇字「或」，

石無。

一　二四七頁上六行首字「且」，石作「旦」；資、磧、普、南、徑、清作「但」。

一　二四七頁上八行「將徒」，石作「侍從」。

一　二四七頁上一八行第七字「養」，石、磧、普、南、徑、清作「故」。

一　二四七頁上一九行第一一字「薄」，石作「輕」。

一　二四七頁上二〇行第一三字「經」，石作「逕」。

一　二四七頁中二行第五字「串」，石作「慣」。

一　二四七頁中四行第七字「時」，石、資、磧、普、南、徑、清無。

一　二四七頁中四行第一三字「欲」，石、磧、普、南、徑、清、麗作「飲」。

一　二四七頁中一八行第二字「答」，諸本無。

一　二四七頁中二一行第二字「抂」，資、磧、普、南、徑、清、麗作「枉」。

一　二四七頁下一行第六字「求」，諸本作「欲求」。

一　二四七頁下四行第三字「合」後，石換卷，卷七十二終，卷七十三始。

一　二四七頁下五行第七字「般」，石、麗作「是般」。

一　二四七頁下一五行第一二字，二一行第八字「不」，石作「兩不」。

一　二四七頁下一六行第四字「成」，石、麗作「深」。

一　二四七頁下二一行首字「得」，石、麗無。

一　二四七頁下二一行第七字「是」，麗作「是兩」。

一　二四七頁下二一行末字「般」，諸本作「深般」。

一　二四七頁下末行第六字「提」，石、麗作「提菩薩」。

一　二四八頁上一一行第四字「空」，石作「空外空」。

一　二四八頁上一五行第七字「像」，石、磧、普、南、徑、清、麗作「形像」。

一　二四八頁上一九行「貪著」，石、資、磧、普、南、徑、清作「因緣」。

一　二四八頁中三行第七字「蜜」，石、麗作「蜜多乃至正憶念」；資、磧、普、南、徑、清作「蜜乃至正憶念」。

一　二四八頁中四行末字「億」，磧作「意」。

一　二四八頁中一三行首字「提」，石、麗作「提是」。

一　二四八頁中一五行第二字「元」，資、磧、普、南、徑、清無。

一　二四八頁中一七行第四字「是」，磧、普、南、徑、清、麗作「是深」。

一　二四八頁中一七行第一〇字「受」，石作「受持」。

一　二四八頁中二〇行第二字「等」，諸本作「等寶」。

一　二四八頁下一九行第一二字「欲」，諸本作「故」。

一　二四九頁上一二行首字，二五一頁下二二行首字「釋」，石、磧、普、南、徑、清、麗冠以〔論〕。

一 二四九頁上二〇行第七字「魔」，資、磧、普、南、徑、清、麗作「廣」。
一 二四九頁中二行第四字「多」，諸本作「名」。
一 二四九頁中一四行第一〇字「財」，諸本作「賤」。
一 二四九頁下四行第二字「智」，石、麗作「智故」。
一 二四九頁下一四行第六字「入」，諸本作「入禪」。
一 二五〇頁上三行末字「念」後，石有夾註「第四十七品竟」。
一 二五〇頁上四行品名，石作「摩訶般若波羅蜜經佛母品第四十八釋」；資、磧、普、南作「大智度論釋佛母品第四十八品（磧、普、南無「品」字）上」；徑、清作「釋佛母品第四十八之上」。
一 二五〇頁上五行首字「佛」，石、磧、普、南、徑、清、麗冠以〈經〉。
一 二五〇頁上六行第四字「十」，資、磧、普、南、徑、清、麗作「十若三十」。
一 二五〇頁上二二行第八字「智」，石、麗作「智如是」。
一 二五〇頁中一三行第八字，下一行第一三字「深」，石、磧、普、南、徑、清、麗作「是深」。
一 二五〇頁中一九行第一一字「蜜」，諸本作「蜜中」。
一 二五〇頁中二一行首字「示」，石、麗作「示五衆」。
一 二五〇頁下二行首字「壞」，石、磧、普、南、徑、清作「壞相如是示」。
一 二五〇頁下二行「法性法」，石、磧、普、南、徑、清作「法法性」。
一 二五〇頁下五行第五字「因」，諸本作「因深」。
一 二五〇頁下九行第七字「意」，石、磧、普、南、徑、清、麗作「無意」。
一 二五〇頁下一一行首字「種」，石、麗無。
一 二五〇頁下一一行第六字「智」，磧、普、南、徑、清作「種智」。
一 二五〇頁下一一行第一三字「深」，資、磧、普、南、徑、清、麗作「是深」。
一 二五〇頁下一八行第六字「想」，徑無。
一 二五〇頁下一八行第一一字「非」，徑作「若非」。
一 二五〇頁下二二行第一二至一三字「故知」，資作「知故」。
一 二五一頁上一五行第七字「則」，資、磧、普、南、徑、清無。
一 二五一頁上一七行「不瞋心癡心」，石作「癡心不瞋心」。
一 二五一頁中三行「相染」，諸本作「染相」。
一 二五一頁中一六行末字「作」，石、麗作「誰作」。
一 二五一頁中一七行第六字「如」，資、磧、普、南、徑、清作「亦如」。
一 二五一頁下一行第九字「住」，石、磧、普、南、徑、清、麗作「住相」。
一 二五一頁下九行第三字「知」，石作「實知」。

一 二五二頁上二行第一二字「乃」，諸本作「及」。

一 二五二頁上六行第一一字「諸」，石無。

一 二五二頁上一一行第一三字「正」，石、麗作「止」。

一 二五二頁上一三行第一三字「無」，石作「無有」。

一 二五二頁上末行第三字「事」，磧、普、南、徑、清作「法」。

一 二五二頁中五行第九字「不」，資、磧、普、南、徑、清無。

一 二五二頁下一二行第一〇字「億」，資、磧、普、南、徑、清作「憶」。

一 二五二頁下一五行第一〇字「次」，石作「復次第」。

一 二五二頁下二一行第三字「深」，諸本作「染」。

一 二五二頁下末行第三字「寂」，石、磧、普、南、徑、清、麗作「寂滅」。

一 二五三頁上五行第五字「念」，磧、普、南、徑、清作「今」。

一 二五三頁上五行第八字「問」，諸本作「門」。

一 二五三頁上末行第一一字「說」，石、麗作「自說」。

一 二五三頁中七行第一三字「故」，諸本作「是故」。

一 二五三頁中一七行第六字「等」，資、磧、普、南、徑、清作「等處」。

一 二五三頁中二一行第二字「覺」，資、磧、普、南、徑、清作「學」。

一 二五三頁中二二行第一二字「无」，石、麗作「無所」。

一 二五三頁下二行末字「想」，石作「念」。

一 二五三頁下末行經名，石無(未換卷)。末字後，資有夾註「釋第四十七品下訖第四十八品」；磧、普、南有夾註「釋第四十七品下訖第四十八品上」。

大智度論釋佛母品第四十八之餘 卷七十 形

聖者龍樹造

後秦龜茲國三藏鳩摩羅什譯

復次須菩提佛因深般若波羅蜜衆生心數出没屈申如實知世尊云何佛因般若波羅蜜衆生心數出没屈申如實知佛言一切衆生心數出没屈申等皆依色受想行識生須菩提佛於是中知衆生心數出没屈申所謂神及世間常是事實餘妄語是見依色神及世間無常是事實餘妄語是見依色神及世間亦常亦無常是事實餘妄語是見依色神及世間非常非無常是事實餘妄語是見依色神及世間常是事實餘妄語是見依受神及世間無常是事實餘妄語是見依受神及世間常亦无常是事實餘妄語是見依受神及世間非常非无常是事實餘妄語是見依受神及世間常是事實餘妄語是見依想神及世間无常是事實餘妄語是見依想神及世間常亦無常是事實餘妄語

是見依想神及世間非常非無常是事實餘妄語是見依想神及世間常是事實餘妄語是見依行神及世間無常是事實餘妄語是見依行神及世間常亦无常是事實餘妄語是見依行神及世間非常非無常是事實餘妄語是見依識神及世間常是事實餘妄語是見依識神及世間無常是事實餘妄語是見依識神及世間常亦无常是事實餘妄語是見依識神及世間非常非無常是事實餘妄語是見依識世間有邊是事實餘妄語是見依色世間无邊是事實餘妄語是見依色世間有邊無邊是事實餘妄語是見依色世間非有邊非无邊是事實餘妄語是見依色依受想行識亦如是神即是身是見依色神異身異是見依色依受想行識亦如是死後有如去是事實餘妄語是見依色死後无如去是事實餘妄語是見依色死後或有如去或无如去是事實餘妄語是見依色死後非有如去非無如去是事實餘妄語是見依

色依受想行識亦如是如是須菩提
佛因般若波羅蜜衆生出没屈申如
實知復次須菩提佛知色相云何知色
相如如不壞無分別无相无憶無戲
論無得色相亦如是須菩提佛知受
想行識相云何知受想行識相如如相
不壞无分別無相無憶无戲論無得
受想行識相亦如是如是須菩提佛
知衆生如相及衆生心數出没屈申
如相五衆如相諸行如相即是一切
法如相何等是一切法如相所謂六
波羅蜜如相六波羅蜜如相即是三
十七品如相三十七品如相即是十
八空如相十八空如相即是八背捨
如相八背捨如相即是九次第定如
相九次第定如相即是佛十力如相
佛十力如相即是四無所畏四无导
智大慈大悲乃至十八不共法如相
十八不共法如相即是一切種智如
相一切種智如相即是善法不善法
世間法出世間法有漏法无漏法如
相無漏法如相即是過去未來現在
法如相過去未来現在法如相即是

有為法無為法如相有為法无為法
如相即是須陁洹果如相須陁洹果
如相即是斯陁含果如相斯陁含果
如相即是阿那含果如相阿那含果
如相即是阿羅漢果如相阿羅漢果
如相即是辟支佛道如相辟支佛道
如相即是阿耨多羅三藐三菩提如
相阿耨多羅三藐三菩提如相即是
諸佛如相諸佛如相皆是一如相不
二不別不盡不壞是名一切諸法如
相佛因般若波羅蜜得是如相以是
因緣故般若波羅蜜能生諸佛能示
世間相如是須菩提佛知一切法如
相非不如相不異相得是如相故佛
名如来須菩提白佛言世尊是諸法
如相非不如相不異相甚深世尊諸
佛用是如為人說阿耨多羅三藐三
菩提世尊誰能信解是者唯有阿鞞
跋致菩薩及具足正見人漏盡阿羅
漢何以故是法甚深故須菩提是如
无盡相故甚深須菩提言何法無盡
相故甚深佛言一切法无盡故如是
須菩提佛得是一切諸法如已為衆

生說
釋曰佛悉知一切衆生所作所行六
十二邪見等諸邪見九十八結使等
諸煩惱是故說佛知衆生心心數法
出没屈申在家者為愛等諸煩惱所
没名為没九十六種邪見出家者名
出復次常著世樂故名没或知无常
怖畏求道故名出復次受九十六種
道法不能得正道故還没在世間屈
者不離欲界申者離欲界色界離不離亦
如是如人立清池上見魚或有常在
水中或有暫出還没或有出觀四方
或有出欲渡者近岸還反佛亦如是
以佛眼觀十方六道衆生有常著五
欲諸煩惱覆心不求出者或有好心
能布施能持戒而以邪疑覆心故還
没有人出五欲能得煖法頂法等觀
四諦未得實相法故還没有人離欲乃
至無所有處不得涅槃故還没何等
是出没屈申相此中佛說所謂神及
世間常神者凡夫人憶想分別隨我
心取相故計有神外道說神有二種
一者常二者無常若計神常者常隆

福德後受果報故或由行道故神得解脫若謂神无常者為今世名利故有所作常無常者有人謂神有二種一者細微常住二者現有所作現有所作者身死時無常細神是常有人言神非常非無常无常中倶有過若神無常即無罪福若常亦无罪福何以故常則苦樂不異辟如虛空雨不能濕風日不能乾若无常則苦樂變異辟如風雨在牛皮中則爛壞以我心故說必有神但非常無常佛言四種邪見皆緣五衆但於五衆謬計為神神及世間者世間有三種一者五衆世間二者衆生世間三者國土世間此中說二種世間五衆世間國土世間衆生世間即是神於世間相中亦有四種邪見問日神從本巳来無故應錯世間是有云何同神邪見答曰但破於世間起常無常相不破世間辟如无目人得鈍以為瓔珞有目人語是鈍非是瓔珞佛破世間常顛倒不破世間何以故現見無常故亦不得言無常罪福不失故因過

去事有所作故常無常二倶有過故非常非無常者世間過故世間有邊者有人求世間本根不得其始不得其始則無中无後若无初中後則无世間是故世間應有始始即是邊得禪者宿命智力乃見八万劫事過是巳往不復能知但見身始中陰識而自思惟此識不應无因無緣必應有因緣宿命智所不能知但憶想分別有法名世性非五情所知極微細故於世性中初生覺覺即是中陰識從覺生我從我生五種微塵所謂色聲香味觸從聲微塵生虛空大從聲觸生風大從色聲觸生火大從色聲觸味生水大從色聲觸味香生地大從空生耳根從風生身根從火生眼根從水生舌根從地生鼻根如是等漸漸從細至麁世性者從世性巳来至麁從麁轉細還至世性辟如泥丸中具有瓶瓫等性以泥為瓶破瓶為瓫如是轉變都無所失世性亦如是轉變為麁世性是常法无所從来如　僧佉經廣說世性復次有人說世間初

邊名微塵微塵常法不可破不可燒不可爛不可壞以微細故但待罪福因緣和合故有身若天若地獄等以无父母故罪福因緣盡則散壞有人以自然為世界始貧富貴賤非願行所得有人言天主即是世界始造作吉凶禍福天地万物此法滅時天還攝取如是邪因是世界邊有人說衆生世世受苦樂盡自到邊辟如山上投縷丸縷盡自止受罪受福會歸於盡精進懈怠無異有人說國土世間八方有邊唯上下无邊有人說下至十八地獄上至有頂上下有邊八方无邊如是種種說世界邊有人說衆生世間有邊如說神在體中如芥子如米或言一寸大人則神大小人則神小說神是色法有分故言神有邊無邊者有人說神遍滿虛空無處不有得身處能覺苦樂是名神無邊有人言國土世間无始若有始則无因緣後亦無窮常受身是則破涅槃是名無邊復次說國土世間十方无邊如是等說神世間國土世間無邊有

邊者有人言神世間无邊國土世間有邊或言神世間有邊國土世間无邊如上說神是色故或言上下有邊八方无邊如是揔上二法名為有邊无邊世間非有邊非無邊者有人見世間有邊有過無邊亦有過故不說有邊不說无邊者非有邊非無邊以為世間實神即是身者有人言身即是神所以者何分折此身求神不可得故復次受好醜苦樂皆是身是故言身即是神身異神異者有人言神微細五情所不得亦非凡人所見攝心清淨得禪定人乃能得見是故言身異神異復次若身即是神身滅神亦滅是邪見說身異神異身滅神常在是邊見死後有如去者問曰先說常无常等即是後世或有或无今何以別說如去四句荅曰上揔說一切世間常非常後世有无事要故別說如去者如人來此間生去至後世亦如是有人言先世无所從來滅亦无所去有人言身神和合為人死後神去身不去是名如去不如去非有如去

非無如去者見去不去有失故說非去非不去是人不能捨神而著非去非不去如是諸邪見煩惱等是名心出沒屈申所以者何邪見者種種道求出不得故欲出而沒邪見力多難解故說常无常等十四事外道雖種種憶想分別佛言皆緣五衆依止五衆無神无常佛知五衆空無相无作無戲論但知五衆如不如凡夫虛誑顛倒見如五衆如一切法如亦如是何以故二法攝一切法所謂有為無為五衆是有為法五衆如即是无為法觀察籌量思惟五衆能行六波羅蜜是故說五衆如即是一切法如一切法如即是六波羅蜜如行六波羅蜜菩薩求實道觀五衆无常空生三十七品八背捨九次第等是聲聞道知已直過行十八空十力等諸佛法皆正觀五衆五衆如無分別故皆是一切諸法如是故說善法如即是不善法如不善法如即是善法如世間出世間法亦如是是以行者不得著善法捨不善法乃至阿耨多羅三藐三菩提佛

如相亦如是皆是一如相不二不別所以者何求諸法實到畢竟空無復異如是諸法如佛因般若波羅蜜得是故言般若波羅蜜能生諸佛能示世間相須菩提歎未曾有白佛言世尊一切諸法如甚深隨順不相違三世十方諸佛如即是諸法如解是諸法如故為衆生種種說法是甚深如難解難信阿鞞跋致菩薩入法位受記者能信具足正見人者三道人漏盡阿羅漢不受一切法故能信其有信者近阿鞞跋致中故不別說佛語須菩提一切法无盡故是如无盡如无盡故得聖道者能信無為法中差別故有須陁洹諸道聞自所得法故能信凡夫人著虛誑顛倒法故不能信佛告須菩提諸佛得是諸法如故名為如來名為一切智人能教衆生今至涅槃

大智度論釋問相品第四十九

尒時三千大千世界中所有欲界天子色界天子遥散華香來至佛所頂禮佛足一面住白佛言世尊所說般

若波羅蜜甚深何等是深般若波羅蜜相佛告欲界色界諸天子諸天子空相是般若波羅蜜相無作无起無生無垢无淨無所有法无相無依止虛空相是般若波羅蜜相諸天子如是等相是深般若波羅蜜相佛為衆生用世間法故說非第一義諸天子是諸相一切世間天人阿脩羅不能破壞何以故是一切世間天人阿脩羅亦是相故諸天子相不能破相相不能知相相不能知无相無相不能知相是相是無相相无相皆無所知謂知者知法皆不可得故何以故諸天子是諸相非色作非受想行識作非檀波羅蜜作非尸羅波羅蜜羼提波羅蜜毗梨耶波羅蜜禪波羅蜜般若波羅蜜作非內空作非外空作非內外空作非無法空作非有法空作非无法有法空作非四念處作乃至非一切種智作諸天子是相非人所有非非人所有非世間非出世間非有漏非無漏非有為非無為佛復告諸天子辟如有人問何等是虛空相

此人為正問不諸天子言世尊此不正問何以故世尊是虛空無相可說虛空無為无起故佛告欲界色界諸天子有佛無佛相性常住佛得如實相性故名為如來諸天子白佛言世尊世尊所得諸相性甚深得是相故得无㝵智住是實相中以般若波羅蜜集諸法自相諸天子言希有世尊是深般若波羅蜜是諸佛常所行處行是道得阿耨多羅三藐三菩提得阿耨多羅三藐三菩提已通達一切法相若色相若受想行識相乃至一切種智相佛言如是如是諸天子惱壞相是色相佛得是無相覺者受相取者想相起作者行相了別者識相佛得是無相能捨者檀波羅蜜相无熱惱者尸羅波羅蜜相不變異者羼提波羅蜜相不可伏者毗梨耶波羅蜜相攝心者禪波羅蜜相捨離者般若波羅蜜相佛得是無相心无所婬惱者是四禪四无量心四無色定相佛得是無相出世間者三十七品相佛得是无相苦者无作脫門相離者

空脫門相寂滅者无相脫門相佛得是無相勝者十力相不恐怖者無所畏相遍知者四无㝵智相餘人无得者十八不共法相佛得是无相愍念衆生者大慈大悲相實者無謬錯相無所取者常捨相現了知者一切種智相佛得是无相如是諸天子佛得一切諸法无相以是因緣故佛名无㝵智

問曰上處處已說空无相無作乃至無起无所有是般若相今諸天子何以復問何等是般若相答曰佛雖處處說般若波羅蜜或說空等或說有或說果報或說罪福不定故是以今問何者定是般若相復次般若波羅蜜如幻化如似可得而无定相可取唯諸佛能正遍知其相諸天雖有利智不能了知故問復次有人言是諸天子有後來者不聞故問佛答諸天子空等是般若波羅蜜相空相者內外空等諸空若諸法空者即是无有男女長短好醜等相是名无相若空無相不復生願著後世身是名无作

相三解脱門是初入般若相三乘共有不生不滅不垢不淨無所依止虛空等是般若波羅蜜深相上三脫門中無相无男女等外相無所有下无相相無一切法相空雖是一人根有利鈍入有深淺故差別說空無生无滅等論議如先說佛知天子必有如是念若般若波羅蜜空無所有如虛空相云何可說若說即是有相諸天子以佛威德大故不敢致難是故佛自為說佛憐愍衆生以世諦故說空等諸相非以第一義諦若以第一義故應難以世諦故說則不應難復次雖說空不以著心取相不示法若是若非一切法同一相无分別是故復了了說所謂無所有如虛空相無有一法不入此相者是故說一切世間無能破壞何以故一切世間天人阿修羅即是相故若異法相違則有可破如水能滅火火不自滅火口言如實欲破者不能破何況不實者辟如盲人蹈践珎寶口言非珎寶竟不能令非珎寶此中佛更說般若波羅蜜

畢竟空無相故相不能破相復次有人言相不能破相者有法能解散諸法和合竟無所破无所失如斧折薪分分解散竟無所失復次諸法无定相如樹根莖枝葉和合故名為樹樹無定相故无所破如是等名為相不能破相問曰色等諸法非覺故可不相知心數法是知相云何言不知答曰此中以實相故不說凡夫人虛妄知是智慧有為法故因緣和合生虛妄法不能實有所知是故捨入無餘涅槃若智慧知常無常乃至空寂滅等上來已廣破滅无所有若如是者云何當有知以是故相不知相相不能知无相者內雖有智慧外空故无法可知外无緣云何智慧生是故言相不能知無相辟如刀雖利不能破空無相不能知相者有人言內智慧无定相外所緣法有定相心隨緣而生是故說無相不應知相辟如无刀雖有物無刀可斫是相是無相相无相皆不可得者相不入相何以故先有相故相不入無相何以故相无入

處故離是相無相更無處可入復次相所相法不定故因所相故有相所以者何若先有相無所相者則无相無所因故若先有所相而无相者云何有所相無所因待故復次相以所相不定相或時作所相所相或時相是故相不定不實故所相亦无若所相不定不實故相亦無是故說是相是無相是相无相不可得如先說空等諸相是實何以故是相非五衆所作非六波羅蜜乃至一切種智所作是相無為故无法可作亦无若人若非人能作人者菩薩諸佛等非人者諸天等是相畢竟空故非有漏非無漏非世間非出世間先雖說无為相但破有為故說无為無為亦無定相此中佛欲使是事明了故說辟喻聽者作是念若無佛則不聞是相佛於衆生最上故應當作是相是故佛語諸天有佛无佛此相常住佛能知是相故名為佛尒時諸天子歡喜復曰佛言世尊是諸相甚深雖不可取相而可行能與人无上果報佛得是

相故於一切法得无㝵智若分別諸法有定相則是有㝵智世尊住是諸法實相中則通達無㝵能說諸法各各別相所謂惱壞相是色相乃至了現知者是一切種智相佛可其意為分別諸相凡夫所知諸相各異佛知皆是空相空相即是无相佛得是无相得者是知無比過知故名得是諸法相今轉名般若波羅蜜故

尒時佛告須菩提般若波羅蜜是諸佛母般若波羅蜜能示世間相是故佛依止是法行供養恭敬尊重讃歎是法何等是法所謂般若波羅蜜諸佛依止般若波羅蜜住恭敬供養尊重讃歎是般若波羅蜜何以故是般若波羅蜜出生諸佛佛知作人若人正問知作人者正荅無過於佛何以故須菩提佛知作人故佛所乘來法佛所從來道得阿耨多羅三藐三菩提乘是道佛還恭敬供養尊重讃歎受持守護須菩提是名佛知作人復次須菩提佛知一切法无作相作者無所有故一切法无起形事不可得故

須菩提佛因般若波羅蜜知一切法無作相亦以是因緣故佛知作人復次須菩提佛因般若波羅蜜得一切法不生以無所得故以是因緣故般若波羅蜜能生諸佛能示世間相須菩提言世尊若一切法无知者無見者云何般若波羅蜜能生諸佛能示世間相佛告須菩提如是如是一切法實无知者無見者云何无知者无見者一切法空虛誑不堅固是故一切法无知者无見者復次須菩提一切法云何無知者无見者一切法無依止无所繫以是故一切法無知者无見者如是須菩提般若波羅蜜能生諸佛能示世間相不見色故示世間相不見受想行識故示世間相乃至不見一切種智故示世間相如是須菩提般若波羅蜜能生諸佛能示世間相須菩提言世尊云何不見色故般若波羅蜜示世間相不見受想行識乃至一切種智故示世間相佛告須菩提若不緣色生識是名不見色相故示不緣受想行識生識乃至不緣一切種智生識是名不見一切種智相故

示如是須菩提是深般若波羅蜜能生諸佛能示世間相復次須菩提般若波羅蜜云何能生諸佛能示世間相須菩提般若波羅蜜示世間空云何示世間空示五衆世間空示十二入世間空示十八界世間空示十二因緣世間空示我見根本六十二見世間空示十善道世間空示四禪四無量心四无色定世間空示三十七品世間空示六波羅蜜世間空示内空世間空示外空世間空示内外空世間空示无法空世間空示有法空世間空示無法有法空世間空示有為性世間空示無為性世間空示佛十力世間空示十八不共法世間空乃至示一切種智世間空如是須菩提般若波羅蜜能生諸佛能示世間相復次須菩提佛因般若波羅蜜示世間空知世間空覺世間空思惟世間空分別世間空如是須菩提般若波羅蜜能生諸佛能示世間相復次須菩提般若波羅蜜示佛世間空云何示佛世間空示五衆世間空乃至

示一切種智世間空如是須菩提般若波羅蜜能生諸佛能示世間相復次須菩提般若波羅蜜示佛世間不可思議云何示世間不可思議示五衆世間不可思議乃至示一切種智世間不可思議復次須菩提般若波羅蜜示佛世間離云何示世間離示五衆世間離乃至示一切種智世間離如是須菩提般若波羅蜜示佛世間離復次須菩提般若波羅蜜示佛世間寂滅云何示世間寂滅示五衆世間寂滅乃至示一切種智世間寂滅復次須菩提般若波羅蜜示佛世間畢竟空云何示世間畢竟空示五衆世間畢竟空乃至示一切種智世間畢竟空復次須菩提般若波羅蜜示佛世間性空云何示世間性空示五衆世間性空乃至示一切種智世間性空復次須菩提般若波羅蜜示佛世間無法空云何示世間无法空示五衆世間无法空乃至示一切種智世間無法空復次須菩提般若波羅蜜示佛世間无法有法空云何示

世間無法有法空示五衆世間无法有法空乃至示一切種智世間無法有法空復次須菩提般若波羅蜜示佛世間獨空云何示世間獨空示五衆世間獨空乃至示一切種智世間獨空如是須菩提般若波羅蜜能生諸佛能示世間相須菩提是深般若波羅蜜示世間相所謂不生今世後世相何以故諸法无可用生今世後世相故

釋曰般若波羅蜜是諸佛母是因緣故諸佛依止般若波羅蜜住餘經中說諸佛依止法以法為師佛此中告須菩提法者即是般若波羅蜜一切不善法中無過邪見邪見故不識恩分我自然應介知恩者諸世間善法中最上能與今世好名聲後與上妙果報是故佛自說知恩報恩中第一我尚知布施持戒等恩何況般若波羅蜜復次諸天子作是念般若波羅蜜畢竟空無定相故或有人不貪不貴是故佛說我為三界尊尚供養般若波羅蜜何況餘人復有人生疑佛

於一切世間如虚空无所著何以故貪是般若波羅蜜尊重供養似如貪著是故佛說我无貪心但分别知諸法好醜力用多少知是般若波羅蜜能断一切戲論開三乘道能滅衆苦等有無量无邊功德是故讃歎尊重供養譬如人行安隱道免諸患難常念此道以示人佛知作人者知他作恩於已餘處說佛不知作人恐人疑是故說佛知一切法无作相知一切法無作相故言无作人不以不知恩分故名不知作人言知作人不知作人無咎介時須菩提以畢竟空難世尊若一切法畢竟空故无知者无作者云何般若波羅蜜能生諸佛能示諸佛世間佛可其問此中自說因緣一切法空虚誑無堅固須菩提意一切法雖无相无見無知云何般若波羅蜜獨能知見佛意一切法非但无知無見一切法空不牢固无知者無見者亦不可得故不應難復次一切法无所依止無繫故无知者無見者種種門破諸法令空或破常行无常入

大智度論第七十卷　第二十四張　形

空或破實入空或畢竟盡故入空或
一切法遠離故入空如是等入空今
以一切法無住處故无依止无繫無
依止故亦无生滅以是故即是空不
繫者一切法實相不繫出三界所以
者何三界虛誑故是以一切法无知
者無見者如是示世間般若不見色
等諸法故示世間色等法无依止无
繫虛誑故不見此中佛自說不見因
緣所謂不生緣色識乃至不生緣一
切種智識是名不見色等法問曰識
可不生色云何不生荅曰惱壞相是
色因識故分別知无識亦無惱壞相
復次一切諸法從因緣和合故生相
無有自性如有身識觸諸緣和合故
知地堅相堅相不離身識是故諸法
皆由和合生無有自性般若波羅蜜
示世間空者世間名五衆乃至一切
種智菩薩行般若波羅蜜時觀是法
若大若小若內若外无不空者是名
般若波羅蜜示世間空佛示世間空
者或有人疑佛愛著法故說般若波
羅蜜示世間空非是諸法常實相是

大智度論第七十卷　第二十五張　形

故佛說我非愛法故說佛知諸法相
本末籌量思惟分別无有法出於空
者我非但讀誦從他聞故說我以內
心覺知思惟分別故說示世間空此
一段說示世間空者上廣說離六十
二見等今但說五衆乃至一切種智
時會者謂般若波羅蜜是畢竟空心
想取者是故說不可思議不可思議
者畢竟空亦不可得畢竟空或名離
或名寂滅離名分散諸法久後無遺
餘又自離其性知畢竟空已無心數
法無語言故名寂滅畢竟空等如先
說問曰云何是獨空荅曰十八空皆
因緣相待如內空因內法故名內空
若無內法則无內空十八空皆亦是
獨空無因无待故名獨空復次獨空
者如虛空如法性實際涅槃示世間
非今世相非後世相者有諸外道但
說今世不說後世是人邪見墮斷滅
中有人說今世後世言今世神入後
世是人邪見墮常中般若波羅蜜離
二邊說中道雖空而不著空故為說
罪福雖說罪福不生常邪見亦於空

大智度論第七十卷　第二十六張　形

无得此中佛自說因緣此中畢竟空
故云何有今世後世見若斷若常須
菩提白佛言世尊是般若波羅蜜為
大事故起世尊是般若波羅蜜為不
可思議事故起世尊是般若波羅蜜
為不可稱事故起世尊是般若波羅
蜜為无量事故起世尊是般若波羅
蜜為無等等事故起佛言如是如是
須菩提般若波羅蜜為大事起為不可思議
事起為不可稱事起為无量事起為无等等事
起須菩提云何是般若波羅蜜為大
事故起須菩提諸佛大事者所謂救
一切衆生不捨一切衆生須菩提云
何是般若波羅蜜為不可思議事起
須菩提不可思議者所謂諸佛法如
來法自然人法一切智人法以是故
須菩提諸佛般若波羅蜜為不可思
議事起須菩提云何般若波羅蜜為
不可稱事起須菩提一切衆生中无
有能思惟稱佛法如來法自然人法
一切智人法以是故須菩提般若波
羅蜜為不可稱事起須菩提云何般
若波羅蜜為无量事起須菩提一切

衆生中無有能量佛法如來法自然人法一切智人法以是故須菩提般若波羅蜜為不可量事起須菩提云何般若波羅蜜為無等等事起須菩提一切衆生中無有能與佛等者何況過以是故須菩提般若波羅蜜為無等等事起須菩提白佛言世尊但佛法如來法自然人法一切智人法不可思議不可稱无有量無等等事起耶佛告須菩提如是如是佛法如來法自然人法一切智人法不可思議不可稱無有量无等等色亦不可思議不可稱无有量無等等受想行識亦不可思議不可稱无有量無等等乃至一切種智法性法相不可思議不可稱無有量无等等是中心心數法不可得復次須菩提色不可思議是亦不可得乃至色無等等是亦不可得受想行識乃至一切種智无等等是亦不可得須菩提白佛言世尊何因緣色不可思議乃至無等等是亦不可得受想行識乃至一切種智无等等是亦不可得佛告須菩提

色量不可得故受想行識量不可得故乃至一切種智量不可得故須菩提白佛言世尊何因緣色量不可得乃至一切種智量不可得佛告須菩提色不可思議故乃至色無等等故量不可得乃至一切種智不可思議故乃至一切種智無等等故量不可得須菩提於汝意云何不可思議乃至無等等寧可得色受想行識乃至一切種智不須菩提言世尊不可得以是故須菩提一切法不可思議乃至無等等如是須菩提諸佛法不可思議不可稱無有量无等等須菩提是名諸佛法不可思議乃至無等等須菩提是諸佛法不可思議過思議相故不可稱過稱故無有量過量故无等等過等等故須菩提是因緣故一切法亦不可思議相乃至無等等須菩提不可思議名是義不可思議不可稱名是義不可稱无有量名是義不可量無等等名是義無等等須菩提是諸佛法不可思議乃至无等等不可思議如虛空不可思議不可

稱如虛空不可稱无有量如虛空无有量無等等如虛空无等等須菩提是亦名諸佛法不可思議乃至無等等佛法如是无量一切世間天人阿修羅無能思議籌量者說是諸佛法不可思議不可稱无有量無等等品時五百比丘一切法不受故漏盡心解脫得阿羅漢二十比丘尼亦不受一切法故漏盡得阿羅漢六万優婆塞三万優婆夷諸法中遠塵離垢諸法中法眼生二十菩薩摩訶薩得无生法忍於是賢劫中當受記

釋曰須菩提深解般若相於諸法中無著无导心生歡喜白佛言世尊般若波羅蜜為大事故起等大事者破一切衆生大苦惱能與佛無上大法故名為大事不可思議先已答不可稱者稱名智慧般若定實相甚深極重智慧輕薄是故不能稱又般若多智慧少故不能稱又般若利益處廣未成能與世間果報成已與道果報又究盡知故名稱般若波羅蜜無能稱知若常若無常若實若虛若有若

无如是等不可稱稱義應當知無量事者有人言稱即是量有人言取相名爲量是般若波羅蜜不可取相故無量又菩薩以四无量心行般若波名无量又量名智慧凡夫智慧二乘智慧菩薩智慧无能量般若得邊者名无量無等等者無等名涅槃一切有爲法无有與涅槃等者涅槃有三分聲聞涅槃辟支佛涅槃佛涅槃般若能與大乘涅槃故名无等等復次一切衆生無與佛等故佛名無等般若波羅蜜利益衆生令與佛相似故名無等等復次諸佛法第一微妙无能與等無能及者无可爲正般若波羅蜜能令衆生得是心故名无等等復次無等名諸法實相諸觀諸行无能及者无戲論無能破壞故名無等菩薩得是無等能於衆生中生慈悲心故名无等等是名无等等義須菩提聲聞人无一切智而能說是不可思議般若等佛可共所說佛自說五事衆生无量無邊多於十方恒河沙等世界中微塵諸佛以十力等法盡

欲救濟是名大事復有菩薩久得无生法忍不捨衆生故不入无餘涅槃復次是菩薩得佛道時爲衆生故受五事一者受諸勞苦二者捨寂定樂三者與惡人共事四者與人接對五者入大衆會佛深得離欲樂而爲衆生故甘受是五事等種種疲苦如受功德是爲大事不可思議者所謂佛法如來法自然人法一切智人法佛法者佛名爲覺於一切無明睡眠中最初覺故名爲覺如來者如過去諸佛行六波羅蜜得諸法如相來至佛道今佛亦如是道來如諸佛來是名如來自然人法者聲聞人亦有覺亦有如而從他聞是弟子法是故說佛是自然人不從他聞一切智人法者辟支佛亦自然得不從他聞而无一切智是故說佛一切智人得是四種法無有人能思惟稱量是故名不可思議不可稱不可量更无有法與是法相似者是故名无等等須菩提意恐新學菩薩者是四法是故白佛言但是四法不可思議無有與等耶佛

答色等諸法亦不可思議无稱無量无等等佛是中自說因緣色等一切法不可得故如是須菩提諸佛法不可思議者是如上事是名不可思議者結句論者先廣解佛此中略說不可思議過思議相過等等相義趣涅槃法不可思議名字世諦故可思議如虛空不可思議者如先品中說虛空相不可思議是故說不可思議乃至無等等如虛空虛空無可喻故名无等等般若波羅蜜相即是佛法相不可思議無量无稱無等等即是佛法相是佛法一切世間天人阿脩羅無能思議稱量者六道中但說三道者三善道衆生尚不能稱量何况三惡道問曰說是品時何以故比丘尼菩薩得道者少答曰此中多讚歎諸佛法所謂不可思議無稱无量無等等聞者多增益信根故是故白衣得道者多女人雖復信多智慧少故得道者亦少白衣貪著世事智慧淺薄鈍根不能盡漏諸比丘信慧諸根等一心求道故漏盡者多比丘尼智慧

少故二十人得漏盡雖多得初道數過白衣不故不異白衣此中不說入无生忍法甚深難得故少又以於此法種因緣者少賢劫中當受記者或有人言賢劫中千佛除四佛當與受記或有人言釋迦文佛與受記於賢劫中在餘世界作佛

大智度論卷第七十

大智度論卷七十

校勘記

一　底本，金藏廣勝寺本。

一　二五八頁中一行經名，石無（未換卷）；資、磧、普、南、徑、清作「大智度論卷第七十」。

一　二五八頁中三行至四行之間，資有品名「釋第四十八品下佛母品訖四十九品」；磧、南有品名「釋佛母品第四十八下訖四十九品」；徑、清有品名「釋佛母品第四十八之下」。

一　二五八頁中四行首字「復」，石、磧、普、南、徑、清、麗冠以「經」。

一　二五八頁中四行末字「衆」，石作「諸衆」。

一　二五八頁中一二行第九字「亦」，資、磧、普、南、徑、清、麗無。

一　二五八頁下一二行第五字「識」，磧、南、徑、清作「識神及世間常是事實餘妄語是見依色」。

一　二五八頁下一二行「世間有邊」，普作「神及世間常」。

一　二五八頁下一三行第八字「无」，普作「有」。

一　二五八頁下一四行「有邊」，普無。

一　二五八頁下一五行至一六行「非有邊非無邊」，普作「有邊無邊」。

一　二五九頁上四行第一〇字，七行第七字「相」，石作「想」。二五九頁上一〇行第二字石、磧、普、南、徑、清同。

一　二五九頁上六行末字「相」，資、磧、普、南、徑、清無。

一　二五九頁上一〇行第一二字「是」，資、磧、普、南、徑、清無。

一　二五九頁上二二行首字「相」，資、磧、普、南、徑、清作「相有漏法」。

一　二五九頁上末行首字及第一〇字「法」，石、資、磧、普、南、徑、清作「諸法」。

一　二五九頁下二行首字，二六五頁中一一行首字「釋」，石、磧、普、南、經、清、麗冠以「論」。

一　二五九頁下六行末字「名」，石、磧、普、南、經、清作「名爲」。二五九頁下七行第九字麗同。

一　二五九頁下一八行第六字「相」，資、磧、普、南、經、清、麗無。

一　二五九頁下一八行第一四字「欲」，石、麗作「五欲」。

一　二六〇頁上七行第一〇字「若」，石、磧、普、南、經、清作「若神」。

一　二六〇頁上八行第五字「常」，石、磧、普、南、經、清、麗作「若常」。

一　二六〇頁上一一行第一二字「無」，石、磧、普、南、經、清、麗作「非無」。

一　二六〇頁上一五行第一二字「衆」，經作「種」。

一　二六〇頁上末行第六字「無」，麗作「無無」。

一　二六〇頁中三行「本根」，諸本作「根本」。

一　二六〇頁中五行「始始」，資、磧、普、南、經、清作「始」。

一　二六〇頁中一三行第八字「虛」，石、麗無。

一　二六〇頁中二二行第一二字「如」，資、磧、普、南、經、清作「如是」。

一　二六〇頁中末行首字「佉」，資作「法」。

一　二六〇頁下一六行第二字「米」，資、磧、普、南、經、清作「粟」。

一　二六〇頁下二一行首字「緣」，石作「無緣」。

一　二六一頁上一行第二字「者」，磧、普、南、經、清作「無邊者」。

一　二六一頁上六行首字「問」，諸本作「間」。

一　二六一頁上一二行第九字「凡」，諸本作「凡夫」。

一　二六一頁中六行第一三字「雖」，石、麗作「雖復」。

一　二六一頁中末行「捨不善法」，麗無。

一　二六一頁下三行第三字「是」，諸本作「是等」。

一　二六一頁下一二行第七字「致」，石、麗作「致故皆攝在阿鞞跋致」。

一　二六一頁下一九行末字「槃」，後，石有夾註「釋第四十八品竟」。此處石換卷，卷第七十三終，卷第七十四始。

一　二六一頁下二〇行品名，石作「摩訶般若波羅蜜經問相品第四十九釋」；經、清作「釋問相品第四十九」。

一　二六一頁下二一行首字，二六四頁上一〇行首字「介」，石、磧、普、南、經、清、麗冠以「經」。

一　二六二頁上三行第三字，一二行第五字「是」，石、麗作「是深」。

一　二六二頁上三行第九字「相」，諸本作「相無相」。

一　二六二頁上四行首字「生」，諸本作「生無滅」。

一　二六二頁上一二行末字「知」，石、磧、普、南、經、清作「有」。

一　二六二頁上一三行第二字「知」，

石、南、徑、清作「知知」。

一　二六二頁上二〇行第一一字「相」，石、磧、普、南、徑、清、麗作「諸相」。

一　二六二頁中七行第七字「實」，石、麗無。

一　二六二頁中二〇行末字「蟯」，石作「燒」。

一　二六二頁下一〇行首字「問」，石、磧、普、南、徑、清、麗冠以〔論〕。

一　二六二頁下一五行第一〇字「次」，諸本作「次是」。

一　二六二頁下一七行第一一字「天」，石、麗作「天子」。

一　二六三頁上一行第一〇字「若」，石、麗作「若波羅蜜」。

一　二六三頁上二行第一一字「所」，資、磧、普、南、徑、清無。

一　二六三頁上三行第一三字「脱」，石、麗作「解脱」。

一　二六三頁上六行第九字「別」，石作「品」。

一　二六三頁上二一行第四字「者」，石、磧、普、南、徑、清、麗作「者竟」。

一　二六三頁中三行第一三字「折」，諸本作「析」。

一　二六三頁中七行「可不」，普、徑作「不可」。

一　二六三頁中九行第九字「説」，石、麗作「説如」。

一　二六三頁下六行末字「時」，資、磧、普、南、徑、清、麗作「時是」。

一　二六三頁下七行「相是」，石作「是相」。

一　二六三頁下二二行首字「曰」，諸本作「白」。

一　二六四頁上四至五行「了現」，石、磧、普、南、徑、清作「現了」。

一　二六四頁上一二行第六字「行」，石、磧、普、南、徑、清、麗作「住」。

一　二六四頁上一九行末字「提」，石、磧、普、南、徑、清、麗作「提是」。

一　二六四頁中五行第九字「能」，石、麗作「亦能」。

一　二六四頁中八行至九行「實无知者無見者云何无知者无見者一切法」，資無。

一　二六四頁下四行第一〇字「示」，石、麗作「能示」。

一　二六四頁下一五行第一〇字「共」，徑作「供」。

一　二六五頁上七行第一一字，一一行第八字「世」，石作「佛世」。

一　二六五頁中七行第七字「相」，石、麗作「相復次」。

一　二六五頁中一六行第一〇字「諸」，石無。

一　二六五頁下八行第六字「人」，石、麗作「於人」。

一　二六五頁下一八行第四字「无」，資、磧、普、南、徑、清、麗無。

一　二六六頁上七行第九字「聞」，石、麗作「聞是」。

一　二六六頁上二一行「佛示」，石作「示佛」。

一　二六六頁中五行第一二字「離」，磧、普作「雜」。

一 二六六頁下二行末字「須」，石、磧、普、南、徑、清、麗冠以「經」。

一 二六六頁下九行第一二字及一〇行第八字、第一三字，一一行首字「起」，磧、普、南、徑、清作「故起」。

一 二六六頁下九行至一〇行「思議事起爲不可」，資無。

一 二六六頁下一〇行第三字「爲」，磧、普、南、徑、清作「故爲」。

一 二六六頁下一五行第七字「議」，石、麗作「議事」。

一 二六六頁下二〇行第五字「稱」，石、磧、普、南、徑、清作「稱量」。

一 二六七頁上一〇行第二字「那」，諸本作「耶」。

一 二六七頁上二一行第七字「可」，石作「可得」。

一 二六七頁中九行第四字「等」，石、麗作「寺中」。

一 二六七頁中一〇行第四字「智」，資、磧、普、南、徑、清作「智可得」。

一 二六七頁中一六行首字「相」，資、磧、普、南、徑、清作「想」。

一 二六七頁中一七行第一一字「是」，諸本作「以是」。

一 二六七頁下七行末字「心」，石、麗作「心得」。

一 二六七頁下一三行首字「釋」，石、磧、普、南、徑、清、麗冠以「論」。

一 二六七頁下二二行第二字「究」，石、麗作「究竟」。

一 二六七頁下二二行第四字「如」，諸本作「知」。二六八頁中一五行第二字石、麗同。

一 二六八頁上一一行「稱稱」，資、磧、普、南、徑、清、麗作「稱」。

一 二六八頁上四行末字「彼」，諸本作「故」。

一 二六八頁上一四行第一一字「足」，石、磧、普、南、徑、清作「比」。

一 二六八頁上二〇行首字「提」，石、麗作「提是」。

一 二六八頁上二一行第五字「等」，石、麗作「等故」。

一 二六八頁上末行及二六九頁上六行「世界」，石作「國土」。

一 二六八頁中六行第一二字「而」，石無。

一 二六八頁中一八行第一一字「得」，資、磧、普、南、徑、清作「法」。

一 二六八頁下二行第五字「是」，石作「此」。

一 二六九頁上一行「雖多得初道數過白衣不」，資、磧、普、南、徑、清無。

一 二六九頁上一行第一八字「不」，石、麗作「不盡漏」。

一 二六九頁上二行「忍法」，石作「法忍」。

一 二六九頁上六行末字「佛」，石下有夾註「釋第四十九品竟」。

一 二六九頁上末行經名後，資、磧、普、南有夾註「釋第四十八品下訖第四十九品」。

大智度論釋大事起品第五十一 卷七十一　端

聖者龍樹造

後秦龜茲國三藏鳩摩羅什譯

尒時須菩提白佛言世尊是深般若波羅蜜為大事故起不可思議事故起不可稱事故起無有量事故起世尊是深般若波羅蜜无等等事故起

佛告須菩提如是如是深般若波羅蜜為大事故起乃至無等等事故起何以故般若波羅蜜中舍受五波羅蜜般若波羅蜜中舍受內空乃至无法有法空舍受四念處乃至八聖道分是深般若波羅蜜中舍受佛十力乃至一切種智辟如灌頂王國土中尊諸有官事皆委大臣國王安樂无事如是須菩提所有聲聞辟支佛法若菩薩法若佛法一切皆在般若波羅蜜中般若波羅蜜能成辦其事以是故須菩提般若波羅蜜為大事故起乃至无等等事故起復次須菩提是般若波羅蜜不取色不着色故能

成辦受想行識不取不著故能成辦乃至一切種智不取不著故能成辦須陁洹果乃至阿羅漢果辟支佛道乃至阿耨多羅三藐三菩提不取不著故能成辦須菩提白佛言云何色不取不著故般若波羅蜜能成辦云何受想行識乃至阿耨多羅三藐三菩提不取不著故般若波羅蜜能成辦佛告須菩提於汝意云何頗見是色可取可著不須菩提言不也世尊須菩提於汝意云何頗見受想行識乃至阿耨多羅三藐三菩提可取可著不須菩提言不也世尊佛言善哉善哉須菩提我亦不見是色可取可著不見故不取不取故不着我亦不見受想行識乃至阿耨多羅三藐三菩提及一切種智可取可著不見故不取不取故不著須菩提我亦不見佛法如来法自然人法一切智人法可取可著不見故不取不取故不著以是故須菩提諸菩薩摩訶薩色亦不應取亦不應著受想行識乃至佛法如来法自然人法一切智人法亦不應取亦不應

着尒時欲色界諸天子白佛言世尊是般若波羅蜜甚深難見難解不可思惟比類知微妙善巧智慧寂滅者可知能信是般若波羅蜜者當知是菩薩多供養佛多種善根與善知識相隨能信解深般若波羅蜜世尊若三千大千世界中所有衆生皆作信行法行人八人須陁洹斯陁含阿那含阿羅漢辟支佛若智若斷不如是菩薩一日行深般若波羅蜜忍欲思惟籌量何以故是信行法行人八人須陁洹斯陁含阿那含阿羅漢辟支佛若智若斷即是菩薩摩訶薩无生法忍佛告欲色界諸天子如是如是諸天子若信行法行人八人須陁洹乃至阿羅漢辟支佛即是菩薩摩訶薩無生法忍諸天子若善男子善女人聞是深般若波羅蜜書持受讀誦說正憶念是善男子善女人疾得涅槃勝求聲聞辟支佛乘善男子善女人遠離深般若波羅蜜行餘經若一劫若減一劫何以故是深般若波羅蜜中廣說上妙法是信行法行人八

入須陁洹斯陁含阿那含阿羅漢辟支佛所應學菩薩摩訶薩亦所應學學已得阿耨多羅三藐三菩提是時欲色界諸天子俱發聲言世尊是般若波羅蜜名摩訶波羅蜜世尊是般若波羅蜜名不可思議不可稱無有量无等等波羅蜜信行法行人八人學是深般若波羅蜜得成就須陁洹斯陁含阿那含阿羅漢辟支佛學是深般若波羅蜜得成菩薩摩訶薩是深般若波羅蜜中學得阿耨多羅三藐三菩提是深般若波羅蜜亦不增亦不減是時諸欲色界天子頂礼佛足遶佛而去去是不遠忽然不現各還本處須菩提白佛言世尊若菩薩摩訶薩聞是般若波羅蜜即時信解者從何處終來生是間佛告須菩提若菩薩摩訶薩聞是深般若波羅蜜即時信解不没不却不難不疑不悔歡喜樂聽聽已憶念終不遠離是深般若波羅蜜若行若住若坐若卧終不廢忘常隨法師辟如新生犢子不離其母菩薩摩訶薩亦如是爲聞深

般若波羅蜜故終不遠離法師乃至得是深般若波羅蜜口誦心解正見通達須菩提當知是菩薩從人道中終還生是間人中何以故是求佛道者前世時聞深般若波羅蜜書持恭敬尊重讃歎華香乃至幡盖供養以是因緣故人中命終還生人中聞是深般若波羅蜜即時信解須菩提白佛言世尊頗有菩薩摩訶薩如是功德成就他方世界供養諸佛於彼命終來生是間聞深般若波羅蜜即時信解書持讀誦正憶念有是者不佛言有菩薩如是功德成就他方世界供養諸佛於彼命終來生是間聞是深般若波羅蜜即時信解書持讀誦正憶念何以故是菩薩摩訶薩從他方諸佛所聞是深般若波羅蜜信解書持讀誦說正憶念於彼間終來生此間當知是人畢先世功德成就復次須菩提有菩薩從弥勒菩薩摩訶薩聞是深般若波羅蜜以是善根因緣故來生此間須菩提復有菩薩摩訶薩前世時雖聞深般若波羅蜜

不問中事来生人中聞是深般若波羅蜜心有疑没難悟須菩提如是菩薩當知先世雖聞是深般若波羅蜜不問故今續生疑悔難悟須菩提若菩薩先世雖聞禪波羅蜜不問中事今世聞般若波羅蜜時不問故續生疑悔須菩提若菩薩先世雖聞毗黎耶波羅蜜不問中事今世聞般若波羅蜜不問續復疑悔須菩提若菩薩先世聞羼提波羅蜜不問中事今世聞般若波羅蜜不問故續復疑悔須菩提若菩薩先世雖聞尸羅波羅蜜不問中事今世聞般若波羅蜜不問故續復疑悔須菩提若菩薩先世雖聞檀波羅蜜不問中事今世聞般若波羅蜜不問故續復疑悔復次須菩提菩薩摩訶薩先世雖聞內空外空內外空乃至无法空有法空不問中事来生人中聞是深般若波羅蜜不問故續復疑悔難悟復次須菩提菩薩摩訶薩先世雖聞四念處乃至八聖道分四禪四無量心四無色定五神通佛十力乃至一切種智不問中事

来生人中聞是深般若波羅蜜不問故續復疑悔難悟復次須菩提菩薩摩訶薩先世聞深般若波羅蜜不問中事而不行捨身生時聞是深般若波羅蜜若一日二日三日四日五日者其心堅固無能壞者若離所聞時便退失何以故先世聞是深般若波羅蜜時雖問中事不如說行是人或時欲聞或時不欲聞心輕不固志乱不定辟如輕毛隨風東西須菩提當知是菩薩發意不久不與善知識相隨不多供養諸佛先世不書是深般若波羅蜜不讀不誦不正憶念不學般若波羅蜜不學禪波羅蜜不學毗黎耶波羅蜜不學羼提波羅蜜不學尸羅波羅蜜不學檀波羅蜜不學內空乃至无法有法空不學四念處乃至八聖道分不學四禪四無量心五神通佛十力乃至不學一切種智如是須菩提當知是菩薩摩訶薩新發大乘意少信少樂故不能書是深般若波羅蜜不能受持讀誦說正憶念須菩提若求佛道善男子善女人不

書是深般若波羅蜜不受持讀誦不說不正憶念亦不為深般若波羅蜜所護乃至不為一切種智所護是人亦不如說行深般若波羅蜜乃至不如說行一切種智是人或墮二地若聲聞地若辟支佛地何以故是善男子善女人不書是深般若波羅蜜不讀不誦不說不正憶念是人亦不為深般若波羅蜜所護亦不如說行以是故是善男子善女人於二地中當墮一地

問曰上来數說是般若波羅蜜甚深因緣今何以復重說荅曰處處說甚深多有所益凡人不知謂為重說辟如大國王未有嫡子求禱神祇積年無應時王出行夫人產子男遣信告王大夫人產男王聞喜而不荅乃至十反使者白王向所白者王不聞也王曰我即聞之久来願滿故喜心內悅樂聞不已耳即勅有司賜此人百万兩金一語十万兩王聞使者言語語中有利益非重語不知者謂為重處處說甚深亦如是佛與菩薩須菩

提知大有利益須菩提聞佛說深般若不能得底轉覺甚深聽者處處聞甚深得禪定智慧利益等凡夫人謂為重說復次深淺无定隨衆生解者無深不解者謂為深般若波羅蜜除佛无能遍知故常言甚深是故佛為衆生故說甚深无定甚深相若定甚深無人能行是故言菩薩謂般若甚深為不行般若波羅蜜甚深因緣所謂為大事故起乃至无等等事故起大事等義如先說此中佛自說大事等因緣所謂般若波羅蜜舍受五波羅蜜等諸法問曰五波羅蜜等各異相云何言般若波羅蜜中舍受荅曰是中說經中舍受復次五波羅蜜等諸法與般若波羅蜜和合方便迴向故五波羅蜜等諸法得至佛道灌頂王如佛國事種種度衆生法大臣是般若波羅蜜佛委仗般若波羅蜜成辦種種法故安處禪定快樂無事又如欲除乾薪草木以火投中則火力能燒令盡人更無事復次是般若波羅蜜不取不著色等諸法故名舍受

初淤曰取生愛曰著須菩提問云何般若為色等諸法不取不著故名舍受佛於四荅中以反問荅於汝意云何以智慧眼見是色等法可取可著不須菩提意若智慧眼空無相无作無量不可思議相云何當荅色等法定相可取可著佛可其所說汝未得一切智不見色等諸法我一切智人亦不見色等諸法是故歎言善哉是時諸天子讚歎般若波羅蜜及行般若波羅蜜者作是言若三千大千世界中衆生皆作信行法行乃至辟支佛若智若斷智者十智斷者二種斷有殘斷無殘斷學人有殘斷无學人无殘斷不如是菩薩一日行深般若波羅蜜何以故是諸賢聖智斷皆是菩薩无生法忍問曰若諸賢聖智斷即是无生忍者何以言不如荅曰信行等人无大悲捨衆生故不如無方便力不能於涅槃自反辟如衆水會恒河俱入大海欲入海時水勢湊急衆生在中无能自反惟有大力者乃能自出復次諸餘賢聖智斷成就菩

薩始得無生忍而力能過之是故勝智斷功德雖成就不及菩薩初忍辟如大臣功業雖大不及太子復次煗頂忍法是小乘初門菩薩法忍是大乘初門聲聞辟支佛雖終成尚不及菩薩初入道門何況成佛問曰聲聞辟支佛法是小乘菩薩是大乘云何言二乘智斷即是菩薩无生忍荅曰所緣同如法性實際亦同利鈍智慧為異又有无量功德及大悲心守護故勝餘種種說是讚般若波羅蜜行般若波羅蜜人有上中下下者聞般若波羅蜜直信聽受不問中義中者既聞已問義而不能行上者聞解能行行下者雖得人身聞般若疑悔難悟根鈍福薄故中者得人身聞般若一心信樂能知義趣從一日至四五日心能堅固過是已往不能信樂或欲聞或不欲聞以其宿世雖解義而不能行根鈍福薄故上者得人身聞般若心即深解信樂不捨常隨法師上二種菩薩不能得上地故當墮三乘不為般若所守護故為更明了是事

故佛於後品中為作譬喻如大海水中船破若得所依則能渡不得所依則不能渡

大智度論釋譬喻品第五十一

佛告須菩提譬如大海中船破壞其中人若不取木不取器物不取浮囊不取死尸須菩提當知是人不到彼岸沒海中死須菩提若船破時其中人取木取器物浮囊死屍當知是人終不沒死安隱无㝵得到彼岸須菩提求佛道善男子善女人亦復如是若但有信樂不依深般若波羅蜜不書不讀不誦不正憶念不依禪波羅蜜毗棃耶波羅蜜羼提波羅蜜尸羅波羅蜜檀波羅蜜不書不讀不誦不正憶念乃至不依一切種智不書不讀不誦不正憶念須菩提當知是善男子中道衰耗是人未到一切種智於聲聞辟支佛地取證須菩提若有求佛道善男子善女人為阿耨多羅三藐三菩提故有信有忍有淨心有深心有欲有解有捨有精進是人依深般若波羅蜜書持讀誦說正憶念

是善男子善女人為阿耨多羅三藐三菩提相有諸信忍淨心深心欲解捨精進為深波若波羅蜜所護乃至一切種智所護為深波若波羅蜜守護乃至一切種智守護故終不中道衰耗過聲聞辟支佛地能淨佛世界成就衆生當得阿耨多羅三藐三菩提須菩提譬如男子女人持坏缾取水當知是缾不久爛壞何以故是缾未熟故還歸於地如是須菩提善男子善女人雖有為阿耨多羅三藐三菩提心有信有忍有淨心有深心有欲有解有捨有精進不為般若波羅蜜方便力所守護不為禪波羅蜜毗棃耶波羅蜜羼提波羅蜜尸羅波羅蜜檀波羅蜜所守護不為內空乃至無法有法空四念處乃至八聖道分佛十力乃至一切種智所守護須菩提當知是人中道衰耗墮聲聞辟支佛地須菩提譬如男子女人持熟缾取水若河若井若池若泉當知是缾持水安隱何以故是缾成熟故如是須菩提善男子善女人求阿耨多羅三藐三菩提有諸信忍淨心深心欲解捨精

進為般若波羅蜜方便力所護為禪定精進忍戒施乃至一切種智所護故須菩提當知是人不中道衰耗過聲聞辟支佛地能淨世界成就衆生得阿耨多羅三藐三菩提須菩提譬如大海邊船未莊治便持財物著上須菩提當知是船中道壞沒船與財物各在一處是估客無方便力故亡其重寶如是須菩提是求佛道善男子善女人雖有為阿耨多羅三藐三菩提心有信忍淨心深心欲解捨精進不為般若波羅蜜方便力所守護乃至不為一切種智所守護故當知是人中道衰耗失大珎寶大珎寶者所謂一切種智衰耗者墮聲聞辟支佛地須菩提譬如人有智方便莊治海邊大船然後推著水中持財物著上而去當知是船不中道沒壞必得安隱到所至處如是須菩提善男子善女人為阿耨多羅三藐三菩提有信忍淨心深心欲解捨精進為般若波羅蜜方便力所護為禪精進忍持戒施乃至一切種智所護故當知是

菩薩得到阿耨多羅三藐三菩提不中道墮聲聞辟支佛地須菩提辟如有人年百二十歲年耆根熟又有風冷熱病若雜病須菩提於汝意云何是人能從牀起不須菩提言不能佛言是人或能起者去何須菩提言是人雖能起不能遠行若十里若二十里以其老病故如是須菩提善男子善女人雖有爲阿耨多羅三藐三菩提心有信忍淨心深心欲解捨精進不爲般若波羅蜜方便力所守護乃至不爲一切種智所守護故當知是人中道墮聲聞辟支佛地何以故不爲般若波羅蜜方便力所守護故須菩提如向老人百二十歲年耆根熟又有風冷熱病若雜病是人欲起行有兩健人各扶一掖語老人言莫有所難隨所欲至我等二人終不相捨如是須菩提若善男子善女人爲阿耨多羅三藐三菩提有信忍淨心深心欲解捨精進爲般若波羅蜜方便力所護乃至爲一切種智所護當知是人不中道墮聲聞辟支佛地能到

是處所謂阿耨多羅三藐三菩提心

釋曰菩薩有二種一者得諸法實相二者雖未得實相於佛道中有信有忍有淨心有深心有欲有解有捨有精進信者信罪福業因緣果報信行六波羅蜜得阿耨多羅三藐三菩提有人雖信佛道思惟籌量心不能忍是故說有忍有人雖忍邪疑未斷故心濁不淨是故說有淨有人雖信忍心淨而有淺有深是故說深心四事因緣故一心欲得無上道不欲餘事是故說有欲了了决定知无上道爲大世間餘事爲小是故說有解以欲解定心故捨財及捨諸惡心慳恚等煩惱是故說爲捨故常能精進有如是等諸功德若不得般若波羅蜜若人身壞命終時若惡知識沮壞則失菩薩道世間功德故受世間果報然後墮聲聞辟支佛地不能至无上道此中佛說五譬喻船是行者身浮囊等物即是般若方便瓶是菩薩道般若方便是火未與般若方便和合故不能受持六波羅蜜功德水至無

上道不被治船是菩薩无方便信等功德寶物是五波羅蜜等諸善法船寶異處者與本願永異或受人天樂或墮二乘大利者所謂一切智等佛法寶老病人是有信等功德菩薩不斷六十二邪見故名老不斷百八等諸煩惱故名病從牀起者從三界牀起我當作佛以邪見煩惱因緣故不能成菩薩道二人者般若及方便般若波羅蜜能滅諸邪見煩惱戲論將至畢竟空中方便持出畢竟空

尒時佛語須菩提言善哉善哉汝爲諸菩薩摩訶薩問佛是事須菩提若有求佛道善男子善女人從初發意已來以我我所心布施持戒忍辱精進禪定智慧是善男子善女人布施時作是念我是施主我是施是人我施是物我持戒我修忍我精進我入禪我修智慧是善男子善女人念有是施是我施乃至念有是慧是我慧何以故檀波羅蜜中无如是分別遠離此彼岸是檀波羅蜜相尸羅波羅蜜羼提波羅蜜毗棃耶波羅蜜禪波

羅蜜般若波羅蜜中无如是分別何以故遠離此彼岸是般若波羅蜜相是人不知此岸不知彼岸是人不為檀波羅蜜乃至不為一切種智所護故墮聲聞辟支佛地不能到薩婆若湏菩提去何求佛道人無方便湏菩提求佛道人從初發心已来无方便行布施持戒忍辱精進禪定修智慧是人作如是念我布施是人以是物施我持戒修忍勤精進入禪定修智慧如是修智慧是人念有是施是我施以是施自高念有是戒是我戒以是戒自高念有是忍是我忍以是忍自高念有是精進是我精進以是精進自高念有禪定是我禪以是禪自高念有是慧是我慧以是慧自高何以故檀波羅蜜中無如是分別遠離此彼岸是檀波羅蜜相遠離此彼岸是尸波羅蜜相遠離此彼岸是羼提波羅蜜相遠離此彼岸是毗梨耶波羅蜜相遠離此彼岸是禪波羅蜜相遠離此彼岸是般若波羅蜜相何以故般若波羅蜜中无是憶念分別是求

佛道善男子善女人不知此岸不知彼岸是人不為檀波羅蜜所護不為尸羅波羅蜜羼提波羅蜜毗梨耶波羅蜜禪波羅蜜般若波羅蜜所護乃至不為一切種智所護故或墮聲聞道中或墮辟支佛道中不能得到薩婆若如是湏菩提菩薩摩訶薩不為般若波羅蜜方便力所守護故或墮聲聞地或墮辟支佛道中湏菩提去何菩薩摩訶薩為般若波羅蜜方便力所護故不墮聲聞辟支佛道中疾得阿耨多羅三藐三菩提湏菩提菩薩從初已来以方便力布施無我我所心布施乃至无我我所心修智慧是人不作是念我有是施是我施不以是施自高乃至般若波羅蜜亦如是是菩薩不念我布施不念我施是入用是物施不念我持戒有是戒不念我忍辱有是忍辱不念我精進有是精進不念我禪定有是禪定不念我修智慧有是智慧何以故是檀波羅蜜中无如是分別遠離此彼岸是檀波羅蜜相遠離此彼岸是尸羅波羅蜜相遠

離此彼岸是羼提波羅蜜相遠離此彼岸是毗梨耶波羅蜜相遠離此彼岸是禪波羅蜜相遠離此彼岸是般若波羅蜜相何以故是般若波羅蜜中無如是分別是菩薩摩訶薩知此岸知彼岸是入為檀波羅蜜所護為尸羅波羅蜜所護為羼提波羅蜜所護為毗梨耶波羅蜜所護為禪波羅蜜所護為般若波羅蜜所護乃至為一切種智所護故不墮聲聞辟支佛地得到薩婆若如是湏菩提菩薩摩訶薩為般若波羅蜜方便力所護故不墮聲聞辟支佛地疾得阿耨多羅三藐三菩提

尒時佛可湏菩提意更說失行因緣菩薩雖行信等善法亦不得無上道所謂以我我所心行六波羅蜜故是中无分別此岸彼岸以遠離相是般若波羅蜜而分別著行是為失上佛雖說无方便義不說無方便名欲令是事明了故命湏菩提去何有方便無方便内無我我所心外觀一切法空不取相般若方便乃至一切種智

守護菩薩故名有方便守護者五波羅蜜邊得功德力般若波羅蜜邊得智慧力以二因緣故不失道

大智度論釋善知識品第五十二

尒時須菩提白佛言世尊新學菩薩摩訶薩云何應學般若波羅蜜禪波羅蜜毗棃耶波羅蜜羼提波羅蜜尸羅波羅蜜檀波羅蜜

佛告須菩提新學菩薩摩訶薩若欲學般若波羅蜜禪精進忍戒檀波羅蜜先當親近供養善知識能說是深般若波羅蜜者是人作是教汝善男子所有布施一切迴向阿耨多羅三藐三菩提善男子所有持戒忍辱精進禪定智慧一切迴向阿耨多羅三藐三菩提汝莫以色是阿耨多羅三藐三菩提莫以受想行識是阿耨多羅三藐三菩提莫以檀波羅蜜是阿耨多羅三藐三菩提莫以尸羅波羅蜜羼提波羅蜜毗棃耶波羅蜜禪波羅蜜般若波羅蜜是阿耨多羅三藐三菩提莫以內空乃至無法有法空是阿耨多羅三藐三菩提莫以四念

處四正勤四如意足五根五力七覺分八聖道分是阿耨多羅三藐三菩提莫以四禪四無量心四無色定五神通莫貪阿耨多羅三藐三菩提莫以佛十力乃至十八不共法是阿耨多羅三藐三菩提所以者何不取色便得阿耨多羅三藐三菩提不取受想行識便得阿耨多羅三藐三菩提不取檀波羅蜜乃至般若波羅蜜便得阿耨多羅三藐三菩提不取內空乃至無法有法空四念處乃至十八不共法便得阿耨多羅三藐三菩提善男子行是深般若波羅蜜時莫貪色何以故善男子是色非可貪者莫貪受想行識何以故受想行識非可貪者善男子莫貪檀波羅蜜尸羅波羅蜜羼提波羅蜜毗棃耶波羅蜜禪波羅蜜般若波羅蜜莫貪內空乃至无法有法空莫貪四念處乃至八聖道分莫貪四禪四无量心四無色定五神通莫貪佛十力乃至一切種智何以故一切種智非可貪者善男子莫貪須陁洹果者乃至阿羅漢果莫

貪辟支佛道莫貪菩薩法位莫貪阿耨多羅三藐三菩提何以故阿耨多羅三藐三菩提非可貪者所以者何諸法性空故問曰須菩提問新學所行佛何以乃荅菩薩久行微妙事所謂不取一切法一切法性空故荅曰諸法性空有二種一者大菩薩所得二者小菩薩所學柔順忍以智慧發心此中但說小菩薩所學空復次有智慧氣分佛數為菩薩若无者雖久行餘功德不數為菩薩辟如佛說聲聞法中頂法相於三寶中有少信是名頂法是信過煖法修禪定生以色界心得於佛無导解脫是為小於凡人為大如是新發意菩薩得般若波羅蜜氣味故能受化名為新學過五波羅蜜功德於凡夫為大於佛為小復次佛不直說諸法性空先教供養親近善知識善知識為說五波羅蜜功德善知識雖種種教化佛但稱其不壞法所謂於色等諸法不貪不著不取辟如金翅鳥子始生從一須弥至一須弥菩薩亦如是初學能生如

是深智何況久學又如小火能燒何況大者菩薩亦如是新學時能以般若轉世間法令畢竟空燒諸煩惱何況得力具足須菩提白佛言世尊諸菩薩摩訶薩能為難事於一切性空法中求阿耨多羅三藐三菩提欲得阿耨多羅三藐三菩提佛言如是如是須菩提菩薩摩訶薩能為難事於一切性空法中求阿耨多羅三藐三菩提欲得阿耨多羅三藐三菩提須菩提諸菩薩摩訶薩為安隱世間故發阿耨多羅三藐三菩提心為樂世間故為救世間故為世間歸故為世間依處故為世間洲故為世間將導故為世間究竟道故為世間趣故發阿耨多羅三藐三菩提心須菩提云何菩薩摩訶薩為安隱世間故發阿耨多羅三藐三菩提心須菩提菩薩摩訶薩得阿耨多羅三藐三菩提時拔出六道衆生著無畏岸涅槃處須菩提是為菩薩摩訶薩為安隱世間故發阿耨多羅三藐三菩提心云何菩薩摩訶薩為樂世間故發阿耨

多羅三藐三菩提心須菩提菩薩摩訶薩得阿耨多羅三藐三菩提時拔出衆生種種憂苦愁惱著無畏岸涅槃處須菩提是為菩薩摩訶薩為樂世間故發阿耨多羅三藐三菩提心云何菩薩摩訶薩為救世間故發阿耨多羅三藐三菩提心須菩提菩薩摩訶薩得阿耨多羅三藐三菩提時救衆生生死中種種苦亦為斷是苦故而為說法衆生聞法漸以三乘而得度脫須菩提是為菩薩摩訶薩為救世間故發阿耨多羅三藐三菩提心云何菩薩摩訶薩為世間歸故發阿耨多羅三藐三菩提心須菩提菩薩摩訶薩得阿耨多羅三藐三菩提時拔出衆生生老病死相憂悲愁惱法著無畏岸涅槃處須菩提是為菩薩摩訶薩為世間歸故發阿耨多羅三藐三菩提心云何菩薩摩訶薩為世間依處故發阿耨多羅三藐三菩提心須菩提菩薩摩訶薩得阿耨多羅三藐三菩提時為衆生說一切法無依處須菩提是為菩薩摩訶薩

為世間依處故發阿耨多羅三藐三菩提心須菩提白佛言世尊云何一切法无依處佛言色不相續即是色無生色无生即是色不滅色不滅即是色無依處受想行識乃至一切種智亦如是須菩提是為菩薩摩訶薩為世間依處故發阿耨多羅三藐三菩提心云何菩薩摩訶薩為世間究竟道故發阿耨多羅三藐三菩提心須菩提若菩薩摩訶薩得阿耨多羅三藐三菩提時為衆生說如是法色究竟相非是色受想行識乃至一切種智究竟相非是一切種智須菩提如究竟相一切法相亦如是須菩提言世尊若一切法如究竟相者諸菩薩摩訶薩皆應得阿耨多羅三藐三菩提何以故世尊色究竟相中無有分別受想行識究竟相中无有分別乃至一切種智究竟相中無有分別所謂是色是受想行識乃至是一切種智佛告須菩提如是如是色究竟相中無有分別受想行識乃至一切種智究竟相中无有分別所謂是色

乃至是一切種智須菩提是為菩薩摩訶薩難事如是觀諸法寂滅相而心不没不却何以故菩薩摩訶薩作是念是諸深法我應如是知得阿耨多羅三藐三菩提如是寂滅微妙法當為衆生說是為菩薩摩訶薩為世間究竟道故發阿耨多羅三藐三菩提心云何菩薩摩訶薩為世間洲故發阿耨多羅三藐三菩提心須菩提若江河大海四邊水断是為洲須菩提色亦如是前後際断受想行識前後際断乃至一切種智前後際断以是前後際断故一切法亦断須菩提是一切法前後際断故即是寂滅即是妙寶所謂空無所得愛盡无餘離欲涅槃須菩提菩薩摩訶薩得阿耨多羅三藐三菩提時以寂滅微妙法為衆生說須菩提是為菩薩摩訶薩為世間洲故發阿耨多羅三藐三菩提心云何菩薩摩訶薩為世間將導須菩提菩薩摩訶薩得阿耨多羅三藐三菩提時為衆生說色不生不滅不垢不淨說受想行識不生不滅不垢

不淨說十二處十八界四念處乃至八聖道分四禅四無量心四無色定五神通不生不滅不垢不淨說須陁洹果乃至阿羅漢果辟支佛道不生不滅不垢不淨說佛十力乃至一切種智不生不滅不垢不淨須菩提是為菩薩摩訶薩為世間將導故發阿耨多羅三藐三菩提心

釋曰須菩提發希有心白佛言諸菩薩未断煩惱大悲未具未得阿鞞跋致知諸法本性空而能發无上道心是事甚難佛可其言如是更讚菩薩希有因緣所謂菩薩安隱世間故發心安隱者能破一切煩惱究竟不變失辟如良藥能破病不問甘苦以能究竟除病安隱故佛能使衆生常安穩不期一世二世世間樂者有法雖安隱而不樂有法今世苦後世樂如服苦藥腹中安隱口中不美是故說佛能與今世後世樂六道无常相故非安隱是故說出六道名安隱世間樂者因緣故久後必生憂惱不名為樂涅槃樂始終無變故說離憂苦為

樂救世間者如人為怨賊所逐若親戚若官力能救衆生亦如是惡罪諸煩惱因緣及魔民所逐惟諸佛能說法救護世間歸者如人遇暴風疾雨必歸房舍世間種種邪見煩惱等身心内外苦惱老病死諸憂苦等若歸佛佛以種種因緣拔其憂悲苦惱依處者一切有為法從和合因緣生故無自力不可依止衆生為苦所逼来依止佛佛為說無依止法無依止法者是真實所謂无餘涅槃色等五衆滅更不相續不相續即是不生不滅不生不滅即是畢竟空无依止處問曰若无依止處何以說依止答曰依止有二種一者以愛見等諸煩惱依止有為法二者清淨智慧說依止涅槃煩惱見故說無依止究竟道者所謂諸法實相畢竟空色等法前際中无後際中亦無現在中凡夫人憶想分別業果報諸情力故有顛倒見聖人以智慧眼觀之皆虛誑不實如前後中亦介若无先後云何有中能如是為衆生說法則安處衆生於究竟

第一道中世間洲者如洲四邊無地色等法亦如是前後皆不可得中間如究竟道中破入前後空故中間亦空水者三漏四流諸煩惱及業果報中一切法畢竟空無所取所謂涅槃是為洲衆生沒在四流水中佛以八正道舩引著涅槃洲上如是種種因緣接度衆生名為將導

云何菩薩摩訶薩為世間趣故發阿耨多羅三藐三菩提心須菩提菩薩摩訶薩得阿耨多羅三藐三菩提時為衆生說色趣空說受想行識趣空乃至說一切種智趣空為衆生說色非趣非不趣何以故是色空相非趣非不趣說受想行識非趣非不趣何以故是受想行識空相非趣非不趣乃至一切種智非趣非不趣何以故是一切種智空相非趣非不趣如是須菩提菩薩摩訶薩為世間趣故發阿耨多羅三藐三菩提心何以故一切法趣空是趣不過何以故空中趣非趣不可得故須菩提一切法趣无相是趣不過何以故无相中趣非趣不

可得故須菩提一切法趣无作是趣不過何以故無作中趣非趣不可得故須菩提一切法趣無起是趣不過何以故無起中趣非趣不可得故須菩提一切法趣無所有不生不滅不垢不淨是趣不過何以故无所有不生不滅不垢不淨中趣非趣不可得故須菩提一切法趣夢是趣不過何以故夢中趣非趣不可得故須菩提一切法趣幻趣響趣影趣化是趣不過何以故是化等中趣非趣不可得故須菩提一切法趣无量无邊是趣不過何以故無量无邊中趣非趣不可得故須菩提一切法趣不與不取是趣不過何以故不與不取中趣非趣不可得故須菩提一切法趣不舉不下是趣不過何以故无增無減中趣非趣不可得故須菩提一切法趣不來不去是趣不過何以故趣非趣中无來無去故須菩提一切法趣不入不出不合不散不著不斷是趣不過何以故不著不斷中趣非趣不可得故須菩提一切法趣我衆生壽命

人起使起作使作知者見者是趣不過何以故我乃至知見畢竟不可得何況有趣非趣須菩提一切法趣有常是趣不過何以故常畢竟不可得云何當有趣非趣須菩提一切法趣樂淨我是趣不過何以故樂淨我畢竟不可得云何當有趣非趣須菩提一切法趣无常苦不淨无我是趣不過何以故無常苦不淨無我畢竟不可得云何當有趣非趣須菩提一切法趣欲事是趣不過何以故欲事畢竟不可得何况當有趣非趣須菩提一切法趣瞋事癡事見事是趣不過何以故瞋事癡事見事畢竟不可得何況當有趣非趣須菩提一切法趣如是趣不過何以故如中无來无去故須菩提一切法趣法性實際不可思議性是趣不過何以故法性實際不可思議性中无來無去故須菩提一切法趣平等是趣不過何以故平等中趣非趣不可得故須菩提一切法趣不動相是趣不過何以故不動相中趣非趣不可得故須菩提一切

法趣色是趣不過何以故色畢竟不可得云何當有趣非趣須菩提一切法趣受想行識是趣不過何以故受想行識畢竟不可得云何當有趣非趣十二處十八界亦如是須菩提一切法趣檀波羅蜜是趣不過何以故檀畢竟不可得故云何當有趣非趣須菩提一切法趣尸羅波羅蜜是趣不過何以故尸羅畢竟不可得故云何當有趣非趣須菩提一切法趣羼提波羅蜜是趣不過何以故羼提畢竟不可得故云何當有趣非趣須菩提一切法趣毗梨耶波羅蜜是趣不過何以故毗棃耶畢竟不可得故云何當有趣非趣須菩提一切法趣禪波羅蜜是趣不過何以故禪畢竟不可得故云何當有趣非趣須菩提一切法趣般若波羅蜜是趣不過何以故般若畢竟不可得故云何當有趣非趣須菩提一切法趣內空是趣不過何以故內空畢竟不可得故云何當有趣非趣須菩提一切法趣外空是趣不過何以故外空畢竟不可得

故云何當有趣非趣須菩提一切法趣內外空是趣不過何以故內外空畢竟不可得故云何當有趣非趣乃至一切法趣無法有法空是趣不過何以故無法有法空畢竟不可得故云何當有趣非趣須菩提一切法趣四念處乃至八聖道分是趣不過何以故四念處乃至八聖道分畢竟不可得故云何當有趣非趣須菩提一切法趣佛十力乃至一切種智是趣不過何以故一切種智中趣非趣不可得故須菩提一切法趣須陁洹果斯陁含果阿那含果阿羅漢果辟支佛道是趣不過何以故須陁洹果乃至辟支佛道中趣非趣不可得故須菩提一切法趣阿耨多羅三藐三菩提是趣不過何以故阿耨多羅三藐三菩提中趣非趣不可得故須菩提一切法趣須陁洹乃至佛是趣不過何以故須陁洹乃至佛中趣非趣不可得故須菩提白佛言世尊是深般若波羅蜜誰能信解者佛告須菩提有菩薩摩訶薩先於諸佛所久行六

波羅蜜善根純熟供養無數百千万億諸佛與善知識相隨是等人能信解深般若波羅蜜須菩提白佛言世尊能信解是深般若波羅蜜者有何等性何等相何等貌佛言欲瞋癡斷離是性相貌是菩薩摩訶薩則能信解深般若波羅蜜

問曰上諸事中略說今趣中何以廣說荅曰趣是乃至品竟摠上九事之會歸是故多說復次安樂等及趣皆同一義俱出衆生著涅槃故若事事廣說則不可盡趣寂在後故廣說當知餘者亦皆應廣說色等法趣空者如虛空但有名而無法色等法亦尒終歸於空諸法究竟相必空故餘者皆虛妄如人初雖有善言久久乃知情實色等諸法亦如是入无餘涅槃時與虛空无異當知先亦如是但凡夫顛倒果報故見異一切法無有過出空等諸相如人欲出過虛空不可得我等十六名皆因五衆和合假有此名無有實法云何當有趣非趣若常淨樂我等四顛倒破四聖行如常等四法不

大智度論卷第七十一　第三十六張　端字号

可得以顛倒故色等諸法亦如是如常等不可得无常等從常等出故亦不可得是故說一切法趣常等趣无常等須菩提問佛是法甚深微細誰當信解者佛荅說久行等因緣能信更問久行等人有何等相佛荅是人離三毒心亦不見是離深入諸法實相故問曰是人未得无生忍法云何言斷三毒荅曰斷有二種一者根本斷二者薄少斷此中說薄少斷行者不分別是斷是煩惱何以故煩惱相顛倒不定故煩惱即是斷是故言離

大智度論釋趣一切智品第五十三

須菩提白佛言世尊是諸菩薩摩訶薩解深般若波羅蜜者當趣何所佛告須菩提是菩薩摩訶薩解深般若波羅蜜當趣一切種智須菩提白佛言世尊是菩薩摩訶薩能趣一切種智者為一切衆生所歸趣修般若波羅蜜故世尊修般若波羅蜜即修一切諸法世尊无所修是修般若波羅蜜不受修壞修是修般若波羅蜜佛告須菩提何法壞故般若波羅蜜為

大智度論卷第七十一　第三十七張　端字号

壞修世尊色壞故般若波羅蜜為壞修受想行識十二處十八界壞故般若波羅蜜為壞修我乃至知者見者壞故般若波羅蜜為壞修世尊檀波羅蜜壞故般若波羅蜜為壞修乃至般若波羅蜜壞故般若波羅蜜為壞修內空乃至無法有法空四念處乃至十八不共法須陁洹果乃至一切種智壞故般若波羅蜜為壞修佛言如是如是須菩提色壞故般若波羅蜜為壞修乃至一切種智壞故般若波羅蜜為壞修尒時佛告須菩提是深般若波羅蜜中阿鞞跋致菩薩摩訶薩應當驗知若菩薩摩訶薩是深般若波羅蜜中不著當知是阿鞞跋致禪波羅蜜乃至檀波羅蜜中不著四念處乃至一切種智中不著當知是阿鞞跋致

問曰般若波羅蜜非趣非不趣須菩提何以故問行般若者趣至何處又佛何以荅趣薩婆若荅曰外道言諸法從因趣果從先世入今世從今世趣後世破是常顛倒故言無趣不趣

大智度論卷第七十一　第三十八張　端字号

此中須菩提以无著心問佛以无著心荅般若波羅蜜畢竟空於諸法無障无导得無障无导解脫故无障無导因果相似故言解深般若者趣一切種智須菩提言菩薩知般若波羅蜜者為一切衆生所歸趣如子為苦惱所逼則趣父母問曰何以故但菩薩解般若波羅蜜為衆生所歸趣荅曰菩薩於衆生中大悲心故常修習般若波羅蜜以修故能解一切諸法皆入般若波羅蜜是故修般若波羅蜜即修一切法般若无定實法可得故經中說无所修是修般若波羅蜜般若波羅蜜中一切諸觀有過故不受是名不受修壞修者一切法无常散壞故名壞修可破壞法者所謂色等乃至一切種智佛可須菩提所說上品未說阿鞞跋致菩薩性相貌今應驗試知於深般若波羅蜜中著不若著則非若不著則是其相行般若波羅蜜菩薩有二種一者因般若波羅蜜觀一切法畢竟空般若亦自空二者不能觀般若亦空是故經中試

知著不若阿鞞跋致菩薩摩訶薩行深般若波羅蜜時不以他人語為堅要亦不隨他教行阿鞞跋致菩薩摩訶薩不為欲心瞋心癡心所牽若阿鞞跋致菩薩摩訶薩不遠離六波羅蜜若阿鞞跋致菩薩摩訶薩聞說深般若波羅蜜時心不驚不没不怖不畏不悔歡喜樂聞受持讀誦正憶念如說行須菩提當知是菩薩先世已問是深般若波羅蜜中事已受持讀誦說正憶念何以故是菩薩摩訶薩有大威德故聞是深般若波羅蜜心不驚不怖不畏不没不悔歡喜樂聞受持讀誦正憶念須菩提白佛言世尊若菩薩摩訶薩聞深般若波羅蜜不驚不怖乃至正憶念世尊是菩薩摩訶薩云何行般若波羅蜜佛言隨順一切種智心是菩薩摩訶薩應如是行般若波羅蜜世尊云何名隨順一切種智心是菩薩摩訶薩應如是行般若波羅蜜佛言以空隨順是為菩薩摩訶薩行深般若波羅蜜以无相无作

無所有不生不滅不垢不淨隨順是菩薩摩訶薩應如是行般若波羅蜜以如夢幻炎響化隨順是行般若波羅蜜須菩提白佛言佛說以空隨順乃至如夢如幻隨順是行般若波羅蜜世尊是菩薩摩訶薩行何法若色若受想行識乃至一切種智佛告須菩提菩薩摩訶薩不行色不行受想行識乃至不行一切種智何以故是菩薩行處無作法无壞法无所從来亦無所去无住處是法不可數無有量若无數無量是法不可得不可以色得乃至不可以一切種智得何以故色即是薩婆若乃至一切種智即是薩婆若色如相乃至一切種智如相皆是一如无二無別

釋曰阿鞞跋致菩薩所試事於他語言中不生念是中有實不實何以故他人有二種在家人著五欲樂虚誑不淨出家外道著諸邪見不實些等所說皆無實事是故不信自得諸法實相故乃至佛身来說破諸法實相者亦不信得無為法故心則安重不

復移轉是菩薩雖未得佛道貪欲等諸煩惱折薄故不為所牽心常不離六波羅蜜知善法果報味故心常愛樂不離六波羅蜜如是等種種因緣故聞深般若不怖不畏歡喜欲聞讀誦問義修習如雷霆小鳥則怖畏悶死孔雀大鳥歡喜舞戲般若波羅蜜亦如是邪見凡夫聞則恐怖阿鞞跋致菩薩聞則歡喜心无猒足是故說歡喜樂聞是中佛說因緣是菩薩於過去世已聞深般若波羅蜜多集諸福德智慧故有大威德有大威德故不怖畏須菩提問是般若无定相云波羅蜜雖不怖畏是菩薩問深般若何應行佛言隨順一切種智心問曰是菩薩未得一切種智云何能順荅曰是故說順畢竟空心則順一切種智心一切種智是寂滅相佛後品中說一切寂滅相是一切種智是故言順畢竟空則順一切種智無相无作虚空无生無滅无垢无淨如夢等亦如是尒時須菩提問順畢竟空心觀何等法佛荅不觀色乃至一切種智

何以故智慧欲求實事色等有為作法皆虛妄一切種智是實法實法故過有為法過有為法故說是法无作無作者無壞法无壞者是法不從六波羅蜜来故言无所從来不入佛法中故言无所去有為虛誑故不住無為法中無憶想分別故亦不住五衆和合故有六道數壞五衆相續故則无數无量無數无量故則語言道斷語言道斷故不可以行色等諸法得佛此中自說因緣色等諸法即是薩婆若薩婆若即是色等諸法何以故色等諸法如即是薩婆若如薩婆若如即是色等諸法如以是故說如是如無二无別

大智度論卷第七十一

大智度論卷七十一　校勘記

一　底本，金藏廣勝寺本。

一　二七三頁中一行經名，石無（未換卷）；資、磧作「大智度論釋卷第七十一」；普、南、徑、清作「大智度論卷第七十一」。

一　二七三頁中三行與四行之間，石有「摩訶般若波羅蜜經大事興品第五十釋」；資、磧、普有「釋成辦品第五十」並夾註「訖第五十三品」；南、徑、清有「釋成辦品第五十」並夾註「經作大事起成辦品」。

一　二七三頁中四行首字，二七八頁下一二行首字「介」，石、普、南、徑、清、麗冠以〔經〕。

一　二七三頁中九行第九字「是」，石、麗作「是是」。

一　二七四頁上五行第六字「佛」，石、麗作「諸佛」。

一　二七四頁上八行「入人」，石、麗作「八人得」。

一　二七四頁上一六行「乃至」，石作「斯陁含阿那含」。

一　二七四頁上一八行「持受」，石作「寫受持」；資、磧、普、南、徑、清作「受持」。

一　二七四頁中四行第一三字「是」，諸本作「是深」。

一　二七四頁中一六行第五字「是」，石、麗作「是深」。

一　二七四頁中一九行「不却」，石、資、磧、普、南、徑、清作「不怯」。

一　二七四頁下五行「書持」，資、磧、普、南、徑、清作「書受」。

一　二七四頁下一四行末字「是」，資、磧、普無。

一　二七四頁下一六行「正憶念」，石、麗作「說正憶念」。

一　二七五頁上二行第六字「没」，諸本作「悔」。

一　二七五頁上七行「菩薩」，石作「菩薩摩訶薩」。

一　二七五頁上八行「世間」，磧作「世間」。

一　二七五頁上九行「不問」，諸本作「不問故」。

一　二七五頁上一〇行首字「世」，石、資、磧、普、南、徑、清作「世雖」。

一　二七五頁上一八行第七字「空」，石、麗無。

一　二七五頁中三行第一三字「不」，普、南、徑、清無。

一　二七五頁中六行首字「者」，石、麗無。

一　二七五頁下一二行，二八〇頁下四行，二八四頁下八行，二八五頁中一九行「問曰」，石、普、南、徑、清、麗冠以〔論〕。

一　二七五頁下一四行第五字「益」，資、磧、普、南、徑、清作「利益」。

一　二七五頁下一六行「子男」，資、磧、普、南、徑、清作「男子」。

一　二七五頁下一八行末字「也」，石、麗作「耶」。

一　二七五頁下二二行第八字「語」，石、資、磧、普、南、徑、清作「説」。

一　二七六頁上六行第七字「常」，資、磧、普、南、徑、清作「故」。

一　二七六頁上一五行第四字「經」，資、磧、普、南、徑、清作「經卷」。

一　二七六頁上一八行「種種」，石、麗作「是種種」。

一　二七六頁上二二行第六字「更」，諸本作「便」。

一　二七六頁中五行第五字「意」，諸本作「意念」。

一　二七六頁中五行第九字「眼」，石、普、南、徑、清、麗作「眼見」。

一　二七六頁中九行「歎言」，石作「讚言」。

一　二七六頁中二〇行「衆水」，石作「衆流」。

一　二七六頁下九行「實際」，石作「真際」。

一　二七六頁下一五行第二字「行」，諸本無。

一　二七六頁下一九行第一三字「而」，資、磧、普、南、徑、清無。

一　二七六頁下二二行「三乘」，諸本作「二乘」。

一　二七七頁上三行第四字「渡」後，石有夾註「釋第五十五竟」，至此，卷第七十四終，卷第七十五始。

一　二七七頁上四行品名，石作「摩訶般若波羅蜜經譬喻品第五十一釋」；徑、清作「釋譬喻品第五十一」。

一　二七七頁上五行首字「佛」，石、普、南、徑、清、麗冠以〔經〕。

一　二七七頁上九行第一〇字「屍」，石、普、南、徑、清、麗作「屍者」。

一　二七七頁中二行第四字「相」，諸本作「故」。

一　二七七頁中三行「波若」，諸本作「般若」。

一　二七七頁中四行「爲深波若波羅蜜守護乃至一切種智守護」，石、資、磧、普、南、徑、清作「爲深般若波羅蜜守護故乃至一切種智守護」；麗無。

一　二七七頁中五行「辟之佛」，諸本作「辟支佛」。

一　二七七頁中五行「世界」，石作「國土」。

一　二七七頁下四行「淨世界」，石作「淨佛國土」；資、磧、普、南、徑、清作「淨佛世界」。

一　二七七頁下一六行第八字「人」，資、磧、普、南、徑、清作「有人」。

一　二七七頁下二二行「忍持」，石、普、南、徑、清作「忍辱」。

一　二七八頁上六行「是人或」，石、普、南、徑、清作「是人或有」；資、磧作「是或有」。

一　二七八頁上一七行「一掖」，諸本作「一腋」。

一　二七八頁中一行末字「心」，石、麗無。

一　二七八頁中二行，二八二頁中九行，二八六頁中一七行「釋曰」，石、普、南、徑、清、麗冠以〔論〕。

一　二七八頁中一五行第五字「說」，諸本作「說捨」。

一　二七八頁中一七行首字「人」，石、麗無。

一　二七八頁中二〇行「佛說」，石、麗作「佛自說」。

一　二七八頁中二二行第六字「火」，資、磧、普、南、徑、清作「水」。

一　二七八頁下一行第四字「被」，諸本作「補」。

一　二七八頁下三行首字「舩」，石、麗無。

一　二七八頁下三行「永異」，諸本作「乖異」。

一　二七八頁下一一行「持出」，資、磧、普、南、徑、清、麗作「將出」。

一　二七八頁下一二行「汝爲」，石、麗作「須菩提汝爲」。

一　二七八頁下一七行第一〇字「是」，諸本無。

一　二七八頁下一八行「施是物」，石作「以是物施」。

一　二七九頁上九行第八字「施」，資、磧、普、南、徑、清、麗作「施施」。

一　二七九頁上一〇行「修忍」，石、麗作「修忍辱」。

一　二七九頁上一五行第四字「有」，諸本作「有是」。

一　二七九頁上一五行第九字及第一二字「禪」，石、麗作「禪定」。

一　二七九頁上一九行首字「尸」，石、麗作「尸羅」。

一　二七九頁上末行第八字「是」，諸本作「如是」。

一　二七九頁中四行「所護」，石、麗作「所護故」。

一　二七九頁中一一行「所護」，石、麗作「所守護」。

一　二七九頁中一八行第五字「施」，資、磧、普、南、徑、清無。

一　二七九頁下五行「如是」，石、麗作「如是憶想」。

一　二七九頁下一五行首字「尒」，石、

麗作「釋曰介」，並冠以〔論〕；普、南、經、清冠以〔論〕。

一 二八〇頁上三行末字「道」後，石有夾註「釋第五十一品竟」。

一 二八〇頁上四行品名，石作「摩訶般若波羅蜜經善知識品第五十二釋」；資、磧、普作「大智度（「度」資、磧無） 論釋知識品第五十二」；南、經、清作「釋知識品第五十二」，並夾註「經作善知識品」。

一 二八〇頁中四行「莫貪」，諸本作「是」。

一 二八〇頁中一一行「四念處」，石、麗作「不取四念處」。

一 二八〇頁中末行第七字「者」，石、麗無。

一 二八〇頁下四行「性空」，石、資、磧、普、南、經、清作「自性空」。

一 二八〇頁下九行末字「有」，石、麗作「有實」。

一 二八〇頁下一一行「功德」，普、南、經、清作「功德說」。

一 二八〇頁下一五行首字「人」，石、麗作「夫」。

一 二八一頁上四行，二八五頁上一四行「須菩提」，石、普、南、經、清、麗冠以〔經〕。

一 二八一頁上一二行第一三字至一三行首字「樂世間」，諸本作「安樂世間」，下同。

一 二八一頁中一六行末字「愁」，石作「苦」。

一 二八一頁下一六行「應得」，資、磧、普、南、經、清作「應行」。

一 二八二頁上三行「不却」，資、磧、普、南、經、清作「不怯」。

一 二八二頁上三行「菩薩」，石、麗作「是菩薩」。

一 二八二頁上一〇行「是爲」，石、麗作「是名爲」。

一 二八二頁上二〇行第一三字「導」，石、麗作「導故發阿耨多羅三藐三菩提心」。

一 二八二頁中一行「十二處」，石作「十二入」，下同。

一 二八二頁中一二行第一一字「更」，石作「便」。

一 二八二頁下六行末字「歸」，經作「歸依」。

一 二八二頁下九行首字「無」，石、麗作「無有」。

一 二八二頁下一九行「凡夫」，資、磧、普、南、經、清作「亦無凡夫」。

一 二八三頁上四行「四流」，石作「四流等」。

一 二八三頁上九行「云何」，石、普、南、經、清、麗冠以〔經〕。

一 二八三頁上二一行末字「非」，資、磧、普、南、經、清作「不」。

一 二八三頁中三行第一〇字「起」，資、磧、普、南、經、清作「趣」。

一 二八三頁中八行第九字「夢」，資、磧、普、南、經、清作「如夢」。

一 二八三頁中一〇行第一一字「化」，資、磧、麗作「化趣」。

一 二八三頁中一七行「何以故」，諸

本作「何以故不舉不下中趣非趣不可得故須菩提一切法趣不增不減是趣不過何以故」。

一 二八三頁中一九行第一二字至二○行第六字「趣非趣中无來無去故」，諸本作「不來不去中趣非趣不可得故」。

一 二八三頁下一行第四字「起」，資、磧、普、南、徑、清作「起者」。

一 二八三頁下一行第七字「作」，資、磧、普、南、徑、清作「作者」。

一 二八三頁下二行「知見」，諸本作「知者見者」。

一 二八三頁下三行第三字「有」，石、麗作「當有」。

一 二八三頁下三行末字「有」，普、南、徑、清無。

一 二八四頁上二行「可得」，石、資、磧、普、南、徑、清作「可得故」。

一 二八四頁下一行末字「万」，資、磧無。

一 二八四頁下五行第一二字「瞋」，石作「恚」。

一 二八四頁下九行「乃至品竟」，麗無。

一 二八五頁上一二行末字「離」後，石有夾註「釋第五十二品竟」。

一 二八五頁上一三行品名，石作「摩訶般若波羅蜜經趣一切智品第五十三釋」；資、磧作「大智論釋趣智品第五十三」；普、南作「大智度論釋趣智品第五十三」；徑、清作「釋趣智品第五十三」，並夾註「經作趣一切智品」。

一 二八五頁上一五行第二字「解」，石、普、南、徑、清作「能解」。

一 二八五頁上一七行第三字「蜜」，石、麗作「蜜者」。

一 二八五頁上一九行第三字「爲」，石、麗作「則爲」；資、磧、普、南、徑、清作「是爲」。

一 二八五頁上二一行第二字「諸」，石無。

一 二八五頁上末行第五字「何」，石、普、南、徑、清、麗作「何等」。

一 二八五頁上末行「般若」，資、磧、普、南、徑、清作「修般若」。

一 二八五頁中一六行首字「致」，石作「致相」。

一 二八五頁下四行第六字「故」，石、麗作「故故」。

一 二八五頁下四行「般若」，石作「般若波羅蜜」。

一 二八五頁下八行「般若」，石、普、南、徑、清、麗作「深般若」。

一 二八六頁上二行首字「若」，資、磧、普、南、徑、清作「若有」。石、普、南、徑、清、麗冠以〈經〉。

一 二八六頁上一○行第一二字「問」，資、磧、普、南、徑、清作「聞」。

一 二八六頁中一○行「菩薩行處」，石、麗作「菩薩摩訶薩行處」；資、磧作「菩薩無行處」。

一 二八六頁中一一行「是法」，石作「是法相」。

一 二八六頁中一四行「薩婆若」，普、南、徑、清作「薩婆若薩婆若即是色」。

一 二八六頁中一五行「薩婆若」，普、南、徑、清作「薩婆若薩婆若即是一切種智」。

一 二八六頁中一七行第一〇字「試」，麗作「説」。

一 二八六頁下六行「雷霆」，石作「雷電」。

一 二八六頁下一一行第五字「聞」，資、磧、普、南、徑、清作「問」。

一 二八六頁下一三行第一一字「問」，諸本作「聞」。

一 二八六頁下一七行第五字「順」，石、麗作「隨順」。

一 二八六頁下一八行第二字「心」，石無。

一 二八七頁上一四行第一三字「如」，資、磧、普、南、徑、清無。

一 二八七頁上一五行末字「別」後，石有夾註「釋第五十三品竟」。

一 二八七頁上卷末經名，石作「大智度經論卷第七十五」。

大智度論釋大如品第五十四 卷七十二

聖者龍樹造

後秦龜茲國三藏鳩摩羅什譯

尒時欲界諸天子色界諸天子以天末栴檀香以天青蓮華赤蓮華紅蓮花白蓮華遥散佛上來至佛所頂礼佛足一面住白佛言世尊諸佛阿耨多羅三藐三菩提甚深難見難解不可思惟知微妙寂滅智者能知一切世間所不能信何以故是深般若波羅蜜中如是說色即是薩婆若薩婆若即是色受想行識乃至一切種智即是薩婆若薩婆若即是一切種智色如相薩婆若如相是一如無二無别乃至一切種智如相薩婆若如相一如无二无别

佛告欲色界諸天子如是如是諸天子色即是薩婆若薩婆若即是色乃至一切種智即是薩婆若薩婆若即是一切種智色如相乃至一切種智如相一如无二無别諸天子以是義故佛初成道時心樂嘿然不樂說法何以故是諸佛阿耨多羅三藐三菩提法甚深難見難解不可思惟知微妙寂滅智者能知一切世間所不能信何以故阿耨多羅三藐三菩提無得者無得處无得時是名諸法甚深相所謂無有二法諸天子如虚空甚深故是法甚深如是法甚深故是法甚深法性甚深實際甚深不可思議无邊甚深故是法甚深無來无去甚深故是法甚深不生不滅無垢无淨無知无染甚深故是法甚深諸天子我甚深乃至知者見者甚深故是法甚深諸天子色甚深受想行識甚深故是法甚深檀波羅蜜甚深乃至般若波羅蜜甚深故是法甚深內空乃至无法有法空甚深故是法甚深四念處甚深乃至一切種智甚深故是法甚深尒時欲色界諸天子白佛言世尊是所說法一切世間所不能信世尊是甚深法不為受色故說不為捨色故說不為受想行識故說不為捨受想行識故說不為受須陁洹果故說不為捨須陁洹果故說乃至不

為受一切種智故說不為捨一切種智故說諸世間皆受著行所謂色是我是我所受想行識是我是我所乃至十八不共法是我是我所須陁洹果是我是我所乃至一切種智是我是我所佛告諸天子如是如是諸天子是法非為受色故說非為捨色故說乃至非為受一切種智故說非為捨一切種智故說諸天子若有菩薩為受色故行乃至為受一切種智故行是菩薩不能修般若波羅蜜不能修禪波羅蜜毗梨耶波羅蜜羼提波羅蜜尸羅波羅蜜不能修檀波羅蜜乃至不能修一切種智者須菩提白佛言世尊是法隨順一切法云何是法隨順一切法是法隨順般若波羅蜜乃至隨順檀波羅蜜是法隨順內空乃至隨順無法有法空是法隨順四念處乃至隨順一切種智是法無㝵不㝵於色不㝵受想行識乃至不㝵一切種智諸天子是法名无㝵相如虛空等故如法性法住實際不可思議性等故空无相無作等故是法

不生相色不生不可得故受想行識不生不可得故乃至一切種智不生不可得故是法无處色處不可得故受想行識處不可得故乃至一切種智處不可得故是時欲色界諸天子白佛言世尊須菩提是佛子隨佛生何以故須菩提所說皆與空合介時須菩提語諸天子汝等言須菩提是佛子隨佛生云何為隨佛生諸天子如相故須菩提隨佛生何以故如來如相不來不去須菩提如相亦不來不去是故須菩提隨佛生復次須菩提從本已來隨佛生何以故如來如相即是一切法如相一切法如相即是如來如相是如相中亦無如相是故須菩提

為隨佛生復次如來如常住相須菩提如亦常住相如來如相無異無別須菩提如相亦无異无別是故須菩提為隨佛生如來如相無有㝵處一切法如亦無㝵處是如來如相一切法如相一如無二無別是如相无作終不不如是故是如相無二无別是故

須菩提為隨佛生如來如相一切處無念无別須菩提如相亦如是一切處無念无別如來如相不異不別不可得須菩提如相亦如是以是故須菩提為隨佛生如來如相不遠離諸法如相是如終不如是故須菩提如不有異為隨佛生亦无所隨復次如來如相不過去不未來不現在諸法如相亦不過去不未來不現在是故須菩提為隨佛生復次如來如不在過去如中過去如亦不在如來如中如來如不在未來如中未來如不在如來如中如來如不在現在如中現在如不在如來如中過去未來現在如如來如一如無二无別色如如來如受想行識如如來如是色如受想行識如如來如一如無二无別我如乃至知者見者如如來如一如無二无別檀波羅蜜如乃至般若波羅蜜如內空如乃至無法有法空如四念處如乃至一切種智如如來如一如无二無別須菩提菩薩摩訶薩得是如名為如來說是如相品時是三千大

千世界大地六種振動東踊西没西踊東没南踊北没北踊南没中央踊四邊没四邊踊中央没問曰般若波羅蜜无不甚深何以或時讃甚深荅曰般若波羅蜜中或時分別諸法空是淺或時説世間法即同涅槃是深色等諸法即是佛法聽者聞説心信佛語自智慧不及故言甚深辟如河水有洄復深處有淺處問曰諸天所讃法甚深一切世間所不能信何用説為荅曰一切有二種一者名字一切二者實一切如此中説名字一切以多不信故言一切此中説微妙寂滅智者能知知者必有信先信後知故復次是般若波羅蜜惟佛能知衆生聞所説而信者此中不名為信智慧知已名為信問曰若尒者何以言微妙智者能知荅曰一切世間無能遍盡知諸佛智者寂滅智者能知少分如須陁洹於无上道得少分所謂斷三結如是諸道展轉增多若世間都不信者云何有諸道以是故言寂滅智者能知阿耨多羅三藐

三菩提即是般若但名字異在菩薩心中為般若在佛心中名阿耨多羅三藐三菩提是中諸色等法即是薩婆若薩婆若即是色等法此中説色等法如薩婆若如無二无別佛可諸天子意更説因縁如名色等諸法真實相辟如除宫殿及諸陋廬如燒栴檀及雜木其處虚空無異色及薩婆若等諸法求其實皆是如以是義故佛初成道時心樂嘿然不樂説法知甚深法凡人難悟故復次是法無二故甚深如虚空故甚深如法性等甚深故甚深尒時諸天子知是法无可取相白佛言是所説法一切世間不能信是法不為受色等法故説佛可其言若有菩薩為受色等故行菩薩若不能修般若波羅蜜等諸功德須菩提白佛言世尊是般若波羅蜜相隨順一切法無所障㝵何以故於般若波羅蜜亦不著説不障㝵因縁如虚空等故辟如辟中先有空相小兒以橛釘之力少故不入大力者能入行者亦如是色等諸法中自有如實相

智慧力少故不能令空大智者能知是故説諸法无㝵如虚空平等色等法不生亦不可得以是故名不生非但色等不生若不生法可得則非畢竟空非名无得無住處亦如是尒時諸天子白佛言世尊須菩提隨佛生何以故所知所説皆與空合復次經説有二種子一者不隨順生二者隨順生三者勝生世人皆願二種子隨順子勝子佛法中惟欲一種隨順生以無有勝佛故佛子有五皆從口生法生須陁洹乃至阿羅漢入正位菩薩辟支佛雖佛法中種因縁无佛時自能得道不得言從佛口生因縁遠故諸漏盡者是隨順生須菩提於漏盡中常樂畢竟空是隨順生何以故所行法不可破壞如虚空佛法如是相是名隨佛生問曰何以不説入法位菩薩隨順佛生荅曰有人言漏未盡故不説須菩提漏盡故説有人言入無餘涅槃者是第一清淨阿羅漢末後身住有餘涅槃近無餘涅槃門故説菩薩雖有深利智慧往返生死

中是故不說有人言般若有二種一者惟與大菩薩說二者三乘共說共聲聞說中須菩提是隨佛生但與菩薩說時不說須菩提隨佛生何以故法性生身大菩薩是中无有結業生身但有變化生身滅三毒出三界教化衆生淨佛世界故住於世間此中都无一切聲聞人佛大慈悲心菩薩心亦尒是名菩薩隨生須菩提但取涅槃故不說隨生此經共二乘說須菩提知般若波羅蜜甚深法性生身菩薩力大諸天雖讚不應受語諸天子言諸法如一切所謂无相是因緣故隨佛生如不異故如經中說如如来如相不来不去須菩提如相亦不来不去

復次如来如畢竟空一切法如亦畢竟空一切法如中攝須菩提如是故須菩提用如来如故隨佛生復次如如来如无憶想分別常住如虛空須菩提如亦如是是故須菩提隨佛生復次如如来如得无㝵解脫故一切法中无罣㝵一切法如亦如是於一切

法中亦無罣㝵如來如一切法如一如无異須菩提如亦入一切法如故是以隨佛生復次諸法如相無作无作者如来如相亦如是須菩提如一切法如攝故隨佛生復次如如来如相一切處常無憶想分別須菩提如一切法如攝故隨佛生復次如来如相不離一切法如正觀一切法名為佛一切法是因緣佛是果報是故說如来如不離一切法如是如實故常如无不如時須菩提如亦如是不異故隨佛生亦无法可隨復次如来如相無憶想分別出過三世一切法如亦如是須菩提如亦出三世是故隨佛生復次如来如不在過去如中何以故如来空過去亦畢竟空是故空不在空中住辟如虛空不住虛空中未来現在亦如是三世如如来如不二不分別者三世如空無相無生无滅等如来如亦如是三世如無障㝵如過去世無窮无邊未来世亦無窮無邊現在世亦無窮无邊如来如亦如是此三世十方无窮無邊須菩提

如亦如是復次五衆如乃至一切種智如如来如無二无別何以故色等諸法和合故有如来如是如来不得言但是色等法亦不得言離色等法亦不得言色等法在如来中亦不得言如来在色等法中亦不得言色等法屬如来亦不得言无如来五衆色等法中假名如来如来如即是一切法如是故說色等法如如来如不二不別凡夫人見有二有別聖人觀無二无別聖人可信凡夫人所見不可信佛語須菩提是名為如佛因此如故名為如来如来者如實行来到佛法中說是如時地六種震動如上說是時諸欲天子諸色天子以天末栴檀香散佛上及散須菩提上白佛言未曾有也世尊須菩提以如来如隨佛生須菩提復為諸天天子說言諸天子須菩提不從色中隨佛生亦不從色如中隨佛生不離色隨佛生亦不離色如隨佛生須菩提不從受想行識中隨佛生亦不從受想行識如中隨佛生不離受想行識隨佛生亦

不離受想行識如隨佛生乃至不從一切種智中隨佛生亦不從一切種智如中隨佛生不離一切種智隨佛生亦不離一切種智如隨佛生須菩提不從無為中隨佛生亦不從无為如中隨佛生不離無為隨佛生亦不離無為如隨佛生何以故是一切法皆無所有不可得无隨生者亦無隨生法

尒時舍利弗白佛言世尊是如實不虛法相法住法位甚深是中色不可得色如不可得何以故色尚不可得何況色如當可得受想行識不可得受想行識如不可得何以故受想行識尚不可得何況受想行識如當可得乃至一切種智不可得一切種智如不可得何以故一切種智尚不可得何況一切種智如當可得佛告舍利弗如是如是舍利弗是如實不虛法相法住法位甚深是中色不可得色如不可得何以故色尚不可得何況色如當可得乃至一切種智不可得一切種智如不可得何以故一切種智尚不可得何況一切種智如當可得舍利弗說是如相時二百比丘不受一切法故漏盡得阿羅漢五百比丘尼遠塵離垢諸法中得法眼生天人中五千諸菩薩摩訶薩得无生忍法六千菩薩諸法不受故漏盡心得解脫成阿羅漢舍利弗是六千菩薩先世值五百佛親近供養於五百佛法中行布施持戒忍辱精進禪定無般若波羅蜜无方便力故行別異相作是念是施是持戒是忍辱是精進是禪定無般若波羅蜜无方便力故布施持戒忍辱精進禪定行異別相行異別相故不得无異相不得無異相故不得入菩薩位不得入菩薩位故得須陁洹果乃至阿羅漢果舍利弗菩薩摩訶薩雖有道若空若无相若無作法遠離般若波羅蜜无方便力故便於實際作證取聲聞乘

舍利弗白佛言世尊何因緣故俱行空無相无作法遠離方便力故於實際作證取聲聞乘菩薩摩訶薩亦修空无相無作法有方便力故得阿耨多羅三藐三菩提佛告舍利弗有菩薩遠離薩婆若心空修无相无作法无方便力故取聲聞乘舍利弗復有菩薩摩訶薩不遠離薩婆若心修空无相無作法有方便力故入菩薩位得阿耨多羅三藐三菩提

舍利弗辟如有鳥身長百由旬若二百三百由旬而無有翅從三十三天自投閻浮提舍利弗於汝意云何是鳥中道作是念欲還上三十三天能得還不不得也世尊舍利弗是鳥復作是願到閻浮提欲使身不痛不惱舍利弗於汝意云何是鳥得不痛不惱不舍利弗言不得也世尊是鳥到地若痛若惱若死若死等苦何以故世尊是鳥身大而無翅故舍利弗菩薩摩訶薩亦如是雖如恒河沙等劫修布施持戒忍辱精進禪定發大事生大心為得阿耨多羅三藐三菩提故受无量願是菩薩遠離般若波羅蜜方便力故若墮阿羅漢若墮辟支佛道何以故是菩薩遠離薩婆若心布施持戒忍辱精進禪定无般若波

羅蜜無方便力故墮聲聞地若辟支佛道中舍利弗菩薩摩訶薩雖念過去未來現在諸佛持戒禪定智慧解脫解脫知見取相受持是人不知不解諸佛戒定慧解脫解脫知見但聞空无相無作名字聲而取名字聲迴向阿耨多羅三藐三菩提菩薩摩訶薩若如是迴向住聲聞辟支佛地中不能得過何以故遠離般若波羅蜜方便力持諸善根迴向阿耨多羅三藐三菩提故舍利弗有菩薩摩訶薩從初發意已來不遠離薩婆若心行布施持戒忍辱精進禪定不遠離般若波羅蜜方便力故不取相於過去未來現在諸佛戒定慧解脫解脫知見不取空解脫門相不取無相无作解脫門相舍利弗當知是菩薩摩訶薩不墮聲聞辟支佛道直至阿耨多羅三藐三菩提何以故是菩薩摩訶薩從初發心已來行布施不取相持戒忍辱精進禪定不取相過去未來現在諸佛戒定慧解脫解脫知見不取相

舍利弗是名菩薩方便力以離相心行布施持戒忍辱精進禪定乃至離相心行一切種智舍利弗白佛言世尊如我解佛所說義若菩薩摩訶薩不遠般若波羅蜜方便力當知是菩薩近阿耨多羅三藐三菩提何以故是菩薩摩訶薩從初發心已來無法可知若色若受想行識乃至一切種智世尊有求菩薩道善男子善女人遠離般若波羅蜜方便力當知是人於阿耨多羅三藐三菩提或得或不得何以故世尊是求菩薩道善男子善女人所有布施皆取相所有持戒忍辱精進禪定皆取相以是故是善男子善女人於阿耨多羅三藐三菩提不定世尊以是因緣故菩薩摩訶薩欲得阿耨多羅三藐三菩提不應遠離般若波羅蜜方便力是菩薩摩訶薩住般若波羅蜜方便力中以無得无相心應布施持戒忍辱精進禪定乃至以无得無相心應修一切種智諸天子歡喜以末栴檀香散佛及須菩提上歎言希有世尊須菩提以

如來如隨佛生者

釋曰諸天子意謂須菩提智慧力故令一切法皆如佛法是故說隨佛生須菩提知諸天子心少貴尚是諸法如是故須菩提欲出諸天子心故說是如畢竟空相以四種破著如心所謂須菩提不在色中不在色如中不以色等不以色等如不離色等不離色等如隨佛生佛此中自說因緣此法皆空不可得舍利弗言世尊是如甚深是如中但色等法不可得何況色等法如當可得問曰何者是色等法何者是色等法如荅曰色等法眼所見等諸法如名色等法實相不虛誑人於色等如法中錯謬故或起不善業墮惡道中或起善業生於人天中終歸磨滅還生諸苦或起无漏業應求大利而取小乘不得畢竟清淨如相故色等法皆是作法有為處妄從顛倒生凡夫所憶想分別行處是故色等法虛妄不即是如知色等法實故即是如因色等入如中皆一相無異是故須菩提兼言非但我隨佛

生一切法亦如是相舍利弗讚歎須菩提所說色等法亦畢竟空何況如因若空何況果聞如是甚深如相衆生各得道利益

問曰是般若波羅蜜為菩薩說何故六千人成阿羅漢道答曰佛知必有難者自為舍利弗說因緣是人無般若波羅蜜无方便力過去作功德無方便故邪行不正是人離般若波羅蜜故深著善法今從佛聞般若波羅蜜深猒世間慈心薄故求自利不受一切法即得阿羅漢於般若無各如人持器詣海隨器大小各自取足問曰如經說六千菩薩無般若波羅蜜方便力故行五波羅蜜不得是無分別法作阿羅漢若一切聖人皆得无為法无為法即是无分別何以此中說不得无分別法作阿羅漢答曰非說今世聽法時乃是過去五百世時不得般若方便修集五波羅蜜功德以是故言不得无分別失菩薩信等五根失菩薩信等五根故雖聞般若不得如菩薩所聞即於實際作證問

曰俱行空无相無作何以一人得作佛一人作阿羅漢答曰雖有種種因緣得阿羅漢大因緣所謂離薩婆若心行空等故大鳥者金翅鳥於諸天如此間人鳥雀等无異是鳥所以不來者此鳥食龍翅出毒風扇一切眼夫明故是鳥初出鷇羽翼未成意欲飛去即時墮落中道心悔我未應飛還欲住本天上舍摩梨樹上是鳥身大羽翼未成不能舉身鳥身是菩薩身大者世世廣集五波羅蜜功德无兩翅者是無般若波羅蜜无方便須彌山者是三界虛空是无量佛法未應飛而飛者是菩薩功德未成滿欲行菩薩三解脫門欲遊無量佛法虛空中而自退沒是心雖欲願作佛而不能得若死者是阿羅漢道死等者辟支佛道若痛若惱者失菩薩本願功德佛自結句乃至住是無得无相心中應布施等此經中合義自明了故不說

尒時欲色界諸天子白佛言世尊阿耨多羅三藐三菩提難得何以故是

菩薩摩訶薩應知一切諸法是法亦不可得佛言如是如是諸天子阿耨多羅三藐三菩提難得我不得一切法一切種智亦無所得無能知無可知亦无知者何以故諸法畢竟淨故須菩提白佛言世尊如佛所說阿耨多羅三藐三菩提難得如我解佛所說義我心思惟是阿耨多羅三藐三菩提易得何以故无有得阿耨多羅三藐三菩提者亦無可得法一切法一切法相空无法可得無能得者何以故一切法空故亦無法可增亦無法可減所謂布施持戒忍辱精進禪定乃至一切種智是法皆無可得者无能得者世尊以是因緣故我意謂阿耨多羅三藐三菩提為易得何以故世尊色色相空受想行識識相空乃至一切種智一切種智相空舍利弗語須菩提若一切法空如虛空虛空不作是念我當得阿耨多羅三藐三菩提若菩薩摩訶薩信解一切諸法空如虛空是阿耨多羅三藐三菩提易得者今恒河沙等諸菩薩摩

訶薩求阿耨多羅三藐三菩提何以故退還須菩提以是故知阿耨多羅三藐三菩提不易得須菩提語舍利弗於意云何色於阿耨多羅三藐三菩提退還不舍利弗言不受想行識於阿耨多羅三藐三菩提退還不舍利弗言不乃至一切種智於阿耨多羅三藐三菩提退還不舍利弗言不離色有法於阿耨多羅三藐三菩提退還不舍利弗言不離受想行識有法於阿耨多羅三藐三菩提退還不舍利弗言不乃至離一切種智有法於阿耨多羅三藐三菩提退還不舍利弗言不舍利弗於意云何色如相於阿耨多羅三藐三菩提退還不舍利弗言不受想行識如相乃至一切種智如相於阿耨多羅三藐三菩提退還不舍利弗言不離色如相有法於阿耨多羅三藐三菩提退還不舍利弗言不離受想行識如相乃至離一切種智如相有法於阿耨多羅三藐三菩提退還不舍利弗言不舍利弗於意云何如於阿耨多羅三藐三

菩提退還不舍利弗言不法性法住法位實際不可思議性於阿耨多羅三藐三菩提退還不舍利弗言不舍利弗於意云何離如有法於阿耨多羅三藐三菩提退還不

舍利弗言不離法性法住法位實際不可思議性有法於阿耨多羅三藐三菩提退還不舍利弗言不須菩提語舍利弗諸法畢竟不可得何等法於阿耨多羅三藐三菩提退還舍利弗語須菩提如須菩提所說是法中无有菩薩於阿耨多羅三藐三菩提退還者若不退還佛說求道者有三種阿羅漢道辟支佛道佛道是三種為无分別如須菩提說獨有一菩薩求佛道是時富樓那弥多羅足子語舍利弗應當問須菩提為有一菩薩乘不

尒時舍利弗問須菩提須菩提為欲說有一菩薩乘須菩提語舍利弗於諸法如中欲使有三種人聲聞乘辟支佛乘佛乘耶舍利弗言不也舍利弗三乘分別中有如可得不舍利弗

言不也舍利弗是如有若一相若二相若三相不舍利弗言不也舍利弗汝欲於如中乃至有一菩薩不舍利弗言不也如是四種中三乘人不可得舍利弗云何作是念是求聲聞乘人是求辟支佛乘人是求佛乘人舍利弗菩薩摩訶薩聞是諸法如相心不驚不没不悔不疑是名菩薩摩訶薩能成就阿耨多羅三藐三菩提

尒時佛讚須菩提言善哉善哉須菩提汝所說者皆是佛力須菩提若菩薩摩訶薩聞說是如无有諸法別異心不驚不怖不畏不難不没不悔當知是菩薩能成就阿耨多羅三藐三菩提舍利弗白佛言世尊成就何等菩提佛言成就佛阿耨多羅三藐三菩提

釋曰尒時諸天子作是念白佛言世尊阿耨多羅三藐三菩提難得何以故一切法畢竟空而菩薩求佛道觀行修集成佛度衆生是法亦不可得佛可其言自身為證我坐道場以一切種得一切法亦無一定相可得須

菩提言世尊如我意阿耨多羅三藐三菩提易得一切法畢竟常空故是中无得者無可得法无障無导无所修无所断故尒時舍利弗言若佛道易得者何以故恒河沙等无量菩薩求佛道若一若二作佛餘者皆退還須菩提荅舍利弗色於阿耨多羅三藐三菩提退還不受想行識乃至一切種智退還不荅言不也何以故色等法畢竟空無有退還色等法如无二相亦无分別故無退還離色等法更有法退還不荅言離色等更无有法是故言不也離色等法如更有法退還不荅言如破色等法已如亦自空是故言不法性法位乃至不可思議性亦如是須菩提語舍利弗若法無退還何以故言如恒河沙等菩薩退還舍利弗荅如須菩提所説法忍中則无退還法忍者是法門法修法行入須善提所説法門中則无退還出是法門則有退還舍利弗雖見受須善提語亦自引佛法作難若无退者盡當作佛何以説有三乘須善提

還以如相四句破三乘佛歎須菩提善哉若菩薩聞如中无三乘分別不恐怖是菩薩即能成無上道問曰若但説菩薩成阿耨多羅三藐三菩提舍利弗何以故問成就何等菩提荅曰各各有无上舍利弗疑故問何等道无上荅大乘無上復次須菩提以畢竟空智慧破著三乘心佛讃善哉須菩提言菩薩聞是心不没不怖則能成就阿耨多羅三藐三菩提舍利弗問三乘菩提无定相今言成就菩提成何等菩提佛言成就佛阿耨多羅三藐三菩提若入畢竟空門一切法盡一相若出畢竟空三乘則有異今佛分別諸法故説有上中下乘不為畢竟空故説

須菩提白佛言世尊若菩薩摩訶薩欲成就阿耨多羅三藐三菩提應云何行佛言應起等心於一切衆生亦等心與語无有偏黨於一切衆生中起大慈心亦以大慈心與語於一切衆生中下意亦以下意與語於一切衆生中應生安隱心亦以安隱心與

語於一切衆生中應生無导心亦以无导心與語於一切衆生中應生无惱心亦以无惱心與語於一切衆生中應生愛敬心如父如母如兄如弟如姊如妹如兒子如親族知識亦以愛敬心與語是菩薩摩訶薩應自不殺生亦教人不殺生讃不殺生法歡喜讃歎諸不殺者乃至自行不邪見亦教他人不行邪見讃不邪見法歡喜讃歎不邪見者如是須菩提菩薩摩訶薩欲成就阿耨多羅三藐三菩提當如是行復次須菩提菩薩摩訶薩欲成就阿耨多羅三藐三菩提應自行初禪亦教他人行初禪讃歎行初禪法歡喜讃歎行初禪者二禪三禪四禪亦如是復次須菩提菩薩摩訶薩欲成就阿耨多羅三藐三菩提應自行慈心亦教人行慈心讃歎行慈心法歡喜讃歎行慈心者悲喜捨心亦如是自行虚空處亦教人行虚空處讃歎行虚空處法歡喜讃歎行虚空處者識處无所有處非有想非无想處亦如是自具足檀波羅蜜亦教

人具足檀讚歎具足檀法歡喜讚歎具足檀波羅蜜者尸羅羼提毗棃耶禪般若波羅蜜亦如是復次菩薩摩訶薩欲成就阿耨多羅三藐三菩提自行內空亦教人行內空讚歎行內空法歡喜讚歎行內空者乃至无法有法空亦如是自行四念處亦教人行四念處讚歎行四念處法歡喜讚歎行四念處者乃至八聖道分亦如是自修空三昧無相无作三昧亦教人修空无相無作三昧讚歎修空无相无作三昧法歡喜讚歎修空无相无作三昧者自行八背捨亦教人行八背捨讚歎行八背捨法歡喜讚歎行八背捨者自行九次第定亦教人行九次第定讚歎行九次第定法歡喜讚歎行九次第定者自具足佛十力亦教人具足佛十力讚歎具足佛十力法歡喜讚歎具足佛十力者自行四無所畏四无㝵智十八不共法大慈大悲亦教人行四無所畏乃至大慈大悲讚歎行四无所畏乃至大慈大悲法歡喜讚歎行四无所畏乃

至大慈大悲者自逆順觀十二因緣亦教人逆順觀十二因緣讚歎逆順觀十二因緣法歡喜讚歎逆順觀十二因緣者須菩提菩薩摩訶薩欲成就阿耨多羅三藐三菩提應如是行復次須菩提菩薩摩訶薩欲成就阿耨多羅三藐三菩提自應知苦斷集滅證修道亦教人知苦斷集滅證修道讚歎知苦斷集滅證修道法歡喜讚歎知苦斷集滅證修道者自生須陁洹果證智而不證實際亦教人著須陁洹果中讚歎須陁洹果法歡喜讚歎得須陁洹果者斯陁含果阿那含果阿羅漢果亦如是自生辟支佛道證智而不證辟支佛道亦教人著辟支佛道中讚歎辟支佛道法歡喜讚歎得辟支佛道者自入菩薩位亦教人入菩薩位讚歎菩薩位法歡喜讚歎入菩薩位者自淨佛世界成就衆生亦教人淨佛世界成就衆生讚歎淨佛世界成就衆生法歡喜讚歎淨佛世界成就衆生者自起菩薩神通亦教人起菩薩神通讚歎菩薩神

通法歡喜讚歎起菩薩神通者自生一切種智亦教人生一切種智讚歎一切種智法歡喜讚歎生一切種智者自斷一切結使習亦教人斷一切結使習讚歎斷一切結使習法歡喜讚歎斷一切結使習者須菩提菩薩摩訶薩欲成就阿耨多羅三藐三菩提應如是行復次須菩提菩薩摩訶薩欲成就阿耨多羅三藐三菩提自取壽命成就亦教人取壽命成就讚歎壽命成就法歡喜讚歎取壽命成就者自成就法住亦教人成就法住讚歎成就法住法歡喜讚歎成就法住者須菩提菩薩摩訶薩欲成就阿耨多羅三藐三菩提應如是行亦應如是學般若波羅蜜方便力是菩薩如是學如是行時當得无㝵色得无㝵受想行識乃至得无㝵法住何以故是菩薩摩訶薩從本已來不受色不受受想行識乃至不受一切種智何以故色不受者為非色乃至一切種智不受者為非一切種智說是菩薩行品時二千菩薩得无生法忍

釋曰須菩提問菩薩欲成无上道者云何應行佛荅應起等心於一切衆生无有偏黨五衆和合假名衆生如車如林一切衆生者盡攝十方六道无有遺餘一切衆生法各行三分怨親中人佛令教菩薩等心一切衆生皆有親愛想莫生怨心莫生中人心復次衆生有二種愛及憎佛言於一切衆生離是二心莫生憎愛愛者貪欲煩惱心不應行當行慈愛心世間法愛念妻子牛馬等憎惡怨賊等菩薩轉此世間法但行慈愛心於一切衆生復次等心者菩薩生法喜於一切衆生欲令皆至佛道菩薩自捨憎愛心亦捨衆生憎愛心加已世間有三種人惡大惡惡中惡善大善善中善惡者如人以惡事加已還報之以惡事諸佛法於一切衆生平等心不應起惡念何況起身行口行大惡者如无人侵已而以惡加人惡中惡者如人以好心供給慈念而反以惡心毀害如是等惡名惡中惡善者如人以好事於已還以善報大善者如人

於已无善而以善事利益善中善者如人以惡害於已而以善事乃至身命供養是名善中善菩薩捨是三惡過是二種善行第六心於一切衆生問曰是菩薩未得法身云何能行是心荅曰是菩薩求无上道應行無上法受如是難為苦行乃成无上道譬如估客於險道中備受諸苦乃得大利復次是菩薩聞佛法正體所謂畢竟空无我無我所无一定實法所見所聞所知皆是虛誑如幻如夢深信是法故能以身命供養怨賊復次菩薩知此身從罪業煩惱顛倒因緣生所見所聞皆是虛誑罪垢之本若有人來欲加害於我我宜歡喜愛之以此弊身而得无上道利何為不與復次菩薩發心深愛衆生欲利益故自以已身供養怨賊欲令衆生効已所行以有衆生說法教者不必肯受故以身教令其信受復次多有人發言求无上道而身行不稱亦以是故菩薩以身教之令堅心行此難事欲求無上道當行善中善法為此難事尒

乃可得如是等无量因緣自以身命供養怨賊問曰等心慈心有何異荅曰等心者是四無量心慈心者是一无量有人言初捨怨親是等心後如慈念是慈心復次有人言等心者觀衆生如如實際法住是法皆无為无量故等愛念衆生是名慈心所以不說悲心者悲心或憂念衆生積集此心心則退沒或有衆生不愛菩薩悲念言汝何以不自憂其身而念他人慈心无如是事易攝衆生故但說慈心問曰若衆生有三種上中下菩薩福德智慧積集故應是大人云何言於一切衆生中起下意荅曰菩薩作是念一切法无常一切衆生上中下皆歸磨滅是中何者是大何者是小又以世法故有大小復次大小不定此國以為大餘國以為小於此為大於彼為小如今世卑賤後世為天王如是業因緣在世間輪轉貴賤大小无定如水火貴賤隨時用捨无定復次菩薩雖有功德知是功德畢竟空如幻如夢不著此功德不有是大復

次一切衆生中有佛道因緣者惟佛能知菩薩作是念若我以衆生形貌才能以此事輕者則為輕未来佛若輕佛則為永了復次菩薩作是念我擔度一切衆生若衆生无所得我則孤負衆生辟如主人請客則應敬客而自畢若无所供設是則負愧於客復次以自大心故則喜生瞋恚憍慢是瞋之本瞋是一切重罪之根若菩薩於衆生起下心衆生若罵若打則無恚恨辟如大家打奴奴不敢瞋恨若菩薩自高意下衆生者衆生侵害忿然生怒如奴打大家則起瞋怒下意有如是等種種利益故菩薩應當行安隱心者與今世後世究竟樂非如父母知識與現世樂菩薩若以等心慈心下心利益衆生時若有不知恩人来惱菩薩不信所行謂為欺誑為求名故无有實事又為魔所使来惱菩薩惡中之惡不識恩分菩薩等心於此通達无𠂤得是無𠂤心已衆生雖有大罪大過但欲利益不生惱心慈心安隱无𠂤不惱心辟如孝子

愛敬父母如兄如弟如姉如妹兒女无婬欲心而生愛敬慈念世人但能愛敬所親菩薩普及一切得是柔軟清淨好心名衆生忍是法忍初門次行十善道十善道有佛无佛世間常有是善法教菩薩先以四十種行行是十善道何以故是菩薩深念善法心慈衆生故離欲凡夫法有十二事亦以四十八種行六波羅蜜乃至法住是客法有佛說則有菩薩行上来舊法客法本末具足今世得善法智慧无𠂤捨身得法身无𠂤隨意至十方教化衆生於十方佛前修集善法聞是法時二千菩薩得无生法忍者是品說如微妙深法亦說有行善門智門二行具足但說如法所利少若說有法所利亦少今說有無二法具足故得無生忍辟如二輪具足故能有所至此中善說二諦故二千菩薩得无生法忍

大智度論卷第七十二

大智度論卷七十二

校勘記

一　底本，金藏廣勝寺本。

一　二九二頁中一行經名，石作「大智度經論卷第七十六」；資作「大智度論釋卷第七十二」；磧、普、南、徑、清作「大智度論卷第七十二」。

一　二九三頁中三行與四行之間，石有「摩訶般若波羅蜜經大如品第五十四釋」；資、磧、普、南、徑、清有「釋大如品第五十四」。

一　二九三頁中四行首字，二九九頁中二二行首字「介」，石、磧、普、南、徑、清、麗冠以「經」。

一　二九三頁中九行「思惟」，資作「思議」。

一　二九三頁中一二行「受想行識」，資、磧、普、南、徑、清、麗無。

一　二九三頁下七行第八至第九字「是法」，諸本無。

一　二九三頁下一一行第四字「染」，

諸本作「得」。

一　二九三頁下一八行第六字「欲」，資、磧、普、南、徑、清作「欲界」。

一　二九三頁下二一行第七字「受」，諸本作「受受」。

一　二九四頁上一四行第一〇字「者」，石無。

一　二九四頁中二一行第三字「如」，石、麗作「如相」。

一　二九四頁中末行「無二」，石、麗作「一如無二」。

一　二九四頁下六行第七字「不」，石、普、南、徑、清、麗作「不不」。

一　二九四頁下二二行末字「如」，石、普、南、徑、清、麗作「如故」。

一　二九五頁上一行第一一字「踊」，資、磧、普、南、徑、清作「涌」。

一　二九五頁上二行及三行「踊」，普、南、徑、清均作「涌」。

一　二九五頁上三行「問曰」，石、普、南、徑、清、麗冠以〔論〕。

一　二九五頁上四行「般若」，麗作「若般若」。

一　二九五頁上一三行第一二字「此」，石、麗作「如此」。

一　二九五頁上一四行「知知」，資、磧、普、南、徑、清作「知智」。

一　二九五頁上一五行第一三字「惟」，資、磧、普、南、徑、清作「中」。

一　二九五頁中一行「般若」，石、麗作「般若波羅蜜」。

一　二九五頁中三行第八字「諸」，諸本作「說」。

一　二九五頁中八行「無異」，石、普、南、徑、清作「無有異」。

一　二九五頁中一一行「凡人」，石、麗作「凡夫人」。

一　二九五頁中一四行末字「不」，石、麗作「所不」。

一　二九五頁中一七行首字「若」，諸本作「道」。

一　二九五頁下五行「无得」，石、普、南、徑、清作「無礙」。

一　二九六頁上七行「淨佛世界」，石、麗作「淨佛國土」，下同。

一　二九六頁上一〇行「二乘」，清作「三乘」。

一　二九六頁上一三行「一切」，諸本作「一相」。

一　二九六頁中末行「无窮」，資、磧、普、南、徑、清作「無礙」。

一　二九六頁下一五行首字「是」，石、普、南、徑、清、麗冠以〔經〕。

一　二九六頁下一八行「天天」，諸本作「天」。

一　二九六頁下二一行及次頁上一行、七行「如隨」，石作「如中隨」。

一　二九七頁中四行「法眼」，石、麗作「法眼淨」。

一　二九七頁中五行第六字「諸」，石、資、磧、普、南、徑、清無。

一　二九七頁中六行「忍法」，石、資、磧、普、南、徑、清作「法忍」。

一　二九七頁中一三行及一四行「異別」，石、麗作「別異」。

一　二九七頁下二行「空修」，諸本作

「修空」。

一 二九七頁下八行「三百」，石作「若三百」。

一 二九七頁下一八行「禪定」，石作「修禪定」。

一 二九八頁上一〇行及一四行「方便力」，石、普、南、徑、清、麗作「及方便力」。

一 二九八頁上二一行「精進」，石作「勤精進」。

一 二九八頁中五行「不遠」，諸本作「不遠離」。

一 二九八頁中二〇行第五字「應」，石、普、南、徑、清、麗作「應修」。

一 二九八頁中二二行「諸天子」，諸本作「釋曰諸天子」，而石、普、南、徑、清、麗冠以〔論〕。

一 二九八頁下二行「釋曰」，諸本無。

一 二九八頁下五行「欲出」，石、普、南、徑、清、麗作「欲斷」。

一 二九八頁下八行第一二字「等」，資、磧無。

一 二九八頁下一九行第一三字「處」，諸本作「虛」。

一 二九八頁下二二行首字「實」，諸本作「如實」。

一 二九八頁下二二行第八字「等」，諸本作「等法得如名是故言不離色等法得如色等法」。

一 二九八頁下末行「兼言」，諸本作「謙言」。

一 二九九頁上一一行「慈心」，諸本作「慈悲心」。

一 二九九頁上一二行第一三字「各」，諸本作「咎」。

一 二九九頁上一七行「无爲法」，石、麗作「得无爲法」。

一 二九九頁中四行「於諸天」，石、麗作「在於天上」。

一 二九九頁中六行末字「眼」，石、麗作「人眼」。

一 二九九頁中九行「還欲」，資、磧、普、南、徑、清作「欲還」。

一 二九九頁中一二行第二字「翅」，石作「翼」。

一 二九九頁中二〇行第一一字「義」，石作「喻義我」；資、磧、普、南、徑、清、麗作「喻義」。

一 二九九頁下一行第一一字「法」，石、磧、普、南、徑、清、麗作「法已得阿耨多羅三藐三菩提」。

一 二九九頁下三行第一一字「不」，石、磧、普、南、徑、清、麗作「亦」。

一 二九九頁下四行第五字「智」，石、磧、普、南、徑、清、麗作「智已得阿耨多羅三藐三菩提」。

一 二九九頁下二〇行第九字「得」，石作「成」。

一 二九九頁下二二行首字「諸」，石、資、磧、普、南、徑、清無。

一 三〇〇頁中九行「舍利弗」，麗作「舍利弗言若」。

一 三〇〇頁中一一行「是法」，諸本作「是法忍」。

一 三〇〇頁中二一行「三種人」，石、麗作「三乘人」。

一 三〇〇頁下一八行「釋曰」，石、普、南、徑、清、麗冠以〔論〕。

一 三〇一頁上二一行第一三字「見」，麗作「現」。

一 三〇一頁中四行「但説」，資、磧、普、南、徑、清、麗作「佛説」。

一 三〇一頁中九行「不没」，石作「不恐」。

一 三〇一頁中一七行首字「須」，石、磧、南、徑、清、麗冠以〔經〕。

一 三〇一頁中一九行末字「亦」，石、麗作「亦以」。

一 三〇一頁下五行第七字「如」，資、磧、普、南、徑、清無。

一 三〇一頁下六行第一一字「應」，石、麗作「亦應」。

一 三〇一頁下八行「不殺者」，麗作「不殺生者」。

一 三〇一頁下九行第八字「讚」，石作「讚歎」。

一 三〇二頁上一行第四字及第九字「檀」，石、麗作「檀波羅蜜」。

一 三〇二頁上一〇行「無相」，石作「無相三昧」。

一 三〇二頁上一三行及中二行「教人」，石作「教他人」。

一 三〇二頁中八行「滅證」，普、南、徑、清作「證滅」，下同。

一 三〇二頁中一八行「讚歎」，石、麗作「讚歎入」。

一 三〇二頁中末行「讚歎」，石、麗作「讚歎起」。

一 三〇二頁下二行「讚歎」，石、普、南、徑、清、麗作「讚歎生」。

一 三〇二頁下八行第二字「應」，資、磧、普、南、徑、清作「菩薩應」。

一 三〇二頁下一一行首字「歎」，諸本作「歎取」。

一 三〇二頁下一二行末字「住」，資、磧、普、南、徑、清作「住法」。

一 三〇三頁中二行「以惡害於己」，石、麗作「以惡事害於己」。

一 三〇三頁中二〇行末字「言」，石、普、南、徑、清作「意」。

一 三〇三頁下二行「何異」，石、麗作「何等異」。

一 三〇三頁下四行末字「如」，諸本作「加」。

一 三〇三頁下六行「法住」，諸本作「法性」。

一 三〇三頁下七行「愛念」，南作「憂念」。

一 三〇三頁下八行第四字「者」，資、磧、普、南、徑、清作「有」。

一 三〇三頁下九行「不愛」，資、磧、普、南、徑、清作「不受」。

一 三〇三頁下末行第一三字「大」，南、徑、清、麗作「大小」。

一 三〇四頁上二行第一〇字「以」，資、磧、普、南、徑、清作「小」。

一 三〇四頁上六行首字「孤」，資、磧、普、南作「辜」。

一 三〇四頁上九行第一〇字「罪」，普、南、徑、清作「非」。

一 三〇四頁上一二行「意下」，資、磧、普、南、徑、清作「下意」。

一　三〇四頁中一行「如姉如妹兒女」，資、磧、普、南、徑、清作「如姉妹兒女」；麗作「如姉妹如兒女」。

一　三〇四頁中一一行「本末」，資、磧、普、南、徑、清、麗作「本末」。

一　三〇四頁中一八行「無生忍」，麗作「無生法忍」。

一　三〇四頁中一九行「二千」，麗作「一千」。

一　三〇四頁中末行「卷第七十二」後，資、磧、普、南、徑、清有夾註「釋第五十四品」。

大智度論釋阿毗跋致品第五十五 卷七十三　端

聖者龍樹造

後秦龜茲國三藏鳩摩羅什譯

經須菩提白佛言世尊以何等行何等類何等相貌知是阿鞞跋致菩薩摩訶薩佛告須菩提若菩薩摩訶薩能知凡夫地聲聞地辟支佛地佛地是諸地如相中无二無別亦不念亦不分別入是如中聞是事直過無疑何以故是如中無一无二相故是菩薩摩訶薩亦不作无益語但說利益相應語不視他人長短須菩提以是行類相貌知是阿鞞跋致菩薩摩訶薩須菩提言世尊復以何等行類相貌知是阿鞞跋致菩薩摩訶薩佛告須菩提若菩薩摩訶薩能觀一切法无行無類无相貌當知是名阿鞞跋致菩薩摩訶薩須菩提白佛言世尊若一切法无行無類无相貌菩薩於何等法轉名不轉佛言若菩薩摩訶薩色中轉受想行識中轉是名菩薩不轉復次須菩提菩薩摩訶薩檀波羅蜜中轉乃至般若波羅蜜中轉内空中乃至無法有法空中轉四念處中乃至十八不共法中轉聲聞辟支佛地中轉乃至阿耨多羅三藐三菩提中轉當知是菩薩摩訶薩不轉何以故須菩提色性无是菩薩何所住乃至阿耨多羅三藐三菩提性无是菩薩何所住復次須菩提菩薩摩訶薩不觀外道沙門婆羅門面類言語不作是念是諸外道若沙門若婆羅門實知實見若說正見无有是事復次菩薩不生疑不著戒取不墮邪見亦不求世俗吉事以為清淨不以華香瓔珞幡蓋伎樂礼拜供養餘天須菩提以是行類相貌當知是名阿鞞跋致菩薩摩訶薩復次須菩提阿鞞跋致菩薩摩訶薩常不生下賤家乃至不生八難之處常不受女人身須菩提以是行類相貌當知是名阿鞞跋致菩薩摩訶薩復次須菩提菩薩摩訶薩常行十善道自不殺生不教人殺生讚歎不殺生法歡喜讚歎不殺生者乃至自不邪見不教人邪見不讚歎邪見法不歡喜讚歎行邪見者須菩提以是行類

大智度論卷第七十三　第二張　端

相貌當知是名阿鞞跋致菩薩摩訶薩

復次須菩提菩薩摩訶薩乃至夢中亦不行十不善道以是行類相貌當知是名阿鞞跋致菩薩摩訶薩復次須菩提菩薩摩訶薩為利益一切衆生故行檀波羅蜜乃至為利益一切衆生故行般若波羅蜜須菩提以是行類相貌當知是名阿鞞跋致菩薩摩訶薩復次須菩提菩薩摩訶薩所有諸法受讀誦說正憶念所謂修妬路乃至優波提舍是菩薩法施時作是念是法施因緣故滿一切衆生願以是法施功德與一切衆生共之迴向阿耨多羅三藐三菩提須菩提以是行類相貌當知是名阿鞞跋致菩薩摩訶薩復次須菩提菩薩摩訶薩於甚深法中不疑不悔須菩提言世尊菩薩於甚深法中何因緣故不疑不悔佛言是阿鞞跋致菩薩都不見有法可生疑處若色受想行識乃至阿耨多羅三藐三菩提不見是法可生疑處悔處須菩提以是行類相貌當

大智度論卷第七十三　第三張　端

知是名阿鞞䟦致菩薩摩訶薩復次須菩提菩薩摩訶薩身口意業柔軟須菩提以是行類相貌當知是名阿鞞䟦致菩薩摩訶薩復次須菩提菩薩摩訶薩以慈身口意業成就須菩提以是行類相貌當知是名阿鞞䟦致菩薩摩訶薩復次須菩提菩薩摩訶薩不與五蓋俱婬欲瞋恚睡眠掉悔疑須菩提以是行類相貌當知是名阿鞞䟦致菩薩摩訶薩復次須菩提菩薩摩訶薩一切處无所愛著須菩提以是行類相貌當知是名阿鞞䟦致菩薩摩訶薩復次須菩提菩薩摩訶薩出入去来坐卧行住常念一心出入去来坐卧行住舉足下足安隱庠序常念一心視地而行須菩提以是行類相貌當知是名阿鞞䟦致菩薩摩訶薩復次須菩提菩薩摩訶薩所著衣服及諸卧具人不惡穢好樂淨潔少於疾病須菩提以是行類相貌當知是名阿鞞䟦致菩薩摩訶薩復次須菩提常人身中有八万戶虫侵食其身是阿鞞䟦致菩薩摩訶

薩身无是虫何以故是菩薩功德過出世間以是故是菩薩无是戶虫是菩薩功德增益隨其功德得身清淨得心清淨須菩提以是行類相貌當知是名阿鞞䟦致菩薩摩訶薩須菩提白佛言世尊云何菩薩摩訶薩得身清淨得心清淨佛言菩薩摩訶薩隨其所得增益善根滅除心曲心邪須菩提是名菩薩摩訶薩身清淨心清淨以是身心清淨故能過聲聞辟支佛地入菩薩位中須菩提以是行類相貌當知是名阿鞞䟦致菩薩摩訶薩復次須菩提菩薩摩訶薩不貴利養雖行十二頭陁不貴阿蘭若法乃至不貴但三衣法須菩提以是行類相貌當知是名阿鞞䟦致菩薩摩訶薩復次須菩提菩薩摩訶薩常不生慳貪心不生破戒心瞋動心懈怠心散乱心不生愚癡心不生嫉妬心須菩提以是行類相貌當知是名阿鞞䟦致菩薩摩訶薩復次須菩提菩薩摩訶薩心住不動智慧深入一心聽受所從聞法及世間事皆與般若

波羅蜜合是菩薩摩訶薩不見産業之事不入法性者是事一切皆見與般若波羅蜜合以是因緣故須菩提是名阿鞞䟦致菩薩阿鞞䟦致相論問曰上来處處說阿鞞䟦致相今何以復問荅曰上雖處處略說今欲廣說此中多是阿鞞䟦致相故名阿鞞䟦致相品復次上来解般若波羅蜜相次說魔因緣壞般若波羅蜜相今說信受般若波羅蜜者是阿鞞䟦致欲說其相貌故須菩提問復次菩薩初發心来所行因緣所得果報是阿鞞䟦致受記必當作佛如人受職已得印信心无復疑又如聲聞人所行衆行皆為四沙門果阿鞞䟦致是决定安隱地過凡夫不入二乘地雖未成佛道能為世間作福田是事微妙難得故須菩提問其相貌佛本命須菩提說般若波羅蜜故須菩提問世尊阿鞞䟦致有何行類相貌問曰是三事有何等異荅曰有人言是三事皆一義以此知是阿鞞䟦致非阿鞞䟦致有人言行名是阿鞞䟦致菩薩身口意業

異於他人以此行表阿鞞跋致甚深智慧類者分別知諸菩薩是阿鞞跋致非阿鞞跋致相貌者除行類餘種種因緣得知阿鞞跋致相佛說義趣若菩薩能具足五波羅蜜深入般若波羅蜜方便力故不著般若波羅蜜但觀如所謂諸法實相菩薩尒時不以凡夫二乘地為下賤不以佛地為高貴入諸法如故諸法如中无有分別二法但以如入如更無餘事亦不分別取相何以故如平等故能如是入者即入諸佛法藏心不生疑更求諸法決定相是故經說須菩提凡夫地乃至佛地如相中无二無別得如是法名阿鞞跋致行類相貌復次略說是義菩薩因諸法如所謂畢竟空捨一切世間事亦不住畢竟空何以故得諸法畢竟清淨實相故菩薩若聞是无依止法心無疑悔不念依止自上事是阿鞞跋致正體自是以下盡是畢竟空行果得畢竟空故心淳熟寂滅相不說无益語所說常是法不是非法所說皆實非妄語

大智度論卷第七十三　第十張　端

所言柔軟不麁穬皆以慈悲心說不以瞋恚心所說應時常得攝會觀察人心隨其方俗令此中略說利益之言若教佛道若二乘若人天道若今世得非罪樂常遠離口四惡故於衆生中慈悲心大故又能自摧薄諸煩惱故是以能種種因緣說諸利益語問曰聲聞人直趣涅槃可不觀他人菩薩視衆生如子常欲教化云何不觀其長短荅曰若衆生不可伏折不可化度如是等莫觀何以故若以好心教詔則謂嫉己如刀判心既無所益更增其罪是故不觀長短復次菩薩應作是念如諸佛一切智煩惱習盡尚不能盡度衆生何況我未得菩薩神通未得無㝵智云何能普觀衆生阿鞞跋致有得神通者有不得者得阿鞞跋致已別修神通道乃得若先得神通者不具足故不能遍觀問曰須菩提初問行相類佛何以不即荅无行相類今此中方說荅曰初問時衆生未著阿鞞跋致相故佛荅或說空相或說有相今以衆生著阿鞞

大智度論卷第七十三　第十張　端

跋致相欲從凡夫入阿鞞跋致地是故佛說一切無行无類無相貌須菩提更問若諸法盡空者何以言於何法轉名不轉法應當從凡夫地轉於佛地不轉佛荅若菩薩能觀色等諸法空无所有轉諸著心故於佛道中不轉色等法和合因緣生菩薩知是有為過罪故不應此中住諸法空故能轉著心轉著心故名不轉復次阿鞞跋致菩薩入正位故心決定不疑一切外道中有實智若有實智不名外道如是名阿鞞跋致相問曰今說不生疑後說深法不疑是二不疑有何差別荅曰今不疑者四諦中如須陁洹所斷後不疑者於佛所知深法中不疑是菩薩福德智慧力故雖不作須陁洹未作佛而能无此二疑或取名外道或行此外道或不得涅槃餘四見皆名邪見深信業因緣果報故不求吉事不以華香等供養天求道破憍慢根本故常不生下賤家不障他功德常行勸助故不生八難處折薄婬欲遠離諂媚心故不受女人

大智度論卷第七十三　第十一張　端

身復次餘人雖行十善道或一或二或三不能具足四種是菩薩大悲心深愛善法故具足行四種常修集十善道故乃至夢中不行十不善道餘人所修福德但自為身小菩薩雖為衆生亦自為已阿鞞跋致諸所作福皆為衆生不為其身若福德可以與人則盡與衆生更自修習但不可得與故菩薩以十二部經教化衆生亦但為衆生不自為已

復次菩薩信等五根利故雖未作佛於諸法能信佛此中更說空因緣菩薩不見色等法故无生疑處復次是菩薩常行慈悲心故意業柔軟意業柔軟故身口慈業成就問曰慈悲心外道亦有云何說是阿鞞跋致相荅曰外道雖有而不深不能遍念衆生亦不常有非諸法實相和合故菩薩不尒復次是菩薩呵五欲除五蓋入五支初禪不與五蓋俱五蓋覆心能耗滅智慧破佛道開魔路故是菩薩知一切有為作法虛妄不實如幻如夢無為法空无所有寂滅相是故於

大智度論卷第七十三　第十張　端

一切處无所愛著於衆生中乃至佛亦不著於法中乃至涅槃亦不著瞋恚罪小菩薩巳斷故不說愛深微難斷故今說復次是菩薩深入禪定故守護一切衆生守護一切衆生故常一心念不惱衆生不破戒故出入来去等安詳一心舉足下足視地而行者為護衆生為避乱心故復次是菩薩久修集無量无邊善法身中無八万戶虫亦少於病痛故衣服卧具等常淨潔無汙得諸法實相等善根力故身中无八万戶虫心清淨故身口等亦清淨離虛誑邪曲等下賤煩惱故心清淨二事清淨故雖行世間離諸逼迫苦惱心不猒沒故出過聲聞辟支佛地是菩薩貴佛道故不貴利養雖行頭陁不貴是法以是法是究竟道因緣少分非究竟道是名阿鞞跋致菩薩行類相貌問曰是菩薩未得佛道未斷諸煩惱云何常不生慳貪等諸惡心荅曰阿鞞跋致菩薩得無生法忍時斷諸煩惱但未斷習若不斷者云何常能不生諸慳貪等障

大智度論卷第七十三　第十一張　端

道心如經說須陁洹乃至阿羅漢所是菩薩无生法忍復次有人言菩薩行六波羅蜜深修集諸功德故諸煩惱折薄心中不生故是名常不生復次是菩薩无量世行禪波羅蜜故心住不動積習般若故深入智慧是菩薩知法味微妙故從他聞法一心聽受樂法情深故所聞若三乘法若外道及世間法自心妙故皆與般若和合不破法相辟如壯夫無病所食之物無不消化又如佛得最上味相雖復苦辛不美之食在佛口中皆是上味又如煑石蜜欲熟時種種物內中皆成石蜜妙味力盛故菩薩亦如是般若波羅蜜力盛故種種諸法能令皆與般若合為一味無諸過罪復次世間事者菩薩所起身口諸業皆為憐愍度衆生故以憐愍心皆入般若波羅蜜初門又復世間諸事因緣乃至坐起行步飲食言語常念安隱衆生是來去等法皆入法性如破来去中說產業之事亦如是是名阿鞞跋致相

經復次須菩提若惡魔於阿鞞跋致菩

大智度論卷第七十三　第十二張　端

薩前化作八大地獄一一地獄中有千
万億菩薩皆被燒煮受諸辛酸苦毒
語菩薩言是諸菩薩皆是阿鞞跋致
佛所授記墮大地獄中汝若爲佛授
阿鞞跋致記者當入是大地獄中佛
爲授汝地獄記汝不如還捨菩薩心
可得不墮地獄得生天上須菩提若
是菩薩見是事聞是事心不動不疑
不驚作是念阿鞞跋致菩薩若墮地
獄畜生餓鬼中終无是處須菩提以
是行類相貌當知是名阿鞞跋致菩
薩摩訶薩復次須菩提惡魔化作比
丘被服來至菩薩所語菩薩言汝先
聞應如是淨修六波羅蜜乃至應如
是修行得阿耨多羅三藐三菩提是
事汝疾悔捨汝先於過去未來現在
諸佛所從初發心乃至法住於其中
間所作善根隨喜迴向阿耨多羅三
藐三菩提是事汝亦失放捨若汝疾
捨我當語汝真佛法汝先所聞皆非
佛法非佛教皆是文飾合集作耳我
所說是真佛法若是菩薩聞作是說
心驚疑悔當知是菩薩未得諸佛授

記未定住阿鞞跋致性中若是菩薩
心不動不驚不疑不悔隨順依止無
作无生法不信他語不隨他行行六
波羅蜜時不隨他語乃至行阿耨多
羅三藐三菩提時亦不隨他語須菩
提辟如漏盡阿羅漢不信他語不隨
他行現見諸法實相惡魔不能轉如
是須菩提阿鞞跋致菩薩摩訶薩亦
如是求聲聞道辟支佛道人不能破
壞不能折伏其心須菩提是菩薩摩
訶薩必定住阿鞞跋致地中不隨他
語乃至佛語不直信取何況求聲聞
辟支佛人及惡魔外道梵志語終無
是處何以故是菩薩不見有法可隨
信者所謂色若受想行識若色如乃
至識如乃至不見阿耨多羅三藐三
菩提何況阿耨多羅三藐三菩提如
須菩提以是行類相貌當知是名阿
鞞跋致菩薩摩訶薩復次須菩提惡魔
作比丘身來到菩薩所語菩薩言汝
所行者是生死法非薩婆若道汝今
身取苦盡證是時惡魔爲菩薩用世
間行說似道法是似道法三界繫所

謂骨相若初禪乃至非有想非无想
語善男子用是道用是行當得須陁
洹果乃至當得阿羅漢果汝行是道
今世苦盡汝用受生死中種種苦惱
爲今是四大身尚不用受何況當更
受未來身須菩提若是菩薩摩訶薩
不驚不疑不悔作是念是比丘益我
不少爲我說似道法行是似道法不得
至須陁洹果證不得至阿羅漢辟支
佛道證何況得至阿耨多羅三藐三
菩提是菩薩摩訶薩益復歡喜作是
念是比丘益我不少爲我說障道法
我知是障道法不障學三乘道是時
惡魔知菩薩歡喜作是言善男子汝
欲見是菩薩摩訶薩供養如恒河沙
等諸佛衣被飲食卧具醫藥資生所
須亦於如恒河沙等諸佛所行檀波
羅蜜尸羅波羅蜜羼提波羅蜜毗梨
耶波羅蜜禪波羅蜜般若波羅蜜亦
親近如恒河沙等諸佛諮問菩薩摩
訶薩道世尊菩薩摩訶薩云何住菩
薩摩訶薩乘云何行檀波羅蜜尸羅
波羅蜜羼提波羅蜜毗梨耶波羅蜜

禪波羅蜜般若波羅蜜四念處乃至大慈大悲是菩薩摩訶薩如佛所教如是住如是行如是修是菩薩摩訶薩如是教如是學尚不得阿耨多羅三藐三菩提不得薩婆若何況汝當得阿耨多羅三藐三菩提若菩薩摩訶薩聞是事心不異不驚益復歡喜作是念是比丘益我不少為我說障道法是障道法不得須陁洹道乃至不得阿羅漢辟支佛道何況得阿耨多羅三藐三菩提是時惡魔知是菩薩心不沒不驚即於是處化作多比丘語菩薩言此皆是發意求佛道菩薩今皆住阿羅漢地是輩尚不能得阿耨多羅三藐三菩提汝云何能得若菩薩摩訶薩即作是念此是惡魔說相似道行菩薩摩訶薩行般若波羅蜜不應轉阿耨多羅三藐三菩提心亦不應墮聲聞辟支佛道中復作是念行檀波羅蜜尸羅波羅蜜羼提波羅蜜毗梨耶波羅蜜禪波羅蜜般若波羅蜜乃至一切種智不得阿耨多羅三藐三菩提無有是處須菩提

以是行類相貌當知是名阿鞞跋致菩薩摩訶薩復次須菩提菩薩摩訶薩作是念若菩薩能如佛所說不遠離般若波羅蜜心乃至一切種智是菩薩終不退阿耨多羅三藐三菩提若菩薩覺知魔事亦不失阿耨多羅三藐三菩提以是行類相貌當知是名阿鞞跋致菩薩摩訶薩相須菩提白佛言世尊於何法轉名為不轉佛言於色相轉於受想行識相轉於十二入相十八界相婬欲瞋恚愚癡相邪見相四念處相乃至聲聞辟支佛相乃至佛相轉以是故名為不退轉菩薩摩訶薩相何以故是阿鞞跋致菩薩摩訶薩以是自相空法入菩薩位得无生法忍乃至少許法不可得不可得故不作不作故不生是名无生法忍菩薩摩訶薩以是行類相貌當知是名阿鞞跋致菩薩摩訶薩

論釋曰魔了了知是菩薩是阿鞞跋致者不復沮壞若未了了知者則種種因緣驗試破壞或作八大地獄化作无數菩薩在中燒煑語菩薩言此皆

是阿鞞跋致諸佛授記者汝若受記為受地獄記問曰惡魔何因緣故言行善者受地獄記荅曰惡魔以是菩薩欲代一切衆生受苦故言受地獄記汝若行福德生天者則自為身無豫衆生事若菩薩聞是事心動疑悔若信受魔語當知是未受阿鞞跋致記若菩薩聞是事不疑不動不驚作是念阿鞞跋致得諸法實相故不著一切法者乃至不生小罪何況三惡道罪如火中有水水中生火無有是處復有魔作比丘被服来語菩薩汝先從小師聞修六波羅蜜法皆是虚妄所集隨喜心功德亦是虚誑汝先所聞皆是虚誑文飾不真非是佛口所說今我為汝說者真是佛法汝疾捨之若是菩薩聞是心動瞋疑當知諸佛未與受記辟如偽金火燒摩打若黒若赤若白乃知非真若菩薩聞是不瞋不疑隨無生無滅無起無作法行於六波羅蜜相中自知不隨於他語當知是真阿鞞跋致辟如阿羅漢漏盡故諸魔事来不能

破阿鞞跋致菩薩亦如是无能降伏者自現前知諸法實相故乃至魔作佛身来所說異於法相者亦不信受辟如狗著師子皮諸獸見之雖怖聞聲則知是狗何況變作餘身等此中佛自說因緣是菩薩見色等法空故誰當隨他語復次惡魔來作比丘身語菩薩言是六波羅蜜皆是生死道布施等福德因緣故欲界中受福樂禪波羅蜜因緣故色界中受樂是般若波羅蜜无定相故名虚誑法迴轉五道中不能自出是生死道人誑汝言是一切種智道我今實語汝取涅槃今世盡苦是菩薩若默然魔即為說似道法若觀三十六種不淨若觀骨人若出入息因是道得四禪四無色定汝因是禪定可得須陁洹乃至阿羅漢汝今此身是罪因緣所生佛說彈指頃不讃更受身何況久住生死中阿鞞跋致菩薩聞是事心喜作是念是比丘大益我為我說似道法我得是似道法即知真道如行路人知邪延則知正道障道亦如是阿鞞

跋致是大人貴重故不與是比丘諍語魔見菩薩默然歡喜言是人信受我語語菩薩言善男子有无量菩薩供養如恒河沙等諸佛諮問奉行六波羅蜜及菩薩道法面受佛教盡受行諸菩薩行尚不得無上道今皆作阿羅漢汝欲見不菩薩聞是事已默然魔於是處即化作无數阿羅漢比丘語菩薩言是諸比丘皆久行无上道今皆取阿羅漢汝今云何獨欲作佛阿鞞跋致即復歡喜是比丘為我說似道障道法是菩薩實行六波羅蜜諸功德定不退墮二乘如佛所說心常不離六波羅蜜等諸功德不得无上道無有是處菩薩若知是魔事則大得利益而无所失以是故菩薩心不動轉是名阿鞞跋致相介時須菩提白佛言世尊於何法轉名為不轉佛言於色相等法中轉還上略說今廣說若菩薩於色等相皆能轉是名行一切法性空得無生法忍入菩薩位無生法忍者乃至微細法不可得何況大是名無生得是无生法不作

不起諸業行是名得无生法忍得无生法忍菩薩是名阿鞞跋致如是等無量行類相貌是阿鞞跋致相

大智度論釋轉不轉品第五十六

經復次須菩提惡魔到菩薩所壞其心作是言薩婆若與虚空等无所有相諸法亦與虚空等空无有相虚空等諸法空無所有相中无有得阿耨多羅三藐三菩提者亦無有不得者是諸法皆如虚空无所有相汝唐受勤苦汝所聞阿耨多羅三藐三菩提皆是魔事非佛所說汝當放捨是願汝莫長夜受是不安隱憂苦墮惡道是諸善男子善女人聞是呵時應如是念是惡魔事壞我阿耨多羅三藐三菩提心諸法雖如虚空無所有自相空而衆生不知不見不解我亦以是如虚空等无所有自相空大誓莊嚴得一切種智為衆生說此法令得解脫得須陁洹果斯陁含果阿那含果阿羅漢果辟支佛道阿耨多羅三藐三菩提須菩提菩薩摩訶薩從初發意已来聞是法應堅固其心不動不轉菩薩

摩訶薩以是堅固心不轉不動心行六波羅蜜當入菩薩位中須菩提白佛言世尊不轉故名阿鞞跋致轉故亦名阿鞞跋致佛言不轉故名阿鞞跋致轉故亦名阿鞞跋致須菩提白佛言世尊云何不轉故名阿鞞跋致轉故亦名阿鞞跋致佛告須菩提若菩薩摩訶薩於聲聞地辟支佛地不轉是故名不轉若菩薩摩訶薩於聲聞地辟支佛地轉是故亦名不轉須菩提以是行類相貌當知是名阿鞞跋致菩薩摩訶薩相以是行類相貌故惡魔不能壞其意令離阿耨多羅三藐三菩提復次須菩提阿鞞跋致菩薩摩訶薩若欲入初禪第二第三第四禪乃至滅定禪即得入復次須菩提阿鞞跋致菩薩摩訶薩若欲修四念處乃至八聖道分空无相無作三昧乃至五神通即能修是菩薩雖修四念處乃至五神通是人不受四念處果雖修諸禪不受諸禪果乃至不受滅定禪果不證須陁洹果乃至不證辟支佛道是菩薩故為衆生受身隨

其所應而利益之須菩提以是行類相貌當知是名阿鞞跋致菩薩摩訶薩復次須菩提是阿鞞跋致菩薩摩訶薩常憶念阿耨多羅三藐三菩提終不離薩婆若心故不貴色不貴相不貴聲聞辟支佛不貴檀波羅蜜尸羅波羅蜜羼提波羅蜜毗梨耶波羅蜜禪波羅蜜般若波羅蜜不貴四禪四无量心四無色定不貴五神通不貴四念處乃至八聖道分不貴佛十力乃至十八不共法不貴淨佛世界不貴成就衆生不貴見佛不貴種善根何以故一切法自相空不見可貴法能生貴心者何以故是一切法與虛空等无所有自相空須菩提是阿鞞跋致菩薩摩訶薩成就是心於四種身儀中出入来去坐卧行住一心不乱須菩提以是行類相貌當知是阿鞞跋致菩薩摩訶薩復次須菩提阿鞞跋致菩薩摩訶薩若在居家以方便力為利益衆生故受五欲布施衆生須食與食須飲與飲衣服卧具乃至資生所須盡給與之是菩薩自行檀

波羅蜜教人行檀波羅蜜讃歎行檀波蜜羅法歡喜讃歎行檀波羅蜜者尸羅波羅蜜乃至般若波羅蜜亦如是須菩提阿鞞跋致菩薩摩訶薩在家時能以滿閻浮提珎寶施與衆生乃至三千大千世界滿中珎寶給施衆生亦不自為常修梵行不淩易虜掠他人令其憂惱須菩提以是行類相貌當知是名阿鞞跋致菩薩摩訶薩復次須菩提阿鞞跋致菩薩摩訶薩執金剛神王常隨逐作是願是菩薩摩訶薩當得阿耨多羅三藐三菩提我常隨逐乃至五姓執金剛神常隨守護以是故若天若魔若梵若餘世間大力者不能破壞是菩薩摩訶薩薩婆若心乃至得阿耨多羅三藐三菩提須菩提是名菩薩摩訶薩阿鞞跋致相復次須菩提菩薩摩訶薩常具足菩薩五根信根精進根念根定根慧根是名阿鞞跋致相復次須菩提阿鞞跋致菩薩摩訶薩為上人不為下人須菩提白佛言世尊云何為上人佛告須菩提若菩薩摩訶薩一心行阿耨

多羅三藐三菩提心不散乱是名上人以是行類相貌當知是名阿鞞跋致相復次須菩提阿鞞跋致菩薩一心常念佛道不作呪術合和諸藥不呪鬼神令著男女問其吉凶男女祿相壽命長短何以故須菩提是菩薩摩訶薩知諸法自相空不見諸法相故行淨命須菩提以是行類相貌當知是名阿鞞跋致菩薩摩訶薩相

論釋曰復有阿鞞跋致菩薩相若惡魔作是言薩婆若與虛空等薩婆若有種種名字或說一切智或說一切種智或說无上道或說无量諸佛法或說菩提皆是薩婆若名字此中說薩婆若當知是阿耨多羅三藐三菩提一切菩薩皆願欲得薩婆若魔來欲壞作是言是薩婆若空無所有但誑師誑汝耳如虛空无所有无色無形不可知薩婆若亦如是是故說與虛空等諸法者六波羅蜜等趣薩婆若助道法是法亦空薩婆若亦空無所有相是法但有名字無有實事是中无得薩婆若者无趣薩婆若无有助道

大智度論卷第七十三　第三十五張

者汝唐受辛苦汝師常教汝離魔事薩婆若即是魔事何以故捨涅槃取生死故汝先所聞經若六波羅蜜義非是佛法皆是人造汝今疾悔捨是邪心若不捨長夜受三惡道苦阿鞞跋致菩薩聞是事即覺知魔事是魔毀呰薩婆若欲令我遠離阿耨多羅三藐三菩提何以故一切法雖空無所有而凡夫衆生顛倒覆心故不知不見我亦當以自相空莊嚴得一切智為衆生說法若一切法空我以實莊嚴是不相應若諸法空莊嚴亦空者是則相稱為衆生說法亦如是令衆生得須陁洹果須陁洹果有二種一者三結斷無為法二者空無相无作三昧相應有為須陁洹果是二皆空有為法中三解脫門故空無為法中无生无住無滅相故即是空乃至阿耨多羅三藐三菩提亦如是阿鞞跋致菩薩從初發意已來聞是法堅固其心不動不轉一切諸煩惱箭不入故名為堅一切外道魔民不能轉故名不動於阿耨多羅三藐三菩提不退

大智度論卷第七十三　第三十六張

故名不轉是菩薩以如是三種心行六波羅蜜入菩薩位菩薩位義如先說是名入菩薩位入菩薩位者名阿鞞跋致須菩提問不轉故名阿鞞跋致轉故名阿鞞跋致佛二種荅以二諦故所謂世諦第一義諦若菩薩入菩薩位轉聲聞辟支佛心直入菩薩位是名轉不轉者入阿鞞跋致第一義諸法一相中所謂無相尚無一乘定相何況三乘則無所轉無所轉故名阿鞞跋致復次阿鞞跋致雖行欲界法度衆生於禪定出入自在於禪定自在故若欲教化他人修四念處乃至八聖道分三解脫門乃至五神通皆得自在雖入禪定其心清淨柔軟故不受長壽天福於欲界教化雖修四念處道法亦不證須陁洹果乃至不證辟支佛道是菩薩觀十方國土知何處有可利益衆生處故為受身生其國如是等名阿鞞跋致相是菩薩一心深念常不離阿耨多羅三藐三菩提故但貴阿耨多羅三藐三菩提不貴餘事所謂諸佛三十二相

大智度論卷第七十三　第三十七張

金色身不捨本願度衆生故不貴聲聞辟支佛道是人貴無所得畢竟空故不貴是布施乃至不貴種善根何況五欲世間利養何以故菩薩觀一切法自相空不見實定法可生貴心復次有人有所貪貴故心動不能自安若得則歡喜失則憂慼菩薩无所貴無所貪故至於得失心清淨不動故身行口行調和不異故身四威儀一心常念無所違失復次深入禪波羅蜜故身四威儀無所違失是阿鞞跋致菩薩相問曰經中說阿鞞跋致菩薩方便力為利益衆生故受五欲是何等方便答曰譬如以鉗取火雖捉而不燒五欲如火能燒人善根是菩薩思惟我出家一身去何能以布施攝衆生衆生多須飲食衣服須法者少菩薩為攝衆生故故生富貴家布施衆生恣其所須出家在家衆生能廣利益譬如大地人民鳥獸皆蒙利潤是時四種行六波羅蜜若出家讚布施或有人言汝自一身無財但教人施則不信受是故菩薩方便作白衣以財充滿一切而勸行施人則信受是菩薩或作轉輪聖王心念施時則滿閻浮提珎寶如頂生王宮殿中心生欲寶則寶至于膝或作帝釋或作梵王能雨珎寶滿三千世界供養於佛充滿一切為攝衆生故而自不愛人受五欲則心生憍慢凌易於人是人常斷婬欲故諸煩惱薄不生憍慢不生憍慢故不凌易衆生是名阿鞞跋致相復次若菩薩得无生法忍入菩薩位得受記即時執金剛神王等法應隨逐守護得佛道時則現其身時令人見此中自說因緣若人若非人无能破壞人破者若殺若縛若論議得勝等非人破者與病令狂若奪命若作惡身令其恐怖若變作佛身說邪道如是等不能折伏菩薩問曰若為金剛神王所守護者菩薩自无有力答曰菩薩亦自有力復以菩薩功德故能使金剛神所守護金剛神所守護故雖未得法身而功德增益又使天神見金剛神侍衛故益加敬畏具足菩薩根者如人無眼等五情根則无異木石五情力故能見能聞菩薩心中無信等五根即是凡夫不入聖數問曰如阿毗曇經說誰成就五根答曰不斷善根者今何以言无信等五根即是凡夫答曰不斷善根衆生雖成就五根而不能發起為用譬如小兒雖成就煩惱婬欲等未能發用故言無信等五根亦如是衆生雖有不發不用是故不數信等五根有二種一者屬聲聞辟支佛二者屬佛諸菩薩屬聲聞辟支佛道五根能深信涅槃能以智慧知世間无常空能知涅槃寂滅菩薩五根能生深慈悲心於惡衆生亦能觀諸法實相所謂無生无滅等雖未得佛亦能信受佛事復有以菩薩根故能見能聞能知諸佛神通力非諸聲聞辟支佛所及如不可思議解脫經中說舍利弗目連須菩提等雖在佛左右以无菩薩根故不見是大菩薩會及所有神通力亦不聞佛說不可思議解脫是故說若菩薩具足得是信等五根故名阿鞞跋致問曰餘經中說善人身口意業无惡

知恩報恩能為一切衆生故自捨身樂安隱衆生有所利益不求果報如是等上人相何以故但說不散乱心行无上道一事名為上人荅曰此中佛自略說一心不散乱盡攝諸善法何以故貪重佛道故一切諸煩惱折薄是故於衆生深加慈心能自以身命給施何況不知報恩等常一心念阿耨多羅三藐三菩提清淨持戒故不行邪命所謂不作祝術合藥祝術者能翳身令人不見能變人為畜獸如是等種種祝術合藥者餌食求仙亦合和諸藥療疾求財及求名聲祝鬼者有人欲知未來事祝鬼令著男女問其吉凶生男生女壽命脩短豊樂勝負等若有作者為攝衆生破其憍慢不為財利名聞何以故是人知一切諸法自相空故不見諸法相所謂已身妻子男女等不見是相故不行邪命

大智度論卷第七十三

庚子歲高麗國大藏都監奉

勑雕造

大智度論卷第七十三　第二十張　竭

大智度論卷七十三

校勘記

一　底本，麗藏本。

一　三〇九頁上一行經名，石作「大智度經論卷第七十七」；資、磧、普、南、徑、清作「大智度論卷第七十三」。

一　三〇九頁上三行與四行之間，石有「摩訶般若波羅蜜經阿鞞跋致品第五十五釋」；資、磧、普、南、徑、清有「釋阿鞞跋致品第五十五」。

一　三〇九頁上四行首字，三一二頁下末行首字，三一五頁下五行首字〔經〕，資無。

一　三〇九頁上六行第八字「若」，資、磧、普、南、徑、清無。

一　三〇九頁上一四行第九字「等」，資、磧、普、南、徑、清無。

一　三〇九頁上一四行末字「知」，資、磧、普、南、徑、清作「以知」。

一　三〇九頁上一六行「菩薩摩訶薩能觀」，資、磧、普、南、徑、清無。

一　三〇九頁上一七行第一〇字「名」，資無。

一　三〇九頁中一三行「餘天」，資、磧、普、南、徑、清作「諸天」。

一　三〇九頁中二二行第七字「不」，資、磧、普、南、徑、清作「亦不」。

一　三〇九頁下六行第一一字及七行第一一字「利」，資無。

一　三〇九頁下一一行「受讀誦」，資作「受誦讀」；磧、普、南、徑、清作「受持讀誦」。

一　三〇九頁下一一行第一三字「垢」，諸本作「姤」。

一　三〇九頁下二二行第一一字「是」，資無。

一　三一〇頁中一行末字至二行首字「過出」，磧、普、南、徑、清作「出過」。

一　三一〇頁中二行「户虫」，資、磧、普、南、徑、清作「蟲户」。

— 三一〇頁下四行末字，三一四頁中二〇行首字〔論〕，資無。

— 三一〇頁下七行第一一字「故」，石作「故故」。

— 三一〇頁下八行第三字「相」，資、磧、普、南、徑、清無。

— 三一〇頁下九行「波羅蜜相」，資、磧、普、南、徑、清無。

— 三一〇頁下一〇行第八字「是」，資無。

— 三一〇頁下一八行「行貌」，資、磧、普、南、徑、清作「相貌」。

— 三一一頁上末行「妄語」，資、磧、普、南、徑、清作「妄説」。

— 三一一頁中一行第七字「穬」，諸本作「獷」。

— 三一一頁中二〇行及二一行「相類」，石作「類相」；資、磧、普、南、徑、清作「類相貌」。

— 三一一頁下二行「一切」，石作「一切法」。

— 三一一頁下三行第二字「更」，資、磧、普、南、徑、清作「以更」。

— 三一一頁下一八行第六字「行」，磧、普、南、徑、清作「人行」。

— 三一二頁上一二行第一〇字「説」，資、磧、普、南、徑、清作「語」。

— 三一二頁中一〇行第六字「於」，資、磧、普、南、徑、清無。

— 三一二頁中一九行第三、四字「菩薩」，石作「菩薩摩訶薩」。

— 三一二頁下末行第七字「若」，資無。

— 三一三頁上二行「万億」，資、磧、普、南、徑、清作「億萬」。

— 三一三頁上六行「不如」，資、磧、普、南、徑、清作「不知」。

— 三一三頁上一五行「修行」，磧、普、南、徑、清作「淨修」。

— 三一三頁上末行末字「授」，資、磧、普、南、徑、清作「受」。

— 三一三頁中一九行第一四字「恶」，資、磧、普、南、徑、清無。

— 三一三頁中末行「三界繫」，石作「三界繫觀不淨」；磧、普、南、徑、清作「是三界繫觀不淨」。

— 三一三頁下六行第二字「未」，資、磧、普、南、徑、清無。

— 三一四頁上一二行「不没」，石作「不恐」。

— 三一四頁上一四行第一三字「能」，資、磧、普、南、徑、清無。

— 三一四頁上一七行「道行」，資、磧、普、南、徑、清作「道法」。

— 三一四頁上末行第五及六字「菩提」，資作「菩提心」。

— 三一四頁中二行第一一字「菩」，石、磧、普、南、徑、清作「若菩」。

— 三一四頁中三行第二字「作」，石、磧、普、南、徑、清作「復作」。

— 三一四頁中七行「是名」，資、磧、普、南、徑、清無。

— 三一四頁中一五行末二字至一六行首三字「得無生法忍」，資無。

— 三一四頁中一九行首字「名」，資、磧、普、南、徑、清無。

一　三一四頁中末行第二字「數」，石作「數大」。

一　三一四頁中末行第八字「⿱耂夾」，資作「者」。

一　三一四頁下一〇行第七字「者」，諸本作「不著一切法故」。

一　三一四頁下一七行第八字「是」，石、磧、普、南、徑、清無；資作「以」。

一　三一四頁下一八行「受記」，徑、清作「授記」。

一　三一四頁下一九行「摩打」，諸本作「磨打」。

一　三一四頁下二二行第四字「於」，石無。

一　三一五頁上五行「變作」，南作「變化」。

一　三一五頁中七行「不菩薩聞」，資作「菩薩不聞」。

一　三一五頁中二〇行首字「今」，石、磧、普、南、徑、清作「今當」。

一　三一五頁中二二行第五字「法」，資、磧、普、南、徑、清無。

一　三一五頁下三行末字「相」後，石有夾註「釋第五十五品竟」。

一　三一五頁下四行品名，石作「摩訶般若波羅蜜經轉不轉品第五十六釋」；資、磧、普作「大智度論釋轉不退輪品第五十六上」；南、徑、清作「釋轉不退輪品第五十六之上」，並有夾註「經作轉不轉品」。

一　三一五頁下六行「无所有」，石作「空無所有」。

一　三一五頁下七行「无有相」，石、磧、普、南、徑、清作「無所有相是」。

一　三一五頁下一〇行第六字「空」，石作「空空」。

一　三一五頁下一一行第一四字「皆」，資無。

一　三一五頁下一七行第一三字「是」，資無。

一　三一五頁下一八行第一〇字「誓」，資無。

一　三一五頁下一九行第七字「此」，石無。

一　三一五頁下末行第二字「是」，磧、普、南、徑、清作「如是」。

一　三一六頁上二行第一〇字「中」，資、磧、普、南、徑、清無。

一　三一六頁上四行「佛言」，石作「須菩提白佛言世尊云何」。

一　三一六頁上一六行及二二行「滅定」，磧、普、南、徑、清作「滅受想定」。

一　三一六頁上一八行「八聖道」，石作「修八聖道」。

一　三一六頁中三行第七字「是」，資無。

一　三一六頁中五行「不離」，石作「不遠離」。

一　三一六頁中一一行「世界」，石作「國土」。

一　三一六頁中一三行第一一字「見」，石無。

一　三一六頁中一七行首字「身」，資

無。

一 三一六頁下一行第八字至第一〇字「波羅蜜」及末字至二行第二字「波羅蜜」，資、磧、普、南、徑、清無。

一 三一六頁下一〇行「菩薩」，資、磧、普、南、徑、清作「是菩薩」。

一 三一六頁下一三行「五姓」，磧、普、南、徑、清作「五性」。

一 三一六頁下一三行第一〇字「隨」，石作「隨逐」。

一 三一七頁上二行第一一字「名」，資、磧、普、南、徑、清無。

一 三一七頁上四行「佛道」，石作「佛道爲淨命故」；磧、普、南、徑、清作「佛道爲淨命」。

一 三一七頁上四行「和諸」，資無。

一 三一七頁上七行末二字至八行首字「行淨命」，石作「不行邪命」；磧、普、南、徑、清作「不行邪命而行淨命」。

一 三一七頁上一〇行首字〔論〕，石、資無。

一 三一七頁上二一行第一一字「亦」，資、磧、普、南、徑、清無。

一 三一七頁上二二行「是法」，資、磧、普、南、徑、清作「諸法」。

一 三一七頁中二行第一七字「事」，資無。

一 三一七頁中三行末字至四行首字「非是」，石作「皆非」。

一 三一七頁中一七行第六字「解」，資、磧、普、南、徑、清無。

一 三一八頁上一一行第一二字至一二行第六字「是阿鞞跋致菩薩相」，資、磧、普、南、徑、清無。

一 三一八頁上一四行第四字「是」，諸本作「受」。

一 三一八頁中一五行第四字「病」，資、磧、普、南、徑、清作「病人」。

一 三一八頁下三行「答曰」，諸本無。

一 三一八頁下一〇行「佛諸」，石作「諸佛」。

一 三一八頁下一一行第六字「道」，諸本無。

一 三一八頁下一三行第六字「能」，資、磧、普、南、徑、清無。

一 三一八頁下末行「餘經」，石作「如餘經」。

一 三一九頁上一〇行第九字「祝」，石作「咒」，下同。

一 三一九頁上末行經名卷次，石無（未換卷）；資、磧、普、南、徑、清在卷次後有夾註「釋第五十五品訖第五十六品之（資無「之」）上」。

大智度論釋轉不轉品第五十六之餘 卷七十四 端

聖者龍樹造

後秦龜茲國三藏鳩摩羅什譯

復次須菩提今當更說阿鞞跋致菩薩摩訶薩行類相貌一心諦聽佛告須菩提菩薩摩訶薩行般若波羅蜜常不離阿耨多羅三藐三菩提心故不說五衆事不說十二入事不說十八界事何以故常念觀五衆空相十二入十八界空相故是菩薩摩訶薩不好說官事何以故是菩薩諸法空相中住不見法若貴若賤不好說賊事何以故諸法自相空故不見若得若失不好說軍事何以故諸法自相空故不見若多若少不好說鬪事何以故是菩薩摩訶薩住諸法如中不見法若憎若愛不好說婦女事何以故住諸法空中不見好醜故不好說聚落事何以故諸法自相空故不見法若合若散不好說城邑事何以故住諸法實際中不見有勝有負不好說國事何以故住實際中不見法有

所屬有不屬不好說我事何以故法性中住不見法是我是无我乃至不見知者見者如是等不說種種世間事但好說般若波羅蜜不遠離薩婆若心若行檀波羅蜜時不為慳貪事行尸波羅蜜時不為破戒事行羼提波羅蜜時不為瞋諍事行毗梨耶波羅蜜時不為懈怠事行禪波羅蜜時不為散亂事行般若波羅蜜時不為愚癡事是菩薩雖行一切法空而樂法受法是菩薩行法性常讚不壞法而愛樂善知識所謂諸佛及菩薩聲聞辟支佛諸能教化令樂住阿耨多羅三藐三菩提者是人常願欲見諸佛聞在所處國土中有現在佛隨願往生如是心常晝夜行所謂念佛心如是須菩提阿鞞跋致菩薩摩訶薩行初禪乃至非有想非无想處以方便力故起欲界心若衆生能行十善道者及現在有佛處在中生如是行類相貌當知是為阿鞞跋致菩薩摩訶薩

復次須菩提阿鞞跋致菩薩摩訶

薩行般若波羅蜜時住內空外空乃至无法有法空住四念處乃至空无相無作解脫門於自地中了了不疑我是阿鞞跋致非阿鞞跋致何以故乃至不見少許法於阿耨多羅三藐三菩提中若轉若不轉須菩提辟如人得須陁洹果住須陁洹地中自知終不疑不悔阿鞞跋致菩薩摩訶薩亦如是住阿鞞跋致地中終不疑住是中淨佛世界成就衆生種種魔事起即時覺知亦不隨魔事破壞魔事須菩提辟如有人作五逆罪五逆罪心乃至死時常逐不捨雖有異心不能障隔須菩提阿鞞跋致菩薩摩訶薩亦如是自住其地心常不動一切世間天人阿修羅不能動轉何以故菩薩摩訶薩出一切世間天人阿修羅上入正法位中自證地中住具足諸菩薩神通能淨佛世界成就衆生從一佛界至一佛界於十方佛所殖諸善根親近諮問諸佛是菩薩如是住種種魔事起覺而不隨以方便力處魔事著實際中自證地中不疑

大智度論卷第七十四　第三張　端字号

不悔何以故實際中无疑相故知是實際非一非二以是因緣故是人乃至轉身終不向聲聞辟支佛地是菩薩摩訶薩諸法自相空中不見法若生若滅若垢若淨須菩提是菩薩摩訶薩乃至轉身亦不疑我當得阿耨多羅三藐三菩提若不得何以故須菩提諸法自相空即是阿耨多羅三藐三菩提須菩提是菩薩摩訶薩住自證地中不隨他語無能壞者何以故是阿鞞跋致菩薩摩訶薩成就不動智慧故須菩提以是行類相貌當知是阿鞞跋致菩薩摩訶薩復次須菩提是菩薩摩訶薩若惡魔作佛身来語菩薩言汝今於是間取阿羅漢道汝亦无阿耨多羅三藐三菩提記汝亦未得無生法忍汝亦无是阿鞞跋致行類相貌亦无是相得受阿耨多羅三藐三菩提記須菩提若菩薩摩訶薩聞是語心不異不没不驚不畏是菩薩應自知我必從諸佛受阿耨多羅三藐三菩提記何以故諸菩薩以是法受記我亦有是法得受記

大智度論卷第七十四　第四張　端字号

須菩提若惡魔若為魔所使作佛形像来與菩薩受聲聞辟支佛記須菩提是菩薩作是念是惡魔若魔所使作佛形像来語佛是魔教菩薩遠離阿耨多羅三藐三菩提教住聲聞辟支佛道須菩提以是行類相貌當知是名阿鞞跋致相復次須菩提惡魔作佛身来到菩薩所作是言汝所學經書非佛所說亦非聲聞說是魔所說須菩提是菩薩摩訶薩當作是知是惡魔若魔所使教我遠離阿耨多羅三藐三菩提須菩提當知是菩薩已為過去佛所受記住阿鞞跋致地何以故諸菩薩所有阿鞞跋致行類相貌是菩薩亦有是行類相貌是名阿鞞跋致菩薩相復次須菩提阿鞞跋致菩薩摩訶薩行般若波羅蜜時為護持諸法故不惜身命何況餘物是菩薩護持法故作是念我不為護持一切佛法故我為護持三世十方諸佛法故須菩提云何菩薩摩訶薩護持法故不惜身命須菩提如佛說一切諸法眞空是時有愚癡人破壞

大智度論卷第七十四　第五張　端字号

不受作是言是非法非善非世尊教須菩提菩薩護持如是法故不惜身命菩薩亦應作是念未來世諸佛我亦在是數中在中受記是法亦是我法以是故不惜身命須菩提菩薩見是利益故護持法不惜身命須菩提以是行類相貌如是阿鞞跋致相復次須菩提阿鞞跋致菩薩摩訶薩聞佛說法不疑不悔聞已受持終不忘失何以故得陁羅尼故須菩提言世尊得何等陁羅尼聞佛所說諸經而不忘失佛告須菩提菩薩得聞持等陁羅尼故佛說諸經不忘不失不疑不悔須菩提白佛言世尊但聞佛說法不忘不失不疑不悔聲聞辟支佛說天龍鬼神阿修羅緊那羅摩睺羅伽說亦復不忘不失不疑不悔耶佛告須菩提所有言說眾事得陁羅尼菩薩皆不忘不失不疑不悔須菩提如是行類相貌成就故當知是阿鞞跋致菩薩摩訶薩釋曰佛更欲細說阿鞞跋致相故告須菩提一心諦聽是菩薩常不離阿耨多羅三藐三菩

提樂行畢竟空故不喜說分別五眾十二入十八界決定相又不喜說國王等事如餘外道受他供養无正道故虛妄深著心解怠故說諸國事分別過去世諸王力勢等樂阿鞞跋致菩薩不說是事見一切世間常為无常火燒眾生可愍我未得佛道我但應說度眾生法不應說餘事一切法畢竟空故大小相不可得賊等事亦如是畢竟空即是如法性實際行六波羅蜜不說六數菩薩雖安住一切法空中而樂法愛法何以故是菩薩不著是一切法空故又我行次第法禪定智慧等然後得一切法空此空不可但口說而心著是故先行次第法復次法性中不分別諸法故法性非破壞相是菩薩不著法性憐愍眾生為種種分別善不善法等令眾生得解雖為眾生如是流轉亦常讚歎不壞法引導眾生令入法性中故復次阿鞞跋致菩薩更无親善但以諸佛及大菩薩諸能讚歎諸實相法者為親善是人功德智慧大故隨意所

住若欲至諸佛世界隨意得生是菩薩雖欲得諸禪定以方便力故為眾生生欲界有現在佛處生欲界者故為眾生留愛慢分不以此禪定果報生色無色界但以禪定柔和其心不受其報復次是菩薩安住內空等諸空中安住者深入通達心無所著故不生疑我是阿鞞跋致非阿鞞跋致自心中深入智慧故是名自地證又是人不見一切法若轉若不轉是故不生疑疑名取相有所得如人夜見樹杌尋復生念人形亦尒便生疑心若取此二相故名疑菩薩行无相三昧故於一切法中不取相則无生疑處此中佛說辟喻如須陁洹從无始世界來未得是無漏智慧三結斷故即自知得無漏法於四諦中定心不疑若苦若樂阿鞞跋致亦如是從無始世來未得諸法實相所謂阿鞞跋致地得時亦不生疑諸生疑者見違失事不如本所聞故是菩薩於一切法畢竟空故不得是不如所聞法疑无住處故無疑自知此是究竟道所

可論不破住是地中教化衆生淨佛世界亦能以方便力故破種種魔事是阿鞞跋致法常隨逐菩薩乃至成就佛此中佛説二辟喻一者須陁洹二者五逆是二心厚重故不可却須陁洹心常不却五逆心罪畢乃除如入著衰鬼常隨逐阿鞞跋致心復過於是阿鞞跋致心一切無能動轉者種種苦事逼迫不能動種種供養利樂因縁不能令捨實相心及慈悲心上來種種説阿鞞跋致相貌今説其行事所謂教化衆生淨佛世界從諸佛所新種善根從一佛諮問諸佛諸深法要及種種度衆生門十方種種魔事起而不隨逐以方便力觀是魔事如法觀諸魔身如佛无異所以者何一切法及實際同一相所謂無相故是人轉身亦不向聲聞辟支佛地何以故是菩薩初得阿鞞跋致地時知一切法實相空轉身心亦不向二地心不自疑若得无上道若不得是菩薩世世天人能降伏破壞者佛為驗是菩薩故作辟喻若魔作佛身来

欲誑試是菩薩語言汝可今世取阿羅漢汝無阿鞞跋致相可得佛道無生忍法即是无一切法是中云何可得忍若菩薩聞是心不退没是菩薩自知必從諸佛受記何以故我有无生法忍聞是魔事心不怖畏故復次惡魔知菩薩歡喜與授聲聞辟支佛道記若今世得阿羅漢後世得辟支佛若菩薩不隨此變化佛身語覺知是魔若魔所使何以故身是而言非如試金錢彈之聲出則知其真偽若佛與菩薩受聲聞辟支佛記終无是處所以者何諸佛種種方便欲令一切人盡入佛道云何引菩薩與聲聞記復次魔作佛身語菩薩言汝所行經書盡是魔所説是菩薩覺知是魔事當知是菩薩已得受記安住阿鞞跋性中復次阿鞞跋致菩薩深愛樂法故聞即心深衣毛皆竪念佛大悲則歡喜悲泣或於甚深法中生大歡喜當知是阿鞞跋致辟如大軍退敗怖懅迷悶卧地似死親族見之欲知活不以杖鞭之若憊脉起者則知必

活菩薩亦如是皆是内身何以故知必能成佛若聞説佛法身中相現衣毛為竪顔色相異餘人聞不入心則无異相如死人無畏是菩薩深愛法故能捨身為法若佛若佛弟子於大會種種因縁説諸法畢竟空有一狂人取音聲名字相著是畢竟空出其過罪若諸法盡畢竟空則無佛无法无罪福業因縁亦無修行精進得道果報如是等出无量過罪阿鞞跋致菩薩觀察籌量知説法者无著心隨佛語憐愍故説知狂人著語言取相破是畢竟空尒時阿鞞跋致則没命佐助狂人言是邪見人自没邪見亦多化衆人令邪見壞滅佛法深懷瞋恨故或自殺或使弟子殺尒時菩薩若死事至為作法故不以怖畏而壞諸法性此中佛説因縁菩薩作是念未來世佛我亦在是數中是法亦是我法是我法故不惜身命而守護之作是思惟我無量世中為煩惱邪見故喪身无數今為十方三世諸佛法佐助發起若有益而死勝无益而生如

是等為法故不惜身命復次是菩薩未成佛道從佛聞甚深法能盡受不失信力故能受聞持陁羅尼力故不失斷疑陁羅尼力故不疑須菩提問但聞佛語能信持不疑聞餘語亦尒佛言一切有所說者皆能持若二乘天龍等所說有道理能信持不疑无道理者持之無疑而不信復次有人言信是邪法不疑不善是善有人言諸天龍二乘所說皆是佛法是阿鞞䟦致相聞則能持无疑無悔是菩薩雖未作佛於諸法實相中都无有疑如是等行類相貌是阿鞞䟦致菩薩問曰得何事來名阿鞞䟦致荅曰阿毗曇毗婆沙中說過三阿僧祇劫後種三十二相因緣從是以來名阿鞞䟦致毗涅阿波陁那中說從見然燈佛以五莖花散佛以髮布地佛為授阿鞞䟦致騰身虛空以偈讚佛從是已來名阿鞞䟦致此般若波羅蜜中若菩薩具足行六波羅蜜得智慧方便力不著是畢竟空波羅蜜觀一切法不生不滅不增不減不垢不淨不

來不去不一不異不常不斷非有非无如是等无量相待二法因是智慧觀破一切生滅等无常相先因無常等破常等倒今亦捨无生無滅等捨無常觀等於不生不滅亦不著亦不墮空无所有中亦知是不生不滅相不得不著故亦信用是不生不滅法三世十方諸佛真智慧中信力故通達無㝵是名菩薩得无生忍法入菩薩位名阿鞞䟦致是菩薩雖從初發心以來名阿鞞䟦致阿鞞䟦致相未具足故不與授記何以故外道聖人諸天小菩薩等作此念佛見是人有何等事而與授記是人於佛道因緣中未住云何與授記是故佛未與授記是菩薩有二種一者生死肉身二者法性生身得無生忍法斷諸煩惱捨是身後得法性生身肉身阿鞞䟦致亦有二種若於佛前得授記身不於佛前授記若佛不在世時得无生法忍是不於佛前授記問曰若尒者有人讀誦說正憶念隨順無生法忍義是人未得禪定或生疑心或為著

心所牽如是人比是何等菩薩為是阿鞞䟦致不荅曰是人不名為阿鞞䟦致阿鞞䟦致菩薩於甚深佛法中尚无疑何況无生忍初法門是未得阿鞞䟦致者有二種一者信少疑多二者疑少信多信少者於讀誦經人小勝信多疑少者若得禪定即時得柔順忍未斷法愛故或生著心或還退沒是人若常修習此柔順忍增長故斷法愛得无生忍入菩薩位略說阿鞞䟦致相義

大智度論釋燈炷品第五十七

須菩提白佛言世尊是阿鞞䟦致菩薩摩訶薩大功德成就世尊阿鞞䟦致菩薩摩訶薩无量功德成就无邊功德成就佛告須菩提如是如是是阿鞞䟦致菩薩摩訶薩大功德成就是阿鞞䟦致菩薩摩訶薩无量无邊功德成就何以故是菩薩摩訶薩得無量无邊智慧不與一切聲聞辟支佛共故阿鞞䟦致菩薩住是智慧中生四无㝵智得是无㝵智故一切世間及天人無能窮盡須菩提白佛言

世尊佛能以如恒河沙等劫歎說阿鞞跋致菩薩摩訶薩行類相貌須菩提言世尊何等深奧處阿鞞跋致菩薩摩訶薩住是中行六波羅蜜時具足四念處乃至具足一切種智佛讚須菩提善哉善哉須菩提汝為阿鞞跋致菩薩摩訶薩問是深奧處須菩提深奧處者空是其義无相無作无起無生无染離寂滅如法性實際涅槃須菩提如是等法是為深奧義須菩提白佛言世尊但空乃至涅槃是深奧非一切法深奧耶佛言一切法亦是深奧義須菩提色亦深奧受想行識亦深奧眼亦深奧乃至意色乃至法眼界乃至意識界檀波羅蜜乃至般若波羅蜜四念處乃至阿耨多羅三藐三菩提亦深奧世尊去何色深奧乃至阿耨多羅三藐三菩提亦深奧佛言色如深奧故色深奧受想行識如乃至阿耨多羅三藐三菩提如深奧故阿耨多羅三藐三菩提深奧世尊去何色如深奧乃至阿耨多羅三藐三菩提如深奧須菩提是

色如非是色非離色乃至識如非是識非離識乃至阿耨多羅三藐三菩提如非是阿耨多羅三藐三菩提非離阿耨多羅三藐三菩提須菩提白佛言希有世尊微妙方便力故令阿鞞跋致菩薩離色處涅槃亦令離受想行識處涅槃亦令離一切法若世間若出世若有諍若无諍若有漏若无漏法處涅槃佛言如是如是須菩提佛以微妙方便力故令阿鞞跋致菩薩離色處涅槃乃至離有漏无漏法處涅槃須菩提若菩薩摩訶薩如是甚深法與般若波羅蜜相應觀察籌量思惟作是念我應如是行般若波羅蜜中教我應如是學如般若波羅蜜中說須菩提若是菩薩摩訶薩能如說行如說學如般若波羅蜜中觀具足勤精進一念生時當得無量无邊阿僧祇福德是菩薩摩訶薩超越無量劫近阿耨多羅三藐三菩提何況常行般若波羅蜜應阿耨多羅三藐三菩提念須菩提辟如多婬欲人與端正淨潔女人共期此女人限

㝵不得時往於須菩提意去何是人所念為在何處世尊是人念念常在彼女人所恒作念憶想當來與共坐卧歡樂須菩提是人一日一夜為有幾念生須菩提言世尊是人一日一夜其念甚多佛告須菩提菩薩摩訶薩念般若波羅蜜如般若波羅蜜中說行是道一念頃超越劫數亦如彼人一日一夜心念之數是菩薩摩訶薩行般若波羅蜜遠離衆罪所謂離阿耨多羅三藐三菩提罪是菩薩摩訶薩行般若波羅蜜一日所得善根功德假令滿如恒河沙等三千大千世界中功德猶亦不減於餘殘功德百分不及一分千分千億万分乃至筭數辟喻所不能及釋曰須菩提聞阿鞞跋致相時具聞阿鞞跋致功德心大歡喜讚歎阿鞞跋致功德故白佛言世尊阿鞞跋致成就大功德成就无量無邊功德佛可其所讚更自說大功德等因緣所謂阿鞞跋致菩薩得无量無邊智慧不與聲聞辟支佛共行者要先知而後行行以受其

功德以是故說功德因緣由於智慧無量无邊智慧者所謂般若波羅蜜菩薩住是般若波羅蜜中能生四無导智一切法實義中智慧无导無障既知義无导以分別種種諸法名字為說義故是名法无导是名字要由語言由語言故出是種種名字是名辞無导得是法无导及辞無导故便樂說諸法實義是名樂說无导菩薩安住四无导中一切衆生問難無能窮盡如大海水不可傾竭須菩提聞佛上二品中說阿鞞跋致具足相入此品佛開四無导門更欲說阿鞞跋致相是故須菩提讚佛世尊智慧无量無邊阿鞞跋致功德亦无量無邊佛若恒河沙等劫樂說樂說亦不可盡阿鞞跋致相貎亦不可盡世尊何等是阿鞞跋致深奥處阿鞞跋致菩薩住是深奥處能具足六波羅蜜四念處乃至一切種智佛歎須菩提善哉汝能為阿鞞跋致菩薩問深奥義佛語須菩提空等乃至涅槃是名深奥問曰諸有法種種細分別人不解

故有深空无所有以何為深荅曰非直口說名字故空分別解說有相內不見有我外不見定實法得是空已觀一切法法相皆是虛誑有諸過罪若滅諸相更不作願生三界此空是得道空非但口說是故言深復次空亦復空若著是空則有過失是不名深若空從破邪見有故出是為深若於空空中亦不著空故亦深復次觀五衆生滅破常顛倒觀畢竟空破生滅何以故空中無無常无生滅故无生滅有二種一者邪見人謂世間常有故无生滅二者破生滅故言无生滅此中破生滅亦不著是不生不滅故名為深諸煩惱難除故言離欲寂滅故深錯謬易真實難故如法性實際為深涅槃諸梵天等九十六種道所不能及故深復次涅槃中一切得道人入者永不復出故深問曰此中說空等法深是何等空荅曰有人言三三昧空无相無作心數法名為空空故能觀諸法空有人言外所緣色等諸法皆空緣外空故名為空三昧

此中佛說不以空三昧故空亦不以所緣外色等諸法故空何以故若外法不實以三昧力故空者是虛妄不實若緣外空故生三昧者是亦不然所以者何若色等法實是空相則不能生空三昧若生空三昧則非是空此中說離是二邊說中道所謂諸法因緣和合生是和合法无有一定法故空何以故因緣生法無自性無自性故即是畢竟空是畢竟空從本以來空非佛所作亦非餘人所作諸佛為可度衆生故說是畢竟空相是空相是一切諸法實體不因内外有是空有種種名字所謂无相無作寂滅離涅槃等須菩提知諸菩薩利根深著涅槃為是菩薩故問世尊但涅槃甚深諸法不甚深耶佛荅正觀色等一切法得涅槃色等諸法因涅槃故甚深是故經中說色等如故甚深色等如即是正觀須菩提問云何色等如故色等法甚深此中佛自說深因緣所謂如非是色非離色辟如以泥為瓶泥非即是瓶不離泥有瓶亦不

得言无瓶須菩提知是因緣法甚深如大海无有底故讚言希有世尊佛以微妙方便力故令菩薩離色等諸法處於涅槃亦不著涅槃亦不住世間是微妙方便佛可其所說讚歎菩薩行諸法實相果報福德告須菩提如是甚深法與般若相應觀察籌量等一念生時得无量無邊阿僧祇福德問曰二乘无漏法尚無果報福德何況大乘畢竟空觀法得無量福德而福德從大慈悲愍衆生故生如罪亦由惱害衆生故得答曰二乘無漏心中煩惱盡故无果報福德菩薩煩惱未盡故應有福德果報復次二乘於實際證故燒盡諸功德菩薩不證更有生故便有福德復次人於實事錯謬故福德少正行實事故得福多如施畜生得百倍施惡人得千倍施善人得十万倍施離欲人得十億万倍施須陁洹等諸聖人得无量福凡夫人雖離欲行慈悲心不得實法相故不得作无量福田須陁洹雖未離欲分別諸法實相故福田無量諸法實

相得有深淺是故菩薩深入實相故一念中福德無量无邊此中念念福德多故說辟喻衆生心雖念念生滅但相續生故不覺隨滅淫欲人心深著所欲不逐情故心生憶念取相種種分別不來因緣事所謂彼女為心自悔不來為人遮不來如是等多生覺觀心是心易覺知故以為辟喻如是念一因緣事起一劫如人服軟藥一歲乃老病服大力藥一日能差菩薩亦如是行五波羅蜜久久乃成佛者有行般若波羅蜜疾得成佛復次一日行般若波羅蜜功德假令有形取滿如恒河沙等三千大千世界中於一日中正功德體猶故不減於此福德百分不及一乃至筭數辟喻所不能及復次須菩提若菩薩摩訶薩遠離般若波羅蜜如恒河沙等劫布施三寶佛寶法寶比丘僧寶須菩提於意云何是菩薩摩訶薩以是因緣故得福多不須菩提言世尊甚多无量無邊阿僧祇佛告須菩提不如菩薩摩訶薩深般若波羅蜜中一日如

說修行得福多何以故般若波羅蜜是諸菩薩摩訶薩道乘是道疾得阿耨多羅三藐三菩提須菩提若菩薩遠離般若波羅蜜如恒河沙劫供養須陁洹斯陁含阿那含阿羅漢辟支佛及諸佛於須菩提意云何是菩薩摩訶薩以是因緣故得福多不須菩提言世尊甚多佛言不如是菩薩摩訶薩深般若波羅蜜如說修行一日得福多何以故菩薩摩訶薩行是般若波羅蜜過一切聲聞辟支佛地入菩薩位漸漸得阿耨多羅三藐三菩提須菩提菩薩摩訶薩遠離般若波羅蜜如恒河沙劫布施持戒忍辱精進禪定智慧於意云何是人以是因緣故得福多不須菩提言世尊甚多佛言不如是菩薩摩訶薩行般若波羅蜜如說修行一日布施持戒忍辱精進禪定智慧得福多何以故須菩提般若波羅蜜是菩薩摩訶薩母故是般若波羅蜜能生諸菩薩摩訶薩諸菩薩摩訶薩住般若波羅蜜中能具足一切佛法須菩提若菩薩摩訶薩

遠離般若波羅蜜如恒河沙劫壽行法施須菩提於汝意云何是人得福多不須菩提言甚多世尊佛言不如是善男子善女人深般若波羅蜜如說修行乃至一日法施得福多何以故須菩提是菩薩摩訶薩不遠離般若波羅蜜則不遠離一切種智不遠離一切種智則不遠離般若波羅蜜以是故須菩提菩薩摩訶薩欲得阿耨多羅三藐三菩提不當遠離般若波羅蜜須菩提若菩薩摩訶薩如恒河沙劫遠離般若波羅蜜修行四念處乃至八聖道分內空乃至一切種智須菩提於汝意云何是善男子善女人得福多不須菩提言世尊甚多佛言不如是善男子善女人深般若波羅蜜如說一日修行四念處乃至一切種智得福多何以故須菩提若菩薩摩訶薩不遠離般若波羅蜜於薩婆若轉者无有是處須菩提若菩薩摩訶薩遠離般若波羅蜜於薩婆若轉則有是處須菩提以是故菩薩摩訶薩常不應遠離般若波羅蜜行須

菩提若菩薩摩訶薩遠離般若波羅蜜如恒河沙劫壽財施法施及禪定福德迴向阿耨多羅三藐三菩提於汝意云何是人得福多不須菩提言世尊甚多甚多佛言不如是善男子善女人深般若波羅蜜如說修行乃至一日財施法施禪定福德迴向阿耨多羅三藐三菩提得福多何以故是第一迴向所謂般若波羅蜜迴向若遠離般若波羅蜜迴向是不名迴向須菩提以是故菩薩摩訶薩欲得阿耨多羅三藐三菩提應方便學般若波羅蜜迴向須菩提若善男子善女人遠離般若波羅蜜如恒河沙劫壽過去未來現在諸佛及弟子善根和合隨喜迴向阿耨多羅三藐三菩提須菩提於汝意云何是人得福多不須菩提言世尊甚多佛言不如是善男子善女人深般若波羅蜜如說修行乃至一日隨喜善根迴向阿耨多羅三藐三菩提得福多須菩提以是故菩薩摩訶薩欲得阿耨多羅三藐三菩提應學般若波羅蜜中方便

迴向阿耨多羅三藐三菩提須菩提白佛言世尊如佛所說因緣起法從妄想生非實云何善男子善女人得大福德世尊用是因緣起法不應得正見入法位不應得須陀洹果乃至不應得阿耨多羅三藐三菩提果佛告須菩提如是如是須菩提用是因緣起法不應得正見入法位乃至不應得阿耨多羅三藐三菩提須菩提行般若波羅蜜菩薩摩訶薩知因緣起法亦空無堅固虛誑不實何以故須菩提是菩薩摩訶薩善學內空乃至善學无法有法空故是菩薩摩訶薩住是十八空種種觀作法空即不遠離般若波羅蜜若菩薩摩訶薩如是漸漸不離般若波羅蜜漸漸得无數无量無邊福德須菩提白佛言世尊無數量无邊有何等異須菩提无數者名不墮數中若有為性中若无為性中无量者量不可得若過去若未來若現在无邊者諸法邊不可得須菩提言世尊頗有色亦无數无量无邊頗有受想行識亦无數無量无邊

須菩提有因緣色亦无數無量无邊受想行識亦無數无量無邊世尊何等因緣故色亦無數无量無邊受想行識亦无數無量无邊佛告須菩提色空故无數無量无邊受想行識空故无數無量无邊世尊但色空受想行識空非一切法空耶須菩提我不說一切法空耶須菩提言世尊說一切法空世尊諸法空即是不可盡无有數无量無邊世尊空中數不可得量不可得邊不可得以是故世尊是不可盡无數無量无邊義无有異佛告須菩提如是如是是法義无別異須菩提是法不可說佛以方便力故分別說所謂不可盡无數無量无邊無著空无想無作无起無生无滅無染涅槃佛種種因緣以方便力說須菩提白佛言希有世尊諸法實相不可說而佛以方便力說世尊如我解佛所說義一切法亦不可說佛言如是如是須菩提一切法不可說一切法不可說相即是空是空不可說世尊不可說義有增有減不佛言不也

須菩提不可說義無增无減世尊若不可說義无增無減檀波羅蜜亦當無增无減乃至般若波羅蜜亦當无增無減四念處乃至八聖道分亦當无增無減四禪四无量心四無色定五神通八背捨八勝處九次第定佛十力四無所畏四無㝵智十八不共法亦當无增無減世尊若菩薩摩訶薩六波羅蜜不增乃至十八不共法不增者云何菩薩摩訶薩得阿耨多羅三藐三菩提佛言如是如是須菩提不可說義無增无減菩薩摩訶薩習行般若波羅蜜有方便力故不作是念我增般若波羅蜜乃至增檀波羅蜜當作是念但名字故名檀波羅蜜是菩薩摩訶薩行檀波羅蜜時是心及善根如阿耨多羅三藐三菩提相迴向乃至行般若波羅蜜時是心及善根如阿耨多羅三藐三菩提相迴向須菩提白佛言世尊何等是阿耨多羅三藐三菩提佛言一切法如相是名阿耨多羅三藐三菩提須菩提白佛言世尊何等是一切法如相

是阿耨多羅三藐三菩提佛告須菩提色如相受想行識如相乃至涅槃如相是阿耨多羅三藐三菩提是如相亦不增不減須菩提是菩薩摩訶薩不離般若波羅蜜常觀是如法不見有增有減以是因緣故須菩提不可說義无增無減檀波羅蜜亦不增不減乃至十八不共法亦不增不減須菩提菩薩摩訶薩以是不增不減法故應般若波羅蜜行

釋曰離般若波羅蜜恒河沙劫供養三寶不及一日行般若又復有人住壽如恒河沙等劫供養須陁洹等亦不及一日行般若此中佛自說因緣菩薩行般若過二地入菩薩位成無上道又復遠離般若恒河沙等劫行布施等六法亦不及一日如所說住般若中行布施等六法是中說勝因緣般若是諸佛母住是般若中能具足諸佛法竟財施若遠離般若如恒河沙等劫行法施不及一日住般若中行法施復次遠離般若用聲聞辟支佛法修行四念處如恒河沙等劫不如

一日如所説住般若中修四念處乃至一切種智此中自説勝因緣所謂不離般若於薩婆若轉者无有是處復次菩薩離般若如恒河沙等劫財施法施禪定生福德迴向無上道不如一日應般若財施法施禪定生福德迴向无上道何以故般若波羅蜜无雜毒正迴向故復次若菩薩離般若壽如恒河沙劫等十方三世諸佛功德隨喜迴向无上道不如一日應般若隨喜迴向介時須菩提難佛如佛説一切有為法虚誑不實如幻不能生正見入正位云何菩薩一日福德勝佛可其言如是如是有為法皆虚誑不得以虚誑法入正位得聖道菩薩行般若波羅蜜時所作福德知皆虚誑空无堅固心不著是福德是福德清淨故勝餘福德如金剛雖小能摧破大山此中佛説菩薩善學十八空雖觀空而能行諸功德雖知涅槃无上道而憐愍衆生故修集福德雖知一切法相不可説而為衆生種種方便説法雖知法性中无有分別

一相無相而為衆生分別是善是不善是可行是不可行是取是捨是利是失等若菩薩雖觀畢竟空而能起諸福德是名不離般若波羅蜜行若菩薩常不離般若波羅蜜漸得无數无量無邊功德何以故若菩薩初學般若時煩惱力强般若力弱漸漸得般若力斷諸煩惱滅諸戲論是故得福德无數無量无邊無數无量無邊義佛自分別説所謂無數者不墮若有為性中若無為性中三世量不可得故名無量十方邊不可得故名无邊須菩提問佛五衆頗有因緣亦无數無量无邊耶佛荅有以五衆空故亦无數無量无邊須菩提問世尊但五衆空非一切法空耶佛荅一切法空須菩提言是空法即不可盡不可盡故即是无數無數即是无量无量即是無邊是故空中盡不可得故名无盡數不可得故名无數量不可得故名無量邊不可得故名無邊四事名雖異義是一所謂畢竟空佛可其言如是更自説因緣須菩提是空法

相不可説若可説不名為空佛以大慈悲心憐愍衆生故方便為説强作名字語言令衆生得解所謂空或説不可盡無數无量無邊等是實相不生不作故説不盡諸聖人得諸法實相入無餘涅槃時不墮六道數是實相法亦不墮有為无為等諸法數中是故説無數量名以智慧稱量好醜多少大小是非等諸法實相中滅諸相故是故説无量諸法實相不可量故説無邊是實相法寂滅故説無著是實相法我我所定相不可得故諍空空故无相無相則無作无起是法常住不壞故无生無滅是法能斷三界染故名不染更不織煩惱業故名涅槃如是等有无量名字種種因緣説是諸法實相介時須菩提白佛希有世尊諸法實相雖不可説而佛以方便力説如我解佛義非但實相不可説一切諸法亦不可説佛可其言説説因緣一切法終歸於空歸於空故不可説不可説義即是无增无減若一切法无增無減六波羅蜜等諸

善法亦無增無減若六波羅蜜善法不增者云何得無上道佛可其言更為説因緣法雖無增減而可得無上道所謂菩薩習行般若波羅蜜方便力故雖行檀波羅蜜諸助道法我我所憍慢斷故不作是念我增長是六波羅蜜等法不取内外諸法相行是謂善法如無上道相迴向須菩提問何等是無上道佛荅諸法如即是无上道須菩提問何等是一切法佛荅色等法乃至涅槃是諸法如寂滅相是無上道相寂滅者不增不減不高不下滅諸煩惱戲論不動不增無所障㝵菩薩以般若波羅蜜方便力故亦能令布施等如寂滅相如是種種因緣説無上道相若菩薩常念无上道寂滅相令一切法皆同寂滅相亦觀不可説義所謂不增不減相菩薩如是疾得无上道以不增不減不可得故

大智度論卷第七十四

大智度論卷七十四

校勘記

一　底本，金藏廣勝寺本。

一　三二三頁中一行經名，石無（因未換卷）；資、磧、普、南、徑、清作「大智度論卷第七十四」。

一　三二三頁中三行與四行之間，資、磧、普、南有「釋第五十六品下」並夾註「訖第五十七品上」；徑、清有「釋轉不退輪品第五十六之下」。

一　三二三頁中四行，三三〇頁中一七行「復次」，石、普、南、徑、清、麗冠以（經）。

一　三二三頁中七行「不離」，石、普、南、徑、清作「不遠離」。

一　三二三頁中九行「空相」，石作「空相故」。

一　三二三頁中二一行「實際」，石、麗作「實相」。

一　三二三頁下六行第二字「尸」，石、資、磧、普、南、徑、清作「尸羅」。

一　三二三頁下一〇行末字至一一行第三字「樂法受法」，石作「愛樂法」；資、磧、普、南、徑、清、麗作「樂法愛法」。

一　三二三頁下一一行「行法性」，諸本作「雖行法性」。

一　三二四頁上三行「了了」，普、南、徑、清作「了了知」。

一　三二四頁上八行首字「知」，石、資、磧、普、南、徑、清作「了了知」；麗作「了知」。

一　三二四頁上一〇行「是中」，諸本作「是地中」。

一　三二四頁上一〇行「淨佛世界」，石作「淨佛國土」，下同。

一　三二四頁上一七行「菩薩」，諸本作「是菩薩」。

一　三二四頁上二〇行第五字及第九字「界」，石作「國」。

一　三二四頁中一行末字「是」，南作「其」。

一　三二四頁中一三行第二字「是」，麗作「是名」。
一　三二四頁中一七行「法忍」，資、磧作「忍法」。
一　三二四頁中末行第五字及第一三字「受」，南、徑、清作「授」。三二四頁下二行第六字普、南、徑、清同。
一　三二四頁下三行第一一字「若」，普、南、徑、清、麗作「若爲」。
一　三二四頁下四行「是魔」，資、磧、普、南、徑、清、麗作「不應」。
一　三二四頁下八行首字「作」，資、磧、普、南、徑、清作「復作」。
一　三二四頁下二〇行「一切佛法故」，資、磧、普、南、徑、清作「一佛法」；麗作「一佛法故」。
一　三二四頁下二二行第三字「法」，普、南、徑、清、麗作「佛法」。
一　三二五頁上六行第七字「法」，普、南、徑、清、麗作「是法」。
一　三二五頁上七行「如是」，資、磧、普、南、徑、清、麗作「知是」。
一　三二五頁上一三行「佛説」，麗作「聞佛説」。
一　三二五頁上一五行「聲聞」，普、徑、清作「聞聲聞」。
一　三二五頁上二一行，三二八頁下一六行，三三二頁下一一行「釋曰」，石、普、南、徑、清、麗冠以〔論〕。
一　三二五頁中四行第四字及次頁中一九行第六字「深」，資、磧、普、南、徑、清作「染」。
一　三二五頁中四行「解怠」，資、磧、普、南、徑、清作「解愁」。
一　三二五頁中四行第一一字「諸」，資、磧、普、南、徑、清無。
一　三二五頁中五行「等樂」，石作「壽樂」。
一　三二五頁中一五行第三字「但」，資、磧、普、南、徑、清作「得」。
一　三二五頁中一九行第二字「解」，石作「解脱」。
一　三二五頁中一九行「流轉」，諸本作「説」。
一　三二五頁中二二行第一〇字「諸」，石、麗無。
一　三二五頁下一行「諸佛世界」，石作「諸佛國」。
一　三二五頁下二行第三字「欲」，石、麗作「離欲」。
一　三二五頁下三行第三、第四字「欲界」，資、磧、普、南、徑、清作「欲界者」。
一　三二五頁下一二行第四字「復」，南作「获」。
一　三二五頁下一六行第二字「界」，諸本無。
一　三二五頁下末行末字「所」，諸本作「不」。
一　三二六頁上一行第三字「不」，諸本作「不可」。
一　三二六頁上四行首字「就」，諸本無。
一　三二六頁上六行第五字「不」，資、磧、普、南、徑、清作「不可」。

一 三二六頁上一六行「如法」，諸本作「如佛法」。

一 三二六頁上二二行「天人能」，石作「天人不能」；資、磧、普、南、徑、清、麗作「無人能」。

一 三二六頁中三行「忍法」，資、磧、普、南、徑、清作「法忍」。

一 三二六頁中三行第六字「无」，資、磧、普、南、徑、清無。

一 三二六頁中七行「菩薩」，石、資、磧、普、南、徑、清作「是菩薩」。

一 三二六頁中七行第九字「授」，資、磧作「受」。

一 三二六頁中八行第二字「記」，普、南、徑、清作「記者」。

一 三二六頁中九行首字「佛」，石、麗作「佛道」。

一 三二六頁中一二行第五字「受」，資、磧、普、南、徑、清作「授」。

一 三二六頁中一五行「復次魔作佛身」，石作「魔復化作佛身」；資、磧、普、南、徑、清作「復次魔復化作「佛身」。

一 三二六頁中一八行「跋性中」，石、資、磧、普、南、徑、清作「跋致性中」；麗作「跋致中」。

一 三二六頁中一八行「菩薩」，資、磧作「以菩薩」。

一 三二六頁中二二行「怖懅」，諸本作「則怖懅」。

一 三二六頁中末行「癮胗」，石、麗作「癮疹」；資、磧作「隱軫」；普、南、徑、清作「癮眕」。

一 三二六頁下一行「內身」，諸本作「肉身」。

一 三二六頁下四行「無畏」，諸本作「無異」。

一 三二六頁下五行第三字「身」，石、麗作「身命」。

一 三二六頁下一一行「說法者无」，資、磧、普、南、徑、清作「說法者有無」；麗作「說法有無」。

一 三二六頁下一四行首字「助」，石、麗作「助言是」。

一 三二六頁下一五行第四字「令」，石、麗作「令墮」。

一 三二六頁下一七行第一三字「壞」，資、磧、普、南、徑、清作「壞壞」。

一 三二七頁上三行首字「失」，普、南、徑、清作「生」。

一 三二七頁上七行末字「无」，石作「說无」。

一 三二七頁上一〇行第一二字「是」，資、磧、普、南、徑、清作「以是」。

一 三二七頁上一九行第四字「致」，諸本作「致記」。

一 三二七頁上一九行「騰身」，石、資、磧、普、南、徑、清作「飛騰」。

一 三二七頁中四行首字「等」，麗作「等故」。

一 三二七頁中一二行第三字「故」，石作「是故」。

一 三二七頁中一九行第六字「若」，諸本作「有」。

一 三二七頁中一九行第一三字「身」，諸本作「有」。

一 三二七頁下六行「讚誦」，諸本作「讀誦」。
一 三二七頁下九行「柔順忍」，石、麗作「柔順忍柔順忍」。
一 三二七頁下一一行末字「義」後，石有夾註「釋第五十六品竟」，並換卷，爲卷第七十八始。
一 三二七頁下一二行品名，石作「摩訶般若波羅蜜經燈炷品第五十七釋」；資、磧、普、南作「大智度論釋深奥品第五十七上」；經、清作「釋深奥品第五十七之上」，並有夾註「經作燈炷深奥品」。
一 三二七頁下一三行首字「須」，普、南、清、麗冠以〔經〕。
一 三二七頁下一四行第一二字「阿」，石、麗作「是阿」。
一 三二七頁下一九行第八字「是」，普、南、經、清作「是阿鞞跋致」。
一 三二七頁下二二行第七字「是」，資、磧、普、南、經、清作「是四」。
一 三二七頁下末行「及天人」，諸本作「天及人」。
一 三二八頁上三行「深奥處」，石、麗作「是深奥處」。
一 三二八頁上五行「具是」，諸本作「具足」。
一 三二八頁上六行第三字「提」，石、普、南、經、清作「提言」。
一 三二八頁上六行第一一字「汝」，石、麗作「汝能」。
一 三二八頁上一九行「故故」，石、麗作「故」。
一 三二八頁中八行第四字「世」，諸本作「世間」。
一 三二八頁中一四行「般若」，諸本作「如般若」。
一 三二八頁下三行「作念」，諸本作「作是念」。
一 三二八頁下一四行第四、五字「功德」，石、麗作「餘功德」。
一 三二八頁下一四行「不滅」，諸本作「不滅」。
一 三二八頁下一七行第五字「相」，石作「相貌」。
一 三二八頁下一八行第五字「讚」，石、麗作「欲讚」。
一 三二九頁上七行首二字「語言」，資、磧、普、南、經、清作「言語」。
一 三二九頁上九行「實義」，石作「實相義」。
一 三二九頁上九行「菩薩」，石、麗作「是菩薩」。
一 三二九頁上一三行「佛開」，諸本作「佛方開」。
一 三二九頁上一六行首字「佛」，石、資、磧、普、南、經、清作「佛言」。
一 三二九頁上一六行「樂說樂說」，石、資、磧、普、南、經、清作「樂說」。
一 三二九頁中二行第一一字「說」，資、磧、普、南、經、清、麗作「諸」。
一 三二九頁中四行第五字「法」，諸本無。
一 三二九頁中九行第三字「空」，諸本無。
一 三二九頁中二一行末字及二二行

首字「空空」，麗作「定定」。

一　三二九頁下三行第三字「實」，諸本作「實空」。

一　三二九頁下一四行首字「空」，資、磧、普、南、徑、清作「空相」。

一　三三〇頁上一八行「畜生」，資、磧作「衆生」。

一　三三〇頁中五行第五字「逐」，諸本作「遂」。

一　三三〇頁中九行「念一因緣事超」，石、麗作「一念因緣事超」；資、磧、普、南、徑、清作「念一日緣事超」。

一　三三〇頁中一〇行第一一字及一三行第二字「曰」，資、磧、普、南、徑、清作「日」。

一　三三〇頁中一二行「成佛」，諸本作「成佛者」。

一　三三〇頁中一四行末字「中」，石無。

一　三三〇頁中一八行第一一字「沙」，資、磧、南、徑、清無。

一　三三〇頁中二〇行首字「於」，石、資、磧、普、南、徑、清作「於汝」。

一　三三〇頁下六行「於須菩提意」，石、麗作「須菩提於意」。

一　三三〇頁下一四行「布施」，石、麗作「行布施」。

一　三三一頁中一〇行「迴向」，石作「迴向者」。

一　三三一頁中二〇行第一三字「阿」，資、磧、普、南、徑、清作「是阿」。

一　三三一頁下一六行「不離」，石、資、磧、普、南、徑、清作「不遠離」。

一　三三一頁下一八行第三字「量」，諸本作「無量」。

一　三三二頁上一六行第五字「想」，石、資、磧、普、南、徑、清作「相」。

一　三三二頁中一九行「善根」，石作「諸善法」。

一　三三二頁中二一行「一切」，資、磧作「一世」。

一　三三二頁下一二行「般若」，石作「般若波羅蜜」。

一　三三二頁下二〇行夾註「財施竟」，資、磧、普作夾註「施財竟」；南、徑、清作正文「施財竟」；麗作夾註「財施章」。

一　三三三頁上一五行第一三字「聖」，石無。

一　三三三頁上一九行第一二字「善」，石、資、磧、普、南、徑、清作「善巧」。

一　三三三頁中一二行「不可」，資、磧、普、南、徑、清作「亦不可」。

一　三三三頁下一行「若可說」，資、磧、麗作「若不可說」。

一　三三三頁下一一行「無著」，石作「無有著」。

一　三三三頁下一三行第七字「相」，石、麗作「相故」。

一　三三三頁下一五行「不染」，諸本作「無染」。

一　三三三頁下二一行「說說」，資、磧、普、南、徑、清、麗作「而說」。

一　三三四頁上八行首字「謂」，資、磧、普、南、徑、清作「諸」。

一　三三四頁上一一行「寂滅」，麗作

「即是寂滅」。

一　三三四頁上一三行第一二字「增」，資、磧、普、南、徑、清、麗作「壞」。

一　三三四頁上卷末經名，石無（未換卷）；資、磧作「大智度論釋卷第七十四」。

趙城縣廣勝寺

大智度論釋燈喻品第五十七之餘 卷七十五 端

聖者龍樹造

後秦龜茲國三藏鳩摩羅什譯

須菩提白佛言世尊菩薩摩訶薩用
初心得阿耨多羅三藐三菩提用後
心得阿耨多羅三藐三菩提世尊是
初心不至後心後心不在初心世尊
如是心心數法不俱云何善根增益
若善根不增云何當得阿耨多羅三
藐三菩提佛告須菩提我當為汝說
譬喻智者得譬喻則於義易解須菩
提譬如然燈為用初焰燋炷為用後
焰燋炷須菩提言世尊非初焰燋炷
亦非離初焰世尊非後焰燋炷亦非
離後焰須菩提於汝意云何炷為燋
不世尊炷實燋佛告須菩提菩薩摩
訶薩如是不用初心得阿耨多羅三
藐三菩提亦不離初心得阿耨多羅
三藐三菩提不用後心得阿耨多羅
三藐三菩提亦不離後心得阿耨多
羅三藐三菩提而得阿耨多羅三藐
三菩提須菩提是中菩薩摩訶薩從

初發意行般若波羅蜜具足十地得
阿耨多羅三藐三菩提須菩提白佛
言世尊何等是十地菩薩具足已得
阿耨多羅三藐三菩提佛言菩薩摩
訶薩具足乾慧地性地八人地見地
薄地離欲地已作地辟支佛地菩薩
地佛地具足是地得阿耨多羅三藐
三菩提須菩提菩薩摩訶薩學是
十地已非初心得阿耨多羅三藐三
菩提亦不離初心得阿耨多羅三藐
三菩提非後心得阿耨多羅三藐三
菩提亦非離後心得阿耨多羅三藐
三菩提而得阿耨多羅三藐三菩提
須菩提言世尊是因緣法甚深所謂
非初心非離初心非後心非離後心
得阿耨多羅三藐三菩提而得阿耨
多羅三藐三菩提佛告須菩提於汝
意云何若心滅已是心更生不不也
世尊須菩提於汝意云何心生是滅
相不世尊是滅相須菩提於汝意云
何以心滅相是滅不不也世尊佛告
須菩提於汝意云何亦如是住不須
菩提世尊亦如是住如如住佛告須

菩提於汝意云何若是心如如住當
作實際不不也世尊佛告須菩提於
汝意云何是如深不世尊深須菩提
於汝意云何但如是心不不也世尊
離如是心不不也世尊須菩提於汝
意云何如見如不不也世尊須菩提
於汝意云何若菩薩能如是行為行
深般若波羅蜜不須菩提言世尊若
菩薩摩訶薩能如是行為行深般若
波羅蜜須菩提於汝意云何菩薩摩
訶薩如是行是何處行須菩提言世
尊若菩薩摩訶薩如是行為无處所
行何以故若菩薩摩訶薩行般若波
羅蜜住諸法如中无如是念無處无
念者佛告須菩提若菩薩摩訶薩如
是行為何處行須菩提言世尊是菩
薩摩訶薩如是行為第一義中行二
行不可得故須菩提於汝意云何若
菩薩第一義无念中行為行相不不
也世尊於汝意云何是菩薩摩訶薩
壞相不不也世尊佛告須菩提云何
名壞相須菩提言世尊是菩薩摩訶
薩行般若波羅蜜不作是念我當壞

諸法相世尊菩薩摩訶薩行般若波
羅蜜未具足佛十力四無所畏四無
导智大慈大悲十八不共法不得阿
耨多羅三藐三菩提世尊菩薩摩訶
薩以方便力故於諸法亦不取相亦
不壞相何以故世尊是菩薩摩訶薩
知一切諸法自相空故菩薩摩訶薩
住是自相空中為衆生故入三三昧
用三三昧成就衆生須菩提言世尊
云何菩薩摩訶薩入三三昧成就衆
生佛言菩薩住是三三昧見衆生作
法中行菩薩以方便力教令得无作
見衆生我相中行以方便力教令行
空見衆生一切相中行以方便力故
教令行無相如是須菩提菩薩摩訶
薩行般若波羅蜜入三三昧以三三
昧成就衆生

須菩提問佛以初心得無上道為用
後心得若問曰須菩提何因緣故作
是問難答曰須菩提上聞諸法不增
不減心自生疑若諸法不增不減云
何得無上道復次若以如實正行得
无上道惟佛能尒菩薩未斷无明等

煩惱云何能如實正行復次須菩提
此中自說難問因緣所謂初心不至
後心後心不在初心云何增益善根
得無上道如是等因緣故作是問以
初心得後心得佛以深因緣法答所
謂不但以初心得亦不離初心得所
以者何若但以初心得不以後心者
菩薩初發心便應是佛若无初心云
何有第二第三心第二第三心以初
心為根本因緣亦不但後心亦不離
後心若是後心亦不離初心若無初
心則無後心初心集種種无量功德
後心則具足具足故能斷煩惱習得
无上道須菩提此中自說難因緣初
後心數法不俱不俱者則過去已
滅不得和合若無和合則善根不集
善根不集云何成無上道佛以現事
譬喻答如燈炷非獨初焰燋亦不離
初焰非獨後焰燋亦不離後焰而燈
炷燋佛語須菩提汝自見炷燋非初
非後而炷燋我亦以佛眼見菩薩得
無上道不以初心得亦不離初心亦
不以後心得亦不離後心而得無上

道燈辟菩薩道炷喻無明等煩惱焰如初地相應智慧乃至金剛三昧相應智慧焦无明等煩惱炷亦非初心智焰亦非後心智焰而無明等煩惱炷燋盡得成無上道此中佛更解得無上道因緣所謂菩薩從初發心来行般若波羅蜜具足初地乃至十地具十地皆佐助成无上道十地者乾慧地等乾慧地有二種一者聲聞二者菩薩聲聞人獨為涅槃故勤精進持戒心清淨堪任受道或習觀佛三昧或不淨觀或行慈悲無常等觀分別集諸善法捨不善法雖有智慧不得禪定水則不能得道故名乾慧地於菩薩則初發心乃至未得順忍性地者聲聞人從煖法乃至世間第一法於菩薩得順忍愛著諸法實相亦不生邪見得禪定水八人地者從苦法忍乃至道比智忍是十五心於菩薩則是无生法忍入菩薩位見地者初得聖果所謂須陁洹果於菩薩則是阿鞞跋致地薄地者或須陁洹或斯陁含欲界九種煩惱分斷故於菩

薩過阿鞞跋致地乃至未成佛斷諸煩惱餘氣亦薄離欲地者離欲界等貪欲諸煩惱是名阿那含於菩薩離欲因緣故得五神通已作地者聲聞人得盡智无生智得阿羅漢於菩薩成就佛地辟支佛地者先世種辟支佛道因緣今世得少因緣出家亦觀深因緣法成道名辟支佛辟支迦秦言因緣亦名覺菩薩地者從乾慧地乃至離欲地如上說復次菩薩地從歡喜地乃至法雲地皆名菩薩地有人言從一發心来乃至金剛三昧名菩薩地佛地者一切種智等諸佛法菩薩於自地中得具足於他地中觀具足二事具故名具足問曰何以故不說菩薩似辟支佛地答曰餘地不說名字辟支佛地說辟支佛名字故

復次菩薩能分別知衆生可以辟支佛因緣度者是故菩薩以智慧行辟支佛事如首楞嚴經中文殊尸利七十二億反作辟支佛菩薩亦如是滿足九地修集佛法十力四無所

畏等數未具足以修習近佛故名具足以是故言十地具足故得无上道是諸法皆因緣和合故非初亦不離初非後亦不離後而得无上道須菩提尊重是法故歎言世尊是因緣法甚深所謂過去心不滅不住而能增益得无上道是事甚深希有難可信解此心為住為滅耶佛反問須菩提於汝意云何若心滅已更生不者諸法雖畢竟空不生不滅為衆生以六情所見生滅法故問心已滅更生不須菩提言不也世尊何以故心滅已去何當更生若心滅已更生則墮常中若心生是滅相不者上問過去心已今問現在心相名必當滅是故答是滅相何以故生滅是相待法有生必有滅故先無今有已有還无故心滅相是滅不者若心滅相即是滅耶更有滅耶答言不也世尊何以故若即是滅則一心有兩時生時滅時說無常者心不過一念時如阿毗曇經說有生法有不生法有欲生法有不欲生法有滅法有不滅法有欲滅

法有不欲滅法生法現在一心中有二種一者生二者欲滅生非欲滅相欲滅相非生是事不然故言不也當如是住不者若滅相非即是滅者應常住不若常住即是不滅相佛如是憍覆難須菩提理窮故作是念我若言滅相即是滅則一心墮二時若言不滅實是滅相云何言不滅以上二理有過故須菩提自以所證智慧答世尊如是住如如若是心如如住當作實際不者若說心相同如住者如即是實際若尒者心可即作實際不須菩提言不也世尊何以故須菩提久尊重是實際心是虛誑法小乘智慧力少不能觀心即作實際是故言不也問曰若須菩提已說是心如如何以不得作實際答曰如名一切法實相心實相亦名如須菩提心謂凡夫六情所見虛妄顛倒故有過今說心相如實无咎故言如如住今實際即是涅槃須菩提久貴涅槃故不能即以心為涅槃是故言不也復次以實際无相故不得言心即是實際是

如深不者以須菩提言心如如住復言不得作實際是故問如甚深不須菩提不能遍知故答言甚深但如是心不須菩提答言不也世尊何以故如是一相不二相心憶想分別因緣生故是二相如無所知心有所知又復如畢竟清淨故无所知心有所覺知故離如心亦如是何以故一切法皆有如云何離如而有心佛問須菩提如能見如不答如中無分別是知是可知是菩薩不住如法性實際真行深菩薩道佛問須菩提若如是行能行深般若波羅蜜不須菩提自觀小乘淺薄觀大乘法深故答言如是行是為行深般若波羅蜜尒時有未得无生法忍菩薩聞是法則心高自謂出小乘深入大乘佛欲破其高心故問須菩提菩薩如是行為何處行須菩提言如是行為无處所行何以故菩薩住如中无所分別故菩薩聞无處所行或墮斷滅中是故佛復問須菩提菩薩行般若為何處行須菩提言第一義中行第一義相者无有

二相佛語須菩提於汝意云何若菩薩无念行第一義是行取相法不須菩提言不也世尊何以故一切法畢竟空無憶念即不行相佛問須菩提是菩薩壞相得无相不須菩提言不也相從本已来无但為除顛倒故不壞法相佛語須菩提若不壞相云何行無相行須菩提言世尊菩薩不作是念我當破相故行般若是菩薩未具足佛十力等諸佛法以方便力故不作有相不作無相何以故若取相是相皆虛誑妄語有諸過失若破相則墮斷滅中亦多過失是故不取有相不取無相取相即是有法不取相即是無法方便力故離是有無二邊行於中道此中佛自說因緣所謂知一切法自性空故不著有无自相空破一切法相亦自破其相菩薩住是自相空中起三三昧利益衆生衆生於六道中種種作願受身有入不攝心不能修福自放恣隨意造業若墮地獄臨死時冷風逼切則願欲得火便入地獄等三惡道若得為人貧窮下

賤有人攝心能折伏慳貪行布施持戒等善行是人生欲界人天中富樂處有人離欲界除五蓋因信等五根得五枝等諸禪則生色界有人捨諸色相滅有對相不念雜相故入無邊虛空處空色定等是諸所作皆是邪願何以故久久皆當破壞墮落辟如以繩繫鳥繩盡復還菩薩以是無作三昧斷衆生作願又復是身皆空但有筋骨五藏亞塗皮裹不淨充滿風隨心動作是心生滅不住如幻如化无定實相衆生見是來去語言諸相故謂有人有我有我所起顛倒心但憶想分別故有是錯謬菩薩以空三昧斷衆生我我所心令住空中又復衆生取諸男女色聲香味好醜脩短相以取故生種種煩惱受諸憂苦菩薩以是無相三昧斷衆生諸相令住无相問曰若教化衆生令得空便足何用无相無作三昧荅曰衆生根有利鈍利根者聞空即得無相无作鈍根者聞空破諸法即取空相是故說無相若人雖知空无相因是智慧更

欲作身是有為法有種種過患是故不應作身如經說離菩薩身餘身彈指頃不可樂何況久住是故說無作是以因緣故見說三三昧教化衆生

大智度論釋夢中入三昧品第五十八

尒時舍利弗問須菩提若菩薩摩訶薩夢中入三三昧空无相无作三昧寧有益於般若波羅蜜不須菩提報舍利弗若菩薩晝日入三三昧有益於般若波羅蜜夜夢中亦當有益何以故晝夜夢中等无異舍利弗若菩薩摩訶薩晝日行般若波羅蜜有益是菩薩夢中行般若波羅蜜亦應有益舍利弗問須菩提菩薩摩訶薩若夢中所作業是業有集成不如佛說一切法如夢以是故不應集成何以故夢中无有法集成若覺時憶想分別應有集成須菩提語舍利弗若人夢中殺衆生覺已憶念取相分別我殺是快耶舍利弗是事云何舍利弗言無緣業不生無緣思不生有緣業生有緣思生舍利弗如是如是無緣業不生无緣思不生有緣業生有

緣思生於見聞覺知法中心生不從不見聞覺知法中心生是中心有淨有垢以是故舍利弗有緣故業生不從無緣生有緣思生不從無緣生舍利弗語須菩提如佛說一切諸業者思自相離云何言有緣業生无緣不生有緣思生无緣不生須菩提語舍利弗取相故有緣業生不從无緣生取相故有緣思生不從无緣生舍利弗語須菩提若菩薩摩訶薩夢中布施持戒忍辱精進禪定修智慧是善根福德迴向阿耨多羅三藐三菩提是實迴向不須菩提語舍利弗弥勒菩薩今現在前佛授不退轉記當作佛當問弥勒弥勒當荅舍利弗白弥勒菩薩須菩提言弥勒菩薩今現在前佛受不退轉記當作佛弥勒當荅弥勒菩薩語舍利弗當以弥勒名荅若色受想行識荅若色空荅若受想行識空荅是色不能荅受想行識不能荅色空不能荅受想行識空不能荅我不見是法可荅能荅者我不見是人授記亦不見法可授記者亦不

見授記處是一切法皆無二无別舍利弗語弥勒菩薩如仁者所記如是為得法作證不弥勒荅舍利弗如我所說法如是不證尒時舍利弗作是念弥勒菩薩智慧甚深久行檀波羅蜜尸羅波羅蜜羼提波羅蜜毗黎耶波羅蜜禪波羅蜜般若波羅蜜用无所得故能如是說尒時佛告舍利弗於汝意云何汝用是法得阿羅漢見是法不舍利弗言不見也舍利弗菩薩摩訶薩行般若波羅蜜亦如是不作是念是法當得授記是法已授記是法當得阿耨多羅三藐三菩提如是舍利弗菩薩摩訶薩行般若波羅蜜不疑我若得若不得自知實得阿耨多羅三藐三菩提

問曰舍利弗何以以夢難菩薩三三昧荅曰以夢虛誑如狂非實見故是三三昧是實法又復餘處說夢中亦有三種善不善无記若菩薩善心行三三昧應得福德然夢是狂癡法不應於中行實法得果報若有實法不名為夢以是故問若菩薩夢中行三

三昧增益般若波羅蜜福德集善根近佛道不須菩提意若言有益夢是虛誑般若是實法云何得增益若言无益夢中有善云何無益不得荅言有益無益是故須菩提離此二邊難故是諸法實相荅尚破畫日所行何況夢中作是言舍利弗菩薩若晝日行般若有益者夜亦應有益而晝日無益故何況夢中何以故般若波羅蜜不分別有晝夜舍利弗聞須菩提所說既知般若无增無減不應復難今更因餘事問夢中須菩提若夢中所作業是業有集成不集成者是業實集能成果報不是業若有實佛常說一切法空如夢不應得集成何以故是夢心微弱故不能集成畫日微弱心尚不能集成何況夢中若覺已分別夢中生善不善心是應集成須菩提語舍利弗如人夢中殺人覺已分別殺是快耶舍利弗是業云何為集成不舍利弗語須菩提一切業若晝若夢皆從因緣生无因緣則不生須菩提可其言如是業有因緣生

無因緣不生思有因緣生無因緣不生業者身口業思者但意業思是真業身口業為思故名為業是三業因四種法若見若聞若覺若知因此四種則心生是心隨因緣生或淨或不淨不淨罪業淨福業是故若夢中所見皆因先見聞覺知夢中所作善惡為眠覆心不自在故无有勢力不能集成果報若是業得覺時善惡心和合故能助成果報須菩提意謂夢中業實有集成何以故有因緣起故晝日心夢中心無異所以者何皆因四種生故舍利弗以空難須菩提如佛說一切諸業自相離汝云何定說諸業有因緣生無因緣不生須菩提荅諸法雖空遠離相而凡夫取相有緣故業生若不取相無緣則不生是故一切業皆從取相因緣生故有晝日夢中无異舍利弗復問若菩薩夢中行六波羅蜜迴向無上道是實迴向不舍利弗難若夢中晝日無異者是夢中迴向應當是實又復若晝日者心取相不名為迴向何況眠睡覆心

須菩提以此工難深難荅故語舍利弗當問弥勒問曰弥勒何以但說空而不荅荅曰是二大弟子為利益菩薩故分別覺夢若同若異以佛常說一切法如故若晝日行道夢中亦應行道弥勒知見二人各有所執不能通達故是故弥勒不荅復有人言弥勒以是空荅舍利弗問弥勒如所說空以此為證不舍利弗意若以此法為證即欲生難云何為證若不證汝自云得不知云何能說弥勒意汝以涅槃為證我以涅槃亦空无所得故不證有人言弥勒未具足佛法故說言不證菩薩法應知空無相无作法不應證尒時舍利弗作是念弥勒菩薩其智甚深能如是說能知涅槃相而不取證是名甚深此中舍利弗自說因緣久行六波羅蜜故其智甚深舍利弗意弥勒次當作佛應當能荅而今不荅是故佛還問舍利弗於汝意云何汝見用是法得阿羅漢不舍利弗言不見何以故是法空无相無作云何得見若見即是有相肉眼天眼分別取相故不應見慧眼无分別相故亦不見以是故言不見佛言菩薩摩訶薩亦如是得無生忍時不作是言是法得授記當得无上道雖不作是見亦不生疑我不得無上道如汝雖不見法亦不疑我成阿羅漢不成阿羅漢

佛告須菩提有菩薩摩訶薩行檀波羅蜜時若見衆生飢寒凍餓衣服弊壞菩薩當作是願我隨尒所時行檀波羅蜜我得阿耨多羅三藐三菩提時令我國土衆生无如是事衣服飲食資生之具當如四天王天三十三天夜摩天兜率陁天他化自在天須菩提菩薩摩訶薩作如是行能具足檀波羅蜜近阿耨多羅三藐三菩提復次須菩提菩薩摩訶薩行尸羅波羅蜜時見衆生殺生乃至邪見短壽多病顏色不好无有威德貧乏財物生下賤家形殘醜陋當作是願我隨尒所時行尸羅波羅蜜如我得佛時令我國土衆生无如是事須菩提菩薩摩訶薩作如是行能具足尸羅波羅蜜近阿耨多羅三藐三菩提復次須菩提菩薩摩訶薩行羼提波羅蜜時見諸衆生共相瞋恚罵詈刀杖瓦石共相殘害奪命當作是願我隨尒所時行羼提波羅蜜令我國土衆生無如是事相視如父如母如兄如弟如姊如妹如善知識皆行慈悲須菩提菩薩摩訶薩作如是行能具足羼提波羅蜜近阿耨多羅三藐三菩提復次須菩提菩薩摩訶薩行毗棃耶波羅蜜時見衆生懈怠不勤精進棄捨三乘聲聞辟支佛佛乘當作是願我隨尒所時行毗棃耶波羅蜜如我得阿耨多羅三藐三菩提時令我國土衆生無如是事一切衆生勤修精進於三乘道各得度脫須菩提菩薩摩訶薩作如是行能具足毗棃耶波羅蜜近阿耨多羅三藐三菩提復次須菩提菩薩摩訶薩行禪波羅蜜時見衆生為五蓋所覆婬欲瞋恚睡眠掉悔疑失於初禪乃至第四禪失慈悲喜捨虛空處識處無所有處非有想非無想處當作是願我隨尒所時

行禪波羅蜜如我得阿耨多羅三藐三菩提時令我國土衆生无如是事須菩提菩薩摩訶薩作如是行能具足禪波羅蜜近阿耨多羅三藐三菩提復次須菩提菩薩摩訶薩行般若波羅蜜時見衆生愚癡失世間出世間正見或說無常无業因緣或說神常或說斷滅或說无所有當作是願我隨尒所時行般若波羅蜜淨佛世界成就衆生如我得阿耨多羅三藐三菩提時令我國土衆生無如是事須菩提菩薩摩訶薩作如是行能具足般若波羅蜜近一切種智復次須菩提菩薩摩訶薩行六波羅蜜時見衆生住於三聚一者必正聚二者必邪聚三者不定聚當作是願我隨尒所時行六波羅蜜淨佛世界成就衆生我得佛時令我國土衆生无邪聚乃至無其名須菩提菩薩摩訶薩作如是行能具足六波羅蜜近一切種智復次須菩提菩薩摩訶薩行六波羅蜜時見地獄中衆生畜生餓鬼中衆生當作是願我隨尒所時行六波羅蜜淨佛世界成就衆生我得佛時令我國土中乃至无三惡道名須菩提菩薩摩訶薩作如是行能具足六波羅蜜近一切種智

復次須菩提菩薩摩訶薩行六波羅蜜時見是大地株杌荊棘山陵溝坑穢惡之處當作是願我隨尒所時行六波羅蜜淨佛世界成就衆生我作佛時令我國土无如是惡地平如掌須菩提菩薩摩訶薩作如是行能具足六波羅蜜近一切種智復次須菩提菩薩摩訶薩行六波羅蜜時見是大地純土無有金銀珎寶當作是願我隨尒所時行六波羅蜜淨佛世界成就衆生我作佛時令我國土以金沙布地須菩提菩薩摩訶薩作如是行能具足六波羅蜜近一切種智復次須菩提菩薩摩訶薩行六波羅蜜時見衆生有所戀著當作是願我隨尒所時行六波羅蜜淨佛世界成就衆生我作佛時令我國土衆生無所戀著須菩提菩薩摩訶薩作如是行能具足六波羅蜜近阿耨多羅三藐三菩提復次須菩提菩薩摩訶薩行六波羅蜜時見四姓衆生刹帝利婆羅門鞞舍陁羅當作是願我隨尒所時行六波羅蜜淨佛世界成就衆生我作佛時令我國土衆生無四姓之名須菩提菩薩摩訶薩作如是行能具足六波羅蜜近阿耨多羅三藐三菩提復次須菩提菩薩摩訶薩行六波羅蜜時見衆生有下中上生下中上家當作是願我隨尒所時行六波羅蜜淨佛世界作是願我隨尒所時行六波羅蜜淨佛世界成就衆生我作佛時令我國土衆生無如是優劣須菩提菩薩摩訶薩作如是行能具足六波羅蜜近一切種智復次須菩提菩薩摩訶薩行六波羅蜜時見衆生種種別異色當作是願我隨尒所時行六波羅蜜淨佛世界成就衆生我作佛時令我國土衆生無種種別異色一切衆生皆端政淨潔妙色成就須菩提菩薩摩訶薩作如是行能具足六波羅蜜近一切種智復次須菩提菩薩摩訶薩行六波羅蜜

時見衆生有主當作是願我隨尒所時行六波羅蜜淨佛世界成就衆生我作佛時令我國土衆生无有主名乃至無其形像除佛法王須菩提菩薩摩訶薩作如是行能具足六波羅蜜近一切種智復次須菩提菩薩摩訶薩行六波羅蜜時見衆生有六道別異當作是願我隨尒所時行六波羅蜜淨佛世界成就衆生我作佛時令我國土衆生無六道之名是地獄是畜生是餓鬼是神是天是人一切衆生皆同一業修四念處乃至八聖道分須菩提菩薩摩訶薩作如是行能具足六波羅蜜近一切種智復次須菩提菩薩摩訶薩行六波羅蜜時見衆生有四生卵生胎生濕生化生當作是願我隨尒所時行六波羅蜜淨佛世界成就衆生我作佛時令我國土衆生无三種生等一化生須菩提菩薩摩訶薩作如是行能具足六波羅蜜近一切種智復次須菩提菩薩摩訶薩行六波羅蜜時見衆生無五神通當作是願我隨尒許時行六

波羅蜜淨佛世界成就衆生我作佛時令我國土衆生一切皆得五神通乃至近一切種智復次須菩提菩薩摩訶薩行六波羅蜜時見衆生有大小便患當作是願我作佛時令我國土衆生皆以法喜為食无有便利之患乃至近一切種智復次須菩提菩薩摩訶薩行六波羅蜜時見衆生無有光明當作是願令我國土衆生皆有光明乃至近一切種智復次須菩提菩薩摩訶薩行六波羅蜜時見有日月時節歲數當作是願我作佛時令我國土中無有日月時節歲數之名乃至近一切種智復次須菩提菩薩摩訶薩行六波羅蜜時見衆生短命當作是願我作佛時令我國土中衆生壽命無量劫乃至近一切種智復次須菩提菩薩摩訶薩行六波羅蜜時見衆生无有相好當作是願我作佛時令我國土衆生皆有三十二相成就乃至近一切種智復次須菩提菩薩摩訶薩行六波羅蜜時見衆生離諸善根當作是願我作佛時令

我國土中衆生諸善根成就以是福德供養諸佛乃至近一切種智復次須菩提菩薩摩訶薩行六波羅蜜時見衆生有三毒四病當作是願我作佛時令我國土衆生無四種病冷熱風病三種雜病及三毒病乃至近一切種智復次須菩提菩薩摩訶薩行六波羅蜜時見衆生有三乘當作是願我作佛時令我國土中衆生無二乘之名純一大乘乃至近一切種智復次須菩提菩薩摩訶薩行六波羅蜜時見衆生有增上慢當作是願我作佛時令我國土中衆生无增上慢之名乃至近一切種智復次須菩提菩薩摩訶薩行六波羅蜜時應作是願若我光明壽命有量僧數有限當作是願我行六波羅蜜淨佛世界成就衆生我作佛時令我光明壽命無量僧數無限乃至近一切種智復次須菩提菩薩摩訶薩行六波羅蜜時應作是願若我國土有量當作是願我隨尒所時行六波羅蜜淨佛世界成就衆生我作佛時令我一國土如

恒河沙等諸佛世界須菩提菩薩摩訶薩作如是行能具足六波羅蜜近一切種智復次須菩提菩薩摩訶薩行六波羅蜜時當作是念雖生死道長衆生性多尒時應如是正憶念生死邊如虚空衆生性邊亦如虚空是中實无生死往来亦無解脱者菩薩摩訶薩作如是行能具足六波羅蜜近一切種智

問曰有何次第故説菩薩見衆生飢寒凍餓等荅曰菩薩過聲聞辟支佛地得无生法忍授記更无餘事唯行浄佛世界成就衆生今説浄佛世界因縁見不浄世界相願我國土無如是事是故次第説是事菩薩行檀波羅蜜時若見衆生飢渴求服弊壊即作念言我福徳智慧未成就不能給足衆生所須若我但行慈悲心則於衆生無益我當尒所時深行三種福徳住三種福徳中能令貧窮衆生皆得滿足若作轉輪聖王若作天王若作神通聖人則能多引導衆生破其慳貪令住布施以是衆生布施乃至

菩薩布施因縁故後成佛時國土中無有貧窮者心生隨意所得如欲界第六天所有諸物菩薩如是隨尒所時積集檀波羅蜜功徳故充滿一切何以故一切有為法屬因縁行善因縁具足故皆隨意得果報復次衆生破尸羅波羅蜜因縁故短命多病无有威徳等菩薩作是願我自具足持戒亦教衆生令持戒餘殘諸願亦如是隨義分別宜後願義不明了今當略説菩薩作如是上願已疲猒心起佛道无量無數阿僧祇劫行諸功徳然後可得但一劫歳數不可得數故佛以辟喻示人何況无量无邊阿僧祇劫經此生死受諸苦惱衆生亦无量無邊非可辟喻筭數所及但以三千大千世界中微塵等衆生猶尚難度何況十方无量世界微塵等衆生而可得度以是事故或心生退没是名邪憶念是故佛教是菩薩正憶念生死雖長是事皆空如虚空如夢中所見非實長遠不應生猒心又未来世亦是一念所縁亦非長遠復次菩

薩無量福徳智慧力故能超无量劫如是種種因縁故不應生猒心此中佛説大因縁所謂生死如虚空衆生亦如是衆生雖多亦无定實衆生如衆生无量無邊佛智慧亦无量無邊度亦不難是故菩薩不應生疲猒心

大智度論釋恒伽提婆品第五十九

尒時有一女人字恒伽提婆在衆中坐是女人從坐起偏袒右肩右膝著地合手白佛言世尊我當行六波羅蜜取浄佛世界如般若波羅蜜中所説我盡當行是時女人以金銀華及水陸生華種種荘嚴供養之具金縷織成疊兩張以散佛上散已於佛頂上虚空中化成四柱寶臺端正嚴好是女人持是功徳與一切衆生共之迴向阿耨多羅三藐三菩提尒時世尊知是女人深心因縁即時微笑如諸佛法種種色光從口中出青黄赤白紅縹遍照十方无量無邊佛國還遶佛三帀從頂上入尒時阿難從座起右膝著地合手白佛佛何因縁微笑諸佛法不以无因縁而笑佛告阿難

是恒伽提婆姊未来世中當作佛劫名星宿佛号金花阿難是女人畢女身受男子形當生阿閦佛阿毗羅提國土於彼淨修梵行阿難是菩薩在彼國土亦号金花是金華菩薩於彼壽終復至他方佛國從一佛國土至一佛國不離諸佛辟如轉輪聖王從一觀至一觀從生至終足不蹈地阿難是金花菩薩摩訶薩亦如是從一佛國至一佛國乃至阿耨多羅三藐三菩提未曾不見佛時阿難作是念言是金華菩薩摩訶薩後作佛時諸菩薩摩訶薩會當知為如佛會佛知阿難意所念告阿難言如是如是金花佛時菩薩摩訶薩會當知為如佛會阿難是金花佛比丘僧无量无邊不可數不可數若千百千万億那由他阿難是金花菩薩作佛時其國土無有是諸衆惡如上所說阿難白佛言世尊是女人從何處殖德本種善根佛告阿難是女人從然燈佛種善根初發阿耨多羅三藐三菩提心是功德迴向阿耨多羅三藐三菩提亦以金華散然燈佛上求阿耨多羅三藐三菩提阿難如我尒時以五華散然燈佛上求阿耨多羅三藐三菩提然燈佛知我善根成就與我受阿耨多羅三藐三菩提記是女人聞我受記發心言我當来世亦如是菩薩得受阿耨多羅三藐三菩提記阿難當知是女人於然燈佛初發心阿難白佛言世尊是女人久習行阿耨多羅三藐三菩提佛言如是如是是女人久習行阿耨多羅三藐三菩提

問曰如是大衆聞說淨國土行何以但一女人取淨國土願荅曰多有發淨國土願者但不發言女人性輕躁好勝世世習氣故發言復次有人言女人有得道分餘人無分佛法不然隨衆生業因緣辟如良藥療治諸病不擇貴賤雖復女人淺智而先世業因緣應得受記心生欲說故佛聽自說復次若佛默然與受記者人則生疑有何因緣故獨與此女受記是故佛因其自說故而與受記問曰何以名為恒伽提婆荅言一切皆有名字為識故何足求義有人言是女父母供養恒伽神得此女故言恒伽提婆恒伽是河名提婆名天是女人福德因緣生於冨家聞佛法信樂故能以金銀寶華金縷織成上下衣并莊嚴自身瓔珞具用供養上佛佛報以受記觀是女人宿世所行便微笑微笑義如先說此中小因緣而起大事故佛微笑問曰是女福德應久轉女人何以方於阿閦佛國乃轉女身荅曰世間五欲難斷女人著欲情多故雖世世行諸福德不能得男子身今得受記諸煩惱折薄是故於阿閦佛國方得男子身有人言此女宿世以人多輕女人故願女身受記如是等因緣不轉女身而得受記復次經說女人五㝵不說不得受記是故不應生難阿難聞是女人無量劫中從一佛國至一佛國廣集功德當来得淨佛世界其中菩薩皆有三十二相八十種隨形好無量光明是故阿難歎未曾有能如是淨國土便為佛會佛可其言已阿難等疑此女人希有聞

少法而得大果報，是故難問，是女人從何處殖諸德本？佛答：定光佛授我記時，是女人持金華散佛，彼作是願：此人後成佛時，亦當受與我記，從彼種善根，今得果報。

大智度論第七十五卷　第三十三張　端字号

大智度論卷第七十五

大智度論卷七十五

校勘記

一　底本，金藏廣勝寺本。

一　三四〇頁中一行驗名，石無（未換卷）；資、磧、普、南、徑、清作「大智度論卷第七十五」。

一　三四〇頁中三行與四行之間，資有「釋第五十七品下」，並夾註「訖五十九品」；磧、普、南有「釋第五十七品下」，並夾註「訖第五十九品」；徑、清有「釋深奧品第五十七之下」。

一　三四〇頁中四行首字「須」，石、磧、普、南、徑、清、麗冠以（經）。

一　三四〇頁中一七行「如是」，石、麗作「亦如是」。

一　三四〇頁下七行第七字「地」，石作「諸地」。

一　三四〇頁下末行第二字「提」，諸本作「提言」。

一　三四一頁上三行第七字「深」，石、資、磧、普、南、徑、清作「甚深」。

一　三四一頁上三行第一一字「深」，石、麗作「甚深」；資、磧、普、南、徑、清作「甚深甚深」。

一　三四一頁上一四行「無處」，諸本作「無念處」。

一　三四一頁上一八行首字「行」，石、磧、普、南、徑、清作「相」。

一　三四一頁上二〇行「世尊」，石、麗作「世尊佛告須菩提」。

一　三四一頁上二二行「壞相」，諸本作「不壞相」。

一　三四一頁中一二行及一三行「方便力」，石、麗作「方便力故」。

一　三四一頁中一八行首字「須」，石、磧、普、南、徑、清、麗冠以（論）。

一　三四一頁下二〇行「自見」，磧、普、南、徑、清作「目見」。

一　三四二頁上八行首字「具」，諸本作「是」。

一　三四二頁上一一行第三字「心」，

資、磧、普、南、徑、清無。

一　三四二頁上一九行第七字「智」，磧、普、南、徑、清無。

一　三四二頁中六行第一一字「生」，諸本無。

一　三四二頁中九行「秦言因緣亦名覺」，石作夾註。

一　三四二頁中一四行第九字「得」，石、麗作「行」。

一　三四二頁中一四行第一三字「他」，資、磧、普、南、徑、清作「地」。

一　三四二頁下一行第三字「數」，諸本作「雖」。

一　三四二頁下一行第一一字「佛」，石、麗作「佛道」。

一　三四二頁下一五行「名必當滅」，石、磧、普、南、徑、清、麗作「當滅不」。

一　三四三頁上六行「幡覆」，資、磧、普、南、徑、清作「飜覆」；麗作「翻覆」。

一　三四三頁上一〇行第六、七字「如如」，石、磧、普、南、徑、清、麗作「如如住」。

一　三四三頁中一行第二字「深」，資、磧、普、南、徑、清作「甚深」。

一　三四三頁中二行第一〇字「如」，石、麗作「如是」。

一　三四三頁中六行第二字「故」，石作「故心」。

一　三四三頁中一一行末字「真」，資、磧、普、南、徑、清作「直」。

一　三四三頁下四行第六字「即」，石、麗作「即是」。

一　三四三頁下一五行第一一字「有」，資無。

一　三四四頁上五行「離相」，石作「異相」。

一　三四四頁上六行第四字「空」，諸本作「無」。

一　三四四頁上一七行第三字「取」，諸本作「取相」。

一　三四四頁中四行「是以」，石、麗作「以是」；資、磧、普、南、徑、清作「是以是」。

一　三四四頁中四行末字「生」後，石有夾註「釋第五十七品竟」，並換卷，爲卷第七十九始。

一　三四四頁中五行品名，石作「摩訶般若波羅蜜經夢中入三昧品第五十八釋」；資、磧、普、南作「大智度論釋夢行品第五十八」；徑、清作「釋夢行品第五十八」。

一　三四四頁中六行首字，三四九頁下八行首字「介」，石、磧、普、南、徑、清、麗冠以「經」。

一　三四四頁中一一行「无異」，麗作「无異故」。

一　三四四頁下四行「有緣」，石、麗作「有緣故」。

一　三四四頁下五行末字「者」，諸本作「諸」。

一　三四四頁下六行及七行「有緣」，諸本作「有緣故」。

一　三四四頁下七行「不生」，資、磧、普、南、徑、清作「思不生」。

一 三四四頁下一七行第三字「受」，資、磧、普、南、徑、清作「授」。
一 三四四頁下一八行末字及一九行第七字、第一一字「答」，諸本作「答耶」。
一 三四四頁下二〇行第四字「答」，石、資、磧、普、南、徑、清作「答耶」。
一 三四四頁下二二行「能答者」，石、磧、普、南、徑、清、麗作「不見能答者」。
一 三四四頁下末行，三四五頁上一行，一二行「授記」，資、磧、普、南、徑、清作「受記」。
一 三四五頁上二行第一二字「記」，石、磧、普、南、徑、清、麗作「說」。
一 三四五頁上一七行，三四九頁上一〇行，三五〇頁中一二行「問曰」，石、磧、普、南、徑、清、麗冠以〔論〕。
一 三四五頁上一七行「何以以」，石、麗作「何以故」。
一 三四五頁中六行第二字「是」，諸本作「以」。

一 三四五頁中六行第七字「答」，資、磧、普、南、徑、清作「益」。
一 三四五頁中八行第二字「行」，石作「所行」。
一 三四五頁中一三行「是業有集成不集成者」，石作「有集成不集成者有不集成者」；資作「是業有集成者有不集成者」；磧、普、南、徑、清作「是業有集成者」。
一 三四五頁中一七行末字「覺」，石、麗作「夢覺」。
一 三四五頁中二〇行第四字「殺」，石、磧、普、南、徑、清、麗作「我殺」。
一 三四五頁下一六行末字「緣」，石、麗作「因緣」。
一 三四五頁下一七行「無緣」，諸本作「因緣」。
一 三四六頁上五行第四字「如」，諸本作「如夢」。
一 三四六頁上七行第三字「故」，資、磧、普、南、徑、清無。
一 三四六頁上一一行第二字「云」，石、磧、普、南、徑、清、麗作「不」。
一 三四六頁中四行「是法」，諸本作「見是法」。
一 三四六頁中八行首字「佛」，石、磧、普、南、徑、清、麗冠以〔經〕。
一 三四六頁中一四行第八字「天」，諸本作「天化樂天」。
一 三四六頁下五行第八字「蜜」，石、麗作「蜜我作佛時」。
一 三四七頁上二行「國土」，石作「國土中」。
一 三四七頁上七行第七字「常」，石、磧、普、南、徑、清、麗作「業」。
一 三四七頁上九行末字至一〇行首字「世界」，石作「國土」，下同。
一 三四七頁上一八行末字「聚」，石作「定聚」。
一 三四七頁上一九行第四字「其」，石作「有」。
一 三四七頁上末行第一二字「行」，資作「得行」。
一 三四七頁中四行第四字「近」，石

作「疾近」。

一　三四七頁中六行第八字「杌」，資、磧、普、南、徑、清、麗作「机」。

一　三四七頁下三行「陁羅」，石、磧、普、南、清、麗作「首陀羅」。

一　三四七頁下一一行第九字至一二行第一一字「作是願我隨尒所時行六波羅蜜淨佛世界」，諸本無。

一　三四八頁上四行第四字「其」，石作「有」；磧、普、南、徑、清作「異」。

一　三四八頁上一四行第八字「近」，資、磧、普、南、徑、清作「疾近」。

一　三四八頁上末行第一一字「許」，諸本作「所」。

一　三四八頁中二行「一切」，石無。

一　三四八頁中六行第六字「法」，資、磧、普、南、徑、清作「歡」。

一　三四八頁中九行第七字「願」，石、麗作「願我作佛時」。

一　三四八頁中二〇行及下五行「國土」，諸本作「國土中」。

一　三四八頁下二行「供養」，磧、普、南、徑、清作「能供養」。

一　三四九頁上一七行第四字「我」，石、麗作「我今」。

一　三四九頁上末行「乃至」，石作「及」。

一　三四九頁中六行第五字「皆」，資、磧、普、南、徑、清作「皆應」。

一　三四九頁中一一行「如是上願」，石作「是願」；資、磧、普、南、徑、清作「如上願」。

一　三四九頁中一六行第一三字「以」，資、磧、普、南、徑、清作「如」。

一　三四九頁下六行末字「心」後，石有夾註「釋第五十八品竟」。

一　三四九頁下七行品名，石作「摩訶般若波羅蜜經恒伽提婆品第五十九釋」；資、磧、普、南作「大智度（資無「度」）論釋河天品第五十九」；徑、清作「釋河天品第五十九」，並夾註「經作恒伽提婆品」。

一　三四九頁下一〇行及二二行「合手」，石、麗作「合掌」。

一　三四九頁下一四行第三字「疊」，石、磧、普、南、徑、清作「氎」。

一　三四九頁下一六行「功德與」，磧、普、南作「功功德」。

一　三五〇頁上六行第一三字「土」，諸本無。

一　三五〇頁上七行「不離」，石作「常不離」。

一　三五〇頁上一四行第一三字「是」，石、麗作「是是」。

一　三五〇頁上一九行「是諸」，石無。

一　三五〇頁上二一行第八字「人」，資、磧、普、南、徑、清無。

一　三五〇頁上二一行及本頁中八行「然燈佛」，石、麗作「然燈佛所」。

一　三五〇頁上二二行末字「是」，諸本作「以是」。

一　三五〇頁中四行第一二字「受」，磧、普、南、徑、清作「授」。

一　三五〇頁中五行末字至六行首字，二〇行，二一行，二二行，下六行末字至七行首字，一三行「受記」，磧、普、南、徑、清作「授記」。

一 三五〇頁中一六行「女人」，石、麗作「大人」。

一 三五〇頁中末行「答言」，諸本作「答曰」。

一 三五〇頁下一行第一二字「女」，資、磧、普、南、徑、清作「女人」。

一 三五〇頁下九行「女人」，石作「女人身」。

一 三五〇頁下二二行第七字「淨」，石、麗作「淨佛」。

一 三五〇頁下二二行「佛會」，石、磧、普、南、徑、清、麗作「如佛會」。

一 三五一頁上一行第一〇字「難」，石、資、磧、普、南、徑、清作「阿難」。

一 三五一頁上二行「定光佛」，資、磧、普、南、徑、清作「錠光佛」。

一 三五一頁上四行第九字「受」，資、磧、普、南、徑、清作「授」。

一 三五一頁上五行第七字「報」後，石有夾註「釋第五十九品竟」。

一 三五一頁上六行經名卷次，石無（未換卷）。

大智度論釋學空不證品第六十 卷七十六 端

聖者龍樹造

後秦龜茲國三藏鳩摩羅什譯

須菩提白佛言世尊若菩薩摩訶薩欲行般若波羅蜜云何學空三昧云何入空三昧云何學無相無作三昧云何入無相无作三昧云何學四念處云何修四念處乃至云何學八聖道分云何修八聖道分佛告須菩提菩薩摩訶薩行般若波羅蜜時應觀色空受想行識空十二入十八界乃至應觀欲色无色界空作是觀時不令心乱是菩薩摩訶薩若心不乱則不見是法若不見是法則不作證何以故是菩薩摩訶薩善學自相空故不有餘不有分證法證者不可見須菩提白佛言世尊如佛所說菩薩摩訶薩不應空法作證世尊云何菩薩住空法中而不作證佛告須菩提若菩薩摩訶薩具足觀空先作是願我今不應空法作證我今學時非是證時菩薩摩訶薩不專攝心繫在緣中

是故菩薩摩訶薩於阿耨多羅三藐三菩提中不退亦不取漏盡證須菩提菩薩摩訶薩如是大善妙法成就何以故住是空中作是念我今是學時非是證時須菩提菩薩摩訶薩應如是念我是學檀波羅蜜時非是證時學尸羅波羅蜜羼提波羅蜜毗黎耶波羅蜜禪波羅蜜時修四念處時乃至修八聖道分時非是證時修空三昧无相三昧無作三昧時非是證時修佛十力四無所畏四无㝵智十八不共法大慈大悲時非是證時我今學一切種智時非是得須陁洹果證乃至阿羅漢辟支佛道證時如是須菩提菩薩摩訶薩行般若波羅蜜學空觀住空中學无相無作觀住无相无作中修四念處不證四念處乃至修八聖道分不證八聖道分是菩薩雖學三十七品雖行三十七品而不作須陁洹果證乃至辟支佛道須菩提譬如壯夫勁勇猛健善於兵法六十四能堅持器仗安立不動巧諸伎術端正淨潔人所愛敬少修事

業得報利多以是因緣故衆所恭敬尊重讃歎見人敬重倍復歡喜少有因緣當至他處扶將老弱過諸險難恐怖之處安慰父母晩諭子孫莫有恐懼我能過此必无所畏嶮難道中多有怨賊潜伏劫害其人智力具足故能度惡道還歸本處不遇賊害歡喜安樂須菩提菩薩摩訶薩亦如是於一切衆生中慈悲喜捨心遍滿足尒時菩薩摩訶薩住四無量心具足六波羅蜜不取漏盡證學一切種智入空无相無作解脱門是時菩薩不隨一切諸相亦不證無相三昧以不證無相三昧故不墮聲聞辟支佛地須菩提辟如有翼之鳥飛騰虚空而不墮墜雖在空中亦不住空須菩提菩薩摩訶薩亦如是學空解脱門學无相無作解脱門亦不作證以不證故不墮聲聞辟支佛地未具足佛十力大慈大悲無量諸佛法一切種智亦不證空无相無作解脱門須菩提辟如健人學諸射法善於射術仰射空中復以後箭射於前箭箭箭相拄

不令箭墮隨意自在若欲令墮便止後箭尒乃墮地須菩提菩薩摩訶薩亦如是行般若波羅蜜以方便力故為阿耨多羅三藐三菩提諸善根未具足不於實際作證若善根成就是時便於實際作證以是故須菩提菩薩摩訶薩行般若波羅蜜時應如是觀諸法法相須菩提白佛言世尊菩薩摩訶薩所為甚難何以故雖學是諸法相學實際學如學法性學畢竟空乃至學自相空及三解脱門終不中道墮落世尊是甚深有佛告須菩提是菩薩摩訶薩不捨一切衆生故作如是願須菩提若是菩薩摩訶薩作是念我不應捨一切衆生衆生没在无所有法中我應當度尒時即入空解脱門无相解脱門無作解脱門須菩提當知是菩薩摩訶薩成就方便力未得一切種智行是解脱門亦不中道取實際證復次須菩提菩薩摩訶薩欲觀是諸甚深法所謂内空乃至无法有法空四念處乃至三解脱門尒時菩薩摩訶薩應生如是心是

諸衆生長夜行我相乃至知者見者相著於得法為衆生斷是諸相故得阿耨多羅三藐三菩提當說法尒時菩薩行空解脱門無相无作解脱門亦不取實際證以不證故不墮須陁洹果乃至辟支佛道須菩提菩薩摩訶薩以是心欲成就善根故不中道實際作證不失四禪四無量心四無色定四念處乃至八聖道分空無相无作佛十力四無所畏四无㝵智大慈大悲十八不共法是時菩薩摩訶薩成就一切助道法乃至阿耨多羅三藐三菩提終不耗減是菩薩有方便力故常增益善法諸根通利勝於阿羅漢辟支佛根復次須菩提若菩薩摩訶薩作是念衆生長夜著四顛倒常相樂相淨相我相為是衆生故求薩婆若我得阿耨多羅三藐三菩提時為說无常法苦不淨无我法是菩薩成就是心以方便力行般若波羅蜜不得佛三昧未具足佛十力四无所畏四無㝵智大慈大悲十八不共法亦不實際作證尒時菩薩修无

作解脫門雖未得阿耨多羅三藐三
菩提亦不實際作證復次須菩提若
菩薩摩訶薩作是念衆生長夜著得
法所謂我衆生乃至知者見者是色
是受想行識是入是界是四禪四无
量心四无色定我如是行如我得阿
耨多羅三藐三菩提時令衆生无是
得法菩薩是心成就以方便力行般
若波羅蜜未具足佛十力四无所畏
四無㝵智大慈大悲十八不共法不
於實際作證尒時菩薩具足修空三
昧復次須菩提若菩薩摩訶薩作是
念衆生長夜行諸相所謂男相女相
色相无色相我如是行如我得阿耨
多羅三藐三菩提時令衆生无是諸
相過失是心成就以方便力行般若
波羅蜜未具足佛十力乃至十八不
共法不於實際作證尒時菩薩摩訶
薩具足修无相三昧須菩提若菩薩
摩訶薩學六波羅蜜學內空乃至无
法有法空學四念處乃至空无相無
作解脫門學佛十力四無所畏四無
㝵智大慈大悲學十八不共法如是

智慧成就若著作法若住三界無有
是處是菩薩摩訶薩學助道法行助
道法時應當試問菩薩摩訶薩欲得
阿耨多羅三藐三菩提云何學是法
觀空不證實際以不證故不墮須陁
洹果乃至辟支佛道觀无相无作无
起無生无所有亦不取證而修行般
若波羅蜜應如是問須菩提若諸菩
薩摩訶薩若試問時是菩薩若如是
荅菩薩摩訶薩但應觀空但應觀无
相无作無起无生無所有是菩薩摩
訶薩不應學空无相無作无起無生
无所有不應學是助道法須菩提當
知是菩薩諸佛未授阿耨多羅三藐
三菩提記何以故是人不能說阿鞞
跋致菩薩所學相不能示不能荅若
是菩薩摩訶薩能說能示能荅阿鞞
跋致所學相當知是菩薩摩訶薩已
習學菩薩道入薄地如餘阿鞞跋致
菩薩摩訶薩阿鞞跋致相須菩提白
佛言世尊頗有未得阿鞞跋致菩薩
能如是荅不佛言有須菩提是菩薩
摩訶薩六波羅蜜若聞若不聞能如

是荅如阿鞞跋致菩薩摩訶薩須菩
提言世尊多有菩薩求佛道少有菩
薩能如是荅如阿鞞跋致菩薩摩訶
薩學道无學道中佛語須菩提如是
如是是菩薩甚少何以故菩薩摩訶
薩少有如是得授記阿鞞跋致慧地
若有得授記是人能如是荅是人善
根明了諸天世人所不能壞

問曰學空入空有何差別荅曰初名
學空後是入空因是學空果是入空
方便名學空得名入空如是等二道
无相作三十七品亦如是三解脫門
三十七品是聲聞辟支佛涅槃道佛
勸菩薩應行是道須菩提作是念此
是涅槃道云何菩薩行是法而不取
涅槃證佛荅菩薩觀色等一切法空
是菩薩以深入禪定心不乱得利智
慧力故不見是空法以不見故无所
證聲聞辟支佛斷吾我捨愛著直趣
涅槃是菩薩善學自相空色法中乃
至微塵不留遺餘微細之分无色法
中乃至不留一念直入畢竟空中乃
至不見是空法可以為證佛雖荅須

菩提未達佛意更問如佛所說菩薩不應空法作證今入空中云何不作證佛答以深入故能不證具足者即是深入譬如執菅草捉緩則傷手若急捉則無傷菩薩亦如是深入空故知空亦空涅槃亦空故無所證復次菩薩未入空時作是思惟我應遍觀諸法空不應不具足知而取證是故不專心攝念入禪繫在空緣中所以者何若專心繫在空緣則心柔軟不能從定自出問曰上言深入禪定不令心乱今云何言不專心答曰今言不專心是初入時為不能自出故上言深入者入已深知空亦空不令心在餘事故言不乱復次是菩薩應作是念我今未具三十二相八十種隨形好十力四無所畏諸佛法云何取涅槃證我今是學時薄諸煩惱教化衆生令入佛道若我得佛事具足是時當取證是故菩薩雖入三解脫門而不取證中說譬喻壯夫是菩薩父母親族是可度衆生險道是三界生死惡賊是魔民及諸煩惱器仗是善

薩五神通等種種方便力還歸本處是菩薩所行道安立不動是菩薩住畢竟空以四無量心運致可度衆生著涅槃安樂處時會者疑空中无所有云何可行是故佛說鳥喻如鳥飛虛空無所依止而遠逝不墜復次是菩薩未具足道法未至佛道於其中間而不作證如鳥未到所至終不中住學是空法為自抗煩惱為度衆生故又為明了故說善射譬喻如人善於射術弓是菩薩禪定箭是智慧虛空是三解脫門地是涅槃是菩薩以智慧箭射三解脫門虛空更以方便力故以後箭射前箭不令墮涅槃地未具足十力等佛事終不取證須菩提歡喜白佛言諸菩薩所為甚難實為希有所謂行空而不作證佛答是菩薩本願諸一切衆生令得離苦以是本願大悲心所持故雖行空不作證復次若菩薩作是念一切衆生處在苦中為顛倒所縛沒在無所有中是時即行空无相無作解脫門當知是菩薩有方便力行三解脫門而

不捨衆生復次菩薩欲觀甚深法所謂十八空三十七品三解脫門先應作是念衆生長夜著我相等行者若直觀甚深法或得聲聞道或墮邪見以无憐愍心不能深入自相空故是以菩薩欲觀是法先生悲心所謂衆生長夜著吾我心諸煩惱長夜名久遠无量劫來是我必不可得但空虛誑顛倒故受諸憂惱菩薩見是已作願我當為衆生成佛道斷是衆生著我顛倒是時即是行空等三解脫門而不證實際是善根成就菩薩不取實際證亦不失四禪等諸功德菩薩深入空故諸根猛利勝於二乘破四顛倒義亦如上說復次菩薩作是念衆生長夜著得法所謂我衆生乃至若著作法若住三界無有是處衆皆同觀空而不取證問曰云何知是菩薩未得道而能行此深空答曰經中自說因緣是菩薩應試問云何菩薩應學空而不取證若菩薩答但應念空一心習行如聲聞辟支佛法不但學知而已乃至無生无所有亦如是當知

是菩薩未為諸佛所授記所以者何
不說方便學知故觀空若是菩薩異於
上者當知是阿鞞跋致已習學入
於薄地學習名先學知空薄地名阿
鞞跋致地中諸煩惱薄須菩提聞阿
鞞跋致相非阿鞞跋致相已白佛言
世尊頗有菩薩未得阿鞞跋致能如
是答不佛言有菩薩若聞六波羅蜜
若不聞能如阿鞞跋致答若聞者但
從師聞自未具足菩薩地若不聞者
自思惟正憶念雖未得無生忍能求
諸法相如阿鞞跋致菩薩答須菩提
言多有人求佛道少能如是答如阿
鞞跋致菩薩學地无學地中未得无
生法忍名學地得无生法忍名无學
地佛言少何以故少有菩薩從諸佛
受記已從諸佛受記者能如是答何
以故諸法實相惟佛能遍知佛知此
人能如法答故懸與受記是菩薩雖
少善根明了能廣利益衆生無能壞者

大智度論釋夢中不證品第六十一

佛告須菩提若菩薩摩訶薩乃至夢
中不貪聲聞辟支佛地亦不貪三界

觀諸法如夢如幻如響如焰如化亦不
作證須菩提當知是阿鞞跋致菩薩
摩訶薩阿鞞跋致相復次須菩提菩
薩摩訶薩夢中見佛與无數百千万
億比丘比丘尼優婆塞優婆夷天龍
鬼神甄陁羅等說法從佛聞法即解
中義隨法行須菩提當知是阿鞞跋
致菩薩摩訶薩阿鞞跋致相復次須
菩提菩薩摩訶薩夢中見佛三十二
相八十隨形好大光明踊在虛空於
大比丘僧中說法現大神力化作化
人到他國土施作佛事須菩提當知
是阿鞞跋致菩薩摩訶薩阿鞞跋致
相復次須菩提若菩薩摩訶薩夢中
見兵起破聚落若破城邑若失火時
若見虎狼師子猛害之獸若見欲來
斫其頭者若見父母喪亡兄弟姊妹
及諸親友知識死者見如是等種種
愁苦之事不驚不怖亦不憂惱從夢
覺已即時思惟三界虛妄皆如夢耳
我得阿耨多羅三藐三菩提時亦當
為衆生說三界如夢須菩提當知是
阿鞞跋致菩薩摩訶薩阿鞞跋致相

復次須菩提云何當知是阿鞞跋致
菩薩摩訶薩得阿耨多羅三藐三菩
提時國中无三惡道須菩提菩薩摩
訶薩若夢中見地獄畜生餓鬼作是
念我當勤精進得阿耨多羅三藐三
菩提時令我國中无一切三惡道何
以故是夢及諸法无二無別須菩提
當知是阿鞞跋致菩薩摩訶薩阿鞞
跋致相復次須菩提菩薩摩訶薩夢
中見地獄火燒衆生作是誓若我實
是阿鞞跋致者是火當滅是火即滅
若地獄火滅即是阿鞞跋致相復次
若菩薩晝日見城郭火起作是念我
夢中見阿鞞跋致行類相貌我今實
有是者自立誓言是火當滅若火滅
者當知是菩薩得受阿耨多羅三藐
三菩提記住阿鞞跋致地若火不滅
燒一家置一家燒一里置一里須菩
提當知被燒家破法業因緣厚集以
是故燒一家置一家是諸衆生今世
受破法餘殃故被燒須菩提以是因
緣故當知是阿鞞跋致菩薩摩訶薩
阿鞞跋致相佛告須菩提今當更為

汝說阿鞞跋致行類相貌須菩提若男子若女人為非人所持是時菩薩摩訶薩作是念若我為過去諸佛所授記我心清淨求阿耨多羅三藐三菩提行清淨正道遠離聲聞辟支佛心遠離聲聞辟支佛念應成阿耨多羅三藐三菩提我必得阿耨多羅三藐三菩提非不得十方國土中現在无量諸佛无所不知無所不見無所不解无所不證諸佛知我深心審定必當得阿耨多羅三藐三菩提以是至誠誓故是男子女人為非人所持為非人所惱是非人當遠去須菩提是菩薩摩訶薩如是誓若非人不去者當知是菩薩摩訶薩未從過去諸佛受阿耨多羅三藐三菩提記須菩提若菩薩摩訶薩如是誓若非人去者當知是菩薩摩訶薩已從過去諸佛受阿耨多羅三藐三菩提記須菩提以是行類相貌當知是阿鞞跋致菩薩摩訶薩阿鞞跋致相復次須菩提菩薩摩訶薩遠離六波羅蜜及方便力不久行四念處乃至不久行空

無相无作三昧未入菩薩位是菩薩為惡魔所嬈菩薩作是誓若我實從諸佛受記者是非人當去是時惡魔即作方便勑非人令去惡魔有威力勝諸非人故非人即去是時菩薩作是念以我誓力故非人去不知是惡魔力恃是誓故輕弄毀蔑諸餘菩薩作是言我已從諸佛授記汝等未得用是空誓无方便力故生增上慢以是事故遠離薩婆若遠離阿耨多羅三藐三菩提須菩提當知是人墮於二地若聲聞地若辟支佛地以是誓因緣故起於魔事是人以不親近依止善知識不問阿鞞跋致相故為魔所縛益復堅固所以者何是菩薩不久行六波羅蜜无方便力故須菩提當知是為菩薩魔事須菩提云何菩薩摩訶薩不久行六波羅蜜乃至未入菩薩位為惡魔所嬈須菩提惡魔變化作種種身語菩薩言汝於諸佛所得受阿耨多羅三藐三菩提記汝字某汝父字某汝母字某汝兄弟姊妹字某汝七世父母名字如是汝在

某方某國某城某聚落中生若見菩薩性行和柔語菩薩言汝先世亦復柔和若見急性卒暴便言汝先世亦介若見菩薩修阿蘭若行語言汝先世亦修阿蘭若行若見菩薩乞食納衣中後不飲漿一坐食一鉢他食死屍間住露地住樹下止常坐不卧如敷坐但受三衣若少欲若知足若遠離住若不塗脚若少言語便語菩薩言汝先世亦有是行何以故汝今有此頭陁功德汝先世亦必有功德是菩薩聞是先世事及名姓聞今讚頭陁功德即歡喜生憍慢心是時惡魔語菩薩言汝有如是功德如是相汝實從諸佛授阿耨多羅三藐三菩提記須菩提惡魔或作比丘被服或作居士形或作父母身来到菩薩所如是言汝已得授阿耨多羅三藐三菩提記何以故是阿鞞跋致功德相汝盡具足有之須菩提我所說實阿鞞跋致行類相貌是人永无須菩提當知是菩薩摩訶薩為魔所持何以故是阿鞞跋致行類相貌是人永无以

聞是名字故生憍慢心輕弄毀蔑餘人須菩提是名菩薩摩訶薩爲魔事持當知是爲菩薩魔事復次須菩提菩薩摩訶薩不久行六波羅蜜不知名字相不知色相不知受想行識相惡魔來語言汝當來世得阿耨多羅三藐三菩提有如是名字隨其本念說其名号是无智無方便菩薩作是念我先亦有是成佛名号念是人如我所念說是人所說合我本念我必爲諸佛所授記須菩提我所說阿鞞跋致行類相貌是人永无但以空名字輕弄毀蔑餘人以是事故遠離阿耨多羅三藐三菩提是菩薩摩訶薩遠離般若波羅蜜无方便力遠離善知識與惡知識相得故墮二地聲聞辟支佛地若久久往來生死中然後還依止般若波羅蜜若值善知識常隨逐親近故得阿耨多羅三藐三菩提是人若是身若不即悔當墮二地若阿羅漢地若辟支佛地須菩提辟如比丘四重禁法若犯一事非沙門非釋子是人現身不得四沙門果須

菩提是著空名字菩薩心亦如是輕弄毀蔑餘人故當知是罪重於比丘四禁須菩提置是重罪其罪過於五逆以受是名字故生高心輕弄毀蔑餘人若生是心當知其罪甚重如是名字等微細魔事菩薩當覺知復次須菩提菩薩在空閑山澤曠遠之處魔來到菩薩所讚歎遠離法作是言善男子汝所行是佛所稱譽遠離法須菩提我不讚是遠離所謂但在空閑山澤曠遠之處須菩提言世尊若空閑山澤曠遠之處非遠離法云何更有異遠離佛言須菩提若菩薩摩訶薩遠離聲聞辟支佛心住空閑山澤曠遠之處是佛所許遠離法須菩提如是遠離法菩薩摩訶薩應所修行晝夜行是遠離法是名遠離行菩薩須菩提若惡魔所說遠離法空閑山澤曠遠之處是菩薩心在憒閙所謂不遠離聲聞辟支佛心不勤修般若波羅蜜是菩薩摩訶薩不能具足一切種智是菩薩行惡魔所說遠離法心不清淨而輕餘菩薩城傍心淨

无聲聞辟支佛憒閙亦无諸餘雜惡心具足禪定解脫智慧神通者是離般若波羅蜜无方便菩薩摩訶薩雖在絶曠百由旬外禽獸鬼神羅刹所住之處若一歲百千万億歲若過万億歲不知是菩薩遠離法所謂諸菩薩以是遠離法深心發阿耨多羅三藐三菩提不雜行是菩薩憒閙行而依受著實遠離是人所行佛所不許須菩提我所說實遠離法是菩薩不在是中亦不見是遠離相何以故但行是空遠離故尒時惡魔來在虛空中住讚言善哉善哉善男子此是佛所說真遠離法汝行是遠離疾得阿耨多羅三藐三菩提是菩薩摩訶薩念著是遠離而輕易諸餘求佛道清淨比丘以爲憒閙以憒閙爲不憒閙以不憒閙爲憒閙應恭敬而不恭敬不應恭敬而恭敬是菩薩作是言非人念我来稱讚我我所行者是真遠離住城傍者誰當稱美汝以是因緣故輕餘菩薩摩訶薩須菩提當知是名菩薩旃陁羅汙染諸菩薩是人以

像菩薩實是天上人中之大賊亦是沙門被服中賊如是人諸求佛道者所不應親近不應供養恭敬何以故須菩提當知是人墮增上慢以是故若菩薩摩訶薩欲不捨一切智欲得阿耨多羅三藐三菩提一心欲求阿耨多羅三藐三菩提欲利益一切衆生不應親近是人恭敬供養菩薩摩訶薩法常應勤求自利猒患世間心常遠離三界於是人當起慈悲喜捨心我行菩薩道不應生如是過罪若生當疾滅須菩提菩薩摩訶薩當善學是事是事中善自勉出復次須菩提菩薩摩訶薩深心欲得阿耨多羅三藐三菩提者當親近恭敬供養善知識須菩提白佛言世尊何等是善知識佛告須菩提諸佛是菩薩摩訶薩善知識諸菩薩摩訶薩亦是菩薩善知識須菩提阿羅漢亦是菩薩善知識是爲菩薩摩訶薩善知識復次須菩提六波羅蜜亦是菩薩善知識四念處乃至十八不共法亦是菩薩善知識須菩提如實際法

性亦是菩薩善知識須菩提六波羅蜜是世尊六波羅蜜是道六波羅蜜是大明六波羅蜜是炬六波羅蜜是智六波羅蜜是慧六波羅蜜是救六波羅蜜是歸六波羅蜜是洲六波羅蜜是究竟道六波羅蜜是父是母四念處乃至一切種智亦如是何以故六波羅蜜三十七道法亦是過去諸佛父母六波羅蜜三十七道法亦是未來現在十方諸佛父母何以故須菩提六波羅蜜三十七道法中生過去未來現在十方諸佛故以是故須菩提菩薩摩訶薩欲得阿耨多羅三藐三菩提佛世界成就衆生當學六波羅蜜三十七道法及四攝法攝取衆生何等四布施愛語利益同事須菩提以是利益故我言六波羅蜜及三十七道法是諸菩薩摩訶薩世尊是道是大明是炬是智是慧是救是歸是洲是究竟道是父是母須菩提以是故菩薩摩訶薩欲不隨他人教住欲斷一切衆生疑欲淨佛世界成就衆生當學是般若波羅蜜所以者

何是般若波羅蜜中廣說諸法是菩薩摩訶薩所應學處

問曰阿鞞跋致品中已廣說阿鞞跋致相今何以更說答曰所說般若波羅蜜義皆是阿鞞跋致相但阿鞞跋致品中多說其事餘品中亦處處有說阿鞞跋致相但不次第有人言爲後來衆生異語說阿鞞跋致相有人言有二種阿鞞跋致一者已得記二者未得記得授記有二種一者現前授記二者不現前授記不現前授記有二種一者具足授記因緣二者未具足授記因緣具足授記因緣者知諸法實相具足六波羅蜜不具足授記因緣者但知諸法實相得般若波羅蜜分餘波羅蜜未具足是菩薩能如阿鞞跋致菩薩荅此是前品未所說阿鞞跋致是故次第說夢中不貪二地雖未具足阿鞞跋致法亦名阿鞞跋致欲說如是等阿鞞跋致相故此品中次第說是菩薩晝日常習行空故夜夢中亦不貪三界是人常行慈悲心於衆生深樂佛法故不貪二乘

若夢若覺觀一切法如夢如幻等是菩薩雖未得現前授記餘法未具足亦名阿鞞跋致何以故菩薩於二處退轉一者著世間樂故轉二者取二乘故轉是菩薩堅心深入空及慈悲心故乃至夢中亦不貪三界二乘何況覺時復次若菩薩夢見佛在人天大衆中說法所謂諸法實相義菩薩知是義心與法合復次諸佛秘密法菩薩夢中得見所謂見佛身無量過須弥山色如閻浮檀金三十二相八十種隨形好以自莊嚴放無量光明梵音聲說法及身毛孔出無量化佛至十方種種方便力施作佛事度脫衆生尒時是菩薩見是佛神通力故深心清淨問佛法得諸法實相是名阿鞞跋致是菩薩常行畢竟空故我我所等諸煩惱折薄乃至自身不惜何況餘親是因緣故若夢中見若自身若父母等若殺若死因緣及聚落破等不憂惱怖畏覺已思惟如夢中不死而見死不畏而見畏一切三界皆尒何但夢中我作佛當為衆生

說諸法畢竟空皆如夢復次有菩薩種清淨國土因緣時作是願我尒許時積集淨國土行是心修習故夢中若見三惡道衆生即時得是心我作佛時令我國土乃至無三惡道名

復次是菩薩常修慈悲心故夢中見地獄火燒衆生作擔火即滅覺已取是相若見實火燒城郭作是念我夢中能滅火此火亦當可滅所以者何佛說夢覺無異故是菩薩於無量劫修集福德得諸法實相故鬼神龍王等助滅是火其中有不滅燒一家置一家者是衆生重罪故菩薩福德智慧力不能滅重罪者所謂破法業法者般若波羅蜜諸餘法利益無及般若波羅蜜者是故破者罪重以菩薩擔力故不次第燒惟罪重者不救不妨是阿鞞跋致相非人所持亦如呪故鬼去便作呪是菩薩自未有力魔來遣鬼神故自恃為已力有如是去故佛亦令覺知

復次菩薩未入正位魔作種種形隨其念而示語汝已得授記汝有是相

但以肉眼故不知以是因緣故生增上慢輕蔑餘人復次菩薩不得諸法實相不知色等五衆和合邊更有名字相魔來與授記汝當作佛字名某甲是菩薩思惟我本有是名字念今所說者同我所願必是諸佛授記是故心生憍慢輕餘大菩薩以是因緣故遠離無上道受罪畢墮於二乘若即此身悔當久久償罪畢還依止般若波羅蜜得作佛所以者何若轉身乃悔則罪重冝滅不得作佛是心著是空名字得重罪故佛說四重禁喻破是重禁現身不得四道果所以者何是四禁中妄語稱我是阿羅漢此中著是受别名字自言我當作佛是故重於四禁過五逆罪者如地獄品中破般若波羅蜜罪說微細魔事者細名不逆其意隨其本念助成其心是菩薩未得阿鞞跋致法魔誑言已得是微細魔事利根菩薩應覺除遠

復次菩薩在遠離處魔來讚歎汝能遠離親族同學獨深山林中為佛道故是為真菩薩道行是菩薩用是故

生憍慢心輕餘在衆中住菩薩以是事故遠離佛道墮於二乘佛種種因緣訶是菩薩是賊是旃陁羅等如經中說不應親近佛所說遠離心離二乘三界是名真遠離如經中廣說如是等細微魔事應當覺而遠離

復次菩薩欲深心得无上道深心名一心重心深愛佛道出於一切世間所樂當親近善知識所知識所以者何有二因緣故得無上道一者內二者外內名正憶念思惟籌量諸法外名諸善知識佛餘處種種說言知識相是故須菩提問佛世尊何等是菩薩善知識佛荅諸佛大菩薩及聲聞是菩薩善知識六波羅蜜乃至一切種智如法性實際等諸法亦是善知識法能成辦其事故說六波羅蜜等諸法名善知識三種聖人以此六波羅蜜法令菩薩奉行得作佛是故法及人通名善知識

問曰佛及菩薩六波羅蜜能成菩薩故應是善知識小乘道異去何能與作善知識

荅曰有小乘人先世求佛道故利根雖是小乘有憐愍心觀應成大乘者為說大乘法知報佛恩故令佛種不斷如舍利弗六十劫求佛道雖退轉作阿羅漢亦利根智慧能為菩薩說大乘須菩提常行無諍三昧常有慈悲心於衆生故亦能教化菩薩大乘法如摩訶迦葉以神通力持此身至弥勒出世於九足山中出與大衆作得道因緣如是等甚多問曰六波羅蜜攝一切法今何以別說三十七品至如法性實際荅曰六波羅蜜是略說四念處等是廣說解六波羅蜜六波羅蜜是菩薩初道小遠三十七品是近因緣於六波羅蜜中禪波羅蜜般若波羅蜜最大辟如雖有星宿日月最勝是二波羅蜜中四念處佛十力等法最妙能大利益現世令人得道故持戒布施等不如故別說如等无為法實不虛誑故能成菩薩事行四念處等法得是如是法令菩薩得出虛誑法名善知識復次是六波羅蜜等法如佛无異佛現在亦以是法

度人是故言世尊如世尊所說不可壞六波羅蜜等所說亦不可壞是故言六波羅蜜是世尊是道者行是道逕入無量佛法中六波羅蜜中所說人籌量思惟分別常脩行令人得大智慧破諸世間无明是故說六波羅蜜是大明是大炬是智是慧是教是歸是洲是究竟道如上說般若波羅蜜是母五波羅蜜是父和合說故言六波羅蜜是父母如六波羅蜜說四念處等亦如是是中說因緣六波羅蜜等法亦是三世十方佛父母是六波羅蜜等是自利法行者欲以六波羅蜜教化衆生淨佛世界應以四攝法攝取衆生四攝法義如先說如是自利利他故佛說六波羅蜜三十七品等諸法是世尊是道等是故菩薩若欲不隨他教不隨他教名自知諸法實相乃至變作佛身來說異於法相亦不信不隨自得菩薩道漸漸具足諸佛法淨佛世界成就衆生得佛道能斷一切衆生疑若欲得是者當學般若般若波羅蜜中世間出世間若

大若小無事不說

大智度論卷第七十六

大智度論卷七十六

校勘記

一　底本，金藏廣勝寺本。

一　三五六頁中一行經名，石無（因未換卷）；資、磧、普、南、徑、清作「大智度論卷第七十六」。

一　三五六頁中三行與四行之間，石有「摩訶般若波羅蜜經學空不證品第六十釋」一行；資、磧、普、南、徑、清有「釋學空不證品第六十」，並夾註「訖六十一品上」（清無夾註）。

一　三五六頁中四行首字「須」，石、磧、普、南、徑、清、麗冠以〔經〕。

一　三五六頁中一一行「十八界」，磧、普、南、徑、清作「十八界空」。

一　三五六頁中一六行「不可見」，諸本作「皆不可見」。

一　三五六頁下一四行「阿羅漢」，石、資、磧、普、南、徑、清作「阿羅漢果」。

一　三五七頁上四行「子孫」，諸本作「妻子」。

一　三五七頁上一八行「不證」，石、麗作「不作證」。

一　三五七頁中八行第四字「法」，石、資、磧、普、南、徑、清無。

一　三五七頁中一二行「深有」，諸本作「希有」。

一　三五七頁中一四行第九字「是」，石、麗無。

一　三五七頁中一五行「衆生沒在」，石、資、磧、普、南、徑、清作「一切衆生沒在」。

一　三五七頁下三行第一〇字「當」，磧、普、南、徑、清作「時當」。

一　三五七頁下六行「菩薩」，諸本作「是菩薩」。

一　三五七頁下一七行「常相樂相淨相我相」，石、磧、普、南、徑、清、麗作「常想樂想我想淨想」。

一　三五八頁中三行「菩薩」，石、麗作

「諸菩薩」。

一　三五八頁中七行「取證」，磧、普、南、徑、清作「取證實際」。

一　三五八頁中一〇行第一一至一三字「但應觀」，石無。

一　三五八頁中二〇行第一〇字「相」，石作「地」。

一　三五八頁下五行第五字「薩」，石作「薩摩訶薩」。

一　三五八頁下六行「阿鞞跋致」，石、麗作「行阿鞞跋致」；資作「阿鞞跋致乾」；磧、普、南、徑、清作「行阿鞞跋致乾」。

一　三五八頁下九行，三六三頁下三行「問曰」，石、磧、普、南、徑、清、麗冠以〔論〕。

一　三五八頁下一二行「无相作」，諸本作「無相無作」。

一　三五八頁下一四行首字「勸」，石、徑、清、麗作「勑」。

一　三五八頁下一五行「是法」，石、麗作「是道法」。

一　三五八頁下一七行「不乱」，石、麗作「不可乱」。

一　三五九頁上三行「不證」，石作「不作證」。

一　三五九頁上一〇行「空緣」，石、麗作「空緣中」。

一　三五九頁上一一行第三字「定」，諸本作「空」。

一　三五九頁上二一行第五字「中」，諸本作「是中」。

一　三五九頁中九行「自折」，石、磧、普、南、徑、清、麗作「自断」。

一　三五九頁中九行第一三字「度」，資、磧、普、南、徑、清無。

一　三五九頁中一五行「佛事」，石、麗作「佛事故」。

一　三五九頁下四行「得聲問道」，諸本作「得聲聞道」。

一　三六〇頁上八行第六字「有」，資、磧、普、南、徑、清作「有有」。

一　三六〇頁上一九行「受記」，磧、普、南、徑、清作「授記」。

一　三六〇頁上二〇行末字「者」後，石有夾註「釋第六十品竟」，並換卷，爲卷第八十。

一　三六〇頁上二一行品名，石作「摩訶般若波羅蜜經夢中不證品第六十一釋」；資、磧、普、南作「大智度釋夢誓品第六十一上」；徑、清作「釋夢誓品第六十一之上」，並有夾註「經作夢中品」。

一　三六〇頁上二二行首字「佛」，石、磧、普、南、徑、清、麗冠以〔經〕。

一　三六〇頁中六行「甄陁羅」，石、資、磧、普、南、徑、清作「緊那羅」。

一　三六〇頁中一二行第四字「國」，石、資、磧、南、徑、清作「佛國」。

一　三六〇頁中一五行第四字「破」，石、麗作「若破」。

一　三六〇頁中一七行首字「給」，諸本作「級」。

一　三六〇頁下一二行「滅即」，石、資、磧、普、南、徑、清作「即滅」。

一　三六一頁上六行第一〇字「應」，

諸本作「應當」。

一 三六一頁中八行「授記」，諸本作「受記」。

一 三六一頁下六行「他食」，磧、普、南、徑、清作「而食」。

一 三六一頁下七行第九字「止」，石、麗作「住」。

一 三六一頁下一一行「有功德」，諸本作「有是功德」。

一 三六一頁下一三行「慢憍心」，石、資、磧、普、南、徑、清作「憍慢心」。

一 三六一頁下二二行第九字「魔」，石作「惡魔」。

一 三六二頁上二行「魔事」，石、麗作「魔所」；資、磧、普、南、徑、清作「魔事所」。

一 三六二頁上七行第五字「提」，石、麗作「提時」。

一 三六二頁上一六行「聲聞」，石、麗作「若聲聞」。

一 三六二頁上二二行「四重」，諸本作「於四重」。

一 三六二頁中八行「是言」，石作「如是言」。

一 三六二頁中一二行第一二字「法」，諸本作「法者」。

一 三六二頁中一三行「佛言」，石、資、磧、普、南、徑、清作「佛告」。

一 三六二頁中末行末字「淨」，石、麗作「清淨」。

一 三六二頁下一行「憒鬧」，石、麗作「憒鬧心」。

一 三六二頁下二行末字「離」，石、麗作「遠離」。

一 三六二頁下九行「實遠離」，石、麗作「是遠離法」；資、磧、普、南、徑、清作「是遠離」。

一 三六二頁下末行末字「以」，諸本作「似」。

一 三六三頁上一三行首字「學」，石、磧、普、南、徑、清、麗作「覺」。

一 三六三頁中八行第四字「蜜」，資、磧、南、徑、清作「蜜及」。

一 三六三頁中一四行第五字「佛」，諸本作「淨佛」。

一 三六三頁中一四行「世界」，石作「國土」，下同。

一 三六三頁下七行第一二字「言」，資、磧、普、南、徑、清作「亦」。

一 三六三頁下一〇行第五字及末字「授」，磧、普、南、徑、清作「受」。

一 三六三頁下一一行第七、第八字「授記」，資、磧、普、南、徑、清作「受記」，下同。

一 三六三頁下一七行第一二字「未」，資、磧、普、南、徑、清作「末」。

一 三六三頁下末行「佛法故」，資作「佛故」；磧、普、南、徑、清作「佛法故故」。

一 三六四頁上一行「若覺」，石作「若夢覺」。

一 三六四頁上三行第六字「致」，石、磧、普、南、徑、清、麗作「致相」。

一 三六四頁上六行「乃至」，石作「及至」。

一 三六四頁上末行「作佛」，諸本

作「作佛時」。

一　三六四頁中四行「即時」，資、磧、普、南、徑、清作「時即」。

一　三六四頁中七行第七字「作」，石作「作是」。

一　三六四頁中一一行「修集」，資、磧、普、南、徑、清作「修習」。

一　三六四頁中一九行首字「呪」，諸本作「呪火有菩薩未得無生（資作「上」）法忍聞是阿鞞跋致呪」。

一　三六四頁中二一行首字「去」，石、麗作「失」。

一　三六四頁下四行「字名」，資、磧、普、南、徑、清作「名字」。

一　三六四頁下二〇行末字「遠」，資、磧、普、南、徑、清作「遠離」。

一　三六四頁下二二行第七字「獨」，諸本作「獨在」。

一　三六五頁上九行「所知識」，諸本無。

一　三六五頁上一二行「言知識」，諸本作「善知識」。

一　三六五頁中五行「菩薩」，麗作「諸菩薩」。

一　三六五頁中二一行「是如是」，諸本作「如是等」。

一　三六五頁中二二行第四字「法」，諸本作「法故」。

一　三六六頁上末行經名卷次，石無，未換卷。

大智度論釋夢中不證品第六十一之餘 卷七十七 端

聖者龍樹造

後秦龜茲國三藏鳩摩羅什譯

尒時須菩提白佛言世尊何等是般若波羅蜜相佛告須菩提如虛空相是般若波羅蜜相須菩提般若波羅蜜無所有相須菩提白佛言世尊頗有因緣如般若波羅蜜相諸法相亦如是

佛告須菩提如是如是如般若波羅蜜相諸法相亦如是何以故須菩提一切法離相性空相以是因緣故須菩提如般若波羅蜜相諸法相亦如是所謂離相空相故須菩提白佛言世尊若一切法一切法離一切法一切法空云何知衆生若垢若淨世尊離相法无垢無淨空相法无垢无淨離相空相法不能得阿耨多羅三藐三菩提離相空相無法可得世尊離相中空相中无有菩薩得阿耨多羅三藐三菩提者世尊我云何當知佛所說義佛告須菩提於汝意云何是衆生長夜行我我所心不如是世尊衆生長夜行我我所心於汝意云何是我我所心離相不空相不須菩提言世尊我我所心離相空相於汝意云何以此我我所心衆生往來生死中不如是世尊以此我我所心衆生往來生死中如是須菩提衆生往來生死中故知有垢惱須菩提若衆生無我我所心无著心是衆生不復往來生死中若不往來生死中則无垢惱如是須菩提衆生有淨須菩提白佛言世尊若菩薩摩訶薩如是行為不行色不行受想行識為不行四念處乃至八聖道分為不行內空乃至无法有法空為不行佛十力乃至一切種智何以故是法不可得亦无行者亦無行處亦无行法世尊菩薩摩訶薩如是行一切世間諸天人阿修羅不能降伏是菩薩摩訶薩一切聲聞辟支佛所不能及何以故所住處無能及故所謂菩薩位世尊是菩薩摩訶薩行應薩婆若心无能及者須菩提菩薩摩訶薩如是行疾近

薩婆若須菩提於汝意云何若閻浮提衆生盡得人身得人身已皆得阿耨多羅三藐三菩提若有善男子善女人盡其形壽供養恭敬尊重讚歎持是善根迴向阿耨多羅三藐三菩提是人以是因緣得福多不須菩提言甚多世尊佛言不如是善男子善女人於大衆中說是般若波羅蜜出示分別照明開演亦應般若波羅蜜行正憶念其福多乃至三千大千世界中衆生亦如是須菩提於汝意云何閻浮提中衆生一時皆得人身得人身已若善男子善女人發行十善道四禪四無量心四无色定教令得須陁洹道乃至阿羅漢辟支佛道教令得阿耨多羅三藐三菩提持是善根迴向阿耨多羅三藐三菩提須菩提於汝意云何是善男子善女人得福多不須菩提言甚多世尊佛言不如是善男子善女人以是甚深般若波羅蜜為衆生說出示分別照明開演亦不離薩婆若得福多乃至三千大千世界亦如是是菩薩摩訶薩不

遠離應薩婆若心則到一切福田邊何以故除諸佛無有餘法如菩薩摩訶薩勢力何以故諸菩薩摩訶薩行般若波羅蜜時於一切衆生中起大慈心見諸衆生趣死地故而起大悲行是道時歡悅而生大喜不與想俱便得大捨須菩提是為菩薩摩訶薩大智光明大智明者所謂六波羅蜜須菩提是諸善男子雖未作佛能為一切衆生作大福田於阿耨多羅三藐三菩提亦不轉所受供養衣服飲食卧牀疾藥資生所須行應般若波羅蜜念能畢報施主之恩疾近薩婆若以是故須菩提若菩薩摩訶薩欲不虛食國中施欲示衆生三乘道欲為衆生作大明欲拔出三界牢獄欲與一切衆生作眼應常行般若波羅蜜行般若波羅蜜時若欲有說但說般若波羅蜜說般若波羅蜜已常憶念般若波羅蜜常憶念般若波羅蜜已常行般若波羅蜜不令餘念得生晝夜勤行般若波羅蜜相應念不息不休須菩提辟如士夫未曾得摩尼珠

後時得得已大歡喜踊躍後復失之便大憂愁常憶念是摩尼珠作是念我奈何忽亡此大寶須菩提菩薩摩訶薩亦如是常憶念般若波羅蜜不離薩婆若心須菩提白佛言世尊一切念性自離一切念性自空云何菩薩摩訶薩行般若波羅蜜不離應薩婆若念是遠離空法中無菩薩亦无念无應薩婆若佛告須菩提若菩薩摩訶薩如是知一切法性自離一切法性自空非聲聞辟支佛作亦非佛作諸法相常住法相法住法位如實際是名菩薩行般若波羅蜜不離薩婆若念何以故般若波羅蜜性自離性自空不增不減故須菩提白佛言世尊若般若波羅蜜性自離性自空云何菩薩摩訶薩與般若波羅蜜等得阿耨多羅三藐三菩提佛告須菩提菩薩摩訶薩與般若波羅蜜等不增不減何以故如法性實際不增不減故所以者何般若波羅蜜非一非異故若菩薩聞如是般若波羅蜜相不驚不没不畏不怖不疑須菩提當

知是菩薩摩訶薩行般若波羅蜜當知是菩薩摩訶薩必住阿鞞跋致地中須菩提白佛言世尊般若波羅蜜空无所有不堅固是行般若波羅蜜不不也須菩提世尊離空更有法行般若波羅蜜不不也須菩提世尊是般若波羅蜜行般若波羅蜜不不也須菩提世尊離般若波羅蜜行般若波羅蜜不不也須菩提世尊色是行般若波羅蜜不不也須菩提世尊受想行識是行般若波羅蜜不不也須菩提世尊六波羅蜜是行般若波羅蜜不不也須菩提世尊四念處乃至十八不共法是行般若波羅蜜不不也須菩提世尊色相虛誑不實无所有不堅固相色如相法相法住法位實際是行般若波羅蜜不不也須菩提世尊受想行識乃至十八不共法空相虛誑不實无所有不堅固相如法相法住法位實際是行般若波羅蜜不不也須菩提世尊若是諸法皆不行般若波羅蜜云何行名菩薩摩訶薩行般若波羅蜜佛告須菩提於

汝意云何汝見有法行般若波羅蜜者不不也世尊須菩提汝見般若波羅蜜菩薩摩訶薩可行處不不也世尊須菩提汝所不見法是法可得不不也世尊須菩提若法不可得是法當生不不也世尊須菩提是名菩薩摩訶薩无生法忍菩薩摩訶薩成就是忍得受阿耨多羅三藐三菩提記須菩提是名諸佛無所畏无㝵菩薩摩訶薩行是法勤精進若不得大智一切種智所謂阿耨多羅三藐三菩提智者无有是處何以故是菩薩摩訶薩無生法忍故乃至阿耨多羅三藐三菩提不減不退須菩提白佛言世尊諸法无生相此中得阿耨多羅三藐三菩提記不不也須菩提世尊諸法生相此中得阿耨多羅三藐三菩提記不不也須菩提世尊諸法非生非不生相得阿耨多羅三藐三菩提記不不也須菩提世尊諸菩薩摩訶薩云何知諸法得阿耨多羅三藐三菩提記佛告須菩提汝見有法得阿耨多羅三藐三菩提記不不也世

尊我不見有法得阿耨多羅三藐三菩提記我亦不見法有得者得處佛言如是如是須菩提若菩薩摩訶薩於一切法無所得時不作是念我當得阿耨多羅三藐三菩提用是事得阿耨多羅三藐三菩提是阿耨多羅三藐三菩提處何以故諸菩薩摩訶薩行般若波羅蜜無諸憶想分別所以者何般若波羅蜜中无諸分別憶想故問曰上已種種說般若相今何以更問答曰般若波羅蜜第一微妙聞者无猒足無滿時无一定相故不應難如十住大菩薩於般若波羅蜜猶未滿足何況須菩提小乘人復次上聞種種讃般若是父是母等是故更問佛因須菩提問為餘衆生故廣說般若波羅蜜相須菩提所謂虛空相是般若波羅蜜相如虛空無色相无非色相般若波羅蜜亦如是無無所有相須菩提更問頗有因緣諸法相如般若相不佛答有一切法究竟空究竟離相故說如般若波羅蜜相一切法亦如是須菩提難若一切法

離相空相云何知有垢淨云何菩薩得無上道佛告須菩提於汝意云何衆生長夜行我我所等是佛所說義如我我所畢竟无衆生狂顛倒因緣故生諸煩惱煩惱因緣故有業業因緣故於生死中往来是事本末空何以故我無故我所心虛誑我所心虛誑故諸餘因果展轉法皆是虛誑若因般若波羅蜜實智慧觀五衆无常苦空無我離自相自相空從本来畢竟不生尒時我我所心則滅如日出衆冥皆除我我所心滅故餘煩惱滅餘煩惱滅故業因緣亦滅業因緣滅故往来生死中斷是名為淨雖一切法相皆空亦如是因緣故有淨有垢尒時須菩提思惟籌量佛語已白佛言世尊菩薩如是行實不行色等一切法何以故是菩薩不得是法若行行處行者世尊若菩薩能如是行一切人天世間無能降伏者世間人皆著假名是行者行實法是故不能伏世間人著一切虛誑顛倒及虛誑果報是菩薩於畢竟空中尚不著何況

餘法如是云何可降伏天人阿修羅世間者是三種善道中有智慧人故說不能伏又復一切聲聞辟支佛所不能及者上三善道攝未得道人此中說得道者不能及此中說不能及因緣所謂菩薩入法位一切魔魔所使无能惱者是菩薩常行應薩婆若心則近阿耨多羅三藐三菩提何以故不著一切法常集一切助道法故佛可其言而讚佛欲以如是智慧為他人說故先讚菩薩自利益令為利益他分別福德果報故問須菩提於汝意云何閻浮提衆生盡得人身如經廣說乃至應薩婆若心出一切福田之上是中說因緣若菩薩能自行般若波羅蜜亦能教化是人於一切福田能到其邊福田者從須陁洹乃至佛是菩薩能如所說般若履行則得作佛餘福德善法離般若波羅蜜故皆盡般若波羅蜜不可盡故言无有餘福德如菩薩摩訶薩力勢者是中自說因緣菩薩行般若時得諸法平等忍得平等忍故雖行空亦能生

四無量心四无量心中大悲是大乘之本見衆生就於死法如囚受戮諸菩薩能生六波羅蜜等乃至一切種智是故諸菩薩能生大悲是故是人雖未得无上道已是一切衆生之福田是故言菩薩摩訶薩若欲不空食國中施者當學般若波羅蜜不空食名能報施主能生道能令施主之福无盡乃至入涅槃若亦衆生三乘道為衆生示一切智大明亦欲拔出三界獄中四縛欲令衆生得五明應常行般若波羅蜜相應念者即是般若心若行般若波羅蜜心若有所說但說般若波羅蜜佛勑弟子若和合共住常行二事一者賢聖默然二者說法賢聖默然者是般若心說法者說般若波羅蜜是人從般若心出說般若波羅蜜說般若波羅蜜已還入般若中不令餘心餘語得入晝夜常行是不休不息如是得先所說功德佛欲令是事明了故說譬喻如貧人失大價寶常念不離菩薩亦如是不離薩婆若心常行般若波羅蜜不休不息尒時須菩提聞是事

白佛言世尊若一切諸念空云何菩薩不離薩婆若念空中菩薩不可得薩婆若亦不可得佛荅若菩薩知一切法離自性非聲聞辟支佛所作亦非佛所作自從因緣出諸法法相如實際常在世間即是菩薩不離般若波羅蜜行佛自說因緣般若波羅蜜問佛若般若波羅蜜性空云何菩薩空故離故不增不減須菩提聞是復與般若合得无上道佛隨須菩提語若菩薩與般若波羅蜜合則不增不減諸法如法性實際不增不減故般若波羅蜜不增不減般若波羅蜜即是諸法如法性實際如法性實際即是般若波羅蜜此中佛自說因緣如如等三法非一非異般若亦如是世間法非一即是二不異即是一般若波羅蜜則不尒是故般若波羅蜜無量无邊空無相无作故不增不減若菩薩得是不增不減則能得阿耨多羅三藐三菩提若菩薩聞是事通達无导入佛智慧雖未作佛信力故於佛法中亦无疑不怖不畏所以者何

凡夫著我心故有畏是菩薩我相斷故無所畏當知是菩薩即住阿鞞跋致地亦能正行般若須菩提聞是菩薩正行般若波羅蜜是故問佛世尊般若波羅蜜觀一切空不牢固是空相為行般若不佛言不也何以故若空无有法云何行般若離是空更有法行般若不佛言不也何以故若一切法空无相無作云何離空更有法是故說不須菩提聞空非行般若離空非行般若一切法皆攝在般若中今但問般若行般若不法不自行應以異法行是故言不復問離般若更有法行般若不佛言不何以故一切法攝在般若中更无法行般若先来略問行般若者今問名字因緣五衆行般若不佛言不以何故是五衆從虛誑和合因緣不自在故無作相云何能行須菩提更問若菩薩假名字空不實故不行般若今六波羅蜜等諸助道法行般若波羅蜜不佛言不何以故如五衆和合有故不能行是諸法亦如是色等法空相不牢固如

法相法位法住實際是法行般若不佛荅是法无為法不生不滅常住自性故不行須菩提問佛世尊假名字故入不行諸法亦和合因緣生無自性故亦不行誰當行般若者不行云何得无上道今佛以反問荅於汝意云何須菩提從佛急求行般若者是故佛問汝以慧眼見定有一法行般若不須菩提因三解脫門入諸法實相中法相不可得何況行者是故荅言世尊不見有行般若者復問汝見是般若波羅蜜菩薩行處不須菩提荅不見何以故般若波羅蜜中一切諸觀滅若常若無常若生滅等無一法定相是般若云何當說是般若波羅蜜復次若汝以智慧眼不見法是不見法為有為无荅言無何以故佛說智慧眼實肉眼天眼虛誑須菩提以慧眼觀不見故言無復問若法无不可得是法有生不荅言不生是法本自无畢竟空无所有是法有无等戲論已滅云何有生佛語須菩提若菩薩於是法中通達无疑信力智慧

力故能住是法中是名无生忍五衆中假名菩薩得如是法是名行般若波羅蜜世俗法故説非第一義第一義中諸戲論語言即是无生得是无生忍便受無上道記佛言若菩薩一心勤精進不休不息隨無生忍行不得是大智慧无上智慧一切智無有是處何以故如經説若无因無緣則無果報耶因緣亦无果報因緣少亦無果報如是菩薩得是無生法忍捨是生死肉身得法性生身住菩薩果報神通中一時能作無量變化身淨佛世界度脱衆生是人末後身具足佛法坐道塲具足正因緣若不得阿耨多羅三藐三菩提无有是處所以者何是人得無生忍法一心直進無有廢退故菩薩未得无生法忍深著世間法諸煩惱厚雖有福德善心軟薄不集故為煩惱所遮得无生忍法无復是事未得無生忍法用力艱難辟如陸行得无生法忍已用力甚易辟如乘船是故無生法忍諸菩薩所貴以是貴故須菩提問世尊得无

生法故受記佛言不也何以故無生法不生不滅無得相云何因是授記復問生法得記耶佛言不得何以故生法虚誑妄語作法云何得阿耨多羅三藐三菩提真實法復問生不生得受記不佛言不也何以故此二俱有過故復問世尊若尒者云何當授記佛反問汝以慧眼觀見有法與菩薩授記不荅言不見何以故是法從本已來寂滅相是中无見不見授記不授記亦不見阿耨多羅三藐三菩提亦无得法亦無得者此中自説因緣般若波羅蜜无是憶想分别問曰須菩提上問菩薩得無生忍故授記佛言不佛何以還以無生理荅所謂菩薩行般若時无一切憶想分别荅曰行者實以无生忍故受記而須菩提為菩薩故以著心得心問以是故言不如一切法實无我婆蹉梵志問佛有我不佛默然不荅無我不佛亦不荅一切雖實無我以梵志著心問欲戲挊無我故不荅須菩提問意知定有授記事但不知觀何法得記故問

是故佛以須菩提所得法問汝以慧眼見定有法授記不須菩提住三解脱門中觀法性不見定有授記者諸法法性無相无量故若不見授記法云何當得阿耨多羅三藐三菩提者須菩提聞是授記者空難情則息自解無疑佛可其意如是如是空不見不得法是實何以故般若波羅蜜相无所分别故

大智度論釋同學品第六十二

尒時釋提桓因白佛言世尊是般若波羅蜜無諸憶想分别畢竟離故世尊是衆生聞是般若波羅蜜能持讀誦説正憶念親近如説行乃至阿耨多羅三藐三菩提不離餘心心數法者不從小功德來佛言如是如是聞是深般若波羅蜜乃至不離餘心心數法者不從小功德來憍尸迦於汝意云何若閻浮提衆生成就十善道四禪四无量心四無色定復有善男子善女人受持深般若波羅蜜讀誦親近正憶念如説行勝於閻浮提衆生成就十善道乃至四無色定百倍

千倍千万億倍乃至筭數譬喻所不能及尒時有一比丘語釋提桓因憍尸迦是善男子善女人行般若波羅蜜功德勝於仁者釋提桓因言是善男子善女人一發心勝於我何況聞是般若波羅蜜書持讀誦正憶念如說行是善男子善女人行般若波羅蜜非但勝我亦勝一切世間天及人阿修羅非但勝一切世間天及人阿修羅亦勝諸須陁洹斯陁含阿那含阿羅漢辟支佛非但勝是須陁洹乃至辟支佛亦勝菩薩行五波羅蜜遠離般若波羅蜜者非但勝菩薩行五波羅蜜遠離般若波羅蜜者亦勝菩薩行般若波羅蜜无方便力者是菩薩摩訶薩如說行般若波羅蜜不斷佛種常見諸佛疾近道場菩薩如是行為欲拔出衆生沉沒長流者是菩薩如是學為不學聲聞辟支佛學菩薩如是學四天王天來至菩薩所如是言善男子當勤疾學坐道場成阿耨多羅三藐三菩提時如過去諸佛所受四鉢亦當應受我當待來奉上

菩薩及諸餘天四天王天三十三天夜摩天兜率陁天化樂天他化自在天梵天乃至首陁會天當供養十方諸佛亦常念是菩薩摩訶薩如說行是深般若波羅蜜者是菩薩諸所有世間厄難勤苦之事永无復有一切世間有四百四病是菩薩身中無是諸病以行深般若波羅蜜故得是現世功德尒時阿難作是念釋提桓因自以力說耶以佛神力說乎釋提桓因知阿難意所念語阿難言我之所說皆佛威神佛告阿難如是如是如釋提桓因所說皆佛威神阿難是菩薩摩訶薩習學是深般若波羅蜜時三千大千世界中諸惡魔皆生狐疑今是菩薩為當得阿耨多羅三藐三菩提當中道於實際作證墮聲聞辟支佛地

復次阿難若菩薩摩訶薩不離般若波羅蜜時魔大愁毒如箭入心是時魔復放大風四方俱起欲令菩薩心沒恐怖懈怠於薩婆若中乃至起一乱念阿難白佛言世尊魔為都嬈乱

諸菩薩有不嬈乱者佛告阿難有嬈者有不嬈者阿難白佛言世尊何等菩薩為惡魔所嬈佛言有菩薩摩訶薩先世聞是深般若波羅蜜心不信解如是菩薩魔得其便復次阿難菩薩聞說是深般若波羅蜜時意疑是般若波羅蜜為實有為實无如是菩薩魔得其便復次阿難有菩薩遠離善知識為惡知識所攝故不聞深般若波羅蜜不聞故不知不見不問云何應行般若波羅蜜云何應脩般若波羅蜜是菩薩惡魔得其便復次阿難若菩薩遠離般若波羅蜜受惡法是菩薩為惡魔得便魔作是念是輩當有伴黨當滿我願是菩薩自墮二地亦使他人墮於二地復次阿難若菩薩聞說深般若波羅蜜時語他人言是般若波羅蜜甚深我尚不能得底汝復用聞用學是般若波羅蜜為如是菩薩魔得其便復次阿難若菩薩輕餘菩薩言我行般若波羅蜜行遠離空汝无是功德是時惡魔大歡喜踊躍若有菩薩自恃名姓多人知

識故輕餘行善菩薩是人无實阿鞞跋致行類相貌功德无是功德故生諸煩惱但着虛名故輕賤餘人言汝不如在我所得法中尒時惡魔作是念今我境界宮殿不空增益三惡道惡魔助其威力令餘人信受其語信受其語故受行其經如說修學如說修學時增益諸結使是諸人心顛倒故身口意等所作皆受惡報以是因緣增益三惡道魔之眷屬宮殿益多阿難魔見是利故大歡喜踊躍阿難若行菩薩道者與求聲聞道家共諍闘魔作是念是遠離薩婆若阿難若菩薩菩薩共諍闘瞋恚罵詈是時惡魔便大歡喜踊躍言兩離薩婆若遠復次阿難若未受記菩薩向得記菩薩生惡心諍闘罵詈隨起念多少劫若干劫數若不捨一切種智然後乃補尒所劫大莊嚴阿難白佛言世尊是惡心乃經尒所劫數於其中間寧得出除不佛告阿難我雖說求菩薩道及聲聞人得出罪阿難若求菩薩道人共闘諍瞋恚罵詈憍恨不悔不

捨者我不說有出必當更尒所劫數若不捨一切種智然後乃大莊嚴阿難若是菩薩闘諍瞋恚罵詈便自致悔作是念我為大失我當為一切衆生下屈今世後世皆使和解我當忍受一切衆生履踐如橋梁如聾如瘂云何以惡語報人我不應壞是甚深阿耨多羅三藐三菩提心我得阿耨多羅三藐三菩提時應當度是一切苦惱衆生云何當起瞋恚阿難白佛言世尊菩薩菩薩共住云何佛告阿難菩薩菩薩共住相視當如世尊何以故是菩薩摩訶薩應作是念是我真伴共乘一舩彼學我學所謂檀波羅蜜乃至一切種智若是菩薩雜行離薩婆若心我不應如是學若是菩薩不離行不離薩婆若心我亦應如是學菩薩摩訶薩如是學者是為同學

釋曰釋提桓因上說善男子書受持般若乃至正憶念得無量功德今說其義是人讀誦般若乃至阿耨多羅三藐三菩提不令餘心心數雜者得

如上所說功德但從聞說而不能行餘心不入者雖得功德不名為無上餘心心數法雜者有人言慳貪及破六波羅蜜惡心是有人言但不令惡心增長成其勢力来則滅有人言不令聲聞辟支佛心得入有人言無記散乱心雖非惡以遮善道故亦不令得入是故是人不從小功德來佛可其言如是欲分別清淨行勢力故反問憍尸迦若閻浮提人一切成就十善道等如經說是福德雖多雜諸法實相故虛妄不牢固无常盡滅不足為多如草芥雖多不如一小金剛問曰是比丘何以語帝釋善男子福德勝仁者答曰帝釋已作福德果報中人天之王威德尊重是比丘重是善法欲顯此功德故言勝於仁者復次是比丘聞帝釋得聲聞道是故言汝雖有福德是菩薩勝汝帝釋得道深念佛法故不生高心受其語言菩薩為阿耨多羅三藐三菩提但發心便勝我何況如所說行何以故帝釋福報微薄是菩薩功德淳厚又以帝釋

福德者天樂自為其身菩薩功德為一切衆生迴向佛樂故時會聽者聞比丘說勝於仁者帝釋受其語咸生輕帝釋心是故帝釋言不但勝我乃至勝菩薩行般若无方便力者如所說行般若波羅蜜時不離餘心心數法故是中帝釋自說勝因緣所謂是菩薩如說行般若不斷佛種乃至以行般若波羅蜜故得是現世功德問曰阿難何以作是念言帝釋自以力說用佛力說荅曰阿難知帝釋是聲聞而所說甚深過聲聞辟支佛智是故生疑而問問曰帝釋自有智能問能荅何以言佛力荅曰般若甚深甚難無量無邊者在異處說尚難何況於佛前大衆中說是故言佛力如持心經說以光明威神入其身故能於佛前難問有所說佛告阿難可帝釋所語更難行深般若菩薩有大威德所謂阿難是菩薩習學深般若時惡魔生疑惡魔是菩薩怨賊常求菩薩便如魔品中說以菩薩深行般若波羅蜜故魔大作方便壞菩薩心若菩

薩懈怠者魔大歡喜是人自當墮落有人言一切菩薩應有魔怨是故阿難問為盡有魔亦有无者佛分別荅所謂深清淨心行菩薩道則无魔擾不清淨為魔所壞如經廣說問曰如佛所說一切有為法皆可轉可捨阿難何以疑而問佛是罪可悔不荅曰阿難知般若波羅蜜是無盡因緣若供養福無邊乃至得佛福猶不盡若訶瞋罪亦如是无邊是故問佛佛荅我法雖有出罪若菩薩共鬪結恨不即捨則不可出何以故是菩薩深心輕慢瞋餘菩薩故以瞋憍慢故不能下意共悔欲更行餘功德求滅此罪佛言此罪不出以懷恨故雖作餘福德皆不清淨不清淨故无力無力故不能滅罪此人若欲作佛不捨一切智下意懺悔者補本所刼乃得發大莊嚴問曰心中懷恨云何可滅荅曰破瞋因緣如經說阿難知一切衆生屬業因緣不得自在无能救者心懷怖畏問佛菩薩共供養云何云何用心恭敬佛荅供養恭敬當如視佛是未來佛

故此中佛自說因緣菩薩共住應作是念是我真伴俱到佛道共乘一船船者六波羅蜜三界三漏為水彼岸是佛道彼所學者我亦應學學者所謂六波羅蜜等同戒同見同道如白衣兄弟不應共鬪我是同法兄弟亦不應共諍若是菩薩雜行離薩婆若心我不應如是學何以故勝事應從他學惡事應捨菩薩若作是學輕慢瞋恨事皆滅是則名菩薩同學

大智度論釋等學品第六十三

須菩提白佛言世尊何等菩薩摩訶薩等法菩薩所應學須菩提內空是菩薩等法外空乃至自相空是菩薩等法須菩提色色相空受想行識識相空乃至阿耨多羅三藐三菩提阿耨多羅三藐三菩提相空須菩提是名菩薩摩訶薩等法住是等法得阿耨多羅三藐三菩提須菩提白佛言世尊若菩薩摩訶薩為色盡故學為學薩婆若為色離故學為色滅故學為學薩婆若為色不生學為學薩婆若受想行識亦如是修行四念處乃

至十八不共法盡離滅不生學故為學薩婆若佛告須菩提如須菩提所說為色盡離滅不生故學為學薩婆若受想行識乃至十八不共法盡離滅不生故學為學薩婆若須菩提於汝意云何色如受想行識如乃至阿耨多羅三藐三菩提如佛如是諸如盡滅斷不須菩提言不也世尊佛告須菩提菩薩摩訶薩如是學如為學薩婆若是如不作證不滅不斷須菩提菩薩摩訶薩如是學如為學薩婆若須菩提菩薩摩訶薩如是學為學六波羅蜜為學四念處乃至十八不共法若學六波羅蜜乃至十八不共法為學薩婆若須菩提如是學為盡諸學道如是學魔若魔天所不能壞如是學直到阿鞞跋致地如是學為學佛所行道如是學為得擁護為學大慈大悲為學淨佛世界成就衆生須菩提如是學為三轉十二行法輪轉故如是學為學度衆生如是學為學不斷佛種如是學為學開甘露門如是學為學欲示无為性須菩提下

劣之人不能作是學如是學者為欲拔沉沒生死衆生菩薩摩訶薩如是學終不墮地獄餓鬼畜生中終不生邊地終不生栴陁羅家終不聾盲瘖瘂拘躄諸根不缺眷屬成就終不孤窮菩薩如是學終不殺生乃至終不邪見如是學不作邪命活不攝惡人及破戒者如是學以方便力故不生長壽天何等是方便力如般若波羅蜜品中所說菩薩摩訶薩以方便力故入四禪四无量心四無色定不隨禪无量無色定生須菩提菩薩如是學一切法中得清淨所謂淨聲聞辟支佛心須菩提白佛言世尊一切法本性清淨云何言菩薩一切法中得清淨佛告須菩提如是如是一切諸法本性清淨若菩薩摩訶薩於是法中心通達不沒即是般若波羅蜜是諸法一切凡夫不知不見菩薩摩訶薩為是衆生故行種種波羅蜜乃至般若波羅蜜行四念處乃至一切種智須菩提菩薩如是學於一切法中得智力無所畏如是學為了知一切衆

生心所趣向辟如大地少所處出金銀珎寶須菩提衆生亦如是少所能學般若波羅蜜多墮聲聞辟支佛地須菩提辟如少所人受行轉輪聖王業多受行小王業如是須菩提少所衆生行般若波羅蜜求一切智多行聲聞辟支佛道須菩提諸菩薩摩訶薩發心求阿耨多羅三藐三菩提中少有如說行多住聲聞辟支佛地多有菩薩摩訶薩行般若波羅蜜无方便力故少所人住阿鞞跋致地須菩提以是故菩薩摩訶薩欲在阿鞞跋致地欲在阿鞞跋致數中應當學是深般若波羅蜜復次須菩提菩薩摩訶薩學是般若波羅蜜時不生慳貪心不生破戒瞋恚懈怠散乱愚癡心不生諸餘過失心不生取色相取受想行識相心不生取四念處相心乃至不生取阿耨多羅三藐三菩提相心何以故是菩薩摩訶薩行是深般若波羅蜜無有法可得以不可得故於諸法不生心取相須菩提菩薩摩訶薩如是學深般若波羅蜜揔攝諸

波羅蜜令諸波羅蜜增長諸波羅蜜悉隨從何以故須菩提是深般若波羅蜜諸波羅蜜悉入中須菩提辟如我見中悉攝六十二見如是須菩提是深般若波羅蜜悉攝諸波羅蜜須菩提辟如人死命根滅故餘根悉隨滅如是須菩提菩薩摩訶薩行深般若波羅蜜時諸波羅蜜悉隨從須菩提菩薩摩訶薩欲令諸波羅蜜度彼岸應學深般若波羅蜜須菩提菩薩摩訶薩學是深般若波羅蜜出一切衆生之上須菩提於汝意云何三千大千世界中衆生多不須菩提言閻浮提中衆生尚多何況三千大千世界佛告須菩提若三千大千世界中衆生一時皆得人身悉得阿耨多羅三藐三菩提若有菩薩盡形壽供養尒所佛衣服飲食卧具湯藥資生所須須菩提於汝意云何是人以是因緣故得福德多不須菩提言甚多甚多佛言不如是善男子善女人學般若波羅蜜如說行正憶念得福多何以故般若波羅蜜有勢力能令菩薩

摩訶薩得阿耨多羅三藐三菩提須菩提以是故菩薩摩訶薩欲出一切衆生之上當學般若波羅蜜欲為無救護衆生作救護欲與無歸依衆生作歸依欲與無究竟道衆生作究竟道欲為盲者作目欲得佛功德欲作諸佛自在遊戲欲作佛師子吼欲撞擊佛鍾鼓欲吹佛唄欲昇佛高座說法欲斷一切衆生疑當學深般若波羅蜜須菩提菩薩摩訶薩若學深般若波羅蜜諸善功德無事不得須菩提白佛言世尊寧復得聲聞辟支佛功德佛言聲聞辟支佛功德皆能得但不於中住以智觀已直過入菩薩位中須菩提菩薩摩訶薩如是學近薩婆若疾得阿耨多羅三藐三菩提須菩提菩薩摩訶薩如是學為一切世間天人阿修羅作福田須菩提菩薩摩訶薩如是學過諸聲聞辟支佛福田之上疾近薩婆若須菩提菩薩摩訶薩如是學是名不捨不離般若波羅蜜常行般若波羅蜜須菩提菩薩摩訶薩如是學行般若波羅蜜當

知是不退轉菩薩疾近薩婆若遠離聲聞辟支佛近阿耨多羅三藐三菩提須菩提菩薩摩訶薩行般若波羅蜜時若作是念是般若波羅蜜我以是般若波羅蜜得一切種智若如是念不名行般若波羅蜜須菩提若不作是念是般若波羅蜜是人般若波羅蜜是般若波羅蜜法是人行般若波羅蜜得阿耨多羅三藐三菩提是名行般若波羅蜜須菩提若菩薩作是念無是般若波羅蜜无人有是般若波羅蜜無有行是般若波羅蜜得阿耨多羅三藐三菩提何以故一切法如法性實際常住故如是行是為菩薩摩訶薩行般若波羅蜜

釋曰上阿難問鬪諍佛荅同學清淨今須菩提問佛甚深同心等法是菩薩所學處佛荅内空乃至自相空是名等法有二種等忍上品末說衆生等忍此品說法等忍如稱兩頭停等如是内空等諸空於諸法中平等如内法有種種差别得内空則皆平等無法乃至自相空一切法相皆自空

是時心則平等菩薩住是等中能得阿耨多羅三藐三菩提須菩提復問為色等盡故為學薩婆若觀色等无常念念滅不住若得是觀心則離色心離色故諸煩惱滅煩惱滅故得不生法須菩提問如是學為學薩婆若佛反問須菩提於汝意云何色等諸法如及如來如是如為盡滅斷不須菩提言不是如從本已來不集不和合云何有盡不來不生云何有滅是法本來虛誑无有定相云何可斷須菩提菩薩摩訶薩能如是學如為學薩婆若是如常不可證不可滅不可斷是盡離斷除顛倒故行非是究竟此中說究竟事於是佛讚歎如是學雖不定為一法故而學薩婆若若學薩婆若即是學六波羅蜜等若能學六波羅蜜等是為盡諸學邊若盡諸學邊是人无量福德智慧具足故魔若魔民无能降伏如是正學故直到阿鞞跋致地如是學為學佛所行道如是學皆為十方諸佛及大菩薩諸天善人所守護能如是學是人無有

邪見心无所著於一切衆生能起大慈大悲大慈大悲故能教化衆生衆生心清淨故佛界清淨佛界清淨已得佛道三轉十二行法輪以三乘度无量衆生以大乘度衆生故不斷佛種不斷佛種故於世間常開甘露法門常示衆生无為性无為性者所謂如法性實際涅槃甘露者无為性門者三解脫門下劣者名懈怠放逸不樂佛法不一心行道罪福雜行如是等不能學是法何以故是下劣者作是念我身及親屬是我所應護諸餘衆生何豫我事而以頭目髓腦施之令其得樂一切人皆方便求樂我今何為捨樂求苦或生邪見復作是念衆生无量無邊度不可盡若可度盡即是有量有邊一佛便可度盡或作是念佛說一切法空不生不滅我復何所度求佛道不求佛道同如幻夢如是等下劣人以種種邪見貪欲因緣故不能學此大法或時有大人出世籌量思惟諸法實相所謂非常非無常非有邊非无邊非有非無等行

如是道破顛倒見還捨此道直入法性常住是清淨法性中以一切衆生不知是事故生大悲心然後修集六波羅蜜等諸功德佛神通智慧无㝵解脫得阿耨多羅三藐三菩提以種種方便門廣度衆生如是人為希有問曰如先說衆生無量無邊又言衆生空復何所度如是云何可有所度答曰此是下劣人所說何足以之為證復次先所說以邪見貪欲因緣故下劣之人生作是念言衆生有邊無邊一切法空无所有一切法常實皆是六十二邪見所攝大人无欲思惟籌量離如是過罪住於法性生大悲心譬如大人但以施心施與他財而不取價貪欲之人求因緣而與邪見之人依有邊无邊等無有能无事而有所作譬如小人交易求利乃與又復大人菩薩无所求欲能以頭目等施與衆生所得果報亦以施與一切法心無所依而能集諸功德是故佛說欲拔一切衆生沉沒生死者能如是學復次如是學者常有慈悲憐愍

心不惱衆生故不墮地獄常觀因緣諸法實相不生愚癡故不墮畜生常行布施破慳貪心故不生餓鬼中佛所說十二部經八万四千法聚常不慳惜不生邊地常供養尊長善人破憍慢故不生旃陁羅等下賤人中深心愛衆生具足行利益事故受身完具以善法多化衆生故眷屬成就終不孤窮深愛樂尸羅波羅蜜故不行十惡道及以邪命无有我心但利益衆生不自為身故不攝惡人及破戒者惡人名心惡破戒者名身口惡復次行三不善道名惡行七不善道名破戒復次菩薩若在家攝惡人名惡出家攝惡人名破戒問曰菩薩為度惡人故出現於世譬如良醫療諸疾病何以故不攝惡人荅曰惡人破戒者有可化有不可化此中但說不可化者若攝取共住則自壞其道於彼无益譬如救溺自不能浮而欲濟彼二俱不免是故說遠離惡人以欲界多惡生憐愍心故生欲界中雖行禪

心調柔軟以方便力故命終時不隨禪生如經中廣說須菩提菩薩如是學於一切法中得清淨所謂淨聲聞辟支佛心淨名捨離無所有畢竟空須菩提白佛若一切法從本已來空清淨云何言菩薩如是學得一切法中清淨佛可須菩提言為說因緣若菩薩知一切法從本来空清淨於是中心不没不却不没名不疑不生邪見通達不與空諍是名般若波羅蜜一切凡夫人不知不見如是清淨法為是人故行六波羅蜜等諸助道法菩薩法教化是衆生是名菩薩一切法中得清淨所謂捨三界顛倒過聲聞辟支佛地一切法中得清淨智慧力得是功德故三世十方一切衆生心心數法心所行起種種業因緣悉能遍知知已隨其所應為說法開化如是等利益皆是學般若故得是故言盡諸學邊少有能如是學是人難得佛欲令此義明了故說譬喻金銀及轉輪聖王業等復次菩薩學是般若時不生慳等心不生慳等心者菩薩學般若波羅蜜故抑制諸煩惱煩

惱雖未盡无所能作是故言不生菩薩行般若知一切諸法相皆虚誑不實故是以不取色乃至阿耨多羅三藐三菩提相何以故不欲令墮有无見中故直行中道集菩薩行此中佛自說因緣菩薩行般若於一切法無所得无所得故无有法可取相若善若不善等菩薩若能如是學捴攝諸波羅蜜檀等諸波羅蜜不離般若波羅蜜般若波羅蜜力故令餘波羅蜜離諸邪見貪著各得增長佛欲令此義明了故說譬喻如我見及命根盡問曰我見諸見各有別相云何攝入我見中荅曰雖有別相我見是本人以無明因緣故空五衆中生我見生我見故言是身死如去不如去若如去則是常見若不如去則是斷見若謂斷滅現今受樂著五欲以惡法為宗則生見取若謂常出家學道持戒皆行則生戒取或時見斷常俱有過故便言無因緣果報則生邪見住是五見中世間常无常前際後際等生五十七見是故說身見攝六十二見無

大智度論卷第七十七　第三十九張　端字号

各如是等種種因緣譬喻故知般若波羅蜜諸法中實第一般若波羅蜜諸法中實第一故菩薩學是般若故於衆生中第一佛欲以是事善化衆生故說譬喻須菩提於汝意云何三千大千世界中衆生多不如是等乃至菩薩如是學當知是不退轉遠離二乘近佛乘復次佛告須菩提若菩薩作是念是般若波羅蜜是般若波羅蜜者示般若波羅蜜相若有若无等見般若得般若著般若等我以是般若波羅蜜得一切種智者五衆和合假名菩薩菩薩隨逐假名字計以為我以是般若有所作般若是无著相而是人說有相般若是第一義是人隨假名而生我心般若是無作相而是人欲用般若有所作所謂我用是般若得阿耨多羅三藐三菩提是故佛言作如是念者不名行般若若不如是念名為行般若波羅蜜問曰作是念不作是念事已盡何以復有第三說答曰初者是邪行相第二遮邪行未說正相是故第三說正行相

大智度論卷第七十七　第四十張　端字号

復次初是著心取相第二破是著相不說云何是諸法相第三中破邪著亦說實相菩薩作是念於一切處不顯示般若波羅蜜相亦不生我心我用般若波羅蜜有所作但知一切法常住如法性實際中於如法性實際中不諍是故說第三无咎

大智度論卷第七十七

大智度論卷七十七

校勘記

一　底本，金藏廣勝寺本。

一　三七〇頁中一行經名，石無（未換卷）；資、磧、普、南、徑、清作「大智度論卷第七十七」。

一　三七〇頁中二行作者、三行譯者，石無。

一　三七〇頁中三行與四行之間，資、磧、普、南有「釋夢誓品第六十一下」並夾註「訖第六十三品」；徑、清有「釋夢誓品第六十一之下」。

一　三七〇頁中四行首字，三七五頁下一一行首字「介」，石、磧、普、南、徑、清、麗冠以「經」。

一　三七〇頁中九行「如是」，石、磧、普、南、徑、清、麗作「如是耶」。

一　三七〇頁中一二行第八字「性」，諸本無。

一　三七〇頁中一六行首字及第四字

「法」，磧、普、南、徑、清作「法相」。

一 三七一頁上一三行「發行」，諸本作「教行」。

一 三七一頁上末行「是菩薩」，石作「若菩薩」。

一 三七一頁中八行「大智明」，磧、普、南、徑、清作「大智光明」。

一 三七一頁中一二行「卧牀」，石、磧、南、徑、清、麗作「卧具牀敷」。

一 三七一頁中二〇行第七字「憶」，石無。

一 三七一頁下三行第五字「亡」，石、麗作「亡失」。

一 三七一頁下二二行第五字「薩」，石作「薩摩訶薩」。

一 三七一頁下末行「不驚」，石、資、磧、普、南、徑、清作「心不驚」。

一 三七二頁上一五行第七字「色」，諸本作「色空」。

一 三七二頁中九行「无㝵」，諸本作「无礙智」。

一 三七二頁中一〇行第六字「法」，麗作「法忍」。

一 三七二頁中一三行「無生」，諸本作「得无生」。

一 三七二頁下六行第一〇字「是」，石、資、磧、普、南、徑、清作「是名」。

一 三七二頁下一〇行「問曰」，石、磧、普、南、徑、清、麗冠以〔論〕。

一 三七二頁下一九行末字「無」，諸本無。

一 三七三頁上一五行第五字「亦」，石、磧、普、南、徑、清、麗作「亦以」。

一 三七三頁中三行第四字「伏」，石、麗作「降伏」。

一 三七三頁中一六行第九字「化」，石、資、磧、普、南、徑、清作「他」。

一 三七三頁中一八行「般若」，石、麗作「般若波羅蜜」。

一 三七三頁下四行「是故諸菩薩能生大悲」，資、磧、普、南、徑、清無。

一 三七三頁下一一行「五明」，資、磧、普、南、徑、清、麗作「五眼」。

一 三七三頁下一一行「相應念」，石、麗作「相應念相應念」。

一 三七四頁上五行第一二字「法」，資、磧、普、南、徑、清無。

一 三七四頁上六行「常在」，諸本作「常住」。

一 三七四頁上一〇行第一〇字「隨」，石作「隨順」。

一 三七四頁上二二行第二字「㝵」，資作「得」。

一 三七四頁中一行第一三字「相」，石、資、磧、普、南、徑、清作「想」。

一 三七四頁中一七行「以何故」，諸本作「何以故」。

一 三七四頁中一八行「作相」，石、麗作「住相」。

一 三七四頁下一三行首字「答」，資、磧、普、南、徑、清作「答言」。

一 三七四頁下一六行「復次」，諸本作「復問」。

一 三七四頁下二一行末字「等」，資、磧、南、徑、清作「義」。

一 三七五頁上一三行「淨佛世界」，

一　石作「淨佛國土」，下同。
一　三七五頁上一三行「未後」，諸本作「末後」。
一　三七五頁上一九行「不集」，石、麗作「不進」。
一　三七五頁上一九行末字至二〇行首字及二〇行「忍法」，石、資、磧、普、南、徑、清作「法忍」。
一　三七五頁中二行「云何」，資作「云何云」。
一　三七五頁中二行至九行「授記」，資、磧、普、南、徑、清作「受記」。
一　三七五頁中一四行至頁下四行「授記」，磧、普、南、徑、清作「受記」。
一　三七五頁下六行第一〇字「難」，南作「雖」。
一　三七五頁下七行「無疑」，石作「無礙」。
一　三七五頁下七行第一二字「空」，石、磧、普、南、徑、清、麗作「汝」。
一　三七五頁下九行末字「故」後，石有夾註「釋第六十一品竟」，並換卷，爲卷第八十一。
一　三七五頁下一〇行品名，石作「摩訶般若波羅蜜經同學品第六十二釋」；資、磧、普作「大智度（「度」資無）論釋魔愁品第六十二」；南、徑、清作「釋魔愁品第六十二」。
一　三七五頁下一三行第一三字「持」，石、磧、普、南、徑、清、麗作「受持」。
一　三七六頁上五行第八字「心」，磧、普、南、徑、清作「心尚」。
一　三七六頁上七行第二字「行」，石作「修行」。
一　三七六頁上八行第五字「我」，石作「於我」。
一　三七六頁中三行第一〇字「當」，諸本作「亦當」。
一　三七六頁中七行末字至八行首字「是諸」，石作「有是」。
一　三七六頁中八行第三字「以」，石作「以是」。
一　三七六頁中一二行第二字「皆」，石作「是」。
一　三七六頁中二一行「大風」，諸本作「大火風」。
一　三七六頁下一四行第八字「便」，石、普、麗作「其便」。
一　三七六頁下一九行首字「底」，石、麗作「其底」。
一　三七七頁上三行第六字「虛」，石作「空」。
一　三七七頁上四行「如在」，石、磧、普、南、徑、清、麗作「在如」。
一　三七七頁上九行第五字「等」，諸本作「業」。
一　三七七頁上一二行第一二字「家」，資、磧、普、南、徑、清作「家者」。
一　三七七頁上一七行末字「却」，石、磧、普、南、徑、清、麗作「刼」。
一　三七七頁上二〇行「劫數」，資作「數劫」。
一　三七七頁上末行「共鬪諍」，石作「諍鬪」；資作「苦鬪諍」。
一　三七七頁中二〇行，三八〇頁下一六行「釋曰」，石、磧、普、南、徑、清、麗冠以〔論〕。

一　三七七頁中二一行及二二行「般若」，石作「般若波羅蜜」。

一　三七七頁下三行「慳貪」，諸本作「慳貪等」。

一　三七七頁下五行第一〇字「滅」，諸本作「滅除」。

一　三七七頁下一五行「已作」，石、資、磧、普、徑、清作「已住」；南作「已往」。

一　三七七頁下一六行第四字「王」，石、資、磧、南、徑、清作「主」。

一　三七八頁上二行第七字「佛」，石、磧、普、南、徑、清、麗作「佛道」。

一　三七八頁上六行「不離」，資、磧、普、南、徑、清作「不離」。

一　三七八頁上一四行「咎曰」，清作「故曰」。

一　三七八頁上一七行「以光明」，石、麗作「佛以光明」。

一　三七八頁上一九行第四字「難」，石、麗作「歎」。

一　三七八頁上一九行「有大」，石作「大有」。

一　三七八頁中五行「所壞」，石、麗作「所壞者」。

一　三七八頁中九行第三字「福」，石作「福德」。

一　三七八頁中一五行第五字「不」，石、麗作「不可」。

一　三七八頁中二二行「供養」，諸本作「住」。

一　三七八頁下四行第一二、第一三字「學者」，石無。

一　三七八頁下八行首字「心」，石作「心雖行薩波若」。

一　三七八頁下一〇行末字「學」後，石有夾註「釋第六十二品竟」。

一　三七八頁下一一行品名，石作「摩訶般若波羅蜜經等學品第六十三釋」；徑、清作「釋等學品第六十三」。

一　三七八頁下一二行首字「須」，石、磧、普、南、徑、清、麗冠以〔經〕。

一　三七八頁下一二行「菩薩」，石、磧、普、南、徑、清、麗作「是菩薩」。

一　三七八頁下二二行「不生學」，石、磧、普、南、徑、清作「不生故學」；麗作「不生不學」。

一　三七九頁上一行「學故」，諸本作「故學」。

一　三七九頁上五行「須菩提」，石、資、磧、普、南、徑、清作「佛告須菩提」。

一　三七九頁上一六行第三字「道」，諸本作「邊」。

一　三七九頁上二〇行第七字「爲」，資、磧、普、南、徑、清、麗作「爲學」。

一　三七九頁中二行首字「拔」，石作「拔出」；麗作「拔除」。

一　三七九頁中五行第三字「癖」，資、磧、普、南、徑、清作「躄」。

一　三七九頁中一二行第三字「量」，石作「量心」。

一　三七九頁中一七行末字「法」，石作「一切法」。

一　三七九頁中一八行末字「是」，諸本

作「如是」。

一　三七九頁中一九行「凡夫」，磧、普、南、徑、清作「凡夫人」。

一　三七九頁下二行末字「能」，石、磧、普、南、徑、清作「人能」。

一　三七九頁下一二行第一一字「在」，石、磧、普、南、徑、清、麗作「住」。

一　三八〇頁上一一行「波羅蜜」，諸本作「波羅蜜者」。

一　三八〇頁上一三行末字「闇」，資、磧、普、南、徑、清、麗作「一闇」。

一　三八〇頁上二二行第七字「行」，石作「修行」。

一　三八〇頁中八行「佛唄」，石、磧、普、南、徑、清作「佛貝」。

一　三八〇頁中一三行第二字「德」，石、麗作「德不」。

一　三八〇頁中一八行「天人」，石、資、磧、普、南、徑、清作「天及人」。

一　三八〇頁中末行第八字「行」，石、麗作「深」。

一　三八〇頁下三行「菩薩」，石、磧、普、南、徑、清作「是菩薩」。

一　三八〇頁下七行第一一字「人」，石、磧、普、南、清、麗作「人有」。

一　三八〇頁下八行第一二字「行」，磧、普、南、徑、清作「行是」。

一　三八〇頁下一一行第一〇字「无」，石、磧、普、南、徑、清作「無有」。

一　三八〇頁下二一行第六字「諸」，石作「諸法」。

一　三八〇頁下末行第二字「法」，石、磧、普、南、徑、清作「二」。

一　三八一頁上五行第九字「煩」，石作「諸煩」。

一　三八一頁上一〇行第六字「不」，石、磧、普、南、徑、清、麗作「本」。

一　三八一頁上一六行第七字「故」，石、麗作「故學」。

一　三八一頁中二行第二字及第六字「大」，石無。

一　三八一頁中三行「佛界」，石作「佛國」，下同。

一　三八一頁下一一行第五字「生」，石、磧、普、南、徑、清、麗無。

一　三八一頁下一七行「无事」，石、磧、普、南、徑、清、麗作「無利事」。

一　三八一頁下一八行「交易」，諸本作「市易」。

一　三八一頁下末行「復次」，石、磧、普、南、徑、清、麗作「復次菩薩」。

一　三八二頁上五行「悋惜」，諸本作「悋惜故」。

一　三八二頁上一三行第八字及一四行末字「惡」，諸本作「惡人」。

一　三八二頁上二〇行第一三字「資」，諸本作「濟」。

一　三八二頁上二二行第二字「惡」，石作「苦」。

一　三八二頁中四行「白佛」，石、資、磧、普、南、徑、清作「白佛言」。

一　三八二頁中七行第九字「來」，石、磧、普、南、徑、清、麗作「已來」。

一　三八二頁中一二行「教化」，諸本作「應教化」。

一　三八二頁中一六行「心所行起」，

資、磧、普、南、徑、清作「心行所起」。

一　三八二頁下一二行「命根盡」，石、麗作「命根等」；資作「命相盡」。

一　三八二頁下一九行第七字「常」，石作「常見」。

一　三八三頁上一二行「五衆」，石作「五陰」。

一　三八三頁上一四行第一二字「是」，石、資、磧、普、南、徑、清作「是無得」。

一　三八三頁上末行「正相」，石、麗作「正行相」。

一　三八三頁中七行「不諍」，南作「不生」。

一　三八三頁中七行末字「咎」後，石有夾註「釋第六十三品竟」。

一　三八三頁中末行經名，石無（未換卷）。

趙城縣廣勝寺

大智度論釋願樂品第六十四　卷七十八　封

聖者龍樹造

後秦龜茲國三藏鳩摩羅什譯

爾時釋提桓因作是念菩薩摩訶薩行般若波羅蜜禪波羅蜜毗梨耶波羅蜜羼提波羅蜜尸羅波羅蜜檀波羅蜜乃至十八不共法時出一切衆生之上何况得阿耨多羅三藐三菩提時是諸衆生聞是薩婆若信者得人中之善利壽命中最何况發阿耨多羅三藐三菩提意者是衆生能發阿耨多羅三藐三菩提意者其餘衆生應當願樂爾時釋提桓因以天文陁羅華而散佛上發是言以此福德若有求阿耨多羅三藐三菩提者令此人具足佛法具足一切種智具足自然法若求聲聞者令具足聲聞法世尊若有菩薩發阿耨多羅三藐三菩提意者我終不生一念令其轉還我亦不生一念令其轉還墮聲聞辟支佛地世尊我願諸菩薩倍復精進於阿耨多羅三藐三菩提見生死中種

種苦惱欲利益安樂一切世間天及人阿修羅以是心作是願我既自度亦當度未度者我既自脱當脱未脱者我既安隱當安未安者我既滅度當使未入滅度者得滅度世尊善男子善女人於初發意菩薩功德隨喜心得幾許福德於久發意菩薩功德隨喜心得幾許福德於阿鞞跋致菩薩功德隨喜心得幾許福德於一生補處菩薩功德隨喜心得幾許福德佛告釋提桓因憍尸迦四天下世界可稱知斤兩是隨喜福德不可稱量復次憍尸迦是三千大千世界皆可稱知斤兩是隨喜心福德不可稱量復次憍尸迦三千大千世界滿中海水取一毫破為百分以一分毫渧取海水可知渧數是隨喜心福德不可數知釋提桓因白佛言世尊若衆生心不隨喜阿耨多羅三藐三菩提者皆是魔眷屬諸心不隨喜者從魔中來生何以故世尊是諸發心菩薩為破魔境界故生是故欲愛敬三尊者應生隨喜心隨喜已應迴向阿耨多

羅三藐三菩提以不一不二相故佛
言如是如是憍尸迦若有人於菩薩
能如是隨喜迴向者常值諸佛終不
見惡色終不聞惡聲終不齅惡香終
不食惡味終不觸惡觸終無不隨惡念
終不遠離諸佛從一佛界至一佛界
親近諸佛種善根何以故善男子善
女人為無量阿僧祇初發意菩薩諸
善根隨喜迴向為无量阿僧祇第二
地第三地乃至第十地一生補處諸
菩薩摩訶薩善根隨喜迴向阿耨多
羅三藐三菩提以是善根因緣故疾
近阿耨多羅三藐三菩提是諸菩薩
得阿耨多羅三藐三菩提度无量无
邊阿僧祇衆生憍尸迦以是因緣故
善男子善女人於初發意菩薩善根
應隨喜迴向阿耨多羅三藐三菩提
非心非離心於久發意阿鞞跋致一
生補處善根隨喜迴向阿耨多羅三
藐三菩提非心非離心須菩提白佛
言世尊是心如幻云何能得阿耨多
羅三藐三菩提佛告須菩提於汝意
云何汝見是心如幻不不也世尊我

不見幻亦不見心如幻須菩提於汝
意云何若無幻亦无心如幻汝見是
心不不也世尊須菩提於汝意云何
離幻離心如幻汝見更有法得阿耨
多羅三藐三菩提不不也世尊我不
見離幻離心如幻更有法得阿耨多
羅三藐三菩提世尊我不見更有法
何等法可說若有若無是法相畢竟
離故不墮有不墮无若法畢竟離者
不能得阿耨多羅三藐三菩提无所
有法亦不應得阿耨多羅三藐三菩
提何以故世尊一切法无所有是中
无垢者無淨者世尊以是故般若波
羅蜜畢竟離禪波羅蜜毗棃耶波羅
蜜羼提波羅蜜尸羅波羅蜜檀波羅
蜜畢竟離乃至阿耨多羅三藐三菩
提亦畢竟離若法畢竟離則不應修
不應壞行般若波羅蜜亦無有法可
得畢竟離故世尊若般若波羅蜜畢
竟離者云何因般若波羅蜜得阿耨
多羅三藐三菩提阿耨多羅三藐三
菩提亦畢竟離二離中云何能有所
得佛告須菩提善哉善哉是般若波

羅蜜畢竟離禪波羅蜜毗棃耶波羅
蜜羼提波羅蜜尸羅波羅蜜檀波羅
蜜畢竟離乃至一切種智畢竟離須
菩提若般若波羅蜜畢竟離乃至一
切種智畢竟離以是故能得阿耨多
羅三藐三菩提須菩提若般若波羅
蜜非畢竟離乃至一切種智非畢竟
離是不名般若波羅蜜不名禪波羅
蜜乃至一切種智須菩提若般若波
羅蜜畢竟離乃至一切種智畢竟離
以是故須菩提非不因般若波羅蜜
得阿耨多羅三藐三菩提亦不以離
得離而得阿耨多羅三藐三菩提非
不因般若波羅蜜須菩提白佛言世
尊菩薩摩訶薩所行義甚深佛言如
是須菩提菩薩摩訶薩所行義甚深
須菩提諸菩薩摩訶薩能為難事所
謂行是深義而不證聲聞辟支佛地
須菩提白佛言世尊如我從佛聞義
菩薩摩訶薩所為不難何以故是菩
薩摩訶薩不得是義可作證亦不得
般若波羅蜜作證亦无作證者世尊
若一切法不可得何等是義可作證

何等是般若波羅蜜作證何等是作證者作證巳得阿耨多羅三藐三菩提世尊是名菩薩摩訶薩無所得行菩薩行是於一切法皆得明了世尊若菩薩摩訶薩聞是深法心不驚不沒不怖不畏是名為行般若波羅蜜是菩薩摩訶薩行般若波羅蜜時不見我行般若波羅蜜亦不見是般若波羅蜜亦不見我當得阿耨多羅三藐三菩提何以故菩薩摩訶薩行般若波羅蜜時不作是念聲聞辟支佛地去我遠薩婆若去我近世尊辟如虛空不作是念有法去我遠去我近何以故世尊虛空無分別故世尊行般若波羅蜜菩薩亦不作是念聲聞辟支佛地去我遠薩婆若去我近何以故般若波羅蜜中无分別故世尊辟如幻人不作是念幻師去我近觀人去我遠何以故幻人无分別故行般若波羅蜜菩薩不作是念聲聞辟支佛地去我遠薩婆若去我近世尊辟如鏡中像不作是念所因者去我近餘者去我遠何以故像无分別故行

般若波羅蜜菩薩亦不作是念聲聞辟支佛地去我遠薩婆若去我近何以故般若波羅蜜中無分別故世尊行般若波羅蜜菩薩无愛无憎何以故般若波羅蜜自性不可得故世尊辟如佛無愛无憎行般若波羅蜜菩薩無愛无憎亦如是何以故般若波羅蜜中无憎無愛故世尊辟如佛一切分別想斷行般若波羅蜜菩薩亦如是一切分別想斷畢竟空故世尊辟如佛所化人不作是念聲聞辟支佛去我遠阿耨多羅三藐三菩提去我近何以故佛所化人無分別故行般若波羅蜜菩薩亦如是不作是念聲聞辟支佛去我遠阿耨多羅三藐三菩提去我近世尊辟如有所為故作化化所作事無分別世尊般若波羅蜜亦如是有所為事而修是事成就而般若波羅蜜亦无分別世尊辟如工匠若工匠弟子有所為故作木人若男女象馬牛是所作亦能有所作是亦无分別世尊般若波羅蜜亦如是有所為故說是事成就而般

若波羅蜜亦无分別舍利弗問須菩提但般若波羅蜜無分別禪波羅蜜乃至檀波羅蜜亦无分別須菩提語舍利弗禪波羅蜜无分別乃至檀波羅蜜亦无分別舍利弗問須菩提色無分別乃至識亦无分別眼乃至意无分別色乃至法無分別眼識觸乃至意識觸无分別眼觸因緣生受乃至意觸因緣生受四禪四无量心四无色定四念處乃至八聖道分空無相無作佛十力四無所畏四無㝵智大慈大悲十八不共法阿耨多羅三藐三菩提无為性亦無分別須菩提若色无分別乃至無為性无分別若一切法無分別云何分別有六道生死是地獄是餓鬼是畜生是天是人云何分別是須陁洹斯陁含阿那含阿羅漢辟支佛諸佛須菩提報舍利弗衆生顛倒因緣故造作身口意業隨欲本業報受六道身地獄餓鬼畜生人天阿修羅身汝言云何分別有須陁洹乃至佛道舍利弗須陁洹即是無分別故有須陁洹果亦是无分

別故有乃至阿羅漢阿羅漢果辟支佛辟支佛道佛道亦是无分別故有舍利弗過去諸佛亦是無分別斷分別故有以是故舍利弗當知一切法无有分別不壞相諸法如法性實際故舍利弗如是菩薩摩訶薩應行無分別般若波羅蜜行无分別般若波羅蜜已便得無分別阿耨多羅三藐三菩提

釋曰是時釋提桓因及會中人皆共歡喜釋提桓因作是念是菩薩行菩薩道時所有功德尚勝一切衆生何況成阿耨多羅三藐三菩提衆生有二種一者發心一者未發心發心菩薩勝一切未發心者所以者何是人種無量无上佛法因緣欲度一切衆生令離苦得樂其餘衆生但自求樂欲與他苦如是等因緣故發心者勝問曰諸阿羅漢辟支佛及五道是離欲人發心者或有未離欲但發心云何得勝答曰是事先品中已種種答阿羅漢等雖漏盡不如初發心菩薩辟如轉輪聖王太子雖在胎中已勝

餘子又如國王太子雖未即位勝諸大臣有位富貴者發心菩薩有二種一者行諸波羅蜜等菩薩道二者但空發心此中說行菩薩道者是人雖事未成就能勝一切衆生何況成就如歌羅頻伽鳥在鷇中未發聲已能勝諸鳥何況成就菩薩亦如是雖未成佛行菩薩道說諸法實相音聲破諸外道及魔民戲論何況成佛有人言若有能一發心我當作佛滅一切衆生苦雖未斷煩惱未行難事以心口業重故勝於一切衆生皆自求樂自為身故愛其所親阿羅漢辟支佛雖不貪世樂自為滅苦故求涅槃樂不能為衆生菩薩心生口言為度一切是故勝辟如一六神通阿羅漢將一沙弥令負衣鉢循路而行沙弥思惟我當以何乘入涅槃即發心佛為世尊最上最妙我當以佛乘入涅槃師知其念即取衣鉢自擔推沙弥在前行沙弥覆復思惟佛道甚難久住生死受無量苦且以小乘早入涅槃師復以衣鉢囊還與沙弥令擔語在

後行如是至三沙弥白師師年老耄狀如小兒戲方始令我在前已復令我在後何其太速師荅汝初念發心作佛是心貴重則住我師道中如是人諸辟支佛尚應供養何況阿羅漢以是故推汝在前汝心還悔欲取小乘而未便得汝去我懸遠是故令汝在後沙弥聞已驚悟我師能知我心我一發意已勝阿羅漢何況成就即自堅固住大乘法復次勝名不必一切事中皆勝但以一發心欲作佛度衆生是事為勝諸餘禪定解脫等猶尚未有何得言勝辟如以鳥言之鳥則勝人未來當得功德此事不論小乘人言乃至補處菩薩尚不勝小沙弥得无量律儀者摩訶衍論中或有人如是言其有發大乘心者雖復在弊惡小人中猶勝二乘得解脫如是名二邊離是二邊名為中道中道義如上說以其有義理實故應當取是故說初發心時勝一切衆生何況成佛聞薩婆若信者得人中善利有人言六波羅蜜是利有人言六波羅

蜜果報是利所謂轉輪王釋梵天王人王法王等有人言得阿鞞跋致不墮惡道常生人天富貴處有人言菩薩住於果報神通遊至十方供養諸佛種種方便教化衆生信受因緣教化衆生得如是等大利壽命中宲者衆生有二種命一者命根二者智慧命是人得智慧命故說壽命中宲何況發心發心者可敬可貴所以者何如先說因緣能捨自樂與他樂不自憂苦憂他人苦故介時釋提桓因欲現歡喜相以天文陁羅花散佛上如經廣說問曰罪福不可以與人雖欲與亦不得釋提桓因何以故此福德令求佛道者具足佛法答曰雖不可與人然自令心好又是釋提桓因顯此不著福是故以隨喜心與求佛道者與聲聞人亦介釋提桓因白佛我雖得聲聞道亦不生一念令菩薩轉還向二乘心所以者何諸菩薩見衆生在生死中有種種苦欲利益一切世間故作是願未度者我當等度介時會中衆生有作是念若如上說隨

喜有功德初發心人隨喜於久發心人隨喜有何差別釋提桓因欲解衆人疑故問佛言世尊於初發心菩薩功德隨喜得幾許福德如經廣說是福德無邊以種無量无邊田中人不能數知故說辟喻令解如經中廣說隨喜之德雖无量无邊於近佛道者隨喜福德轉多是時帝釋歡喜故白佛言世尊有聞是功德不隨喜者則是魔民從魔天来所以者何在魔境界積集惡心故不隨喜此中說因緣隨喜心能破魔界是故求佛道者欲愛敬三尊不捨者當以隨喜心迴向阿耨多羅三藐三菩提不一不二相者不見諸法有定相不屬因緣者故言不一不分別隨喜心迴向心是名不二畢竟空故佛可帝釋意已更稱說隨喜功德是人常憶念十方諸佛功德隨喜故疾得見佛又以深心於一切衆生欲令離苦得樂是故往来生死六情初不受惡塵終不離生諸佛前以不斷種見佛行故此中佛自說因緣是人於无央數阿僧祇劫發

心菩薩乃至無量一生補處菩薩皆隨喜故得如上果報疾成佛道度无量阿僧祇衆生復次憍尸迦是菩薩因是福德如諸法實相迴向於實相中心不可得是故說非心亦不離心如上說不一不二義以事異故更說須菩提聞已取是空无有心相難佛是心非心空無所有如幻去何能得阿耨多羅三藐三菩提佛反問須菩提汝見是空心定相如幻不須菩提作是念心若空如幻去何可見若可見則非空是故答言不佛言心若空无所有汝見是中有是若有若无戲論不答言不也離是空无所有如幻汝見更有法能得无上道不答言不見不見不可得故何有法若有若无一切諸法畢竟離故畢竟空故不墮有不墮无若法不墮有无中是則畢竟無所有不應得无上道以是因緣故般若波羅蜜畢竟離相見有无二俱過故禪波羅蜜乃至阿耨多羅三藐三菩提亦如是畢竟離相若法畢竟離則不可得見不可得修不可得

斷不可得證行是法則更無所得畢竟離故世尊今般若波羅蜜畢竟離阿耨多羅三藐三菩提畢竟離云何以畢竟離得畢竟離若一法畢竟離尚不應有所得何況二離辟如以指觸虛空虛空無觸故指不能觸何況二皆無觸亦如是虛空涅槃般若波羅蜜畢竟離阿耨多羅三藐三菩提畢竟離云何用離得離佛知須菩提隨諸法實相說故可其言善哉善哉即說因緣須菩提若般若波羅蜜畢竟離阿耨多羅三藐三菩提畢竟離以是因緣故可得何以故若一法定有相非空者則是常法不生相從未來至現在從現在至過去若无實生相則无滅相若無生滅則無四諦若无四諦則無法寶法寶无故亦無阿耨多羅三藐三菩提法寶即是阿耨多羅三藐三菩提故若無法寶則无佛寶若无佛法則无僧寶若无三寶則無一切諸法有如是等過罪故畢竟離相則通達無导若說畢竟離當知亦離空若不離空不名畢竟離是故經說言般若波羅蜜畢竟離故能得阿耨多羅三藐三菩提雖不離般若波羅蜜得阿耨多羅三藐三菩提亦不以二離而得二離畢竟空故不應難須菩提知佛所說甚深相是故白佛言若菩薩能如是行則是行甚深義佛可其言是菩薩能為難事能行如是甚深義而不證二乘所以者何是菩薩一心以利智深入空而不證涅槃是則為難須菩提言如我解佛所說義是不為難何以故是人不得是甚深義一定相可作證不得般若波羅蜜不得證者誰當以甚深義為證若不證是甚深義誰當得阿耨多羅三藐三菩提是名菩薩无所得行行是道則照明一切法問曰佛說言難須菩提言不難師弟子義應同何以各相違背答曰佛以世諦故說須菩提以第一義諦故說佛說菩薩得是甚深義須菩提說菩薩亦不得是甚深義佛以須菩提為衆生故說有人聞難事則發心故說難事有人聞難事而廢退故說无難是名菩薩无所得行住是行中於一切法通達無导須菩提言若菩薩聞如是說畢竟離无法可證無取證者亦无般若及阿耨多羅三藐三菩提是時不驚不沒通達无导者是名行般若波羅蜜行般若波羅蜜者是名真行深行何以故是菩薩不見般若波羅蜜亦不見我行般若波羅蜜不見阿耨多羅三藐三菩提亦不見是法可得阿耨多羅三藐三菩提都无所分別是菩薩安住一切諸法實相中故不作是分別言二乘離我遠佛道離我近此中說虛空等辟喻此諸辟喻為明了畢竟空義故般若波羅蜜雖空若有所修能成其事乃至如木人隨作何事皆能成就舍利弗問須菩提但般若無分別諸波羅蜜亦无分別若但般若空无分別餘波羅蜜應是有相是則菩薩道有別異不平等又初品中說行檀波羅蜜時无施者受者亦無財物今云何言別若五事皆空則无分別无有六名亦無可修行須菩提言五波羅蜜亦空無有分別初

發心未得無生法忍者有分別辟如四河未會大海則有別名既入大海則无差別菩薩亦如是俗諦中有差別第一義諦則无分別舍利弗問色乃至阿耨多羅三藐三菩提乃至无為性亦無分別若此法空無差別云何有六道別異云何有分別須陁洹乃至佛道須菩提答舍利弗諸法雖畢竟空无分別而是衆生狂顛倒心而起身口意業隨業受身業報貪欲是本但為欲所逼而生著心諸法无有定相業果報者所謂六道以是故知空無所分別是其實本但以顛倒不實故有六道差別又須陁洹等賢聖亦因畢竟空無分別法生所謂斷三結法名須陁洹果三結使即是顛倒覺顛倒除却名為斷是故斷法即是空无有分別世諦故假名人得是法故名須陁洹是故當知須陁洹人及果畢竟空無分別乃至佛佛道亦如是此中說因緣非但現在无分別過去如恒河沙諸佛一切斷故入無餘涅槃无有少許法定相可分別一

切法畢竟空入是如法性實際門故是故言因緣法甚深入是三昧門故菩薩應如是行無分別般若波羅蜜行無分別般若波羅蜜故得无分別法所謂阿耨多羅三藐三菩提

大智度論釋稱揚品第六十五

舍利弗語須菩提菩薩摩訶薩行般若波羅蜜為行真實法為行无真實法須菩提報舍利弗菩薩摩訶薩行般若波羅蜜為行无真實法何以故是般若波羅蜜无真實乃至一切種智无真實故菩薩摩訶薩行般若波羅蜜無真實不可得何況真實乃至行一切種智無真實法不可得何況真實尒時欲色界諸天子作是念諸有善男子善女人發阿耨多羅三藐三菩提意知深般若波羅蜜所說義行於等法不作實際證不墮聲聞辟支佛地應當為作礼須菩提語諸天子諸菩薩摩訶薩於等法不證聲聞辟支佛地不為難諸菩薩摩訶薩大誓莊嚴我當度无量无邊阿僧祇衆生知衆生畢竟不可得而度衆生是乃

為難諸天子諸菩薩摩訶薩發阿耨多羅三藐三菩提心作是願我當度一切衆生衆生實不可得是人欲度衆生如欲度虛空何以故虛空離故當知衆生亦離虛空空故當知衆生亦空虛空無堅固當知衆生亦无堅固虛空虛誑當知衆生亦虛誑諸天子以是因緣故當知菩薩所作為難為利益无所有衆生故而大莊嚴是人為衆生結誓為欲與虛空共鬪是菩薩結誓已亦不得衆生而為衆生結誓何以故衆生離故當知大誓亦離衆生虛誑故當知大誓亦虛誑若菩薩摩訶薩聞是法心不驚不没當知是菩薩摩訶薩行般若波羅蜜何以故色離即是衆生離受想行識離即是衆生離色離即是六波羅蜜離受想行識離即是六波羅蜜離乃至一切種智離即是六波羅蜜離若菩薩摩訶薩聞是一切諸法離相心不驚不没不怖不畏當知是菩薩摩訶薩行般若波羅蜜佛告須菩提何因緣故菩薩摩訶薩於深般若波羅蜜

中心不没須菩提白佛言世尊般若波羅蜜无所有故不没般若波羅蜜離故不没般若波羅蜜寂滅故不没世尊以是因緣故菩薩於深般若波羅蜜中心不没何以故是菩薩不得没者不得没事不得没處是一切法皆不可得故世尊若菩薩摩訶薩聞是法心不驚不没不怖不畏當知是菩薩為行般若波羅蜜何以故没者没事没處是法皆不可得故菩薩摩訶薩如是行般若波羅蜜諸天及釋提桓因天梵天王天及世界主天皆為作礼佛告須菩提不但釋提桓因諸天梵王及諸天世界主及諸天礼是菩薩行般若波羅蜜者過是上光音天遍淨天廣果天淨居天皆為是菩薩摩訶薩作礼須菩提今現在十方无量諸佛亦念是行般若波羅蜜菩薩摩訶薩當知是菩薩為如佛須菩提若恒河沙等世界中衆生悉使為魔是一一魔復化作魔如恒河沙等魔是一切魔不能留難菩薩行般若波羅蜜

釋曰尒時舍利弗聞上無分別相法心大歡喜問須菩提若菩薩行般若波羅蜜為行真實法為行无真實真實者審定不變異即是可取可著若不真實即是虛誑妄語須菩提常樂行深空心無障㝵故荅行般若者即是行无真實何以故般若波羅蜜空无定相无分別故乃至一切種智亦如是菩薩行如是般若波羅蜜時先来生死中所習所著虛誑有為法尚不可得何况後来觀虛誑因緣生般若波羅蜜非所著法而可得是故菩薩觀一切世間不真實亦不著是般若波羅蜜世諦故說真實第一義中真實不可得何况不真實尒時欲色界諸天子歡喜言其有發菩薩心者皆應礼敬能為難事能行第一深義而不作證故第一義即是平等法但以異名說須菩提語諸天子菩薩於平等法不作證不為難菩薩欲度无量衆生衆生畢竟不可得是則為難何以故欲度衆生者為欲度虛空虛空離故衆生亦離虛空虛誑不實故

衆生亦空虛誑不實問曰於平等法而不證衆生畢竟空而度衆生此二俱畢竟空云何言一難一不難荅曰衆生虛誑假名故是所著處平等法无為故非所著處衆生從有為法假名而生無為法是第一義於顛倒著處而能不著為難於无著處不著是不為難以是故如是說衆生空故大莊嚴亦空若大莊嚴空而能發心為難菩薩若聞是等一平等義度衆生大莊嚴皆畢竟空而心不驚不没譬如調馬自見影不驚何以故自知影從身出故菩薩亦如是知畢竟空因有為和合虛妄法生故菩薩聞是事不驚不没是為行般若波羅蜜色等法離故衆生亦離離名為空若衆生空法不空應有怖畏若法亦空无生怖畏處若菩薩聞是一切法離相心不畏是亦名菩薩行般若波羅蜜上聞衆生空故不畏今聞法空故不畏若聞是二空不畏是為真行般若佛問須菩提何以故菩薩心不没者問曰佛是一切智人何以問弟子心不驚不没

荅曰以衆會有疑故難故不敢問是以佛問復次是第一平等義甚深難得深處應當没而不没故識問須菩提復次佛以須菩提為說法主聽者法應問難問曰佛為一切智何以不自為說主而令須菩提說荅曰衆中有人以佛智慧無量无邊我等智力有量若心有所疑不敢發問為是人故命須菩提說問曰若尒者何以不令大菩薩說荅曰大菩薩智慧亦大不可思議威德重故亦不敢問難復次有人言阿羅漢辟支佛佛三界槃无明永盡無餘故能如實說法諸菩薩雖廣集福德漏未盡故或不可信是故不命問曰若尒者舍利弗智慧第一及餘大弟子何以不命荅曰是事先已荅所謂須菩提樂於空行偏善說空般若波羅蜜多說空故令須菩提說須菩提白佛一切法畢竟空无所有无所有故自相離相故常寂滅寂滅故無憶想分别是故菩薩不應驚不應没没者没處没法皆不可得若菩薩聞是事不驚不没是為行

般若波羅蜜須菩提荅已白佛言能如是行亦名為行般若波羅蜜世尊菩薩能如是行一切諸天帝釋及世界主礼菩薩者地神虚空中神四天王忉利天帝釋為主皆共礼是菩薩梵天王初禪中梵世界衆生世界主者欲界餘天主衆生多信有此天故須菩提說言作礼何以故是菩薩捨自樂欲利益衆生是三種天但自求樂故佛語須菩提非但是三種天作礼光音天等清淨一心諸天皆亦作礼欲界諸天著婬欲心多故礼不足為貴初禪有覺觀散乱亦不足為妙上諸天心清淨以菩薩有大功德故礼尒乃為難須菩提菩薩若能如是行般若為十方無量諸佛所念佛念因緣如先說今佛說是菩薩諸佛念果報所謂當知是菩薩為如佛以其必至佛道不退故所以者何如恒河沙等魔不能壞是菩薩如經廣說

大智度論卷第七十八

大智度論卷七十八

校勘記

一　底本，金藏廣勝寺本。

一　三八九頁中一行經名，石無（未換卷）；資作「大智度論釋卷第七十八」；磧、普、南、清作「大智度論卷第七十八」。

一　三八九頁中三行與四行之間，石有「摩訶般若波羅蜜經願樂品第六十四釋」；資有「釋願樂品第六十四」，並夾註「訖第六十五品」；磧、普、南作「釋淨願品第六十四」，並夾註「訖第六十五品」；徑、清有「釋淨願品第六十四」，並夾註「經作願樂隨喜品」。

一　三八九頁中四行首字「尒」，石、磧、普、南、徑、清、麗冠以（經）。

一　三八九頁中一三行「天文」，諸本作「天曼」。

一　三八九頁中一六行第一一字「種」，資無。

一　三八九頁中末行第一〇字「見」，諸本作「見衆生」。

一　三八九頁下一一行「世界」，石作「國土」，下同。

一　三八九頁下一二行「隨喜」，石、麗作「隨喜心」。

一　三八九頁下二一行「發心」，磧、普、南、徑、清作「發隨喜心」。

一　三九〇頁上一行「不二」，石作「不異」。

一　三九〇頁上二行「菩薩」，石作「菩薩心」。

一　三九〇頁上五行「無不隨惡念」，石、磧、普、南、徑、清、麗作「不隨惡念」；資作「無不隨念」。

一　三九〇頁上六行「佛界至一佛界」，石、磧、普、南、徑、清作「佛國至一佛國」。

一　三九〇頁上一三行，三九六頁上四行「菩薩」，石作「菩薩摩訶薩」。

一　三九〇頁上一四行第一一字「度」，石、磧、普、南、徑、清、麗作「己度」。

一　三九〇頁下二〇行「所爲不難」，諸本作「所行不爲難」。

一　三九一頁上五行第九字「深」，資無。

一　三九一頁上二〇行「不作」，石、麗作「亦不作」。

一　三九一頁中二一行「若男女象馬牛」，石、麗作「若男若女像馬牛羊」。

一　三九一頁下一六行末字「人」，諸本作「人是阿修羅」。

一　三九一頁下二一行「汝言」，諸本作「如汝言」。

一　三九二頁上二行「道佛道」，諸本作「道佛佛道」。

一　三九二頁上五行「諸法」，麗作「如法」。

一　三九二頁上一〇行「釋曰」，石、磧、普、南、徑、清、麗冠以〔論〕。

一　三九二頁上一四行第七字「一」，諸本作「二」。

一　三九二頁上一九行「五道」，諸本作「五通」。

一　三九二頁中四行首字「空」，資、磧、普、南、徑、清作「蜜」。

一　三九二頁中一〇行第七字「心」，諸本作「心言」。

一　三九二頁中一二行「一切衆生」，諸本作「一切衆生一切衆生」。

一　三九二頁中一七行「循路」，石作「順路」。

一　三九二頁下一八行末字「如」，諸本作「者」。

一　三九三頁上一行「轉輪王」，石、麗作「轉輪聖王」。

一　三九三頁上一二行「天文」，資、磧、普、南、徑、清作「天曼」。

一　三九三頁上一四行「何以故」，石、麗作「何以言以」；資、磧、普、南、清作「何以故以」。

一　三九三頁上二二行「等度」，資、磧、普、南、徑、清作「度等」。

一　三九三頁中五行「福德」，諸本作「福德無量」。

一 三九三頁中九行第五字「有」，麗作「諸有」。

一 三九三頁中一五行第六字「有」，石、磧、普、南、徑、清、麗作「有一」。

一 三九三頁下一四行末字「幻」，諸本作「幻心」。

一 三九四頁上七行第七字「是」，諸本無。

一 三九四頁上一〇行第一〇字「言」，資無。

一 三九四頁上二〇行第六字「法」，石作「無法」。

一 三九四頁中一四行首字「爲」，石、麗作「得」。

一 三九五頁上三行「俗諦」，石、磧、普、南、徑、清、麗作「世俗諦」。

一 三九五頁上五行第一二至一三字「乃至」，石、磧、普、南、徑、清作「及」。

一 三九五頁上一五行第一一字「性」，資、磧、普、南、徑、清、麗無。

一 三九五頁上一九行第六字「洹」，資、磧、普、南、徑、清、麗作「洹果」。

一 三九五頁上二〇行第二字「果」，石作「果報」。

一 三九五頁上二二行「一切」，諸本作「一切分別」。

一 三九五頁中二行第一二字「昧」，資、磧、普、南、徑、清無。

一 三九五頁中五行末字「提」後，石有夾註「釋等六十四品竟」。

一 三九五頁中六行品名，石作「摩訶般若波羅蜜經稱揚品第六十五釋之一」；資作「大智論釋度空品第六十五上」；磧、普作「大智度論釋稱揚品第六十五上」；南、徑、清作「釋度空品第六十五之上」。

一 三九五頁中七行首字「舍」，石、磧、普、南、徑、清、麗冠以〔經〕。

一 三九五頁中一〇行第六字「爲」，磧、普、南、徑、清無。

一 三九五頁中一五行「直實」，磧、普、南、徑、清作「真實法」。

一 三九五頁中二〇行第一一字「不」，石、麗作「不作」。

一 三九五頁中二一行末字「誓」，資、磧、普、南、徑、清無。

一 三九六頁上一二行「王天」，資、磧、南、徑、清作「四王天」。

一 三九六頁上一四行「梵王及」，石作「梵天王」。

一 三九六頁上一五行「菩薩」，石、資、磧、普、南、徑、清作「菩薩摩訶薩」。

一 三九六頁上二一行第八字「化」，石作「變化」。

一 三九六頁中一行「釋曰」，石、磧、普、南、徑、清、麗冠以〔經〕。

一 三九六頁中三行第一三字「實」，石、磧、普、南、徑、清、麗作「實法」。

一 三九六頁中四行首字石、麗同。

一 三九六頁中八行首字「无」，石作「爲」。

一 三九六頁下一行第四字「空」，石、麗無。

一 三九六頁下一〇行「等一」，諸本作「第一」。

一　三九七頁上六行第四字「主」，石作「法主」。

一　三九七頁上一四行第七字「漏」，磧、普、南、徑作「滿」。

一　三九七頁上二〇行第一〇字「離」，諸本作「離離」。

一　三九七頁上二一行首字「滅」，石、磧、普、南、徑、清作「滅常」。

一　三九七頁中四行第一〇字「空」，資、磧、普、南、徑、清無。

一　三九七頁中五行第四字「天」，資、磧、普、南、徑、清作「天天」。

一　三九七頁中六行「衆生」，諸本作「衆生生」。

一　三九七頁中一三行「初禪」，石、麗作「初禪天」。

一　三九七頁中一五行首字「礼」，石、麗作「作禮」。

一　三九七頁中末行經名卷次，石作「大智度論卷第八十一」；資作「大智度論釋卷第七十八」。

大智度論釋稱揚品第六十五之餘　卷七十九　端

聖者龍樹造

後秦龜茲國三藏鳩摩羅什譯

須菩提菩薩摩訶薩成就二法魔不能壞何等二觀一切法空不捨一切衆生須菩提菩薩成就此二法魔不能壞復次須菩提菩薩摩訶薩復有二法成就魔不能壞何等二所作如所言亦為諸佛所念菩薩成就此二法魔不能壞須菩提菩薩如是行是諸天皆來至菩薩所親近諮問勸喻安慰作是言善男子汝疾得阿耨多羅三藐三菩提不久善男子汝常當行是空无相無作行何以故善男子汝行是行無護衆生為作護無依衆生為作依無救衆生為作救無究竟道衆生為作究竟道无歸衆生為作歸無洲衆生為作洲冥者為作明盲者為作眼何以故是菩薩摩訶薩行般若波羅蜜十方現在无量阿僧祇諸佛在大衆中說法時自讚歎稱揚是菩薩摩訶薩名性言某甲菩薩成

就般若波羅蜜功德須菩提如我今說法時自稱揚寶相菩薩尸棄菩薩復有諸菩薩摩訶薩在阿閦佛世界中行般若波羅蜜淨修梵行我亦稱揚是菩薩名性須菩提亦如是東方現在諸佛說法時是中有菩薩摩訶薩淨修梵行佛亦歡喜自稱揚讚歎是菩薩南西北方四維上下亦如是復有菩薩從初發意欲具足佛道乃至得一切種智諸佛說法時亦歡喜自稱揚讚歎是菩薩何以故是諸菩薩摩訶薩所行甚難不斷佛種行須菩提白佛言世尊何等菩薩摩訶薩諸佛說法時自讚歎稱揚佛告須菩提阿鞞跋致菩薩諸佛說法時自讚歎稱揚須菩提言何等阿鞞跋致菩薩為佛所讚佛言如阿閦佛為菩薩時所行所學諸菩薩亦如是學是諸阿鞞跋致菩薩諸佛說法時歡喜讚歎復次須菩提有菩薩行般若波羅蜜信解一切法無生未得无生忍法信解一切法空未得無生忍法信解一切法虛誑不實不堅固未得無生

忍法須菩提如是等諸菩薩摩訶薩
佛說法時歎喜自讚歎稱揚名姓須
菩提若諸菩薩摩訶薩諸佛說法歎
喜自讚歎者是菩薩過聲聞辟支佛
地當得阿耨多羅三藐三菩提記須
菩提若菩薩摩訶薩諸佛說法時歎
喜自讚歎者是菩薩當住阿鞞跋致
地住是地已當得薩婆若復次須菩
提菩薩摩訶薩聞是深般若波羅蜜
其心明利不疑不悔作是念是事如
佛所說是菩薩亦當於阿閦佛及諸
菩薩所廣聞是般若波羅蜜亦信解
信解已如佛所說當住阿鞞跋致地
如是須菩提但聞般若波羅蜜得大
利益何況信解信解已如說行如說
行已住一切種智中須菩提白佛言
世尊若佛說菩薩摩訶薩如所說住
如所說行住薩婆若菩薩摩訶薩無
所得法云何住薩婆若佛告須菩提
菩薩摩訶薩住是住如中住薩婆若
須菩提言世尊除如更無法可得誰
住如中住如中已當得阿耨多羅三
藐三菩提誰住如中當說法如尚不

可得何況住如得阿耨多羅三藐三
菩提誰住如中而說法无有是處佛
告須菩提如汝所言除如更無法誰
住如中住如中已當得阿耨多羅三
藐三菩提誰住如中當說法如尚不
可得何況住如得阿耨多羅三藐三
菩提誰住如中而說法無有是處佛
言如是如是須菩提除如更無有法
可得誰住如中住如中已當得阿耨
多羅三藐三菩提誰住如中當說法
如尚不可得何況住如中得阿耨多
羅三藐三菩提誰住如中而說法何
以故是如生不可得滅不可得住異
不可得若法生滅住異不可得是中
誰當住如已誰當住如已得阿耨多
羅三藐三菩提誰當住如而說法無
有是處釋提桓因白佛言世尊諸菩
薩摩訶薩所為甚難深般若波羅蜜
中欲得阿耨多羅三藐三菩提何以故
世尊无有如中住者亦無當得阿耨
多羅三藐三菩提者亦無說法者菩
薩摩訶薩於是事心不驚不沒不怖
不畏不疑不悔

爾時須菩提語釋提桓因汝憍尸迦
說菩薩摩訶薩所為甚難是甚深法
中心不驚不沒不怖不畏不疑不悔
憍尸迦諸法空中誰驚誰沒誰怖誰
畏誰疑誰悔是時釋提桓因語須菩
提須菩提所說但為空事无所罣㝵
譬如仰射空中箭去无㝵須菩提說
法無㝵亦如是釋曰衆會聞歎菩薩何
因緣故得如是力魔說不能壞佛答
有二因緣故魔不能壞一者觀諸法
空二者不捨一切衆生以日月因緣
故萬物潤生但有月而無日則萬物
濕壞但有日而无月則萬物燋爛日
月和合故萬物成熟菩薩亦如是有
二道一者悲二者空悲心憐愍衆生
誓願欲度空心來則滅憐愍心若但
有憐愍心無智慧則心沒在无衆生
而有衆生顛倒中若但有空心捨憐
愍度衆生心則墮斷滅中是故佛說
二事兼用雖觀一切空而不捨衆生
雖憐愍衆生不捨一切空觀一切法
空空空故不著空是故不妨憐愍衆
生觀憐愍衆生亦不著衆生不取衆

大智度論卷第七十九　第六張　端字号

生相但憐愍衆生引導入空是故雖行憐愍而不妨空雖行空亦不取空相故不妨憐愍心如日月相須諸神天輕賤妄語人若菩薩不如所說行則五種執金剛神捨離不復守護惡鬼得便是人喜生惡心惡心故則生惡業生惡業故則墮惡道菩薩不爲諸佛所念者則善根朽壞如魚子不爲母念則爛壞不生是故言所作如所言亦爲諸佛所念得此二法故不可破壞若菩薩能如是真行般若波羅蜜魔不能壞功德智慧增益諸天則來親近諮問安慰勸喻作是言善男子汝疾得阿耨多羅三藐三菩提不久以是因緣故常行空行問曰諸天未得一切智云何能與菩薩授記荅曰諸天長壽從過去諸佛聞如是行得記今見菩薩有如是行故說見因知有果故諸天見是菩薩行三解脫門印兼行慈悲心於衆生是故說言不久作佛無守護衆生汝爲作守護無歸與作歸等義如先說若菩薩能如是行甚深般若波羅蜜十方現

大智度論卷第七十九　第七張　端字号

在无量諸佛說法時稱揚讚歎是名字者如我今稱揚寶相菩薩尸棄菩薩及阿閦佛世界中菩薩又如十方佛說法時稱揚諸妙行菩薩菩薩能如所說應諸法實相者十方諸佛說法時亦以是菩薩為譬喻作是言某方某世界菩薩雖未作佛能如是行甚深般若波羅蜜功德希有故如大國王有大將不惜身命有方便能破怨敵常為國王所稱譽菩薩亦如是觀畢竟空不惜我身破煩惱賊有方便而不作證教化衆生諸佛所稱譽諸佛雖无著心无分別善不善法觀諸阿羅漢外道亦無憎愛為利益衆生故讚歎善人稱揚善法毀呰不善所以者何欲使衆生依附好人心隨善法令出世間故問曰何經中說二菩薩佛所讚歎荅曰佛經无量佛涅槃後諸惡邪見王出焚燒經法破壞塔寺害諸沙門五百歲後像法不淨諸阿羅漢神通菩薩難可得見故諸深經不盡在閻浮提行者受者少故諸天龍神持去問曰如遍吉菩薩觀

大智度論卷第七十九　第八張　端字号

世音菩薩大勢菩薩文殊尸利彌勒菩薩等何以不讚歎而但稱譽二菩薩荅言是二菩薩未得無生忍法而能似无生忍法行必有此事一切魔民所不能壞是故佛歎希有復次是二菩薩清淨大願行深大慈悲心不期疾作佛為度衆生故有如是等功德故佛稱讚復次遍吉觀世音菩薩等功德極大人皆知是二菩薩人未知故稱揚阿閦佛世界菩薩皆効阿閦佛初發心来行清淨不雜行生彼菩薩皆效其行是故說阿閦佛世界菩薩稱譽其德又如十方諸佛亦稱揚諸世界上妙菩薩亦如釋迦文尼佛稱揚二菩薩何等是菩薩從初發意乃至十地佛讚是菩薩所為甚難能不斷佛種此中須菩提問何等菩薩佛說法時稱揚讚歎說其名字問曰佛已先說須菩提何以更問荅曰佛初說大菩薩後稱說一切菩薩從初發意乃至十地是故須菩提疑問佛佛讚歎何等菩薩稱其名字佛荅佛雖皆愛念一切菩薩其中有德

行勝者稱揚其名字何等菩薩佛所稱歎如阿閦佛初發心時行清淨行不休不息乃至阿耨多羅三藐三菩提如是等菩薩佛所讚歎復次有菩薩未得無生法忍未入菩薩位行般若波羅蜜力故常思惟籌量求諸法實相能信解忍通一切法無生相空虛誑不堅固有如是等相諸菩薩摩訶薩佛稱名讚歎虛誑不實不堅固者皆是无常苦無我門一切法空者即是空門一切法無生者即是諸法實相滅諸觀復次虛誑不實不堅固即是無作解脫門一切法空即是空解脫門一切法無生即是无相解脫門如是等三種差別是人出柔順法忍未得无生法忍出凡夫法未入聖法而能信受聖法似得聖法人是故佈有如佛所稱譽阿鞞跋致菩薩能斷二地得授記是人為佛所稱譽亦如是如是相人雖未得無生法忍智慧力故為諸佛稱名讚歎令以信根力勝故佛亦稱名讚歎何者是所謂復次須菩提若菩薩摩訶薩聞是深

般若其心明利不疑不悔作是念是事如佛所說聞曰是菩薩已信解般若波羅蜜何以更從阿閦佛及諸菩薩邊聞荅曰是人聞阿閦佛作菩薩時所行清淨是人聞已欲効阿閦佛所行是故佛說此人於是得信力於彼得智慧力故當住阿鞞跋致地是人未得無生忍法以智慧力故得如是阿鞞跋致為諸佛所讚有信力故得如阿鞞跋致為諸佛所讚若但聞般若得如是利益何況信受如所說行漸住一切種智中須菩提問佛一切法空相無所得云何菩薩住薩婆若佛言如中住如者即是空菩薩住是畢竟空中名為住薩婆若此中須菩提問佛除如更无法可得誰住如中乃至无有是處如經廣說佛可須菩提所語說如亦空因緣所謂是如生滅住異不可得若法無三相即是畢竟空云何可住若住此中得阿耨多羅三藐三菩提而說法无有是處釋提桓因欲取般若一定相聞佛共須菩提說無相亦不可得是故曰佛

言希有世尊是般若甚深是菩薩所為甚難欲得阿耨多羅三藐三菩提何以故是如畢竟空除如更無菩薩住是如中得阿耨多羅三藐三菩提亦无定法名為佛說法者所度衆生亦不離如亦无拔出處涅槃諸法常住如相故菩薩聞是事心不疑悔是事為難雖信一切法畢竟空而求阿耨多羅三藐三菩提精進不休不息是為難須菩提語帝釋善諸法畢竟空無所有疑從何生何有難事帝釋心歡喜作是念須菩提實是樂說空法須菩提有所解說皆說空事雖說色等餘事其義皆趣向空

若有難問不能作㝵空亦空故若人難空須菩提先已破空於有无中都無所㝵譬如仰射空中虛空即是畢竟空箭是須菩提智慧所說如箭於空無㝵勢盡自墮非為空盡須菩提說法因緣事辦故便止非為法盡若有人雖有利箭射餅不能過人雖有利智惠邪見著有則㝵而不能通是故須菩提說

無障无㝵法

大智度論卷第七十九　十三張　端字號

大智度論釋囑累品第六十六

尒時釋提桓因白佛言世尊我如是說如是荅為隨順法不為正荅不佛告釋提桓因言憍尸迦汝所說所荅實皆隨順釋提桓因言希有世尊須菩提所　樂說皆為空為无相无作為四念處乃至為阿耨多羅三藐三菩提佛告釋提桓因須菩提比丘行空時檀波羅蜜不可得何況行檀波羅蜜者乃至般若波羅蜜不可得何況行般若波羅蜜者四念處不可得何況修四念處者乃至八聖道分不可得何況修八聖道分者禪解脫三昧定不可得何況修禪解脫三昧定者佛十力不可得何況修佛十力者四无所畏不可得何況能生四無所畏者四无㝵智不可得何況生四無㝵智者大慈大悲不可得何況行大慈大悲者十八不共法不可得何況生十八不共法者阿耨多羅三藐三菩提不可得何況得阿耨多羅三藐三菩提者一切智不可得何況得一

大智度論卷第七十九　第十三張　端字號

切智者佛如來不可得何況當作如來者无生法不可得何況不生法作證者三十二相不可得何況得三十二相者八十隨形好不可得何況得八十隨形好者何以故憍尸迦須菩提比丘一切法離行一切法無所得行一切法空行一切法無相行一切法無作行憍尸迦是為須菩提比丘所行欲比菩薩摩訶薩般若波羅蜜行百分不及一千分千万分億分乃至筭數辟喻所不能及何以故除佛行是菩薩摩訶薩行般若波羅蜜於聲聞辟支佛諸行中㝡尊㝡妙㝡上以是故菩薩摩訶薩欲得於一切衆生㝡上當行是般若波羅蜜行何以故憍尸迦諸菩薩摩訶薩行般若波羅蜜時過聲聞辟支佛地入菩薩位能具足佛法得一切種智斷一切煩惱習作佛是會中諸三十三天以天文陁羅花散佛及僧是時八百比丘從坐起以華散佛偏袒右肩合掌右膝著地白佛言世尊我等當行是无上行聲聞辟支佛所不能行尒時佛知

大智度論卷第七十九　第十四張　端字號

諸比丘心行便微笑如諸佛法種種色光青黃赤白紅縹從口中出遍照三千大千世界遶佛三帀還從頂入尒時阿難偏袒右肩右膝著地白佛言世尊何因緣故笑諸佛不以無因緣而笑佛告阿難是八百比丘於星宿刧中當得阿耨多羅三藐三菩提佛名散華皆同一字比丘僧世界壽命皆等各各過十万歲出家作佛是時諸世界常雨五色天花以是故阿難菩薩摩訶薩欲行㝡上行當行般若波羅蜜佛告阿難若有善男子善女人能行是深般若波羅蜜當知是菩薩人中死此間生若兜率天上死来生此間若人中若兜率天上廣聞是深般若波羅蜜阿難我見是諸菩薩摩訶薩行是深般若波羅蜜阿難若有善男子善女人聞是深般若深羅蜜受持讀誦親近正憶念轉復以般若波羅蜜教行菩薩道者當知是菩薩面從佛聞深般若波羅蜜乃至親近亦從諸佛種善根善男子善女人當作是念我等非聲聞所種善根亦

不從聲聞所聞是般若波羅蜜阿難若有善男子善女人受持是深般若波羅蜜讀誦親近隨義隨法行當知是善男子善女人則為面見佛阿難若有善男子善女人聞是深般若波羅蜜信心清淨不可沮壞當知是善男子善女人曾供養佛種善根與善知識相得阿難於諸佛福田種善根雖不虛誑要得聲聞辟支佛佛而得解脫應當深了了行六波羅蜜乃至一切種智阿難若菩薩深了了行六波羅蜜乃至一切種智是人若住聲聞辟支佛道不得阿耨多羅三藐三菩提無有是處是故阿難我以般若波羅蜜囑累汝阿難汝若受持一切法除般若波羅蜜若忘若失其過小小無有大罪阿難汝受持深般若波羅蜜若失一句其過甚大阿難汝若受持深般若波羅蜜後忘失其罪甚多以是故阿難囑累汝是深般若波羅蜜汝當善受持讀誦令利阿難若有善男子善女人受持般若波羅蜜則為受持過去未來現在諸佛阿耨

多羅三藐三菩提阿難若善男子善女人現在供養我供養尊重讚歎華香瓔珞擣香澤香衣服幡蓋應當受持般若波羅蜜讀誦說親近供養恭敬尊重讚歎華香乃至幢幡阿難供養般若波羅蜜則為供養我亦供養過去未來現在佛巳若有善男子善女人聞說深般若波羅蜜信心清淨恭敬愛樂則為信心清淨恭敬愛樂過去未來現在諸佛巳阿難汝愛樂佛不捨離當愛樂般若波羅蜜莫捨離阿難深般若波羅蜜乃至一句不應令失阿難我說囑累因緣甚多今但略說如我為世尊般若波羅蜜亦是世尊以是故阿難種種因緣囑累汝般若波羅蜜阿難令我於一切世間人天阿修羅中囑累汝諸欲不捨佛不捨法不捨僧不捨過去未來現在諸佛阿耨多羅三藐三菩提者慎莫捨般若波羅蜜阿難是我所教化弟子法阿難若善男子善女人受持深般若波羅蜜讀誦說正憶念復為他人種種廣說其義開示演暢分明

令易解是善男子善女人疾得阿耨多羅三藐三菩提疾近薩婆若何以故般若波羅蜜中生諸佛阿耨多羅三藐三菩提阿難過去未來諸佛阿耨多羅三藐三菩提皆從般若波羅蜜中生今現在東方南方西方北方四維上下諸佛阿耨多羅三藐三菩提亦從般若波羅蜜生以是故阿難諸菩薩摩訶薩欲得阿耨多羅三藐三菩提應當學六波羅蜜何以故阿難六波羅蜜是菩薩摩訶薩母生諸菩薩故阿難若有菩薩摩訶薩學是六波羅蜜皆當得阿耨多羅三藐三菩提以是故我以六波羅蜜倍復囑累汝阿難是六波羅蜜是諸佛無盡法藏阿難十方諸佛現在說法皆從六波羅蜜法藏中出過去諸佛亦從六波羅蜜中學得阿耨多羅三藐三菩提未來諸佛亦從六波羅蜜中學得阿耨多羅三藐三菩提過去未來現在諸佛弟子皆從六波羅蜜中學得滅度巳得今得當得滅度阿難汝為聲聞人說法令三千大千世界中

衆生皆得阿羅漢果證猶未為我弟子事汝若以般若波羅蜜相應一句教菩薩摩訶薩則為我弟子事我亦歡喜勝教三千大千世界中衆生得阿羅漢果復次阿難是三千大千世界中衆生不前不後一時皆得阿羅漢果證是諸羅漢行布施功德持戒禪定功德是功德多不阿難言甚多世尊佛言阿難不如弟子以般若波羅蜜相應法為菩薩摩訶薩說乃至一日其福多置一日但半日置半日但一食頃置一食頃但須臾間說其福多何以故菩薩摩訶薩善根勝一切聲聞辟支佛故菩薩摩訶薩自欲得阿耨多羅三藐三菩提亦示教利喜他人令得阿耨多羅三藐三菩提阿難如是菩薩行六波羅蜜行四念處乃至行一切種智增益善根若不得阿耨多羅三藐三菩提无有是處說是般若波羅蜜品時佛在四衆中天人龍鬼神甄陁羅摩睺羅伽等於大衆前而現神足變化一切大衆皆見阿閦佛比丘僧圍繞說法大衆辟

如大海水皆是阿羅漢漏盡無煩惱皆得自在得好解脫心解脫慧解脫其心調柔辟如大象所作以辦逮得已利盡諸有結正智得解脫一切心心數法中得自在及諸菩薩摩訶薩無量功德成就尒時佛攝神足一切大衆不復見阿閦佛聲聞人菩薩摩訶薩及其世界不與眼作對何以故佛攝神足故尒時佛告阿難如是阿難一切法不與眼作對法法不相見法法不相知如是阿難如阿閦佛弟子菩薩世界不與眼作對如是阿難一切法不與眼作對法法不相知法法不相見何以故一切法無知无見无作無動不可捉不可思議如幻人無受無覺无真實菩薩摩訶薩如是行為行般若波羅蜜亦不著諸法阿難菩薩摩訶薩如是學名為學般若波羅蜜欲得諸波羅蜜當學般若波羅蜜何以故如是學名第一學最上學微妙學如是學安樂利益一切世間無護者為作護是諸佛許學諸佛住是學中能以右手舉三千大千世

界還著本處是中衆生无覺知者何以故阿難諸佛學是般若波羅蜜過去未來現在法中得無㝵知見阿難般若波羅蜜於諸學中最尊第一微妙無上阿難有人欲得般若波羅蜜邊際為欲得虛空邊際何以故阿難般若波羅蜜無有量我初不說般若波羅蜜量名衆句衆字衆是有量般若波羅蜜无有量阿難白佛言世尊般若波羅蜜何以故无有量佛告阿難般若波羅蜜无量故无有量般若波羅蜜離故無有量阿難過去諸佛皆學般若波羅蜜得度般若波羅蜜故不盡未來世諸佛亦學是般若波羅蜜得度是般若波羅蜜故不盡現在十方諸佛皆學般若波羅蜜得度般若波羅蜜故不盡已不盡今不盡當不盡阿難欲盡般若波羅蜜為欲盡虛空般若波羅蜜不可盡已不盡今不盡當不盡禪波羅蜜乃至檀波羅蜜不可盡已不盡今不盡當不盡乃至一切種智亦如是何以故是一切法皆无生若法无生云何有盡尒

時佛出覆面舌相告阿難從今日於四衆中廣演開示分別般若波羅蜜當令分明易解何以故是深般若波羅蜜中廣說諸法相是中求聲聞辟支佛求佛者皆當於中學學已各得成就阿難是深般若波羅蜜則是一切字門行是深般若波羅蜜能入陁羅尼門學是陁羅尼諸菩薩得一切諸佛妙法以是故阿難我為汝了了樂說辯才阿難般若波羅蜜是三世說若有人受持深般若波羅蜜讀誦親近是人則能持三世諸佛阿耨多羅三藐三菩提阿難我說般若波羅蜜是行者足汝持是般若波羅蜜陁羅尼故則能持一切法

問曰釋提桓因何以自疑所說言我為隨順法正荅不荅曰釋提桓因非一切智人雖得初道三毒未盡猶有錯謬而籌量我雖福德因緣為諸天主雖得聖道味而未有一切智一切漏未盡故所說或能錯謬不自覺知是故問復次衆中大有阿鞞跋致菩薩漏盡阿羅漢及離欲諸天是諸人

見釋提桓因與佛須菩提共問難心不怯弱作是念是釋提桓因漏尚未盡何能問難盡諸法邊釋提桓因以是事故問佛復次釋提桓因自知所說諸法相无違錯求佛印可使聽者信受故佛即可之問曰佛何以可釋提桓因說荅曰釋提桓因雖非一切智人常從佛聞誦讀力強是故所說有理佛便印可佛說有三種慧聞慧思慧修慧有人聞慧思慧明了故能與修慧人問難辟如乘舩隨流不自用力而疾於陸行如阿難雖未離欲未得甚深禪定而能與佛漏盡阿羅漢等論議隨法無違釋提桓因白佛言世尊須菩提好樂說空善巧說空於諸弟子中最為第一有所言說皆趣向空无相無作所謂四念處乃至阿耨多羅三藐三菩提是法中皆和合畢竟空說佛語釋提桓因須菩提行畢竟空人世世修集非但今世是人以空解脫門入道亦以此門教化衆生是人若入深空法尚不得法何況行是法者如經說檀波羅蜜不可

得何況行檀者乃至八十隨形好不可得何況得八十種隨形好者須菩提所行空行故比菩薩空行百分不及一問曰法空衆生空復有何不盡而言百分不及一荅曰佛此中自說除佛諸聲聞辟支佛无有及菩薩者諸法實相有種種名字或說空或說畢竟空或說般若波羅蜜或名阿耨多羅三藐三菩提此中說諸法實相名為空行如一切聲聞弟子中須菩提空行最勝如是除佛諸菩薩空行勝於二乘何以故智慧分別利鈍入有深淺故皆名得諸法實相但利根者得之了了辟如破闇故然燈更有大燈明則轉勝當知先燈雖照微闇不盡若盡後燈則無用行空者亦如是雖俱得道智慧有利鈍故无明有盡不盡惟有佛智能盡諸无明復次聲聞辟支佛无慈悲心无度衆生心无淨佛世界无无量佛法願無轉法輪度衆生亦無入無餘涅槃乃至遺法度衆生願无有三世度衆生心所謂菩薩時作佛時滅度時非但以空

行故與菩薩等復次二乘得空有分有量諸佛菩薩无分无量如渴者飲河不過自足何得言俱行空不應有異又如毛孔之空欲比十方空无有是理是故比佛菩薩千万億分不及一佛分别是空行已告釋提桓因若欲於一切衆生㝡上當行般若波羅蜜此中佛自説因緣菩薩學是般若波羅蜜空行不取空相故過於二地得无生忍法入菩薩位入菩薩位故具足佛法佛法是菩薩道菩薩道是故當得一切種智得一切種智故名為佛斷一切煩惱習人是諸事空行為根本問曰涅槃是無量何以言二乘所得有量荅曰言智慧有分有量不説諸法法性有量不聞説大水喻耶器有量非水有量復次量无量相待法於凡人是無量佛皆能量尒所分是須陁洹乃至尒所分是阿羅漢辟支佛菩薩餘殘究盡法性是佛尒時會中諸天以天曼陁羅華散佛等如經中説問曰華供養佛及僧是八百比丘何以獨取供養佛荅曰諸天

所散華諸比丘當分所得隨衣上者見其色香甚妙因以發心供養於佛白言我從今日當行是無上行所謂畢竟空无相無作等為度一切衆生故如佛所説二乘所不及尒時佛微笑笑義如恒伽提婆品中説是八百比丘是善知識行同心等世世共修集功德故一時作佛皆同一字五色天華供養佛故世界中常雨五色天曼陁羅華佛因是事讃般若作是言阿難欲行㝡上菩薩道當行般若波羅蜜阿難若有善男子能行是深般若波羅蜜當知是人人道中来或兜率天上来所以者何三悪道中罪苦多故不得行深般若欲界天著淨妙五欲心則狂惑不能行色界天深著禪定味故不能行无色界无形故不能行鬼神道眼根利諸煩惱覆心故不能專行深般若人道中苦差三悪道樂不如諸天眼等諸根濁重身多地種故能制苦樂意而行般若兜率天上常有一生補處菩薩彼中諸天常聞説般若五欲雖多法力勝是故

説二處来若從他方佛世界来若此間有般若波羅蜜處来復次阿難若有求佛道者能問能信受持乃至正憶念當知是人佛常以佛眼見是諸人等應當作是念我等便是面從佛受從佛發心種善根不從二乘發阿難若有人信心清淨不可破壞者當知是人先世供養无量諸佛為善知識守護故能受持問曰佛亦名為寶亦名為无上福田若人從佛種善根必以三乘法入涅槃不虚如法華中説有人或以一華或以少香供養於佛乃至一稱南無佛如是等人皆當作佛若尒者有人作是念但行五波羅蜜欲作佛時乃觀空何用常行般若波羅蜜難知難得空行荅曰以是事故佛自荅阿難於佛福田中雖不虚誑要得三乘入涅槃應當了了行六波羅蜜乃至一切種智了了行故疾得佛道不久受生死苦般若有如是等利益功德故應當行阿難般若有如是功德利益故我㰅累汝問曰佛无所貪乃至一切智佛无㝵解脱

清淨微妙諸佛法猶尚不貪何以故以般若波羅蜜慇懃囑累阿難似如貪惜荅曰諸佛為利益衆生故出世現三十二相八十種隨形好無量光明神足變化皆為衆生故第一利益衆生無過般若波羅蜜能盡諸苦故是般若波羅蜜因語言文字章句可得其義是故佛以般若經卷慇懃囑累阿難復次有人見佛慇懃囑累故言佛大事辦猶尚尊重般若是法必尊必妙譬如大富長者命欲終時以衆寶與見偏以如意寶珠慇懃囑累汝勿以此寶自無定色質如虛空微妙難識故而不守護若失餘寶為可此寶不可失也大富長者是佛以般若波羅蜜囑累阿難汝好受持守護无令忘失除般若雖有十二部經盡皆忘失其過尚少若失般若一句其過太多何以故是深般若法藏是十方三世諸佛母能令人疾至佛道如經中說三世諸佛皆從般若得乃至為聲聞人說法其中皆是讚般若事問曰說法令三千大千世界衆生盡

得阿羅漢云何不如以般若一句教菩薩荅曰是事先雖荅今當更略說是三千大千世界中衆生雖皆得阿羅漢自度其身不中作佛若說般若一句聞者得作佛故如人種衆果樹不如一人種一如意樹能隨人所願如意皆得復次為聲聞說法中无大慈悲心大乘法中一句雖少有大慈悲聲聞法中皆自為身大乘法中廣為衆生聲聞法中无欲廣知諸法心但欲疾離老病死大乘法中欲了了知一切法聲聞法功德有限量大乘法中欲盡諸功德无有遺餘如是等大小乘差別譬如金剛雖小勝一切寶不得言少故不如多三千大千世界中阿羅漢福德比般若一句教菩薩一日乃至須臾其福甚多此中佛自說因緣是人自欲得阿耨多羅三藐三菩提亦教人令得自行六波羅蜜諸功德亦為人說菩薩集二處功德不得佛道无有是處介時佛欲明了是事故引證亦欲證一切法空不著是空法但憐愍衆生故囑累如阿

閦佛大衆莊嚴不與眼作對一切法不與眼作對亦如是肉眼天眼所見皆是作法虛誑不實慧眼法眼佛眼皆是无相無為法故不可見若不可見亦不可知无作等亦如是所見阿閦佛會如幻如夢能如是觀諸法是名菩薩行般若名无所著佛所囑累亦无所著但以大慈悲故讚是般若一切法雖是不可思議相而已利益衆生故讚歎作是言阿難如是學為學般若若欲得一切諸波羅蜜當學般若波羅蜜如是等如經廣說佛如无量讚般若佛智慧不可盡般若功德亦不可盡何以故般若波羅蜜無量相故名衆等言語章句卷數有量如小品放光光讚等般若波羅蜜經卷章句有限有量般若波羅蜜義无量阿難問般若波羅蜜云何無量佛荅般若波羅蜜相自離離故從本已來不生不生不集不集故不盡不滅此中佛自說因緣過去無量阿僧祇諸佛及弟子用是般若波羅蜜照明十方度無量衆生皆共入无餘涅槃

般若波羅蜜故不盡未來現在亦如是辟如有人欲盡虛空虛空不可盡般若波羅蜜等諸功德乃至一切種智亦如是不盡已不盡當不盡有人知過去不盡謂未來現在有盡是故說三世不可盡何以故諸法本無生云何當盡佛知般若是真无盡為名字語言句衆有盡故囑累如人以香油瓶囑累弟子雖不惜瓶為受持香油故語言能持義亦如是若失語言則義不可得尒時佛為人信受般若故出舌相覆面告阿難我今於四衆中囑累汝當為衆生解說顯示分別令易解所以現舌相者世間相法舌能覆鼻是不妄語相何況覆面是故佛示衆生我從父母生身有此舌相欲以般若波羅蜜令汝信解以汝等未得一切智不能遍知欲令汝等信故非以神通力所現佛於甚深妙法智慧禪定中猶尚不著何況世間八法供養利故而作虛誑於一切法中如鳥飛虛空無所觸尋但以本願擔度衆生大悲心憐愍一切故以第一

利般若波羅蜜慇懃囑累汝復次阿難是行深般若波羅蜜者能入一切文字陁羅尼因一字即入畢竟空是名文字陁羅尼如先陁羅尼中說諸文字法皆因般若波羅蜜得餘聞持等諸陁羅尼亦皆從學般若波羅蜜得菩薩得諸陁羅尼已得種種樂說辯才无量阿僧祇劫說一句義不可盡是名三世諸佛真法更无異法又復阿難般若是十方三世諸佛妙法如一城門四方來者无異門入阿難我今為汝了了說若有人受持般若非但受持我法是人受持三世諸佛阿耨多羅三藐三菩提阿難是般若波羅蜜我處處說是行者足所以者何菩薩得是般若能行菩薩道阿難汝得是般若波羅蜜陁羅尼故能持一切佛所說法問曰以聞持陁羅尼力故能持何以言得般若故能持一切佛諸法荅曰聞持陁羅尼能持有數有量法世間亦有如須尸摩外道亦得聞持陁羅尼是人雖少時得久則忘失從般若得陁羅尼廣受持諸法

終不忘失以是為差別問曰般若便是波羅蜜何以名為陁羅尼荅曰諸法實相是般若能種種利益衆生愛念故作種種名如佛有十号等千字般若波羅蜜亦如是能到一切諸智慧邊是名為般若波羅蜜菩薩行般若作佛已變名為阿耨多羅三藐三菩提若在小乘心中但名為三十七品三解脫門若人欲得聞而不忘在是人心中名為陁羅尼是故佛說如意珠辟喻隨前物色變為名佛如是種種說般若大功德

大智度論卷第七十九

大智度論卷七十九

校勘記

底本，金藏廣勝寺本。

一　四〇一頁中一行經名，石作「大智度論卷第八十二」；資、磧、普、南、徑、清作「大智度論卷第七十九」。

一　四〇一頁中三行與四行之間，石有「摩訶般若波羅蜜經稱揚品釋之餘」；資有「釋度空品第六十五品下」，並夾註「訖第六十六品」；磧、普、南有「釋度空品第六十五下」，並夾註「訖第六十六品」；徑、清有「釋度空品第六十五之下」。

一　四〇一頁中四行首字「須」，磧、普、南、徑、清冠以〈經〉。

一　四〇一頁中末行「名性」，諸本作「名姓」，下同。

一　四〇一頁下三行首字「復」，資、磧、普、南、徑、清作「復次」。

一　四〇一頁下三行「佛世界」，石作「佛國」，下同。

一　四〇一頁下五行第一二字「是」，石、麗無。

一　四〇二頁上三行「說法」，石、麗作「說法時」。

一　四〇二頁上九行「菩薩」，石、麗作「若菩薩」。

一　四〇二頁上一五行「如說行如說」，石、磧、普、南、徑、清、麗作「如說住如說行如說住」；資作「如說住如說行如說」。

一　四〇二頁上一八行第八字「若」，石、麗作「若若」。

一　四〇二頁上二〇行「是住」，諸本作「諸法」。

一　四〇二頁中一五行第五字「已」，諸本無。

一　四〇二頁下一行第一一字「汝」，麗作「如」。

一　四〇二頁下八行「釋曰」，石、磧、普、南、徑、清、麗冠以〈論〉。

一　四〇二頁下九行第九字「說」，諸本無。

一　四〇二頁下一四行「成熟」，石作「成就」。

一　四〇二頁下二二行第三字「空」，諸本作「亦空」。

一　四〇二頁下末行「不取」，石作「亦不取」。

一　四〇三頁上一六行及次頁上一九行「授記」，資、磧、普、南、徑、清作「受記」。

一　四〇三頁上二〇行第四字「兼」，諸本作「亦兼」。

一　四〇三頁上二〇行第一二字「是」，石作「以是」。

一　四〇三頁中七行及下一四行「世界」，石作「國」。

一　四〇三頁中一四行第一〇字「愛」，資、磧、普、南、徑、清作「無愛」。

一　四〇三頁下一行「大力勢」，石、磧、普、南、徑、清作「大勢力」。

一　四〇三頁下二行「何以」，石、麗作「何以故」。

一　四〇三頁下一一行「初發心」，磧、普、南、徑、清作「從初發心」。

一　四〇三頁下一三行「稱譽」，石作「稱揚」。

一　四〇三頁下一五行第五字「二」，資、磧、普、南、徑、清作「三」。

一　四〇三頁下一六行「佛讚」，石、麗作「佛讚歎」；磧、普、南、徑、清作「佛說」。

一　四〇四頁上一行「稱揚」，石、資、磧、普、南、徑、清作「稱歎」。

一　四〇四頁上二行「稱歎」，資、磧、普、南、徑、清作「讚歎」。

一　四〇四頁上四行「讚歎」，石作「稱歎」。

一　四〇四頁上五行「法忍」，資、磧、普、南、徑、清作「忍法」。

一　四〇四頁上一〇行第六字「苦」，資、磧、普、南、徑、清作「若」。

一　四〇四頁上一二行第五字「觀」，磧、普、南、徑、清作「觀門」。

一　四〇四頁上一六行末字「聖」，石作「聖人」。

一　四〇四頁中八行，四〇九頁上一〇行「忍法」，石作「法忍」。

一　四〇四頁中九行首字「是」，石、麗無。

一　四〇四頁中九行「信力」，石、資、磧、普、南、徑、清作「以信力」。

一　四〇四頁中二二行及下一行「般若」，石作「般若波羅蜜」。

一　四〇四頁下六行「出處」，石作「出安住」；磧、普、南、徑、清作「出安處」。

一　四〇四頁下八行第一三字「求」，石、麗作「欲求」。

一　四〇四頁下一一行「從何」，資、磧、普、南、徑、清作「何從」。

一　四〇四頁下二二行第四字「僻」，諸本作「壁」。

一　四〇四頁下末行第八字「能」，資、磧、普、南、徑、清無。

一　四〇五頁上一行末字「法」後，石有夾註「釋第六十五品竟」。

一　四〇五頁上二行品名，石作「摩訶般若波羅蜜經囑累品第六十六釋」；資作「大智論釋累教品第六十六」；徑、清作「釋囑累品第六十六」。

一　四〇五頁上三行首字「尒」，石、磧、普、南、徑、清、麗冠以〔經〕。

一　四〇五頁上七行第三字「所」，資作「所答」。

一　四〇五頁上七行第六字「皆」，石、資、磧、普、南、清作「皆是」。

一　四〇五頁上一八行第一二字「生」，麗作「能生」。

一　四〇五頁中一行第四字「佛」，資、磧、普、南、徑、清、麗無。

一　四〇五頁中二行「不生」，磧、普、南、徑、清作「得無生」；麗作「無生」。

一　四〇五頁中一二行第一三字「於」，資作「在」。

一　四〇五頁中一四行「衆生」，資、磧、普、南、徑、清、麗作「衆生中」。

一　四〇五頁中一九行「天文」，資、磧、普、南、徑、清作「天曼」。

一　四〇五頁下二行第一〇字「口」，資、磧、普、南、徑、清作「佛口」。

一　四〇五頁下五行第七字「笑」，資、磧、普、南、徑、清作「微笑」。

一　四〇五頁下一一行第一一字「當」，資、磧、普、南、徑、清作「應當」。

一　四〇五頁下一七行第四字「行」，資、磧、普、南、徑、清、麗作「能行」。

一　四〇五頁下一八行第一三字「深」，諸本作「波」。

一　四〇五頁下二二行第六字「種」，磧、普、南、徑、清、麗作「所種」。

一　四〇六頁上一行，上二二「般若」，資、磧、普、南、徑、清作「深般若」。四〇六頁上一行麗同。

一　四〇六頁上七行第九字「佛」，石、麗作「諸佛」。

一　四〇六頁上一八行第四字「失」，石、磧、普、南、徑、清、麗作「忘失」。

一　四〇六頁上一九行第九字「後」，資無。

一　四〇六頁中二行「供養尊重」，諸本作「恭敬尊重」。

一　四〇六頁中一七行第七字「中」，石、麗作「衆中」。

一　四〇六頁中末行「分明」，諸本作「分別」。

一　四〇六頁下八行第九字「生」，石、麗作「中生」。

一　四〇六頁下二〇行「三菩提」，石、麗作「三菩提現在諸佛亦從六波羅蜜中學得阿耨多羅三藐三菩提」。

一　四〇六頁下末行「聲聞」，石作「諸聲聞」。

一　四〇七頁上四行末字「得」，諸本作「令得」。

一　四〇七頁上一一行第五字及一三行第二字「多」，磧、普、南、徑、清作「甚多」。

一　四〇七頁上二一行「甄陀」，石、資、磧、普、南、徑、清作「緊那」。

一　四〇七頁中一行第四字「水」，資、磧、普、南、徑、清無。

一　四〇七頁中二行「心解脫慧解脫」，石、麗作「心好解脫慧好解脫」。

一　四〇七頁中八行「世界」，石作「國土」，下同。

一　四〇七頁中二〇行第九字「名」，諸本作「名爲」。

一　四〇七頁中二二行首字「聞」，資、磧、普、南、徑、清作「界」。

一　四〇七頁中二二行第一一字「許」，石作「所許」；資、磧、普、南、徑、清、麗作「所」。

一　四〇七頁下四行，四〇七頁下一六行「般若」，石、麗作「如般若」。

一　四〇七頁下五行「有人」，石、磧、普、南、徑、清作「若有人」。

一　四〇七頁下一一行第八字「畫」，諸本作「盡」。

一　四〇七頁下一三行第三、第四字，四〇七頁下一六行「般若」，磧、普、南、徑、清作「是般若」。

一　四〇八頁上八行第八字「尼」，石、

麗作「尼門」。

一　四〇八頁上一五行末字「法」，石、麗作「諸法」。

一　四〇八頁上一六行「問曰」，石、磧、普、南、徑、清、麗冠以〔論〕。

一　四〇八頁上一九行第三字「而」，諸本作「而自」。

一　四〇八頁上二〇行首字「主」，石、清作「王」。

一　四〇八頁中一九行「須菩提」，石、磧、普、南、徑、清作「知須菩提是」；麗作「須菩提是」。

一　四〇八頁下三行第六字「故」，諸本作「欲」。

一　四〇八頁下一八行「不盡」，石作「有不盡」。

一　四〇八頁下一八行「佛智」，資、磧、普、南、徑、清作「佛智慧」。

一　四〇八頁下二一行末字「遣」，資作「違」。

一　四〇九頁上一行第六字「等」，資、磧、普、南、徑、清作「等法」。

一　四〇九頁上一二行第三字及第八字「得」，資作「行」。

一　四〇九頁上一七行「量无量」，資、磧、普作「量无重」。

一　四〇九頁中六行第二字「笑」，資、磧、普、南、徑、清作「微笑」。

一　四〇九頁中七行第三字「是」，石、麗作「皆是」。

一　四〇九頁中九行第一〇字「常」，磧作「當」。

一　四〇九頁中一八行「眼根利」，磧、普、南、徑、清作「眼等根利」；麗作「眼根等利」。

一　四〇九頁下末行「一切智」，石、磧、普、南、徑、清、麗作「一切種智」。

一　四一〇頁上一三行第六字「自」，資、磧、普作「目」。

一　四一〇頁上一九行第二字「太」，資、磧、普、南、徑、清作「大」。

一　四一〇頁上末行末字「盡」，石作「今盡」。

一　四一〇頁中八行第二字「悲」，資、磧、普、南、徑、清作「大悲」。

一　四一〇頁中一二行第四字「法」，石、資、磧、普、南、徑、清作「法故」。

一　四一〇頁中一四行第三字「乘」，資、磧、普、南、徑、清無。

一　四一〇頁中一四行第一二字「勝」，諸本作「能勝」。

一　四一〇頁下一二行末字「如」，諸本作「以」。

一　四一〇頁下一三行第五字「若」，石、麗作「若若」。

一　四一〇頁下一四行末字「無」，石作「亦無」。

一　四一〇頁下二〇行「不生不生不集不集」，諸本作「不生不集不生不集」。

一　四一一頁上四行第五字「不」，石、磧、普、南、徑、清、麗作「今不」。

一　四一一頁上九行「子弟」，石、南、徑、清作「弟子」。

一　四一一頁上一二行第一一字「今」，資作「爾」。

一四一一頁上一三行第四字「汝」，諸本作「汝般若汝」。

一四一一頁中一一行「城門」，資、麗作「門城」。

一四一一頁中二〇行「佛諸法」，石、磧、南、徑、清、麗作「諸佛法」。

一四一一頁下四行「千字」，資、磧、普、南、徑、清、麗作「文字」。

一四一一頁下一一行第一二字「佛」，石作「佛說」。

一四一一頁下一二行末字「德」後，石有夾註「釋第六十六品竟」。

一四一一頁下末行經名，石無（未換卷）。

大智度論釋无盡方便品第六十七 卷八十 端

聖者龍樹造

後秦龜茲國三藏鳩摩羅什譯

經尒時須菩提作是念是諸佛阿耨多羅三藐三菩提甚深我當問佛作是念已白佛言世尊是般若波羅蜜不可盡佛言虛空不可盡故般若波羅蜜不可盡世尊云何應生般若波羅蜜佛言色不可盡故般若波羅蜜應生受想行識不可盡故般若波羅蜜應生檀波羅蜜不可盡故般若波羅蜜應生尸羅波羅蜜羼提波羅蜜毗梨耶波羅蜜禪波羅蜜般若波羅蜜不可盡故般若波羅蜜應生乃至一切種智不可盡故般若波羅蜜應生復次須菩提癡空不可盡故菩薩摩訶薩般若波羅蜜應生行空不可盡故菩薩般若波羅蜜應生識空不可盡故菩薩般若波羅蜜應生名色空不可盡故菩薩般若波羅蜜應生六處空不可盡故菩薩般若波羅蜜應生六觸空不可盡故菩薩般若波羅蜜應生受空不可盡故菩薩般若波羅蜜應生愛空不可盡故菩薩般若波羅蜜應生取空不可盡故菩薩般若波羅蜜應生有空不可盡故菩薩般若波羅蜜應生生空不可盡故菩薩般若波羅蜜應生老死憂悲苦惱空不可盡故菩薩般若波羅蜜應生如是須菩提菩薩摩訶薩般若波羅蜜應生須菩提是十二因緣是獨菩薩法能除諸邊顛倒坐道場時應如是觀當得一切種智須菩提若有菩薩摩訶薩以虛空不可盡法行般若波羅蜜觀十二因緣不墮聲聞辟支佛地住阿耨多羅三藐三菩提須菩提若求菩薩道而轉還者皆離般若波羅蜜念故是人不知云何行般若波羅蜜以虛空不可盡法觀十二因緣須菩提若求菩薩道而轉還者皆不得是方便力故於阿耨多羅三藐三菩提而轉還須菩提若菩薩摩訶薩於阿耨多羅三藐三菩提不轉還者皆得是方便力故須菩提菩薩摩訶薩應以虛空不可盡法觀般若波羅

大智度論卷第八十　第二張　端

蜜應以虛空不可盡法生般若波羅蜜如是須菩提菩薩摩訶薩觀十二因緣時不見法无因緣生不見法常不滅不見法有我人壽者命者衆生知者見者不見法無常不見法苦不見法无我不見法寂滅非寂滅如是須菩提菩薩摩訶薩行般若波羅蜜應如是觀十二因緣須菩提若菩薩摩訶薩能如是行般若波羅蜜是時不見色若常若无常若苦若樂若我若無我若寂滅若非寂滅受想行識亦如是須菩提菩薩摩訶薩是時亦不見般若波羅蜜亦不見以是法見般若波羅蜜禪波羅蜜乃至阿耨多羅三藐三菩提亦不見阿耨多羅三藐三菩提亦不見以是法見阿耨多羅三藐三菩提如是須菩提一切法不可得故是為應般若波羅蜜行若菩薩行无所得般若波羅蜜時惡魔愁毒如箭入心譬如人新喪父母如是須菩提惡魔見菩薩行无所得般若波羅蜜時便大愁毒如箭入心須菩提白佛言世尊但一魔愁毒三千

大智度論卷第八十　第三張　涤

大千世界中魔亦復愁毒佛告須菩提三千大千世界中諸惡魔皆愁毒如箭入心各於其坐不能自安須菩提菩薩摩訶薩能如是行般若波羅蜜是時一切世間天及人阿修羅不能得其便令其憂惱須菩提以是故菩薩摩訶薩欲得阿耨多羅三藐三菩提當行是般若波羅蜜菩薩摩訶薩行般若波羅蜜時具足修檀波羅蜜尸羅波羅蜜羼提波羅蜜毗梨耶波羅蜜禪波羅蜜般若波羅蜜須菩提菩薩摩訶薩行般若波羅蜜時具足諸波羅蜜須菩提白佛言世尊菩薩摩訶薩行般若波羅蜜時云何具足檀波羅蜜尸羅波羅蜜羼提波羅蜜毗梨耶波羅蜜禪波羅蜜般若波羅蜜佛告須菩提菩薩摩訶薩所有布施皆迴向薩婆若如是須菩提菩薩摩訶薩行般若波羅蜜時具足檀波羅蜜須菩提菩薩摩訶薩所有持戒皆迴向薩婆若是為具足尸羅波羅蜜菩薩摩訶薩所有忍辱皆迴向薩婆若是為具足羼提波羅蜜菩薩

摩訶薩所有精進皆迴向薩婆若是為具足毗梨耶波羅蜜菩薩摩訶薩所有禪定皆迴向薩婆若是為具足禪波羅蜜菩薩摩訶薩所有智慧皆迴向薩婆若是為具足般若波羅蜜如是須菩提菩薩摩訶薩行般若波羅蜜具足六波羅蜜

論釋曰須菩提從佛聞般若波羅蜜種種相初聞畢竟空相中聞囑累如似有後還聞說空所謂般若義无量名字句衆有量是時須菩提作是念諸佛阿耨多羅三藐三菩提甚深我當問佛所以甚深佛說菩提少許分但為破衆生顛倒故不具足說所以者何无能受者故若人取如相佛言如亦空无生住滅故若法无生住滅是法即无法性實際亦如是若有取畢竟空者亦言非也何以故若畢竟空是定相可取是非畢竟空是故言甚深我當更問佛須菩提作是念已如佛自說三世諸佛用般若波羅蜜得道般若故不盡已不盡今不盡當不盡是故我今但問不盡義佛荅如虛

空不盡故般若亦不盡如虛空無有法但有名字般若波羅蜜亦如是般若波羅蜜若如虛空无所有故不可盡云何菩薩能生是般若波羅蜜能生者菩薩云何心中生能行能得佛荅色无盡故般若波羅蜜應生如色初後中生不可得色即生色不可得離色生色不可得生不可得生生不可得如先破生中說生不可得故色亦不可得色不可得故色生不可得二法不可得故色如幻如夢但誑人眼若色有生必有盡以无生故亦無盡色真相即是般若波羅蜜相是故說色不可盡般若波羅蜜亦不可盡受想行識檀波羅蜜乃至一切種智亦如是復次應生般若者無明虛空不可盡故若人但觀畢竟空多墮斷滅邊若觀有多墮常邊離是二邊故說十二因緣空何以故若法從因緣和合生是法無有定性若法無定性即是畢竟空寂滅相離二邊故假名為中道是故說十二因緣如虛空無法故不盡癡亦從因緣和合生故无自相

无自相故畢竟空如虛空復次因緣生故無實如經中說因眼緣色生觸念觸念從癡生觸念不在眼中不在色中不在內不在外亦不在中間亦不從十方三世來是法定相不可得何以故一切法入如故若得是無明定相即是智慧不名為癡是故癡相智慧相无異癡實相即是智慧取著智慧相即是癡是故癡實相畢竟清淨如虛空無生无滅是故說得是觀故迴向阿耨多羅三藐三菩提即名般若波羅蜜問曰若無无明亦无諸行等去何說十二因緣荅曰說十二因緣有三種一者凡夫肉眼所見顛倒著我心起諸煩惱業往來生死中二者賢聖以法眼分別諸法老病死心猒欲出世間求老死因緣由生故是生由諸煩惱業因緣何以故无煩惱人則不生是故知煩惱為生因煩惱因緣是无明无明故應捨而取應取而捨何者應捨老病諸苦因緣煩惱應捨以少顛倒樂因緣故而取持戒禪定智慧諸善根本是涅槃樂因

緣是事應取而捨是中無有知者見者作者何以故是法无定相但從虛誑因緣相續生行者知是虛誑不實則不生戲論是但滅苦故入於涅槃不究盡求諸苦相三者諸菩薩摩訶薩大智人利根故但求究盡十二因緣根本相不以憂怖自沒求時不得定相老法畢竟空但從虛誑假名有所以者何分別諸法相者說老是心不相應行是相不可得頭白等是色相非老相二事不可得故無老相復次世人名老相髮白齒離面皺身曲羸瘦力薄諸根闇塞如是等名老相但是事不然所以者何髮白非唯老者又年壯而白老年而黑者羸瘦皺曲亦尒有人老而諸根明利少而闇塞者又服還年藥雖老而壯如是老无定相无定相故諸法和合假名為老又如假輪軸輮輻等為車是假名非實復次有人言說果報五衆故相名為老是亦不然所以者何一切有為法念念生滅不住若不住則無故无故則無老一切有為法若有住

則无无常若無無常即是常若常則无老何況非常非无常畢竟空中而有老復次諸法畢竟空中生相不可得何況有老如是等種種因緣求老法不可得不可得故无相如虛空不可盡如老乃至无明亦如是破无明如上說菩薩觀諸法實相畢竟空无所有無所得亦不著是事故於衆生中而生大悲衆生愚癡故於不實顛倒虛妄法中受諸苦惱初十二因緣但是凡夫人故於是中不求是非第二十二因緣二乘人及未得无生忍法菩薩所觀第三十二因緣從得無生忍法乃至坐道場菩薩所觀是故說无明虛空不可盡乃至憂悲苦惱虛空不可盡故菩薩行般若波羅蜜如是深觀因緣法離諸邊顛倒者邊名常邊斷滅邊有邊无邊實邊空邊世間有邊等著諸邊顛倒者無常中起常等諸顛倒煩惱觀是十二因緣法諸邊顛倒滅諸煩惱有二分一者外道邪見人名為邊二者餘衆生煩惱名為顛倒觀十二因緣是二種煩惱皆滅是第三十二因緣觀甚深唯諸菩薩坐

道場者能觀先雖能觀未能具足如城辟喻經中說佛言我本未得道時如是思惟衆生可愍深入嶮道所謂數數生數數老數數死往來世間不知出處我即時復作是念何因緣有老死如是求覓時得實智慧生因緣老死等是故知第三觀坐道場乃得如經廣說又復觀如是因緣法過於二乘得一切種智若有人於佛道退者皆不得是甚深觀故若得是觀則不退何以故深入畢竟空中則不見聲聞辟支佛地不見故則不於是中住復次能如是觀因緣法者不見有一法定自在無因緣而生一切法不自在皆屬因緣生有人雖見一切法從因緣生謂為從邪因緣生邪因緣者微塵世性等是故說不見法無因緣生亦不見法從常因緣微塵世性生如虛空常常故則無生虛空亦不與物作因以是故无有法從常因緣生復次菩薩如是觀一切法屬因緣生不自在不自在故無我乃至无知者見者尒時菩薩安住畢竟空十二因緣中不見一切色等法若有若

大智度論卷第八十　第十張　端

无等亦不見般若亦不見用是法行般若乃至阿耨多羅三藐三菩提亦如是是名菩薩无所得般若波羅蜜得是无所得般若於一切法中便得无所障导般若尒時諸魔極大愁毒何以故以是菩薩深入十二因緣畢竟空中不著有无非有非无等六十二諸邪見魔網我今無有法可得菩薩便辟如捕魚人見一魚深入大水鈎網所不及則絕望憂愁亦如新喪父母復次菩薩能如是行无所得般若波羅蜜則能具足檀波羅蜜等何以故行如是法諸煩惱障般若法皆折薄諸魔人民不能得便故諸波羅蜜得具足先來雖行六波羅蜜未能得如是具足須菩提問世尊菩薩云何能行如是般若波羅蜜能具足檀波羅蜜等諸波羅蜜佛荅若菩薩所有布施皆迴向薩婆若者有二種人軟根利根軟根者少多布施皆取相迴向阿耨多羅三藐三菩提利根者破是取相而戲論空法信力轉薄不用薩婆若但求諸法實相是二種人

大智度論卷第八十　第十一張

皆不能具足檀波羅蜜一者以信力多慧力少二者以慧力多信力少故佛今說信力慧力等故能迴向薩婆若念薩婆若者是信力如薩婆若迴向者是智力乃至般若波羅蜜亦如是

大智度論釋六度相攝品第六十八

經須菩提白佛言世尊云何菩薩摩訶薩住檀波羅蜜取尸羅波羅蜜佛告須菩提菩薩摩訶薩布施時持是布施迴向薩婆若於衆生中住慈身口意業是為菩薩住檀波羅蜜取尸羅波羅蜜世尊云何菩薩住檀波羅蜜取羼提波羅蜜佛告須菩提菩薩布施時受者嗔恚罵辱惡言加之是時菩薩忍辱不生瞋心是為菩薩住檀波羅蜜取羼提波羅蜜世尊云何菩薩住檀波羅蜜取毗棃耶波羅蜜佛言菩薩布施時受者瞋恚罵辱惡言加之菩薩增益布施心作是念我應當施不應有所惜即時生身精進心精進是為菩薩住檀波羅蜜取毗棃耶波羅蜜世尊云何菩薩摩訶薩住檀波羅蜜取禪波羅蜜佛言菩薩布施

大智度論卷第八十　第十二張　諸

時迴向薩婆若不趣聲聞辟支佛地但一心念薩婆若是為菩薩住檀波羅蜜取禪波羅蜜世尊云何菩薩摩訶薩住檀波羅蜜取般若波羅蜜佛言菩薩布施時知布施空如幻不見為衆生布施有益无益是為菩薩住檀波羅蜜取般若波羅蜜須菩提白佛言世尊云何菩薩摩訶薩住尸羅波羅蜜取檀波羅蜜羼提波羅蜜毗棃耶波羅蜜禪波羅蜜般若波羅蜜佛告須菩提菩薩摩訶薩住尸羅波羅蜜中身口意生布施福德助阿耨多羅三藐三菩提持是功德不取聲聞辟支佛地住尸羅波羅蜜中不奪他命不劫奪他物不行邪婬不妄語不兩舌不惡口不綺語不貪嫉不瞋恚不邪見所有布施飢者與食渴者與飲須乘與乘須衣與衣須香與香須瓔珞與瓔珞塗香卧具房舍燈燭資生所須盡給與之持是布施與衆生共之迴向阿耨多羅三藐三菩提如是迴向不墮聲聞辟支佛地須菩提是為菩薩摩訶薩住尸羅波羅蜜

大智度論卷第八十　第十三張

取檀波羅蜜世尊云何菩薩摩訶薩住尸羅波羅蜜取羼提波羅蜜佛言菩薩摩訶薩住尸羅波羅蜜中若有衆生來節節支解菩薩於是中不生瞋恚心乃至一念作是言我得大利衆生來取我支節用我无一念瞋恚是為菩薩住尸羅波羅蜜中取羼提波羅蜜世尊云何菩薩摩訶薩住尸羅波羅蜜取毗棃耶波羅蜜佛言若菩薩摩訶薩身精進心精進常不捨作是念一切衆生在生死中我當拔著甘露地是為菩薩住尸羅波羅蜜中取毗棃耶波羅蜜世尊云何菩薩摩訶薩住尸羅波羅蜜取禪波羅蜜佛言菩薩入初禪第二第三第四禪不貪聲聞辟支佛地作是念我當住禪波羅蜜中度一切衆生生死是為菩薩住尸羅波羅蜜取禪波羅蜜世尊云何菩薩摩訶薩住尸羅波羅蜜取般若波羅蜜佛言菩薩住尸羅波羅蜜中无有法可見若作法若有為法若數法若相法若有若无但見諸法不過如相以般若波羅蜜漚和拘舍

大智度論卷第八十　第十四張

羅力故不墮聲聞辟支佛地是為菩薩住尸羅波羅蜜取般若波羅蜜

論釋曰上品末說云何菩薩行般若波羅蜜時具足六波羅蜜佛一一荅此品中須菩提問云何菩薩行一波羅蜜攝五波羅蜜問曰六波羅蜜各各異相云何行一波羅蜜攝五波羅蜜荅曰菩薩以方便力故行一波羅蜜能攝五波羅蜜復次有為法因緣果報相續故相成善法善法因緣故是波羅蜜皆是善法故行一則攝五以一波羅蜜為主餘波羅蜜有分有菩薩摩訶薩深行檀波羅蜜安住檀波羅蜜中布施衆生時得慈心從慈能起慈身口業是時菩薩即取尸羅波羅蜜何以故慈業是三善道尸羅波羅蜜根本所謂不貪不瞋正見是三慈業能生三種身業四種口業慈即是善業為利益衆生故名為慈取羼提波羅蜜者菩薩為一切智慧故布施受者瞋若施主唱言我能一切施受者不得稱意便作是言誰使汝請我而不隨我意瞋者是心惡業罵者是

大智度論卷第八十　第十五張

口惡業打害者是身惡業瞋有上中下上者害殺中者罵詈下者心瞋介時菩薩不生三種惡業意業是根本故但說意業作是念是我之罪我請彼人而不能得稱意由我薄福不能具足施與我若瞋者既失財物又失福德是故不應瞋取毗黎耶波羅蜜者若菩薩布施時受者打害心不没不捨布施如先說為布施故身心勤精進作是念我先世不強意布施故今不能得稱受者意但當勤布施不應計餘小事取禪波羅蜜者菩薩布施不求今世福樂亦不求後世轉輪聖王天王人王亦不求世間禪定樂為衆生故不求涅槃樂但攝是諸意在一切種智中不令散乱取般若波羅蜜者菩薩布施時常觀一切有為作法虛誑不堅固如幻如夢施衆生時不見有益无益何以故是布施物非定是樂因緣或時得食腹脹而死或時得財為賊所害亦以得財物故生慳貪心而墮餓鬼中又此財物有為相故念念生滅無常生苦因緣復次

此財物入諸法實相畢竟空中不分別有利无利是故菩薩於受者不求恩分於布施不望果報設求報若彼不報則生恚恨菩薩作是念諸法畢竟空故我無所與若求果報當求畢竟空阿耨多羅三藐三菩提如布施相是故不見有益以畢竟空故亦不見无益如是於檀波羅蜜邊取五波羅蜜菩薩以尸羅波羅蜜為主所有身口意善業布施多聞思惟持戒等助阿耨多羅三藐三菩提持戒力大故捴名尸羅波羅蜜何以故欲界中持戒為上餘布施聞思脩慧等以欲界心散乱故得力微薄如阿毗曇中說出法名欲界繫戒色无色界繫淨禪定學无學法及涅槃菩薩以是持戒等法不趣聲聞辟支佛地但安住尸羅波羅蜜中不奪衆生命乃至不為邪見住是助道戒具足十善道戒菩薩住是二種戒中布施衆生須食與食等義如初品中說皆以此福迴向佛道不趣二乘何以故菩薩有二種破戒一者十不善道二者向聲

聞辟支佛地與此相違則是二種持戒取羼提波羅蜜者菩薩住尸羅波羅蜜欲具足忍辱波羅蜜若衆生來節節支解持去乃至不生一念瞋心何況起身口惡業問曰忍辱名一切侵奪能忍何以但說割截身體荅曰所著物有內外內名自身頭目髓腦等外名妻子珍寶等雖俱是著處內者審深復次或有人雖隨逐財物而死亦是為身故又復人多惜身時有惜財惜財者少故不說復次是人尚不惜身何況餘物是故但說大因緣當知已攝小者問曰乃至不生一念瞋心者為是變化身為是父母生身若是變化身則不足為奇若是父母生身未斷結人云何能不生一念瞋心荅曰有人言煩惱業因緣生身是菩薩於无量劫為衆生修集慈心故雖有割截不生瞋心如慈母養育嬰兒雖復屎尿汙身以深愛故而不生瞋又愍其無知菩薩於衆生亦如是未得聖道者皆如小兒我為菩薩應生慈心當如父母衆生雖復加惡於我我

不應瞋何以故衆生不自在煩惱所使故復次菩薩无量劫來常修畢竟空法不見割者罵者亦不見善者惡者皆如幻如夢諸瞋恚者皆愚癡若我報彼與彼無異復次菩薩作是念我應瞋處而不瞋則為大利取毗棃耶波羅蜜者住尸羅波羅蜜多是出家人時有在家者一切出家人得无量戒律儀具足四十種善道深入諸法實相過聲聞辟支佛地是三種戒名尸羅波羅蜜在家者无量戒律儀是故不具足住尸羅波羅蜜菩薩作是念我今捨世樂入道不可但住持戒持戒是餘功德住處若但得住處不得餘功德者得利甚薄辟如人在寶洲但得水精珠則所利益薄是故菩薩欲具足五波羅蜜故身心勤精進身精進者如法致財以用布施等心精進者慳貪等諸惡心來破六波羅蜜者不令得入得此二種精進已應作是念一切衆生沉沒生死我應拯濟著甘露地聲聞人但度自身尚不應懈怠何况菩薩自度及為一

切衆生而當懈怠以是事故我不應懈廢雖身疲苦心不應息所以者何此大乘法若不運用則為敗壞取禪波羅蜜者菩薩住尸羅波羅蜜或未得無生忍法故諸煩惱風吹動願樹欲壞其尸羅波羅蜜尒時應求禪定樂除去五欲樂五欲樂除故戒德清淨煩惱雖未斷已折伏故不能生乱辟如毒虵以呪術力故毒不得螫禪者四禪四無色定四無量心等諸禪定菩薩得禪心雖柔軟安住尸羅波羅蜜故亦不取聲聞辟支佛地是菩薩但作是念我應行禪波羅蜜不為小乘涅槃亦不為果報但為度一切衆生故說諸法實相是實智從禪定生是心不為覺觀所動亦不為貪欲瞋恚所濁繫心一處清淨柔軟則能生實智如水澄靜照鑒分明菩薩住尸羅波羅蜜得是禪得禪故心清淨心清淨故知諸法如實有為法從因緣和合生虛誑菩薩以慧眼觀不見是有為法實有為法有種種名所謂作法有為數法相法若有若无以有為

故可說无為有為相尚不可得何况无為問曰有為法是有相无為法是無相今何以有為相中說无相荅曰无為有二種一者無相寂滅無戲論如涅槃二者相待无因有而生如廟堂上无馬能生無心此無心是生諸煩惱因緣去何是無為法是菩薩不見此有无等法但見諸法如法性實際問曰汝先言離有則無無今云何見如法性實際荅曰不見有為法若常樂我淨等是虛誑法若無即是諸法實見无生法故能離有生法是無生法无定實相可取但能令人離虛誑有生法故名无生若得如是智慧以方便力本願悲心故不取二乘證直至阿耨多羅三藐三菩提是名菩薩住尸羅波羅蜜取五波羅蜜

大智度論卷第八十

辛丑歲高麗國大藏都監奉
勅雕造

大智度論卷八十

校勘記

一 底本，麗藏本。

一 四一七頁上一行經名，石無(未換卷)；資、磧、普、南、徑、清作「大智度論第八十」。

一 四一七頁上三行與四行之間，石有「摩訶般若波羅蜜經無盡品第六十七釋」；資、磧、普、南有「釋無盡品第六十七」，並夾註「論第六十七品上」；徑、清有「釋無盡品第六十七」，並夾註「經作不可盡品」。

一 四一七頁上四行首字，四二〇頁下七行首字(經)，資無。

一 四一七頁中九行第七字「是」，資、磧、普、南、徑、清無。

一 四一七頁中九行「是獨」，資作「獨是」。

一 四一七頁中一五行第一一字「皆」，資無。

一 四一七頁下四行末字「生」，磧、普、南、徑、清作「生乃至」。

一 四一七頁下一八行「不可」，石作「以不可」。

一 四一七頁下二一行「惡魔」，磧、普、南、徑、清作「是惡魔」。

一 四一八頁中八行首字，四二一頁下三行首字(論)，資無。

一 四一八頁中二一行第八字「用」，石作「因」。

一 四一八頁中末行「我今」，石作「今我」。

一 四一八頁下三行第五字「若」，資、磧、普、南、徑、清無。

一 四一九頁上二行末字及三行第二字、第七字「觸」，資、磧、普、南、徑、清作「濁」。

一 四一九頁上一五行第二字「著」，石作「若著」。

一 四一九頁上一七行「老死」，石、磧、普、南、徑、清作「老病死」。

一 四一九頁上一九行末字至二〇行首字「煩惱」，石作「緣生」。

一 四一九頁中四行第一一字「入」，磧、普、南、徑、清作「又」。

一 四一九頁中七行第一一字「求」，磧、普、南、徑、清作「於」。

一 四一九頁中一六行「皺曲」，石作「面皺身曲」。

一 四一九頁中一九行第九字「輻」，磧、普、南、徑、清作「輞」。

一 四一九頁中二〇行末字至二一行首字「故相」，石作「相故」。

一 四一九頁中末行「故无故」，磧、普、南、徑、清作「相無相」。

一 四一九頁下一九行第六字「着」，資無。

一 四二〇頁上一〇行第一一字「若」，石作「若有」。

一 四二〇頁中四行「是无」，資、磧、普、南、徑、清作「無是」。

一 四二〇頁下二行「慧力」，石作「智慧力」。

一　四二〇頁下五行末字「是」後，石有夾註「釋第六十七品竟」，並換卷，爲卷第八十三。

一　四二〇頁下六行品名，石作「摩訶般若波羅蜜經六度相攝品第六十八釋」；資作「大智論釋六度相攝品第六十八」；南作「大智度論釋六度相攝品第六十八之上」，徑、清作「釋六度相釋品第六十八之上」。

一　四二〇頁下一四行及一八行「惡言」，石作「惡口」。

一　四二一頁上一五行第六字「他」，資、磧、普、南、徑、清作「他家」。

一　四二一頁中五行第二字「恚」，資、磧、普、南、徑、清無。

一　四二一頁中一四行第九字「蜜」，石作「蜜中」。

一　四二一頁中一八行「菩薩」，資、磧、普、南、徑、清作「菩薩摩訶薩」。

一　四二一頁下三行「末說」，資、磧、普、南、徑、清作「未說」。

一　四二一頁下一〇行第一二字「緣」，資無。

一　四二一頁下一五行第三字「口」，石作「口意」。

一　四二一頁下一六行「三善道」，石作「三業道」。

一　四二二頁上四行第五字「作」，石作「但作」。

一　四二二頁中三行第一二字「報」，資、磧、普、南、徑、清作「報者」。

一　四二二頁中一五行第八字「戒」，資、磧、普、南、徑、清作「或」。

一　四二二頁中二一行「食食」，資、磧、普、南、徑、清作「食」。

一　四二二頁下一一行第五字「少」，資、磧、普、南、徑、清作「則少」。

一　四二三頁上三行第五字「割」，資、磧、普、南、徑、清作「害」。

一　四二三頁上二二行「自身」，資、磧、普、南、徑、清作「一身」。

一　四二三頁中五行「忍法」，石作「法忍」。

一　四二三頁中七行「除去」，資、磧、普、南、徑、清作「除却」。

一　四二三頁中九行第一三字「螫」，石作「設」。

一　四二三頁中一八行首字「生」，石作「主」。

一　四二三頁下八行「有无」，石作「有爲」。

一　四二三頁下末行經名，石無（未換卷）。

大智度論釋六度品第六十八之餘 卷六十一 表

聖者龍樹造

後秦龜兹國三藏鳩摩羅什譯

須菩提白佛言世尊云何菩薩摩訶薩住羼提波羅蜜取檀波羅蜜佛言菩薩從初發心乃至坐道場於其中間若一切衆生來瞋恚罵詈若節節支解菩薩住於忍辱作是念我應布施一切衆生不應不與是衆生須食與食須飲與飲乃至資生所須盡皆與之持是功德與一切衆生共之迴向阿耨多羅三藐三菩提是菩薩迴向時不生二心誰迴向者迴向何處是為菩薩住羼提波羅蜜取檀波羅蜜世尊云何菩薩摩訶薩住羼提波羅蜜取尸羅波羅蜜佛言菩薩從初發心乃至道場於其中間終不奪他命不與不取乃至不邪見亦不貪聲聞辟支佛地持是功德與一切衆生共之迴向阿耨多羅三藐三菩提是菩薩迴向時三種心不生誰迴向阿耨多羅三藐三菩提用何法迴向迴向何處是為菩薩住羼提波羅蜜取尸羅波羅蜜世尊云何菩薩摩訶薩住羼提波羅蜜取毗梨耶波羅蜜佛言菩薩住羼提波羅蜜生精進作是念我當往一由延若十由延百千万億由延過一世界乃至過百千万億世界乃至教一人令持五戒何況令得須陁洹果乃至阿羅漢果辟支佛道阿耨多羅三藐三菩提持是功德與一切衆生共之迴向阿耨多羅三藐三菩提是為菩薩住羼提波羅蜜取毗梨耶波羅蜜世尊云何菩薩摩訶薩住羼提波羅蜜取禪波羅蜜佛言菩薩住羼提波羅蜜離欲離惡不善法有覺有觀離生喜樂入初禪乃至入第四禪是諸禪中淨心心數法皆迴向薩婆若迴向時是菩薩諸禪及禪支皆不可得是為菩薩住羼提波羅蜜取禪波羅蜜世尊云何菩薩摩訶薩住羼提波羅蜜取般若波羅蜜佛言菩薩住羼提波羅蜜觀諸法若離相若寂滅相若無盡相不以寂滅相作證乃至坐道場得一切種智從

道場起便轉法輪是為菩薩住羼提波羅蜜取般若波羅蜜不取不捨故須菩提白佛言世尊云何菩薩摩訶薩住毗梨耶波羅蜜取檀波羅蜜佛告須菩提菩薩住毗梨耶波羅蜜身心精進不懈不息作是念我必應當得阿耨多羅三藐三菩提不應不得是菩薩為利益眾生故往一由旬若百千万億由旬若過一世界若過百千万億世界住毗梨耶波羅蜜中若不得一人教令入佛道中若聲聞道中若辟支佛道中或得一人教令行十善道精進不懈法施及以財施令具足持是功德與眾生共之迴向阿耨多羅三藐三菩提不迴向聲聞辟支佛地是為菩薩住毗梨耶波羅蜜取檀波羅蜜世尊云何菩薩摩訶薩住毗梨耶波羅蜜取尸羅波羅蜜佛言菩薩住毗梨耶波羅蜜從初發意乃至坐道場自不煞生不教他煞讚不煞生法歡喜讚歎不煞生者乃至自遠離邪見教他遠離邪見讚不邪見法歡喜讚歎不邪見者是菩薩住

尸羅波羅蜜因緣不求欲界色界無色界福不求聲聞辟支佛地持是功德與眾生共之迴向阿耨多羅三藐三菩提不生三種心不見迴向者不見迴向法不見迴向處是為菩薩住毗梨耶波羅蜜取尸羅波羅蜜世尊云何菩薩摩訶薩住毗梨耶波羅蜜取羼提波羅蜜佛言菩薩住毗梨耶波羅蜜從初發意乃至坐道場於其中間若人若非人來節節支解菩薩作是念割我者誰截我者誰奪我者誰復作是念我大得善利我為眾生故受身眾生還自來取是時菩薩正憶念諸法實相持是功德與眾生共之迴向阿耨多羅三藐三菩提不向聲聞辟支佛地是為菩薩住毗梨耶波羅蜜取羼提波羅蜜世尊云何菩薩摩訶薩住毗梨耶波羅蜜取禪波羅蜜佛言菩薩住毗梨耶波羅蜜離欲離惡不善法有覺有觀離生喜樂入初禪第二第三第四禪入慈悲喜捨乃至入非有想非無想處持是禪無量無色定不受果報生於利益眾

生之處以六波羅蜜成就眾生所謂檀波羅蜜乃至般若波羅蜜從一佛土至一佛土親近供養諸佛種善根是為菩薩住毗梨耶波羅蜜取禪波羅蜜世尊云何菩薩摩訶薩住毗梨耶波羅蜜取般若波羅蜜佛言菩薩住毗梨耶波羅蜜不見檀波羅蜜法不見檀波羅蜜相乃至不見禪波羅蜜法不見禪波羅蜜相四念處乃至一切種智亦不見法亦不見相見一切法非法非非法於法中無所著是菩薩所作如所言是為菩薩住毗梨耶波羅蜜取般若波羅蜜須菩提白佛言世尊云何菩薩摩訶薩住禪波羅蜜取檀波羅蜜佛言菩薩摩訶薩住禪波羅蜜離諸欲離惡不善法有覺有觀離生喜樂入初禪第二第三第四禪入慈悲喜捨乃至非有想非無想處住禪波羅蜜中心不亂行二施以施眾生法施財施自行二施教他行二施讚歎二施法歡喜讚歎行二施者持是功德與眾生共之迴向阿耨多羅三藐三菩提不向聲聞辟支

佛地是為菩薩住禪波羅蜜取檀波羅蜜世尊云何菩薩摩訶薩住禪波羅蜜取尸羅波羅蜜佛言菩薩住禪波羅蜜不生婬欲瞋恚愚癡心不生惱他心但修行一切智相應心持是功德與衆生共之迴向阿耨多羅三藐三菩提不向聲聞辟支佛地是為菩薩住禪波羅蜜取尸羅波羅蜜世尊云何菩薩摩訶薩住禪波羅蜜取羼提波羅蜜佛言菩薩住禪波羅蜜觀色如聚沫觀受如泡觀想如野馬觀行如芭蕉觀識如幻作是觀時見五衆無堅固相作是念割我者誰截我者誰誰受誰想誰行誰識誰罵者誰受罵者誰生瞋恚是為菩薩住禪波羅蜜取羼提波羅蜜世尊云何菩薩摩訶薩住禪波羅蜜取毗梨耶波羅蜜佛言菩薩住禪波羅蜜離欲離惡不善法有覺有觀離生喜樂入初禪第二第三第四禪是諸禪及枝取相生種種神通履水如地入地如水如先說天耳聞二種聲若天若人知他心若攝心若乱心乃至有上心無上

心憶種種宿命如先說以天眼淨過人眼見衆生乃至如業受報如先說菩薩住是五神通從一佛世界至一佛世界親近供養諸佛種善根成就衆生淨佛世界持是功德與衆生共之迴向阿耨多羅三藐三菩提是為菩薩住禪波羅蜜取毗梨耶波羅蜜世尊云何菩薩摩訶薩住禪波羅蜜取般若波羅蜜佛言菩薩住禪波羅蜜不得色不得受想行識不得檀波羅蜜尸羅波羅蜜羼提波羅蜜毗梨耶波羅蜜禪波羅蜜不得般若波羅蜜不得四念處乃至不得一切種智不得有為性不得無為性不得故不作不作故不生不生故不滅何以故有佛無佛是如法相法性常住不生不滅常一心應薩婆若行是為菩薩住禪波羅蜜取般若波羅蜜須菩提白佛言世尊云何菩薩摩訶薩住般若波羅蜜取檀波羅蜜佛言菩薩住般若波羅蜜內空內空不可得外空外空不可得內外空內外空不可得空空空空不可得乃至一切法空一

切法空不可得菩薩住是十四空中不得色相若空若不空不得受想行識相若空若不空不得四念處若空若不空乃至不得阿耨多羅三藐三菩提若空若不空不得有為性無為性若空若不空是菩薩摩訶薩如是住般若波羅蜜中有所布施若飲食衣服種種資生之具觀是布施空何等空施者受者及財物空不令慳着心生何以故菩薩摩訶薩行般若波羅蜜從初發意乃至坐道場無有妄想分別如諸佛得阿耨多羅三藐三菩提時無慳着心菩薩摩訶薩亦如是行般若波羅蜜時無慳着心是菩薩所可尊者般若波羅蜜是為菩薩住般若波羅蜜取檀波羅蜜世尊云何菩薩摩訶薩住般若波羅蜜取尸羅波羅蜜佛言菩薩住般若波羅蜜不生聲聞辟支佛心何以故是菩薩聲聞辟支佛地不可得趣向聲聞辟支佛心亦不可得是菩薩摩訶薩從初發意乃至坐道場於其中間自不煞生不教他煞讚不煞法歡喜讚歎

不煞生者乃至自不邪見不教他邪見讃不邪見法歎喜讃歎不邪見者以是持戒無法可取若聲聞若辟支佛地何况餘法是為菩薩住般若波羅蜜取尸羅波羅蜜世尊云何菩薩摩訶薩住般若波羅蜜取羼提波羅蜜佛言菩薩住般若波羅蜜隨順法忍生作是念此法中無有法若起若滅若生若死若受罵詈若受惡口若割若截若破若縛若打若煞是菩薩從初發意乃至道場若一切衆生来罵詈惡口刀杖瓦石割截傷害心不動作是念甚可怪此法中無有法受罵詈惡口割截傷害者而衆生受苦惱是為菩薩住般若波羅蜜取羼提波羅蜜世尊云何菩薩摩訶薩住般若波羅蜜取毗梨耶波羅蜜佛言菩薩住般若波羅蜜為衆生說法令行檀波羅蜜尸羅波羅蜜羼提波羅蜜毗梨耶波羅蜜禪波羅蜜般若波羅蜜教令行四念處乃至八聖道分令得須陁洹果斯陁含阿那含阿羅漢果辟支佛道令得阿耨多羅三藐三

菩提不住有為性中不住無為性中是為菩薩住般若波羅蜜取毗梨耶波羅蜜世尊云何菩薩摩訶薩住般若波羅蜜取禪波羅蜜佛言菩薩住般若波羅蜜除諸佛三昧入餘一切三昧若聲聞三昧若辟支佛三昧若菩薩三昧皆行皆入是菩薩住諸三昧逆順出入八背捨何等八内有色外觀色是初背捨内無色相外觀色二背捨淨背捨身作證三背捨過一切色相滅有對相不念種種相故入無量虛空處四背捨過一切虛空處入無邊識處五背捨過一切識處入無所有處六背捨過一切無所有處入非有想非無想處七背捨過一切非有想非無想處入滅受想處八背捨於是八背捨逆順出入九次第定何等九離諸欲離諸惡不善法有覺有觀離生喜樂入初禪乃至過非有想非無想處入滅受想定是名九次第定逆順出入是菩薩依八背捨九次第定入師子奮迅三昧云何名師子奮迅三昧須菩提菩薩離欲惡不

善法有覺有觀離生喜樂入初禪乃至入滅受想定從滅受想定起還入非有想非無想處非有想非無想處起乃至還入初禪是菩薩依師子奮迅三昧入超越三昧云何為超越三昧須菩提菩薩離欲離諸惡不善法有覺有觀離生喜樂入初禪從初禪起乃至入非有想非無想處非有想非無想處起入滅受想定滅受想定起還入初禪從初禪起入滅受想定滅受想定起入二禪二禪起入滅受想定滅受想定起入三禪三禪起入滅受想定滅受想定起入四禪四禪起入滅受想定滅受想定起入空處空處起入滅受想定滅受想定起入識處識處起入滅受想定滅受想定起入無所有處無所有處起入滅受想定滅受想定起入非有想非無想處非有想非無想處起入滅受想定滅受想定起入散心中散心中起入滅受想定滅受想定起還入散心中散心中起入非有想非無想處非有想非無想處起還住散心中散心中起入

無所有處無所有處起住散心中散心中起入識處識處起住散心中散心中起入空處空處起住散心中散心中起入第四禪第四禪中起住散心中散心中起入第三禪第三禪中起住散心中散心中起入第二禪第二禪中起住散心中散心中起入初禪初禪中起住散心中是菩薩摩訶薩住超越三昧得諸法等相是為菩薩住般若波羅蜜取禪波羅蜜

問曰何以但一波羅蜜為主荅曰行因緣次第尒菩薩有二種在家出家在家菩薩福德緣故大富大富故求佛道因緣行諸波羅蜜宜先行布施何以故既有財物又知罪福兼有慈悲心於衆生故宜先行布施隨次第因緣行諸波羅蜜出家菩薩以無財故次第宜持戒忍辱禪定所宜故名為主除財施餘波羅蜜皆出家人所宜行菩薩以羼提波羅蜜為主作是願若人來截割身體不應生瞋心我今行菩薩道應具足諸波羅蜜諸波羅蜜中檀波羅蜜最在初於檀中所

重惜者無過於身能以施人不惜不瞋能具足忍辱波羅蜜攝取檀菩薩住忍辱中布施衆生衣食等諸物盡給與受者逆罵打害菩薩破其施忍菩薩作是念我不應為虛誑身故毀波羅蜜道我應布施不應生惡心不以小惡因緣故而生廢退是菩薩命未盡間增益施心若命終時二波羅蜜力故即生好處續行布施取尸羅波羅蜜者問曰住忍辱時不為惡即是戒何以故更說住忍取戒波羅蜜應當住戒攝忍荅曰此中說相不說次第相生雖和合而各各有相若次第法應先戒後忍戒名不奪他命忍名不自惜命是故於忍辱中別說戒相復次忍名自攝其心不起瞋恚持戒有二種一者不惱衆生二者自為禪定根本故有菩薩行忍辱未受持戒法但以畏罪故忍辱未能深憐愍衆生是人或從師聞或自思惟持戒是佛道因緣不嬈衆生我今已能忍辱則行此事易是名說忍辱能取尸羅波羅蜜復次忍辱是心數法持戒

是色法持戒名心生口說受持忍辱但是心生非受持法復次身口清淨名持戒意清淨名忍辱問曰禪智波羅蜜亦是心清淨法何以但說忍辱荅曰禪智力大故不說持戒時心未能清淨須忍辱守心故此經中自說因緣有菩薩大功德智慧利根於現在佛所發心行諸波羅蜜是故世世增益乃至阿耨多羅三藐三菩提不墮惡處為是菩薩故說從初發心乃至坐道場不生瞋心奪衆生命亦不著二乘皆是二波羅蜜功德故離三種心迴向阿耨多羅三藐三菩提三心者無人無法無迴向處無有我心顛倒心取毗梨耶波羅蜜者若自集功德若度衆生發心不懈乃至成辦其事若有遮道因緣心不沒不退能堪受衆苦不以久遠勤苦為難如經中說是菩薩乃至過千万由旬乃至不得一人令入實法得涅槃是時心亦不能愁若得一人令持五戒等尒時心歡喜不作是念我過此無量國土正得此一人以為愁苦何以故一

人相即是一切人一切人即一人相是諸法相不二故取禪波羅蜜者是菩薩忍辱力故其心調柔心調柔故易得禪定於禪定中得慈悲等諸清淨心心數法皆以是不著心迴向阿耨多羅三藐三菩提取般若波羅蜜者菩薩住衆生忍中忍一切衆生加惡事行大慈悲是故得大福德得大福德故心柔軟心柔軟故易得法忍所謂一切畢竟無生住是法忍中觀一切法空相離相無盡寂滅相如涅槃相尒時還增長衆生忍如是畢竟空中誰有罵者誰有害者尒時具足二忍故不見三事忍法忍者忍處如是不戲論一切法故能見一切法空寂滅相如涅槃本願求佛道不著是畢竟空法故乃至未坐道場不證實際坐道場已具得佛法得佛道轉法輪隨意利益衆生皆是般若波羅蜜力住毗梨耶波羅蜜取檀波羅蜜者菩薩初用精進門入諸波羅蜜中勤行五波羅蜜身心精進不休不息精進更無異體住是精進中不畏

阿鼻泥梨苦何況餘苦菩薩亦知一切法畢竟空從畢竟空出以慈悲心故還起善業不取涅槃是精進力菩薩住精進中應作是念我久久必應當得阿耨多羅三藐三菩提不應不得是人過一由旬乃至百千由旬以財法二事施慧衆生乃至過百千万億國土正使不得一人入三乘菩薩心亦不悔不没不作是念我尒所佛土而不得一人可度云何可得度一切人過百千國土或得一人可令行十善不中入三乘不以一人不得實相故心懷輕悔復作是念我今並使此人行十善道漸以三乘而度脫之教十善已復以財法二施滿足衆生持是功德迴向阿耨多羅三藐三菩提身心精進過無數國為衆生說法問曰一切布施皆以精進何以但言此施從精進生荅曰雖一切施皆由精進生此以多精進力生故如經說過百千國土以二施滿足衆生取尸羅波羅蜜者菩薩具行十善道是名尸羅波羅蜜或從忍辱等波羅蜜生若善

薩從初發心乃至坐道場捨十不善道行四十種善道不休不息是名精進波羅蜜力有人一種不能行何況四種亦以尸羅波羅蜜不生三界不受三乘衆生以懈怠煩惱心故生三界中猒惡生死故捨佛道取小乘此皆是懈怠相是故說是菩薩不貪三界不證二乘取羼提波羅蜜者菩薩從初發心乃至坐道場若人若非人来割截身體持去尒時菩薩破我顛倒善集畢竟空故作是念此中無有割者截者是事皆是凡夫虛誑邪見我得大利我知諸法實時能入涅槃但為憐愍衆生故受身衆生自来取去我不應惜尒時深入諸法實相此中無有定相衆生自生怖畏以此功德與衆生共迴向阿耨多羅三藐三菩提是中若有罵詈打害能忍者是為忍歡喜不退是為精進是二法或從精進生忍辱或從忍辱生精進今從精進生忍辱取禪波羅蜜者有人自然得禪定如劫盡時或有退得生得或上地生下地得如是雖得禪定不

從精進生有因大布施破慳貪等五蓋即得禪定或有人持戒清淨修集忍辱故因小猒心便得禪定或有人大智慧力故知欲界無常虛誑不淨即得禪定禪定雖亦虛誑猶勝欲界如是雖有精進更因餘法得禪故不名從精進生有人不因五法為主但日夜精進經行坐禪常與心鬪以信等五力深御五蓋若心馳散便攝令還如與賊鬪乃至流汗如是等人得禪定從精進生或有菩薩鈍根宿罪所覆深著世樂馳逸難制如是人深加精進尒乃得定辟如有福德之人安坐無事福祿自至薄福之人勤設方便鬪戰乃得有福之人自然得者名為福德自至方便戰鬪得名為精進而得如是一切處雖有精進多處受名取般若波羅蜜者菩薩精進力故得禪波羅蜜得禪波羅蜜故生菩薩神通力二事因緣故以神通力遍至十方未具足功德欲令具足又欲教化一切衆生除四波羅蜜所生般若餘智慧多從精進生故住精進為

主取智慧般若波羅蜜者有二種一者觀諸法實相於一切法中不見法相不見非法相二者如所說行人有懈怠故心不能行二事精進力故能具足行二事住禪波羅蜜為主取五波羅蜜者菩薩住禪波羅蜜中心調柔不動能觀察諸法實相辟如密室然燈光照明了是名住禪波羅蜜生智慧尒時不惱一切衆生又加憐愍是名甚深有清淨持戒忍辱以神通力變化財物具足布施又遣化人為一切說法又菩薩從禪起以清淨柔軟心為衆生說法是名布施因禪定力起神通周至十方導利一切而不懈息是名精進又因禪定令四波羅蜜增益是名禪定生精進餘義如經廣說住般若波羅蜜為主取五波羅蜜者如經中佛自廣說問曰佛雖廣說其中猶有不解者今當問十八空中何以不說四空荅曰第十四名一切法言一切者法無不盡是故不說問曰若尒者但應說十四何以有十八荅曰彼中分別一切法相空一切

空皆捴入十八空此中為行者說行者或行一空二空乃至十四空隨本所著多少故有深著邪見者以餘四空所以者何有法無法等是外道取見是菩薩脩慈悲心柔軟故不生如是有無見復次菩薩以十四空熏心故於有無中了了不錯是故不說後四空問曰何以故說菩薩如諸佛無貪著心此說有何義荅曰佛斷諸煩惱習不起菩薩以般若力制令不起令彼讚歎般若力故結使雖未斷與佛斷無異令人知貴般若力故發心作是念此中無有法若生若滅若受罵詈割截等問曰此即是無生忍何以言柔順忍荅曰此中說破五衆和合假名衆生不能破法是故經說無生者滅者無受罵詈者又是人破我雖觀法空未能深入猶有著法愛故如得無生忍法而有慈愍衆生柔順忍中亦有念法空是二法中一處衆生不可得故名衆生忍二於法不可得故名為法忍法忍者不妨衆生忍衆生忍不妨法忍但以深淺為別問曰

越三昧不得超二又不從散心而入滅盡定此中何以如是說答曰大小乘法異不超二者小乘法中說菩薩無量福德智慧深入禪定力故能隨意超越如人力超躑不過丈數若以天力超之無廣遠之難又阿毗曇中皆為凡夫人聲聞人說菩薩則不然智慧力故入師子奮迅三昧能於諸法得自在般若力故能隨意自在說諸法應適衆生復有菩薩多行般若波羅蜜知諸法實相安住不動法中一切世間天及人無能難詰令傾動者若得財物布施二種衆生若施佛若施衆生以衆生空故其心平等不貴着諸佛不輕賤衆生若施貧賤人輕賤故福少若施諸佛貪着故福不具足若以金銀寶物及施草木以法空故亦等無異斷諸分別一異等諸妄想入不二入法門布施是名財施法施亦如是不貪貴有智能受法者不輕無智不解法者所以者何佛法無量不可說不可思議故若說布施等淺法及說十二因緣空無相無作空

無相無作等諸甚深法等無異何以故是法皆入寂滅不戲論法中故如是等名般若生布施復次是菩薩於十方三世諸佛及弟子所修三種功德隨喜皆與一切衆生共之迴向阿耨多羅三藐三菩提智慧力故無所不施能與衆生福德分復有菩薩若布施時生種種好心拔出慳貪根本而行布施慈心施故滅諸瞋恚見受者得樂歡喜故滅嫉妬心恭敬心施受者故破憍慢了了信知布施果報故破疑及無明不得與者受者定實故破有無等餘邪見觀受者如佛觀物如阿耨多羅三藐三菩提相觀已身從本已來畢竟空若如是布施不虛誑故直至阿耨多羅三藐三菩提如是等相名般若波羅蜜生檀波羅蜜復次菩薩深入清淨般若波羅蜜故非無衆生而能受持十善等諸戒欲破煞生顛倒故有不煞生戒非實相中有復次有人為百由旬衆生持戒不煞有為一閻浮提衆生故持戒不煞如是等為有量衆生持戒或有一

日持戒或受五戒十戒如是等有量衆生故持戒不為一世二世如如虛空法性實際住以畢竟空相故不取是戒相不增破戒不着持戒是名菩薩般若波羅蜜生具足無分別戒忍辱有二種一者衆生忍二者法忍菩薩深入般若波羅蜜故得諸法忍能信受無量佛法心無是非分別如是相名般若波羅蜜中生忍辱復有菩薩勤精進具足五波羅蜜故行般若波羅蜜得諸法實相滅三業身無所作口無所說心無所念如人夢中沒在大海動以手足求渡覺已夢心即息是名從般若波羅蜜中生第一精進如持心經中說我得是精進故於然燈佛得受記莂佛言雖離智慧無禪定多用智慧力得禪定是故從智慧生禪定如佛說辟支佛經中有一國王見二特牛婬欲故鬪死自覺悟我以財色故征伐他國與此何異即捨離五欲得禪定成辟支佛菩薩亦如是少多因緣猒患五欲等量五欲

樂相去懸遠我豈可以五欲少樂而棄禪定樂禪定樂者福德清淨遍身受樂如是等從分別智慧生禪定禪定義如經中說復次是菩薩於無量劫為佛道故種善根離欲故於諸禪定得自在深入如法性實際精進方便慈悲力故出於甚深法還修功德是人勝伏其心一念中能行六波羅蜜所謂菩薩布施時如法捨財是為檀波羅蜜安住十善道中布施不向二乘是為尸羅波羅蜜若慳貪等諸惱及魔人民來不能動心是名羼提波羅蜜布施時身心精進不休不息是名精進波羅蜜攝心在布施不令散亂無疑悔心向阿耨多羅三藐三菩提是名禪波羅蜜布施時與者受者財物不可得不如邪見取相妄見一定相如諸佛賢聖觀物相受者與者及迴向處相法施時亦如是名般若波羅蜜菩薩盡受諸戒善心起正語正業三種律儀戒律儀禪定律儀無漏律儀住是戒中施一切眾生無畏是名檀波羅蜜婬欲瞋恚等諸煩惱

欲破戒能制能忍復次人來罵詈打害畏破戒故忍而不報又復飢渴寒熱諸苦所逼為持戒故如是等悉皆能忍是名羼提波羅蜜分別諸戒相輕重有殘無殘因緣本末或遮或聽等是心精進能如戒法行有犯則下意懺除是名身精進以是持戒精進不求天王人王乃至不求小乘涅槃但為戒是菩薩道住處故持戒能修集五波羅蜜是名精進波羅蜜菩薩若持戒清淨不離禪定何以故持戒清淨破諸煩惱力心則調伏譬如老奪壯力死來易壞行者不得禪定故念五欲生五蓋侵害持戒是故為戒堅牢故求禪定樂禪定者攝諸心心數法一處和合名為禪定行者能除惡身口破戒業次除三惡覺觀然後除三細覺觀所謂國土親里不死如是除已即得禪定是名禪波羅蜜持戒時知戒能生如是今世後世功德果報是名智慧復次戒持戒破戒者三事不可得是名智慧人有三種下人破戒中人着戒上人不着戒是菩

薩思惟若我憎破戒及破戒者愛戒及持戒者而生愛恚則還受罪業因緣譬如象浴已還以土坌是故不應生憎愛復次一切法皆屬因緣無自在者諸善法皆因惡生若因惡生去何可着惡是善因去何可憎如是思惟直入諸法實相觀持戒破戒皆從因緣生從因緣生故無自性無自性故畢竟空畢竟空故不着是名般若波羅蜜菩薩行忍辱時作是念若眾生來割截身我即布施不令眾生得劫盜之罪或修忍時因忍說法種種因緣分別世間涅槃令眾生住六波羅蜜中得眾生思能以身施是名財施得法忍深入諸法為眾生說是為法施是二施從二忍生故名檀波羅蜜菩薩行忍辱時不惜身命為忍辱何況惱眾生而破戒是故因忍持戒憐愍一切眾生欲度脫之持戒名一切諸善法安立住處是名尸羅波羅蜜菩薩於忍中身心勤行四波羅蜜是名精進於忍中心調柔不着五欲攝心一處我於一切眾生能忍如地

是名禪波羅蜜菩薩知忍辱果報相好嚴身等菩薩修忍能障諸煩惱能忍衆生過惡能忍受一切深法後得諸法實相是時行者心中得是無生法忍即是般若波羅蜜菩薩住精進生諸波羅蜜精進雖是一切善根本離精進則無善法可得但以精進力多生五波羅蜜故名精進生菩薩常行三種施未曾捨廢財施法施無畏施是名檀波羅蜜菩薩善身口正業直向佛道不貪二乘是名尸羅波羅蜜勤行精進有人來毀壞菩薩道能忍不動是名羼提波羅蜜菩薩雖行種種餘法心不散乱一心念薩婆若是名禪波羅蜜有二種精進一動相身心勤行二滅一切戲論故身心不動菩薩雖勤行動精進亦不離不動精進不動精進不離般若波羅蜜菩薩入禪定慈悲心力故施一切衆生無畏或禪定力故變化實物如須弥山充滿一切雨衆華香等供養諸佛及施貧窮衆生衣服飲食等或入禪定中為十方衆生說法是名檀波羅

蜜此中隨禪定行身口善業及離聲聞辟支佛心是名尸羅波羅蜜菩薩入禪定得清淨柔軟樂能不着禪味禪定力故能深入諸法空能忍受是法不疑悔是名羼提波羅蜜菩薩忍辱時欲起諸三昧超越三昧師子奮迅三昧等無量諸菩薩三昧不休不息是名精進波羅蜜菩薩禪定力故心清淨不動能入諸法實相諸法實相即是般若波羅蜜菩薩行般若波羅蜜能觀三種布施相如阿耨多羅三藐三菩提滅諸非有非無等戲論是名無量無盡般若中檀波羅蜜身口業隨般若行得般若故能牢固清淨持戒是名尸羅波羅蜜住般若心中衆生忍法忍轉深清淨是名羼提波羅蜜行般若菩薩身心清淨得不動精進觀動精進如幻如夢得不動精進故不入涅槃是名精進波羅蜜菩薩行是無㝵般若故雖常入禪定得般若波羅蜜力故不趣於禪而能度衆生是名禪波羅蜜如是等菩薩利智慧故一心中一時能具六波羅蜜

大智度論卷第八十一

大智度論卷八十一

校勘記

一　底本，金藏廣勝寺本。

一　四二六頁中一行經名，[石]無(未換卷)；[資]、[磧]、[普]、[南]、[徑]、[清]作「大智度論卷第八十一」。

一　四二六頁中三行與四行之間，[資]有「釋第六十八品下攝五品」；[磧]、[普]、[南]有「釋攝五品第六十八下」；[徑]、[清]有「釋六度相攝品第六十八之下」，並夾註「有本作攝五品」。

一　四二六頁中四行首字「須」，[石]、[磧]、[普]、[南]、[徑]、[清]、[麗]冠以〔經〕。

一　四二六頁中六行第九字「坐」，[資]、[磧]、[普]、[南]、[徑]、[清]無。

一　四二六頁中一七行「道場」，[石]、[麗]作「坐道場」。

一　四二六頁中一八行第三字「不」，[石]無。

一　四二六頁下五行第六字～一〇字，六行第二字「延」，諸本作「向」。

一　四二六頁下六行「世界」，[石]作「國土」，下同。

一　四二七頁上六行「不息」，[石]、[麗]作「不怠」。

一　四二七頁上九行「若過百」，[石]作「若過十國土若過百」；[麗]作「若過十世界若過百」。

一　四二七頁上一一行首字「不」，[石]、[麗]作「不能」。

一　四二七頁上末行「菩薩住」，[石]作「菩薩行」。

一　四二七頁中末行「無量」，[石]、[麗]作「無量心」。

一　四二七頁下三行首字及第五字「土」，[石]作「國」。

一　四二七頁下一〇行第一三字「見」，[石]、[麗]作「不見」。

一　四二七頁下一一行第八字「於」，[石]、[麗]作「於一切」。

一　四二七頁下一八行「乃至」，[石]、[麗]作「乃至入」。

一　四二七頁下二〇行末字「他」，[石]作「人」。

一　四二八頁中三行及四行「佛世界」，[石]作「佛國」。

一　四二八頁下五行「無爲」，[石]作「不得無爲」。

一　四二八頁下末行第六字及第九字「煞」，[石]、[麗]作「煞生」。

一　四二九頁上三行第四字「戒」，[磧]、[普]、[南]、[徑]、[清]作「戒因緣」。

一　四二九頁上一一行「道場」，諸本作「坐道場」。

一　四二九頁上一三行第九字「法」，[石]、[麗]作「諸法」。

一　四二九頁上一四行末字「苦」，[石]、[資]、[磧]、[普]、[南]、[徑]、[清]作「諸苦」。

一　四二九頁上二二行第八字及第一一字「含」，[石]作「含果」。

一　四二九頁中八行末字「色」，諸本作「色相」。

一　四二九頁中末行第一三字「惡」，

石、磧、普、南、徑、清作「離惡」。

一　四二九頁下三行第七字「非」，石、磧、普、南、徑、清、麗作「從非」。

一　四二九頁下一一行第四字「入」，石、麗作「還入」。

一　四三〇頁上四行第七字及五行第一〇字、六行第一三字、八行首字「禪」，石作「禪中」。

一　四三〇頁上八行第一〇字「是」，石、麗作「是爲」。

一　四三〇頁上一〇行首字「薩」，石作「薩摩訶薩」。

一　四三〇頁上一一行「問曰」，石、磧、普、南、徑、清、麗冠以〔論〕。

一　四三〇頁上一二行第五字「介」，諸本作「應介」。

一　四三〇頁上一三行第七字「緣」，石、磧、普、南、徑、清、麗作「因緣」。

一　四三〇頁上一八行第一一字「所」，石、麗作「次第所」。

一　四三〇頁上二一行「截割」，資、磧、普、南、徑、清作「割截」。

一　四三〇頁中一七行末字「爲」，石、磧、普、南、徑、清、麗作「爲生」。

一　四三〇頁下四行「何以」，石作「何以故」。

一　四三〇頁下二一行第三字「能」，石、麗無。

一　四三一頁上一行第七字及第一〇字「人」，石、磧、普、南、徑、清、麗作「人相」。

一　四三一頁上一行第一一字「即」，石、麗作「即是」；磧、普、南、徑、清作「是」。

一　四三一頁上一八行「具得」，石、麗作「具足」。

一　四三一頁中七行「施慧」，諸本作「施惠」。

一　四三一頁中一八行末字「施」，諸本作「二施」。

一　四三一頁中二〇行「以多」，石作「多以」。

一　四三一頁中二二行第六字「具」，麗作「直」。

一　四三一頁下四行「波羅蜜」，諸本作「波羅蜜故」。

一　四三一頁下五行「三乘」，諸本作「二乘」。

一　四三一頁下一一行第三字「集」，資、磧、普、南、徑、清作「業」。

一　四三一頁下一二行「邪見」，資、麗作「所見」。

一　四三一頁下一三行第六字「知」，石作「得」。

一　四三一頁下一三行第九字「實」，石、麗作「實相」。

一　四三一頁下一七行第五字「共」，石、麗作「共之」。

一　四三二頁上九行「便攝」，石作「攝使」。

一　四三二頁上一六行第一一字「得」，諸本作「得者」。

一　四三二頁中四行「故心」，石、麗作「心故」。

一　四三二頁中一〇行第五字「有」，石、麗無。

一 四三二頁中一五行第二字「息」，資、磧、普、南、徑、清作「怠」。
一 四三二頁中二〇行「何以」，資、磧、普、南、徑、清作「何以故」。
一 四三二頁中二一行第二字「法」，諸本作「法空」。
一 四三二頁下四行末字「取」，諸本作「邪」。
一 四三二頁下一二行「般若」，石、麗作「般若般若力」。
一 四三三頁上一行首字「越」，諸本作「超越」。
一 四三三頁上三行「小乘」，石、麗作「是小乘」。
一 四三三頁上五行第六字及六行第二字「超」，磧、普、南、徑、清作「士踔」。
一 四三三頁上七行第二字「几」，諸本作「凡」。
一 四三三頁上一九行第五字「入」，石、麗無。
一 四三三頁中八行末字「而」，石作「所」。
一 四三三頁中二一行第一二字「生」，磧、普、南、徑、清作「生故」。
一 四三三頁下五行第五字「增」，諸本作「憎」。
一 四三三頁下六行第一三字「戒」，石作「戒已」。
一 四三三頁下二〇行第一二字「自」，石、麗作「即自」。
一 四三三頁下末行第七字「厭」，石作「能」；麗作「能厭」。
一 四三四頁上一行第二字「相」，石、磧、普、南、徑、清、麗作「禪樂相」。
一 四三四頁上一一行第一三字「惱」，諸本作「煩惱」。
一 四三四頁上一五行「悔心向」，諸本作「無悔正向」。
一 四三四頁上一八行末字「及」，石、磧、普、南、徑、清作「相及」。
一 四三四頁上二一行第一一字「定」，石無。
一 四三四頁中二〇行「功德」，石作「大功德」。
一 四三四頁中二一行第九字「戒」，石、麗作「愛戒」。
一 四三四頁下三行第五字「浴」，石、磧、普、南、徑、清、麗作「浴洗」。
一 四三四頁下一一行第五字「身」，石、磧、普、南、徑、清、麗作「我身」。
一 四三四頁下一五行第二字「得」，石、磧、普、南、徑、清作「得入」。
一 四三五頁上九行第八字「廢」，資、磧、普、南、徑、清作「離」。
一 四三五頁上一二行「精進」，石、麗作「精進時」。
一 四三五頁中五行第二字「不」，石、磧、普、南、徑、清、麗作「心不」。
一 四三五頁中末行第一一字「具」，石、麗作「具足」。
一 四三五頁下一行第二字「蜜」後，石有夾註「釋第六十八品竟」。
一 四三五頁下末行「卷第八十一」，石作「卷第八十三」；資於「卷第八十一」後有夾註「釋作第六十七品下」；磧、普、南有夾註「釋第六十七品之下」。

大智度論釋大方便品第六十九　卷八十二　表

聖者龍樹造

後秦龜兹國三藏鳩摩羅　譯

爾時須菩提白佛言世尊是菩薩摩訶薩如是方便力成就者發意已來幾時佛告須菩提是菩薩摩訶薩能成就方便力者發心已來無量億阿僧祇劫須菩提言世尊是菩薩摩訶薩如是成就方便力者為供養幾佛佛言是菩薩成就方便力供養如恒河沙等諸佛須菩提白佛言世尊菩薩得如是方便力者種何等善根佛言菩薩成就如是方便力者從初發意已來於檀波羅蜜無不具足於尸羅波羅蜜羼提波羅蜜毗梨耶波羅蜜禪波羅蜜般若波羅蜜無不具足須菩提白佛言世尊菩薩摩訶薩成就如是方便力者甚希有佛言如是如是須菩提菩薩摩訶薩成就如是方便力者甚希有須菩提譬如日月周行照四天下多有所益般若波羅蜜如是照五波羅蜜多有所益須菩提

大智度論卷第八十二　第二張　表字号

譬如轉輪聖王若無輪寶不得名為轉輪聖王輪寶成就故得名轉輪聖王五波羅蜜亦如是若離般若波羅蜜不得波羅蜜名字不離般若波羅蜜故得波羅蜜名字須菩提譬如無夫婦人易為侵凌五波羅蜜亦如是遠離般若波羅蜜魔若魔天壞之則易譬如有夫婦人難可侵凌五波羅蜜亦如是得般若波羅蜜魔若魔天不能沮壞須菩提譬如軍將鎧杖具足隣國強敵所不能壞五波羅蜜亦如是不遠離般若波羅蜜魔若魔天若增上慢人乃至菩薩旃陁羅所不能壞須菩提譬如諸小國王隨時朝侍轉輪聖王五波羅蜜亦如是隨順般若波羅蜜譬如衆川万流皆入於恒隨入大海五波羅蜜亦如是般若波羅蜜所守護故隨到薩婆若譬如人之右手所作事便般若波羅蜜亦如是如人左手造事不便五波羅蜜亦如是譬如衆流若大若小俱入大海合為一味五波羅蜜亦如是為般若波羅蜜所護隨般若波羅蜜入薩婆

若得波羅蜜名字辟如轉輪聖王四種兵輪寶在前導王意欲住輪則為住令四種兵滿其所願輪亦不離其處般若波羅蜜亦如是導五波羅蜜到薩婆若常是中住不過其處辟如轉輪聖王四種兵三寶在前導般若波羅蜜亦如是導五波羅蜜到薩婆若住般若波羅蜜亦不分別檀波羅蜜隨從我尸羅波羅蜜羼提波羅蜜毗梨耶波羅蜜禪波羅蜜不隨從我檀波羅蜜亦不分別我隨從般若波羅蜜尸羅波羅蜜羼提波羅蜜毗梨耶波羅蜜禪波羅蜜不隨從尸波羅蜜羼提波羅蜜毗梨耶波羅蜜禪波羅蜜亦如是何以故諸波羅蜜性無所能作自性空虛誑如野馬介時須菩提白佛言世尊若一切法自性空云何菩薩摩訶薩行六波羅蜜當得阿耨多羅三藐三菩提須菩提菩薩摩訶薩行六波羅蜜時作是念是世間心皆顛倒我若不行方便力不能度脫衆生生死我當為衆生故行檀波羅蜜尸羅波羅蜜羼提波羅蜜毗

梨耶波羅蜜禪波羅蜜般若波羅蜜是菩薩為衆生故捨內外物捨時作是念我無所捨何以故是物必當壞敗菩薩作如是思惟能具足檀波羅蜜為衆生故終不破戒何以故菩薩作是念我為衆生發阿耨多羅三藐三菩提若煞生是所不應乃至我為衆生發阿耨多羅三藐三菩提若作邪見若貪著聲聞辟支佛地是所不應菩薩摩訶薩如是思惟能具足尸羅波羅蜜菩薩為衆生故不瞋乃至不生一念菩薩如是思惟我應利益衆生云何而起瞋心菩薩如是能具足羼提波羅蜜菩薩為衆生故乃至阿耨多羅三藐三菩提常不生懈怠心菩薩如是行能具足毗梨耶波羅蜜菩薩為衆生故乃至得阿耨多羅三藐三菩提不生散乱心菩薩如是行能具足禪波羅蜜菩薩為衆生故乃至阿耨多羅三藐三菩提終不離智慧何以故除智慧不可以餘法度脫衆生故菩薩如是行能具足般若波羅蜜須菩提白佛言世尊若諸波

羅蜜無差別相云何般若波羅蜜於五波羅蜜中第一最上微妙

佛告須菩提如是如是諸波羅蜜雖無差別若無般若波羅蜜五波羅蜜不得波羅蜜名字因般若波羅蜜五波羅蜜得波羅蜜名字須菩提辟如種種色身到須弥山王邊皆同一色五波羅蜜亦如是因般若波羅蜜到薩婆若中一種無異不分別是檀波羅蜜是尸羅波羅蜜是羼提波羅蜜是毗梨耶波羅蜜是禪波羅蜜是般若波羅蜜何以故是諸波羅蜜無自性故以是因縁故諸波羅蜜無差別須菩提白佛言世尊若隨實義無分別云何般若波羅蜜於五波羅蜜中最上微妙佛言如是如是須菩提雖實義中無有分別但以世俗法故說檀波羅蜜尸波羅蜜羼提波羅蜜毗梨耶波羅蜜禪波羅蜜般若波羅蜜為欲度衆生生死是衆生實不生不死不起不退須菩提衆生無所有故當知一切法無所有以是因縁故般若波羅蜜於五波羅蜜中最上最妙須

菩提譬如閻浮提衆女人中玉女寶
第一最上最妙般若波羅蜜亦如是
於五波羅蜜中第一最上最妙須菩
提白佛言世尊佛何意故說般若波
羅蜜最上最妙佛告須菩提是般若
波羅蜜取一切善法到薩婆若中住
不住故須菩提白佛言世尊般若波
羅蜜有法可取可捨不佛言不也須
菩提般若波羅蜜無法可取無法可
捨何以故一切法不可取不可捨故
世尊般若波羅蜜於何等法不取不
捨佛言般若波羅蜜於色不取不捨
於受想行識乃至阿耨多羅三藐三
菩提不取不捨世尊云何不取色乃
至不取阿耨多羅三藐三菩提佛言
若菩薩不念色乃至不念阿耨多羅
三藐三菩提是名不取色乃至不取
阿耨多羅三藐三菩提須菩提言世
尊若不念色乃至不念阿耨多羅三
藐三菩提云何得增益善根善根不
增云何具足諸波羅蜜若不具足諸
波羅蜜云何得阿耨多羅三藐三菩
提佛告須菩提若菩薩不念色乃至

不念阿耨多羅三藐三菩提是時善
根增益善根增益故具足諸波羅蜜
諸波羅蜜具足故得阿耨多羅三藐
三菩提何以故不念色乃至不念阿
耨多羅三藐三菩提時便得阿耨多
羅三藐三菩提世尊何因緣故色不
念時乃至阿耨多羅三藐三菩提不
念時便得阿耨多羅三藐三菩提佛
言以念故著欲界色界無色界不念
故無所著如是須菩提菩薩摩訶薩
行般若波羅蜜不應有所著世尊菩
薩摩訶薩如是行般若波羅蜜當住
何處佛言菩薩摩訶薩如是行不住
色乃至不住一切種智世尊何因緣
故色中不住乃至一切種智中不住
佛言不著故不住何以故是菩薩不
見有法可著可住如是須菩提菩薩
摩訶薩以不著不住法行般若波羅
蜜須菩提若菩薩摩訶薩作是念若
能如是行如是修是行般若波羅蜜
我今行般若波羅蜜修般若波羅蜜
若如是取相則遠離般若波羅蜜若
遠離般若波羅蜜則遠離檀波羅蜜

乃至遠離一切種智何以故般若波
羅蜜無有著處亦無著者自性無故
菩薩摩訶薩若復如是取相則於般
若波羅蜜退若退般若波羅蜜則是
退阿耨多羅三藐三菩提不得受記
菩薩摩訶薩復作是念住是般若波
羅蜜能生檀波羅蜜乃至能生大悲
若作是念則為失般若波羅蜜失般
若波羅蜜乃至不能生大悲菩薩若
復作是念諸佛知諸法無受相故得
阿耨多羅三藐三菩提菩薩若作如
是演說開示教照則失般若波羅蜜
何以故佛於諸法無所知無所得亦
無法可說何況當有所得無有是處
須菩提白佛言世尊菩薩行般若波
羅蜜云何無是過失佛言若菩薩摩
訶薩行般若波羅蜜作是念諸法無
所有不可取若法無所有不可取則
無所得若如是行為行般若波羅蜜
若菩薩摩訶薩著無所有法則遠離
般若波羅蜜何以故般若波羅蜜中
無有著法故須菩提白佛言世尊般
若波羅蜜遠離般若波羅蜜耶檀波

羅蜜遠離禪波羅蜜耶乃至一切種智遠離一切種智耶世尊若般若波羅蜜遠離般若波羅蜜乃至一切種智遠離一切種智菩薩云何得般若波羅蜜乃得一切種智佛言菩薩摩訶薩行般若波羅蜜時不生色是色誰色乃至一切種智不生是一切種智誰一切種智如是菩薩能生般若波羅蜜乃至能生一切種智復次須菩提菩薩摩訶薩行般若波羅蜜時不觀色若常若無常若苦若樂若我若非我若空若不空若離若非離何以故自性不能生自性乃至一切種智亦如是若菩薩摩訶薩行般若波羅蜜如是觀色乃至觀一切種智能生般若波羅蜜乃至能生一切種智辟如轉輪聖王有所至處四種兵皆隨從般若波羅蜜亦如是有所至處五波羅蜜皆悉隨從到薩婆若中住辟如善御駕駟不失平道隨意所至般若波羅蜜亦如是御五波羅蜜不失正道至薩婆若須菩提言世尊何等是菩薩摩訶薩道何等是非道佛

言聲聞道非菩薩道辟支佛道非菩薩道一切智道是菩薩摩訶薩道須菩提是名菩薩摩訶薩道非道須菩提言世尊諸菩薩摩訶薩般若波羅蜜為大事故起所謂示是道是非道佛言如是如是須菩提般若波羅蜜為大事故起所謂示是道是非道須菩提是般若波羅蜜為度無量衆生故起為利益阿僧祇衆生故起般若波羅蜜雖作是利益亦不受色亦不受受想行識亦不受聲聞辟支佛地須菩提般若波羅蜜是諸菩薩摩訶薩導示阿耨多羅三藐三菩提能令離聲聞辟支佛地住薩婆若般若波羅蜜無所生無所滅諸法常住故須菩提言世尊若般若波羅蜜無所生無所滅云何菩薩摩訶薩行般若波羅蜜時應布施云何應持戒云何應修忍云何應勤精進云何應入禪定云何應修智慧佛告須菩提菩薩摩訶薩念薩婆若應布施念薩婆若應持戒忍辱精進禪定智慧是菩薩摩訶薩持是功德與衆生共之迴向阿

耨多羅三藐三菩提若如是迴向則具足修六波羅蜜乃至慈悲心諸功德須菩提若菩薩摩訶薩不遠離六波羅蜜則不遠離薩婆若以是故須菩提菩薩摩訶薩欲得阿耨多羅三藐三菩提應學應行六波羅蜜菩薩摩訶薩行六波羅蜜具足一切善根當得阿耨多羅三藐三菩提以是故須菩提菩薩摩訶薩應習行六波羅蜜須菩提言世尊云何菩薩摩訶薩應習行六波羅蜜佛言菩薩摩訶薩如是觀色不合不散受想行識不合不散乃至一切種智不合不散是名菩薩摩訶薩習行六波羅蜜復次須菩提菩薩摩訶薩應作是念我當不住色中不住受想行識中乃至不住一切種智中如是應習行六波羅蜜何以故是色無所住乃至薩婆若無所住如是須菩提菩薩摩訶薩以無住法習行六波羅蜜應當得阿耨多羅三藐三菩提須菩提辟如士夫欲食菴羅果若波那娑果當種其子隨時溉灌守護漸漸生長時節和

合便有果實得而食之須菩提菩薩摩訶薩亦如是欲得阿耨多羅三藐三菩提當學六波羅蜜以布施攝取衆生持戒忍辱精進禪定智慧攝取衆生度衆生生死如是行當得阿耨多羅三藐三菩提以是故須菩提菩薩摩訶薩欲不隨他人語當學般若波羅蜜欲淨佛國土成就衆生欲坐道場欲轉法輪當學般若波羅蜜須菩提白佛言世尊應如是學般若波羅蜜耶佛言菩薩應如是學般若波羅蜜欲於諸法得自在當學般若波羅蜜何以故學是般若波羅蜜於一切諸法中得自在故復次般若波羅蜜於一切諸法中最大辟如大海於万川中最大般若波羅蜜亦如是於一切諸法中最大以是故諸欲求聲聞辟支佛及諸菩薩道應當學般若波羅蜜種波羅蜜乃至一切種智須菩提辟如射師執如意弓箭不畏怨敵菩薩摩訶薩亦如是行般若波羅蜜乃至一切種智魔若魔天所不能壞以是故須菩提菩薩摩訶薩欲得阿耨多羅三藐三菩提應學般若

波羅蜜是行般若波羅蜜菩薩為十方諸佛所念須菩提白佛言世尊云何十方諸佛念是菩薩摩訶薩佛告須菩提菩薩摩訶薩行檀波羅蜜時十方諸佛皆念行尸羅波羅蜜羼提波羅蜜毗梨耶波羅蜜禪波羅蜜般若波羅蜜時十方諸佛皆念云何念布施不可得持戒忍辱精進禪定智慧不可得乃至一切種智不可得菩薩能如是不得諸法故諸佛念是菩薩摩訶薩復次須菩提諸佛不以色故念不以受想行識故念乃至不以一切種智故念須菩提言世尊菩薩摩訶薩多有所學實無所學佛言如是如是須菩提菩薩多有所學實無所學何以故是菩薩所學諸法皆不可得須菩提白佛言世尊佛所說法若略若廣於此法中諸菩薩摩訶薩欲求阿耨多羅三藐三菩提六波羅蜜若略若廣應當受持親近讀誦讀誦已思惟正觀心心數法不行故佛告須菩提如是如是菩薩摩訶薩略廣學六波羅蜜當知一切法略廣相

須菩提言世尊云何菩薩摩訶薩知一切法略廣相佛言知色如相知受想行識乃至知一切種智如相如是能知一切法略廣相須菩提言世尊云何色如相云何受想行識乃至一切種智如相佛告須菩提色如相无生無滅無住異是名色如相乃至一切種智如相無生無滅無住異是名一切種智如相是中菩薩摩訶薩應學復次須菩提菩薩摩訶薩知諸法實際時知一切法略廣相世尊何等是諸法實際佛言無際是名實際菩薩學是際知一切諸法略廣相須菩提若菩薩摩訶薩知諸法法性是菩薩能知一切法略廣相世尊何等是諸法法性佛言色性是名法性是性無分無非分須菩提菩薩摩訶薩知法性故知一切法略廣相須菩提白佛言世尊復云何應知一切法略廣相佛言若菩薩摩訶薩知一切法不合不散須菩提言世尊何等法不合不散佛言色不合不散受想行識不合不散乃至一切種智不合不散有為

性無為性不合不散何以故是諸法
自性無去何有合有散若法自性無
是為非法非法不合不散如是應當
知一切法略廣相須菩提言世尊是
名菩薩摩訶薩略攝般若波羅蜜世
尊是略攝般若波羅蜜中初發意菩
薩摩訶薩應學乃至十地菩薩摩訶
薩亦應學是菩薩摩訶薩學是略攝
般若波羅蜜則知一切法略廣相
釋曰須菩提聞菩薩摩訶薩大利根
相所謂一波羅蜜邊能生五波羅蜜
行一波羅蜜即能具五波羅蜜如上
品中說是事希有故問佛是菩薩
發心已來為幾時能得如是方便佛
荅是菩薩發心已來除大菩薩於餘
衆生無量億阿僧祇劫或有菩薩發
心已來無量億阿僧祇劫大罪因緣
覆心故不見佛不親近供養是故問
是菩薩為供養幾佛佛荅是菩薩為
已供養如恒河沙等諸佛上言無量
億阿僧祇今言恒河沙者多數理同
故有菩薩久發心雖多以華香供養
諸佛而未能種善根作是念我必當

得果報深心行六波羅蜜故若以深
心行六波羅蜜為阿耨多羅三藐三
菩提故作功德是名種善根是故第
三問種何等善根佛荅是菩薩從初
發心已來具足行六波羅蜜一切福
德無不作者一切善法無不修集須
菩提聞已歡喜白佛希有世尊是菩
薩能如是行方便所謂未斷諸煩惱
未離生死而能勝斷煩惱離生死法
者無始生死來集諸惡法菩薩心後
来而能用後来心不隨先所集惡心
是為希有一切衆生無恩於菩薩而
菩薩常欲利益是諸衆生或欲奪菩
薩命割截身體菩薩欲以第一佛樂
智慧命欲與衆生如是等是為希有
佛可須菩提所說欲令此事明了故
作辟喻如日月照四天下若無日月
則百穀藥草及衆生無以生長月是
陰氣日是陽氣二義和合故万物成
長是故日月於四天下大有利益菩
薩亦如是於四生中以大悲心憐愍
衆生故能隨所願行一切善法大智
慧力故破衆生著善法心如是六波

羅蜜等諸善增長成就直至阿耨多
羅三藐三菩提又復衆生雖復有眼
若無日月則無所見衆生雖有世俗
善根利智不得般若波羅蜜照明尚
不得二乘何況得阿耨多羅三藐三
菩提又復菩薩雖行五波羅蜜不得
般若波羅蜜不得名波羅蜜以不破
著心故若菩薩乃至能自以身命布
施若無般若其心易破如無夫之婦
侵凌則易若有般若則不可破壞菩
薩雖行種種諸餘深法不得般若不
名為行般若波羅蜜但名為行善法
有量有盡故此中說辟喻轉輪聖王
雖有千子八万四千小王及六寶不
得名為轉輪聖王不能飛到四天下
若天遣金輪寶至乃得名為轉輪聖
王菩薩亦如是雖有布施等諸善法
不得般若波羅蜜故不名為菩薩為
行六波羅蜜人不能除障㝵行菩薩
道故辟如健將善知戰法器仗具足
不畏怨敵健將即是菩薩器仗是般
若憎上慢者未得聖道意謂已得菩
薩說畢竟空法是人行善法心不同

故毀壞菩薩外道梵志等及諸魔民乃至菩薩旃陁羅者菩薩旃陁羅者如魔品中說聞魔來稱其名字而與受記而生輕慢復次為般若波羅蜜故說五波羅蜜若人能直行諸法實相則不為諸布施等入般若初門以人鈍根罪重故種種因緣說以布施破慳持戒折薄諸煩惱忍辱開福德門能行難事精進如風吹火熾然不息禪定攝心一定觀諸法實相故是五波羅蜜皆趣向般若波羅蜜如諸小王朝宗轉輪聖王如一切衆流皆入大海布施等諸善法亦如是為般若波羅蜜所守護故得至薩婆若問曰五波羅蜜如諸川流般若應如大海今何以言五波羅蜜為般若所守護故得入薩婆若答曰汝不聞先說般若有種種名字耶薩婆若即是般若異名五波羅蜜福德入般若波羅蜜中即得清淨般若清淨故得佛道變名薩婆若是故言入薩婆若即是入般若有人雖諸波羅蜜各各有力何以獨言般若波羅蜜功用為

大是故言譬如人之右手自然穩便五波羅蜜如左手不得般若波羅蜜則所作不便如人開自造事所作皆成如導師在前餘伴隨逐進止取捨皆隨導師不得自在般若波羅蜜亦如是導五波羅蜜所可修集成辦皆仰般若此中佛自說譬喻如轉輪聖王輪寶在四兵前導輪住餘寶則住輪是般若波羅蜜常在五波羅蜜前導五波羅蜜隨逐如般若初品中說菩薩欲具足檀波羅蜜不見施者受者及財物先籌量分別斷一切著然後布施是則般若在前導如輪寶伏四天下已常在王宮住虛空中聖王是菩薩輪是般若破諸魔民煩惱已入薩婆若宮中住是輪無所分別我常在前餘寶在後無憎愛心是可求是不可求般若無分別亦如是檀波羅蜜隨我來尸羅波羅蜜勿來如經中廣說此中佛自說因緣一切法性無所能作須菩提聞是已白佛言若一切法性空無所有云何菩薩行六波羅蜜能得阿耨多羅三藐三菩提

佛答菩薩行般若作是念諸法雖畢竟空衆生狂顛倒故染著不解我若不以方便力則不可得度方便者所謂金色身三十二相八十隨形好無量光明神通變化能以一指動十方三千大千國土梵音說法無厭色身十力四無所畏十八不共法無导解脫一切種智大慈大悲等具足無量諸佛法然後能教化衆生衆生必能信受得如是力假令妄語人猶當信何況實語如經說我雖知諸法實相能入涅槃但為衆生故行檀波羅蜜等如經中廣說乃至不可以異事度衆生須菩提白佛言世尊若諸波羅蜜畢竟空故無差別云何般若波羅蜜於諸波羅蜜中最尊佛可須菩提畢竟空中諸波羅蜜實無差別若無般若波羅蜜諸波羅蜜畢竟空無差別誰能知者若無般若五法云何得波羅蜜名字五波羅蜜未入般若時有差別既入般若則無差別如諸異色物到須弥山邊皆同一色不得言餘物色皆同何以獨稱須弥為大

極波羅蜜等亦如是雖無差別皆是般若力故不得言大何以獨稱般若為大須菩提雖蒙開釋猶未善解復以異塗而問世尊若實義中無差別云何般若於五波羅蜜為上先說未得聖道空今說得聖道空是故說第一實義第一實義聖道是最可信是中亦無差別佛可言如是如是我說六波羅蜜分別皆為世俗故何以故世人不可但為說諸法實相聞則迷悶生於疑悔是故以第一義為心用世俗語言為說是故說分別有諸波羅蜜教化衆生衆生實無有法皆是空不生不死不退不起色等法亦如是是故般若波羅蜜雖空能示如是事故最上最妙譬如玉女寶於衆女中最為第一而最上最妙須菩提白佛佛以何意故常說般若最上者須菩提種種因緣說般若五波羅蜜無差別佛亦然可其所說而復言般若最上佛言般若波羅蜜守護一切善法至薩婆若中住者一切雖空若無般若一切諸善法皆不能至薩婆若善法者

五波羅蜜三十七品大慈悲等諸菩薩法問曰若行諸善法亦能至薩婆若何以但說般若故得至答曰雖諸善法和合能破煩惱得阿耨多羅三藐三菩提而般若波羅蜜於中功力最大譬如大軍摧敵而主將得功名復有人言諸善法不得般若不得至薩婆若般若不得諸善法獨能至薩婆若如經說師子雷音佛國寶樹莊嚴其樹常出無量法音所謂一切法畢竟空無生無滅等其土人民生便聞此法音故不起惡心得無生法忍如此人何有布施持戒等諸功德亦有狂人醉人從佛聞四諦即時得道如是等無有智慧行餘法得道無有是事須菩提問佛般若畢竟空不取聖法不捨凡夫法云何佛言是般若能至薩婆若住佛可其言如是如是是般若波羅蜜無取無捨雖言取薩婆若以不取法故取住義亦如是此中佛自說因緣所謂一切法不取相一切法者色乃至菩提是法虛誑從因緣生自性無故不取不取故不捨

以不憶念取相故須菩提言若不憶念色等法云何增長善根善根不增長云何得阿耨多羅三藐三菩提佛答若菩薩能滅一切法中憶念即是空無相無作解脫門解脫即是諸法實相雖有善根以取相著心顛倒故不增長譬如種穀其田雖好穢草多故不能增長此中說因緣以衆生憶念故生三界善不善處若無憶念則不著不著則不生須菩提從佛聞是已思惟籌量是法畢竟空無所有若行是法亦應無所得無住處何以故因果相似故是故問佛菩薩作是行般若何所住何所得佛答色等一切法中不住乃至不住中亦不住不取相故不著不著故則不住此中佛自說因緣是菩薩不見法有可著可住著者住者此中法難破故但說法不說著者須菩提若菩薩住是衆生空法空作是念我能如是行者則是失則是離何以故般若波羅蜜是不著相是菩薩以我心外著空內着我不如般若行故言遠離般若何以故般

若波羅蜜是不著相以性無故上以着空故失今以破空得般若而着般若無性故失失故不得受記若作是念住般若中能生檀波羅蜜等者亦復是失問曰上二失因緣可尒今以何為失答曰上二失以着空着無性法故更不能修檀波羅蜜等功德而生邪見故作是念若法都空復何所行是人以不着空不着無性故行檀波羅蜜等作是念能不着空無性而能行是功德是為真道是亦為失以其心有悕望故若失般若則不能行檀波羅蜜乃至大悲何以故阿耨多羅三藐三菩提是真實法般若波羅蜜與此相似檀等諸善法不相似以其取相着故若菩薩自憶想分別一切法不取相諸佛知是已得阿耨多羅三藐三菩提不取者名畢竟空不可取諸相滅故亦為他開示演說則失般若是人以求空則失無性亦失我是凡夫生死人諸煩惱未盡云何能得但隨佛語自不分別而定心為他人說不取一切相是佛法種種因

緣以此事開示教詔是亦為失何以故諸佛於諸法無所得取義亦如是是不取相法乃至假名字不可說何況有所得諸佛法寂滅相無諸戲論一切語言道斷故須菩提作是念若空有失空空中亦有失無取法中亦有失然不可無道今當問佛云何行者無是過失佛荅着菩薩知諸法畢竟空無所有不可取是法不可得知如是行者則無失菩薩着畢竟空着無性着菩薩所行道佛說三種皆失菩薩聞是已則捨着心今猶着佛所行未息如佛所行必是真道我但當隨佛行一切法無所有不取相是故為失今能如佛心中所得法如是法相佛亦無所得無所得故不貪責佛不輕賤餘人於一切衆生其心平等釋曰此更問如是清淨般若無有過失離自相不着不離自相是即有着法若離自相云何可行佛荅若菩薩於一切法不生是名能行般若是菩薩不說是色若常若無常等是色誰色是色破色誰色破人色乃至一切種智

亦如是若法如是畢竟空推求不可得是不可生所以者何性不能生性無性不能生無性如是等破顛倒得實論議皆是般若波羅蜜力餘波羅蜜皆隨從譬如轉輪聖王有所至處四種兵常隨從聖王福故四種兵皆能飛般若力故諸餘法皆是實性同至佛道復次譬如善御駕駟不失平道馬雖有致車之力若無御者則不能有所至布施等亦如是雖有功德果報力無般若調御不能至佛道如是種種譬喻五波羅蜜入般若中雖無差別以是事故而般若波羅蜜最尊最妙須菩提聞佛種種因緣說般若最大又聞不行是行般若波羅蜜是故問佛世尊何等是菩薩道何等非菩薩道佛荅二乘非菩薩道雖有凡夫及諸煩惱非菩薩道處故不說二乘同行空同求涅槃故說非菩薩道麁事人不疑細事人疑故菩薩若是菩薩道因中說果故須菩提歡喜讚歎般若作是言世尊般若波羅蜜為大事故起如經中廣說乃至諸

法常住故須菩提難若般若無所生無所滅云何行布施持戒等佛荅以般若無所生無所滅即是畢竟空畢竟空故不妨行六波羅蜜菩薩聞種種因緣讚一切智為一切智故行布施等法是法為度一切衆生故迴向阿耨多羅三藐三菩提是六波羅蜜功德安立諸法實相中迴向阿耨多羅三藐三菩提如是菩薩具足六波羅蜜慈等諸功德不顛倒正行善根故須菩提問菩薩云何應習六波羅蜜佛荅若菩薩觀色等諸法不合不散色等諸法顛倒煩惱和合故合以正智慧觀故散菩薩以利智慧深觀則無法合顛倒煩惱皆虛誑故非合如先破染染者事中說是故菩薩知諸法本不合故亦無散則不生高心復次菩薩不應作是念我以真智慧令色等諸法清淨而住其中何以故色等法無住處如地住於水水住於風風住於空空無所住以本無住處故一切都無住菩薩應如是住無住法中得阿耨多羅三藐三菩提此中

說譬喻樹是般若波羅蜜菓是阿耨多羅三藐三菩提若人欲得阿耨多羅三藐三菩提應當種般若波羅蜜子以是行者水是五波羅蜜如人溉灌樹時雖未見果實時至則得時節和合是具足諸法如經中說讚歎般若若菩薩欲不隨他行得諸法實相若有邪見人來破壞覺而不隨若欲淨佛國土坐道場轉法輪當學般若須菩提問佛如佛所教菩薩當學般若佛言我教令學般若須菩提作是念一切法平等相何以故但教學般若佛荅學是般若波羅蜜於一切法得自在故我教學般若波羅蜜般若波羅蜜於一切法中最大如佛於一切衆生中最尊又如万川大海為大如經中說射師喻若菩薩能如是一切法中行自在般若魔若魔人所不能勝何況增上慢及邪見人是菩薩為十方諸佛所念諸佛念義如先說此中佛說若菩薩行六波羅蜜亦能觀六波羅蜜畢竟空如是人有大功夫故為諸佛所念譬如勇士入陣破

賊而不被瘡則為主所念菩薩亦如是破諸煩惱賊具足六波羅蜜而不著六波羅蜜則為諸佛所念諸佛不取是菩薩色故念不取受想行識故念何以故色等諸法虛誑不實故諸佛觀是菩薩身如實相故念須菩提歡喜言菩薩多有所學亦學俗法亦學道法亦學諸波羅蜜亦學畢竟空亦學起亦學滅凡人學起不能學滅聲聞學滅不能學起菩薩亦學起亦學滅是故言多有所學是起滅如幻如夢畢竟空故實無所學佛可其言自說因緣菩薩所學皆無所得須菩提白佛言世尊佛所說法若略若廣菩薩所應學何以故言所學皆無所得須菩提意如佛所說八万四千法聚十二部經若廣若略諸三乘人所學此中說菩薩欲得阿耨多羅三藐三菩提應學六波羅蜜若略若廣學者應當受持親近是法讀誦思惟正觀乃至入無相三昧心心數法不行菩薩能如是學則能知諸法略廣相廣者從八万四千法衆已來無量佛法

略者乃至小品小品中一品一品中一段復次略者知諸法一切空無相無作無生無滅等廣者諸法種種別相分別如後善知中說須菩提問云何菩薩知一切法略廣相佛荅若知諸法如如相者所謂不生不滅不住異問曰若如一相無生相云何菩薩知是如故知諸法惣相別相惣相別相即是略廣相荅曰如名諸法實相常住不壊不隨諸觀菩薩得是如即破無明邪見等諸顛倒是人得實法故一切世間法惣相別相了了知先凡夫時智慧眼病以無明顛倒覆故不能實知問曰實法相者所謂空無相無作諸智滅云何言得如實相故了了知諸法惣相別相荅曰我已先荅而汝於如中取相故復作是難汝着知如不應作是難是如畢竟無相故不妨知諸法惣相別相以智慧眼了了故復次辟如人年既長大乃知小時所行皆愚癡可笑菩薩亦如是入諸法實相起已還在顛倒果報六情中念寂滅解脫樂乃知世間六情所着皆是虛誑可捨法是名惣相於此中分別不淨有上中下無常苦空無我等亦如是乃至八万四千種諸錯謬復次知如法性實際故亦知諸法略廣相如法性實際差別義如初品中說此中佛說非際是實際非際者無相可取無定法可着得法性故知色等十八性皆是法性法性相者佛說無分無非分無分者不可亦此亦彼無分別無相無量無非分者不着是無相無量等破量相法性二事妨故不見一有相有量二無相無量有相有量為麁無相無量為細是故說法性相無分無非分菩薩入三解脫門住如等三實法則能籌量知一切法惣相別相須菩提聞佛荅已欲更問無量佛法異門事佛荅知一切法無合無散故則知諸法惣相別相問曰眼見二指有合散云何言無合散荅曰我先言肉眼所見與牛羊無異不可信復次三節皮肉具足為指指無定法復次設有指法亦不盡合一分合多分不合多分不合故不得

言指合問曰以少合故名為合荅曰指少分不名為指云何言指合若多分不合不名為不合何以少分合故名為合是故不得言二指合復次指與分不異不一故即是無指無指故無合不破一異門中則都無合如佛此中說一切法自性無性無故即是無法無法云何有合散須菩提聞佛說如法性實際不合不散四門知略廣相是故須菩提言世尊是名略攝般若波羅蜜略攝聞是安隱道故一切菩薩所應學

大智度論卷第八十二

僧賜珪

大智度論卷八十二

校勘記

一 底本，金藏廣勝寺本。

一 四三九頁中一行經名，石作「大智度經論卷第八十四」；資、磧、普、南、徑、清作「大智度論卷第八十二」。

一 四三九頁中三行與四行之間石有「摩訶般若波羅蜜經大方便品第六十九釋之一」；資、磧、普有「釋方便品第六十九品上」；南有「釋方便品第六十九上」；徑、清有「釋方便品第六十九之上」，並夾註「經作大方便品」。

一 四三九頁中四行首字「尒」，石、普、南、徑、清、麗冠以〔經〕。

一 四三九頁中一〇行第九字「力」，諸本作「力者」。

一 四三九頁中末行「如是」，諸本作「亦如是」。

一 四三九頁下三行首字「王」，石、麗作「王須菩提」。

一 四三九頁下一七行首字「恒」，諸本作「恒河」。

一 四四〇頁上六行「三寶」，諸本作「輪寶」。

一 四四〇頁上八行第二字「住」，石、麗作「中住」。

一 四四〇頁上一三行至一四行首字「尸波羅蜜」，諸本作「尸羅波羅蜜」，下同。

一 四四〇頁中六行及八行「衆生」，石、麗作「衆生故」。

一 四四〇頁中一一行第一二字「瞋」，石、麗作「瞋心」。

一 四四〇頁中一三行「如是」，石、麗作「如是思惟」。

一 四四〇頁中二〇行「乃至」，石、麗作「乃至得」。

一 四四〇頁下七行第四字「身」，普、南、徑、清作「鳥」。

一 四四一頁上四行「何意」，石作「以何意」。

一 四四一頁上五行第一二字「是」，資、磧、普、南、徑、清無。

一 四四一頁上一〇行第九字及第一二字「可」，資、磧、普、南、徑、清無。

一 四四一頁上一一行第一一字「法」，石作「法中」。

一 四四一頁下九行第四字「蜜」，石、南、徑、清、麗作「蜜者則不能生檀波羅蜜」；資、磧、普作「蜜者」。

一 四四一頁下一二行「教照」，資、磧、普、南、徑、清、麗作「教詔」。

一 四四一頁下一九行「無所」，石作「不可」。

一 四四二頁上五行「乃得」，諸本作「乃至得」。

一 四四二頁中二行第五字「智」，石、普、南、徑、清、麗作「種智」。

一 四四二頁中末行「迴向」，石、麗作「應迴向」。

一 四四二頁下二行「乃至」，石、資、磧、普、南、徑、清作「及」。

一　四四二頁下一二行「如是」，石、麗作「應如是」。
一　四四二頁下二〇行第二字「無」，石作「無所」。
一　四四二頁下二二行第八字「波」，石、普、南、徑、清、麗作「波羅」。
一　四四三頁上五行第八字至六行第三字「如是……三菩提」，資、磧無；普、南、徑、清作「以如是……三菩提」。
一　四四三頁上六行第四字「以」，普、南、徑、清無。
一　四四三頁上六行末字「人」，石無。
一　四四三頁上一〇行第四字「那」，諸本作「耶」。
一　四四三頁上一六行第四字「諸」，資、磧、普、南、徑、清無。
一　四四三頁上一七行第五字「佛」，石、麗作「佛道」。
一　四四三頁下六行第一三字「相」，資、磧、普、南、徑、清無。
一　四四四頁上一〇行「釋曰」，石、磧、普、南、徑、清、麗冠以「論」。
一　四四四頁中七行「白佛」，石、麗作「白佛言」。
一　四四四頁中一〇行第六字「來」，石、磧、普、南、徑、清、麗作「已來」。
一　四四四頁中一九行「二義」，諸本作「二氣」。
一　四四四頁中二〇行「大有」，石作「有大」。
一　四四四頁下一二行「般若」，諸本無。
一　四四四頁下一五行第一〇字「飛」，石、麗作「飛行」。
一　四四四頁下二二行「憎上慢」，諸本作「增上慢」。
一　四四五頁上二行第八字「者」，石無。
一　四四五頁上四行「受記」，普、南、徑、清作「授記」。
一　四四五頁上一五行、一六行及次頁中一七行「般若」，石、麗作「般若波羅蜜」。
一　四四五頁下二行第九字「染」，諸本作「深」。
一　四四五頁下六行第一二字「厭」，石作「能勝」。
一　四四五頁下一〇行第一三字「當」，石作「尚」。
一　四四五頁下一二行首字「能」，石作「得」。
一　四四六頁上二行第八字「大」，石、麗無。
一　四四六頁上一六行「最上最妙」，石、麗作「而最上最妙」；資、磧、普、南、徑、清無。
一　四四六頁上二二行「一切」，資、磧、普、南、徑、清作「一切法」。
一　四四六頁中一行「大慈悲」，石作「大慈大悲」。
一　四四六頁中一六行「是事」，資、磧、普、南、徑、清作「是處」。
一　四四六頁下六行第一〇字「着」，普、南、徑、清作「若」。
一　四四六頁下七行第九字「田」，諸

本作「苗」。

一　四四六頁下一三行第一三字「是」，石、普、南、徑、清、麗作「是念」。

一　四四七頁上七行第三字「更」，石、麗作「便」。

一　四四七頁上一八行第九字「者」，諸本作「相者」。

一　四四七頁上二一行第七字「人」，石作「之人」。

一　四四七頁中一行「教詔」，石作「演說」。

一　四四七頁中四行第六字「佛」，資、磧、南、徑、清無。

一　四四七頁中一三行第三字「如」，石作「而」。

一　四四七頁中一三行第七字「必」，石作「畢竟」。

一　四四七頁中一七行「衆生」，石作「衆生中」。

一　四四七頁中一七行「釋曰」，資、磧、普、南、徑、清、麗無。

一　四四七頁中一七行末字「此」，石、麗作「此中」。

一　四四七頁中一八行第五字「是」，石無。

一　四四七頁中一九行第一一字「有」，石、麗作「有相」。

一　四四七頁下一〇行第九字「亦」，資、磧、普、南、徑、清無。

一　四四八頁上一二行第四字「若」，資、磧、普、南、徑、清無。

一　四四八頁中一行第四字「樹」，石、普、南、徑、清作「子」。

一　四四八頁中一行第一一字「菓」，石作「樹」。

一　四四八頁中三行第六字「提」，石作「提樹」。

一　四四八頁中五行「時至」，石作「至時」。

一　四四八頁下一行第五字「瘡」，資、磧、普、南、徑、清作「鎗」。

一　四四八頁下九行「凡人」，石、麗作「凡夫」。

一　四四八頁下一二行第一〇字「學」，石作「得」。

一　四四八頁下末行第九字「衆」，磧、普、南、徑、清、麗作「聚」。

一　四四九頁上四行第六字「知」，石、普、南、徑、清、麗作「知識」。

一　四四九頁上一二行「知先」，資、磧、普、南、徑、清作「先知」。

一　四四九頁上二一行第五字「皆」，石作「皆是」。

一　四四九頁下三行第七字「不」，普、南、徑、清無。

一　四四九頁下六行第三字「不」，諸本作「入」。

一　四四九頁下一一行第九字「聞」，石、資、磧、普、南、徑、清作「門」。

一　四四九頁下末行經名卷次，石作「大智度經論卷第八十四」；資、磧、普、南於其後有夾註「釋第六十九品上」。

大智度論釋大方便品第六十九之餘 卷八十三 表

聖者龍樹菩薩造
後秦龜茲國三藏鳩摩羅什譯

經世尊是門利根菩薩摩訶薩所入佛言鈍根菩薩亦可入是門中根菩薩散心菩薩亦可入是門是門無碍若菩薩摩訶薩一心學者皆入是門懈怠少精進妄憶念乱心者所不能入精進不懈怠正憶念攝心者能入欲住阿鞞跋致地欲逮一切種智者能入是菩薩摩訶薩如般若波羅蜜所説當學乃至如檀波羅蜜所説當學是菩薩摩訶薩當得一切智是菩薩摩訶薩行般若波羅蜜所有魔事欲起即滅以是故菩薩摩訶薩欲得方便力當行般若波羅蜜若菩薩摩訶薩如是行如是習如是脩般若波羅蜜是時無量阿僧祇國土中現在諸佛念是行般若波羅蜜菩薩何以故是般若波羅蜜中生過去未来現在諸佛故以是故菩薩摩訶薩應如是思惟過去未来現在諸佛所得法我亦當得如是須菩提菩薩摩訶薩應習般若波羅蜜若如是習般若波羅蜜疾得阿耨多羅三藐三菩提以是故菩薩摩訶薩常應不遠離薩婆若念若菩薩摩訶薩如是行般若波羅蜜乃至彈指頃是菩薩福德甚多若有人教三千大千世界中衆生自恣布施教令持戒禪定智慧教令得解脫解脫知見教令得須陁洹果乃至阿羅漢果辟支佛道不如是菩薩脩般若波羅蜜乃至彈指頃何以故是般若波羅蜜中生布施持戒禪定智慧須陁洹果乃至辟支佛道十方現在諸佛亦從般若波羅蜜中生過去未来諸佛亦從般若波羅蜜中生故復次須菩提菩薩摩訶薩應薩婆若念行般若波羅蜜若須臾時若半日若一日若一月若百日若一歲若百歲若一劫若百劫乃至無量無邊阿僧祇劫是菩薩脩是般若波羅蜜福德甚多勝於教十方恒河沙等世界中衆生布施持戒禪定智慧解脫解脫知見教令得須陁洹果乃至辟支佛道何

大智度論卷第八十三　第二張　表

以故諸佛從般若波羅蜜中生說是布施持戒禪定智慧解脫解脫知見須陁洹果乃至辟支佛道若有菩薩摩訶薩如般若波羅蜜所説住當知是菩薩摩訶薩是阿鞞跋致為諸佛所念如是方便力成就當知是菩薩親近供養無量千万億諸佛種善根與善知識相隨久行六波羅蜜久脩十八空四念處乃至八聖道分佛十力乃至一切種智當知是菩薩住法王子地滿足諸願常不離諸佛不離諸善根從一佛國至一佛國當知是菩薩辯才無盡具足得陁羅尼身色具足受記具足故為衆生受身當知是菩薩善知字門善知非字門善於言善於不言善於一言善於二言善於多言善知女語善知男語善知色乃至識善知世間性善知涅槃性善知法相善知有為相善知無為相善知有法善知無法善知自性善知他性善知合法善知散法善知相應法善知不相應法善知相應不相應法善知如善知不如善知法性善知法

大智度論卷第八十三　第三張　表

位善知緣善知無緣善知陰善知界善知入善知諦善知十二因緣善知禪善知無量心善知無色定善知六波羅蜜善知四念處乃至善知一切種智善知有為性善知無為性善知有性善知無性善知色觀善知受想行識觀乃至善知一切種智觀善知色色相空善知受想行識識相空乃至善知菩提菩提相空善知捨道善知不捨道善知生善知滅善知住異善知欲善知瞋善知癡善知不欲善知不瞋善知不癡善知見善知不見善知邪見善知正見善知一切見善知名善知色善知名色善知因緣善知次第緣善知緣緣善知增上緣善知行相善知苦善知集善知滅善知道善知地獄善知餓鬼善知畜生善知人善知天善知地獄趣善知餓鬼趣善知畜生趣善知人趣善知天趣善知須陁洹善知須陁洹果善知須陁洹道善知斯陁含善知斯陁含果善知斯陁含道善知阿那含善知阿那含果善知阿那含道善知阿羅漢

大智度論卷第八十二　第四張　表

善知阿羅漢果善知阿羅漢道善知辟支佛善知辟支佛果善知辟支佛道善知佛善知一切智善知一切智道善知諸根善知諸根具足善知慧善知疾慧善知有力慧善知利慧善知出慧善知達慧善知廣慧善知深慧善知大慧善知無等慧善知實慧善知過去世善知未來世善知現在世善知方便善知待衆生善知心善知深心善知義善知語善知分別三乘須菩提菩薩摩訶薩行般若波羅蜜生般若波羅蜜修般若波羅蜜得如是等利益

論釋曰須菩提意以四種門雖安隱以甚深故利根者乃得入佛荅無不入者須菩提明智慧利根者能入佛意但一心精進欲學者可入辟如熱時清凉池有目有足皆可入雖近不欲入者則不入四門般若波羅蜜池亦如是四方衆生無有遮者不懈怠者是正精進不妄念者是正念不亂心者是正定如等四門是正見正見等安住是戒行此八聖道能得般若波

大智度論卷第八十三　第五張　表

羅蜜須菩提小乘智短故但說利根者能入佛大乘大智故說雖中根鈍根八法和合故能入是四門佛此中以大悲氣故說中根鈍根皆可得入若菩薩能如般若所說六波羅蜜學不久當得薩婆若如聲聞法中不但以正見得道以八分合行故大乘法亦如是不但學般若故得薩婆若與五波羅蜜合故得是故說菩薩如所說般若波羅蜜當學得一切智問曰上說但般若能至一切種智今何以言與五波羅蜜合故得至荅曰常說與六波羅蜜合故得至或時有清淨佛國但聞實相得至薩婆若不用次第行諸波羅蜜此中說菩薩得薩婆若則般若功報已足今但讚行般若人力勢如經中說是菩薩行般若所有魔事起即滅從上諸佛所念來至此皆是讚菩薩行般若功德乃至分別善知三乘善知字門者如文字陁羅尼中說非字名如法性實際此中無文字略說義是菩薩無量福德力故善知二法世間及涅槃若猒世苦則

大智度論卷第八十三　第六張　表

念涅槃若欲没涅槃還念世間集諸福德道故善知字破福德中顛倒故善知無字語不語亦如是一語者以是一語能分別多少淨語不淨語一語二語多語男語女語等音聲各異菩薩善知是事故能伏諸邪道及諸豪勝善知色乃至識二種相若常若無常如先說善知捨道者菩薩從一地至一地捨下地不憂得上地不貪不捨道者住是地中邪見次世間正見一切見學無學等諸見行者十六行善知須陁洹者人也須陁洹道者見諦道也須陁洹果第十六心心數法及無漏戒等諸法乃至佛亦如是善知諸根者善分別二十二根有人言觀可度衆生根有利鈍具足者可度不具足者未可度又菩薩亦自知善根具足不具足如鳥子自知毛羽具足尒乃可飛慧者一切智慧捴相疾慧者速知諸法有人雖疾而智力不強如馬雖疾而力弱有人雖有強智力而不利辟如鈍斧雖有大力不能破物出慧者於種種難中能自拔

出亦能於諸煩惱中自拔出三界入涅槃達慧者究盡通達於佛法中乃至滿盡得涅槃破壞諸法到法性中廣慧者道俗種種經書論議於佛法中有無無不悉知深慧者觀一切法無量無相不可思議世間深智慧者能知久遠事利中有衰衰中有利大慧者捴具上諸慧名為大又復一切衆生中佛為大諸法中般若為大知佛信法與大法和合故名為大無等慧者於般若中不著般若能如是深入更無異法可喻復次菩薩漸漸行道到不可思議性中無有與等者故名無等實慧者如如意實自無定色隨前物而變般若亦如是自無定相隨諸法行又如如意珠隨願皆得般若亦如是有人行者能得佛願何況餘者過去已滅未来未起不得言有不得言無於是中能行實相是名善知現在法念念生滅故不可知而能通達是名善知現在世方便名欲成辦其事能具足因緣多少得所於中不令有失如菩薩雖行空不證實

際雖行福德亦復不著待衆生者如估客大將雖乘駛馬能疾到所止故待衆人菩薩亦如是乘智慧駛馬雖能疾入涅槃亦待衆生故不入善知衆生種種善惡心深心者現在雖惡其本則好如父母撾子外惡内善如佛度鴦崛魔羅知其淺心雖惡深心實善菩薩觀衆生信等五善根從深心中来是時可度義者有二亦法亦名語者語言以名字名物得義無㝵法無㝵故名善知義辭無㝵樂說無㝵故名善知語菩薩住是二善知中能以三乘度衆生是名善知分別三乘如是難解故解說易解者不說問曰何以故先說善知色乃至識後說知衆界入何以先說善知緣後說因次第緣增上荅曰先廣說後略說復有人言先五衆有三種善不善無記戒衆等五亦名為五衆緣先略說後廣說

大智度論釋三惠品第七十

經須菩提白佛言世尊菩薩摩訶薩六何行般若波羅蜜云何生般若波羅蜜云何脩般若波羅蜜佛言色寂滅

故色空故色虛誑故色不堅實故應行般若波羅蜜受想行識亦如是如汝所問云何生般若波羅蜜如虛空生故應生般若波羅蜜如汝所問云何修般若波羅蜜修諸法破壞故應修般若波羅蜜須菩提言世尊行般若波羅蜜生般若波羅蜜修般若波羅蜜應幾時佛言從初發意乃至坐道場應行應生應修般若波羅蜜須菩提白佛言世尊次第心應行般若波羅蜜佛言常不捨薩婆若心不令餘念得入為行般若波羅蜜為生般若波羅蜜為修般若波羅蜜若心心數法不行故為行般若波羅蜜為生般若波羅蜜為修般若波羅蜜須菩提白佛言世尊菩薩摩訶薩修般若波羅蜜當得薩婆若不佛言不世尊不修般若波羅蜜得薩婆若不佛言不世尊修不修得薩婆若不佛言不世尊非修非不修得薩婆若不佛言不世尊若不介云何當得薩婆若佛言菩薩摩訶薩得薩婆若如如相世尊云何如如相如實際云何如實際如法性云何

如法性如我性衆生性壽命性世尊云何我性衆生性壽命性佛告須菩提於汝意云何我衆生壽命法可得不須菩提言不可得佛言若我衆生壽命不可得云何當說有我性衆生性壽命性若般若波羅蜜中不說有一切法當得一切種智須菩提言世尊但般若波羅蜜是不可說禪波羅蜜乃至檀波羅蜜亦不可說佛告須菩提般若波羅蜜不可說檀波羅蜜乃至一切法若有為若無為若聲聞法若辟支佛法若菩薩法若佛法亦不可說世尊若一切法不可說云何說是地獄是畜生是餓鬼是人是天是須陁洹是斯陁含阿那含阿羅漢辟支佛是諸佛佛告須菩提於汝意云何是衆生名字實可得不世尊不可得佛言若衆生不可得云何當說有地獄餓鬼畜生人天須陁洹乃至佛如是須菩提菩薩摩訶薩行般若波羅蜜時應當學一切法不可說須菩提言世尊菩薩摩訶薩學般若波羅蜜時應學色受想行識乃至應學

一切種智佛告須菩提是菩薩摩訶薩學般若波羅蜜時應學色不增不減乃至應學一切種智不增不減須菩提言世尊云何色不增不減學乃至一切種智不增不減學佛言不生不滅故學世尊云何名不生不滅學佛言不起不作諸行業若有若無故世尊云何不起不作諸行業若有若無佛言觀諸法自相空故世尊云何應觀諸法自相空佛言應觀色色相空應觀受想行識識相空應觀眼眼相空乃至意色乃至法眼識界乃至意識界意識界相空應觀內空內空相空乃至應觀自相空自相空相空應觀四禪四禪相空乃至滅受想定滅受想定相空應觀四念處四念處相空乃至阿耨多羅三藐三菩提阿耨多羅三藐三菩提相空如是須菩提菩薩行般若波羅蜜時應行諸法自相空世尊若色色相空乃至阿耨多羅三藐三菩提阿耨多羅三藐三菩提相空云何菩薩摩訶薩應行般若波羅蜜佛言不行是名行般若波羅蜜世

尊云何不行是行般若波羅蜜佛言般若波羅蜜不可得故菩薩不可得行亦不可得行者行法行處亦不可得故是名菩薩摩訶薩行不行般若波羅蜜一切諸戲論不可得故世尊若不行是菩薩摩訶薩行般若波羅蜜從初發意菩薩云何行般若波羅蜜須菩提菩薩從初發意已來應學空無所得法是菩薩用無所得法故布施持戒忍辱精進禪定以無所得法故修智慧乃至一切種智亦如是須菩提白佛言世尊云何名有所得云何名無所得佛告須菩提諸有二者是有所得無有二者是無所得世尊何等是二有所得何等是不二無所得佛言眼色為二乃至意法為二乃至阿耨多羅三藐三菩提佛為二是名為二世尊從有所得中無所得從無所得中無所得佛言不從有所得中無所得不從無所得中無所得須菩提有所得無所得平等是名無所得如是須菩提菩薩摩訶薩於有所得無所得平等法中應學須菩提菩薩

大智度論卷第八十三　第十三張　表

摩訶薩如是學般若波羅蜜是名無所得者無有過失須菩提白佛言世尊若菩薩行般若波羅蜜不行有所得不行無所得云何從一地至一地得一切種智佛告須菩提菩薩摩訶薩行般若波羅蜜時不住有所得中從一地至一地何以故有所得中住不能從一地至一地何以故須菩提無所得是般若波羅蜜相無所得是阿耨多羅三藐三菩提相無所得亦是行般若波羅蜜者相須菩提菩薩摩訶薩應如是行般若波羅蜜須菩提白佛言世尊若般若波羅蜜不可得阿耨多羅三藐三菩提亦不可得行般若波羅蜜者亦不可得六何菩薩摩訶薩分別諸法相是色是受想行識乃至是阿耨多羅三藐三菩提佛告須菩提菩薩摩訶薩行般若波羅蜜時不得色不得受想行識乃至不得阿耨多羅三藐三菩提世尊若菩薩摩訶薩行般若波羅蜜時色不可得乃至阿耨多羅三藐三菩提不可得六何具足檀波羅蜜乃至具足

大智度論卷第八十三　第十四張　表

般若波羅蜜入菩薩法位中入已淨佛國土成就衆生得一切種智得一切種智已轉法輪作佛事度衆生生死佛告須菩提菩薩摩訶薩不為色故行般若波羅蜜乃至不為阿耨多羅三藐三菩提故行般若波羅蜜須菩提白佛言世尊菩薩為何事故行般若波羅蜜佛言無所為故行般若波羅蜜何以故一切諸法無所為無所作般若波羅蜜亦無所為無所作阿耨多羅三藐三菩提亦無所為無所作菩薩亦無所為無所作如是須菩提菩薩摩訶薩應行般若波羅蜜無所為無所作

論釋曰聽者聞種種讚般若功德得善知一切事而貴愛是般若波羅蜜方便欲得須菩提知衆人意是故問佛世尊云何行般若云何生云何修有人言行者在乾慧地生者得無生忍法修者得無生忍法後以禪波羅蜜熏修般若佛荅五衆是一切世間心所行結縛處涅槃是寂滅相菩薩以般若波羅蜜利智慧力故能破五衆

大智度論卷第八十三　第十五張　表

通達令空即是涅槃寂滅相從寂滅出住六情中還念寂滅相知世間諸法皆是空虛誑不堅實是名般若行般若無定相故不可得說若有若無言語道斷故空如虛空是故說如虛空生又如虛空虛空中無有法生虛空亦不能有所生所以者何無法無形無觸無作相故般若波羅蜜亦如是復有人言有是虛空但以常法無作故不能生是為定相摩訶衍中虛空名無法不得說常不得說無常不得言有不得言無非有非無亦不可得滅諸戲論無染無著亦無文字般若波羅蜜亦如是能觀世間似如虛空是名生般若波羅蜜菩薩得般若已入甚深禪定以般若力故觀禪定及禪定緣皆破壞何以故般若波羅蜜捨一切法不著相故是名修般若波羅蜜聽者作是念一切法皆有時節是故須菩提問般若波羅蜜應幾時行佛荅從初發心乃至坐道場應行問曰菩薩從初發心應行十地六波羅蜜三十七品一切善法何以但

大智度論卷第八十三　第十六張　表

說行般若荅曰須菩提但問般若故佛荅以行般若又復是一切法皆與般若波羅蜜和合以般若大故不說餘法問曰般若波羅蜜無量無限何以故以道場為限荅曰先已荅是般若到佛心中轉名薩婆若理雖一名變故言至道場應行菩薩至道場發意已來所得諸法皆捨得無㝵解脫故皆通達三世問曰彈指頃六十念念生滅云何一心常念薩婆若不令餘念得入荅曰心有二種一者念念生滅心二者相續次第生捴名一心以相續次第生故雖多名為一心是時不令貪恚等心相續得入何以故貪恚等心久住則能障般若波羅蜜念少則不能為害此為新發意菩薩故說復有大菩薩雖行餘諸善法皆與般若和合能令念念中餘心不入菩薩多於般若中起種種戲論及諸邪心是故佛教常念薩婆若不令餘念得入常念者心無餘向縱使死急事至不忘薩婆若般若波羅蜜行相者所謂心心數法不行問曰凡夫人入無

大智度論卷第八十三　第十七張　表

想定若生無想天聖人住有餘涅槃入滅盡定一切聖人入無餘涅槃心心數法皆不行是則心心數法不行菩薩行般若時云何心心數法不行荅曰是事阿毗曇中說非大乘中義小乘大乘種種差別如先說是故不應以阿毗曇難摩訶衍復次無相三昧中色等諸相滅故名無相以無相故不應生心心數法此亦非無想定滅盡定問曰無相義佛種種說或名見諦道信行法行為無相人以疾故或說無色定想微細難覺故亦名無相或以三解脫門中緣涅槃故名無相是故不得但以無相故名心心數法不行乃至緣涅槃無相法心心數法不滅何況緣有相法荅曰見諦道中無色定中說無相可介若言緣涅槃無相法是事不然佛常種種讚歎涅槃無相無量不可思議法即是無相無緣法汝云何言緣問曰滅男女色等相故名無相不言無涅槃相行者取是涅槃相生心心數法是名緣荅曰佛說一切有為生法皆是魔網虛誑

大智度論卷第八十三　第十八張　表

不實若緣涅槃心心數法是實則失有為法虛誑相若不實不能見涅槃是故汝言涅槃有相可緣是事不介問曰佛自說涅槃法有三相云何言無相荅曰是三相假名無實何以故破有為三相故說無生無滅無住無異無為更無別相復次生相先已種種因緣破生畢竟不可得故云何有無生離有為相無為相不可得是故無為但有名字無有自相復次佛法真實寂滅無戲論若涅槃有相即是有定相可取便是戲論戲論故而生諍訟若諍訟瞋恚尚不得生天人中何況涅槃是故如佛說涅槃無相無量不可思議滅諸戲論此涅槃相即是般若波羅蜜是故不應有心心數法如先品說菩薩行般若離心非心相若有非心相應當難言無心相云何行般若今離此二邊故不應難復次先世無明顛倒邪見因緣故得是身是身中心心數法雖有善因緣生故無自性虛誑不實是善心果報受人天福樂皆是無常故能生大苦亦是虛

誑不實何況不善無記心因虛誑故果亦虛誑般若波羅蜜真故心心數法不行須菩提聞是心心數法不行故問佛世尊修般若波羅蜜得薩婆若不佛言不何以故修名常行積集皆應是心心數法力是故言修修尚不得何況不修修不修者是般若無為法故不修能觀實相故言修二俱有過故言不問曰若第三中有過第四有何過復言不荅曰須菩提以取相著心問故佛言不以受修不修故有非修非不修是故佛言不若以不取相心說非修非不修則無有過須菩提四種問佛皆不聽心惑故復問世尊今云何當得薩婆若佛荅如如相如亦不解是故佛言如實際問曰如品中須菩提自善說如今云何有疑荅曰是如無一定相是故不得不問若如有一定相者便應已解是如甚深無量故須菩提有處解有處不解譬如大水有人入深者入淺者皆名入水不得言入淺者不入水問曰何以不以如喻實際而以實際喻如

實際有何易解故譬喻荅曰如實際雖是一物觀時異如是諸法體性實際是行者心取證佛以須菩提得是實際為證故以為譬喻問曰常說法性次如實際次法性今法性何以在後荅曰今欲以我性眾生性說畢竟空故轉次在後復次從見諦道學道中能觀諸法如無學道中煩惱盡故定心作證定心作證故於一切捴相別相中通達名為法性諸法本生處名為性是故以法性喻實際法性有聲聞分有大乘分須菩提於聲聞分中不疑大乘分中有疑故問佛欲以凡人所可解事為證故言如我性眾生性壽命性須菩提更無所問佛欲結句故反問須菩提於汝意云何我法相實有不須菩提得道故言無須陁洹尚不見我何況阿羅漢佛言汝以小乘鈍智尚不得我何況佛佛以智慧求我不可得云何可說如我不可說有一切法亦如是菩薩能行是不可說法故當得薩婆若不可說者不可分別若有若無須菩提問世尊

諸法若不可分別云何分別說有地獄等五道須陁洹等諸聖道佛答曰生無有定法但有假名字云何當分別說有地獄等衆生及諸聖人從分別衆生等故有諸道名衆生實不可得如是須菩提菩薩應如是學不可說般若波羅蜜須菩提問世尊菩薩應學色等諸法今何以言學一切法不可說佛答菩薩雖應學色等法但應作不增不減故學不增不減義如先說此中佛自說得不增不減因緣若菩薩學不生不滅法即是學不增不減須菩提問云何學不生不滅佛答不起不作諸行業若有若無故有名三有欲有色有無色有無名斷滅邊離八聖道強欲求滅以是二事凡夫人起諸行業若善若不善是菩薩知諸法實相所謂不生不滅是故不作三種業不起業相應諸法是名無作解脫門不生不滅是無相解脫門復問世尊何等方便故能不作不起諸行業佛答若菩薩能觀諸法自相空所謂色色相空乃至阿耨多羅三

藐三菩提阿耨多羅三藐三菩提相空菩薩介時能作二事一能不作不起諸行業二能於一切法中行自相空復問世尊若色等法自相空云何菩薩應般若波羅蜜中行佛答不行是名菩薩般若中行此中自說因緣般若波羅蜜體不可得行者行法行處不可得法空故般若波羅蜜不可得行處亦不可得衆生空故行者不可得一切戲論不可得故菩薩不行名為般若波羅蜜行須菩提問若不行是般若行者初發心菩薩云何應行般若須菩提意若不行為行者初發心菩薩心則迷悶若以行為行者是則顛倒是故問佛答初發心菩薩應學無所得法無所得法即是無行學名以方便力漸漸行所謂布施時以無所得法故應布施諸法實相畢竟空畢竟空中無有可得若有若無菩薩住如是智慧心中應若多若少布施布施物與者受者平等觀故所謂皆不可得乃至薩婆若亦如是須菩提作是念有所得故則是世間顛

倒無所得故即是涅槃是故問佛云何有所得云何無所得佛略答二相是有所得無二相是無所得二相者眼一色一兩一和合名為二以眼故知是色以色故知是眼眼色是相待法問曰若不見色時亦有眼云何眼不離色答曰以曾見色故名為眼今雖不觀色以本為名是故一切有為法皆屬因緣因屬果果屬緣無有定自在者乃至意法菩薩佛亦如是凡夫無智各各分別作善不善業智者知是二法皆虛誑屬因緣不以是二為二須菩提問是二法即是有所得不二法即是無所得世尊從有所得法中無所得從無所得法中無所得為緣諸法取相行道故得是畢竟空無所得為不作緣不取相不行道故得是畢竟空無所得若有所得中無所得者有所得即是顛倒行顛倒云何得實若無所得中得無所得者無所得即是無所有無所有云何能生無所有佛以二俱過故皆不聽有所得無所得二事皆能平等觀平等即是

畢竟空無所得因無所得破有所得事既辦亦捨無所得如是菩薩於有所得無所得平等般若中應學若菩薩能如是學是名真無所得者無有過失從一地至一地義亦如是須菩提問世尊若般若不可得菩提不可得菩薩不可得云何菩薩學般若分別諸法相所謂惱相是色苦樂相是受等若菩薩行般若波羅蜜色等法不可得云何能具足檀波羅蜜等諸善法云何能入菩薩位中如經中廣說佛語須菩提菩薩不以得色等諸法相故行般若復問為何等事故行般若佛荅以無所得故行般若何以故一切法空無相無作無起般若波羅蜜菩薩菩提亦無相無作無起菩薩為一切法實相故行般若非以顛倒故須菩提菩薩應如是無作般若中行無作無起故

大智度論卷第八十三

大智度論卷第八十三　第二十五張　長

辛丑歲高麗國大藏都監奉

勅雕造

大智度論卷八十三

校勘記

一　底本，麗藏本。

一　四五三頁上一行經名，石作「大智度經論卷第八十五」；資、磧、普、南、徑、清作「大智度論卷第八十三」。

一　四五三頁上三行與四行之間，石有「摩訶般若波羅蜜經大方便品釋之餘」；資有「釋第六十九品下訖第七十品上方便品」；磧、普、南有「釋方便品第六十九下」，並夾註「訖第七十品上」；徑、清有「釋方便品第六十九之下」。

一　四五三頁上四行首字，四五五頁下二一行首字〔經〕，資無。

一　四五三頁上四行「所入」，石、磧、普、南、徑、清作「能入」。

一　四五三頁上八行第六字「妄」，石作「憙妄」。

一　四五三頁上一二行第四字「學」，石作「學如禪波羅蜜所說當學」。

一　四五三頁上一五行「菩薩」，石作「是菩薩」。

一　四五三頁上一八行第一一字「中」，資、磧、普、南、徑、清無。

一　四五三頁中一三行「十方」，石、磧、普、南、徑、清作「今十方」。

一　四五四頁上二行第六字「諦」，磧、普、南、徑、清作「四諦」。

一　四五四頁中三行第九字及末字「智」，石、磧、普、南、徑、清作「種智」；資作「種種智」。

一　四五四頁中七行及次頁中一四行「寶慧」，資、磧、普、南、徑、清作「實慧」。

一　四五四頁中一四行首字，四五七頁下一五行首字〔論〕，資無。

一　四五四頁中二二行「如等」，石、資、磧、普、南、徑、清作「如是等」。

一　四五五頁中六行「無量」，資、磧、普、南、徑、清作「無礙」。

一 四五五頁中一二行第六字「異」，資、磧、普、南、徑、清無。

一 四五五頁中一六行「隨願」，石作「隨意」。

一 四五五頁下一行末字「估」，磧、普、南、徑、清作「賈」。

一 四五五頁下二行及三行「駃馬」，石、資、磧、普、南、徑、清作「快馬」。

一 四五五頁下一四行第四字「解」，石、磧、普、南、徑、清無。

一 四五五頁下一六行「何以」，石作「何以故」。

一 四五五頁下一九行末字「説」後，石有夾註「釋第六十九品竟」。

一 四五五頁下二〇行品名，石作「摩訶般若波羅蜜經三慧品第七十釋論之一」；資、磧、普、南作「大智度論釋三慧品第七十上」；徑、清作「釋三慧品第七十之上」。

一 四五六頁上一六行「菩薩」，石、資、磧、普、南、徑、清作「若菩薩」。

一 四五六頁中五行第四字「可」，資無。

一 四五六頁中八行第一〇字「可」，石作「可得」。

一 四五六頁中一五行第五字「是」，石無。

一 四五六頁下一行第一〇字「是」，資、磧、普、南、徑、清無。

一 四五七頁上七行首字「從」，資、磧、普、南、徑、清無。

一 四五七頁上二二行末字及末行第三字「得」，石作「得法」。

一 四五八頁中二〇行「餘念」，資、磧、普、南、徑、清作「餘心」。

一 四五八頁中二一行「心無」，資、磧、普、南、徑、清作「心不」。

一 四五九頁上二行第三字「法」，資、磧、普、南、徑、清無。

一 四五九頁上六行第一三字「無」，資、磧、普、南、徑、清無。

一 四五九頁中六行「言修」，資、磧、普、南、徑、清作「言不修」。

一 四五九頁中一九行第二字「若」，資、磧、普、南、徑、清作「答」。

一 四五九頁下一七行第二字「相」，石、資、磧、普、南、徑、清無。

一 四五九頁下二二行末字「者」，清作「有」。

一 四六〇頁上三行第五字「法」，磧、普、南、徑、清作「法地獄」。

一 四六〇頁上四行「地獄」，磧、普、南、徑、清無。

一 四六〇頁中一九行第八字「有」，資、磧、普、南、徑、清作「有法」。

一 四六〇頁下一七行第一一字「不」，資、磧、普、南、徑、清無。

一 四六一頁上卷末經名，資作「大智度論釋卷第八十三」，並夾註「第六十九品下訖七十品上」；磧、普、南作「大智度論釋卷第八十三」，並夾註「釋第六十九品下訖七十品上」。

大智度論釋三慧品第七十之餘 卷八十四　表

聖者龍樹菩薩造

後秦龜茲國三藏鳩摩羅什譯

須菩提白佛言世尊若諸法無所為無所作不應分別有三乘聲聞辟支佛佛乘佛告須菩提諸法無所為無所作無有分別有所為有所作中有分別何以故凡夫愚人不聞聖法著五受衆所謂色受想行識著檀波羅蜜乃至著阿耨多羅三藐三菩提是人念有是色得是色乃至念有是阿耨多羅三藐三菩提得是阿耨多羅三藐三菩提是菩薩作是念我當得阿耨多羅三藐三菩提我當度衆生生死須菩提我以五眼觀尚不得色乃至阿耨多羅三藐三菩提是狂愚人無目而欲得阿耨多羅三藐三菩提度脫衆生生死須菩提白佛言世尊若佛以五眼觀不見衆生生死中可度者今世尊云何得阿耨多羅三藐三菩提分別衆生有三聚正定邪定不定須菩提我得阿耨多羅三藐三

太智度論卷第八十四　第二張　表字号

菩提初不得衆生三聚若正定若邪定若不定須菩提以衆生無法有法相我以除其妄著世俗法故非第一義世尊非住第一義得阿耨多羅三藐三菩提耶佛言不也世尊住顛倒得阿耨多羅三藐三菩提耶佛言不也世尊若不住第一義中得亦不住顛倒中得將無世尊不得阿耨多羅三藐三菩提耶佛言不也我實得阿耨多羅三藐三菩提無所住若有為相若無為相須菩提譬如佛所化人不住有為相不住無為相化人亦有來有去亦坐亦立須菩提是化人若行檀波羅蜜行尸羅波羅蜜羼提波羅蜜毗梨耶波羅蜜禪波羅蜜般若波羅蜜行四禪四無量心四無色定五神通行四念處乃至行八聖道分入空三昧無相三昧無作三昧行內空乃至無法有法空行八背捨九次第定佛十力四無所畏四無㝵智大慈大悲得阿耨多羅三藐三菩提轉法輪是化人化作無量衆生有三聚須菩提於汝意云何是化人有行檀

波羅蜜乃至有三聚衆生不須菩提言不也須菩提佛亦如是知諸法如化如化人度化衆生無有實衆生可度如是須菩提菩薩摩訶薩行般若波羅蜜如佛所化人行須菩提白佛言世尊若一切法如化佛與化人有何等差別佛告須菩提佛與化人無有差別何以故佛能有所作化人亦能有所作世尊若無佛化獨能有所作不佛言能有所作須菩提言世尊云何無佛化能有所作須菩提譬如過去有佛名須扇多為欲度菩薩故化作佛而自滅度是化佛住半劫作佛事授應菩薩行者記已滅度一切世間衆生知佛實滅度須菩提化人實無生無滅如是須菩提菩薩行般若波羅蜜當信知諸法如化世尊若佛佛所化人無差別者云何令布施清淨如人供養佛是衆生乃至無餘涅槃福德不盡若供養化佛是人乃至無餘涅槃福德亦應不盡耶佛告須菩提佛以諸法實相故與一切衆生天及人作福田化佛亦以諸法實

相故與一切衆生天及人作福田佛告須菩提置是化佛及於化佛所種福德若有善男子善女人但以敬心念佛是善根因緣乃至畢苦其福不盡須菩提置是敬心念佛若有善男子善女人但以一華散虛空中念佛乃至畢苦其福不盡須菩提置是敬心念佛散華念佛若有人一稱南無佛乃至畢苦其福不盡如是須菩提佛福田中種其福無量以是故須菩提當知佛與化佛無有差別諸法法相無故須菩提菩薩摩訶薩應如是行般若波羅蜜入諸法實相中是諸法實相不應壞所謂般若波羅蜜相乃至阿耨多羅三藐三菩提相須菩提白佛言世尊若諸法實相不應壞佛何以壞諸法相言是色是受想行識是內法是外法是善法是不善法是有漏是無漏是世間是出世間是有諍法是無諍法是有為法是無為法等世尊將無壞諸法相佛告須菩提不也以名字相故亦諸法欲令衆生解佛不壞諸法法相須菩提白佛

言世尊若以名字相故說諸法令衆生解世尊一切法無名無相云何以名相示衆生欲令解佛告須菩提隨世俗法有名相實無著處須菩提如凡人說苦著名隨相須菩提諸佛及弟子不著名不隨相須菩提若名者名相著相空亦應著空無相亦應著無相無作亦應著無作實際應著實際法性應著法性無為性應著無為性須菩提是一切法但有名相是法不住名相中如是須菩提菩薩摩訶薩但名相中住應行般若波羅蜜是名相中亦不應著世尊若一切有為法但名相者菩薩摩訶薩為誰故發阿耨多羅三藐三菩提心受種種勤苦菩薩行道時布施持戒行忍辱勤精進入禪定修智慧行四禪四無量心四無色定四念處乃至八聖道分行空行無相行無作行佛十力乃至具足大慈悲佛言如須菩提所說若一切有為法但名相者菩薩摩訶薩為誰故行菩薩道須菩提若有為法但名相等是名相名相相空以是故

菩薩摩訶薩行菩薩道得一切種智得一切種智已轉法輪轉法輪已以三乘法度脫衆生是名相亦無生無滅無住異尒時須菩提白佛言世尊世尊說一切種智佛告須菩提我說一切種智須菩提言佛說一切智說道種智說一切種智是三種智有何差別佛告須菩提薩婆若是一切聲聞辟支佛智道種智是菩薩摩訶薩智一切種智是諸佛智須菩提白佛言世尊何因緣故薩婆若是聲聞辟支佛智佛告須菩提一切名所謂內外法是聲聞辟支佛能知不能用一切道一切種須菩提言世尊何因緣故道種智是諸菩薩摩訶薩智佛告須菩提一切道菩薩摩訶薩應知若聲聞道辟支佛道菩薩道應具足知亦應用是道度衆生亦不作實際證須菩提白佛言世尊如佛說菩薩摩訶薩應具足諸道不應以是道實際作證耶佛告須菩提是菩薩未淨佛土未成就衆生是時不應實際作證須菩提白佛言世尊菩薩住道中應

實際作證佛言不也世尊住非道中實際作證佛言不也世尊住道非道實際作證佛言不也世尊住非道亦非非道實際作證佛言不也世尊菩薩摩訶薩住何處應實際作證佛告須菩提於汝意云何汝住道中不受諸法故漏盡得解脫不須菩提言不也世尊汝住非道漏盡得解脫不不也世尊汝住道非道漏盡得解脫不不也世尊汝住非道亦非非道漏盡得解脫不不也世尊我無所住不受諸法漏盡心得解脫佛告須菩提菩薩摩訶薩亦如是無所住應實際作證須菩提言世尊云何為一切種智相佛言一相故名一切種智所謂一切法寂滅相復次諸法行類相貌名字顯示說佛如實知以是故名一切種智須菩提白佛言世尊一切智道種智一切種智是三智結斷有差別有盡有餘不佛言煩惱斷無差別諸佛煩惱習一切悉斷聲聞辟支佛煩惱習不悉斷世尊是諸人不得無為法得斷煩惱耶佛言不也世尊無為法

中可得差別不佛言不也世尊若無為法中不可得差別何以故說是人煩惱習斷是人煩惱習不斷佛告須菩提習非煩惱是聲聞辟支佛身中有似婬欲瞋恚愚癡相凡夫愚人為之得罪是三毒習諸佛無有須菩提白佛言世尊若道無法涅槃亦無法何以故分別說是須陀洹是斯陀含是阿那含是阿羅漢是辟支佛是菩薩是佛佛告須菩提是皆以無為法而有分別是須陀洹是斯陀含是阿那含是阿羅漢是辟支佛是菩薩是佛世尊實以無為法故分別有須陀洹乃至佛佛告須菩提世間言說故有差別非第一義第一義中無有分別說何以故第一義中無言說道斷結故說後際須菩提言世尊諸法自相空中前際不可得何況說有後際佛告須菩提如是如是諸法自相空中無有前際何況有後際無有是處須菩提以衆生不知諸法自相空故為說是前際是後際諸法自相空中前際後際不可得如是須菩提菩薩

摩訶薩應以自相空法行般若波羅蜜須菩提若菩薩行自相空法則無所著若內法若外法若有為若無為若聲聞法辟支佛法若佛法須菩提白佛言常說般若波羅蜜般若波羅蜜何義故名般若波羅蜜佛言得第一度一切法到彼岸以是義故名般若波羅蜜復次須菩提諸佛菩薩辟支佛阿羅漢用是般若波羅蜜得度彼岸以是義故名般若波羅蜜復次須菩提分別籌量破壞一切法乃至微塵是中不得堅實以是義故名般若波羅蜜復次須菩提諸法性實際皆入般若波羅蜜中以是義故名般若波羅蜜復次須菩提是般若波羅蜜無有法若合若散若有色若無色若可見若不可見若有對若無對若有漏若無漏若有為若無為何以故是般若波羅蜜無色無形無對一相所謂無相復次須菩提是般若波羅蜜能生一切法一切樂說辯一切照明須菩提般若波羅蜜魔若魔天聲聞辟支佛人及餘異道梵志忿𢘓惡人

不能壞菩薩行般若波羅蜜何以故是人輩般若波羅蜜中皆不可得故須菩提菩薩摩訶薩應如是行般若波羅蜜義復次須菩提菩薩摩訶薩欲行般若波羅蜜義應行無常義苦義空義無我義亦應行苦智義集智義滅智義道智義法智義比智義世智義他心智義盡智義無生智義如實智義如是須菩提菩薩摩訶薩為般若波羅蜜義故應行般若波羅蜜須菩提白佛言世尊是深般若波羅蜜中義與非義皆不可得云何菩薩為深般若波羅蜜義故應行般若波羅蜜佛告須菩提菩薩摩訶薩為深般若波羅蜜義故應如是念貪欲非義如是義不應行瞋恚愚癡非義如是義不應行一切邪見無義如是義不應行何以故三毒如相無有義無有非義一切邪見如相無有義無有非義復次須菩提菩薩摩訶薩應作是念色非義非非義乃至識非義非非義檀波羅蜜乃至阿耨多羅三藐三菩提非義非非義何以故須菩提佛

得阿耨多羅三藐三菩提時無有法可得若義若非義須菩提有佛無佛諸法相常住無有是義無有非義如是須菩提菩薩摩訶薩行般若波羅蜜應離義非義須菩提白佛言世尊何以故般若波羅蜜非義非非義佛告須菩提一切有為法無作相以是故般若波羅蜜非義非非義世尊一切賢聖若佛若佛弟子皆以無為為義云何佛言般若波羅蜜無有義非義佛言雖一切賢聖若佛若佛弟子皆以無為為義亦不以增亦不以損須菩提辟如虛空如不能益眾生不能損眾生如是須菩提菩薩摩訶薩般若波羅蜜無有增無有損世尊菩薩摩訶薩不學無為般若波羅蜜得一切種智耶佛言如是如是須菩提菩薩摩訶薩學是無為般若波羅蜜當得一切種智不以二法故世尊不二法能得不二法耶佛言不也須菩提言二法能得不二法耶佛言不也須菩提言世尊菩薩摩訶薩若不以二法不以不二法云何當得一切種

大智度論卷第八十四　第十二張　表字号

智須菩提無所得即是得以是得無
所得
釋曰須菩提復問世尊若一切法無
作無起相云何分別有三乘佛可其
意更說因緣凡夫人未得道者五衆
故亦着是空無作無起法故生疑云
何分別有三乘汝已得道不著五衆
亦不着空無作無起云何生疑佛此
中自說因緣我以五眼尚不得色等
諸法狂人無眼而欲得須菩提問若
無法無衆生云何說有三聚衆生佛
荅我觀衆生一聚不可得云何有三
但為欲破顛倒故分別有三能破顛
倒者名正定必不能破顛倒者是邪
定得因緣能破不得則不能破是名
不定皆以世俗法故說非寂第一義
問曰佛實住第一義中得道何以荅
須菩提言不荅曰須菩提為新發意
者着故問是故佛言不何以故顛倒
有法中尚不可住何况第一義無所
有中住是故須菩提疑若二處不住
將無世尊不得正覺耶佛荅實得阿
耨多羅三藐三菩提道但無所住有

大智度論卷第八十四　第十三張　表字号

為性虛誑不實無為性空無所有故
不可住此中佛欲明了是事故說化
佛辟喻如化佛不住有為性不住無
為性而能來去說法問曰化人來去
說法可尒云何能行檀波羅蜜等荅
曰不化人能實行衆生眼見似有所
行是化事如經中說乃至須扇多須
菩提意已信伏種種因緣化佛真佛
等無異今猶少疑問佛若無分別者
供養真佛乃至無餘涅槃福故不盡
供養化佛亦尒不佛荅供養化佛真
佛其福不異何以故佛得諸法實相
故供養福無盡化佛亦不離實相故
若供養者心能不異其福亦等問曰
化佛無十力等諸功德云何與真佛
等荅曰十力等諸功德皆入諸法實
相若十力等離諸法實相則非佛法
墮顛倒邪見問曰若尒真化中定有
諸法實相者何以言惡心出佛身血
得逆罪不說化佛荅曰經中但說惡
心出佛身血不辯真化若供養化佛
得具足福者惡心毀謗亦應得逆罪
惡人定謂化佛是真而惡心出血血

大智度論卷八十四　第十四張　表字号

則為出便得逆罪問曰若尒者比丘
中何以言煞化人不犯煞戒荅曰比丘
中皆為世間事攝衆僧故結戒不論
實相何以故比丘中有人有衆生邊
假名而結戒為護佛法故不觀後世
罪多少又後世罪重戒中便輕如道
人鞭打煞牛羊等罪重而戒輕讃歎
女人戒中重後世罪輕煞化牛羊則
衆人不嫌不譏不論但自得心罪若
煞真化牛羊心不異者得罪等煞制
戒意為衆人譏嫌故為重是故經
中說意業最大非身口業如入大行
布施不及行慈三昧行慈三昧衆生
無所得而自得無量福邪見斷善根人
不惱衆生而入阿鼻地獄是故供養
化佛真佛以心等故其福不異復次
此中佛說置是化佛光相具足有人
見石泥像等慈心念佛是人乃至畢
苦其福不盡佛言復置泥像若有恭
敬心雖不見佛像念佛故以華散空
中其福亦得畢苦復置散華但一稱
南無佛是人盡形亦得畢苦其福不
盡問曰云何但空稱佛名字便得畢

菩其福不盡答曰是人曾聞佛功德能度人老病死若多若少供養及稱名字得無量福亦至畢苦不盡是故福田無量故雖濡心布施其福亦無盡如是種種因緣辟喻故真佛化佛無異於佛福田供養者其福無量以一切法實相無別無異故尒時須菩提問佛世尊若諸法實相無壞故二佛無異今佛分別說諸法是色是受想行識乃至是有為是無為法將無壞諸法相耶佛答須菩提佛雖種種分別說諸法但以言說欲令衆生得解心無所著若二佛共語不應說諸法名字以衆生無及佛者欲牽引令解故說是善是惡如法華經說火宅以三乘引出諸子但以名相說諸法不壞第一義須菩提問雖以名相為衆生說無有實事將無虛妄耶佛答聖人隨世俗言說於中無有名相著處佛此中自說因緣如凡夫說苦著名取相諸佛及弟子口說苦而心不著若著不名苦聖諦苦諦即是名相等無有定實凡夫著者亦是名相無有

定實云何空名相中著空名相若空名相中著名相者空亦應著空無相亦應著無相無作亦應著無作乃至無為性亦應著無為性是法皆如凡夫苦諦相但有名相名相亦不住名相中菩薩入是名相等諸法門中住是名相般若中應觀一切法無有實須菩提問若一切法但有名相菩薩為何等故發心如經中說佛答若一切法但有名相者名相中名相亦空是法皆畢竟空入如法性實際中是故菩薩能發阿耨多羅三藐三菩提乃至能以三乘度衆生若諸法有定實非名相者即是無生滅無生滅故無苦無集無盡無道云何以三乘度衆生若諸法但是空名相無實者亦無生滅無生滅故無苦集盡道亦云何可度今菩薩知一切法名相等空則離世間顛倒亦知名相空亦離名相空如是離有離無處中道能度衆生佛意菩薩行是中道般若得一切種智尒時須菩提欲難故先定佛乃問世尊說一切種智耶佛言我說一切

種智復問佛常說三種智三種智有何差別佛答薩婆若是聲聞辟支佛智何以故一切名內外十二入是法聲聞辟支佛總相知皆是無常苦空無我等道種智是諸菩薩摩訶薩智道有四種一者人天中受福樂道所謂種福德并三乘道為四菩薩法應引導衆生著大道中若不住入大道者著二乘中若不住入涅槃者著人天福樂中作涅槃因緣世間福樂道是十善布施諸福德三十七品是二乘道三十七品及六波羅蜜是菩薩道菩薩應了了知是諸道菩薩以佛道自為人以餘三道但為衆生是菩薩道種智須菩提問何以道種智為菩薩事佛答菩薩應具足一切道以是道化衆生雖出入是道未教化衆生淨佛國土而不取證具足是事已然後坐道場乃取證是故須菩提道種智是菩薩事須菩提復問是菩薩住何處實際作證須菩提意若住道中作證是事不然有二過故一者有結使人不應有畢竟清淨正智若有則

與佛無異若異者有煩惱習氣故應有錯謬二者一切有為法皆是虛誑和合故有假名無有定實是故佛言不也若住道中尚不得何况非道道非道亦有二過故非道非不道以著心取相故亦言不也尒時須菩提意或作是念佛所得道甚深不可得底是故復問菩薩住何處實際作證佛反問須菩提問曰佛何以故不直荅而反問須菩提荅曰須菩提自於所得道中了了無疑實為佛所證故四句戲論如有著心不了故問是故佛以須菩提所得證反問汝得道時住四句中得證耶荅言不也我無所住而得漏盡汝以無所住而心得解脫當知菩薩摩訶薩亦如是不住四句而證實際是故佛反問復有人言四種荅中是名反問荅問曰須菩提住金剛三昧心得解脫云何言不住道中荅曰住名取相定有是法是人更求無為勝法故不名為住有為法為用故不於中住復有住是名相凡夫法中便有分別是金剛是解脫得

無相法則無所分別佛為無相法故反問須菩提不以名相故問汝不應以名相為難一切種智是佛是佛智一切種智名一切三世法中通達無导知大小精麁無事不知佛自說一切種智義有二種相一者通達諸法實相故寂滅相如大海水中風不能動以其深故波浪不起一切種智亦如是戲論風所不能動二者一切諸法可以名相文字言說了了通達無导攝有無二事故名一切種智有人言十力四無所畏四無导法十八不共法盡是智慧相和合名為一切種智復有人言金剛三昧次第得無导解脫故若大小近遠深淺難易無事不知如是等種種無量因緣名一切種智須菩提聞是已問佛智慧故有上分別煩惱斷復有差別不佛言無差別斷時有差別斷已無差別辟如刀有利鈍斷時有遲速斷已無差別如來煩惱及習都盡聲聞辟支佛但煩惱盡而習氣有餘須菩提問佛世尊三種斷是有為是無為佛荅皆是

無為復問世尊無為法中可得差別不佛荅是法無相無量云何可得差別復問世尊若無差別云何說是斷中有餘是斷中無餘須菩提是習不名真煩惱有人雖斷一切煩惱身口中亦有煩惱相出凡人見聞是相已則起不清淨心辟如婆私詫阿羅漢五百世在獼猴中今雖得阿羅漢猶騰跳樹木愚人見之即生輕慢是比丘似如獼猴是阿羅漢無煩惱心而猶有本習又如畢陵伽婆蹉阿羅漢五百世生婆羅門中習輕蔑心故雖得阿羅漢猶語恒水神言小婢止流恒神瞋恚詣佛陳訴佛教懺悔猶言小婢如是等身口業煩惱習氣二乘不盡佛無如是事如一婆羅門惡口一時以五百事罵佛佛無慍色婆羅門心乃歡喜即復一時以五百善事讚歎於佛佛亦無喜色當知佛煩惱習氣盡故好惡無異又復佛初得道實功德中出好名聲充滿十方唯佛自知而孫陁梨梵志女煞身謗佛惡名流布佛於此二事心無有異亦

不憂喜又入婆羅聚落中空鉢而出天人種種供養又復三月食馬麥糧提桓因恭敬以天食供養阿羅婆伽林中棘刺寒風佛在中宿又於歡喜園中在天白寶石上柔濡滑澤又敷天卧具於此好惡事中心無憂喜又提婆達瞋心以石推佛羅睺羅敬心合手礼佛於此二人其心平等如愛兩眼如是等種種干乱無有異想辟如真金燒磨鍛截其色不變佛經此衆事心無增減是故可知諸佛愛恚等諸煩惱習氣都盡須菩提意若法實相中若道若涅槃無所有若無所有何以分別是須陁洹乃至辟支佛習氣未盡佛習氣盡佛言三乘聖人皆以無為法而有差別雖因無為有差別而有為法中可得說須菩提欲定佛語故問世尊實以無為法故有差別耶佛荅世俗法語言名相故可分別第一法中無分別何以故第一義中一切語言道斷以一切心所行斷故但以諸聖人結使斷故說有後際後際者所謂無餘涅槃須菩

提問世尊諸法自相空故前際不可得何況後際何以故因前際故有後際佛可其意以衆生不知諸法自相空故說是前際是後際自相空諸法中前後際不可得何以故若先有生則後有老死若離老死有生是則不死而生是生無因無緣若先老死後有生者不生去何有老死先後既不可得一時亦不可得以是故說自相空法中無有前後際佛言如是須菩提菩薩應以自相空法行般若内外法乃至佛法不著故問曰上來常說般若波羅蜜相今何以更問荅曰不但問相人常說般若波羅蜜般若波羅蜜以何義故名般若佛言以第一度一切法到彼岸名般若波羅蜜第一度者聲聞人以下智度辟支佛以中智度菩薩以上智度故名第一度復次煩惱有九種上中下各有三品智慧亦有九種下下智慧從鈍根須陁洹來乃至上下是第一聲聞舍利弗等上中是大辟支佛上上是菩薩以上上智慧度故名第一度聲聞辟

支佛但揔相度於別相少菩薩一切法揔相別相皆了了知故名第一度復次菩薩度時智慧遍滿可知法中二乘人可知法中不能遍滿是故名第一度復次第一度者大乘福德智慧六波羅蜜三十七品具足滿故安隱度又十方諸佛大菩薩諸天皆来佐助安隱得度如人乘七寶舩牢治行具上有種種好食有好導師過隨意好風則為好度若人乘草栰度恐怖不名好度復次佛說三乘人以是般若波羅蜜度到彼岸涅槃滅一切憂苦以是義故名般若波羅蜜復次是般若波羅蜜中一切法内外大小思惟籌量分別推求乃至如微塵不得堅實既到微塵則不可分別心心數法乃至一念中亦不可分別是般若波羅蜜中心色二法破壞推求不得堅實以是義故名般若波羅蜜復次般若名慧波羅蜜到彼岸彼岸名盡一切智慧邊智慧名不可破壞相不可破壞相即是如法性實際以其實故不可破壞是三事攝入般若中

故名為般若波羅蜜無有法與法有合有散畢竟空故是般若無色無形無對一相所謂無相是義如先說如是等種種因緣故名般若義今當說般若力所謂般若能生一切智慧禪定等諸法能生一切樂說辯才以般若力故讀說一句種種莊嚴窮劫不盡者日月不能照處般若能照能破邪見无明黑闇故魔若魔人求聲聞辟支佛人外道惡人所不能壞何以故菩薩行般若此諸惡人於般若中皆不可得故復次若行者一心信受諷誦諸惡不能得便何況正憶念如說行如是須菩提菩薩應行般若義般若義者所謂無常義苦空無我義四諦智盡智無生智法智比智世智知他心智如實智義故應行般若是般若如大海有種種寶物或大或小唯一是如意寶般若波羅蜜亦有種種諸智慧寶無常等四聖行十智唯有如實智如如意寶問曰如先品說若常若無常等行不名行般若波羅蜜今何以言行無常等義故應行般若波羅蜜答曰我已先

答無常有二種若著心戲論無常是不名行般若若以無著心不戲論無常為破常倒又不自生著心是名行般若問曰三藏中但有十智此中何以有如實智答曰是故名大乘大法能受小法小不能受大問曰十智各各有體相如實智有何等相答曰有人言能知諸法實相所謂如法性實際是名如實智相佛此中說如實智唯是諸佛所得何以故煩惱未盡者猶有無明故不能知如實二乘及大菩薩智未盡故不能遍知一切法一切種不名如實智但諸佛於一切無明盡無遺餘故能如實知問曰若除佛更無如實知者二乘云何得涅槃大菩薩得無生忍答曰如實智有二種一者遍滿具足二者未具足具足者佛不具足者二乘及大菩薩辟如闇室中為有所作故然燈所為已辦後來燈其明益增黑闇有二分一分初燈已除第二分後燈所除第二分闇與初燈明和合若不尒第二燈則無所用如是二乘及大菩薩智慧雖已

破無明佛智慧所除無明分是諸人所不能除不得言初燈無照如是不得言二乘及菩薩智慧是遍如實智遍如實智是佛但如實智二乘及菩薩所不共尒時須菩提問佛世尊若深般若中義非義不可得云何言菩薩為深般若義故行般若佛荅貪欲等煩惱非義不應行者諸法有三分貪欲等諸煩惱是非義六波羅蜜等諸善法是義色等法無記故非義非非義若人於煩惱及行煩惱者中生怨憎心於六波羅蜜等諸善法及行善中法生愛念於色等無記法及行無記法者中即生癡心如經中說凡人得受樂時生貪心受苦時生瞋心受不苦不樂時生癡心是故說菩薩應作是念欲貪等非義不應念以為非如經廣說此中自說因緣惡法善法無記法一如相無有義非義如相無二無分別故復次佛得道時不見一法若義若非義諸法實相有佛無佛常住不作義非義若如是知即是義但破分別心故說義非義不應行如是

須菩提菩薩應行是離義非義般若波羅蜜須菩提復問何緣故般若非義非非義佛荅一切法無作無起相故無所能作云何般若波羅蜜作義以非義須菩提復問世尊若一切諸佛及弟子皆以無為法為義佛何以說般若波羅蜜不能作義以非義佛荅一切聖人雖以無為法為義不作義以非義無增無損故此中說辟喻如虛空如不能益衆生不能損衆生虛空無法故無有義以非義何況虛空如虛空雖無法一切世間因虛空故得有所作般若波羅蜜亦如是雖無相無為而因般若能行五波羅蜜等一切佛道法以著心故說般若無義非義無著心故說第一實義以世諦故說言義第一義中無有義復次般若有二種一者有為二者無為學有為般若能具足六波羅蜜住十地中學無為般若滅一切煩惱習成佛道令須菩提問佛世尊菩薩學無為般若得一切智云何言無義佛荅雖得薩婆若不以二法故得分別取相

者是名二法復問不二法能得不二法耶佛荅不也何以故不二法即是無為無為無有得不得相是無為法不可行故復問若以不二法不得可以二法得不二法不荅言不也何以故二法虛誑不實故云何行不實而得實法復問世尊若不以二不以不二云何當得一切種智佛荅無所得即是得此中二不二即是無分別皆無所得是無所得不以有所得為行雖行有為法得是無得心不取相故無所得何以故與空無相無作合行故

大智度論卷第八十四

大智度論卷八十四

校勘記

一　底本，金藏廣勝寺本。

一　四六三頁中一行經名，石作「大智度經論卷第八十六」；資、磧、普、南、徑、清作「大智度論卷第八十四」。

一　四六三頁中三行與四行之間，石有「摩訶般若波羅蜜經三慧品釋之餘」；資有「釋第七十品下三慧品」；磧、普、南有「釋三慧品第七十下」；徑、清有「釋三慧品第七十之下」。

一　四六三頁中四行首字「須」，磧、普、南、徑、清、麗冠以「經」。

一　四六三頁中七行第二字「作」，磧、普、南、徑、清作「作中」。

一　四六三頁下三行首字「相」，諸本作「想」。

一　四六三頁下三行第一一字「故」，

石、磧、普、南、徑、清、麗作「故說有得」。

一 四六四頁上一三行第三字「佛」，石、磧、南、徑、清、麗作「佛已」。

一 四六四頁中二行第七字「化」，資、磧、普、南、徑、清無。

一 四六四頁中一二行第二字「無」，諸本作「無異」。

一 四六四頁中一五行第一二字「相」，資、磧、普、南、徑、清作「相不應壞」。

一 四六四頁中一七行「何以」，石、麗作「何以故」。

一 四六四頁下二行「一切」，石、資、磧、普、南、徑、清作「若一切」。

一 四六四頁下五行「凡人說苦」，石作「凡夫說苦」；磧、普、南、徑、清作「凡人聞說苦」；麗作「凡夫說若」。

一 四六四頁下八行第一二字及九行第四、第一一字「應」，石作「亦應」。

一 四六四頁下二〇行「大慈悲」，資、磧、普、南、徑、清作「大慈大悲」。

一 四六四頁下二一行第六字「但」，磧、普、南、徑、清作「但有」。

一 四六五頁上一四行「一切種」，諸本作「一切種智」。

一 四六五頁中六行第一三字「不」，麗無。

一 四六五頁中七行、八行、九行及一〇行末字至一一行第二字「得解脫」，磧、普、南、徑、清作「心得解脫」。

一 四六五頁中一五行「一相」，石作「一切相」。

一 四六五頁下四行末字「中」，諸本作「口」。

一 四六五頁下五行第一〇字「凡」，資無。

一 四六五頁下一四行第一一字「聞」，徑作「尊」。

一 四六六頁上三行第一一字及末字「爲」，石、磧、普、南、徑、清、麗作「爲法」。

一 四六六頁上四行第五字「辟」，石、麗作「若辟」。

一 四六六頁上五行第三字「言」，諸本作「言世尊」。

一 四六六頁上六行「何義」，諸本作「以何義」。

一 四六六頁上一三行「諸法性」，諸本作「諸法如法性」。

一 四六六頁上二一行「般若」，諸本作「是般若」。

一 四六六頁上二二行「聲聞」，石、麗作「求聲聞」。

一 四六六頁中一行第三字「壞」，石、麗作「斷壞」。

一 四六六頁中三行「菩薩」，石、資、磧、普、南、徑、清作「是菩薩」。

一 四六六頁中五行第二字「行」，諸本作「行深」。

一 四六六頁下三行「諸法相」，諸本作「諸法法相」。

一 四六六頁下五行「非義」，資、磧、普、南、徑、清作「及非義」。

一 四六六頁下一九行末字「不」，石、資、磧、普、南、徑、清作「不以」。

一 四六六頁下末行「不以」，石、麗作「亦不以」。

一 四六七頁上三行「釋曰」，石、磧、普、南、徑、清、麗冠以〔論〕。

一 四六七頁上一九行首字「著」，石、磧、普、南、徑、清無。

一 四六七頁上末行第九字「道」，石無。

一 四六七頁中二行「明子」，諸本作「明了」。

一 四六七頁中六行第二字「不」，石、磧、普、南、徑、清、麗作「不言」。

一 四六七頁中一二行「不異」，石作「無異」。

一 四六七頁下六行第四字「又」，石、麗作「有」。

一 四六七頁下九行「不識不論」，石、資、磧、普、南、徑、清作「亦不識論」。

一 四六七頁下一二行「最大」，磧、普、南、徑、清作「罪大」。

一 四六七頁下二二行「盡形」，諸本無。

一 四六七頁下末行第九字「佛」，資、磧、普、南、徑、清無。

一 四六八頁上二行「病死」，資、磧、普、南、徑、清作「病死苦」。

一 四六八頁上三行「得無量福」，石作「得福無量」。

一 四六八頁上一三行首字「解」，資、磧、普、南、徑、清作「解脱」。

一 四六八頁中二二行第一二字「佛」，諸本作「佛語」。

一 四六八頁下四行第八字「知」，資、磧、普、南、徑、清作「智」。

一 四六八頁下八行及九行「不住」，石、資、普、南、徑、清、麗作「不任」。

一 四六八頁下一四行「自爲人」，諸本作「自爲爲人」。

一 四六八頁下一五行「何以」，石作「何以故」。

一 四六九頁上二二行「爲用故」，石、資、磧、普、南、徑、清作「不爲用故」；麗作「爲不用故」。

一 四六九頁上二二行第一〇字「住」，石、麗作「人言住」；資、磧、普、南、徑、清作「住言」。

一 四六九頁中二行第六字「不」，諸本作「汝不應」。

一 四六九頁中三行第一〇至一一字「是佛」，諸本無。

一 四六九頁中五行「礙知」，石、資、磧、南、徑、清作「礙智知」。

一 四六九頁中八行第三字「其」，石作「甚」。

一 四六九頁中一八行首字「上」，諸本作「上中下」。

一 四六九頁下六行「凡人」，資、磧、普、南、徑、清作「凡夫」。

一 四六九頁下七行第一二字「詫」，石、磧、普、南、徑、清作「叱」。

一 四七〇頁上一行第七字「羅」，石、資、磧、普、南、徑、清作「羅門」。

一 四七〇頁上六行第五字「此」，石

無。

一　四七〇頁上七行「違瞋」，石作「違瞋恚」；資、磧、普、南、徑、清作「違多瞋」。

一　四七〇頁上七行第八字「堆」，資作「推」。

一　四七〇頁上一〇行第七字「截」，資、磧、普、南、徑、清作「煉」。

一　四七〇頁上一三行首字「法」，諸本作「諸法」。

一　四七〇頁下一〇行第一二字至一一行首字「栰度恐怖」，石作「筏恐怖渡」。

一　四七〇頁下二〇行第九字「到」，資、磧、普、南、徑、清作「名到」。

一　四七一頁上六行第一二字至七行第七字「能生……演說」，資無。

一　四七一頁上六行「卞才」，石、磧、普、南、徑、清、麗作「辯才」。

一　四七一頁上八行「不能」，資無。

一　四七一頁上一〇行第一〇字「行」，資無。

一　四七一頁下三行第一四字「智」，資、磧、普、南、徑、清作「知」。

一　四七一頁下四行第二字「實」，資作「寶」。

一　四七一頁下五行第二字「不」，麗無。

一　四七一頁下一二行第八字「證」，諸本作「諸」。

一　四七一頁下一二行第一三字至一三行首字「善中法」，石、磧、普、南、徑、清、麗作「善法者中」；資作「善法中」。

一　四七一頁下一三行第四字「念」，石、資、磧、普、南、徑、清作「念心」。

一　四七一頁下一七行「欲貪」，石作「貪欲」。

一　四七二頁中一〇行第七字「所」，諸本無。

一　四七二頁中一一行第八字「無」，石、磧、普、南、徑、清、麗作「無所」；資作「無是無所」。

一　四七二頁中一三行第二字「故」後，石有夾註「釋第七十品竟」。

一　四七二頁中卷末經名，石無(未換卷)；資、磧、普、南作「大智度論卷第八十四」，並夾註「釋七十品之(「之」資無)下」。

大智度論釋道樹品第七十一 卷八十五 表

後秦龜茲國三藏鳩摩羅什譯

聖者龍樹菩薩造

經須菩提白佛言世尊是般若波羅蜜甚深世尊諸菩薩摩訶薩不得衆生而為衆生求阿耨多羅三藐三菩提是為甚難世尊辟如人欲於虛空中種樹是為甚難世尊菩薩摩訶薩亦如是為衆生故求阿耨多羅三藐三菩提衆生亦不可得佛告須菩提如是如是諸菩薩摩訶薩所為甚難為衆生故求阿耨多羅三藐三菩提度者吾我顛倒衆生須菩提辟如人種樹不識樹根莖枝葉華果而愛護漑灌漸漸長大華葉果實成就皆得用之如是須菩提諸菩薩摩訶薩為衆生故求阿耨多羅三藐三菩提漸漸行六波羅蜜得一切種智成佛樹以葉華果實益衆生須菩提何等為葉益衆生因菩薩摩訶薩得離三惡道是為葉益衆生何等為華益衆生因菩薩得生刹利大姓婆羅門大姓居士大家四天王天處乃至非有想非無想天處是為華益衆生何等為果益衆生是菩薩得一切種智令衆生得須陁洹果斯陁含果阿那含果阿羅漢果辟支佛道佛道是衆生漸漸以三乘法於無餘涅槃而般涅槃是為果益衆生是菩薩摩訶薩不得衆生實法而度衆生令離我顛倒著作是念一切諸法中無衆生我所為衆生求一切種智是衆生實不可得須菩提白佛言世尊當知是菩薩為如佛何以故是菩薩因緣故斷一切地獄種一切畜生種一切餓鬼種斷一切諸難斷一切貧窮下賤道斷一切欲界色界無色界佛言如是如是須菩提當知是菩薩摩訶薩如佛須菩提若菩薩摩訶薩不發心求阿耨多羅三藐三菩提世間則無過去未來現在諸佛世間亦無辟支佛阿羅漢阿那含斯陁含須陁洹三惡趣及三界亦無斷時須菩提汝所說是菩薩摩訶薩當知如佛如是如是須菩提當知是菩薩實如佛何以故以如故說如來

大智度論卷第八十五 第二張 表

以如故說辟支佛阿羅漢一切賢聖以如故說為色乃至識以如故說一切法乃至有為性無為性是諸如如實無異以是故說名為如諸菩薩摩訶薩學是如得一切種智得名如來以是因緣故說菩薩摩訶薩當知如佛以如相故如是須菩提菩薩摩訶薩應學如般若波羅蜜菩薩學如般若波羅蜜則能學一切法如學一切法如則得具足一切法如具足一切法如已住一切法如得自在住一切法如得自在已善知一切衆生根善知一切衆生根已知一切衆生根具足知一切衆生根具足已亦知一切衆生業因緣知一切衆生業因緣已得願智具足得願智具足已淨三世慧淨三世慧已饒益一切衆生饒益一切衆生已淨佛國土淨佛國土已得一切種智得一切種智已轉法輪轉法輪已安立衆生於三乘令入無餘涅槃如是須菩提菩薩摩訶薩欲得一切功德自利利人應發阿耨多羅三藐三菩提心須菩提白佛言世尊是諸菩薩摩訶薩能如說行深般若波羅蜜

大智度論卷第八十五 第三張 表

一切世間天及人阿修羅應當作礼佛告須菩提如是如是是菩薩摩訶薩能如說行深般若波羅蜜一切世間天及人阿修羅應當為作礼世尊是初發意菩薩摩訶薩為衆生故求阿耨多羅三藐三菩提得幾所福德佛告須菩提若千國土中衆生皆發聲聞辟支佛意於汝意云何其福多不須菩提言甚多無量佛告須菩提其福不如初發意菩薩摩訶薩百倍千倍巨億万倍乃至筭數辟喻所不能及何以故聲聞辟支佛意者皆因菩薩出故菩薩終不因聲聞辟支佛出二千世界三千大千世界中亦如是置是三千大千世界中住聲聞辟支佛地者若三千大千世界中衆生皆住乾慧地其福多不須菩提言甚多無量佛言不如初發意菩薩百倍千倍巨億万倍乃至筭數辟喻所不能及置是住乾慧地衆生若三千大千世界中衆生皆住性地八人地見地薄地離欲地已辦地辟支佛地是一切福德欲比初發意菩薩百倍千倍

大智度論卷第八十五　第四張　表

巨億万倍乃至筭數辟喻所不能及須菩提若三千大千世界中初發意菩薩不如入法位菩薩百千万倍巨億万倍乃至筭數辟喻所不能及若三千大千世界中入法位菩薩不如向佛道菩薩百千万倍巨億万倍乃至筭數辟喻所不能及若三千大千世界中向佛道菩薩不如佛功德百千万倍巨億万倍乃至筭數辟喻所不能及須菩提白佛言世尊初發心菩薩摩訶薩當念何等法佛言應念一切種智須菩提言何等是一切種智一切種智何等緣何等增上何等行何等相佛告須菩提一切種智無所有無想無念無生無示如須菩提所問一切種智何等緣何等增上何等行何等相須菩提一切種智無法緣念為增上寂滅為行無相為相須菩提是名一切種智緣增上行相須菩提白佛言世尊但一切種智無法色受想行識亦無法內外法亦無法四禪四無量心四無色定四念處四正勤四如意足五根五力七覺分八聖道分

大智度論卷第八十五　第五張　表

空三昧無相三昧無作三昧八背捨九次第定佛十力四無所畏四無导智十八不共法大慈大悲大喜大捨初神通第二第三第四第五第六神通有為相無為相亦無法佛告須菩提色亦無法乃至有為相無為相亦無法須菩提言世尊何因緣故一切種智無法色無法乃至有為相無為相亦無法佛言一切種智自性無故若法自性無是名無法色乃至有為無為相亦如是世尊何因緣故諸法自性無佛言諸法和合因緣故生法中無自性若無自性是名無法以是故須菩提菩薩摩訶薩當知一切法無性何以故一切法自性空故以是故當知一切法無性須菩提白佛言世尊若一切法無性初發意菩薩以何等方便力能行檀波羅蜜淨佛世界成就衆生能行尸羅波羅蜜羼提波羅蜜毗梨耶波羅蜜禪波羅蜜般若波羅蜜行初禪乃至第四禪行慈心乃至捨心行空處乃至非有想非無想處內空乃至無法有法空四念處乃至八

大智度論卷第八十五　第六張　表

聖道分空三昧無相三昧無作三昧八背捨九次第定佛十力四無所畏四無导智十八不共法大慈大悲能行一切種智淨佛世界成就衆生佛告須菩提菩薩摩訶薩能學諸法無性亦能淨佛世界成就衆生知世界衆生亦無性即是方便力須菩提是菩薩摩訶薩行檀波羅蜜修學佛道行尸羅波羅蜜修學佛道行羼提波羅蜜毗梨耶波羅蜜禪波羅蜜般若波羅蜜修學佛道乃至行一切種智修學佛道亦知佛道無性是菩薩摩訶薩行六波羅蜜修學佛道乃至未成就佛十力四無所畏四無导智十八不共法大慈大悲一切種智是為修學佛道能具足佛道因緣具足佛道因緣已用一念相應慧得一切種智尒時一切煩惱習永盡以不生故是時以佛眼觀三千大千世界無法尚不可得何况有法如是須菩提菩薩摩訶薩應行無性般若波羅蜜須菩提是名菩薩摩訶薩方便力無法尚不可得何况有法須菩提是菩薩摩訶薩若布施

大智度論卷第八十五　第七張　表

時布施無法尚不可得何况有法受者及菩薩心無法尚不知何况有法乃至一切種智得者得法得處無法尚不知何况有法何以故一切法本性尒非佛作非聲聞辟支佛作亦非餘人作一切法無作者故須菩提白佛言世尊諸法諸法性離耶佛言如是如是諸法諸法性離世尊若諸法諸法性離云何離法能知離法若有若無何以故無法不能知無法有法不能知有法無法不能知有法有法不能知無法世尊如是一切法無所有相云何菩薩摩訶薩作是分別是法若有若無佛言菩薩摩訶薩以世諦故示衆生若有若無非以第一義世尊世諦第一義諦有異耶須菩提世諦第一義諦無異也何以故世諦如即是第一義諦如以衆生不知不見是如故菩薩摩訶薩以世諦示若有若無復次須菩提衆生於五受衆中有著相故不知無所有為是衆生故示若有若無令知清淨無所有如是須菩提菩薩摩訶薩應當作是行般若

大智度論卷第八十五　第八張　表

波羅蜜

論釋曰須菩提從佛聞無所得即是得歎未曾有白佛言世尊是般若甚深如經中廣說以樹為譬喻葉華果實從薄轉厚如樹茂蔭熱時凉樂衆生因菩薩道樹蔭得離三惡道熱苦何以故遮惡故如華色好香淨亦歡衆生因菩薩以布施持戒教化故受人天中福樂如樹果色香味力衆生因菩薩故得須陁洹等諸聖道果須菩提聞是歡喜言是菩薩如佛無異此中自說因緣因菩薩故斷地獄等惡道佛可其意更說因緣須菩提若菩薩不發心求阿耨多羅三藐三菩提乃至三界無斷時復次得諸法如故說名如來乃至名須陁洹以如故說色乃至無為性是諸法如皆一無異菩薩學是如必當得薩婆若是故言如佛無異不以我心貪貴菩薩故說言如佛以得如故言如佛是如在佛亦在菩薩以一相故是名菩薩為如佛離如更無有法不入如者問曰若以同如故名菩薩如佛乃至畜生中亦有

大智度論卷第八十五　第九張　表

是如何以不名如佛荅曰畜生雖亦有如因緣未發故不能利益衆生不能行如至薩婆若故如是須菩提菩薩應學是如般若波羅蜜菩薩學是如般若波羅蜜故則能具足一切法如具足名得諸法實相能以種種門令衆生得解以得具足故於一切法如得自在得是諸法如自在已能善知衆生根能善知衆生根故能知衆生諸根具足諸根者信等五善根三乘人各各有能分別是人有是人無是人得力是人不得力具足者信等善根具足如是人能出世間信根得力則決定能受持不疑精進力故雖未見法一心求道不惜身命不休不息念力故常憶師教善法來聽入惡法來不聽入如守門人定力故攝心一處不動以助智慧智慧力故能如實觀諸法相得根有二種一者在大心人身中則成菩薩根二者在小心人身中則成小乘根得是具足根則可度或有菩薩見人雖得信等五根而不可度由先世惡業罪重故是故言知一切衆生業因緣欲知

無數劫業因緣要得宿命通既知已為衆生說過去罪業因緣衆生以是過去罪故不畏是故求願智欲知三世事既知已為衆生說未來世罪業因緣當墮地獄衆生聞已則懷恐怖恐怖已心伏易度衆生若欲知未來世福報因緣為說已則歡喜可度是故說知業因緣已願智具足願智具足故得三世慧淨通達無导知過去善惡業又知未來善惡果報知現在衆生諸根利鈍然後說法教化多所利益不虛大利益衆生故能淨佛國土淨佛國土已得一切種智得一切種智故轉法輪轉法輪已以三乘安立衆生入無餘涅槃如是利益皆從學如中來是故佛說菩薩欲得一切功德自利利人當發阿耨多羅三藐三菩提心須菩提聞是菩薩功德甚多白佛言世尊菩薩能如說行般若波羅蜜一切世間應當作礼如經中廣說分別初發意菩薩功德尒時須菩提知是甚深般若無憶想非初學所得是故問佛初發心菩薩應念何等

法佛荅應念一切種智一切種智者即是阿耨多羅三藐三菩提薩婆若佛法佛道皆是一切種智異名問曰佛何以荅言念一切種智荅曰初發意菩薩未得深智慧既捨世間五欲樂故佛教繫心念薩婆若應作是念雖捨小雜樂當得清淨大樂捨顛倒虛誑樂得實樂捨繫縛樂得解脫樂捨獨善樂得共一切衆生善樂得如是等利益故佛教初發意者常念薩婆若須菩提問世尊是一切種智為是有法為是無法何等緣何等增上何等行何等相佛荅須菩提一切種智無所有無所有名非法無生無滅諸法如實緣亦無所有念為增上寂滅為行無相為相問曰皆是畢竟空念何以獨言增上荅曰諸法各各有力佛智慧是畢竟空如法性實際無相所謂寂滅相佛得一切種智不復思惟無復難易遠近所念皆得故言念為增上須菩提問世尊但一切種智無法色等法亦無法佛荅色等一切法亦是無法自說因緣若法從因緣和

大智度論卷第八十五 第十三張 表字号

合生即無自性若法無自性即是空無法以是因緣故當知一切法無所有性須菩提問初發心菩薩以何方便行檀波羅蜜乃至一切種智淨佛世界教化衆生佛答無所有法性中學入觀亦能集諸功德教化衆生淨佛世界即是方便力所謂有無二法能一時行故所謂畢竟空集諸福德是人行六波羅蜜時亦修治佛道如佛心以畢竟空無所有法行六波羅蜜乃至一切種智是菩薩行是道能具足佛十力四無所畏四無㝵智十八不共法大慈大悲行菩薩道時具足是法坐道場用一念相應慧得一切種智如人夜失寶珠電光暫現即時還得故煩惱及習永盡更不復生得佛已以佛眼觀一切十方世界中一切物尚不見无法何況有法畢竟空法能破顛倒令菩薩成佛是事尚不可得何況凡夫顛倒有法是故須菩提當知一切法無所有相是名菩薩方便空尚不得何況有須菩提菩薩應行無所有般若波羅蜜是菩薩行

大智度論卷第八十五 第十四張 表字号

是無所有般若波羅蜜若布施時即知布施物空無所有受者及菩薩心亦無所有乃至一切種智得者得法得處無法尚不知何況有法得者菩薩得法是阿耨多羅三藐三菩提用得法是菩薩道皆知是法無所有何以故一切法本性亦不以智慧故異非凡夫作亦非諸聖人作一切法無作無作者故須菩提意若諸法都是無所有相誰知是無所有是故問佛世尊諸法諸法性離云何離法能知離法若有若無何以故無法不能知無法有法不能知有法無法不知有法有法不知無法世尊如是一切法無所有相云何菩薩作是分別是法若有若無佛答菩薩世俗故為衆生說若有若無非第一義若有是實有無亦應有實若有不實無云何應實須菩提問世俗第一義有異耶若異破壞法性故是故言不異世俗如即是第一義如衆生不知是如故以世俗為說若有若無復次衆生五受陰中有所著為是衆生離所有得無所

大智度論卷第八十六 第十五張 表字号

有故菩薩說無所有世俗法故分別諸法欲令衆生知是無所有如是須菩提菩薩應學無所有般若波羅蜜

大智度論釋善達品第七十二

須菩提白佛言世尊世尊說菩薩行何等是菩薩行佛言菩薩行者為阿耨多羅三藐三菩提行是名菩薩行世尊云何菩薩摩訶薩為阿耨多羅三藐三菩提行佛言若菩薩摩訶薩行色空行受想行識空行眼空乃至意行色空乃至法行眼界空乃至意識界行檀波羅蜜尸羅波羅蜜羼提波羅蜜毗梨耶波羅蜜禪波羅蜜般若波羅蜜行內空行外空行內外空行空空行大空行第一義空有為空無為空畢竟空無始空散空諸法空性空自相空無法空有法空無法有法空行初禪第二第三第四禪行慈悲喜捨行無量虛空處無量識處無所有處非有想非無想處行四念處行四正勤四如意足五根五力七覺分八聖道分行空三昧行無相無作三昧行八背捨九次第定行佛十力行四無所

畏行四無导智行十八不共法行大慈大悲行淨佛國土行成熟衆生行諸辯才行文字入無文字行諸陁羅尼門行有為性行無為性如阿耨多羅三藐三菩提不作二如是須菩提菩薩摩訶薩行般若波羅蜜名為阿耨多羅三藐三菩提行須菩提白佛言世尊世尊說言佛何義故名佛佛告須菩提知諸法實義故名為佛復次得諸法實相故名為佛復次通達實義故名為佛復次如實知一切法故名為佛須菩提言何義故名菩提須菩提空義是菩提義如義法性義實際義是菩提義復次須菩提名相言說是菩提義須菩提實義不可壞不可分別是菩提義復次須菩提諸法實相不誑不異是菩提義以是故名菩提復次須菩提是菩提諸佛所有故名菩提復次須菩提諸佛正遍知故名為菩提須菩提白佛言世尊若菩薩摩訶薩為是菩提行六波羅蜜乃至行一切種智於諸法何得何失何增何減何生何滅何垢何淨佛

告須菩提若菩薩摩訶薩行六波羅蜜乃至行一切種智於諸法無得無失無增無減無生無滅無垢無淨何以故菩薩摩訶薩行般若波羅蜜不為得失增減生滅淨垢故出須菩提白佛言世尊若菩薩摩訶薩行般若波羅蜜不為得失乃至不為淨垢故出菩薩摩訶薩云何行般若波羅蜜能取檀波羅蜜尸羅波羅蜜羼提波羅蜜毗梨耶波羅蜜禪波羅蜜般若波羅蜜云何行內空乃至無法有法空云何行禪無量心無色定云何行四念處乃至八聖道分云何行空無相無作解脫門云何行佛十力四無所畏四無导智十八不共法大慈大悲云何行菩薩十地云何過聲聞辟支佛地入菩薩位中佛告須菩提菩薩摩訶薩行般若波羅蜜時不以二法故行檀波羅蜜尸羅波羅蜜羼提波羅蜜毗梨耶波羅蜜禪波羅蜜般若波羅蜜不以二法乃至行一切種智須菩提言世尊若菩薩摩訶薩不以二法故行檀波羅蜜乃至般若波羅蜜

不以二法故乃至行一切種智菩薩從初發意乃至後意云何善根增益佛告須菩提若行二法者善根不得增益何以故一切凡夫皆依二法不得增益善根菩薩摩訶薩行不二法從初發意乃至後意於其中間增益善根以是故菩薩摩訶薩一切世間天及人阿修羅無能伏無能壞其善根令墮聲聞辟支佛地及諸衆惡不善法不能制菩薩令不能行檀波羅蜜增益善根乃至般若波羅蜜亦如是須菩提菩薩摩訶薩應如是行般若波羅蜜世尊菩薩摩訶薩為善根故行般若波羅蜜不佛言不也須菩提菩薩摩訶薩亦不為善根故行般若波羅蜜亦不為非善根故行般若波羅蜜何以故須菩提菩薩摩訶薩法未供養諸佛未具足善根未得真知識不能得一切種智須菩提言世尊云何菩薩摩訶薩供養諸佛具足善根得真知識能得一切種智佛告須菩提菩薩摩訶薩從初發意供養諸佛諸佛所說十二部經修妬路乃至憂波

提舍是菩薩聞持誦利心觀了達了達故得陁羅尼得陁羅尼故能起無㝵智起無㝵智故所生處乃至薩婆若終不忘失是法亦於諸佛所種善根為是善根所護終不墮惡道諸難以是善根因緣故得深心清淨得深心清淨故能淨佛國土成就衆生以善根所護故常不離真知識所謂諸佛諸菩薩摩訶薩及諸聲聞能讚歎佛法衆者如是須菩提菩薩摩訶薩應供養諸佛種善根親近善知識

論釋曰上品中須菩提問佛經常說般若波羅蜜何以故名般若波羅蜜佛種種因緣荅因此事故此品中復問世尊經常說菩薩行何等是菩薩行是故須菩提問菩薩行問曰若般若波羅蜜中攝一切法又般若即是菩薩行何以故更問荅曰一切菩薩道名菩薩行悉遍知諸法實相智慧名般若波羅蜜是為異若般若經菩薩行等共相攝無異復次有人言菩薩行者菩薩身口意業諸有所作皆名菩薩行以是事故須菩提但欲分別菩

薩正行故問是故佛荅菩薩行者為阿耨多羅三藐三菩提諸善行是名菩薩正行菩薩不善無記及著心行善法非菩薩行但以悲心故及空智慧為阿耨多羅三藐三菩提行是名菩薩行何等是清淨行所謂色空行受想行識空行乃至有為性無為性空行於是諸法不分別是空是實乃至是有為是無為如阿耨多羅三藐三菩提滅戲論不二相是名菩薩行無能壞者亦無過失須菩提聞是菩薩行已歡喜問菩薩行果報得作佛經常言佛何等是佛義佛荅知諸法實義故名為佛問曰若介者阿羅漢辟支佛及大菩薩是人亦知諸法實義何故不名為佛荅曰上已說然燈喻於凡夫為實於佛不為實以煩惱習所覆故不名為實不能得一切種智斷一切法中疑悔故不名正智實義如上分別問曰知諸法實義得諸法實相通達實義一切法如實知是四有何異荅曰有人言義無異名字異有人言有差別義名諸法實相

不生不滅法相常住如涅槃知是義故名為佛是義中常覺悟無錯謬於是義以種種名相法令衆生解第一實義是故四無㝵中別說義無㝵法無㝵有人雖得諸法實義不能通達有二因緣故一者煩惱未盡二者未得一切智故如須陁洹斯陁含阿那含未斷煩惱故不能通達阿羅漢辟支佛大菩薩煩惱雖盡未得一切種智故不能通達是故說通達實義故名為佛如實知一切法者捴上三事亦義亦法一切法若有若無種種了了知故如一切種智義中說亦知寂滅相亦知有為相復次菩提名智佛名智者得是智故名為智者須菩提問世尊何等是菩提佛荅空如法性實際名為菩提空三昧相應實相智慧緣如法性實際菩提名實智慧三學道未斷煩惱雖有智慧不名為菩提三無學人無明永盡無餘故智慧名菩提二無學人不得一切智正遍知諸法故不得名阿耨多羅三藐三菩提唯佛一人智慧名阿耨多羅三藐

三菩提復次名相語言文字故名菩提菩提實義不可分別破壞復次菩提是如不異常不虛誑何以故一切衆生智慧轉轉有勝至佛更無勝者諸法亦轉轉有勝先者虛妄後者真實至菩提更無實者是故菩提名為實復次如得菩提故名為佛今以佛得故名菩提復次有人言盡智知生永盡是名菩提有人言盡智無生智名菩提有人言無㝵解脱名菩提何以故得是解脱於一切法皆通達有人言四無㝵智是菩提何以故佛知諸法實相是義無㝵知諸法名相分別是名法無㝵分別種種語言使衆生得解是名辭無㝵有所說法教化無窮無盡是名樂說無㝵以四無㝵具足利益衆生故名菩提有人言佛十力四無所畏四無㝵智十八不共法大慈大悲一切種智如是無量佛法盡名菩提何以故以智慧大故諸法皆名菩提有人言真菩提名佛無漏十智是十智相應受想行識身口業及心不相應諸行皆名菩提共緣共

大智度論卷第八十五　第二十二張　表

生共相佐助故皆名菩提復有人言菩提義無量無邊唯佛能遍知餘人知其少分辟如轉輪聖王寶藏中諸寶無能分別知其價者聖王出寶賜人正可知其所得者此中須菩提問佛菩提相已更問世尊若菩提畢竟空不壞相菩薩行六波羅蜜諸法增益何等善根佛荅若菩薩行是菩提實相於一切法無所增益何況善根何以故般若波羅蜜不為得失乃至垢淨故出畢竟清淨故佛可其意復更問若無增減云何菩薩行般若取檀波羅蜜等諸菩薩行佛荅菩薩雖行是法不以二法故行畢竟空和合共行是故不應難復問世尊若菩薩不行二法云何從初發意乃至後心增長善根佛荅若人行二法即是顛倒不能增長善根如人夢中雖大得財竟無所得覺已所得多少真名為得佛語須菩提一切凡人皆著二法故不能增益善根菩薩行諸法實相所謂不二法從初發心來乃至後心增益善根無有錯謬是故菩薩一切天人

大智度論卷第八十五　第二十三張　表

阿修羅無能壞其善根令墮二乘及餘衆惡亦不能壞餘惡者慳貪等煩惱破檀波羅蜜諸善法等復問世尊菩薩為善根故行般若耶佛荅不為善不為不善故行般若問曰不為不善根故行般若可尒云何不為善根故行荅曰此中佛意貴阿耨多羅三藐三菩提故雖行諸善根為辦事故行不以為貴如栰喻經說善法尚應捨何況不善法善根是助佛道法若人不為栰故渡為到彼岸故渡此中佛說因緣菩薩未供養諸佛未得真知識不能得一切種智是故雖種善根不以為貴但為阿耨多羅三藐三菩提故須菩提言云何菩薩雖不為善根而能供養諸佛乃至得一切種智佛荅菩薩從初發心已來供養諸佛如經中說供養佛大故但說佛當知已供養辟支佛乃至住乾慧地凡人為聞法故從其聞說十二部經以不能常得師故皆當受持以喜忘故誦讀令利心觀者常繫心經卷次第憶念先以語言宣義後得了達即得

大智度論卷第八十五　第二十四張　表

陀羅尼陀羅尼有二種一者聞持陀羅尼二者得諸法實相陀羅尼讀誦修習常念故得聞持陀羅尼通達義故得實相陀羅尼住是二陀羅尼門中能生無㝵智為衆生說法故具足四無㝵智問曰若菩薩有無㝵智與佛何異荅曰無㝵有二種一真無㝵二名字無㝵此中除佛無㝵餘者隨菩薩所得無㝵是菩薩讀經等因縁故所生之處乃至得一切種智終不忘失何以故深入讀誦諸法故煩惱折薄為善根所護故終不墮惡道諸難如盲人為有目者所將護故終不墜落溝壑集善根福德故得深心清淨深心清淨者慈愛一切衆生雖怨賊中人亦不加惡所謂奪命等復次智慧福德大集故煩惱微少不能遍覆菩薩善心復次深心者於衆生中得慈悲心不捨心救度心於諸法中得無常苦空無我畢竟空心乃至佛不生佛想涅槃想是名深心清淨深心清淨故能教化衆生何以故是煩惱薄故不起高心我心瞋心故衆生愛樂

大智度論卷第八十五　第二十五張　袁

信受其語教化衆生教化衆生故得淨佛世界如毗摩羅詰佛國品中說衆生淨故世界清淨為善根所護故終不離善知識善知識者諸佛大菩薩阿羅漢略說善知識相能讚歎三寶者如是菩薩應供養諸佛種善根親近善知識何以故如病人應求良醫藥草佛為良醫諸善根為藥草瞻病人為善知識病者具此三事故病得除差菩薩亦如是具此三事滅諸煩惱故能利益衆生

大智度論釋種善根品第七十三

經須菩提白佛言世尊菩薩摩訶薩若不供養諸佛不具足善根不得真知識當得薩婆若不佛告須菩提菩薩摩訶薩供養諸佛種善根得真知識一切種智尚難得何況不供養諸佛不種善根不得真知識須菩提白佛言世尊菩薩摩訶薩供養諸佛種善根得真知識何以故難得一切種智佛告須菩提是菩薩摩訶薩遠離方便力不從諸佛聞方便力所種善根不具足不常隨善知識教世尊何等是

大智度論卷第八十五　第二十六張　袁

方便力菩薩摩訶薩行是方便力得一切種智佛言菩薩摩訶薩從初發意行檀波羅蜜應薩婆若念布施佛若辟支佛若聲聞若人若非人是時不生布施想受者想何以故觀一切法自相空無生無定相無所轉入諸法實相所謂一切法無作無起相菩薩以是方便力故增益善根增益善根故行檀波羅蜜淨佛國土成就衆生布施不受世間果報但欲救度一切衆生故行檀波羅蜜復次須菩提菩薩摩訶薩從初發意行尸羅波羅蜜應薩婆若念持戒時不墮婬怒癡中亦不墮諸煩惱纏縛及諸不善破道法若慳貪破戒瞋恚懈怠亂意愚癡慢大慢慢慢我慢增上慢不如慢邪慢若聲聞心若辟支佛心何以故是菩薩摩訶薩觀一切法自相空無生無定相無所轉入諸法實相所謂一切法無作無起相菩薩成就是方便力故增益善根增益善根故行尸羅波羅蜜淨佛國土成就衆生持戒不受世間果報但欲救度一切衆生故行

大智度論卷第八十五　第二十七張　袁

尸羅波羅蜜復次須菩提菩薩摩訶薩從初發意行羼提波羅蜜應薩婆若念方便力成就故行見諦道思惟道亦不取須陁洹果斯陁含阿那含阿羅漢果何以故是菩薩摩訶薩知諸法自相空無生無定相無所轉雖行是助道法而過聲聞辟支佛地須菩提是名菩薩無生法忍復次須菩提菩薩摩訶薩從初發意行毗梨耶波羅蜜入初禪乃至入第四禪入四無量心四無色定雖出入諸禪而不受果報何以故是菩薩成就是方便力故知諸禪定自相空無生無定相無所轉淨佛國土成就衆生精進不受世間果報但欲教度一切衆生故行毗梨耶波羅蜜復次須菩提菩薩摩訶薩從初發意行禪波羅蜜應薩婆若念入八背捨九次第定亦不證須陁洹果乃至不證阿羅漢果何以故是菩薩摩訶薩知諸法自相空無生無定相無所轉復次須菩提菩薩摩訶薩從初發意行般若波羅蜜學佛十力四無所畏四無㝵智十八不共法

大智度論卷第八十五　第二十八張　表

大慈大悲乃至未得一切種智未淨佛國土未成就衆生於其中間應如是行何以故是菩薩摩訶薩知諸法自相空無生無定相無所轉須菩提是菩薩摩訶薩應如是行般若波羅蜜不受果報

論問曰須菩提何以故作是難問不供養諸佛不具足善根不得真知識當得薩婆若不荅曰有人言若一切諸法無所有性畢竟空畢竟空中種善根不種善根等無異若介者可不供養諸佛不種善根不得真知識得薩婆若耶復有人疑言得薩婆若更有種種門可不須種善根等是故問佛佛荅若供養諸佛種善根得真知識尚難得何況不須菩提問以畢竟空中無有福以非福何以但以福德故得佛荅以世諦中有福故得須菩提為衆生者無所有故問佛以不著有法荅所謂精進修福尚不可得何況不修福如受乞食道人至一聚落從一家至一家乞食不得見一餓狗飢卧以杖打之言汝畜生無智我種種

大智度論卷第八十五　第二十九張　表

因緣家家求食尚不能得何況汝卧而望得須菩提問世尊有是供養諸佛等因緣何故不得其果報佛荅雖方便故方便者所謂般若波羅蜜雖見諸佛色身不以智慧眼見法身雖少種善根而不具足雖得善知識不親近諮受又佛自說因緣所謂菩薩從初發意以有無心行檀波羅蜜有心者所謂應薩婆若心布施念諸佛種種無量功德憐愍衆生故布施無心者若施佛乃至凡人不生三想所謂施者受者財物何以故施物等一切法自相空從本已來常不生無定相若一若異若常若無常等是法自相空故不可轉安住如中故如是觀即入諸法實相所謂無作無起相一切法無所能作不生高心無所悕望如是方便力故能增益善根離不善根教化衆生淨佛世界布施若多若少不受世間果報但欲教度一切衆生故菩薩布施衆生有量有限作是念我先世不行深福德今不能廣施衆生我今當深實多行檀波羅蜜得

大智度論卷第八十五　第三十張　表

是果報已能具足利益廣施無量衆生若今世利若後世利若道德利無如是方便善薩雖供養諸佛種善根得真知識尚不得何況不供養餘五波羅蜜亦如是

大智度論卷第八十五

辛丑歲高麗國大藏都監奉勅雕造

大智度論卷第八十五　第二十一張　弟

大智度論卷八十五
校勘記

一　底本，麗藏本。金藏廣勝寺本殘缺甚多，今採用其中可用者三版，即四八〇頁上、中、下。

一　四七六頁上一行經名，石無（未换卷）；資、磧、普、南、徑、清作「大智度論卷第八十五」。

一　四七六頁上三行與四行之間，石有「摩訶般若波羅蜜經道樹品第七十一釋」；資、磧、普、南有「釋道樹品第七十一」，並夾註「訖第七十三品」；徑、清有「釋道樹品第七十一」。

一　四七六頁上四行首字（經），資、磧無。

一　四七六頁上末行「菩薩」，石作「菩薩摩訶薩」。

一　四七六頁上末行「婆羅門大姓」，石作「若婆羅門大姓若」。

一　四七六頁中二行第三字「天」，資、磧、普、南、徑、清無。

一　四七六頁中八行第七字「令」，資、磧無。

一　四七六頁下一一行首字及第九字「住」，普、南、徑、清作「於」。

一　四七六頁下一三行第一二字至一四行第五字「知一切衆生根具足已」，資、磧、普、南、徑、清無。

一　四七六頁下一六行第三字「得」，資、磧、普、南、徑、清無。

一　四七七頁上一行「應當」，石、普、南、徑、清作「應當爲」；資、磧作「當應」。

一　四七七頁上二行第一〇字，四七八頁上末行第六字「是」，石無。

一　四七七頁上三行第六字「深」，資、磧、普、南、徑、清無。

一　四七七頁上七行「若千」，資、磧作「若干」。

一　四七七頁中一五行「無想」，石作「無相」；資、磧、普、南、徑、清無。

一　四七七頁下一〇行「有爲」，資、

磧、普、南、經、清作「有爲相」。

一　四七七頁下一二行第一一字，四七九頁下五行末字，四八一頁中一八行末字「故」，資、磧、普、南、經、清無。

一　四七七頁下一五行第七字「自」，資、磧、普、南、經、清無。

一　四七七頁下一八行「世界」，石作「國土」，下同。

一　四七八頁上七行第一三字「是」，石作「是爲」。

一　四七八頁上一六行第七字「佛」，資、磧、普、南、經、清作「是佛」。

一　四七八頁上一六行第一一字至一二行首字「具足佛道因緣」，資、磧、普、南、經、清無。

一　四七八頁中一行「可得」，資、磧、普、南、經、清作「知」。

一　四七八頁中五行第一一字「作」，石作「所作」。

一　四七八頁中一八行第八字「以」，資、磧、普、南、經、清無。

一　四七八頁下二行首字〔論〕，資無。

一　四七八頁下三行「未曾有」，石作「未未曾」。

一　四七八頁下七行第三字「遮」，石作「如遮」。

一　四七八頁下七行第一〇字「香」，資、磧無。

一　四七八頁下一三行第一二字「若」，資、磧、普、南、經、清無。

一　四七九頁上五行「波羅蜜」，資、磧、普、南、經、清無。

一　四七九頁上九行首字至第六字「能善知衆生根」，資、磧、普、南、經、清無。

一　四七九頁中一一行第五字「鈍」，石作「鈍故」。

一　四七九頁中末行第一一字「應」，資、磧、普、南、經、清作「能」。

一　四七九頁下一八行「智慧」，石作「知」。

一　四八〇頁上一五行「貫珠」，普、南、經、清作「實珠」。

一　四八〇頁上一八行第八字「法」，資、磧、普、南、經、清無。

一　四八〇頁上二二行第五字「不」，石、麗作「不可」。

一　四八〇頁中一三行第一二字「不」，石作「不可」；麗作「不能」。

一　四八〇頁中一四行第四字「不」，石、麗作「不能」。

一　四八〇頁中二〇行第八字「言」，石、麗作「佛言」。

一　四八〇頁中二二行「衆生」，石、麗作「衆生於」。

一　四八〇頁下三行末字「蜜」後，石有夾註「釋第七十一品竟」，並換卷，爲卷第八十七。

一　四八〇頁下四行品名，石作「摩訶般若波羅蜜經菩薩行品第七十二釋」；經、清品名上無經名「大智度論」。

一　四八〇頁下五行首字「須」，石、普、南、經、清、麗冠以〔經〕。

一　四八〇頁下九行第六字「行」，普、

南、徑、清作「行是菩薩行」。

一 四八〇頁下一五行「大空行」，資、磧、普、南、徑、清無。

一 四八〇頁下二二行「無相」，石作「無相三昧」。

一 四八一頁上三行「諸辯才行」，石作「諸佛辯才行諸」。

一 四八一頁上七行第九字「行」，普、南、徑、清作「行是爲菩薩行」。

一 四八一頁上一五行第六字「義」，資、磧無。

一 四八一頁上一五行第九字「提」，石作「提菩薩摩訶薩」。

一 四八一頁上一八行「諸佛」，資、磧、普、南、徑、清作「是諸佛」。

一 四八一頁上二〇行第五字，四八二頁下一四行第五字「爲」，資、磧、普、南、徑、清無。

一 四八一頁中一行「摩訶薩」，石作「摩訶薩爲是菩提」。

一 四八一頁中五行「白佛」，資無。

一 四八一頁中七行第二字「不」，石作「若不」。

一 四八一頁中一一行「內空」，石作「內空外空」。

一 四八一頁下四行「凡夫」，石作「凡夫人」。

一 四八一頁下一五行「摩訶薩」，資、磧、普、南、徑、清無。

一 四八二頁上三行第三字「起」，石作「能起」。

一 四八二頁上四行「是法」，資、磧、普、南、徑、清無。

一 四八二頁上一二行首字，四八五頁中七行首字（論），資、磧無。

一 四八二頁下一一行第五字「實」，資、磧、普、南、徑、清作「實際」。

一 四八二頁下一三行首字「了」，資、磧、普、南、徑、清無。

一 四八三頁中一五行第一〇字「若」，資、磧、普、南、徑、清作「若是」。

一 四八三頁中二〇行「凡人」，石作「凡夫」。

一 四八三頁下一五行第三字，四八四頁上一三行第一二字「故」，石無。

一 四八三頁下一七行「初發心」，石作「初發意」。

一 四八四頁上七行第一一字「一」，石作「一者」。

一 四八四頁上八行首字「二」，石作「二者」。

一 四八四頁上一四行第三字「堅」，石作「坑」。

一 四八四頁中一〇行第四字「差」，諸本作「愈」。

一 四八四頁中一〇行「二事」，諸本作「三事」。

一 四八四頁中一一行末字「生」後，石有夾註「釋第七十二品竟」。

一 四八四頁中一二行品名，石作「摩訶般若波羅蜜經善方便品第七十三釋」；資、磧、普、南作「大智度論釋衆善根品第七十三」；徑、清品名上無經名「大智度論」。

一 四八四頁中二一行第六字及次頁中五行首字「是」，資、磧、普、南、經、清無。

一　四八四頁下一三行第一三字「怒」，石作「恚」。

一　四八四頁下二〇行第七字「相」，資、磧無。

一　四八五頁上七行第六字「而」，資、磧、普、南、徑、清無。

一　四八五頁上一〇行第八字「入」，資、磧、普、南、徑、清無。

一　四八五頁中一五行第三字「若」，石作「若爲」。

一　四八五頁中一六行第六字「不」，諸本作「不也」。

一　四八五頁下一行第九字「能」，資、磧、普、南、徑、清無。

一　四八五頁下一一行「凡人」，資、磧、普、南、徑、清作「凡夫」。

一　四八五頁下二二行末字「施」，石作「布施」。

一　四八六頁上二行第五字及第九字「利」，石作「利益」。

一　四八六頁上五行末字「是」後，石有夾註「釋第七十三品竟」。

一　四八六頁上末行經名卷次，石無(未換卷)；資、磧、普、南於經名卷次後有夾註「釋第七十一品訖第七十三品」。

大智度論釋遍學品第七十四 卷八十六 我

聖者龍樹菩薩造

後秦龜茲國三藏鳩摩羅什譯

尒時須菩提白佛言世尊是菩薩摩訶薩大智慧成就行是深法亦不受果報佛告須菩提如是如是菩薩摩訶薩大智慧成就行是深般若波羅蜜亦不受果報何以故是菩薩摩訶薩諸法性中不動故世尊何等諸法性中不動佛言於無所有性中不動復次菩薩摩訶薩色性中不動受想行識性中不動檀波羅蜜性中不動尸羅波羅蜜羼提波羅蜜毗梨耶波羅蜜禪波羅蜜般若波羅蜜性中不動四禪性中不動四無量性中不動四無色定性中不動四念處性中不動乃至八聖道分性中不動空三昧無相無作三昧乃至大慈大悲性中不動何以故須菩提是諸法性即是無所有須菩提以無所有法不能得所有法須菩提言世尊所有法能得所有法不佛言不也世尊所有法能

得無所有法不佛言不也世尊無所有法能得無所有法不佛言不也世尊若無所有不能得所有所有不能得所有所有不能得無所有無所有不能得無所有將無世尊不得道耶佛言有得不以此四句世尊云何有得佛言非所有非無所有無諸戲論是名得道須菩提白佛言世尊何等是菩薩摩訶薩戲論佛告須菩提菩薩摩訶薩觀色若常若無常是為戲論觀受想行識若常若無常是為戲論觀色若苦若樂受想行識若苦若樂是為戲論觀色若我若非我受想行識若我若非我色若寂滅若不寂滅受想行識若寂滅若不寂滅是為戲論苦聖諦應見集聖諦應斷滅聖諦應證道聖諦應脩是為戲論脩四禪四無量心四無色定是為戲論應脩四念處四正勤四如意足五根五力七覺分八聖道分是為戲論應脩空解脫門無相解脫門無作解脫門是為戲論應脩八背捨九次第定是為戲論我當過須陁洹果斯陁含果

阿那含果阿羅漢果辟支佛道是為戲論我當具足菩薩十地是為戲論我當入菩薩位是為戲論我當淨佛土是為戲論我當成就衆生是為戲論我當生佛十力四無所畏四無㝵智十八不共法是為戲論我當得一切種智是為戲論我當斷一切煩惱習是為戲論須菩提是菩薩摩訶薩行般若波羅蜜時色若常若無常不可戲論故不應戲論受想行識若常若無常不可戲論故不應戲論乃至一切種智不可戲論故不應戲論何以故性不戲論性無性不戲論無性離性無性更無法可得所謂戲論者戲論法戲論處以是故須菩提色無戲論受想行識乃至一切種智無戲論如是須菩提菩薩摩訶薩應行無戲論般若波羅蜜須菩提白佛言世尊云何色不可戲論乃至一切種智不可戲論佛告須菩提色性無乃至一切種智性無須菩提若法性無即是無戲論以是故色不可戲論乃至一切種智不可戲論須菩提若菩薩

摩訶薩能如是行無戲論般若波羅蜜是時得入菩薩位須菩提白佛言世尊若諸法無有性菩薩行何等道入菩薩位為用聲聞道為用辟支佛道為用佛道佛告須菩提不以聲聞道不以辟支佛道不以佛道得入菩薩位菩薩摩訶薩遍學諸道得入菩薩位須菩提譬如八人先學諸道然後入正位未得果而先生果道菩薩亦如是先遍學諸道然後入菩薩位亦未得一切種智而先生金剛三昧介時以一念相應慧得一切種智須菩提白佛言世尊若菩薩摩訶薩遍學諸道入菩薩位者八人向須陁洹得須陁向斯陁含得斯陁含向阿那含得阿那含向阿羅漢得阿羅漢辟支佛道佛道是諸道各各異世尊若菩薩摩訶薩遍學諸道然後入菩薩位者是菩薩若生八道應作八人生見道應作須陁洹生思惟道應作斯陁含作阿那含作阿羅漢若生辟支佛道作辟支佛世尊若菩薩摩訶薩作八人然後入菩薩位無有是處不入菩薩位

得一切種智亦無是處作須陁洹乃至作辟支佛然後入菩薩位亦無是處不入菩薩位得一切種智亦無是處世尊我云何當知菩薩摩訶薩遍學諸道得入菩薩位佛告須菩提如是如是若菩薩摩訶薩作八人得須陁洹果乃至得阿羅漢果得辟支佛道然後入菩薩位無有是處不入菩薩位當得一切種智無有是處須菩提若菩薩摩訶薩從初發意行六波羅蜜時以智觀過八地何等八地乾慧地性地八人地見地薄地離地已辦地辟支佛地以道種智入菩薩位入菩薩位已以一切種智斷一切煩惱習須菩提八人若智若斷是菩薩無生法忍須陁洹若智若斷斯陁含若智若斷阿那含若智若斷阿羅漢若智若斷辟支佛若智若斷皆是菩薩忍菩薩學如是聲聞辟支佛道以道種智入菩薩位入菩薩位已以一切種智斷一切煩惱習得佛道如是須菩提菩薩摩訶薩遍學諸道具足應得阿耨多羅三藐三菩提得阿耨

多羅三藐三菩提已以果饒益衆生須菩提白佛言世尊世尊所説道聲聞道辟支佛道佛道何等是菩薩道種智佛告須菩提菩薩摩訶薩應生一切道種淨智須菩提何等是道種淨智若諸法相貌所可顯示法菩薩應正知正知已為他演説開示令諸衆生得解是菩薩摩訶薩應解一切音聲語言以是音聲説法遍滿三千大千世界如響相以是故須菩提菩薩摩訶薩應先具足學一切道智具足已應分別知衆生深心所謂地獄衆生地獄道地獄因地獄果應知應障畜生餓鬼道畜生餓鬼因畜生餓鬼果應知應障諸龍鬼神揵闥婆緊那羅摩睺羅伽阿脩羅道因果應知應障人道因果應知諸天道因果應知四天王天三十三天夜摩天兜率陁天化樂天他化自在天梵天光音天遍淨天廣果天無想天阿婆羅呵天無熱天易見天喜見天阿迦尼吒天道因果應知無邊虛空處無邊識處無所有處非有想非無想處

道因果應知四念處四正勤四如意足五根五力七覺分八聖道分因果應知空解脱門無相解脱門無作解脱門佛十力四無所畏四無㝵智十八不共法大慈大悲因果應知菩薩以是道令衆生入須陁洹道乃至阿羅漢辟支佛道乃至阿耨多羅三藐三菩提道須菩提是名菩薩摩訶薩淨道種智菩薩學是道智已入衆生深心相入已隨衆生心如應説法所言不虛何以故是菩薩摩訶薩善知衆生根相知一切衆生心心數法生死所趣須菩提菩薩摩訶薩如是應行道般若波羅蜜何以故一切諸助道法皆入般若波羅蜜中諸菩薩摩訶薩聲聞辟支佛所應行須菩提白佛言世尊若四念處乃至阿耨多羅三藐三菩提是一切法皆不合不散無色無形無對一相所謂無相世尊云何是助道法能取阿耨多羅三藐三菩提世尊是不合不散無色無形無對一相所謂無相法無所取無所捨辟如虛空無取無捨佛言如是如

是須菩提諸法自性空無所取無所捨須菩提有衆生不知諸法自相空為是衆生故顯示助道法能至阿耨多羅三藐三菩提復次須菩提所有色受想行識所有檀波羅蜜尸羅波羅蜜羼提波羅蜜毗梨耶波羅蜜禪波羅蜜般若波羅蜜所有內空外空乃至無法有法空初禪乃至非有想非無想處四念處乃至八聖道分三解脱門八背捨九次第定佛十力四無所畏四無㝵智十八不共法大慈大悲一切種智等諸法於是聖法中皆不合不散無色無形無對一相所謂無相以世俗法故為衆生説令解非以第一義須菩提於是一切法中菩薩摩訶薩以智見如法應學學已分別諸法應用不應用須菩提言世尊何等法菩薩分別已應用不應用佛言聲聞辟支佛法分別知不應用一切種智分別知應用如是須菩提菩薩摩訶薩於是聖法中應學般若波羅蜜須菩提白佛言世尊何以故説名聖法何等是聖法佛告須菩提

大智度論卷第八十六　第九張

諸聲聞辟支佛法菩薩摩訶薩及諸佛於欲瞋癡不合不散身見戒取疑不合不散欲染瞋恚不合不散色染無色染掉慢無明不合不散初禪乃至第四禪不合不散慈悲喜捨虛空處乃至非有想非無想處不合不散四念處乃至八聖道分不合不散內空乃至大悲有為性無為性不合不散何以故是一切法皆無色無形無對一相所謂無相無色法與無色法不合不散無形法與無形法不合不散無對法與無對法不合不散一相法與一相法不合不散無相法與無相法不合不散須菩提是無色無形無對一相所謂無相般若波羅蜜諸菩薩摩訶薩應學學已不得諸法相須菩提白佛言世尊菩薩摩訶薩不學色相耶不學受想行識相耶不學眼相乃至意相不學色相乃至法相不學地種相乃至識種相不學檀波羅蜜相尸羅波羅蜜羼提波羅蜜毗梨耶波羅蜜禪波羅蜜般若波羅蜜相不學內空乃至無法有法空不學

大智度論卷第八十六　第十張

初禪相乃至第四禪相不學慈相乃至捨相不學無邊空相乃至非有想非無想相不學四念處相乃至八聖道分相不學空三昧相無相無作三昧相不學八背捨九次第定相不學佛十力相四無所畏四無𥨍智相十八不共法相大慈大悲相不學苦聖諦相集滅道聖諦相不學逆順十二因緣相不學有為性相無為性相耶世尊若不學諸法相菩薩摩訶薩云何學諸法相若有為若無為學已過聲聞辟支佛地若不過聲聞辟支佛地云何入菩薩位若不入菩薩位云何當得一切種智若不得一切種智云何當轉法輪若不轉法輪云何以三乘度衆生生死佛告須菩提若諸法實有相菩薩應學是相須菩提以一切法實無相無色無形無對一相所謂無相以是故須菩提菩薩摩訶薩不學相不學無相何以故有佛無佛諸法一相性常住須菩提白佛言世尊若一切法非有相非無相菩薩摩訶薩云何修般若波羅蜜若不修

大智度論卷第八十六　第十一張

般若波羅蜜不能過聲聞辟支佛地若不過聲聞辟支佛地不能入菩薩位若不入菩薩位不得無生法忍若不得無生法忍不能得諸菩薩神通若不得菩薩神通不能淨佛國土成就衆生若不淨佛國土成就衆生不能得一切種智若不得一切種智不能轉法輪若不轉法輪不能令衆生得須陀洹果斯陀含阿那含阿羅漢果辟支佛道不能令得阿耨多羅三藐三菩提亦不能令衆生得布施福亦不能令得持戒修定福佛告須菩提如是如是諸法無相非一相非異相若修無相是修般若波羅蜜須菩提言世尊云何修無相是修般若波羅蜜佛言修諸法壞是修般若波羅蜜世尊云何修諸法壞是修般若波羅蜜佛言修色壞是修般若波羅蜜修受想行識壞是修般若波羅蜜修眼壞耳鼻舌身意法壞是修般若波羅蜜修色法壞聲香味觸法壞是修般若波羅蜜修不淨觀壞是修般若波羅蜜修初禪壞第二第三第四禪

壞是修般若波羅蜜修慈悲喜捨壞是修般若波羅蜜修無邊空處無邊識處無所有處非有想非無想處壞是修般若波羅蜜修念佛念法念僧念戒念捨念天念滅念安般壞是修般若波羅蜜修無常相苦相無我相空相集相因相生相緣相閇相滅相妙相出相道相正相跡相離相壞是修般若波羅蜜修十二因緣壞我相衆生壽命相乃至知者見者相壞是修般若波羅蜜修常相樂相淨相我相壞是修般若波羅蜜修四念處乃至八聖道分壞是修般若波羅蜜修空三昧無相三昧無作三昧壞是修般若波羅蜜修八背捨九次第定壞是修般若波羅蜜修有覺有觀三昧無覺有觀三昧無覺無觀三昧壞是修般若波羅蜜修苦聖諦集聖諦滅聖諦道聖諦壞是修般若波羅蜜修苦智集智滅智道智壞是修般若波羅蜜修盡智無生智壞是修般若波羅蜜修法智比智世智他心智壞是修般若波羅蜜修檀波羅蜜壞是修

般若波羅蜜修尸羅波羅蜜羼提波羅蜜毗梨耶波羅蜜禪波羅蜜般若波羅蜜壞是修般若波羅蜜修內空外空內外空空空大空第一義空有為空無為空畢竟空無始空散空性空諸法空自相空不可得空無法空有法空無法有法空壞是修般若波羅蜜修佛十力四無所畏四無碍智十八不共法壞是修般若波羅蜜修須陁洹果斯陁含果阿那含果阿羅漢果辟支佛道壞是修般若波羅蜜修一切智壞是修般若波羅蜜修斷一切煩惱習壞是修般若波羅蜜須菩提白佛言世尊云何名修色壞乃至修斷一切煩惱習壞是修般若波羅蜜佛告須菩提菩薩摩訶薩行般若波羅蜜時不念有色法是修般若波羅蜜不念受想行識乃至不念有壞一切煩惱習有法是為修般若波羅蜜何以故有法念者不修般若波羅蜜須菩提有法念者不修檀波羅蜜尸羅波羅蜜羼提波羅蜜毗梨耶波羅蜜禪波羅蜜般若波羅蜜何以故

須菩提是人著法不行檀波羅蜜乃至般若波羅蜜如是著者無有解脫無有道無有涅槃有法念者不修四念處四正勤四如意足五根五力七覺分八聖道分不修空三昧乃至不修一切種智何以故是人著法故須菩提白佛言世尊何等是有法何等是無法佛告須菩提二是有法不二者是無法世尊何等是二佛言色相是二受想行識相是二眼相乃至意相是二色相乃至法相是二檀波羅蜜乃至佛相阿耨多羅三藐三菩提相有為無為性相是二須菩提一切相皆是二一切二皆是有法適有法便有生死適有生死不得離生老病死憂悲苦惱以是因緣故須菩提當知二相者無有檀波羅蜜乃至般若波羅蜜無有道無有果乃至無有順忍何況見色相乃至見一切種智相若無修道云何得須陁洹果乃至阿羅漢果辟支佛道阿耨多羅三藐三菩提及斷一切煩惱習

釋曰佛說菩薩行六波羅蜜不受世

大智度論卷第八十六 第十五張

聞果報須菩提歎未曾有白佛言世尊是菩薩大智慧成就行是深法能作因而不受果是菩薩為大利故不受小報佛可其意已更自說因緣所謂菩薩於諸法性中不動諸法性者無所有畢竟空如法性實際菩薩定心安住是中不動須菩提問世尊何等性中不動佛荅色性中不動乃至大慈悲等性中不動何以故是諸法性眾因緣生故不自在無定相無定相故無所有諸法者所謂色等法因是色法故說無為是故無為法亦無所有何以故不可以無所有法得所有法須菩提言若無所有不能得所有者豈可以所有法得所有法耶佛荅不何以故無所有法一切聖人所稱讚所住處尚不能有所得何況所有法所有法得無所有不佛言不何以故所有無所有二俱有過故言不可以無所有得無所有不佛言不何以故所有法有生相住相以虛誑故尚無所得何況無所有從本已來畢竟空而有所得此中須菩提更問世

大智度論卷第八十六 第十六張

尊若以四句皆不得將無道無得果耶佛荅實有得道法但不以是四句何以故四句有如上失故若離是四句戲論即是道復問世尊何等是菩薩戲論相佛荅色等若常若無常是菩薩戲論何以故若常則不生不滅無罪福好醜無常亦不然何以故因常說無常常既不可得何況無常復次若無常定是色等實相亦不應有業因緣果報何以故色等法念念滅失故若業因緣果報滅則不名無常相如是等種種因緣故無常非是色等實相如先破無常中說乃至作是念我當斷一切煩惱習是為戲論色等諸法不可戲論而凡夫人戲論法菩薩於不可戲論隨法不戲論何以故自性不能戲論自性所以者何性從因緣生故但有假名云何能戲論若性不能戲論何況無性離性無性更無第三法可戲論所謂戲論者戲論法戲論處是法皆不可得須菩提色等法是不可戲論相如是菩薩應行無戲論般若波羅蜜復次佛自說不

大智度論卷第八十六 第十七張

可戲論因緣色等法無性若法無性即是不可戲論若菩薩能行是不可戲論般若便得入菩薩位須菩提意無戲論是三乘道菩薩以何道入無戲論菩薩位佛荅皆言不何以故菩薩大乘人故不應用二乘道六波羅蜜未具足故不能用佛道此中佛自說因緣菩薩應遍學諸道入菩薩位此中說辟喻如是諦道中八人先時遍學諸道入正位而未得須陀洹果菩薩亦如是先遍學諸道入菩薩位而未得一切種智果若菩薩住金剛三昧以一念相應慧得一切種智果須菩提問世尊若菩薩遍學諸道然後入菩薩位是諸道各各異若菩薩遍學是道若生八道即是八人乃至生辟支佛道即是辟支佛世尊若菩薩作八人乃至作辟支佛然後入菩薩位無有是處若不入菩薩位得一切種智亦無有是處我當云何知菩薩學諸道入菩薩位佛可其意已更自說因緣菩薩初發意行六波羅蜜時以智見觀入八地直過如人親親

繫獄故入而看之亦不與同著桎梏菩薩欲具足道種智故入菩薩位遍觀諸道入菩薩位入菩薩位已得一切種智斷煩惱習佛亦須菩提二乘人於諸佛菩薩智慧得少氣分是故八人若智若斷乃至辟支佛若智若斷皆是菩薩無生法忍智名學人八智無學或九或十斷名斷十種結使所謂上下分十結須陁洹斯陁含略說斷三結當斷八十八結阿那含略說斷五下分結廣說斷九十二阿羅漢略說三漏盡廣說斷一切煩惱是名智斷智斷皆是菩薩忍聲聞人以四諦得道菩薩以一諦入道佛說是四諦皆是一諦分別故有四是四諦二乘智斷皆在一諦中菩薩先住柔順忍中學無生無滅亦非無生非無滅離有見無見有無見非有非無見等滅諸戲論得無生忍無生忍者佛後品中自說乃至作佛常不生惡心是故名無生忍論者言得是忍觀一切法畢竟空斷緣心心數不生是名無生忍又復言能過聲聞辟支佛智慧名無生忍聲聞辟支佛智慧觀色等五衆生滅心猒離欲得解脫菩薩以大福德智慧觀生滅時心不怖畏如小乘人菩薩以慧眼求生滅實定相不可得如先破生品中說但以肉眼麁心見有無常生滅凡夫人於諸法中者常見是所著法還歸無常衆生得憂悲苦惱是故佛說欲離憂苦莫觀常相是無常破常顛倒故不為著無常故說是故菩薩捨生滅觀入不生不滅中問曰若入不生不滅不生不滅即復是常云何得離常顛倒答曰如無常有二種一者破常顛倒不著無常二者著無常生戲論無生忍亦如是一者雖破生滅不著無生無滅故不墮常顛倒二者著不生滅故墮常顛倒真無生者滅諸觀語言道斷觀一切法如涅槃相從本已來常自無生非以智慧觀故令無生得是無生無滅畢竟清淨無常觀尚不取何況生滅如是等相名無生法忍得是無生忍故即入菩薩位入菩薩位已以一切種智斷煩惱及習種種因緣度一切衆生如好果樹多所饒益須菩提白佛言世尊何等是菩薩道種智佛答菩薩住無生忍法得諸法實相從實相起取諸法名相語言既自善解為衆生說令得開悟菩薩福德因緣故解一切衆生音聲語言以是音聲遍三千大千世界亦不著是聲知如響相是音聲即是梵音相以是故菩薩應知一切道觀衆生心知其本末以善法利益遮不善法如經中廣說菩薩先知諸法　實相故於二乘道入出自在觀已直過入菩薩位為度衆生故起道慧欲為衆生說法解一切衆生語言音聲以梵音聲說法所謂遮惡道開善道惡道者三惡道善道者三善道人天阿修羅種種因緣呵惡道讚善道遮惡道者所謂地獄道地獄因地獄果地獄如先說地獄道者上下善道地獄因者三毒貪欲增長起貪嫉不善道瞋恚增長起恚惱不善道愚癡增長起邪見不善道三毒三不善道因三不善道是七不善道因地獄果者以是因

故受地獄身身心受種種苦惱是名果菩薩應亦衆生地獄果然後為說法令斷地獄道及因果十不善道有上中下上者地獄中者畜生下者餓鬼十善道亦有上中下上者天中者人下者鬼神住十善道能離欲生色界離色生無色界三悪道中常受苦故言應知應遮天人中有得道因緣為涅槃故或時應遮以不定故不說餘助道法故不應說遮乃至阿耨多羅三藐三菩提菩薩能如是分別已知衆生應以小乘法度者以小乘法而度之應以大乘法度者以大乘法而度之是菩薩知衆生深心數事及宿命業因緣又知未來世果報因緣又知衆生可化時節及知處所諸餘可度因緣盡皆知之是故所說不虛如是道種慧及諸助道法皆攝在般若中是故菩薩當行道慧般若須菩提白佛若助道法菩提是法皆不合不散無色無形無對一相所謂無相是助道法皆空云何能取阿耨多羅三藐三菩提空無所有法法應無取無捨辟如虛空無法故無取無捨須菩提所說真實無著心故佛可言如是如是更說因緣有衆生不知如是諸法自相空故為分別是助道法能得阿耨多羅三藐三菩提須菩提非但三十七品空不合不散所有色等乃至一切種智於聖法中亦自相空不合不散不合不散者是畢竟空義如此中說一相所謂無相是法雖空以世諦故為衆生說欲令得入聖法非第一義是中菩薩皆應以知見學是法初知名知後深入名見知名未了見名已了問曰知見有何差別荅曰有人言有知非見有見非知有亦知亦見有非知非見有知非見者盡智無生智除世間正見及五見餘慧皆名智是慧非見見非智者五見世間正見見諦道中八忍是見非智餘無漏慧慧亦名智亦名見離是見智餘法非見非智復次有人言定心名為見定未定通名為知如轉法輪經中說苦諦知已應見知已分別知是法應見是苦諦是法應斷是集諦是法應證是滅諦是法應修是道諦或知煩惱斷名為見如九斷知須菩提問般若異名字所謂聖法故問何等是聖法佛荅聖法中諸賢聖若佛若辟支佛聲聞等以欲等諸法不合不散不合者一切煩惱名顛倒顛倒即無所有若無所有無所有云何可合若不合云何有散不合故不輕凡人不散故不自高於一切衆生不憎不愛又復此中佛自說不合不散因緣所謂是法皆無色無形無對一相所謂無相無色與無色法不合不散乃至無相法與無相法不合不散何以故是法皆一性故自性不與自性合是名一相無相般若波羅蜜菩薩應學學已無法可得相須菩提白佛言世尊菩薩不學色相耶乃至不學有為無為相耶世尊若不學是諸法相云何經中說菩薩先學諸法相後過聲聞辟支佛地若不過聲聞辟支佛地云何入菩薩位如此中廣說佛告須菩提若諸法實有相應當學是相須菩提一切法實無相是故菩薩不應

大智度論卷第八十六　第十四張　表字号

學相無相亦不應學以取相故破相事如問相品中說有佛無佛諸法常住一相所謂無相須菩提從佛聞一切法無相今還問佛世尊若一切法非有相非無相云何菩薩修般若若有無相因無相可修般若令相以無相皆無因何事得修般若若不修般若不能得過聲聞辟支佛地乃至不能安立於三福田佛可其言如是如是而更說修般若因緣所謂菩薩不以修相故是修般若修無相故是修般若復問世尊云何修無相是修般若若無相云何可修佛荅修諸法壞是修般若以諸法壞故無相相亦壞辟如車分壞故車相亦滅又如輪分壞故輪相亦滅如是乃至微塵世尊何等是諸法可破壞者佛荅修色法壞即是修般若波羅蜜乃至修斷一切煩惱習壞即是修般若波羅蜜須菩提白佛云何修色壞乃至修斷一切煩惱習壞是修般若佛荅菩薩一心念薩婆若憐愍衆生欲得正行般若波羅蜜不念色是有法如是修

大智度論卷第八十六　第十五張　表字号

是修般若以色是定實有相過故所以者何佛此中自說因緣有相者不修般若般若中無法尚無何況有法是人不修般若波羅蜜亦不修五波羅蜜是人著有法戲論不修布施等如是著者無有解脫無道無涅槃無三解脫門故言無解脫無聖人空法故言無道無道故無涅槃問曰何以故無道荅曰是人戲論諸法不猒老病死著法故生邪見邪見故不能如實觀身不淨等不能觀身故不修身念處不修身念處故不能受心法念處不修四念處故不能修乃至一切種智何以故著有法故須菩提問佛世尊何等是有法何等是無法凡人或於有法中生無想無法中生有想欲分別是事故問佛荅二相是有不二相是無復問何等是二相佛荅取色相即是二如先品中說離色無眼離眼無色乃至有為無為性何以故離有為不得說無為離無為不得說有為實相是故是二法不得相離凡人謂此為二是故顛倒佛略說一

大智度論卷第八十六　第十六張　表字号

相一切法中取相皆是二一切二皆共有過有便有生死何以故有中生著心著心因緣生諸煩惱煩惱因緣往來生死生死因緣憂悲苦惱是故說適有法便有生死有生死不得免老病憂苦須菩提以是當知二相人無有檀波羅蜜乃至無有順忍何況見色實相乃至見一切種一切實相是人若不見色等諸法實相則無修道云何有須陁洹果乃至斷一切煩惱習六波羅蜜有二種世間出世間此人無有出世間六波羅蜜故是故說是有相人無有六波羅蜜若有者但有世間波羅蜜此中不說世間波羅蜜聲聞道果尚無何況有佛道問曰順忍是何等順忍荅曰是小乘順忍小乘順忍尚無何況大乘問曰頂法已不退何以說乃至忍法荅曰聲聞法中亦說頂墮摩訶衍亦說頂墮汝何以故言頂法不墮有人言雖頂法不墮不牢固不能一定故不說忍是久住已入正定雖未得無漏而與無漏同以隨順苦法忍故名為忍未

曾見是法故見便能忍是故名忍是人於諸佛聖人為小於凡夫為大見色有二種一者見色實相了了二者斷繫諸色煩惱故名為見如色乃至一切種智一切煩惱習事亦如是若人見色修道尚無何況能得修須陁洹果乃至斷煩惱習

大智度論釋次第學品第七十五

尒時須菩提白佛言世尊若有法相者尚不得順忍何況得道世尊若無法相者當得順忍不若乾慧地若性地若八人地若見地若薄地若離欲地若已辦地若辟支佛地若菩薩地若佛地若修道因是修道當斷煩惱不以是煩惱故不得過聲聞辟支佛地入菩薩位若不入菩薩位則不得一切種智不得一切種智則不能得斷一切煩惱習世尊若無有法是諸法則不生若不生是諸法則不能得一切種智佛告須菩提如是如是若無有法者則有順忍乃至斷一切煩惱智須菩提白佛言世尊菩薩摩訶薩行般若波羅蜜時有法相不所謂色相乃至識相眼相乃至意相色相乃至法相眼界相乃至意識界相四念處相乃至一切種智相若色相若色斷相乃至識相識斷相十二入十八界亦如是若無明相若無明斷相乃至憂悲愁惱相憂悲愁惱斷相若欲相若欲斷相若瞋相若瞋斷相若癡相若癡斷相若苦相若苦斷相若集相若集斷相若盡相若盡斷相若道相若道斷相乃至一切種智相斷一切煩惱習相佛言不也須菩提菩薩摩訶薩行般若波羅蜜時無有法相非法相即是菩薩順忍若無有法相無有非法相即是修道亦是道果須菩提菩薩摩訶薩有法是菩薩道無法是菩薩果以是因緣故當知一切法無所有性須菩提白佛言世尊若一切法無所有性佛云何知一切法無所有性故得成佛於一切法得自在力佛告須菩提如是如是一切法無所有性我本行菩薩道修六波羅蜜離諸欲離惡不善法有覺有觀離生喜樂入初禪乃至入第四禪於是諸禪及枝不取相不念有是禪不受禪味不得是禪無染清淨行四禪我於是諸禪不受果報依四禪住起五神通身通天耳知他人心宿命通天眼證於諸神通不取相不念有是神通不受神通味不得是神通我於是五神通不分別行須菩提我尒時用一念相應慧得阿耨多羅三藐三菩提所謂是苦聖諦是集是盡是道聖諦成就十力四無所畏四無㝵智十八不共法大慈大悲得作佛分別三聚衆生正定邪定不定須菩提白佛言云何世尊於諸法無所有性中起四禪六神通亦無衆生而分別作三聚佛言須菩提若諸欲惡不善法若當有性若自性若他性我本為菩薩行時不能觀諸欲惡不善法無所有性入初禪以諸欲惡不善法無有性若自性若他性皆是無所有性故我本行菩薩道時離諸欲惡不善法入初禪乃至入第四禪須菩提若諸神通有性若自性若他性我不能知是神通無所有性得阿耨多羅三藐三菩提須

菩提以神通無有性若自性若他性皆無所有性以是故諸佛於神通知無所有性得阿耨多羅三藐三菩提問曰諸法空一義何以故須菩提種種因緣重問此中問有法相者不得順忍乃至若不生是諸法不能得薩婆若荅曰是諸法畢竟空義甚深難解說者尚難何況受者行者是故須菩提以般若無訖恐人多疑多惑故種種因緣重問復次所問義雖一所因處異或問世尊若一切法空云何分別有五道或問若一切無所有相云何分別有三乘或問世尊有相者乃至不得順忍云何當觀八地入菩薩位如是等種種問異問故義得差別般若無一定相故佛可須菩提意如是如是須菩提先問順忍者是小乘順忍今須菩提問菩薩順忍法若菩薩行般若時有法相不佛荅菩薩行般若時無法生是相若有無何以故見有無二俱有過故則是菩薩順忍於一切法中不生有相即是修道須菩提有法是菩薩道無法是果有

法名有為法無是無為法行有為八聖道斷諸煩惱得無為果復次有人言五波羅蜜名有法是菩薩道般若波羅蜜畢竟空故無有法是菩薩果有人言般若波羅蜜智慧相有為法故是為道如法性實際不從因緣生常有故名為果如是等有無法差別以是因緣故須菩提當知一切法皆是無所有性名為無法復問世尊若一切法無所有性佛云何於無所有性中正智得阿耨多羅三藐三菩提故得阿耨多羅三藐三菩提此中佛於諸法中得自在佛可其言菩薩以無所有智合行一切法能斷一切著自引為證我本為菩薩時行六波羅蜜離欲離惡不善法有覺有觀離生喜樂入初禪離欲者離五欲離惡不善法者離五蓋將人入惡道名為惡障善法故名不善有覺有觀初禪所攝善覺觀離生喜樂者捨離五欲生喜樂喜樂者色界中有二種樂一者有喜樂二者無喜樂喜樂初禪二禪中無喜樂三禪中初禪二禪俱有喜

樂有何差別初禪中喜樂從離欲故生二禪喜樂從定生問曰亦離初禪煩惱得二禪何以不說離生荅曰欲界中散乱故無定稱行者能離欲故名為離生初禪中有定二禪因初禪定生故名為定生復次欲界煩惱不善相故障初禪行者欲離大障故是故說離生色界煩惱名無記為患微弱以覺觀因緣故失禪是故佛說滅諸覺觀內心清淨故得二禪三禪四禪如先說我於是諸禪支取相得已不念有是禪初習禪時取相乃至得得已忍著味故觀無常不念有是禪不得是禪定相亦不受味無染心行四禪異於外道於是諸禪修不受果報禪依四禪住起五神通亦如禪法不受其味宿命通故知一切衆生本業因緣來生是聞天眼通力故見衆生未來世所生之處隨其業行知一切衆生本末已心生大悲云何斷衆生生死相續苦介時心迴向入漏盡通即時以一念相應慧得阿耨多羅三藐三菩提所謂是苦相苦因是愛

愛斷苦盡為到苦盡是道通達四諦故得十力四無所畏四無礙智十八不共法分別衆生作三聚住三神通度是衆生所謂天耳知他心身通為衆生説法令度生死須菩提復問若諸法無所有云何佛為菩薩時起四禪六神通若無衆生云何分別衆生作三聚佛答諸欲諸惡若當有性若自性若他性我本為菩薩時不能觀諸欲惡不善法無所有性入初禪佛意若諸欲不善法有定性實法若多若少自相者若身中若有淨常等性性有二種若自性若他性自性名自身不淨性他性名衣服等莊嚴身具此皆無常虛誑苦惱因緣内外五欲中無有常樂我淨實若有者我本行菩薩道時不能觀五欲空無所有性入初禪令欲惡不善法無有實性若自性若他性是故我為菩薩時離五欲惡不善法入初禪乃至入第四禪若諸神通有性若自性若他性我本行菩薩時不能知神通無所有故得阿耨多羅三藐三菩提須菩提問若諸法定無所有性空佛云何於諸法中得自在力佛答我以四禪故於諸煩惱得解脫六神通故於諸法得自在度衆生須菩提意以四禪六神通是有云何於空得自在力佛亦我觀五欲等空虛誑無定相故不著此禪而起諸神通諸禪有相有量故可捨得阿耨多羅三藐三菩提初離欲時以無所有性為因得阿耨多羅三藐三菩提果亦無所有若禪定空阿耨多羅三藐三菩提不空可有是難今皆空故不應難

大智度論卷第八十六

大智度論卷八十六

校勘記

一　底本，金藏廣勝寺本。

一　四九〇頁中一行經名，資、磧、普、南、徑、清作「大智度論卷第八十六」。

一　四九〇頁中三行及四行間，資、磧、普、南有品名「釋遍學品第七十四訖第七十五品上」一行；徑、清有品名「釋遍學品第七十四」一行。

一　四九〇頁中四行首字，四九九頁上九行首字「介」，石、磧、普、南、徑、清、麗冠以〔經〕。

一　四九〇頁中一八行第二字「相」，石作「相三昧」。

一　四九〇頁中二〇行第一一字「法」，石作「法中」。

一　四九〇頁下一七行第一三字「修」，諸本作「應修」。

一　四九一頁上四行首字「土」，諸本作「國土」。

一 四九一頁中五行第一一字、六行第二字及第八字「不」，石作「非」。
一 四九一頁中九行第五字「未」，石作「亦未」。
一 四九一頁中一四行第一七字「陁」，諸本作「陁洹」。
一 四九一頁下一二行第一二字「離」，諸本作「離欲」。
一 四九一頁下一五行第六字「八」，石、麗作「是八」。
一 四九一頁下二二行末字「應」，諸本無。
一 四九二頁上五行第四字「種」，資作「種智」。
一 四九二頁上七行第八字「他」，石作「他人」。
一 四九二頁中九行第一〇字「智」，諸本作「種智」。
一 四九二頁中一四行第二字「道」，磧、普、南、徑、清無。
一 四九二頁中一四行第一三字「諸」，石、麗作「諸善」。
一 四九二頁下一行第八字「性」，資、磧、普、南、徑、清、麗作「相」。
一 四九二頁下三行第二字「是」，徑作「示」。
一 四九二頁下一四行第四字「以」，石、磧、普、南、徑、清作「以是」。
一 四九三頁上一行第七字「法」，石、麗作「法諸」。
一 四九三頁上末行第一二字「空」，石、麗作「空相」。
一 四九三頁中三行第四字「相」，資無。
一 四九三頁中四行「無相」，石作「無相三昧相」。
一 四九三頁中六行第八字「畏」，石作「畏相」。
一 四九三頁中一八行第五字「無」，石、麗作「無有」。
一 四九三頁下九行第八字及第一一字「含」，石作「含果」。
一 四九三頁下一八行第六字「色」，石作「色法」。
一 四九四頁上二行第一一字「空」，石作「虛空」。
一 四九四頁上五行「安般」，石作「阿那般那」。
一 四九四頁上九行第一三字「我」，石、麗作「修我」。
一 四九四頁上一〇行第二字「生」，石、麗作「生相」。
一 四九四頁上一〇行第五字「相」，石、麗作「相壞」。
一 四九四頁上一〇行第七字及一三行首字「至」，石作「至修」。
一 四九四頁上一七行首字「昧」，資作「昧無定壞是修般若波羅蜜修有覺有觀三昧」。
一 四九四頁中一八行第五字「念」，石、磧、普、南、徑、清、麗作「念有」。
一 四九四頁中一八行第一四字「有」，資無。中一九行第六字石、磧、普、南、徑、清、麗同。
一 四九四頁中一八行末字「壞」，磧、普、南、徑、清作「斷」。

一　四九四頁下八行第九字「二」，石、資、磧、普、南、徑、清、麗作「二者」。

一　四九四頁下末行首字「釋」，石、磧、普、南、徑、清、麗冠以〔論〕。

一　四九五頁上六行第七字「如」，資、磧、普、南、徑、清作「知」。

一　四九五頁上九行第三字「悲」，資、磧、普、南、徑、清作「大悲」。

一　四九五頁上一二行第二字「色」，石、麗作「色等」。

一　四九五頁中一〇行第一〇字及一五行第一三字「法」，諸本作「諸法」。

一　四九五頁下九行第七字「是」，諸本作「見」。

一　四九五頁下九行第八字「諦」，石無。

一　四九五頁下一六行第三字「是」，石作「諸」；麗作「是諸」。

一　四九五頁下二一行第二字「學」，石、麗作「遍學」。

一　四九六頁上一行「桎梏」，石、麗作「杻械」。

一　四九六頁上一〇行第五字「當」，石、麗作「廣説」。

一　四九六頁上一五行第一二字「是」，石作「諦」。

一　四九六頁中一四行第一〇字「生」，石作「生滅」。

一　四九六頁中二二行第四字「生」，石作「生法」。

一　四九六頁下三行「忍法」，石作「法忍」。

一　四九六頁下九行第一一字「觀」，石、磧、普、南、徑、清、麗作「遍觀」。

一　四九六頁下一一行「□□」，資作「諸法」。

一　四九六頁下一六行第二字「惡」，石作「善」。

一　四九七頁上一行第五字「身」，資、磧、普、南、徑、清無。

一　四九七頁上二〇行第二字「佛」，石、麗作「佛言」。

一　四九七頁上末行第一〇字「法」，石、麗無。

一　四九七頁中一七行第二字「智」，石、磧、普、南、徑、清、麗作「知」，下同。

一　四九七頁中一九行「慧慧」，石、麗作「慧」。

一　四九七頁下七行第七至第九字「無所有」，諸本無。

一　四九八頁上一〇行第六字「般」，石作「若」。

一　四九八頁上二一行第一〇字「若」，石作「若波羅蜜」。

一　四九八頁中八行第七字「故」，石、麗作「故言」。

一　四九八頁中一二行第一一字「能」，石、資、磧、普、南、清、麗作「能修」。

一　四九八頁中二二行第八字「是」，石無。

一　四九八頁中末行第二字「人」，資、磧、普、南、徑、清作「夫」。

一　四九八頁中末行末字「一」，諸本作「二」。

一　四九八頁下三行第一〇字「惱」，

南作「惱諸」。

一　四九八頁下八行「種一切」，諸本作「種智」。

一　四九八頁下一八行第二字「已」，石、麗作「已能」。

一　四九九頁上七行末字「習」，石作「習釋第七十四品竟」。

一　四九九頁上七行後，石換卷，卷第八十七訖，卷第八十八始。

一　四九九頁上八行品名，石作「摩訶般若波羅蜜經順忍品第七十五釋」；資作「大智度論釋次第學品第七十五上」；磧、普、南作「大智度論釋三次第學品第七十五上」；徑、清作「釋三次第學品第七十五之上經作三次第行品」。

一　四九九頁上一八行第一三字「法」，磧、普、南、徑、清作「法相」。

一　四九九頁中九行第一〇字、第一三字及下九行第九字「盡」，石、麗作「滅」。

一　四九九頁下一行第五字「不」，資、磧、普、南、徑、清、麗無。下五行第六字資同。

一　四九九頁下一行第一二字「禪」，資、磧、普、南、徑、清作「諸禪」。

一　四九九頁下一五行首字「言」，石、資、磧、普、南、徑、清作「告」。

一　四九九頁下一五行第一二字「若」，資、磧、普、南、徑、清、麗無。

一　四九九頁下一八行第九字「無」，石、麗作「無所」。

一　五〇〇頁上一行第六字「無」，磧、普、南、徑、清作「無所」。

一　五〇〇頁上四行首字「問」，石、磧、普、南、徑、清、麗冠以〔論〕。

一　五〇〇頁上一五行第一〇字「問」，石、磧、普、南、麗作「門」。

一　五〇〇頁上一九行第五字「若」，石作「若波羅蜜」。

一　五〇〇頁上二〇行第八字「是」，石、麗無。

一　五〇〇頁上二〇行第一二字「無」，石、麗作「若無」。

一　五〇〇頁中一行第六字「無」，普作「無所」；麗作「無法」。

一　五〇〇頁中七行第一二字「法」，資、磧、普、南、徑、清無。

一　五〇〇頁中一一行第四字「智」，石、麗作「知」。

一　五〇〇頁下七行末字至八行首字「是故」，資、磧、普、南、徑、清無。

一　五〇一頁上八行首字「作」，石作「作是」。

一　五〇一頁上一二行第七字「身」，石、麗作「自身」。

一　五〇一頁上一四行第五字「性」，石無。

一　五〇一頁上一八行第五字「今」，石、資、磧、普、南、徑、清作「令」。

一　五〇一頁上一八行「欲惡」，徑作「惡欲」。

一　五〇一頁中一二行末字「難」，資、磧、普、南、徑、清、麗作「有難」。

大智度論釋次第學品第七十五之餘　卷八十七　表

聖者龍樹菩薩造

後秦龜茲國三藏鳩摩羅什譯

須菩提言世尊若菩薩摩訶薩知諸法無所有性因四禪五神通得阿耨多羅三藐三菩提世尊新學菩薩摩訶薩云何於諸法無所有性中次第行次第學次第道以是次第行次第學次第道得阿耨多羅三藐三菩提佛告須菩提菩薩摩訶薩若初從諸佛聞若從多供養諸佛菩薩聞若諸阿羅漢若諸阿那含若諸斯陀含若諸須陀洹所聞得無所有故是佛得無所有故是阿羅漢阿那含斯陀含須陀洹一切賢聖皆已得無所有故有名一切有為作法無所有性乃至無有如毫末許所有是菩薩摩訶薩聞是已作是念若一切法無有性得無所有故是佛乃至得無所有故是須陀洹我若當得阿耨多羅三藐三菩提若不得一切法常無有性我何以不發心得阿耨多羅三藐三菩提得

大智度論卷第八十七　第二張　表字号

阿耨多羅三藐三菩提已一切衆生行於有相當令住無所有中須菩提菩薩摩訶薩如是思惟已發阿耨多羅三藐三菩提心為度一切衆生故菩薩摩訶薩所行次第行次第學次第道者如過去諸菩薩摩訶薩所行道得阿耨多羅三藐三菩提是新發意菩薩應學六波羅蜜所謂檀波羅蜜尸羅波羅蜜羼提波羅蜜毗梨耶波羅蜜禪波羅蜜般若波羅蜜是菩薩摩訶薩若行檀波羅蜜時自行布施亦教人布施讚歎布施功德歡喜讚歎行布施者以是布施因緣故得大財富是菩薩遠離慳心布施衆生食飲衣服香華瓔珞房舍卧具燈燭種種資生所須盡給與之菩薩摩訶薩行是布施及持戒生天人中得大尊貴以是持戒布施故得禪定衆以是布施持戒禪定故得智慧衆解脫衆解脫知見衆是菩薩因是布施持戒禪定衆智慧衆解脫衆解脫知見衆故過聲聞辟支佛地入菩薩位入菩薩位已得淨佛國土成就衆生得

一切種智得一切種智已轉法輪轉法輪已以三乘法度脫衆生生死如是須菩提菩薩以是布施次第行次第學次第道是皆不可得何以故自性無所有故復次須菩提菩薩摩訶薩從初發意自行持戒教人持戒讚歎持戒功德歡喜讚歎行持戒者持戒因緣故生天人中得大尊貴見貧窮者施以財物不持戒者教令持戒乱意者教令禪定愚癡者教令智慧無解脫者教令解脫無解脫知見者教令解脫知見以是持戒禪定智慧解脫解脫知見故過聲聞辟支佛地入菩薩位入菩薩位已得淨佛國土淨佛國土已成就衆生成就衆生已得一切種智得一切種智已轉法輪轉法輪已以三乘法度衆生如是須菩提菩薩以是持戒次第行次第學次第道是事皆不可得何以故一切法自性無所有故復次須菩提菩薩摩訶薩從初以來自行羼提波羅蜜教人行羼提讚歎羼提功德歡喜讚歎行羼提者行羼提波羅蜜時布施衆

生各令滿足教令持戒教令禪定乃至解脫知見以是布施持戒禪定智慧因緣故過阿羅漢辟支佛地入菩薩位中入菩薩位中已得淨佛世界淨佛世界已成就衆生成就衆生已得一切種智得一切種智已轉法輪轉法輪已以三乘法度脫衆生如是須菩提菩薩以羼提波羅蜜次第行次第學次第道是事皆不可得何以故一切法自性無所有故復次須菩提菩薩摩訶薩從初以來自行毗梨耶教人行毗梨耶讚歎行毗梨耶功德歡喜讚歎行毗梨耶者乃至是事不可得自性無所有故復次須菩提菩薩摩訶薩從初以來自入禪入無量心入無色定亦教人入禪入無量心入無色定讚歎入禪入無量心入無色定功德歡喜讚歎行禪無量心無色定者是菩薩住諸禪定無量心布施衆生各令滿足教令持戒教令禪定智慧以是布施禪定智慧解脫解脫知見因緣故過阿羅漢辟支佛地入菩薩位入菩薩位已淨佛世界

淨佛世界已成就衆生成就衆生已得一切種智得一切種智已轉法輪轉法輪已以三乘法度脫一切衆生乃至是事不可得自性無所有故復次須菩提菩薩摩訶薩從初以來行般若波羅蜜布施衆生各令滿足教令持戒禪定智慧解脫解脫知見是菩薩行般若波羅蜜時自行六波羅蜜亦教他人令行六波羅蜜讚歎六波羅蜜功德歡喜讚歎行六波羅蜜者菩薩以是檀波羅蜜尸羅波羅蜜羼提波羅蜜毗梨耶波羅蜜禪波羅蜜般若波羅蜜因緣及方便力過聲聞辟支佛地入菩薩位乃至是事不可得自性無所有故須菩提是名初發意菩薩摩訶薩次第行次第學次第道復次須菩提菩薩摩訶薩次第行次第學次第道菩薩摩訶薩從初以來以一切種智相應心信解諸法無所有性修六念所謂念佛念法念僧念戒念捨念天須菩提云何菩薩摩訶薩修念佛菩薩摩訶薩念佛不以色念不以受想行識念何以故是色

自性無受想行識自性無若法自性無是為無所有何以故無憶故是為念佛復次須菩提菩薩摩訶薩念佛不以三十二相念亦不念金色身不念大光不念八十隨形好何以故是佛身自性無故若法無性是為無所有何以故無憶故是為念佛復次須菩提不應以戒衆念佛不應以定衆智慧衆解脫解脫知見衆念佛何以故是衆無有自性若法無自性是為非法無所念是為念佛復次須菩提不應以十力念佛不應以四無所畏四無㝵智十八不共法念佛不應以大慈大悲念佛何以故是諸法自性無若法自性無是為非法無所念是為念佛復次須菩提不應以十二因緣法念佛何以故是因緣法自性無若法自性無是為非法無所念是為念佛如是須菩提菩薩摩訶薩行般若波羅蜜時應念佛是為菩薩初發意次第行次第學次第道是菩薩摩訶薩次第行次第學次第道中住能具足四念處四正勤四如意足五根五

力七覺分八聖道分脩行空三昧無相無作三昧乃至一切種智諸法性無所有故是菩薩知諸法性無所有是中無有性無無性須菩提云何菩薩摩訶薩應脩念法須菩提菩薩摩訶薩行般若波羅蜜時不念善法不念不善法不念記法無記法不念世間法不念出世間法不念淨法不念不淨法不念聖法不念凡夫法不念有漏法不念無漏法不念欲界繫法色界繫法無色界繫法不念有為法無為法何以故是諸自性無若法自性無是為非法無所念是為念法念法中學無所有性故乃至當得一切種智是菩薩得阿耨多羅三藐三菩提時得諸法無所有性是無所有性中非有相非無相如是須菩提菩薩摩訶薩應脩念法於是法中乃至無少許念何況念法須菩提菩薩摩訶薩云何應脩念僧須菩提菩薩摩訶薩念僧無為法故分別有佛弟子衆是中乃至無有少許念何況念僧如是菩薩摩訶薩應念僧須菩提菩薩

摩訶薩云何應脩念戒須菩提菩薩摩訶薩從初發意已來應念聖戒無缺戒無隙戒無瑕戒無濁戒無著戒自在戒智者所讚戒具足戒隨定戒應念是戒無所有性乃至無少許念何況念戒須菩提菩薩摩訶薩從初發意已來應念捨若自念捨若念他捨若捨財若捨法若捨煩惱觀是捨不可得故乃至無少許念何況念捨如是須菩提菩薩摩訶薩應念捨須菩提云何菩薩摩訶薩應念天須菩提菩薩作是念四天王諸天所有信戒施聞慧此間命終生彼天處我亦有是信戒施聞慧乃至他化自在天所有信戒施聞慧此間命終生彼天處我亦有是信戒施聞慧如是須菩提菩薩摩訶薩應念是天無所有性中尚無少許念何況念天須菩提菩薩摩訶薩於是六念是名次第行次第學次第道尒時須菩提白佛言世尊若一切法無所有性所謂念色乃至識眼乃至意色乃至法是無有性眼界乃至意識界是無所有性檀波

羅蜜乃至般若波羅蜜內空乃至無法有法空四念處乃至八聖道分佛十力乃至一切種智是無所有性世尊若一切法無所有性者是則無道無智無果佛告須菩提汝見是色性實有不乃至一切種智實有不須菩提言不見也世尊佛告須菩提汝若不見諸法實有云何作是問須菩提言世尊我於是法不敢有疑但為當來世諸比丘求聲聞辟支佛道菩薩道者是人當如是言若一切法無所有性誰垢誰淨誰縛誰解是不知不解故而破於戒破正見破威儀破淨命是人破此事故當墮三惡道世尊我畏當來世有如是事以是故問佛世尊我於是法中信不疑不悔

釋曰須菩提伏受佛語一切諸法雖空而能起四禪神通是大菩薩近成佛者能行今未知新發意者云何行是故疑問佛世尊新學菩薩摩訶薩云何於諸法無所有性中次第行次第學次第道用是次第行得阿耨多羅三藐三菩提以次第行次第學

次第道故當知是新發意菩薩雖無量劫發意未得諸法實相皆名新學問曰若如是人是新學但應教行布施持戒等佛何以教令於無所有畢竟空性中行答曰令明始入無所有畢竟空法故令行無所有而是菩薩以無所有畢竟空和合布施持戒等行譬如小兒服藥須蜜乃下是故雖新發意亦觀深空無咎佛答須菩提菩薩若初從諸佛聞若從多供養諸佛者聞諸佛者若過去若現在多供養諸佛者遍告觀世音得大勢菩薩文殊師利彌勒菩薩等四種聲聞聖人義如先說辟支佛不樂說法故不說諸佛等聖人皆因無所有故有是分別聖人雖有定等諸功德皆為涅槃故涅槃即是寂滅相無所有法是故說諸聖人皆因涅槃有是差別一切有為作法從因緣和合起故無有實定性乃至如毫末許所有有為有二種一者色二者無色色法破壞分別乃至微塵無有定實無色法中乃至無有一念定實破義如上說是菩薩

從諸佛聖人聞是法餘人多以著心說諸聖人以無著心說是故但從聖人聞介時次第學菩薩聞是法以比智籌量決定知諸法究竟必空皆入佛所得實相中所謂寂滅無戲論相我若得作佛若不作佛一等無異何以故諸法實相不增不減更無新法可得故法亦不失若度眾生眾生畢竟空本末不可得我所願所作功德及成佛時神通力皆如夢如幻故無一定實相畢竟空得不得雖同我何以不發心作佛問曰若知諸法畢竟空無所有者云何復言我何以不發心作佛答曰畢竟空無所有無所障㝵何妨發心作佛復次說畢竟空滅諸戲論云何障發心若障即是有性云何言無所有性問曰若不障發心亦應不障不發心菩薩何不安住而發心受諸勤苦答曰有人言是菩薩有種種因緣應發心或以多諸親屬知識皆不聞不知不得是諸法實相是故今世後世受諸苦惱我幸有力能使是人得離眾苦譬如人得好良藥

親里知識受諸病苦云何不與是故

菩薩雖知諸法性無所有因親里故而發心利益衆生菩薩復作是念我雖聞諸法實相心未深入未有禪定智慧未熟受諸苦惱是故發心求阿耨多羅三藐三菩提集諸功德以無所有法作證自為亦為他人是菩薩復聞大乘深義住衆生等法等中無別異心可得佛雖復中人及怨都無異心所以者何是菩薩以畢竟空心煩惱微薄怨親平等作是念怨親無定以因緣故親或為怨怨或為親以此大因緣具足忍波羅蜜故得作佛由何而得由忍怨故是以菩薩視怨如親譬如欲過嶮道應當敬重頂戴導師又如良醫雖賤為貴者所重如是思惟籌量分別中人怨家雖於我無用而是佛道因緣是故發阿耨多羅三藐三菩提心是名一種次第行次第學次第道是故以過去菩薩所行為證問曰次第行次第學次第道有何差別荅曰有人言無差別若行若學若道義一而語異有人言初名行中名學後名道行名布施學名

持戒道名智慧復次行名持戒學名禪定道名智慧復次行名正語正業正命學名正精進正念正定道名正見正思惟此八事雖名為道然分別有三分正見是道體餘起是道名正思惟正語正業正命助益正見故名為行正精進正念正定能成就正見使令牢固是名學復次有人言檀波羅蜜毗梨耶波羅蜜名為行初入道故尸羅波羅蜜名為學人心常隨五欲難禁難制無須臾停息漸以尸羅波羅蜜禪波羅蜜制伏其心是故名學羼提波羅蜜般若波羅蜜名為道何以故忍為善般若為智慧善智具足故名道譬如人有眼有足隨意所至如是等名為三事差別問曰何以名次第荅曰以須菩提意若一切法無所有初發心菩薩於是空法中云何能漸次第學以是故說次第諸法雖空難解次第行得力故能得成就譬如緣梯從一初桄漸上上處雖高雖難亦能得至次第行者四種行六波羅蜜如經中說自行檀教人行

檀讚檀功德歡喜讚行檀者善拔慳貪根深愛檀波羅蜜慈悲於衆生通達諸法實相以此因緣故能四種行檀波羅蜜或有人自行布施不能教人布施或畏他瞋或畏為已教布施以之為恩如是等因緣故不能教人或有人教人布施自不能施或有人種種讚歎布施之德勸人令施而不能自行有人自行布施亦教人布施稱讚布施之德而見人布施不能歡喜所以者何或有破戒惡人行施而不喜見有人喜見施主而不讚歎以其邪見不識施果故如是各各不能具足菩薩大悲心深愛善法故能行四事如上說菩薩若但自布施不教他人但能令世少許利益是衆生隨業因緣墮貧窮處是故菩薩教衆生言我不惜財物我雖多施汝汝亦不得持至後世汝今當自作後當自得以布施實功德種種因緣教衆生行施見行施者雖是破戒惡人但念其好心布施之德不念其惡是故歡喜讚

歎復次見三寶無盡福田中施故福不盡必至佛道觀其未來無盡功德故歡喜行是四種布施世世財富是菩薩雖不為財富布施未具足阿耨多羅三藐三菩提六波羅蜜等法間而財富自至辟如人為穀故種禾而稾草自至菩薩得財物報時離慳貪心隨衆生意布施須食與食等問曰是菩薩布施時先施何等人荅曰是菩薩雖因衆生起大悲心而菩薩布施必先供養諸佛大菩薩辟支佛阿羅漢及諸聖人若無聖人次第施持戒精進禪定智慧離欲人若無此人施一切出家佛弟子若無是人次施持五戒行十善道及持一日戒三歸若無此人次施中人非正非邪者若無此人次施五逆惡人及諸畜生不可不與菩薩以施攝一切衆生故有人言應先布施五逆罪人斷善根者貧窮老病下賤乞匃者乃至畜生辟如慈母多有衆子先念羸病給其所須又如菩薩為餓虎欲食子故以身施之問曰如是種種應先施何者荅

曰一切衆生皆是菩薩福田能生大悲故菩薩常欲以阿耨多羅三藐三菩提施衆生何況衣食等而有分別又菩薩得無生忍法平等無差未得無生忍者或慈悲心多或分別心多此二心不得俱行悲心多者先施貧窮惡人作是念種福田中果報雖大憐愍衆生故先利貧者如是田雖不良以慈悲心得大果報分別心者作是念諸佛有無量功德故應先供養以分別諸法着佛身故心小其心雖小福田良故功德亦大若得諸法實相入般若波羅蜜方便力中心得自在二事俱行慈愍衆生又視皆如佛如是等菩薩隨因緣行布施問曰經何以不言與衣食等而言須食與食荅曰有人須食與飲須飲與衣以不稱受者意故福德少故是故言須問曰有人若羞若怖雖有所須不能發言云何知其所須荅曰菩薩觀其相貌隨時所須土地所宜或有知他心者資生之具隨意而與是人因是布施得成戒衆復作是念我憐愍衆生

以衣食布施所益甚少不如持戒常以無惱無畏施於衆生菩薩住是持戒中為守護戒故生禪定心不散清淨故得成慧衆無戲論捨者是慧相以是慧破諸煩惱縛得解脫衆了了知見證解脫故名解脫知見衆是人先行布施及五衆因緣故過聲聞辟支佛地入菩薩位問曰菩薩應行六波羅蜜入菩薩位此中何以說五衆荅曰法雖一以種種異名說是故說五衆無咎是人從一波羅蜜中欲起諸波羅蜜布施為主已先說持戒衆名尸波羅蜜定衆解脫衆名禪波羅蜜慧衆解脫知見衆是般若波羅蜜行諸波羅蜜時能忍諸惡事是名羼提波羅蜜能起諸波羅蜜不休不息是名毗梨耶波羅蜜問曰若尒者何以不但說諸波羅蜜名而說五衆荅曰是人欲入菩薩位此中不但以持戒禪定得和合衆戒清淨戒無盡戒以要言之攝一切戒名為戒衆能破煩惱過二乘入菩薩位辟如一人二人不名為軍和合多人乃成為軍

大智度論卷第八十七　第十八張　隶字号

能破怨敵餘衆亦如是菩薩自得禪定等衆亦令衆生得是名菩薩教化衆生教化衆生已持自功德及衆生功德盡迴向淨佛國具此二法即得一切種智轉法輪以三乘度衆生是名菩薩次第行次第學次第道先麁後細先易後難漸漸習學名為次第餘五波羅蜜亦應隨義分別諸法性雖無所有而隨世諦行為破顛倒故復次念佛等六念是初次第行以易行易得故問曰六念中亦言不以色念佛云何言易答曰有法共行故名為易辟如服苦藥以蜜下之則易六念義如初品中廣說六波羅蜜六念等柔軟易行不生邪見是菩薩次第學法餘三解脫門等思惟籌量或生邪見故不說此中須菩提難世尊若實無所有云何有次第行等佛反問須菩提汝以聲聞智慧見色等法是一定實法不荅言不見色等一切法但從因緣和合假有其名無有定實云何言有佛語須菩提汝若不見實定有云何以次第等難空而次第法

大智度論卷第八十七　第十九張　隶字号

不離於空尒時須菩提受解了了是故說我無所疑為當來世求三乘人聞佛說空無所有性以罪重智鈍故取空相便言誰垢誰淨凡夫惡人何以名垢出家得道人何以名淨是人不解佛語深義以何事而說者是空故言何用持戒等為以是因緣即生邪見破正見破正見故以少因緣而破戒及威儀無所畏忌出家人資仰白衣便妄語求利衣食等破於正命等種此罪故墮三惡道或重於白衣見有是失故問佛我已得道於諸法無所受又常聞佛說空法云何戲論生疑又我常修無諍三昧憐愍衆生是故問佛

大智度論釋一心具萬行品第七十六

須菩提白佛言世尊若一切法性無所有菩薩見何等利益故為衆生求阿耨多羅三藐三菩提佛告須菩提以一切法性無所有故菩薩為衆生求阿耨多羅三藐三菩提何以故須菩提諸有得有者者難可解脫須菩提諸得相者無有道無有果無阿耨多羅三藐三菩提須菩提白佛言世

大智度論卷第八十七　第二十張　隶字号

尊無得相者有道有果有阿耨多羅三藐三菩提不須菩提無所得即是道即是果即是阿耨多羅三藐三菩提法性不壞故若無所得法欲得道欲得果欲得阿耨多羅三藐三菩提為欲壞法性須菩提白佛言世尊若無所得法即是道即是果即是阿耨多羅三藐三菩提云何有菩薩初地乃至十地云何有無生忍法云何有報得神通云何有報得布施持戒忍辱精進禪定智慧住是果報法中能成就衆生能淨佛國土及供養諸佛衣服飲食香華瓔珞房舍卧具燈燭種種資生所須之具乃至得阿耨多羅三藐三菩提不斷是福德乃至般涅槃後舍利及弟子得供養尒乃滅盡佛告須菩提以諸法無所得相故得菩薩初地乃至十地有報得五神通布施持戒忍辱精進禪定智慧成就衆生淨佛國土亦以善根因緣故能利益衆生乃至般涅槃後舍利及弟子得供養須菩提白佛言世尊若諸法無所得相布施持戒忍辱精進

禪定智慧諸神通有何差別佛告須菩提無所得法布施持戒忍辱精進禪定智慧神通無有差別以衆生著布施乃至神通故分別説世尊云何無所得法布施乃至神通無差別須菩提菩薩摩訶薩行般若波羅蜜時不得布施施者受者皆不可得而行布施不得戒而持戒不得忍而行忍不得精進而行精進不得禪而行禪不得智慧而行智慧不得神通而行神通不得四念處而行四念處乃至不得八聖道分而行八聖道分不得空三昧無相無作三昧而行空無相無作三昧不得衆生而成就衆生不得佛國土而淨佛國土不得諸佛法而得阿耨多羅三藐三菩提菩薩摩訶薩應如是行無所得般若波羅蜜菩薩摩訶薩行是無所得般若波羅蜜時魔若魔天不能破壞須菩提白佛言世尊云何菩薩摩訶薩行般若波羅蜜時一念中具足行六波羅蜜四禪四無量心四無色定四念處四正勤四如意足五根五力七覺分八

聖道分三解脱門佛十力四無所畏四無导智十八不共法大慈大悲三十二相八十隨形好佛告須菩提菩薩摩訶薩所有布施不遠離般若波羅蜜所修持戒忍辱精進禪定不遠離般若波羅蜜四禪四無量心四無色定修四念處乃至八十隨形好不遠離般若波羅蜜須菩提白佛言世尊云何菩薩摩訶薩不遠離般若波羅蜜故一念中具足行六波羅蜜乃至八十隨形好佛言菩薩行般若波羅蜜時所有布施不遠離般若波羅蜜不二相持戒時亦不二相修忍辱勤精進入禪定亦不二相乃至八十隨形好亦不二相須菩提白佛言世尊云何菩薩摩訶薩布施時不二相乃至修八十隨形好不二相須菩提菩薩摩訶薩行般若波羅蜜時欲具足檀波羅蜜檀波羅蜜中攝諸波羅蜜及四念處乃至八十隨形好世尊云何菩薩布施時攝諸無漏法佛告須菩提若菩薩摩訶薩行般若波羅蜜住無漏心布施於無漏心中不見相所

謂誰施誰受所施何物以是無相心無漏心斷愛斷慳貪心而行布施是時不見布施乃至不見阿耨多羅三藐三菩提法是菩薩無相心無漏心持戒不見是戒乃至不見一切佛法以无相心無漏心忍辱不見是忍乃至不見一切佛法以无相心無漏心精進不見是精進乃至不見一切佛法以無相心無漏心入禪定不見是禪定乃至不見一切佛法以無相心無漏心修智慧不見是智慧乃至不見一切佛法以無相心無漏心修四念處不見是四念處乃至八十隨形好世尊若諸法無相無作云何具足檀波羅蜜尸波羅蜜羼提波羅蜜毗梨耶波羅蜜禪波羅蜜般若波羅蜜云何具足四念處四正勤四如意足五根五力七覺分八聖道分云何具足空三昧無相無作三昧佛十力四無所畏四無导智十八不共法大慈大悲云何具足三十二相八十隨形好佛告須菩提菩薩摩訶薩行般若波羅蜜以無相心無漏心若布施須食與

食乃至種種所須盡給與之若內若外若支解其身若國城妻子布施衆生若有人來語菩薩言何用是布施為是無所益行般若波羅蜜菩薩作是念是人雖來訶我布施我終不悔我當勤行布施不應不與施已與一切衆生共之迴向阿耨多羅三藐三菩提亦不見是相誰施誰受所施何物迴向者誰何等是迴向法何等是迴向處所謂阿耨多羅三藐三菩提是相皆不可見何以故一切法以內空故空外空故空內外空故空空空有為空無為空畢竟空無始空散空性空一切法空自相空故空如是觀作是念迴向者誰迴向何處用何法迴向是名正迴向尒時菩薩能成就衆生淨佛國土能具足檀波羅蜜尸羅波羅蜜羼提波羅蜜毗梨耶波羅蜜禪波羅蜜般若波羅蜜乃至三十七助道法空無相無作三昧乃至十八不共法是菩薩如是具足檀波羅蜜而不受世間果報辟如他化自在諸天隨意所須即皆得之菩薩亦

如是心生所願隨意即得是菩薩摩訶薩以是布施果報故能供養諸佛亦能滿足一切衆生天及人阿脩羅是菩薩以檀波羅蜜攝取衆生用方便力以三乘法度脫衆生如是須菩提菩薩摩訶薩於無相無得無作諸法中具足檀波羅蜜須菩提菩薩摩訶薩云何於無相無得無作法中具足尸羅波羅蜜須菩提是菩薩摩訶薩行尸波羅蜜時持種種戒所謂聖無漏入八聖道戒自然戒報得戒受得戒心生戒如是等不缺不破不雜不濁不著自在戒智所讚戒用是戒無所取若色若受想行識若三十二相八十隨形好若刹利大姓若婆羅門大姓居士大家四天王天三十三天夜摩天兜率陁天化樂天他化自在天梵衆天光音天遍淨天廣果天無想天無廣天無熱天妙見天喜見天阿迦膩吒天空處天識處天無所有處天非有想非無想處天若須陁洹果若斯陁含果若阿那含果若阿羅漢果若辟支佛道若轉輪聖王若

天王但為一切衆生共之迴向阿耨多羅三藐三菩提以無相無得無二迴向為世俗法故非第一實義是菩薩具足尸羅波羅蜜以方便力起四禪不味著故得五神通因四禪得天眼是菩薩住二種天眼脩得報得得天眼已見東方現在諸佛乃至得阿耨多羅三藐三菩提如所見事不失南西北方四維上下現在諸佛乃至得阿耨多羅三藐三菩提如所見不失是菩薩用天耳淨過於人耳聞十方諸佛說法如所聞不失能自饒益亦益他人是菩薩以知他心智知十方諸佛心及知一切衆生心亦能饒益一切衆生是菩薩用宿命智知過去諸業緣是業因緣不失故是衆生在在處處所生悉知是菩薩用是漏盡智令衆生得須陁洹果乃至阿羅漢果辟支佛道在在處處能令衆生入善法中如是須菩提菩薩摩訶薩於諸法無相無得無作具足尸羅波羅蜜世尊云何諸法無相無作無得菩薩摩訶薩能具足羼提波羅蜜須菩提

大智度論卷第八十七 第十七張 表字号

菩薩摩訶薩從初發意以來乃至坐
道場於其中間若一切衆生來以瓦
石刀杖加是菩薩菩薩是時不起瞋
心乃至不生一念介時菩薩應修二
種忍一者一切衆生惡口罵詈若加
刀杖瓦石瞋心不起二者一切法無
生無生法忍菩薩若人來惡口罵詈
或以瓦石刀杖加之介時菩薩應如
是思惟罵我者誰譏訶者誰打擲者
誰誰有受者即時菩薩應思惟諸法
實性所謂畢竟空無法無衆生諸法
尚不可得何況有衆生如是觀諸法
相時不見罵者不見割截者是菩薩
如是觀諸法相時即得無生法忍云
何名無生法忍知諸法相常不生諸
煩惱從本已來亦常不生是菩薩摩
訶薩住是二忍能具足四禪四無量心
四無色定四念處乃至八聖道分三
解脫門佛十力四無所畏四無导
智十八不共法大慈大悲是菩薩住
是聖無漏出世間法不共一切聲聞
辟支佛具足聖神通住聖神通已以
天眼見東方諸佛是人得念佛三昧

大智度論卷第八十七 第十八張 表字号

乃至阿耨多羅三藐三菩提終不斷
絕南西北方四維上下亦如是是菩
薩用天耳聞十方諸佛所說法如所
聞為衆生說是菩薩亦知十方諸佛
心及知一切衆生念知已隨其心而
說法是菩薩以宿命智知一切衆生
宿世善根為衆生說法令其歡喜是
菩薩以漏盡神通教化衆生令得三
乘是菩薩摩訶薩行般若波羅蜜以
方便力成就衆生具足一切種智得
阿耨多羅三藐三菩提轉法輪如是
須菩提菩薩摩訶薩無相無得無作
法中具足羼提波羅蜜須菩提言世
尊菩薩摩訶薩云何於諸法無相無
作無得能具足毗梨耶波羅蜜佛告
須菩提菩薩摩訶薩行般若波羅蜜
時成就身精進心精進入初禪乃至
入第四禪受種種神通力能分一身
為多身乃至手捫摸日月成就身精
進故飛到東方過無量百千万諸佛
世界供養諸佛飲食衣服醫藥卧具
華香瓔珞種種所須乃至阿耨多羅
三藐三菩提福德果報終不滅盡是

大智度論卷第八十七 第十九張 表字号

菩薩得阿耨多羅三藐三菩提時一
切世間天及人勤設供養衣服飲食
乃至入無餘涅槃後舍利及弟子得
供養亦以是神通力故至諸佛所聽
受法教乃至阿耨多羅三藐三菩提
終不遠失是菩薩修一切種智時淨
佛世界成就衆生如是須菩提菩薩
摩訶薩行般若波羅蜜成就身精進
能具足毗梨耶波羅蜜須菩提云何
菩薩成就心精進能具足毗梨耶波
羅蜜須菩提菩薩摩訶薩心精進以
是心精進聖無漏入八聖道分精進
不令身口不善業得入亦不取諸法
相若常若無常若苦若樂若我若無
我若有為若無為若欲界若色界若
無色界若有漏性若無漏性若初禪
乃至第四禪若慈悲喜捨若無邊虛
空處乃至非有想非無想處若四念
處若四正勤四如意足五根五力七
覺分八聖道分若空無相無作若佛
十力乃至十八不共法不取相若常
若無常若苦若樂若我若無我若須
陁洹果斯陁含果阿那含果若阿羅

漢果辟支佛道若菩薩道若阿耨多羅三藐三菩提若是須陁洹斯陁含阿那含阿羅漢若是辟支佛是菩薩是佛不取相是衆生斷三結故得須陁洹是衆生三毒薄故得斯陁含是是衆生斷下分結故得阿那含是衆生斷上分結故得阿羅漢是衆生以辟支佛道故作辟支佛是衆生行道種智故名菩薩亦不取是諸法相何以故所可以性取相是性無故是菩薩以是心精進故廣利益衆生亦不得衆生是為菩薩具足毗梨耶波羅蜜具足諸佛法淨佛國土成就衆生不可得故是菩薩身修精進心精進成就故攝取一切諸善法是法亦不著故從一佛國至一佛國為利益衆生所作神通隨意無㝵若雨諸華若諸名香若作伎樂若動大地若放光明若示七寶莊嚴國土若現種種身若放大智光明令知聖道令遠離欲生乃至邪見或以布施利益衆生或以持戒或支解身體或以妻子或以國土或以已身給施隨所方便利益

衆生如是須菩提菩薩摩訶薩行般若波羅蜜無相無作無得諸法中用身心精進能具足毗梨耶波羅蜜世尊云何菩薩摩訶薩行般若波羅蜜住無相無作無得法中能具足禪波羅蜜須菩提菩薩摩訶薩除佛諸禪定餘一切諸禪三昧皆能具足是菩薩離諸欲諸惡不善法離生喜樂有覺有觀入初禪乃至入第四禪以是慈悲喜捨心遍滿一方乃至十方一切世間遍滿是菩薩過一切色相滅有對相不念別異相故入無邊空處乃至入非有想非無想處是菩薩於禪波羅蜜中住逆順入八背捨九次第定入空三昧無相無作三昧或時入無相三昧或時入如電光三昧或時入聖正三昧或時入如金剛三昧是菩薩住禪波羅蜜中修三十七助道法用道種智入一切禪定過乾慧地性地八人地見地薄地離欲地已辦地辟支佛地入菩薩位入菩薩位已具足佛地是諸地中行乃至阿耨多羅三藐三菩提不中道取道果是菩

薩住是禪波羅蜜中從一佛國至一佛國供養諸佛從諸佛所殖諸善根淨佛國土從一國至一國利益衆生以布施攝取衆生或以持戒或以三昧或以智慧或以解脫或以解脫知見攝取衆生教衆生令得須陁洹果斯陁含果阿那含果阿羅漢果辟支佛道諸有善法能令衆生得道皆教令得是菩薩住此禪波羅蜜中能生一切陁羅尼門得四無㝵智報得神通是菩薩終不入母人胞胎終不受五欲無生不生雖生不為生法所汙何以故是菩薩見一切作法如幻而利益衆生亦不得衆生及一切法教衆生令得無所得處是世俗法故非第一實義住是禪波羅蜜一切行禪定解脫三昧乃至阿耨多羅三藐三菩提終不離禪波羅蜜是菩薩行如是道種智時得一切種智斷一切煩惱習斷已自益其身亦益他人自益益他人為一切世間天及人阿修羅作福田如是須菩提菩薩摩訶薩行般若波羅蜜時具足無相禪波羅蜜

世尊云何菩薩摩訶薩行般若波羅蜜時住無相無作無得法中修具足般若波羅蜜須菩提菩薩摩訶薩行般若波羅蜜時於諸法不見定實相是菩薩見色不定非實相乃至見識不定非實相不見色生乃至不見識生若不見色生乃至不見識生一切法若有漏若無漏不見來處不見去處亦不見集處如是觀時不得色性乃至識性亦不得有漏無漏法性是菩薩行般若波羅蜜時信解一切諸法無所有相如是信解已行內空乃至無法有法空於諸法無所著若色受想行識乃至阿耨多羅三藐三菩提是菩薩行無所有般若波羅蜜能具足菩薩道所謂六波羅蜜乃至三十七助道法佛十力四無所畏四無导智十八不共法三十二相八十隨形好是菩薩住空淨佛道中所謂六波羅蜜三十七助道法報得神通以是法饒益衆生宜以布施攝教令布施宜以戒攝教持戒宜以禪定智慧解脱解脱知見攝教修禪定智慧解脱解

脱知見宜以諸道法教者教令得須陁洹果得斯陁含果阿那含果阿羅漢果辟支佛道宜以佛道化者令得菩薩道具足佛道如是等隨其所應道地而教化之各令得所是菩薩現種種神通力時過無量恒河沙國土度脱衆生隨其所須皆化給之各令滿足從一國土至一國土見淨妙國土以自莊嚴已佛國土辟如他化自在天中資生所須隨意自至亦如諸淨佛國離於求欲是人以是報得檀波羅蜜尸羅波羅蜜羼提波羅蜜毗梨耶波羅蜜禪波羅蜜般若波羅蜜報得五神通行菩薩道種智成就一切功德當得阿耨多羅三藐三菩提是菩薩亦時不受色行乃至識不受一切法若善若不善若世間若出世間若有漏若無漏若有為若無為如是一切法皆不受是菩薩得阿耨多羅三藐三菩提時國土一切所有資生之物皆無有主何以故菩薩行一切法不受以不可得故如是須菩提菩薩摩訶薩無相法中能具足般若

波羅蜜

問曰問者荅者俱言無所有云何分别知是問是荅

荅曰所言法雖一而心異問者以著心問荅者以無著心荅須菩提意謂無所有中不應發心須菩提為聽者著心故作是問諸法空中不見菩薩發者不見衆生可利益者不見阿耨多羅三藐三菩提是故於無所有法中作難若一切法無所有性菩薩見何利故發心須菩提於菩薩衆生阿耨多羅三藐三菩提中不疑但問無所有法佛荅正以無所有空故發心若無所有空菩薩衆生阿耨多羅三藐三菩提亦皆空無所有云何起難若衆生菩薩及阿耨多羅三藐三菩提離無所有空者可有是難如先說畢竟空於諸法無所障导何妨發心佛還以所有空破須菩提所問亦復自說因緣須菩提著心者難得解脱是人從無始生死中來以一切煩惱故深著諸法聞有亦著聞空亦著得失亦著如是衆生難可勉出是故菩薩

發無上道心自以相好嚴身得梵音
聲有大威德知衆生三世心根本以
種種神通力因緣譬喻為說無所有
法空解脫門引導其心衆生見如是
希有事即時其心柔軟信佛受法是
故經說着有者難得解脫有所得者
無道無果無阿耨多羅三藐三菩提須
菩提問世尊若有所得者無道無果
無阿耨多羅三藐三菩提無所得者有
道有果不佛荅無所有即是道即是
果即是阿耨多羅三藐三菩提若人
不分別是有所得是無所得入諸法
實相畢竟空中是亦無所得即是道
即是果即是阿耨多羅三藐三菩提
不破壞諸法實相故法性即是諸法
實相須菩提意謂法性正行邪行常
不可破壞何以佛言不壞法性是道
是果佛荅法性雖不可破壞衆生邪
行故名為破壞如虛空雲霧土塵雖
不能染亦名不淨如人實欲染汙虛
空是人為欲染汙法性無是事故佛
說譬喻若人欲壞法性是人為欲於
無所有法中得道得果得阿耨多羅

三藐三菩提須菩提白佛若無所有
即是道云何有十地等諸菩薩法如
經廣說問曰此事佛已先荅所謂若
法空菩薩見何事故發心今言若法
空云何有初地等佛皆以空荅令須
菩提何以更問
荅曰以衆生著心難解故更問是衆
中有新發意菩薩聞是諸法實相空
即生著心佛破其著亦著所破法須
菩提為是人故更問佛荅須菩提以
無所得故有初地乃至般涅槃後舍
利得供養有所著中不可說初地及
諸功德亦以無所得因緣故從布施
乃至諸神通無有差別無有差別故
不應難須菩提復問云何無所得布
施乃至諸神通無有差別佛荅菩薩
從初發心已來似阿耨多羅三藐三菩
提寂滅相布施畢竟空所謂不得施
者受者財物而行布施如是布施中
無有分別乃至不得菩提而得阿耨
多羅三藐三菩提亦如是是名菩薩
行無所得般若波羅蜜行是無所得
般若波羅蜜魔若魔天不能破壞一

念中行六波羅蜜者
問曰須菩提何以故問一念中行六
波羅蜜等諸功德
荅曰須菩提從佛聞般若波羅蜜甚
深無所有相於諸法中無导相若令
者則無所不能無事不作云何菩薩
一念中能攝六波羅蜜乃至八十隨
形好初發心時以著有無心重故漸
漸次第行令有無巻捨故無所不能
是故問佛荅菩薩不離般若波羅蜜
行布施等諸功德無障导故能一念
中行若遠離般若波羅蜜則漸漸次
第行須菩提問云何名不離佛荅菩
薩不以二相行布施等復問云何不
以二相佛荅菩薩行般若波羅蜜時
欲具足檀波羅蜜於布施一念中攝
一切善法如先說何等是一念所謂
菩薩得無生法忍斷一切煩惱除諸
憶想分別安住無漏心中布施一切
無漏心是無相相菩薩住是心中不
見誰施誰受誰物離一切相心布施
不見有一法乃至阿耨多羅三藐三
菩提尚不見何況餘法是名不二相

乃至八十隨形好亦如是須菩提更以異事問此義世尊諸法無相無作無起云何能具足檀波羅蜜等乃至八十隨形好佛答菩薩無相無作法中不取相故無障导心布施須食與食等經中已委悉又先品中亦廣說是故更不解無漏無相六波羅蜜有二種一者得無生法忍菩薩所行二者未得無生法忍菩薩所行得無生法忍菩薩所行如此中所說何以故住無相無漏心中行布施等諸法故

問曰生身菩薩貪惜未除故割截甚痛是則為難得無生法忍菩薩如化人所作割截無痛有何恩分

答曰得無生法忍菩薩行是六波羅蜜為難所以者何得無生法忍寂滅心應入涅槃樂而捨此寂滅樂入衆生中受種種身或為賤人或為畜生等是則為難生身菩薩貪愛未除著佛身故以身布施是為悕望非清淨施是故不如復次行無漏無相六波羅蜜是時能具足有漏有相則不能具足是故能具足者有大恩分

大智度論卷第八十七

大智度論卷八十七

校勘記

一　底本，金藏廣勝寺本。

一　五〇五頁中一行經名，石無；資、磧、普、南、徑、清作「大智度論卷第八十七」。

一　五〇五頁中三行後，資有品名「釋三次品第七十五品下」；磧、普、南有品名「釋三次第學品第七十五下」；四本均有夾註「訖第七十六品」；徑、清品名作「釋三次第學品第七十五之下」。

一　五〇五頁中四行首字，五一一頁中一六行首字「須」，石、磧、普、南、徑、清、麗冠以「經」。

一　五〇五頁中四行「菩薩」，石作「諸菩薩」。

一　五〇五頁中一五行「已得空」，資、磧、普、南、徑、清作「得」；麗作「以得」。

一　五〇五頁中一八行第一一字「有」，石、麗作「所有」。
一　五〇五頁中一九行第二字「有」，磧、普、南、徑、清作「有性」。
一　五〇五頁下一二行第四字「人」，石作「他人行」；麗作「人行」。
一　五〇五頁下一二行第九、一〇字「布施」，石、麗作「行布施」。
一　五〇五頁下一五行「食飲」，石、磧、普、南、徑、清、麗作「飲食」。
一　五〇六頁上一三行「聲聞」，石作「阿羅漢」。
一　五〇六頁上一七行第八字「度」，麗作「度脱」。
一　五〇六頁中一行第二字「各」，資、磧、普、南、徑、清作「各各」。
一　五〇六頁中四行「世界」，石作「國土」，下同。
一　五〇六頁中一二行首字「耶」，石、麗作「耶波羅蜜」。
一　五〇六頁下一一行「菩薩」，資、磧、普、南、徑、清、麗作「是菩薩」。
一　五〇六頁下一九行第一二字「解」，資、磧、普、南、徑、清無。
一　五〇七頁上五行「大光」，磧、普、南、徑、清、麗作「丈光」。
一　五〇七頁上九行第五字「脱」，資、磧、普、南、徑、清、麗作「脱衆」。
一　五〇七頁上一一行第五字「念」，麗作「有念」。
一　五〇七頁中一二行第八字「諸」，資、磧、普、南、徑、清、麗作「諸法」。
一　五〇七頁中末行第八字「念」，石、麗作「修念」。
一　五〇七頁下九行第四字「故」，資、磧、普、南、徑、清無。
一　五〇七頁下一九行第五字「於」，石、麗作「行」。
一　五〇七頁下二二行第一三字「有」，石、麗作「所有」。
一　五〇八頁上一七行「釋曰」，石、磧、普、南、徑、清、麗冠以〔論〕。
一　五〇八頁上一七行第六字「伏」，資、磧、普、南、徑、清作「信」。
一　五〇八頁上二〇行第九字「學」，石、麗作「發意」。
一　五〇八頁中四行第一〇字「於」，石、麗作「於諸法」。
一　五〇八頁中一二行第五字「告」，石、資、磧、普、南、麗作「吉」。
一　五〇八頁中一六行第六字「定」，資、磧、普、南、徑、清、麗作「禪定」。
一　五〇八頁中一九行「和合」，石、麗作「和合生」。
一　五〇八頁下九行第一〇字「願」，資、磧、普、南、徑、清作「聞」。
一　五〇八頁下一五行「作佛」，資、磧、普、南、徑、清無。
一　五〇八頁下末行第一三字「食」，資、麗無。
一　五〇九頁上一四行「是以」，石作「以是」。
一　五〇九頁上一四行末字「視」，資、磧、普、南、徑、清作「觀」。
一　五〇九頁上一六行末字「重」，石作「念」。

一五〇九頁上一七行「中人」，石作「又」。

一五〇九頁中一二行末字「羅」，石無。

一五〇九頁中二一行第九字「得」，石、磧、普、南、徑、清作「法」。

一五一〇頁上一行末字「福」，麗作「施福」。

一五一〇頁上五行末字「間」，諸本作「中間」。

一五一〇頁上一〇行第一、二字「菩薩」，石作「菩薩布施」。

一五一〇頁上一九行第九字「罪」，石作「惡」。

一五一〇頁中七行第八字「福」，資、磧、普、南、徑、清作「種」。

一五一〇頁中九行第一二字「心」，石、磧、普、南、徑、清、麗作「心多」。

一五一〇頁中一一行第六字「著」，石、麗作「取著」。

一五一〇頁中一八行第九字「故」，石、麗無。

一五一〇頁中一八行第一三字「須」，徑、清、麗作「須食與食」。

一五一〇頁下四行第一一字「著」，石、麗作「諸著」。

一五一〇頁下四行末字「根」，諸本作「相」。

一五一〇頁下一八行第一〇字「名」，石作「名布施」。

一五一一頁上四行第八字「國」，資、磧、普、南、徑、清作「國土」。

一五一一頁中一〇行第一四字「此」，石作「是」。

一五一一頁中一四行末字「佛」，石下有夾註「釋第七十五品竟」，至此，卷第八十八終，卷八十九始。

一五一一頁中一五行「大智度論釋一心」，石作「摩訶般若波羅蜜經一心」；資、磧、普、南作「大智度論釋一念」；徑、清作「釋一念」，並於品名末有夾註「經作一念品」。

一五一一頁中一九行首字「以」，磧、普、南、徑、清作「知」。

一五一一頁中二二行第一二字，五一二頁上五行第一一字「無」，磧、普、南、徑、清作「無有」。

一五一二頁上一三行「無相」，石作「無相三昧」。

一五一二頁上一五行首字「得」，石、磧、普、南、徑、清作「得淨」。

一五一二頁上一六行「菩薩」，諸本作「須菩提菩薩」。

一五一二頁中二一行「布施」，石作「有布施」。

一五一二頁中二二行末字「住」，石、麗作「時住」。

一五一二頁下四行「無相」，諸本作「以無相」。

一五一二頁下六行及七行「以无相」，資、磧、普、南、徑、清作「無相」。

一五一二頁下一一行第二字「修」，資、磧、普、南、徑、清作「修習」。

一五一二頁下一五行「尸波羅蜜」，石作「尸羅波羅蜜」。

一五一二頁下一九行「無相」，石作

「無相三昧」。

一　五一二頁下末行第九字「若」，諸本無。

一　五一三頁上一一行末字「以」，石、麗作「皆以」。

一　五一三頁上二一行「如是」，石、麗作「能如是」。

一　五一三頁中一〇行第三字「尸」，石、麗作「尸羅」。

一　五一三頁中一一行第七字「戒」，石、麗作「分戒」。

一　五一三頁中一六行「四天王」，石、麗作「若四天王」。

一　五一三頁中一九行第五字「廣」，資、磧、普、南、徑、清、麗作「煩」。

一　五一三頁下五行第四字「著」，石作「不著」。

一　五一三頁下一三行第二字「益」，石作「鏡益」。

一　五一三頁下一六行「緣是業」，石、磧、普、南、徑、清、麗作「因緣是諸業」。

一　五一四頁上九行第一二字至一〇行首字「打擲者誰」，石作「誰打擲者」。

一　五一四頁上一〇行第六字「即」，磧、普、南、徑、清作「是」。

一　五一四頁中一一行第二字「至」，石作「至得」。

一　五一四頁中二一行第一三字「是」，資、磧、普、南、徑、清無。

一　五一四頁中五行末字「而」，石、麗作「而爲」。

一　五一四頁中二二行「華香」，徑作「香華」。

一　五一四頁中末行第一二字「滅」，石、麗作「可」。

一　五一四頁下末行第一二字「若」，磧、普、南、徑、清無。

一　五一五頁上一行「辟支佛」，石、磧、普、南、徑、清作「若辟支佛」。

一　五一五頁上五行末字「是」，諸本無。

一　五一五頁上九行第一二字「法」，資、磧、普、南、徑、清無。

一　五一五頁上一〇行第三字「所」，資、磧、普、南、徑、清、麗作「不」。

一　五一五頁上一二行首字「得」，石、麗作「得是」。

一　五一五頁上一四行第九字「修」，諸本無。

一　五一五頁上二二行第四字「或」，石作「或以」。

一　五一五頁上末行第二字「土」，磧、普、南、徑、清作「城」。

一　五一五頁中六行「佛諸」，石作「諸佛」。

一　五一五頁中一二行第一三字「空」，石、麗作「虛空」。

一　五一五頁中一五行「無相」，石作「無相三昧」。

一　五一五頁中一六行「入無相三昧或時」，石、麗無。

一　五一五頁中一九行第三字「用」，資、磧、普、南、徑、清作「助」。

一　五一五頁下三行「一國」，石、磧、

一　五一五頁下一〇行末字「神」，石作「諸神」。

一　五一五頁下二一行第三字「人」，諸本作「己」。

一　五一五頁下末行「具足」，石、麗作「能具足」。

一　五一六頁上二二行第四字「教」，諸本作「教令」。

一　五一六頁上末行「攝教」，資、磧、普、南、徑、清作「教」；麗作「攝教令」。

一　五一六頁中三行第一三字「令」，石、麗作「教令」。

一　五一六頁中一四行第九字「道」，資、磧、普、南、徑、清作「道道」。

一　五一六頁中一六行第九字「行」，石、麗作「法」。

一　五一六頁中二一行第一〇字「故」，石、麗作「故是」。

一　五一六頁下二行首字「問」，石、磧、普、南、徑、清、麗冠以〔論〕。

一　五一六頁下三行「知是問」，資、磧、普、南、徑、清作「如是問如」。

一　五一六頁下七行末字「發」，諸本作「發心」。

一　五一六頁下一〇行第二字「難」，石、麗作「難者」。

一　五一六頁下一三行第一一字「故」，石、磧、普、南、徑、清、麗作「故能」。

一　五一六頁下一九行「所有」，諸本作「無所有」。

一　五一六頁下二二行首字「深」，資、磧、普、南、徑、清作「染」。

一　五一七頁上一七行「何以」，石作「何以故」。

一　五一七頁上二二行第一二字「爲」，資、磧、普、南、徑、清無。

一　五一七頁中一行「白佛」，石、磧、普、南、徑、清作「白佛言」。

一　五一七頁中八行首字「中」，清作「生」。

一　五一七頁中一七行第三字「發」，資無。

一　五一七頁中一七行第七字「似」，磧、普、南、徑、清作「以」。

一　五一七頁下九行第五字「今」，資、磧、普、南、徑、清作「令」。

一　五一七頁下一三行第一〇字「不」，石、磧、普、南、徑、清、麗作「不遠」。

一　五一七頁下二〇行第七字「相」，磧、普、南、徑、清作「心」。

一　五一八頁上末行末字「分」，石下有夾註「釋第七十六品竟」。

一　五一八頁中經名，石此處不分卷，故無。

大智度論釋六喻品第七十七　卷八十八　表

聖者龍樹造

後秦龜茲國三藏鳩摩羅什譯

須菩提白佛言世尊云何無相不可分別自相空諸法中具足修六波羅蜜所謂檀波羅蜜尸羅波羅蜜羼提波羅蜜毗梨耶波羅蜜禪波羅蜜般若波羅蜜世尊云何無異法中而分別說異相云何般若波羅蜜攝檀尸羼精進禪云何行異相法以一相道得果佛告須菩提菩薩摩訶薩住五陰如夢如響如影如焰如幻如化住是中行布施持戒修忍辱勤精進入禪定修智慧知是五陰實如夢如響如影如焰如幻如化五陰如夢無相乃至如化無相何以故夢無自性響影焰幻化皆無自性若法無自性是法無相若法無相是法一相所謂無相以是因緣故須菩提當知菩薩布施無相受者無相能如是知布施是能具足檀波羅蜜乃至能具足般若波羅蜜能具足四念處乃至八聖

道分能具足內空乃至無法有法空能具足空三昧無相無作三昧能具足八背捨九次第定五神通五百陀羅尼門能具足佛十力四無所畏四無导智十八不共法是菩薩住是報得無漏法中飛到東方無量國土供養諸佛衣服飲食乃至隨其所須而供養之亦利益衆生應以布施攝者而布施攝之應以持戒攝者教令持戒應以忍辱精進禪定智慧攝者教令忍辱精進禪定智慧而攝取之乃至應以種種善法攝者以種種善法而攝取之是菩薩成就是一切善法受世間身不為世間生死所汙為衆生故於天人中受尊貴富樂以是尊貴富樂攝取衆生是菩薩知一切法無相故知須陀洹果亦不於中住知斯陀含果阿那含果阿羅漢果亦不於中住知辟支佛道亦不於中住何以故是菩薩用一切種智知一切法已應當得一切種智不與聲聞辟支佛共如是須菩提菩薩摩訶薩知一切法無相已知六波羅蜜無相乃至

知一切佛法無相復次須菩提菩薩摩訶薩住五陰如夢如響如影如焰如幻如化能具足無相尸羅波羅蜜是戒不缺不破不雜不著聖人所讚無漏戒入八聖道分住是戒中持一切戒所謂名字戒自然戒律儀戒作戒無作戒威儀戒非威儀戒是菩薩成就諸戒不作是願我以此戒因緣故生剎利大姓婆羅門大姓居士大家若小王家若轉輪聖王家若四天王天處生若三十三天夜摩天兜率陁天化樂天他化自在天不作是願我持戒因緣故當得須陁洹果斯陁含果阿那含果阿羅漢果辟支佛道何以故一切法無相所謂一相無相法不能得無相法有相法不能得有相法無相法不能得有相法有相法不能得無相法如是須菩提菩薩摩訶薩行般若波羅蜜時能具足無相尸羅波羅蜜而入菩薩位入菩薩位已得無生法忍行道種智得報得五神通住五百陁羅尼門得四無㝵智從一佛國至一佛國供養諸佛成就衆

生淨佛國土雖入五道中生死業報不能染汙須菩提譬如化轉輪聖王雖坐卧行住不見來處不見去處不見住處坐處卧處而能利益衆生亦不得衆生菩薩亦如是須菩提譬如須扇多佛得阿耨多羅三藐三菩提為三乘轉法輪無有得菩薩記者化作佛已捨壽命入無餘涅槃須菩提菩薩亦如是行般若波羅蜜時能具足尸羅波羅蜜具足尸羅波羅蜜已攝一切善法復次須菩提菩薩摩訶薩行般若波羅蜜時住五陰如夢如響如影如焰如幻如化具足無相羼提波羅蜜世尊云何菩薩摩訶薩具足無相羼提波羅蜜須菩提菩薩摩訶薩住二忍中能具足羼提波羅蜜何等二忍生忍法忍從初發意乃至坐道場於其中間若一切衆生來罵詈麁惡語或以瓦石刀杖加是菩薩是菩薩欲具足羼提波羅蜜故乃至不生一念惡是菩薩如是思惟罵我者誰割我者誰以惡言加我以瓦石刀杖害我者誰何以故是菩薩於一切法得無

相忍故云何作是念是人罵我害我若菩薩摩訶薩如是行能具足羼提波羅蜜以是羼提波羅蜜具足故得無生法忍須菩提白佛言世尊云何為無生法忍是忍何所斷何所知佛告須菩提得法忍乃至不生少許不善法是故名無生忍一切菩薩所斷煩惱盡是名斷用智慧知一切法不生是名知須菩提白佛言世尊諸聲聞辟支佛無生法忍菩薩無生法忍有何等異佛告須菩提諸須陁洹若智若斷是名菩薩忍斯陁含若智若斷是名菩薩忍阿那含若智若斷是名菩薩忍阿羅漢若智若斷是名菩薩忍辟支佛若智若斷是名菩薩忍是為異須菩提菩薩摩訶薩成就是忍勝一切聲聞辟支佛住是報得無生忍中行菩薩道能具足道種智具足道種智故常不離三十七助道法及空無相無作三昧常不離五神通不離五神通故能成就衆生淨佛國土成就衆生淨佛國土已當得一切種智如是須菩提菩薩摩訶薩具足

大智度論卷第八十八　第六張　表字号

無相羼提波羅蜜復次須菩提菩薩摩訶薩住無相五陰如夢如響如影如焰如幻如化行身精進心精進以身精進故起神通起神通故到十方國土供養諸佛饒益衆生以身精進力教化衆生令住三乘如是須菩提菩薩摩訶薩行般若波羅蜜能具足無相精進波羅蜜是菩薩以心精進聖無漏精進入八聖道分中能具足毗梨耶波羅蜜是毗梨耶波羅蜜皆攝一切善法所謂四念處四正勤四如意足五根五力七覺分八聖道分四禪四無量心四無色定八解脫九次第定佛十力四無所畏四無导智十八不共法是中菩薩行是法應具足一切種智具足一切種智已斷一切煩惱習具足滿三十二相身放無等無量光明放光明已三轉十二行法輪法輪轉故三千大千世界六種震動光明遍照三千大千世界三千大千世中衆生聞說法聲皆以三乘法而得度脫如是須菩提菩薩摩訶薩住精進波羅蜜中能大饒益及能

大智度論卷第八十八　第七張　表字号

具足一切種智復次須菩提菩薩住無相五陰如夢如響如影如焰如幻如化能具足禪波羅蜜世尊云何菩薩住五陰如夢如響如影如焰如幻如化能具足禪波羅蜜須菩提菩薩摩訶薩入初禪乃至第四禪入慈悲喜捨無量心入無邊虛空處乃至非有想非無想處入空三昧無相無作三昧入如電光三昧入如金剛三昧入聖正三昧除諸佛三昧諸餘三昧若共聲聞辟支佛三昧皆證皆入亦不受三昧味亦不受三昧果何以故是菩薩知是三昧無相無所有性當云何於無相法受無相法味無所有法受無所有法味若不受味則不隨禪定力生若色界若無色界何以故是菩薩不見是二界亦不見是禪亦不見入禪者亦不見用法入禪者若不得是法即能具足無相禪波羅蜜菩薩用是禪波羅蜜能過聲聞辟支佛地須菩提白佛言世尊云何菩薩具足無相禪波羅蜜故能過聲聞辟支佛地佛告須菩提菩薩善學內空

大智度論卷第八十八　第八張　表字号

善學外空乃至善學無法有法空於是諸空無法可住處若須陁洹果若斯陁含果阿那含果阿羅漢果乃至一切種智是諸空亦空菩薩摩訶薩行如是諸空能入菩薩位中須菩提白佛言世尊云何菩薩摩訶薩位云何非位須菩提一切有所得是非菩薩位一切無所得是菩薩位世尊何等是有所得何等是無所得須菩提色是有所得受想行識是有所得眼耳鼻舌身意乃至一切種智有所得是非菩薩位須菩提菩薩位者是諸法不可示不可說何等法不可示不可說若色乃至一切種智何以故須菩提色性是不可示不可說乃至一切種智性是不可示不可說須菩提如是名菩薩位是菩薩入位中一切禪定三昧具足尚不隨禪定三昧力生何況住婬怒癡於中起罪業生菩薩但住如幻法中饒益衆生亦不得衆生及如幻法若無所得是時能成就衆生淨佛國土如是須菩提是名菩薩具足無相禪波羅蜜乃至能轉

法輪所謂不可得法輪復次須菩提菩薩摩訶薩行般若波羅蜜知一切法如夢如響如焰如影如幻如化須菩提白佛言世尊菩薩摩訶薩云何知一切法如夢如響如影如焰如幻如化須菩提菩薩摩訶薩行般若波羅蜜時不見夢不見見夢者不見響不見聞響者不見影不見見影者不見焰不見見焰者不見幻不見見幻不見化不見見化者何以故是夢響影焰幻化皆是凡夫愚人顛倒法故阿羅漢不見夢不見見夢者乃至不見化不見見化者辟支佛菩薩摩訶薩諸佛亦不見夢不見見夢者乃至不見化亦不見見化者何以故一切法無所有性不生不定若法無所有性不生不定菩薩摩訶薩當云何行般若波羅蜜是中取生相定相是處不然何以故若諸法少多有性有生有定不名般若波羅蜜如是須菩提菩薩摩訶薩行般若波羅蜜不著色乃至不著識不著欲色無色界不著諸禪解脫三昧不著四念處乃至

八聖道分不著空三昧無相無作三昧不著檀波羅蜜尸羅波羅蜜羼提波羅蜜毗梨耶波羅蜜禪波羅蜜般若波羅蜜不著故能具足菩薩初地於初地中亦不生著何以故是菩薩不得是地云何生貪著乃至十地亦如是是菩薩行般若波羅蜜亦不得般若波羅蜜若行般若波羅蜜時不得般若波羅蜜是時見一切法皆入般若波羅蜜中亦不得是法何以故是諸法與般若波羅蜜無二無別何以故諸法入如法性實際故無分別須菩提白佛言世尊若諸法無分別云何說是善是不善是有漏是無漏是世間是出世間是有為是無為須菩提於汝意云何諸法實相中有法可說是善不善乃至是有為是無為是須陁洹果乃至阿羅漢是辟支佛是菩薩是阿耨多羅三藐三菩提不世尊不可說也須菩提以是因緣故當知一切法無相無分別無生無定不可示須菩提我本行菩薩道時亦無有法可得性若色若受想行識乃

至若有為若無為須陁洹果乃至阿耨多羅三藐三菩提如是須菩提菩薩摩訶薩行般若波羅蜜從初發意乃至阿耨多羅三藐三菩提應善學諸法性善學諸法性是名阿耨多羅三藐三菩提道行是道能具足六波羅蜜成就衆生淨佛國土住是法中得阿耨多羅三藐三菩提以三乘法度脫衆生亦不著三乘如是須菩提菩薩摩訶薩以無相法應學般若波羅蜜

問曰須菩提問佛若諸法無相無分別云何差別說六波羅蜜佛還答菩薩住是如夢五衆中能具足六波羅蜜須菩提以空問佛還以空答此問答云何得別異荅曰須菩提問若諸法空今眼見菩薩行六波羅蜜作佛佛荅凡人遠實智慧取相見菩薩行六波羅蜜作佛着是空法故難菩薩雖住五衆住五衆如幻如夢空法中亦以空心行布施是故雖行諸法具足波羅蜜不妨於空譬如雲霧遠視則見近之則無所見凡人亦如是遠實相

故見諸佛菩薩近實相故見皆空是中具足行諸善法是人常修無漏清淨波羅蜜故轉身還報得無漏波羅蜜報得名更不修行自然而得辟如報得眼根自然能見色得是報得無漏波羅蜜已能變身作無量阿僧祇身於十方佛所具足聞諸佛甚深法度脫十方衆生漸漸淨佛世界隨願作佛問曰若諸法空無相云何分別云何得知行檀波羅蜜等各各具足餘波羅蜜荅曰行者雖不自分別而諸佛菩薩説其行檀行尸具足諸行如聲聞人入見諦無漏無相無分別法中餘聖人亦數其所入法知諸法實相所謂無相相是名正見正見得力已名爲正行是時不惱衆生不作諸惡是名正語正業正命是時雖無所説亦無所造而名爲正語正業所以者何是名深妙正語正業所謂畢竟不惱衆生故是中發心有所造作是名精進繫念緣中是名正念攝心一處是名正定見身受心法實相是

名四念處乃至七覺意亦如是於四念處中亦如八直聖道中諸聖人爲數菩薩亦如是行是無相檀波羅蜜能具足尸波羅蜜等諸善法如檀波羅蜜尸波羅蜜等攝諸善法亦如是問曰上品中以一波羅蜜具諸波羅蜜此無相攝一切法有何差別荅曰上以一念中能具諸波羅蜜此以諸法雖空無相而能具諸波羅蜜爲異

大智度論釋四攝品第七十八

須菩提白佛言世尊若諸法如夢如響如影如焰如幻如化無有實事無所有性自相空者云何分別是善法是不善法是世間法是出世間法是有漏法是無漏法是有爲法是無爲法是法能得須陁洹果能得斯陁含果阿那含果阿羅漢果能得辟支佛道能得阿耨多羅三藐三菩提佛告須菩提凡夫愚人得夢得見夢者乃至得化得見化者起身口意善業不善業無記業起福業若起罪業作不動業是菩薩摩訶薩行般若波羅蜜住二空中畢竟空無始空爲衆生説

法作是言諸衆生是色空無所有受想行識空無所有十二入十八界空無所有色是夢受想行識是夢十二入十八界是夢是響是影是焰是幻是化受想行識亦如是十二入十八界是夢是響是影是焰是幻是化是中無陰入界無夢亦無見夢者無響亦無聞響者無影亦無見影者無焰亦無見焰者無幻亦無見幻者無化亦無見化者一切法根本實性無所有汝等於無陰中見陰無入見有入無界見有界是一切法皆從因緣和合生以顛倒心起屬業果報汝等何以故於諸法空無根本中而取根本相是時菩薩摩訶薩行般若波羅蜜以方便力故於慳法拔出衆生教行檀波羅蜜持是布施功德得大福報從大福報拔出教令持戒持戒功德生天上尊貴處復拔出令住初禪初禪功德生梵天處二禪三禪四禪無邊空處識處無所有處非有想非無想處亦如是衆生行是布施及布施果報持戒及持戒果報禪定及禪定

果報因緣種種拔出安置無餘涅槃及涅槃道中所謂四念處四正勤四如意足五根五力七覺分八聖道分空解脫門無相無作解脫門八背捨九次第定佛十力四無所畏四無导智十八不共法安隱眾生令住聖無漏法無色無形無對法中有可得須陁洹果者安隱教化令住須陁洹果可得斯陁含果阿那含阿羅漢果辟支佛道者令住斯陁含果阿那含果阿羅漢果辟支佛道可得阿耨多羅三藐三菩提者安隱教化令住阿耨多羅三藐三菩提中須菩提白佛言世尊諸菩薩摩訶薩甚希有難及能行是深般若波羅蜜諸法無所有性畢竟空無始空而分別諸法是善是不善是有漏是無漏乃至是有為是無為佛告須菩提如是如是諸菩薩摩訶薩甚希有難及能行是深般若波羅蜜諸法無所有性畢竟空無始空而分別諸法須菩提汝等若知是菩薩摩訶薩希有難及法則知一切聲聞辟支佛不能報何況餘人須

菩提白佛言世尊何等是菩薩摩訶薩希有難及法諸聲聞辟支佛所無有佛告須菩提一心諦聽有菩薩摩訶薩行般若波羅蜜住報得六波羅蜜中及住報得五神通三十七助道法住諸陁羅尼諸無导智到十方世界可以布施度者以布施攝之可以持戒度者以持戒攝之可以忍辱精進禪定智慧度者隨其所應而攝取之可以初禪度者以初禪攝取之可以二禪三禪四禪無邊空處無邊識處無所有處非有想非無想處度者隨所應而攝取之可以慈悲喜捨心度者以慈悲喜捨心攝取之可以四念處四正勤四如意足五根五力七覺分八聖道分空三昧無相無作三昧度者隨而攝之世尊菩薩摩訶薩云何以布施饒益眾生須菩提菩薩行般若波羅蜜時布施隨其所須飲食衣服車馬香華瓔珞種種所須盡給與之若供養佛辟支佛阿羅漢阿那含斯陁含須陁洹無異若施入正道中人及凡人下至禽獸皆無分別

等一布施何以故一切法不異不分別故是菩薩無異無別布施已當得無分別報所謂一切種智須菩提若菩薩摩訶薩見乞匂者若生是心佛是福田我應供養禽獸非福田不應供養是非菩薩法何以故菩薩摩訶薩發阿耨多羅三藐三菩提心不作是念是眾生應以布施饒益是不應是眾生布施因緣故生刹利大姓婆羅門大姓居士大家乃至以是布施因緣以三乘度之令入無餘涅槃若眾生來從菩薩乞亦不生異心分別應與是不應與是何以故是菩薩為是眾生故發阿耨多羅三藐三菩提心若分別簡擇便墮諸佛菩薩辟支佛學無學人一切世間天及人訶責處誰請汝救一切眾生汝為一切眾生舍一切眾生護一切眾生依而分別簡擇應與不應與復次若菩薩摩訶薩行般若波羅蜜人若非人來欲求乞菩薩身體支節是時不應生二心若與若不與何以故是菩薩摩訶薩為眾生故受身眾生來取何可

不與我以饒益衆生故受是身衆生不乞自應與之何況乞而不與菩薩摩訶薩行般若波羅蜜應如是學復次須菩提菩薩摩訶薩見有乞者應生是念是中誰與誰受所施何物是一切法自性皆不可得以畢竟空故空相法無與無奪何以故畢竟空故內空故外空內外空大空第一義空自相空故住是諸空布施是時具足檀波羅蜜具足檀波羅蜜故若斷內外法時作是念截我者誰割我者誰復次須菩提我以佛眼見東方恒河沙等諸菩薩摩訶薩入大地獄令火滅湯冷以三事教化一者神通二者知他心三者說法是菩薩以神通力令大地獄火滅湯冷知他心以慈悲喜捨隨意說法是衆生於菩薩生清淨心從地獄得脫漸以三乘法得盡苦際南西北方四維上下亦如是復次須菩提我以佛眼觀十方世界見如恒河沙等國土中諸菩薩為諸佛給使供給諸佛隨意受樂恭敬若諸佛所說盡能受持乃至阿耨多羅三

藐三菩提終不忘失復次須菩提我以佛眼觀十方如恒河沙等國土中諸菩薩摩訶薩為畜生故捨其壽命割截身體分散諸方諸有衆生食是諸菩薩摩訶薩宍皆愛敬菩薩以愛敬故即得離畜生道值遇諸佛聞佛說法如說修行漸以三乘聲聞辟支佛佛法於無餘涅槃而般涅槃如是須菩提諸菩薩摩訶薩所益甚多教化衆生令發阿耨多羅三藐三菩提心如說修行乃至於無餘涅槃而般涅槃復次須菩提我以佛眼見十方如恒河沙等國土中諸菩薩摩訶薩除諸餓鬼飢渴苦是諸餓鬼皆愛敬菩薩以愛敬故得離餓鬼道值遇諸佛聞諸佛說法如說修行漸以三乘聲聞辟支佛佛法而般涅槃乃至無餘涅槃如是須菩提菩薩摩訶薩為度衆生故行大悲心復次須菩提我以佛眼見諸菩薩摩訶薩在四天王天上說法在三十三天夜摩天兜率陁天化樂天他化自在天上說法諸天聞菩薩說法漸以三乘而得滅度須

菩提是諸天衆中有貪著五欲者是菩薩示現火起燒其宮殿而為說法作是言諸天一切有為法悉皆無常誰得安者復次須菩提我以佛眼觀十方世界見如恒沙等國土中諸梵天著於邪見諸菩薩摩訶薩教令遠離邪見作是言汝等云何於空相虛妄諸法中而生邪見如是須菩提菩薩摩訶薩住大慈心為衆生說法須菩提是為諸菩薩希有難及法復次須菩提我以佛眼觀十方世界如恒河沙等國土中諸菩薩摩訶薩以四事攝取衆生何等為四布施愛語利益同事云何菩薩以布施攝衆生須菩提菩薩以二種施攝取衆生財施法施何等財施攝取衆生須菩提菩薩摩訶薩以金銀琉璃頗梨真珠珂貝珊瑚等諸寶物或以飲食衣服財具房舍燈燭華香瓔珞若男若女若牛羊象馬車乘若以己身給施衆生語衆生言汝等若有所須各來取之如取己物莫得疑難是菩薩施已教三歸依歸依佛歸依法歸依僧或教

受五戒或教一日戒或教初禪乃至教非有想非無想定或教慈悲喜捨或教念佛念法念僧念捨念天或教不淨觀或教安那般那觀或相或觸或教四念處四正勤四如意足五根五力七覺分八聖道分空三昧無相無作三昧八背捨九次第定佛十力四無所畏四無导智十八不共法大慈大悲三十二相八十隨形好或教須陁洹果斯陁含果阿那含果阿羅漢果或教辟支佛道或教阿耨多羅三藐三菩提如是須菩提菩薩摩訶薩行般若波羅蜜以方便力教衆生財施已後教令得無上安隱涅槃須菩提是名菩薩摩訶薩希有難及法須菩提菩薩云何以法施攝取衆生須菩提法施有二種一者世間二者出世間何等為世間法施敷演顯示世間法所謂不淨觀安那般那念四禪四無量心四無色定如是等世間法諸餘共凡夫所行法是名世間法施是菩薩如是世間法施已種種因緣教化令遠離世間法遠離世間法

已以方便力令得聖無漏法及聖無漏法果何等是聖無漏法何等是聖無漏法果聖無漏法者三十七助道法三解脫門聖無漏法果者須陁洹果乃至阿羅漢果辟支佛道阿耨多羅三藐三菩提復次須菩提菩薩摩訶薩聖無漏法須陁洹果中智慧乃至阿羅漢果中智慧辟支佛道中智慧三十七助道法中智慧六波羅蜜中智慧乃至大慈大悲中智慧如是等一切法若世間若出世間智慧若有漏若無漏若有為若無為是法中一切種智是名菩薩摩訶薩聖法何等為聖無漏法果斷一切煩惱習是名聖無漏法果須菩提白佛言世尊菩薩摩訶薩得一切種智不佛言如如是如是須菩提菩薩摩訶薩得一切種智須菩提言菩薩與佛有何等異佛言有異菩薩摩訶薩得一切種智是名為佛所以者何菩薩心與佛心無有異菩薩住是一切種智中於一切法無不照明是名菩薩摩訶薩世間法施須菩提菩薩摩訶薩因世

間法施得出世間法施如是須菩提菩薩摩訶薩教衆生令得世間法以方便力教令得出世間法須菩提何等是菩薩出世間法不共凡夫法同所謂四念處四正勤四如意足五根五力七覺分八聖道分三解脫門八背捨九次第定佛十力四無所畏四無导智十八不共法三十二相八十隨形好五百陁羅尼門是名出世間法須菩提云何為四念處菩薩摩訶薩觀內身循身觀外身循身觀內外身循身觀勤精進以一心智慧觀身集因緣觀身滅觀身集生滅行是道無所依於世間無所受受心法念處亦如是須菩提云何為四正勤未生惡不善法為不生故勤生欲精進生惡不善法為斷故勤生欲精進未生善法為生故勤生欲精進生諸善法為增長修具足故勤生欲精進是名四正勤須菩提云何為四如意足欲三昧斷行成就初如意足精進三昧心三昧思惟三昧斷行成就如意足云何為五根信根精進根念根定根

慧根云何為五力信力精進力念力定力慧力云何為七覺分念覺分擇法覺分精進覺分喜覺分除息覺分定覺分捨覺分云何為八聖道分正見正思惟正語正業正命正精進正念正定云何為三昧空三昧門無相無作三昧門云何為空三昧以空行無我行攝心是名空三昧云何為無相三昧以寂滅行離行攝心是為無相三昧云何為無作三昧無常行苦行攝心是為無作三昧云何為八背捨內色相外觀色是初解脫內無色相外觀色是二解脫淨解脫是三解脫過一切色相滅有對相不念一切異相故觀無邊虛空入無邊空處乃至過一切非有想非無想處入滅受想解脫是名八背捨云何九次第定行者離欲惡不善法相有覺有觀離生喜樂入初禪第二第三第四乃至過非有想非無想處入滅受想定是名九次第定云何為佛十力是處不是處如實知衆生過去未來現在諸業諸受法知造業處知因緣知報諸

禪定解脫三昧定垢淨分別相如實知他衆生諸根上下相知他衆生種種欲解知世間種種無數性知一切到道相知種種宿命一世乃至無量劫如實知天眼見衆生乃至生善惡道漏盡故無漏心解脫如實知是為佛十力云何為四無所畏佛作誠言我是一切正智人若有沙門婆羅門若天若魔若梵若復餘衆如實言是法不知乃至不見是微畏相以是故我得安隱得無所畏安住聖主處在大衆中師子吼能轉梵輪諸沙門婆羅門若天若魔若梵若復餘衆實不能轉一無畏也佛作誠言我一切漏盡若沙門婆羅門若天若魔若梵若復餘衆如實言是漏不盡乃至不見是微畏相以是故我得安隱得無所畏安住聖主處在大衆中作師子吼能轉梵輪諸沙門婆羅門若天若魔若梵若復餘衆實不能轉二無畏也佛作誠言我說障法若有沙門婆羅門若天若魔若梵若復餘衆如實言受是法不障道乃至不見是微畏

相以是故我得安隱得無所畏安住聖主處在大衆中師子吼能轉梵輪諸沙門婆羅門若天若魔若梵若復餘衆實不能轉三無畏也佛作誠言我所說聖道能出世間隨是行能盡苦若有沙門婆羅門若天若魔若梵若復餘衆如實言行是道不能出世間不能盡苦乃至不見是微畏相以是故我得安隱得無所畏安住聖主處在大衆中師子吼能轉梵輪諸沙門婆羅門若天若魔若梵若復餘衆實不能轉四無畏也云何為四無㝵智一者義無㝵智二者法無㝵智三者辭無㝵智四者樂說無㝵智云何義無㝵智緣義智慧是為義無㝵智云何法無㝵智緣法智慧是為法無㝵智云何為辭無㝵智緣辭智慧是為辭無㝵智云何為樂說無㝵智緣樂說智慧是為樂說無㝵智云何為十八不共法一者諸佛身無失二者口無失三念無失四無異相五無不定心六無不知捨心七欲無減八精進無減九念無減十慧無減十一解

脫無減十二解脫知見無減十三一切身業隨智慧行十四一切口業隨智慧行十五一切意業隨智慧行十六智慧知過去世無㝵十七智慧知未來世無㝵十八智慧知現在世無㝵云何三十二相一者足下安平立平如奩底二者足下千輻輞輪輪相具足三者手足指長勝於餘人四者手足柔軟勝餘身分五者足跟廣具足滿好六者手足指合縵網勝於餘人七者足趺高平好與跟相稱八者伊泥延鹿蹲䏶纖好如伊泥延鹿王九者平住兩手摩膝十者陰藏相如馬王象王十一者身縱廣等如尼俱盧樹十二者一一孔一毛生色青柔軟右旋十三者毛上向青色柔軟右旋十四者金色相其色微妙勝閻浮檀金十五者身光面一丈十六者皮薄細滑不受塵垢不停蚊蚋十七者七處滿兩足下兩手中兩肩上項中皆滿字相分明十八者兩腋下滿十九者上身如師子二十者身廣端直二十一者肩圓好二十二者 四十齒

二十三者齒白齊密而根深二十四者四牙最白而大二十五者方頰車如師子二十六者味中得上味咽中二處津液流出二十七者舌大軟薄能覆面至耳髮際二十八者梵音深遠如迦蘭頻伽聲二十九者眼色如金精三十者眼睫如牛王三十一者眉間白毫相軟白如兜羅綿三十二者頂髻肉成是三十二相佛身成就光明遍照三千大千世界若欲廣照遍滿十方無量阿僧祇世界為衆生故受丈光若放無量光則無日月時節歲數佛音聲遍滿三千大千世界若欲大聲則遍滿十方無量阿僧祇世界隨衆多少音聲遍至問曰上已來處處說諸法性空云何分別有善不善須菩提何以從後已來品品中義無異而作種種名問答曰是事上已答復次衆生從無始生死已來著心深難解故須菩提復作是重問復次是般若波羅蜜欲說是空義要故數問復次佛在世時衆生利根易悟佛滅度五百年後像法中衆生愛著

佛法墮著法中言若諸法皆空如夢如幻何以故有善不善以是故須菩提憐愍未來衆生鈍根不解故重問世尊若諸法皆空云何分別有善不善等此中佛自說因緣凡夫顛倒心故於法皆作顛倒異見乃至不見一法是實凡人於夢法者夢得夢見夢者亦著夢中所見事是人若不信罪福起三種不善業若信罪福起三種善業善不善不動善名欲界中善法喜樂果報不善名憂悲苦惱果報不動名生色無色界因緣業菩薩知是三種業皆是虛誑不實住二空中為衆生說法畢竟空破諸法無始空破衆生相住中道為衆生說法所謂五衆十二入十八界皆是空如夢如幻乃至如化是法中無夢亦無見夢者菩薩語衆生汝等於空法顛倒心故生諸著如經中廣說是菩薩方便力故於顛倒中拔出衆生著破顛倒法中辟如慳貪是顛倒以布施破慳法而衆生著是布施故為說布施果報無常實空從布施拔出衆生令持戒

持戒及持戒果報中拔出衆生語衆生言天福盡時無常苦惱拔出衆生令離欲行禪定而為說禪定及果報虛誑不實能令人墮顛倒中種種因緣為說布施持戒禪定無常過失令住涅槃得涅槃方便所謂四念處乃至十八不共法令衆生住是法中若布施持戒禪定是定實法則不應令遠離如布施持戒等破凡夫法此則因顛倒而生雖少時益衆生久則變異能生苦惱故亦教令捨離菩薩方便力故先教衆生捨罪稱讚持戒布施福德次復為說持戒布施亦未免無常苦惱然後為說諸法空但稱讚寶法所謂無餘涅槃是時須菩提歡喜甚希有菩薩能如是知是諸法實相所謂畢竟空而為衆生說法令至無餘涅槃佛言是一種希有問欲更知菩薩希有法一切聲聞辟支佛不能報是菩薩何況餘人須菩提問何等是更有希有法佛答如經中說問曰經中教令布施持戒禪定今復更說有何等異答曰先說生身菩薩今

說變化身先說一國土今說無量世界如是等差別問曰若菩薩知佛是福田衆生非福田是非菩薩法菩薩以何力故能令佛與畜生等答曰菩薩以般若波羅蜜力故一切法中修畢竟空心是故於一切法無分別如畜生五衆十二入十八界和合生名為畜生佛亦如是從諸善法和合假名為佛若人憐愍衆生得無量福德於佛者心起諸惡因緣得無量罪是故知一切法畢竟空故不輕畜生不著心貴佛復次諸法實相是一切法無相是無相中不分別是佛是畜生若分別即是取相是故等觀復次菩薩有二法門一者畢竟空法門二者分別好惡法門入空法則得等觀入分別法門諸阿羅漢辟支佛尚不及佛何況畜生為其輕衆生不憐愍布施故教不分別問曰菩薩身非木石云何衆生來割截而不生異心答曰有人言菩薩久修羼提波羅蜜故能不愁惱如羼提仙人被截手足血皆為乳有人言菩薩無量世來深修大

慈悲心故雖有割截亦不愁憂譬如草木無瞋心有人言菩薩深修般若波羅蜜轉身得般若波羅蜜果報空心故了了知空割截身時心亦不動如外物不動內亦如是得般若果報故於諸法中無所分別有人言是菩薩非生死身是出三界法性生身住無漏聖心果報中故身如木石而能慈念割截者是菩薩能生如是心故割截劫奪內外法時其心不動是為菩薩希有法復次希有法者如經中我以佛眼見十方如恒河沙等世界中菩薩入地獄中令火滅湯冷以三事教化衆生如經中說問曰若爾者不應有三惡道答曰三惡道衆生無邊無量菩薩雖無邊無量衆生倍多無量菩薩隨衆生可度因緣若於三惡道中有餘功德者菩薩則度重罪者則不見菩薩菩薩一相無分別心故不一一求覓衆生譬如大赦及者得脫不及者則不蒙問曰若衆生割截菩薩或食其肉應當有罪云何得度答曰此菩薩本願若有衆生啖我

肉者當令得度如經中說衆生食善薩肉者則生慈心譬如有色聲香觸人聞見則喜復有聞見則瞋味亦如是有瞋者有起慈心者如毗摩羅鞊經服食香飯七日得道者有不得者非以敢肉故得度以起發慈心故得免畜生生善處值佛得度有菩薩於無量阿僧祇劫深行慈心外物給施衆生意猶不滿并自以身布施尒乃足滿如法華經中藥王菩薩外物珎寶供養佛意猶不滿以身為燈供養於佛尒乃足滿復次人得外物雖多不以為恩所以者何非所愛重故得其身時乃能驚感是故以身布施菩薩又為天上諸天說法如經中廣說人以四事攝之布施愛語利益同事布施有二事如經中廣說問曰何以略說餘四道而廣說人道中法答曰三惡道中苦多故衆生少疑若見菩薩大神通希有事則直信愛著得度諸天有天眼故自見罪福因緣菩薩少現神足則解人以肉眼不見罪福因緣果報又多著外道邪師及邪見

經書諸煩惱有二分一者屬見二者屬愛若但有一事則不能成大罪三毒人得邪見力能盡作重惡邪見人得貪欲瞋恚能大作罪事如須陁洹雖有三毒無邪見故不作墮三惡道重罪是故人中多有三毒邪見又眼不見罪福因緣故難度難度故多說問曰若尒者於四事中何以多說布施餘三略說答曰布施中攝三事故以財施法施教化衆生則無所不攝復次四事中初廣開布施則知餘三亦如是問曰若尒者何以略說財施而廣說法施答曰財施少法施廣故所以者何財施有量果報法施無量果報財施欲界繫欲界報法施亦三界繫果報亦是出三界果報財施能與三界富樂法施能與涅槃常樂又財施從法施生聞法則施故復次財施果報但富樂無種種法施亦有富樂亦有餘事乃至佛道涅槃果報以是等因緣故廣說法施二施義如經中佛自廣說問曰經中須菩提何以故言菩薩得一切種智不答曰須菩

提意若菩薩時得一切種智則不名菩薩云何未得佛而能得一切種智得一切種智故名為佛若先作佛何用一切種智為佛答今得一切種智名為菩薩已得一切種智名為佛菩薩時具足佛因緣生心欲得一切種智得已名為佛真實之言菩薩不得佛亦不得所以者何菩薩未得佛得已竟更不復得世俗法故說菩薩今得佛得已竟第一義中則無一切法何況佛及菩薩又經中言佛心不異菩薩菩薩不異佛心次第相續不斷故又二心如無異無分別故問曰九次第定三十二相八十隨形好此是世間共有法何以故名為出世間不共法答曰四禪四無色定滅受想名九次第滅受定但聖人能得四禪四無色定從初禪起更不雜餘心而入二禪從二禪乃至滅受定念念中受不雜餘心名為次第凡夫是罪人鈍根云何能得三十二相如轉輪聖王提婆達難陁所得相名字雖同而威德具足淨潔得處則不同於佛如先

分別轉輪聖王佛相不同中說又是相聖無漏法果報故自在隨意無量無邊轉輪聖王等相是福德業因緣不能自在有量有限復次提婆達難陁有三十相無三十二轉輪聖王雖有三十二無威德不具足不得處與愛等煩惱俱八十隨形好具足唯佛菩薩有之餘人正可有少許或指纖長或失膜有如是等無威德之好不足言是故說言出世間不共凡夫法無咎

問曰從初來處處說諸法五衆乃至一切種智不說是三十二相八十隨形好今經欲竟何以品品中說

答曰佛有二種身法身生身於二身中法身為大法身大所益多故上來廣說今經欲訖故生身義應當說是故今說復次是生身相好莊嚴是聖無漏法果報今次第說上雜諸波羅蜜說四念處等諸法義如先說十力等是佛法甚深義今當更略說

問曰佛十力者若惣相說則一力所謂一切種智力若別相說千万億種

力隨法為名今何以但說十力

答曰佛實有無量智力但以衆生不能得不能行故不說是十力可度衆生事辦所以者何佛用是處非處力定知一切法中因果所謂行惡業墮惡道有是處行惡業生天上無是處善亦如是不離五蓋不修七覺得道者無有是處離五蓋修七覺得道有是處餘九盡入此力中佛以此力籌量十方六道中衆生可度者不可度者可度者以種種因緣神通變化而度脫之不可度者於此人中修捨心辟如良醫觀其病相審定知其可活則治之不可活者則捨之度衆生方便者所謂二力業力定力求其業因緣生處人以業因緣故受身縛著世間禪定因緣故得解脫行者必應求善提何生由何而滅是故用二力業力有二分一者淨業能断惡業二者垢業淨業名禪定解脫諸三昧不淨業者能於三界中受身人有二種結根為受身故作業利根為滅身故作業問曰若尒者何以不皆令作淨業

答曰以衆生根有利鈍故問曰衆生何因緣故有利鈍答曰以有種種欲力故惡欲衆生常入惡故鈍欲名嗜好嗜好罪事生惡業故鈍善欲者樂道修助道法故利問曰衆生何以不皆作善欲答曰是故佛說世間種種性惡性善性惡性者惡欲惡欲故根鈍如火熱性水濕性不應責其所以問曰惡欲即是惡性有何差別而作二力答曰性先有欲得因緣而生辟如先有瘡得觸因緣則血出性在內欲在外性重欲輕性難除欲易捨性深欲淺用性作業必當受報用欲作業不必受報有如是等差別復有人言欲常習增長遂成為性性亦能生欲是人若今世若後世常習是欲則成為性住是性中作惡作善若住善性則可度若住惡性則不可度佛既知衆生二種性已知其果報善道惡道種種差別惡性者墮三惡道善性者有四種道人天阿修羅涅槃道問曰一切到處道力與天眼力有何差別答曰天眼但見生死時此中未死

時知見因知果天眼見現前罪福果是名一切到處道力問曰聲聞辟支佛亦得涅槃亦能化衆生何以無是力荅曰是故說後三力三世中衆生事盡能通達遍知以宿命力一切衆生過去事本末悉知以天眼生死智力故一切衆生未來世中無量事盡能遍知作是知已知現世中衆生可度者為說漏盡法以是故但佛有此力二乘所無如有一人即日應得阿羅漢舍利弗日中時語言無得道因緣捨而不度晡時佛以宿命神通見過八万劫前得道因緣令應成就晡時說法即得阿羅漢道復次佛以初力知衆生可度不可度相以第二力知衆生為三障所覆無覆者以第三力知衆生禪定解脫淨不淨者以第四力知衆生根有利有鈍能通法性不通者以第五力知衆生利鈍根因緣善惡欲以第六力知二欲因緣種種性以第七力知衆生利鈍根善惡果報處七種道以第八力知衆生宿世善惡業障不障以第九力知衆

生今世未可度未來世生處可度以第十力知是人以空解脫門入涅槃無相無作門入涅槃知是人於見諦道思惟道中念念中斷若干結使以是十力籌量衆生所應受緣而為說法是故說法初無空言問曰佛智慧無量身相亦應無量又佛身勝諸天王何以正與轉輪聖王同有三十二相荅曰三十二相不多不少義如先說復次有人言佛菩薩相不定如此中說隨衆生所好可以引導其心者為現又衆生不貴金而貴餘色琉璃頗梨金剛等如是世界人佛則不現金色觀其所好則為現色又衆生不貴纖長指及網縵以長指剎爪為羅剎相以網縵為水鳥相造事不便如著手衣何用是為如罽賓國弥帝䫫力利菩薩手網縵其父惡以為恠以刀割之言我子何緣如鳥有人不好肩圓大以為似腫有以腹不現無腹如餓相亦有人以青眼為不好但好白黑分明是故佛隨衆生所好而為現相好如是等無有常定有人言此

三十二相實定以神通力變化身隨衆生所好而為現相有人言佛有時神通變化有時隨世界處生當生處不得言神通變化又於三千大千世界中隨可度衆生處生則為現相如密迹經中說或現金色或現銀色或日月星宿色或長或短隨可引導衆生則為現相隨此閻浮提中天竺國人所好則現三十二相天竺國人于今故治肩圓令厚大頭上皆以有結為好如人相中說五處長為好眼耳若日月是故佛手足有千輻輪纖長指鼻高好舌廣長而薄如是等皆勝於先所貴者故起恭敬心有國土佛為現千万相或無量阿僧祇相或五六三四相隨天竺所好故現三十二相八十種隨形好

大智度論卷第八十八

大智度論卷八十八

校勘記

一　底本，金藏廣勝寺本。

一　五二三頁中一行經名，石作「摩訶般若波羅蜜經釋六喻品第七十七」；資、磧、普、南、徑、清作「大智度論卷第八十八」。

一　五二三頁中三行後，資、磧、普、南、徑、清有品名「釋六喻品第七十七」，下有夾註「訖第七十八品上」（清無夾註）。

一　五二三頁中四行及五二七頁中一一行首字「須」前，石、普、南、徑、清、麗冠以「經」。

一　五二三頁中二〇行第四字「相」，石、麗作「相施者無相」。

一　五二三頁下二行第八字、五二五頁中八行第一二字、五二六頁中一行第一一字、五二八頁中一六行第一一字、五三〇頁上六行末字「相」，石作「相三昧」。

一　五二四頁上四行第八字「雜」，石作「離」。

一　五二四頁中七行第一二字「作」，石、麗作「作化」。

一　五二四頁中八行首字「捨」，石、麗作「捨身」。

一　五二四頁中一〇行第一二字「攝」，石、麗作「攝取」。

一　五二四頁中二一行第一三字「割」，石、麗作「害」。

一　五二四頁下七行第八字「忍」，石、麗作「法忍」。

一　五二四頁下一七行第一〇字「住」，石、麗作「住如」。

一　五二五頁上一三行「解脱」，石作「背捨」。

一　五二五頁上一五行第七字「中」，石、麗無。

一　五二五頁上一九行及二〇行、五二七頁上九行、五二八頁中六行末字至七行首字、五三二頁中一〇行及一一行、五三三頁中一行末字至二行首字、五三六頁下三行「世界」，石作「國土」。

一　五二五頁上二一行第三字「世」，石作「國土」；資、麗作「世界」。

一　五二五頁中六行第八字及七行第一三字「至」，石、麗作「至入」。

一　五二五頁中末行「菩薩」，石作「是菩薩摩訶薩」。

一　五二五頁下二一行「及如幻法」，石作「亦不得幻法」。

一　五二六頁上三行「焰如影」，石作「影如焰」。

一　五二六頁上九行末字「幻」，石、磧、普、南、徑、清、麗作「幻者」。

一　五二六頁上二〇行第五字「名」，石、普、南、徑、清、麗作「名修」。

一　五二六頁中九行第九字「見」，石、普、南、徑、清作「不見」。

一　五二六頁中一三行第一一字「法」，資、磧、普、南、徑、清、麗作「法無相」。

一　五二六頁中一六行第三字「於」，

資、磧無。

一　五二六頁中一七行第五字「不」，普、南、徑、清作「是不」。

一　五二六頁中一八行第七字「至」，石、普、南、徑、清、麗作「至是」。

一　五二六頁下五行第八字「性」，石、普、南、徑、清、麗作「性故」。

一　五二六頁下一二行首字及五三二頁中一五行第一一字「問」，石、普、南、徑、清、麗冠以〔論〕。

一　五二六頁下二〇行首字「住」，徑、清作「在」。

一　五二六頁下二二行「波羅」，麗作「六波羅」。

一　五二七頁上七行第八字「身」，石、普、南、徑、清、麗作「一身」。

一　五二七頁中四行第四字及五行第三字「尸」，資、磧、普、南、徑、清作「尸羅」。

一　五二七頁中九行末字「異」後，石有夾註「釋第七十七品竟」。至此，石卷第八十九終，卷第九十始。

一　五二七頁中一〇行品名，石作「摩訶般若波羅蜜經四攝品第七十八釋之一」；徑、清作「釋四攝品第七十八之上」。

一　五二七頁下四行第六字「夢」，諸本作「夢色」。

一　五二七頁下一〇行第九字「根」，石、普、南、徑、清、麗作「無根」。

一　五二七頁下一一行第八字「見」，石、麗作「見有」。

一　五二七頁下一六行第八字「法」，石、普、南、徑、清作「法中」。

一　五二七頁下二一行第四字「識」，石、麗作「無邊識」。

一　五二八頁上一行「因緣種種」，石作「種種因緣」。

一　五二八頁上九行第九字「含」，石、資、徑、麗作「含果」。

一　五二八頁上一二行第六字「者」，石、麗作「者亦」。

一　五二八頁中一三行第二字「所」，諸本作「其所」。

一　五二八頁中一七行第五字「而」，石、麗作「所」。

一　五二八頁中二二行第九字「無」，石、麗作「等無有」；資、磧、普、南、徑、清作「等無」。

一　五二八頁下二行第九字「別」，普、南、徑、清作「分別」。

一　五二八頁下三行第四字「報」，石、麗作「法報」。

一　五二八頁下九行首字「是」，石、普、南、徑、清、麗作「布施是」。

一　五二八頁下九行第九字「生」，石、麗作「應生」。

一　五二八頁下一一行第六字「度」，諸本作「法度」。

一　五二八頁下二〇行第一〇字「人」，石、普、南、徑、清、麗作「時若人」。

一　五二九頁上四行第四字「提」，石作「提若」。

一　五二九頁上一〇行首字及第七字「檀」，石作「檀那」。

一　五二九頁上一二行第一二字「方」，

石、晉、南、徑、清作「方如」。
一 五二九頁上二二行第四字「給」，石、麗作「養」。
一 五二九頁中五行第七字「肉」，石、徑、麗作「肉者」。
一 五二九頁下五行第八字「沙」，石、資、晉、徑、麗作「河沙」。
一 五二九頁下一三行第八字「爲」，資、磧、晉、南、徑、清無。
一 五二九頁下一四行第一二字「衆」，石、麗作「取衆」。
一 五二九頁下一八行末字「財」，諸本作「卧」。
一 五三〇頁上三行第八字「僧」，諸本作「僧念戒」。
一 五三〇頁上一四行第四字「後」，晉、南、徑、清作「復」。
一 五三〇頁上二一行首字「法」，石、麗作「法及」。
一 五三〇頁上二二行第一一字「已」，麗作「已以」。
一 五三〇頁中一三行第一二字「聖」，石、晉、南、徑、清、麗作「聖無漏」。
一 五三〇頁中一六行末字「如」，石、資、晉、徑、麗無。
一 五三〇頁下二行第一三字「法」，麗作「法已」。
一 五三〇頁下一一行第七字及第一二字「觀」，石作「觀觀」。
一 五三〇頁下一二行末字「身」，石、麗作「身觀身」。
一 五三〇頁下一三行末字「道」，石作「道是」。
一 五三〇頁下一四行第九字「愛」，資、磧、晉、南、徑、清作「受」。
一 五三〇頁下一六行末字及一八行第一一字「生」，諸本作「已生」。
一 五三一頁上三行第一二字「息」，石無。
一 五三一頁上六行第七字「三」，諸本作「三三」。
一 五三一頁上六行末字「相」，石作「相三昧門」。
一 五三一頁上一二行第二字「內」，晉、南、徑、清作「內有」。
一 五三一頁上一二行、一三行、一三至一四行、一七行「解脱」，石、晉、南、清、麗作「背捨」。
一 五三一頁上一四行第八字「有」，石、麗作「一切」。
一 五三一頁上一八行第九字「相」，石、晉、南、徑、清、麗無。
一 五三一頁上一九行第一二字「四」，石、麗作「四禪」。
一 五三一頁上二二行第五字及中二行首字「知」，石、麗作「知知」。
一 五三一頁中三行第四字「知」，石、麗作「知一切」。
一 五三一頁中七行第六字「爲」，石、麗作「爲佛」。
一 五三一頁中一五行第三字「若」，石、麗作「若有」。
一 五三一頁下一四行末字及一六行第二字「何」，石、磧、南、清、麗作「何爲」。
一 五三一頁下二一行第一一字「相」，

石、普、南、徑、清作「想」。

一　五三一頁下二二行第六字「知」，石、麗作「知已」。

一　五三二頁上一六行末字「右」，石、資、磧、普、南、徑、清作「而右」。

一　五三二頁上二二行末字「真」，石、資、麗作「直」。

一　五三二頁中九行第四字「肉」，資、磧、普、南、徑、清作「肉骨」。

一　五三二頁中一一行首字「遍」，石、麗作「則遍」。

一　五三二頁中一二行第九字「光」，石、麗作「光明」。

一　五三二頁中一五行第四字「衆」，普、南、徑、清作「衆生」。

一　五三二頁中一五行第一一字「問」，石、徑、麗冠以〔論〕。

一　五三二頁中一五行第一三字「上」，普、南、徑、清作「從上」。

一　五三二頁中一七行「品品」，資、磧、普、南、徑、清作「品」。

一　五三二頁下七行第五字「人」，諸本作「夫」。

一　五三二頁下七行第八字「法」，石、麗作「中」。

一　五三二頁下一一行第九字「悲」，石、資、磧、普、南、徑、清作「愁」。

一　五三二頁下二一行末字「法」，石、麗作「貪法」。

一　五三三頁中一六行第九字「法」，石、麗作「法門」。

一　五三三頁下二行第三字「無」，石、資、磧、普、南、徑、清作「無有」。

一　五三三頁下一一行末字「中」，資、磧、普、南、徑、清作「中說」。

一　五三三頁下一三行第一三字「以」，石作「以是」。

一　五三三頁下一六行「邊無量」，石作「量無邊」。

一　五三三頁下一九行第一〇字「相」，石、麗作「相見」。

一　五三四頁上二行第一三字「香」，石作「香味」。

一　五三四頁上五行首字「經」，石、麗作「經說」。

一　五三四頁上九行第九字「以」，石作「已」。

一　五三四頁上二一行第一二字「緣」，資、磧、普、南、徑、清作「緣果報」。

一　五三四頁中四行「大作」，石作「作大」。

一　五三四頁中一五行第八至第九字「欲界」，石、麗作「果」。

一　五三四頁中一八行第九字「則」，石、麗作「則能」。

一　五三四頁下一三行第二字「又」，石、麗作「有」。

一　五三四頁下一七行第五字「受」，石作「受想」。

一　五三四頁下一九行末字「受」，石作「更」。

一　五三五頁上二行第八字「故」，資、磧、普、南、徑、清作「果」。

一　五三五頁上五行第九字及六行第四字「二」，石、麗作「二相」。

一　五三五頁上一六行第八字「大」，

石無。

一　五三五頁上末行第一〇字「説」，麗作「説則」。

一　五三五頁中八行末字「有」，石、麗作「者有」。

一　五三五頁中九行第四字「九」，石、麗作「九力」。

一　五三五頁中一八行「善提」，磧、普、南、徑、清作「苦」。

一　五三五頁中一八行第五字「生」，石、麗作「而生」。

一　五三五頁下六行第四字「欲」，資、磧、普、南、徑、清作「故」。

一　五三六頁上一行末字「果」，石、麗作「果報」。

一　五三六頁上一一行第九字「語」，資、磧、普、南、徑、清作「證」。

一　五三六頁上一一行第一〇字「言」，石作「言汝」。

一　五三六頁上一三行第二字「過」，石、麗作「過去」。

一　五三六頁上一九行「利鈍根」，資、磧、普、南、徑、清作「根利鈍」。

一　五三六頁中五行第一〇字「受」，石、資、磧、普、南、徑、清作「度」。

一　五三六頁中一二行第二字「現」，資、磧、普、南、徑、清作「現相」。

一　五三六頁中一二行第三字「又」，南、清作「入」。

一　五三六頁中一五行第一二字「爪」，資、磧作「抓」。

一　五三六頁中一七行末字「疑」，石、麗作「𨽻」；徑作「隸」。

一　五三六頁中末行第三字「好」，資、磧、南、徑、清無。

一　五三六頁下九行第五字「則」，諸本作「則爲」。

一　五三六頁下一〇行第六字「圓」，石、麗作「膞」；資、磧、普、南、徑、清作「膞」。

一　五三六頁下一〇行第一三字「以」，資、磧、普、南、徑、清無。

一　五三六頁下一一行首字「結」，麗作「誓」。

一　五三六頁下一三行首字「貝」，石作「具」。

一　五三六頁下一七行第五字「相」，資、磧、普、南、徑、清無。

一　五三六頁下末行經名，石作「大智度經論卷第九十」。

大智度論釋四攝品第七十八之餘　卷八十九　表

聖者龍樹菩薩造

後秦龜茲國三藏鳩摩羅什譯

云何八十隨形好一者無見頂二者鼻直高好孔不見三者眉如初生月紺琉璃色四者耳輪埵成五者身堅實如那羅延六者骨際如鉤鎖七者身一時迴如象王八者行時足去地四寸而印文現九者爪如赤銅色薄而潤澤十者膝骨堅著圓好十一者身淨潔十二者身柔軟十三者身不曲十四者指長纖圓十五者指文莊嚴十六者脉深十七者踝不現十八者身潤澤十九者身自持不逶迤二十者身滿足二十一者識滿足二十二者容儀備足二十三者住處安無能動者二十四者威震一切二十五者一切樂觀二十六者面不大長二十七者正容貌不撓色二十八者面具足滿二十九者脣赤如頻婆果色三十者音響深三十一者臍深圓好三十二者毛右旋三十三者手足滿

大智度論卷第八十九　第二張　表字号

三十四者手足如意三十五者手文明直三十六者手文長三十七者手文不斷三十八者一切惡心衆生見者和悅三十九者面廣姝四十者面淨滿如月四十一者隨衆生意和悅與語四十二者毛孔出香氣四十三者口出無上香四十四者儀容如師子四十五者進止如象王四十六者行法如鵝王四十七者頭如摩陁羅果四十八者一切聲分具足四十九者牙利五十者舌色赤五十一者舌薄五十二者毛紅色五十三者毛潔淨五十四者廣長眼五十五者孔門相具五十六者手足赤白如蓮華色五十七者臍不出五十八者腹不現五十九者細腹六十者身不傾動六十一者身持重六十二者其身分大六十三者身長六十四者手足淨潔軟澤六十五者邊光各一丈六十六者光照身而行六十七者等視衆生六十八者不輕衆生六十九者隨衆音聲不過不減七十者說法不著七十一者隨衆語言而為說法七十二者

一發音報衆聲七十三者次第有因緣說法七十四者一切衆生不能盡觀相七十五者觀者無猒足七十六者髮長好七十七者髮不亂七十八者髮旋好七十九者髮色如青珠八十者手足有德相須菩提是八十隨形好佛身成就如是須菩提菩薩摩訶薩以二施攝取衆生所謂財施法施是為菩薩布有難及事云何為菩薩摩訶薩愛語攝取衆生菩薩摩訶薩以六波羅蜜為衆生說法作是言汝行六波羅蜜攝一切善法云何為菩薩摩訶薩利行攝取衆生菩薩摩訶薩長夜教衆生令行六波羅蜜云何為菩薩摩訶薩同事攝取衆生菩薩摩訶薩以五神通力故種種變化入五道中與衆生同事以此四事而攝取之復次須菩提菩薩摩訶薩行般若波羅蜜時教化衆生善男子當善學分別諸字亦當善知一字乃至四十二字一切語言皆入初字門一切語言亦入第二字門乃至第四十二字門一切語言皆入其中一字皆

入四十二字四十二字亦入一字是衆生應如是善學四十二字善學四十二字已能善說字法善說字法已善說無字法須菩提如佛善知法善知字善知無字為無字法故說字法何以故須菩提過一切名字名為佛法須菩提白佛言世尊若衆生畢竟不可得法亦不可得法性亦不可得畢竟空無始空故世尊若菩薩摩訶訶薩行般若波羅蜜行禪波羅蜜毗梨耶波羅蜜羼提波羅蜜尸羅波羅蜜檀波羅蜜時行四禪四無量心四無色定三十七助道法十八空行空無相無作三昧八背捨九次第定佛十力四無所畏四無导智十八不共法三十二相八十隨形好云何住報得五神通為衆生說法衆生實不可得衆生不可得故色不可得乃至識亦不可得五衆不可得故六波羅蜜乃至八十隨形好皆不可得是不可得中無衆生無色乃至八十隨形好世尊云何菩薩摩訶薩行般若波羅蜜為衆生說法世尊菩薩行般若波羅蜜時菩

薩尚不可得何況當有菩薩法佛告須菩提如是如是如汝所言衆生不可得故當知是內空外空內外空空空大空第一義空有為空無為空畢竟空無始空散空諸法空自相空性空不可得空無法空有法空無法有法空當知五陰空十二入空十八界空十二因緣空四諦空我空壽者命者養者育者衆數者人者作者使作者起者使起者受者使受者知者見者皆空衆生不可得故當知四禪空四無量心空四無色定空當知四念處空乃至八聖道分空空無相空無作空八背捨空九次第定空衆生不可得故當知佛十力四無所畏空四無导智十八不共法當知須陀洹果空斯陀含果空阿那含果空阿羅漢果空辟支佛道空當知菩薩地空阿耨多羅三藐三菩提空須菩提菩薩摩訶薩如是一切法空為衆生說法不失諸空相是菩薩如是觀時知一切法無导知一切法無导已不壞諸法相不二不分別但為衆生如

實說法辟如佛所化人化人復化作無量千万億人有教令布施者有教持戒有教忍辱有教精進有教禪定有教智慧有教四禪四無量心四無色定者於汝意云何佛所化人有分別破壞諸法不須菩提言不也世尊是化人無心無心數法云何分別破壞諸法以是故須菩提當知菩薩摩訶薩行般若波羅蜜為衆生如應說法拔出衆生於顛倒地令衆生各得如所應住地以不縛不脫法故何以故須菩提是色不縛不脫受想行識不縛不脫色無縛無脫不是色受想行識無縛無脫不是識何以故色畢竟清淨故受想行識乃至一切法若有為若無為亦畢竟清淨故如是須菩提菩薩摩訶薩為衆生說法亦不得衆生及一切法一切法不可得故菩薩以不住法故住諸法相中所謂色空乃至有為無為法空何以故色乃至有為無為法自性不可得故無有住處無所有法所有法不住所有法不住無所有法自性法不住自性法他性法不住他性

大智度論卷第八十九　第六張　表字号

法何以故是一切法皆不可得故不可得法當住何處如是須菩提菩薩摩訶薩行般若波羅蜜以是諸空能如是說法如是行般若波羅蜜於諸佛及聲聞辟支佛無有過何以故諸佛菩薩辟支佛阿羅漢得是法已為衆生說法亦不轉諸法相何以故如法性實際不可轉故所以者何諸法性無故須菩提白佛言世尊若法性如實際不轉色與法性異不色與如實際異不受想行識乃至有為無為法世間出世間有漏無漏異不佛言不也色不異法性不異如不異實際受想行識乃至有漏無漏亦不異須菩提白佛言世尊若色不異法性不異如不異實際受想行識乃至有漏無漏不異者云何分別黑法有黑報所謂地獄餓鬼畜生白法有白報所謂天及人黑白法有黑白報不黑不白法有不黑不白報所謂須陁洹果斯陁含果阿那含果阿羅漢果辟支佛道阿耨多羅三藐三菩提佛告須菩提世諦故分別說有果報非第一義

大智度論卷第八十九　第七張　表字号

第一義中不可說因緣果報何以故是第一義實無有相無有分別亦無言說所謂色乃至有漏無漏法不生不滅相不垢不淨畢竟空無始空故須菩提白佛言世尊若以世諦故分別說有果報非第一義者一切凡夫人應有須陁洹果斯陁含果阿那含果阿羅漢果辟支佛道阿耨多羅三藐三菩提佛告須菩提於汝意云何凡夫人為知是世諦是第一義不若知是凡夫人應是須陁洹果乃至阿耨多羅三藐三菩提須菩提以凡夫人實不知世諦不知第一義諦不知道不知分別道果云何當有諸果須菩提聖人知世諦知第一義諦有道有修道以是故聖人差別有諸果須菩提白佛言世尊修道得果不佛言不也須菩提修道不得果不修道亦不得果亦不離道得果亦不住道中得果如是須菩提菩薩摩訶薩行般若波羅蜜時為衆生故分別果亦不分別是有為性無為性世尊若不分別有為性無為性得諸果者云何世尊自

大智度論卷第八十九　第八張　表字号

說三結盡名須陀洹婬怒癡薄故名斯陀含果五此間結盡名阿那含五彼間結盡名阿羅漢所有集法皆滅散相名辟支佛道一切煩惱習斷故名阿耨多羅三藐三菩提世尊我當云何知不分別有為性無為性得諸果佛告須菩提汝以須陀洹果斯陀含果阿那含果阿羅漢果辟支佛道阿耨多羅三藐三菩提是諸果是有為是無為須菩提言世尊皆是無為須菩提無為法中有分別不不也世尊若善男子善女人通達一切法若有為若無為一相所謂無相是時有分別若有為若無為不不也世尊如是須菩提菩薩摩訶薩為衆生說法不分別諸法所謂內空故乃至無法有法空故是菩薩自得無所著法亦教人令得無所著法若檀波羅蜜尸羅波羅蜜羼提波羅蜜毗梨耶波羅蜜禪波羅蜜般若波羅蜜初禪乃至第四禪慈悲喜捨無邊虛空處乃至非有想非無想處若四念處乃至一切種智是菩薩自不著故亦教他令

得無所著無所著故無所导辟如佛所化人布施亦不受布施報但為度衆生故乃至得一切種智不受一切種智報菩薩摩訶薩亦如是行六波羅蜜乃至一切法有漏無漏有為無為不住亦不受報但為度衆生故何以故是菩薩摩訶薩善達一切諸法相故

問曰八十隨形好是莊嚴身法識滿足何以在隨形好中荅曰此識是果報生識世間好醜自然而知凡人識不具足故學人法乃知佛一歲具足滿乃生故身識皆具足餘人若八月若九月處胎經言十月菩薩處胎十月然得一歲身根具足故果報得識亦具足問曰足安立住處與安住處何異荅曰住處安者如白衣勇士牢持器仗安隱住處則不可動又出家時魔民惡鬼無能動轉令退敗者四十二字義如摩訶衍中說一字盡入諸字者辟如兩一合故為二三一故為三四一為四如是乃至千万又如阿字為定阿變為羅亦變為波如是

盡入四十二字四十二字入一字者四十二字盡有阿分阿分還入阿中善知字故善知諸法名善知諸法名故善知諸法義無字即是諸法實相義所以者何諸法義中諸法無名字須菩提問若諸法畢竟空無名字云何菩薩住果報六神通為衆生說諸法若畢竟無衆生則無有法佛可須菩提言如是以十八空故一切法不可得我衆生乃至知者見者乃至當知佛菩薩皆空如是知已而為衆生說是空法若衆生是有而為說空是則不可以衆生空但從顛倒有是故菩薩不失於空而為說法不失者不作諸法皆空所說不空若以所說不空則為失空相若口說空而心是有亦為失此中佛自說不二不壞法相故欲明了是事說辟喻如佛所化作化人而為說法持戒布施諸功德若以如是方便說法是則無咎則能拔出衆生於顛倒無縛無解故第一義中無縛無解世諦故有縛解此中佛自說因緣色不縛不解何以故是不縛

不解中無色相故乃至識亦如是菩薩如是用不住法故住空法中為衆生說法衆生不可得衆生及一切法不可得故此中佛自說因緣所謂無所有法不住無所有辟如虛空不住虛空自性法不住自性法辟如火不住火中他性法不住他性法辟如水性中無火性又他性不定故若能如是清淨說法是菩薩於諸佛賢聖則無有過何以故諸佛賢聖不著一切法說法者亦不著一切法諸佛賢聖以畢竟空皆寂滅相為心所行說法者亦如是諸佛賢聖入三解脫門得一切法實性所謂無餘涅槃說法者隨是法故無咎此中佛自說因緣諸佛賢聖得是法已為衆生說法不轉法性法性空無相故須菩提問若不轉法性色等諸法與法異不佛答不也何以故色等諸法實相即是法性故佛意以菩薩說法時亦不壞法須菩提問色等諸法亦與法性不異何以故但貴法性以佛答色不異法性故須菩提難若不異者云何分別有

善惡白黑須陁洹等諸果佛答色等法雖不離法性以世諦故有分別於第一義中無分別何以故得第一義聖人無所分別聞有所得不喜聞無所有不憂得空無相證故乃至微細法尚不取相何況分別有善惡未得實相者欲得第一義故有所分別佛此中自說因緣是法無言說亦無生滅垢淨法者所謂畢竟空無始空問曰此中何以但說二空名為法答曰一切有若法若衆生若言畢竟空則破諸法若言無始空則破衆生破此二法已則一切法盡破此中菩薩為衆生說法是故以二空破二事雖有餘空不如畢竟空甚深畢盡餘空如火燒木猶有灰燼畢竟空無灰無燼有人言若說十八空無咎略說故說二空須菩提言若以世諦故分別有善惡白黑及諸聖果者第一義中凡夫人應有須陁洹等聖果何以故若以世諦虛妄中分別有諸賢聖者第一義中凡夫應作賢聖須菩提分別實相凡夫為異佛言第一義一相

是故須菩提言凡夫應是聖人尒時佛答若凡夫知分別是第一義是世諦者凡夫人應有須陁洹等諸聖果以凡夫實不知道不知分別道不知行道修道何況得道果佛言聖人能作是分別故說是聖果尒時須菩提自知有失故言無量無相無動性中我云何取相欲量無量法云何強以凡夫法為聖果尒時受佛語知行道者得果不行道者不得果是故白佛修道得果不佛言不問曰佛上說分別修道得道果今云何言不答曰佛先說非著心今須菩提以著心問欲從道中出果如麻中出油若尒者道之與果同為過咎是故言不聽者生念若修不得不修應當得是故佛言修尚不得何況不修辟如二人欲有所到一者住不行二者失道二俱不到若不修道尚無少許攝心樂何況道果若心取相修道雖有攝心禪定樂無有道果若不取相著心修道則有道果是故佛說菩薩行般若波羅蜜不分別有為無為性故有道果差別

介時須菩提問若介者佛何以說斷三結得須陁洹有如是等分別佛以及問荅於汝意云何汝以須陁洹果等是有為是無為須菩提言是無為佛言若介者無為中有差別不須菩提言不也世尊若無分別汝云何作難又復問須菩提若善男子善女人通達一切法一相所謂無相住三解脫門中證涅槃時是時有法分別若有為若無為不荅言不佛意雖是心為真實餘時皆虛誑汝云何作難菩薩行般若波羅蜜不分別一切法住內空等諸空中是大清淨自不著亦教衆生令無所著所謂檀波羅蜜乃至一切種智菩薩道中皆教令不著辟如佛所化人行布施等亦不分別布施等亦不受布施等法果報但為利益度衆生故菩薩心亦如是何以故善通達諸法性故善通達者不取法性相亦不住法性中於法性中不疑不問而說法無量無㝵無遮是則通達法性

大智度論釋善達品第七十九

須菩提白佛言世尊云何菩薩善達諸法相佛告須菩提辟如化人不行婬怒癡不行色乃至識不行內外法不行諸煩惱結使不行有漏法無漏法世間法出世間法有為法無為法亦無聖果菩薩亦如是無有是事亦不分別是法是善達諸法相須菩提言世尊化人云何有修道佛言化人修道不垢不淨亦不在五道生死須菩提於汝意云何佛所化人有根本實事有垢有淨不須菩提言不也佛所化人無有根本實事亦無垢亦無淨亦不在五道生死如是須菩提菩薩摩訶薩善達諸法相亦如是須菩提言世尊一切色如化不受想行識如化不佛言一切色如化一切受想行識如化世尊若一切色如化一切受想行識如化一切法如化化人無色無受想行識無垢無淨無五道生死亦無解脫處菩薩有何等功用佛告須菩提於汝意云何菩薩摩訶薩本行菩薩道時頗見有衆生從地獄餓鬼畜生人天中得解脫不須菩提言

不也世尊佛言如是如是須菩提菩薩摩訶薩不見衆生從三界得解脫何以故菩薩摩訶薩見知一切法如幻化世尊若菩薩摩訶薩見知一切法如幻如化為何事故行六波羅蜜四禪四無量心四無色定三十七助道法乃至行大慈悲淨佛國土成就衆生佛告須菩提若衆生自知諸法如幻如化菩薩摩訶薩終不於阿僧祇劫為衆生行菩薩道須菩提以衆生自不知諸法如幻如化以是故菩薩摩訶薩於無量阿僧祇劫行六波羅蜜成就衆生淨佛國土得阿耨多羅三藐三菩提須菩提白佛言世尊若一切法如夢如響如影如焰如幻如化衆生在何處住菩薩行六波羅蜜而拔出之須菩提衆生但住名相虛妄憶想分別中是故菩薩行般若波羅蜜於名相虛妄中拔出衆生須菩提白佛言世尊何等是名何等是相佛言此名強作假施設所謂此色此受想行識此男此女此大此小此地獄此畜生此餓鬼此人此天此有

為此無為此須陁洹果斯陁含果阿那含果阿羅漢果辟支佛道此佛道須菩提一切和合法皆是假名以名取諸法是故為名一切有為法但有名相凡夫愚人於中生著菩薩摩訶薩行般若波羅蜜以方便力故於名字中教令遠離作是言諸衆生是名但有空名虛妄憶想分別中生汝等莫著虛妄憶想此事本末皆無自性空故智者所不著如是須菩提菩薩摩訶薩行般若波羅蜜以方便力故為衆生說法須菩提是為名何等為相須菩提有二種相凡夫人所著處何等為二一者色相二者無色相須菩提何等名色相諸所有色若麁若細若好若醜皆是空是空法中憶想分別著心是名為色相何等是無色相諸無色法憶想分別著心取相故生煩惱是名無色相是菩薩摩訶薩行般若波羅蜜以方便力故教衆生遠離是相著無相法中令不墮二法所謂是相是無相如是須菩提菩薩摩訶薩行般若波羅蜜教衆生遠離

相令住無相性中須菩提白佛言世尊若一切法但有名相云何菩薩行般若波羅蜜能自饒益亦教他人令得善利云何菩薩具足諸地從一地至一地教化衆生令得三乘佛告須菩提若諸法根本定有非但名相者菩薩行般若波羅蜜時不能自益亦不能利益他人須菩提諸法無有根本實事但有名相是故菩薩行般若波羅蜜時能具足禪波羅蜜無相故毗梨耶波羅蜜羼提波羅蜜尸羅波羅蜜檀波羅蜜無相故具足四禪波羅蜜四無量心波羅蜜四無色定波羅蜜無相故具足四念處波羅蜜無相故乃至具足八聖道分波羅蜜無相故具足內空波羅蜜無相故乃至具足無法有法空波羅蜜無相故具足八解脫波羅蜜無相故具足九次第定波羅蜜無相故具足佛十力波羅蜜乃至具足十八不共法波羅蜜無相故是菩薩無相故自具足是善法亦教他人令具足善法無相故須菩提若諸法相當實有如毫釐許者

菩薩摩訶薩行般若波羅蜜時不能知諸法無相無憶念得阿耨多羅三藐三菩提亦教衆生令得無漏法何以故一切無漏法無相無憶念故如是須菩提菩薩摩訶薩行般若波羅蜜以無漏法利益衆生須菩提白佛言世尊若一切法無相無憶念云何數是聲聞法是辟支佛法是菩薩法是佛法佛告須菩提於汝意云何無相法與聲聞法異不不也世尊無相法與辟支佛法菩薩法佛法異不不也世尊佛告須菩提無相法即是須陁洹果斯陁含果阿那含果阿羅漢果辟支佛法菩薩法佛法須菩提言如是世尊須菩提以是因緣故當知一切法皆是無相須菩提菩薩摩訶薩學是一切法無相得增益善法所謂六波羅蜜四禪四無量心四無色定四念處乃至十八不共法何以故菩薩不以餘法為要如三解脫門所謂空無相無作所以者何一切善法皆入三解脫門何以故一切法自相空是名空解脫門一切法無相是名

大智度論卷第八十九　第十九張　垂字号

無相解脫門一切法無作無起相是名無作解脫門若菩薩摩訶薩學三解脫門是時能學五陰相能學十二入相能學十八界相能學四聖諦十二分因緣法能學內空外空乃至無法有法空能學六波羅蜜四念處乃至八聖道分能學佛十力四無所畏四無导智十八不共法須菩提白佛言世尊云何菩薩摩訶薩行般若波羅蜜能學五受陰相佛告須菩提菩薩行般若波羅蜜知色相色生滅知色如云何知色相知色畢竟空內分與虛無實辟如水沫無堅固是為知色相云何知色生滅色生時無所從來去無所至若不來不去是為知色生滅相云何知色如是色如不生不滅不來不去不增不減不垢不淨是為知色如須菩提如名如實不虛如前後中亦尒常不異是為知色如云何知受相云何知受生滅云何知受如菩薩知諸受如水中泡一起一滅是為知受相知受至滅者是受無所從來去無所至是為知受生滅知受

大智度論卷第八十九　第二十張　垂字号

如者是如不生不滅不來不去不增不減不垢不淨是為知受如云何知想相云何知想生滅云何知想如知想相者是想如焰水不可得而妄生水想是為知想相知想生滅者是想無所從來去無所至是為知想生滅知想如者諸想如不生不滅不來不去不增不減不垢不淨不轉於實相是為知想如云何知行相云何知行生滅云何知行如知行相者行如芭蕉葉葉除却不得堅實是為知行相知行生滅者諸行生無所從來去無所至是為知行生滅知行如者諸行不生不滅不來不去不增不減不垢不淨是為知行如云何知識相云何知識生滅云何知識如知識相者如幻師幻作四種兵無有實識亦如是知識生滅者是識生時無所從來滅時無所去是為知識生滅知識如者知識不生不滅不來不去不垢不淨不增不減是為知識如云何知諸入眼眼性空乃至意意性空色色性空乃至法法性空云何知界眼眼界

大智度論卷第八十九　第二十一張　垂字号

空色色界空眼識眼識界空乃至意識界亦如是云何知四聖諦知苦聖諦時遠離二法知苦諦不二不別是名苦聖諦集盡道亦如是云何知苦知苦聖諦即是如如即是苦聖諦集盡道亦如是云何知十二因緣知十二因緣不生相是知十二因緣須菩提白佛言世尊若菩薩摩訶薩行般若波羅蜜時各各分別知諸法將無以色性壞法性乃至一切種智性壞法性耶佛告須菩提若法性外更有法者性者應壞法性法性外法不可得是故不壞何以故須菩提佛及佛弟子知法性外法不可得故不說法性外有法如是須菩提菩薩摩訶薩行般若波羅蜜應學法性須菩提白佛言世尊菩薩摩訶薩若學法性為無所學佛告須菩提菩薩摩訶薩若學法性則學一切法何以故一切法即是法性須菩提白佛言世尊何因緣故一切法即是法性佛言一切法皆入無相無為性中以是因緣故學法性則學一切法須菩提白佛言

世尊若一切法即是法性菩薩摩訶薩何以學般若波羅蜜禪波羅蜜毗梨耶波羅蜜羼提波羅蜜尸羅波羅蜜檀波羅蜜菩薩摩訶薩何以學初禪第二第三第四禪菩薩摩訶薩何以學慈悲喜捨何以學無邊虛空處無邊識處無所有處非有想非無想處何以學四念處四正勤四如意足五根五力七覺分八聖道分何以學空無相無作解脫門何以學八背捨九次第定佛十力四無所畏四無导智十八不共法何以學六神通何以學三十二相八十隨形好何以學生刹利大姓婆羅門大姓居士大家何以學生四天王天處三十三天夜摩天兜率陀天化樂天他化自在天何以學生梵天王住處光音天遍淨天廣果天無想定淨居天何以學生無邊空處生無邊識處生無所有處生非有想非無想處何以學初發意地第二第三第四第五第六第七第八第九第十地何以故學聲聞地辟支佛地菩薩法位何以學成就衆生淨

佛國土何以學諸陀羅尼何以學樂說法何以學阿耨多羅三藐三菩提學已得一切種智知一切法世尊諸法法性中無是分別世尊將無菩薩墮非道中何以故世尊法性中無如是分別法性中無色無受想行識諸法性亦不遠離色受想行識色即是法性法性即是色受想行識亦尒一切法亦如是佛告須菩提如是如是如汝所言色即是法性受想行識即是法性須菩提菩薩摩訶薩行般若波羅蜜時若法性外見有法者為不求阿耨多羅三藐三菩提菩薩摩訶薩行般若波羅蜜時知一切法性即是阿耨多羅三藐三菩提以是故菩薩摩訶薩行般若波羅蜜時知一切法即是法性以無名相之法以名相說所謂是色是受想行識乃至是阿耨多羅三藐三菩提須菩提譬如工幻師若幻弟子多人處立幻作種種形色男女象馬端嚴園林及諸廬館流泉浴池衣服卧具香華瓔珞餚饍飲食作衆伎樂以樂衆人又復幻

作人令布施持戒忍辱精進禪定修智慧是幻師復幻作刹利大姓婆羅門大姓居士大家四天王天處須弥山三十三天夜摩天兜率陀天化樂天他化自在天以示衆人復幻作梵衆天乃至非有想非無想天復幻作須陀洹斯陀含阿那含阿羅漢辟支佛菩薩摩訶薩從初發意行檀波羅蜜尸羅波羅蜜羼提波羅蜜毗梨耶波羅蜜禪波羅蜜般若波羅蜜行初地乃至行十地菩薩位遊戲神通成就衆生淨佛國土遊戲諸禪解脫三昧行佛十力四無所畏四無导智十八不共法大慈大悲具足佛身三十二相八十隨形好以示衆人是中無智之人歎未曾有是人多能巧為衆事娛樂衆人種種形色乃至三十二相八十隨形好莊嚴佛身其中有智之士思惟言未曾有也是中無有實事而以無所有法娛樂衆人令有形相無事事相無有有相如是須菩提菩薩摩訶薩不見離法性有法行般若波羅蜜以方便力故雖不得衆生而

大智度論卷第八十九　第二十七張　表字號

自布施亦教人施讚歎布施法歡喜讚歎行布施者自持戒亦教人持戒自忍辱亦教人忍辱自精進亦教人精進自行禪亦教人行禪自修智慧亦教人修智慧讚歎修智慧法歡喜讚歎修智慧者自行十善亦教人行十善讚歎行十善法歡喜讚歎行十善者自受行五戒亦教他人受行五戒讚歎五戒法歡喜讚歎受行五戒者自受八戒齋亦教他人受八戒齋讚歎八戒齋法歡喜讚歎行八戒齋者自行初禪乃至自行第四禪自行慈悲喜捨自行無邊空處乃至非有想非無想處亦教他人行自行四念處乃至八聖道分自行三解脫門佛十力乃至自行十八不共法亦教他人行十八不共法讚歎十八不共法歡喜讚歎行十八不共法者須菩提若法性前後中有異者是菩薩摩訶薩不能以方便力示法性成就衆生須菩提以法性前後中無異是故菩薩行般若波羅蜜為利益衆生故行菩薩道問曰佛品品中說通達諸法

大智度論卷第八十九　第二十八張　表字號

相今須菩提何以更問答曰是般若波羅蜜無一定相無言說故雖數問猶未足是故更問譬如犢子雖大善母美乳飲猶不止佛大慈悲猶好善母般若波羅蜜如美乳須菩提如犢子雖數聞諸法相猶未猒足復次雖佛一切智能通達諸法實相餘人雖達不能究盡是故問餘菩薩未作佛云何通達佛以譬喻答如化人無三毒諸煩惱結使無心心數法內外有漏無漏法中所不攝不墮凡夫法亦不墮聖果中不得言是須陁洹等亦能發他心善惡所為變化事必能令成就此變化其實不垢不淨六道所不攝菩薩身亦如是無三毒等煩惱知是心心數法皆是先世顛誑顛倒法因緣生故不信不隨逐能如是行是為善通達諸法相是時須菩提雖善知空以貴敬尊重佛法不能限量佛法故問佛世尊一切色等法皆空如化耶佛答一切色等法皆如化汝貴重佛故不敢言空我以一切智故能說諸法空如餘人貴師子力所不自

大智度論卷第八十九　第二十九張　表字號

不貴其力尒時須菩提言若一切法畢竟空皆如化佛何以種種讚菩薩功德因菩薩故斷三惡道能拔出衆生令得涅槃佛反問須菩提於汝意云何菩薩本行菩薩道時見定有衆生從五道中拔出不須菩提言無也佛可其意如是如是何以故菩薩得無生法忍時知見一切法如幻如化須菩提言若尒者菩薩以何事故行六波羅蜜等佛答若衆生自知諸法空如空如幻菩薩則無功夫復次若諸法決定空相則菩薩無功夫今諸法非實非空過諸語言道畢竟寂滅相衆生不知是事故生吾我心起惡罪業受無量苦是故菩薩知諸法實相生大悲心如長者有子盲而飲毒長者知其必死起種種方便遮令不飲菩薩亦如是見是衆生顛倒無明盲故飲三毒則生大悲心於無量阿僧祇劫修六波羅蜜淨佛國土教化衆生須菩提聞已更白佛言世尊若一切法空無根本如夢如幻等衆生在何處住而菩薩拔出須菩提意

大智度論卷第八十九　第三十張　表字号

謂如人没深泥而得拔出佛答衆生
但住名相虚誑憶想分別中佛意一
切法中無決定實者但凡夫虚誑故
者如人闇中見似人物謂是實人而
生畏怖又如惡狗臨井自吠其影水
中無狗但有其相而生惡心投井而
死衆生亦如是四大和合故名為身
因緣生識和合故動作言語凡夫人
於中起人相生愛生恚起罪業墮三
惡道菩薩行般若波羅蜜時憐愍衆
生種種因緣教化令知空法而拔出
之作是言是法皆畢竟空無所有衆
生顛倒虚妄故見似如有如化如幻
如乾闥婆城無有實事但誑惑人眼
復次一切法但從名字和合更有餘
名如頭足腹脊和合故假名為身如
頭眼耳鼻口皮骨和合故假名為頭
諸毛和合故名為毳分分和合故假
名為毛諸微塵和合故名為毛分亦
和合諸分故名微塵問曰微塵第一
微細故不得作分故無和合此則定
法是故不得言一切空無有定法答
曰若微塵是色則應有分何以故一

大智度論卷第八十九　第三十一張　表字号

切色皆在虚空中皆有十方若微
塵是色則有十分若有十分云何是
極微若如汝說微塵無分者則非色
何以故出色相故又復色名五情可
得若微塵非五情所得者云何得知
是色是故微塵但有虚名眼見麤色
尚可破令空何況不可見不可觸問
曰微細故五情所不能得聖人得天
眼則見答曰天眼見雖細見色相故
應當有分若無分則非色非色則天
眼不見以是故天眼亦虚誑妄見是
故聖人以慧眼觀世間則得道微塵
如先說但有名無實微塵無故一切
法名字和合故更有假名無有實定
而衆生妄生貪著貪欲瞋恚因緣故
起惡業無量阿僧祇劫在三惡道受
苦若諸法實定尚不應作貪欲瞋恚
罪因緣何況虚誑無實若能捨虚誑
名相不著空法者則受涅槃常樂
問曰名相有何差別答曰名者是衆
物字如熱物字為火相者如見烟知
是火相熱是火體復次如五衆和合
中男女是名為身貌可別男女是為

大智度論卷第八十九　第三十二張　表字号

相見是相故作名字名為男女問曰
若介者名相無異所以者何見相故
得名知名故得相答曰汝不解我所
說耶先見男女貌然後名為男女相
為本名為末又復如人眼見色偏取
所好相而生著於餘人則不然以其
能生染著心是名為相復次此中佛
自一說名相分別名者假名以名取
諸法如經中廣說須菩提問若一切
法但有名相菩薩云何自利利人佛
答若諸法根本定有菩薩行般若時
不能自利利人何以故若諸法性定
實有即是無生何以故以性先定有
故若是法從因緣和合生即是無定
性若性定有則不須因緣和合若介
者則無生無生故無滅無滅故無罪
福以知無常故則捨罪修福若常則
無縛解無世間無涅槃等是故佛告
須菩提若法定有非但名相者菩薩
不行般若自利利人不行禪波羅蜜
等自利利人無相故是菩薩自具足
是善法亦以善法利益衆生以無相
故佛告須菩提若諸法當實有如毫

薩許菩薩坐道場時不能觀一切法空無相無所有得成阿耨多羅三藐三菩提亦不能以此法利益衆生何以故是菩薩坐道場時觀一切法第一真實若小錯不應得阿耨多羅三藐三菩提亦不能為衆生說是空無相法所以者何法若定有佛云何說衆生一切法無漏無相無憶念問曰四諦中三諦皆有相苦諦則有苦相集諦則有集相道諦則有道相惟滅諦無相亦有憶念是無相涅槃汝何以言一切無漏法無相無憶念荅曰摩訶衍法與聲聞法異摩訶衍法中說一切無漏法無相無憶念復次有相有憶念皆是虛誑不實若虛誑不實即是諸煩惱漏云何是無漏復次是三諦皆隨滅諦見苦即捨見集即斷不言實定見道為趣滅故亦不住是道中滅盡是主是滅盡法相無緣云何有憶念憶念皆是緣相著法是故無漏法皆無相無憶念須菩提意若無漏法是第一實無憶念一切法性亦應無相無憶念但凡夫顛倒故

有相有憶念是故問佛若一切法無相無憶念云何數是聲聞法是辟支佛法是菩薩法是佛法佛反問須菩提三乘法與無相法異不須菩提荅諸煩惱滅即是斷斷即是無為法亦知滅諦道即是無漏無相是故言三乘不異無相法佛復問須陁洹乃至佛法即是無相法耶荅言以是因緣故當知一切法皆是無相若無相汝云何難言有諸道正以無相故有三乘諸道佛言若菩薩能如是學無相法則能增益諸善法所謂六波羅蜜乃至十八不共法此中佛自說因緣菩薩惟住三解脫門不以餘法為要所以者何三解脫門是實法餘四念處等法雖實皆方便說三解脫門近涅槃亦能攝一切實善法是故說菩薩應學問曰若菩薩學是三解脫門即學五衆十二入十八界等是三解脫門皆空無相無分別是五衆諸法皆是有相有分別法云何學三解脫門故學是餘法荅曰菩薩學是三解脫門則出三界盡三漏故於諸法中

得實智慧無所不通先來五衆中皆虛妄邪行今得此三解脫門故得正通達此中佛自說因緣菩薩行是三解脫門無相法時知色生色滅知色如乃至識亦尒如經中廣說須菩提復問如佛所言菩薩知色等相知色等生知色等滅知色等如若如是分別將無色性壞法性耶佛荅若有法出法性者色性應壞法性一切法實相名為法性是故一切法皆入法性中色性實相即是法性同一性云何色性能壞法性佛更說因緣諸佛賢聖不見出法性更有法者不得故不說諸佛賢聖可信者菩薩應如是學法性須菩提白佛若菩薩學法性是為無所學所以者何法性無性故佛荅法性無性者若菩薩學法性為學一切法若法性當別有性若無性是性應但學法性不學一切法今法性實無別性亦無性故通學一切法但諸法實相是法性是故得實相則正遍學一切法尒時須菩提白佛世尊若一切法即是法性若菩薩摩訶薩

以何等故學六波羅蜜乃至陁羅尼門何以故諸法實相即是法性若一切法即是法性菩薩更何所求復次法性中無分別是六波羅蜜乃至陁羅尼令菩薩分別行是法將無墮顛倒中耶佛可須菩提意而答若菩薩出法性見有法者不求阿耨多羅三藐三菩提何以故出法性有法者是常顛倒無明不可轉令實去何斷一切法中無明得作佛菩薩知一切法即是畢竟空常寂滅相無戲論無名字憐愍衆生以方便力故名相說所謂是色是受想行識乃至阿耨多羅三藐三菩提如經中所說幻喻幻師即是菩薩幻法即是六波羅蜜等諸法雖行是諸法無著心如幻師雖幻作種種物知其無實而不著智者是佛及大菩薩無智者凡夫人及新發意而大歡喜歎未曾有菩薩行菩薩道雖出法性更不見有法亦不見有一定衆生而大利益自身及衆生如經中說是菩薩自行布施等亦教他人讚歎布施法歡喜讚歎行布施者

乃至十八不共法亦如是此中佛自說因緣若法性先無後有菩薩不能得阿耨多羅三藐三菩提亦不能以方便力說所以者何若法性先無後有從因緣生者則與凡夫法無異若法性先有後無衆生及諸法則墮斷滅以法性先空中後亦空非智慧力故令空衆生及諸法非以入無餘涅槃時乃至從本已來常空菩薩教衆生何以不觀其實性而著顛倒若觀諸法畢竟空性者則知從本已來常空令無所失如是行般若波羅蜜菩薩則能祐利衆生

大智度論卷第八十九

大智度論卷八十九

校勘記

一　底本，金藏廣勝寺本。

一　五四二頁中一行經名，石作「大智度經論卷第九十一」，卷末經名同；資、磧、普、南、徑、清作「大智度論卷第八十九」。

一　五四二頁中三行後，石有品名「摩訶般若波羅蜜經四攝品第七十八釋之餘」；資、磧、普、南有品名「釋四攝品第七十八下」，並夾註「訖第七十九品」；徑、清品名作「釋四攝品第七十八之下」。

一　五四二頁中四行「云何」，石、麗作「〔經〕云何爲」；普、南、徑、清冠以「〔經〕」。

一　五四二頁中五行第七字「見」，諸本作「現」。

一　五四二頁中六行第九字「埵」，普、南、徑、清作「睡」。

一　五四二頁下四行第一〇字「姝」，資、磧、普、南、徑、清作「姝好」。

一　五四二頁下五行「淨滿」，資、磧、普、南、徑、清作「滿淨」。

一　五四二頁下九行第一三字「羅」，石、普、南、徑、清作「那」。

一　五四二頁下一四行首字「具」，石、普、南、徑、清、麗作「具足」。

一　五四二頁下二一行及末行「隨衆」，石、普、南、徑、清、麗作「隨衆生」。

一　五四二頁下二二行第一二字「差」，普、南、徑、清作「著」。

一　五四三頁上五行第一〇字「色」，石、麗作「色好」。

一　五四三頁上六行第一一字「是」，普、南、徑、清作「是爲」。

一　五四三頁中三行第一〇至第一三字「善説字法」，資、磧無。

一　五四三頁中四行第一三字「法」，石、麗作「字法」。

一　五四三頁中六行第一二字「名」，石、普、南、徑、清、麗作「故名」。

一　五四三頁中九行第三字「空」，石、麗作「空故」。

一　五四三頁中一四行第一〇字「化」，諸本作「九」。

一　五四三頁中一八行「衆生不可得」，資、磧無。

一　五四三頁中一九行第二字「衆」，石作「陰」。

一　五四三頁中二一行「乃至」，石、普、南、徑、清、麗作「乃至無」。

一　五四三頁下七行第三字「空」，普、南、徑、清作「空衆生不可得故」。

一　五四三頁下九行「命者」，諸本作「命者生者」。

一　五四三頁下一五行「十力」，石、麗作「十力空」。

一　五四三頁下一六行第五字「智」，石、麗作「智空」。

一　五四三頁下一六行第一〇字「法」，資、磧、普、南、徑、清、麗作「法空」。

一　五四三頁下一九行首字「空」，麗作「空當知」。

一　五四三頁下二〇行「一切」，諸本作「見一切」。

一　五四四頁上五行「云何」，普、南、徑、清作「云何分別」。

一　五四四頁上一二行第五字「是」，資、磧、普、南、徑、清無。

一　五四四頁上二二行「所有法不住所有法」，諸本無。

一　五四四頁上末行第四至第六字「自性法」，石、麗作「所有法不住所有法自性法」。

一　五四四頁中六行首字「佛」，石作「佛及」。

一　五四四頁中一三行及一六行「實際」，石、普、南、徑、清作「實際不異」。

一　五四四頁中一九行首字「天」，資、磧、普、南、徑、清作「諸天」。

一　五四四頁下一〇行「是第一義」，石、麗作「法是第一義諦」；普、南、徑、清作「是第一義諦」。

一　五四五頁上一行「須陁洹」，石、麗作「須陁洹果」。
一　五四五頁上二行「阿那含」，石、麗作「阿那含果」。
一　五四五頁上三行第八字「漢」，石、麗作「漢果」。
一　五四五頁上一二行第二字「若」，石、普、南、徑、清、麗作「須菩提若」。
一　五四五頁中三行第六字「得」，資、磧、普、南、徑、清、麗作「行」。
一　五四五頁中七行第九字「善」，石作「通」。
一　五四五頁中九行，五五一頁上末行「問曰」，石、普、南、徑、清、麗冠以〔論〕。
一　五四五頁中一三行第二字「乃」，石作「乃至」。
一　五四五頁下八行「法佛」，石作「佛法」。
一　五四五頁下一六行末字「亦」，諸本作「是亦」。
一　五四五頁下二二行第一〇字「解」，麗作「有解」。
一　五四六頁上三行第一一字「及」，石作「乃至」。
一　五四六頁上一一行第二字「説」，資、磧、普、南、徑、清作「施」。
一　五四六頁上一八行第九字「法」，諸本作「法性」。
一　五四六頁上二〇行第一三字「法」，石、普、南、徑、清、麗作「法性」。
一　五四六頁上末行首字「故」，石、麗作「故故」。
一　五四六頁中一一行第三字「有」，麗作「所有」。
一　五四六頁下二行第五字「夫」，石作「夫人」。
一　五四六頁下二〇行第二字「若」，石作「著」。
一　五四七頁上一行第一二字「以」，石、麗作「以故」。
一　五四七頁上一〇行第九字「不」，石、麗作「不也」。
一　五四七頁上二〇行第一三字「中」，資、磧、普、南、徑、清無。
一　五四七頁上二一行第三字「悶」，資、磧、普、南、徑、清作「問」。
一　五四七頁上二一行第八字「量」，麗作「罣」。
一　五四七頁上末行「大智度論釋」，石作「摩訶般若波羅蜜經」；徑、清作「釋」。「七十九」，石作「七十九釋」。
一　五四七頁中一行首字「須」，石、普、南、徑、清、麗冠以〔經〕。
一　五四七頁中七行第七字「善」，資、磧無。
一　五四七頁中一五行第一〇字「受」，石、普、南、徑、清、麗作「一切受」。
一　五四七頁中末行「人天」，石作「天人」。
一　五四七頁下四行首字「化」，諸本作「如化」。
一　五四七頁下七行第七字「悲」，諸本作「大悲」。

一　五四七頁下二一行第四字「此」，資、磧、普、南、徑、清作「以此」。
一　四八頁上一行第五字「此」，石作「此是」。
一　五四八頁上一五行「諸所」，石作「所謂」。
一　五四八頁上末行第一〇字「教」，麗作「教化」。
一　五四八頁中一八行「八解脱」，石、普、南、徑、清、麗作「八背捨」；資、磧作「解脱」。
一　五四八頁中二〇行「乃至」，石、麗作「無相故乃至」。
一　五四八頁中二一行末字「善」，石、資、磧、普、南、徑、清作「諸善」。
一　五四八頁下一〇行「無相」，石作「若無相」。
一　五四九頁上一一行第一一字「色」，諸本作「知色」。
一　五四九頁上一二行末字「分」，石、資、磧、普、南、徑、清作「分分」。
一　五四九頁上一八行首字「爲」，石作「名」。
一　五四九頁上二一行第六字「受」，石、麗作「受相」。
一　五四九頁中二行第九字「知」，石作「知諸」。
一　五四九頁中四行第八字「水」，資、磧、南作「如水」。
一　五四九頁中五行第二字「想」，資、磧、普、南、徑、清作「相」。
一　五四九頁中一九行第五字「去」，石作「從去」。
一　五四九頁中二一行末字「諸」，資、磧作「識」。
一　五四九頁中末行「界眼」，資、磧、普、南、徑、清作「眼界」。
一　五四九頁下三行第九字「諦」，麗作「聖諦」。
一　五四九頁下四行及六行「盡道」，石、麗作「滅道」。
一　五四九頁下五行首字「知」，石、普、南、徑、清、麗作「如」。
一　五四九頁下五行第九字「即」，麗無。
一　五四九頁下七行第八字「知」，諸本作「名知」。
一　五四九頁下一二行「性者」，諸本無。
一　五四九頁下一九行首字「若」，資、磧、普、南、徑、清無。
一　五四九頁下二〇行「世尊」，資、磧、普、南、徑、清無。
一　五五〇頁上二二行第八字「故」，石、麗無。
一　五五〇頁中一七行末字「相」，石作「相法」。
一　五五〇頁中二〇行第四字「幻」，石、麗作「幻師」。
一　五五〇頁下六行第一二字「復」，石作「又」。
一　五五〇頁下一一行「十地」，資、磧、普、南、徑、清、麗作「十地入」。
一　五五一頁上一行第七字「施」，石、麗作「布施」。
一　五五一頁上二一行末字至二二行

首字「菩薩」，石作「是菩薩摩訶薩」；麗作「是菩薩」。

一　五五一頁上二二行第一三字「故」，資、磧、普、南、徑、清無。

一　五五一頁中二行末字「問」，麗作「聞」。

一　五五一頁中四行第一三字「好」，石、普、南、徑、清、麗作「如」。

一　五五一頁中九行第三字「通」，諸本作「能通」。

一　五五一頁中九行第一一字「化」，石、普、南、徑、清、麗作「幻化」。

一　五五一頁中一三行末字「令」，資、磧、普、南、徑、清作「令我」。

一　五五一頁中二二行第三字「佛」，石、麗作「佛法」。

一　五五一頁下一一行「如空」，石、麗無；資、磧、普、南、徑、清作「如夢」。

一　五五一頁下一三行「畢竟」，石、麗作「畢竟空」。

一　五五一頁下一六行末字「毒」，石作「毒藥」。

一　五五一頁下一八行第八字「是」，資、磧、普、南、徑、清無。

一　五五一頁下二一行第七字「已」，石、麗作「是已」。

一　五五二頁上一三行末字「幻」，諸本作「幻如」。

一　五五二頁上二〇行第六字「名」，石、麗作「名爲」。

一　五五二頁上二一行第八字「故」，石、麗作「無分故」。

一　五五二頁中一行第一一字「方」，資、磧、普、南、徑、清作「分」。

一　五五二頁中八行第二字「微」，石、普、南、徑、清、麗作「微塵」。

一　五五二頁中九行第一一字「見」，諸本作「是」。

一　五五二頁中一四行第七字及次頁下一二行第八字「更」，石作「便」。

一　五五二頁中末行「名爲」，石、麗作「爲名」。

一　五五二頁中末行第八字「貌」，石作「根」。

一　五五二頁下四行第七字「貌」，石作「相」。

一　五五二頁下六行第七字「於」，石作「若於」。

一　五五二頁下八行第二字「一」，諸本無。

一　五五二頁下一一行及二〇行「般若」，石、麗作「般若波羅蜜」。

一　五五二頁下一五行「性定」，石作「定性」。

一　五五二頁下一八行第三字「解」，資、磧、普、南、徑、清作「無解」。

一　五五三頁上一行第一一字「觀」，石作「覺」。

一　五五三頁上三行第一〇字「利」，石無。

一　五五三頁上一九行第一二字「相」，諸本作「無相」。

一　五五三頁上二二行第八字「實」，石、普、南、徑、清、麗作「實無相」。

一　五五三頁中四行末字「答」，石、麗

作「答曰」。

一　五五三頁中六行「諦道」，石、麗作「道諦」。

一　五五三頁中八行第二字「法」，石、麗作「不」。

一　五五三頁中八行第一〇字「言」，石、普、南、徑、清、麗作「言是」。

一　五五三頁下四行第一一字「色」，資、磧、普、南、徑、清、麗作「知色」。

一　五五三頁下一五行「白佛」，石作「白佛言」。

一　五五三頁下二〇行「無性」，諸本作「無無性」。

一　五五三頁下二〇行第一〇字「通」，石、普、南、徑、清、麗作「遍」。

一　五五三頁下二二行「白佛」，石、資、磧、普、南、徑、清作「白佛言」。

一　五五四頁上一二行第一〇字「名」，石、麗作「以名」。

一　五五四頁中五行第一一字「法」，石、麗作「共法」。

一　五五四頁中七行第三字「法」，石、麗作「諸法」。

一　五五四頁中九行第四字「至」，諸本作「空」。

一　五五四頁中一三行末字「生」，石下有夾註「釋第七十九品」。

大智度論釋實際品第八十 卷九十 表

聖者龍樹菩薩造

後秦龜茲國三藏鳩摩羅什譯

須菩提白佛言世尊若衆生畢竟不可得菩薩為誰故行般若波羅蜜佛告須菩提菩薩為實際故行般若波羅蜜須菩提實際衆生際異者菩薩不行般若波羅蜜須菩提實際衆生際不異以是故菩薩摩訶薩為利益衆生故行般若波羅蜜復次須菩提菩薩摩訶薩行般若波羅蜜時以不壞實際法立衆生於實際中須菩提白佛言世尊若實際即是衆生際菩薩則為建立實際於實際世尊若建立實際於實際則為建立自性於自性世尊不得建立自性於自性世尊云何菩薩摩訶薩行般若波羅蜜時建立衆生於實際佛告須菩提實際不可建立於實際自性不可建立於自性須菩提今菩薩摩訶薩行般若波羅蜜時以方便力故建立衆生於實際實際亦不異衆生際實際衆生

際無二無別須菩提白佛言世尊何等是諸菩薩摩訶薩方便力用是方便力菩薩摩訶薩行般若波羅蜜時建立衆生於實際亦不壞實際相佛告須菩提若菩薩摩訶薩行般若波羅蜜時以方便力故建立衆生於布施建立已說布施先後際相作是言如是布施前際空後際空中際亦空施者亦空施報亦空受者亦空諸善男子是一切法實際中不可得汝等莫念布施異施者異施報異受者異若汝等不念布施異施者異施報異受者異是時布施能取甘露味得甘露味果汝善男子以是布施故莫著色莫著受想行識何以故是布施布施相空施者施者空施報施報空受者受者空中布施　不可得施者不可得施報不可得受者不可得何以故是諸法畢竟自性空故復次須菩提菩薩摩訶薩行般若波羅蜜時以方便力故教衆生持戒語衆生言汝善男子除捨煞生法乃至除捨邪見何以故善男子如汝所分別法是諸法無如是性汝善

男子當諦思惟何等是衆生而欲奪命用何等物奪命乃至邪見亦如是須菩提菩薩摩訶薩如是方便力成就衆生是菩薩摩訶薩即為衆生說布施持戒果報是布施持戒果報自性空知布施持戒果報自性空已是中不著不著故心不散能生智慧以是智慧斷一切結使煩惱入無餘涅槃是世俗法非第一實義何以故空中無有滅亦無使滅者諸法畢竟空即是涅槃復次須菩提菩薩摩訶薩見衆生瞋恚惱心教言汝善男子來修行忍辱作忍辱人當樂忍辱汝所瞋者自性空故汝來善男子如是思惟我於何所法中瞋誰為瞋者所瞋者誰是法皆空是性空法無不空時是空非諸佛作非辟支佛聲聞作非菩薩摩訶薩作非諸天鬼神龍王阿修羅緊那羅摩睺羅伽非四天王天乃至非他化自在天非梵衆天乃至非淨居天非無邊空處乃至非有想非無想諸天所作汝當如是思惟瞋誰誰是瞋者何等是瞋事是一切法

性空性空法中无有所瞋如是須菩提菩薩摩訶薩行般若波羅蜜時以是因緣建立衆生於性空次第漸漸示教利喜令得阿耨多羅三藐三菩提是世俗法非第一實義何以故是性空中無有得者無有得法無有得處須菩提是名實際性空法菩薩摩訶薩為衆生故行是法衆生亦不可得何以故一切法離衆生相復次須菩提菩薩摩訶薩行般若波羅蜜時方便力故見衆生懈怠教令身精進心精進作是言諸善男子諸法性空中無懈怠法無懈怠者無懈怠事是一切法性皆空無過性空者汝等生身精進心精進為生善法故莫懈怠善男子若布施若持戒若忍辱若精進若禪定若智慧若諸禪定解脫三昧若四念處乃至八聖道分若空解脫門無相無作解脫門乃至十八不共法莫懈怠諸善男子是一切法性空中當知無㝵相無㝵法中無懈怠者無懈怠法如是須菩提菩薩摩訶薩行般若波羅蜜時教衆生令住性空

不墮二法何以故是性空無二無別故是無二法則無可瞋處復次須菩提菩薩摩訶薩行性空般若波羅蜜時教衆生令精進作是言諸善男子勤精進若布施若持戒若忍辱若精進若禪定若智慧若禪定解脫三昧若四念處乃至八聖道分若空解脫門無相無作解脫門若佛十力若四無所畏若四無㝵智若十八不共法若大慈大悲是諸善法汝等莫念二相莫念不二相何以故是法性皆空是性空不應用二相念不應用不二相念如是須菩提菩薩摩訶薩行般若波羅蜜以方便力故成就衆生成就衆生已次第教令得須陁洹果斯陁含果阿那含果阿羅漢果辟支佛道菩薩位令得阿耨多羅三藐三菩提復次須菩提菩薩摩訶薩行般若波羅蜜時見衆生亂心以方便力為利益衆生故作是言諸善男子當修禪定汝莫生亂想當生一心何以故是法性皆空性空中無有法可得若亂若一心汝等住是三昧所有作業若

身若口若意若布施若持戒若行忍辱若勤精進若行若禪定若修智慧若行四念處乃至若行八聖道分若諸解脫九次第定若行佛十力四無所畏四無导智十八不共法大慈大悲三十二相八十隨形好若聲聞道若辟支佛道若菩薩道若佛道若須陁洹果斯陁含果阿那含果阿羅漢果辟支佛道若一切種智若成就衆生若淨佛國土汝等皆當應隨所願得行性空故如是須菩提若菩薩摩訶薩行般若波羅蜜方便力為利益衆生故從初發意終不懈廢常求善法利益衆生從一佛國至一佛國供養諸佛從諸佛聞法捨身受身乃至阿耨多羅三藐三菩提終不忘失是菩薩常得諸陁羅尼諸根具足所謂身根語根意根何以故是菩薩摩訶薩常修一切種智修一切種智故一切諸道皆修若聲聞道若辟支佛道若菩薩神通道行神通道菩薩常利益衆生終不忘失是菩薩住報得神通利益衆生入生死五道終不耗減如是

須菩提菩薩摩訶薩行般若波羅蜜住性空以禪定利益衆生復次須菩提菩薩摩訶薩行般若波羅蜜住性空以方便力故利益衆生作是言汝等諸善男子觀一切法性空善男子汝等當作諸業若身業若口業若意業取甘露味得甘露果性空中無有法退何以故性空不退亦無退者以性空非法亦非非法於無所有法中云何當有退須菩提菩薩摩訶薩行般若波羅蜜時如是教衆生常不懈廢是菩薩自行十善亦教他人行十善五戒八戒亦如是自行初禪亦教他人令行初禪乃至第四禪亦如是常自行慈心亦教他人令行慈心乃至捨心亦如是自行無邊空處亦教他人令行無邊空處乃至非有想非無想處亦如是自行四念處亦教他人令行四念處乃至八聖道分佛十力乃至八十隨形好亦如是自須陁洹果中生智慧亦不住是中亦教他人令得須陁洹果乃至阿羅漢亦如是自於辟支佛道中生智慧亦不住是

中亦教他人令得辟支佛道自生阿耨多羅三藐三菩提道亦教他得阿耨多羅三藐三菩提道如是須菩提菩薩摩訶薩行菩薩道時方便力故終不懈怠須菩提白佛言世尊若諸法性常空常空中衆生不可得法非法亦不可得菩薩摩訶薩云何求一切種智佛告須菩提如是如是如汝所言諸法性皆空空中衆生不可得法非法亦不可得須菩提若一切法性不空菩薩摩訶薩不依性空成阿耨多羅三藐三菩提為衆生說性空法須菩提色性空受想行識性空菩薩摩訶薩行般若波羅蜜時說五陰性空法說十二入十八界性空法說四禪四無量心四無色定四念處乃至八聖道分性空法說三解脫門八背捨九次第定佛十力四無所畏四無导智十八不共法大慈大悲三十二相八十隨形好性空法說須陁洹果斯陁含果阿那含果阿羅漢果辟支佛道一切種智斷煩惱習性空法須菩提若內空性不空外空乃至無

法有法空性不空者則壞空性是性
空不常不斷何以故是性空無住處
亦無所從來亦無所從去須菩提是
名法住相是中無法無聚無散無增
無減無生無滅無垢無淨是為諸法
相菩薩摩訶薩住是中發阿耨多羅
三藐三菩提心不見法有所發無發
無住是名法住相是菩薩摩訶薩行
般若波羅蜜時見一切法性空不轉
阿耨多羅三藐三菩提何以故是菩
薩不見有法能障㝵當何處生疑
是名阿耨多羅三藐三菩提性空不
得衆生不得我不得人不得壽不得
命乃至不得知者見者性空中色不
可得受想行識不可得乃至八十隨
形好不可得須菩提辟如佛化作四
衆比丘比丘尼優婆塞優婆夷常為
是諸衆說法千万億劫不斷佛告須
菩提是諸化衆當得須陁洹果斯陁
含果阿那含果阿羅漢果得阿耨多
羅三藐三菩提記不須菩提言不也
世尊何以故是諸化衆無有根本實
故一切諸法性空亦無根本實事何

等是衆生得須陁洹果乃至阿羅漢
果得阿耨多羅三藐三菩提記須菩
提菩薩摩訶薩亦如是為衆生說性
空法是衆生實不可得以衆生墮顛
倒故拔衆生令住不顛倒顛倒即是
無顛倒顛倒不顛倒雖一相而多顛
倒少不顛倒無顛倒處中則無我無
衆生乃至無知者見者無顛倒處中
亦無色受想行識無十二入乃至無
阿耨多羅三藐三菩提是為諸法性
空菩薩摩訶薩住是中行般若波羅
蜜時於衆生相顛倒中拔出衆生所
謂無衆生有衆生相中拔出乃至知
者見者相中拔出於無色色相中無
受想行識受想行識相中拔出衆生
十二入十八界乃至一切有漏法亦
如是須菩提亦有諸無漏法所謂四
念處四正勤四如意足五根五力七
覺分八聖道分如是等法雖無漏亦
不如第一義相第一義相者無作無
為無生無相無說是名第一義亦名
性空亦名諸佛道是中不得衆生乃
至不得知者見者不得色受想行識

乃至不得八十隨形好何以故菩薩
摩訶薩非為道故求阿耨多羅三藐
三菩提心為諸法實相性空故求阿
耨多羅三藐三菩提是性空前際亦
是性空後際亦是性空中際亦是性
空常性空無不性空時菩薩摩訶薩
行是性空般若波羅蜜為衆生著衆
生相欲拔出故求道種智求道種智
時遍行一切道若聲聞道若辟支佛
道若菩薩道是菩薩具足一切道拔
出衆生於邪想著淨佛國土已隨其
壽命得阿耨多羅三藐三菩提須菩
提過去十方諸佛道性空未來現在
十方諸佛道亦性空離性空世間無
道無道果要從親近諸佛聞是諸法
性空行是法不失薩婆若須菩提白
佛言世尊甚希有諸菩薩摩訶薩有
行是性空法亦不壞性空相所謂色
與性空異受想行識與性空異乃至
阿耨多羅三藐三菩提與性空異須
菩提色即是性空性空即是色乃至
阿耨多羅三藐三菩提阿耨多羅三
藐三菩提即是性空性空即是阿耨

大智度論卷第九十　第十二張　表字号

多羅三藐三菩提佛告須菩提如是如是若色與性空異若受想行識與性空異乃至阿耨多羅三藐三菩提與性空異菩薩摩訶薩不能得一切種智須菩提今色不異性空乃至阿耨多羅三藐三菩提不異性空以是故菩薩摩訶薩知一切法性空發意求阿耨多羅三藐三菩提何以故是中無有法若實若常但凡夫著色受想行識凡夫取色相取受想行識相有我心著內外物故受後身色受想行識故不得脫生老病死愁憂苦惱往來五道以是事故菩薩摩訶薩行性空波羅蜜不壞色等諸法相若空若不空何以故是色性空相不壞色所謂是色是空譬如虛空不壞虛空內虛空不壞外虛空外虛空不壞內虛空如是須菩提色不壞色空相色空相不壞色何以故是二法無有性能有所壞所謂是空是非空乃至阿耨多羅三藐三菩提亦如是須菩提白佛言世尊若一切法空無分別云何菩薩摩訶薩從初發意已來作是願我當得阿

大智度論卷第九十　第十三張　表字号

耨多羅三藐三菩提世尊若一切法無分別云何菩薩發心言我當得阿耨多羅三藐三菩提世尊若分別諸法不能得阿耨多羅三藐三菩提佛告須菩提如是如是若菩薩摩訶薩行二相者無阿耨多羅三藐三菩提若分別作二分者無阿耨多羅三藐三菩提若不二不分別諸法則是阿耨多羅三藐三菩提是不二相不壞相須菩提是菩提不色中行不受想行識中行乃至菩提亦不菩提中行何以故色即是菩提菩提即是色不二不分別乃至十八不共法亦如是是菩提非取故行非捨故行須菩提白佛言世尊若菩薩摩訶薩菩提非取故行非捨故行菩薩摩訶薩菩提何處行佛告須菩提於汝意云何如佛所化人在何處行若取中若捨中行須菩提言世尊非取中行非捨中行佛言菩薩摩訶薩菩提亦如是非取中行非捨中行須菩提於汝意云何阿羅漢夢中菩提何處行若取中行若捨中行不也世尊非取中行非

大智度論卷第九十　第十四張　表字号

捨中行世尊阿羅漢畢竟不眠云何夢中菩提若取中行若捨中行須菩提菩薩摩訶薩阿耨多羅三藐三菩提亦如是非取中行非捨中行所謂色中行乃至一切種智中行世尊將無菩薩摩訶薩不行十地不行六波羅蜜不行三十七助道法不行十四空不行諸禪定解脫三昧不行佛十力乃至八十隨形好住五神通淨佛國土成就衆生得阿耨多羅三藐三菩提佛告須菩提如是如是如汝所言今菩薩雖菩提無處行若不具足十地六波羅蜜四禪四無量心四無色定四念處乃至八聖道分空無相無作佛十力乃至八十隨形好常捨法不錯謬法不具足是諸法終不得阿耨多羅三藐三菩提是菩薩摩訶薩住色相中住受想行識相中乃至住阿耨多羅三藐三菩提相中能具足十地乃至得阿耨多羅三藐三菩提是相常寂滅無有法能增能減能生能滅能垢能淨能得道能得果世諦法故菩薩摩訶薩得阿耨多羅三藐

三菩提非第一實義何以故第一義中無有色乃至無阿耨多羅三藐三菩提亦無行阿耨多羅三藐三菩提者是一切法皆以世諦故說非第一義須菩提菩薩摩訶薩從初發意已來行阿耨多羅三藐三菩提菩提亦不增衆生亦不減菩薩亦無增減須菩提於意云何若人初得道時住無間三昧得無漏根成就須陁洹果若斯陁含果阿那含果阿羅漢果汝介時有所得若夢若心若道若道果不須菩提言世尊不得也佛告須菩提云何當知得阿羅漢道世尊世諦法故分別名阿羅漢道者佛語須菩提世諦故說名菩薩說色受想行識乃至一切種智是菩提中無法可得若增若減以諸法性空故諸法性空尚不可得何况得初地心乃至十地心六波羅蜜三十七助道法空三昧無相無作三昧乃至一切佛法當有所得無有是處如是須菩提菩薩摩訶薩行阿耨多羅三藐三菩提得阿耨多羅三藐三菩提利益衆生

釋曰上品中須菩提種種因緣難若

諸法空云何有五道生死善不善法令難衆生作是言世尊若衆生畢竟不可得菩薩為誰故行般若先難法為衆生今難衆生為法故佛答為實際故菩薩行般若波羅蜜須菩提意謂菩薩為度衆生故行般若波羅蜜佛意衆生假名虚誑畢竟不可得菩薩為一切實法故行般若波羅蜜實法即是實際問曰一切菩薩見衆生苦惱為度衆生故發大悲心今何以言為實際答曰初發意菩薩但為滅衆生苦故發大悲心苦者所謂老病死等及身心憂惱云何滅是苦尋苦因緣由生故如佛十二因緣中說何因緣故有老病死以生故問曰一切衆生皆知生因緣是苦菩薩有何奇特答曰衆生不知由生有苦若遭苦時但怨人恨自不將適初不怨生以是故增長結使重增生法不知真實苦因有人無鞭杖刀兵諸愁惱苦而有死死從何來從生而有復次鞭杖刀兵愁惱皆由生故有餘法或有苦或無苦是生法必有苦正使大智及

諸天有生必有死有死必有苦是故知生定是苦本如草木有生故必可焚燒若當不生雖有猛火大風無所燒害菩薩既得苦因緣復推生因緣生因緣者有有有三種欲有色有無色有有者是三有起善惡業是生因有因者四種身取取因緣者愛等諸煩惱小者未能起業故名為愛增長能起業故取欲取見取戒取我語取取者是四事故能起種種業愛因緣三種受受因緣者眼等六種觸觸名受等諸心數法情塵識三事和合故心中生受等心數法根本雖三事和合故生觸為六情依止住處故但說六入六入因緣名色六入雖即是名色分成就名六入未成就名名色色成就名五入名成就名一入是胎中時因緣次第名色名色因緣是識若識不入胎初胎初則爛壞識名中陰中五衆是五衆細故但名為識若識不入而胎成者如一切和合時皆應成胎問曰識何因緣故入胎答曰行因緣行即是過去三種業業將識入胎如風吹

絶焰空中而去焰則依止於風先世作人身時然六識故命終時業將識入胎問曰上業何以名有今業何以名行荅曰上是今世業為未來有故名為有今業過去世已滅盡但名名為行天竺語删迦羅秦言行是行因緣名無明一切煩惱雖是過去業因緣無明是根本故但名無明今世現在著愛身多故愛取愛名過去世中是疑邪見處故但名無明今得一切苦惱根本是無明問曰無始生死展轉甚多何以正齊無明荅曰是事先已荅菩薩思惟為人從苦得脫故求苦因緣衆生過去現在老死等苦不可得除為除未來世老死苦斷相續不令復生如良醫過去病不可治現在病亦不可治服藥但能治應起病破其冷熱不復令起又如失火燒舍不為已過去火故勤滅亦不為現在火故勤滅但為未來火不令更燒故勤滅良醫滅火人勤方便亦不虚菩薩滅衆生苦惱亦如是過去苦已滅無所復能現在苦惱先世因緣成就

故不可却但破未來世老死等苦因緣故破是生法老死等苦自然亦滅是故菩薩欲滅未來世老死等苦因緣生得現在有等八因緣一名有漏業二名現在世諸煩惱所謂四取一愛是二種煩惱從二心數法生所謂受及觸觸能生一切心數法受前生故得名觸是受因緣受雖能生三毒一切衆生愛是舊煩惱觸因緣是内六入如先說雖有外六入内六入無故觸等心數法不生是故内六入得名名色是六入因緣如此中說初入胎識是名色因緣識名色在胎中此中雖有六入未成就未可用故未得名字既生嬰孩未能有所作但有六入轉大有六觸如小兒蹈火履氷但有觸未知苦樂轉大受苦樂未深愛著如小兒雖瞋未能起煞等悪業雖喜未能起施等善業年及成人得苦生恚得樂生愛求樂具故取欲等四取取時能起善悪業若知先一世無明業因緣則億万世可知辟如現在火熱過去未來火亦如是若無明因緣

更求其本則無窮即墮邊見失涅槃道是故不應求若更求則墮戲論非是佛法菩薩欲斷無明故求無明體相求時即入畢竟空何以故佛經說無明相内法不知外法不知内外法不知菩薩以内空觀内法内法即空以外空觀外法外法即空以内外空觀外内法外内法即空如是等一切是無明相如先品德女經中破無明廣說復次菩薩求無明體即時是明所謂諸法實相名為實際觀諸法如幻如化衆生顛倒因緣故起諸煩惱作悪罪業輪轉五道受生死苦辟如蚕出糸自裹縛入沸湯火煑凡夫衆生亦如是初生時未有諸煩惱後自生貪欲瞋恚等諸煩惱是煩惱因緣故覆智慧轉身受地獄火燒湯煑菩薩知是法本末皆空但衆生顛倒錯故受如是苦菩薩於此衆生起大悲心欲破是顛倒故求於實法行般若波羅蜜通達實際種種因緣教化衆生令住實際是故住實際無咎復次經中說若衆生與實際異菩薩不

應行般若波羅蜜異者實際是畢竟空衆生際是決定有若尒者應難若諸法實相空菩薩云何為衆生故修是實際若衆生畢竟空實際定有無衆生則無所利益為誰故行實際令衆生際實不異實際故行般若欲覺悟狂惑顛倒凡夫故行般若波羅蜜令衆生住實際中而不壞實際是時須菩提更問若衆生際實際不異云何以實際者實際自性不應自性中住如指端不能自觸指端佛可其意菩薩以方便故建立衆生於實際如衆生實際不異一亦不可得若是一則壞實際相所以者何得是一性故菩薩知是二法不一不二亦不不一亦不不二畢竟寂滅無戲論相菩薩生大悲心但欲拔出衆生離於顛倒故教化衆生又問云何名方便佛言菩薩行般若時以方便力故建立衆生於檀中說是檀先際後際空中際亦尒如經中廣說菩薩知實際者到衆生邊如先檀品中說衆生聞已發心折薄煩惱深著布施菩薩憐愍衆

生我從慳中拔出令復著布施衆生若受布施福盡受諸苦惱又受富貴因緣得作大罪則墮地獄是故愍此衆生得少許時樂而受苦長久是故菩薩為說布施實相所謂畢竟空作是言是布施過去已滅不可見不可得不可用但可憶念如夢所見無異未來未生故亦無所有畢竟空是布施先後際無故中際亦無如破六塵中破色法中說現在布施雖眼見分分破折乃至微塵不可得布施三世空施者受者果報亦如是菩薩語施者言布施等法是初入佛法門實際中實際相亦無何況布施汝莫念莫著布施等法若不念不著如布施體相如是布施者則得甘露味甘露果甘露味者是八聖道分甘露果者是涅槃菩薩雖住實際中以方便力布施門度衆生餘波羅蜜亦如是如經中廣說須菩提白佛言世尊若一切法性空性空中無法及非法亦無衆生菩薩云何住是空中求一切種智佛答菩薩安立性空中故能行是布

施等諸法又問性空破一切法悉盡無餘云何菩薩住性空中能行布施等諸善法佛可須菩提意而說因緣菩薩知諸法實相住是中能得阿耨多羅三藐三菩提諸法實相者即是性空若一切法性不空菩薩不應住諸法性空中得阿耨多羅三藐三菩提已為衆生說性空法所謂色性空受想行識性空乃至為衆生說一切種智斷煩惱習性空法復次須菩提十八空若性不空是為壞空體何以故十八空能令一切法空若自不空則為虛誑又若不空者則墮常邊著處能生煩惱性空無實住處無所從來去無所至是名常住法相常住法相是性空之異名亦名諸法實相是相中無生無滅無增無減無垢無淨菩薩住是中見一切性空於阿耨多羅三藐三菩提不退不疑不悔何以故不見諸法能障导者以方便力故度衆生方便力者畢竟無法亦無衆生而度衆生問曰若衆生及法從本已來無為誰作方便為度脫誰答曰性

空名空性亦無沒何以取是空性相作難若有性空相應當作難復次得諸法實相者知是性空是人則知諸法性空無法無衆生凡人未得實相故種種憶想分別如狂人妄有所見以為實有為度凡夫狂故言為衆生說狂法中有是諸法分別實法中則無菩薩欲滿本願故又不著性空故有度衆生此中則不應難復次此經中佛自說因緣性空中衆生不可得知者見者亦不可得乃至八十隨形好亦如是而菩薩立是法為衆生說是世諦故非是實此中佛說辟喻如佛作化人又化作四部衆而為說法可有得道者不須菩提言不也所以者何無定根本實事何有得須陁洹乃至得佛者菩薩說法度衆生亦如是衆生無有定實但欲於顛倒中拔出衆生著無顛倒中無顛倒法亦無處所是中無衆生乃至無知者見者雖空性一相而顛倒多不顛倒少是故貴是性空不顛倒法菩薩住此中但破衆生妄想不破衆生又無漏法

乃至八聖道分雖是無漏以生滅故不如第一義須菩提是性空一切諸佛雖有是道更無異道何以故諸佛皆求實智不壞不異法雖有十力四無所畏諸異法不名為一道所以者何此皆是有為法轉變無常故是性空中無衆生亦無色等諸法菩薩不為菩薩道故求阿耨多羅三藐三菩提但為性空故問曰何等是性空何等是菩薩道答曰第一義中無分別世諦中有分別諸法實相名性空餘布施等乃至八十隨形好是菩薩道雖行是法不為此法為求性空故是故說不為菩薩道故行是性空先亦性空中後亦性空從本已來常空無有作者非是福德力故使空亦非智慧力故使空但性自尒故諸佛賢聖以大福德智慧方便力故破衆生心中顛倒令知性空辟如虛空性常清淨不著垢闇或時風雲闇翳世人便言虛空不淨更有猛風吹除風雲便言虛空清淨而虛空實無垢無淨諸佛亦如是以說法猛風吹却顛倒雲

翳令得清淨而諸法性常自無垢無淨是菩薩知一切法性空故能行一切種種道度衆生具足一切道淨佛國土教化衆生得阿耨多羅三藐三菩提時隨意壽命隨意壽命者菩薩得無生忍法入如幻菩薩道能一時變化作千億万身周遍十方具足行一切菩薩道處處國土中隨衆生壽命長短而受其形如釋迦文尼佛於此國土壽命百年於莊嚴佛國壽七百阿僧祇劫佛法於五不可思議中是第一不可思議佛告須菩提一切法性空是諸佛真法若得是法則名為佛若說此法名為度衆生三世佛皆亦如是雖是性空則無道無果道者八聖道分果者七種果所以者何若離性空別有定法則取相生著者故亦無離欲無離欲故則無道果若離性空雖行布施持戒行慈悲等善法力故雖不墮惡道生天果盡還墮惡道如本不異行性空法亦不著性空即是涅槃行餘法生者心有退失若行此法則無退失須菩提歎

菩白佛言甚希有菩薩行是性空法亦不壞性空相佛荅若色等法與性空異菩薩則不得阿耨多羅三藐三菩提何以故有空法則不可得離須菩提今色等諸法實性空菩薩知是法已得阿耨多羅三藐三菩提所以者何此中無有一法定是常但凡夫生我心故者內外法不得脫生老病死是故菩薩行是性空和合六波羅蜜不壞色等諸法相所謂若空若不空若不空若非空非不空不作如是亦諸法相是名不壞所以者何色實相即是性空性空云何自壞性空乃至菩提亦如是此中佛說辟如內虛空不壞外虛空以同體故須菩提問世尊若諸法性空無別異菩薩於何處得阿耨多羅三藐三菩提佛可其意言如是若分別有二相則不得阿耨多羅三藐三菩提阿耨多羅三藐三菩提名實智慧於色法中不得行所謂不著不涤所以者何是智慧不為取色故行是故不行色中須菩提復問若菩提不取中行不捨中行當於何

處行取名實法捨名空法取名著行捨名不著行取名二行捨名不二行如是等分別佛反問須菩提於汝意云何佛所化人為何處行須菩提言是化人無處行化人無心無心數法故菩提亦如是復問於汝意云何阿羅漢夢中菩提為在何處行

須菩提言阿羅漢尚不眠何況夢中菩提有行處問曰菩提有三種阿羅漢菩提辟支佛菩提佛菩提阿羅漢菩提不在有漏心中無記心中行但在無漏心中行佛何以故問阿羅漢夢中菩提何處行荅曰阿羅漢是一切漏盡聖人則無夢佛以必無處故問欲明無行法

問曰乃至佛猶尚有眠何以知之佛嘗命阿難汝四襞優多羅僧敷我欲小眠汝為諸比丘說法又薩遮尼乹問佛佛自念晝日有眠不佛言春末夏初以時熱故小眠息除食患故薩遮尼乹白佛餘人有言晝日眠是癡相佛言汝置汝不別癡相諸漏能生後身相續不斷者是名癡相雖常不

眠亦是癡若是諸漏永滅無餘雖眠不名癡如是等經中處處說須菩提何以言阿羅漢尚不眠荅曰眠有二種一者眠而夢二者眠而不夢阿羅漢非為安隱著樂故眠但受四大身法應有食息眠覺是故少許時息名為眠不為夢眠故須菩提言阿羅漢尚不眠有人言離欲者得禪定色界繫四大入身中身心歡樂則無有眠慧解脫阿羅漢色界四大不入身中故有眠是故須菩提言阿羅漢尚不眠是故阿羅漢有眠有不眠佛以方便力為度衆生受人法故現眠

須菩提復問若不行者云何菩薩從一地至十地乃至得阿耨多羅三藐三菩提佛可其意菩提雖無處行未具足六波羅蜜諸法終不得阿耨多羅三藐三菩提是菩薩任色相乃至菩提相中住得阿耨多羅三藐三菩提不捨色等法亦不著菩提相知色等法即是菩提常寂滅無法若增若減若垢若淨若得道若得果但世諦故說菩薩得阿耨多羅三藐三菩提

第一義中無有色乃至菩提佛欲明是事故反問須菩提於汝意云何汝斷煩惱得道時有所得不所謂如夢等五衆若道若道果決定一法不須菩提言不得也所以者何須菩提意住無相門中入道云何取相佛言若乃至不得微細少法云何說汝為阿羅漢須菩提言世諦法故說言阿羅漢凡夫顛倒法中有得有果有衆生有法佛說有色等乃至菩提菩提中無有定言菩提亦如是世諦法故說有菩薩法亦無衆生亦無菩提菩薩觀是菩提法無有增無有減所以者何諸法性如是菩薩亦不得是諸法性何況有初發心乃至十地及六波羅蜜三十七品乃至十八不共法當有所得無有是處所以者何諸法性是一切法根本尚不可得何況六波羅蜜等是作法若法當有定實如是菩薩行是諸法性得佛時能大利益衆生

大智度論卷第九十 第三十張 來字號

大智度論卷第九十

大智度論卷九十

校勘記

一 底本，金藏廣勝寺本。

一 五六〇頁中一行經名，石作「大智度經論卷第九十二」，卷末經名同；資、磧、普、南、徑、清作「大智度論卷第九十」。

一 五六〇頁中三行後，石有品名「摩訶般若波羅蜜經實際品第八十釋」；資、磧、普、南、徑、清有品名「釋實際品第八十」。

一 五六〇頁中四行首字「須」，石、普、南、徑、清、麗冠以「經」。

一 五六〇頁下四行第一〇字「可」，資、磧、普、南、徑、清、麗無。

一 五六〇頁下七行第一一字「相」，南、徑、清作「空」。

一 五六〇頁下一三行第八字「取」，石作「趣」。

一 五六〇頁下二二行第一〇字「見」，普、南、徑、清作「見法」。

一 五六一頁上八行第七字「結」，石作「諸結」。

一 五六一頁上八行第一〇字「惱」，石、普、南、徑、清作「惱習」。

一 五六一頁上一四行第七字「故」，資、磧、普、南、徑、清無。

一 五六一頁上一七行第一一字「佛」，石、資、磧、普、南、徑、清作「佛作非」。

一 五六一頁上二二行第三字「想」，諸本作「想處」。

一 五六一頁上二二行末字「瞋」，石、麗作「所瞋」。

一 五六一頁中一行第六字「中」，資、磧、普、南、徑、清無。

一 五六一頁中一六行「男子」，資、磧、普、南、徑、清作「法者」。

一 五六一頁中二〇行首字「法」，石、麗作「法中」。

一 五六一頁下二行第九字「瞋」，普、南、徑、清作「著」。

一 五六一頁下一〇行第八字「善」，

一　資、磧、普、南、徑、清、麗無。

一　五六一頁下一二行第二字「空」，石、麗作「空法」。

一　五六一頁下一六行末字「道」，諸本作「道入」。

一　五六二頁上二行第八字「若」，諸本無。　五六五頁上九行第一三字麗同。

一　五六二頁上四行第四字「九」，資、磧、普、南、徑、清、麗無。

一　五六二頁上一一行首字「行」，普、南、徑、清作「住」。

一　五六二頁上一八行第二字「語」，石作「舌」。

一　五六二頁中一一行第一三字「不」，石作「不應」。

一　五六二頁中二〇行第一二字「自」，諸本作「自於」。

一　五六二頁中二二行第一三字「亦」，石、麗作「果亦」。

一　五六二頁下二行第一三字「人」，諸本作「人令」。

一　五六二頁下四行「菩薩道時」，諸本作「般若波羅蜜」。

一　五六二頁下五行第四字「怠」，石作「廢」。

一　五六三頁上一行第一一字至第一二字「空性」，石作「性空」。

一　五六三頁上六行第七字「住」，麗作「在」。

一　五六三頁上二二行末字「實」，資、磧、普、南、徑、清作「實事」。

一　五六三頁中九行第四字「受」，諸本作「無受」。

一　五六三頁下二行第七字「故」，資、磧、普、南、徑、清、麗作「法故」。

一　五六三頁下一七行第五字「甚」，資、磧、普、南、徑、清作「甚深」。

一　五六三頁下一七行末字「有」，麗無。

一　五六三頁下二〇行末字至二一行第二字「須菩提」，麗作「世尊但」。

一　五六四頁上一一行第一三字「故」，諸本作「是故」。

一　五六四頁中九行第八字「提」，諸本作「提菩提」。

一　五六四頁中一七行末字「如」，石無。

一　五六四頁中一八行第一一字「中」，諸本作「中行」。

一　五六四頁下一五行第二字「佛」，諸本作「解脱佛」。

一　五六四頁下一五行末字「法」，石作「行」。

一　五六五頁上一行末字「義」，石、南、徑、清、麗作「實義」；資、磧、普作「義實」。

一　五六五頁上二行第七字「無」，石、麗作「無有」。

一　五六五頁上四行第一二字「非」，石作「非以」。

一　五六五頁上八行第二字「於」，石、普、南、徑、清作「於汝」。

一　五六五頁上九行第六字「根」，石、麗作「根若」。

一　五六五頁上一三行第八字「道」，

諸本作「道者」。

一　五六五頁上一四行第四字「者」，諸本無。

一　五六五頁上一四行「世諦」，資、磧、普、南、徑、清作「如是如是世諦法」。

一　五六五頁上一四行第一二字「故」，石作「法故」。

一　五六五頁上一九行第二字「相」，石作「相三昧」。

一　五六五頁上一九行第一三字「當」，石作「尚」。五七〇頁上一九行第六字資、磧、普、南、徑、清同。

一　五六五頁上末行首字「釋」，石、普、南、徑、清、麗冠以〔論〕。

一　五六五頁中一五行第八字「以」，諸本作「以有」。

一　五六五頁中一八行「人恨」，諸本作「恨人」。

一　五六五頁中二一行「死死從何」，諸本作「死苦此死從何所」。

一　五六五頁中末行第七字「必」，諸本作「必定」。

一　五六五頁下七行第五字「身」，諸本無。

一　五六五頁下九行首字「故」，諸本作「故名爲」。

一　五六五頁下一八行第三字「名」，資、磧、普、南、徑、清作「名名」。

一　五六五頁下一八行第五字、第六字「名色」，麗無。

一　五六五頁下一九行首字「初」，石、麗無。

一　五六六頁上五行第一二字「但」，諸本作「但有」。

一　五六六頁上六行「天竺語刪迦羅秦言行」九字，麗爲小註。

一　五六六頁上九行第四字「身」，諸本作「取」。

一　五六六頁上九行第九字「愛」，資、磧、普、南、徑、清作「受」。

一　五六六頁上一二行第七字「正」，麗作「止」。

一　五六六頁上一七行首字「現」，資、磧、普、南、徑、清作「見」。

一　五六六頁上一九行第六字「去」，資、磧、普、南、徑、清無。

一　五六六頁中八行首字「故」，石、資、磧、普、南、徑、清作「故故」。

一　五六六頁中一〇行首字「六」，資、磧作「外」。

一　五六六頁中一三行末字至一四行首字「此中」，石無。

一　五六六頁中一六行第一〇字「路」，石作「踏」。

一　五六六頁下八行「外內」，石、普、南、徑、清、麗均作「內外」。

一　五六六頁下一四行第一二字「麦」，資、磧、普、南、徑、清、麗作「炙」。

一　五六七頁上三行第四字「相」，諸本作「際相」。

一　五六七頁上四行首字「是」，石作「此」。

一　五六七頁上六行第一二字，一九行第五字「若」，石、麗作「若波羅蜜」。

一　五六七頁上一二行末字「如」，石、資、磧、普、南、徑、清作「而」。

一　五六七頁上一三行「不異一亦」，石作「一異不」；資、磧作「一不異亦」；普、南、清作「一異亦」。

一　五六七頁上一五行第六字「法」，石無。

一　五六七頁上一八行末字「言」，石作「答」。

一　五六七頁中二行第一二字「受」，石、磧、普、南、徑、清作「受福德」。

一　五六七頁中一一行第三字「折」，石、資、磧、普、南、徑、清作「析」。

一　五六七頁下六行末字「諸」，諸本作「是諸」。

一　五六七頁下一八行第八字「性」，諸本作「法性」。

一　五六七頁下二二行末字「已」，資、磧、普、南、徑、清作「以」。

一　五六八頁上四行第一〇字「人」，石、麗作「夫」。

一　五六八頁上五行第八字「如」，普、南、徑、清作「譬如」。

一　五六八頁上九行第一一字「復」，南作「從」。

一　五六八頁中一五行第三字「中」，石、普、南、徑、清作「中亦性空」。

一　五六八頁中一八行第六字「慧」，石作「慧力」。

一　五六八頁下六行「忍法」，石作「法忍」。

一　五六八頁下一〇行「國壽」，石作「國土壽命」。

一　五六八頁下二〇行第一二字「果」，資、磧、普、南、徑、清作「福」。

一　五六九頁上四行第七字「空」，資、磧、普、南、徑、清作「定」。

一　五六九頁上五行「實性」，石、資、磧、普、南、徑、清作「性實」。

一　五六九頁上一四行第一二字「如」，諸本作「喻如」。

一　五六九頁上二〇行第一三字「得」，資、磧、普、南、徑、清、麗無。

一　五六九頁上二二行第一三字「提」，石作「是」。

一　五六九頁中一五行第三字「明」，諸本作「明必」。

一　五六九頁中一七行第七字「襞」，普、南、徑、清作「褺」。

一　五六九頁中二〇行第九字「息」，資、磧作「自」。

一　五七〇頁上六行第六字「人」，諸本作「入」。

一　五七〇頁上六行第一四字「若」，諸本作「汝若」。

一　五七〇頁上一九行「若法」，石、麗無。

一　五七〇頁上二〇行末字「生」下，石有夾註「釋第八十品竟」。

一　五七〇頁上末行末字「十」後，資、磧、普有夾註「釋第八十品」；南有夾註「釋第八十品竟」。

大智度論釋照明品第八十一 卷第九十一 正

龍樹菩薩造

後秦龜茲國三藏鳩摩羅什譯

經須菩提白佛言世尊若菩薩摩訶薩行六波羅蜜十八空三十七助道法佛十力四無所畏四無㝵智十八不共法不具足菩薩道不能得阿耨多羅三藐三菩提世尊菩薩摩訶薩當云何具足菩薩道能得阿耨多羅三藐三菩提佛告須菩提若菩薩摩訶薩行般若波羅蜜時以方便力故行檀波羅蜜不得施不得施者不得受者亦不遠離是法行檀波羅蜜是則照明菩薩道如是須菩提菩薩以方便力故具足菩薩道具足已能得阿耨多羅三藐三菩提持戒忍辱精進禪定智慧乃至十八不共法亦如是舍利弗白佛言世尊云何菩薩摩訶薩習般若波羅蜜佛告舍利弗若菩薩摩訶薩行般若波羅蜜以方便力故不壞色不隨色何以故是色性無故不壞不隨乃至識亦如是舍利弗菩薩摩訶薩行般若波羅蜜以方便力故檀波羅蜜不壞不隨何以故檀波羅蜜性無故乃至十八不共法亦如是舍利弗白佛言世尊若諸法無自性可壞可隨者云何菩薩摩訶薩能習般若波羅蜜諸菩薩摩訶薩所學處何以故菩薩摩訶薩不學般若波羅蜜不能得阿耨多羅三藐三菩提佛告舍利弗如汝所言菩薩不學般若波羅蜜不能得阿耨多羅三藐三菩提不離方便力故可得舍利弗若菩薩摩訶薩行般若波羅蜜若有一法可得應當取若不可得何所取所謂此是般若波羅蜜是禪波羅蜜是毗梨耶波羅蜜是羼提波羅蜜是尸羅波羅蜜是檀波羅蜜是色受想行識乃至是阿耨多羅三藐三菩提舍利弗是般若波羅蜜不可取相乃至一切諸佛法不可取相舍利弗是名不取般若波羅蜜乃至佛法是菩薩摩訶薩所應學菩薩摩訶薩於是中學時學相亦不可得何況般若波羅蜜佛法菩薩法辟支佛法聲聞法凡夫人

法何以故舍利弗諸法無一法有性如是無性諸法何等是凡夫人須陁洹斯陁含阿那含阿羅漢辟支佛菩薩佛若無是諸賢聖云何有法以是法故分別說是凡夫人須陁洹斯陁含阿那含阿羅漢辟支佛菩薩佛舍利弗白佛言世尊若諸法無性無實無根無本云何知是凡夫人乃至是佛佛告舍利弗凡夫人所著處色有性有實不不也世尊但以顛倒心故受想行識乃至十八不共法亦如是舍利弗菩薩摩訶薩行般若波羅蜜時以方便力故見諸法無性無根本故能發阿耨多羅三藐三菩提心舍利弗白佛言云何菩薩摩訶薩行般若波羅蜜時以方便力故見諸法無性無根本故發阿耨多羅三藐三菩提心佛告舍利弗菩薩摩訶薩行般若波羅蜜時不見諸法根本住中退沒生懈怠心舍利弗諸法根本實无我無所有性常空但顛倒愚癡故衆生著陰入界是菩薩摩訶薩見諸法無所有性常空自性空時行般若波

羅蜜自立如幻師為衆生説法慳者為説布施法破戒者為説持戒法瞋者為説忍辱法懈怠者為説精進法乱想者為説禪定法愚癡者為説智慧法令衆生住布施乃至智慧然後為説聖法能出苦用是法故得須陁洹果乃至得阿羅漢果辟支佛道乃至得阿耨多羅三藐三菩提舍利弗白佛言世尊菩薩摩訶薩得是衆生無所有教令布施持戒乃至智慧然後為説聖法能出苦以是法故得須陁洹果乃至阿耨多羅三藐三菩提佛告舍利弗菩薩摩訶薩行般若波羅蜜時無有所得過罪何以故舍利弗是菩薩摩訶薩行般若波羅蜜時不得衆生但空法相續故名為衆生舍利弗菩薩摩訶薩住二諦中為衆生説法世諦第一義諦舍利弗二諦中衆生雖不可得菩薩摩訶薩行般若波羅蜜以方便力故為衆生説法衆生聞是法令世吾我尚不可得何況當得阿耨多羅三藐三菩提及所用法如是舍利弗菩薩摩訶薩行般若波羅蜜

時以方便力故為衆生説法舍利弗白佛言世尊是菩薩摩訶薩心曠大無有法可得若一相若異相若別相而能如是大誓莊嚴用是莊嚴故不生欲界不生色界不生無色界不見有為性不見無為性而於三界中度脫衆生亦不得衆生何以故衆生不縛不解衆生不縛不解故無垢无淨無垢无淨故無分別五道無分別五道故無業无煩惱無業无煩惱故亦不應有果報以是果報故生三界中佛告舍利弗如是如是如汝所言若衆生先有後無諸佛菩薩則有過罪諸法五道生死亦如是若先有後無諸佛菩薩則有過罪舍利弗今有佛无佛諸法相常住不異是法相中尚無我無衆生無壽命乃至無知者無見者何況當有色受想行識若無是法云何當有五道往來拔出衆生處舍利弗是諸法性常空以是故諸菩薩摩訶薩從過去佛聞是法相發阿耨多羅三藐三菩提意是中無有法我當得亦無有衆生定著處法不可出但以

衆生顛倒故著以是故菩薩摩訶薩發大誓莊嚴常不退阿耨多羅三藐三菩提是菩薩不疑我當不得阿耨多羅三藐三菩提我必當得阿耨多羅三藐三菩提得阿耨多羅三藐三菩提已用實法利益衆生令出顛倒舍利弗譬如幻師幻作百千万億人與種種飲食令飽滿歡喜唱言我得大福我得大福於汝意云何是中有人食飲飽滿不不也世尊佛言如是舍利弗菩薩摩訶薩從初發意已來行六波羅蜜四禪四無量心四無色定四念處乃至八聖道分十四空三解脫門八背捨九次第定佛十力乃至十八不共法具足菩薩道成就衆生淨佛國土無衆生法可度須菩提白佛言世尊何等是菩薩摩訶薩道菩薩行是道能成就衆生淨佛國土佛告須菩提菩薩摩訶薩從初發意已來行檀波羅蜜行尸羅羼提毗梨耶禪般若波羅蜜乃至行十八不共法成就衆生淨佛國土須菩提白佛言世尊云何菩薩摩訶薩行檀波羅蜜成就

衆生佛告須菩提有菩薩摩訶薩行檀波羅蜜時自布施亦教衆生布施作是言諸善男子汝等莫著布施汝著布施故當更受身受身故多受衆苦諸善男子諸法相中無所施無施者無受者是三法性皆空是性空法不可取不可取相是性空如是須菩提菩薩摩訶薩行檀波羅蜜時布施衆生是中不得布施不得施者不得受者何以故无所得檀波羅蜜是名為檀波羅蜜是菩薩不得是三法故能教衆生令得須陁洹果乃至令得阿羅漢果辟支佛道阿耨多羅三藐三菩提如是須菩提菩薩摩訶薩行檀波羅蜜時成就衆生是菩薩自行布施亦教他人行布施讚歎布施法歡喜讚歎行布施者是菩薩如是布施巳生剎利大姓婆羅門大姓居士大家若作小王若轉輪聖王是時以四事攝取衆生何等四布施愛語利行同事是四事攝衆生巳衆生漸漸住於戒四禪四無量心四无色定四念處乃至八聖道分空無相無作三昧得

入正位中得須陁洹果乃至得阿羅漢果若得辟支佛道若教令得阿耨多羅三藐三菩提作是言諸善男子汝等當發阿耨多羅三藐三菩提心是阿耨多羅三藐三菩提易得耳何以故無有定法衆生所著處但顛倒故衆生著是故汝當自離生死亦當教他離生死汝等當發心能自利益亦當得利益他人須菩提菩薩摩訶薩應如是行檀波羅蜜是行檀波羅蜜因緣故從初發意巳来終不墮惡道常作轉輪聖王何以故隨其所種得大果報是菩薩作轉輪聖王時見有乞者作是念我不為餘事故受轉輪聖王果但為利益一切衆生故是時作是言此是汝物汝自取之莫有所難我無所惜我為衆生故受生死憐愍汝等故具足大悲行是大悲饒益衆生亦不得實定衆生相但有假名故可說是衆生是名字亦空如嚮聲實不可說相須菩提菩薩摩訶薩應如是行檀波羅蜜於衆生中無所惜乃至不惜自身肌宍何況外物以是法

故能出衆生生死何等是法所謂檀波羅蜜尸羅波羅蜜羼提波羅蜜毗梨耶波羅蜜禪波羅蜜般若波羅蜜乃至十八不共法令衆生從生死中得脫復次須菩提菩薩摩訶薩住檀波羅蜜中布施巳作是言諸善男子汝等来持戒我當供給汝等令無乏短衣食卧具乃至資生所須盡當給汝汝等乏少故破戒我當給汝所須令無所乏若飲食乃至七寶汝等住是戒律儀中漸漸當得盡苦成於三乘而得度脫若聲聞乘辟支佛乘佛乘復次須菩提菩薩摩訶薩住檀波羅蜜中若見衆生瞋惱作是言諸善男子汝等以何因緣故瞋惱我當與汝所須汝等所欲從我取之悉當給汝令無所乏若飲食衣服乃至資生所須是菩薩住檀波羅蜜中教衆生忍辱作是言一切法中無有堅實汝等所瞋是因緣空無堅實皆從虛妄憶想生汝無有根本汝瞋恚壞心惡口罵詈刀杖相加以至害命汝等莫以是虛妄法起瞋故墮地獄畜生餓鬼中

及餘惡道受無量苦汝等莫以是虛妄无實諸法故而作罪業以是罪業故尚不得人身何況得生佛世諸人佛世難值人身難得汝等莫失好時若失好時則不可救是菩薩摩訶薩如是教化衆生自行忍辱亦教他人令行忍辱讚歎忍辱法歡喜讚歎行忍辱者是菩薩令衆生住忍辱中漸以三乘得盡衆苦如是須菩提菩薩摩訶薩住檀波羅蜜令衆生住忍辱須菩提云何菩薩摩訶薩住檀波羅蜜令衆生精進須菩提菩薩見衆生懈怠作如是言汝等何以懈怠衆生言因緣少故是菩薩行檀波羅蜜時語諸人言我當令汝因緣具足若布施若持戒若忍辱如是等因緣令汝具足是衆生得菩薩利益因緣故身精進口精進心精進身精進口精進心精進故一切善法具足修聖无漏法修聖無漏法故當得須陁洹果乃至阿羅漢果辟支佛道若得阿耨多羅三藐三菩提如是須菩提菩薩摩訶薩行檀波羅蜜時住精進波羅蜜攝

取衆生須菩提云何菩薩摩訶薩行檀波羅蜜時教化衆生令修禪波羅蜜佛告須菩提菩薩見衆生乱心作是言汝等可修禪定衆生言我等因緣不具足故菩薩言我當與汝等作因緣以是因緣故令汝心不隨覺觀亦不馳散衆生以是因緣故斷覺觀入初禪二禪三禪四禪行慈悲喜捨心衆生以是禪无量心因緣故能修四念處乃至八聖道分修三十七助道法時漸入三乘而得涅槃終不失道如是須菩提菩薩摩訶薩行檀波羅蜜時以禪波羅蜜攝取衆生令行禪波羅蜜須菩提云何菩薩摩訶薩行檀波羅蜜以般若波羅蜜攝取衆生須菩提菩薩見衆生愚癡無有智慧作是言汝等何以故不修智慧衆生言因緣未具故菩薩住檀波羅蜜中作是言汝等所須得智慧具從我取之所謂布施持戒忍辱精進入禪定是因緣具足已汝等如是思惟思惟般若波羅蜜時有法可得不若我若衆生若壽命乃至知者見者可得

不若色受想行識若欲界色界無色界若六波羅蜜若三十七助道法若須陁洹果若斯陁含阿那含阿羅漢果辟支佛道若阿耨多羅三藐三菩提可得不是衆生如是思惟時於般若波羅蜜中無有法可得可著處若不著諸法是時不見法有生有滅有垢有淨不分別是地獄是畜生是餓鬼是阿修羅衆是天是人是持戒是破戒是須陁洹是斯陁含是阿那含是阿羅漢是辟支佛是佛如是須菩提菩薩摩訶薩行檀波羅蜜時以般若波羅蜜攝取衆生須菩提云何菩薩摩訶薩住檀波羅蜜中以尸羅波羅蜜羼提波羅蜜毗梨耶波羅蜜禪波羅蜜般若波羅蜜乃至以三十七助道法攝取衆生須菩提菩薩摩訶薩住檀波羅蜜中以供養具利益衆生以是利益因緣故衆生能修四念處四正勤四如意足五根五力七覺分八聖道分衆生行是三十七助道法於生死中得解脫如是須菩提菩薩摩訶薩以無漏聖法攝取衆生復次

須菩提菩薩摩訶薩教化衆生時如是言諸善男子汝等從我取所須物若飲食衣服卧具香華乃至七寶等種種資生所須汝當以是攝取衆生汝等長夜利益安樂莫作是念是物非我所有我長夜為衆生故集此諸物汝等當取是物如已物無異教化衆生令行布施持戒忍辱精進禪定智慧乃至令得三十七助道法佛十力乃至十八不共法亦令得无漏法果所謂須陁洹乃至阿羅漢果辟支佛道阿耨多羅三藐三菩提如是須菩提菩薩摩訶薩行檀波羅蜜時應如是教化衆生令得離三惡道及一切生死往来苦復次須菩提菩薩摩訶薩住尸羅波羅蜜教化衆生作是言衆生汝等少何因緣故破戒我當與汝作具足因緣若布施乃至智慧及種種資生所須是菩薩住尸羅波羅蜜利益衆生令行十善遠離十不善道是諸衆生持諸戒不破戒不缺戒不濁戒不雜戒不取戒漸以三乘而得盡苦尸羅波羅蜜為首如檀波羅蜜

說餘四波羅蜜亦如是

論問曰先說菩薩行六波羅蜜等諸助道法不具足菩薩道則不能得阿耨多羅三藐三菩提今須菩提應自知行六波羅蜜等具足菩薩道應得阿耨多羅三藐三菩提何以更問荅曰須菩提不疑云何得阿耨多羅三藐三菩提今但問云何具足菩薩道得阿耨多羅三藐三菩提佛荅若菩薩用六波羅蜜等諸法以方便力和合故能行是時具足菩薩道方便力者不決定得是布施等三事亦不離是三事行檀波羅蜜是時照明菩薩道照明具足是一義若菩薩決定得布施等三事直墮常顛倒取相著法等過罪若不得是三事則墮斷滅邊著空還起邪見等諸煩惱便離菩薩道若菩薩離是二邊因空捨是施等假名字虛誑法因諸法實相離是著空无施者無受者如阿耨多羅三藐三菩提相觀是布施亦尒無異如是布施名為具足乃至十八不共法亦如是舍利弗在會中聞佛與須菩提說般

若甚深果報大有利益雖有利益無決定性云何可習佛荅菩薩行般若波羅蜜時不壊色不隨色如是名習般若波羅蜜菩薩初發心為知實法故常行般若波羅蜜次第隨其所宜行布施等諸法是故常說菩薩行般若波羅蜜時行布施等諸法色不壊者不言是色無常不言是色空無所有是名不壊色不隨色者不如眼見色取相生著復次不說是色若常若無常若苦若樂等是名不隨色常無常等皆非色實相復次不說是色根本從世性中来若從微塵中来從大自在天中来亦不說從時来亦不說自然生亦不說無因無緣而強生如是等名為不隨不壊此中佛自說因緣是色性無故不隨不壊性無者是色從一切四大和合假名為色是中無定一法名為色如先破色中說是色從因緣和合生故即是無性若無性即是性空若得是色相性空即是習般若波羅蜜乃至十八不共法亦如是復問世尊若諸法無自性可壊可

隨者云何菩薩習般若波羅蜜不學般若波羅蜜不得阿耨多羅三藐三菩提佛可舍利弗意自說因緣若菩薩用方便力行六波羅蜜是人雖知諸法空而能起般若波羅蜜舍利弗若菩薩求一切法若得少許定性則可取可著今菩薩實求覔一切法不得定實所謂是般若波羅蜜是禪波羅蜜乃至是十八不共法是諸法皆不可得不可得故何所取舍利弗是名菩薩無取般若波羅蜜菩薩應學無取般若波羅蜜無取尚不可得何況般若等諸法一切法無性故舍利弗復問若一切法無性云何知是凡人乃至佛佛荅一切法雖無根本定相但凡人顛倒故著菩薩行般若波羅蜜時以方便力故見一切法無根本而發阿耨多羅三藐三菩提心是菩薩深行諸法性空故不見一切法有根本不見故不懈不退了了知一切法無我無所有性性常空但衆生愚癡顛倒故著是陰界入是時菩薩思惟籌量諸法甚深寂滅相而衆生深著虛

誑顛倒菩薩自立如幻師種種神通變化說法度人如幻所作无憎無愛等心說法所謂慳者教施等六法復為說轉勝法令出生死得須陁洹果乃至阿耨多羅三藐三菩提問曰六波羅蜜外更有何法為勝何以言更為說勝法荅曰此中不說波羅蜜但為慳者說施乃至癡者為說智慧諸佛菩薩法有初有後初法所謂布施持戒受戒施果報得天上福樂為說五欲味利少失多受世間身但有衰苦讚歎遠離世間斷愛法然後為說四諦令得須陁洹果此中菩薩但說欲令衆生得佛道故先教令行六法此中善智慧不名為三解脫門所攝是善智慧能生布施等善法能滅慳貪瞋恚等惡法能令衆生得生天上何以知之更有勝法故勝法者所謂四諦聖法出法一切聖人所行法名為聖法出三界生死名為出法以是四諦說法故隨衆生根因緣令得須陁洹果乃至得一切種智此中雖不說初六法說布施等當知已攝復次

菩薩為佛道故說是六法但衆生意劣故自取小乘是故不說布施持戒生天受報等初六法舍利弗白佛言世尊先說菩薩是畢竟不可得法今為無所有衆生說法令得無所有法所謂須陁洹果乃至一切種智世尊菩薩令得無所有法故能令衆生得無所有法無所得是有所得佛荅菩薩行般若波羅蜜時无有有所得過何以故菩薩行般若波羅蜜時不見衆生及法但諸因緣和合假名衆生菩薩住二諦中為衆生說法不但說空不但說有為愛著衆生故說空為取相著空衆生故說有有无中二處不涂如是方便力為衆生說法衆生現在我身及我尚不可得何況當得阿耨多羅三藐三菩提舍利弗歡喜白佛言世尊矚大心是菩薩矚大心者此中自說因緣所謂无有法可得若一相若異相如人市買必須交易大心人則不然無所依止而能發大莊嚴大莊嚴故不生三界亦拔衆生令出三界而衆生不可得不縛不解

故一切法空從久遠以来煩惱顛倒
皆是虚誑不實是故名無縛縛無故
亦無解縛即是垢解即是淨无淨無
垢故無六道分別不分別六道故无
罪福業罪福業無故無煩惱能起罪
福業者不起罪福業亦不應有果報
如是諸法畢竟空中而作大莊嚴是
為希有辟如人虚空中種樹樹葉花
果多所利益佛可舍利弗意舍利弗
難是空故佛亦荅亦可以其說空故
可以其難空故荅所謂舍利弗若衆
生及諸法先有今无諸佛賢聖有過
永滅色等一切法入空中皆无所有
罪過罪者所謂令衆生入無餘涅槃
以斷滅衆生及一切法故有過罪舍
利弗衆生及一切法先来無若有佛
無佛常住不異是諸法實相是故无
六道生死亦无衆生可拔出舍利弗
一切法先空是故菩薩於諸佛所聞
諸法如是相故發阿耨多羅三藐三
菩提心作是念菩提中亦無有法可
得亦无實定法令衆生著而不可度
但衆生癡狂顛倒故著是虚誑法是

大智度論第九十一卷　第十九張　正

故菩薩發大莊嚴不轉於阿耨多羅
三藐三菩提作是念我必當得阿耨
多羅三藐三菩提非不得得已用實
法利益衆生利益衆生故衆生從顛
倒得出欲明了是事故經中說幻師
辟喻幻師即是菩薩幻師所作園林
廬觀即是六波羅蜜等度衆生法幻
師所作象馬男女即是菩薩所度衆
生如幻師一身以幻力故幻作衆生
園林廬觀等娱樂衆生若幻師以所
幻作事為實於所幻人求其恩惠即
是狂人菩薩亦如是從諸佛聞一切
法性空如幻而以布施等利益衆生
欲求恩惠福報即是顛倒問曰幻法
呪術實有幻所作物可虚如衆生空
菩薩亦空菩薩不化作衆生何得為
喻荅曰諸法實相中法尚無何况衆
生衆生異名名為幻師幻師實無何
以言幻師有而所幻者無如汝以幻
師實有所幻者无聖人觀幻師及所
幻物不異以明了事故說辟喻取其
少許相似處為喻何以盡取為難如
師子喻王師子於獸中無畏王於群

大智度論第九十一卷　第二十張　正

下自在無難故以為喻復何可責四脚
負毛為異也佛說性空法諸法皆空
猶有衆生是故說幻為喻我今說喻
以破衆生汝云何復以衆生為難介
時須菩提白佛言世尊何等是成就衆
生淨佛國土道須菩提雖知菩薩道
以中說甚深性空故聽者生疑是故
發問佛荅菩薩從初發心行六波羅
蜜乃至十八不共法是菩薩道行是
道成就衆生淨佛國土須菩提復問
云何行是法成就衆生須菩提意若
是法性空衆生亦性空云何可得成
就佛荅菩薩以方便力故以布施法
教化衆生不教令著布施以為真實
方便者菩薩語衆生汝曹善男子来
布施莫著是布施如經中說衆生以
布施生貴樂處貴樂因縁故生我憍
慢我憍慢增長故破善法破善法故
墮三惡道是故菩薩先教言莫著布
施但因是布施修持戒等善法皆迴
是法向涅槃所以者何是性空諸法
實相不可取相如是菩薩方便力故教
化衆生令得須陁洹果乃至佛道是

大智度論第九十一卷　第二十一張　正

菩薩自行布施亦教衆生布施若不自施或有人言若施是好法何不自行是故菩薩先自布施復次菩薩深愛善法布施是初門是故行是布施又菩薩深慈悲衆生以慈悲心雖大而不能充滿衆生是故先行布施令其心濡可以引導布施因緣生於四姓及作轉輪王以四攝法攝取衆生漸漸以三乘法令得涅槃教他布施讚歎布施法歡喜讚歎行布施者是深愛布施見同行故歡喜讚歎復次憐愍心於衆生若見修福則為之歡喜如慈父見子行善心則歡喜是人四種行布施生刹利等貴姓中以布施攝已漸漸教令持戒禪定等乃至令得辟支佛道或見衆生有大心者有少許慈悲心是人怖畏生死長遠故其心懈退菩薩方便力故語是衆生虽衆生阿耨多羅三藐三菩提易得汝等何以為難衆生所著處此中無有定實法能遮者難解者汝等當發阿耨多羅三藐三菩提心既自得度復當度脫衆生度脫衆生者菩薩

大智度論第九十一卷　第二十二張　正

自乘大乘得度以三乘隨衆生所應度而度之既自利益復利益他人利益他者既自作佛而以三乘度脫衆生若菩薩能如是行般若波羅蜜者從初發心終不墮三惡道常作轉輪聖王者菩薩多生欲界何以故以無色界中無形故不可教化色界中多味著禪定樂無猒惡心故難化亦不生欲天所以者何著妙五欲多故難化在人中世世以四事攝衆生故作轉輪聖王此中佛自說因緣隨其所種得大果報等如經中說布施相復有菩薩行檀波羅蜜時見衆生破戒作是言汝曹以因緣不具足故破戒我當給汝所須令無乏少破戒人有二種一者持戒因緣不具足故如貧窮人飢寒急故作賊二者持戒因緣雖具足以習惡心故好行惡事貧窮破戒者菩薩語之言汝但持戒我當給汝所須汝等住持戒中漸漸以三乘而得度脫是名因布施生戒衆生以不如意事故瞋若以求物不如意故瞋人不稱意故瞋菩薩住檀中

大智度論第九十一卷　第二十三張　正

隨其意而給足之問曰若貧乏者給施令不瞋可介人不得稱意惱之令瞋復云何答曰以如意珠施之則使人皆稱意珠之威德故人無瞋者如行者入慈三昧故人無瞋者是故說少何因緣故瞋我當令汝所少具足復次一切法性皆空無所有汝所瞋因緣亦皆虚誑無定汝云何以虚誑事故瞋罵加害乃至奪命起此重罪業故墮三惡道受无量苦汝莫以虚誑無實事故而受大罪如山中有一佛圖彼中有一別房房中有鬼來恐惱道人故諸道人皆捨房而去有一客僧來維那處分令住此空房而語之言此房中有鬼神喜惱人能住中者住客僧自以持戒力多聞故言小鬼何所能我能伏之即入房住暮更有一僧來求住處維那亦令在此房住亦語有鬼惱人其人亦言小鬼何所能我當伏之先入者閉戶端坐待鬼後來者夜闇打戶求入先入者謂為是鬼不為開戶後來者極力打戶在内道人以力排之外者得勝排戶得

大智度論第九十一卷　第二十四張　正

入內者打之外者亦極力熟打至明旦相見乃是故舊同學各相愧謝衆人雲集笑而怯之衆生亦如是五衆無我無人空取相致鬪諍若支解在地但有骨肉無人无我是故菩薩語衆生言汝莫於根本空中鬪諍作罪鬪諍故人身尚不可得何況值佛當知人身難得佛世難值好時易過一墮諸難永不可治若墮地獄燒炙屠剖何可教化若墮畜生共相殘害亦不可化若墮餓鬼飢渴熱惱亦不可化若生長壽天千万佛過著禪定味故皆不覺知如安息國諸邊地生者皆是人身愚不可教化雖生中國或六情不具或四支不完或盲聾瘖瘂或不識義理或時六情具足諸根通利而深著邪見言無罪福不可教化是故為說好時易過墮諸難中不可得度餘波羅蜜如經中廣說故不復解之問曰住檀波羅蜜行五波羅蜜說何以復更說六波羅蜜答曰上一度中次第具足五今則一時惣說復次先但說六波羅蜜今通說三十七

大智度論第九十一卷　第二十五張　　正

品及諸道果問曰三十七品自從心出云何是因緣可與荅曰菩薩供給坐禪者衣服飲食醫藥法杖禪毱禪鎮令得好師教照令得好弟子受化與骨人令觀與禪經令人為說禪法如是等三十七助道法因緣又令人為說摩訶衍法汝等所須衣服飲食盡來取之便是汝物莫自疑難汝等得是物已自行六波羅蜜亦教化他人令行六波羅蜜是布施性皆空汝等莫著是施及以果報衆生得是性空漸漸得阿耨多羅三藐三菩提入無餘涅槃如布施為首生五波羅蜜餘波羅蜜亦如是

大智度論卷第九十一

辛丑歲高麗國大藏都監奉
勑雕造

大智度論第九十一卷　第二十六張　　正

大智度論卷第九十一

校勘記

一　底本，麗藏本。

一　五七四頁上一行經名，石作「大智度經論卷第九十三」；資、磧、普、南、徑、清作「大智度論卷第九十一」。

一　五七四頁上三行、四行之間，石有品名「摩訶般若波羅蜜經成就衆生品第八十一釋」一行；資、磧、普、南、徑、清有品名「釋具足品第八十一」一行。

一　五七四頁上四行首字「經」，資無。

一　五七四頁上二一行第七字「色」，石作「色行」。

一　五七四頁中一五行第一三字「是」，資無。

一　五七四頁下四行第一三字「以」，資、磧、普、南、徑、清作「知」。

一　五七四頁下八行第三字「無」，磧、普、南、徑、清無。

一　五七四頁下一七行第五字「故」，石作「故能」。

一　五七四頁下末行第八字「性」，資、磧、普作「相」。

一　五七五頁上七行第一二字「得」，資、磧、普、南、徑、清無。

一　五七五頁上一三行末字「有」，資、磧、普、南、徑、清作「有有」。

一　五七五頁中二行第一三字「曠」，石作「廣」。

一　五七五頁中四行第六字，下二行第二字「誓」，資、磧、普、南、徑、清無。

一　五七五頁中六行第二及第七字「性」，資、磧、普、南、徑、清作「法」。

一　五七五頁中九行第八字、一三字、一四行首字、一九行第四字「五」，資、磧、普、南、徑、清作「六」。

一　五七五頁下一四行「背捨」，資、磧、普、南、徑、清作「解脱」。

一　五七五頁下二〇行第七字「羅」，石作「羅波羅蜜」。

一　五七五頁下二〇行第九字「提」，石作「提波羅蜜」。

一　五七五頁下二〇行第一二字「耶」，石作「耶波羅蜜」。

一　五七五頁下二〇行第一三字「禪」，石作「禪波羅蜜」。

一　五七六頁上四行第九字「受」，磧、普、南、徑、清作「更受」。

一　五七六頁上六行「性皆」，石作「皆性」。

一　五七六頁上一〇行第九字「檀」，資無。

一　五七六頁上末行「乃至」，資無。

一　五七六頁中四行第一四字「是」，資、磧、普、南、徑、清無。

一　五七六頁中七行第六字「當」，資、磧、普、南、徑、清作「等」。

一　五七六頁中一四行第二字「作」，資、磧、普、南、徑、清作「不作」。

一　五七六頁中一四行第六字「不」，資無。

一　五七六頁中一九行第九字「相」，資、磧、普、南、徑、清作「相空」。

一　五七六頁中末行「自身」，資作「身自」。

一　五七六頁中末行第一一字「物」，資作「法」。

一　五七六頁下一一行第一一字「成」，磧、普、南、徑、清作「乘」。

一　五七六頁下二一行第三字「汝」，資無；磧、普、南、徑、清作「汝等以」。

一　五七六頁下二一行第八字「汝」，磧、普、南、徑、清無。

一　五七七頁上一三行第四字「如」，石、資、磧、普、南、徑、清無。

一　五七七頁中七行首字「亦」，資、磧、普、南、徑、清作「心」。

一　五七七頁中一一行第九字「得」，石作「般」。

一　五七七頁中一八行第六字及一九行第一二字「具」，石、磧、普、南、徑、清作「具足」。

一　五七七頁下一六行第一一字「以」，

資無。

一　五七七頁下一八行首字「住」，資、磧、普、南、徑、清作「行」。

一　五七八頁上七行第八字「如」，徑作「與」。

一　五七八頁上七行第九字「已」，石作「已有」。

一　五七八頁上九行第六字「得」，石作「行」。

一　五七八頁上一一行首字「果」，資、磧、普、南、徑、清無。

一　五七八頁上一四行第一二字「及」，資、磧、普、南、徑、清作「乃至」。

一　五七八頁上一六行第八字「教」，磧作「故」。

一　五七八頁上一七行第五字「少」，資無。

一　五七八頁上一七行第一二字「我」，資、磧、普、南、徑、清無。

一　五七八頁上二〇行第八字「善」，資、磧、普、南、徑、清作「善道」。

一　五七八頁中二行首字〔論〕，資無。

一　五七八頁中六行第一〇字「以」，石作「以故」。

一　五七八頁中九行末字「用」，資、磧、普、南、徑、清無。

一　五七八頁下六行第八字，五八〇頁下二二行第一四字「故」，資、磧、普、南、徑、清無。

一　五七八頁下一〇行第五字「著」，資作「相」。

一　五七八頁下一一行第一三字「常」，石、磧、普、南、徑、清作「見常」。

一　五七八頁下一八行第九字「名」，資、磧、普、南、徑、清作「名名」。

一　五七九頁上一〇行第一三字「弗」，磧作「衆」。

一　五七九頁上一二行「波羅蜜」，資、磧、普、南、徑、清無。

一　五七九頁中二二行第一一字「此」，資作「彼」。

一　五七九頁下四行第三字「无」，石、麗作「先」。

一　五七九頁下一九行第二字「此」，石作「比」。

一　五八〇頁上二行「縛無」，資、磧、普、南、徑、清作「無縛」。

一　五八〇頁上一五行「過罪」，資、磧、普、南、徑、清作「罪過」。

一　五八〇頁中一〇行第九字「生」，資、磧、普、南、徑、清作「人」。

一　五八〇頁中一四行第二字「求」，清作「來」。

一　五八一頁上末行第三字「當」，資、磧、普、南、徑、清作「能」。

一　五八一頁中三行第二字「他」，石、資、磧、普、南、徑、清作「他人」。

一　五八一頁中三行第六字「作」，資、磧、普、南、徑、清作「得」。

一　五八一頁中一七行第三字「飢」，石作「飢渴」。

一　五八一頁中二一行第八字「因」，資、磧、普、南、徑、清作「因緣」。

一　五八一頁下四行第一〇字「人」，石作「以人」。

一　五八一頁下一二行第九字「房」，

資、磧、普、南、徑、清無。

一　五八一頁下一三行第七字「皆」，石作「皆悉」。

一　五八一頁下一四行第一〇字「空」，資、磧、普、南、徑、清無。

一　五八一頁下一七行第五字「能」，資、磧、普、南、徑、清作「當」。

一　五八一頁下二一行第七字、二二行第一三字、末行第一三字「戶」，石、資、磧、普、南、徑、清作「門」。

一　五八二頁上四行第一二字「支」，資作「拔」。

一　五八二頁上七行「鬬諍」，磧、普、南、徑、清作「諍鬬」。

一　五八二頁上一四行第五字「愚」，石、磧、普作「牛」。

一　五八二頁上一五行「盲聾」，石作「聾盲」。

一　五八二頁中四行第七字「照」，資、磧、普、南、徑、清作「詔」。

一　五八二頁中八行「是汝」，資、磧、普、南、徑、清作「如自」。

一　五八二頁中九行「波羅蜜」，石作「度」。

一　五八二頁中一四行末字「是」，石作「是釋第八十一品竟」。

一　五八二頁中卷末經名第五字「卷」，資作「釋卷」；末字「一」，石作「三」。

大智度論釋淨佛國土品第八十二 卷第九十二 正

龍樹菩薩造
後秦龜茲國三藏鳩摩羅什譯

經尒時須菩提作是念何等是菩薩摩訶薩道菩薩住是道能作如是大莊嚴佛知須菩提心所念告須菩提六波羅蜜是菩薩摩訶薩道三十七助道法是菩薩摩訶薩道十八空是菩薩摩訶薩道八背捨九次第定是菩薩摩訶薩道佛十力乃至十八不共法是菩薩摩訶薩道一切法亦是菩薩摩訶薩道須菩提於汝意云何頗有法菩薩所不學能得阿耨多羅三藐三菩提不須菩提無有法菩薩所不應學者何以故菩薩不學一切法不能得一切種智須菩提白佛言世尊若一切法空云何言菩薩學一切法將無世尊无戲論中作戲論耶所謂是此是彼是世間法是出世間法是有漏法是無漏法是有為法是無為法是凡夫人法是阿羅漢法是辟支佛法是佛法佛告須菩提如是如是一切法實空

須菩提若一切法不空者菩薩摩訶薩不能得阿耨多羅三藐三菩提須菩提今一切法實空故菩薩摩訶薩能得阿耨多羅三藐三菩提須菩提如汝所言若一切法空將無佛於無戲論中作戲論分別此彼是世間法是出世間法乃至是佛法須菩提若世間衆生知一切法空菩薩摩訶薩不學一切法得一切種智須菩提令衆生實不知一切法空以是故菩薩摩訶薩得阿耨多羅三藐三菩提已分別諸法為衆生說須菩提於是菩薩道從初已來應如是思惟一切諸法中定性不可得但從和合因緣起法故有名字諸法我當思惟諸法實性無所著若六波羅蜜性若三十七助道法若須陁洹果乃至阿羅漢果若辟支佛道若阿耨多羅三藐三菩提何以故一切法一切法性空空不著空空亦不可得何況空中有著須菩提菩薩摩訶薩如是思惟不著一切法而學一切法住是學中觀衆生心行是衆生心在何處行知衆生虛妄

不實中行是時菩薩作是念是衆生著不實虛妄法易度耳是時菩薩摩訶薩住般若波羅蜜時以方便力故如是教化言汝諸衆生當行布施可得饒財亦莫恃布施果報而自高何以故是中無堅實法持戒禪定智慧亦如是諸衆生行是法可得須陁洹果乃至阿羅漢果辟支佛道佛道莫念有是法如是教化行菩薩道而無所著是中無有堅實故若如是教化是名行菩薩道於諸法無所著故何以故一切法無所著相以性無故性空故須菩提是菩薩摩訶薩如是行菩薩道時無所住是菩薩用不住法故行檀波羅蜜亦不住是中行尸羅波羅蜜亦不住是中行羼提波羅蜜亦不住是中行毗梨耶波羅蜜亦不住是中行禪波羅蜜亦不住是中行般若波羅蜜亦不住是中行初禪亦不住是中何以故是初禪初禪相空行禪者亦空所用法亦空第二第三第四禪亦如是慈悲喜捨四無色定八背捨九次第定亦如是得須陁洹果亦

不住是中得斯陁含果阿那含果阿羅漢果亦不住是中得辟支佛道亦不住是中須菩提白佛言世尊何因緣故不住是中佛言二因緣故不住是中何等二一者諸道果性空无住處亦無所用法亦無住者二者不以少事為足作是念我不應不得須陁洹果我必應當得須陁洹果我但不應是中住乃至辟支佛道我不應不得我必應當得我但不應是中住乃至得阿耨多羅三藐三菩提不應住何以故我從初發意已來更無餘心一心向阿耨多羅三藐三菩提須菩提菩薩一心向阿耨多羅三藐三菩提中遠離餘心所作身口意業皆應阿耨多羅三藐三菩提須菩提是菩薩摩訶薩住是一心能生菩提道須菩提白佛言世尊若一切諸法不生云何菩薩摩訶薩能生菩提道佛告須菩提如是如是一切法無生云何無生無所作無所起者一切法不生故須菩提白佛言世尊有佛无佛諸法法相不常住耶佛言如是如是有

佛無佛是諸法法相常住以衆生不知是法住法相為是故菩薩摩訶薩為衆生故生菩提道用是道拔出衆生生死須菩提白佛言世尊用生道得菩提佛言不也世尊用不生道得菩提佛言不也世尊用不生非不生道得菩提佛言不也須菩提言世尊云何當得菩提佛言非用道得菩提亦不用非道得菩提須菩提菩提即是道道即是菩提須菩提白佛言世尊若菩提即是道道即是菩提者今菩薩未作佛應當得阿耨多羅三藐三菩提云何說諸佛多陁阿伽度阿羅呵三藐三佛陁有三十二相八十隨形好十力四無所畏四无㝵智十八不共法大慈大悲佛告須菩提於汝意云何佛得菩提不不也世尊佛不得菩提何以故佛即是菩提菩提即是佛如須菩提所問菩薩時亦應得菩提須菩提是菩薩摩訶薩具足六波羅蜜三十七助道法具足佛十力四無所畏四无㝵智十八不共法具足住如金剛三昧用一念相應慧得阿

耨多羅三藐三菩提是時名為佛一切法中得自在須菩提白佛言世尊云何菩薩摩訶薩淨佛國土佛言有菩薩從初發意已來自除身麁業除口麁業除意麁業亦淨他人身口意麁業世尊何等是菩薩摩訶薩身麁業口麁業意麁業佛告須菩提不善業若煞生乃至邪見是名菩薩摩訶薩身口意麁業復次須菩提慳貪心破戒心瞋心懈怠心乱心愚癡心是名菩薩意麁業復次戒不淨是名菩薩身口麁業復次須菩提若菩薩遠離四念處行是名菩薩麁業遠離四正勤四如意足五根五力七覺分八聖道分空三昧無相無作三昧亦名菩薩麁業復次須菩提菩薩摩訶薩貪須陁洹果乃至貪阿羅漢果證辟支佛道是名菩薩摩訶薩麁業論釋曰上来須菩提常種種問空法以時會䑓其已體寂滅無戲論法猶復多問是以不問而心念復次有菩薩及諸天深入禪定不好語言而欲得法利是故須菩提不發言而心念問曰須

菩提雖無言而世尊以言答答曰佛身色觀无猒足如色無猒聲亦如是雖語而不妨細禪定行是故佛以言荅復次佛安立寂滅相於阿耨多羅三藐三菩提中住不分別一切法若善若不善等眾生有疑而問佛隨所問所念而荅是故不與須菩提同須菩提聞是六波羅蜜等諸法甚深義不能得其邊是故問何等是菩薩道行是道如清淨無所著六波羅蜜等諸善法莊嚴佛知其意於須菩提所益雖少為增益諸菩薩故荅六波羅蜜等是菩薩道六波羅蜜是菩薩初發心道次行四禪八背捨九次第定及三十七道品但求涅槃十八空佛十力等微細但為求佛道六波羅蜜道多為眾生故三十七品等但求涅槃十八空等於涅槃中出過聲聞辟支佛地入菩薩位道是三種皆是生身菩薩所行所以者何分別諸法故今又一切法皆是菩薩道是法性生身菩薩所行不見諸法有好惡安立諸法平等相故此中佛自說因緣菩薩

應學一切法若一法不學則不能得一切種智學一切法者用一切種門思惟籌量修觀通達須菩提白佛若一切法一相所謂空云何菩薩學一切法將無於無戲論相法中作戲論耶所謂此彼諸法略說是戲論相此東彼西是上是下是常是無常是實是虛是世間是出世間乃至是二乘法是佛法佛可具說一切法空相若法實定有不空者即是無生无滅無生无滅故無四諦無四諦故無佛法僧寶如是三寶等諸法皆壞今諸法實空乃至空相亦空眾生愚癡顛倒故著是故於眾生中起悲心欲拔出故求佛身力欲令眾生信受其語捨顛倒入諸法實相是故菩薩雖知諸法空而為利益眾生分別說若眾生自知諸法空菩薩但自住空相中不須學分別一切法菩薩行菩薩道時從初發意已来如是思惟一切法無定實性但從因緣和合起是眾因緣亦各各從和合起乃至到畢竟空畢竟空唯是一法實餘者無性故皆虛

誑我從無始世来著是虛誑法於六道中猒受苦惱我今是三世十方佛子般若是我母今不應復隨逐虛誑法是故菩薩乃至畢竟空中亦不著何況餘法所謂檀波羅蜜等尒時菩薩照明菩薩道其心安隱自念我但斷著心道自然至知是事已念眾生深著世間而畢竟空亦空無性無有住處眾生難可信受為令眾生信受是法故學一切法修行生起是度眾生方便法觀眾生心行所趣知好何法念何事何所志願觀時悉知眾生所著處皆是虛誑顛倒憶想分別故著無有根本實事尒時菩薩大歡喜作是念眾生易度耳所以者何眾生所著皆是虛誑無實辟如人有一子喜在不淨中戲聚土為穀以草木為鳥獸而生愛著人有奪者瞋恚啼哭其父知已此子今雖愛著此事易離耳小大自休何以故此物非真故菩薩亦如是觀眾生愛著不淨臭身及五欲是無常種種苦因知是眾生得信等五善根成就時即能捨離若小兒所著

實是真物雖復年至百歲著之轉深不可得捨若衆生所著之物定實有者雖得信等五根著之轉深亦不能離以諸法皆空虛誑不實故得無漏清淨智慧眼時即能遠離所著大自慙愧辟如狂病所作非法醒悟之後羞慙無顏菩薩知衆生易度已安住般若中以方便力教化衆生汝等當行布施可得饒財莫恃是布施果報而自憍高此中無有堅實皆當破壞與未布施時無異持戒等乃至十八不共法亦如是諸法雖清淨大有所益皆是有為法從因緣生無有自性汝等若著是法能生苦惱辟如熱金丸雖是實物捉則燒手如是菩薩教化衆生行菩薩道自無所著亦為衆生說無所著以無著心行檀波羅蜜故於檀中不住不住者所謂布施時不取三種相亦不著果報而自高生罪業布施果報滅壞時亦不生惱尸羅波羅蜜乃至阿耨多羅三藐三菩提亦如是此中佛自說不住因緣有二種一者菩薩深入空不見諸法性故不住

二者不以小事為足故不住是菩薩無有異心但一向能生菩提道須菩提白佛若一切法無生云何菩薩能生菩提道佛可須菩提意一切法無生我實處處說諸法無生非為凡夫說但為得無作解脫不起三種業者說復問世尊佛自說有佛無佛諸法法相常住如聖人法相空凡夫亦如是佛可其所說諸法實相常住以衆生不知不解故起菩提道但為除凡夫顛倒法故名為道若決定有道可著者即復是顛倒道非道平等即是道是故不應難須菩提復問云何可得菩提用生道故得耶佛言不也何以故生道者菩薩觀是有為法生滅相謂是實是故言不如先說熱金丸喻不生法即是無為無作法故亦不可以得菩提生不生二俱有過故非生非不生得菩提耶答言不也問曰若生不生二俱有過非生非不生復不應有過何以言不得答曰若分別非生非不生是好是醜取相生著故故言有過若能不著則是菩提道須菩

提問若不以四句得者云何得道佛荅不以道不以非道則得菩提何以故菩提即是道道即是菩提菩提名諸法實相是諸佛所得究竟實相無有變異一切法入菩提中皆寂滅相如一切水入大海同為一味是故佛說菩提性即是道性若菩提性道性異者不名菩提為無戲論寂滅相是故說菩提即是道道即是菩提復次是二法異者行道不應到菩提諸法因果不一不異故須菩提復問若介者菩薩行道應便是佛所以者何道即是菩提故又佛應是菩薩何以故菩提即是道故今何以說有差別佛有十力等三十二相八十隨形好須菩提為新學菩薩故分別難佛菩薩應即是佛佛以反問荅佛得菩提不荅言不也何以故菩提不離佛佛不離菩提二法和合故是佛是菩提是故不應難言菩薩即是佛此愍相荅問曰佛是衆生菩提是法云何言佛即是菩提荅曰先有三十二相莊嚴身六波羅蜜等功德莊嚴心而不名

為佛得菩提故名之為佛是故言佛
與菩提不異微妙清淨五衆和合假
名為佛法即是五衆五衆不離假名
菩提即是五衆實相一切法皆入菩
提故是故佛即是菩提菩提即是佛
但凡夫心中分別有異問曰汝先論
議中說言菩提與道不一不異經中
何以說道即是菩提菩提即是道佛
即是菩提菩提即是佛荅曰一異雖
俱不實而多用一故此中說菩提即
是道道即是菩提無各如常無常是
二邊常多生煩惱故不用無常能破
顛倒故多用事既成辦亦捨无常此
中亦如是若以觀種種別異法故多
生著心若觀諸法一相若無常苦空
等是時煩惱不生著心少故是故多
用是一於實義中一亦不用若著一
即復是患復次別異無故一亦不可
得相待法故但以不著心不取一相
故說無各一不實故菩薩不得即是
佛復次今佛更荅須菩提自說因緣
菩提雖寂滅相而菩薩能具足六波
羅蜜等諸功德住金剛三昧以一念

相應慧得阿耨多羅三藐三菩提尒
時於一切法中自在得名為佛菩薩
雖知道及菩提不異未具足諸功德
故不名為佛又佛諸事畢竟願行滿
足故不名為菩薩得者是佛法是菩
提求菩提者是菩薩須菩提從佛聞
菩提相道相成就衆生巳今問淨佛
國土事諸阿羅漢辟支佛無有力知
淨佛國事是故問問曰何等是淨佛
土荅曰佛土者百億日月百億須弥
山百億四天王等諸天是名三千大
千世界如是等无量無邊三千大千
世界名為一佛土佛於此中施作佛
事佛常晝三時夜三時以佛眼遍觀
衆生誰可種善根誰善根成就應增
長誰善根成就應得度見是巳以神
通力隨所見教化衆生心隨逐外緣
得隨意事則不生瞋惱得不淨无常
等因緣則不生貪欲等煩惱若得無
所有空因緣則不生癡等諸煩惱是
故諸菩薩荘嚴佛土為令衆生易度
故國土中無所乏少無我心故則不
生慳貪瞋恚等煩惱有佛國土一切

樹木常出諸法實相音聲所謂無生
無滅無起無作等衆生但聞是妙音
不聞異聲衆生利根故便得諸法實相
如是等佛土荘嚴名為淨佛土如阿
弥陁等諸經中說佛荅菩薩從初發
意来自淨麁身口意業亦教他人淨
麁身口意業問曰若菩薩淨佛土是
菩薩得無生法忍住神通波羅蜜然
後能淨佛土今何以言從初發意来
淨麁身口意業荅曰三業清淨非但
為淨佛土一切菩薩道皆淨此三業
初淨身口意業後為淨佛土自身淨
亦淨他人何以故非但一人生國土
中者皆共作因緣内法與外法作因緣
若善若不善多惡口業故地生荆棘
諂誑曲心故地則高下不平慳貪多故
則水旱不調地生沙礫不作上諸惡
故地則平正多出珎寶如弥勒佛出
時人皆行十善故地多珎寶問曰
若布施等諸善法得淨佛土果報何
以但說淨三業荅曰雖知善惡諸法
是苦樂因緣如一切心心數法中得
道時智慧為大攝心中定為大作業

時思為大得是思業已起身口意業布施禪定等以思為首辟如縫衣以針為導受後世果報時業力為大是故說三業則攝一切善法意業中盡攝一切心心數法身口則攝一切色法人身行三種福德具足則國土清淨內法淨故外法亦淨辟如面淨故鏡中像亦淨如毗摩羅詰經中說不煞生故人皆長壽如是等問曰身口意麁業是事易知須菩提何以故問荅曰麁細不定故如求道人中布施是麁善於白衣為細如小乘中不善業為麁善業為細摩訶衍中取善法相乃至涅槃皆名為麁以麁細不定故問佛次第為說麁業相所謂奪命乃至邪見是三種身業四種口業三種意業皆名為麁復次破菩薩六波羅蜜法慳貪等皆名為麁問曰先說十不善道已攝慳貪等何以復別說荅曰是六法不入十不善道十不善道皆是惱衆生法是六法不但為惱衆生如慳心但自惜財不惱衆生貪心有二種一者但貪他財未惱衆生二者貪心轉感

求而不得則欲毀害是名業道以能起業故瞋心亦如是小者不名業道以其能趣惡處故為道是故別說六法無咎問曰六波羅蜜中已說戒今何以復說戒不淨荅曰破戒法是煞生等麁罪戒不淨是微細罪不惱衆生如飲酒等不入十不善道復次破五衆戒名為破戒不破所受戒常為三毒覆心不憶念戒迴向天福邪見持戒如是等名為戒不淨復次若菩薩心遠離四念處等三十七品三解脫門是名麁業所以者何此中心皆觀實法隨涅槃不隨世間若出四念處等法心則散乱辟如蛇行本性好曲若入竹筒則直出筒還曲復次若菩薩貪須陁洹果證是為麁如人聞佛說須陁洹果不墮三惡道盡无量苦如五十由旬池水餘在者如一渧二渧則生貪心以其心不定固本求作佛為衆生今為自身而欲取證是為欺佛亦負衆生是故名麁辟如人請客欲設飲食而竟不與是則妄語負客菩薩亦如是初發心時作願我當

作佛度一切衆生而貪須陁洹是則負一切衆生如貪須陁洹果乃至貪辟支佛道亦如是

大智度論卷第九十二

庚子歲高麗國大藏都監奉
勑雕造

大智度論卷第九十二

校勘記

一　底本，麗藏本。
一　五八六頁上一行經名，石作「大智度經論卷第九十四」；資、磧、普、南、徑、清作「大智度論卷第九十二」。
一　五八六頁上三行後，石有品名「摩訶般若波羅蜜經淨佛國土品第八十二釋」；資有品名「釋淨土品第八十二上」；磧、普、南有品名「釋淨國土品第八十二上」；徑、清品名作「釋淨佛國土品第八十二之上」，並夾註「經作淨佛國品」。
一　五八六頁上四行首字「經」，資無。
一　五八六頁上五行第一三字「大」，資、磧、普、南、徑、清作「大誓」。
一　五八六頁上一九行末字及二一行末字「法」，資無。
一　五八六頁上二一行第八字「是」，資無。
一　五八六頁中一行「菩薩」，石作「是菩薩」。
一　五八六頁中二行第三字「能」，資、磧、普、南、徑、清無。
一　五八六頁中一九行第六字「法」，磧、普、南、徑、清作「法空」。
一　五八六頁下三行第九字「時」，資、磧、普、南、徑、清作「中」。
一　五八六頁下五行第一〇字「報」，資無。
一　五八六頁下六行第四字「無」，石作「皆無」。
一　五八六頁下一二行第六字「所」，資、磧、普、南、徑、清無。
一　五八七頁中七行首字「道」，資無。
一　五八七頁中一二行第四字「佛」，資、磧、普、南、徑、清作「佛時」。
一　五八七頁下一二行「菩薩」，石作「菩薩摩訶薩」。
一　五八七頁下一七行第五字「果」，石、磧、普、南、徑、清作「果證」。
一　五八七頁下一八行第一三字「論」，資無。
一　五八八頁上一〇行第六字「無」，資、磧、普、南、徑、清作「無無」。
一　五八八頁上一五行「道品」，資、磧、普、南、徑、清作「品道」。
一　五八八頁中三行及次頁中三行「白佛」，石作「白佛言」。
一　五八八頁中八行第二字「虛」，資、磧、普、南、徑、清作「空」。
一　五八八頁中九行第七字「具」，資、磧、普、南、徑、清作「其」。
一　五八八頁下二行「三世」，資作「三世中」。
一　五八八頁下三行末字「法」，資無。
一　五八八頁下七行末字「深」，磧、普、南、徑、清作「染」。
一　五八八頁下一二行第三字「何」，資、磧、普、南、徑、清無。
一　五八八頁下一九行第一三字「小」，資、磧、普作「以」。
一　五八九頁上二行第一〇字「之」，

資、磧、普、南、徑、清無。

一　五八九頁上二〇行第一二字「羅」，石無。

一　五八九頁中八行第一二字「夫」，資、磧、普、南、徑、清作「人」。

一　五八九頁中一六行第七字「言」，資、磧、普、南、徑、清無。

一　五八九頁下八行第四字「名」，石作「名爲」。

一　五九〇頁上六行第一二字「汝」，石作「汝等」。

一　五九〇頁中一五行「成就應」，諸本作「成熟」。

一　五九〇頁下四行第五字「土」，石作「國土」。

一　五九〇頁下六行第二字「来」，石作「已来」。

一　五九〇頁下一九行第七字「故」，資、磧、普、南、徑、清作「故故」。

一　五九一頁上一行第一三字「意」，資、磧、普、南、徑、清無。

一　五九一頁上四行第八字「善」，資、磧、普、南、徑、清作「業」。

一　五九一頁上五行第四字「心」，資、磧、普、南、徑、清無。

一　五九一頁上五行末字「人」，資、磧、普、南、徑、清作「入」。

一　五九一頁上二二行末字「者」，資、磧、普、南、徑、清無。

一　五九一頁上末行首字「但」，石無。

一　五九一頁中一行第五字「則」，資、磧、普、南、徑、清作「財」。

一　五九一頁中二行第五字「心」，資、磧、普、南、徑、清無。

一　五九一頁中四行第一二字「戒」，資、磧、普、南、徑、清無。

一　五九一頁中一六行第九字「麁」，石、磧、普、南、徑、清作「麁業」。

一　五九一頁中二二行第一〇字「則」，資、磧、普、南、徑、清作「則是」。

一　五九一頁下四行經名，石此處不分卷，故無；磧、普、南下有夾註「釋第八十二品之上」。

大智度論釋淨佛國土品第八十二之餘 卷第九十三 正

龍樹菩薩造

後秦龜兹國三藏鳩摩羅什譯

復次須菩提菩薩色取相受想行識相眼相耳鼻舌身意相色聲香味觸法相男相女相欲界相色界相無色界相善法相不善法相有為法相無為法相是名菩薩麁業菩薩摩訶薩皆遠離如是麁業相自布施亦教他人布施須食與食須衣與衣乃至種種資生所須盡給與之亦教他人種種布施持是福德與一切衆生共之迴向淨佛國土故持戒忍辱精進禪定智慧亦如是是菩薩摩訶薩或以三千大千國土滿中珎寶施與三尊作是願言我以善根因緣故令我國土皆以七寶成復次須菩提菩薩摩訶薩以天妓樂樂佛及塔作是願言以是善根因緣願我國土中常聞天樂復次須菩提菩薩摩訶薩以三千大千國土滿中天香供養諸佛及塔作是言以是善根因緣令我國土中常有天香復次須菩提菩薩摩訶薩百味食施佛及僧作是願言以是善根因緣故令國土中衆生皆得百味食復次須菩提菩薩摩訶薩以天香細滑施佛及僧作是願言以是善根因緣故令我國土中一切衆生受天香細滑復次須菩提菩薩摩訶薩以隨意五欲施佛及僧并一切衆生作是願言以是善根因緣故令我國土中弟子及一切衆生皆得隨意五欲是菩薩以隨意五欲共一切衆生迴向淨佛國土作是願言我得佛時是國土中如天五欲應心而至復次須菩提菩薩摩訶薩行般若波羅蜜時作是願言我當自入初禪亦教一切衆生入初禪第二第三第四禪慈悲喜捨心乃至三十七助道法亦如是我得阿耨多羅三藐三菩提時令一切衆生不遠離四禪乃至不遠離三十七品助道法如是須菩提菩薩摩訶薩能淨佛國土是菩薩隨尒所時行菩薩道滿足是諸願是菩薩自成就一切善法亦成就一切衆生善法是菩薩受

身端正所化衆生亦得端正所以者
何福德因緣厚故須菩提菩薩摩訶
薩應如是淨佛國土是國土中乃至
無三惡道之名亦無邪見三毒二乘
聲聞辟支佛之名耳不聞有無常苦
空之聲亦無我所有乃至無諸結使
煩惱之名亦無分別諸果之名風吹
七寶之樹隨所應度而出音聲所謂
空無相無作如諸法實相之音有佛
無佛一切法一切法相空空中無有
相無相中則無作出如是法音若晝
若夜若坐若卧若立若行常聞此法
是菩薩得阿耨多羅三藐三菩提時
十方國土中諸佛讚歎衆生聞是佛
名必至阿耨多羅三藐三菩提是菩
薩得阿耨多羅三藐三菩提時說法
衆中聞者無有不信而生疑言是法
是非法何以故諸法實相中皆是法
無有非法諸有薄福之人於諸佛及
弟子中不種善根不隨善知識沒在我
見中乃至沒在一切種種見中隨在
邊見若斷若常如是人以邪見故非
佛言佛佛言非佛非法言法法言非

法如是人破法故身壞命終墮惡道地
獄中諸佛得阿耨多羅三藐三菩提
時見此衆生往來五道令離邪聚立
正定聚中更不墮惡道如是須菩提
菩薩摩訶薩淨佛國土中衆生無織
雜心若世間法若出世間法若有漏
若無漏若有為若無為乃至是國土
衆生畢竟得阿耨多羅三藐三菩提須
菩提是為菩薩摩訶薩淨佛國土復
有麁業於諸法畢竟空中取相生著
心所謂取色相受想行識相眼相乃
至意相色相乃至法相男相女相三
界善不善有為無為相等問曰男女
相可是虛妄不實餘色等善不善法
若不取相云何能猒色等成就善法
答曰佛法中有二種空一者衆生空
二者法空以衆生空破衆生相所謂
男女等相以法空破色等法中虛妄
相如破一切法空中說能觀色等善
法如幻如化不取定實相得猒心則
捨戲論常無常等是不名為取相又
色等及善法皆和合性空行故不生
諸煩惱問曰一切有為法假名和合

故不應取無為法是真實法所謂如
法相實際何以不取答曰以不取相
是無為法無相名无為相法門若取
相便是有為如是等一切虛誑取相
不實遠離麁身口意業菩薩欲行淨
佛土遠離如是等麁身口意業自行
六波羅蜜亦教他人令行共清淨因
緣故則佛土清淨上總相說下別相
說是菩薩滿三千大千世界七寶施
佛及僧作是願我以是布施因緣令
我國土皆七寶莊嚴問曰若滿三千
大千世界珎寶從何處得又諸佛賢
聖少欲知足誰受是寶若凡人無猒
足何能受三千世界物答曰是菩薩
是法性生身住具足神通波羅蜜中
為供養十方佛故以如三千世界珎
寶供養又此寶物神通力所作輕細
無妨如第三禪遍淨天六十人坐一
針頭而聽法不相妨身何況大菩薩
深入神通所作寶物或有菩薩變身
如須弥山遍十方佛前以為燈炷供
養於佛若佛塔廟而作願言令我國
土常有光明不須日月燈燭或有菩

薩雨諸華香幡蓋瓔珞以為供養復作是願令我國土衆生端正如華身相嚴淨無有醜陋如是等種種好色因緣復有菩薩以天伎樂娛樂於佛若佛塔廟是菩薩或時以神通力故作天伎樂或作天王轉輪聖王伎樂或作阿修羅神龍王等天伎樂供養願我國中常聞好音問曰諸佛賢聖是離欲人則不須音樂歌儛何以伎樂供養荅曰諸佛雖於一切法中心無所著於世間法盡無所須諸佛憐愍衆生故出世應隨供養者令隨願得福故受如以華香供養亦非佛所須佛身常有妙香諸天所不及為利益衆生故受是菩薩欲淨佛土故求好音聲欲使國土中衆生聞好音聲其心柔軟心柔軟故易可受化是故以音聲因緣而供養佛或有菩薩滿三千大千世界香供養諸佛若塔根香莖香葉香末香若天香若變化香若菩薩果報生香作是願令我國土中常有好香無有作者或有菩薩以百味供養諸佛及僧有人言能以百

種羹供養是名百味有人言飯種數五百其味有百是名百味有人言百種藥草藥果作歡喜丸是名百味有人言飲食羹飯總有百味有人言飲食種種備足故稱為百味人飲食故百味天食則百千種味菩薩福德生果報食及神通力變化食則有无量味能轉人心令離欲清淨是四種食菩薩隨因緣供養佛及僧是故國土中自然有百味飲食或有菩薩以天塗香天竺國熱又以身臭故以香塗身供養諸佛及僧以此因緣故令我國土衆生受天細滑問曰沙弥戒乃至受一日戒尚不以香塗身云何以香供養佛及僧荅曰是菩薩以身所貴物隨所須時用以供養或以塗地塗壁及行坐處又以隨意五欲供養諸佛及僧及餘衆生是菩薩以好車馬妻妾伎直幡蓋金銀衣服珎寶出家人所不受則施諸衆生作願言令我國出衆生常得隨意五欲問曰此五欲佛說如火如坑如瘡如獄如怨如賊能奪人善根菩薩何以願使衆生

得五欲又佛說弟子應納衣乞食坐林樹下菩薩何以為衆生求得五欲荅曰天上人中五欲是福德果報若今世若後世貧窮薄福者不能自活則行劫盜或為物主所害或為賊殺他或被詰問妄言不作如是次第作十不善皆由貧窮故作若人五欲具足則所欲隨意則不行十不善菩薩國土衆生豊樂自恣無所乏少則無衆惡但有愛慢等軟結使若聞佛所說或聞弟子所說以心柔軟故聞法易可得道雖著心多利根故聞無常苦空等即便得道譬如垢膩之衣則以灰泥淹之經宿以水浣之一時都去菩薩不欲令衆生著故以五欲施但欲令一時捨故與之如汝先說佛教弟子納衣乞食罪因緣生在惡世染著心多若得好衣美食著心則深又為求好衣食故妨廢行道是菩薩淨佛國土衆生無量福德成就五欲一等故不復貴著亦不更求故無所妨又復著行者離五欲修苦行則增長瞋恚又復憶念五欲則生煩惱令

時則無所向是故佛言捨苦樂用智慧處中道是故淨佛國土五欲施無妨問曰若尒者毗尼中何以一比丘言我知佛法義受五欲不妨道是比丘應呵乃至三不止擯荅曰佛法有二種小乘大乘小乘中薄福之人三毒偏多如婆差經中佛說我白衣弟子非一非二乃至出五百人受赤栴檀塗身及受好香花妻子共卧使令奴婢而斷三結得須陁洹盡三結薄三毒得斯陁含是阿梨吒比丘聞是事即言雖受五欲而不妨道不知是事佛為誰說佛為白衣故說此比丘持著出家法中說是須陁洹斯陁含等不作是言我盡形壽不犯欲以有餘三毒故時時忘道而發婬心出家人於僧中口自擔言我盡形壽不犯婬欲佛言若出家人犯欲則棄是比丘自擔而犯是一罪知佛所制而致違犯是二罪是比丘見白衣得道故而以自身同彼是故墮罪淨佛國土有二種衆生若出家若在家在家者雖受五欲無罪亦無所妨如免

率陁諸天及欝單曰人雖受五欲不起重罪出家衆生佛所不聽在家五欲亦無過咎小乘法中為阿梨吒比丘說薄福重罪之人心多悔故淨佛土者世世習行六波羅蜜三解脫門雖得五欲亦不深著如經中說所謂菩薩摩訶薩行般若波羅蜜作是念我當自入初禪亦當教化衆生入初禪四禪無量心乃至三十七品亦如是是菩薩作是願我作佛時盡行四禪乃至三十七品如是福德故衆生雖受五欲不能為妨是菩薩作无量阿僧祇願隨尒所時行道盡具足是願是菩薩一切善法皆成就及所成就衆生一切善法成就故得身端正見者無猒亦成就衆生令得端正須菩提菩薩應如是淨佛土復次淨佛土者乃至無三惡之名何況有三惡道問曰諸佛以大慈悲心為苦惱衆生故出世若無三惡道何所憐愍荅曰佛出為度衆生故而三惡道衆生不可度但可令種善根而已是故佛名天人師若無天人但有三惡道可

應有難應作是問問曰佛憐愍衆生淨佛國土中何以無三惡道衆生荅曰憐愍一切衆生平等無異此中說清淨業因緣是國土中无三惡道又佛非但一國土乃至十方恒河沙國土佛有清淨國土有雜國土雜國土中則具有五道淨佛國土或有人天別異或無有人天別異如過去天王佛國土中唯佛世尊以為法王是故名為天王佛復有國土無三毒邪見問曰諸佛但為除衆生煩惱故出世邪見三毒即是煩惱若無煩惱出何所為荅曰有人言是中大福德因緣故邪見三毒不發故言無復次有人言是中諸菩薩皆得無生法忍常修六波羅蜜等諸功德常遊十方度脫衆生於諸佛所修習諸佛三昧勝教化無數聲聞辟支佛亦勝教化阿鞞跋致菩薩成就衆生菩薩淨佛土菩薩為近佛道故利益轉大是國土無二乘之名者問曰餘佛有三乘教化豈獨劣耶荅曰佛出五濁惡世於一道分為三乘問曰若尒阿弥陁佛阿

閦佛等不於五濁世生何以復有三乘荅曰諸佛初發心時見諸佛以三乘度衆生自發願言我亦當以三乘度衆生亦无無常苦空無我之名者以衆生深著常樂等顛倒故為說無常等苦法是中無常樂等倒故不須無常苦若無病則不須藥亦無我所有乃至無諸煩惱結使亦如是無二乘故亦無須陁洹等諸果但一向著諸法實相先得無生法忍者得諸三昧陁羅尼門轉復增益諸地等功德風吹七寶之樹隨所應度而出聲音是菩薩欲使衆生易聞法故七寶之樹出法音聲寶樹遍滿國土故衆生生便聞法餘心不生但生法心問曰諸佛有无量不可思議神通力何以不變化作无量身說法度衆生何須樹木音聲荅曰衆生甚多若佛處處現身衆生不信謂為幻化心不敬重有衆生從人聞法心不開悟若從畜生聞法則便信受如本生經說菩薩受畜生身為人說法人以希有故無不信受又謂畜生心直不誑故有人謂

畜生是有情之物皆有欺誑以樹木無心而有音聲則皆信受所謂空無相無作有佛無佛一切法常空空故無相無相故無作無起如是等法晝夜常出餘國土以神通力口力種種變化此中常自然音聲淨佛國土佛常為諸佛所讚大作功德故能得如是淨國若聞淨國佛名則畢定作佛問曰餘佛種種勤苦說法衆生尚不得道何以但聞佛名便得道荅曰餘處佛種種說法衆生或得善根終不空說若聞是佛名畢至阿鞞跋致不言令得問曰一切佛若人好心聞名皆當至佛如法華經中說福德若大若小皆當作佛何以獨說淨國佛荅曰人聞餘佛名字謂受生與人無異但有一切智得道為異心不敬重故雖種善根亦不能深是中是法性身佛身無量無邊光明說法音聲遍滿十方國土國中衆生皆是近佛道者無量阿僧祇由旬衆中說法勝无量億阿僧祇日月光明常從身出佛令衆生見則得見若不聽則不見是佛

一一毛孔邊常出无量無邊阿僧祇佛一一諸佛等無異於化佛邊展轉復出隨應度衆生見佛優劣根本真佛無有分別大小之異如是等若見若聞名若聞如是功德深信敬重故所種善根云何不畢定作佛復次是佛說法時無有疑者乃至無一人言是法為非佛口所說悉皆是法問曰人從釋迦文尼佛聞法生疑者多荅曰佛此中自說因緣有人薄福不種善根不得善知識故生疑著我見邊見邪見等諸煩惱覆故非佛言是佛佛言非佛不深種善根不順善師三毒邪見一時發起無所依隨任意自恣若見邪見其順意故言是一切智見諸佛說畢竟空不順其意便言非佛非法言法法言非法如是人於諸佛所多生疑多生疑故心悔是淨佛國中無如是罪人故不生疑佛言如是罪人破諸法實相故死墮地獄惡道中諸菩薩得阿耨多羅三藐三菩提見諸罪人往來生死中以佛神通力拔出衆生令住正定聚中不墮三

惡趣是名淨佛土是佛土中無如是諸過無不具足於世間出世間有漏無漏有為無為等中無有障导所謂國土七寳衆生身端正相好莊嚴無量光明常聞法音常不遠離六波羅蜜乃至十八不共法是中衆生皆畢竟至阿耨多羅三藐三菩提問曰上問佛名畢定至佛此謂法无导必得作佛有何差別答曰此中衆生常見佛常聞法深種善根多集佛法故疾得作佛聞名者雖俱畢竟定而小不如如是等名為淨國土相如十地中莊嚴菩提樹說

大智度論釋畢定品第八十三

須菩提白佛言世尊是菩薩摩訶薩為畢定為不畢定佛告須菩提菩薩摩訶薩畢定非不畢定世尊何處畢定為聲聞道中為辟支佛道中為佛道中佛言菩薩摩訶薩非聲聞辟支佛道中畢定是佛道中畢定須菩提白佛言世尊為初發意菩薩畢定為最後身菩薩畢定佛言初發意菩薩亦畢定阿鞞跋致菩薩亦畢定後身菩薩亦畢定世尊畢定菩薩墮惡道中生不不也須菩提於汝意云何若八人若須陁洹斯陁含阿那含阿羅漢辟支佛生惡道中不不也世尊如是須菩提菩薩摩訶薩從初發意已來布施持戒忍辱精進行禪定修智慧斷一切不善業若墮惡道若生長壽天若不得修善法處若生邊國若生惡邪見家無作見家是中無佛名無法名無僧名無有是處須菩提初發意菩薩於阿耨多羅三藐三菩提以深心行十不善道無有是處世尊若菩薩摩訶薩有如是善根功德成就如佛自說本生受不善果報是時善根為何所在佛告須菩提菩薩摩訶薩為利益衆生故隨而受身以是身利益衆生須菩提菩薩摩訶薩作畜生時有是方便力若怨賊欲來殺害以無上忍辱無上慈悲心捨身不惱怨賊汝諸聲聞辟支佛無有是力以是故須菩提當知菩薩摩訶薩欲具足大慈心為憐愍利益衆生故受畜生身須菩提白佛言世尊菩薩摩訶薩住何等善根中受如是諸身佛告須菩提菩薩摩訶薩從初發意乃至道場於其中間無有善根不具足者具足已當得阿耨多羅三藐三菩提以是故菩薩摩訶薩從初發意應當學具足一切善根學善根已當得一切種智當斷一切煩惱習須菩提白佛言世尊云何菩薩摩訶薩成就如是白淨無漏法而生惡道畜生中佛告須菩提於汝意云何佛成就白淨法無漏法不須菩提言佛一切白淨無漏法成就須菩提若佛自化作畜生身作佛事度衆生實是畜生不須菩提言不也佛言菩薩摩訶薩亦如是成就白淨無漏法為度衆生故受畜生身用是身教化衆生佛告須菩提如阿羅漢作變化身能使衆生歡喜不須菩提言能佛言如是如是須菩提菩薩摩訶薩用是白淨無漏法隨應度衆生而受身以是身利益衆生亦不受苦須菩提於汝意云何幻師幻作種種形若象馬牛羊男女等以示衆人須菩提是為象馬牛羊男女

等有實不須菩提言不實也世尊佛言如是須菩提菩薩摩訶薩白淨無漏法成就現作種種身以示衆生故以是身饒益一切亦不受衆苦須菩提白佛言世尊菩薩摩訶薩大方便力得聖無漏智慧而隨所應度衆生身作種種形以度衆生

問曰上阿鞞跋致品中說如是相是阿鞞跋致如是相非阿鞞跋致阿鞞跋致即是畢定須菩提今何以更問荅曰是般若波羅蜜有種種門有種種道阿鞞跋致是一門中說今問畢定更問異門復次佛心中一切衆生一切法皆畢定人以智不及故名為不畢定佛智雖无量阿僧祇劫積大功德必退作小乘者亦知微細觀垂雖未有善心過尒所劫發心後當作佛定知一切法皆如是從是因得是果是故名佛一切法中无㝵以畢定知故復次須菩提聞法華經中說於佛所作少功德乃至戲笑一稱南無佛漸漸必當作佛又聞阿鞞跋致品中有退不退又復聞聲聞人皆當作

佛若尒者不應有退如法華經中說畢定餘經說有退有不退是故今問為畢定為不畢定如是等種種因緣故問定不定佛荅菩薩是畢定須菩提心以入涅槃為畢定是故問為何道中畢定佛荅非畢定二乘但於大乘中畢定求佛道者有上中下是故問為初發意為阿鞞跋致為最後身畢定須菩提意謂為阿鞞跋致已上畢定安立佛道中故佛荅三種菩薩皆畢定畢定者必當作佛問曰如上品中說佛以佛眼見十方菩薩求佛如恒河沙得阿鞞跋致者若一若二今何以言三種菩薩盡皆畢定荅曰我先已說般若甚深有无量門有說諸菩薩退而不畢定有處說菩薩畢定不退如阿鞞跋致品中須菩提問佛菩薩退者於何處退為從色為從受想行識乃至十八不共法畢竟空故諸法皆不退此中佛何以更說不退問曰是二義何者是實荅曰二事皆實佛口所說無不實者如佛或說諸法空無所有或說布施持戒等是

有為初發心者說諸法有為久學人著善法者說諸法空無所有懈怠於阿耨多羅三藐三菩提不牢固者如是人應從聲聞道得度而不求聲聞久於生死中受苦是故讚發心如恒河沙得阿鞞跋致者若一若二衆生聞是已能堪受衆苦者畢定阿耨多羅三藐三菩提若不能者取聲聞辟支佛道有人堪任得佛而大悲薄自愛身重此人聞佛難得多有退者作是念我或不能得佛不如早取涅槃何用世世受勤苦為為是人故說一切菩薩乃至初發心皆畢定如法華經中說問曰若菩薩皆畢定佛何以故種種呵二乘不聽菩薩取二乘證荅曰求佛道者應遍知法性是人畏老病死故於法性少分取證便自止息捨佛道不度衆生諸佛菩薩之所呵責汝欲捨去會不得離得阿羅漢證時不求諸菩薩深三昧又不廣化衆生是則迂迴於佛道稽留問曰阿羅漢先世因緣所受身必應當滅住在何處而具足佛道荅曰得阿羅漢

時三界諸漏因緣盡更不復生三界有淨佛土出於三界乃至無煩惱之名於是國土佛所聞法華經具足佛道如法華經說有羅漢若不聞法華經自謂得滅度我於餘國為說是事汝皆當作佛問曰若阿羅漢往淨佛國土受法性身如是應得疾作佛何以言迂迴稽留荅曰是人著小乘因緣捨衆生捨佛道又復虛言得道以是因緣故雖不受生死苦惱於菩薩根鈍不能疾成佛道不如直往菩薩復次佛法於五不可思議中最第一今言漏盡阿羅漢還作佛惟佛能知論議者正可論其事不能測知是故不應戲論若求得佛時乃能了知餘人可信而未可知畢定菩薩墮三惡道中不者須菩提聞佛說无量本生因緣或為鹿龜鴿孔雀鸚鵡等受種種苦是故問佛世尊若菩薩受如是等畜生身云何言一切菩薩畢定畢定者即是阿鞞跋致阿鞞跋致者不墮三惡趣佛反問荅於汝意云何八人等聖人為墮三惡道不須菩提

思惟是諸聖人入聖道故無墮三惡道因緣思惟已荅言不也佛言菩薩亦如是墮三惡道因緣盡故云何墮三惡道墮三惡道因緣者所謂諸不善法是菩薩從初發心已來修習布施持戒等諸善法斷諸煞生等十不善道若是人墮三惡道無有是處何以故滅諸惡法增益善法故不善道有上中下上者墮地獄中者墮畜生下者墮餓鬼是菩薩三種已盡深心悲念衆生是故不墮問曰若尒者三惡道可不於中生是菩薩福德多何以不於長壽天中生荅曰是菩薩憐愍衆生行六波羅蜜雖能入禪波羅蜜和合慈悲行不著禪味命欲終盡念欲界法故捨禪定心彼中無苦惱深著禪味難可得度故不生長壽天以邊國障导不得修善法故不生所以者何是菩薩拔出慳法根本慳法因緣生邊國不知法處復次是菩薩常好中道捨離二邊故不生邊國邊國者無三寶之名不識七衆但貴今世現事不貴福德道法故名邊地不但

生邊國故名為邊地若識三寶知罪福相續因緣解諸法實相是人雖生閻浮提外不名為邊何况生閻浮提中是菩薩常樂為他說法亦深愛善法故得隨意善衆生共生所謂為中國人於中國不生邪見家何以故是菩薩世世常自行正見亦教他正見讚正見法歡喜讚歎行正見者是故不生惡邪見家問曰是菩薩大福德智慧力應生邊地邪見家而教化之何以畏而不生荅曰菩薩有二種一者成就大力菩薩二者屬因緣新發心菩薩大菩薩為衆生隨所應度受身不避邊地邪見新發意菩薩若生是處既不能度人又自敗壞是故不生辟如真金在泥終不敗壞銅鐵則壞邪見者所謂無作見雖六十二種皆是邪見無作最重所以者何無作言不應作功德求涅槃者言天作若言世界始來雖是邪見而不遮作福德以無作大惡故不生又初發心菩薩深惡心行十不善道無有是處何以故是菩薩一心迴向貴重阿耨多

羅三藐三菩提不貴世間法是人未離欲因緣故雖起諸煩惱然不深心作惡雖加杖楚終不奪命不取他財令其失命是菩薩斷一切不善法餘集一切善法故不生八難處常得八好處須菩提問若菩薩有如是善根成就云何本生因緣在鹿馬等佛答菩薩實有福德善根成就為利衆生故受畜生形亦無畜生罪此中佛自說因緣所謂菩薩在畜生中慈愍怨賊阿羅漢辟支佛所無有阿羅漢辟支佛怨賊來害雖不加報不能愛念供養供給如菩薩本身作六牙白象獵師以毒箭射象尔時菩薩象以鼻擁抱獵者不令餘象得害語雌象言汝為菩薩婦何緣生惡心獵師是煩惱罪非人過也我得阿耨多羅三藐三菩提當滅除其煩惱罪辟如鬼著人呪師來但治鬼而不瞋人是故莫求其罪徐問獵者汝何以射我荅言我須汝牙象即就石轉拔牙與之血肉俱出不以為痛供給粮食亦語道徑如是等慈悲阿羅漢辟支佛所無有如是好心云何受畜生身當知是變化度於衆生問曰何以不作人身而為說法而作此獸身荅曰有時衆生見人身則不信受見畜生身說法則生信樂受其教化又菩薩欲具足大慈悲心欲行其實事衆生見之驚喜皆得入道

大智度論卷第九十三

大智度論卷第九十三

校勘記

一 底本，金藏廣勝寺本。

一 五九四頁中一行經名，石無（未換卷）；資、磧、普、南、徑、清作「大智度論卷第九十三」。

一 五九四頁中三行後，資、磧、普、南、有品名「釋淨佛國土品第八十二下」；徑、清有品名「釋淨佛國土品第八十二之下」。

一 五九四頁中四行首字「復」，石、磧、普、南、徑、清、麗冠以「經」。

一 五九四頁中四行「色取」，石、麗作「取色」；資、磧、普、南、徑、清作「色」。

一 五九四頁中一五行「國土」，石作「世界」，以下時同；資、磧、普、南、徑、清作「界土」。

一 五九四頁中一九行第六字「願」，磧、普、南、徑、清作「令」。

一 五九四頁中二一行第一三字「塔」，石、磧、普、南、徑、清作「佛塔」。

一 五九四頁中末行首字「是」，麗作「是願」。

一 五九四頁下一行末字「百」，諸本作「以百」。

一 五九四頁下三行第四字「令」，諸本作「令我」。

一　五九四頁下一八行「一切」，資無。
一　五九五頁上一七行第二字「中」，資、磧、普、南、徑、清、麗作「生」。
一　五九五頁上二〇行第三字「中」，麗無。
一　五九五頁上二一行第一三字「隨」，諸本作「墮」。
一　五九五頁中五行末字及六行首字「穢雜」，諸本作「雜穢」。
一　五九五頁中七行「國土」，石作「世間中」；資、磧、普、南、徑、清、麗作「國土中」。
一　五九五頁中八行第五字「至」，資、磧、普、南、徑、清無。
一　五九五頁中九行末字「復」，石、磧、普、南、徑、清、麗作「〔論〕釋曰復」；資作「釋曰復」。
一　五九五頁下二行第二字「相」，石、麗作「性」。
一　五九五頁下三行第七字「名」，資、磧、普、南、徑、清、麗作「名爲」。第一〇字「相」，諸本無。

一　五九五頁下六行及八行「佛土」，石作「佛國土」。
一　五九五頁下一一行首字「我」，石作「其」。
一　五九五頁下一三行第九字「法」，資、磧、普、南、徑、清、麗無。第一三字「人」，石、麗作「夫」。
一　五九五頁下一四行「三千」，石作「三千大千」。
一　五九六頁中一行第二字「羹」，資、麗無。第一二字「飯」，諸本作「餅」。
一　五九六頁中三行「藥果」，石無。
一　五九六頁中四行「飲食羹飯」，石、麗作「飲食羹餅」；資、磧、普、南、徑、清作「飯食羹餅」。
一　五九六頁中五行第四字「足」，石作「具」。
一　五九六頁中六行第三字「食」，石、麗作「飲食」。
一　五九六頁中一三行第五字「天」，磧、普、南、徑、清作「天香」。
一　五九六頁中一五行第二字「養」，石無。
一　五九六頁中一九行第四字「直」，資、磧、普、南、徑、清作「樂」。
一　五九六頁中二一行第二字「出」，諸本作「土」。
一　五九六頁下三行第四字「上」，資、磧、普、南、徑、清無。
一　五九六頁下二一行第六字「貴」，南、徑、清作「貪」。
一　五九七頁上五行第九字「擯」，石、磧、普、南、徑、清、麗作「擯出」。
一　五九七頁上七行第六字「差」，石、磧、普、南、徑、清作「瑳」。
一　五九七頁上九行首字「檀」，石作「檀香」。
一　五九七頁上一〇行「三結」，資、磧、普、南、徑、清作「三世苦」。
一　五九七頁上二〇行第二字「致」，諸本作「故」。
一　五九七頁中二行第八字「佛」，資、磧、普、南、徑、清、麗作「隨佛」。
一　五九七頁中二行「不聽在家」，資、

麗作「聽出家」。

一　五九七頁中二行末字「五」，石、磧、普、南、徑、清作「受五」。

一　五九七頁中四行及一七行「淨佛」，石、磧、普、南、徑、清作「淨佛國」。

一　五九七頁中六行第七字「深」，諸本作「染」。

一　五九七頁中九行「無量」，諸本作「四無量」。

一　五九七頁下五行第八字「至」，諸本作「有」。

一　五九八頁上六行第二字「等」，磧、普、南、徑、清無。

一　五九八頁上一二行末字「音」，資、磧、普、南、徑、清、麗作「者」。

一　五九八頁上一七行第七字「身」，資、磧、普、南、徑、清無。

一　五九八頁中一一行「衆生」，石、麗作「衆生或得道」。

一　五九八頁中一三行第二字「令」，石、磧、普、南、徑、清、麗作「令」。

一　五九八頁下六行第七字「畢」，石作「畢竟」。

一　五九八頁下一〇行「佛此中」，石作「此中佛」。

一　五九八頁下一五行「其順」，諸本作「順其」。

一　五九九頁上一行首字「惡」，原有描摹墨迹。

一　五九九頁上七行首字「竟」，石、磧、普、南、徑、清作「定」。

一　五九九頁上八行首字「問」，諸本作「聞」。

一　五九九頁上八行「謂法」，諸本作「於諸法」。

一　五九九頁上八行第一二字「㝵」，石、資、磧、普、南、徑、清作「障碍」。

一　五九九頁上一一行第一〇字「竟」，磧、普、南、徑、清無。

一　五九九頁上一二行第八字「國」，磧、普、南、徑、清作「佛國」。

一　五九九頁上一三行末字「説」，石下有夾註「釋第八十二品竟」；至此卷第九十四終，卷第九十五始。

一　五九九頁上一四行品名，石作「摩訶般若波羅蜜經必定品第八十三釋」；磧、普、南作「大智度論釋必定品第八十三」；徑、清作「釋必定品第八十三之上」。

一　五九九頁上一五行首字「須」，石、磧、普、南、徑、清、麗冠以〔經〕。

一　五九九頁上一五行第九字「是」，石作「若是」。

一　五九九頁上二一行及二二行「畢定」，石、磧、普、南、徑、清作「必定耶」。

一　五九九頁上末行第一三字「後」，石、麗作「最後」。

一　五九九頁中一〇行第五字「僧」，石作「衆」。

一　五九九頁中一八行第五字「是」，磧、普、南、徑、清作「大」。

一　五九九頁中二〇行末字「力」，資作「力不須菩提言無也」。

一　五九九頁中二二行第四字「慈」，石、磧、普、南、徑、清、麗作「慈悲」。

一　五九九頁下一一行第二字「法」，石、麗無。

一　五九九頁下二〇行第三字「應」，資、麗作「所」。

一　五九九頁下二一行第五字「苦」，石、資、磧、普、南、徑、清作「苦痛」。

一　六〇〇頁上七行第二字「作」，諸本作「而作」。

一　六〇〇頁上八行首字「問」，石、磧、普、南、徑、清、麗冠以〔論〕。

一　六〇〇頁中六行第七字「非」，石、資、磧、普、南、徑、清作「不」。

一　六〇〇頁中一〇行「安立」，石、麗作「住」。

一　六〇〇頁下九行「大悲」，石、磧、普、南、徑、清、麗作「大悲心」。

一　六〇〇頁下一一行第四字「或」，資、磧、普、南、徑、清作「或以」。

一　六〇〇頁下一四行第一〇字「畢」，磧、普、南、徑、清無。

一　六〇〇頁下一五行第五、六字「二乘」，徑、清作「二乘人」。

一　六〇〇頁下二〇行末字「化」，石作「教化」。

一　六〇〇頁下二二行第八字「愛」，諸本作「受」。

一　六〇一頁上二行第一〇字「至」，資、磧、普、南、徑、清無。

一　六〇一頁上四行「羅漢」，石、資、磧、普、南、徑、清作「阿羅漢」。

一　六〇一頁上六行第一二字「往」，石、普作「住」。

一　六〇一頁上七行「得疾」，石、資、磧、普、南、徑、清作「疾得」。

一　六〇一頁上一六行第五字「未」，石、麗作「不」。

一　六〇一頁中一八行第四字「障」，石、資、磧、普、南、徑、清作「遮」。

一　六〇一頁中二〇行第二字「生」，諸本作「故生」。

一　六〇一頁中二二行首字「者」，資、磧、普、南、徑、清無。

一　六〇一頁下五行第一三字「爲」，石無。

一　六〇一頁下六行第二字「人」，資、磧、普、南、徑、清作「又」。

一　六〇一頁下二二行第二字及次頁上二行第一三字「深」，磧、普、南、徑、清作「染」。

一　六〇二頁上七行第九字「在」，諸本作「作」。

一　六〇二頁上八行第一二字「利」，石、麗作「利益」。

一　六〇二頁上一一行第一一字「阿」，資、磧、普、南、徑、清無。

一　六〇二頁上一九行第二字「呪」，資、磧、普、南、徑、清作「祝」。

一　六〇二頁中三行第八字「獸」，石作「畜生」。

一　六〇二頁中六行第一三字「之」，石作「者」。

一　六〇二頁中末行經名，石此處不分卷，故無。

大智度論釋畢定品第八十三之餘 卷第九十四 正

龍樹菩薩造

後秦龜茲國三藏鳩摩羅什譯

世尊菩薩摩訶薩住何等白淨法能作如是方便而不受染汙佛言菩薩用般若波羅蜜作如是方便力於十方如恒河沙等國土中饒益衆生亦不貪著是身何以故著者著法著處是三法皆不可得自性空故空不著空空中無著者亦無著處何以故空中空相不可得須菩提是名不可得空菩薩住是中能得阿耨多羅三藐三菩提世尊菩薩但住般若波羅蜜中得阿耨多羅三藐三菩提不住餘法中耶須菩提頗有法不入般若波羅蜜者不世尊若般若波羅蜜自性空云何一切法皆入般若波羅蜜中世尊空中無有法若入若不入須菩提一切法一切法相空不世尊空須菩提若一切法一切法相空云何言一切法不入空中須菩提白佛言世尊云何菩薩摩訶薩行般若波羅蜜

時住一切法空中能起神通波羅蜜住是神通波羅蜜中到十方如恒河沙等國土供養現在諸佛聞諸佛說法於諸佛所種善根佛告須菩提菩薩摩訶薩行般若波羅蜜時觀是十方如恒河沙等國土皆空是國土中諸佛亦性空但假名字故諸佛現身所假名字亦空若十方國土及諸佛性不空者空爲有偏以空不偏故一切法一切法相空以是故一切法一切法相空是故菩薩摩訶薩行般若波羅蜜用方便力生神通波羅蜜住是神通波羅蜜中起天眼天耳如意足知他心宿命智知衆生生死若菩薩遠離神通波羅蜜不能得饒益衆生亦不能得阿耨多羅三藐三菩提是菩薩摩訶薩神通波羅蜜是阿耨多羅三藐三菩提道何以故用是天眼自見諸善法亦教他人令得諸善法於善法亦不著諸善法自性空故空無所著若著則受味是空中無有味是菩薩摩訶薩行般若波羅蜜時能生如是天眼用是眼觀一切法空見

是法空不取相不作業亦為人說是法亦不得衆生相不得衆生名如是菩薩摩訶薩用無所得法故起神通波羅蜜用是神通波羅蜜神通所應作者能作是菩薩用天眼通過於人眼見十方國土見已飛到十方饒益衆生或以布施或以持戒或以忍辱或以精進或以禪定或以智慧饒益衆生或以三十七助道法或以諸禪解脫三昧或以聲聞法或以辟支佛法或以菩薩法或以佛法饒益衆生為慳者如是說法諸衆生當行布施貧窮是苦惱法貧窮之人自不能益何能益他以是故汝等當勤布施自身得樂亦能令他得樂莫以貧窮故共相食噉不得離三惡道為破戒者說法諸衆生破戒法大苦惱破戒之人自不能益何能益他破戒法受苦果報若在地獄若在餓鬼若在畜生汝等墮三惡道中自不能救何能救人以是故汝等不應隨破戒心死時有悔若有共相瞋諍者說如是法諸衆生莫共相瞋瞋亂人心不順善法汝

等今共相瞋亂心或墮地獄若餓鬼畜生中以是故汝等不應生一念瞋恚心何況多為懈怠衆生說法令得精進散亂衆生令得禪定愚癡衆生令得智慧亦如是行婬欲者令觀不淨瞋恚令觀慈心愚癡衆生令觀十二因緣行非道衆生令入正道所謂聲聞道辟支佛道佛道為是衆生如是說法汝等所著是法性空性空法中不可得著不著相是空相如是須菩提菩薩摩訶薩行般若波羅蜜時住神通波羅蜜中為衆生作利益須菩提菩薩若遠離神通不能隨衆生意善說法以是故須菩提菩薩摩訶薩行般若波羅蜜時應起神通須菩提譬如鳥無翅不能高翔菩薩無神通不能隨意教化衆生以是故須菩提菩薩摩訶薩行般若波羅蜜應起諸神通起諸神通已若欲饒益衆生隨意能益是菩薩用天眼見如恒河沙等諸國土及見是國土中衆生見已用神通力往到其所知衆生心隨其所應而為說法或說布施或持戒

或禪定乃至說涅槃法是菩薩用天耳聞二種音聲若人若非人用天耳聞十方諸佛所說法皆能受持如所聞法為衆生說或說布施乃至或說涅槃是菩薩淨他心智用他心智知衆生心隨其所應而為說法或說布施乃至或說涅槃是菩薩宿命智憶念種種本生處亦自憶亦憶他人用是宿命智念過去在在處處諸佛名字及弟子衆有衆生信樂宿命者為現宿命事而為說法或說布施乃至或說涅槃用如意神通力到種種无量諸佛國土供養諸佛從諸佛種善根還來本國是菩薩漏盡神通智證用是漏盡神通智證故為衆生隨應說法或說布施乃至或說涅槃如是須菩提菩薩摩訶薩行般若波羅蜜時應如是起諸神通菩薩用修是神通故隨意受身苦樂不染譬如佛所化人作一切事苦樂不染菩薩摩訶薩行般若波羅蜜時應如是遊戲神通能淨佛國土成就衆生復次須菩提菩薩摩訶薩不淨佛國土不成就衆

生不能得阿耨多羅三藐三菩提何以故因緣不具足故不能得阿耨多羅三藐三菩提須菩提白佛言世尊何等是菩薩摩訶薩因緣具足已得阿耨多羅三藐三菩提佛告須菩提一切善法是菩薩阿耨多羅三藐三菩提因緣須菩提白佛言世尊何等是善法以是善法故得阿耨多羅三藐三菩提佛告須菩提菩薩從初發意已來檀波羅蜜是善法因緣是中無分別是布施者是受者性空故用是檀波羅蜜能自利益亦能利益衆生從生死拔出令得涅槃是諸善法皆是菩薩摩訶薩阿耨多羅三藐三菩提因緣行是道過去未來現在諸菩薩摩訶薩得度生死已度今度當度尸羅波羅蜜羼提波羅蜜毗梨耶波羅蜜禪波羅蜜般若波羅蜜四禪四無量心四無色定四念處乃至八聖道分十八空八背捨九次第定陀羅尼門佛十力四無所畏四無㝵智十八不共法如是等功德皆是阿耨多羅三藐三菩提道須菩提是名善法菩薩摩訶薩具足是善

法已當得一切種智得一切種智已當轉法輪轉法輪已當度衆生

釋曰尒時須菩提問作何等善根故能受此身佛答菩薩摩訶薩一切善法具足乃至須菩提大歡喜白佛言菩薩摩訶薩大方便成就力住何等聖無漏法能受此身而不為畜身所染譬如幻師亦如變化住何等白淨法能作如是方便佛答菩薩以般若波羅蜜力故能成就如是方便作種種身能利益十方國土中衆生亦不貪是身佛此中說因緣是菩薩三法不可得一者是菩薩身二者所作鹿馬三者所用法何以故是法皆性空空亦不著空空中亦無貪著法無故衆生無衆生無故法亦無此中佛說因緣空中空不可得不可得故菩薩云何貪是智慧是名無所得空般若波羅蜜菩薩住是中能得阿耨多羅三藐三菩提以無障㝵故易得須菩提問菩薩住六波羅蜜乃至十八不共法今何以但說住無所得般若波羅蜜中得佛答須菩提何法不入般

若中一切法皆入般若波羅蜜中若住般若波羅蜜則住一切法復問若般若波羅蜜性空云何一切法皆入中此中須菩提自說因緣一切法性空中無有法出無有法入佛告須菩提一切法一切法相空耶世尊空須菩提若一切法一切法相空一切法應入空中汝云何言空中無有法出入尒時須菩提心伏受解聞是菩薩化身度衆生今問世尊菩薩云何住一切法空中能起神通波羅蜜到十方如恒河沙國土供養佛聽法種甚深善根善根者諸陀羅尼三昧門無㝵解脫之根本須菩提般若波羅蜜性空云何菩薩安住性空波羅蜜中能行是神通有法佛言空故能行所以者何須菩提菩薩行般若時觀十方如恒河沙國土皆空是國土諸佛亦空問曰若國土空佛亦應空何以別說荅曰佛以無量阿僧祇刧實功德得是身能以一足指動十方如恒河沙國土又菩薩世世來深愛重佛不能疾觀使空是故不共國土合說此

中佛自說因緣若十方國土及諸佛
不空者空為有偏有偏名有空不空
處今實不偏故一切法一切法相空
菩薩行般若波羅蜜一切法無㝵以
肉眼觀色不通見上不見下見前不
見後通見障不見晝見夜不見知肉眼
力少故以方便更求天眼方便力者
今他界四大來在身中用天眼義如
先說生天耳如意足他心智宿命智
知衆生生死所趣等菩薩若無神通
不能得饒益衆生何以故若無神通
云何能令多衆生發心菩薩有神通
猶尚不能盡令衆生發心何況無是
故神通波羅蜜是菩薩所行道菩薩
自見善法亦令他人得見善法亦不
著是善法何以故是法性皆空故問
曰天眼可見色云何見善法又言見一
切法性空答曰因中說果以天眼見
自見已身及見十方衆生然後用他
心智宿命智求其今世後世善根是
善根及果報久皆磨滅磨滅故見空
是善根皆是有為法無自性無自性
故空空故不可著亦不可受味不可

受味故不著辟如蠅無處不著唯不
著火焰衆生愛著亦如是善不善法
中皆著乃至非有想非無想著故不
能入涅槃唯不能著般若波羅蜜性
空大所以者何般若波羅蜜般若波
羅蜜相空若般若波羅蜜不空即是
味是可著處菩薩住是智慧中不起
有漏業為衆生說法亦知衆生假名
不可得安住是無所得般若波羅蜜
中而能具足神通事若菩薩不得是
無障㝵般若則不能得無㝵神通菩
薩得是無障㝵空神通飛到十方國
土利益衆生如經中廣說或以布施
或以持戒等攝者為說布施等六波
羅蜜義如此中佛自廣說如此中說
辟喻如鳥無翅不能飛翔菩薩亦如
是無神通波羅蜜不能教化衆生菩
薩以天眼見十方國土諸佛及一切
衆生以天耳力從諸佛聞法以如意
神通力放大光明或現水火作種種
變化現奇特事令衆生發希有尊重
心以他心智力故知他心心數法所
著所猒可度不可度是利是鈍是善

根成就是未成就如是等知他衆生
心攝取善根成就者有可度者以宿
命智生死智觀其本末何所從來種
何善根所好何行從此終當生何所
何時當得解脫如是籌量思惟知可
度者過去業因緣未來世果報後以
神通力是人應以恐怖度者以地獄
示之汝當生此中應以歡喜度者亦
以天堂眼見是事心懷驚怖歡喜猒
患世間介時以漏盡神通說漏盡法
衆生聞是法破其著心以三乘而得
涅槃辟如白鷺欲取魚時籌量進止
不失其會知其可得即便取之終不
空也菩薩亦如是以神通力故觀衆
生本末應度因緣國土時節知其信
等諸根猛利諸因緣具足而為說法
則不空也是故說菩薩離神通不能
饒益衆生如鳥無翅餘神力如佛自
說以天眼見十方衆生生死亦知衆
生心隨意說法乃至善修神通力而
為衆生受身不為苦樂所得是菩薩
於衆生中或為父或為子或為師或
為弟子或為主或為奴或為馬或

為乘為馬者或時富貴力勢或時貧賤於此諸事亦不為染汙譬如佛所化人作一切事不染苦樂一切事者如先作種種阿僧祇身度衆生苦樂不染者樂中不生愛苦中不生瞋不如生死衆生隨處起煩惱菩薩應如是遊戲神通成就衆生淨佛國土問曰菩薩神通力有所作何以名遊戲荅曰戲名如幻師種種現變菩薩神通種種現化名之為戲復次佛法中三三昧空名為上行何以故似如涅槃無所著無所得故諸餘行法皆名為下下如小兒是故說神通力名為遊戲於成就衆生淨佛土中最為要用成就衆生如是中說淨佛土共修善根問曰何必要用成就衆生淨佛國土荅曰佛自說因緣不成就衆生淨佛國土不能得無上道何以故因緣不具足則不能得阿耨多羅三藐三菩提因緣者所謂一切善法從初發意行檀波羅蜜乃至十八不共法於是行法中無憶想分別是施者是財物是受者乃至十八不共法亦如

是若菩薩不著心無所分別行六波羅蜜乃至十八不共法是為阿耨多羅三藐三菩提因緣以是道得阿耨多羅三藐三菩提亦能自度又能度衆生問曰菩薩若著心布施有何等過而不名具足著心布施受者恩重荅曰雖有小利而有大過如美食雜毒雖有美利而自喪命問曰何者是過荅曰若著心布施有不稱意事則生恚怒若受者不感其恩即成怨嫌若著心供養善人有少凶衰則嫌布施無應悔惜所施若布施心悔所受果報則不清淨復次著心布施者深心貪著財物若有侵奪則便加害自念我為福德好事集財波何故侵奪先貪財物為今世事而作布施為後世事愛惜轉深以染著故若有侵奪能為重罪重罪因緣故受三惡道苦復次貪著因緣故生瞋恚瞋恚因緣故加刀杖刀杖鞭害受諸苦惱復次人起愚癡業大不安隱行此虛誑不實事故後必致大患十方諸佛皆說無相解脫門諸法無相相是為實若人

取是財物虛誑不實相然後心著心著故期大果報而能施與譬如人欲求多故大用穀子如是著心布施果報少而不淨終歸於盡受諸憂惱不可稱說皆由取相故有如是過若以如實相行布施無有如是過無量阿僧祇生死中受諸福樂而亦不盡乃至得阿耨多羅三藐三菩提復次若人以著心行善法是人若聞諸法畢竟空即時捨所行法著是空法取相以此為實先者為虛誑是人則失二種法失先善法而墮邪見著心者有如是過譬如重病之人雖有衆藥療之無損藥復作病著心行諸功德有如是等過罪菩薩捨於著心不取空相如如法性實際於布施等法亦如是見為一切衆生迴向阿耨多羅三藐三菩提復次菩薩布施時作是念如十方三世諸佛畢竟清淨智慧知諸法實相亦知是布施相我亦以是性迴向復次是菩薩一切五情心心數法中不用不行不能知諸法相故是法皆是因緣邊生虛誑無有自性

故我今欲知諸法實相迴向是諸虛誑入實相中皆無有異我今未能得清淨實智慧故有所分別是虛是實以清淨智慧知之則皆作第一義諦入第一義諦中皆為清淨無有別異如是布施等迴向直至佛道是故說無所分別心能行布施等是名真菩薩道

大智度論釋四諦品第八十四

須菩提白佛言世尊若是諸法是菩薩法何等是佛法佛告須菩提如汝所問是諸法是菩薩法何等是佛法者須菩提菩薩法亦是佛法若知一切種是得一切種智斷一切煩惱習菩薩當得是法佛以一念相應慧知一切法已得阿耨多羅三藐三菩提須菩提是為菩薩佛之差別辟如向道得果異是二人俱為聖人如是須菩提菩薩摩訶薩無㝵道中行是名菩薩摩訶薩解脫道中無一切闇蔽是為佛須菩提白佛言世尊若一切法自相自相空法中云何有差別之異是地獄是餓鬼是畜生是天是人

是性地人是八地人是須陁洹人是斯陁含阿那含阿羅漢人是辟支佛是菩薩是多陁阿伽度阿羅呵三藐三佛陁世尊如諸人不可得業因緣亦不可得果報亦不可得佛言如是如是如汝所言自相空法中無衆生無業因緣無果報須菩提衆生不知是諸法自相空是衆生作業因緣若善若惡若無動罪業因緣故墮三惡道中福業因緣故在人天中生無動業因緣故色無色界中生是菩薩摩訶薩行檀波羅蜜乃至十八不共法時盡受行是助道法如金剛三昧得阿耨多羅三藐三菩提得已饒益衆生是利常不失故不墮五道生死中須菩提白佛言世尊佛得阿耨多羅三藐三菩提已得五道生死不佛言不得也須菩提世尊得業若黑若白若不黑不白不佛言不也世尊若不得云何說地獄餓鬼畜生人天須陁洹乃至阿羅漢辟支佛菩薩諸佛須菩提若衆生知諸法自相空菩薩摩訶薩不求阿耨多羅三藐三菩提亦不

拔衆生於三惡趣乃至五道往来生死中須菩提以衆生實不知諸法自性空故不得脫五道生死是菩薩從諸佛所聞諸法自相空發意求阿耨多羅三藐三菩提須菩提諸法不尒如凡人所著是衆生於無所有法中顛倒妄想分別得法無衆生有衆生相無色色相無受想行識受想行識相乃至一切有為法無所有用顛倒妄想心作身口意業因緣往来五道生死中不得脫是菩薩摩訶薩行般若波羅蜜時一切善法內般若波羅蜜中行菩薩道得阿耨多羅三藐三菩提得阿耨多羅三藐三菩提已為衆生說四聖諦苦集苦滅苦滅道開亦分別一切助道善法皆入四聖諦中用是助道善法分別有三寶何等三佛寶法寶僧寶不信非迸是三寶故不得離五道生死須菩提白佛言世尊用苦聖諦得度用苦智得度用集聖諦得度用集智得度用滅聖諦得度用滅智得度用道諦得度用道智得度佛告須菩提非苦聖諦得

處亦非苦智乃至非道聖諦得處亦非道智須菩提是四聖諦平等故我說即是涅槃不以苦聖諦不以集滅道聖諦亦不以苦智不以集滅道智得涅槃須菩提白佛言世尊何等是四諦平等須菩提若無苦無苦智無集無集智無滅無滅智無道無道智是名四聖諦平等復次須菩提是四聖諦如不異法相法性法住法位實際有佛無佛法相常住為不誑不失故是菩薩摩訶薩行般若波羅蜜時為通達實諦故行般若波羅蜜須菩提白佛言世尊云何菩薩摩訶薩為通達實諦故行般若波羅蜜時　如通達實際不墮聲聞辟支佛地直入菩薩位中佛告須菩提若菩薩摩訶薩如實見諸法見已得無所有法得無所有法已見一切法空四聖諦所攝四聖諦所不攝法皆空若如是觀是時便入菩薩位中是為菩薩住性地中不從頂墮用是頂墮故墮聲聞辟支佛地是菩薩住性中能生四禪四无量心四無色定是菩薩住是初定

地中分別一切諸法通達四聖諦知苦不生緣苦心乃至知道不生緣道心但順阿耨多羅三藐三菩提心觀諸法如實相世尊云何觀諸法如實相佛言觀諸法空世尊何等空佛言自相空是菩薩用如是智慧觀一切法空無法性可見住是性中得阿耨多羅三藐三菩提何以故無性相是阿耨多羅三藐三菩提非諸佛所作非辟支佛所作亦非阿羅漢所作亦非向道人所作亦非得果人所作亦非菩薩所作但衆生不知不見諸法如實相以是事故菩薩摩訶薩行般若波羅蜜以方便力故為是衆生說問曰佛法菩薩法大有差別佛是一切智菩薩未是一切智須菩提何故生疑而問佛何等是諸菩薩法何等是佛法荅曰此中佛教菩薩如佛所行應如是行六波羅蜜等乃至一切種智是故須菩提問若如佛行與佛何異佛可其意應如是問色等諸法行處是同但智慧利鈍有異此中佛自說因緣菩薩雖如實行六波羅蜜

而未能周遍未能入一切門是故不名為佛若菩薩已入一切種智門入諸法實相中以一念相應智慧得阿耨多羅三藐三菩提斷一切煩惱習得諸法中自在力尒時名為佛如月十四日十五日雖同為月十四日不能令大海水潮菩薩亦如是雖有實智慧清淨未能具足諸佛法故不能動一切十方衆生月十五日光明威滿時能令大海水潮菩薩成佛亦如是故大光明能動十方國土衆生此中佛自說辟喻如向道得果雖同為聖人而有差別菩薩亦如是行者名為菩薩從初發心乃至金剛三昧佛已得果報斷一切法中疑無所不了故名為佛須菩提復問自相空法中差別不可得所謂是地獄乃至天是性人人人是須陁洹乃至佛世尊如地獄等衆生不可得業因緣亦應不可得何以故作業者不可得業不可得故果報亦不可得佛云何說佛與菩薩有差別佛可須菩提意還以所問荅須菩提衆生不知自性空法故能起善惡

業如經中廣說衆生者凡夫未入正位人是人我心顛倒煩惱因緣故起諸業業者有三種身口意是三種業有二種若善若惡若有漏若無漏惡業故墮三惡趣善業故生天人中善業復有二種一者欲界繫二者色無色界繫色無色界繫生業名不動不動業故生色無色界若衆生自知諸法性空即時不生著心著心不生故不起業乃至不生色無色界以實不知故生以是事故菩薩摩訶薩盡受行布施等法乃至十八不共法無所失無所少乃至用如金剛三昧得阿耨多羅三藐三菩提大饒益衆生衆生得是利益故不復往來五道生死須菩提復問佛得阿耨多羅三藐三菩提時實得是五道不佛言不得問曰佛先說大利益故不墮五道今云何言不得答曰決定取相邪見墮邪見五道生死不得但凡夫人以顛倒因緣起業假名有生死五道其實如幻如夢復問得黑白等四種業不佛言不黑業者是不善業果報地獄等受苦

惱處是中衆生以大苦惱悶極故名為黑受善業果報處所謂諸天以其受樂隨意自在明了故名為白業是業是三界大善不善業受果報處所謂人阿修羅等八部此處亦受樂亦受苦故名為白黑業無漏業能破不善有漏業能拔衆生令離善惡果報中問曰無漏業應是白何以言非白非黑答曰無漏法雖清淨無垢以空無相無作故無所分別不得言白黑白是相待法此中無相待故不得言白復次無漏業能滅一切諸觀中分別故有黑白此中無觀故無白須菩提復問若不得是四種業云何分別是地獄乃至阿羅漢若無黑業云何說是地獄畜生餓鬼若無白業云何說是天人若無黑白業云何說是阿脩羅道若無不白不黑業云何說是須陀洹乃至阿羅漢佛答若一切衆生自知諸法自性空者菩薩不發阿耨多羅三藐三菩提意亦不於六道中拔出衆生何以故衆生自知諸法性空則無所度譬如無病則不須藥無

闇則不須燈明須菩提今衆生實不知自相空法故隨心取相生著以著故深染故隨於五欲隨五欲故為貪所覆貪因緣故慳虛誑嫉妬瞋恚鬪諍以瞋恚故起諸罪業無所識知是故壽終隨業因緣生於彼處續作生死業常往來六道中無復窮已是故菩薩於諸佛及弟子所聞說諸法空而慈愍衆生衆生以狂愚顛倒故生著我當作佛破衆生顛倒令解諸法空相所以者何諸法不念如凡人所著衆生法無有定實但自於無所有中憶想分別望有所得無衆生中起衆生想無色中起色想無受想行識中起識想以狂顛倒故能起身口意業於六道生死不能得脫若但生衆生法想結縛猶輕易可得度生貪欲瞋恚於是中起諸重業是為重縛受此業果報則難可得度譬如積微塵成山難可得移動菩薩為是衆生故欲破其生死因緣果報故於般若中攝一切善法行菩薩道得阿耨多羅三藐三菩提為衆生說四聖諦所謂

苦苦集苦滅滅苦道種種因緣開示敷演問曰佛无量阿僧祇劫来習微妙法所謂十八不共法乃至無导解脱諸甚深業何以但說苦集滅道荅曰衆生所畏急者無過於苦為除苦巳然後亦以佛道如人重病先以除病為急然後以寶物衣服莊嚴其身苦者受五受衆身是一切苦本性即是苦是苦略而言之是生老病等如經中處處廣說苦集者愛等諸煩惱愛是心中舊法以是故佛說愛能生後身故是苦因苦因即是集若人欲捨苦先當斷愛愛斷苦則滅斷愛即是苦滅苦滅即是道觀是五衆種種因緣苦及苦集過罪所謂無常苦空無我如病如瘡如怨如賊等於八聖道分中為正見餘七事助成發起能斷一切法中愛如以酒發藥此人於一切世間無所復貪得離苦火然後亦以妙法復次此中佛自說因緣所謂於四聖諦中攝一切善法有人言佛何以但說苦等四法以是故佛說一切助道善法皆攝在四諦中助道

善法因緣故分別有三寶衆生不信三寶故不得離六道生死問曰須菩提何以作是麁問言為以苦滅以苦智滅以集滅集智滅荅曰此非麁問今問見苦等四諦幹故滅為用智故滅愛等諸煩惱滅故名有餘涅槃若以苦諦得道一切衆生牛羊等亦應得道若用苦智得道離苦則無智離苦智不名為苦諦但名為苦苦諦苦智和合故生不得言但以苦滅但以智滅乃至道諦亦如是佛荅不以苦諦滅亦不以苦智滅乃至道諦道智亦如是我說是四諦平等即是滅不用苦諦滅乃至道諦滅何以故是苦等四法皆從因緣生虛妄不實無有自性故不名為實不實故云何能滅問曰二諦有漏凡夫所行法故可是虛誑不實道諦是無漏法無所著雖從因緣和合生而不誑又滅諦是无為法不從因緣有云何言四法皆是虛誑荅曰初得道知二諦是虛誑將入無餘涅槃亦知道諦虛誑以空空三昧等捨離道諦如說栰喻滅諦亦無定法

如經中說離有為無無為因有為故說無為苦滅如燈滅不應戲論求其處所是故佛說不以用苦乃至用道得滅須菩提問佛何者是四諦平等佛荅若無八法處所謂四諦四諦智是則平等復次須菩提四諦如實不誑不異如法性法相法住實際若有佛無佛法相常住不用心心數法及諸觀但為不誑衆生故住一切餘法皆顛倒妄著顛倒果報生故雖能與人大喜樂久久皆虛妄變異但有一法所謂諸法實相以不誑故常住不滅如是菩薩行般若波羅蜜通達諸法實諦須菩提復問云何菩薩通達得實諦過聲聞辟支佛地入菩薩位佛荅若菩薩思惟籌量求諸法無有一法可得定相見一切法皆空若在四諦若不在四諦非四諦者虛空非數緣盡餘在四諦若觀如是法空尒時入菩薩位問曰何以不說空亦空觀入菩薩位荅曰不須是說何以故若說諸法空即是空空亦空若是空不空不名為一切空是故行是空得

入菩薩位菩薩住是性地中不墮頂性地者所謂菩薩法位如聲聞法中煗法頂法忍法世間第一法名為性地是法隨順無漏道故名為性是中必望得道菩薩亦如是安住是性地中必望作佛能生四禪四無量心四無色定是菩薩住在禪地中攝心分別思惟籌量諸法通達四諦所謂知見苦亦非緣苦生心知苦是凡夫受身著苦因緣故受諸憂惱是人身皆如賊如怨無常空等得是身已即時捨不取苦相亦不緣苦諦菩薩法位力故乃至道諦亦如是但一心迴向阿耨多羅三藐三菩提知是四諦藥病相對亦不著是四諦但觀諸法如實相不作四種分別觀須菩提問云何如實觀諸法佛言觀空須菩提若菩薩能觀一切法若大若小皆空是名如實觀復問用何等空佛荅用自相空問曰十八空中佛何以但說自相空荅曰是中道空內外空等是小空畢竟空無所得空等是甚深空自相空是中空自相有理破故而心不沒

而能入甚深空中是菩薩得如是法觀一切法皆空乃至不見一法有性可住得阿耨多羅三藐三菩提觀諸法如阿耨多羅三藐三菩提阿耨多羅三藐三菩提亦自性空非佛所作非大菩薩所作非阿羅漢辟支佛所作常寂滅相無戲論語言衆生不能知見如實相是故菩薩行般若波羅蜜以方便力為衆生說法方便力者菩薩得無生忍法入菩薩位通達菩薩第一義諦觀是道相甚深微妙無得無捨用妙智慧不可得何況可得口說大悲心深念衆生以空事故墮三惡道受大劇苦若我直說是法則不信不受則破壞法墮於地獄我今當成就一切善法莊嚴身三十二相引導衆生起无量無邊諸佛神通力得成佛道一切衆中主於諸法得自在若讃惡法衆生猶尚當受何況實法是菩薩如所願思惟行為衆生說使皆度脫

大智度論卷第九十四

大智度論卷第九十四

校勘記

一　底本，金藏廣勝寺本。

一　六〇六頁中一行經名，石無；資、磧、普、南、徑、清作「大智度論卷第九十四」。

一　六〇六頁中三至四行之間，資有品名「釋畢定品第八十三下」；磧、普、南有品名「釋必定品第八十三下」；徑、清有品名「釋必定品第八十三之下」。

一　六〇六頁中四行首字「世」，石、磧、普、南、徑、清、麗冠以「經」。

一　六〇六頁中五行「方便」，石、麗作「方便力」。

一　六〇六頁中五行「菩薩」，石作「菩薩摩訶薩」。

一　六〇六頁中七行「國土」，石作「世界」，下同。

一　六〇六頁中一二行第六字「中」，

石、麗作「空中」。

一　六〇六頁下一四行第四字「心」，石、麗作「心智」。

一　六〇六頁下一四行第七字「智」，資無。

一　六〇六頁下一八行第七字「道」，資、磧、普、南、徑、清作「利益道」。

一　六〇六頁下末行第八字「眼」，資、磧、普、南、徑、清作「天眼」。

一　六〇七頁上一行第一〇字「亦」，石作「亦不」。

一　六〇七頁上二行「如是」，石無。

一　六〇七頁上三行第六字「用」，石作「用如是」。

一　六〇七頁上五行第一一字「通」，資無。

一　六〇七頁上一二行「如是說法」，石、磧、普、南、徑、清作「說如是法」。

一　六〇七頁上二一行第五字「等」，資、磧、普、南、徑、清無。

一　六〇七頁上末行「人心」，諸本作「心人」。

一　六〇七頁中五行第一一字「者」，資無。

一　六〇七頁中六行「瞋恚」，石、磧、普、南、徑、清、麗作「瞋恚者」。

一　六〇七頁中一四行「善說」，資、磧、普、南、徑、清作「說善」。

一　六〇七頁中末行第一二字，下一行首字「或」，磧、普、南、徑、清、麗作「或說」。下一行首字石同。

一　六〇七頁下一行第六字「說」，石、麗作「或說」。

一　六〇七頁下四行第一三字「或」，資無。

一　六〇七頁下一〇行「信樂」，石作「生信樂」。

一　六〇七頁下一六行第三字「說」，資無。

一　六〇七頁下一八行第五字「諸」，資、磧、普、南、徑、清無。

一　六〇八頁上一一行「布施者」，石、磧、普、南、徑、清、麗作「施者」；資作「布施」。

一　六〇八頁上一二行「從生死拔出令得涅槃」，資無。

一　六〇八頁中三行首字「釋」，石、磧、普、南、徑、清、麗冠以〔論〕。

一　六〇八頁中三行第九字「作」，石、磧、普、南、徑、清、麗作「住」。

一　六〇八頁中一五行第一一字「著」，資、磧、普、南、徑、清作「者」。

一　六〇八頁下一四行「菩提」，諸本作「菩提意」。

一　六〇八頁下二〇行第一二字「劫」，資、麗無。

一　六〇九頁上一八行末字「見」，石無。

一　六〇九頁上二一行「摩」，資、磧、普、南、徑、清、麗均作「磨」。

一　六〇九頁下一二行第六字「鷲」，資、磧、普、南、徑、清作「鶴」。

一　六〇九頁下一六行第四字「猛」，資、麗作「增」。

一　六〇九頁下二一行第一一字「得」，

資、磧、普、南、徑、清、麗作「汙」。

六〇九頁下二二行第一〇字「子」，徑、清作「母」。

六一〇頁上五行第八字「愛」，石、磧、普、南、徑、清作「愛心」。

六一〇頁上五行第一三字「瞋」，石、磧、普、南、徑、清作「瞋心」。

六一〇頁上八行「神通」，麗作「行神通」。

六一〇頁上一七行第二字「土」，資無。

六一〇頁中一二行第二字「無」，石、磧、普、南、徑、清作「不」。

六一〇頁中一五行「何故」，石作「何以故」。

六一〇頁中一六行第一〇字「作」，資、磧、普、南、徑、清作「能」。

六一〇頁中一七行第八字「染」，石、資、磧、普、南、徑、清作「深」。

六一〇頁下三行第三字「故」，諸本作「收故」。

六一〇頁下四行第一二字「憂」，石作「苦」。

六一一頁上二行末字「得」，石、麗作「得諸法」。

六一一頁上八行末字「道」，石下有夾註「釋第八十三品竟」。

六一一頁上九行品名，石作「摩訶般若波羅蜜經四諦品第八十四釋」；徑、清作「釋四諦品第八十四」，並夾註「有本作差別品」。

六一一頁上一〇行首字「須」，石、磧、普、南、徑、清、麗冠以〔經〕。

六一一頁上一四行第二字「種」，石作「種智」。

六一一頁上一八行「聖人」，石作「賢聖而有得向之異」；資、磧、普、南、徑、清作「聖人而有得向之異」。

六一一頁上二二行第三字「相」，諸本作「相空」。

六一一頁中一行「八地人」，磧、普、南、徑、清作「八人地」。

六一一頁中一五行「五道」，石、資、磧、普、南、徑、清作「六道」，下同。

六一一頁中二〇行第三字「說」，石、麗作「說是」。

六一一頁下一行「五道往來」，石、磧、普、南、徑、清作「往來六道」。

六一一頁下四行及次頁中六行「自相」，石、麗作「自性」。

六一一頁下六行第三字「人」，石、麗作「夫人」。

六一一頁下八行及九行首字「相」，石、磧、普、南、徑、清均作「想」。

六一一頁下八行第四字「色」，資、磧、普、南、徑、清作「有色」。

六一一頁下八行第一一字「受」，資、磧、普、南、徑、清作「有受」。

六一一頁下一五行第七字「苦」，諸本作「苦苦」。

六一一頁下一七行第七字「法」，石、麗作「法故」。

六一一頁下二二行第一一字及次頁上六行第二字「諦」，諸本作「聖諦」。

一　六一二頁上一行第五字及二行第三字「智」，石、磧、普、南、徑、清、麗作「智得度」。

一　六一二頁上四行「集滅」，石作「集智滅智」。

一　六一二頁上六行「平等」，石、資、磧、普、南、徑、清作「平等相」。

一　六一二頁上一三行末字「爲」，石作「行般若波羅蜜爲」。

一　六一二頁上一五行第三字「際」，石、麗作「諦故」；資、磧、普、南、徑、清作「諦」。

一　六一二頁上二二行第八字「性」，諸本作「性地」。

一　六一二頁中一四行末字「説」，諸本作「説法」。

一　六一二頁中一五行首字「問」，石、磧、普、南、徑、清、麗冠以〔論〕。

一　六一二頁下一二行第一〇字「雖」，資、磧、普、南、徑、清無。

一　六一二頁下一五行首字「報」，資、磧、普、南、徑、清、麗無。

一　六一三頁上一九行第一一字「墮」，石作「隨」。

一　六一三頁上二二行末字「不」，南、徑、清作「不得」。

一　六一三頁中六行第五字「爲」，資、磧、普、南、徑、清無。

一　六一三頁中一〇行「黑白」，石作「黑白黑」。

一　六一三頁中一二行第一一字「觀」，資、磧、普、南、徑、清作「觀觀」。

一　六一三頁中一三行「無白」，磧、普、南、徑、清作「無黑白」。

一　六一三頁下二行「自相空」，石、麗作「自性空」。

一　六一三頁下一三行第六字「望」，資、磧、普、南、徑、清作「妄」。

一　六一三頁下一五行第九字「故」，石、麗作「故是人」；資、磧、普、南、徑、清作「故是」。

一　六一三頁下一六行「生死」，石、麗作「生死中」。

一　六一三頁下一七行第二字「法」，石、磧、普、南、徑、清無。

一　六一四頁上一行「滅苦」，資作「苦」；磧、普、南、徑、清作「苦滅」。

一　六一四頁中一四行「乃至」，石、麗作「不用乃至」。

一　六一四頁中一五行「虛妄」，磧、普、南、徑、清作「虛誑」。

一　六一四頁中一六行「云何」，石作「何以」。

一　六一四頁中一九行第七字「誑」，諸本作「虛誑」。

一　六一四頁中一九行第一一字「是」，資、磧、普、南、徑、清無。

一　六一四頁中末行「定法」，資、磧、普、南、徑、清作「無爲滅」。

一　六一四頁下七行第一〇字「住」，資、磧、普、南、徑、清作「位」。

一　六一四頁下一一行第二字「大」，麗作「天」。

一　六一四頁下一一行第九字「妄」，資、磧、普、南、徑、清作「誑」。

一　六一四頁下一五行第一〇字「地」，資、磧、普、南、徑、清無。

一　六一五頁上四行末字「中」，諸本作「中住」。

一　六一五頁上七行「禪地」，徑、清作「禪定」。

一　六一五頁上九行第六字「苦」，磧、普、南、徑、清作「若」。

一　六一五頁上一一行第一一字「身」，資、磧、普、南、徑、清、麗無。

一　六一五頁中八行末二字至九行首字「波羅蜜」，資、磧、普、南、徑、清無。

一　六一五頁中一〇行「忍法」，石、磧、普、南、徑、清作「法忍」。

一　六一五頁中一八行「中主」，資、磧、普、南、徑、清作「生中」。

一　六一五頁中二一行末字「脫」，石下有夾註「釋第八十四品竟」。

一　六一五頁中末行經名，石作「大智度經論卷第九十五」；資下有夾註「釋第八十三品下訖第八十四品」；磧、普、南下有夾註「釋第八十三品下訖第八十四品下」。

大智度論釋七喻品第八十五 卷第九十五 正

龍樹菩薩造

後秦龜茲國三藏鳩摩羅什譯

須菩提白佛言世尊若諸法性無所有非佛所作非辟支佛所作非阿羅漢所作非阿鄃含斯陁含須陁洹所作非向道人非得果人非諸菩薩所作云何分別有諸法異是地獄是畜生是餓鬼是人是天乃至是非有想非無想天用是業因緣故知有生地獄者是業因緣故知有生畜生餓鬼者是業因緣故知有生人中生四天王天乃至生非有想非無想天者是業因緣故知有得須陁洹斯陁含阿鄃含阿羅漢辟支佛者是業因緣故知是諸菩薩摩訶薩是業因緣故知是多陁阿伽度阿羅訶三藐三佛陁世尊無性法中無有業用作業因緣故若墮地獄餓鬼畜生若生人天乃至生非有想非無想天以是業因緣故得須陁洹斯陁含阿鄃含阿羅漢辟支佛菩薩摩訶薩行菩薩道當得一切種

智得一切種智故能拔衆生於生死中佛告須菩提如是如是無性法無業無果報須菩提凡夫人不入聖法不知諸法無性相顛倒愚癡故起種種業因緣是諸衆生隨業得身若地獄身若畜生身若餓鬼身若人身若天身四天王天身乃至非有想非無想天身是無性法無業無果報無性常是無性如須菩提所言若一切法無性云何是須陁洹乃至諸佛得一切種智須菩提於汝意云何道是無性不須陁洹果乃至諸佛一切種智是無性不須菩提言世尊道無性須陁洹果無性乃至諸佛一切種智亦無性須菩提無性法能得無性法不不也世尊佛告須菩提有性法能得有性法不不也世尊須菩提無性法及道是一切法皆不合不散無色無形無對一相所謂無相須菩提是菩薩摩訶薩行般若波羅蜜時以方便力見衆生以顛倒故著五衆無常中常相苦中樂相不淨中淨相無我中我相著無所有處是菩薩以方便力故

於無所有中拔出衆生須菩提白佛言世尊凡夫人所著頗有實不異不著故起業因緣故五道生死中不得脫佛告須菩提凡夫人所著起業處無如毛髮許實事但顛倒故須菩提今為汝說譬喻智者以譬喻得解須菩提於汝意云何如夢中所見人受五欲樂有實住處不須菩提白佛言世尊夢尚虛妄不可得何況住夢中受五欲樂於汝意云何諸法若有漏無漏若有為無為頗有不如夢者不世尊諸法若有漏若無漏若有為無為無不如夢者佛告須菩提於汝意云何夢中有五道生死往來不世尊無也於汝意云何夢中有修道用是修道若著垢若得淨不不也世尊何以故是夢法無有實事不可說垢淨於汝意云何鏡中像有實事能起業因緣用是業因緣墮地獄餓鬼畜生若人若天四天王天處乃至非有想非無想天處不須菩提言不也世尊是像無有實事但誑小兒是事云何當有業因緣用是業因緣當墮地

獄乃至非有想非無想處於汝意云何是鏡中像有修道用是修道若著垢若得淨不須菩提言不也世尊何以故是像空無實事不可說垢淨於汝意云何如深淵中有響是響有業因緣用是業因緣若墮地獄乃至生非有想非無想處不須菩提言不也世尊是事空無有實音聲云何當有業因緣用是業因緣墮地獄乃至生非有想非無想處於汝意云何是響頗有修道用是修道若著垢若得淨不不也世尊是事無實不可說是垢是淨於汝意云何如焰非水水相非河河相是炎頗有業因緣用是業因緣墮地獄乃至生非有想非無想處不不也世尊焰中水畢竟不可得但誑無智人眼云何當有業因緣用是業墮地獄乃至生非有想非無想處於汝意云何是焰有修道用是修道若著垢若得淨不不也世尊是焰無有實事不可說垢淨於汝意云何揵闥婆城如日出時見揵闥婆城無智人無城有城想無廬觀有廬觀想無園

有園想是揵闥婆城頗有業因緣用是業因緣墮地獄乃至生非有想非無想處不不也世尊是揵闥婆城畢竟不可得但誑愚夫眼云何當有業因緣用是業因緣墮地獄乃至生非有想非無想處於汝意云何是揵闥婆城有修道用是修道若著垢若得淨不不也世尊是揵闥婆城無有實事不可說垢淨須菩提於汝意云何幻師幻作種種物若象若馬若牛若羊若男若女於汝意云何是幻有業因緣用是業因緣墮地獄乃至生非有想非無想處不不也世尊是幻法空無實事云何當有業因緣用是業因緣墮地獄乃至生非有想非無想處於汝意云何用是幻有修道用是修道若著垢若得淨不不也世尊是法無有實事不可說垢淨須菩提於汝意云何如佛所化人是化人有業因緣用是業因緣墮地獄乃至生非有想非無想處不不也世尊是化人無有實事云何當有業因緣用是業因緣墮地獄乃至生非有想非無想

處於汝意云何是化人有修道用是修道若著垢若得淨不不也世尊是事無有實不可說垢淨佛告須菩提於意云何於是空相中有垢者有淨者不不也世尊是中無所有无有著垢者無有淨者須菩提如無有著垢者無有淨者以是因緣故亦無垢淨何以故住我我所衆生有垢有淨實見者不垢不淨如實見者不垢不淨如是亦無有垢淨

問曰佛已處處荅是事今須菩提何以復問荅曰義雖一所因事異所謂一切法若有佛若無佛諸法性常住空無所有非賢聖所作般若波羅蜜甚深微妙難解難量不可以有量能知諸佛賢聖憐愍衆生故以種種語言名字辟喻為說利根者解聖人意鈍根者處處生著著於語言名字若聞說空則著空聞說空亦空亦復生著若聞一切法寂滅相語言道斷而亦復著自心不清淨故聞聖人法為不清淨如人目翳視清淨珠見其自影便謂珠不淨佛種種因緣說見有

過罪而生於疑作是言若一切法空亦空云何有分別有六道常生如是等疑難故須菩提以經將訖為衆生處處問是事是故重問佛可須菩提意問曰須菩提以有難空佛云何可其意荅曰佛可其說諸法空常住有佛無佛不異不可其難云何分別有六道等何以故以其難欲破空故是中佛解其所難所謂凡夫人不入聖法未得聖道不知無所有性不善修習空三昧故顛倒者四顛倒愚癡者三界繫無明雖不說餘煩惱而此二法虛誑不實顛倒即是妄語虛誑若從顛倒所生業及果報以根本不實故衆生雖深著亦無定實故是故五道皆空但有假名又汝難諸賢聖是諸賢聖以斷顛倒差別故有異名以顛倒不實故無所斷又復滅失無所有故名為斷若實有法可斷尚無斷法何況顛倒是故一切實聖果皆是無所有斷顛倒即是聖人果果即是斷為果所修道亦同無所有是故修道時必當用空無相無作道果分別

故賢聖有差別　今實無所有法不能得無所有云何有差別是故不應難須菩提意若但顛倒故有世間者有顛倒亦應有實虛實相待故是故問世尊凡夫所著頗有實生著起業業因緣故六道生死不得解脫佛荅言不何以故此中佛自說因緣但顛倒故生著若無顛倒云何有相待實法乃至無毫釐許實事畢竟無故問曰此是諸佛所行實義所謂畢竟空此非實耶荅曰是第一義空亦因分別凡夫顛倒故說若無顛倒亦無第一義若凡夫顛倒少多有實第一義亦應有實問曰若二俱不實云何得解脫如人手垢還以垢洗云何得淨荅曰諸法實相畢竟空第一義實清淨以有凡夫顛倒不清淨法故有此清淨法不可破壞不變異故以人於諸法實相起著欲生煩惱是故說是法性空無所有無所有故無實雖二法皆不實而不實中有差別如十善十不善二事皆有為法故虛誑不實而善不善有差別然生法故墮惡道不然

故生天上如布施偷盜二事雖取相著心是虛誑不實而亦有差別如衆生乃至知者見者無所有而惱衆生有大罪慈悲衆生有大福如慈能破瞋施能破慳雖二事俱是不實而能相破是故佛說諸法無有根本定實如毫氂許所有欲證明是事故說夢中受五欲辟喻須菩提意若一切法畢竟空無所有性今何以故現有眼見耳聞法以是故佛說夢辟喻如人夢力故雖無實事而有種種聞見瞋處喜處覺人在傍則無所見如是凡夫人無明顛倒力故妄有所見聖人覺悟則無所見一切法若有漏若無漏若有爲若無爲皆不實虛妄故有見聞又如夢中見六道生死往來見須陁洹乃至阿羅漢夢中無是法而夢見夢中實無淨無垢業果報六道亦如是顛倒因緣故起業業果報亦應空除却顛倒故名爲道顛倒無實故道亦不應有鏡中像響焰乃至如化亦如是佛反問須菩提於是法中垢者有淨者不須菩提意一切法中

無我云何當說有垢有淨者是故言無佛言若無受垢受淨者垢淨亦無問曰若分別諸法阿毗曇等經中有垢有淨但受垢淨者無三毒等諸煩惱是垢三解脫門諸助道法等是淨答曰雖有是說是事不然若衆生法無所屬亦無作者若無作者亦無作法無縛無解如人爲火所燒畏而捨離非火離火衆生亦如是畏五衆苦故捨離非苦離苦更垢淨者無有解脫復次佛此中自說因緣所謂我我所法中住衆生受垢受淨我畢竟無故垢淨無住處住處無故無垢無淨問曰我雖無我見實有凡人住此中起諸煩惱答曰若無我我見無所緣無所緣云何得生問曰雖無我於五衆中邪行謂有我生我見五衆是我我所答曰若以五衆中定生我見因緣於他五衆中何以故不生若於他五衆生者則爲大錯亂是故我見無有定處但顛倒故生問曰若顛倒生何以故但自於已身生見答曰是顛倒狂錯不應求其實事又復於無始

生死中來自於相續五衆中生著是故佛說住我心衆生受垢受淨又實見者無垢無淨若我定有實見者應有垢淨如實見者不垢不淨以是因緣故無垢無淨無垢無淨者見諸法實相又於諸法實相亦不著是故無垢諸法實相无相可取是故無淨復次八聖道中不著是名無淨除諸煩惱不著顛倒是名無垢

大智度論釋平等品第八十六

須菩提白佛言世尊見實者不垢不淨見不實者亦不垢不淨何以故一切法性無所有故世尊無所有中無垢無淨所有中亦無垢無淨世尊無所有中有所有中亦無垢無淨世尊云何如實語者不垢不淨不實語者亦不垢不淨佛告須菩提是諸法平等相我說是淨須菩提何等是諸法平等所謂如不異不誑法相法性法住法位實際有佛無佛法性常住是名淨世諦故說非第一義第一義過一切語言論議音聲須菩提白佛言世尊若一切法空不可說如夢

如響如焰如影如幻如化云何菩薩
摩訶薩用是如夢如響如焰如影如
幻如化法無有根本定實云何能發
阿耨多羅三藐三菩提心作是願我
當具足檀波羅蜜乃至具足般若波
羅蜜我當具足神通波羅蜜具足智
波羅蜜具足四禪四無量心四無色
定四念處乃至具足八聖道分我當
具足三解脫門八背捨九次第定我
當具足佛十力乃至具足十八不共
法我當具足三十二相八十隨形好
具足諸陁隣尼門諸三昧門我當放
大光明遍照十方知諸衆生心如應說
諸法如夢如響如焰如影如幻如化
法佛言須菩提於汝意云何汝所說
不須菩提言尒世尊世尊若一切法
如夢乃至如化菩薩摩訶薩云何行
般若波羅蜜世尊是夢乃至如化虛
妄不實世尊不應用不實虛妄法能
具足檀波羅蜜乃至十八不共法佛
告須菩提如是如是不實虛妄法不
能具足檀波羅蜜乃至十八不共法
行是不實虛妄法不能得阿耨多羅

三藐三菩提須菩提是一切法皆是
憶想思惟作法用是思惟憶想作法
不能得一切種智須菩提是一切法
能助道法不能益其果所謂是諸法
無生無出無相菩薩從初發心來所
作善業若檀波羅蜜乃至一切種智
何以故知諸法皆如夢乃至如化如
是等法不具足檀波羅蜜乃至一切
種智不能得成就衆生淨佛國土得
阿耨多羅三藐三菩提是菩薩摩訶
薩所作善業檀波羅蜜乃至一切種
智知如夢乃至如化亦知一切衆生
如夢中行乃至知如化中行是菩薩
摩訶薩不取般若波羅蜜是有法用
是不取故得一切種智知是諸法如
夢無所取乃至諸法如化無所取何
以故般若波羅蜜是不可取相禪波
羅蜜乃至十八不共法是不可取相
是菩薩摩訶薩知一切法是不可取
相已發心求阿耨多羅三藐三菩提
何以故一切法不可取相無根本定
實如夢乃至如化用不可取相法不
能得不可取相法但以衆生不知不

見如是諸法相是菩薩摩訶薩為是
衆生故求阿耨多羅三藐三菩提是
菩薩從初發意已來所有布施為一
切衆生故乃至有所修智慧皆為一
切衆生不為己身菩薩摩訶薩不為
餘事故求阿耨多羅三藐三菩提但
為一切衆生故是菩薩行般若波羅
蜜時見衆生無衆生但衆生相中住
乃至無知者無見者知見相中住令
衆生遠離顛倒遠離已置甘露性中
住是中者無有妄相所謂衆生相乃
至知者見者相是時菩薩動心念心
戲論心皆捨常行不動心不念心不
戲論心須菩提以是方便力故菩薩
摩訶薩行般若波羅蜜時自無所著
亦教一切衆生令得無所著世諦故
非第一義須菩提白佛言世尊世尊
得阿耨多羅三藐三菩提時得諸佛
法以世諦故得以第一義中得佛言
以世諦故說佛得是法是法中無有
法可得是人得是法何以故是人得是
法是為大有所得用二法無道無果
須菩提白佛言世尊若行二法無道

無果行不二法有道有果不佛言行二法無道無果行不二法亦無道无果若無二法無不二法即是道即是果何以故用如是法得道得果用是法不得道不得果是為戲論諸平等法中無有戲論無戲論相是諸法平等須菩提白佛言世尊諸法無所有性是中何等是平等佛言若無有法無有無法亦不說諸法平等相除平等更無餘法離一切法平等相平等者若凡夫若聖人不能行不能到須菩提白佛言世尊乃至佛亦不能行亦不能到佛言是諸法平等一切聖人皆不能行不能到所謂諸須陀洹斯陀含阿那含阿羅漢辟支佛諸菩薩摩訶薩及諸佛須菩提白佛言世尊佛者一切諸法中行力自在云何說佛亦不行不能到佛告須菩提若諸法平等與佛有異應當如是問須菩提今諸凡夫人平等諸須陀洹斯陀含阿那含阿羅漢辟支佛諸菩薩摩訶薩諸佛乃聖賢皆平等是一平等無二所謂是凡夫人是須陀洹乃至佛是

一切法等中皆不可得須菩提白佛言世尊若諸法平等中皆不可得是凡夫人乃至是佛世尊凡夫人須陀洹乃至佛為無有分別佛告須菩提如是如是諸法平等中有分別是凡夫人是須陀洹乃至是佛世尊若無分別諸凡夫人須陀洹乃至佛云何分別有三寶現於世佛寶法寶僧寶佛言於意云何佛寶法寶僧寶與諸法等異不須菩提白佛言如我從佛所聞義佛寶法寶僧寶與諸法等無異世尊是佛寶法寶僧寶即是平等是法皆不合不散無色無形無對一相所謂無相佛有是力能分別無相諸法處所是凡夫人是須陀洹是斯陀含是阿那含是阿羅漢是辟支佛是菩薩摩訶薩是諸佛佛告須菩提如是如是諸佛得阿耨多羅三藐三菩提分別諸法是地獄是餓鬼是畜生是人是天是四天王天乃至是他化自在天是梵天乃至是非有想非無想處天是四念處乃至八聖道分是內空乃至是無法有法空是佛十力

乃至是十八不共法不須菩提言不知也世尊以是故須菩提當知佛有大恩力於諸法等中不動而分別諸法須菩提白佛言世尊如佛於諸法等中不動凡夫人亦於諸法平等中不動須陀洹乃至辟支佛亦於諸法平等中不動世尊若諸法等相即是凡夫人相即是須陀洹相乃至諸佛即是平等相世尊今諸法各各相所謂色相異受想行識相異眼相異耳鼻舌身意相異地相異水火風空識相異欲相異瞋癡相異邪見相異禪相異無量心相異無色定相異四念處相異乃至八聖道分相異檀波羅蜜相異乃至般若波羅蜜相異三解脫門相異十八空相異佛十力相異四無所畏相異四無导智相異十八不共法相異有為法性異無為法性異是凡夫人相異乃至佛相異諸法各各相云何菩薩摩訶薩行般若波羅蜜時諸法異相中不作分別若不作分別不能行般若波羅蜜若不行般若波羅蜜不能從一地至一地若

不從一地至一地不能入菩薩位不能入菩薩位故不能過聲聞辟支佛地不能過聲聞辟支佛地故不能具足神通波羅蜜不具足神通波羅蜜不能具足檀波羅蜜乃至不能具足般若波羅蜜從一佛國至一佛國供養諸佛於諸佛所種善根用是善根能成就衆生淨佛國土佛告須菩提如汝所問是諸法相亦是凡夫人亦是須陁洹乃至佛世尊是諸法各各相所謂色相異乃至有為無為法相異云何菩薩摩訶薩觀一相不作分別須菩提於汝意云何是色相空不乃至諸佛相空不世尊實空須菩提空中各各相法可得不所謂色相乃至諸佛相須菩提言不可得佛言以是因緣故當知諸法平等中非凡夫人亦不離凡夫人乃至非佛亦不離佛須菩提白佛言世尊是平等為是有為法為是無為法佛言非有為法非無為法何以故離有為法無為法不可得離無為法有為法不可得須菩提是有為性無為性是二法　不

合不散無色無形無對一相所謂無相佛亦以世諦故說非以第一義何以故第一義中無身行無口行無意行亦不離身口意行得第一義是諸有為法無為法平等相即是第一義菩薩摩訶薩行般若波羅蜜時第一義中不動而成菩薩事饒益衆生釋曰須菩提思惟佛答實見者妄見者無異垢淨見無故思惟已問佛見實者無垢無淨見不實者亦不垢不淨一切法性無所有故無所有中無垢無淨所有中亦無垢無淨無所有斷滅見故不應有垢淨所有無常見故不應有垢淨所有若決定是有則不從因緣生不從因緣生故常常故無垢無淨須菩提白佛實見者不實見者是義云何佛答垢淨雖無別相可說諸法平等故是名為淨若分別說垢淨相是事不然一切法平等故我說名淨佛告須菩提諸法實相如法性法住法位實際是平等菩薩入是平等中心無憎愛是法有佛無佛常住作法皆是虛誑是故說無作法有佛

無佛常住聽者心取相著是諸平等如人以指指月不知者但觀其指而不視月是故佛說諸法平等相亦如是皆是世諦世諦非實但為成辦事故說譬如以金貿草不知者言何以以貴易賤答曰我事須用故是平等義不可說一切名字語言音聲忘斷何以故諸法平等是無戲論寂滅相但覺觀散心中有語言故有所說須菩提從佛聞諸法平等相解其旨趣為諸新發意菩薩故問世尊若一切法空不可說如夢乃至如化云何菩薩於無根本法中而生心作是願我當具足檀波羅蜜乃至為衆生如應說法佛以反問答須菩提布施等乃至陁羅尼門說法等此諸法非如幻如夢等耶須菩提言實尒是諸法雖有利益不出於如夢法須菩提復問世尊夢等法皆虛妄不實菩薩為求實法故行般若波羅蜜得佛道云何行不實法不能行檀波羅蜜等佛可須菩提言如是如是布施等法皆是思惟憶想分別作起生法不

得住如是法中成一切種智即時衆中聽者心生懈怠是故佛說是一切法皆是助道因緣若於是法中邪行謬錯是名不實若直行不謬即是助道法是法為助道故不為果是布施等是有為法道亦有為同相故相益道果者所謂諸法實無出生一相無相寂滅涅槃是故於涅槃不能有益如時雨能益草木不益虛空是故菩薩知是助道法及道果從初發心來所作善法布施等知皆是畢竟空如夢乃至如化問曰若菩薩知諸法實相何用行布施等為荅曰佛此中說布施等不具足不能成就衆生菩薩莊嚴身及音聲語言得佛神通力以種種方便力能引導衆生是故菩薩為成就衆生故行種種波羅蜜亦不取種波羅蜜若有若無相亦不戲論如夢等諸法直行乃至得阿耨多羅三藐三菩提何以故般若波羅蜜不可取相乃至十八不共法亦不取相知一切不可取相已發心求阿耨多羅三藐三菩提作是念一切無根本不可取

相如夢乃至如化以不可取法不能得不可取相法但以衆生不知是法故我為是衆生求阿耨多羅三藐三菩提是菩薩從初發心來所有布施為一切衆生所謂布施等諸善法為一切衆生故修不自為身此中佛自說因緣不為餘事故求阿耨多羅三藐三菩提但為一切衆生故所以者何是菩薩遠離憐愍衆生心但行般若波羅蜜求諸法實相或墮邪見中是人未得一切智所求一切智事心未調柔故墮諸邊諸法實相難得故是故佛說菩薩從初發心憐愍衆生故著心漸薄不戲論畢竟空若空有此過若不空有彼過等問曰如餘處菩薩自利益亦利益衆生此中何以但說利益衆生不說自利自利利人有何各荅曰菩薩行善道為一切衆生此是實義餘處說自利亦利益衆生是為凡夫人作是說然後能行菩薩道入道人有下中上下者但為自度故行善法中者自為亦為他上者但為他人故行善法問曰是事不然

下者但自為身中者但為衆生上者自利亦利他人若但利他不能自利云何言上荅曰不然世間法尒自供養者不得其福自害其身而不得罪以是故為自身行道名為下人一切世人但自利身不能為他若自為身行道則斷滅自為愛著故著能自捨已樂但為一切衆生故行善法是名上人與一切衆生異故若但為衆生故行善法衆生未成就自利則為具足若自利益又為衆生是為雜行求佛道者有三種一者但愛念佛故自為已身成佛二者為巳身亦為衆生三者但為衆生是人清淨行道破我顛倒故是菩薩行般若波羅蜜時無衆生乃至無知者見者安住是中拔出衆生於甘露性中甘露性者所謂一切助道法何以故行是法得至涅槃涅槃名甘露住是甘露性中我等妄想不復生是菩薩自得無所著亦令衆生得無所著是名第一利益衆生問曰上說但利益衆生故行道今何以故自得無所著令衆生得無所

著答曰不得已故若自無智慧何能利人以是故先自得無所著然後教人若是功德可得與他如財物者諸佛大菩薩所有功德皆應與他乃至調達怨賊皆可與之然後更自修集功德但是事不然不可我作而他得是亦世俗說非第一義何以故第一義中無衆生無一無異等分別諸法相此中說亦無所著處復次如先不可說相是第一義此中可說故是世俗尒時須菩提問佛於道場所得法為用世諦故得為用第一義諦須菩提意若以世諦故得即是虛妄不實若以第一義故得第一義中無得無得者不可說不可受佛答以世俗語言故說佛得阿耨多羅三藐三菩提是中無得者無有得法何以故若是人得是法即是二法二法中無道無果二法者是菩薩是得阿耨多羅三藐三菩提如是二法皆世諦故有若二者佛法何得不虛妄若有人不得第一義但以二法分別諸法是則虛妄諸佛大菩薩得第一義故為度衆

生令得第一義雖分別諸法非是虛妄須菩提復問世尊若用二法無道無果今以不二法故有道有果耶佛答二法無道無果不二法亦無道無果問曰餘處說二法是凡夫法不二法是賢聖法如毗摩羅詰經不二入法門中說答曰不二是真實聖法或有新發意菩薩未得諸法實相聞是不二法取相生著是故或稱讚不二法或時毀呰又佛遮二邊說中道所謂非二非不二法名各各別相不二名一空相以是一空相破各各別異相破已事訖還捨不二相是即道是果何以故諸賢聖雖讚歎無二法為不著故用是法得道得果用是法無道無果即是戲論無戲論是平等法須菩提白佛言若諸法無所有性何等是平等佛答若離有性無性假名為平等若菩薩不說一切法有不說一切性不說一切法相等顯示亦不說無法無法性無法相等顯示亦不說離是二邊更有平等相一切處不取平等相亦不憂言無是平等不

妨行諸善法是名諸法平等復次諸法平等者所謂出過一切法問曰先處處諸法即是平等相平等即是諸法實名異而義同色如非色非離色今何以說平等出過一切法答曰一切法有二種一者色等諸法躰二者色等法中行凡夫邪行賢聖正行此中說平等於凡夫行中出不言色等中出復次平等無能行無能到於是須菩提驚問佛亦不能行不能到須菩提謂是法雖甚深微妙難行是事佛應當得佛答從須陁洹乃至佛皆無能行無能到佛意三世十方佛不能行不能到何況一佛平等性自尒故須菩提復問佛於一切法中行力自在佛無量智慧無處不到云何言不能行不能到佛答若佛與平等異應有是難何以不能行不能到今凡夫平等須陁洹平等佛平等皆一平等無二無分別是凡夫乃至佛自性不能自性中行不能自性中到自性應他性中行是故佛說若佛與平等異佛應行平等但佛即是平等故不

行不到非以智慧少故須菩提白佛言若平等凡夫乃至佛不可得異今凡夫聖人不應有差別佛可須菩提問平等中無差別世諦故凡夫法中有差別復問若凡夫乃至佛無有差別云何三寶大現於世間大利益衆生佛答平等即是法寶法寶即是僧寶僧寶何以故未得法時不名為佛得平等法故名為佛得是平等法故分別有須陁洹等差別須菩提受佛教是法皆無合無散无色無形无對一相所謂無相唯佛有是力於空無相中分別是凡夫是聖人佛告須菩提如是如是若諸佛不分別是法云何當知有地獄乃至十八不共法問曰諸佛如日出不能令高者下下者高但能照明万物令有眼者別識諸佛亦如是亦不轉諸法相但以一切智照為人演說令知汝何以故言若佛不分別諸法云何知有地獄乃至十八不共法如今畜生等現目所見人皆識知何須佛說答曰佛雖不作好醜諸事而演說亦人知有二種一者

凡夫虛妄知二者如實知知畜生等相是凡人虛妄知佛為知實相故言佛不分別諸法云何知有地獄等復次諸佛法寂滅相無戲論此中若分別有地獄等相不名為寂滅不二無戲論法佛雖知寂滅不二相亦能於寂滅相中分別諸法而不墮戲論離諸法實相者雖眼見畜生等亦不能如實知其相如牛角足尾等諸分邊和合更有牛法生是為一諸分多牛法一一不作多多不作一有人言此說非也除此諸分應更有牛法力用可見牛法衆分和合生而牛法不異衆分何以故見此衆分合故名為見牛更不見餘物為牛異者破一一者破異不一不異破一異若無一異云何有不一不異若入是諸法平等中尒時始如實得牛相是故言若佛不分別諸法相不說二諦云何善說畜生等所謂於平等不動而分別諸法不動者分別諸法時不著一異相須菩提白佛如佛於諸法等中不動辟支佛乃至凡夫於諸法等中亦不動何

以故諸佛平等相乃至凡夫亦平等相世尊若尒者佛云何分別諸法是色異色性異受性異乃至有為無為性異若不分別諸法菩薩行般若波羅蜜時不得從一地至一地乃至淨佛國土佛答於汝意云何推尋色等相為是空不世尊實空空中有異法不答言不何以故是畢竟空以無相智慧可解是中云何有異相佛語須菩提若空中無異相空便是實是故汝云何於空中分別諸法作是難畢竟空中空亦不可得各各相亦不可得汝云何以空各各相為難以是因緣故當知諸法平等中無分別故無凡夫但凡夫人非實相不離實相凡夫實相即是聖人相是故言不但凡夫不離凡夫乃至佛亦如是須菩提以平等相大利益欲知平等定相是故問為是有為為是無為佛答非有為非無為何以故若有為皆是虛誑作法若無為無為法無生住滅故無法無法故不得名無為因有為故有無為如經中說離有為無為不可得

如離長無短是相待義問曰有為法
大智度論第九十五卷　第二十張　正字号
是無常無為是常云何言離有為无為不可得荅曰無為法無分別故無相若說常相不得言無相破有為法故名無為更無異法如人閉在牢獄穿牆得出破壁是空更無異空空亦不從因緣生無為法亦如是有為法中先有無為性破有為即是無為是故說離有為無為不可得是有為無為性皆不合不散一相所謂無相佛以世諦故說是事非第一義何以故佛自說因緣第一義中無身口意行有為無為法平等即是第一義觀是有為無為法平等亦不著一相菩薩於第一義中不動而利益衆生方便力故種種因緣為衆生說法也

大智度論卷第九十五

大智度論卷第九十五

校勘記

一　底本，金藏廣勝寺本。

一　六二〇頁中一行經名，石作「大智度經論卷第九十六」；資、磧、普、南、徑、清作「大智度論卷第九十五」。

一　六二〇頁中三行與四行之間，石有品名「摩訶般若波羅蜜經法性非作品第八十五釋」；資、磧、普、南有品名「釋七譬品第八十五」，並夾註「訖第八十六品」；徑、清品名作「釋七譬品第八十五」，並夾註「經作七喻品」。

一　六二〇頁中四行首字，六二三頁下一一行首字「須」，石、磧、普、南、徑、清、麗冠以〔經〕。

一　六二〇頁中七行第一一字「諸」，資無。

一　六二〇頁中一三行第三字「生」，資、磧、普、南、徑、清無。

一　六二〇頁下一行第九字「拔」，資、磧、普、南、徑、清、麗作「拔出」。

一　六二〇頁下三行及八行「無果報」，石作「無果無報」。

一　六二〇頁下七行「四天王」，石、麗作「若四天王」。

一　六二〇頁下一四行第三字「無」，諸本作「亦無」。

一　六二一頁上三行第四字「業」，諸本作「業業」。

一　六二一頁上八行第一二字「復」，資、磧、普、南、徑、清、麗無。

一　六二一頁上一一行第二字及第七字「無」，石、麗作「若無」。

一　六二一頁上一三行首字「無」，諸本作「若無」。

一　六二一頁上一八行「不事」，石作「事不」；資、磧、普、南、徑、清、麗作「事」。

一　六二一頁上二〇行首字「生」，資、磧、普、南、徑、清作「生中」。

一　六二二頁上四行第二字「意」，石、磧、普、南、徑、清作「汝意」。

一　六二二頁上五行第一三字「有」，資、磧無。

一　六二二頁上六行「有淨」，普、南、徑、清作「有得淨」。

一　六二二頁上七行第二字「有」，資、磧、南、徑、清作「有得」。

一　六二二頁上一〇行「無有垢淨」，石作「無垢無淨」。

一　六二二頁上一一行首字「問」，石、磧、普、南、徑、清、麗冠以「論」。

一　六二二頁上二二行末字「自」，磧、普、南、徑、清、麗作「目」。

一　六二二頁中一行末字「空」，諸本作「空空」。

一　六二二頁中二行第五字「有」，石、麗無。

一　六二二頁中一五行第五字「深」，石、資、磧、普、南、徑、清作「染」。

一　六二二頁中一五行第一一字「故」，資、磧、普、南、徑、清、麗無。

一　六二二頁中二〇行第一〇字「實」，諸本作「賢」。

一　六二二頁下五行第一二字「著」，資、磧、普、南、徑、清作「若」。

一　六二二頁下一〇行「此是」，石、麗無。

一　六二二頁下一三行第九字「多」，磧、普、南、徑、清作「多許」。

一　六二二頁下一六行第一二字「義」，資、磧、普、南、徑、清無。

一　六二三頁上四行第五字「悲」，石、麗作「念」。

一　六二三頁上二一行第六字「有」，資、磧、普、南、徑、清、麗作「實」。

一　六二三頁上二二行末字「中」，諸本作「中有」。

一　六二三頁中六行第一一字「若」，資、磧、普、南、徑、清作「若無」。

一　六二三頁中一四行第六字「我」，資作「身」。

一　六二三頁中一四行第一一字「人」，石、麗作「夫人」。

一　六二三頁中一九行第九字「故」，諸本無。

一　六二三頁中二一行第三字「處」，資、麗作「緣」。

一　六二三頁下九行末字「垢」，石下有夾註「釋第八十五品竟」。

一　六二三頁下一〇行品名，石作「摩訶般若波羅蜜經平等品第八十六釋」；徑、清作「釋平等品第八十六」，並夾註「有本作見實品」。

一　六二三頁下一八行「是是淨須菩提」，石作「是淨須菩提是」；資、磧、普、南、徑、清作「是」；麗作「是淨是」。

一　六二四頁上九行第八字「皆」，諸本作「背」。

一　六二四頁上一二行第五字「隣」，石作「羅」。

一　六二四頁中四行第八字「其」，石無。

一　六二四頁中五行第一二字「心」，諸本作「意已」。

一 六二四頁下四行第九字「修」，磧、普、南、徑、清作「修習」。

一 六二四頁下一一行首字「住」，資、磧、普、南、徑、清作「住住」。

一 六二五頁上一四行第五字「行」，普、南、徑、清作「行亦」。

一 六二五頁上一八行第五字「行」，石作「能行亦」；磧、普、南、徑、清、麗作「能行」。

一 六二五頁上二二行第六字「乃」，資、磧、普、南、徑、清、麗作「及」。

一 六二五頁上二二行「是一平等」，資、磧無；南、徑、清作「是一切法」。

一 六二五頁中一行第四字「等」，諸本作「平等」。

一 六二五頁中五行第九字「有」，石、麗作「无有」。

一 六二五頁中八行第七字「世」，石、麗作「世間」。

一 六二五頁中一一行第一三字「無」，資、磧、普、南、徑、清作「無有」。

一 六二五頁中一九行「分別諸法」，石作「不分別諸法」；資、磧、普、南、徑、清、麗作「不分別諸法當知」。

一 六二五頁中二二行「處天」，石作「天處」。

一 六二五頁下三行第七字及五行首字「等」，資、磧、普、南、徑、清作「平等」。

一 六二五頁下二〇行第三字「相」，石、麗作「相異」。

一 六二五頁下二二行第一三字「不」，石作「不能」。六二六頁上一行首字麗同。

一 六二六頁上五行首字「不」，石、麗作「故不」。

一 六二六頁上末行「有爲性無爲性」，石、麗作「有爲法無爲法」。

一 六二六頁中七行第六字「成」，石、磧、普、南、徑、清、麗作「行」。

一 六二六頁中七行末字「釋」，石、磧、普、南、徑、清、麗冠以〔論〕。

一 六二六頁中一三行第一一字「無」，資、磧、普、南、徑、清作「中」。

一 六二六頁中二二行首字「平」，資、磧、普、南、徑、清無。

一 六二六頁下一行第一三字「諸」，石、磧、普、南、徑、清、麗作「諸法」。

一 六二六頁下二行第一二字「觀」，石、磧、普、南、徑、清作「視」。

一 六二七頁上六行第二字「是」，資無。

一 六二七頁上七行第一〇字「生」，石、磧、普、南、徑、清作「無生」。

一 六二七頁上二〇行末字「相」，資無。

一 六二七頁上二一行第九字「不」，石、磧、普、南、徑、清、麗作「不可」。

一 六二七頁下七行「道則斷滅」，石、麗作「道是則斷滅」；磧、普、南、徑、清作「道是則折滅」。

一 六二七頁下七行「著能自捨」，石、麗作「若自能捨」；資、磧、普、南、徑、清作「若能自捨」。

一 六二七頁下一七行第四字「於」，

麗作「著」。

一　六二七頁下二〇行第六字「是」，石作「是名」。

一　六二八頁上九行第一三字「先」，諸本作「先說」。

一　六二八頁上二〇行第九字「皆」，石、磧、普、南、徑、清、麗作「皆是」。

一　六二八頁中七行第八字「二」，石、麗作「二入」。

一　六二八頁中一三行末字「道」，諸本作「是道」。

一　六二八頁中二〇行第四字「性」，石、磧、普、南、徑、清、麗作「法性」。

一　六二八頁中末行第八字「憂」，石、麗無。

一　六二八頁下二行首字「法」，石作「法中」。

一　六二八頁下三行「諸法」，石、麗作「說諸法」。

一　六二八頁下四行第二字「寶」，諸本作「實」。

一　六二九頁上一行「智慧」，石作「智慧力」。

一　六二九頁上六行第六字「大」，磧、普、南、徑、清無。

一　六二九頁上一二行第七字「唯」，資、磧、普、南、徑、清作「雖」。

一　六二九頁上二〇行首字「佛」，資、磧、普、南、徑、清無。

一　六二九頁中一行第一一字「知」，資、磧、普、南、徑、清無。

一　六二九頁中二行第三字「人」，石、資、磧、普、南、徑、清作「夫」。

一　六二九頁下七行第九字「尒」，資、麗無。

一　六二九頁下七行第一四字「異」，石、麗作「異相」。

一　六二九頁下一五行第二字「夫」，諸本作「夫人」。

一　六三〇頁上二行「無爲」，諸本作「無爲法」。

一　六三〇頁上四行第六字「不」，石作「不可」。

一　六三〇頁上一六行末字「也」，石下有夾註「釋第八十六品竟」；資無此字。

一　六三〇頁上末行經名，石此處不分卷，故無；資、磧、普、南有夾註「釋第八十五品訖八十六品」。

大智度論釋涅槃如化品第八十七 卷第九十六 正

龍樹菩薩造

後秦龜茲國三藏鳩摩羅什譯

須菩提白佛言世尊若諸法平等無所為作云何菩薩摩訶薩行般若波羅蜜於平等中不動而行菩薩事以布施愛語利益同事佛告須菩提如是如是如汝所說是諸法平等無所作若是衆生自知諸法平等佛不用神力於諸法平等中不動而拔出衆生吾我想以空度五道生死乃至知者見者相度色相乃至識相眼相乃至意相地種相乃至識種相遠離有為性相令得無為性相無為性相即是空須菩提言世尊用何等空故一切法空佛言菩薩遠離一切法相用是空故一切法空須菩提於汝意云何若有化人作化人是化頗有實事不空者不須菩提言不也世尊是化人无有實事而不空是空及化人二事不合不散以空空故空不應分別是空是化何以故是二事等空中不可得所謂是空是化所以者何須菩提色即是化受想行識即是化乃至一切種智即是化須菩提白佛言世尊若世間法是化出世間法所謂四念處四正勤四如意足五根五力七覺分八聖道分三解脫門佛十力四無所畏四無导智十八不共法并諸法果及賢聖人所謂須陁洹斯陁含阿那含阿羅漢辟支佛菩薩摩訶薩諸佛世尊是法亦是化不佛告須菩提一切法皆是化於是法中有聲聞法變化有辟支佛法變化有菩薩摩訶薩法變化有諸佛法變化有煩惱法變化有業因緣法變化以是因緣故須菩提一切法皆是化須菩提白佛言世尊是諸煩惱斷所謂須陁洹果斯陁含果阿那含果阿羅漢果辟支佛佛道斷諸煩惱習皆是變化不佛告須菩提若有法生滅相者皆是變化須菩提言世尊何等法非變化佛言若法無生無滅是非變化須菩提言何等是不生不滅非變化佛言無誑相涅槃是法非變化世尊如佛自說諸法平等非聲聞作非辟支佛作非諸菩

薩摩訶薩作非諸佛作有佛無佛諸法性常空性空即是涅槃云何言涅槃一法非如化佛告須菩提如是如是諸法平等非聲聞所作乃至性空即是涅槃若新發意菩薩聞是一切法皆畢竟性空乃至涅槃亦皆如化心則驚怖為是新發意菩薩故分別生滅者如化不生滅者不如化須菩提白佛言世尊云何教新發意菩薩令知是性空佛告須菩提諸法本有今無耶

問曰是事佛先已荅須菩提今何以更問所謂世尊若諸法平等無所作為云何菩薩於諸法平等中不動而大利益衆生荅曰以是事難解故雖先說而更問又經將訖佛說深空凡夫聖人所不能行所不能到是故須菩提知一切法平等相定空云何菩薩住是法中而能利益衆生平等法無作相利益是有作相佛可須菩提意還以須菩提問而荅可其平等荅其利益衆生所謂若衆生自知諸法平等畢竟空佛無恩力若病人自知將

適則藥師無功須菩提復問若諸法實相畢竟空無所能作菩薩何以住是中而利益衆生若菩薩用是平等利益衆生則壞實相佛荅菩薩不以諸法實相利益衆生但衆生不知畢竟空故菩薩教訟令知菩薩教化衆生是為對治悲檀須菩提以第一義悲檀　無利益為難佛荅衆生顛倒不知佛但破其顛倒不言是實是故菩薩住是平等相中遠離我相乃至知者見者相是名衆生空以是一切無吾我法教化衆生衆生有二種一者愛多二者見多愛多者得是無我法則生猒心離欲作是念若無我何用餘物見多者雖知無我法於色等法中戲論若常若無常等是故次說色相五衆十二入十八界乃至遠離有為性相令得無為性相無為性相即是空是名法空問曰須菩提何以作是問用何等空故一切法空荅曰空有種種如火中無水水中無火亦是空五衆中無我亦如是或有衆生空或有法空法空中或有人言諸法

雖空亦不盡空如色空中有微塵根本在是故須菩提問以何等空故一切法空佛荅以無所得畢竟空故遠離一切相是故此中說衆生空法空是二空故一切法無不空問曰若介者此中何以說離一切法相荅曰一切法不可盡壞但離其邪憶想一切法自離如神通人壞色相故則石壁無㝵如佛說汝等當於五衆中修正憶念斷貪欲得正解脫故說離相須菩提聞是已心驚云何一切法若大若小都無本實凡夫人虛妄可無實事聖人應有少許實須菩提雖是阿羅漢深貴佛法亦為新發意菩薩故問佛知須菩提意欲明了是事故說譬喻反問須菩提於汝意云何如化人復作化是化有本實不空不荅言不也是化無有實事而不空者空及化人二事不合不散皆空故用空空故空問曰何以名為空空故空荅曰為破十八事實故有十八空破衆生心變化空法故用空空世間人皆知幻化法不久住無所能作故名空是

故言空空故空不應分別是空是化凡夫人知變化是空不實謂餘法為實是故以化為喻當知餘法與化無異如聖人所解不得以化為喻以無所分別故一切法名為五衆佛言色受想行識無不是化以空故須菩提白佛言世尊凡夫法虛妄應如化出世間法亦如變化耶所謂四念處乃至十八不共法若四念處法等從因緣邊生故如化是法果所謂涅槃亦復如化耶若能起是行者所謂須陁洹乃至佛亦復如化耶佛荅有為若無為及諸賢聖皆是化畢竟空故是義從初品已來處處廣說是故言一切法皆如化問曰若一切法皆空如化何以故有種種諸法別異答曰如佛所化及餘人所化雖不實而有種種形像別異夢中所見種種亦如是人見夢中好惡事有生喜者有生怖者如鏡中像雖無實事而隨本像好醜諸法亦如是雖空而各各有因緣如佛此中說是化法中有聲聞變化有辟支佛變化有菩薩變化有佛變化

有煩惱變化有業變化是故一切法皆是變化聲聞變化者三十七品四聖諦乃至三解脫門何以故聲聞人住持戒中禪定攝心求涅槃觀內外身不淨是名身念處如是等法為涅槃故勤精進生起是法本無而今有已有還無是為聲聞變化辟支佛變化者所謂觀十二因緣等諸法所以者何辟支佛智慧深於聲聞人故菩薩化者所謂六波羅蜜及二種神通報得及修得佛法變化者三十二相八十隨形好十力一切種智等无量佛法煩惱變化者煩惱起種種業善不善無記業畢定業不畢定業善不善無動業等无量諸業問曰諸煩惱是惡法云何能生善業無動業答曰有二種因一者近因二者遠因人有我心為後身常樂故修布施是近因為離欲界衰惱不淨身故修禪定是為遠因復有人言一切凡夫皆以我心和合故起業有人言無有離我心起第六識住我心後起第六識我心即是諸煩惱根本問曰煩惱是垢心善

心是淨心垢淨不得和合何以言住我心中能起善業答曰不必一切心皆與慧俱生無明心中亦應有慧慧與無明相違法而一心中起淨垢亦如是凡夫未得聖道云何能得離我心而行善瞋等煩惱中則不得行善我心無記柔軟故是故煩惱心中生善業無動業無荅業變化者生一切果報法所謂六道惡業果報是三惡道善業果報是三善道惡業有上中下上者地獄中者畜生下者餓鬼善業亦有上中下上者天中者人下者阿修羅等上善業有種種輕重等分別上惡業亦有輕重差別次第輕重如地獄中說餘道亦如分別業品中說問曰若從業有何以言變化答曰凡夫人見諸法不如化聖人知畢竟空相故以天眼觀衆生皆無有終始中間如化主遠處作變化業亦如是在過去世中作今身變化如變化事能種種令人生憂喜怖畏智者觀之皆無有實而人横生憂喜是人可欺業亦如是是故說業變化問曰是諸

變化皆業所作何以不但說業變化荅曰業有二種淨業垢業淨業者聲聞變化乃至佛變化垢業是煩惱變化復次有二種業凡夫業聖人業凡夫業是煩惱變化聖人業須陁洹乃至佛是故皆是業變化而廣分別無咎是故須菩提當知一切法空皆如化須菩提復問世尊是諸聖人煩惱斷所謂須陁洹果乃至阿羅漢果辟支佛道斷一切煩惱習是諸斷皆如化不須菩提意有為法虛誑故如變化無為法真實無作故不應是化是故問佛荅一切法若生若滅皆是化何以故本無今有今有後無誑惑人心故佛意一切從緣生法皆無自性無自性故畢竟空畢竟空故皆如化須菩提求諸法實相意猶未息故問佛何等法不如化須菩提意謂有一決定實法不如化可依是法而精進求佛荅有若法無生無滅即是非化何者是所謂無誑相涅槃是法無生故無滅無滅故不能令人生憂佛分別一切有為法畢竟空皆如化惟有涅槃

一法非如化令時須菩提白佛如佛說平等法非佛所作非聲聞辟支佛所作有佛無佛諸法常住性空相性空相即是涅槃須菩提意謂深入般若波羅蜜中涅槃亦空上品中處處說令佛何以說惟一涅槃不如化是故引佛語為難諸法實相性空法常住諸佛但為人演說性空者即是涅槃令何以於生滅法中別說無誑相涅槃不如化佛荅諸法中等常住非賢聖所作若新學菩薩聞則恐怖是故分別說生滅者如化不生滅者不如化問曰唯佛一人是無誑人一切人皆於佛所欲求實事令佛何以說一切法都空或說不都空荅曰佛此中自說因緣為新發意菩薩故說涅槃不如化問曰可為人故轉諸法相耶荅曰此中佛說諸法相者性空性空云何可轉佛初得是諸法實相時心但趣向涅槃寂滅是時十方諸佛諸天請佛莫入涅槃一切衆生苦惱當度脫之佛即受請佛但為度衆生故住以是故知有可利益衆生隨事

為說觀諸有為法虛誑故涅槃為實不變不異有新發意菩薩著是涅槃因是著起諸煩惱為斷是著故說涅槃如化若無著心是時則說涅槃非如化復次有二道小乘道大乘道小乘論議以涅槃為實大乘論議以利智慧深入故觀色等諸法皆如涅槃是故二說無咎須菩提復問云何教化新發意菩薩令知平等性空須菩提意謂性空是凡夫人大怖畏處聞性空無所有如臨深想何以故一切未得道者我心深著故怖畏空法作是念佛教人勤修善行終歸入無所有中以是故須菩提問以何方便教誨是新發意者佛荅諸法先有今无耶佛意以新發意者怖畏後當無故說諸法先有今無耶須菩提自了了知諸法先自無今亦無但以新學者我見心覆故生驚怖為除顛倒令得實見竟無所失知諸煩惱顛倒實相所謂性空是時則無恐怖如是等法應教新發意者若諸法先有以行道故無應當恐怖初自無故不應恐怖但為

除蕪鈎耳

大智度論釋薩陁波崙品第八十八

佛告須菩提菩薩摩訶薩求般若波羅蜜當如薩陁波崙菩薩摩訶薩是菩薩今在大雷音佛所行菩薩道須菩提白佛言世尊薩陁波崙菩薩摩訶薩云何求般若波羅蜜佛言薩陁波崙菩薩摩訶薩本求般若波羅蜜時不惜身命不求名利於空閑林中聞空中聲言汝善男子從是東行莫念疲極莫念睡眠莫念飲食莫念晝夜莫念寒熱莫念内外善男子行時莫觀左右汝行時莫壞身相莫壞色相莫壞受想行識相何以故若壞是諸相則於佛法有㝵若於佛法有㝵便往來五道生死中亦不能得般若波羅蜜尒時薩陁波崙菩薩報空中聲言我當從教何以故我欲為一切衆生作大明欲集一切諸佛法欲得阿耨多羅三藐三菩提故薩陁波崙菩薩復聞空中聲言善哉善男子汝於空無相無作之法汝應生信心以離相心求般若波羅蜜離我相

乃至離知者見者相當遠離惡知識當親近供養善知識何等是善知識能說空無相無作無生無滅法及一切種智令人心入歡喜信樂是為善知識善男子汝若如是行不久當聞般若波羅蜜若從經卷中聞若從菩薩所說聞善男子汝所從聞是般若波羅蜜處應生心如佛想善男子汝當知恩應作是念所從聞是般若波羅蜜者即是我善知識我用聞是法故疾得不退轉於阿耨多羅三藐三菩提親近諸佛常生有佛國中遠離衆難得具足無難處善男子當思惟籌量是功德於所從聞法處生心如佛想汝善男子莫以世利心故隨逐法師但為愛法恭敬法故隨逐說法菩薩尒時當覺魔事若惡魔與說法菩薩作五欲因緣便為法故令受若說法菩薩入實法門以德力故受而無所染又以三事故受是五欲以方便力故欲令衆生種善根故欲與衆生同其事故汝於是中莫生汙心當起淨想自念我未知漚和拘舍羅大師以方便法為度衆生令得福德故受是諸欲於智慧無著無㝵不為欲染善男子即當觀諸法實相諸法實相者所謂一切法不垢不淨何以故一切法自性空無衆生無人無我一切法如幻如夢如響如影如炎如化善男子觀是諸法實相已當隨法師汝不久當成就般若波羅蜜復次善男子汝當復覺知魔事若說法菩薩見欲受般若波羅蜜人意不存念汝不應起生怨恨汝但當以法故恭敬莫起猒懈意常應隨逐法師釋曰上品中說新發意菩薩云何教性空法性空法畢竟無所有空難解難得故佛答法先有今無耶佛意性空法非難得難知何以故本來常無更無新異汝何以心驚謂為難得是性空法雖甚深菩薩但能一心勤精進不惜身命作如是一心求便可得此中說薩陁波崙本生為證佛法有十二部經或因修妬路偈經本生經得度今佛以本生經為證若有聞者作是念彼人能得我亦應得是故說薩陁波

論菩薩本生因緣佛告須菩提菩薩求般若波羅蜜應如薩陁波崙問曰若般若波羅蜜無相畢竟空行禅定猶尚難得何況憂愁啼哭散心求覔而當可得荅曰為新發意菩薩說薩陁波崙問曰若薩陁波崙是新發意十方諸佛云何現在其前得諸三昧不惜身又見曇無竭復得无量阿僧祇三昧云何名新發意荅曰新學菩薩有二種一者深心著世間樂軟心發意二者深心發意不著世間樂軟心發意者佛不以為發心深心發意者乃名為發心如聲聞法中佛語二比丘於我法中乃至無如毛氂煗法佛觀是煗法審為微小凡人觀之以為大辟如國王見一張疊不以為多貧者見之以為多以一心不惜身故說薩陁波崙為證問曰若薩陁波崙菩薩能作如是苦行從曇無竭得諸三昧應當作佛今何以故在大雷音佛所修菩薩行荅曰佛法无量無邊若千万阿僧祇劫修勤苦行尚不可得況薩陁波崙一世苦行復有菩薩具足菩薩道十力四無所畏等為衆生故住世間未取實際如文殊師利等薩陁波崙或能如此故未作佛菩薩三昧如十方國土中塵數薩陁波崙所得六万三昧何足為多大雷音佛者應如大龍王將欲降雨震大雷音鳥雀小虫悉皆怖畏是佛初轉法輪時十方衆生皆發心外道邪見皆恐怖懾伏是故天人衆生稱佛為大雷音是佛今現在須菩提問薩陁波崙菩薩摩訶薩云何求般若波羅蜜問薩陁波崙未得阿鞞跋致何以故名菩薩摩訶薩荅曰以有大菩薩故小者亦名大又以其雖未得實智慧而能深念般若波羅蜜故不惜身命有大功德故亦為菩薩摩訶薩問曰何以名薩陁波崙薩陁秦言常波崙名啼問曰為是父母與作名字是因緣得名字荅曰有人言以其小時喜啼故名常啼有人言此菩薩行大悲柔軟故見衆生在惡世貧窮老病憂苦為之悲泣是故衆人号為薩陁波崙有人言是菩薩求佛道故遠人衆在空閑處求心遠離一心思惟籌量勤求佛道時世無佛是菩薩世世行慈悲心以小因緣故生無佛世是人悲心於衆生欲精進不失是故在空閑林中是人以先世福德因緣及今世一心大欲大精進以是二因緣故聞空中教聲不久便滅即復心念我云何不問以是因緣故憂愁啼哭七日七夜因是故天龍鬼神号曰常啼佛荅須菩提過去世有薩陁波崙菩薩不惜身命不貪財利求般若波羅蜜時在空閑林中聞空中聲到空林中如上說問曰空中聲為是何聲荅曰若諸佛菩薩諸天龍王憐愍衆生故見是人不著世間法一心求佛道以時無佛法欲示其得般若因緣故空中發聲有人言是薩陁波崙先世善因緣在此林中作鬼神見其愁苦以其是先世因緣故又是神亦求佛道以是二因緣故發聲如蜜䏲婆羅門為須達多至王舍城詣大長者家求兒婦時蜜䏲於王舍城大婆羅門衆中飲食過度腹脹而死作鬼神於王舍城安門上

任須達多聞是婆羅門已死自往長者家宿長者於後夜起辦具飲食須達多問言汝有何事為欲娶婦嫁女為欲請大國王為是邑會何其忩忩營事乃介長者答言我欲請佛及僧須達多聞佛名驚喜毛竪長者先得道跡為其廣說佛德須達多聞心愛樂情至甚欲見佛兼念佛心而小睡以念佛情至故須臾便覺夜見月光謂為日出即起趣門見城門已開王舍城門初夜未閉為客來故後夜早開為客去故既見開門即直向佛佛時在寒林中住於其中路月沒還闇須達心悔躊躇欲還入城時蜜槫神放身光明照諸林野告言居士居士莫怖莫畏去莫還去得大利如彼經中偈廣說須達多見佛得須陀洹道請佛及僧於舍衛盡形供養佛令舍利弗為須達師於舍衛作精舍如須達知識神示導薩陀波崙知識示導亦如是是故見其愁苦而示導之作是言善男子汝從此東行行時莫念疲極等問曰疲極飢渴交來切身云何不念答曰是欲精進力故一心愛樂佛道不惜身命休息飲食等皆是助身法是事雖來不為亂心智皆虛誑無常無實如怨如賊但為身樂故何足存念莫為飢渴疲極等故而捨佛道莫念晝夜者莫念晝是行法夜應止息實無晝夜所以者何日依須弥影翳故名夜莫念內外者衆生多著內法內法名身外法名五欲內外法不定性空故不應著莫觀左右者人散心行道故左右顧看行者無緣觀後當前則不得不視故但言莫左右顧看復次魔常惑亂行者或作種種形或作好色或作畏獸在道左右故言莫觀是皆止其處念莫壞身相色等相者五衆和合故假名為身若說別更決定有身法是則壞身相若著無身法是亦壞身相離是一異有無等邊行於中道則疾得阿耨多羅三藐三菩提是故說莫壞身相等此中佛自說因緣若壞是諸相則於佛法有导佛法有导者則往來五道生死中不能得般若波羅蜜薩陀波崙報空中聲言而自說因緣所謂薩陀波崙一切衆生墮在無明黑闇中我欲為然智慧光明一切衆生有一切煩惱我欲設一切佛法藥一切衆生皆墮邪道我為衆生故求無上道是三種願得般若波羅蜜則能具足是故言受教問曰薩陀波崙不見其形但聞其聲何以便言受教答曰人所求事急故聞聲則應薩陀波崙亦如是復次聞其所說理好則知其人亦好故不須眼見如黑闇中有種種衆生眼雖不見聞其聲則知其種類介時空中聲復讚言善哉以其雖不見形而能信受善語故又復以其欲度一切衆生故求阿耨多羅三藐三菩提心不懈不息如是等因緣故讚言善哉於三解脫門中應生信心者是門諸法實相所入門離是三門皆是虛誑無有實者汝雖未得應生大信根力信根力故斷其諸根以離相心求般若波羅蜜者所謂觀諸法畢竟空離衆生相離法相問曰三解脫門攝在般若中不若攝何以別說若不攝云何經中說一切助道法皆攝在般若中答曰

一切法皆入般若中人皆畏苦故求解脫是故於般若分中前說三解脫門以何因緣得此解脫離諸二邊所謂衆生相法相行般若波羅蜜問曰初教精進後教三解脫門般若今復欲為何事故教親近善知識答曰雖有好法若無教者行時多錯辟如雖有好藥亦須良醫又薩陁波崘是新發意菩薩般若波羅蜜甚深云何但聞空中略教而能自具足故教語親道善知識善知識義如先說今略說二相是善知識一者教一心向薩婆若二者教空無相無作無生無滅等般若波羅蜜法若能如是不久得般若波羅蜜如藥師為病者說服藥法汝能如法服病則得差若從經卷聞從菩薩說聞者遣薩陁波崘至曇無竭菩薩所彼中二處有般若一寶臺上金牒書二曇無竭所說若人福德多者從曇無竭所說聞福德少者從經卷聞於師生佛想以能教佛道因緣故世間小人因緣事訖則忘其恩義作是念如人乘船度水既到彼岸

何用船為是故說汝當知恩應作是念所從聞般若者即是我善知識一切諸利中般若利最勝行是般若疾得阿耨多羅三藐三菩提不退轉又復行般若因緣故親近諸佛常生有佛國中離於八難值佛在世菩薩應作是念我得如是等諸功德皆從般若得般若波羅蜜從師而得是故視師如佛想有人能說般若波羅蜜者有大福德多知識多得供養弟子初為般若故隨逐後漸漸為供養利是故說莫以世利故逐法師問曰何以不但說親近善知識而說是種種因緣答曰有人既得善知識不得其意反成雠郄而墮地獄更相謗毀故唯佛一人無有過失餘人誰能无者若弟子見師之過若實若虛其心自壞不復能得法利是故空中聲教若見師過莫起嫌恨汝應作是念我先世福德不具足故不得值佛今值是雜行師我不應念其過失而自妨失般若師之過失不著於我我但從師受般若波羅蜜法如猗皮囊盛好寶物不

應以囊故而棄其寶如罪人執燭照道不可以人罪故不受其明自墜溝壑又如行道小人導道不可以人小故不隨其語如是等因緣不應遠離於師師若實有罪尚不應離何況此中魔作因緣令說法者有深妙五欲令弟子不染著法說法者以方便故現受方便者所謂欲令衆生種福德因緣亦為同事攝衆生故復有諸菩薩通達諸法實相故無所障㝵無有過罪雖作過罪亦無所妨如人壯年力盛腹中火熱雖食不適飲食不能生病又如有好藥雖被惡毒不能為害如是等因緣故汝於師所莫起嫌恨而自失般若如經中說復有說法持戒清淨離於五欲多知多識有好名聞威德尊重弟子受法而不顧録汝於是中莫生怨恨當作是念我宿心罪故今為小人師不輕我我自無福不能得道又我於師所應破憍慢以求法利有如是等種種諸師菩薩為求般若波羅蜜故但一心恭敬不念其長短若能如是忍辱於師一心

大智度論第九十六卷 [illegible]

不起增减者汝於師所盡得妙法如
皃牢之器所受不漏薩陁波崙聞空
聲巳㐌是東行如經中廣説

大智度論卷第九十六

大智度論卷第九十六

校勘記

一　底本，金藏廣勝寺本。

一　六三四頁中一行經名，石無（因未換卷）；資、磧、普、南、徑、清作「大智度論卷第九十六」。

一　六三四頁中三行與四行之間，石有「摩訶般若波羅蜜經涅槃如化品第八十七釋」；資、磧、普、南有「釋第八十七如化品」，下有夾註「訖八十八品上」；徑、清有「釋如化品第八十七」。

一　六三四頁中四行首字「須」，石、磧、普、南、徑、清、麗冠以「經」。

一　六三四頁中一一行第四字「想」，資、磧、普、南、徑、清作「相」。

一　六三四頁中末行「所以者何」，石作「何以故」。

一　六三五頁上一〇行首字「令」，石作「令得」。

一　六三五頁上一二行首字「問」，石、磧、普、南、徑、清、麗冠以「論」。

一　六三五頁上二一行第二字「還」，資、磧、普、南、徑、清無。

一　六三五頁中八行第二字「檀」，資、磧、普、南、徑、清作「檀無檀」。

一　六三五頁中一〇行第六字「平」，資無。

一　六三五頁中一〇行第一二字「我」，石作「有」。

一　六三五頁下一〇行第一〇字「故」，石、麗作「是故」。

一　六三五頁下一四行第四字「貴」，石作「敬」。

一　六三五頁下一七行第四字「化」，石作「化人」。

一　六三五頁下二二行首字「心」，諸本作「心中」。

一　六三六頁上四行第八字「得」，石無。

一　六三六頁上一五行第二字「法」，諸本作「法空」。

一　六三六頁上一五行第一二字「空」，諸本無。

一　六三六頁上二〇行「像好」，石作「像有好」；資、磧、普、南、徑、清、麗作「形像有好」。

一　六三六頁中九行第一二字「又」，諸本作「人」。

一　六三六頁中一〇行第二字「化」，諸本作「變化」。

一　六三六頁中一八行第六字「常」，石、麗作「當常」；資、磧、普、南、徑、清作「富」。

一　六三六頁下一九行第五字「主」，徑、清作「生」。

一　六三六頁下一九行第八字「作」，磧、普、南、徑、清作「化」。

一　六三七頁上五行首字「夫」，石作「夫人」。

一　六三七頁上六行第四字「故」，諸本作「故雖」。

一　六三七頁上一五行第七字「緣」，諸本作「因緣」。

一　六三七頁上一九行第一四字「求」，資、磧、普、南、徑、清無。

一　六三七頁上二〇行第三字「若」，石作「苦」。

一　六三七頁中一〇行第一〇字「中」，諸本作「平」。

一　六三七頁下一〇行第五字「空」，石、資、磧、普、南、徑、清作「空法」。

一　六三七頁下一一行第九字「想」，諸本作「坑」。

一　六三七頁下一四行第一〇字「以」，資無。

一　六三七頁下一八行「新學」，麗作「新發意」。

一　六三七頁下二二行第六字「諸」，資、磧、普、南、徑、清作「謂」。

一　六三八頁上一行末字「耳」後，石有夾註「釋第八十七品竟」，並換卷，爲卷第九十七。

一　六三八頁上二行品名，石作「摩訶般若波羅蜜經薩陁波崙菩薩品第八十八釋之一」；資、磧、普、南作「大智度論釋薩陀波崙品第八十八上」；徑、清作「釋薩陀波崙品第八十八之上」。

一　六三八頁上三行首字「佛」，石、磧、普、南、徑、清、麗冠以「經」。

一　六三八頁上六行末字至七行第二字「摩訶薩」，資、磧、普、南、徑、清無。

一　六三八頁上八行第八字「本」，資、磧、普、南、徑、清無。

一　六三八頁上八行末字「蜜」，資、磧、普、南、徑、清作「蜜多」。

一　六三八頁上一八行首字「聲」，石無。

一　六三八頁上二二行第一一字「汝」，石、麗無。

一　六三八頁中一四行第一二字「生」，石、麗作「應生」。

一　六三八頁中一七行第六字「覺」，諸本作「覺知」。

一　六三八頁下一一行第四字「生」，石、麗作「心」。

一 六三八頁下一二行第一二字「釋」，石、磧、普、南、徑、清、麗冠以〔論〕。

一 六三八頁下二二行「證若」，磧作「說利」。

一 六三九頁上四行第八字「愁」，石作「悲」。

一 六三九頁上八行第四字「又」，資、磧、普、南、徑、清作「及」。

一 六三九頁上一一行第一三字「樂」，資、磧、普、南、徑、清無。

一 六三九頁上末行首字「況」，石、麗作「何況」。

一 六三九頁中一一行第一三字「問」，石、麗作「問曰」。

一 六三九頁中一四行第四字「又」，資、磧、普、南、徑、清無。

一 六三九頁中一六行第四字「爲」，石、麗作「名」。

一 六三九頁中一七行「薩陁秦言常波崘名啼」，石、麗作夾註「薩陁秦言常波崘名啼」。

一 六三九頁中一七行「問曰」，資、磧、普、南、徑、清、麗無。

一 六三九頁中一八行第一一字「得」，資、磧、普、南、徑、清無。

一 六三九頁中一九行末字「有」，石作「復有」。

一 六三九頁中二〇行第八字「悲」，石、麗作「悲心」。

一 六三九頁中二〇行末字「生」，石、資、磧、普、南、徑、清作「生生」。

一 六三九頁中末行六字「遠」，諸本作「遠離」。

一 六三九頁下一七行第九字「善」，資、磧、普、南、徑、清作「善根」。

一 六三九頁下一七行第一二字「在」，石、麗作「人在」。

一 六三九頁下末行第一二字「安」，石無；麗作「城」。

一 六四〇頁上九行第一二字「見」，石作「見其」。

一 六四〇頁上一〇行第一〇字「城」，資、磧、普、南、徑、清作「安」。

一 六四〇頁上一二行「開門」，石、麗作「門開」。

一 六四〇頁上一四行第二字「達」，石、麗作「達多」。

一 六四〇頁上一五行第六字「諸」，石作「於」。

一 六四〇頁上一六行第五字「去」，石、麗作「直去」；資、磧、普、南、徑、清作「但去」。

一 六四〇頁上一七行「中偈」，石、麗作「偈中」。

一 六四〇頁上一八行第七字「衛」，石、麗作「衛城」。

一 六四〇頁上二二行第八字「此」，石、麗作「是」。

一 六四〇頁上末行第一〇字「交」，資、磧、普、南、徑、清作「火」。

一 六四〇頁中一行第六字「是」，石、麗作「大」。

一 六四〇頁中三行第一二字「知」，資、磧、普、南、徑、清無。

一 六四〇頁中一二行第六字「得」，資、磧、普、南、徑、清作「視」。

一　六四〇頁中一三行第五字「魔」，石、麗作「惡魔」。

一　六四〇頁下二行「一切」，石、麗作「見一切」。

一　六四〇頁下四行第九字「藥」，資、磧、普、南、徑、清作「樂」。

一　六四〇頁下五行第五字「爲」，石、麗作「爲是」。

一　六四〇頁下一四行第一〇字「以」，資、磧、普、南、徑、清無。

一　六四〇頁下一六行「不息」，石作「怠」；麗作「息」。

一　六四〇頁下一九行第一九字「漸」，磧作「淨」。

一　六四一頁上一〇行第一一字「故」，石、麗作「是故」。

一　六四一頁上一四行「不久」，石、麗作「行不久」。

一　六四一頁上二二行第四字「聞」，諸本作「閙」。

一　六四一頁中一二行第七字「故」，石、麗作「故隨」。

一　六四一頁中一二行末字「以」，石作「以故」。

一　六四一頁中一五行第四字「郄」，石、麗作「隙」；資、磧、普、南、徑、清作「郄」。

一　六四一頁中一六行第一四字「若」，資、磧、普、南、徑、清無。

一　六四一頁中末行第六字「如」，資、磧、普、南、徑、清作「譬如」。

一　六四一頁下一一行第四字「作」，資、磧、普、南、徑、清作「有」。

一　六四一頁下一一行「壯年」，石、麗作「年壯」。

一　六四一頁下一二行第五字「火」，石、麗作「大」。

一　六四一頁下一五行末字「法」，諸本作「法者」。

一　六四一頁下一九行首字「心」，諸本作「世」。

一　六四一頁下二〇行第五字「道」，資、磧、普、南、徑、清作「近」。

一　六四一頁下二二行末字「不」，石、麗作「不應」。

一　六四二頁上二行末字「空」，石、麗作「空中」。

一　六四二頁上四行經名，石未换卷，故無。資、磧、普、南有夾註「釋第八十七品訖八十八上」。

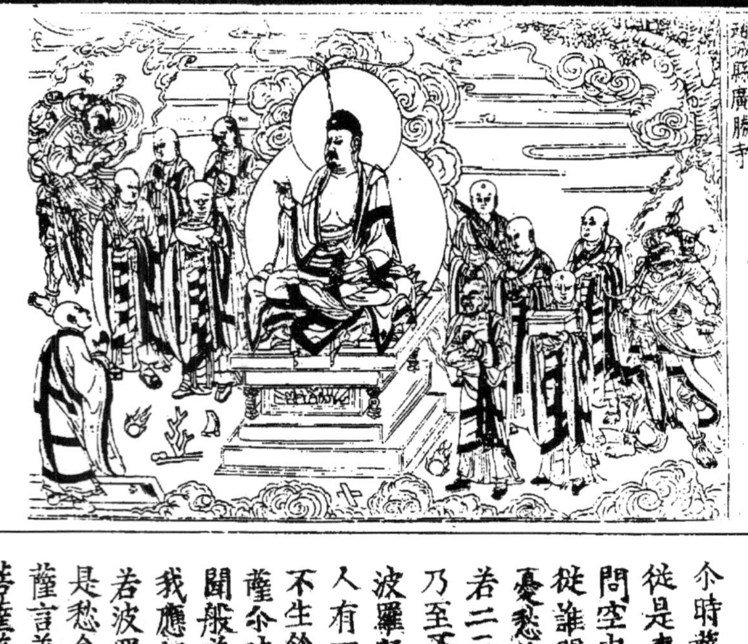

大智度論釋薩陀波崙品第八十八之餘 卷第九十七　王晉 正

龍樹菩薩造

後秦龜茲國三藏鳩摩羅什譯

介時薩陀波崙菩薩受是空中教已從是東行不久復作是念我云何不問空中聲我當何處去去當遠近當從誰聞般若波羅蜜是時即住啼哭憂愁作是念我住是中過一日一夜若二三四五六十日七夜不念疲極乃至不念飢渴寒熱不聞聽受般若波羅蜜因緣終不起也須菩提譬如人有一子卒死憂愁苦毒惟懷懊惱不生餘念如是須菩提薩陀波崙菩薩介時無有異心但念我何時當得聞般若波羅蜜我去何不問空中聲我應何處去去當遠近當從誰聞般若波羅蜜須菩提薩陀波崙菩薩如是愁念時空中有佛語薩陀波崙菩薩言善哉善哉善男子過去諸佛行菩薩道時求般若波羅蜜亦如汝今日善男子汝以是勤精進愛樂法故從是東行去此五百由旬有城名衆

香其城七重七寶莊嚴臺觀欄楯皆以七寶校飾七寶之塹七寶行樹周匝七重其城縱廣十二由旬豐樂安靜人民熾盛五百市里街巷相當端嚴如畫橋津如地寬博清淨七重城上皆有七寶樓櫓寶樹行列以黃金白銀車𤦲馬瑙珊瑚琉璃頗梨紅色真珠以為枝葉寶繩連綿金為鈴網以覆城上風吹鈴聲其音和雅娛樂衆生譬如巧作五樂甚可悅喜其城四邊流池清淨冷暖調適中有諸船七寶嚴飾是諸衆生宿業所致乘此寶船娛樂遊戲諸池水中種種蓮華青黃赤白衆雜好華遍覆水上是三千大千世界所有衆華皆在其中其城四邊有五百園觀七寶莊嚴甚可愛樂一一園中各有五百池池各縱廣十里皆以七寶校成雜色莊嚴諸池水中亦有青黃赤白蓮華弥覆水上其諸蓮華大如車輪青色青光黃色黃光赤色赤光白色白光諸池水中鳧鴈鴛鴦異類衆鳥音聲相和是諸園觀適無所屬是諸衆生宿業所

致長夜信樂深法行般若波羅蜜因
緣故受是果報善男子是衆香城中
有大高臺曇無竭菩薩摩訶薩宮舍
在上其宮縱廣一由旬皆以七寶校
成雜色莊嚴甚可喜樂垣牆七重皆
亦七寶七重欄楯七寶樓閣寶塹七
重皆亦七寶周匝深塹七寶果成七
重行樹七寶枝葉七寶重圍繞其宮舍
中有四種娛樂園一名常喜二名離
憂三名華飾四名香飾一一園中各
有八池一名賢二名賢上三名歡喜
四名喜上五名安隱六名多安隱七
名遠離八名阿鞞跋致諸池四邊面
各一寶黃金白銀琉璃頗梨玫瑰為
池底其上布金沙一一池側有八梯
陛種種妙寶以為嚴飾諸梯陛閒有
閻浮檀金芭蕉行樹一切池中種種
蓮華青黃赤白弥覆水上諸池四邊
生好華樹風吹諸華墮池水中其池
成就八種功德香若栴檀色味具足
曇無竭菩薩與六万八千婇女五欲
具足共相娛樂及城中男女俱入常
喜等園賢等池中五欲具足共相娛

樂善男子曇無竭菩薩與諸婇女遊
戲娛樂已日三時說般若波羅蜜衆
香城內男女大小於其城中多聚人
處敷大法座其座四足或以黃金或
以白銀或以琉璃或以頗梨敷以綩
綖雜色茵蓐垂諸幃帶以妙白疊而
覆其上散以種種雜妙花香座高五
里張白珠帳其池四邊散五色花燒
衆名香澤香塗地供養恭敬般若波
羅蜜故曇無竭菩薩於此座上說般
若波羅蜜彼諸人衆如是恭敬供養
曇無竭為聞般若波羅蜜故於是大
會百千万衆諸天世人一處和集中
有聽者中有受者中有持者中有誦
者中有書者中有正觀者中有如說
行者當是時中衆生以是因緣故皆
不墮惡道不退轉於阿耨多羅三藐
三菩提汝善男子往趣曇無竭菩薩
當聞般若波羅蜜善男子曇無竭菩
薩世世是汝善知識能教汝阿耨多
羅三藐三菩提亦教利喜是曇無竭
菩薩本求般若波羅蜜時亦如汝今
汝去莫計晝夜莫生障导心汝不久

當得聞般若波羅蜜尒時薩陁波崘
菩薩摩訶薩歡喜心悅作是念我當
何時得見是善男子得聞般若波羅
蜜須菩提譬如有人為毒箭所中更
無餘念惟念何時當得良醫拔出毒
箭除我此苦如是須菩提薩陁波崘
菩薩摩訶薩更無餘念但作是願我
何時當得見曇無竭菩薩令我得聞
般若波羅蜜我聞是般若波羅蜜斷
諸有心是時薩陁波崘菩薩於是處
住念曇無竭菩薩一切法中得无导
知見已即得无量三昧門現在前所謂
諸法性觀三昧諸法性不可得三昧
破諸法無明三昧諸法不異三昧諸
法不壞自在三昧諸法能照明三昧
諸法離闇三昧諸法無異相續三昧
諸法不可得三昧散華三昧諸法無
我三昧如幻威勢三昧得如鏡像三
昧得一切衆生語言三昧一切衆生
歡喜三昧入分別音聲三昧得種種
語言字句莊嚴三昧無畏三昧性常
默然三昧得无导解脫三昧離塵垢
三昧名字語句莊嚴三昧見諸法三

大智度論第九十六卷　第六張　王字号

昧諸法无手頂三昧如虛空三昧如金剛三昧不畏著色三昧得勝三昧轉眼三昧畢法性三昧能與安隱三昧師子吼三昧勝一切衆生三昧華莊嚴三昧斷疑三昧隨一切堅固三昧出諸法得神通力無畏三昧能達諸法三昧諸法財印三昧諸法無分別見三昧離諸見三昧離一切闇三昧離一切相三昧解脫一切著三昧除一切懈怠三昧得深法明三昧不可奪三昧破魔三昧不著三界三昧起光明三昧見諸佛三昧薩陀波崙菩薩住是諸三昧中即見十方無量阿僧祇諸佛為諸菩薩摩訶薩說般若波羅蜜

問曰薩陀波崙何以忘不問空中聲答曰薩陀波崙大歡喜覆心故忘如人大憂愁大歡喜以此二事故忘問曰空聲已滅何以住此七日不更求問處答曰如本於空閑處一心求般若故空中有聲今亦欲一心如本冀更聞聲斷其所疑復次薩陀波崙於世樂已捨深入佛道愛樂情至空中聲告少為開示竟未斷疑其聲便滅如小兒得少美味著味故更復啼泣而欲得之薩陀波崙亦如是得般若波羅蜜因緣味不能通達不知哪去是故住而啼泣問曰何以乃至七日佛身乃現答曰譬如人大渴故乃知水美若二日三日精進欲未深若過七日恐其憂愁妨心不任求道是故七日憂愁如譬喻經中說問曰薩陀波崙何以愁憂乃介如喪愛子答曰般若波羅蜜於諸法中第一實是十方諸佛真實法寶薩陀波崙得少氣味未具足故憂愁如喪愛子念其長大多所成辦冀得其力菩薩亦如是念增益般若波羅蜜力得阿鞞跋致已成佛事如子於父孝行終身无有異心般若波羅蜜於菩薩亦如是若能得入乃至成佛終不遠離如父見子心即歡悅菩薩雖得種種諸法不如見般若波羅蜜之歡喜如子假為其名般若波羅蜜亦如是空無定實但有假名如是等是惣相因緣父雖愛子不能以頭目與之菩薩為般若波

大智度論第九十六卷　第七張

羅蜜故无量世中以頭目髓腦施與衆生子之於父或不能報恩若能報恩正可現世小利衣食歡樂等菩薩於般若波羅蜜中無所不得乃至一切智慧何況菩薩力勢世間富樂子之報父恩極一世般若之益至無量世乃至成佛子之於父或好或惡般若波羅蜜無諸不可子但是假名虛誑不實之法般若波羅蜜真實聖法無有虛誑子之報恩雖得現世小樂而有憂愁苦惱无量之苦般若波羅蜜但得歡喜實樂乃至佛樂子但能以供養利益於父不能勉其生老病死般若波羅蜜令菩薩畢竟清淨無復老病死患子但能令父得世樂自在般若波羅蜜能令菩薩於一切世間為天人主如是等種種因緣譬如差別相世人皆知喪子憂愁故以此為喻問曰空中佛現是何等佛先何以但有音聲而今現身佛既現身何以不即度方遣至曇無竭所答曰有人言非真佛但以像現耳或諸佛遣化或大菩薩現作以先善根福德未成就故

大智度論第九十六卷　第八張

但聞聲令七日七夜一心念佛功德成故得見佛身佛所以不即度者以其與曇無竭世世因緣應當從彼度故有人應從舍利弗度假使諸佛現身不能令悟佛讃言善哉者以薩陁波崙至竟求知去處聞般若因緣故佛現身而讃善哉過去諸佛行菩薩道時求此般若亦如是種種勤苦以初發心先罪厚重福德未集故佛安慰其心汝求般若波羅蜜雖勤苦莫懈怠莫生退没心一切衆生行異因時皆苦受果時樂當思惟諸佛无量功德果報以自勸勉如是安慰已作是言汝從是東行去此五百由旬有城名衆香乃至不久當聞般若波羅蜜問曰衆香城在何處荅曰過去佛滅度後但有遺法是法不周遍閻浮提衆生有聞法因緣處則到介時衆香國土豊樂多出七寶故以七寶作城時薩陁波崙雖向在閻浮提而在無佛法無七寶處生但傳聞佛名般若波羅蜜是佛道是人先世廣集福德煩惱輕微故聞即信樂猒惡世樂

捨其親屬到空林中住欲至有佛法國土音聲亦語者恐其畏去不得到曇無竭菩薩所是故語之次後佛為現身亦其去處問曰薩陁波崙因緣已具聞於上今曇無竭因緣為云何荅曰犍伽陁秦言感達磨秦言法此菩薩在衆香城中為衆生隨意說法令衆生廣種善根故号法感其國無王此中人民皆無吾我如欝單越人惟以曇無竭菩薩為主其國難到薩陁波崙不惜身命又得諸佛菩薩接助能到大菩薩為度衆生故生如是國中衆生無所乏短其心調柔易可得度故問曰曇無竭菩薩為是生身為是法身為是為度衆生故以神通力化作此身若化身者何用六万婇女園觀浴池種種荘嚴而自娛樂若是生身云何能令薩陁波崙供養具皆在空中化成大臺入諸三昧乃至七歳荅曰有人言是生身菩薩得諸法實相及禪定神通力故欲度是城中衆生如餘菩薩利根故能入禪定亦能入欲界法為攝衆生故受五欲而不失

禪定如人避熱故在泥中卧還洗則如故凡人鈍根故不能如是是故以神通力化作華臺七歳入定又以方便力故能受五欲如先義說菩薩不但行一道為衆生故行種種道引導之如龍起雲能降大雨雷電礔礰菩薩亦如是雖是生身未離煩惱而能修行善法為衆生故不盡結使有人言是菩薩是法性生身為度衆香城人故變化而度若是生身云何能令十方佛稱讃而遣薩陁波崙令從受得六万三昧是故知是大菩薩變化身譬如大海中龍死相出時如果熟應墮金翅鳥則來食之衆生亦如是行業因緣熟故大菩薩來度之介時薩陁波崙聞空中佛教大歡喜大欲心生荅我何時當得見曇無竭菩薩說般若波羅蜜者能令我心中愛見等諸煩惱箭出欲明是事故此中佛說毒箭譬喻如人毒箭在身更無餘念一者苦痛急二者毒不疾出則遍滿身中而失命薩陁波崙亦如是諸邪疑等箭入心貪欲等毒塗箭聞曇无竭

菩薩能拔出此箭是人以邪見箭毒傷心人畏貪欲等毒遍入身中奪智慧命與凡人同死是故急欲見曇無竭菩薩無復餘念此中說斷諸所有心所有心者取相著乃至善法中亦有是病薩陀波崙目覩佛身先所未見從佛聞教得法喜故離五欲喜即得一切法中無导知見無导知見者如薩陀波崙力所得无导非佛無导是時得入諸三昧門諸法性觀三昧者能觀一切諸法實性實性者如先種種因說諸法　性不可得三昧者初得三昧所謂空無生無滅今得是三昧則不著是性不謂得其決定相破諸法無明三昧者諸法於凡夫人心中以無明因緣故邪曲不正所謂常樂我淨得是三昧故常等顛倒相應無明破但觀一切法無常空無我問曰若是菩薩破一切法中無明此人尚不須見佛何用至曇無竭菩薩所荅曰破無明不惟一種有遮令不起亦名為破有得諸法實相故破無明又無明重數甚多有菩薩所破分有

佛所破分有小菩薩所破分大菩薩所破分如先說燈辟喻又須陀洹亦名破無明乃至阿羅漢亦是實破大乘法中亦如是新發意菩薩得諸法實相故亦名破無明乃至佛無明盡破無餘是故薩陀波崙於佛法中邪見無明及我見皆盡故得名破無明三昧無各諸法不異三昧者得是三昧觀一切法一相所謂无相諸法不壞自在三昧者得是三昧觀一切法如法性實際无為相故名不壞得是法已得自在了了知諸法為佛道故不證是法諸法能照明三昧者以總相別相知一切法諸法離闇三昧者無明有二種一者厚二者薄薄者名無明厚者名黑闇破厚無明故名離闇先破薄無明故名破諸法無明諸法無異相續三昧者五衆念念滅相似相續生死時相續生而不相似得是三昧知諸法念念相續法不異諸法不可得三昧者即是一切法空相應三昧散華三昧者得是三昧者於十方佛前能以七寶華散佛諸法無我三昧者觀一切法無我如幻威勢三昧者得是三昧者能種種

變化身如大幻師能引導衆生發希有心如大幻師以幻力故能轉一國人心得如鏡像三昧者得是三昧者觀三界所有如鏡中像虛誑無實得一切衆生語言三昧者得如是三昧故能解一切衆生語言一切衆生歡喜三昧者入是三昧能轉衆生瞋心令歡喜入分別音聲三昧者入是三昧中皆能分別一切天人音聲大小麤細等得種種語言字句莊嚴三昧者得是三昧者義理雖淺能莊嚴字句語言令人歡喜何況深義無畏三昧者得是三昧者不畏一切魔民外道論及諸煩惱性常默然三昧者入是三昧者常默然攝心為度衆生故隨所應聞而出音聲如天妓樂應意而出得無导解脫三昧者得是三昧者於一切法中得无导智慧離塵垢三昧者得是三昧者諸煩惱結使塵垢皆滅即是無生法忍三昧名字語句莊嚴三昧者得是三昧者能種種莊嚴偈句語言說法見諸法三昧者入是三昧者以見世諦及第一義知

大智度論第九十七卷　第十五張　正字号

諸法諸法無㝵頂三昧者如人在山頂遍觀四方菩薩住是三昧中普見一切諸法无㝵如虛空三昧者入是三昧者身及求法皆如虛空皆得自在如金剛三昧者如金剛能破諸山是三昧亦如是能破障㝵六波羅蜜法直至佛道不畏著色三昧者得是三昧乃至天色尚不著何況餘色得勝三昧者欲有所作皆能得勝不貪轉眼三昧者得是三昧者魔及魔民欲見菩薩短者轉之令作好見畢法性三昧者得是三昧者見一切法畢入法性中能與安隱三昧者得是三昧雖往來六道迴轉自知必當作佛安樂無憂師子吼三昧者入是三昧者皆能降伏一切魔民外道無敢當者勝一切衆生三昧者得是三昧於一切衆生冣勝一切有二種一者名字一切二者實一切於三界者心凡夫及聲聞辟支佛及初發意未得是三昧者中勝故言一切花庄嚴三昧者得是三昧者見十方佛坐七寶蓮花上於虛空中雨寶蓮花於諸佛上

斷疑三昧者得是三昧者雖未得佛能斷一切衆生所疑隨一切堅固三昧者諸法實相名堅固得是三昧者隨諸法實相不隨餘法出諸法得神通力無畏三昧者得是三昧者過出一切凡夫法得菩薩六神通十力四無所畏能達諸法三昧者得是三昧者乃至諸法如法性實際中通達不住乃至諸法平等諸法財印三昧者財名善法印名相如人得印綬無敢陵易菩薩得法財印亦無能為作留難者諸法無分別見三昧者若分別諸法即生憎愛心得是三昧者見一切法不作分別離諸見三昧者六十二邪見及色等法中取相乃至佛見法見僧見涅槃見皆名為見所以者何取相能生著心故離一切相三昧者即是無相解脫門相應三昧離一切著三昧者離一切相故於一切法亦不著除一切懈怠三昧者得是三昧者如此中說乃至七歲不坐不卧菩薩得是三昧常無懈怠心乃至得佛初不止息得深法明三昧者深法名諸佛法一切智

大智度論卷第九十七　第十七張　正字号

慧等菩薩得是三昧故能遥見佛法思惟籌量知深妙無比不可奪三昧者得是三昧者行菩薩法無能奪其志者破魔三昧者得是三昧力魔雖是欲界主菩薩以人身能破魔事不著三界三昧者得是三昧身雖在三界中心常在涅槃故不著起光明三昧者得是三昧者能放無量光明照於十方見諸佛三昧者得是三昧雖未得天眼天耳而能見十方諸佛聞十方諸佛所說法諮問所疑薩陀波崙住如是等三昧中即見十方无量阿僧祇諸佛在大衆中為諸菩薩說般若波羅蜜

大智度論卷第九十七

大智度論卷第九十七

校勘記

一 底本，金藏廣勝寺本。

一 六四六頁中一行經名，石無（未分卷）；資、磧、普、南、徑、清作「大智度論卷第九十七」。

一 六四六頁中三行與四行之間，資有品名「釋薩陀波崙品第八十八中」；磧、普、南有品名「釋薩陀波崙品第八十八」；徑、清有品名「釋薩陀波崙品第八十八之中」。

一 六四六頁中四行首字「尒」，石、磧、普、南、徑、清、麗冠以〔經〕。

一 六四六頁中九行第一〇字「夜」，資、磧、普、南、徑、清作「夜於此中住」。

一 六四六頁下一〇行第一二字「喜」，資、磧、普、南、徑、清作「喜金網寶鈴其音如是」。

一 六四六頁下一二行「嚴飾」，石作「莊嚴」。

一 六四七頁上六行第五字「重」，磧、普、南、徑、清作「寶」。

一 六四七頁上七行第一二字「累」，磧、南、清作「壘」。

一 六四七頁上八行第五字「寶」，石無。第九字磧、普、南、徑、清、麗同。

一 六四七頁上八行第一〇字「重」，資、磧、南、徑、清無。

一 六四七頁上二〇行末字「足」，資、磧、普、南、徑、清作「足輕且柔輭」。

一 六四七頁中六行首字「延」，磧、普、南、徑、清作「筵」。

一 六四七頁中六行第八字「愇」，資、磧、普、南、徑、清、麗作「幃」。

一 六四七頁中八行第五字「悵」，資、磧、南、徑、清、麗作「帳」。

一 六四七頁中八行第七字「池」，資、磧、普、南、徑、清作「地」。

一 六四七頁中一六行「當是時中」，資、磧、普、南、徑、清作「是時」。

一 六四七頁中二二行末字「令」，磧、普、南、徑、清、麗作「今」。

一 六四七頁下一二行第三字「已」，資、磧、普、南、徑、清無。

一 六四八頁上一〇行第三字「切」，麗作「刀」。

一 六四八頁上一二行第一〇字「昧」，資、磧、普、南、徑、清作「昧如是」。

一 六四八頁上一六行首字「問」，石、磧、普、南、徑、清、麗冠以〔論〕。

一 六四八頁上一九行第二字「空」，諸本作「空中」。

一 六四八頁中二行第八字「著」，石、麗作「著是」。

一 六四八頁中二行第一一字「更」，資、磧、普、南、徑、清無。

一 六四八頁中一六行首字「成」，石、麗作「成就」。

一 六四八頁下六行第四字「恩」，麗作「思」。

一 六四八頁下一七行第四字「人」，資、磧、普、南、徑、清作「下」。

一 六四八頁下一七行末字「如」，石

作「喻」。

一　六四八頁下一八行第六字「皆」，資、磧、普、南、徑、清無。

一　六四八頁下一九行第五字「中」，石作「中有」。

一　六四八頁下二二行第六字「以」，石、磧、普、南、徑、清、麗作「是」。

一　六四九頁上二行首字「成」，諸本作「成就」。

一　六四九頁上六行第四字「竟」，資、磧、普、南、徑、清、麗作「意」。

一　六四九頁上一一行第一三字「異」，資、磧、普、南、徑、清作「果」。

一　六四九頁中六行「秦言盛」，石作夾註。

一　六四九頁中一三行首字「國」，石作「國土」。

一　六四九頁中一四行第一五字至一五行首字「爲是法身」，資、磧、普、南、徑、清無。

一　六四九頁中一五行「爲是」，石、麗無。

一　六四九頁中一九行第一一字「至」，石、資、磧、普、南、徑、清作「經」。

一　六四九頁下一行第一一字「卧」，資、磧、普、南、徑、清作「卧起」。

一　六四九頁下二行第四字「人」，石、麗作「夫」。

一　六四九頁下一一行末字「受」，諸本作「受法」。

一　六四九頁下一七行第三字「故」，資、磧、普、南、徑、清無。

一　六四九頁下一八行第九字「我」，資、磧、普、南、徑、清無。

一　六五〇頁上一行第八字「是」，資、磧、普、南、徑、清作「見」。

一　六五〇頁上二行第三字「人」，資、磧、普、南、徑、清作「又」。

一　六五〇頁上一〇行第五字「諸」，資、磧、普、南、徑、清無。

一　六五〇頁上一二行第二字「因」，諸本作「因緣」。

一　六五〇頁上一四行第二字「則」，資、普、徑作「得」。

一　六五〇頁上一四行第八字「謂」，石、麗無。

一　六五〇頁上末行第四字「重」，石、麗作「種」。

一　六五〇頁中三行第一一字「是」，資、磧、普、南、徑、清作「便」。

一　六五〇頁中九行第一一字「相」，資、磧、普、南、徑、清無。

一　六五〇頁中一一行末字「法」，資、磧、普、南、徑、清無。

一　六五〇頁中一三行第七字「二」，石作「一」。

一　六五〇頁下五行第一一字「如」，石、麗無。

一　六五〇頁下一四行第二字「論」，諸本作「論師」。

一　六五〇頁下一六行末字「意」，資、磧、普、南、徑、清作「音」。

一　六五〇頁下二〇行第二字「皆」，資、磧、普、南、徑、清作「習」。

一　六五〇頁下末行第一三字「義」，石、麗作「義諦」。

一　六五一頁上四行第六字「求」，諸本作「外」。

一　六五一頁上八行第二字「昧」，石、麗作「昧者」。

一　六五一頁中一行「得是三昧者」，資、磧、普、南、徑、清無。

一　六五一頁中九行末字「印」，石、麗作「印者」。

一　六五一頁中一〇行第一〇字「陵」，磧、南、徑、清作「凌」。

一　六五一頁中一〇行末字「得」，石、麗作「得善」。

一　六五一頁中一四行第七字「者」，石、麗作「者見者」。

一　六五一頁中一八行第一四字「者」，資、磧、普、南、徑、清無。

一　六五一頁中末行第七字「深」，資、磧、普、南、徑、清無。第一〇字「諸」，磧、普、南、徑、清作「謂」。

一　六五一頁下末行第三字「度」，石作「度經」。

大智度論釋薩陀波崙品第八十八之餘 卷第九十八　正　卅

龍樹菩薩造

後秦龜茲國三藏鳩摩羅什譯

經是時十方諸佛安慰薩陀波崙菩薩言善哉善哉善男子我等本行菩薩道時求般若波羅蜜得是諸三昧亦如汝今所得我等得是諸三昧善入般若波羅蜜成就方便力住阿鞞跋致地我等觀是諸三昧性不見有法出三昧入三昧者亦不見行佛道者亦不見得阿耨多羅三藐三菩提者善男子是名般若波羅蜜所謂不念有是諸法善男子我等於無所念法中住得是金色身丈六光明三十二相八十隨形好不可思議智慧無上戒無上三昧無上智慧一切功德皆悉具足一切功德具足故佛尚不能取相說盡何況聲聞辟支佛及諸餘人以是故善男子於是佛法中倍應恭敬愛念生清淨心於善知識中應生如佛想何以故為善知識守護故菩薩疾得阿耨多羅三藐三菩提是時薩陀波崙菩薩白十方諸佛言何等是我善知識所應親近供養者十方諸佛告薩陀波崙菩薩言汝善男子曇無竭菩薩世世教化成就汝阿耨多羅三藐三菩提曇無竭菩薩守護汝教汝般若波羅蜜方便力是汝善知識汝供養曇無竭菩薩若一劫若二劫若三劫乃至過百千劫頂戴恭敬以一切樂具三千世界中所有妙色聲香味觸盡以供養未能報須臾之恩何以故曇無竭菩薩摩訶薩因緣故令汝得如是等諸三昧得般若波羅蜜方便力諸佛如是教化安慰薩陀波崙菩薩令歡喜已忽然不現是時薩陀波崙菩薩從三昧起已不復見佛作是念是諸佛從何所來去至何所不見諸佛故復惆悵不樂誰斷我疑復作是念曇無竭菩薩久遠已來常行般若波羅蜜得方便力及諸陀羅尼於菩薩法中得自在多供養過去諸佛世世為我師常利益我我當問曇無竭菩薩諸佛從何所來去至何所尒時薩陀波崙菩薩於曇無竭菩薩生恭敬愛樂

尊重心作是念我當以何供養曇無竭菩薩今我貧窮無華香瓔珞燒香澤香衣服幡蓋金銀真珠琉璃頗梨珊瑚虎珀無有如是等物可以供養般若波羅蜜及說法師曇無竭菩薩我法不應空往曇無竭菩薩所我若空往喜悅心不生我當賣身得財為般若波羅蜜故供養法師曇无竭菩薩何以故我世世喪身無數無始生死中或死或賣或為欲因緣故世世在地獄中受无量苦惱未曾為清淨法故為供養說法師故喪身是時薩陀波崙菩薩中道入一大城至市肆上高聲唱言誰欲須人誰欲須人誰欲買人尒時惡魔作是念是薩陀波崙愛法故自欲賣身為般若波羅蜜故供養曇無竭菩薩當得正問般若波羅蜜及方便力云何菩薩摩訶薩行般若波羅蜜疾得阿耨多羅三藐三菩提當得多聞具足如大海水是時不可沮壞得具足一切功德饒益諸菩薩摩訶薩為阿耨多羅三藐三菩提故過我境界亦教餘人出我境界得

阿耨多羅三藐三菩提我今當壞其事尒時惡魔隱蔽諸婆羅門居士令不聞其自賣聲除一長者女魔不能蔽尒時薩陁波崘賣身不售憂愁啼哭在一面立涕泣而言我為大罪賣身不售我自賣身為般若波羅蜜故供養曇無竭菩薩尒時釋提桓因作是念是薩陁波崘菩薩愛法自賣其身為般若波羅蜜故欲供養曇无竭菩薩我當試之知是善男子實以深心愛法故捨是身不是時釋提桓因化作婆羅門身在薩陁波崘菩薩邊行問言汝善男子何以憂愁啼哭顏色憔悴在一面立荅言婆羅門我愛敬法欲自賣身為般若波羅蜜故欲供養曇無竭菩薩令我賣身無有買者自念薄福無財寶物欲自賣身供養般若波羅蜜及曇無竭菩薩而無買者尒時婆羅門語薩陁波崘菩薩言善男子我不須人我今欲祠天當須人心人血人髓汝能賣與我不尒時薩陁波崘菩薩作是念我得大利得第一利我今便為具足般若波羅蜜方

大智度論第九十八卷　第四張　正

便力得是買心血髓者是時心大歡喜悅樂無憂以柔和心語婆羅門言汝所須者我盡與汝婆羅門言善男子汝須何價荅言隨汝意與我即時薩陁波崘右手執利刀刺左臂出血割右髀肉復欲破骨出髓時有一長者女在閣上遥見薩陁波崘菩薩自割身體不惜壽命作是念是善男子何因緣故困苦其身我當往問長者女即下閣到薩陁波崘所問言善男子何因緣困苦其身用是心血髓作何等薩陁波崘荅言賣與婆羅門為般若波羅蜜故供養曇無竭菩薩長者女言善男子作是賣身欲自出心血髓欲供養曇無竭菩薩得何等功德利益薩陁波崘荅言善女人是人善學般若波羅蜜及方便力是人當為我說菩薩所應作菩薩所應行道我學是法學是道得阿耨多羅三藐三菩提時為衆生作依止當得金色身三十二相八十隨形好大光無量明大慈大悲大喜大捨四無所畏佛十力四無㝵智十八不共法六神通不可思

大智度論第九十八卷　第五張　正

議清淨戒禪定智慧得阿耨多羅三藐三菩提於諸法中得無㝵一切知見以無上法寶分布與一切衆生如是等諸功德利我當從彼得之是時長者女聞是上妙佛法即大歡喜心驚毛竪語薩陁波崘菩薩言善男子甚希有汝所說者微妙難值為是一一功德法故應捨如恒河沙等身何以故汝所說者甚大微妙汝善男子汝今所須盡當相與金銀真珠琉璃頗梨虎珀珊瑚等諸珎寶物及華香瓔珞塗香燒香幡蓋衣服伎樂等供養之具供養般若波羅蜜及曇無竭菩薩汝善男子莫自困苦其身我亦欲往曇無竭菩薩所共汝植諸善根為得如是微妙法如汝所說故尒時釋提桓因即復本身讚薩陁波崘菩薩言善哉善哉善男子汝堅受是事其心不動諸過去佛行菩薩道時亦如是求般若波羅蜜及方便力得阿耨多羅三藐三菩提善男子我實不用人心血髓但來相試汝願何等我當相與薩陁波崘言與我阿耨多羅三藐三菩

大智度論第九十八卷　第六張　正

投釋提桓因言此非我力所辦是諸
佛境界不必相供養更索餘願薩陀波
崙言汝若於此無力汝必見供養令
我是身平復如故是時薩陀波崙身
即平復無有瘡瘢如本不異釋提桓
因與其願已忽然不現爾時長者女
語薩陀波崙菩薩言善男子來到我
舍有所須者從我父母索之盡當相
與我亦當辭我父母與諸侍女共往
供養曇無竭菩薩為求法故即時薩陀
波崙菩薩與長者女俱到其舍在門
外住長者女入白父母與我眾妙花
香及諸瓔珞塗香燒香幡蓋衣服金
銀琉璃頗梨真珠珊瑚虎珀及諸伎
樂供養之具亦聽我身及五百侍女
先所給使共薩陀波崙菩薩到曇無
竭菩薩所為供養般若波羅蜜故曇
無竭菩薩當為我等說法我當如說
行當得諸佛法女父母語女言薩陀
波崙菩薩是何等人女言是人今在
門外是善男子以深心求阿耨多羅
三藐三菩提欲度一切眾生无量生
死苦是善男子為法故自賣其身供

大智度論第九十八卷 第七張 丁

養般若波羅蜜般若波羅蜜名菩薩
所學道為供養般若波羅蜜及供養
曇無竭菩薩故在市肆上高聲唱言
誰須人誰須人誰欲買人賣身不售
在一面立憂愁啼哭是時釋提桓因
化作婆羅門來欲試之問言善男子
何以憂愁啼哭一面立答言婆羅門
我欲賣身為供養般若波羅蜜及曇
無竭菩薩摩訶薩故而我薄福賣身
不售婆羅門語是善男子我不須人
我欲祠天當用人心人血人髓汝能
賣不是時是善男子不復憂愁其心
和悅語是婆羅門言汝之所須我盡相
與婆羅門言汝須何價答言隨汝意
與我即時是善男子右手執利刀刺
左臂出血割右髀肉復欲破骨出髓
我在閣上遙見是事我今時作是念
是人何故困苦其身我當往問我即
下閣往問善男子汝何因緣故自困
苦其身是善男子答我言姊我為法故
欲供養般若波羅蜜及曇無竭菩薩
說法者我貧窮無所有無金銀琉璃
車琹馬瑙珊瑚虎珀頗梨真珠花香

大智度論第九十八卷 第八張 丁

伎樂姊我為供養法故自賣其身今得
買者須人心人血人髓我用是價供
養般若波羅蜜及曇無竭菩薩說法
者我問是善男子汝今自出身心血髓
欲供養曇無竭菩薩得何功德是善
男子言曇無竭菩薩當為我說般若
波羅蜜及方便力此是菩薩所應學
菩薩所應作菩薩所應住菩薩所行道
我當學是道得阿耨多羅三藐三菩提
為一切眾生作依止我當得金色身三
十二相八十隨形好大光無量明大慈
大悲大喜大捨四無所畏四無导智佛
十力十八不共法六神通不可思議
清淨戒禪定智慧得阿耨多羅三藐
三菩提於諸法中得無导一切知見
以無上法寶分布與一切眾生如是等
微妙大法我當從彼得之我聞是微
妙不可思議諸佛功德聞其大願我
心歡喜作是念是清淨微妙甚大希
有乃至如是為一一法故應捨如恒河
沙等身今善男子為法能受苦行難
事所謂不惜身命我多有妙寶云何
不生願勤求如是法供養般若波羅

大智度論第九十八卷 第九張 丁

蜜及曇無竭菩薩我如是思惟已語
薩陁波崘菩薩汝善男子莫困苦其
身我當白我父母多與汝金銀琉璃
車𤦲馬瑙珊瑚虎珀頗梨真珠花香
瓔珞塗香末香衣服幡蓋及諸伎樂
供養般若波羅蜜及曇無竭菩薩說
法者我亦求父母與諸侍女共汝俱
去供養曇無竭菩薩說法者共汝植
諸善根為得如是等微妙清淨法如
汝所說父母令聽我并五百侍女先
所給者亦聽我持衆妙花香瓔珞塗
香末香衣服幡蓋伎樂金銀琉璃供
養之具與薩陁波崘菩薩共去供養般
若波羅蜜及曇無竭菩薩說法者為
得如是等清淨微妙諸佛法故尒時
父母報女言汝所讚者希有難及說
是善男子為法精進大樂法相及是
諸佛法不可思議一切世間冣為第
一一切衆生歡喜因緣是善男子為
是法故大莊嚴我等聽汝往見曇無
竭菩薩親近供養汝發大心為得諸
佛法故如是精進我等去何當不隨
喜是女為供養曇無竭菩薩故得莱

大智度論第九十八卷　第十張　正

聽許報父母言我等亦隨是心歡喜
我終不斷人善法因緣是時長者女
莊嚴七寶車五百乘身及侍女種種
寶物供養之具持種種水陸生華及
金銀寶華衆色寶衣好香擣香澤香
瓔珞及衆味飲食共薩陁波崘菩薩
五百侍女各載一車恭敬圍繞漸漸
東去見衆香城七寶莊嚴七重圍繞
七寶之塹七寶行樹皆亦七重其城
縱廣十二由旬豐樂安靜甚可喜樂
人民熾盛百千市里街巷相當端嚴
如畫橋津如地寬博清淨遥見衆香
城既入城中見曇無竭菩薩坐高臺
法座上无量百千万億衆恭敬圍繞
說法薩陁波崘菩薩見曇無竭菩薩
時心即歡喜辟如比丘入第三禪攝
心安隱見已作是念我等儀不應載
車趣曇無竭菩薩作是念已下車步
進長者女并五百侍女皆亦下車薩
陁波崘菩薩與長者女及五百侍女
衆寶莊嚴圍繞恭敬俱到曇無竭菩
薩所尒時曇無竭菩薩摩訶薩有七
寶臺赤牛頭栴檀以為莊嚴真珠羅

大智度論第九十八卷　第十一張　正

網以覆臺上四角皆懸摩尼寶珠以
為燈明及四寶香鑪常燒名香為供
養般若波羅蜜故其臺中有七寶大
牀四寶小牀重敷其上以黄金牒書
般若波羅蜜置小牀上種種幡蓋莊
嚴垂覆其上薩陁波崘菩薩及諸女
人見是妙臺衆寶嚴飾及見釋提桓
因與无量百千万諸天以天曼陁羅
花碎末栴檀磨衆寶屑以散臺上鼓
天伎樂於虛空中娛樂此臺尒時薩
陁波崘菩薩問釋提桓因憍尸迦何
因緣故與無量百千万諸天以天曼陁
羅花碎末栴檀磨衆寶屑以散臺上
鼓天伎樂於虛空中娛樂此臺釋提
桓因荅言汝善男子不知耶此是摩
訶般若波羅蜜是諸菩薩摩訶薩母
能生諸佛攝持菩薩菩薩學是般若
波羅蜜成就一切功德得諸佛法一
切種智是時薩陁波崘菩薩即歡喜悅
樂問釋提桓因憍尸迦般若波羅蜜諸
菩薩摩訶薩母能生諸佛攝持菩薩
菩薩學是般若波羅蜜成就一切功
德得諸佛法一切種智今在何處釋

大智度論第九十八卷　第十二張　正

提桓因言善男子是臺中有七寶大
牀四寶小牀重敷其上以黄金牒書
般若波羅蜜置小牀上曇無竭菩薩以
七寶印印之我等不能得開以示汝
是時薩陁波崘與長者女及五百侍
女取供養具華香瓔珞幡蓋分作二
分一分供養般若波羅蜜一分供養
法座上曇無竭菩薩尒時薩陁波崘
菩薩與五百女人持華香瓔珞幡蓋
伎樂及諸珎寶供養般若波羅蜜已
然後到曇無竭菩薩所到已見曇無
竭菩薩在法座上坐以諸華香瓔珞
擣香澤香金銀寶華幡蓋寶衣散其曇
無竭菩薩上為法故供養是時諸華香
寶衣於曇无竭菩薩上虛空中化成華
臺碎末栴檀寶屑金銀寶華化成寶
帳寶帳之上所散種種寶衣化為寶蓋
寶盖四邊垂諸寶幡薩陁波崘及諸
女人見曇無竭菩薩所作變化皆大歡
喜作是念未曾有也曇無竭大師神
德乃尒行菩薩道時神通力尚能如
是何況得阿耨多羅三藐三菩提時
是時長者女及五百女人清淨信心

敬重曇無竭菩薩皆發阿耨多羅三
藐三菩提心作是願言如曇無竭菩
薩得菩薩諸深法如曇無竭菩薩於大
衆中演說顯示般若波羅蜜義如曇
無竭菩薩得般若波羅蜜方便力成
就神通於菩薩事中得自在我等亦
當如是時薩陁波崘菩薩及五百
女人華香寶物供養般若波羅蜜及
曇無竭菩薩已頭面礼曇無竭菩薩
合掌恭敬一面立一面立已白曇無
竭菩薩言我本求般若波羅蜜時於
空閑林中聞空中聲言善男子汝從
是東行當得聞般若波羅蜜我受是
語東行東行不久作是念我何不問
空中聲我當何處去去是遠近當從誰
聞我是時大憂愁啼哭於是處住七
日七夜憂愁故乃至不念飲食但念
我何時當得聞般若波羅蜜我如是
憂愁一心念般若波羅蜜多見佛身
在虛空中語我言善男子汝大欲大精
進心莫放捨以是大欲大精進心從是
東行去是五百由旬有城名衆香是

中有菩薩摩訶薩名曇無竭從是人
所當得聞般若波羅蜜是菩薩世世
是汝善知識常守護汝我從佛受教
誨已便東行更無餘心但念我何時
當見曇無竭菩薩為我說般若波羅
蜜我尒時中道住於一切法中得無
㝵知見得觀諸法性等諸三昧現在
前住是三昧已見十方无量阿僧祇
諸佛說是般若波羅蜜諸佛讚我言
善哉善哉善男子我本求般若波羅
蜜時得諸三昧亦如汝今日得是諸
三昧已遍得諸佛法諸佛為我廣說
法要安慰我已忽然不現我從三昧起
作是念諸佛從何處来去至何所我不
見諸佛故大愁憂復作是念曇無竭
菩薩供養先佛植諸善根久行般若
波羅蜜善知方便力於菩薩道中得
自在是我善知識守護我我當問曇
无竭菩薩是事諸佛從何所來去至何
所我今問大師是諸佛何處来去至
何處大師當為我說諸佛所從来所
至處今我得知知已亦常不離見諸佛
論釋曰薩陁波崘渴仰欲聞般若故見

十方諸佛為大衆說法其心歡喜其意得滿諸佛以其信力堅固精進難動故安慰其心讚言善哉我本初行菩薩道求般若時亦如汝今汝莫憂愁自謂福薄介時薩陀波崙大得諸三昧力其心深著是故諸佛為說求諸三昧性不見實韓亦不見入三昧出三昧者衆生空法空故諸佛為略說般若波羅蜜相不念有是法所謂一切法無相故不可念著我等住是無所念法中能具足六波羅蜜具足六波羅蜜故得佛金色身如經中說諸佛教化利喜安慰其心問曰上化佛已為說曇無竭是汝世世善知識今何以復問何等是我善知識答曰以佛勅於善知識中倍應恭敬愛念故又以欲於十方佛所聞曇無竭功德欲自令信心堅固不疑故問十方佛答如經中說薩陀波崙是曇無竭所度因緣人故諸佛佐助示導或有諸菩薩佐助佛所應度者令至佛所問曰上聞虛空聲不問故七日啼哭今不見十方佛何以不大憂愁更求見佛但

欲於曇無竭所問諸佛去來事答曰薩陀波崙先時但有肉眼未得三昧以深心信著善法故大啼哭今得諸三昧力又見十方佛諸煩惱微薄著心已離故但一心念我當何時見曇無竭問曰若薩陀波崙得是三昧力何以不還入三昧問十方諸佛從何所來去至何所而欲見問曇無竭答曰十方佛上以種種因緣讚曇無竭世世是汝師是故欲問是時薩陀波崙念曇無竭菩薩是我先世因緣是故生恭敬尊重心以有大功德故尊重是先世因緣故恭敬愛樂問曰先說薩陀波崙不大著世間事深愛般若波羅蜜故愁憂啼哭今何以自鄙貧窮無以供養但以好心隨師意則是法供養何用華香為答曰法供養雖上而世間衆生見遠來求法而空無所有則不發喜心以世法故求供養具復次五波羅蜜為助般若波羅蜜法助法中檀波羅蜜為首薩陀波崙思惟我得尊重福田曇無竭菩薩當以助道法根本供養亦欲為起發衆人

薩陀波崙是智人善人貧窮而能供養何況我等復次諸善法行時思惟時其味各異薩陀波崙欲行布施味是故求供養具問曰薩陀波崙是大菩薩能見十方佛又得諸深三昧何以貧窮答曰有人言此人捨家求佛道雖生富家道里懸遠一身獨去不賫財物有人言雖是大人宿世小罪因緣故生貧窮家有雖是小人先世少行布施因緣故生大富家如蘇陀夷足陀等是諸天所供養人而生小家貧有二種一者財貧二者功德法貧功德法貧最大可耻財貧好人亦有法貧好人所無無有華香者無有上妙寶華又以少故言無我若空往師雖不須我心不得大喜是故欲賣身問曰若賣身與他誰買此物往供養師答曰捨身即是大供養去住無在有人言是人賣身取財因人供養我為供養故賣身為奴又人言介時世好人皆知法雖自賣身主必能聽供養而還復次是人發深心欲行檀波羅蜜為供養法及法師而無外物唯有

已身是故賣是內物於外內物中內也為重惜之深故是故欲不破布施願故賣身供養此中自說不悔因緣我世世喪身無數未曾為清淨法故今為供養說法者故喪是身大得法利薩陀波崙定心斷貪惜身意於道中入一大城欲得賣買如意故入此大城一心欲賣身除著愧破憍慢故唱言誰須人問曰魔何以欲破其意答曰魔常為諸佛菩薩怨家故欲來破復次諸小菩薩未得諸法實相魔及惡人能壞若得無生法忍住諸菩薩神通力無能破者如小樹栽小兒能破大不可破復次此中自說魔破因緣所謂是薩陀波崙愛法故自賣身供養般若波羅蜜及法感菩薩當得正聞般若波羅蜜如經中廣說問曰若魔欲壞薩陀波崙先來聞空中聲及見十方佛時何以不壞今方隱蔽諸婆羅門居士令不聞其聲答曰薩陀波崙先心未定惜身未盡見十方佛已得諸三昧其心乃定今定心相現是故魔驚若菩薩心未定未能

大智度論第九十八卷　第十六張　正

動魔若大菩薩其心已定魔亦不來薩陀波崙今欲定心出魔境界是故魔來辟如負債人未欲遠去債主不遮欲出他界則不聽去問曰魔有大力何以不煞此菩薩而但破壞答曰魔本不嫉其壽命但憎其作佛心是故欲壞又復諸天神法人無重罪不得妄煞但得壞乱恐怖若神無此法則人無活者是故不煞婆羅門性中生受戒故名婆羅門除此通名居士居士真是居舍之士非四姓中居士除一長者女者以其為佛道世世集功德故魔不能蔽復有人言是薩陀波崙不應死故令一女人聞有人言是曇無竭菩薩神通力故令長者女得聞如是三唱無人買者便大愁憂問曰薩陀波崙既不惜身雖無人買亦不應愁答曰既發大心不滿其願是故大愁釋提桓因作是念薩陀波崙欲賣其身無有買者如經中廣說問曰釋提桓因報得知他心應知薩陀波崙心已決定今何以來試答曰諸天但知世間人心作佛不作佛

大智度論第九十八卷　第十七張　正

心非其所知除佛無有能知其為佛道故與授記復次釋提桓因欲多所引導故來試之令聞見者皆發心求佛又如金銀等諸寶不以輕賤故燒鍛磨打菩薩亦如是若能割肉出血破骨出髓其心不動是正定菩薩是故天帝來試問曰帝釋是大天王何以妄語作是言我欲祠天須人心血髓答曰若以慳貪瞋恚煩惱欲求自利故妄語是故為罪帝釋若作實身實語菩薩則不信是故如其國法天祠所須為其信受故是時薩陀波崙信其語而大歡喜我得大利大利者阿鞞跋致地第一利者是佛道大利者五波羅蜜第一利者般若波羅蜜大利者般若波羅蜜第一利者般若波羅蜜方便力大利者菩薩初地第一利者十地大利者從初地乃至十地第一利者第十地大利者菩薩地第一利者佛地如是等分別雖未具足已住具足因緣故言便為具足問曰若釋提桓因化身來何以言汝須何等價答曰知其欲供養曇無竭菩

大智度論第九十八卷　第十八張　正

薩滿其願故又復釋提桓因苦困薩陁波崙畏其所索者大是故言須何等價隨汝意與我者言於汝不大貪惜不致悔恨者與我薩陁波崙無力勢故不能得使旃陁羅故自捉刀婆羅門亦畏罪故不能破是以自執刀破身問曰若長者女聞聲何以不來問汝何以自賣身耶荅曰但空言賣身事輕破身出心髓事重故長者女發心長者女住在閣上見是人自割剝作是念一切衆生皆求樂畏苦貪愛其身薩陁波崙而自割剝是為希有又以先世福德因緣所牽故即往到其所而問薩陁波崙荅欲供養曇無竭菩薩復問得何等利荅言般若波羅蜜名菩薩所學當從彼聞我學是道當得作佛與一切衆生作依止譬如厚葉樹多所廕覆又如熱時曠野險道清涼大池為說佛功德現事可以發心者所謂金色身三十二相大光無量光大光為閻浮提惡世衆生諸佛真實光明無有限量大慈乃至六神通義如先說不可思議清淨

戒禪定智慧如佛戒等五衆中說於諸法中得一切無导知見者諸佛有無导解脫是解脫相應知見一切法中無所导知見分別如先說薩陁波崙言我得如是无量佛功德以無上法寶分布與一切衆生無上寶者有人言三寶中法寶有人言一切八万四千法衆是為法寶得是故除諸煩惱滅諸戲論得脫一切苦有人言無上法寶即是阿耨多羅三藐三菩提更無過上者故有人言涅槃是無上法寶何以故一切有為法皆有上如阿毗曇言一切有為法及虛空非數緣盡名為有上法數緣盡是無上法數緣盡即是涅槃之別名有人言涅槃道雖是有為以其為涅槃故於有為法中為無上如是等法寶分布為三乘與衆生如是等无量佛法當從師得是故我捨是老病死所住處不淨臭穢之身為供養般若波羅蜜故當得佛身金色等如先說長者女世世供養諸佛種善根智慧明利聞是法其心深入大得法喜乃至心驚毛竪語

薩陁波崙言甚為希有汝所讃法大微妙為是一一法故應捨如恒河沙等身何況一身長者女不知何因緣故困苦其身而怜愍之心謂不可令聞是無量無邊無比清淨佛法以是因緣可得故大歡喜是故說為是法故應捨如恒河沙身女言汝以貧故自苦困其身於今可止恣汝所須當以相與我亦隨汝而来是道問曰是菩薩既自割截身體云何能與長者女多說佛法荅曰是菩薩心力大雖有身苦不能覆心是菩薩始以刀割肉流血方欲破骨出髓而長者女来未大悶故能得說法釋提桓因知其心定試之而已故無所言即復本身讃言善哉汝心堅受是事者帝釋意如汝今生死肉身未得佛道能如是不惜身汝不久當於一切法中得無所著住無生法忍中疾得阿耨多羅三藐三菩提以過去佛為證如是等種種因緣安慰其心我是天王愛樂佛道故来相試欲知汝心堅軟云何欲令汝信故言須人心髓祠天實不須也汝願何

等當以相與汝是好人為是佛種當相擁護薩陀波崙直信心善軟深著佛道故下分別衆生聞帝釋語便言與我阿耨多羅三藐三菩提帝釋言此非我力所能辨是佛境界復次有人言帝釋大苦困薩陀波崙今以此語謝之帝釋意謂求金銀寶物不知乃索阿耨多羅三藐三菩提既不能與愧負而已復更語言必相供養更索餘願帝釋語意我既大相苦困不得直尒而去要相供養薩陀波崙雖不惜身欲以此身供養曇無竭聞般若波羅蜜是故語言若汝無此力令我身體平復如故帝釋言如汝所言瘡即平滿與本無異問曰先已割肉云何令得平滿答曰佛說有五不可思議龍事所作尚不可思議何況天又虛空中微塵充滿帝釋福德生心便能和合平滿如諸天及地獄中身非是三生身罪福因緣故和合便有是時帝釋知其心堅與願已即時滅去尒時薩陀波崙宿世微罪已畢福德明盛是故長者女將歸有所須者從我父

母索之如經中廣說問曰是女先言汝所須物盡從我索之今何以言從我父母索答曰今既將歸到舍以薩陀波崙目見入舍從父母得之愧不稱前言是故先自說從我父母索之又女雖力能得實以子女法故從父母索之女既入舍如先所許從父母索與其國無有佛法是故問女阿誰是薩陀波崙菩薩女如所見如所聞盡向父母說薩陀波崙事今父母當聽我與薩陀波崙菩薩俱及五百侍女并供養具供養曇無竭菩薩父母聞其言即聽如汝意問曰長者貴而有力云何先不識薩陀波崙聞其功德故便能令女及其眷屬寶物與之俱去答曰長者亦植德本以少因緣故生无佛國邊辟如蓮花生長具足見日開敷父母聞佛德發其宿識心即開悟故能發遣知女心淨熟無不淨行持操不妄不樂世樂但求法利知其心至不可制止若違其意恐其自害思惟籌量已既全其意自得功德歡喜令去世間因緣深著難解愛之至故尚不能違何況

為佛道故其心清淨無所染著而不聽之女以父母為法見聽不惜寶物亦以隨喜心為之歡喜尒時衆心既定莊嚴七寶之車與大衆圍遶稍稍東行是時五百女親屬及城中衆人見是希有難及之事皆亦隨去人衆既集歡悅共行渴仰衆香城如渴者思飲漸漸進路遥見衆香城乃至與長者女及五百女人恭敬圍遶欲往曇無竭所問曰曇無竭是大菩薩得聞持等諸陀羅尼般若波羅蜜義已自通利憶持何用七寶臺書般若經卷著中供養答曰雖有種種因緣略說有二義一者衆生心行不同或樂見經卷或樂聞演說二者曇無竭身為白衣現有家屬餘根衆生或作是念此有居家必有染著何能以畢竟清淨無著般若波羅蜜利益衆生自未無著何能以無著法教化是故書其經文著七寶牒上衆寶供養諸天龍鬼神皆亦共來恭敬供養花香幡蓋雨於七寶衆生見者增益信根則以此法亦傳佛語案文演教勸發一切

寶臺莊嚴之具及薩陀波崙問釋提桓因如經中說七寶印印者是曇無竭真實印常自手執以印於經有人言七寶印者有求佛道七大神是執金剛杵常給曇無竭菩薩使守護經文不令魔及魔民改更錯乱為貴敬般若故有人但聞演說而發心者有人見其莊嚴文字而歡喜發心者是故莊嚴寶臺用金牒書七寶印印問曰臺上書寫般若曇無竭菩薩口所演說般若雖二處俱有而書寫處不能益人何以先至臺所荅曰所書般若入法寶中佛寶次第有法寶故應先供養曇無竭一人故僧寶所不攝是故先供養法寶又曇無竭菩薩所說者雖是法而衆生取人相故多生著心若見所書般若不生人相雖取餘相著心少於著人生患是故先供養經經法諸佛尚供養何况曇無竭及薩陀波崙曇無竭因般若波羅蜜故得供養所因之本何得不先供養是故分所供養具為二分問曰曇無竭有六万婇女五欲宮殿去何能以所散花物

化為花臺荅曰有人言諸佛神力因薩陀波崙所供養物作此變化有人言曇無竭是大菩薩法性生身為度衆生故受五欲如曇無竭菩薩名字義中說問曰菩薩法先於衆生中起悲心欲度衆生苦故求阿耨多羅三藐三菩提今但見曇無竭神力威德去何發心荅曰發心有種種有聞說法而發心者有於衆生起慈悲而發心者有見神通力大威德而發心者然後漸漸而生悲心如智印經中說依愛而斷愛依憍而斷憍如人聞道法愛著是法故捨五欲出家又有聞某甲得阿羅漢道而生高心此人無勝我事彼尚能介我何不能而生大精進得阿羅漢道佛道中亦如是長者女等及五百女人常深貪勢力自在樂聞往古有人神力變化寶物具足人中受天樂後見曇無竭臺觀宮殿在大法座上坐天人供養又見所供養物於虛空中化成大臺心即大喜發難遭想知皆從福德因緣可辦是事是故皆發作佛心所聞發心者

行皆次第行如毗摩羅詰經中說受憍等諸煩惱皆是佛道根本是故女人見是事已生愛樂心知以福德因緣可得是事故皆發心因是愛憍後得清淨好心故言佛道根本譬如蓮花生汙泥發心已作願如曇無竭所為我等亦當得是時薩陀波崙等頭面礼曇無竭菩薩花香等供養不貴故先以供養身貴重故後礼拜礼拜已說本求般若因緣如經中說我本求般若時聞空中聲乃至我今問大師諸佛從何所來去至何處問曰薩陀波崙得諸大三昧所謂破無明觀諸法性等去何不知空而取佛相深生愛著荅曰若新發意菩薩雖能揔相知諸法空無相於諸佛所深愛著故不能解佛相畢竟空雖知空而不能與空合何以故諸佛有無量無邊實功德是菩薩利根故深入深著若佛不為是菩薩說空者是菩薩為愛佛故能自滅親族何况餘人但以解空故無是事薩陀波崙深著諸佛故不能知而問大師今為我說諸佛来去相我見佛身無猒足故常不離見諸佛

大智度論卷第九十八

壬寅歲高麗國大藏都監奉勅雕造

大智度論第九十八卷　第三十張　正

大智度論卷第九十八

校勘記

一　底本，麗藏本。

一　六五五頁上一行經名，資、磧、普、南、徑、清作「大智度論卷第九十八」。

一　六五五頁上三行與四行之間，資、磧、普、南有品名「釋薩陁波崙品第八十八下」；徑、清有品名「釋薩陁波崙品第八十八之下」。

一　六五五頁上四行首字「經」，資無。

一　六五五頁上一四行「丈六」，磧、普作「丈」；南、徑、清作「大」。

一　六五五頁中七行第一〇字及第一三字「刼」，資、磧、普、南、徑、清無。

一　六五五頁中八行第三字「千」，資、磧、普、南、徑、清無。

一　六五五頁中一五行第五字「已」，資、磧、普、南、徑、清無。

一　六五五頁中一九行第五字「及」，資、磧、普、南、徑、清作「及得」。

一　六五五頁中二二行第九字「所」，資、磧、普、南、徑、清作「處」。

一　六五五頁下二行第八字「無」，資、磧、普、南、徑、清無。

一　六五五頁下二行末字「澤」，南、徑、清作「塗」。

一　六五五頁下一六行「自欲」，資、磧、普、南、徑、清作「欲自」。

一　六五六頁上二行第六字「隱」，資、磧、普、南、徑、清無。

一　六五六頁上四行首字「蔽」，磧、普、南、徑、清作「蔽以其宿因緣故」。

一　六五六頁上四行第一一字「雋」，諸本作「售」，下同。

一　六五六頁上五行「涕泣」，石作「流淚」；資、磧、普、南、徑、清作「啼泣」。

一　六五六頁上一五行第二字「欲」，資、磧、普、南、徑、清無。

一　六五六頁中一六行第二字「益」，資、磧、普、南、徑無。

一　六五六頁中一八行第一〇字「應」，資、磧、普、南、徑、清無。

一　六五六頁下二行末字「知」，資、磧、普、南、徑、清作「智」，下同。

一　六五六頁下三行第二字「以」，資、磧、普、南、徑、清無。

一　六五六頁下五行第九字「即」，資、磧、普、南、徑、清無。

一　六五六頁下六行第二字「語」，資、磧、普、南、徑、清作「讚」。

一　六五六頁下七行第一二字至八行首字「一一功德」，資作「一切」；

磧、普、南、徑、清作「一一」。

一 六五七頁上五行第[illegible]字「[illegible]」，磧、普、徑、清作「瘢」。

一 六五七頁上九行「侍女共往」，資、磧、普、南、徑、清作「侍從共汝往」。

一 六五七頁中一三行第八字「言」，資、磧、普、南、徑、清無。

一 六五七頁中一三行第一四字「盡」，資、磧、普、南、徑、清作「即」。

一 六五七頁下一行第九字「故」，資、磧、普、南、徑、清無。

一 六五七頁下四行第五字「善」，資、磧、普、南、徑、清無。

一 六五七頁下八行「菩薩所應住」，資、磧、普、南、徑、清無。

一 六五七頁下一一行第九字，六六二頁上二一行首字「大」，磧、普作「丈」。

一 六五七頁下一九行「甚大」，資、磧、普、南、徑、清作「大願甚」。

一 六五七頁下二〇行第三字「至」，資、磧、普、南、徑、清無。

一 六五七頁下二〇行第六字「爲」，磧、普作「爲足」；南、徑、清作「爲是」。

一 六五七頁下二一行第四字「今」，資、磧、普、南、徑、清作「命」。

一 六五八頁上一九行第七字「喜」，資、磧、普、南、徑、清作「樂」。

一 六五八頁上二一行第一三字「得」。諸本無。

一 六五八頁中八行第二字「去」，石作「行」。

一 六五八頁中一一行「百千」，諸本作「五百」。

一 六五八頁下一行「寶珠」，資、磧、普、南、徑、清作「珠寶」。

一 六五八頁下一〇行第二字「伎」，資、磧、普、南、徑、清作「妙」。

一 六五八頁下一八行「功德」，石作「諸功德」。

一 六五八頁下一九行「菩薩」，資、磧、普、南、徑、清無。

一 六五九頁上一三行第一二字「衣」，資、磧、普、南、徑、清作「衣服以」。

一 六五九頁上一三行末字至一四行第四字「曇無竭菩薩」，資、磧、普、徑、清無。

一 六五九頁上一四行第一三字「諸」，資、磧、普、南、徑、清無。

一 六五九頁上一九行第一三字「皆」，資、磧、普、南、徑、清無。

一 六五九頁中一一行第二字「掌」，資、磧、普、南、徑、清作「手」。

一 六五九頁中二〇行第一一字「多」，資、磧、普、南、徑、清無。

一 六五九頁下四行第九字「心」，諸本作「念」。

一 六五九頁下一三行第二字「要」，資、磧、普、南、徑、清無。

一 六五九頁下一六行第八字「諸」，資、磧、普、南、徑、清作「衆」。

一 六五九頁下二一行第五字「當」，資作「當願」；磧、普、南、徑、清作「願」。

一 六五九頁下末行首字「論」，資無。

一　六六〇頁上四行第八字「今」，資、磧、普、南、徑、清作「今日」。
一　六六〇頁上一二行第四字「佛」，資、磧、普、南、徑、清無。
一　六六〇頁中一六行首字「無」，資、磧、普、南、徑、清作「先」。
一　六六〇頁中一六行第七字「好」，資、磧、普、南、徑、清無。
一　六六〇頁下九行第七字「有」，資、磧、普、南、徑、清作「有人言」。
一　六六〇頁下一〇行第六字「生」，資、磧、普、南、徑、清作「不生」。
一　六六〇頁下一一行首字「陁」，資、磧、普、南、徑、清作「他」。
一　六六〇頁下一五行末字「雖」，石作「即」。
一　六六〇頁下一七行第八字「買」，諸本作「貴」。
一　六六〇頁下二〇行第八字「又」，石作「有」。
一　六六〇頁下二一行第三字「知」，資、磧、普、南、徑、清作「如」。

一　六六一頁上一行第五字「貴」，資、磧、普、南、徑、清作「賣身」。
一　六六一頁上一行末字「施」，資、磧、普、南、徑、清作「物」。
一　六六一頁上七行「買如」，石作「身望如」。
一　六六一頁上九行第一一字「破」，石作「壞」。
一　六六一頁上一七行第三字「聞」，資、磧、普、南、徑、清作「問」。
一　六六一頁中六行第九字「憎」，石作「增」。
一　六六一頁中一一行第八字「士」，資、磧、普、南、徑、清作「主」。
一　六六一頁中一六行「愁憂」，徑作「憂愁」。
一　六六一頁中二一行「報得」，石作「得報」；資、磧、普、南、徑、清作「得報得」。
一　六六一頁下二行「授記」，資、磧、普、南、徑、清作「受記」。
一　六六一頁下三行第七字「令」，資、磧、普、南、徑、清作「人」。

一　六六一頁下八行「作是」，諸本作「詐」。
一　六六一頁下二〇行第九字「等」，資、磧、普、南、徑、清作「次第」。
一　六六二頁上一〇行第一〇字「見」，資、磧、普、南、徑、清作「遥見」。
一　六六二頁上末行第七字「先」，資、磧、普、南、徑、清作「前」。
一　六六二頁中二行首字「諸」，資、磧、普、南、徑、清作「説」。
一　六六二頁中四行「畀知」，資、磧、普、南、徑、清作「現智」。
一　六六二頁中一三行首字，六六三頁中八行第一〇字「阿」，石作「何」。
一　六六二頁中一六行第三字「是」，資、磧、普、南、徑、清無。
一　六六二頁下六行第六字「歡」，資、磧、普、南、徑、清無。
一　六六二頁下一三行「出髓」，資、磧、普、南、徑、清無。
一　六六三頁上四行第一二字「帝」，

資、磧、普、南、徑、清作「願帝」。

一 六六三頁上一四行第一一字「汝」，資、磧、普、南、徑、清無。

一 六六三頁上二〇行首字「三」，資、磧、普、南、徑、清作「胎」。

一 六六三頁中一〇行第八字「今」，資、磧、普、南、徑、清作「令」。

一 六六三頁中一三行第三字「汝」，諸本作「女」。

一 六六三頁中一九行第一三字「妄」，諸本作「忘」。

一 六六三頁中二一行第六字「其」，諸本作「便」。

一 六六三頁下七行第四字「悦」，石作「喜」。

一 六六三頁下九行第七字「女」，資、磧、普、南、徑、清無。

一 六六三頁下一二行首字「通」，資、磧、普、南、徑、清作「誦」。

一 六六三頁下一四行第二字「二」，石作「二種」。

一 六六四頁上二行「七寶印」，資、磧、普、南、徑、清作「七印」，下同。

一 六六四頁上五行首字「杵」，資、磧、普、南、徑、清作「種」。

一 六六四頁上七行第七字「而」，資、磧、普、南、徑、清作「所」。

一 六六四頁上九行第一三字「臺」，石作「若臺」。

一 六六四頁上一三行第一〇字「應」，資、磧、普、南、徑、清作「一應」。

一 六六四頁中二行第一〇字「此」，資、磧、普、南、徑、清無。

一 六六四頁中四行第三字「故」，石作「故故」。

一 六六四頁中一三行第一三字「有」，資、磧、普、南、徑、清無。

一 六六四頁中一四行第七字「道」，資、磧、普、南、徑、清作「果」。

一 六六四頁下六行第二字「汙」，磧、普、南、徑、清作「淤」。

一 六六四頁下七行第七字「時」，諸本作「爾時」。

一 六六四頁下八行第九字「等」，資、磧、普、南、徑、清無。

一 六六四頁下一四行第一四字「愛」，資、磧、普、南、徑、清無。

一 六六四頁下一五行第三字「若」，資、磧、普、南、徑、清無。

一 六六四頁下末行末字「佛」，石下有夾註「釋第八十八品竟」。

一 六六五頁上一行經名，石作「大智度經論卷第九十八」。

趙城縣廣勝寺

大智度論釋曇無竭品第八十九 卷第九十九

龍樹菩薩造

後秦龜茲國三藏鳩摩羅什　譯

介時曇無竭菩薩摩訶薩語薩陀波崙菩薩言善男子諸佛無所從來去亦無所至何以故諸法如不動相諸法如即是佛善男子無生法無來無去無生法即是佛無滅法無來無去無滅法即是佛實際法無來無去實際法即是佛空無來無去空即是佛善男子無染無來無去無染即是佛寂滅無來無去寂滅即是佛虛空性無來無去虛空性即是佛善男子離是諸法更無佛諸佛如諸法如一如無分別善男子是如常一無二無三出諸數法無所有故辟如春末月日中熱時有人見焰動逐之求水望得於汝意云何是水從何池何山何泉來今何所去若入東海西海南海北海薩陀波崙言大師焰中尚無水云何當有來處去處曇無竭菩薩語薩陀波崙菩薩言善男子愚夫無智為熱渴所逼見焰動無水生水想善男子若有人分別諸佛有來有去當知是人皆是愚夫何以故善男子諸佛不可以色身見諸佛法身無來無去諸佛來處去處亦如是善男子辟如幻師幻作種種若象若馬若牛若羊若男若女如是等種種諸物於汝意云何是幻事從何處來去至何所薩陀波崙菩薩言大師幻事無實云何當有來去處善男子是人分別佛有來有去亦如是善男子辟如夢中見若象若馬若牛若羊若男若女於汝意云何夢中所見有來處有去處不薩陀波崙言大師是夢中所見虛妄云何當有來去善男子是人分別佛有來有去亦如是善男子佛說諸法如夢若有衆生不知是諸法如夢以名字色身著佛是人分別諸佛有來有去不知諸法實際相故皆是愚夫無智之數是人數數往來五道遠離般若波羅蜜遠離諸佛法善男子佛說諸法如幻如夢若有衆生如實知是人不分別諸法若來若去若生若滅若不分

別諸法若來若去若生若滅則能知佛所說諸法實相是人行般若波羅蜜近阿耨多羅三藐三菩提名為真佛弟子不虛妄食人信施是人應受供養為世間福田善男子譬如大海水中諸寶不從東方來不從南方西方北方四維上下來衆生善根因緣故海生此寶此寶亦不無因緣而生是寶皆是從因緣和合生是寶若滅亦不去至十方諸緣合故有諸緣離故滅善男子諸佛身亦如是從本業因緣果報生生不從十方來滅時亦不去至十方但諸緣合故有諸緣離故滅善男子譬如箜篌聲出時無來處滅時無去處衆緣和合故生有槽有頸有皮有絃有柱有棍有人以手鼓之衆緣和合而有聲是聲亦不從槽出不從頸出不從皮出不從絃出不從棍出亦不從人手出衆緣和合尒乃有聲是因緣離時亦無去處善男子諸佛身亦如是從無量功德因緣生不從一因一緣一功德生亦不無因緣有衆緣和合故有諸佛身不獨從一事成來無所從去無所至善男子應當如是知諸佛來相去相善男子亦當知一切法無來去相汝若知諸佛及諸法無來無去無生無滅相必得阿耨多羅三藐三菩提亦能行般若波羅蜜及方便力尒時釋提桓因以天曼陁羅花與薩陁波崘菩薩摩訶薩作是言善男子以是花供養曇無竭菩薩摩訶薩我當守護供養汝所以者何汝因緣力故今日饒益百千万億衆生使得阿耨多羅三藐三菩提善男子如是善人甚為難遇為饒益一切衆生故無量阿僧祇劫受諸勤苦薩陁波崘菩薩摩訶薩受釋提桓因曼陁羅花散曇無竭菩薩上白言大師我從今日以身屬師供給供養如是白已合手師前立是時長者女及五百侍女白薩陁波崘菩薩言我等從今月亦以身屬師我等以是善根因緣故當得如是法亦如師所得共師世世供養諸佛世世常共養師是時薩陁波崘菩薩語長者女及五百女人若汝等以誠心屬我者我當受汝諸女言我等以誠心屬師當隨師教是時薩陁波崘菩薩及五百女人并諸莊嚴寶物上妙供具及五百乘七寶車奉上曇無竭菩薩白言大師我持是五百女人奉給大師是五百乘車隨師所用尒時釋提桓因讚薩陁波崘菩薩言善哉善哉善男子菩薩摩訶薩捨一切所有應如是如是布施疾得阿耨多羅三藐三菩提作如是供養說法人必得聞般若波羅蜜及方便力過去諸佛本行菩薩道時亦如是住布施中得聞般若波羅蜜及方便力得阿耨多羅三藐三菩提尒時曇無竭菩薩欲令薩陁波崘菩薩善根具足故受五百乘車長者女及五百侍女受已還與薩陁波崘菩薩是時曇無竭菩薩說法日沒起入宮中薩陁波崘菩薩摩訶薩作是念我為法故來不應坐卧當以二事若行若立以待法師從宮中出說法尒時曇無竭菩薩七歲一心入無量阿僧祇菩薩三昧及行般若波羅蜜方便力薩陁波崘菩薩七歲

無行住立不坐不卧無有睡眠無欲恚惱心不著味但念曇無竭菩薩摩訶薩何時當從三昧起出而說法薩陀波崙菩薩過七歲已作是念我當為曇無竭菩薩摩訶薩敷說法座曇無竭菩薩摩訶薩當坐上說法我當灑地清淨散種種華莊嚴是處為曇無竭菩薩摩訶薩當說般若波羅蜜及方便力故是時薩陀波崙與長者女及五百侍女為曇無竭菩薩摩訶薩敷七寶牀五百女人各脫上衣以敷座上作是念曇無竭菩薩摩訶薩當坐此座上說般若波羅蜜及方便力薩陀波崙菩薩敷座已求水灑地而不能得所以者何惡魔隱蔽令水不現魔作是念薩陀波崙菩薩求水不得於阿耨多羅三藐三菩提行乃至生一念為異則善根不增智慧不照於一切智而有稽留介時薩陀波崙菩薩作是念我當自刺其身以血灑地令無塵土來坋大師我何用此身此身必當破壞我從無始生死已來數數喪身未曾為法即以利刀自刺出血灑地薩陀波崙菩薩及長者女幷五百侍女皆無異心惡魔亦不能得便是時釋提桓因作是念未曾有也薩陀波崙菩薩愛法乃介以刀自刺出血灑地薩陀波崙及衆女人心不動轉惡魔波旬不能壞其善根其心堅固發大莊嚴不惜身命以深心欲求阿耨多羅三藐三菩提當度一切衆生無量生死苦釋提桓因讚薩陀波崙菩薩言善哉善哉善男子汝精進力大堅固難動不可思議汝愛法求法寂為無上善男子過去諸佛亦如是以深心愛法惜法重法集諸功德得阿耨多羅三藐三菩提薩陀波崙菩薩作是念我為曇無竭菩薩摩訶薩敷法坐掃灑清淨已訖當於何處得好名華莊嚴此地若曇無竭菩薩摩訶薩法座上說法時亦當散華供養釋提桓因知薩陀波崙菩薩心所念即以三千石天曼陀羅華與薩陀波崙薩陀波崙受華以半散地留半待曇無竭菩薩摩訶薩坐法座上說法時當供養介時曇無竭菩薩摩訶薩過七歲已從諸三昧起說般若波羅蜜故與無量百千万衆恭敬圍遶往法座上坐薩陀波崙菩薩摩訶薩見曇無竭菩薩摩訶薩時心得悅樂譬如比丘入第三禪

釋曰薩陀波崙菩薩雖知諸法空無来去相未能深入亦不能解種種問於諸佛身恭敬深重故不能觀空如大海水波其力雖大到須弥山邊則退而無用薩陀波崙亦如是雖有大空智力到佛所則亦無用是故曇無竭菩薩令為說諸佛無所從来去亦無所至此中曇無竭自說因緣所謂諸法如不動相諸法如即是佛問曰何等是諸法如答曰諸法實相所謂性空無所得空等諸法門摩訶般若波羅蜜於佛法大乘六波羅蜜中第一法若無佛則無說般若者三十二相八十隨形好十力四無所畏等色無色法等淨妙五衆和合是故名為佛如五指和合名為拳不得言無拳名字既異形亦異力用亦異不得言無拳是故知有佛答曰不然佛法中

有二諦世諦第一義諦世諦故言佛
說般若波羅蜜第一義故說諸佛空
無来無去如汝說清淨五衆和合故
名為佛若智故有是即為無上如經
中佛自說因緣五衆非佛離五衆亦
無佛五衆不在佛中佛不在五衆中
佛非五衆有何以故五衆是五佛是
一一不作五五不作一又五衆無自
性故虛誑不實佛自說一切無誑法
中我取第一是故五衆不即是佛復
次若五衆即是佛諸有五衆者皆應
是佛問曰以是難故我先說第一清
淨五衆三十二相等名為佛答曰三
十二相等菩薩時亦有何以不名為
佛問曰尒時雖有相好莊嚴身而無
一切種智若一切種智在第一妙色
身中是即名為佛答曰一切種智般
若中說是寂滅相無戲論若得是法
則名無所得無所得故名為佛佛即
是空如是等因緣故五衆不得即是
佛離是五衆亦無佛所以者何離是
五衆更無餘法可說如離五指更無
拳法可說問曰何以故無拳法形亦

大智度論第九十九卷　第十張

異力用亦異若但是指者不應異因
五指合故拳法生離是拳法拳雖無
常生滅不得言無答曰是拳法若定
有除五指應更有拳可見亦不須因
五指如是等因緣離五指更無有拳
佛亦如是離五衆則無有佛佛不在
五衆中五衆不在佛中何以故異不
可得故若五衆異佛者佛應在五衆
中但是事不然佛亦不在五衆所以
者何離五衆無佛離佛亦無五衆辟
如比丘有三衣鉢故可得言有但佛
與五衆不得別異是故不得言佛有
五衆如是五種求佛不可得故當知
無佛佛无故無来無去問曰若無佛即
是邪見云何菩薩發心求作佛答曰
此中言無佛破著佛想不言取無佛
相若有佛尚不令取何況取無佛邪
見又佛常寂滅無戲論相若人分別
戲論常寂滅事是人亦墮邪見離是
有無二邊處中道即是諸法實相諸
法實相即是佛何以故得是諸法實
相名為得佛復次色等法如相即是
佛色等法性空是如相諸佛如亦性

空以是故不来不去不生不滅法性
實際空無染寂滅虛空性亦如是無
来無去如乃至虛空性如佛如是如
一無二無三等別異此中自說因緣
何以故出諸數法無所有故如等法
是實是中無有憶想分別取相故名
字中名字中有數此中自說因緣空
非實無所有故問曰若是法无所有云
何可見可聞有苦有樂有縛有脫等
分別諸異答曰此中曇無竭自種種
分別辟喻說所謂如春末月見燄乃
至是人不分別諸法若来若去燄等
中雖無實事亦能誑人自生苦樂事
諸法亦如是雖空無所有亦能令人
得苦樂憂喜事夢等法亦如是復次
佛有二種身一者法身二者色身法
身是真佛色身為世諦故有佛法身
相上種種因緣說諸法實相是諸法
實相亦無来無去是故說諸佛無所
從来去亦無所至若人得諸佛法身
相是名近阿耨多羅三藐三菩提未
得一切智故名為近以相似故般若
波羅蜜名諸法實相若能如是行是

為行般若波羅蜜真佛弟子真佛弟子者得諸法實相名為佛得諸法實相差別故有須陁洹乃至辟支佛大菩薩須陁洹等乃至大菩薩是名真佛弟子不虛妄食人信施者布施畜生雖得百倍果報而此福有盡有量不能度衆生生死故名為虛食須陁洹等乃至佛諸賢聖受人施此福果報乃至涅槃無盡無量是故說不虛妄食人信施是人應受一切衆生供養若須陁洹應受一切凡夫人供養斯陁含應受凡夫人乃至須陁洹供養阿那含應受凡夫人及須陁洹斯陁含供養阿羅漢應受凡夫人須陁洹斯陁含阿那含供養辟支佛應受凡夫人及須陁洹乃至阿羅漢供養近成佛大菩薩應受凡夫人及聲聞辟支佛供養為世間福田者如植種良田成必多持戒禪定智慧福田衆生植福獲果无量上說諸佛無來無去菩薩波崙及諸聽者意謂諸佛尚無諸法亦應皆滅則墮斷滅是故今說因緣法譬喻曇無竭亦薩陁波

崙如汝所著意謂實有者無為度衆生故從因緣和合則有像現欲證明此事故說譬喻如大海中生寶不從十方來滅亦無所去亦不無因緣而生以四天下衆生福德因緣故海生此寶若初盡滅時亦無去處譬如燈滅焰無所至佛身亦介從初發心所種善根功德皆是佛身相好因緣佛身亦不自在皆屬本因緣業果報故生是因緣雖久住性是有為法故必歸無常散壞則無身譬如善射之人仰射虛空箭去雖遠必當墮地諸佛身亦如是雖相好光明福德成就名稱無量度人無限亦歸磨滅問曰若衆生福德因緣故海生珎寶何以不近衆生處生而乃在大海難得之處答曰海中亦有衆生龍阿修羅等用是寶復次若寶生人中濁世貪者覆藏不令人得若好世時珎寶自生人間無有惜者如彌勒佛時珎寶如凡礫以懈怠懶墮人惜身強作願求樂是故寶在大海不能得若大心不惜身命勤求者乃得大海水喻十方六

道國土諸珎寶即是諸佛如珎寶為一切衆生故生而懈怠懶墮者不能得諸佛亦如是雖為衆生故出世懈怠小心貪身著我者不得度所以者何諸法皆從衆緣和合生衆生有二因緣故得度一者內有正見二者外有善說法者諸佛雖善說法衆生內正見不具故不能盡度如寶物雖為衆生出而有貧窮衆生諸佛亦如是雖為衆生出而衆生內正見少故亦不得度復有箜篌譬喻有槽有頸有皮有絃有棍有人以手鼓之衆緣和合而有聲如聲亦不在衆緣中離衆緣亦無聲以因緣和合故有聲可聞諸佛身亦如是六波羅蜜及方便力衆因緣和合邊生佛身不在六波羅蜜等法中亦不離六波羅蜜等法如聲不以一因緣亦非無因緣佛身亦如是不從無因緣亦不從少因緣諸善法因緣具足故生諸佛身如鏡中像衆因緣和合故有衆緣離故無諸佛亦如是有諸因緣故出現諸因緣散故滅善男子應如是觀諸佛來去

相一切諸法相亦應如是知曇無竭語薩陀波崙善男子汝能知諸法相不來不去必得阿耨多羅三藐三菩提不退轉亦必能行般若波羅蜜及方便力何以故一切法無障㝵故問曰釋提桓因何以化作文陀羅華與薩陀波崙荅曰釋提桓因愛樂佛道故常恭敬諸菩薩復次釋提桓因欲攝衆生令入佛道故現天王身以華與薩陀波崙薩陀波崙一心求佛道故諸天來供養衆生見者皆亦發心釋提桓因為引導衆生故供養薩陀波崙有人言釋提桓因深愛敬薩陀波崙上品來試誑令身體平復今復以華與之釋提桓因力能與一切人華以衆生無福力故設當與者華即變壞薩陀波崙福德成就故得必不變是故與若一切菩薩供養師時不盡與應守護供養者先已說因緣所謂割肉出血試以成親舊故守護復次釋提桓因此中自說因緣所謂汝因緣力故饒益百千等衆生薩陀波崙取華如其意供養曇無竭薩陀波

崙初聞師名後眼見聞法斷疑故以身供養長者女等亦効薩陀波崙以身施薩陀波崙問曰薩陀波崙以身供養曇無竭曇無竭福田大故何以不以身供養而與薩陀波崙荅曰女人智短著多故不用捨本師而供養他人以女身罪穢心雖清白為外有譏謗故問曰長者女初捨父母已屬薩陀波崙今何以復以身施荅曰初捨父母共薩陀波崙詣曇無竭為法故供養亦不自以身施父母亦不以施薩陀波崙今見薩陀波崙問甚深義曇無竭為解說釋提桓因歡喜供養是故發歡喜心以身供養以自在心故又一切女身無所繫屬則受惡名女人之體幼則從父母少則從夫老則從子是長者女等雖道路共來不得久無所屬是故自以身施而作是願如師所得我等亦當得之介時薩陀波崙欲以此女供養曇無竭慮其嫌恨故問汝等實以誠心供養我當受汝誠心者不自用心隨所處分如無心物諸女人等言實以誠心即時薩

陀波崙以長者女并諸侍女及五百乘車奉上曇無竭薩陀波崙欲除世人常疑謂其欺誑長者將諸女來是故盡以布施明已無著復次薩陀波崙如空中聲所聞得解歡喜如世人所貴內外物盡以供養欲深入檀波羅蜜門故釋提桓因知薩陀波崙愛貪等煩惱未盡而能盡捨內外布施無復遺餘故讚言善哉以過去佛為喻行難事故得難得果報所謂阿耨多羅三藐三菩提問曰若曇無竭欲令薩陀波崙善根具足故受善根者所謂具足檀波羅蜜何以故還與薩陀波崙荅曰曇無竭大智方便令薩陀波崙大得福德而無所失是謂上受薩陀波崙至誠心施斷諸貪著不坐還得福德具足曇無竭思惟薩陀波崙遠來而於五欲心不染著舊人供養為善是故還與又聞諸女先以身上薩陀波崙人非財物欲遂其本意故又是諸女世世為薩陀波崙弟子如是等因緣故還與薩陀波崙問曰諸大菩薩說法不應疲極何以入

宫荅曰隨世人法故又衆香城中衆生不常求道或時耽息受五欲樂諸天常受五欲故妨廢求道有菩薩所住國常勤精進不受五欲是衆香城衆生本願雜受曇無竭隨其志願欲引導之故生其國是故以衆生聽法疲惓起入宫中又未得道者法雖微妙常聞故生疲厭心是衆中有是人故又曇無竭在是中受冨樂人法故日没應息是時薩陀波崙作是念我為法来不應坐卧問曰為法故何以不應坐卧荅曰無是定法此人大欲大精進恭敬法故自作是念我若坐卧則是嬾惰我初求法時身尚不惜何况疲惓是故不坐卧大獎精進與坐卧相違故又坐卧則不勤力行立則勤力精進是故常住二威儀以待師出問曰薩陀波崙先知師七歲不出不荅曰初来不知故又復曇無竭亦常七歲不出以因縁故自擔七歲入定薩陀波崙自擔師未出終不坐卧又大人世間法尚不自違何况為道法又以初求法時尚不惜身今立七

歲何足為難問曰人身軟弱何能七歲不坐不卧荅曰是時人壽命長雖復七歲如今七日又好世人身福德力大雖立七歲不以為難如勤比丘年六十始出家而自結擔我脇不著席要盡得聲聞所應得事乃至得六神通阿羅漢作四阿含優婆提舍於今大行於世此人於惡世尚尒何况薩陀波崙生於好世又身力雖弱以心強故能辦其事復次一心求佛道者十方諸佛所念諸大菩薩及求佛道諸天益其氣力圍遶守護是故雖住立七歲而不疲極問曰曇無竭入三昧何以乃至七歲荅曰先已荅好世人壽長雖七歲不以為久又曇無竭宫殿婇女微妙五欲與天相似薩陀波崙等新發意者心未柔軟疑曇無竭雖說空法讃歎離欲謂其心未能捨是故七歲三昧欲以除衆疑故生貴敬心聞曇無竭七歲三昧心口相應能說能行則信受其語易可得度譬如癰瘡未熟醫則不破但以藥塗令熟則易破復次欲受心生實樂故

入無量三昧復次說法有二種一者口說法二者身現法令欲以身現法故入無量三昧令衆生知攝心入慧得如實智菩薩三昧者如菩薩義中說行般若方便力者如方便品中說薩陀波崙於七歲中三惡覺觀不生不味於味是人雖未破煩惱而集諸善法故制諸煩惱不令得生但一心念曇無竭何時當出我當從聞般若過七歲已作是念我當為曇無竭敷坐處掃灑莊嚴問曰薩陀波崙云何得知過七歲已曇無竭當出荅曰有人言先曾七歲展轉聞知復有人言曇無竭初入三昧自說七歲為限如釋迦文尼佛告阿難我欲一月二月入禪定阿難以告四衆薩陀波崙深愛佛法敬重曇無竭故供養莊嚴說法處出家菩薩但莊嚴其心諂師受法在家菩薩則莊嚴說法處華香供養復次薩陀波崙作是莊嚴欲令曇無竭知其愛法欲法相深心信樂故現是事是故生心共五百女等展力掃灑自以其金銀珎寶敷座薩陀波崙

等雖自有妙好茵蓐為愛法情至故以身所著上衣敷座求水灑地魔隱蔽故求不能得此中自說因緣魔作是念若薩陀波崙求水不得其心則劣志願不滿故又令自鄙其身我薄福德故為供養法求水不得以自輕憂愁覆心故福德不增智慧不照不明者諸憂愁煩惱覆心故諸福德智慧不能照明譬如日障蔽故其照不明魔知其心大不可沮壞但小沮壞令其稽留尒時薩陀波崙自刺其身出血灑地欲以淹塵人血肉雖臭以其至心求水不得意不分別香臭好惡為欲淹塵不惜身命又薩陀波崙深心愛著般若波羅蜜故無所愛惜有人言多有諸天龍鬼神等常隨逐薩陀波崙佐助守護是故所出之血變為香水如羼提仙人被割截時血化為乳又以無量福德成就故隨願即成問曰若福德成就隨願即得魔不應隱蔽其水荅曰是菩薩新發意能成願未能却魔此中薩陀波崙自說出血因緣我從無始生死已來數

數喪身未曾為法問曰若薩陀波崙愛法刺身出血若其身死誰復聽法荅曰是事如破骨出髓中荅又此中諸天大菩薩守護故令其不死又復惡魔知其心不可沮壞水則還出薩陀波崙等皆無異心者如人初習慈心欲為衆生及為般若波羅蜜故不惜身命既得利刀割身以痛自逼故心生悔恨是名異是菩薩信力大故欲得阿耨多羅三藐三菩提果報故不計是苦又以深悲心愛念衆生雖受種種苦惱不以為難譬如慈母愛子雖為子長受勤苦不淨不以為惡又復見諸法實相畢竟空故知是身但是虛誑和合破是虛誑故割截身時不妨阿耨多羅三藐三菩提魔不得其便者如人有瘡則受毒菩薩若有貪欲憂愁瘡者魔得其便以出血灑地心不憂愁故魔不得便薩陀波崙心五百女人亦如是敬重薩陀波崙故見其刺身應有憂惱以其願得滿故不以為愁尒時釋提桓因見是事已歎未曾有者是人未得無生忍諸

煩惱未斷為供養法故不惜身命如諸離欲人無異割截其身如斷草木初心既尒後心轉增復次未曾有者此中釋提桓因自說因緣薩陀波崙愛法乃尒以自刀刺等釋提桓因作是心歡喜已讚言善哉讚其愛法樂法勤心精進以過去佛為喻非但汝今辛苦過去諸佛求般若亦尒薩陀波崙聞釋提桓因安慰其心已如火得蘇轉更熾盛作是念我既敷座灑地當於何處得好名華莊嚴法處問曰不見水時何以不作是念當於何處得水灑地荅曰薩陀波崙以先有水處即時皆無知魔所作是故自於四大分中刺水分灑地身中水種雖多血是命之所在是故刺以灑地華不自有處無竭出時欲至不容遠求又所須復多當以遍覆其地是故生念欲得帝釋知其念即以天華中妙者名曼陀羅三千石與之是以周事帝釋所以不以人華與者欲令發希有心故薩陀波崙受華已分作二分好者留以說法時散餘者覆地其國俗

法以華覆地令行其上以為供養尒
時曇無竭如其先要滿七歲已從三
昧起與无量百千衆恭敬圍繞直趣
法座為說般若問曰若諸菩薩入微
妙三昧中誰能令起荅曰行者初入
時自作限齊然後入定時至其心自
在從三昧起悲心故而生覺觀有一
比丘入滅受定三昧時自期聞揵搥
時當起既入已時僧坊失火諸比丘
惶懅不打揵搥而去尒時過十二歲
已檀越更和合衆僧欲起僧坊方打
揵搥聞揵搥聲起即身散而死後諸
得道者說其如此復次有人言法性
生身大菩薩如諸佛常入三昧無散
乱麁心以神通力故能說法飛行度
脱衆生世俗法故有出入三昧相是
故雖入微妙三昧而能還出以大悲
心牽故譬如呪術出龍大衆圍繞者
是内眷屬恭敬散華燒香隨從而出
為說般若波羅蜜故說般若波羅蜜
者因世諦名字語言欲示衆生第一
義不動相故薩陀波崙見曇無竭即
得清淨歡喜樂遍其身如比丘入於

三禪所以者何多欲衆生雖非淨妙
得猶喜樂何況得見真功德莊嚴身
者薩陀波崙從空中佛聞曇無竭即
生大欲得諸三昧見十方諸佛復聞十
方諸佛說先世因緣惟有曇無竭能
度汝耳聞是已增益其心渴仰欲見是
故中道欲賣身供養今於衆香城七
歲不坐不卧欲見曇無竭如是渴仰
欲樂来久如人熱渴所逼得濁煖潦
水猶尚歡喜何況得清冷美水既以
渴仰情久又曇無竭功德大是故悅
樂問曰樂有四種何以但說第三樂而不
說上地定樂及解脱樂荅曰欲界種生
於三界中多貪樂受聞涅槃樂無所
有則心不樂喜以上四禪中斷苦樂
故心亦不樂第三禪中樂樂之極復
有人言薩陀波崙新發意未入細深
妙定故見曇無竭發大歡喜似如三禪樂
薩陀波崙自覺我大歡喜故即時捨
喜得清淨法性遍身安樂是故以三
禪樂為喻

大智度論卷第九十九

大智度論卷第九十九

校勘記

一　底本，金藏廣勝寺本。

一　六六九頁中一行經名，石作「大智度經論卷第九十九」；資、磧、普、南、徑、清作「大智度論卷第九十九」。

一　六六九頁中三行與四行之間，石有「摩訶般若波羅蜜經曇無竭菩薩品第八十九釋之一」一行；資、磧、普、南有「釋曇無竭品第八十九上」一行；徑、清有「釋曇無竭品第八十九之上」一行。

一　六六九頁中四行首字「尒」，石、磧、普、南、徑、清、麗冠以「經」。

一　六六九頁中二〇行首字「海」，石、麗作「海耶」。

一　六六九頁下二行第二字「若」，資、磧、普、南、徑、清無。

一　六六九頁下一七行第八字「諸」，

資、磧、普、南、徑、清無。「如夢」，資、磧、普、南、徑、清、麗作「義」。

一　六六九頁下一九行第四字「際」，石無。

一　六七〇頁上九行第四字「是」，石、麗無。

一　六七〇頁上一八行末字「出」，麗作「出不從柱出」。

一　六七〇頁上一九行第三字「棍」，石作「柱」。第五字「亦」，石無。

一　六七〇頁中一行第九字「從」，資、磧、普、南、徑、清作「来」。

一　六七〇頁中九行第一一字「當」，資、磧、普、南、徑、清作「應當」。

一　六七〇頁中一三行第二字「爲」，資無。

一　六七〇頁中一三行第一〇字「无」，資作「爲無」。

一　六七〇頁中一四行第二字「諸」，資無。

一　六七〇頁中一五行末字「三」，資、磧、普、南、徑、清、麗無。

一　六七〇頁中一七行第五字「白」，麗作「三白」。第八字「手」，磧、普、南、徑、清作「掌」。

一　六七〇頁中一九行第六字「月」，資、磧、普、南、徑、清、麗作「日」。

一　六七一頁上五行第一一字「說」，南、徑、清作「設」。

一　六七一頁上九行第一一字「崘」，麗作「崙菩薩」。

一　六七一頁上一七行「行乃至」，資、磧、普、南、徑、清無。

一　六七一頁中一三行第一〇字「法」，石作「故」。

一　六七一頁中一八行第六字「上」，諸本作「上坐」。

一　六七一頁中二〇行第六字「石」，資、磧、普、南作「碩」。

一　六七一頁中二一行第八字「華」，磧、普、南、徑、清作「華已」。

一　六七一頁下一行第一一字「說」，諸本作「爲說」。

一　六七一頁下四行第一二字「得」，石、麗作「淨」。

一　六七一頁下六行首字「釋」，磧、普、南、徑、清冠以「論」。

一　六七一頁下七行第一四字「法」，資、磧、普、南、徑、清無。

一　六七一頁下一六行「般若」，資、磧、普、南、徑、清無。

一　六七二頁上四行第四字「若」，資、磧、普、南、徑、清無。第一三字「上」，諸本無。

一　六七二頁上二〇行首字「是」，資、磧、普、南、徑、清作「時」。

一　六七二頁中二行第八字「離」，麗無。第一二字「拳」，麗無。

一　六七二頁中三行第八字「答」，資、磧、普、南、徑、清作「問」。

一　六七二頁中一三行第六字「種」，南、徑、清作「衆」。

一　六七二頁中一四行第三字「佛」，資、磧、普、南、徑、清無。

一　六七二頁中一七行首字「相」，石、麗作「想」。

一　六七二頁下二行第一三字「是」，麗無。下三行第一三字石同。
一　六七二頁下六行第一三字「故」，石、麗作「故有」。
一　六七二頁下七行第二字「中」，石、麗無。
一　六七二頁下八行第一三字「所」，資、磧、普、南、徑、清無。
一　六七二頁下一二行第一三字「如」，資、磧、普、南、徑、清無。
一　六七二頁下一三行第一〇字「自」，資、普、南、徑、清作「目」。
一　六七二頁下一五行第九字「法」，石作「法令苦樂」。
一　六七三頁上八行第一一字「施」，石、麗作「信施」。
一　六七三頁上一二行「乃至」，石作「及」。
一　六七三頁上二二行第一〇字「墮」，徑、清作「隨」。
一　六七三頁中一六行第八字「在」，石作「在於」。
一　六七三頁中二〇行末字「凡」，諸本作「瓦」。
一　六七三頁中二一行第三字「人」，資、磧、普、南、徑、清、麗無。
一　六七三頁中二一行第八字「人」，石作「慳人」。
一　六七三頁下二行末字「能」，資、磧、普、南、徑、清無。
一　六七三頁下三行第一三字「世」，石作「世間」。
一　六七四頁上一行第一一字「知」，資、磧、普、南、徑、清作「如」。
一　六七四頁上六行第一〇字「文」，資、磧、普、南、徑、清作「曼」。
一　六七四頁上八行「恭敬」，石、麗作「供養」。
一　六七四頁上一四行第七字「試」，麗無。
一　六七四頁中四行第一二字「女」，資、磧、普、南、徑、清無。
一　六七四頁中六行「智短」，石作「短智」。
一　六七四頁中六行第四字「述」，資、磧、普、南、徑、清、麗無。
一　六七四頁中七行首字「人」，石、麗作「又」。
一　六七四頁中七行第三字「女」，石作「女人」。
一　六七四頁中一六行第四字「體」，石、麗作「禮」。
一　六七四頁中二一行第九字「誠」，南作「我」。
一　六七四頁中末行第五字「人」，石無。
一　六七四頁下一三行第一一字「故」，石無。
一　六七五頁上九行第六字「在」，磧、普、南、徑、清作「有」。
一　六七五頁上一二行第九字「定」，資、磧、普、南、徑、清作「空」。
一　六七五頁上一五行第一二字「大」，資、磧、普、徑、清無。
一　六七五頁上二一行末字「卧」，資、磧、普、南、徑、清無。

一　六七五頁中四行第一二字「勤」，磧、普、南、徑、清作「脅」。

一　六七五頁中五行第一二字「脇」，資作「肋」。

一　六七五頁中一九行第四字「故」，資、磧、普、南、徑、清無。

一　六七五頁中末行第二字「熱」，石、麗作「熱熱」。

一　六七五頁下五行第八字「者」，磧、南、徑、清作「者說行」。

一　六七五頁下八行「生但一心」，資、磧、普、南、徑、清作「至但生一」。

一　六七五頁下一二行第一三字「曰」，磧、普、南、徑、清作「波崙云曰」。

一　六七五頁下一三行第一一字「復」，資、磧、普、南、徑、清、麗無。

一　六七五頁下一四行第六字「昧」，石、麗作「昧時」。

一　六七六頁中一三行第五字「長」，資、磧、普、南、徑、清無。

一　六七六頁中一九行第一〇字「便」，石、麗作「便如」。

一　六七六頁中二〇行第七字「亦」，資、磧、普、南、徑、清無。

一　六七六頁中二一行第九字「惱」，石、麗作「愁」。

一　六七六頁下五行「自刀」，諸本作「刀自」。

一　六七六頁下一六行第八字「是」，資、磧、普、南、徑、清無。

一　六七六頁下末行第三字「以」，石無。

一　六七七頁上四行第六字「若」，諸本作「若故」。

一　六七七頁上七行第一三字「有」，石、麗作「如」。

一　六七七頁上八行「三昧」，石、資、磧、普、南、徑、清無。

一　六七七頁中一行第七字「多」，石作「名」。

一　六七七頁中一一行末字「悦」，石作「喜」。

一　六七七頁中一二行「問曰」，資、磧、普、南、徑、清無。

一　六七七頁中一二行第一三字「三」，石、麗作「三禪」。

一　六七七頁中一三行「答曰」，資、磧、普、南、徑、清無。

一　六七七頁中一三行第一五字「種」，諸本作「衆」。

一　六七七頁中一八行第九字「大」，資、磧、普、徑、清無。

一　六七七頁中一八行第一〇字「勸」，諸本作「歡」。

一　六七七頁中一八行末字「樂」，資、磧、普、南、徑、清無。

一　六七七頁中末行第四字「論」，石作「經論」；資、磧、普作「論釋」。

大智度論釋曇無竭品第八十九　卷第一百　正

龍樹菩薩造

後秦龜茲國三藏鳩摩羅什譯

介時薩陁波崙菩薩摩訶薩及長者女并五百侍女到曇無竭菩薩摩訶薩所散天曼陁羅華頭面礼畢退坐一面曇無竭菩薩見其坐已告薩陁波崙菩薩言善男子諦聽諦受今當為汝說般若波羅蜜相善男子諸法等故當知般若波羅蜜亦等諸法離故當知般若波羅蜜亦離諸法不動故當知般若波羅蜜亦不動諸法無念故當知般若波羅蜜亦無念諸法無畏故當知般若波羅蜜亦無畏諸法一味故當知般若波羅蜜亦一味諸法無邊故當知般若波羅蜜亦無邊諸法無生故當知般若波羅蜜亦無生諸法無滅故當知般若波羅蜜亦無滅虛空無邊故當知般若波羅蜜亦無邊大海水無邊故當知般若波羅蜜亦無邊須弥山莊嚴故當知般若波羅蜜亦莊嚴虛空無分別故

當知般若波羅蜜亦無分別色無邊故當知般若波羅蜜亦無邊受想行識無邊故當知般若波羅蜜亦無邊地種無邊故當知般若波羅蜜亦無邊水種火種風種無邊故當知般若波羅蜜亦無邊空種無邊故當知般若波羅蜜亦無邊如金鋻等故當知般若波羅蜜亦等諸法無分別故當知般若波羅蜜亦無分別諸法性不可得故當知般若波羅蜜性亦不可得諸法無所有等故當知般若波羅蜜亦無所有等諸法無作故當知般若波羅蜜亦無作諸法不可思議故當知般若波羅蜜亦不可思議是時薩陁波崙菩薩摩訶薩即於座上得諸三昧所謂諸法等三昧諸法離三昧諸法無畏三昧諸法一味三昧諸法無邊三昧諸法無生三昧諸法無滅三昧虛空無邊三昧大海水无邊三昧須弥山莊嚴三昧虛空無分別三昧色無邊三昧受想行識無邊三昧地種無邊三昧水種火種風種空種無邊三昧如金鋻等三昧諸法無

分別三昧諸法不可思議三昧如是等得六百万諸三昧門尒時佛告須菩提如我今於三千大千世界中與諸比丘僧圍繞以是相以是像貌以是名字說般若波羅蜜薩陀波崙得是六百万三昧門見東南西北方四維上下如恒河沙等三千大千世界中諸佛與諸比丘恭敬圍繞以如是相以是像貌以是名字說是摩訶般若波羅蜜亦如是薩陀波崙菩薩從是已後多聞智慧不可思議如大海水常不離諸佛生於有佛土中乃至夢中未曾不見佛時一切衆難皆悉已斷在所佛土隨願往生須菩提當知是般若波羅蜜因緣能成就菩薩摩訶薩一切功德得一切種智以是故須菩提諸菩薩摩訶薩若欲學六波羅蜜欲深入諸佛智慧欲得一切種智應受持是般若波羅蜜誦讀正憶念廣為人說亦書寫經卷供養尊重讚歎香華乃至妓樂何以故般若波羅蜜是過去未來現在十方諸佛母十方諸佛所尊重故

釋曰曇無竭既出至法座所遍觀無勝已者於是而坐尒時薩陀波崙菩薩知坐已定到曇無竭所頭面礼足一面坐礼有三種一者口礼二者屈膝頭不至地三者頭至地是為上礼人之一身頭為最上足為最下以頭礼足恭敬之至曇無竭見其坐已知從遠來不惜身命種種勤苦為欲聞法初相見時日垂欲沒少時聞法曇無竭以日沒故起入宮中今為法故七歲渴仰不生異心垂欲出時以血灑地知其為法不惜身命其心不退決定無疑堪受教化是故告言善男子一心諦聽上說諸佛來去已斷今但欲聞甚深般若波羅蜜是故為說般若波羅蜜相般若波羅蜜相者如先諸法平等義中說或有人言般若波羅蜜力故觀諸法皆平等非諸法性性自平等是故曇無竭言諸法平等故般若波羅蜜平等所以者何因果相似故有初觀諸法平等是因決定心得般若波羅蜜是為果問曰觀諸法平等即是般若般若即是平等何以

分別為因果荅曰般若及諸法雖一相無二無別行者初觀時是因觀竟名為果如須陀洹道得向又如有漏五衆因時名集果時名苦色等一切法平等即是般若波羅蜜平等問曰應說般若波羅蜜相今何以說平等因不平故有平等因平故有不平於般若中亦不一相亦不異相汝何以故欲取一相荅曰般若波羅蜜甚深微妙不以方便說則無解者是故若分別不等則生諸煩惱三毒增長所謂憎怨愛親愛善憎不善菩薩住是二等中觀一切法皆平等住衆生等中怨親憎愛皆悉平等開福德門閉諸惡趣住法等中於一切法中憶想分別著心取相皆除滅但見諸法空空即是平等有人得是諸法平等空直趣菩薩道於空不戲論有人雖得平等空戲論若觀都空有如是失如是人於平等即是不等是故此中為真平等故說般若波羅蜜等非是戲論離平等不平等二邊是般若波羅蜜相問曰平等者於般若波羅蜜相

已具足何以故更説離等是般若波羅蜜相荅曰經中但説諸法等故般若等行者取是平等相而生著是故説般若波羅蜜平等相自性離色等諸法自相離故離義如相無相品中説得此諸法平等又於平等離安住空中空空中則不動戲論不能動諸煩惱山亦不動無常時亦不動所以者何於一切法得實相故菩薩住是二空得不動般若波羅蜜是則究竟若有念即是有相著處是故説諸法無念故當知般若波羅蜜亦無念無動相是般若波羅蜜般若波羅蜜諸相滅故若不念是般若或迷悶無所趣向有戲論者在大衆中則生怖畏或於涅槃中不了故亦生怖畏是故説無怖畏相是般若波羅蜜是人雖不決定取諸法相而深入法性故於大衆中有難論諸相者心無所畏於諸法得無相故又入無生忍法時知一切法不可得於是中亦無畏所以者何是菩薩善通達一切法故復次一切法一相所謂性空是故般若波

羅蜜隨一切法故亦性空一味問曰上已説諸法平等今何以更説一味荅曰空或時有味或時無味若行者爲諸見取相分別好醜籌量今時得是諸法平等空心大歡喜故名爲味如人爲熱渴所逼得清冷水以爲甘味無比隨時用故名味眞實畢竟空則無味不味復次一味者菩薩行般若波羅蜜時所緣所觀皆爲一味空智力大故餘法皆隨而爲空譬如煮石蜜欲熟時雖異物和合皆爲石蜜又如大海百川歸之皆爲一味所謂畢竟空味色等諸法亦如是凡夫心中各各別異入般若波羅蜜中皆爲一味邊名爲相若有若無實觀色等諸法非有非無故無相無相即是無邊觀是已即是無邊般若波羅蜜復次有人言邊有二種常邊斷邊世間邊涅槃邊惡邊善邊等此中無如是等諸邊故名爲無邊般若波羅蜜復次有人言邊名前際後際世間無始故無前際入無餘涅槃故有前際不復更出故無後際如是等分別諸邊

著世間故畏涅槃是故般若波羅蜜中無是一切邊但開諸法實相無入無出問曰諸法平等諸法離是无邊何以復別説荅曰有人知諸法平等知諸法離則不須説若有人取相者是一味故説無邊譬無竭非但爲薩陁波崘故説薩陁波崘亦不但自爲故問但爲衆生有種種心種種行故於般若波羅蜜相中略説無生無滅如先種種因緣破生滅中説虛空無邊如摩訶衍虛空譬喻中説大海水無邊須彌莊嚴先未説故今當略説問曰虛空無爲法故無得其邊者可言無邊大海水在四天中繞須彌山有由旬數量有人能度何以言无邊荅曰無邊有二種一者實無邊二者人不能到故無邊海亦有二種一者可度二者繞須彌山在九寶山裏廣八万二千由旬世間人不能得邊故言無邊如小海船力可渡大海水船力不可渡惟有神通者能渡如外道凡夫能生禪定能度欲界色界海無色界如大海深廣則不能渡以不能

破我心故諸賢聖人智慧禪定翅力破諸法邪相得實相故能度是故說大海譬喻問曰須弥山一色何以言莊嚴荅曰外書說須弥山一色純是黄金六足阿毗曇中說須弥山四邊各以一寶成金銀頗梨瑠璃莊嚴若諸鳥隨所至方各同其色難陁婆難陁龍王兄弟以身圍繞七匝山頂有三十三天宫其城七重名為憙見九百九十九門一一門邊皆有十六青衣大力鬼神守護城中高處作殿名曰最勝四邊有四大園四天王在四邊有山名遊乾陁各高四万二千由旬四天王治其上四大海水諸阿修羅宫及諸龍王宫殿遊乾陁等九寶山日月五星二十八宿及諸餘星圍繞莊嚴如是等種種雜飾以為莊嚴視之無猒般若波羅蜜亦如是六波羅蜜果報故作轉輪王梵釋天王淨居天王大自在天如是等果報行般若波羅蜜未具足時受此果報莊嚴般若波羅蜜具足時則有須陁洹果斯陁含果阿那含果阿羅漢果辟支

佛道阿毗跋致菩薩諸佛道果莊嚴如須弥山上下皆有莊嚴般若波羅蜜莊嚴亦令未具足時諸天王等莊嚴具足已諸道果莊嚴如須弥山者劫初立時四邊大風吹聚地之精味積為須弥更有風吹令堅而成寶般若波羅蜜亦如是一切善法中第一堅實牢固和合以為般若如須弥山四邊大風吹大海水波所不能動般若波羅蜜亦如是邪見外道戲論及諸魔民所不能動如須弥山頂四園諸天到者受種種樂般若亦如是行者能登般若頂到四禪等諸定園中受種種樂復次有人言須弥山衆鳥到者皆同一色般若波羅蜜亦如是諸法入中皆同一相所謂無相如虛空無分別者虛空無分別是內是外是遠是近是長是短是淨是不淨等般若波羅蜜亦如是諸法入般若中亦無內外善不善等分別如五衆無邊者五衆常遍滿世間般若波羅蜜亦如是不遠離於五衆五衆實相即是般若波羅蜜復次如色等法分析

破裂乃至微塵則無方無方故無邊無色法無形故無此彼無此彼故無邊般若波羅蜜亦如是於一切法分別色乃至微塵分別無色法乃至一念中不見決定有常樂我淨是故說色無邊故般若無邊乃至虛空六種亦如是如金鋌等者如天王所執金鋌無憎無愛隨所用處無不摧碎諸佛一切智前心此心中三昧能斷一切結使煩惱顛倒及習皆滅故名為如金鋌如金鋌三昧相應智慧觀一切法皆平等般若波羅蜜觀諸法平等亦如是何以故般若先觀諸法平等然後得是三昧諸法無分別者世間凡夫煩惱力故種種分別諸法得諸法實相則皆破壞變異是故聖人得般若波羅蜜不隨憶想分別諸法入空無相無作三昧中若得諸法變異時則不憂愁以先來不分別取諸法相故諸法性不可得者一切法皆從因緣和合生無有因無有緣若少因緣而起者若從因緣生則無自性性者名本有決定實事若性從因緣

和合邊生當知未和合時則無若先無今從因緣和合有者則知無性若從因緣而生性者性即是作法性名不相待不相因常應獨有如是有為法則無是故言一切諸法性不可得般若波羅蜜性亦尒諸法無所有等故者諸法性不可得故衆因緣亦不可得衆因緣亦不可得故皆是無所有入無所有中則皆平等所以者何有故有分別無故無分別如草香栴檀香燒時有分別滅時無分別諸法無作者衆生空法空故則皆無作衆生所作者所謂十善十不善等法作者所謂火然水流風動識能識知能知如是法各各自有力無衆生乃至無知者見者無色等乃至一切種智先已破破衆生故無作者破法故無所作但凡夫人顛倒覆故言我有所作諸法不可思議者色等一切法不得決定若常若無常若苦若樂若實若空若我若無我若生滅若不生滅若寂滅若不寂滅若離若不離若有若無等種種分別門亦如是不可得思議所以者何是法皆從心中憶想分別生亦不可決定一切法實性皆過心心數法出名字語言道如前品說一切諸法平等一切賢聖不能行不能到是故不可思議般若波羅蜜亦尒觀是法故生是時薩陀波崙即於坐上得諸三昧問曰薩陀波崙先已知諸法空相今種種勤苦住立七歲見曇無竭得何等利益荅曰薩陀波崙先見諸佛得諸三昧貴重般若波羅蜜生著相今曇無竭七歲從定起為說般若破其著心一切法性自空非般若波羅蜜令其空是故說諸法等故般若波羅蜜等諸法離相乃至諸法不可思議故般若不可思議不令輕賤餘法貴重般若何以故不令因般若故更生著著般若波羅蜜雖畢竟清淨多所饒益復不可取相而生著心如熱金雖好不可手捉薩陀波崙得是教化斷般若中著心即得諸法等諸三昧句句解說散亂心中但有智慧不名三昧今從師聞已一心思惟名為三昧攝心不散智慧變成三昧如風中燈不能照明在靜室閉門明乃遍照先已欲界心散亂故智慧力未成就今入攝心中所聞諸法皆名三昧能破諸煩惱等及魔人民如水裏風未至未成為冰則無堅用若成凍冰能有所蹈得如是等六百万三昧門薩陀波崙得聞曇無竭所說法得諸法中大智慧明所謂種種諸法實相門諸法平等平等是智慧入薩陀波崙禪定心中變為三昧今欲說三昧智慧今世後世果報故尒時佛告須菩提如我今在大衆中說般若以是相以是像貌以是名字說般若薩陀波崙從曇無竭得是三昧於三昧中見十方佛在大衆中說般若亦如是須菩提薩陀波崙從是以後深愛樂法故多集諸經廣誦多聞如阿難佛所說皆能轉薩陀波崙亦如是多聞智慧不可思議如大海水即於是世常不離佛如是等名為今世果報捨身常生有佛國中好修行念佛三昧故乃至夢中初不離見佛地獄等諸難皆已永絕隨意往生諸佛

國土以其深入般若波羅蜜集无量功德故不隨業生薩陁波崙從一佛土至一佛土供養諸佛度脫衆生集無量功德譬如豪貴長者從一會至一會乃至今在大雷音佛所淨脩梵行若有欲求般若波羅蜜者當如薩陁波崙菩薩堅正一心不可傾動是故當知般若波羅蜜因緣故能成就一切功德者諸菩薩得般若者貪欲瞋恚等在家罪垢邪疑戲論等出家罪垢皆悉除滅得心清淨心清淨故得一切功德成就得一切種智者所謂得阿耨多羅三藐三菩提六波羅蜜者從初地乃至七地得無生忍法八地九地十地是深入佛智慧得一切種智成就作佛於一切法得自在者皆應受持乃至華香妓樂須菩提雖常樂空行佛共說般若又得無諍三昧故不應囑累阿難得聞持陁羅尼又常親近世尊故廣囑累

大智度論釋囑累品第九十

尒時佛告阿難於汝意云何佛是汝大師不汝是佛弟子不阿難言世尊

佛是我大師脩伽陀是我大師我是佛弟子佛言如是如是我是汝大師汝是我弟子若如弟子所應作者汝已作竟阿難汝用身口意慈業供養供給我亦常如我意無有違失阿難我身現在汝愛敬供養供給心常清淨我滅度後是一切愛敬供養供給事當愛敬供養般若波羅蜜乃至第二第三以般若波羅蜜囑累汝阿難汝莫忘莫失莫作最後斷種人阿難隨尒所時般若波羅蜜在世當知尒所時有佛在世說法阿難若有書般若波羅蜜受持誦讀正憶念為人廣說恭敬尊重讚歎華香幡蓋寶衣燈燭種種供養當知是人不離見佛不離聞法常親近佛佛說般若波羅蜜已弥勒等諸菩薩摩訶薩慧命須菩提舍利弗大目揵連摩訶迦葉富樓那弥多羅耶尼子摩訶俱絺羅摩訶迦旃延阿難等幷一切大衆及一切世間諸天人揵闥婆阿脩羅等聞佛所說皆大歡喜

問曰佛已斷法愛乃至一切種智湼

槃不著不取相今何以種種因緣囑累是法似如愛著荅曰諸佛大慈悲心從初發意已來乃至到湼槃門常不捨離於娑羅雙樹間以金剛三昧為衆生碎身如麻米何况經法多所饒益而不囑累又阿難是未離欲人未盡知般若波羅蜜力勢果報多所利益是以慇懃囑累汝當好受持無令忘失是故佛雖於一切法無憎愛常寂滅相而囑累是般若問曰阿難是聲聞人何以以般若波羅蜜囑累而不囑累弥勒等大菩薩荅曰有人言阿難常侍佛左右供養所須得聞持陁羅尼一聞常不失既是佛之從弟又多知多識名聞廣普四衆所依是能隨佛轉法輪第三師佛知舍利弗壽短早滅度故不囑累又阿難是六神通三明共解脫五百阿羅漢師能如是多所利益是故囑累弥勒等諸大菩薩佛滅度後各各分散隨至所應度衆生國土弥勒還兜率天上毗摩羅鞊文殊師利亦至所應度衆生處佛又以是諸菩薩深知般若波

羅蜜力不須苦囑累阿難是聲聞人隨小乘法是故佛慇懃囑累問曰若介者法華經諸餘方等經何以囑累喜王諸菩薩等荅曰有人言是時佛說甚深難信之法聲聞人不在又如佛說不可思議解脫經五百阿羅漢雖在佛邊而不聞或時得聞而不能用是故囑累諸菩薩問曰更有何法甚深勝般若者而以般若囑累阿難而餘經囑累菩薩荅曰般若波羅蜜非秘密法而法華等諸經說阿羅漢受決作佛大菩薩能受持用譬如大藥師能以毒為藥復次如先說般若有二種一者共聲聞說二者但為十方住十地大菩薩說非九住所聞何況新發意者復有九地所聞乃至初地所聞各各不同般若波羅蜜總相是一而深淺有異是故囑累阿難無咎問曰先見阿閦佛品中囑累今復囑累有何等異荅曰菩薩道有二種一者般若波羅蜜道二者方便道先囑累者為說般若波羅蜜體竟今以說令衆生得是般若方便竟囑累以

是故見阿閦佛後說漚和拘捨羅品般若波羅蜜中雖有方便方便中雖有般若而隨多受名般若與方便本體是一以所用小　異故別說譬如金師以巧方便故以金作種種異物雖皆是金而各異名菩薩得是般若波羅蜜實相所謂一切法性空無所有寂滅相即欲滅度以方便力故不取涅槃證是時作是念一切法性空涅槃亦空我今於菩薩功德未具足不應取證功德具足乃可取證是時菩薩以方便力過二地入菩薩位住菩薩位中知甚深微妙無文字法引導衆生是名方便復次有方便菩薩知一切法畢竟空性無所有而能還起善法行六波羅蜜不隨空若能生四種事若疑若邪見若入涅槃若作佛以般若有如是分別若能除邪疑不入涅槃是為方便有人言般若波羅蜜多饒益於大珎寶聚中最勝佛知滅度後多有怨賊欲毀壞者品品囑累猶常無咎何況二處問曰若囑累何以乃介慇懃鄭重荅曰佛隨世俗法引導

衆生譬如估客主欲遠出他國雖以財寶囑累於子大價妙寶偏獨慇懃以其子未識妙寶價重故餘人以估客主是識寶價人而慇懃囑累必知其貴若聞其子讚說寶價則不信之佛亦如是復次若於餘人異衆中讚歎般若囑累人則謗佛自稱讚法疑而不信自於弟子中囑累則無嫌復有人言佛上品中說寂滅相無戲論是一切智是中無有决定法可取則人以為無所可貴今慇懃囑累則知佛不著空法一切衆生中受愛念般若無過佛者佛知般若恩深故貴重是般若而慇懃囑累有人言佛欲現中道故囑累先說諸法空以遮有邊今慇懃囑累則破無邊是則中道若人謂佛貪心愛著此法佛已種種因緣說般若波羅蜜空相若人謂佛墮斷滅中是故慇懃囑累如是則離二邊問曰佛知阿難是弟子何以故問阿難汝是我弟子不我是汝師不荅曰佛有惡弟子須那刹多羅等有少因緣故作弟子欲於佛所取射法佛

不為說於是反戒言我非佛弟子又如須尸摩為盜法故作弟子如是等是名字弟子又復外道等謂阿難不得已而在佛邊阿難曾作外道弟子著草衣求神仙今以佛是其親族尊重故給侍以如是等事故於大衆中問阿難汝是我弟子不若言是真弟子當隨我勑是故阿難為欲令人信故重咨佛告阿難弟子所應作法汝盡具足弟子法者所謂以善身口意業供給師有弟子心好身口業不稱有弟子身口業好而心不稱若弟子以善心深愛樂師身口相稱不惜身命不難懃勞自捨其心隨師教勑阿難盡具足此事佛告阿難汝今現在恭敬於我我滅度後恭敬般若亦當如是問曰般若是諸佛師而阿難何以不恭敬其師而恭敬佛荅曰阿難雖得初道漏未盡故不深知法實如佛所知是故佛告阿難汝恭敬般若如恭敬我復次衆生見佛三十二相八十隨形好大光明金色身多愛敬般若波羅蜜微妙甚深無形無

色智者能知佛身相好愚智視之皆無厭足是故佛以身喻般若佛在世時能自遮魔是故佛告阿難我滅度後好守護般若問曰一囑累則足何以至三荅曰佛深愛般若波羅蜜故三囑問曰若深愛者何限於三荅曰諸佛常法語不過三若過三不從執金鋼神則以杵擬之又執金鋼神意若過三不從則是逆人便當剎之是故佛問不過三復次若一說猶緩過三太急似如凡夫貪著者復次受者心有三種鈍根者至三乃生善心阿難雖復利根心向聲聞但一身求度是故三告所以囑累者為不令法滅故汝當教化弟子弟子復教餘人展轉相教辟如一燈復然餘燈其明轉多莫作寂後斷種人者世人有子若不紹繼則名斷種最為可恥佛以此喻告阿難汝莫於汝身上令般若斷絕問曰如先品中明般若波羅蜜說亦不增不說亦不減畢竟寂滅相今何以言莫令斷滅辟如虛空誰能滅者荅曰般若波羅蜜雖寂滅無生無

滅相如虛空不可戲論而文字語言書般若波羅蜜經卷為他人說是此中般若於此因中而說其果凡人聞般若波羅蜜微妙即生著心取般若相分別諸法所謂是善是不善是世間是涅槃等以分別故於是法中生著心著心故鬪諍諍故起諸罪業如是人名為滅般若波羅蜜佛告阿難汝當如般若波羅蜜相莫著文字語言教化衆生是名不滅阿難隨般若在世幾時則知介許時佛在世如經中廣說佛慇懃囑累在會衆生有疑是故佛說囑累因緣所謂有般若在世則為佛在所以者何般若波羅蜜是諸佛母諸佛以法為師法者即是般若波羅蜜若師在母在不名為失利所以者何利本在故是故說若般若在世佛亦在世又法寶不離佛寶菩薩有三十二相八十隨形好不名為佛得法寶故名為佛法寶即是般若波羅蜜如人從佛得利乃至得解脫涅槃若人於般若中能信行亦以三乘法而入涅槃是故說般若在世如

佛在世說法無異阿難若有人聽受般若及書持等當知是人不離見佛聞法親近諸佛問曰有人重罪三不善業成就聽受書持般若是人云何當得不離諸佛聞法親近佛不答曰是事先品中已答所謂聽法者有二種人一者但聽而不信受行二者聽而信受奉行如弟子不聽不信受行師語是名不聽若以一心聽聞信受奉行猒世愛涅槃離小乘樂大乘作如是聽受是名真聽誦讀亦如是正憶念隨如佛意離有無二邊行於中道如所聞受持及其義解為他人解說恭敬尊重供養讚歎花香等初始微薄乃至正憶念為他人說其心轉厚功德轉多牢固不動若聞師說若見經卷花香等供養若智者知般若功德供養者福德重不知者供養福德微薄福德純厚者轉身不離見佛聞法親近諸佛福德微薄者不言轉身得三福報償衆罪已久後亦必當得佛此中佛歎說福德純厚微薄漸漸皆當見十方佛聞佛所說漸漸具

足六波羅蜜皆得作佛佛以佛眼見般若有如是大利益衆生故慇懃囑累問曰是諸大阿羅漢已證實際無復憂喜小喜尚無何況大歡喜答曰諸大阿羅漢雖離三界欲未得一切智慧故於諸甚深法中猶疑不了是其疑是故大歡喜復次此諸大弟子摩訶般若波羅蜜中了了解說斷除已證實際實際者即是空無相無量無所分別佛以此寂滅法種種分別名字語言辟喻廣說亦不壞法性又不與世間相違諸阿羅漢是法中證故大歡喜佛善說是空無相无量寂滅法諸餘大衆未悉漏盡信力深故亦大歡喜言此法能盡我等生死苦令得佛道如是等无量因緣故大衆皆歡喜問曰若佛囑累阿難是般若波羅蜜佛般涅槃後阿難共大迦葉結集三藏此中何以不說答曰摩訶衍甚深難信難解難行佛在世時有諸比丘聞摩訶衍不信不解故從坐而去何況佛般涅槃後以是故不說復次三藏正有三十万偈并為九百

六十万言摩訶衍甚多无量無限如此中般若波羅蜜品有二万二千偈大般若品有十万偈諸龍王阿修羅王諸天宮中有千億万偈等所以者何此諸天龍神壽命長久識念力強故今此世人壽命短促識念力薄小般若波羅蜜品尚不能讀何況多者諸餘大菩薩所知般若波羅蜜无量無限何以故佛非但一身所說無量世中或變化無數身是故所說无量又有不可思議解脫經十万偈諸佛本起經寶雲經大雲經各各十万偈法華經華手經大悲經方便經龍王問經阿修羅王問經等諸大經无量無邊如大海中寶云何可入三藏中小物應在大中大物不得入小若欲問應言小乘何以不在摩訶衍中摩訶衍能兼小乘法故是故不應如汝所問復次有人言如摩訶迦葉將諸比丘在耆闍崛山中集三藏佛滅度後文殊尸利彌勒諸大菩薩亦將阿難集是摩訶衍又阿難知籌量衆生志業大小是故不於聲聞人中說摩訶衍

說則錯乱無所成辦佛法皆是一種一味所謂苦盡解脫門此解脫味有二種一者但自為身二者兼為一切衆生雖俱求一解脫門而有自利利人之異是故有大小乘差別為是二種人故佛口所說以文字語言分為二種三藏是聲聞法摩訶衍是大乘法復次佛在世時無有三藏名但有持修多羅比丘持毗尼比丘持摩多羅迦比丘修多羅者是四阿鋡中經名摩訶衍中經名修多羅有二分一者四阿含中修多羅二者摩訶衍經名為大修多羅入二分亦大乘亦小乘二百五十戒如是語等名為修多羅毗尼名比丘作難佛結戒應行是不應行是作是事得是罪略說有八十部亦有二分一者摩偷羅國毗尼含阿波陁那本生有八十部二者罽賓國毗泥除却本生阿波陁那但取要用作十部有八十部毗婆沙解釋是故知摩訶般若波羅蜜經等在修多羅經中以經大事異故別說是故不在集三藏中究摩羅耆婆法師以秦弘始三年歲在辛丑十二月二十日至長安四年夏於逍遥園中西門閣上為姚天王出此釋論七年十二月二十七日乃訖其中兼出經本禪經戒律百論禪法要解向五十万言并此釋論一百五十万言論初品三十四卷解釋一品是全論其本二品已下法師略之取其足以開釋文意而已不復備其廣釋得此百卷若盡出之將十倍於此

大智度論卷第一百

大智度論卷第一百

校勘記

一　底本，金藏廣勝寺本。

一　六八一頁中一行經名，石作「大智度經論卷第一百」；資、磧、普、南、徑、清作「大智度論卷第一百」。

一　六八一頁中三行後，石有品名「摩訶般若波羅蜜經曇無竭菩薩品之餘」；資、磧、普、南有品名「釋曇無竭品第八十九下」；徑、清有品名「釋曇無竭品第八十九之下」。

一　六八一頁中四行首字「介」，石、磧、普、南、徑、清、麗冠以「經」。

一　六八一頁下一五行第一三字「上」，資、磧、普、南、徑、清作「處」。

一　六八二頁上六行首字及一九行第四字「是」，資、磧、普、南、徑、清無。

一　六八二頁上六行第九字「東」，石、麗作「東方」。

一　六八二頁上一二行第一〇字及一

四行第五字「土」，石作「國」。

一　六八二頁上一八行第三字「欲」，資、磧、普、南、徑、清無。

一　六八二頁上二〇行第二字「人」，石作「他人」。

一　六八二頁中一行首字「釋」，石、磧、普、南、徑、清、麗冠以〔論〕。

一　六八二頁中一九行「性自」，資、磧、普、南、徑、清無。

一　六八二頁中二一行第三字「有」，石、麗無。

一　六八二頁中二二行，六八三頁上一行末字至二行第三字「波羅密」，石無。

一　六八二頁下七行第七字「等」，石、資、磧、普、南、徑、清無。

一　六八三頁上七行第三字「空」，石、麗無。

一　六八三頁上八行第五字及第一一字「不」，石、麗作「不能」。

一　六八三頁上二〇行「忍法」，石、麗作「法忍」。

一　六八三頁上二一行第一一字「無」，諸本作「無所」。

一　六八三頁中六行末字「其」，石、麗作「真」。

一　六八三頁下二行第八字「開」，石、徑、麗作「聞」。

一　六八三頁下三行第一二字「是」，諸本作「皆是」。

一　六八三頁下一三行第七字「法」，諸本作「常法」。

一　六八三頁下一五行首字「有」，資、磧、普、南、徑、清作「百」。

一　六八三頁下二〇行第八字「力」，石作「力故」。

一　六八四頁上四行首字「莊」，石作「雜色莊」。

一　六八四頁上一九行第九字「王」，石作「聖王」。

一　六八四頁上一九行「梵釋」，石作「釋梵」。

一　六八四頁中一行第一一字「道」，石作「諸道」。

一　六八四頁中三行第一三字「等」，資、磧、普、南、徑、清作「第一」。

一　六八四頁中六行第四字「弥」，石、麗作「弥山」。

一　六八四頁中一四行末字「鳥」，石作「生」。

一　六八四頁中二〇行第四字「外」，石作「無外」。

一　六八四頁下二一行「因無有緣」，石、麗作「無因緣」。

一　六八四頁下末行首字「性」，資、磧、普、南、徑、清作「自性」。

一　六八五頁上七行第一一字及八行第三字「因」，資、磧、普、南、徑、清無。

一　六八五頁上九行第四字「中」，石、麗作「中故」。

一　六八五頁上一四行第一一字「知」，麗作「智」。

一　六八五頁上一八行第一〇字「我」，資、磧、普、南、徑、清無。

一　六八五頁上末行「分別門」，石、麗

作「門分別」。

一 六八五頁下三行第五字「令」，南、經、清作「令」。

一 六八五頁下六行第七字「蹈」，石作「任」。

一 六八五頁下一三行首字，六八八頁下四行末字「若」，石作「若波羅蜜」。

一 六八五頁下一四行首字「若」，資、磧、普、南、徑、清作「若波羅蜜」。

一 六八五頁下一八行第八字「轉」，諸本作「持」。

一 六八五頁下二〇行末字「世」，南作「出」。

一 六八六頁上三行首字及第五字「土」，石作「國」。

一 六八六頁上五行第七字「大」，石無。

一 六八六頁上九行第八字「薩」，麗作「薩等」。

一 六八六頁上二一行「大智度論」，徑、清無。

一 六八六頁上二二行首字「尒」，徑、清、麗冠以〔經〕。

一 六八六頁中末行首字「問」，磧、普、南、徑、清、麗冠以〔論〕。

一 六八六頁下一三行第一〇字「養」，麗作「給」。

一 六八六頁下二〇行「隨至」，麗作「至隨」。

一 六八七頁上一行第六字「苦」，石無。

一 六八七頁上一〇行第六字「善」，石作「諸善」。

一 六八七頁上一五行第一一字「住」，石作「地」。

一 六八七頁上末行第二字「令」，諸本作「令」。

一 六八七頁中一行「拘捨羅」，資、磧、普、南、徑、清無。

一 六八七頁中二行第一〇字「中」，資、磧、普、南、徑、清無。

一 六八七頁中二行第一四字「若」，石、麗作「若波羅蜜」。

一 六八七頁中四行第三字「小」，資、磧、普、南、徑、清作「小乘」。

一 六八七頁中一九行第一三字「多」，諸本作「多所」。

一 六八七頁中二一行末字「常」，石、麗作「尚」；資、磧、普、南、徑、清作「當」。

一 六八七頁中末行第九字「隨」，石作「從」。

一 六八七頁下一行第五字「估」，普、南、徑、清作「賈」。

一 六八七頁下一二行第一一字「受」，石、麗無。

一 六八七頁下一七行第一一字「已」，麗作「以」。

一 六八七頁下末行第四字「作」，石作「作佛」。

一 六八八頁上一四行「懃勞」，石作「勞勤」；磧作「勤難」。

一 六八八頁上二〇行首字「實」，石、資、磧、普、南、徑、清作「寶」。

一 六八八頁中九行第一二字「剎」，

資作「亟」;磧、南、徑、清作「殛」;普、麗作「殺」。

一　六八八頁中一一行第二字「太」,資、磧、普、南、徑、清作「大」。

一　六八八頁下七行第八字「諍」,石、麗作「鬪諍」。

一　六八八頁下一八行第七字「世」,資、磧、普、南、徑、清無。

一　六八九頁下一〇行第四字「化」,石、麗作「化作」。

一　六八九頁下一二行第三字「寶」,資、磧、普、南、徑、清無。

一　六八九頁下一二行第八字「經」,石、麗作「經法雲經」。

一　六九〇頁上二行第九字「門」,麗作「味」。

一　六九〇頁上一〇行第一二字「鋡」,石、資、磧、普、南、徑、清作「含」。

一　六九〇頁上一四行第九字「語」,石、麗無。

一　六九〇頁上一五行第八字「難」,諸本作「罪」。

一　六九〇頁上一六行第四字「是」,資、磧、普、南、徑、清無。

一　六九〇頁上末行第三字「中」後,石有夾註「釋第九十品竟」。

一　六九〇頁上末行第四字「究」至中一〇行第四字「此」,石無。

一　六九〇頁中七行第八字「其」,麗作「具」。

一　六九〇頁中末行第四字「論」,石作「經論」;資、磧、普、南作「論釋」。

十地論序　侍中崔光製

十地經者蓋是神覺之玄苑靈慧之妙宅億善之基輦万度之經統理包群藏之秘義苞衆典之奧積漸心行窮忍學之源崇廣住德極道慧之府所以厚集肇慮朗成圓種離怖首念赫為雷威其為教也微密精遠究淨照之宗融冶鍊盡性靈之妙自寂場啓旭園林輟暉雖復聖訓充感金言滿世而測猷沖賾莫不網羅於其中矣至于光宣真軌融暢玄門始自信仁終泯空寂因果既周化業弥顯默耀大方影煥八極豈直日月麗天洞燭千像溟壑帶地混納百川而已哉既理富瀛岳詞言靡測廓明洪旨寔係淵儒北天竺大士婆藪槃豆魏云天親挺高悟於像運拔英規於季俗故能躋蹤馬鳴繼迹龍樹每恨此經文約而義豐言迹而旨遠乃超然退慨邈尔悠想慕釋迦之餘範追剛藏之遺軌誠復歲踰五百處非六天人乖鄧正像無適而妙契冥中神協靡外通法貫玄莫愧往烈遂乃准傍大宗爰製玆論發趣精微根由叡括旨奧音殊宣譯俟賢固以義屬中興時憑聖代大魏皇帝雋神天凝玄情漠遠楊治風於宇縣之外敷道化於千載之下每以佛經為遊心之場釋典為栖照之囿搜隱訪缺務乎照楊有教必申無籍不備以永平元年歲次玄枵四月上日命三藏法師北天竺菩提流支魏云道希中天竺勒那摩提魏云寶意及傳譯沙門北天竺伏陁扇多并義學緇儒一十餘人在太極紫庭譯出斯論十有餘卷斯二三藏並以邁俗之量高步道門群藏淵部罔不研攬善會地情妙盡論旨皆手執梵文口自敷唱片辭隻說辯詣蔑遺于時皇上親紆玄藻飛翰輪首臣僚僧徒毗贊下風四年首夏翻譯周訖洋洋盈耳莫得其門義富趣玄孰窺剛藏妙說更興於像世天親玄旨再光於季運忝廁末筵敢竊記云

十地論卷第一　第三張

十地論初歡喜地第一之一

天親菩薩造

後魏北印度三藏菩提流支譯

說此法門者 及諸勸請法 分別義藏人
受持流通等 法門等殊勝 頂礼解妙義
欲令法久住 自利利他故

十地法門初地所攝八分一序分二三昧分三加分四起分五本分六請分七說分八挍量勝分

如是我聞一時婆伽婆成道未久第二七日在他化自在天中自在天王宮摩尼寶藏殿與大菩薩衆俱一切不退轉皆一生得阿耨多羅三藐三菩提從他方佛世界俱来集會此諸菩薩一切菩薩智慧境界悉得自在不息善能教化一切世間隨時普示一切如来智慧境界悉皆得入勤行一切神通等事於刹那中皆能成辦具足不捨一切菩薩所起大願於一切世一切劫一切國土常修一切諸菩薩行具足菩薩福德智慧如意神足而無窮盡能為一切而作饒益能到一切菩薩智慧方便彼岸能令衆生背世間道向涅槃門不斷一切菩

薩所行善逝一切菩薩禪定解脫三昧神通明慧諸所施為善能示現一切菩薩無作自在如意神足皆悉已得於一念頃能至十方諸佛大會勸發諮請受持一切諸佛法輪常以大心供養諸佛常能修習諸大菩薩所行事業其身普現无量世界其音遍聞無所不至其心通達明見三世一切菩薩所有功德具足修習如是諸菩薩摩訶薩功德無量无邊於無數劫說不可盡其名曰金剛藏菩薩寶藏菩薩蓮華藏菩薩勝藏菩薩蓮華勝藏菩薩日藏菩薩月藏菩薩淨月藏菩薩照一切世間莊嚴藏菩薩智慧普照明藏菩薩妙勝藏菩薩栴檀勝藏菩薩華勝藏菩薩俱素摩勝藏菩薩優鉢羅華勝藏菩薩天勝藏菩薩福德勝藏菩薩無导清淨智藏菩薩功德藏菩薩那羅延德藏菩薩无垢藏菩薩離垢藏菩薩種種樂說莊嚴藏菩薩大光明網照藏菩薩淨明勝照威德王藏菩薩大金山淨光明威德王藏菩薩一切相莊嚴淨勝藏菩

薩金剛焰勝胷相莊嚴藏菩薩焰熾藏菩薩宿王光照藏菩薩虛空庫無导智藏菩薩无导妙音遠藏菩薩陀羅尼功德持一切世間願藏菩薩海莊嚴藏菩薩須弥勝藏菩薩淨一切功德藏菩薩如来藏菩薩佛勝藏菩薩解脫月菩薩如是等菩薩摩訶薩无量無邊阿僧祇不可思議不可稱不可量无有分齊不可說不可說種種佛國土集金剛藏菩薩而為上首

論曰時處等挍量顯示勝故此法勝故在於初時及勝處說此處宫殿等勝是名處勝何故不色界說此處感果故何故不初七日說思惟行因緣行故本為利他成道何故七日思惟不說顯示自樂大法樂故何故顯已法樂為令衆生於如来所增長愛敬心故復捨如是妙樂悲愍衆生為說法故何故唯行因緣行是因緣行顯示不共法故何故菩薩說此法門為令增長諸菩薩力故何故唯金剛藏說一切煩惱難壞此法能破善根堅實猶如金剛故不異名說何故名金剛藏藏即名堅其猶樹藏又如懷孕

在藏是故堅如金剛如金剛藏是諸善根一切餘善根中其力最上猶如金剛亦能生成人天道行諸餘善根所不能壞故名金剛藏已說序分次說三昧分

經曰尒時金剛藏菩薩摩訶薩承佛威神入菩薩大乘光明三昧

論曰入三昧者顯示此法非思量境界故已說三昧分次說加分

經曰尒時金剛藏菩薩承佛威神入是菩薩大乘光明三昧即時十方過十億佛土微塵數等諸佛世界有十億佛土微塵數諸佛皆現其身同名金剛藏是諸佛如是讚言善哉善哉金剛藏乃能入是菩薩大乘光明三昧復次善男子如是十方十億佛土微塵數等諸佛皆同一号加汝威神此是盧舍那佛本願力故加

論曰何故多佛加顯法及法師增長恭敬心故何故同号金剛藏加本願力故何故如來作如是願顯示多佛故此三昧是法體本行菩薩時皆名金剛藏同說此法今成正覺亦名金

剛藏故不異名加又是菩薩聞諸如來同已名已增踊悅故何故不言過無量世界方便顯多佛故何故定言十億佛土為說十地故此經如是多說十數彼佛先作是願今復自加後餘佛加故言盧舍那佛本願力故加何故加為說此法故加復云何加

經曰又一切菩薩不可思議諸佛法明說令入智慧地故攝一切善根故善分別選擇一切佛法故廣知諸法故善決定說諸法故無分別智清淨不雜故一切魔法不能染故出世間法善根清淨故得不可思議智境界故乃至得一切智人智境界故又得菩薩十地始終故如實說菩薩十地差別方便故令隨順一切佛法故觀達分別無漏法故善擇大智慧光明方便故令入具足智門故隨所住處正說無畏辯才明故得大无㝵智地故憶念不忘菩提心故教化成就一切衆生界故得通達分別一切處法故

論曰此二十句依一切菩薩自利利他故加如是初十句依自利行後十

句依利他行是中一切菩薩者謂住信行地不可思議諸佛法者是出世間道品明者見智得證說者於中分別入者信樂得證智慧地者謂十地智如本分中說此是根本入如經又一切菩薩不可思議諸佛法明說令入智慧地故此修多羅中說依根本入有九種入一者攝入聞慧中攝一切善根故如經攝一切善根故二者思議入思慧於一切道品中智方便故如經善分別選擇一切佛法故三者法相入彼彼義中無量種種知故如經廣知諸法故四者教化入隨所思義名字具足善說法故如經善決定說諸法故五者證入於一切法平等智見道時中善清淨故如經无分別智清淨不雜故菩薩教化衆生即是自成佛法是故利他亦名自利六者不放逸入於修道時中遠離一切煩惱障故如經一切魔法不能染故七者地地轉入出世間道品无貪等善根淨故如經出世間法善根清淨故復有善根能為出世間道品因故

八者菩薩盡入於第十地中入一切如來秘密智故如經得不可思議智境界故九者佛盡入於一切智人智故如經乃至得一切智人智境界故是諸入為挍量智義差別次第轉勝非根本入一切所說十句中皆有六種差別相門此言說解釋應知除事事者謂陰界入等六種相者謂摠相別相同相異相成相壞相摠者是根本入別者餘九入別依止本滿彼本故同相者入故異相者增相故成相者略說故壞相者廣說故如世界成壞餘一切十句中隨義類知第二十句所謂得菩薩十地始終故此根本始終是中始者信欲親近等終者念持諸地復有阿含及證如是次第依初相應知依根本始終有十種始終一者攝始終思慧智隨所聞義受持說故如經如實說菩薩十地差別方便故二者欲始終令證一切佛法故如經念隨順一切佛法故三者行始終觀分時中无漏道品分別修相覺故如經觀達分別无漏法故四者證

始終見道時中法无我智方便故如經善擇大智慧光明方便故是中善擇者擇中最勝最勝者法無我智故大智慧者過小乘故光明者對治无明故此事中彼時中皆善知故五者修道始終出世間智智力得入法義故如經令入具足智門故此處菩薩於菩提有五種障一者不能破諸邪論障已說正義他言能壞復眷屬離散二者不能荅難障於他問中迷悶无對設有言說人不信受三者樂著小乘障自不能得大菩提復捨利益衆生四者化衆生懈怠障於中捨利他行不助他善復自善根不增長故五者無方便智障不能善化衆生復自善提行不滿足故對治是障有五始終一者能破邪論障始終隨彼所著顯已正義對治邪執无畏辯才性不闇故如經隨所住處正說無畏辯才明故二者能善荅難始終證大無礙智地故如經得大無导智地故三者樂著小乘對治始終大菩提願大菩提念不忘失故如經憶念不忘菩

提心故四者化衆生懈怠對治始終利益衆生无疲惓故如經教化成就一切衆生界故五者無方便智對治始終於五明處通達分別故如經通達分別一切處法故已說何故加復云何加謂口意身加云何口加

經曰復次善男子汝當辯說此諸法門差別方便法故承諸佛神力如來智明加故自善根清淨故法界淨故饒益衆生界故法身智身故正受一切佛位故得一切世間最高大身故過一切世間道故出世間法道清淨故得一切智人智滿足故

論曰此十句中辯才者隨所得法義憶持不忘說故諸法門者謂十地法差別者種種名相故此法善巧成是故名方便依根本辯才有二種辯才一者他力辯才二者自力辯才他力辯才者承佛神力故云何承佛神力如來智力不闇加故如經承諸佛神力如來智明加故自力辯才者有四種一者有作善法淨辯才如經自善根清淨故二者無作法淨辯才如經

法界淨故三者化衆生淨辯才如經饒益衆生界故四者身淨辯才是身淨中顯三種盡一者菩薩盡有二種利益二者聲聞辟支佛不同盡三者佛盡菩薩盡者法身離心意識唯智依止如經法身智身故二種利益者現報利益受佛位故後報利益摩醯首羅智處生故如經正受一切佛位故得一切世間最高大身故二乘不同盡者度五道復涅槃道淨故如經過一切世間道故出世間法道清淨故佛盡者入一切智智滿足故如經得一切智人智滿足故自力辯才校量轉勝上上故已說口加云何意加

經曰尒時諸佛與金剛藏菩薩眞實無畏身與無障导樂說辯才與善淨智差別入與善憶念不忘加與善決定意方便與遍至一切智處與佛不壞力與如來無所畏不怯弱與一切智人智無导分別法正見與一切如來善分別身口意莊嚴起故

論曰此十句意加无畏身者有二種一者與无上勝威德身如王處衆自

在無畏二者與辯才无畏身前色身勝後名身勝是名身有九種一者不著辯才說法不斷無滯导故如經與无障导樂說辯才故二者堪辯才善淨堪智有四種一者緣二者法三者作四者成善知此義成不成相故如經與善淨智差別入故三者任放辯才說不待次言辞不斷處處隨意不忘名義故如經與善憶念不忘加故是不忘加意力加故四者能說辯才隨所應度種種辞句能斷疑故如經與善決定意方便故五者不雜辯才三種同相智常現前故如經與遍至一切智處故六者教出辯才得佛十力不壞於可度者令斷煩惱故如經與諸佛不壞力故七者不畏辯才得佛決定无畏於他言說不怯弱故如經與如來無所畏不怯弱故八者无量辯才於一切智隨順宣說修多羅等法六種正見故如經與一切智人智无导分別法正見故九者同化辯才得一切佛無畏身等三種教化隨所度者顯示殊勝三業神化故如經

與一切如來善分別身口意莊嚴起故又諸佛有力有慈悲何故以十種無畏身唯加金剛藏而不加餘者

經曰何以故以得菩薩大乘光明三昧法故亦是菩薩本願起故善淨深心故善淨智圓滿故善集助道法故善修本業故念持無量法故信解清淨光明法故善得陀羅尼門不壞故法界智印善印故

論曰以是菩薩得大乘光明三昧法餘者不得故得三昧法有二種一者本願成就現前故如經亦是菩薩本願起故二者三昧身攝功德故此三昧身攝功德有八種依自利利他故一者因淨深心趣菩薩地盡清淨故如經善淨深心故深心者信樂等復是一切善法根本故二者智淨趣菩薩地盡修道真如觀智故如經善淨智圓滿故此真如觀內智圓滿普照法界猶如日輪光遍世界故三者身轉淨生生轉勝善行成滿故如經善集助道法故四者心調伏淨善斷煩惱習故如經善修本業故五者聞攝

淨堪能受持一切如来所説秘密法故如經念持無量法故六者通淨得勝通自在故如經信解清淨光明法故以決定信力攝取通故七者辯才淨善知陁羅尼門不相違故如經善得陁羅尼門不壊故於中所有初章字者是陁羅尼門一一字門攝持無量名句字身故不壊者前後不相違故八者離慢淨謂真實智教授不異故如經法界智印善印故於中三昧身攝功德有四種依自利因善淨深心故善淨智圓滿故善集助道法故善修本業故此修羅多中四句次第説精進因不忘因勢力因彼不滌因復依利他因有四種念持无量法故斷疑因信解清淨光明法故敬重者決定信入故善得陁羅尼門不壊故轉法理因法若壊時假餘尊法誦持故法界智印善印故教授出離因如是化者得自利不忘故已説意加云何身加摩頂覺故

經曰尒時十方諸佛不離本處以神

通力皆申右手善摩金剛藏菩薩摩訶薩頂

論曰不離本處而摩此者顯示殊勝神力若来此處則非奇異是如意通力非餘通等已説加分云何起分

經曰諸佛摩金剛藏菩薩頂已尒時金剛藏菩薩即從三昧起

論曰即從三昧起者以三昧事訖故又得勝力説時復至定無言説故已説起分云何本分

經曰起三昧已告諸菩薩言諸佛子是諸菩薩願善決定无雜不可見廣大如法界究竟如虚空盡未来際覆護一切衆生界佛子是諸菩薩乃能入過去諸佛智地乃能入未来諸佛智地乃能入現在諸佛智地諸佛子此菩薩十地是過去未来現在諸佛已説今説當説我因是事故如是説何等為十一名歡喜地二名離垢地三名明地四名焰地五名難勝地六名現前地七名遠行地八名不動地九名善慧地十名法雲地諸佛子此菩薩十地過去未来現在諸佛已説

今説當説佛子我不見有諸佛世界是諸如来不歎説此菩薩十地者何以故此是菩薩摩訶薩增上勝妙法故亦是菩薩光明法門所謂分別十地事諸佛子是事不可思議所謂菩薩摩訶薩諸地智慧

論曰何故不請而説若不自説衆則不知為説不説又復不知欲説何法願善決定者如初地中説發菩提心即此本分中願應知善決定者真實智攝故善決定者即是善決定此已入初地非信地所攝此善決定有六種一者觀相善決定真如觀一味相故如經無雜故二者真實善決定非一切世間境界出世間故如經不可見故三者勝善決定大法界故一切佛根本故如經廣大如法界故大勝高廣一體異名法相義故一切法法尒故復法界大真如觀勝諸凡夫二乘智等淨法法尒故復法界大方便集地謂説大乘法法尒故復法界大白法界善法法尒故四者因善決定有二種一成無常愛果因善決定是因

如虛空依是生諸色色不盡故如經究竟如虛空故二常果因善決定得涅槃道如經盡未來際故五者大善決定隨順作利益他行如經覆護一切衆生界故次前善決定此願世間涅槃中非一向住故六者不怯弱善決定入一切諸佛智地不怯弱故如經佛子是諸菩薩乃至入現在諸佛智地故復此十地生成佛智住持故如經諸佛子此菩薩十地是過去未來現在諸佛已說今說當說故於中善決定者是總相餘者是別相同相者善決定異相者別相故成相者是略說壞相者廣說故如世界成壞何故定說菩薩十地對治十種障故何者十障一者凡夫我相障二者邪行於衆生身等障三者闇相於聞思修等諸法忘障四者解法慢障五者身淨我慢障六者微煩惱習障七者細相習障八者於无相有行障九者不能善利益衆生障十者於諸法中不得自在障何故十地初名歡喜乃至十名法雲成就無上自利利他行初

證聖處多生歡喜故名歡喜地離能起誤心犯戒煩惱垢等清淨戒具足故名離垢地隨聞思修等照法顯現故名明地不忘煩惱薪智火能燒故名焰地得出世間智方便善巧能度難度故名難勝地般若波羅蜜行有間大智現前故名現前地善修無相行功用究竟能過世間二乘出世間道故名遠行地報行純熟无相無間故名不動地无㝵力說法成就利他行故名善慧地得大法身具足自在故名法雲地如是受法王位猶如太子於諸王子而得自在是處有微智障故不自在對治此障故說佛地又如懷子在藏菩薩十地亦復如是以諸地有障故如子生時佛時亦尒事究竟故又如生時諸根覺了佛亦如是於一切境界智明了故藏有十時一者陁羅婆身時二者押羅婆身時三者尸羅他身時四者堅身時五者形相似色身時六者性相似身時七者業動身時八者滿足身時於中有三種根滿足時男女相別滿足時廣

長諸相滿足時如是十時諸地相似故佛子我不見有諸佛世界是諸如來不歎說此菩薩十地者顯此勝法為令時衆增渴仰故佛世界者於中成佛喻如稻田往作佛事者亦名佛世界歎說者於中有二種一者為說阿含義二者為證入義摩訶薩者有三種大一願大二行大三利益衆生大勝妙法者諸法門中最殊勝故光明者此大乘法顯照一切餘法門故法門者名為法故分別十地事者顯示世間智所知法故是事不可思議所謂菩薩摩訶薩諸地智慧者顯示出世間智故此非世間分別地智能成菩薩清淨道故已說本分云何請分

經曰尒時金剛藏菩薩說諸菩薩十地名已默然而住不復分別是時一切菩薩衆聞說菩薩十地名已咸皆渴仰欲聞解說各作是念何因何緣是金剛藏菩薩說諸菩薩十地名已默然而住不更解釋時大菩薩衆中有菩薩名解脫月知諸菩薩心深生疑已即以偈頌問金剛藏菩薩曰

何故淨覺人　念智功德具　說諸上妙地
有力不解釋　決定此一切　菩薩大名稱
何故說地名　而不演其義　此衆皆樂聞
佛子智無畏　如是諸地義　願爲分別說
此衆皆清淨　離懈怠嚴淨　安住堅固中
功德智具足　迭共相瞻住　一切咸恭敬
如蜂欲熟蜜　如渴思甘露

論曰何故默然住欲令大衆渴仰請說故復增菩薩尊敬法故何故解脫月菩薩初請彼衆上首故餘問則亂衆調伏故何故偈頌請少字攝多義故諸讚歎者多以偈頌故此五偈說何等義顯示說者聽者無諸過故若有過者則不應說是中顯示說者淨覺無過故復顯聽者同法決定故有樂聞故復示餘者淨心故又顯此衆皆堪聞法故偈言迭共相瞻住故云何歎說者偈言

何故淨覺人　念智功德具　說諸上妙地
有力不解釋

何故唯歎淨覺淨覺是說因故覺名覺觀是口言行有淨說因何故不說歎淨覺有二種一攝對治二離諸過

是中念智具者攝對治故所治有二種一者雜覺二者雜覺因憶想分別故念者四念處對治雜覺故智者真如无相智對治雜覺因憶想分別故餘者顯示離諸過是過有三種有三過者則不能說何者爲三一慳嫉二說法懈怠三不樂說慳者其心悋法嫉者忌他勝智功德具者不瞋等功德具示無初過故說上地者示无第二過故有力者示無第三過故如是二種淨覺歎說者已次歎聽者偈言

決定此一切　菩薩大名稱　何故說地名
而不演其義

決定者黠慧明了故決定有三種一上決定願大菩提故二名聞決定他善敬重故三攝受決定彼說者善知故偈言菩薩故大名稱故說地名故如是次第應知雖有決定堪受法器心不欲聞亦不得說偈言

此衆皆樂聞　佛子智無畏　如是諸地義
願爲分別說

決定者是中有阿含決定非證決定有非現前決定無現前決定如是決

定法器不滿足故不能聽受示現此衆具足決定故能聽受偈言佛子智无畏故智有二種一證法故二現受故如是善知法器滿足請金剛藏如是諸地義願爲分別說已歎同法衆決定樂聞功德次復歎異衆偈言

此衆皆清淨　離懈怠嚴淨　安住堅固中
功德智具足

清淨者不濁故濁有六種離此諸濁故言清淨何者爲六一不欲濁二威儀濁三蓋濁四異想濁妬勝心破壞心故五不足功德濁善根微少故是故於彼說中心不樂住六癡濁謂愚闇等故此對治有六種不濁安住堅固者於所說法修行堅固如是次第相對離懈怠者對不欲濁嚴者對威儀濁淨者對蓋濁堅固者對異想濁功德具者對不足功德濁智具者對癡濁此六句示現是二偈顯同生衆淨次一偈顯異生衆淨後一偈顯二衆清淨偈言

迭共相瞻住　一切咸恭敬　如蜂欲熟蜜
如渴思甘露

迭共相瞻者示無雜染心故咸恭敬者示敬重法非妬心故下半偈喻敬法轉深此偈迭共相瞻是總相一切咸恭敬是別相如是餘偈初句總相餘句別相同異成壞如上所說經偈曰

大智无所畏　金剛藏聞已　欲令大衆悅
即時說頌曰　難第一希有　菩薩所行示
地事分別上　諸佛之根本　微難見離念
非心地難得　境界智無漏　若聞則迷悶
持心如金剛　深信佛智慧　心地无我智
能聞智微細　如來畫虛空　如虛空風相
智如是分別　難見佛无漏　我念佛智慧
第一世難知　難信希有法　是故我默然

論曰此初偈中欲令大衆悅是總正訓答相訓答有二種一堪訓答二不怯弱訓答偈言大智故无所畏故離不堪答離不正答此二示現自他无過故何者是正答相此法難說復難聞故云何難說偈言

難第一希有　菩薩所行示　地事分別上
諸佛之根本

難者難得故難有二種一寂難二未曾有難偈言第一故希有故此二示

現所說難何者是難偈言菩薩所行示地事分別上菩薩行者是出世間智示者顯示故地事者謂諸地菩薩行事分別上者說勝故何者菩薩行偈言諸佛之根本佛者覺佛智故已說難說復說所以難何者是難彼菩薩行事義住不可如是說云何彼義住偈言

微難見離念　非心地難得　境界智无漏
若聞則迷悶

此偈中難得者是總餘者是別難得者難證故是難得有四種一微難得二難見難得三離念難得四非心地難得微難得者非聞慧境界故麁事不須思惟難見難得者非思慧境界故離念難得者非世間修慧境界故示現三界心心數法分別世間修道智非境界故非心地難得者示現報生善得修道智非境界故此示現心境界者是心地此詐境界偈言智境界何者是智見實義故何故非餘境界无漏故无漏者出世間義是義非世間智境界如是甚深義如是可解

如是不可說若聞則迷悶者云何迷悶隨聞取著故聞者即聞非是不聞已辯難說復顯難聞偈言

持心如金剛　深信佛智慧　心地无我智
能聞智微細

如金剛者堅如金剛堅有二種一決定信堅二證得堅此三句示現堅者是總餘者是別云何深信佛智慧惟佛所知非我境界佛菩提无邊佛化衆生所說法門種種信故何者是心地云何無我智心地者隨心所受三界中報又隨心所行一切境界亦名心地無我智者有二種我空法空如實知故能聞智微細者難知如是微細如前所說復以辟喻顯微細義偈言

如來畫虛空　如虛空風相　智如是分別
難見佛無漏

此偈示現如空中畫色如壁是中不住故不可見如空中風如樹葉是中不住故不可見此動作者非不空中有是二事如是虛空處事不可說處是畫風如說以非自性不可得見是

不住故以其客故非不於中有此言說如是佛智言說顯示地挍量勝分別難見畫者喻名字句身何以故依相說故風者以喻音聲說者以此二事說聽者以此二事聞若如是可說如是可聞如是難見何故不說

我念佛智慧　第一甚難知　難信希有法　是故我默然

難知者難證故難信者難生決定心故此偈示現有證有信可說可聞世間難得證信故我不說

經曰尒時解脫月菩薩聞說此已請金剛藏菩薩言佛子是大菩薩善淨衆集善清淨深心善清淨諸念善集諸行多親近諸佛善集助道法具足无量功德離癡疑悔无有染汙善住深心信於佛法中不隨他教善哉佛子敷演此義是諸菩薩於是深法皆能證知

論曰聖者解脫月何故復歎此衆上言世間證信者難得示現此衆有堪能故善淨深心者是挍此善淨深心有二種一阿含淨二證淨是阿含淨

有五種一者欲淨隨所念阿含得方便念覺淨如經善清淨諸念故二者求淨得隨順身口敬行如經善集諸行故三者受持淨於無量世多聞憶持不誤故如經多親近諸佛故四者生得淨願得上上生勝念勝如經善集助道法故五者行淨求善證法習少欲頭陁等成就多功德如經具足无量功德故證淨者有四種一者得淨現智善決定故如經離癡疑悔故二者不行淨修道中一切煩惱不行故如經无有染汙故三者無猒足淨不樂小乘得上勝悕望心如經善住深心信故深心者悕欲故信者決定故復念持彼功德故四者不隨他教淨趣盡道中自正行故如經於佛法中不隨他教故

經曰尒時金剛藏菩薩言佛子雖此菩薩衆善清淨深心善清淨諸念善集諸行多親近諸佛善集助道法具足無量功德離癡疑悔无有染汙善住深心信於佛法中不隨他教其餘樂小法者聞是甚深難思議事多生

疑惑是人長夜受諸無利衰惱我愍此等是故默然

論曰是聖者金剛藏領彼解脫月菩薩所歎衆清淨功德已於所說法中不見法器聞增疑惑是故不說於一法中有二種過疑者正行相違猶豫義故惑者心迷義故能壞善法遠離善法故如是顯示不受行因受行退回

卍　卍

經曰尒時解脫月菩薩請金剛藏菩薩言善哉佛子重請此事願承佛神力善分別此不可思議法佛所護念事令人易信解所以者何善說十地義十方諸佛法應護念一切菩薩護是智地勤行方便何以故此是菩薩最初所行成就一切諸佛法故佛子辟如一切書字數說皆初章所攝初章為本無有書字數說不入初章者如是佛子十地者是一切佛法之根本菩薩具足行是十地能得一切智慧是故佛子願說此義諸佛護念加以神力令人信受不可破壞

論曰聖者解脫月何故復重請示彼疑

惑此不可避若不說者有多過答不得成就一切佛法故以是義故重請金剛藏菩薩若諸佛有力能令生信何故衆生於彼法中猶起謗意有二種定一感報定二作業定此二種定諸佛威力所不能轉寂初所行者依阿含行故成就一切佛法者謂是證智書者是字相如𭅺字師子形相等字者噁阿等音數者名句此二是數義說者是語一切書字數說等皆初章為本

經曰尒時諸菩薩衆一時同聲以偈頌請金剛藏菩薩言

上妙無垢智　堪無量義辯　演說美妙言
真實義相應　念堅清淨慧　為十力淨心
無㝵分別義　說此十地法　定戒深正意
離我慢妄見　此衆無疑心　唯願聞善說
如渴思冷水　如飢思美食　如病思良藥
如衆蜂依蜜　我等亦如是　願聞甘露法
善哉清淨智　說勝地無垢　具十力無㝵
善說善逝道

論曰初偈歎證力辯才成就第二偈上句歎阿含力辯才成就以證力阿

含力故能有所說是故讚歎上者是捴又復上者顯證力辯才勝故歎辯才有三種一真實智二體性三者果真實智者是無漏智勝聲聞緣覺智等偈言妙無垢智故體性者成就無量義辯才偈言堪無量義辯故果者字義成就復是滑利勝上字義成就偈言演說美妙言真實義相應故第二偈上句歎阿含力偈言

念堅清淨慧　為十力淨心　無㝵分別義
說此十地法

念堅者受持顯說故是菩薩於阿含中淨無疑故如是歎證力阿含力已次令聽者入證入阿含是故請說云何入證已入地者令得佛力故未入地者令得入地故偈言為十力故為淨心故云何為入阿含无㝵分別義令受持十地法故如是歎說者成就證力阿含力已次復歎聽衆堪受阿含及證力故偈言

定戒深正意　離我慢妄見　是衆無疑心
唯願聞善說

此偈中唯願者是捴唯願有二種一求阿含二求正證有二種妄想不堪聞阿含一我二慢以我慢故於法法師不生恭敬復有二種妄想不堪得

證一見二疑見者顛倒見故疑者於不思議處不生信故妄者謂妄想見中同使故有二種對治堪聞阿含一定二戒定者心調伏故戒者善住威儀故次有二種對治堪能得證一正見二正意正見者善思義故正意者得歡喜故深者細意善思惟故復以諸喻顯示大衆求法轉深偈言

如渴思冷水　如飢思美食　如病思良藥
如衆蜂依蜜　我等亦如是　願聞甘露法

此四喻者喻四種義門示現正受彼所說義何等為四一受持二助力三遠離四安樂行此義云何如水不醫隨得而飲如是聞慧初聞即受隨聞受持如食咀嚼身力助成如是思慧嚼所聞法智力助成如服良藥藥行除病如是具聞思慧隨順正義如法修行遠離一切煩惱習患如蜜衆蜂所依樂行住處如是聞思修慧果聖所依處現法受未受樂行故如是讃歎說者聽者請說已次歎所說法利益咸皆共請偈言

善哉清淨智　說勝地無垢　具十力无㝵

盡說善逝道　十地論卷第一　第十三張　坐字号

善哉者所說法中善具足故善哉有三種一所依二體性三果所依者謂淨慧體性者謂說諸地未曾說法勝地者地校量勝無垢者說不違義違義說者有三種垢一者倒說二謗如來三誹聞者果者謂具十力無障尋佛菩提故如是請已猶故不說何故不說請不滿故

十地論初歡喜地卷第一

十地論卷一

校勘記

一 底本，金藏廣勝寺本。

一 六九四頁中一行「十地論序」，諸本作「十地經論序」。

一 六九四頁中一行小字「劉性湛」，諸本無。

一 六九四頁中一行「崔光製」，資、磧、普、南、徑、清作「崔光撰」。

一 六九四頁中七行第三字「雷」，石作「電」。

一 六九四頁中一六行首字「寔」，磧、普、南、徑、清作「是」。

一 六九四頁中一六行末字至一七行首字「魏云」，徑、清作「此云」，下同。

一 六九四頁中一八行第四字「齊」，資、磧、普、南、徑、清、麗作「徹」。

一 六九四頁中二〇行第五字「憓」，諸本作「悠」。

一 六九四頁下一三行末字「斯」，南、徑、清作「所」。

一 六九四頁下一五行「研攬」，徑作「研覽」；清作「研攪」。

一 六九四頁下一八行「首夏」，石作「夏首」。

一 六九四頁下二二行末字「記」，磧、普、南、徑、清作「記耳」。

一 六九四頁下末行經名，石作「十地經論初歡喜地第一之一卷一」；資、磧、普、南、徑、清作「十地經論卷第一」；麗作「十地經論初歡喜地第一之一」。

一 六九五頁上二行譯者，石作「元魏北天竺三藏菩提留支等譯」；資作「元魏三藏法師菩提留支譯」；磧、普、南、徑、清作「元魏三藏法師菩提留支奉詔譯」。以下除卷二磧無「奉詔」二字外，餘皆同。

一 六九五頁上二行與三行之間，資、磧、普、南、徑、清有品名「初歡喜地第一之一」。

一 六九五頁上九行首字「如」，石、

經、清、麗冠以「經曰」。

一 六九五頁上一三行第六字「佛」，石無。

一 六九五頁中一行第五字「逝」，諸本作「遊」。

一 六九五頁下五行首字「項」，諸本作「須」。

一 六九五頁下六行「如是」，磧、南、徑作「如來」。

一 六九六頁上一〇行「承佛威神」，資、磧、普、南、徑、清、麗無。

一 六九六頁中九行第三字「令」，資、磧、普、南、徑、清作「令」。

一 六九六頁中一六行第六字「令」，石、磧、南、徑、清、麗作「念」。

一 六九六頁下一三行「諸法」，磧、普、南作「說法」。

一 六九七頁上三行第一三字「人」，資、磧、普、南、徑、清、麗作「入」。

一 六九七頁上九行第一一字「總」，資、磧、普、南、徑、清作「總相」。

一 六九七頁上一〇行第三字「別」，資、磧、普、南、徑、清、麗作「別相」。

一 六九七頁上一一行首字「故」，磧、普作「同」。

一 六九七頁上一二行「世界」，磧、普、南、徑、清作「世間」。

一 六九七頁中二行第三字及三行首字「擇」，徑作「釋」。

一 六九七頁中七行第四字「令」，磧、南作「今」。

一 六九七頁中一六行第五字「不」，南作「執」。

一 六九八頁上一八行第一三字「佛」，諸本作「諸佛」。

一 六九八頁上末行第五字「上」，資作「二」。

一 六九八頁中一九行首字「量」，磧、普、南、徑、清作「畏」。

一 六九九頁上一三行「修羅多」，諸本作「修多羅」。

一 六九九頁中五行第五字「等」，石無。

一 六九九頁下二行第五字「无」，資、磧、普、南、清、麗無。

一 七〇〇頁上八行第四字「是」，資、磧、普、南、徑、清無。

一 七〇〇頁上一〇行第六字「此」，資、磧、普、南、徑、清作「是此」。

一 七〇〇頁上一六行「十障」，磧、普、南、徑、清作「十種」。

一 七〇〇頁中七行首字「閒」，麗作「聞」。

一 七〇〇頁中一〇行第四字「動」，磧、普、南、徑、清作「退」。

一 七〇〇頁中一五行第二字「懷」，資、磧、普、南、徑、清無。

一 七〇〇頁中一九行第九字「捭」，石作「摽」；資、磧、普、南作「押」。

一 七〇〇頁下九行第五字「諸」，石作「謂」。

一 七〇〇頁下一四行「此非」，資、磧、普、南、徑、清作「非此」。

一 七〇一頁中五行第三字「顯」，南作「願」。

一 七〇一頁中一七行第一二字「地」，

一　石作「他」。

一　七〇二頁上五行第一三字「經」，磧、普、南、清、麗無。

一　七〇二頁上五行末字及七行第五字「曰」，石、資、磧、普、南、徑、清作「言」。

一　七〇二頁上一九行第六字「說」，資、磧、普無。

一　七〇二頁中四行第六字「者」，資、磧、普、南、徑、清無。

一　七〇二頁中六行第二字「難」，磧、普、南、徑、清作「當」。

一　七〇二頁下二行「聞取著故聞者」，資、磧、普、南、徑、清作「取」。

一　七〇二頁下三行第三字「難」，資、磧、普、南、徑、清無。

一　七〇二頁下七行「三句」，資、磧、普、南、徑、清作「二句」。

一　七〇二頁下一九行「空中」，磧、普、南、徑、清作「虛空」。

一　七〇三頁上一行第六字「客」，資、磧、普、南、徑、清作「容」。

一　七〇三頁上一八行「於是」，徑作「如是」。

一　七〇三頁下末行第一四字「彼」，磧、普、南、徑、清作「復」。

一　七〇四頁上一六行第二字「礙」，石作「疑」。

一　七〇四頁上一七行第七字「衆」，南作「說」。

一　七〇四頁中一三行第一六字「人」，諸本作「入」。

一　七〇四頁中一六行第九字「入」，資、磧、普、南、徑、清無。

一　七〇四頁中一八行第六字「聽」，資、磧、普、南、徑、清無。

一　七〇四頁下一九行第三字「樂」，磧、普、南、徑、清作「藥」。

一　七〇五頁上卷末經名，石、資、磧、普、南、徑、清作「十地經論卷第一」；麗作「十地經論初歡喜地卷第一」。

十地經論初歡喜地卷之二　空

天親菩薩造

後魏北印度三藏菩提流支譯

論曰此菩薩前同生衆上首請次大衆請復待諸佛法王加請何以故為增敬重法故

經曰介時釋迦牟尼佛從眉間白毫放菩薩力明光焰阿僧祇阿僧祇光以為眷屬放斯光已普照十方諸佛世界靡不周遍照已還住本處三惡道苦皆得休息一切魔宮隱蔽不現悉照十方諸佛衆會顯現如来境界不思議力是光遍照十方世界加一切如来所加説法者及諸菩薩衆於上虚空中成大光明雲網臺而住彼十方諸佛亦復如是從眉間白毫相放菩薩力明光焰阿僧祇阿僧祇光以為眷屬放斯光已普照十方諸佛世界靡不周遍照已還住本處三惡道苦皆得休息一切魔宮隱蔽不現悉照十方諸佛衆會顯現如来境界不思議力是光遍照十方世界加一

切如来所加説法者及諸菩薩衆顯現如来境界不思議力并照釋迦牟尼佛大會之衆及金剛藏菩薩身於上虚空中亦復成大光明雲網臺而住介時釋迦牟尼佛從眉間放白毫光明照彼十方世界諸佛大會諸菩薩身及師子座此諸大衆皆悉現見彼十方世界諸佛從眉間放白毫光明照此三千大千娑婆世界釋迦牟尼佛大會并金剛藏菩薩身及師子座彼諸大衆皆悉現見時大光明雲網臺中諸佛神力故而説頌曰

論曰何故如来現神通力放光同請是如来前已意加未身口加異於餘佛是故今欲與身口加何故不以常口常身加為重法故不輕自身故此光有八種業二種身云何八種業一者覺業是光照諸菩薩身已自覺如来力加如經放菩薩力明光焰故二者因業阿僧祇光皆有无量光明眷屬如經阿僧祇阿僧祇光以為眷屬故三者卷舒業舒則遍至阿僧祇世界卷則還入常光如經放斯光已普

照十方諸佛世界靡不周遍照已還住本處故四者止業除滅一切惡道種種苦惱如經三惡道苦皆得休息故五者降伏業令一切魔宮威光不現驚怖恐懼不能壞亂可化衆生如經一切魔宮隱蔽不現故六者敬業現不思議佛神力故如經悉照十方諸佛衆會顯現如來境界不思議力故七者示現業加十方世界諸佛所加菩薩大會令此衆見如經是光遍照十方世界加一切如來所加說法者及諸菩薩衆故八者請業發聲說偈如經時大光明雲網臺中諸佛神力而說頌曰故云何二身一如流星身往他方世界故二如日身處於虛空如經於上虛空中成大光明雲網臺而住故於一切處一時遍照故如是彼此諸衆生迭手相見猶如一會衆說亦爾是名身加何者口加偈曰

諸佛無等等　功德如虛空　十力無畏等
無量諸衆首　釋迦姓法生　天人上作加
承諸佛神力　為開法王藏　諸地上妙行
分別智地義　是諸如來加　讚於諸菩薩

此人能聞持　如是微妙法　諸地淨無垢
漸次而滿足　證佛十種力　成無上菩提
雖在於大海　及劫盡火中　決定信無疑
必得聞此經　諸地勝智道　入地住展轉
漸次而演說　無量行境界

論曰是初二偈半顯能加者及加所為此二加示現何義故加者請非尊者法非殊勝聖者則不說云何初偈顯能加者偈言天人上作加故何者天人上謂諸佛如來此有何義法王義故云何知彼是法王成就四種勝故一自在勝二力勝三眷屬勝四種姓勝何者諸佛自在勝於煩惱障智障得解脫自在彼於此處心智無导隨意所受無上樂故此云何知偈言諸佛無等等故謂一切智故復如虛空世間法不能染無明煩惱習氣滅故無等者謂佛比餘衆生彼非等故等者此彼法身等故何故不但說無等示現等正覺故何者諸佛力勝具足十力故能伏一切邪智壞魔怨故此云何知偈言十力無畏等故何者諸佛眷屬勝具攝菩薩聲聞諸衆故此

云何知偈言無量諸衆首故彼菩薩是初衆故無量者阿僧祇故諸衆首者佛於世間家勝上故何者佛種姓勝謂家姓勝故此云何知偈言釋迦姓法生故何故唯歎此佛種姓以現見故復以法為家非但生家法家者如法中住故作加者是總相加有二種一具身加依法身故二具果加證佛果故天人上者亦總亦別餘者唯別云何第二偈顯加所為此菩薩彼諸佛法王為開現法藏義故加偈言

承諸佛神力　為開法王藏　諸地上妙行
分別智地義

歎此法藏有二種一義藏成就二字藏成就云何義藏偈言諸地上妙行行者諸菩薩行所謂助道法故妙者真實智故上者神力勝故如是顯示深妙勝上故云何字藏偈言分別智地義分別者說十地差別故此偈中何故顯承佛神力說或有衆生於如來所生輕慢想已自不能請他而說為遮此故如是請說法已次顯說法利他有三時益於中有三偈三時益

者一聞時益二修行時益三轉生時
益何者聞時益偈言
是諸如来加　護於諸菩薩　此人能聞持
如是微妙法
菩薩聞持者佛力加故是名聞時益
何者修行時益偈言
諸地淨無垢　漸次而滿足　證佛十種力
成無上菩提
漸次滿十地自身得十力成無上菩
提故是名修行時益何者轉生時益
偈言
雖在於大海　及劫盡火中　決定信無疑
必得聞此經
惡道善道難處生必得聞此法龍世
界長壽亦得聞此經偈言雖在於大
海故雖在色界光音天等亦得聞此
經偈言及劫盡火中故聞此法者為
皆得利益有不得者不也何者能得
決定不疑信此法者是人能得偈言
決定信無疑必得聞此經故如是顯
示請說利益已上言分別智地義者
此所說法有三種漸次第六偈教分
別此事偈言

諸地勝智道　入地住展轉　漸次而演說
无量行境界
何者三漸次一觀漸次二證漸次三
修行漸次第一第二第四句皆說漸
次勝智道者謂十地勝智道說此十
地若觀若依止能生諸地智故入者
入地故住者未轉向餘地故展轉者
地地轉所住處故行者謂入住展轉
成就故境界者此行種種異行境界
故漸者次第故說者授與故如是教
說何義故顯一切因如来能有所說
生後正信義故
經曰尒時金剛藏菩薩摩訶薩觀察
十方欲令大衆重增踊悅生正信故
以偈頌曰
微難知聖道　非分別離念　難得無垢濁
智者智行處　自性常寂滅　不滅亦不生
自體本来空　有不二不盡　遠離於諸趣
等同涅槃相　非初非中後　非言辭所說
出過於三世　其相如虛空　定滅佛所行
言說不能及　地行亦如是　難說復難聞
離念及心道　智起佛境界　非陰界入說
心意所不及　如空中鳥跡　難說不可見

十地義如是　不可得說聞　我但說一分
慈悲及願力　漸次非心境　智滿如淨心
是境界難見　難說自心知　我承佛力說
咸共恭敬聽　如是智入行　億劫說不盡
令如是略說　如實滿足住　一心恭敬待
承佛力善說　說上法妙音　喻相應善字
是言說甚難　無量佛神力　光焰入我身
是力我能說
論曰何故觀察十方示无我慢無偏
心故欲令大衆重增踊悅深生正信
是故說偈亦說正地增益聞者堪受
義故踊悅者心清不濁故踊悅有二
種一義大踊悅為得義故二說大踊
悅因此說大能得彼義故是中前五
偈顯義大踊悅云何義大彼義深故
何者深義偈言
微難知聖道　非分別離念
此偈依何義說依智地故云何知依智
地上来所說皆依智地後復所說亦
依智地第四偈言智起佛境界故
微者云何微偈言難知聖道故云何
難知謂說時難知復云何難知大聖
道難知大聖者所謂諸佛是故言微

道者是因修行此道能到聖處故言難知聖道此微有二種一說時甚微二證時甚微如是次第何故復難知偈言非分別離念故非分別者離分別境界故離念者自體无念故如是聖道名為甚微何故甚難得難得者難證故是名甚微何故復甚難得偈言

難得無垢濁　智者智行處自性常寂滅　不滅亦不生

無垢濁者智中無无明故有无明雜智是名為濁智者智行處者自證知故自證知者依彼生故於中智者見實諦義故復增上善解法故增上善寂滅故復有世間智隨聞明了知故自性常寂滅者自性離煩惱故非先有染後時離故不滅者非一往滅為不捨利益衆生故不生者出世間故如是此智不住涅槃世間中故如是觀行甚微依止甚微清淨甚微功德甚微故言甚難得於中第一甚微不同世間三昧故第二第三不同外道自言尊者故第四不同聲聞辟支佛故於此偈中微者是惣二種微是別復顯難得得時甚微是惣餘四種甚微是別此甚微智復有何相偈言

自體本来空　有不二不盡　遠離於諸趣
等同涅槃相　非初非中後　非言詞所說
出過於三世　其相如虛空

是智相有二種所謂同相不同相是中同相者云何相彼智相故偈言自體本来空智自空故云何同相一切諸法如說自體空自體空者可如是取如兎角耶不也可如是取異此空智更有異空耶不也可如是取有彼此自體彼此轉滅耶不也云何取此自體空有不二不盡如是取此句顯離三種空攝一離謗攝二離異攝三離盡滅攝有二種頌一有不二不盡二定不二不盡此頌雖異同明實有若非實有不得言定此云何定此定能滅諸煩惱故是名同相何者不同相謂淨相解脫此復有二種一何處得解脫二云何解脫何處得解脫者偈言遠離於諸趣此顯諸道解脫遠離煩惱業生故云何解脫者偈言等同涅槃相世間涅槃平等攝取故非如聲聞一向背世間故此智盡漏為初智斷為中為後非初智斷亦非中後偈言非初非中後故云何斷如燈焰非唯初中後前中後取故如是　解脫可同他音聲觀耶不也云何觀偈言非言辭所說離語言故可同世間智依世間耶不也云何依偈言出過於三世轉依止依止常身故非如无常意識智依止無常因緣法如修多羅中決定說此解脫可同聲聞緣覺智有障解脫得解脫耶不也云何解脫偈言其相如虛空無一切煩惱障尋故如是觀智如是斷煩惱如是觀觀如是依止依止如是解脫得解脫如是說已於中自體空是惣三種空是別解脫是惣五種解脫是別偈言

定滅佛所行　言說不能及　地行亦如是　難說復難聞

此偈云何彼智已顯方便壞涅槃復示性淨涅槃偈言定滅故定者成同相涅槃自性寂滅故滅者成不同相方便壞涅槃示現智緣滅故此智是

誰證偈言佛所行故誰說誰聽無說无聽偈言言說不能及故言說者口音言導謂名句字身何故不但說無言示現依言求解故彼智既如是地行復何相偈言地行亦如是難說復難聞地者境界觀行者智眷屬智眷屬者謂同行同行者謂檀等諸波羅蜜何故復難說難聞偈言

離念及心道　智起佛境界　非陰界入說
心意所不及

此偈示現思慧及報生識智是則可說此智非彼境界以不同故偈言智起佛境界故如陰界入可說此智不尒離文字故是故不可說偈言非陰界入說故非耳識所知非意識思量是故不可聞偈言心意所不及故智者是地智起者以何觀以何同行能起此智云何可證而不可說而不可聞今復以喻證成此義偈言

如空中鳥跡　難說不可見　十地義如是
不可得說聞

此偈示何義如鳥行空中跡處不可說相亦不可見何以故虛空處鳥跡相不可分別故非无虛空行跡如是鳥跡住處名句字身住處菩薩地證智所攝不可得說不可得聞何以故非如聲性故非無地智名句字身此中深故亦義大踊悅何故我復說此汝等不應如聲取義隨聲取義有五種過一不正信二退勇猛三誑他四謗佛五輕法大衆自知無此五過已說深義復顯說大令生正信次說五偈

我但說一分　慈悲及願力　漸次非心境
智滿如淨心　是境界難見　難說自心知
我承佛力說　咸共恭敬聽　如是智入行
億劫說不盡　今如是略說　如實滿足住
一心恭敬待　承佛力善說　說上法妙音
喻相應善字　是言說甚難　無量佛神力
光焰入我身　是力我能說

前言十地義如是不可得說聞今言我但說一分此言有何義是地所攝有二種一因分二果分說者謂解釋一分者是因分於果分為一分故言我但說一分此說大有三種一因成就大二因漸成就大三教說修成就大何者因成就大偈言慈悲及願力故慈者同與喜樂因果故悲者同拔憂苦因果故願者發心期大菩提故此慈悲願長夜熏修不同二乘故何者因漸成就大偈言漸次故漸者說聞思慧等次第乃至能生出世間智因故何者教說修成就大有二種一滿足修二觀修滿足修者偈言非心境故非心境者此句示現聞思慧等心境界處唯是智因能生出世間智而此不能滿彼出世間智地偈言智滿如淨心故如淨心者如出世間清淨心能滿彼地智故觀修者偈言

是境界難見　難說自心知　我承佛力說
咸共恭敬聽

此偈顯何義是境界難見自心清淨可見此境界不可說如是教說修成就已於說法中有二種過不能得證一說者過二聽者過說者過有二種一佛不隨喜說二不平等說聽者亦有二種過一見諍過我法是彼法非如是執著種種諸見二於說法者不生恭敬於中示現說者自身無過我非諸佛不隨喜說偈言我承佛力說

成聽故次教聽者防二種過偈言共
恭敬聽故如是次第如是許說而衆
未知廣說略說不可廣說准許略說
地義滿足如第三偈說
如是智入行　億劫說不盡　今如是略說
如實滿足住
智入者此所說地法衆生以智入去
何入如實滿足攝取入如行修故如
行修滿足故示彼廣說義攝取故住
者如來家決定住故我如是說前言
恭敬聽不說云何恭敬是故示現
偈言
一心恭敬待　承佛力善說　說上法妙音
喻相應善字
一心恭敬待者有二種一身正恭敬
待如威儀住堪受說法故二心正恭敬
待如心決定堪能憶持故此句勸誡
二種恭敬待所謂身心故善說者示
巳無諂无有憍慢故承佛力者示巳
无增上慢故下半偈說上法妙音喻
相應善字示現何事以何事去何事
依止何事示現何事者所謂上法以
何事者謂妙音聲去何事者譬喻相

應依止何事者謂依止善字我一切
善說又相應者譬喻共相應善字者
有二種相一隨方言音善隨順故二
字句圓滿不增不減與理相應故言
善字前言承佛神力未說云何力第
五偈示現佛神力事偈言
是言說甚難　無量佛神力　光焰入我身
是力我能說
巳說請分自此以後正說初地此說分
中說何等事分別有三一住二釋名
三安住住中有四種依何身為何義
以何因有何相彼心生時即住初地
是名為住於中諸佛子善集善根故
如是等四十句說此住事初說依何
身生如是心
經曰諸佛子若有衆生厚集善根故
善集諸善行故善集諸三昧行故善
供養諸佛故善集清白法故善知識
善護故善清淨心故入深廣心故信
樂大法好求佛智慧故現大慈悲故
如是衆生乃能發阿耨多羅三藐三
菩提心
論曰如是十句說依何身此集有九

種一者行集善作眷屬持戒如經善
集諸善行故二者定集善作眷屬三
昧如經善集諸三昧行故三昧行者
觀行增上故三者親近集善習聞慧
智如經善供養諸佛故四者聚集思
慧智善思量波羅蜜等諸善法如經
善集清白法故五者護集修行實證
善得教授如經善知識善護故六者
淨心集得出世間正智如經善清淨
心故七者廣集深心作利益一切衆
生如經入深廣心故八者信心集求
一切智智如經信樂大法好求佛智
慧故九者現集多行慈悲如經現大
慈悲故於中慈念依苦苦壞苦悲依
行苦是中初二種集顯增上戒學增
上定學行集善作眷屬持戒故定集
善作眷屬三昧故次有四集顯增上
慧學親近集善習聞慧智故聚集思
慧智善思量波羅蜜等諸善法故護
集修行實證善得教授故淨心集得
出世間正智故後三集顯勝聲聞辟
支佛等故廣集深心作利益一切衆
生故信心集求一切智智故現集多

行慈悲故此十句中厚集善根是總餘九種是別集者是同相別者是異相成者略說故壞者廣說故已說依何身生如是心次說為何義故生如是心

經曰為得佛智故為得十力力故為得大無畏故為得佛平等法故為救一切世間故為淨大慈悲故為得十方无餘智故為得一切世界無障淨智故為得一念中覺三世事故為得轉大法輪無所畏故菩薩摩訶薩生如是心

論曰於中佛智者謂無上智知斷證修故此佛智有九種差別為求彼故生如是心一者力佛智問記業此如来是處非處智力問記故如修多羅中說如經為得十力力故二者无畏佛智破邪說業如經為得大無畏故三者平等佛智得人法无我教授衆生證入業如經為得佛平等法故四者救佛智以四攝法化衆生業如經為救一切世間故五者淨佛智是淨為救攝因業如經為淨大慈悲故

六者無餘智佛智常以佛眼觀世間衆生業如經為得十方無餘智故七者無染佛智一切世界無障无染自然應化令信作業智心无导如經為得一切世界无障淨智故八者覺佛智於一念中知三世衆生心心數法業如經為得一念中覺三世事故九者轉法輪佛智解脫方便善巧業故於百億閻浮提同時轉大法輪如經為得轉大法輪无所畏故生如是心者即是本分中說諸佛子是菩薩願善決定故何故但言生心不言生智及餘心數法心中即攝知斷證修一切助道法故已說為何義故生如是心次說以何因生如是心

經曰是心以大悲為首智慧增上方便善巧所攝直心深心淳至如來力无量善決定衆生力智力隨順自然智能受一切佛法以智慧教化廣大如法界究竟如虛空盡未来際

論曰此大悲為首於中悲有九種一者增上大細苦智增上生故如經智慧增上故智者因果逆順染淨觀

故慧者自相同相差別觀故二者攝大救苦衆生方便善巧所攝如經方便善巧所攝故三者淳至大願時許乃至盡衆生界作利益衆生悲心增上如經直心深心淳至故四者无量大攝取如来无量力如經如来力无量故五者決定大上妙決定信深智勝對治如經善決定衆生力智力故六者隨順大隨順菩提正覺如經隨順自然智故七者正受大能取大勝法教授衆生如經能受一切佛法以智慧教化故八者寂妙大攝受勝妙功德如經廣大如法界故九者住盡大無量愛果因盡涅槃際如經究竟如虛空盡未来際故已說以何因生如是心次說是心生時有何等相

經曰菩薩生如是心即時過凡夫地入菩薩位生在佛家種姓尊貴無可譏嫌過一切世間道入出世間道住菩薩法中住在菩薩正處入三世真如法中如来種中畢定究竟阿耨多羅三藐三菩提菩薩住如是法名住菩薩歡喜地以不動法故

論曰過凡夫地者以過凡夫地故示現得出世間聖道此過有八種一者入位過初成出世間心如始住胎相似法故如經入菩薩位故二者家過家生相似法故如經生在佛家故三者種姓過子相似法大乘行生故如經種姓尊貴無可譏嫌故四者道過世間出世間道不攝攝故異道生相似法故如經過一切世間道入出世間道故五者法體過以大悲為體於作他事即是己事自身體相似法故如經住菩薩法中故六者處過不捨世間方便不染善巧住故住處相似法故如經住在菩薩正處故七者業過順空聖智生命相似法故如經入三世真如法中故八者畢定過佛種不斷究竟涅槃道成就相似法故如經如來種中畢定究竟阿耨多羅三藐三菩提故如是示現凡夫生菩薩生入胎不相似有煩惱無煩惱故如是次第家不相似種姓不相似道不相似體不相似處不相似生業不相似成就不相似如是說住此地中是名

為住如經菩薩住如是法名住菩薩歡喜地以不動法故已說住義次說釋名云何說多歡喜故示名歡喜以何歡喜此地中菩薩歡喜復以何念初說十句後說二十句

經曰諸佛子是菩薩住菩薩歡喜地中成就多歡喜多信敬多愛念多慶悅多調柔多踊躍多堪受多不壞他意多不惱衆生多不瞋恨

論曰歡喜者名為心喜體喜根喜是歡喜有九種一者敬歡喜於三寶中恭敬故如經多信敬故二者愛歡喜樂觀真如法如經多愛念故三者慶歡喜自覺所證校量勝如經多慶悅故四者調柔歡喜自身心遍益成就如經多調柔故五者踊躍歡喜自身心遍益增上滿足如經多踊躍故六者堪受歡喜自見至菩提近如經多堪受故七者不壞歡喜自心調伏論義解說時心不擾動如經多不壞他意故八者不惱歡喜教化他攝取衆生時慈悲調柔如經多不惱衆生故九者不瞋歡喜見諸衆生不如說修

行威儀不正時忍不瞋故如經多不瞋恨故已說多歡喜次說以何念故歡喜成是第二十句第三十句說是念有二種一念當得二念現得何者念當得

經曰諸佛子菩薩住是歡喜地中念諸佛故生歡喜心念諸佛法故生歡喜心念諸菩薩摩訶薩故生歡喜心念諸菩薩所行故生歡喜心念諸波羅蜜清淨相故生歡喜心念諸菩薩地校量勝故生歡喜心念諸菩薩力不退故生歡喜心念諸如來教化法故生歡喜心念能利益衆生故生歡喜心念入一切如來智行故生歡喜心

論曰云何念如佛所得我亦當得如是念此念佛有九種一者念佛法如經念諸佛法故生歡喜心二者念佛菩薩如經念諸菩薩摩訶薩故生歡喜心三者念佛行如經念諸菩薩所行故生歡喜心四者念佛淨如經念諸波羅蜜清淨相故生歡喜心五者念佛勝如經念諸菩薩地校量勝故生歡喜心六者念佛不退如經念諸

菩薩力不退故生歡喜心七者念佛教化如經念諸如來教化法故生歡喜心八者念佛利益如經念能利益眾生故生歡喜心九者念佛入如經念入一切如來智行故生歡喜心於中初二念共念佛如佛所得我亦當得故念佛法念諸佛法故佛佛法二故念佛菩薩二念諸菩薩故念佛行念諸菩薩行故如是次第餘有六句念佛淨念諸波羅蜜清淨相故念佛勝念諸菩薩地挍量勝故念佛不退念諸菩薩力不退故念佛教化念諸如來教化法故念佛利益念能利益眾生故念佛入念入一切如來智行故隨所顯彼菩薩行以何顯如是諸念應知復何顯彼波羅蜜淨顯云何顯彼菩薩行地挍量勝轉去故地盡去故於中餘者得教化法故作利益眾生行不虛故入如來地行故是中念佛行者亦總亦別已說念當得故生歡喜心次說念現得故生歡喜心

經曰諸佛子菩薩復作是念我轉離一切世間境界故生歡喜心近入如

來所故生歡喜心遠離凡夫地故生歡喜心近到智慧地故生歡喜心斷一切惡道故生歡喜心與一切眾生作依止故生歡喜心近見一切諸佛故生歡喜心生諸佛境界故生歡喜心入一切菩薩真如法故生歡喜心我離一切怖畏毛竪等事故生歡喜心

論曰我轉離一切世間境界者轉離一切凡夫取著事此轉離有九種一者入轉離如經近入如來所故生歡喜心二者遠轉離如經遠離凡夫地故生歡喜心三者近至轉離如經近到智慧地故生歡喜心四者斷轉離如經斷一切惡道故生歡喜心五者依止轉離如經與一切眾生作依止故生歡喜心六者近見轉離如經近見一切諸佛故生歡喜心七者生轉離如經生諸佛境界故生歡喜心八者平等轉離如經入一切菩薩真如法故生歡喜心九者捨轉離如經我離一切怖畏毛竪等事故生歡喜心於中入轉離者顯事不相似故遠轉

離近至轉離者示自身不相似故餘有六句斷轉離依止轉離近見轉離生轉離平等轉離捨轉離如是次第行不相似故造相依止不相似故他力不相似故處不相似故生業不相似故成就不相似故怖畏者不愛疑慮憂想共心相應故復身相差別謂毛竪等事次說何者是怖畏云何怖畏因遠離此因无怖畏故

經曰所以者何是菩薩摩訶薩得歡喜地已所有諸怖畏即皆遠離所謂不活畏惡名畏死畏墮惡道畏大眾威德畏離如是等一切諸畏何以故是菩薩離我想故尚不貪身何況所用之事是故無有不活畏心不悕望供養恭敬我應供養一切眾生供給一切所須之具是故无有惡名畏遠離我見无我想故无有死畏又作是念我若死已生処不離諸佛菩薩是故無有墮惡道畏我所志樂一切世間身心无與等者何況有勝是故无有大眾威德畏諸佛子菩薩如是離諸怖畏毛竪等事

論曰此五怖畏是初地障復說地利益勝是五怖畏第一第二第五依身口意第三第四依身依身者愛憎善道惡道捨得依身故何故但說五怖畏打縛等諸畏皆五所攝故此怖畏因略有二種一邪智妄取想見愛著故二善根微少故此對治如經離我想故尚不貪身乃至无有大衆威德畏故怖畏毛竪等事何故二處說前說身怖畏後說異身怖畏故

經曰諸佛子是菩薩以大悲為首深大心堅固轉復勤修一切善根成就故

論曰深大心堅固者煩惱小乘不能壞此觀故轉復勤修一切善根成就者諸所說善根此地攝受故云何勤修於中有三種成就一信心成就二修行成就三迴向成就有三十句示現初十句說信心成就

經曰所謂信心增上故多恭敬故信清淨故多以信分別故起悲愍心故成就大慈故心无疲懈故以慚愧莊嚴故成就忍辱安樂故敬順諸佛教

法信重尊貴故

論曰信心增上者隨所有事於中信增上成就此信增上有九種一者敬信增上尊敬三寶如經多恭敬故二者淨信增上自證真淨智如經信清淨故三者分別信增上令他證淨智如經多以信分別故四者悲信增上五者慈信增上教化衆生如經起悲愍心故成就大慈故悲者除苦相決定救濟故慈者與樂相永與无量樂故起者轉復現前故六者不疲惓信增上教化无量衆生久處世間能利益故如經心无疲懈故七者慚愧信增上不著世間故於慳等波羅蜜障法深慚愧故如經以慚愧莊嚴故八者安樂信增上於同法者不惱乱故如經成就忍辱安樂故九者敬法信增上增益敬信殊勝心故如經敬順諸佛教法信重尊貴故後三句示修何等行波羅蜜行故誰為等侶同事安樂故入何法中謂諸佛教法故如是信心成就云何修行成就

經曰日夜修集善根无猒足故親近

善知識故常愛樂法故求多聞無猒故如所聞法正觀故心不貪著故不著利養名聞恭敬故不求一切資生之物故常生如寶心无猒足故

論曰此十句說修行成就云何修行成就集諸善根无休息故如經日夜修集善根无猒足故此集有八種一者親近集不忘諸法如經親近善知識故二者樂法集於問荅中論義解釋心喜心樂故如經常愛樂法故三者多聞集如經求多聞無猒故四者正觀集如經如所聞法正觀故五者不著集如經心不貪著故向說多聞集等三句是聞思修慧如是次第不著者於三昧中无愛著故六者不貪集七者不求集於已得利養不貪未得利養不求障菩薩戒退菩薩戒如經不著利養名聞恭敬故不求一切資生之物故八者如寶心集出世間心念念現前如經常生如寶心无猒足故如是修行成就云何迴向成就

經曰求一切智地故求諸佛力無畏不共法故求諸波羅蜜无著法故離

諸諂曲故如說能行故常護實語故不汙諸佛家故不捨菩薩戒故不動如大山王生薩婆若心故不捨一切世間事成就出世間道故集助菩提分法無猒足故常求上上勝道故諸佛子菩薩摩訶薩成就如是淨治地法名為安住菩薩歡喜地

論曰求一切智地等說何等事示現迴向成就故求一切智地是總求如來力等於一切智地是別一者觀求一切智地二者无障求一切智地三者離求一切智地故四者如說能行求一切智地五者護求一切智地六者不汙求一切智地七者不捨求一切智地八者不動求一切智地九者不捨成就求一切智地十者集求一切智地十一者常求求一切智地於中求何等事求一切智地故以何觀求觀諸佛力無畏不共法故云何求求諸波羅蜜無著法故此三求者是家依家无障求故云何求求諸波羅蜜无著法故此无障求差別異求於中檀波羅蜜有二種垢一者諂曲見

乞求者詐設方便无心許與二者不隨先言許而不與對治是垢如經離諸諂曲故如說能行故尸波羅蜜有一種垢不護實語違本所受犯已覆藏對治是垢如經常護實語故羼提波羅蜜有一種垢汙如來家云何菩薩汙如來家惱乱他業故利益他業即是如來家是故菩薩生此家者惱乱他業非善事故對治是垢如經不汙諸佛家故毗梨耶波羅蜜有一種垢菩薩戒无量劫數長遠難持難行生退轉心對治是垢如經不捨菩薩戒故禪波羅蜜有二種垢一者乱心二不能調伏憶想分別對治是垢如經不動如大山王生薩婆若心故般若波羅蜜有三種垢一无善巧方便世間涅槃一向不現現故二不修集出出世間道故三於勝上證法中願欲心薄故如是次第對治是垢如經不捨一切世間事成就出世間道故集助菩提分法无猒足故常求上上勝道故如是迴向成就是名勤行具足成就是勤行有四種一信二欲三精進

四方便初十句示現信增上成就是信增上即攝受欲第二十句日夜脩集善根無猒示現精進第三十句求一切智地示現方便故是名此地說中安住何以故如經諸佛子菩薩摩訶薩成就如是淨治地法名為安住菩薩歡喜地故如是說分訖

十地經論歡喜地卷之二

癸卯歲高麗國大藏都監奉
勅雕造

十地經論初歡喜地卷之二

校勘記

一 底本，金藏廣勝寺本。七〇八頁中，七一七頁上至七一八頁下原版殘缺，以麗藏本補。

一 七〇八頁中一行經名，石作「十地經論初歡喜地之二卷二」，資、磧、普、南、徑、清作「十地經論卷第二」。

一 七〇八頁中三行與四行之間，資、磧、普、南有「初歡喜地之二」；徑、清有「初歡喜地第一之二」。

一 七〇八頁中五行第四字「待」，資、磧、普、南、徑、清作「侍」。

一 七〇八頁中一六行末字「相」，石、資、磧、普、南、徑、清作「俱」。

一 七〇八頁中一七行末字「光」，資、磧、普、南、徑、清作「光網」。

一 七〇八頁中末行第四字「力」，石作「力故」。

一 七〇九頁上一九行「偈曰」，石作「經偈曰」。

一 七〇九頁中六行第七字「半」，資、磧、普、南、徑、清無。

一 七〇九頁中一八行第四字「謂」，資、磧、普、南、徑、清、麗作「諸」。

一 七一〇頁中六行第五字「依」，普、南、徑、清作「漸」。

一 七一〇頁中一四行第一一字「生」，石作「生後」。

一 七一〇頁下一一行第八字「地」，資、磧、普、南、徑、清作「他」。

一 七一一頁上九行第一二字「性」，徑作「往」。

一 七一一頁下八行第二字「依」，石作「依止」。

一 七一一頁下一四行第九字「斷」，南、徑、清作「所」。

一 七一二頁上二行末字「口」，麗作「以」。

一 七一二頁上四行第九字「彼」，資、磧、普、南、徑、清作「依」。

一 七一二頁中七行第一〇字「三」，第一三字「四」，八行第二字「五」，石分別作「三者」，「四者」，「五者」。

一 七一二頁中一五行第二字，七一七頁中九行第一三字「相」，資、磧、普、南、徑、清作「想」。

一 七一二頁下二二行第八字「説」，徑作「諸」。

一 七一三頁上四行第五字「如」，石作「如是」。

一 七一三頁下四行第一〇字「集」，徑作「習」。

一 七一四頁上九行「世界」，南、徑、清作「世間」。

一 七一四頁上一一行第一三字「生」，南作「故生」。

一 七一四頁上一八行第三字「智」，石作「智故」。

一 七一四頁中七行第一二字「事」，資、磧、普、南、徑、清作「衆事」。

一 七一五頁中二〇行第三字「説」，徑作「脱」。

一　七一五頁中二一行第一一字「他」，資、磧、普、南、徑、清無。

一　七一五頁下三行第八字「向」，資、磧、普、南、徑、清無。

一　七一六頁下一四行及一八行「我想」，資、磧、普、南、徑、清作「我相」。

一　七一七頁上九行「怖畏」，資、磧、普、南、徑、清作「無怖畏」。

一　七一七頁中一八行「增益」，資、磧、普、南、徑、清無。

一　七一七頁中二一行第一三字「故」，資、磧、普、南、徑、清無。

一　七一七頁下一行末字「厭」，石作「厭足」。

一　七一七頁下四行、一九行、二〇行「寶心」，資、磧、普、南、徑、清作「實心」。

一　七一七頁下一〇行第四字「心」，資、磧、普、南、徑、清無。

一　七一八頁上一七行「求求」，石作「求」。

一　七一八頁上二一行至二二行「故云何求求諸波羅蜜無著法故此無障求差」，資、磧、普、南、徑、清作「著」。

一　七一八頁中一八行首字「出」，石、資、磧、普、南、徑、清無。

一　七一八頁下三行「精進」，石、資、磧、普、南、徑、清作「精進故」。

一　七一八頁下八行卷末經名，石、普、南、徑、清作「十地經論卷第二」；資、磧作「十地經論歡喜地卷第二」。

十地論初歡喜地卷之三　空

天親菩薩造

後魏北印度三藏菩提流支譯

論曰已顯說分次說挍量勝分云何挍量勝菩薩住此地中勝聲聞辟支佛地挍量勝有三種一願勝二修行勝三果利益勝何者願勝所謂十大願

經曰菩薩如是安住菩薩歡喜地發諸大願起如是大方便如是大行成就所謂無餘一切諸佛一切供養一切恭敬故一切種具足上深信清淨廣大如法界究竟如虛空盡未來際盡一切劫數一切佛成道數大供養恭敬無有休息

論曰是初大願无餘者有三種一者一切佛无餘二者一切供養无餘三者一切恭敬無餘一切佛者有三種佛一應身佛二報身佛三法身佛一切供養者有三種供養一者利養供養謂衣服卧具等二者敬供養謂香花幡蓋等三者行供養謂修行信戒行

等一切恭敬者有三種恭敬一給侍恭敬二迎送恭敬三修行恭敬是故作願供養恭敬如經所謂无餘一切諸佛一切供養一切恭敬故一切種具足者无量種種復有勝事等供養故上深信清淨者增上敬重故願迴向菩提決定信故廣大如法界者一切餘善根中勝故究竟如虛空者无常愛果無量因故盡未來際者此因得涅槃常果故一切劫數一切佛成道數大供養恭敬无有休息故此初願中有六種大名為大願一者福田大如經所謂無餘一切諸佛一切供養一切恭敬故二者供事大如經一切種具足故三者心大如經上深信清淨故四者攝功德大如經廣大如法界故五者因大如經究竟如虛空故六者時大如經盡未來際故

經曰又發大願所謂一切諸佛所說法輪皆悉受持故攝受一切佛菩提故一切諸佛所教化法皆悉守護故廣大如法界究竟如虛空盡未來際盡一切劫數一切佛成道數攝護正

法无有休息
論曰第二大願有三種法一切諸佛所說法輪皆悉受持者謂教法修多羅等書寫供養讀誦受持為他演說故攝受一切佛菩提者所謂證法證三種佛菩提法攝受此證法教化轉授故一切諸佛所教化法皆悉守護者謂修行法於修行時有諸障難攝護救濟故復名三種成就一者於諸佛所說修多羅等阿含次第令法輪不斷成就故二者證三種正覺得證成就故三者修行乃至如實修行正覺成就故是名三種成就三種佛菩提者聲聞辟支佛亦名為佛故
經曰又發大願所謂一切成佛无餘一切世界住處從兜率天來下入胎及在胎中初生時出家時成佛道時請轉法輪時示入大涅槃我於介時盡往供養攝法為首一切處一時成一時轉故廣大如法界究竟如虛空盡未來際盡一切劫數一切佛成道數盡往攝法无有休息
論曰第三大願一切成佛無餘一切

世界住處者一切應佛无邊遍滿一切世界住處故隨何等世界諸佛住處應感相順衆生見故從兜率天來下乃至示入大涅槃我於介時盡往供養攝法為首者隨彼衆生供養佛方便以如來所說攝法方便集功德智慧助菩提法故一切處一時成一時轉者非前後故何故示現彼處住不在色无色處此難處來不為我故起於輕心不生恭敬為遮此等故何故不住他化自在天等如來有力能勝處生捨而不生為念衆生故來生兜率如是生大恭敬心故何故人中捨上天樂慈我等故來生人中生增上敬重心故何故處胎示現同生增長力故何故自成正覺示非餘佛教化現丈夫力成就非因他得菩提故何故示入大涅槃為令懈怠衆生勤心修道故
經曰又發大願所謂一切菩薩所行廣大無量不雜諸波羅蜜所攝諸地所淨生諸助道法總相別相同相異相成相壞相說一切菩薩所行如實

地道及諸波羅蜜方便業教化一切令其受行心得增長故廣大如法界究竟如虛空盡未來際盡一切劫數行數增長無有休息
論曰第四大願心得增長者以何等行令心增長一切菩薩所行教化一切令其受行心得增長故彼菩薩行有四種一種種二體三業四方便以此四種教化令其受行何者是菩薩行種種世間行有三種廣者從初地乃至六地大者七地无量者從八地乃至十地不雜者法無我平等觀出世間智故如經一切菩薩所行廣大無量不雜故體者如經諸波羅蜜所攝故業者如經諸地所淨生諸助道法故方便者如經總相別相同相異相成相壞相故說一切菩薩所行如實地道及諸波羅蜜方便業故
經曰又發大願所謂无餘一切衆生界有色无色有想無想非无想非想非非想卵生胎生濕生化生三界所繫雜入六道一切生處名色所攝為教化成就一切衆生界令信入諸佛

（十地論卷第三　第六張　空字号）

法故斷一切世間數道故令住一切智智處故廣大如法界究竟如虛空盡未來際盡一切劫數一切眾生界數教化一切眾生无有休息

論曰第五大願教化眾生故何者是衆生為何義故化一切衆生有六種差別一麁細差別二生依止差別三不淨淨處差別四苦樂差別五自業差別六自體差別何者麁細差別麁者有色細者無色色中麁者有想細者无想無色中麁者非无想細者非想非非想是名麁細差別如經有色無色有想无想非無想非想非非想故生依止差別者如經卵生胎生濕生化生故化生者云何依止依止業生故不淨淨處差別者如經三界所繫故苦樂差別者種種身故如經雜入六道故自業差別者如經一切生處故自體差別者如經名色所攝故是名衆生為何義化者為三義故一者為信入諸佛所說法中如經為教化成就一切衆生界令信入諸佛法故二者已入佛法中令入二乘菩提

（十地論卷第三　第七張　空字号）

故如經斷一切世間數道故三者已入二乘菩提令入无上菩提故如經令住一切智智處故

經曰又發大願所謂無餘一切世界廣大無量麁細亂住倒住正住如帝網差別十方世界无量差別入皆現前知故廣大如法界究竟如虛空盡未來際盡一切劫數一切世界數信入無有休息

論曰第六大願無餘一切世界者有三種相隨入如是世界智皆現前知一者一切相二者真實義相三者无量相一切相者如經廣大无量乃至正住故廣大无量者一千世界二千世界三千世界故細者隨何等世界意識色身故麁者隨何等世界意識身故亂住者非次第住故倒住者不造舍宅住故正住者造舍宅住故是名一切相如帝網差別者真實義相故如業幻作故無量相者十方世界无量差別入故无量相故真實義相者唯智能知餘相者可現見故

經曰又發大願所謂一切佛土一佛

（十地論卷第三　第八張　空字号）

土一佛土一切佛土一切國土平等清淨一切佛土神通莊嚴光相具足離一切煩惱成就清淨道有无量智慧衆生悉滿其中入佛上妙平等境界故隨諸衆生心之所樂而為示現故廣大如法界究竟如虛空盡未來際盡一切劫數佛國土數清淨一切佛土无有休息

論曰第七大願淨佛國土相有七種一者同體淨如經一切佛土一佛土一佛土一切佛土故二者自在淨如經一切國土平等清淨故三者莊嚴淨如經一切佛土神通莊嚴光相具足故光明莊嚴衆寶等莊嚴故四者受用淨如經離一切煩惱成就清淨道故五者住處衆生淨如經有无量智慧衆生悉滿其中故六者因淨如經入佛上妙平等境界故七者果淨如經隨諸衆生心之所樂而為示現故顯智神力等故

經曰又發大願所謂一切菩薩同心同行故共集善根无怨嫉故一切菩薩平等一觀故常親近諸佛菩薩不

捨離故隨意能現佛身故自於心中悉能解知諸佛神力智力故得不退隨意神通故悉能遊行一切世界故一切佛會皆現身相故一切生處普生其中故成就不可思議大乘故具足行菩薩行故廣大如法界究竟如虛空盡未來際盡一切劫數一切行數入大乘道无有休息

論曰第八大願不念餘乘故如經一切菩薩同心同行故菩薩行有十種一者共集善根无怨嫉故二者一切菩薩平等一觀故三者常親近諸佛菩薩不捨離故四者隨意能現佛身故五者自於心中悉能解知諸佛神力智力故六者得不退隨意神通故七者悉能遊行一切世界故八者一切佛會皆現身相故九者一切生處普生其中故十者成就不可思議大乘故具足行菩薩行故其中初句顯功德行故第二住寂靜等觀故第三聚集解說論佛法故第四隨心示現成佛故第五自發勝心念如來法身故第六得常不退神通故餘四者以通業得名一往餘世界二自餘異身示現三同生往故四入不可思議大乘故

經曰又發大願所謂乘不退輪行菩薩行故身口意業所作不空衆生見者即必定佛法故聞我音聲即得真實智慧故心喜恭敬即斷煩惱故得如藥樹王身故得如如意寶身故行大菩薩行故廣大如法界究竟如虛空盡未來際盡一切劫數一切行數所作利益不空无有休息

論曰第九大願顯不空行菩薩行復行菩薩行顯乘不退輪行菩薩行故於中不空有二種一作業必定不空身口意業所作不空故如是次第三句說應知衆生見者即必定佛法故者明身業不空聞我音聲即得真實智慧者明口業不空心喜恭敬即斷煩惱者明意業不空二作利益不空一切衆生有二種苦一種種諸苦二貧窮苦對治是二如經得如藥樹王身故得如如意寶身故

經曰又發大願所謂於一切世界處成阿耨多羅三藐三菩提故於一凡夫道不離一切凡夫道處示身初生坐道場成佛道轉法輪度衆生示大涅槃現諸佛境界大神通智力隨一切衆生界所應度者於念念中示得佛道度諸衆生滅苦惱故以一三菩提遍知一切法如涅槃性故以一音說令一切衆生心皆歡喜故示大涅槃而不斷菩薩所行故示大智慧地發起一切法故法智通如意神通幻通遍一切世界故廣大如法界究竟如虛空盡未來際盡一切劫數成三菩提數求大智慧大神通等无有休息諸佛子菩薩如是安住菩薩歡喜地發諸大願起如是大方便如是大行以十願門為首生如是等滿足十百千万阿僧祇大願是菩薩住菩薩歡喜地起如是等願

論曰第十大願起大乘行云何大菩提云何作業大菩提者如經成阿耨多羅三藐三菩提故作業者有七種一示正覺業二說實諦業三證教化業四種種說法業五不斷佛種業六

法輪復住業七自在業初業者於一
凡夫道不離一切凡夫道處乃至示
大涅槃故一凡夫道者一閻浮提義
閻浮提凡夫道者可化衆生住處名
為凡夫道第二業者現諸佛境界大
神通智力故隨一切衆生界所應度
者於念念中示得佛道度諸衆生滅
苦惱故隨諸世界一切可化者隨心
示現佛身示現佛身者除諸難處彼
勝處生示除苦斷集證滅修道第三
業者以一三菩提觀法無我一切法
性淨涅槃令衆生信解故第四業者
以一音聲隨種種信解可化衆生一
時皆令心歡喜故第五業者示現大
涅槃而不斷菩薩所行力故第六業
者復佛智地一切修多羅等所說法
軌則不失故第七業法智通者觀一
切法無性相故如意神通者自身現
生住滅脩短隨心自在故幻通者轉
變外事无不隨意故初法智通不住
世間故如意神通幻通不住涅槃故
何故唯說此十大願初願功德行滿
足故第二願智慧行滿足故次五願

為教化衆生故一以何身二以何心
三何者衆生四衆生住何處五自身
住何處能教化衆生後三願顯自身
一得地校量勝故二得菩薩地盡校
量勝故三得一切地盡究竟故此三
示現如實教化衆生故發諸大願者
隨心求義故起如是大方便者成彼
所作方便勇猛故如是大行者彼所
作行成就故菩薩住此地漸次久習
起此三行非一時故何以故此十大
願一一願中有百千万阿僧祇大願
以為眷屬故如經諸佛子菩薩如是
安住菩薩歡喜地發諸大願起如是
大方便如是大行以十願門為首生
如是等滿足十百千万阿僧祇大願
是菩薩住菩薩歡喜地起如是等願
故何故名大願光明善根轉勝增廣
發此校量菩薩願勝有二種勝聲聞
辟支佛一常勤修習无量行故二與
一切衆生同行故同行者十盡句示現
經曰以十盡句成諸大願何等為十
所謂一衆生界盡二世界盡三虛空
界盡四法界盡五涅槃界盡六佛出

世界盡七如來智界盡八心所緣界
盡九佛境界智入界盡十世間轉法
轉智轉界盡如衆生界盡我願乃盡
如世界盡如虛空界盡如法界盡如
涅槃界盡如佛出世界盡如佛智界
盡如心所緣界盡如佛境界智入界
盡如世間轉法轉智轉界盡若彼界
盡我願乃盡如是衆生界盡不盡我
此善根亦不可盡世界盡不盡虛空
界盡不盡法界盡不盡涅槃界盡不
盡佛出世界盡不盡如來智界盡不
盡心所緣界盡不盡佛境界智入界
盡不盡世間轉法轉智轉界盡不盡
我此諸願善根亦不可盡
論曰於中衆生界盡是總世界盡乃
至智轉界盡是別何等是衆生界衆
生界盡故何處住世界盡故所有虛
空界虛空界盡故說何法教化法界
盡故隨化衆生置何處涅槃界盡故
佛出世界盡故以何方便善巧如來
智界盡故復隨所緣心緣界盡故復
隨以何界佛境界智入界盡故此事
已說盡者示現不斷盡非念念盡故

此九種盡略說三種。三轉示現此十盡句增上力故諸佛以此力常為衆生作利益故如是已說願校量勝云何行校量勝

經曰諸佛子菩薩决定發如是諸大願已則得調順心柔軟心如是則成信者信諸佛如來本所行入集諸波羅蜜而得增長善成就諸地具足无畏力不共佛法不壞故不可思議佛法無中无邊如來境界起无量行門諸如來境界入信成就果舉要言之信一切菩薩行乃至得如來智地說加故

論曰發如是諸大願已則得調順心者彼諸善根中得自在勝故柔軟心者得勝樂行故如是則成信者於中本行入者從菩薩行入乃至成菩提覺故於中信菩薩行所攝本行入有二種相一云何菩薩行二云何次第成如經集諸波羅蜜而得增長故善成就諸地故此菩提所攝本行入有六種勝是故信勝一者外道魔怨聲聞緣覺對治等勝如經具足無畏力不共佛法不壞故二者不思議神通力上勝如經不可思議佛法故三者不雜染勝如經無中无邊如來境界起故四者一切　種智勝如經无量行門諸如來境界入故五者離勝一切煩惱習常遠離故如經信成就果舉要言之信一切菩薩行乃至得如來智地說加故說者所說加者證得故此菩薩三種觀於諸衆生起大慈悲一遠離寂上第一義樂二具足諸苦三於彼二顛倒云何遠離寂上第一義樂

經曰諸佛子彼菩薩作是念諸佛正法如是甚深如是寂靜如是寂滅如是空如是无相如是无願如是無染如是無量如是无上此諸佛法如是難得

論曰諸佛正法如是甚深者有九種一寂靜甚深二寂滅甚深三空甚深四无相甚深五无願甚深六无染甚深七無量甚深八上甚深九難得甚深寂靜者離妄計實有故妄計正取故寂滅者法義定故空無相无願者三障對治解脫門觀故何者三障一分別二相三取捨願故无染者離雜染法觀故无量者不可算數不可思量智觀故上者依自利利他增上生善根觀故難得者三阿僧祇劫證智觀故云何具足諸苦

經曰而諸凡夫心墮邪見為无明癡闇蔽其意識常立憍慢幢墮在念欲渴愛網中隨順諂曲林常懷嫉妬而作後身生處因緣多集貪欲瞋癡起諸業行嫌恨猛風吹罪心火常令熾然有所作業皆與顛倒相應隨順欲漏有漏無明漏相續起心意識種子

論曰而諸凡夫心墮邪見者邪見有九種一者蔽意邪見如經為无明癡闇蔽其意識故二者憍慢邪見如經常立憍慢幢故三者愛念邪見如經墮在念欲渴愛網中故四者諂曲心邪見如經隨順諂曲林故五者嫉妬行邪見如經常懷嫉妬而作後身生處因緣故六者集業邪見如經多集貪欲瞋癡起諸業行故七者吹心熾

燃邪見如經瞋恨猛風吹罪心火常令熾燃故八者起業邪見如經有所作業皆與顛倒相應故九者心意識種子邪見如經隨順欲漏有漏无明漏相續起心意識種子故是中蔽意邪見憍慢邪見愛念邪見此三邪見依法義妄計如是次第諂曲心邪見嫉妬行邪見此二邪見於追求時心行過故嫉者於身起邪行故妬者於資財等是故生生之處隨卑賤中形貌鄙陋資生不足故第六集業邪見受諸受時憎愛彼二顛倒境界故第七吹心熾燃邪見於怨恨時手相追念欲起報惡業故第八起業邪見於作惡時迭相加害故第九心意識種子邪見於作善業時所有布施持戒修行善根等業皆是有漏故

經曰於三界地復有芽生所謂名色共生不離此名色增長已成六入聚成六入已内外相對生觸觸因緣故生受深樂受故生渴愛渴愛增長故生取取增長故復起後有有因緣故有生老死憂悲苦惱如是衆生生長

苦聚是中皆空離我我所无知無覺如草木石壁又亦如響然諸衆生不知不覺而受苦惱

論曰是中因緣有三種一自相從復有芽生乃至於有二同相謂生老病死等過三顛倒相離我我所等自相者有三種一者報相名色共阿梨耶識生如經於三界地復有芽生所謂名色共生故名色共生者名色共彼生故二者彼因相是名色不離彼依彼共生故如經不離故三者彼果次第相從六入乃至於有如經此名色增長已成六入聚成六入已内外相對生觸觸因緣故生受深樂受故生渴愛渴愛增長故生取取增長故復起後有有因緣故有生老死憂悲苦惱如是衆生生長苦聚故是中離我我所者此二示現空无知無覺者自體无我故彼无知無覺示非衆生數動不動事如經如草木石壁又亦如響故因緣相似相類法故云何於彼二顛倒如經然諸衆生不知不覺而受苦惱故

經曰菩薩如是見諸衆生不離苦聚是故即生大悲智慧是諸衆生我應救化令住涅槃畢竟之樂是故即生大慈智慧

論曰云何具諸苦聚云何遠離衆上第一義樂此先已說示現大悲慈等故

經曰諸佛子菩薩摩訶薩隨順如是大慈悲法住在初地以深妙心於一切物无所悋惜以智求佛大妙智故修行大捨即時所有可施之物皆悉能捨所謂一切財穀庫藏等捨或以金銀摩尼真珠琉璃珂貝車𤦲馬瑙生金等捨或以寶莊嚴具瓔珞等捨或以象馬車乘輦輿等捨或以寺舍園林樓觀流泉浴池等捨或以奴婢僮僕等捨或以國土聚落城邑王都等捨或以妻子男女等捨或以一切所愛之事皆悉能捨或以頭目耳鼻支節手足一切身分等捨如是一切可捨之物而不貪惜唯求无上佛智慧故而行大捨如是菩薩摩訶薩住於初地能成大捨

論曰即時所有可施之物皆悉能捨

者求佛無上大妙智故是中一切物者略有二種一外二內外者復有二種一所用二財積如經所謂一切財穀庫藏等故如是次第於中廣有八種從金銀等乃至一切所愛之事內者自身所攝是外事捨中初捨是捴餘九捨是別依二種喜一藏攝喜二利益喜藏攝喜者謂金銀等利益喜者復有八種一者嚴飾利益喜謂寶莊嚴等二者代步利益喜謂象馬等三者戲樂利益喜謂園林樓觀等四者代苦利益喜謂奴婢等五者自在利益喜謂國土聚落等六者眷屬利益喜謂妻子等七者堅著利益喜謂一切所愛等八者稱意利益喜謂頭目耳鼻等

經曰菩薩如是以大施心故一切衆生故轉轉推求世間出世間利益勝事彼推求利益勝事時心不疲惓是故菩薩成不疲惓心成不疲惓已於一切經論心無怯弱是名成一切經論智如是成一切經論智已善能籌量應作不應作於上中下衆生隨宜隨宜而行隨力隨感是故菩薩成就世智成世智已知時知量慚愧莊嚴修習自利利他之道是故菩薩成慚愧莊嚴如是行中精勤修行得不退不轉力如是菩薩成堅固力得堅固力已勤行供養諸佛隨所聞法如說修行諸佛子是菩薩悉知生起如是清淨諸地法所謂信悲慈捨不疲惓知諸經論善解世法慚愧堅固力供養諸佛如說修行

論曰是中依此世智隨宜隨宜而行者如論中說隨自己力隨彼能受故依慚愧知時知量者示三種時一者念時二者日夜時三者所作必得不斷時依堅固力如是彼行中者如上所說信等故精勤修行者有二種一不退力不捨行故二不轉力精進不息故供養諸佛如說修行者有二種二利養供養二修行供養此十種行顯二種勝成就一深心成就謂信悲慈等二修行成就謂捨不疲惓知諸經論善解世法慚愧堅固力供養諸佛如說修行等於中依自利行謂信

能信菩薩行及諸佛法求必能得故依利他行所謂悲慈能安隱與樂心故捨者以財攝他行故不疲惓者自攝法行故知諸經論善解世法者以法攝他行故餘有三行攝護信等一者不著行以慚愧對治障信等不著行故二者不動行有堅固力信等不可動故三者修行彼垢清淨依止行供養諸佛攝信等善根故是中有二種供養故得二種身一者上妙身所可見者心生敬重利益不空故二者調柔心自性善根成就樂行法故前所說三十句從信增上等乃至常求上上勝道是清淨地法今此十句從信等乃至供養諸佛盡是障地淨法是名修行校量勝云何果利益挍量勝

經曰諸佛子是菩薩住此菩薩歡喜地已多見諸佛以大神通力大願力故見多百佛多千佛多百千佛多百千那由他佛多億佛多百億佛多千億佛多百千億佛多百千億那由他佛以大神通力大願力故是菩薩見

諸佛時以上心深心供養恭敬尊重讃歎衣服飲食卧具湯藥一切供具悉以奉施以諸菩薩上妙樂具供養衆僧以此善根皆願迴向阿耨多羅三藐三菩提是菩薩因供養諸佛故成教化利益衆生法是菩薩多以二攝攝取衆生所謂布施愛語後二攝法但以信解力行未善通達是菩薩十波羅蜜中檀波羅蜜增上餘波羅蜜非不修集隨力隨分是菩薩隨所供養諸佛教化衆生皆能受行清淨地法如是如是彼諸善根皆願迴向薩婆若轉復明淨調柔成就隨意所用諸佛子辟如金師善巧鍊金數數入火如是如是轉復明淨調柔成就隨意所用諸佛子菩薩亦復如是如是如是供養諸佛教化衆生皆能修行清淨地法正修行已如是如是彼諸善根皆願迴向薩婆若轉復明淨調柔成就隨意所用

論曰果利益校量勝有四種一調柔果利益勝二發趣果利益勝三攝報果利益勝四願智采利益勝調柔果

利益勝者金相似法信等善法猶如真金數數入火者有三種入一切德入供養佛僧故二悲心入教化衆生故三無上果入願迴向大菩提故以大神通力見諸佛者以勝神通力見色身佛大願力者以内正願力見法身佛多百佛乃至百千億那由他佛者方便善巧示現多佛顯多數故供養者有三種一恭敬供養謂讃歎等顯佛功德故二尊重供養謂礼拜等三奉施供養謂花香塗香末香幡盖等以諸菩薩上妙樂具者是諸菩薩所有世間不共之物具足奉施一切衆僧故云何發趣果利益勝

經曰復次諸佛子菩薩摩訶薩住此菩薩歡喜地於初地中諸相得果應從諸佛菩薩善知識所推求請問成地諸法无有猒足如是菩薩住初地中應從諸佛菩薩善知識所推求請問第二地中諸相得果成地諸法无有猒足如是第三第四第五第六第七第八第九第十地中諸相得果應從諸佛菩薩善知識所推求請問成

十地法无有猒足是菩薩善知諸地障對治善知地成壞善知地相善知地得修善知地清淨分善知地地轉行善知地地住處善知地地挍量勝智善知地得不退轉善知一切菩薩地清淨轉入如来智地諸佛子菩薩如是善起地相發於初地不住意成乃至轉入十地无障㝵故以得十地智慧光明故能得諸佛智慧光明諸佛子辟如善巧導師多將人衆向彼大城未發之時應先問道中利益諸事復問道中退患過咎復問道處中間勝事復問道處中間退患過咎具道資粮作所應作推求請問未發初處是大導師乃至善知到彼大城未發初處此導師能以智慧思惟籌量具諸資用令無所乏正導衆人乃至得到大城於嶮道中免諸患難身及衆人皆無憂惱諸佛子菩薩摩訶薩善巧導師亦復如是住於初地善知地障對治乃至善知一切菩薩地清淨轉入如来智地尒時菩薩具大福德助道資粮善擇智慧助道欲將一切

衆生向薩婆若大城未發初處應先問地道功德復問諸地退患復問地道處中間勝事復問地道處中間退患具大功德智慧資粮作所應作應從諸佛菩薩善知識所推求請問未發初處是菩薩善知地障對治乃至善知能到薩婆若大城未發初處善薩如是智慧分別具大功德智慧資粮將一切衆生如應教化出過世間嶮難惡處乃至令住薩婆若大城不為世間生死嶮過所染身及衆生無應心不疲惓勤修諸地業勝智本行諸奧惱諸佛子是故菩薩摩訶薩常諸佛子是名略說菩薩摩訶薩入初菩薩歡喜地門廣說則有无量百千万億阿僧祇事

論曰諸相者隨諸地中所有諸障及對治相故得者證出世間智故果者因證智力得世間出世間智故成地諸法者所謂信等為滿足彼故有五種方便一觀方便二得方便三增上方便四不退方便五盡至方便觀方便者障對治成壞善巧如經是菩薩

善知諸地障對治故善知地成壞故十種地障對治故名為十地如本分中說如是次第集故成散故壞得方便者欲入方便已入方便彼勝進方便如經善知地相故善知地得修故善知地清淨分故增上方便者地地轉行地住處地地增長善巧知經善知地地轉行故善知地地住處故善知地地挍量勝智故不退方便者如經善知地得不退轉故盡至方便者菩薩地盡入如來地善巧知經善知一切菩薩地清淨轉入如來智地故諸佛子譬如善巧導師多將人衆向彼大城者令得正行故於中導師者有二種方便一者不迷道方便於道路中是利是退患於道路處是勝是過咎皆善巧知如經先問道中利益諸事故復問道中退患過咎故復問道處中間勝事故復問道處中間退患過咎故二者資具利益方便如經具道資粮作所應作故云何攝報果利益勝

經曰菩薩摩訶薩住此初地多作閻

浮提王豪貴自在常護正法能以大施攝取衆生善除衆生慳貪嫉妬之垢常行大捨而無窮盡所作善業布施愛語利益同事是諸福德皆不離念佛不離念法不離念僧不離念諸菩薩不離念菩薩行不離念諸波羅蜜不離念十地不離念不壞力不離念无畏不離念佛不共法乃至不離念具足一切種一切智智常生是心我當於一切衆生中為首為勝為大為妙為微妙為上為無上為導為將為師為尊乃至為一切智智依止者諸佛子是菩薩摩訶薩若欲捨家勤行精進於佛法中便能捨家妻子五欲得出家已勤行精進於一念間得百三昧得見百佛知百佛神力能動百佛世界能入百佛世界能照百佛世界能教化百佛世界衆生能住壽百劫能知過去未來世各百劫事能善入百法門能變身為百於一一身能示百菩薩以為眷屬

論曰攝報果利益勝者有二種一在家果二出家果在家果復有二種一

者上勝身閻浮提王等如經菩薩摩訶薩住此初地多作閻浮提王豪貴自在常護正法故二者上勝果善巧調伏慳貪嫉妬等如經能以大施攝取衆生善除衆生慳貪嫉妬等能以大施攝取衆生者自行布施善勸他施攝取衆生善轉衆生慳嫉之垢方便善巧以四攝法攝取衆生故不離念佛等者示現不離自利益如是諸念於事中行已成大恭敬除諸妄想此念略有四種一者上念念三寶故二者同法念念諸菩薩故三者功德念念自身他身菩薩行自體轉勝故四者求義念念諸力等此是真實究竟故何者是上念念佛等念佛法等故於施者受者財物及菩提不生分別不取着故如是一切所作業中作者不着境界不着作事不著果報不著以此一切諸行皆願迴向大菩提故為首者有二種一者勝首光明功德故二者大首獨无二故勝者有二種一者妙智自在勝故二者微妙離一切煩惱自在勝故大者有二種一

者上無與等故二者無上无能過故如是顯示自體功德故導者於阿含中分別法義正說故將者令他證得義滅諸煩惱故師者教授令入正道故乃至一切智智依止者以大菩提道教化故是名在家菩薩攝報果利益勝復次出家菩薩禪定勝業勝業有二種一者三昧勝所謂於一念間得百三昧得三昧自在力故二者三昧所作勝謂見百佛等以得是三昧故於十方諸佛及佛所加諸菩薩所修習智慧故能動百佛世界者令可化衆生生正信故能入百佛世界能照百佛世界能教化百佛世界衆生者往至及見正化衆生故能住壽百劫者攝取勝生故能知過去未來世各百劫事者化諸衆生作離惡上首說善惡業道故能善入百法門者為增長自智慧思惟種種法門義故能變身為百於一一身能示百菩薩以為眷屬者作多利益速疾行故云何願智果益勝

經曰若以願力自在勝上菩薩願力

示現過於此數示種種神通或身或光明或神通或眼或境界或音聲或行或莊嚴或加或信或業是諸神通乃至無量百千万億那由他劫不可數知

論曰於中身者是一切菩薩行根本所依故依彼身故有光明及神通依光明有天眼以有天眼見前境界一切眼有五種應知依神通有音聲及行莊嚴加等音聲者應彼言說故行者遍至十方故莊嚴者作種種應現故加者神力加彼故信者依三昧門現神通力隨衆生信利益成就故業者依慧眼所攝陀羅尼門現說法故略說一切諸地各有因體果相應知

十地論初歡喜地卷之三

十地論初歡喜地卷之三

校勘記

一 底本，金藏廣勝寺本。

一 七二一頁中一行經名，石作「十地經論初歡喜地之三卷三」；資、磧、普、南、徑、清作「十地經論卷第三」；麗作「十地經論初歡喜地卷之三」。

一 七二一頁中三行與四行之間，資、磧、普、南有品名「初歡喜地之三」；徑、清有「初歡喜地第一之三」。

一 七二一頁中六行第二字「地」，資、磧、普、南、徑、清、麗作「故」。

一 七二一頁中六至七行「行勝」，資作「勝行」。

一 七二一頁中二一行第一〇字「敬」，資、磧、普、南、徑、清、麗作「恭敬」。

一 七二一頁下五行第八字「有」，資、磧、普、南、徑、清無。

一 七二一頁下八行第一三字「常」，資、磧、普、南、徑、清作「嘗」。

一 七二二頁上一六行「世界往處」，諸本作「世界住處」，下同。

一 七二二頁中八行第四字「非」，石、麗作「示非」。

一 七二三頁中一六行第三字「色」，諸本無。

一 七二三頁中一六行末字「身」，石、麗作「色身」。

一 七二四頁上一九行第一〇字「其」，諸本作「於」。

一 七二五頁上九行末字「彼」，諸本作「彼彼」。

一 七二五頁上一六行第三字「佛」，資、磧、普、南、徑、清無。

一 七二五頁上一九行第二字「住」，磧、普、南作「者」。

一 七二五頁上二一行「幻通」，資、磧、普、南、徑、清作「幻通幻」。

一 七二六頁上一八行第三字「於」，石作「故」；資、磧、普、南、徑、清無。

一 七二六頁上二一行第八字「提」，資、磧、普、南、徑、清作「薩」。

一 七二六頁中三行「離染」，資、磧、普、南、徑、清作「離深」。

一 七二六頁中九行「證得」，石、麗作「得證」；資、磧、普、南、徑、清作「證」。

一 七二六頁中一七行第七字「无」，資、磧、普、南、徑、清、麗無。

一 七二六頁下五行「利他」，資、磧、普、南、徑、清作「他利」。

一 七二六頁下末行「吹心」，資、磧、普、南、徑、清作「欲心」。

一 七二七頁上一二行首字「受」，資、磧、普、南、徑、清作「愛」。

一 七二七頁下四行第二字「慈」，資、磧、普、南、徑、清作「慈悲」。

一 七二七頁下六行及次頁下二行「悲慈」，資、磧、普、南、徑、清作「慈悲」。

一 七二七頁下二〇行「貪惜」，資、磧、普、南、徑、清作「悋惜」。

一 七二七頁下末行「即時」，資、磧、

普、南、徑、清作「是時」。

一　七二八頁中一行第八字「感」，南、徑、清作「成」。

一　七二八頁中四行第六字「行」，石作「彼行」。

一　七二八頁中七行「生起」，徑、清作「已起」。

一　七二八頁下一行第六字「及」，資、磧、普、南、徑、清作「故」。

一　七二八頁下八行「依止」，磧、普、南、徑、清作「依上」。

一　七二八頁下九行「有二」，石、麗作「依二」。

一　七二八頁下一四行第五字「是」，資、磧、普、南、徑、清作「得」。

一　七二九頁下一一行及一四行「末發」，諸本作「未發」。

一　七二九頁下一二行「中問」，諸本作「中間」。

一　七三一頁上五行第一一字「妬」，諸本作「妬妬」。

一　七三一頁上九行「自利益」，石、麗作「念自利益事」。

一　七三一頁上二〇行第三字「首」，資、磧、普、南、徑、清作「上首」。

一　七三一頁中一〇行「三昧」，石、麗作「三昧力」。

一　七三一頁中二一行「作多」，資、磧、普、南、徑、清作「多作」。

一　七三一頁中二二行第四字「益」，諸本作「利益」。

一　七三一頁下九行第九字「神」，資、磧、普作「種」。

一　七三一頁下一〇行第四字「加」，南、徑、清作「加信」。

一　七三一頁下卷末經名，石、資、磧、普、南、徑、清作「十地經論卷第三」；麗作「十地經論初歡喜地卷之三」。

十地論離垢地第二卷之四　空

天親菩薩造

後魏北印度三藏菩提流支譯

論曰菩薩如是已證正位依出世間道因清淨戒說第二菩薩離垢地此清淨戒有二種淨一發起淨二自體淨發起淨者說十種直心

經曰尒時金剛藏菩薩摩訶薩言諸佛子若菩薩已具足初地欲得第二地者當生十種直心何等為十一直心二柔軟心三調柔心四善心五寂滅心六真心七不雜心八不悕望心九勝心十大心菩薩生是十心得入第二菩薩離垢地

論曰十種直心者依清淨戒直心性戒成就隨所應作自然行故直心復有九種一者柔軟直心共憙樂意持戒行故二者調柔直心自在力故性善持戒煩惱不雜故三者善直心守護諸根不誤犯戒猶如良馬性調伏故四者寂滅直心調伏柔軟不生高心故五者真直心能忍諸惱如真金故六者不雜直心所得功德不生猒足依清淨戒更求勝戒樂寂靜故七者不悕望直心不願諸有勢力自在故八者勝直心為利益衆生不斷有願故九者大直心隨順有果而不染故自體淨者有三種戒一離戒淨二攝善法戒淨三利益衆生戒淨離戒淨者謂十善業道從離煞生乃至正見亦名受戒淨攝善法戒淨者於離戒淨為上從菩薩作是思惟衆生墮諸惡道皆由十不善業道集因緣乃至是故我應等行十善業道一切種清淨故利益衆生戒淨者於攝善法戒為上從菩薩復作是念我遠離十不善業道樂行法行乃至生尊心等

經曰諸佛子菩薩住菩薩離垢地自性成就十善業道遠離一切煞生捨棄刀杖无瞋恨心有慚有愧具足憐愍於一切衆生生安隱心慈心是菩薩尚不惡心惱諸衆生何況於他衆生起衆生想故起重心身行加害

論曰說十善業道遠離一切煞生者示現遠離勝利益勝故依離煞生有

三種離一者因離如經捨棄刀杖无瞋恨心有慚有愧具足憐愍故二者對治離如經於一切衆生生安隱心慈心故三者果行離如經尚不惡心惱諸衆生何況於他衆生起衆生想故起重心身行加害故於中殺生有二種因一受畜因二起因受畜因有二種所謂刀杖刀者斫截事杖者捶打事如經捨棄刀杖故乃至呪術者諸藥能殺之具悉皆遠離起因有二種所謂貪瞋爲財利故造諸惡業乃至沒命心無耻悔對治是等如經有慚有愧故爲貪衆生攝養籠繫令生苦惱對治是等如經具足憐愍故離此二種故言因離對治離有二種一者安隱心於一切衆生而作利益以善法教化令住善道涅槃因故二者慈心令彼衆生得人天報涅槃樂果故如經於一切衆生生安隱心慈心故如是於因果中不顛倒求求離過癡心殺生祭祠等對治者即名爲離故名對治離彼能離故言衆生者示諸衆生非常非斷隨命根因緣乃至

現得壽命住世死則依業煩惱力未還生故果行離有二種一者微細心念害故二者麁重身行惱害故如經是菩薩尚不惡心惱諸衆生何況於他衆生起衆生想故起重心身行加害故於中麁行有五種一者身如經他故二者事如經衆生故三者想如經衆生想故四者行如經故起重心故五者體如經身行加害故

經曰離諸劫盜資生之物常自滿足不壞他財若物屬他他所用事他守護想不生盜心是菩薩乃至草葉不與不取何況其餘資生之具

論曰依離劫盜有三種離一因離二對治離三果行離因離者自資生不足此對治如經資生之物常自滿足故對治離者所謂布施於自資生捨而不著以無貪故不壞當來資生如經不壞他財故果行離者有二種一者微細物不與不取二者麁重物不與不取此五種示現一者身如經若物屬他故二者事如經他所用事故三者想如經他守護想故四者行盜

心取故如經不生盜心故五者體所謂微麁如經乃至草葉不與不取何況其餘資生之具故

經曰離於邪婬自足妻色不求他妻他守護女人及以他妻姓親標護戒法所護是菩薩乃至不生貪求念想之心何況彼此二形從事況復非處

論曰依離邪婬有三種離一因離二對治離三果行離因離者自妻不足此對治如經自足妻色故對治離者現在梵行淨故不求未來妻色如經如不求他妻故果行離者有二種一者微細所謂意中二者麁重謂身相中身相有三種一不正二非時三非處不正者他守護女共不共等共者他守護故不共者他妻故如經他守護女人及以他妻故姓親標護者所謂父母親族姓護及已許他標識所護故如經姓親標護故女人者示現遠離非衆生數女名故非時者謂修梵行時如經戒法所護故非處者謂非道行婬如經況復非處故細麁者謂意業身業二種遠離故如經乃至不生貪求念想之心何況彼此二形從事故

經曰離於妄語常作實語諦語時語是菩薩乃至夢中不起覆見忍見无心欲作誑他語何況故妄語

論曰依離妄語有二種離一對治離二果行離對治離者即是因離何以故彼身業有二種離妄語中无外事故復无異因故如離殺生中受畜因有二種謂刀杖外事如彼中說離棄捨刀杖故離妄語中无彼身業二種外事故无異因者殺生因貪瞋癡等妄語因者謂誑他心遠離彼故即實語或如是實語對治誑他心即是因離依彼生此故言无異因如是對治離即是因離復對治離有三種一者隨想語如經常作實語故二者善思量如事語如經諦語故三者知時語不起自身他身熱惱故如經時語故果行離者一細二麁如經是菩薩乃至夢中不起覆見忍見無心欲作誑他語何況故作妄語夢中者是細故作者是麁覆見忍見易解智見名為見

經曰離於兩舌无破壞心不恐怖心

不惱亂心此聞不向彼說此壞故彼聞不向此說彼壞故不破同意者已破者不令增長不喜離別心不樂離別心不樂說離別語不作離別語若實若不實

論曰依離兩舌有二種離一對治離二果行離對治離者謂不破壞行一者心二者差別隨其所聞往異處說此二種用心受憶持口業言說破壞心故如經此聞不向彼說此壞故彼聞不向此說彼壞故差別者有三種一身壞二心壞三業壞身壞有二種一未壞二已壞此對治如經不破同意者已破者不令增長故心壞亦有二種一未破者欲破二已破者隨喜此對治如經不喜離別心故不樂離別心故業壞亦有二種一細二麁實不實語此對治如經不樂說離別語不作離別語若實若不實故

經曰離於惡口所有語侵惱麁獷語苦他語令他瞋恨語現前語不現前語鄙惡語不斷語不喜聞語聞不悅語瞋惱語心火能燒語心熱惱語不

愛語不樂語不善自壞身亦壞他人語如是等語皆悉捨離所有語言美妙悅耳所謂潤益語軟語妙語喜聞語樂聞語入心語順理語多人愛念語多人喜樂語和悅悉遍喜語能生自心他心歡喜敬信語常說如是種種美妙語

論曰依離惡口有二種離一果行離二對治離果行離者謂損他語能令他瞋如經侵惱語麁獷語苦他語令他瞋恨語故此句次第以後釋前此等義一名異復有相對語不相對語麁惡語當待故如經現前語不現前語鄙惡語不斷語故於中現前語者麁而不斷不現前語者微而有斷如是說者與我相違能生他苦令他瞋故如經不喜聞語聞不悅語故作不利益語因瞋妬心起令他戒相違如經瞋惱語故令他瞋惱有二種无饒益事一未起瞋者能令生瞋聞時憶時不愛不樂令心閉塞故如經心火能燒語心熱惱語不愛語不樂語故二者已有同意樂事自身失壞令他失壞如經不善自壞身亦壞他人語故

離如是等惡語故言果行離對治離者謂潤益語於中有二種一者不麁不疾語二者可樂語如經軟語妙語故是中不麁不疾者彼分所攝受行不斷故意者名為可樂故可樂有二種一者樂可樂二者安隱可樂樂者隨順人天故安隱者隨順涅槃城如經喜聞語樂聞語入心語順理語故又復悉親中人聞時憶時能生歡喜如經多人愛念語多人喜樂語故此語如是能作二種益一者他未生瞋恨令其不生生歡喜故復能生三昧故二者未生親友令生故自身作現故令他現作故如經心和悅語心遍喜語能生自心他心歡喜敬信語常說如是種種美妙語故

經曰離於綺語常善思語時語實語義語法語順道語毗尼語隨時籌量語善知所樂語是菩薩乃至戲笑尚不綺語何況故作綺語

論曰依離綺語有二種離一對治離二果行離對治離者善知言說時依彼此語勸發憶念修行時若見非善處

眾生令捨不善安住善法彼時教化語故如經常善思語故時語故復不顛倒語依展轉教誨隨順修行時義言法言故如經實語義語法語故復依長轉舉罪滅諍學行時如法語及阿含語如經順道語毗尼語故復依攝受語說法攝受修行時身威儀住語故譬喻順義語故如經隨時籌量語善知心所樂語故果行離有二種一細二麁遠離此二故言果行離細麁者如經是菩薩乃至戲笑尚不綺語何況故作綺語故

經曰離於貪心於他所有一切財物他所用財不生貪心不求不願不生貪心

論曰依不貪有三種一事二體三差別事者攝受用於中有二種一已攝受用二攝護想如經於他所有一切財物故體者有二種一所用事謂金銀等二資用事謂飲食衣服等如經他所用財故不貪性者對治貪心故如經不生貪心故此差別對治三種貪三種貪者一欲門行二得門行三

奪門行對治是等如經不求不願不生貪心故於中初二細第三麁

經曰離於瞋心於一切眾生常起慈心安隱心憐愍心樂心利潤心攝饒益一切眾生心所有瞋恨妬害妄想垢等悉皆遠離所有一切隨順慈善修成就一切行故

論曰依離瞋障對治為五種眾生說一於怨讎所生慈愍心如經常起慈心故二於惡行眾生所如經生安隱心故三於貧窮乞匄及苦眾生所如經生憐愍心樂心故四於樂眾生所煩惱染著處如經利潤心故五於發菩提心眾生所无量利益行中勤勞疲惓故如經攝饒益一切眾生心故此慈心等有六種障此非分別亦非一一對於未生怨者能生已生者隨順增長未生親者令不生已生者令不增長於自身中善法未生者令不生已生者令滅於不善法未生者能生已生者令增長於他身中不愛事未生者令生已生者令增長愛事未生者令不生已生者不令隨順如經

所有瞋恨妬害妄想垢等皆悉遠離
故此修多羅文句次第說此瞋恨等
无量惡行根本故言等彼悉捨離故
餘隨所念一切盡以慈心利益如經
所有一切隨順慈悲善修成就一切
行故
經曰離於邪見隨順正道捨於種種
占相吉凶離惡戒見修正直見不奸
欺不諂曲決定誠信佛法僧寶菩薩
如是日夜常護十善業道
論曰依正見有七種見對治何者七
種見一者異乘見此對治如經隨順
正道故二者虛妄分別見三者戒取
淨見此對治如經捨於種種占相吉
凶離惡戒見故惡戒見者自取所見
故四者自謂正見此對治如經修正
直見故五者覆藏見六者詐現不實
見此對治如經不奸欺不諂曲故七
者非清淨見謂世間見此對治如經
決定誠信佛法僧寶故如是已說一
切種離戒
復說離戒增上清淨不斷不闕常護
持故如經菩薩如是日夜常護十善

業道故如是具足一切種離戒性成
就故復示不斷不闕故次說攝善法
戒淨謂菩薩作是思惟等修多羅次
第說
經曰菩薩作是思惟一切衆生墮諸
惡道皆由不離十不善業道集因緣
故是故我當住善法亦令他人住於
善法何以故若人自不行善不具善
行為他說法令住善者无有是處
論曰墮諸惡道者有三種義一者乘
惡行往故二者依止自身能生苦惱
故三者常墮種種苦相處故何故言
十不善業道謂攝到一切惡果數故
言十不善業道攝到一切惡果數者
說十不善業道故數者攝取十名故
惡者不善故果者墮地獄畜生餓鬼
等可毀故到者攝取業故集因者受
行故菩薩如是遠離無因顛倒因善
解衆生自行惡業往非法處不能遠
離菩薩思惟深寂靜已欲拔彼衆生
自知堪能復觀察障及對治不善業道
受果善業道及果及上上清淨起增
上心求學修行攝善法戒清淨行故

經曰是菩薩深思惟行十不善業道
集因緣故則墮地獄畜生餓鬼行十
善業道集因緣故則生人中乃至生
有頂處又是上十善業道與智慧觀
和合修行其心狹劣故心猒畏三界
故遠離大悲故從他聞聲而通達故
聞聲意解成聲聞乘
論曰智慧觀者實相觀故惡道者是
苦不善業道是集彼離是滅彼對治
是道又善道者是苦善業道是集離
彼使是滅彼對治是道智慧同觀修
行無分別聲聞有五種相一因集二
畏苦三捨心四依止五觀如是狹劣
等是聲聞心因集者修行微少善根
故但依自身利益如經其心狹劣故
畏苦者如經心猒畏三界故捨心者
捨諸衆生如經遠離大悲故依止者
依師教授故觀者念音聲故何者音
聲我衆生等但有名故如是彼者從
音聲解故入衆生无我非法無我如
經從他聞聲而通達故聞聲意解成
聲聞乘故
經曰又是上十善清淨業道不從他

闇故自正覺故不能具足大悲方便故而能通達深因緣法成辟支佛乘

論曰辟支佛有三種相一者自覺二不能說法三觀少境界不假佛說法及諸菩薩雖自覺悟如經不從他聞故自正覺故不起說法不堪說法故如經不能具足大悲方便故觀微細因緣境界行故如經而能通達深因緣法成辟支佛乘故因集畏苦捨衆生辟支佛亦有此法所有勝事此中已說

經曰又是上上十善業道清淨具足其心廣大無量故於諸衆生起悲愍故方便所攝故善起大願故不捨一切衆生故觀佛智廣大故菩薩地清淨波羅蜜清淨入深廣行成

論曰菩薩有四種相一者因集二者用三者彼力四者地依一切善根起行故依一切衆生利益行故大乘心廣大无量故此是因集如經又是上上十善業道清淨具足其心廣大无量故見諸衆生習行苦因及受苦時起悲愍心依彼衆生作利益是菩薩用如

經於諸衆生起悲愍故彼力者謂四攝法如經方便所攝故地者有三種一者淨深心地十大願得名如經善起大願故二者不退轉地得寂滅行已不捨解脫衆生如經不捨一切衆生故三者受大位地是故求證佛廣大智如經觀佛智廣大故菩薩地清淨波羅蜜清淨入深廣行成此中但說菩薩地廣成便足何故復說地淨波羅蜜淨有上上清淨故第一法清淨故顯示菩薩深廣行成第一義者波羅蜜義故

經曰又是上上十善業道一切種清淨十力故集一切佛法令成就故是故我應等行十善業道修行一切種令清淨具足

論曰上上者有四種義顯上上事一者滅二者捨三者方便四者无猒足不善業道共習氣滅故善業自在成故聲聞辟支佛捨故方便者於菩薩乘善巧故餘殘無猒足故一切智中得自在智故一切種令清淨故如經又是上上十善業道一切種清淨故十

力力故集一切佛法令成就故是故我應等行十善業道修行一切種令清淨具足故降伏魔怨小乘作增上故顯示力佛法應知次上依大悲利益衆生戒增上有五種義一者智二者願三者修行四者集五者集果智者有三種相一者時差別二者報果差別三者習氣果差別

經曰是菩薩復作是思惟此十不善業道上者地獄因緣中者畜生因緣下者餓鬼因緣於中殺生之罪能令衆生墮於地獄畜生餓鬼若生人中得二種果報一者短命二者多病劫盜罪亦令衆生墮於地獄畜生餓鬼若生人中得二種果報一者貧窮二者共財不得自在邪婬之罪亦令衆生墮於地獄畜生餓鬼若生人中得二種果報一者婦不貞良二者二妻相諍不隨已心妄語之罪亦令衆生墮於地獄畜生餓鬼若生人中得二種果報一者多被誹謗二者恒為多人所誑兩舌之罪亦令衆生墮於地獄畜生餓鬼若生人中得二種果報一

者得破壞眷屬二者得弊惡眷屬惡口之罪亦令衆生墮於地獄畜生餓鬼若生人中得二種果報一者常聞惡聲二者所有言説恒有諍訟綺語之罪亦令衆生墮於地獄畜生餓鬼若生人中得二種果報一者所説正語人不信受二者所有言説不能辯了貪欲之罪亦令衆生墮於地獄畜生餓鬼若生人中得二種果報一者貪財無有猒足二者多求恒不從意瞋恚之罪亦令衆生墮於地獄畜生餓鬼若生人中得二種果報一者常為他人求其長短二者常為他所惱害邪見之罪亦令衆生墮於地獄畜生餓鬼若生人中得二種果報一者常生邪見家二者心恒諂曲諸佛子如是十不善業道皆是衆苦大聚因緣

論曰時差別者依不善業道因果上中下差別如經是菩薩作是思惟此十不善業道上者地獄因緣中者畜生因緣下者餓鬼因緣故前捴觀不善業道因今別觀報果一切諸惡處如經殺生之罪能令衆生墮於地獄

畜生餓鬼乃至邪見之罪亦令衆生墮於地獄畜生餓鬼故習氣果者人中一一各有二種果如經若生人中得二種果報一者短命二者多病乃至若生人中得二種果報一者常生邪見家二者心恒諂曲故是中時報差別者示現苦深重故云何示現下者餓鬼中深故中者復轉深故上者轉轉重深故習氣果差別者隨順至道善中故捴別合觀惡道中无量大苦如經諸佛子如是十不善業道皆是衆苦大聚因緣故云何為願

經曰菩薩復作是念我當遠離十不善業道樂行法行

論曰願者復樂行大乘法作利益衆生義故攝善法故如經菩薩復作是念乃至樂行法行故云何修行

經曰菩薩遠離十不善業道安住十善業道亦令他人住於十善業道

論曰修行者自住善法遠離彼障脩行對治亦令衆生住善法故如經菩薩遠離十不善業道乃至亦令他人住於十善業道故云何為集

經曰是菩薩復於一切衆生中生安隱心樂心慈心悲心憐愍心利益心守護心我心師心生尊心

論曰集者依增上悲復為念衆生故生十種心復次此心為八種衆生故生一者於惡行衆生欲令住善行故如經安隱心故二者於苦衆生欲令樂具不盡故如經樂心故三者於怨憎衆生不念加報如經慈心故四者於貧窮衆生欲令遠離彼苦如經悲心故五者於樂衆生欲令不放逸如經憐愍心故六者於外道衆生欲令現信佛法故如經利益心故七者於同行衆生欲令不退轉如經守護心故八者於一切攝菩提願衆生取如已身是諸衆生即是我身如經我心故生餘二心者觀彼衆生乘大乘道進趣集具足功德如經師心故生尊心故集果者勝悲所攝欲勝

復次依增上顛倒為首於三種衆生一欲求二有求三梵行求欲求衆生者有二種一受用時二追求時受用有三種一受不共財二受無猒足財

三受貯積財追求有二種一追求現
報習惡行故二追求後報習善行故
有求衆生亦有二種一者道差別二
者界差別梵行求衆生亦有二種一
者邪見諸外道等二者正見同法小
乘等彼諸衆生趣如是道隨順對治
令住如所應處云何顛倒爲首
經曰菩薩復作此念是諸衆生隨於
邪見惡意惡心行惡道稠林我應令
彼衆生行真實道住正見道如實
法中
論曰邪見者謂四顛倒此顛倒者二
倒名爲惡意專念行故二倒名爲惡
心非專念行謂我淨想故彼非正道
稠林行因非正道者是諸煩惱稠林
者煩惱使故如經菩薩復作此念是
諸衆生隨於邪見惡意惡心行惡道
稠林故彼諸衆生隨順對治妙法正
念正見出世間法如經我應令彼衆
生行真實道住正見道如實法中故
云何受不共財
經曰是諸衆生　共相破壞分別彼
我常共鬭諍日夜瞋恨熾然不息我

應令彼衆生住於無上大慈中故
論曰受不共財者互相破壞破壞有
二種一對怨於心中二鬭諍於言中
如是破壞思念作報增長行熾如經
是諸衆生共相破壞乃至日夜瞋恨
熾然不息故對怨於心中分別彼我
此言示現鬭諍於言中常共鬭諍此
言示現思念作報增長行熾日夜瞋
恨熾然不息此言示現彼諸衆生隨
順對治與大慈益如經我應令彼衆
生住於无上大慈中故云何受無猒
足財
經曰是諸衆生心无猒足常求他財
邪命自活我應令彼衆生住於清淨
身口意業正命法中
論曰受无猒足財者有二種一貪於
心中二於身口中斗秤妄語等方便
奪故如經是諸衆生心无猒足常求
他財邪命自活故彼諸衆生隨順對
治清淨身口意業正命自活如經我
應令彼衆生住於清淨身口意業正
命法中故云何受貯積財
經曰是諸衆生因隨逐貪欲瞋恚愚

癡常爲種種煩惱熾火之所燒然不
能志求出要方便我應令彼衆生滅
除一切煩惱大火安置清涼無畏之處
論曰受貯積財者貪等因體過彼染
著故於彼散用起瞋心故彼實訖受
用中多樂境界數爲煩惱火之所燒然
過不見彼過無求出意如經是諸衆
生因隨逐貪欲瞋恚愚癡常爲種種
煩惱熾火之所燒然不能志求出要
方便故彼諸衆生隨順對治除一切
煩惱置清涼處如經我應令彼衆生
滅除一切煩惱大火安置清涼無畏
之處故云何追求現報習諸惡行
經曰是諸衆生常爲愚癡闇冥妄見
厚瞙無明黑闇所覆入大黑闇稠林
遠離智慧光明墮大黑闇處隨其所
見到種種險道我應令彼衆生得无
障导清淨慧眼以是眼故知一切法
如實相得不隨他一　切如實无障
礙智
論曰追求現報習惡行者既有愚癡
闇冥妄見厚瞙黑闇所覆過妄見樂
故不見未來實果報過故亦不見現

在實果報過故如經是諸衆生常為愚癡闇冥妄見厚瞙无明黑闇所覆故又愚癡者名為闇冥故妄見者顛倒樂見故厚瞙者不見未來實果報過故黑闇者不見現在實果報過故是愚癡因滿足使事是過及遠離无漏智處故彼善行障順不善行故如經入大黑闇稠林故遠離智慧光明故稠林者是愚癡因使故大者滿足故受至大對過患如經墮大黑闇處故是中對者黑闇示現如闇中行處處障㝵如是相似法故受大對事成至諸惡趣是故名墮多作罪因於臨終時見惡報相心生悔見過如經隨其所見到種種險道故見險道者悔見故見本罪相不能集彼對治正見隨其所見者於死時故彼諸衆生隨順對治以如實法令得无障㝵清淨慧眼如經我應令彼衆生得無障㝵清淨慧眼以是眼故知一切法如實相得不隨他一切如實无障㝵智故云何退求後報習諸善行

經曰是諸衆生隨順世間生死險道

將墮地獄畜生餓鬼深坑隨順入惡見網中為種種愚癡稠林所覆隨逐虛妄道行顛倒行常盲冥故遠離有智導師非出要道處謂出要想隨逐魔道怨賊所攝遠離善巧導師入魔意稠林遠離佛意我應拔濟彼諸衆生種種諸苦度於世間險道艱難安置無畏處令住薩婆若大城

論曰退求後報習善行者隨順險道過如經是諸衆生隨順世間生死險道故彼險道有三種一自體二障㝵三者失自體者世間乏少善根本故障㝵者有八種一者求出而隨順世間墮三惡趣如經將墮地獄畜生餓鬼深坑故二者入綱於苦果中妄生樂故如經隨順入惡見網中故三者黑暗稠林所覆彼彼癡使所覆故為說苦因而不知覺如經為種種愚癡稠林所覆故四者行顛倒道捨真實樂妄行邪道故如經隨逐虛妄道行顛倒行故五者盲冥得果貪著愛欲所盲故如經常盲冥故六者遠離導師生惡道中及放逸等過雖值佛世

而不見不聞故如經遠離有智導師故七者佛求涅槃而趣彼異處謂梵天等梵世間等以為出世正見如經非出要道處謂出要想故八者怨賊行魔境界貪著諸欲劫功德盡令不集故如經隨逐魔道怨賊所攝故失者有三種一者離善導師依不善地如經遠離善巧導師故二者依止怨地如經入魔意稠林故三者遠離作善知識地如經遠離佛意故彼諸衆生隨順對治以如實法令出世間住一切智地如經我應拔濟彼諸衆生種種諸苦度於世間險道艱難安置無畏處令住薩婆若大城故云何道塗别

經曰是諸衆生為大瀑水波浪所沒隨順欲流有流見流無明流隨順世間漂流沒大愛河在大駛流不能正觀常有欲覺瞋覺惱覺惡行廣故愛欲事中深愛著故我慢陸地之所燋枯无能救者於六入聚落不能動發自離善行无正度者我應於彼衆生生大悲心以善根力而拔濟之令得

无畏不染寂靜離諸恐怖住於一切
智慧寶洲
論曰有求衆生道差別者没在大河
過如經是諸衆生為大瀑水波浪所
没故彼大瀑水波浪有三種一自體
二起難三者失自體者有五種相一
者深無量求故如經隨順欲流有流
見流無明流故二者流隨順世間常
流不斷如經隨順世間漂流故三者
名愛水所洗如經没大愛河故四者
漂念念不住不見岸故如經在大駛
流不能正觀故五者廣隨順欲等念
覺覆故如經常有欲覺瞋覺惱覺惡
行覆故是難有四種一者執著我
我所寄宅不能動離故如經愛見水
中羅刹所執故二者入迴先捨欲已
還復轉入欲念中故如經順入欲林
迴復故三者中著於受用時求欲等
樂著故如經求欲事中深愛著故四
者別於用事時中我等寂障二種我
慢自高輕彼如經我慢陸地之所燋
枯故失者有三種一者无救失處惡
道中无人濟拔如經无能救者故二

者無出意失處善道中無出離心如
經於六入聚落不能動發故三者果
處去失生諸難處不值佛世如經自
離善行无正度者故彼諸衆生隨順
對治以如實法令住一切智洲如經
我應於彼衆生生大悲心以善根力
而拔濟之令得无畏不染寂靜離諸
恐怖住於一切智慧寶洲故云何界
差別
經曰是諸衆生閉在世間牢獄之處
衆多患苦多惱妄想愛憎繫縛憂悲
共行愛鏁所繫入於三界無明稠林
所覆我應令彼衆生遠離一切三界
所著令住離相無㝵涅槃
論曰有求衆生界差別者閉在牢獄
過如經是諸衆生閉在世間牢獄之
處故此牢獄過有五種隨逐應知一
苦事二財盡三愛離四者縛五障㝵
此示五種難差別一者無病難多種
病苦妄想憂惱如經衆多患苦多惱
妄想故二者資生難於愛不愛事中
增愛所縛如經愛憎繫縛故三者親
難親愛離壞憂悲增長如經憂悲共

行故四者戒難雖生色無色中暫離
犯戒不勉戒行相違愛欲使縛如經
愛鏁所繫故五者見難得世間智彼
相違无明使之所覆故如經入於三
界無明稠林所覆故彼諸衆生隨順
對治以如實法令住離相无㝵涅槃
如經我應令彼衆生遠離一切三界
所著令住離相无㝵涅槃故云何邪
見諸外道等
經曰是諸衆生深著我相於五陰檻
窟不能自出行四顛倒依六入空聚
常為四大毒蛇之所侵惱為五陰怨
賊之所殺害受此一切无量苦惱我
應令彼衆生離一切障㝵令住空无我
智道所謂涅槃滅一切障㝵
論曰邪梵行諸外道等者執取我相
過此餘見根本如經是諸衆生深著
我相故彼諸衆生欲趣涅槃城以有
我故於五陰舍不能動發如經於五
陰檻窟不能自出故欲行正道以顛
倒故行彼邪道如經行四顛倒故依恃
我想欲趣涅槃虛妄我見住六入聚如
經依六入空聚故受老病死等諸苦惱

欲遠離而不得離恒隨己身如經常為四大毒蛇之所侵惱故陰怨賊隨逐而不放捨如經為五陰怨賊之所殺害故常為種種諸苦隨逐如經受此一切無量苦惱故彼諸衆生隨順對治以如實法離一切障令住涅槃如經我應令彼衆生離一切障礙令住空無我智道所謂涅槃滅一切障㝵故云何正梵行同法小乘等

經曰是諸衆生小心狹劣不求大乘其心遠離無上一切智智等有出行而樂聲聞辟支佛乘我應令彼衆生安住微妙無上佛法深廣大意諸佛子菩薩如是隨順持戒力善能廣起方便行故

論曰行正梵行求小乘過此小乘意有二種一者小心佛法微妙廣大無量其心退沒而不能證故二者狹心於無量衆生作利益懈怠故如經是諸衆生小心狹劣不求大乘法故復依小乘心願過願小乘故如經其心遠離無上一切智智故修行過不定聚衆生實有大乘出法而修行小乘

如經等有出行而樂聲聞辟支佛乘故彼諸衆生隨順對治以如實法令住微妙無上佛法廣大心故如經我應令彼衆生安住微妙无上佛法深廣大意故依持戒行故得此戒力能作善法善巧起諸善行故如經諸佛子菩薩如是隨順持戒力善能廣起方便行故

經曰諸佛子是菩薩住此菩薩離垢地已多見諸佛以大神通力大願力故見多百佛多千佛多百千佛多百千那由他佛多億佛多百億佛多千億佛多百千億佛多百千億那由他佛以大神通力大願力故是菩薩見諸佛時以上心深心供養恭敬尊重讚歎衣服飲食卧具湯藥一切供具悉以奉施以諸菩薩上妙樂具供養衆僧以此善根皆願迴向阿耨多羅三藐三菩提於諸佛所生上恭敬心復受十善法受善法已乃至得阿耨多羅三藐三菩提終不中失是菩薩於无量劫無量百劫无量千劫無量百千劫无量億劫無量百億劫无量

千億劫无量百千億劫无量百千億那由他劫遠離慳嫉破戒垢心習行布施持戒清淨諸佛子辟如成鍊真金置礬石中煮已離一切垢轉復明淨諸佛子菩薩住此離垢地中亦復如是於無量劫乃至无量百千億那由他劫遠離慳嫉破戒垢心成就布施持戒清淨菩薩尒時於四攝法中愛語偏多十波羅蜜中戒波羅蜜增上餘波羅蜜非不修集隨力隨分諸佛子是名略說菩薩摩訶薩第二菩薩離垢地菩薩住是地中多作轉輪聖王得法自在七寶具足有自在力能除一切衆生破戒等垢以善方便令諸衆生修行十善業道所作善業布施愛語利益同事是諸福德皆不離念佛念法念僧念菩薩念菩薩行念波羅蜜念十地念不壞力念无畏念不共佛法乃至不離念具足一切種一切智智常生是心我當於一切衆生中為首為勝為大為妙為微妙為上為无上為導為將為師為尊乃至為一切智智依止者諸佛子是菩

十地論卷第四　第三十五張　杏字号

薩摩訶薩若欲捨家勤行精進於佛法中便能捨家妻子五欲得出家已勤行精進於一念間得千三昧得見千佛知千佛神力能動千佛世界能入千佛世界能照千佛世界能教化千佛世界衆生能住壽千劫能知過去未來世各千劫事能善入千法門能變身為千於一一身能示千菩薩以為眷屬若以願力自在勝上菩薩願力過於此數示種種神通或身或光明或神通或眼或境界或音聲或行或莊嚴或加或信或業是諸神通乃至无量百千万億那由他劫不可數知

論曰此中果利益校量勝事者如初地說此地亦如是有者同无者應知此中勝事者於无量劫遠離慳嫉破戒垢心成就布施持戒清淨等諸事勝故於初地中戒未淨故施亦未淨若尒何故初地中說檀波羅蜜增上餘者不如然彼檀波羅蜜等此地中轉勝清淨故以離慳嫉破戒等垢是故此地釋名離垢初地中金但以火鍊除外禽等麁垢故說鍊金清淨金於此地復置礬石中除自體明垢故自性真淨故說性戒清淨義

十地論離垢地卷之四

十地論離垢地第二卷之四

校勘記

一　底本，金藏廣勝寺本。

一　七三四頁中一行經名，[石]、[麗]作「十地經論離垢地第二卷之(「之」[石]無)四」，[資]、[磧]、[普]、[南]、[徑]、[清]作「十地經論卷第四」。

一　七三四頁中三行與四行之間，[資]、[磧]、[普]、[南]、[徑]、[清]有品名「離垢地第二」。

一　七三四頁下九行「受戒」，[石]、[資]、[磧]、[普]、[南]、[徑]、[清]作「正受戒」。

一　七三四頁下一一行第一三字「緣」，[石]無。

一　七三四頁下一九行第二字「於」，[徑]無。

一　七三五頁上九行末字「者」，諸本無。

一　七三五頁上一三行第九字「攝」，諸本作「捕」。

一　七三五頁上二〇行「求求離過」，

諸本作「求離愚」。

一　七三五頁中一行末字「未」，諸本作「未來」。

一　七三五頁中一八行第六字「貪」，石作「貪心」。

一　七三五頁下二行第三字「麁」，資、磧、普、南、徑、清作「塵」。

一　七三五頁下一二行首字「如」，諸本無。

一　七三五頁下一三行「所謂」，資、磧、普、南、徑、清作「如經所謂」。

一　七三六頁上九行第一〇字「彼」，資、磧、普、南、徑、清作「後」。

一　七三六頁中三行第八字「喜」，清作「善」。

一　七三六頁中九行第四字「用」，石、資、磧、普、南、徑、清作「明」。

一　七三六頁中一一行第二字「不」，資、磧、普、南、徑、清作「之」。

一　七三六頁中二〇行「侵語惱」，諸本作「侵惱語」。

一　七三六頁中二〇行「麁鑛語」，諸本作「麁獷語」，下同。

一　七三六頁中二一行「苦他語」，徑作「若他語」。下九行徑、麗同。

一　七三六頁下一二行「常行」，麗作「常行語」。

一　七三六頁下二〇行第六字「心」，資、磧、普、南、徑、清作「中」。

一　七三七頁上一一行第八字「益」，石、麗作「利益」。

一　七三七頁上一三行「作現故」，石、麗作「現作故」；資、磧、普、南、徑、清作「現故」。

一　七三七頁上一五行第一三字「常」，清作「當」。

一　七三七頁上末行第一〇字、中七行第九字「時」，資、磧、普、南、徑、清無。

一　七三七頁下一九行第四字「於」，資、磧、普、南、徑、清作「自身」。

一　七三七頁下一九行「令不」，資、磧、普作「不生」。

一　七三七頁下二一行「令增長」，石作「能令增長」。

一　七三七頁下二二行「令增長」，資、普作「令不增長」。

一　七三八頁中七行第六字「住」，諸本作「先住」。

一　七三八頁中一九行第八字「往」，諸本作「住」。

一　七三八頁中二一行第九字「及」，資、磧、普、南、徑、清無。

一　七三八頁中二二行首字「受」，諸本作「及」。

一　七三八頁下一行「菩薩」，諸本作「菩薩復」。

一　七三九頁上六行第一〇字「法」，資、磧、普、南、徑、清無。

一　七三九頁上九行第一三字「捨」，石作「捨化」。

一　七三九頁上一三行「悲愍」，石作「悲愍心」。

一　七三九頁上二〇行第二字「大」，資、磧、普、南、徑、清、麗無。

一　七三九頁上末行第八字「作」，資、

磧、普、南、徑、清無。

一　七三九頁中一四行第三字「力」，諸本作「力力」。

一　七三九頁中一九行末字「成」，諸本作「成就」。

一　七三九頁下一四行首字「罪」，諸本作「之罪」。

一　七四〇頁上一三行第一三字「所」，資、磧、普、南、徑、清作「人」。

一　七四〇頁中一〇行「道善」，諸本作「善道」。

一　七四〇頁中一二行第八字「故」，資、磧、普、南、徑、清無。

一　七四〇頁下一〇行第二字「貧」，石作「寶」。

一　七四一頁上一二行第一〇字「此」，石作「此四」。

一　七四一頁中一行末字「故」，資、磧、普、南、徑、清、麗無。

一　七四一頁下一五行「厚暄」，石、資、磧、普、南、徑、清作「厚翳」，下同。

一　七四二頁上三行第六字「名」，石、麗作「多」。

一　七四二頁上一四行第六字「相」，資、磧、普、南、徑、清作「想」。

一　七四二頁中一行首字「將」，資、磧、普、南、徑、清無。

一　七四二頁中一七行「彼彼」，資、磧、普、南、徑、清作「因彼」。

一　七四二頁下八行第六字「巧」，麗無。

一　七四二頁下一五行「瀑水」，磧、普、南、徑、清作「暴水」，下同。

一　七四三頁上一〇行首字「名」，資、磧、普、南、徑、清作「爲」。

一　七四三頁上一四行「執着」，資、磧、普、南、徑、清作「執執着」。

一　七四三頁中一八行「四者縛」，磧、普、南、徑、清作「四著縛」。

一　七四三頁中二二行首字及第八字「增」，資、磧、普、南、徑、清、麗作「憎」。

一　七四三頁中末行末字「共」，磧、普作「其」。

一　七四三頁下一〇行末字「摷」，石、麗作「巢」；資、磧、普、南、徑、清作「樔」，下同。

一　七四三頁下二二行第三字「欲」，資、磧、普、南、徑、清作「故」。

一　七四四頁上一六行「行正」，資、磧、普、南、徑、清作「正行」。

一　七四四頁下一九行「佛法」，資、磧、普、南作「法佛」。

一　七四五頁上末行第一四字「金」，諸本作「令」。

一　七四五頁中一行「樊石中」，石作「礜石中」；資、磧、普、南、徑、清作「礜石中煮」。

一　七四五頁中卷末經名，石、磧、普、南、徑、清作「十地經論卷第四」；資作「十地經論離垢地卷第四」；麗作「十地經論離垢地卷之四」。

十地經論明地第三卷之五　　空

天親菩薩造

後魏北印度三藏菩提流支譯

論曰依第三明地差別有四分一起猒行分二猒行分三猒分四猒果分起猒行者謂十種深念心猒行者觀一切行無常乃至未入禪猒者四禪四空三摩跋提猒果者四無量等淨深心應知

經曰諸佛子菩薩善清淨心行第二地已欲得第三菩薩地當起十種深念心何等為十一淨心二不動心三猒心四離欲心五不退心六堅心七明盛心八淳厚心九快心十大心菩薩以是十種深念心得入第三地

論曰是中十種深念心者一依彼起淨深念心如經淨心故二依不捨自乘如經不動心故三志求勝法起善方便此能猒患當來貪欲四依現欲不貪如經猒心故離欲心故五依不捨自乘進行如經不退心故六依自地煩惱不能破壞如經堅心故七依三摩跋提自在如經明盛心故八依禪定自在有力雖生下地而不退失如經淳厚心故九依彼生煩惱不能染如經快心故十依利益衆生不斷諸有如經大心故已説起猒行分次説猒行分猒行有三種一修行護煩惱行二修行護小乘行三修行方便攝行修行護煩惱行者觀一切行无常无有救者此二十句示現云何觀一切行無常

經曰諸佛子是菩薩住第三菩薩地已正觀有為法一切行無常苦不淨无常敗壞不久住念念生滅不從前際來不去至後際現在不住如是正觀一切諸行

論曰是中命行不住故説明無常觀如經正觀有為法一切行无常故云何此無常何者是無常如是正觀云何此無常者依身轉時力生三種苦如經苦故依飲食力形色增損等如經不淨故依不護諸惡力損夭壽等如經無常故依世界成力滅壞故如經敗壞故資生依主无有定力一處

不住如經不久住故何者是无常者无常有二種一者少時如經念念生滅故二者自性不成實過去未來現在三世中不生不轉不住如經不從前際來不去至後際現在不住如是正觀一切諸行故如是觀一切有為法無常行中無有救者

經曰是菩薩如是真實觀見一切行无有救者无所依止共憂共悲共熱惱憎愛所繫憂愁惱轉多无有停積常為貪瞋癡火所然見身无量病苦增長

論曰是菩薩如是真實觀見一切行无有救者第二十句説此无救有九種一者於無常未至中无所依告如經無所依止故二者無常既至无能救者以无常至故多共憂苦如經共憂故三者中間同悲如經共悲故四者同苦惱事中憂悲隨逐其力虛弱轉增熱惱如經共熱惱故五者追求資生時欲所愛事不欲不愛如是妄想愛憎常縛如經憎愛所繫故六者受用時中樂少苦多如經憂惱轉多故七者於身老時中少壯盛色不可

復集如經無有停積故八者於少壯時具三種受貪等常燒如經常為貪瞋癡火所然故九者於年衰時无量病苦增長如經見身无量病苦增長故後三句皆明身患事何故不在初說示身數數患事故云何修行護小乘行

經曰是菩薩見如是已於一切行轉復猒離趣如來智慧是菩薩見如來智慧不可思議无等無量難得无雜无惱無憂能至无畏安隱大城不復轉還見能救无量苦惱衆生

論曰修行護小乘者於一切有為行生猒離已趣向佛智慧依如來智有二種大一攝功德大二清淨大攝功德大者有五種一者神力攝功德大如經是菩薩見如來智慧不可思議故二者无比攝功德大无有敵對如經无等故三者大義攝功德大廣能利益无量衆生如經无量故四者无譏嫌攝功德大希有難得如經難得故五者不同攝功德大諸外道不雜如經無雜故清淨大者離煩惱使苦

十地論卷第五　第四張　空

得涅槃故離煩惱使者離煩惱習无明不雜如經無惱故離苦者苦根本盡憂悲隨盡如經无憂故得涅槃者如經能至无畏安隱大城故菩薩至涅槃城不復退還而能利益衆生得世間出世間涅槃勝事如經不復轉還故見能救无量苦惱衆生故依无救衆生起十種殊勝心

經曰菩薩如是見如來智无量見一切有為行无量苦惱復於一切衆生轉生殊勝十心何等為十所謂衆生可愍孤獨无救生殊勝心恒常貧窮生殊勝心三毒之火熾然不息生殊勝心閉在三有牢固之獄生殊勝心常為煩惱諸惡稠林所覆生殊勝心無正觀力生殊勝心遠離善法心无喜樂生殊勝心失諸佛妙法生殊勝心而常隨順世間水流生殊勝心失涅槃方便生殊勝心是名生殊勝十心

論曰是中無救者以孤獨故孤獨无救有九種一恒常貧窮孤獨无救二三毒之火熾然不息孤獨无救三閉

十地論卷第五　第五張　空

在三有牢固之獄孤獨无救四常為煩惱諸惡稠林所覆孤獨无救五無正觀力孤獨无救六遠離善法心無喜樂孤獨无救七失諸佛妙法孤獨无救八而常隨順世間水流孤獨无救九失涅槃方便孤獨无救是中依欲求衆生心无猒足於他資財求无休息此二應知如經恒常貧窮生殊勝心故三毒之火熾然不息生殊勝心故依有求衆生六道世間輪轉故彼因煩惱所覆故常生難處故如是三句次第應知如經閉在三有牢固之獄生殊勝心故常為煩惱諸惡稠林所覆生殊勝心故無正觀力生殊勝心故依梵行求衆生不起勝念者懐增上慢者無入涅槃心者妄行外道者如是四句次第應知如經遠離善法心无喜樂生殊勝心故失諸佛妙法生殊勝心故而常隨順世間水流生殊勝心故失涅槃方便生殊勝心故次說救度衆生精進行發此十心

經曰是菩薩見諸衆生界如是具受種種苦惱已發大精進行是諸衆生

十地論卷第五　第六張　空

我應救我應解應令清淨應令得脫應著善處應令安住應令歡喜應知所宜應令得度應令涅槃

論曰何處救度以何救度云何救度成此分別救度衆生差別何處救度者於業妄想中煩惱妄想中生妄想中如經我應解故應令清淨故應令得脫故如是次第我應救度故以何救度者攝三學攝取故勸置持戒處故勸住定慧處故如經應著善處故應令安住故如是次第三昧地故定慧合說復勸置持戒處有二種一除疑網令信戒故如經應令歡喜故二已入戒者令心樂住安固不動如經應知所宜故復勸住定慧處滅除掉沒隨煩惱使如經應令得度故云何救度成者令得二種涅槃界如經應令涅槃故是名修行護小乘行云何修行方便攝行

經曰菩薩如是善猒離一切有為行已深念一切衆生界趣一切智智无量利益即時依如来智慧救度衆生作是思惟此諸衆生墮在大苦煩惱

十地論卷第五　第七張　空

業中以何方便行而拔濟之令住涅槃畢竟之樂

論曰是中猒離深念利益示現三種因一者遠離妄想因善猒離一切有為行故二者不捨世間因深念一切衆生故三者發精進因趣一切智智無量利益故於中趣利益處者能修行彼道故深念者能善化衆生故依如来智慧救度衆生此言示現發起方便攝行如經作是思惟此諸衆生墮在大苦煩惱業中以何方便行而拔濟之令住涅槃畢竟之樂故墮在大苦煩惱業中者苦者生妄想煩惱者煩惱妄想業者業妄想涅槃畢竟樂者無上涅槃故是中方便攝行有三種一證畢竟盡二起上上證畢竟盡三彼起依止行

經曰是菩薩作如是念不離无障㝵解脫智處彼无障㝵解脫智處不離一切法如實覺彼一切法如實覺不離无行無生行慧如是智慧光明不離禪方便决定智慧觀彼禪方便决定智慧觀不離聞慧方便

十地論卷第五　第八張　空

論曰證畢竟盡者住無障㝵解脫智中如經是菩薩作如是念不離无障㝵解脫智處故彼盡以如来所說一切法隨順如實覺起以此如實覺起彼无障㝵解脫智如經彼无障㝵解脫智處不離一切法如實覺故此自相同相無分別行慧如經彼一切法如實覺不離无行無生行慧故如是智慧光明不離禪方便决定智慧觀者彼慧此中名光明依是光明故名明地彼菩薩於禪定中方便决定智慧觀如經彼禪方便决定智慧觀不離聞慧方便故彼禪方便者得勝進禪故决定者於他决定故智慧觀者自智慧觀故是名起上上證畢竟盡彼如是智慧觀依聞慧方便得此是彼起依止行聞慧方便是起所依是故修行是名彼起依止行是中行者日夜求法聞法如是次第依教依義

經曰菩薩如是正觀知已轉復勤修求正法行日夜常求聞法憙法樂法依法隨法益法思法究竟法歸依法隨順行法

十地論卷第五　第九張　空

論曰是中求正法行者依經敎依義如前說日夜常求聞法憙法樂法者无慢心無妬心无折伏他心問義故依法者依大乘敎法自見正取不妄失故隨法益法思法者依讀誦依爲他說依靜處思義故究竟法者依定修行故歸依法者依出世間智故隨順行法者依解脫於諸佛解脫法隨順彼行故是中求正法行常求聞法此初二句示現常勤行故憙法等九句示現正修行故彼常勤行以何爲回示現恭敬重法畢竟盡故彼菩薩以財爲首於財寶中及王位處或生天處世間淨中及以巳身以法爲重

經曰菩薩如是方便求佛法故无有諸財錢穀倉庫寶藏等事而不能捨於此物中不生難想但於說法者生難遭想是菩薩爲求佛法故无有所用外財而不能捨無有內財而不能捨无有所作供給尊事而不能行無有憍慢我慢大慢等而不能捨質直柔軟故无有身苦而不能受是菩薩得成就勝財心若聞一句未曾聞法

勝得滿三千大千世界珎寶是菩薩得聞一偈正法生上財想勝得轉輪聖王位復得勝財心若得未曾聞法能淨菩薩行勝得釋提桓因梵天王處无量劫住是菩薩若有人來作如是言我與汝佛所說法一句能淨菩薩行汝今若能入大熾然火坑受大苦者當以相與是菩薩作如是念我受一句佛所說法能淨菩薩行故尚於三千大千世界滿中大火從梵天投下何況入小火坑我等法應盡受一切諸地獄苦猶應求法何況人中諸小苦惱菩薩如是發精進行修諸正法隨所聞法於寂靜處悉能正觀

論曰彼菩薩爲重法故能捨一切財物如經菩薩如是方便求佛法乃至但於說法者生難遭想故彼財所得處田宅等外財彼亦能捨如經是菩薩爲求佛法故無有所用外財而不能捨故及彼財所爲內法此亦能捨如經无有內財而不能捨故及彼所爲是亦能捨身行恭敬奉給等如經无有所作供給尊事而不能行故誰

於此物能得能捨彼高大意此亦能捨如經無有憍慢我慢大慢等而不能捨質直柔軟故所應護者彼亦能捨種種身苦而無不受如經無有身苦而不能受故於得衆多勝妙財寶然不愛樂重法心成故如經是菩薩得成就勝財心乃至勝得滿三千大千世界珎寶故是名於財中勝去何王位等中勝是菩薩得法轉生喜心成就勝得轉輪王位釋梵天王等如經是菩薩得聞一偈正法生上財想乃至勝得釋提桓因梵天王處無量劫住故爲求法故投身滿三千大千世界熾然火中及地獄中久受苦惱如經是菩薩若有人來作如是言我與汝佛所說法一句乃至何況人中諸小苦惱故是中聞一句法者謂聞字句法得聞一偈法者謂聞偈法故能淨菩薩行者謂聞義故此正修行以何爲因示現依寂靜處思惟正觀故如經菩薩如是發精進行乃至悉能正觀故去何猒分是菩薩聞諸法已知如說修行乃得佛法入禪无色

无量神通彼非樂處於中不淤必定應作故

經曰是菩薩聞諸法已降伏其心於空閑處心作是念如說行者乃得佛法不可但以口之所言而得清淨是菩薩住此明地因如說行故即離諸欲惡不善法有覺有觀離生喜樂入初禪行是菩薩滅覺觀內清淨心一處无覺無觀定生喜樂入二禪行是菩薩離喜行捨憶念安慧身受樂諸賢聖能說能捨念受樂入三禪行是菩薩斷苦斷樂先滅憂喜不苦不樂捨念清淨入四禪行是菩薩過一切色想滅一切有對想不念一切別異想知無邊虛空即入无邊虛空處行是菩薩過一切无邊虛空想知无邊識即入無邊識處行是菩薩過一切无邊識想知无所有即入无所有處行是菩薩過一切無所有處知非有想非無想安隱即入非有想非无想處行但隨順法行故而不樂著

論曰以何義故入禪無色无量神通為五種衆生故一為禪樂惱惕衆生

十地論卷第五　第十三張　空

故入諸禪二為无色解脫惱惕衆生故入无色定三為苦惱衆生令安善處永與樂故應解彼苦令不受故入慈悲無量四為得解脫衆生故入喜捨无量五為邪歸依衆生故入勝神通力令正信義故此地得不退禪故名為三昧地前地非無三昧此地勝故是中禪無色差別有四種一離障二修行對治三修行利益四彼二依止三昧是初禪中離諸欲惡不善法是名離障如經即離諸欲惡不善法故有覺有觀是名修行對治如經有覺有觀故喜樂是名修行利益如經離生喜樂故入初禪行是名彼二依止三昧如經入初禪行故第二禪中滅覺觀是名離障如經滅覺觀故內淨是名修行對治滅覺觀障如經內清淨心一處無覺無觀故心一處者修无漏不斷三昧行一境故定生喜樂是名修行利益如經定生喜樂故入二禪行是名彼二依止三昧如經入二禪行故第三禪中離喜是名離障如經離喜故行捨憶念安慧是名修行

十地論卷第五　第十四張　空

對治如經行捨憶念安慧故身受樂是名修行利益如經身受樂故入三禪行是名彼二依止三昧如經入三禪行故第四禪中斷苦斷樂先滅憂喜是名離障如經斷苦斷樂先滅憂喜故捨念清淨是名修行對治如經捨念清淨故不苦不樂是名修行利益如經不苦不樂故入四禪行是名彼二依止三昧如經入四禪行故无色三摩跋提亦有四種一離障二修行對治三修行利益四彼二依止三昧過一切色想者過眼識想故滅一切有對想者耳鼻舌身識和合想滅故不念一切別異想者不念意識和合想故意識分別一切法故說別異想是名離障如是對治過色等境界想不分別色等境界見无我故是名修行對治知无邊虛空者是名修行利益即入無邊虛空行者是名彼二依止三昧過一切無邊虛空想者是名離障如是對治過彼无邊虛空見外念處分別過患是名修行對治知无邊識者是名修行利益即入无邊

十地論卷第五　第十五張　空

識行者是名彼二依止三昧過一切无邊識想者是名離障如是對治過彼无邊識見患事念分別過患是名修行對治知無所有者是名修行利益即入无所有行者是名彼二依止三昧過一切无所有想者是名離障如是對治過彼无所有見患念分別過患是名修行對治知非有想非无想安隱者是名修行利益即入非有想非無想行者是名彼二依止三昧

已說猒分

云何猒果謂四無量五神通等云何四无量

經曰是菩薩慈心隨順廣大无量不二无瞋恨无對無障无惱害遍至一切世間處法界世間究竟虛空界遍覆一切世間行如是菩薩悲心隨順喜心隨順捨心隨順廣大无量不二無瞋恨无對無障无惱害遍至一切世間處法界世間究竟虛空界遍覆一切世間行

論曰無量有三種一衆生念二法念三無念衆生念者有四種相差別一

與樂二障對治三清淨四攝果云何與樂與三種樂一與欲界樂二與色界同喜樂三與不同喜樂彼離苦離喜故不二者亦是廣大无量如經是菩薩慈心隨順廣大無量不二故云何障對治與不愛者與愛此障對治如經無瞋恨无對故云何清淨正斷身心不調睡眠掉悔諸蓋等如經無障故云何攝果欲色界中受正果習果無苦事故如經无惱害故云何法念遍一切處所有欲色无色界凡夫有學无學衆生等法及衆生所有分別作者皆能念知如經遍至一切世間處故無念者有二種一自相無念觀法无我世間中寂如經法界世間寂故二遍至无盡觀如經究竟虛空界故一切世間者一切世界普行故如經遍覆一切世間行故諸神通者四通明智第五明見初一神通身業清淨天耳他心智二通口業清淨宿命生死智二通意業清淨一身通能到衆生所天耳他心二通能知說法音聲義故以知他心故隨種種言音

皆能盡知依於此義種種異名說隨衆生用故去來二通盡知衆生過去未來所應受化故云何身通

經曰是菩薩現無量神通力能動大地一身為多身多身為一身現沒還出石壁山障皆能徹過如行虛空於虛空中加趺而去猶如飛鳥入出於地如水無異履水如地身出煙焰如大火聚身中出水猶如大雲日月有大神德有大威力而能以手捫摸摩之身力自在乃至梵世是菩薩以天耳界清淨過人悉聞人天二種音聲若近若遠乃至蚊䖟蠅等悉聞其聲是菩薩以他心智如實知他衆生心及心數法有貪心如實知有貪心離貪心如實知離貪心如實知有瞋心離瞋心有癡心離癡心如實知有染心離染心小心廣心大心無量心攝心不攝心住定心不住定心解脫心不解脫心求心不求心上心如實知上心非上心如實知非上心如是以他心智如實知他衆生心及心數法是菩薩如實念知無量宿命諸所

生處亦能念知一生二三四五乃至十二十三十四十五十亦能念知百生念知無量百生無量千生無量百千生念知成劫壞劫及成壞劫无量成壞劫乃至念知百劫千劫百千劫億劫百億劫千億劫百千億劫乃至念知無量百千万億那由他劫我本在某處如是名如是姓如是生如是色如是飲食如是壽命如是久住如是受苦樂我於彼死生於此間於此間死生於彼間如是過去世種種相貌說姓相等皆能念知是菩薩天眼界清淨過人見諸衆生若生若死形色好醜善行不善行貧賤富貴是諸衆生隨所造業皆如實知是諸衆生成就身惡業成就口惡業成就意惡業謗諸賢聖成就邪見及邪見業因緣故身壞命終必隨惡道生地獄中是諸衆生成就身善業成就口善業成就意善業不謗賢聖成就正見及正見善業因緣故身壞命終必生善道及諸天中如是菩薩天眼界清淨過人相貌姓名見諸衆生若生若死

形色好醜善行不善行貧賤富貴是諸衆生隨業受報皆如實知是菩薩於禪解脫三昧三摩跋提能入能出而不隨禪解脫力生隨見能滿菩提分法處以願力故而生其中

論曰身通者得勝自在應知自在有三種一世界自在能動世界大地如經是菩薩現無量神通力能動大地故二身自在彼能散合隱顯如經一身為多身多身為一身現沒還出故三作業自在作業有八種一者傍行无礙如經石壁山障皆能徹過如行虛空故二者上行如經於虛空中加趺而去猶如飛鳥故三者上下行如經入出於地如水無異故四者涉水不沒如經履水如地故五者其身熾然如經身出煙焰如大火聚故六者身能注水如經身中出水猶如大雲故七者身能摩捫如經日月有大神德有大威力而能以手捫摸摩之故八者自在乃至梵世間器世間隨意轉變得自在故如經身力自在乃至梵世故天耳通者隨能聞所聞如實

示現清淨諦聞故過人者遠聞故過人聲者下乃至阿鼻地獄等聲悉能聞故如經是菩薩以天耳界清淨過人故隨人天等所作音聲現聞明了乃至蚊虻蠅等微細音聲亦能聞故如經悉聞人天二種音聲若近若遠乃至蚊虻蠅等悉聞其聲故他心通者他心差別有八種一隨煩惱二使三生四學三昧行五得三昧六得解脫七妄行正行八餘凡夫增上慢隨煩惱者與貪瞋等和合如經是菩薩以他心智如實知他衆生心及心數法有貪心如實知有貪心乃至離癡心故使者有煩惱離煩惱等如經如實知有染心離染心故生者人中小欲天中廣色天中大無色二解脫中无量如經小心廣心大心无量心故學三昧行者散心不散心如經攝心不攝心故得三昧者入定不入定時及在定起時如經住定心不住定心故得解脫者有縛無縛如經解脫心不解脫心故妄行正行者於名聞中現起悕望順不順故如經求心不求

心故餘凡夫增上慢者麁細習行故如經上心如實知上心非上心如實知非上心故宿命智通者誰能念智能念故如經是菩薩如實念知无量宿命諸所生處故念何等事如經亦能念知一生乃至念知無量百千万億劫由他劫故云何念因名字差別如經我本在某處如是名故家差別如經如是姓故貴賤差別如經如是生故好醜差別如經如是色故供饍差別如經如是飲食故業行差別如經如是壽命如是久住故衰利成壞差別如經如是受苦樂我於彼死生於此間於此間死生於彼間故是中家差別者謂父母差別貴賤差別者刹利婆羅門等差別業行差別者命差別時非時死故是中種種相貌者一切諸相差別如經種種相貌故說者名稱如經說故姓相者家姓等故如經姓相等皆能念知故復有異義亦能念知一生二生如是等是名相貌說者名等故相者我於彼死生於此間如是等皆能念知故生死智通

者誰能見以天眼見故清淨者審見故過人者遠見故如經是菩薩以天眼界清淨過人故見何等事謂衆生生死等如經見諸衆生若生若死乃至隨所造業皆如實知故云何見如經是諸衆生成就身惡業乃至隨業受報皆如實知故餘者如前二地中說善惡業報此亦如是應知是中禪者四禪解脫者四無色定三昧者四无量三摩跋提者五神通能入能出者即生心時隨心用現在前故而不隨禪解脫力生者彼淳厚深念心此成就示現隨見能滿菩提分法處者與諸佛大菩薩共生一處故如經是菩薩於禪解脫乃至以願力故而生其中故

經曰是菩薩住菩薩明地已多見諸佛以大神通力大願力故見多百佛多千佛多百千佛多百千那由他佛多億佛多百億佛多千億佛多百千億佛多百千万億那由他佛以大神通力大願力故是菩薩見諸佛時以上心深心供養恭敬尊重讚歎衣服

飲食卧具湯藥一切供具悉以奉施以諸菩薩上妙樂具供養衆僧以此善根皆願迴向阿耨多羅三藐三菩提於諸佛所生上恭敬心專心聽法聞已受持如說修行是菩薩觀一切法不生不滅因緣而有

論曰一切法不生不滅者於清淨法中不見增於煩惱妄想中不見減因緣集生故彼清淨中無一法可增彼煩惱妄想中無一法可減然依對治因緣故離煩惱妄想轉勝清淨般若現前如經觀一切法不生不滅因緣而有故

經曰是菩薩一切欲縛轉復微薄一切色縛一切有縛一切無明縛皆悉微薄諸見縛者先已除滅是菩薩住菩薩明地已無量百劫无量千劫无量百千劫无量百千那由他劫无量億劫无量百億劫无量千億劫无量百千億劫无量百千万億那由他劫不復現集斷於妄貪不復現集斷於妄瞋不復現集斷於妄癡是菩薩彼諸善根轉增明淨譬如本真

金巧師鍊治秤兩等住轉更精好光明倍勝諸佛子菩薩亦復如是住菩薩明地已無量百劫乃至无量百千万億那由他劫不復現集斷於妄貪妄癡彼諸善根轉增明淨是菩薩忍辱安樂心轉復明淨同和心柔軟心不瞋心不動心不濁心不高下我心衆生所作不悕望心有所施作不望報心不諂曲心不稠林心轉復清淨是菩薩四攝法中利益增上十波羅蜜中忍辱波羅蜜增上餘波羅蜜非不脩習隨力隨分諸佛子是名略說菩薩第三菩薩明地

論曰一切欲縛轉復微薄者斷一切修道欲色无色界所有煩惱及彼因同无明習氣皆悉微薄遠離故諸見縛者於初地中見道時已斷如經是菩薩一切欲縛轉復微薄乃至諸見縛者先已除滅故不復現集斷於妄貪等者斷不善根使習氣行非斷麁煩惱麁煩惱前地已斷如經是菩薩住菩薩明地已無量百劫乃至彼諸

善根轉增明淨故真金喻者示現不減秤兩等住故菩薩住明地猒離世間勝於前地自在不失故如經諸佛子辟如本真金乃至彼諸善根轉增明淨故是菩薩忍辱安樂心轉復明淨者他人加惡心能忍受善護他心如經是菩薩忍辱安樂心轉復明淨故加惡不改善護他心分別示現作惡懷疑現同伴侶愛語誨誘如經同和心故柔軟心故加惡不瞋聞罵不報不生憂惱如經不瞋心故不動心故不濁心故過去不憍慢自與善語如經不高下我心故心不悕望他人恭敬如經衆生所作不悕望心故於所作事心不求報如經有所施作不望報心故非不實心作利益行及无偏心等作利益故如經不諂曲心故微細隱覆垢心皆悉遠離如經不稠林心轉復清淨故

經曰菩薩住是地中多作忉利天王得法自在能除衆生貪欲等諸煩惱垢以善方便力拔濟衆生諸欲淤泥所作善業布施愛語利益同事是諸

福德皆不離念佛念法念僧念菩薩念菩薩行念波羅蜜念十地念不壞力念無畏念不共佛法乃至不離念具足一切種一切智智常生是心我當於一切衆生中為首為勝為大為妙為微妙為上為無上為導為將為師為尊乃至為一切智智依止者復從是念發精進行以精進力故於一念間得百千三昧得見百千佛知百千佛神力能動百千佛世界能入百千佛世界能照百千佛世界能教化百千佛世界衆生能住壽百千劫能知過去未來世各百千劫事能善入百千法門能變身為百千於一一身能示百千菩薩以為眷屬若以願力自在勝上菩薩願力過於此數示種種神通力或身或光明或神通或眼或境界或音聲或行或莊嚴或加或信或業是諸神通乃至无量百千万億那由他劫不可數知

論曰此地攝報果願智力果如初地中釋

十地經論明地第三卷之五

壬寅歲高麗國大藏都監奉勅雕造

十地論卷第五　第二十八張　空

十地經論明地第三卷之五

校勘記

一　底本，麗藏本。

一　七四八頁上一行經名，石作「十地經論明地第三卷五」；資、磧、普、南、徑、清作「十地經論卷第五」。

一　七四八頁上三行與四行之間，資、磧、普、南、徑、清有品名「明地第三」。

一　七四八頁上一六行第一一字「一」，資、磧、普、南、徑、清無。

一　七四八頁上二一行第八字「退」，磧、普、南、徑、清作「現」。

一　七四八頁中二行「下地」，石作「於下地」。

一　七四八頁下五行「不住」，資、磧、普、南、徑、清作「不住故」。

一　七四九頁上二行第八字「常」，磧、普、南作「當」。

一　七四九頁上一九行首字「經」，資、磧、普、南作「是」。

一　七五〇頁上一六行第四字「惱」，資、磧、普、南、徑、清無。

一　七五〇頁中六行「衆生」，資、磧、普、南、徑、清作「衆生界」。

一　七五一頁上三行「無姤心」，石作「無垢心」。

一　七五一頁中一三行「行修」，石作「行行」。

一　七五一頁下一二行「梵天王」，資、磧、普、南、徑、清作「梵天上」。

一　七五二頁上一四行第二字、第八字，一六行第一一字及一八行第四字「想」，資、磧、普、南、徑、清作「相」。

一　七五二頁中一七行「對治」，石作「對治對治」。

一　七五三頁上一七行「悲心」，資、磧、普、南、徑、清作「慈悲心」。

一　七五四頁上八行「某處」，南作「其處」。

一　七五四頁上一二行「姓相」，資、磧、普、南作「性相」。

一 七五四頁中七行第一〇、一一字「世界」，資、磧、普、南、徑、清無。

一 七五四頁下七行第九字「其」，資、磧、普、南、徑、清作「音」。

一 七五五頁上五行第七字「故」，資、磧、普、南、徑、清無。

一 七五六頁上一行「精好」，資、磧、普、南、徑、清作「精妙」。

一 七五六頁上一二行第七字及第一三字「蜜」，石作「蜜轉勝」。

一 七五六頁下一四行第一〇字「千」，石作「千身」。

一 七五六頁下一七行第四字「力」，石無。

一 七五七頁上一行經名，石、磧、普、南、徑、清作「十地經論卷第五」；資作「十地經論明地卷第五」。

十地經論焰地第四卷之六　空

天親菩薩造

後魏北印度三藏菩提流支譯

論曰第四焰地依彼淨三昧聞持如實智淨顯示故此地差別有四分一清淨對治修行增長因分二清淨分三對治修行增長分四彼果分清淨對治修行增長因者謂十法明入

經曰佘時金剛藏菩薩言諸佛子菩薩得第三菩薩地具足清淨明已欲得第四菩薩地者當以十法明入得入第四地何等為十一思量衆生界明入二思量世界明入三思量法界明入四思量虛空界明入五思量識界明入六思量欲界明入七思量色界明入八思量无色界明入九思量勝心決定信界明入十思量大心決定信界明入菩薩以此十法明入得入第四地

論曰法明入者得證地智光明依彼智明入如來所說法中彼智名法明入彼所說法正觀思量如實知二處順行故此思量有十種差別思量分別衆生界假名差別如經思量衆生界明入故依住分別如經思量世界明入故染分別如經思量法界明入故無盡分別如經思量虛空界明入故染淨依止分別如經思量識界明入故煩惱使染分別如經思量欲界明入故思量色界明入故思量无色界明入故淨分別如經思量勝心決定信界明入故思量大心決定信界明入故是中煩惱使染者謂三界淨者後二句一依煩惱不染二依不捨衆生聲聞等同不同義故云何清淨分即於如來家轉有勢力故

經曰諸佛子是菩薩得菩薩焰地即於如來家轉有勢力得彼內法故以十種法智教化成熟故何等為十一不退轉心故二於三寶中決定恭敬畢竟盡故三分別觀生滅行故四分別觀諸法自性不生故五分別觀世間成壞故六分別觀業有生故七分別觀世間涅槃故八分別觀衆生世界業差別故九分別觀前際後際差別故十

十地論卷第六　第二張　空

分別觀無所有盡故諸佛子菩薩如是十種法智教化成熟即於如來家轉有勢力得彼內法故

論曰云何即於如來家轉有勢力依止多聞智究竟故除滅智障攝勝故此如是淨勝如來家是故名得彼內法如來自身所有諸法以是諸法顯示如來謂十種法智教化成熟故此法明入同時得應知彼復四種智教化故名法智教化成熟四種智者一自住處畢竟智如經不退轉心故二同敬三寶畢竟智如經於三寶中決定恭敬畢竟盡故三真如智如經分別觀生滅行故分別觀諸法自性不生故四分別所說智如經分別觀世間成壞故分別觀業有生故分別觀世間涅槃故分別觀衆生世界業差別故分別觀前際後際差別故分別觀無所有盡故菩薩自住處者謂大乘法是中初二法者不退轉心於三寶中決定恭敬畢竟盡心是初二智自住處畢竟智同敬三寶畢竟智教化成熟故次二法分別觀生滅行分

十地論卷第六　第三張　空

别觀諸法自性不生是真如智謂衆
生法無我觀如是次第分别應知餘
者是分别所説智彼復依煩惱染淨
故隨煩惱染以何煩惱染所有淨隨
所淨云何隨煩惱染瞋器世間故如
經分别觀世間成壞故衆生世間生
同因受生故如經分别觀業有生故
何者煩惱染謂世間何者所有淨謂
涅槃如經分别觀世間涅槃故云何
隨所淨諸佛世界中教化衆生自業
成熟故如經分别觀衆生世界業差
别故煩惱染及淨謂前際後際如經
分别觀前際後際差别故彼前際後
際不損不益如經分别觀無所有盡
故於染法中不見一法可減於淨法
中不見一法可增故云何對治修行
增長有二種一修行護煩惱染二修
行護小乘何者護煩惱染修行菩提
分法故

經曰諸佛子是菩薩住此菩薩焰地
已觀內身循身觀精勤一心除世間
貪憂觀外身循身觀精勤一心除世
間貪憂觀內外身循身觀精勤一心

除世間貪憂如是觀內受外受內外
受如是觀內心外心內外心如是觀
內法循法觀精勤一心除世間貪憂
觀外法循法觀精勤一心除世間貪
憂觀內外法循法觀精勤一心除世
間貪憂是菩薩未生諸惡不善法為
不生故欲生勤精進發心正斷已生
諸惡不善法為斷故欲生勤精進發
心正斷未生諸善法為生故欲生勤
精進發心正行已生諸善法為住不
失修滿增廣故欲生勤精進發心正
行是菩薩修行四如意分欲定斷行
成就修如意分依止猒依止離依止
滅迴向於捨精進定斷行成就修如
意分依止猒依止離依止滅迴向於
捨心定斷行成就修如意分依止猒
依止離依止滅迴向於捨思惟定斷
行成就修如意分依止猒依止離依
止滅迴向於捨是菩薩修行信根依
止猒依止離依止滅迴向於捨修行
精進根依止猒依止離依止滅迴向
於捨修行念根依止猒依止離依止
滅迴向於捨修行定根依止猒依止

離依止滅迴向於捨修行慧根依止猒
依止離依止滅迴向於捨是菩薩修行
信力依止猒依止離依止滅迴向於捨
修行精進力依止猒依止離依止滅
迴向於捨修行念力依止猒依止離
依止滅迴向於捨修行定力依止猒
依止離依止滅迴向於捨修行慧力
依止猒依止離依止滅迴向於捨是
菩薩修行念覺分依止猒依止離依
止滅迴向於捨修行擇法覺分依止
猒依止離依止滅迴向於捨修行精
進覺分依止猒依止離依止滅迴向
於捨修行喜覺分依止猒依止離依
止滅迴向於捨修行猗覺分依止猒
依止離依止滅迴向於捨修行定
覺分依止猒依止離依止滅迴向
於捨修行捨覺分依止猒依止離
依止滅迴向於捨是菩薩修行正見
依止猒依止離依止滅迴向於捨修
行正思惟依止猒依止離依止滅迴
向於捨修行正語依止猒依止離依
止滅迴向於捨修行正業依止猒依止
離依止滅迴向於捨修行正命依止
猒依止離依止滅迴向於捨修行正

精進依止猒依止離依止滅迴向於捨修行正念依止猒依止離依止滅迴向於捨修行正定依止猒依止離依止滅迴向於捨

論曰云何修行護小乘不捨一切衆生故修行助菩提分法

經曰是菩薩以不捨一切衆生心故行以本願起淳至故大悲為首故大慈成就故觀一切智智故為起莊嚴佛國故為具佛諸力無畏不共佛法相好莊嚴具足妙聲故為求上上勝行故為隨順聞甚深佛法解脫故為思惟大方便故行

論曰不捨一切衆生心者此不捨衆生心有四種一始二益三怖四行始者本願故如經以本願起淳至故益者憐愍故如經大悲為首故大慈成就故怖者求佛智故如經觀一切智智故行者修行故修行有五種一者修淨土行如經為起莊嚴佛國故二者修起佛法行如經為起如來力無畏不共佛法相好莊嚴具足妙聲故妙聲者法蠡聲故三者修彼地方便無猒足行如經為求上上勝行故四者

修入不退轉地行如經為隨順聞甚深佛法解脫故五者修教化衆生行如經為思惟大方便故行是名對治修行增長分云何對治修行增長果分

經曰是菩薩所有身見為首我人衆生壽命陰界入我慢所起出沒等事思惟多觀治故我故護故貪著處故是菩薩如是等事皆悉斷滅

論曰對治修行增長果者我知大知我修是我所修如是等出沒等皆悉滅故出者三昧起義故沒者三昧滅義故彼復有五種一本二起三行四護五過是中本者依身見為本故衆生我慢法我慢如是差別如經是菩薩所有身見為首我人衆生壽命陰界入我慢所起出沒等事故起者起不正思惟如經思惟故行者令他知如經多觀故護者數數觀故起我想故受持故如經治故我故護故過者心安處諸事等如經貪著處故如是學行事中出沒等皆悉遠離如經是菩薩如是等事皆悉斷滅故此是依煩惱染生遠離果

經曰是菩薩所有不可作業如來所呵諸煩惱染一切不行所有可作業隨順菩薩行如來所讚一切正修行

論曰所有不可作業者有二種事故不應作一不尊敬如來佛不讚歎故二畏惡名聞生煩惱故如經是菩薩所有不可作業乃至一切不行故所有可作業者有二種事是故應作一見无惡名利隨順菩薩行故二尊敬如來佛讚歎故如經所有可作業乃至一切正修行故此是依業染生遠離果是菩薩轉復隨所隨所方便智所起修行助道分如是如是成潤益心如是等四十句顯示四種果一者於勝功德中生增上欲心二者彼說法尊中起報恩行三者彼方便行中發勤精進四者彼增上欲本心果滿足云何於勝功德中生增上欲心

經曰是菩薩轉復隨所隨所方便智所起修行助道分如是如是成潤益心軟心調心安隱樂心不染心轉求上上勝行心轉求勝智心救一切世間心恭敬諸師隨順受教心隨所聞

法修行心
論曰是中隨所隨所方便智所起修行者不捨一切衆生修行故如前說助道分者謂一切菩提分法道支故如是如是成潤益心者深欲愛敬故彼潤益心有三種相一樂行勝如經軟心故二三昧自在勝如經調心故三離過對治勝如經安隱樂心故彼過復有六種一為食過或說法中妬心過此對治如經不深心故二少欲功德過不樂多布施頭陁等此對治如經轉求上上勝行心故三少欲智過不好求勝智此對治如經轉求勝智心故四懈怠過不勤化衆生此對治如經救一切世間心故五自見取過於尊教法心不隨順此對治如經恭敬諸師隨順受教心故六捨為首過不隨說行此對治如經隨所聞法修行心故如是成潤益心此十句是名於勝功德中生增上欲心果云何彼說法尊中起報恩行
經曰是菩薩如是成知恩心知報恩心轉柔和同止安樂直心軟心無稠

林行無有諂曲无有我慢善受教誨得說者意如是善心成就如是寂滅心成就如是善寂滅心成就
論曰彼說法尊中起報恩行彼知恩心第二十句示現是中彼成知恩心者隨順行報恩行報恩行者有九種依尊起報恩心如經知報恩故依同法者起將護心如經心轉柔和故同止安樂故依法行隨順受教發事能忍如經直心故軟心故依受用食於施主所自過不覆不妄說已德如經无稠林行故無有諂曲故依自勝功德不起高心如經無有我慢故依教正受語如經善受教誨故依教不顛倒受如經得說者意故菩薩如是於彼尊所修報恩行成如是善心成就者是對治修行增長故如是寂滅心成就者是初對治修行增長力故如是善寂滅心成就者彼果前二句顯是名彼說法尊中起報恩行果云何彼方便行中發勤精進
經曰是菩薩如是成不休息精進不雜染精進不退精進廣精進无邊精

進光明精進無等精進不壞精進教化一切衆生精進善分別是道非道精進
論曰彼方便行中發勤精進成不休息精進第三十句示現不休息精進有九種一彼精進行平等流注如經不雜染精進故雜染者共懈怠共深若過若不及故二自乘不動如經不退精進故三廣念如經廣精進故四為無量衆生作利益顯攝取故如經无邊精進故五常至心順行如經光明精進故六修習過餘精進如經無等精進故七一切魔煩惱行不能破壞如經不壞精進故八攝取故如經教化一切衆生精進故九能斷疑惑降伏他言正修習故如經善分別是道非道精進故是名彼方便行中發勤精進果云何彼本心界滿足
經曰是菩薩深心界轉清淨深心界不失信解界轉明利生善根增長遠離世間垢濁斷諸疑心無有疑網現前具足成就喜樂如來現前加无量深心現前成就

論曰彼心界轉清淨第四十句示現心界者依菩提分心初句示現心界清淨有九種一彼道心修行增益如經深心界不失故二於勝上證中轉生決定心如經信解界轉明利故三彼因對治增長如經生善根增長故四滅除諸障如經速離世間垢濁故五除此地微細疑事如經斷諸疑心故六以斷疑故於餘處決定如經無有疑網現前具足故七依勝樂行如經成就喜樂故八依化衆生力如經如來現前加故九依現無量三昧心智障清淨如經無量心現前成就故是名本心界滿足果

經曰是菩薩住菩薩焰地已多見諸佛以大神通力大願力故見多百佛多千佛多百千佛多百千那由他佛多億佛多百億佛多千億佛多百千億佛多百千万億那由他佛以大神通力大願力故是菩薩見諸佛時以上心深心供養恭敬尊重讃歎衣服飲食臥具湯藥一切供具悉以奉施以諸菩薩上妙樂具供養衆僧以此

善根皆願迴向阿耨多羅三藐三菩提於諸佛所生上恭敬尊心聽法聞已受持隨力修行於諸佛法中出家修道是菩薩深心決定信解轉復明淨是菩薩住此菩薩焰地無量百千万億那由他劫深心決定信解平等清淨彼諸善根轉勝明淨諸佛子辟如本真金巧師鍊治作莊嚴具成就不失餘非莊嚴具真金所不能及諸佛子菩薩如是住此菩薩焰地中彼諸善根成就不退下地善根所不能及諸佛子辟如摩尼寶珠生光清淨光輪能放光明成就不壞餘寶光所不能奪一切風飃雨漬水澆光明不滅諸佛子如是菩薩住此菩薩焰地中下地菩薩所不能及一切衆魔及諸煩惱皆不能壞是菩薩四攝法中同事偏勝十波羅蜜中精進波羅蜜增上餘波羅蜜非不修習隨力隨分諸佛子是名略說菩薩第四菩薩焰地若菩薩住此地中多作須夜摩天王所作自在破諸衆生身見等事方便善巧令諸衆生住正見等事所作

善業布施愛語利益同事是諸福德皆不離念佛念法念僧念菩薩念菩薩行念波羅蜜念十地念不壞力念无畏念不共佛法乃至不離念具足一切種一切智智常生是心我當於一切衆生中為首為勝為大為妙為微妙為上為无上為導為將為師為尊乃至為一切智智依止者復作是念發精進行以精進力故於一念間得億三昧能見億佛能知億佛神力能動億佛世界能入億佛世界能照億佛世界能化億佛世界衆生能住壽億劫能知過去未來世各億劫事能善入億法門能變身為億於一一身能示億菩薩以為眷屬若以願力自在勝上菩薩願力過於此數示種種神通或身或光明或神通或眼或境界或音聲或行或莊嚴或加或信或業是諸神通乃至无量百千万億那由他劫不可數知

論曰是菩薩深心決定信解平等清淨彼諸善根轉勝明淨者如餘淨地諸菩薩真金作莊嚴具辟者喻阿含

現作證智莊嚴示現得證智故如經辟如本真金巧師鍊治作莊嚴具成就不失故摩尼寶生光明喻者彼證智法明摩尼寶光中放阿含光明入無量法門義光明智處普照示現以是義故此地釋名為焰如經諸佛子辟如摩尼寶珠生光清淨光輪能放光明成就不壞餘寶光明所不能奪故生光者有光明具足故清淨光輪者光明圓滿無垢故所作自在者破諸衆生身見等事故是中作者所作故自在者能力故餘如前說應知

十地經論焰地卷之六

癸卯歲高麗國大藏都監奉
勅雕造

十地論卷第六　第十六張　[illegible]

十地經論焰地第四卷之六
校勘記

一　底本，麗藏本。
一　七五九頁上一行經名，石作「十地經論焰地第四卷六」；資、磧、普、南、徑、清作「十地經論卷第六」。
一　七五九頁上三行與四行之間，資、磧、普、南、徑、清有品名「焰地第四」。
一　七六〇頁上一二行第一二字「際」，石作「際不損不益」。
一　七六〇頁上一四行末字「盡」，資、磧、普、南、徑、清作「益」。
一　七六一頁上五行「云何」，諸本作「何者」。
一　七六一頁中九行「我知大知」，資、磧、普、南、徑、清作「我智大智」。
一　七六一頁中一〇行第一二字「等」，資、磧、普、南、徑、清作「等事」。
一　七六一頁下五行第五字「不」，諸本無。
一　七六二頁上九行第一二字「法」，資、磧、普、南、徑、清作「法尊」。
一　七六二頁下二〇行第三字「信」，資、磧、普作「故」。
一　七六三頁中一三行第一三字「光」，諸本作「光明」。
一　七六三頁下八行第一三字「作」，資、磧、普、南、徑、清作「從」。
一　七六三頁下一〇行第八字「能」，資、磧、普、南、徑、清無。
一　七六四頁上二行第三字「本」，石無。
一　七六四頁上三行第一〇字「明」，資、磧、普、南、徑、清無。
一　七六四頁上卷末經名，石、徑、清作「十地經論卷第六」；資作「十地經論焰地卷第六」；磧、普、南作「十地經論卷第六」，並有夾註「炎地竟」。

趙城縣廣勝寺

十地論難勝地第五卷之七　空

天親菩薩造

後魏北印度三藏菩提流支譯

論曰第五地中分別有三一勝慢對治二不住道行勝三彼果勝云何勝慢對治

經曰尒時金剛藏菩薩言諸佛子若菩薩得第四菩薩地善滿諸行已欲入第五菩薩地當以十平等深淨心得入第五地何等為十一過去佛法平等深淨心故二未來佛法平等深淨心故三現在佛法平等深淨心故四戒淨平等深淨心故五心淨平等深淨心故六除見疑悔淨平等深淨心故七道非道智淨平等深淨心故八行斷智淨平等深淨心故九思量一切菩提分法上上淨平等深淨心故十化度一切衆生淨平等深淨心故諸佛子菩薩以是十種平等深淨心得入第五菩薩地

論曰勝慢對治者謂十平等深淨心同念不退轉心故前已論解法慢對

治今此地中論身淨分別慢對治是中平等深淨心者於平等中心得清淨此深淨心分別有十種十種深淨心者是諸佛法及隨順諸佛法彼分別應知何者是諸佛法謂三世力等如經過去佛法平等深淨心故未來佛法平等深淨心故現在佛法平等深淨心故如是三世佛法力等已說次說隨順諸佛法彼諸佛法云何得成因戒定智及化衆生故是中依戒淨如經戒淨平等深淨心故依定淨如經心淨平等深淨心故依智淨如經除見疑悔淨平等深淨心故道非道智淨平等深淨心故行斷智淨平等深淨心故思量一切菩提分法上上淨平等深淨心故是中行斷智者量一切菩薩分法上上轉勝故依教化衆生如經化度一切衆生淨平等深淨心故

經曰諸佛子是菩薩住第五菩薩地已善修行菩提分法故善深淨心故轉求上勝行故隨順如道行故得大願力故以慈心悲心不捨一切衆

生故修習功德智慧行故不休息諸行故起方便善巧故照見上上地故正受如來加故得念意去智力故成就不退轉心故

論曰是中善修行菩提分法乃至隨順如道行者皆是正修諸行善修行菩提分法者第四菩薩地中修菩提分法善清淨深心故彼深淨心等怖求勝行如是不住道行勝破彼愓故隨順如道行者彼平等中深淨心不退轉心現成就故隨彼平等清淨法住如是菩薩深心安住名為隨順如道行故是中隨順如道行有八種一修習菩提心如經得大願力故二不疲惓如經以慈悲心不捨一切衆生故三得善根力如經修習功德智慧行故四不捨衆行如經不休息諸行故五正修行如經起方便善巧故六無猒足如經照見上上地故七得他勝力如經正受如來加故八自身得勝力故勝念等三慧故如經得 念意去智力故成就不退轉心故去者修慧觀無障导義故云何不住道行

勝不住道行勝有二種觀一所知法中智清淨勝二利益衆生勤方便勝以是二法故不住世間不住涅槃去何所知法中智清淨勝

經曰是菩薩如實知是苦聖諦是苦集諦是苦滅諦如實知是至滅苦道聖諦是菩薩善知世諦善知第一義諦善知相諦善知差別諦善知說成諦善知事諦善知生諦善知盡無生智諦善知令入道智諦善知一切菩薩地次第成就諦及善知集如來智諦是菩薩隨衆生意令歡喜故善知世諦通達一切法一相故善知第一義諦覺法自相同相故善知相諦覺法差別故善知差別諦覺分別陰界入故善知說成諦覺身心苦惱故善知事諦覺諸道生相續故善知生諦畢竟滅一切熱惱故善知盡無生智諦起不二行故善知令入道智諦正覺一切法相故善知一切菩薩地次第成就諦及善知集如來智諦以信解力故知非得一切究竟智知

論曰彼所知法中智清淨勝有二種

一實法分別如實知四諦如經是菩薩如實知苦聖諦乃至如實知至滅苦道聖諦故二化衆生方便差別十諦差別方便智如經是菩薩善知世諦乃至及善知集如來智諦故是中實法分別者有佛無佛苦集二諦果因差別體是妄想染故滅道二諦果因差別體是淨法故化衆生方便差別者所化衆生差別故方便差別應知所化衆生有七種小乘可化有六種一為根未熟衆生故知世諦方便二為根熟衆生故知第一義諦方便三為疑惑深法衆生故知相諦方便四為謬解迷惑深法衆生故知差別諦方便五為成利正念衆生故知說成諦方便六為正見衆生義故知事諦方便知生諦方便知盡無生智諦方便知令入道智諦方便事諦等四諦苦諦等所攝七為大乘可化衆生故善知一切菩薩地次第成就諦方便及善知集如來智諦方便如經是菩薩隨衆生意令歡喜故善知世諦乃至非得一切究竟智知故是中菩薩地次第者地地中間如自地次第入應知一切生

十地論卷第七　第六張　雲字号

處身心受苦惱故知事諦苦者所有受者皆是苦事故起不二行者一行故正覺一切相者五明論處善巧知故信解力故知者鏡像觀智力非成就觀智力故如是所知法中智清淨勝已說云何利益衆生勤方便勝以知一切有為法虛妄相故起憐愍衆生念

經曰是菩薩如是善起諸諦智已如實知一切有為行皆是虛妄誑詐誑惑凡夫菩薩尒時復於衆生中大悲轉勝而現在前及生大慈光明

論曰是菩薩如是善起諸諦智已乃至及生大慈光明者是中妄想常等不相似無故虛常作我想憍事故妄世法盡壞故誑世法牽取愚癡凡夫故詐常等相無非有似有故虛事中意正取我想憍事正取故妄　事是患世法利盡故誑事牽心世法愚癡凡夫牽取故詐事相現故言誑惑凡夫此諸句義應知凡夫者依止彼正取我憍身大悲大慈者憐愍彼衆生勝利益示現勝彼前地悲故言大悲不住道行勝故救衆生方便智成就故言大慈光明

十地論卷第七　第七張　雲字号

經曰是菩薩得如是智慧力不捨一切衆生常求佛智慧如實觀一切有為行先際後際知諸衆生從先際无明　有愛故生流轉世間歸五陰家不能動發增長苦陰聚是中無我无壽命無衆生離我我所皆如實知後際亦如是此無所有虛妄貪著分段盡出有無皆如實知

論曰是菩薩得如是智慧力者如前說不捨一切衆生者大悲大慈光明亦如前說求佛智慧者救一切衆生義故如實觀一切有為行先際後際者隨彼大悲觀示二種相一如實觀苦因緣集故如經知諸衆生從先際无明有愛故生乃至有无皆如實知故是中從先際无明有愛故生者此顯凡夫生非菩薩生菩薩以善巧方便生何故不言餘因緣分无明有愛是有分根本故彼生者說有三種衆生欲求衆生妄梵行求衆生有求衆生乃至依有頂五陰苦聚是無我事是中自身無我及彼無我事第一義

十地論卷第七　第八張　雲字号

故無然後無我依命根力住數數受生衆生身心相續非常非斷故說有命有衆生破彼憍取意故說无命無衆生遠離能取所取我憍意故說離我我所前際以何因隨所有衆生隨所有苦行彼正觀已後際亦如是隨彼苦因名无明愛事盡者名滅勝世間滅故出者名道無亦如實知有亦如實知是名一種大悲正觀因緣集念如實苦故次說第二種大悲正觀深重苦無量世隨逐及種種苦事

經曰菩薩尒時作如是念此諸凡夫甚為可怪愚癡無智有无量無邊阿僧祇身已滅今滅當滅如是盡滅已不能於身生猒離想轉更增長機關苦身常隨世間漂流不能得返歸五陰舍不能捨離不畏四大毒虵不能拔出我憍見箭不能滅除貪恚癡火不能破壞无明黑暗不能乾竭愛著大河不求十力大聖導師常入魔意稠林於生死海中常為諸惡覺觀所轉

論曰大悲正觀深重苦者无量世隨

逐種種苦故有無量无邊阿僧祇身滅者無量世隨逐故云何種種苦觀生苦故彼集故離彼滅道故如是觀老病死苦故彼集故離彼滅道故是中此身依因緣有機關苦身者生苦示現常隨世間漂流不能得返者集愛示現歸五陰舍不能捨離者離彼滅道示現不畏四大毒虵者謂病苦彼增損生故妄梵行求衆生欲求衆生受欲者行惡行者有求衆生者不能拔出我慢見箭示現不能滅除貪恚癡火不能破壞無明黑暗不能乾竭愛著大河如是次第彼集示現趣无畏處不求十力大聖導師遠離彼滅示現常入魔意稠林隨順怨道遠離彼道示現於生死海中常為諸惡覺觀所轉者一切三界心心數相應妄分別應知次說上大慈光明觀行

經曰我見彼諸衆生受如是苦惱孤獨無救无有依者無有舍者无有洲者无究竟者盲無目者无明瞖蔽所纏愚癡所覆為此衆生發如是心唯我一人獨无等侶脩集功德智慧助

道以是功德智慧助道資粮令一切衆生得住畢竟清淨乃至使得佛十力無障㝵智盡

論曰彼受如是苦惱者如前所說孤獨者於彼苦中无救拔故復次孤獨者於已受苦未受苦中故言无救無依者離善知識故言无有舍者離聞正法故言無有洲者離寂靜思惟故言無究竟者離於正見故言盲无目者彼障諸舊煩惱及客塵煩惱常起邪念不聞正法等故言無明瞖蔽所纏愚癡所覆唯我一人獨無等侶者顯示勇猛勝事脩集功德智慧助道者顯示修行增長依彼教化衆生作人天因乃至涅槃因故畢竟清淨者勝世間清淨故得佛十力者降伏諸魔怨故无障㝵智盡者勝聲聞辟支佛淨智故

經曰菩薩如是善觀起智慧力所修諸善發願為救一切衆生故為一切衆生作利益故為一切衆生得安樂故慈念一切衆生故為令一切衆生无苦惱故為令一切衆生得解脫故

為攝一切衆生故為一切衆生心清淨故為調伏一切衆生故發願為一切衆生令入大涅槃故

論曰是中善觀起智慧力者以正觀智調伏衆生故皆為救度一切衆生者拔一切苦惱故救度有九種一住不善衆生令住善法如經為一切衆生作利益故二住善法衆生令得樂果如經為一切衆生得安樂故三住貧乏衆生與一切資生之具如經慈念一切衆生故四住病苦及諸外緣所惱衆生皆令除斷如經為令一切衆生无苦惱故五世間繫閉衆生令得出離如經為令一切衆生得解脫故有四種相令諸外道信解正法如經為攝一切衆生故疑惑衆生善決定斷疑如經為一切衆生心清淨故已住決定衆生勸修三學如經為調伏一切衆生故已住三學衆生令得涅槃如經發願為一切衆生令入大涅槃故此九種救苦中初二句為救未來餘句為救現在亦救未來是名不住道修行勝次說不住道修行勝果

有四種相一攝功德勝二修行勝三教化衆生勝四起隨順世間智勝去何攝功德勝攝聞戒智勝故

經曰是菩薩住此第五菩薩難勝地已名為念者不忘諸法故名為意者善決定智慧故名為去者知經書意次第故名為有慚愧者自護護彼故名為堅心者不捨持戒行故名為覺者善思惟是處非處故名為隨智者不隨他故名為隨慧者善分別諸法章句是義非義故名為得神通者善修禪定故名為善方便者隨世間法行故

論曰攝聞勝者攝聞思修慧勝故云何慧勝如經名為念者不忘諸法故名為意者善決定智慧故名為去者知經書意次第故是中念者聞慧勝故意者思慧勝故去者修慧勝故此諸句次第復有異釋聞持勝故名為念者法智甚深勝故名為意者意甚深智勝故名為去者此略說成就二種善巧法善巧義善巧故戒攝勝者有二種忍辱柔和勝及戒无缺勝如經

名為有慚愧者自護護彼故名為堅心者不捨持戒行故攝智勝者有五種一者因緣集智無因顛倒因邪見對治如經名為覺者善思惟是處非處故二者證智魔事對治如經名為隨智者不隨他故三者知妄說智異說對治善知是句義非句義雜句義如經名為隨慧者善分別諸法章句是義非義故四者神力智邪歸依行對治如經名為得神通者善修禪定故五者化衆生智方便攝取故如經名為善方便者隨世間法行故是名攝功德勝云何修行勝

經曰名為無猒足者善集功德行助道故名為不休息精進者常求智慧行助道故名為无疲惓者集大慈悲行助道故名為常念佛法者求佛十力四無所畏十八不共佛法故名為善念修行者起莊嚴佛國故名為具足修行種種善業者集三十二相八十種好故名為常行精進者求莊嚴佛身口意故名為樂大恭敬法者親近供養一切菩薩及法師故名為善

起願自在者大方便善入世間故名為日夜遠離餘心者常樂教化一切衆生故

論曰是中修行勝有十種一增長因行如經名為無猒足者善集功德行助道故二依止因行如經名為不休息精進者常求智慧行助道故三化衆生不疲惓行如經名為無疲惓者集大慈悲行助道故四起佛法行如經名為常念佛法者求佛十力四無所畏十八不共佛法故五起淨佛國土行如經名為善念修行者起莊嚴佛國故云何莊嚴無煩惱染得堅固智慧衆生住在其中及佛法莊嚴故六依佛法身起行如經名為具足修行種種善業者集三十二相八十種好故七依佛所作起行如經名為常行精進者求莊嚴佛身口意故八敬重法行如經名為樂大恭敬法者親近供養一切菩薩及法師故九願取有行如經名為善起願自在者大方便善入世間故十離小乘心行如經名為日夜遠離餘心者常樂教化一切

衆生故是名修行勝云何教化衆
生勝
經曰是菩薩成就如是行時以布施
教化衆生又以愛語利益同事教化
衆生又以色身示現教化衆生又以
說法教化衆生又廣示菩薩行神通
事教化衆生又說諸佛大事教化衆
生又示世間過惡教化衆生又說諸
佛智慧利益教化衆生又現大神通
莊嚴相亦說種種行教化衆生是菩
薩如是教化衆生方便成就身心常
趣佛智而不退失諸善根行常勤修
行轉勝道故
論曰是中教化衆生勝者以四攝法
教化如經是菩薩成就如是行時以
布施教化衆生又以愛語利益同事
教化衆生歆為同事隨順衆生應化
自衆如經又以色身示現教化衆生
故為疑惑衆生可說法成就如經又
以說法教化衆生故為於菩提無方
便衆生如經又廣示菩薩行神通事
教化衆生故為於大乘疲惓衆生如
經又說諸佛大事教化衆生故為樂

世間衆生如經又示世間過惡教化
衆生故為不信大乘衆生如經又說
諸佛智慧利益教化衆生故為無智衆
生現神通莊嚴示種種行以一身示
無量身是等令生決定信如經又現
大神通莊嚴相亦說種種行教化衆
生故是菩薩如是教化衆生方便成
就者如前說身心常趣佛智者為教
化衆生求勝力故而不退失諸善根
行者隨所得功德智慧皆不退失故
常勤修行轉勝道者彼所修諸行欲
令增勝故是名教化衆生勝云何起
隨順世間智勝淡障對治
經曰是菩薩為利益衆生故善知世
間所有書論印筭數石性等論治諸
病方所謂治乾枯病治顛狂病治鬼
著病治蠱毒病等損害衆生者皆悉
能治謂呪藥等作論經書伎樂戲笑
歡娛等事國土城邑聚落室宅河泉
池流園觀花果藥草林樹等金銀琉
璃摩尼真珠珊瑚琥珀車𤦲馬瑙諸寶
性等日月星宿地動夢想吉凶入等
遍身諸相持戒行處禪定神通四無

量心四無色定凡諸不惱衆生事能
利益安樂衆生事憐愍衆生故出漸
令信入無上佛法故
論曰隨順世間智者淡障對治如經
是菩薩為利益衆生故善知世間所
有一切書論等是中書等有四種障
對治四種障者一所用事中忘障取
與寄付聞法思義作不作事已作未
作事應作不應作事此對治故書二
邪見軟智障以因論聲論對治此二
故論三所取物不守護障此對治故
印四取與生疑障此對治故筭數數
者一一為二二二為四如是等筭者
一縱十横如是等石性等論者貧事
障對治故治諸病方者四大不調衆
生毒相病障對治故乾枯顛狂病者
四大不調相故鬼著病等是衆生相
蠱毒病者亦四大不調亦衆生相病
因及死因此對治謂呪藥等日月星
宿地動夢想吉凶入等遍身諸相者
是中唯有日月等相見故日等曜等
攝故入者入八業果故遍身諸相者
愛不愛果行故持戒行處等者是中

持戒行處禪定神通四無量心四無色定等如是次第破戒染貪欲染邪歸依染妄行功德染妄修解脫染如是次第說如經石性等論乃至呪藥等故作論經書伎樂戲笑歡娛等者憂惱障對治故國土城邑乃至藥草林樹等者此不喜樂障對治故金銀琉璃乃至諸寶性等者繫閉等障此對治故日月星宿乃至遍身諸相等者所得報分過作思因障此對治故持戒行處乃至无色定者五種染對治何者五種染破戒染乃至妄修解脫染故此起世間智具四種相一異障中无障故如經凡諸不惱衆生事故二與无過樂如經能利益安樂衆生事故三發起清淨如經憐愍衆生故出四所用清淨如經漸令信入無上佛法故

經曰諸佛子是菩薩住此菩薩難勝地已多見諸佛以大神通力大願力故見多百佛多千佛多百千佛多百千那由他佛多億佛多百億佛多千億佛多百千億佛多百千万億那由

他佛以大神通力大願力故是菩薩見諸佛時以上心深心供養恭敬尊重讃歎衣服飲食卧具湯藥一切供具悉以奉施以諸菩薩上妙樂具供養衆僧以此善根皆願迴向阿耨多羅三藐三菩提於諸佛所生上恭敬專心聽法聞已受持隨力修行於佛法中出家得出家已於諸佛所聽受經法而為法師說法利益得轉勝多聞陀羅尼成就法師是菩薩尒時住此菩薩難勝地中無量百劫彼諸善根轉勝明淨無量千劫无量百千劫无量百千那由他劫无量億劫无量百億劫無量千億劫无量百千億劫無量百千万億那由他劫彼諸善根轉勝明淨是菩薩成就如是教化衆生法諸佛子辟如本真金以車𤦲摩瑩光色轉勝明淨諸佛子菩薩住此菩薩難勝地中彼諸善根以方便智思量力故轉勝明淨彼智慧善根成就不退思量轉勝下地善根所不能及諸佛子辟如日月星宿諸天宮殿光輪圓滿成就不壞風不能動如是

諸佛子菩薩住此菩薩難勝地中彼諸善根以方便智思量力故成就不退一切聲聞辟支佛世間善根所不能及是菩薩十波羅蜜中禪波羅蜜增上餘波羅蜜非不修習隨力隨分諸佛子是名略說菩薩第五菩薩難勝地若菩薩住此地中多作兠率陁天王所作自在摧伏一切外道邪見能令衆生住實諦中所作善業布施愛語利益同事是諸福德皆不離念佛念法念僧念菩薩念菩薩行念波羅蜜念十地念不壞力念無畏念不共佛法乃至不離念一切種一切智智常生是心我當於一切衆生中為首為勝為大為妙為微妙為上為無上為導為將為師為尊乃至為一切智智依止者復從是念發精進行以精進力故於一念間得千億三昧見千億佛知千億佛神力能動千億佛世界能入千億佛世界能照千億佛世界能化千億佛世界衆生能住壽千億劫能知過去未來世各千億劫事能善入千億法門能變身為千億於

十地論卷第七　第二十張　玄字号

一一身能示千億菩薩以為眷屬若以願力自在勝上菩薩願力過於此數示種種神通或身或光明或神通或眼或境界或音聲或行或莊嚴或加或信或業是諸神通乃至無量百千万億那由他劫不可數知

論曰得轉勝多聞陁羅尼成就法師者非得義陁羅尼以平等清淨心甚難得故又樂出世間智現世間智家難故得聞持陁羅尼此地智光明真如事示現如經諸佛子辟如本真金乃至下地善根所不能及故日月光輪者依阿含增長智慧光明勝於前地智故如經諸佛子辟如日月星宿乃至世間善根所不能及故

十地論難勝地第五卷之七

十地論難勝地第五卷之七

校勘記

一　底本，金藏廣勝寺本。

一　七六五頁中一行經名，石、麗作「十地經論難勝地第五卷之(「之」石無)七」；資、磧、普、南、清、作「十地經論卷第七」；徑作「十地經名卷第七」。

一　七六五頁中三行與四行之間，資、磧、普、南、徑、清有品名「難勝地第五」。

一　七六五頁中一六行第一四字「思」，諸本無。

一　七六五頁中末行第一〇字及下一行第六字「論」，諸本作「說」。

一　七六五頁下一七行第二字「量」，諸本作「思量」。

一　七六五頁下一七行「菩薩分」，諸本作「菩提分」。

一　七六五頁下一八行第一三字「淨」，徑無。

一　七六五頁下末行第七字「心」，諸本無。

一　七六六頁下一四行「成利」，麗作「離」。

一　七六七頁下一行第四字「後」，資、磧、普、南、徑、清作「彼」。

一　七六七頁下六行「彼正」，磧、普、南、清無。

一　七六七頁下七行第三字「名」，麗無。

一　七六八頁上一五行第一二字「怨」，南、徑、清作「恶」。

一　七六八頁中四行第三字「彼」，麗無。

一　七六九頁上一七行首字「知」，資、磧、普、南、徑、清作「如」。

一　七六九頁中六行第一一字「妄」，資、磧、普、南、徑、清作「忘」。

一　七六九頁中一二行第一〇字「法」，徑無。

一　七七〇頁上一七行第五字「欲」，資、磧、普、南、徑、清、麗作「故」。

一　七七〇頁上一八行「自衆」，資、磧、普、南、徑、清作「自在」。

一　七七〇頁中五行「是等」，石、資、磧、普、南、徑、清作「是等事」；麗作「是事」。

一　七七一頁上二行第七字「第」，資、磧、普作「等」。

一　七七一頁下一七行首字「智」，資、磧、普、南、徑、清、麗無。

一　七七二頁上卷末經名，石、徑、清作「十地經論卷第七」；資作「十地經論難勝地卷第七」；磧、普、南作「十地經論卷第七」，並有夾註「難勝地竟」；麗作「十地經論難勝地第五卷之七」。

十地論現前地第六卷之八

天親菩薩造

後魏北印度三藏菩提流支譯

論曰如五地中三分差別勝慢對治不住道行勝及彼果勝第六地亦如是應知轉勝故云何勝第四地中巳說衆生我慢解法慢對治第五地中巳說身淨分別慢對治今第六地中說取染淨法分別慢對治以十平等法故

經曰尒時金剛藏菩薩言諸佛子若菩薩巳善具足第五地道欲入第六菩薩地當以十平等法得入第六地何等為十一者一切法无相平等故二者一切法無想平等故三者一切法無生平等故四一切法无成平等故五一切法寂靜平等故六一切法本淨平等故七一切法無戲論平等故八一切法無取捨平等故九一切法如幻夢影響水中月鏡中像焰化平等故十一切法有無不二平等故是菩薩如是觀一切法相除垢故隨順故無分別故得入第六菩薩現前地得明利順忍未得無生法忍

論曰取染淨法分別慢對治者謂十平等法是中一切法無相乃至一切有無不二平等者是十二入一切法自性無相平等故復次相分別對治有九種一十二入自相想如經一切法無想平等故二念展轉行相如經一切法無生平等故三生展轉行相如經一切法無成平等故四染相如經一切法寂靜平等故五淨相如經一切法本淨平等故六分別相如經一切法無戲論平等故七出沒相如經一切法无取捨平等故八我非有相如經一切法如幻夢影響水中月鏡中像焰化平等故九成壞相如經一切法有無不二平等故除垢者遠離障垢故隨順者隨順平等真如法无分別者不生分別想故明利者微細慢對治故前二地中麁中慢對治故得軟中忍順者隨順無生法忍故未得無生法忍者此忍順无生一忍非即無生忍故是名取染淨法分別慢

對治云何不住道行勝

經曰是菩薩如是觀一切法相隨順得至復以勝大悲為首故大悲增上故令大悲滿足故觀世間生滅故

論曰是菩薩如是觀一切法相隨順得至者得至不住道行勝故不住道行勝者不捨衆生過去現在未来大悲攝勝故一切所知法中智淨故一切種微細因緣集觀故不住世間涅槃故如經復以大悲為首乃至觀世間生滅故

經曰是菩薩觀世間生滅已作是念世間所有受身生處差别皆以貪著我故若離著我則無世間生處菩薩復作是念此諸凡夫愚癡所盲貪著於我无智闇障常求有无恒隨邪念妄行邪道集起妄行罪行福行不動行以是行故起心種子有漏有取想故起未来生老死身復生後有業為地无明覆蔽愛水為潤我心溉灌種種見網令得增長生名色芽生已增長名色增長已成諸根諸根成已迭互相對生觸觸相對生受受後所悕

生愛以有愛故生取取增長已生有有成已生五陰身五陰身增長已於五道中漸漸衰變名為老衰老變滅名為死死後生諸熱惱因熱惱故生一切憂悲苦惱聚是因緣集无有集者自然而集无有滅者自然而滅是菩薩如是隨順觀因緣集

論曰是中世間所有受身生處差别者五道中所有生死差别是名世間所有差别此因緣集有三種觀世間應知一成答相差别二第一義諦差别三世諦差别云何成差别初明唯因緣集釋無我義成一切世間所有受身生處皆以貪著我故若離著我則無世間生處即無我義成若第一義中實有我相者著我之心即是第一義智不應在世間受身生處生又復若第一義中實有我相者若離著我則應常生世間顯示此義如經世間所有受身生處差别皆以貪著我故若離著我則無世間生處故云何答差别若實無我云何著我此中應有是難即自答言愚癡所盲貪著於

我此示現如經菩薩復作是念此諸凡夫愚癡所盲貪者於我故如是實無有我有何次第貪著於我得有世間愛身生處成此示現如經無智闇障常求有無故如是答難差别是中無智有无者悕求常斷此示无明有愛是二有支根本故恒隨邪念忘行邪道集起妄行罪行福行不動行恒隨邪念者示無明因故妄行邪道者示於解脫處不正行故集起妄行者示菩薩勝義故菩薩雖行於有不名妄行以是行故起心種子有漏有取想乃至隨順觀因緣集是中起心種子者示生老死體性復生後有者隨順攝取成就罪福等行業為地故前說无智闇障無明覆蔽故常求有無愛水為潤故如是住如是生心我是我所我我想是慢我生不生如是等種種見網自然而滅者性自滅故非智緣滅如是答難因緣集釋無我義成已云何相差别若因緣無我以何想住因緣集行

經曰是菩薩復作是念不如實知諸

諦第一義故名為無明无明所作業果是名為行依行有初心識與識共生有四受陰名為名色名色增長有六入根塵識三事和合生有漏觸觸共生故有受受染著故名愛愛增長故名取從取起有漏業名有有業有果報名生生陰增長衰變名為老老已陰壞名為死死別離時愚人貪著心熱名為憂發聲啼哭名為悲五根相對名為苦意根相對名為憂憂苦轉多名為惱如是但有苦樹增長無有作者菩薩作是念若有作者則有作事若无作者則無作事第一義中无有作者无有作事

論曰是中無明所作業果者所謂名色於中識者彼依止故名色與識共生故識名色進牙相依故若無作者於中分別作事亦無此說因緣集有分自體無作事故是名有分次第因緣集觀應知云何第一義諦差別如是證第一義諦則得解脫彼觀故

經曰是菩薩作是念三界虛妄但是一心作

論曰但是一心作者一切三界唯心轉故云何世諦差別隨順觀世諦即入第一義諦此觀有六種一何者是染染依止觀二因　觀三攝過觀四護過觀五不猒猒觀六深觀是中染依止觀者因緣有分依止一心故

經曰如來所說十二因緣分皆依一心所以者何隨事貪欲共心生即是識事即是行行誑心故名無明无明共心生名名色名色增長名六入六入分名觸觸共生名受受已無猒足名愛愛攝不捨名取此有分和合生有有所起名生生變熟名老老壞名死

論曰此是二諦差別一心雜染和合因緣集觀因觀者有二種一他因觀二自因觀云何他因觀

經曰是中無明有二種作一者緣中癡令衆生惑二者與行作因行亦有二種作一者生未來世果報二者與識作因識亦有二種作一者能令有相續二者與名色作因名色亦有二種作一者互相助成二者與六入作

因六入亦有二種作一者能緣六塵二者與觸作因觸亦有二種作一者能觸所緣二者與受作因受亦有二種作一者覺增愛等事二者與愛作因愛亦有二種作一者於可染中生貪心二者與取作因取亦有二種作一者增長煩惱染縛二者與有作因有亦有二種作一者能於餘道中生二者與生作因生亦有二種作一者增長五陰二者與老作因老亦有二種作一者令諸根熟二者與死作因死亦有二種作一者壞五陰身二者以不見知故而令相續不絕

論曰是中壞五陰身以不見知而令相續不絕者壞五陰能作後生因以不見知故能作後生因是名他因觀云何自因觀無明等自生因觀緣事故何者是無明等因緣行不斷助成故

經曰是中無明緣行者无明因緣令行不斷助成行故行緣識者行因緣令識不斷助成識故識緣名色者識因緣令名色不斷助成名色故名色緣六入者名色因緣令六入不斷助

成六入故六入緣觸者六入因緣令觸不斷助成觸故觸緣受者觸因緣令受不斷助成受故受緣愛者受因緣令愛不斷助成愛故愛緣取者愛因緣令取不斷助成取故取緣有者取因緣令有不斷助成有故有緣生者有因緣令生不斷助成生故生緣老死者生因緣令老死不斷助成老死故無明滅故則行滅無明因緣无行滅不助成故行滅故則識滅行因緣无識滅不助成故識滅故則名色滅識因緣无名色滅不助成故名色滅故則六入滅名色因緣無六入滅不助成故六入滅故則觸滅六入因緣无觸滅不助成故觸滅故則受滅觸因緣無受滅不助成故受滅故則愛滅受因緣無愛滅不助成故愛滅故則取滅愛因緣無取滅不助成故取滅故則有滅取因緣无有滅不助成故有滅故則生滅有因緣无生滅不助成故生滅故則老死滅生因緣 無老死滅不助成故

論曰是中無明緣行无明因緣令行不斷助成行故者无明有二種一子時二果時是中子時者令行不斷有二種義故緣事示現如是餘因緣分自生因二種義緣事應知自因觀者不相捨離觀故離前支无後支觀故不離無明則成行觀若不離無明有行者不應言无明緣行若離无明有行成者異則不成是故偈言

衆緣所生法　是則不即因　亦復不異因
非斷亦非常

自生因緣觀如前說無明有二種一子時二果時行乃至老死亦如是先際後際滅中際亦无是故不說云何攝過觀所謂三道攝苦因苦果故

經曰是中無明愛取三分不斷是煩惱道行有二分不斷是業道餘因緣分不斷是苦道先際後際相續不斷故是三道不斷如是三道離我我所但有生滅故猶如束竹

論曰云何護過觀若言因緣生者分別有三種過一者一切身一時生過何以故無異因故二者自業无受報過何以故无作者故三者失業過何以故未受果業已滅故此三種過以見過去世等異因咎故受生報等差別故

經曰無明緣行者是見過去世事識名色六入觸受是見現在世事愛取有生老死是見未來世事於是見有三世轉無明滅故諸行滅名為斷因緣相續說

論曰無明緣行即是見過去世事者現在生是過去作故現在果即是當來即是見過去世因義識乃至受是見現在世事者過去世中隨所有業彼業得現在識等果報復能得未來果報愛取有是見未來世事者復有生一往定故於是見有三世轉者復有後世生轉故此說何義有三種義故過去業不得報或有未作或已作未得報或得對治斷故是中無明緣行是作示現行緣識乃至觸受此作已得報示現愛取有不斷此不得對治示現若斷愛取雖有作業則无明緣行不能生有是故諸業有已作未作有得果未得果有已斷未斷若如是

則無一切身一時生過若尒非一切業即當來受亦非不受亦非一時若自作業果報不失非他身受故若如是則無自業不受報過他不作故離彼三事業定得果不失若如是則無失業過是名護三種過示現云何不猒猒觀猒種種微苦分別所有受皆是苦故及猒種種麁苦故

經曰十二因緣分說名三苦是中無明行識名色六入名為行苦觸受名為苦苦餘因緣分名為壞苦無明滅故行滅乃至生滅故老死滅名為斷三苦相續說

論曰云何深觀

經曰無明因緣行生因緣能生行餘亦如是無明滅行滅行无餘亦如是無明因緣行是生縛說餘亦如是無明滅行滅是滅縛說餘亦如是無明因緣行是隨順有觀說餘亦如是无明滅行滅是隨順無所有盡觀說餘亦如是

論曰深觀者有四種一者有分非他作自因生故二者非自作緣生故如

經無明因緣行生因緣能生行餘亦如是無明滅行滅行无餘亦如是故三者非二作但隨順生故無知者故作時不住故如經無明因緣行是生縛說餘亦如是无明滅行滅是滅縛說餘亦如是故四者非無因作隨順有故如經無明因緣行是隨順有觀說餘亦如是無明滅行滅是隨順无所有盡觀說餘亦如是故若無因生生應常生非不生以無定因故亦可恒不生何以故無因生故此非佛法所樂若尒隨順有觀有因非無因故若無因不得言隨順有是名十種因緣集觀相諦差別觀已說

經曰是菩薩如是十種逆順觀因緣集法所謂因緣分次第故一心所攝故自業成故不相捨離故三道不斷故觀先後際故三苦集故因緣生故因緣生滅縛故隨順有盡觀故

論曰復有二種異觀一大悲隨順觀二一切相智分別觀大悲隨順觀者有四種一愚癡顛倒二餘處求解脫三異道求解脫四求異解脫云何愚

癡顛倒隨所著處愚癡及顛倒此事觀故以著我故一切處受生遠離我故則無有生云何愚癡无明闇故如經是菩薩觀世間生滅已作是念世間所有受身生處差別皆以貪著我故若離着我則无世間生處故愚癡所盲貪著於我如是顛倒及有相支中疑惑顛倒如經菩薩復作是念此諸凡夫愚癡所盲貪著於我無智闇障常求有無如是等故云何餘處求解脫是凡夫如是愚癡顛倒常應於阿梨耶識及阿陁那識中求解脫乃於餘處我我所中求解脫此對治如經是菩薩作是念三界虛妄但是一心作乃至老壞名死故云何異道求解脫於顛倒因中求解脫顛倒因有三種性因自在天因苦行因及無因不應如是求何以故因緣有支二種業能起因緣事故如經是中無明有二種作一者緣中癡令衆生惑二者與行作因如是等故自生因故如經是中無明緣行者無明因緣令行不斷助成行故如是等故煩惱業妄想因

故非樂因故如經是中無明愛取三分不斷是煩惱道如是等故先中際因故及中後際因故中際前後二際故如經是中無明因緣行者是見過去世事如是等故若无如是事則種種衆生亦無云何求異解脫真解脫者有四種相離一切苦相无為相遠離染相出世間相彼諸行苦事隨逐乃至無色有縛如經十二因緣分說名三苦無明行乃至六入名為行苦如是等故如是因緣生故如經是中無明因緣行因緣能生行餘亦如是等故如是復染生縛如經是中无明緣行是生縛說餘亦如是等故如是隨順有求無色有解脫如經无明因緣行隨順有觀說餘亦如是等故如是大悲隨順觀因緣集已說一切相智分別觀者是中有九種一染淨分別觀著我慢離我慢染淨故如經是菩薩觀世間生滅已作是念世間所有受身生處差别皆以貪著我故若離著我則無世間生處故二依止觀此因緣集依何等法如經是菩薩復作

是念不如實知諸諦第一義故名為無明如是等故三方便觀因緣有支二種業能起因緣事故如經是中无明有二種作一者緣中癡令衆生惑二者與行作因如是等故四因緣相觀有支無作故如經是中无明緣行無明因緣令行不斷助成行故如是等故五入諦觀三道苦集諦故如經是中無明愛取三分不斷是煩惱道行有二分不斷是業道餘因緣分不斷是苦道故六力無力信入依觀先中後際化勝故如經無明緣行者是見過去世事如是等故七增上慢非增上慢信入觀不如實知微苦我慢故如經是中無明行乃至六入名為行苦如是等故八無始觀中際因緣生故後際生隨順縛故如經無明因緣行因緣能生行餘亦如是無明因緣行是生縛說餘亦如是故九種種觀隨順有故欲色無色愛等如經无明因緣行隨順有觀說餘亦如是故如是不住道行勝已說次說彼果勝有五種相一得對治行勝及離障勝

二得修行勝三得三昧勝四得不壞心勝五得自在力勝云何得對治行勝謂三解脫門

經曰是菩薩如是十種觀因緣集已无我無壽命无衆生自性空離作者受者如是觀時空解脫門現前生是菩薩觀彼有支自性滅故常解脫現前見因緣處无少法相可生如是不見少法相故无相解脫門現前生是菩薩如是入空入無相不生願樂唯除大悲為首教化衆生如是无願解脫門現前生是菩薩修行是三解脫門離彼我相離作者受者相離有无相

論曰是中空解脫門有三種相說二見衆生無我二見法無我三彼二作无見無作者故如經是菩薩如是十種觀因緣集已無我无壽命无衆生自性空離作者受者如是觀時空解脫門現前生故見衆生无我者無我無壽命无衆生此句示現見法無我者自性空此句示現彼二作無者見衆生及法无作事等以無作者作事亦无不見作者故離作者受者此句

示現無相解脫門亦三種相說一滅障二得對治三念相不行如經是菩薩觀彼有支自性滅故常解脫現前見因緣處无少法相可生如是不見少法相故無相解脫門現前生是中滅障者觀彼有支自性滅故此句示現得對治者常解脫現前此句示現念相不行者見因緣處無少法相可生此句示現无願解脫門亦三種相說一依止二體三勝如經是菩薩如是入空入無相不生願樂唯除大悲為首教化衆生如是无願解脫門現前生故是中入空入無相是名依止以依止入空入無相故能成无願不生願樂不生願樂是名无願體大悲為首教化衆生者是名為勝聲聞亦有不生願樂无願體遠離大悲不樂教化衆生故滅障勝者離三種相故如經是菩薩修行是三解脫門離彼我相離作者受者相離有无相故如是次第於五地中遠離平等淨心故四地中遠離出沒等相此六地中遠離法平等故云何得修行勝

經曰是菩薩大悲轉增以重悲故勤行精進未滿助菩提分法欲令滿足菩薩作是念有為和合故行離和合故不行衆緣具故行不具故不行唯我知有為法多過不應具和合因緣亦不畢竟滅有為法為教化衆生故諸佛子菩薩如是知有為法多過離自性不生不滅自性觀是菩薩作如是觀已起大悲故不捨一切衆生故即時得無障导智門現前名般若波羅蜜行光明現前是菩薩成就如是般若波羅蜜行光明現前照已為滿助菩提分法因緣而不與有為法共住觀有為法性寂滅相亦不住其中欲具足無上菩提分法故

論曰得修行勝者有二種修行一發勇猛修行二起丈夫志修行發勇猛修行者知有為法多過遠離生業煩惱同縛作勝利益衆生如經是菩薩大悲轉增以重悲故勤行精進未滿助菩提分法欲令滿足菩薩作是念有為和合故行離和合故不行衆緣具故行不具故不行唯我知有為法

多過不應具和合因緣亦不畢竟滅有為法為教化衆生故起丈夫志修行者猒對觀見多過觀故滅對故自性同相無觀故如經諸佛子菩薩如是知有為法多過離自性不生不滅自性觀故修行勝者智及大悲勝隨順故依不住道行无障导智門現前般若波羅蜜行光明現前知有為法及涅槃平等證故彼不共住故彼助道行不滿故如經是菩薩作如是觀已起大悲故不捨一切衆生故即時得無障导智門現前名般若波羅蜜行光明現前是菩薩成就如是般若波羅蜜行光明現前照已為滿助菩提分法因緣而不與有為法共住觀有為法性寂滅相亦不住其中欲具足無上菩提分法故无障导智者謂如來智然此未成就名為光明現前云何得三昧勝有十空三昧門同為上首及彼眷屬故

經曰是菩薩住此菩薩現前地中得信空三昧性空三昧第一義空三昧第二空三昧大空三昧合空三昧

起空三昧如實不分別空三昧不捨空三昧得離不離空三昧是菩薩得如是等十空三昧門上首百千万空三昧門現在前如是十無相三昧門上首百千万無相三昧門現在前如是十無願三昧門上首百千万無願三昧門現在前

論曰此空三昧有四種差別一觀二不放逸三得增上四因事除第四三昧有五三昧是名為觀一觀衆生无我如經得信空三昧故二觀法无我如經性空三昧故三取彼空觀如經第一義空三昧故四依彼阿棃耶識觀如經大空三昧故五觀轉識如經合空三昧故不放逸者第四三昧分別善修行故修行无猒足故如經第一空三昧故得增上者第七三昧得增上功德如經起空三昧故因事者餘三種三昧智障淨因事如經如實不分別空三昧故教化衆生因事如經不捨空三昧故願取有因事如經得離不離空三昧故如是願取有遠離煩惱染而隨順諸有故名離不離

云何得不壞心勝

經曰是菩薩住菩薩現前地中復轉滿足不壞心決定心真心深心不退轉心不休息心淨心無邊心求智心滿足方便智行心

論曰不壞心者堅固不退故是不壞心有九種一信觀不壞如經決定心故二堪受調柔不壞如經真心故三於寄處不驚怖不壞如經深心故四自乘不動不壞如經不退轉心故五發精進不壞如經不休息心故六離嫉妬破戒垢不壞如經淨心故七廣利益衆生不壞如經无邊心故八求上勝解脫不壞如經求智心故九化衆生行不壞如經滿足方便智行心故云何得自在力勝

經曰是菩薩此諸菩薩心隨順成就趣向阿耨多羅三藐三菩提不退轉精進成一切外道異論不能動故隨順成入諸智地故遠離成轉聲聞辟支佛地故一向成決定趣佛智故不退成一切諸魔煩惱不能壞故堅住成善住菩薩智慧明故正住成善修

空無相无願法行故助正行成方便智觀故不捨行成集助菩提分法故是菩薩住菩薩現前地中般若波羅蜜行增上成就得第三利順忍隨順如實法無有違逆故

論曰是菩薩此諸菩薩心隨順成就趣向阿耨多羅三藐三菩提者得殺若波羅蜜行力勝能深入故是中力勝有九種一能降伏他力如經不退轉精進成一切外道異論不能動故二能斷疑力如經隨順成入諸智地故三自乘不動力如經遠離成轉聲聞辟支佛地故四寄處決定信力如經一向成決定趣佛智故五不散壞力如經不退成一切諸魔煩惱不能壞故六依煩惱障淨對治堅固力如經堅住成善住菩薩智慧明故七廣對治力如經正住成善修空无相無願法行故八化衆生力如經助正行成方便智觀故九智障淨力如經不捨行成集助菩提分法故是菩薩住菩薩現前地中般若波羅蜜行增上成就得第三利順忍隨順如實法無

有違逆是諸法者如上所說力勝所攝故

經曰諸佛子是菩薩住此菩薩現前地已多見諸佛以大神通力大願力故見多百佛多千佛多百千佛多百千那由他佛多億佛多百億佛多千億佛多百千億佛多百千万億那由他佛以大神通力大願力故是菩薩見諸佛時以上心深心供養恭敬尊重讚歎衣服飲食卧具湯藥一切供具悉以奉施以諸菩薩上妙樂具供養衆僧以此善根皆願迴向阿耨多羅三藐三菩提於諸佛所生上恭敬專心聽法聞已受持聞受持已得如實三昧智慧光明隨順修行行已憶持是菩薩智慧轉勝復得諸佛法藏是菩薩住此菩薩現前地中於無量百劫彼諸善根轉勝明淨无量千劫無量百千劫无量百千那由他劫无量億劫無量百億劫无量千億劫无量百千億劫无量百千億那由他劫彼諸善根轉勝明淨諸佛子辟如本真金以琉璃磨瑩光色轉勝明淨諸佛子菩薩如是住此菩薩現前地中彼諸善根方便智觀轉勝明淨轉轉寂滅成就不壞諸佛子辟如月光明輪照衆生身令得清涼四種風吹所不能壞諸佛子菩薩如是住此菩薩現前地中彼諸善根能滅無量百千万億那由他衆生煩惱之火四種魔道所不能壞是菩薩十波羅蜜中般若波羅蜜增上餘波羅蜜非不修習隨力隨分諸佛子是名略說菩薩第六菩薩現前地若菩薩住此地中多作化樂天王所作自在善巧滅除衆生我慢善轉衆生我慢法心所作善業布施愛語利益同事是諸福德皆不離念佛念法念僧念菩薩念菩薩行念波羅蜜念十地念不壞力念無畏念不共佛法乃至不離念一切種一切智智常生是心我當於一切衆生中為首為勝為大為妙為微妙為上為無上為道為將為師為尊乃至為一切智智依止者復從是念發精進行以精進力故於一念間得百千億三昧見百千億佛知百千億佛神力能動百千億佛世界能入百千億佛世界能照百千億佛世界能教化百千億佛世界衆生能住壽百千億劫能知過去未來世各百千億劫事能善入百千億法門能變身為百千億於一一身能示百千億菩薩以為眷屬若以願力自在勝上菩薩願力過於此數示種種神通或身或光明或神通或眼或境界或音聲或行或莊嚴或加或信或業是諸神通乃至無量百千万億那由他劫不可數知

論曰聞受持已得如實三昧智慧光明隨順修行者得義陀羅尼此句示現因彼事故說依勝三昧得奢摩他毗婆舍那光明勝行行已憶持者能持彼行故是菩薩智慧轉勝乃至彼諸善根轉勝明淨者解脫彼障證彼義故琉璃磨瑩真金喻者此地中出世間智增上光明轉勝示現如經諸佛子辟如本真金以琉璃磨瑩光色轉勝明淨乃至以方便智觀轉勝明淨故以無障导智現前般若波羅蜜行光明現前故名為現前地方便智

觀者不住道行所攝明智故月光明輪喻者勝前地智示現輪小光明大如經諸佛子辟如月光明輪乃至四種魔道所不能壞故魔道者隨順魔事魔行故餘如前釋

十地論卷第八　第二十七張　宗

十地論現前地第六卷之八

十地論現前地第六卷之八

校勘記

一　底本，金藏廣勝寺本。

一　七七四頁中一行經名，石、麗作「十地論現前地第六卷之八」；(「十地經論現前地第六卷之八」；)「之」石無。)資、磧、普、南、徑、清作「十地經論卷第八」。

一　七七四頁中三行與四行之間，資、磧、普、南、徑、清有品名「現前地第六」。

一　七七四頁下五行第七字「者」，磧、南、徑、清作「故」。

一　七七四頁下一八行第一三字「法」，諸本作「法故」。

一　七七四頁下一九行第八字及次頁下二一行第一三字「想」，資、磧、普、南、徑、清、麗作「相」。

一　七七五頁中一〇行「世間」，諸本作「門」。

一　七七五頁下二行首字「夫」，石作「大」。

一　七七五頁下三行首字「有」，資、磧、普、南、徑、清無。

一　七七五頁下七行「忘行」，諸本作「妄行」。

一　七七五頁下一八行首字「我」，資、磧、普、南、徑、清無。

一　七七五頁下一九行「性自」，資、磧、普、南、徑、清作「自性」。

一　七七六頁上九行第九字「尖」，諸本作「哭」。

一　七七六頁上一一行第一〇字「樹」，資、磧、普、南、徑、清作「對」。

一　七七六頁中五行第九字「深」，資、磧、普、南、徑、清作「染」。

一　七七六頁下四行「增愛」，麗作「憎愛」。

一　七七六頁下一一行第四字「令」，清作「念」。

一　七七六頁下一七行第九字「自」，資、磧、普、南、徑、清作「自因」。

一　七七七頁下一五行第三字「住」，資、磧、普、南、徑、清、麗作「往」。

一　七七八頁下二〇行第一一字「惑」，資、磧、普、南、徑、清作「成」。

一　七七九頁中二〇行第四字「有」，資、磧、普、南、徑、清作「有觀」。

一　七七九頁下一四行末字及次頁下末行第三字「二」，諸本作「一」。

一　七八〇頁上二一行第一一字「染」，麗作「深」。

一　七八〇頁中一九行第二字「同」，資、磧、普、南、徑、清作「因」。

一　七八一頁中一四行第四字「脫」，資、磧、普、南、徑、清無。

一　七八一頁中一四行第九字「求」，資、磧、普、南、徑、清作「如求」。

一　七八二頁上一八行「善根」，南作「善提」。

一　七八二頁中一〇行「菩薩」，資、磧、普、南、徑、清作「諸菩薩」。

一　七八二頁下一八行第一一字「此」，資、磧、普、南、徑、清作「於此」。

一　七八三頁上五行末字「釋」，資、磧、普、南、徑、清作「說」。

一　七八三頁上卷末經名，石、普、徑、清作「十地經論卷第八」；資作「十地經論現前地卷第八」；磧、南作「十地經論卷第八」，並有夾註「現前地竟」；麗作「十地經論現前地第六卷之八」。

十地論遠行地第七卷之九

天親菩薩造

後魏北印度三藏菩提流支譯

論曰第七地中有五種相差別一樂无作行對治差別二彼障對治差別三雙行差別四前上地勝差別五彼果差別云何樂無作行對治

經曰尒時金剛藏菩薩言諸佛子若菩薩善具足六地行已欲入第七菩薩地者是菩薩當以十種方便智發起殊勝行入何等為十所謂善修空無相无願而集大功德助道入諸法无我無壽命无衆生而不捨起四無量起功德法作增上波羅蜜行而無法可取得遠離三界而能應化起莊嚴三界行畢竟寂滅諸煩惱焰而能為一切衆生起滅貪瞋癡煩惱焰行隨順幻夢影響化水中月鏡中像自性不二而起作業无量差別心善知一切國土道如虛空而起莊嚴淨佛國土行知諸佛法身自性无身而起色身相好莊嚴行知諸佛音聲无聲本来寂滅不可說相而隨一切衆生起種種差別莊嚴音聲行入諸佛於一念頃通達三世事而能分別種種相劫數脩行隨一切衆生心差別觀故諸佛子是菩薩如是十種方便智發起殊勝行具足六地行已得入第七菩薩地諸佛子是菩薩此十種方便智發起殊勝行現前行名入第七菩薩地

論曰樂無作行對治者方便智發起十種殊勝行如經諸佛子若菩薩善具足六地行已欲入第七菩薩地者是菩薩當以十種方便智發起殊勝行入彼菩薩無障导智現前般若波羅蜜行現前時即於无作行中生樂心非起增上行彼樂對治此十種法差別示現方便智者不捨衆生法无我智對治攝取增上行發起殊勝行此勝行於出世間及世間增上行更无勝者有四種功德故一財及身勝因事隨所須隨意取得財及身勝因功德集故如經所謂善修空无相無願而集大功德　助道故二護惡行因事

如是得勝无量修行於一切衆生中不起妄行故如經入諸法無我無壽命无衆生而不捨起四无量故三護善根因事得彼勝因增上故功德法增上法彼以波羅蜜行故如經起功德法作增上波羅蜜行而無法可取故四攝衆生因事於中有七種門一願力取生作上首教化餘衆生故上首者衆生隨逐故如經得遠離三界而能應化起莊嚴三界行故二說對治滅故如經畢竟寂滅諸煩惱焰而能故為滅煩惱染及隨煩惱使常自寂為一切衆生起滅貪瞋癡煩惱焰行故三為滅諸障故障有四種如五地中說如經隨順幻夢影響化水中月鏡中像自性不二而起作業無量差剎心故四於大法衆會集故如經善知一切國土道如虛空而起莊嚴淨佛國土行故五見聞親近供養修行生福德故如經知諸佛法身自性无身而起色身相好莊嚴行故六轉法輪故如經知諸佛音聲無聲本來寂滅不可說相而隨一切衆生起種種

差別莊嚴音聲行故七隨問善釋故如經入諸佛於一念頃通達三世事而能分別種種相劫數修行隨一切衆生心差別觀故此十種發起殊勝行共對攝取對治攝取善修行空無相无願等入一切法无我無壽命无衆生等如是次第應知此十種法現前得住第七地如經諸佛子是菩薩此十種方便智發起殊勝行現前行名入第七菩薩地故如是樂無作行對治差別七地已說次說彼障對治有二種相一修行無量種二修行無功用行

經曰是菩薩住第七菩薩地中入无量衆生界入諸佛無量教化衆生業入无量世界網入諸佛无量清淨國土入无量諸法差別入无量諸佛智得無上道入無量劫數入無量諸佛通達三世事入无量衆生信樂勝事差別入无量諸佛名色身種種示現入無量衆生心行根信種種差別入无量諸佛音聲語言令衆生歡喜入無量衆生心心所行種種差別入无量諸佛隨智慧行入乘無量聲聞乘

信解入諸佛無量說道令衆生信解入无量辟支佛乘集成入諸佛无量深智慧門入所說入諸菩薩无量所行道入諸佛无量所說大乘集成事令菩薩得入

論曰願行无量種者隨所作利益何等衆生衆生住何處以何等智慧以何等心以何等行置何等乘以此差別有十種修行是中隨所作利益何等衆生者於無量衆生以無量業教化故如經是菩薩住第七菩薩地中入无量衆生界入諸佛无量教化衆生業故衆生住何處者於无量世界中令依清淨佛國土故如經入无量世界網入諸佛无量清淨國土故以何等智慧者无量種種法界智慧覺故如經入无量諸法差別入无量諸佛智得無上道故无量劫數通達三世亦入智慧覺如經入无量劫數入无量諸佛通達三世事故以何等心者有三種事一有衆生信種種天身心隨同行隨彼信說故如經入无量衆生信樂勝事差別入无量諸佛名

色身種種示現故二知過去心習軟中利根如應說法如經入無量衆生心行根信種種差別入无量諸佛音聲語言令衆生歡喜故三以何等行者隨衆生心說對治故如經入无量衆生心心所行種種差別入无量諸佛隨智慧行故置何等乘者於三乘中置聲聞乘中者如經入乘無量聲聞乘信解入諸佛无量說道令衆生信解故置辟支佛乘中者如經入无量辟支佛乘集成入諸佛无量深智慧門入所說故置大乘中者如經入諸菩薩無量所行道入諸佛无量所說大乘集成事令菩薩得入故如是彼障對治無量種差別修行十種已說

次說修行無功用行

經曰是菩薩作如是念是諸佛世尊有无量無邊境界是境界不可以若干百億劫千億劫百千億劫乃至復過此數無量百千万億那由他劫不可筭數如是諸佛境界我皆應集自然不以分別得成以不分別不取相故成是菩薩如是善觀智通日夜常修

方便智熏發起殊勝行善住堅固以不動法故

論曰是中自然者自性勝无分別故如經自然不以分別得成以不分別不取相故成此句示現是菩薩如是善觀智通日夜常修方便智熏發起殊勝行善住堅固以不動法故者彼障對治故如是彼障對治差別此地已說次說雙行分有四種相一二行雙無間二信勝三能作大義四菩提分差別

經曰是菩薩起於道時一念心不捨是菩薩修行智慧來時亦起去時亦起住時亦起坐時亦起卧時亦起乃至睡夢皆能起道離諸陰蓋住諸威儀常不離如是相念是菩薩於念念中具足菩薩十波羅蜜何以故如是菩薩起一切心於念念中以大悲為首修習一切佛法皆迴向如來智故是菩薩求佛道時所修善根捨與一切衆生是檀波羅蜜能滅一切煩惱熱是尸波羅蜜慈悲為首能忍一切衆生是羼提波羅蜜求轉勝善根心

无猒足是毗梨耶波羅蜜所修諸行心不馳散常向一切智是禪波羅蜜現忍諸法自性不生是般若波羅蜜能起無量智門是方便波羅蜜期上上勝智是願波羅蜜一切外道邪論及諸魔衆不能沮壞菩薩道是力波羅蜜如實觀知一切法相是智波羅蜜如是諸佛子是菩薩住此菩薩遠行地中念念具足十波羅蜜亦具足四攝法亦具足四家三十七助菩提分法三解脫門略說乃至一切助菩提分法於念念中皆悉具足

論曰是中一念中奢摩他毗婆舍那二行雙現前故住諸威儀者一切行中彼修行時無間不斷不息行故如經是菩薩起於道時一念心不捨乃至住諸威儀故遠離一切煩惱盖故信勝者彼無量智中殊異義莊嚴相現前專念故如經常不離如是相念故能作大義者念念具足十波羅蜜大義故如經是菩薩於念念中具足菩薩十波羅蜜乃至智波羅蜜故是中方便波羅蜜者起无量智事以是

智故起布施等无量行願力攝故願波羅蜜者起上上智以是智故起布施等上上行生攝取勝故力波羅蜜者一切異論及諸魔衆不能壞行以是行故遠離布施等障故智波羅蜜者如實觀知一切法相以是智故布施等一切種差別知為化衆生故菩薩分差別者有四種相一依大乘行波羅蜜故如經如是諸佛子是菩薩住此菩薩遠行地中念念具足十波羅蜜故二依教化衆生行四攝法故如經亦具足四攝法故三依煩惱障增上淨故案菩提分解脫門者何處住以何等門修行得清淨如經亦具足四家三十七助菩提分法三解脫門故家者般若家諦家捨煩惱家苦清淨家故四依智障清淨如經略說一切助菩提分法於念念中皆悉具足故如是雙行差別已說次說前上地勝差別下地增上方便行滿足故七地中說

經曰尒時解脫月菩薩問金剛藏菩薩言佛子菩薩但於第七菩薩地中

具足一切助菩提分法為當一切菩薩諸地中亦皆具足金剛藏菩薩言佛子菩薩於十菩薩地中悉具足一切助菩提分法但第七地勝故得名何以故佛子是菩薩此菩薩地中方便行具足得入智慧神通行故佛子菩薩於初地中發願觀一切佛法故具足助菩提分法第二地中除心悪垢故具足助菩提分法第三地中願轉增長得法明故具足助菩提分法第四地中入道故具足助菩提分法第五地中隨順行世間法故具足助菩提分法第六地中入甚深法門故具足助菩提分法此第七菩薩地中起一切佛法故具足一切助菩提分法

論曰云何下地增上方便行滿足以滿足故入大智通行如經金剛藏菩薩言佛子菩薩於十菩薩地中悉具足一切菩提分法但第七地勝故得名何以故佛子是菩薩此菩薩地中方便行具足得入智慧神通行故是中通者五神通智者如前說云何此地中方便行滿足彼餘世間出世間

行中更起殊勝行是故此七地中起一切佛法故能具足助菩提分法如經佛子菩薩於初地中發願觀一切佛法故具足助菩提分法乃至此第十菩薩地中起一切佛法故具足一切助菩提分法故如是前上地勝差別下地增上方便行滿足已說云何上地增上修智慧方便菩提分功用行滿足故

經曰何以故佛子菩薩從初地來乃至七地得諸智慧所行道以是力故從第八菩薩地乃至第十地無功用行自然滿足佛子辟如二世界一染淨世界二純淨世界是二中間難可得過欲過此界當以大神通力佛子菩薩如是行於染淨菩薩道難可得過當以大願力大方便智力大神通力故乃可得過解脫月菩薩言佛子七菩薩地為是染行為是淨行金剛藏菩薩言佛子從初地来菩薩所行皆離煩惱染業何以故迴向阿耨多羅三藐三菩提故隨道所行如分平等故不名為過七地煩惱行佛子辟

如轉輪聖王乘上寶為遊四天下知有貧窮困苦染過之人而不為彼過所染然王未免人身若捨人身生於梵世住梵天宮見行千世界示梵王光明威力尒時不名為人佛子菩薩亦如是從初地來乘諸波羅蜜乘行一切世間亦知世間煩惱染過而不為煩惱過之所染以乘正道故而不名為過七地煩惱染若菩薩捨一切功用行從七地入第八地尒時名為乘菩薩清淨乘行一切世間如實知一切煩惱染過而不為煩惱過之所染以得過故佛子菩薩住是第七菩薩地過多貪欲等諸煩惱衆是菩薩住此菩薩遠行地中不名有煩惱者不名無煩惱者何以故一切煩惱不行故不名有煩惱者貪求如来智慧未滿足故不名無煩惱者

論曰云何上地增上智慧方便行菩提分功用滿足故如經何以故佛子菩薩從初地来乃至七地得諸智慧所行道乃至當以大願力大方便智力大神通力乃可得過故從初地来

遠離一切煩惱示現如是此地名為染淨非染行如分行平等道故彼菩薩此地中隨力分捨功用道如轉輪王辟第八地中自然得報行過煩惱染過示現如生梵世捨轉輪王人身如經諸佛子辟如轉輪聖王乃至不為煩惱過之所染以得過故佛子菩薩住是第七菩薩地過多貪欲等諸煩惱衆者未至報地故是故此地不名離煩惱行有功故菩薩住此遠行地中不名有煩惱者乃至未滿足故不名無煩惱者如是前上地勝差別分已說次說雙行果差別此有四種相一業清淨二得勝三昧三過地四得勝行云何業清淨

經曰是菩薩住此第七菩薩遠行地中畢竟成就深淨身業畢竟成就深淨口業畢竟成就深淨意業是菩薩所有不善業道諸佛所呵皆已捨離所有善業道諸佛所歎是則常行世間所有經書伎術如五地中說自然而行是菩薩於三千大千世界中得為大師唯除諸佛及八地菩薩无有

衆生深心妙行能與等者是菩薩所有禪定三昧三摩跋提神通解脫一切現前修行門中非善成就勢力如第八菩薩地是菩薩住此第七菩薩遠行地於念念中具足修集方便智力及一切助菩提分法得轉勝具足

論曰業清淨者有四種相一戒淨勝如經是菩薩住此第七菩薩遠行地中畢竟成就深淨身業乃至是則常行故二世間智清淨勝如經世間所有經書伎術乃至自然而行故三得自身勝心行二平等无與等者如經是菩薩於三千大千世界中乃至深心妙行無與等者故四得勝力禪等現前勝如經是菩薩所有禪定三昧乃至得轉勝具足故是中依禪起三昧三摩跋提神通解脫為教化衆生故寂滅樂行故滅定三摩拔提如是次第如是雙行果業清淨四種相已說次說得勝三昧

經曰是菩薩住此第七菩薩遠行地中入名善擇智菩薩三昧善思義三昧益意三昧分別義藏三昧擇一切

義三昧善住堅根三昧智神通門三昧法界業三昧如来利益三昧入名種種義藏世間涅槃門菩薩三昧善薩如是大智通門滿足上首十三昧能入百千菩薩三昧門淨治此地

論曰得勝三昧者有十種相一依未觀義二依已觀義如經是菩薩住此第七菩薩遠行地中入名善擇智菩薩三昧故善思義三昧故三依一句无量義勝四依一義說無量名如經益意三昧故分別義藏三昧故五依通一切五明處智如經擇一切義三昧故六依煩惱障淨真如觀堅根故如經善住堅根三昧故七依智障淨有四種障淨故一勝功德障此對治如經智神通門三昧故二无障㝵智障此對治如經法界業三昧故三於深上佛法怯弱障此對治如經如来利益三昧故四不住行障此對治如經入名種種義藏世間涅槃門菩薩三昧故種種義藏者種種善根故如是大智通門滿足上首十三昧能入百千万菩薩三昧門淨治此地故已

說得勝三昧次說過地

經曰是菩薩得三昧智慧方便善清淨故得大悲力故過聲聞辟支佛地現前思量趣智慧地

論曰過聲聞辟支佛地者有二種相一修行方便智力二大悲力故現前者能入法流水思量智慧地者八地智慧應知但觀奢摩他毗婆舍那道彼處成就故復次過者業勝故示現

經曰是菩薩住此第七菩薩遠行地中無量身業無相行无量口業无相行无量意業无相行是菩薩善清淨行故得無生法忍光明解脫月菩薩言佛子菩薩住菩薩初地有无量身業無量口業无量意業已過一切聲聞辟支佛行成金剛藏菩薩言佛子觀大法故過非過自智行力此第七菩薩地得自智行力觀故一切聲聞辟支佛所不能壞佛子辟如王子生在王家具足王相勝一切臣衆以豪尊力故非自智行力故若身長大自具智力所作事成過一切臣衆如是佛子菩薩初發心時已勝一切聲聞

辟支佛以深心大故今住此第七菩薩地中自智行住故過一切聲聞辟支佛事

論曰無量三業无相行者入定遠離相是無量聲聞緣覺亦有淨業遠離相非無量相不能利益一切衆生故復次此無量勝餘下地事故善清淨行者修方便行滿足故無生法忍光明者相現前故王子喻者此地中勝過示現修方便行滿足故自智行住者方便行盡念觀住故如經佛子辟如王子生在王家乃至自智行住故過一切聲聞辟支佛事故无量身等勝業已說非但多无量神力亦無量示勝義故

經曰諸佛子是菩薩住此第七菩薩遠行地得甚深遠離無行身口意業轉求勝行而不捨離

論曰甚深者遠入故遠離者彼障滅故無行者彼餘出世間世間地不能行故身口意業轉求勝行而不捨離者聲聞辟支佛雖離彼相業不如是得少為足不求上行故如是雙行果

過二乘地已說云何得勝行
經曰解脫月菩薩言佛子菩薩從何地來能入寂滅定金剛藏菩薩言佛子菩薩從第六地來能入寂滅定今住第七菩薩地於念念中能入寂滅定而不證寂滅定是菩薩畢竟成就不可思議身口意業佛子是諸菩薩行實際行而不證寂滅定佛子辟如有人乘大船舫入於大海善知行船善知水相不為大海水難所害如是佛子菩薩住此第七菩薩地中乘諸波羅蜜船行實際行而不證寂滅定
論曰行實際行而不證寂滅定以不捨有故如經金剛藏菩薩言佛子菩薩摩訶薩從第六地來能入寂滅定乃至而不證寂滅定故如是三摩跋提勝行已說次說發起勝行
經曰菩薩如是通達三昧智力修行起大方便智力故現身世間門深心涅槃雖眷屬圍遶而心常遠離以願力受生三界而不為世間所染心常寂滅以方便力而還熾然雖然不燒隨順佛智轉聲聞辟支佛地通達諸

佛境界藏現魔境界過四魔道現行魔境界故現諸外道行而深心不捨佛濟通達一切世間事心常在出世間道法所有莊嚴之事勝諸天龍夜叉乾闥婆阿修羅迦樓羅緊那羅摩睺羅伽人非人四天王釋提桓因梵天王而不捨樂法念
論曰發起勝行者有八種行共對治攝一起功德行隨順世間門如經菩薩如是通達三昧智力修行起大方便智力故現身世間門深心涅槃故二上首攝餘行如經雖眷屬圍遶而心常遠離故三願取有行如經以願力受生三界而不為世間所染故四家不斷行遠離貪欲隨煩惱使而示貪欲行事如經心常寂滅以方便力而還熾然雖然不燒故五入行如經隨順佛智轉聲聞辟支佛地故六資生行飲食睡夢等魔境界故如經通達諸佛境界藏現魔境界故七退行示老病死此三魔境界故如經過四魔道現行魔境界故八轉行有三種轉一見貪轉如經現諸外道行而深

心不捨佛濟故二障㝵轉如經通達一切世間事而心常在出世間道法故三貪轉天龍等尊重心攝取轉彼貪心故如經所有莊嚴之事勝諸天龍乃至而不捨樂法念故
經曰菩薩成就如是智慧住此菩薩遠行地已多見諸佛以大神通力大願力故見多百佛多千佛多百千佛多百千那由他佛多億佛多百億佛多千億佛多百千億佛多百千億那由他佛以大神通力大願力故是菩薩見諸佛時以上心深心供養恭敬尊重讚歎衣服飲食卧具湯藥一切供具悉以奉施以諸菩薩上妙樂具供養衆僧以此善根皆願迴向阿耨多羅三藐三菩提於諸佛所生上恭敬專心聽法聞已受持聞受持已得如實三昧智慧光明隨順修行行已憶持守護諸佛正法一切聲聞辟支佛智慧問難所不能壞是菩薩復能利益衆生故法忍轉淨是菩薩住此菩薩遠行地中於无量劫彼諸善根轉勝明淨調柔成就復轉盡成就无

量百劫无量千劫無量百千劫无量百千那由他劫无量億劫無量百億劫無量千億劫无量百千億劫無量百千億那由他劫彼諸善根轉勝明淨調柔成就復轉盡成就佛子辟如本真金以一切衆寶具足莊嚴光色轉勝明淨餘莊嚴具所不能及如是佛子菩薩住此第七菩薩遠行地中彼諸善根從方便智起轉勝明淨一切聲聞辟支佛所不能壞佛子辟如日光一切星宿月光所不能壞閻浮提內所有泥水悉能乾竭如是佛子菩薩住此第七菩薩遠行地中彼諸善根一切聲聞辟支佛所不能壞又能乾竭一切衆生煩惱淤泥是菩薩十波羅蜜中方便波羅蜜增上餘波羅蜜非不修習隨力隨分諸佛子是名略說菩薩第七菩薩遠行地若菩薩住此地中多作他化自在天王所作自在善令衆生發生正智亦令衆生渡煩惱海所作善業布施愛語利益同事是諸福德皆不離念佛念法念僧念菩薩念菩薩行念波羅蜜念十地念不壞力念无畏念不共佛法乃至不離念一切種一切智智常生是心我當於一切衆生中為首為勝為大為妙為微妙為上為无上為導為將為師為尊乃至為一切智智依止者復作是念發精進行以精進力故於一念間得百千億那由他三昧見百千億那由他佛知百千億那由他佛神力能動百千億那由他佛世界能入百千億那由他佛世界能照百千億那由他佛世界能化百千億那由他佛世界衆生能住壽百千億那由他劫能知過去未來世各百千億那由他劫事能善入百千億那由他法門能變身為百千億那由他於一一身能示百千億那由他菩薩以為眷屬若以願力自在勝上菩薩願力過於此數示種種神通或身或光明或神通或眼或境界或音聲或行或莊嚴或加或信或業是諸神通乃至无量百千万億那由他劫不可數知

論曰守護諸佛正法者於三千大千世界中得為大師故修方便行滿足故彼守護上首故利益衆生故法忍轉顯此地釋名應知如經是菩薩復能利益衆生故法忍轉淨故修行功用盡至故名為遠行地一切衆寶具足莊嚴真金喻者示現一切菩提分法方便行功用滿足故此地中諸善根轉勝明淨示現如經辟如本真金乃至一切聲聞辟支佛所不能壞故日光喻者如前地說此地勝故如經佛子辟如日光乃至又能乾竭一切衆生煩惱淤泥故餘如前說

十地論遠行地第七卷之九

十地論遠行地第七卷之九

校勘記

一　底本，金藏廣勝寺本。

一　七八五頁中一行經名，石、麗作「十地經論遠行地第七卷之（之石無）九」；資、磧、普、南、徑、清作「十地經論卷第九」。

一 七八五頁中三行與四行之間，資、磧、普、南、徑、清有品名「遠行地第七」一行。

一 七八五頁中七行末字「治」，資、磧、普、南、徑、清作「治差別」。

一 七八五頁中一四行第二字「起」，資、磧、普、南、徑、清作「趣」。

一 七八五頁下二一行第五字「隨」，麗無。

一 七八六頁上五行「法彼」，諸本作「行」。

一 七八六頁上九行「遠離」，麗作「設離」。

一 七八六頁上九行末字「而」，資、磧、普、南、徑、清作「乃」。

一 七八六頁中一行第一〇字「隨」，石、資、磧、普、南、徑、清作「所」；麗作「隨所」。

一 七八六頁中一八行「信樂」，石作「信解」。

一 七八六頁下六行「願行」，諸本作「修行」。

一 七八七頁中一一行首字「分」，資、磧、普、南、徑、清作「分法」。

一 七八八頁上八行首字「薩」，諸本作「提」。

一 七八八頁中二二行第三字「者」，徑、清作「有」。

一 七八八頁下五行首字「十」，資、磧、普、南、徑、清、麗作「七」。

一 七八八頁下八行第五字「修」，諸本作「修行」。

一 七八九頁上七行第六字「知」，資、磧、普、南作「如」。

一 七八九頁下三行「勢力」，資、磧、普、南、徑、清、麗作「報力」。

一 七八九頁下二二行第五字「擇」，磧、普作「釋」。

一 七九〇頁上一八行第五字「怯」，麗作「性」。

一 七九〇頁中二行「三昧」，諸本作「是三昧」。

一 七九〇頁中一七行第七字「過」，石、麗作「是」。

一 七九一頁上五行首字「住」，石、資、磧、普、南、徑、清作「住此」。

一 七九一頁中二行第四字「故」，資、磧、普、南、徑、清、麗無。

一 七九一頁中八行第五字「勝」，資、磧、普、南、徑、清、麗作「殊勝」。

一 七九二頁中六行第三字「復」，資、磧、普、南、徑、清無。

一 七九二頁中一五行第一二字「他」，資、磧、普、南、徑、清作「他身」。

一 七九二頁下五行末字「法」，資、磧、普、南、徑、清作「別」。

一 七九二頁下末行經名，石、徑、清作「十地經論卷第九」；資作「十地經論遠行地卷第九」；磧、普、南作「十地經論卷第九」，並有夾註「遠行地竟」；麗作「十地經論遠行地第七卷之九」。

十地論不動地第八卷之十　計主甫　空

天親菩薩造

後魏北印度三藏菩提流支譯

論曰第八地中有七種相差別一楤明方便作集地分二得淨忍分三得勝行分四淨佛國土分五得自在分六大勝分七釋名分云何楤明方便作集地分

經曰尒時金剛藏菩薩言諸佛子若菩薩於七地中善集慧方便善清淨諸行善集助道法善起大願力善加如来力加自善根力得力故常念隨順如来力無畏不共佛法故善淨深心覺故成就福德智力故大慈悲等不捨一切衆生行故通達無量智道故

論曰楤明方便作集地分者七地楤故同相及別相云何同相同相有三種一者二種无我上上證故二者不住道清淨故三者彼方便智行所攝滿足助菩提分法故如經諸佛子若菩薩於七地中善集慧方便故善清淨諸行故善集助道法故云何別相

善起大願力等初地等諸地如經善起大願力故第二地中是故我應等行十善業道修行一切種令清淨具足彼處如来力故如經善加如来力加故第三地中猒得不退禪定等自善根力得通達故如經自善根力得力故第四地中所說法分別智教化智障淨勝念通達佛法如經常念隨順如来力無畏不共佛法故第五地中深淨心平等善淨深心等如經善淨深心覺故第六地中大悲自在為首增上觀因緣集成就福德智力如經成就福德智力故第七地中方便智慧發起殊勝道不捨一切衆生行如經大慈悲等不捨一切衆生行故以無量衆生界故入无量智道如經通達无量智道故如是第八地楤明方便作集地分巳說云何得淨忍分得無生法忍故彼清淨自然无功用行應知

經曰入一切法本来無生无成無相无出不失無盡不行非有有性初中後平等真如无分別入一切智智是

菩薩遠離一切心意識憶想分別無所貪著如虛空平等入一切法如虛空性是名得無生法忍

論曰復次彼忍於四種無生中應知四種無生一者事無生二自性無生三數差別無生四作業差別無生是中事無生者實有七種事一淨分法中本有實此對治如經入一切法本來無生故二新新生實此對治如經无成故三者相實此對治如經無相故四後際實此對治如經無出故五先際實染分中煩惱障故此對治如經不失故六盡實諸衆生此對治如經无盡故七雜染實淨分中此對治如經不行故自性無生者是法無我彼法無我自體無性故如經非有有性故彼觀事故是此忍不得言無所有觀法無我無二相故數差別無生者於三時中染淨法不增減故如經初中後平等故作業差別無生者於真如中淨無分別佛智故如經真如無分別入一切智智故如是無生法忍觀示現次示現行遠離報分別境

界想攝受分別性想故如經是菩薩遠離一切心意識憶想分別故想者遠離障法想非無治法想彼治想於下地中有三種勝事一無功用自然行如經無所貪著故二遍一切法相如經如虛空平等故三入真如不動自然行故如經入一切法如虛空性是名得無生法忍故如是八地得淨忍分已說次說得勝行分

經曰又佛子如是成就決忍菩薩即時得是第八菩薩不動地得為深行菩薩難可得知無能分別離一切相離一切想一切貪著無量无邊一切聲聞辟支佛所不能壞寂靜一切寂靜而現在前佛子辟如比丘得具足神通心得自在次第入滅盡定一切動心憶想分別皆悉盡滅佛子菩薩亦如是住是第八菩薩不動地即離一切有功用行及諸憶念得無功用法離身口意務住報行成佛子辟如有人夢中見身墮在大河是人尒時發大踊猛施大方便欲出此河發踊猛時忽然便寤寤已即離一切踊猛

方便攝事佛子菩薩亦如是從初已來見諸衆生墮四大河發大精進力廣修行道至不動地即離一切想有功用行是菩薩一切不行二心諸所憶想不復現前佛子辟如生在梵天欲界煩惱一切不行如是佛子菩薩住此菩薩不動地一切心意識等不行一切佛心菩提心菩薩心涅槃心不行何況當行世間心

論曰是中得勝行者得深行故深行有七種一難入深如經又佛子如是成就法忍菩薩即時得是第八菩薩不動地得為深行菩薩難可得知故二同行深諸淨地菩薩同故如經无能分別故三境界深能取可取不現前故如經離一切相離一切想一切貪著故護一切障想故言離一切貪著四修行深自利利他行故如經无量无邊故五不退深如經一切聲聞辟支佛所不能壞故六離障深如經寂靜故七對治現前深如經一切寂靜而現在前故真如一切寂靜故滅盡定喻者示彼行寂滅故如經佛子

辟如比丘乃至離身口意務住報行成故一切動心憶想分別皆悉盡滅者無彼依止故即離一切有功用行者過功用行地故得無功用法者得彼對治法故以得無功用法自然行故住報行成示現得有功用行相違法故復住報行成者善住阿梨耶識真如法中故夢寤喻者示此行中護被過想有正智想此行寂滅故如經佛子辟如有人夢中見身乃至諸所憶想不復現前故是中依清淨世間涅槃二心不行故依境界受用念想不行故生梵天喻者於下地心一向不行報地故此說遠離勝如經佛子辟如生在梵天乃至何況當行世間心故是中順行不順行二分心等佛等不行故大乘小乘差別故大乘小乘中衆生法差別故無學學差別佛等涅槃差別說應知是中順行者順行分中心等不行故如經一切心意識等不行故是中不順行者不順行分中佛等不行故如經佛心乃至涅槃心不行故大乘小乘差別大乘中

差別者佛菩薩涅槃差別故小乘中差別者聲聞涅槃阿羅漢等差別故大乘中衆生法差別者佛菩薩差別故法差別者菩提涅槃差別故小乘中无學學衆生差別故是中法差別者涅槃差別故无學差別者阿羅漢差別故有學差別者阿那含等差別故如是等行皆悉不行故

經曰佛子是菩薩得此不動地已本願力住故諸佛尒時彼法流水門中與如來智慧復作是言善哉善哉善男子汝得此究竟忍順一切諸佛法故善男子我等所有十力四無所畏十八不共佛法成就汝今未得當為成就諸佛法故勤求精進亦莫捨此忍門

論曰此與如來智慧力轉彼深行樂足心故歎得上法故不得修教授故若不捨此忍行不得成就一切佛法故依彼有力能作故如經佛子是菩薩得此不動地已本願力住乃至亦莫捨此忍門故

經曰復次善男子汝雖得是寂滅解

脫此凡夫衆生不善不寂滅常在種種煩惱集中為種種異念覺觀所害汝當愍念如是衆生

論曰依彼衆生無大利益事現起煩惱使在家出家分中深著煩惱衆生轉故如經善男子汝雖得是寂滅解脫乃至汝當愍念如是衆生故不善者現起煩惱染故不寂滅者不遠離彼使故常在種種煩惱集中者於在家分中故為種種異念覺觀所害者於出家分中故

經曰復次善男子汝應念本所願欲大利益衆生欲得不可思議智慧門

論曰依願教化衆生智行廣能轉故如經復次善男子汝應念本所願乃至欲得不可思議智慧門故

經曰復次善男子此一切法中法性有佛無佛法界常住諸如來不以得此法故說名為佛聲聞辟支佛亦得此無分別法

論曰依不共義功行疲惓彼垢轉故如經復次善男子此一切法中法性乃至亦得此無分別法故

經曰復次善男子汝觀我等无量淨（第十　第九張　空字号）
身無量智慧无量佛國土无量光輪
无量起智无量淨音汝今應起如是
等事
論曰無量淨身等彼佛法成就有力
示現依利益衆生故此利益衆生事
以何等身如經復次善男子汝觀我等
无量淨身故以何等智世諦智第一
義諦智如經无量智慧故以何等土
清淨國土如經無量佛國土故以何
等攝伏如經无量光輪故隨所度衆
生行智慧如經无量起智故隨所言
說如經無量淨音故如來作无量利
益衆生汝今應起如是等事示現
經曰復次善男子汝今適得此一法
明所謂一切法寂滅無分別法明如
是善男子如来法明无量入無量作
無量轉汝為得彼故應起此法
論曰復示諸佛无量勝行如經復次
善男子汝今適得此一法明乃至應
起此法故無量入者法門差別故無
量作者作事差別故无量轉者依上
上不斷差別故

經曰復次善男子汝觀十方無量國（十地論卷第十　第十張　空字号）
土无量衆生无量法差別汝應如實
盡通達彼事如是佛子諸佛與此菩
薩如是等无量無邊起智慧門以此
無量智慧門故是菩薩能起无量智差
別業皆悉成就
論曰復少作在隨所見無量世界衆
生法差別少分觀即能成就轉故如
經復次善男子汝觀十方無量土乃
至皆悉成就故
經曰金剛藏菩薩語解脫月菩薩言
佛子若諸佛不與此菩薩起智門轉者
是菩薩尒時即入涅槃棄捨利益一
切衆生以諸佛與此菩薩無量无邊
起智慧門故於一念中所起智業比
從初發心以来乃至竟第七地百分
不及一千分百千分百千那由他分
億分百億分千億分百千億分百千
億那由他分不及一乃至無量无邊
阿僧祇分亦不及一乃至非筭數譬
喻之所能及所以者何佛子先以一
身起行起故今此菩薩地中得菩薩
無量身差別故集无量行力故无量

音聲起故无量智慧起故无量生起（十地論卷第十　第十三張　空字号）
故無量清淨國土故教化無量衆生
故供養恭敬無量諸佛故隨順覺無
量法證得無量神通力起故無量衆會
差別故無量身口意業集一切菩薩
行力以不動法故佛子譬如乘船欲
入大海未至大海多用功力者至大
海不復用力但以風力而去若於大
海一日所行比本功力到於百歲不
能得及如是佛子菩薩善集善根資
粮乘大乘船到菩薩所行大智慧海
於一念間無功用智能入一切智智
處本有功用行若一劫若百千万劫
不能得及
論曰是中即入涅槃者與智慧示現
如經以諸佛與此菩薩无量無邊起智
門故乃至以不動法故以諸佛與此
菩薩无量無邊起智門者彼行中攝
功德因勝同作教授說故乃至筭數
譬次第解釋應如數分者一一為二
二二為四如是等喻亦不及一是事
不可喻比故無量身差別者一切菩
薩身信解如自身故如是无量音聲

起等亦無量應知此十句依教化衆生依集助道行依障清淨應知隨身住隨所說隨依智隨所取生隨何國土得教化衆生隨集功德助道集智慧助道供養恭敬無量諸佛故隨順覺無量法故隨神通障正覺障清淨故此一切處隨順無量身口意業應知以不動法者無間不斷集故佛子辟如乘船乃至百千万劫不能得及者船喻彼行速疾應知因勝示現善集善根資粮者於七地中修菩薩行故乘大乘船到菩薩所行大智慧海者八地智慧海應知如是八地得勝行分已說次說淨佛國土此淨佛國土有三種自在行一器世間自在行二衆生世間自在行三智正覺自在行

云何器世間自在行

經曰佛子是菩薩得菩薩第八地從大方便慧起無功用心在菩薩道觀一切智智力所謂觀世界成觀世界壞是菩薩隨世間成彼如實知隨世間壞彼如實知隨業因緣集故世間成彼亦知隨業因緣盡故世間壞彼

亦知隨世間幾時成彼亦知隨世間幾時壞彼亦知隨世間幾時成住彼亦知隨世間幾時壞住彼亦知是菩薩知地界小相知地界大相知地界无量相知地界差別相是菩薩知水界小相知水界大相知水界无量相知水界差別相是菩薩知火界小相知火界大相知火界无量相知火界差別相是菩薩知風界小相知風界大相知風界無量相知風界差別相是菩薩知微塵細相麁相無量相知差別相隨何世界中所有微塵集散微塵差別皆悉能知隨何世界中所有地界若干微塵皆悉能知所有水界若干微塵皆悉能知所有火界若干微塵皆悉能知所有風界若干微塵皆悉能知所有衆生身若干微塵皆悉能知所有國土身若干微塵皆悉能知是菩薩知諸衆生麁身細身差別若干微塵成知地獄身依若干微塵成知畜生身依若干微塵成知餓鬼身依若干微塵成知阿修羅身依若干微塵成知天身依若干微塵

成知人身依若干微塵成是菩薩通達入如是分別微塵智已知欲界成知色界成知無色界成知欲界壞知色界壞知無色界壞知欲界小相知欲界大相知欲界无量相知欲界差別相知色界小相知色界大相知色界無量相知色界差別相知無色界小相知无色界大相知無色界无量相知無色界差別相如是入思量三界智中是菩薩復善起智明善知衆生身差別善知分別衆生身善觀所應生處是菩薩隨衆生生處隨衆生身集業而為受身教化衆生故是菩薩現身遍滿三千大千世界隨衆生身各各差別如是隨順生處起現前光明若二三千大千世界若三四五若十二十三十四十五十若百三千大千世界若千若万若百万若千万若百千万若億万若百千万億那由他乃至無量无邊不可說不可說三千大千世界身遍其中隨衆生自身差別信如是生處起現前光明智隨順故是菩薩成就如是智慧於一佛國土身

不動揺乃至不可說諸佛國土於衆會中起現前光明故

論曰器世間自在行者有五種自在一隨心所欲彼能現及不現二隨何欲彼能現三隨時欲彼即時現四隨廣狹欲彼能現五隨心幾許欲彼能現如經佛子是菩薩得菩薩第八地從大方便慧起無功用心在菩薩道觀一切智智力乃至隨世間壞彼如實知故此世界成壞等初器世間自在行中隨心所欲彼能現及不現故隨業因緣集故世間成彼亦知隨業因緣盡故世間壞彼亦知業集盡智第二隨何欲彼能現故隨世間幾時成乃至第四句隨世間幾時壞住彼亦知隨世間幾時成等智第三隨幾時欲彼即時現故是菩薩知地界小相乃至知人身依若干微塵成地等相差別智第四隨廣狹欲彼能現故是菩薩入如是分別微塵智中乃至現前光明成壞智乃至於一佛國土身不動揺第五隨心幾許欲彼能現故是中地界等境界智相智云何境界智非定地報識境界是名小相定地識境界是名大相如來境界是名无量相云何相智自相同相是名差別相身麁細者色無色等諸衆生如是次第欲界等境界智相智欲界人境是名小相天境界大相色界覺觀境界小相無覺觀境界大相無色界佛法中凡夫境界小相聲聞菩薩大相一切如來境界無量相善知衆生身差別善知分別衆生身者善知身不同方便異生同生差別應知諸佛土於衆會中起現前光明者彼處處去身體示現如是淨佛國土器世間自在行已說云何衆生世間自在行

經曰是菩薩隨衆生身差別信隨決定信差別彼彼佛國土中彼彼大會中如是如是自身示現是菩薩若於沙門衆中示沙門形色婆羅門衆中示婆羅門形色剎利衆中示剎利形色毗舍衆中示毗舍形色首陁衆中示首陁形色居士衆中示居士形色長者衆中示長者形色四天王衆中示四天王形色帝釋衆中示帝釋形色如是焰摩衆中兜率衆中化樂衆中他化自在衆中魔衆中梵天衆中示梵天形色乃至阿迦尼吒　天衆中示阿迦尼吒天形色是菩薩應以聲聞身度者示聲聞形色應以辟支佛身度者示辟支佛形色應以菩薩身度者示菩薩形色應以佛身度者示佛身形色佛子如是所有不可說諸佛國土中隨衆生身信樂差別彼彼佛國土中如是自身差別示現

論曰衆生世間自在行者彼調伏自在故彼行化衆生身心自同事自身心等分示現如經是菩薩隨衆生身差別信乃至彼彼佛國土中如是自身差別示現故如是衆生世間自在行已說云何智正覺自在行第一義諦智世諦智等

經曰是菩薩遠離一切身相分別得身平等是菩薩知衆生身知國土身知業報身知聲聞身知辟支佛身知菩薩身知如來身知智身知法身知虛空身是菩薩如是知衆生深心起樂若以衆生身作自身如是國土身

業報身聲聞身辟支佛身菩薩身如來身智身法身虛空身作自身是菩薩如是知衆生深心起樂若以自身作衆生身如是國土身業報身聲聞身辟支佛身菩薩身如來身智身法身虛空身作衆生身是菩薩如是知衆生深心起樂何等何等身何等何等身中能自在作是菩薩知衆生身集業身報身煩惱身色身知無色身是菩薩知國土身小相大相无量相垢相淨相廣相乱住相倒住相平正相知方網差別相知業報身假名差別聲聞身假名差別辟支佛身假名差別知菩薩身假名差別是菩薩知如來身菩提身願身化身受神力身相好莊嚴身光明身意生身功德身法身知智身是菩薩善知智身善思量相善如實觀相果行所攝相世間出世間差別相三乘差別相共不共相乘不乘相善知學無學相是菩薩知法身平等相知不壞相知轉時假名差別相衆生非衆生法差別相知佛法聖僧法差別相是菩薩知虛空身無量相

周遍相无形相不異相無邊相知顯色身別異相

論曰第一義諦智者遠離一切身相分別示得身平等自身他身不分別故如經是菩薩遠離一切身相分別得身平等故此是不同聲聞辟支佛第一義智示現世諦智者善知衆生身等染分淨分不二分善分別知故如經是菩薩知衆生身乃至知虛空身故是中衆生世間器世間彼二生因業煩惱是染分三乘是淨分此三乘隨何智隨何法彼淨顯示虛空是不二分故是菩薩如是知衆生深心起樂若以衆生身作自身乃至以虛空身作自身等是菩薩如是知衆生深心起樂若以自身作衆生身乃至以自身作虛空身等是中以衆生身作自身者彼自在中所作攝取行種種示現是中衆生身者業生煩惱夾想染差別色無色界差別皆如實知如經是菩薩知衆生身集業身報身煩惱身色身知无色身故國土身者千等世界差別應知淨不淨世界差

別皆善分別知廣等世界差別皆善分別知如經是菩薩知國土身乃至知方網差別相故廣相等諸句義如初地說業報聲聞辟支佛菩薩身假名差別者自相同相差別假名分別無我人故如經是菩薩知業報身假名差別乃至知菩薩身假名差別故是菩薩知如來身者示成正覺爲菩提故願生兜率天故所有佛應化故自身舍利住持故所有實報身故所有光明攝伏衆生故所有同不同世間出世間心得自在解脫故所有不共能作廣大利益因故所有如來无漏界故所有无障㝵智故是故此智能作一切事彼事差別皆悉能知如經是菩薩知如來身菩提身乃至知智身故是菩薩知智身者聞思智差別修智差別果行智差別世間出世間智差別皆如實知如經是菩薩善知智身乃至知學无學相故是菩薩知法身平等相者無量法門明等一法身故如聞取故隨所化衆生根性相應時說差別故有根無根差別相

故知第一相差別皆悉能知如經是菩薩知法身平等相乃至知佛法聖僧法差別相故是菩薩知虛空身者知無盡相遍相不可見相无障㝵相無為相能通受色相因色彼分別皆悉能知如經是菩薩知虛空身无量相乃至知顯色身別異相故如是八地淨佛國土三自在行已說次說得十自在

經曰是菩薩善知起如是諸身則得命自在不可說不可說劫命住持故得心自在无量阿僧祇三昧入智故得物自在一切世界無量莊嚴嚴飾住持示現故得業自在如現生後時業報住持示現故得生自在一切世界生示現故得願自在隨心所欲佛國土時示成三菩提故得信解自在一切世界中佛滿示現故得如意自在一切佛國土中如意作變事示現故得法自在无邊无中法門明示現故得智自在如來力無畏不共法相好莊嚴三菩提示現故

論曰得自在者是菩薩如是修行器

世間衆生世間智正覺世間三種自在行故得十自在如經是菩薩善知起如是諸身則得命自在乃至得智自在故此十自在對治十種怖畏如是次第應知何者是十種怖畏一死怖畏二煩惱垢怖畏三貧窮怖畏四惡業怖畏五惡道怖畏六求不得怖畏七謗法罪業怖畏八追求時縛不活怖畏九云何云何疑怖畏十大衆威德怖畏如是八地得十自在分已說次說大勝分

經曰是菩薩得是菩薩十自在已即時為不可思議智者无量智者廣智者不可壞智者菩薩如是至已如是智成就常集起清淨身業常集起清淨口業常集起清淨意業智慧為首智隨順轉般若波羅蜜增上大悲為首方便善巧善能分別自起願力善加諸佛所加常不捨利益衆生行遍知无邊世界差別事佛子略說菩薩得此菩薩不動地身口意業所作皆能集起一切佛法是菩薩得此菩薩不動地善住淨心力中離一切煩惱集

故善住深心力中常不離道故善住大悲力中不捨利益衆生故善住大慈力中救一切世間故善住陁羅尼力中不忘法故善住辯才力中智慧善巧分別一切佛法故善住神通力中行無邊世界差別故善住願力中不捨一切菩薩所行故善住波羅蜜力中修集一切佛法故善住如來加力中一切種一切智智現前故是菩薩得如是智力示一切所作一切事中無有過咎故

論曰大勝者有三種大一智大二業大三彼二住功德大云何智大不可思議智者不住世間不住涅槃故如經是菩薩得是菩薩十自在已即時名為不可思議智者故此不可思議有三種應知一修行盡至不可思議二所知不可思議三除障智不可思議如經無量智者故廣智者故不可壞智者故是名智大菩薩如是至已乃至集起一切佛法故是菩薩如是至已者如上說如是智成就者亦如上說常集起清淨三業者此是業大彼

淨業有四種相一起能起起同時如經智慧為首故智隨順轉故二智攝不染作利益衆生行等如經般若波羅蜜增上故大悲為首方便善巧善能分別故三因攝自行他行因等如經善起願力故善加諸佛所加故四作業所起利益衆生淨佛國土成就一切佛法如經常不捨利益衆生行故遍知無邊世界差別事故佛子略說菩薩得此菩薩不動地身口意業所作皆能集起一切佛法故是名業大彼二住功德大者善住淨心力等示現依七種功德故一善住道功德如經是菩薩得此菩薩不動地善住淨心力中離一切煩惱集故善住深心力中常不離道故善住大悲力中不捨利益衆生故善住大慈力中救一切世間故又善住道功德初二遠離障故對治堅固故次二不捨衆生故二不忘功德如經善住陁羅尼力中不忘法故三成就口業功德如經善住辯才力中智慧善巧分別一切佛法故四心自在成就功德如經善住神

通力中行無邊世界差別故五願力成就功德如經善住願力中不捨一切菩薩所行故六修行成就功德如經善住波羅蜜力中集一切佛法故七與智功德如經善住如来加力中一切種一切智智現前故是菩薩得如是智力示一切所作者得無憎愛不分別衆生有煩惱无煩惱平等作業故一切事中無有過咎者以得此七種功德故如是八地大勝分已說

次說釋名分

經曰佛子此菩薩智地名為不動地不可壞故名為不轉地智慧不退故名為難得地一切世間難知故名為王子地無家過故名為生地隨意自在故名為成地更不作故名為究竟地智慧善分別故名為涅槃地善起大願力故名為加地他不能動故名為無功用地善起先道故

論曰釋名有二種一地釋名二智者釋名地釋名者有六種相一染對治此染有二種一下地功用行小乘願諸魔業二煩惱習行此對治如經佛

子此菩薩智地名為不動地不可壞故名為不轉地智慧不退故二得甚深故如經名為難得地一切世間難知故三發行清淨如經名為王子地無家過故名為生地隨意自在故是中發淨者如王子一切所作無過故行淨者住生地所欲事自在成就故四世間出世間有作淨勝如經名為成地更不作故名為究竟地智慧善分別故是中出世間有作靜勝者以智慧善分別智障靜故五彼二無作淨勝如經名為涅槃地善起大願力故无作淨勝者以本願力不捨利益一切衆生故六菩薩地勝如經名為加地他不能動故名為无功用地善起先道故又菩薩地勝者六地七地勝故六地勝者發起殊勝行他事念動故七地有功用此地中善起先道无功用自然行故智者釋名者以何義故菩薩名為得不動菩薩今說此事應知

經曰佛子菩薩成就如是智慧名為得入佛性名為佛功德自照明名為隨佛威儀行名為佛境界現前日夜

常為善加諸佛加常為四天王釋提桓因梵天王　等之所奉迎常為寄迹金剛神之所侍衛不捨三昧力常現无量諸身差別一切身行中勢力成就成就大果報神通於无邊三昧中得自在能受无量記隨化世間示成正覺是菩薩如是通達入大乘衆數善思量大乘通日夜常放智光明炎入無障㝵法界道善知界道差別能示一切相功德隨意自在善解先際後際通達一切迴轉魔道智入如來智慧境界能於無邊世界中行菩薩道不退轉力故是故菩薩名為得不動菩薩

論曰彼復有二種義名為得不動菩薩一一向不動二一體不動佛性隨順因故如經佛子菩薩成就得如是智慧名為得入佛性等是中佛性者界滿足勝隨順因者三種相示現一攝功德二行三近如經名為佛功德自照明故名為隨佛威儀行故名為佛境界現前故是中自照明者善清淨義故威儀行者名為正行故現前者近佛境界故是中一向不動者如經日夜常為善加諸佛加故彼復五功德應知一供養功德如經常為四天王釋提桓因梵天王等之所奉迎故二護功德如經常為寄迹金剛神之所侍衛故三依止功德如經不捨三昧力故四國土清淨功德如經常現無量諸身差別故五教化衆生功德復次教化衆生功德有五種示現一願取諸有生如經一切身行勢力成就故二根心使智力如經成就大果報神通故三无量法力轉法輪故如經於无邊三昧中得自在故四受力如經能受無量記故五說力如經隨化世間示成正覺故是菩薩如是通達者一向不動故是中一體不動者入大乘衆數如經是菩薩如是通達入大乘衆數故入大乘衆數者名不破壞義此有九種一智不壞如經善思量大乘通故二說不壞如經日夜常放智光明炎故三解脫不壞如經入無障㝵法界道故四佛國土清淨不壞如經善知界道差別故五入大乘不壞如經能示一切相功德故六神通不壞如經隨意自在故七能解釋義不壞如經善解先際後際故八坐道場不壞如經通達一切迴轉魔道智故九正覺不壞如經入如來智慧境界故能於無邊世界中行菩薩道不退轉力故者行无障㝵不斷絕故以行无障㝵不斷絕義故名為得不動菩薩地

經曰菩薩得菩薩不動地常不離見無量諸佛善行三昧力故及大願力故見諸佛時而不捨供養恭敬是菩薩於一一劫中一一世界中見无量佛无量百佛无量千佛无量百千佛无量百千那由他佛无量億佛无量百億佛无量千億佛无量百千億佛无量百千万億那由他佛以大神通力大願力故見諸佛時以上心深心供養恭敬尊重讚歎衣服飲食卧具醫藥一切供具悉以奉施以諸菩薩上妙樂具供養衆僧以此善根皆願迴向阿耨多羅三藐三菩提親近諸佛從諸佛受本世界差別等諸法明是菩薩轉深入

如來法藏門世界差別事中無能盡者是菩薩彼諸善根無量刧中轉勝明淨无量百刧无量千刧无量百千刧无量百千那由他刧无量億刧无量百億刧无量千億刧无量百千億刧无量百千億那由他刧彼諸善根轉勝明淨佛子譬如本真金善巧金師作莊嚴具以繫在閻浮提王若頸若項閻浮提人餘寶莊嚴具無能奪者如是佛子菩薩住此不動地彼諸善根一切聲聞辟支佛乃至七地菩薩所不能壞菩薩住是地大智光明滅諸衆生煩惱闇障以善分別智門故佛子譬如千世界主大梵天王能於一時流布慈心滿千世界亦能放光遍照其中如是佛子菩薩住此菩薩不動地中能放身光照十千万三千大千世界微塵數世界衆生漸能滅除諸煩惱火令得清涼是菩薩十波羅蜜中願波羅蜜增上餘波羅蜜非不脩習隨力隨分佛子是名略説菩薩第八地菩薩不動地若廣説者於无量刧數不能盡菩薩住是地中

多作大梵天王主千世界自在最勝與諸衆生聲聞辟支佛菩薩波羅蜜道无有窮盡說世間性差別中無能壞者所作善業布施愛語利益同事是諸福德皆不離念佛念法念僧念菩薩念菩薩行念波羅蜜念十地念不壞力念无畏念不共佛法乃至不離念一切種一切智智常生是心我當於一切衆生中為首為勝為大為妙為微妙為上為无上為導為將為師為尊乃至為一切智智依止者復從是念發精進行以精進力故於一念間得百万三千大千世界微塵數三昧見百万三千大千世界數微塵諸佛能知百万三千大千世界微塵數佛神力能動百万三千大千世界微塵數世界能入百万三千大千世界微塵數佛世界能照百万三千大千世界微塵數佛世界能化百万三千大千世界微塵數佛世界衆生能住壽百万三千大千世界微塵數刧能知過去未來世各百万三千大千世界微塵數刧事能善入百万三千大千世

界微塵數法門能變身為百万三千大千世界微塵數於一一身能示百万三千大千世界微塵數菩薩以為眷屬若以願力自在勝上菩薩願力過於此數示種種神變或身或光明或神通或眼或境界或音聲或行或莊嚴或加或信或業是諸神通乃至无量百千万億那由他刧不可數知

論曰從諸佛受本世界差別等諸法明者彼因相故閻浮提王真金作莊嚴具譬者得清淨地身心勝故善根光明轉更明淨示現如經佛子譬如千世界主大梵天王乃至令得清涼故餘如前說

十地論不動地第八卷之十

十地論不動地第八卷之十

校勘記

一　底本，金藏廣勝寺本。

一　七九四頁中一行經名，石、麗作「十地經論不動地第八卷之(「之」石無)十」；資、磧、普、南、徑、清作「十地經論卷第十」。

一　七九四頁中三行與四行之間，資、磧、普、南、徑、清有品名「不動地第八」。

一　七九四頁中一四行「福德」，資、磧、普、南、徑、清作「功德」。

一　七九五頁上五行「一者」，諸本作「者一」。

一　七九五頁上一四行「雜染」，石作「雜淨」。

一　七九五頁中五行末字「相」，資、磧、普、南、徑、清作「想」。

一　七九五頁中一六行第三字「心」，資、磧、普、南、徑、清作「即」。

一　七九五頁中一九行第九字「憶」，資、磧、普、南、徑、清作「憶想」。

一　七九五頁中二二行「踊猛」，諸本作「勇猛」，下同。

一　七九五頁下一行「據事」，石作「懼事」；麗作「懅事」。

一　七九六頁上三行「依止」，資、磧、普、南、徑、清作「依心」。

一　七九六頁上一〇行末字「所」，徑作「有」。

一　七九六頁上一四行第二字「行」，石、麗作「行得」；資、磧、普、南、徑、清作「能得」。

一　七九六頁中三行「大乘」，麗作「大小乘」。

一　七九六頁中五行及六行、七行「差別故」，資、磧、普、南、徑、清均作「差別」。

一　七九七頁上七行第三字「等」，資、磧、普、南、徑、清、麗作「事」。

一　七九七頁上九行末字「土」，資、磧、普、南、徑、清作「出」。

一　七九七頁上二一行第七字「入」，資、磧、普、南、徑、清無。

一　七九七頁中二行末字「實」，資、磧、普、南、徑、清作「是」。

一　七九七頁中五行第一四字「智」，麗無。

一　七九七頁中九行第一三字「土」，資、磧、普、南、徑、清、麗作「國土」。

一　七九七頁中一二行第一四字「轉」，麗無。

一　七九七頁中一五行第三字「慧」，諸本無。

一　七九七頁下九行第一〇字「到」，諸本作「至」。

一　七九七頁下二二行第二字「可」，磧、南、徑、清作「分」。

一　七九八頁上三行第一一字「生」，磧、普、南、徑、清作「正」。

一　七九八頁上一〇行第八字「應」，諸本無。

一　七九九頁上末行第五字「等」，資、磧、普、南、徑、清、麗作「次第」。

一　七九九頁中五行第八字「界」，諸

本無。

一　七九九頁中五行末字「境」，資、磧、普、南、徑、清、麗作「境界」。

一　七九九頁中一一行第一三字「土」，資、磧、普、南、徑、清、麗作「國土」。

一　七九九頁中一二行「去身」，麗作「法身」。

一　七九九頁下一七行第三字「世」，資、磧、普、南、徑、清作「聖」。

一　八〇一頁中一三行第二字「爲」，諸本作「名爲」。

一　八〇二頁上七行第四字「起」，石、資、磧、普、南、徑、清作「持」。

一　八〇二頁下三行第二字「故」，麗無。

一　八〇二頁下一一行第五字「智」，資、磧、普、南、徑、清作「知」。

一　八〇二頁下一二行第一一字「大」，資、磧、普、南、徑、清無。

一　八〇二頁下一四行第三字「故」，資、磧、普、南、徑、清作「以」。

一　八〇三頁中六行第七字「止」，資、磧、普、南、徑、清作「正」。

一　八〇三頁中一三行第八字「得」，資、磧、普、南作「行」。

一　八〇三頁下六行第一〇字「界」，徑、麗無。

一　八〇三頁下八行第九字「絶」，諸本無。

一　八〇三頁下九行「菩薩地」，石、麗作「地菩薩」；資、磧、普、南、徑、清作「菩薩」。

一　八〇三頁下一九行「醫藥」，諸本作「湯藥」。

一　八〇四頁上一行第五字「門」，資、磧、普、麗作「問」。

一　八〇四頁上一二行第八字「住」，諸本作「得」。

一　八〇四頁上一九行「滅除」，資、磧、普、南、徑、清、麗作「除滅」。

一　八〇四頁上二二行第五字「地」，諸本無。

一　八〇四頁中一四行「數微塵」，諸本作「微塵數」。

一　八〇四頁下五行「神變」，諸本作「神通」。

一　八〇四頁下末行經名，石、磧、普、南、徑、清、麗作「十地經論卷第十」；資作「十地經論不動地卷第十」。

十地論善慧地第九卷之十一

天親菩薩造

後魏北印度三藏菩提流支譯

論曰第九地中有四分差別一法師方便成就二智成就三入行成就四說成就第八地中但淨佛國土教化衆生此第九地中辯才力故教化衆生成就一切相能教化故此勝彼故云何法師方便成就

經曰介時金剛藏菩薩言佛子菩薩以如是無量智善思量智更求轉勝深寂滅解脫復轉求如來究竟智慧入如來深密法中思惟選擇不思議大智慧選擇諸陁羅尼三昧及智令清淨故現諸神通廣大行通達世界差別行脩如來力無畏不共佛法無障調柔通達如來轉法輪莊嚴事不捨大悲大願力得入第九菩薩地

論曰是中法師方便成就者依他利益自利益一一五三句示現依無色得解脫想可化衆生作利益故如經介時金剛藏菩薩言佛子菩薩以如是無量智善思量智更求轉勝深寂滅解脫故依未得究竟佛智自利益如經復轉求如來究竟智故依根熟菩薩依邪念修行可化衆生依未知法衆生轉法輪令得知依邪歸依衆生依信生天衆生如是次第五句示利益他行如經入如來深密法中故思惟選擇不思議大智慧故選擇諸陁羅尼三昧及智令清淨故現諸神通廣大行故通達世界差別行故示清淨國土轉信生天衆生令入佛法故依正覺依轉法輪依涅槃此如是次第三句示自利益行如經脩如來力無畏不共佛法無障調柔故通達如來轉法輪莊嚴地故不捨大悲大願力得入第九菩薩地故不捨利益衆生大涅槃示現以得不捨大悲大願力故應知如是九地法師方便成就分已說云何智成就

經曰是菩薩住此善慧地中如實知善不善無記法行有漏無漏法行世間出世間法行思議不思議法行定不定法行聲聞辟支佛法行菩

薩行法行如來地法行有為法行如
實知無為法行
論曰是中智成就者依何等法說法
應知彼法淨染不二如經是菩薩住
此菩薩善慧地中如實知善不善无
記法行故於淨法中有漏無漏如經
有漏無漏法行故復無漏法中有世
間出世間法行如經世間出世間法
行故復彼法有思議不思議如經思
議不思議法行故彼思議復有定不
定如經定不定法行故彼復於三乘
中如經聲聞辟支佛法行故菩薩行
法行如來地法行故彼復三乘法中
示有為無為依順行如經有為法行
如實知無為法行故如是九地智成
就分已說云何入行成就
經曰是菩薩隨順如是智慧如實知
眾生心行稠林煩惱行稠林業行稠
林根行稠林信行稠林性行稠林深
心行稠林使行稠林生行稠林習氣
行稠林如實知三聚差別行稠林
論曰是中入行成就者依共依共煩
惱業生共染煩惱染淨等依定不定

時如經是菩薩隨順如是智慧如實
知眾生心行稠林故乃至三聚差別
行稠林故彼復定不定時限等第次
根等相似信等如經根行稠林故信
行稠林故性行稠林故深心行稠林
故使行稠林故生行稠林故習氣行
稠林故如實知三聚差別行稠林故
稠林者眾多義故難知義故行者不
正信義故云何心行稠林差別
經曰是菩薩如實知眾生諸心種種
相心雜相心輕轉生不生相心無形
相心無邊一切處眾多相心清淨相
心染不染相心縛解相心幻起相心
隨道生相乃至無量百千種種心差
別相皆如實知
論曰是中心行稠林差別者心種種
差別異故如經是菩薩如實知眾生
心種種相故彼心種種相有八種一
差別相心意識六種差別故如經心
雜相故二行相住異生滅行故如經
心輕轉生不生相故三第一義相觀
彼心離心心身不可得故如經心无
形相故四自相順行无量境界取故

如經心無邊一切處眾多相故五自
性不染相如經心清淨相故六同煩
惱不同煩惱相如經心染不染相故七
同使不同使相如經心縛解相故八
因相諸菩薩以願力生餘眾生自業
力生故如經心幻起相故心隨道生
相故乃至無量百千種種心差別相
皆如實知故以自性清淨心故第六
第七心染不染故心縛解故此二句
煩惱染示現第八句心隨順道故生
染示現云何煩惱行稠林差別
經曰是菩薩如實知諸煩惱深入相
行无邊相共生不離相煩惱使一義
相心相應不相應相隨道生處得報
相三界中差別相愛無明見箭大過
相三種業因不斷相略說乃至如實
知八万四千煩惱行差別相
論曰煩惱行稠林差別者三種事示
現一遠入乃至有頂故如經是菩薩
如實知煩惱深入相故二難知无量
善根等僭集行故如經行無邊相故
三染業煩惱生染故是中隨所縛以
何縛及所縛事此事說煩惱染染事

示現如經共生不離相故煩惱使一義相故心相應不相應相故是中隨所縛者送共同事送共相依共生不離故以何縛者謂使以有使故不得解脫煩惱使一義故所縛事者謂心心相應不相應故不相應者示可得解脫故身事生道界因故生煩惱染示現如經隨道生處得報相故三界中差別相故於三分中業因彰解脫故隨順世間身口意業故不斷起因故業煩惱妄想染示現如經愛无明見菑大過相故三種業根本不斷相故乃至如實知八万四千煩惱行差別相故三分者一愛行欲衆生二無戒衆生三外道衆生云何業行稠林差別

經曰是菩薩如實知諸業善不善无記相有作未作相心共生不離相因自性盡集果不失次第相有報无報相黑業白業黑白業不黑不白業正受業差別相業因無量相聖世間差別相現報生報後報相乘非乘定不定相乃至如實知八万四千諸業差

別相

論曰業行稠林差別者道因差別示現如經是菩薩如實知諸業善不善無記相故自性差別如經有作未作相故方便差別如經心共生不離相故盡集果差別如經因自性盡集果不失次第相故已受果未受果差別如經有報無報相故對差別如經黑業白業黑白業不黑不白業正受業差別相故因緣差別如經業因無量相故未集已集差別如經聖世間差別相故定不定報差別如經現報生報後報相故乘非乘定不定相故乃至如實知八万四千諸業差別相故是中自性差別有二種業一壽量時二作業時方便差別者心共生熏心不別生果故盡集果差別者无始時業自然念念滅壞集不失故有為作業因盡集故已受果未受果差別者生報後報受不受應知對差別者黑業對白業白業對黑業不黑不白業對二業二業對不黑不白業業集成就差別應知定不定差別者三種時定不定故三種乘定不定故非乘者世間定不定應知云何根行稠林差別

經曰是菩薩如實知諸根濡中上差別相先際後際別異不別異相上中下相煩惱共生不離相乘非乘定不定相淳熟定相隨根網輕轉壞取相相根增上不壞相轉不轉根差別相深入共生種種差別相略說乃至如實知八万四千諸根差別相是菩薩如實知衆生信濡中利相略說乃至如實知八万四千信差別相是菩薩如實知諸性濡中上相略說乃至如實知八万四千諸性差別相是菩薩如實知心濡中上相略說乃至如實知八万四千心差別相

論曰根行稠林差別有九種一說器差別如經是菩薩如實知諸根濡中上差別相故二根轉差別如經先際後際別異不別異相故三性差別如經上中下相故四煩惱染差別如經煩惱共生不離相故五定不定差別如經乘非乘定不定相故淳熟定相

故六順行差別如經隨根網輕轉壞取相相故七聲聞淨差別如經根增上不壞相故八菩薩淨差別如經轉不轉根差別相故九示一切根攝差別如經深入共生種種差別相故略說乃至如實知八万四千諸根差別相故是中根轉差別者前後根前根下增平故性差別者於三乘中性差別故煩惱深差別者喜樂等諸根隨煩惱習使深故定不定差別者於三乘中於世間中定不定熟不熟故是中小乘不定根衆生菩薩令轉向大乘故定根者菩薩令度一一乘中解脫報定者捨順行差別者有三種順行一身依順行迭共相縛六入展轉故二生滅順行輕壞故三觀行取相故聲聞淨差別者行增上障滅能成根差別故信性心源中上等無量差義故菩薩淨差別者轉不轉地差別故一切相攝差別者始行方便報熟別相皆如實知如經是菩薩如實知衆生信源中上相乃至如實知八万四千心差別相故如是性入應知云

何使行稠林差別

經曰是菩薩如實知諸使深共生心共生相心相應不相應不離相遠入相無始來不恐怖相一切禪定解脫三昧三摩跋提神通正脩相違相堅繫縛三界繫相無始來心相續集相開諸入門集相得對治實相地入隨順不隨順相不異聖道滅動相略說乃至如實知八万四千種種使差別相

論曰是中使者隨逐縛義故此使行稠林差別者何處隨逐以何隨逐此事差別示現何處隨逐者報非報心如經是菩薩如實知使深共生心共生相故心不離現事故欲色无色上中下差別如經心相應不相應不離相故隨順乃至有頂如經遠入相故无邊世界惟智怖畏如怨賊未曾有聞思脩智是故不滅如經無始來不恐怖相故世間禪定等不能滅心隨順行如經一切禪定解脫三昧三摩跋提神通正脩相違相故以何隨逐者有六種隨逐六種隨逐者六句說一者有不斷隨逐以有不斷相似使

作縛故如經堅繫縛三界繫相故二遠時隨逐故如經無始來心相續集相故三一身生隨逐故眼等諸入門六種生集識同生隨逐故及阿梨耶熏故隨逐如經開諸入門集相故四不實隨逐對治實義故如經得對治實相故五微細隨逐於九地中六入處煩惱身隨逐故如經地入隨順不隨順相故六離苦隨逐出世間行餘行不能離故如經不異聖道滅動相故略說乃至如實知八万四千種種使差別相故云何生行稠林差別

經曰是菩薩如實知諸生差別相隨業生相地獄畜生餓鬼阿脩羅人天差別相有色無色生差別相有想無想生差別相業是田愛是水無明是黑闇識是種子後身是生芽相名色共生而不離相有癡求愛相續相欲愛欲生樂衆生相續无際相貪著三界想出相皆如實知

論曰生行稠林差別有八種一身種種如經是菩薩如實知諸生差別相故二業種種如經隨業生相故三住

處種種如經地獄畜生餓鬼阿脩羅人人天差別相故四色相上下種種如經有色无色生差別相故有想无想生差別相故五同外色因種種如經業是田愛是水无明是黒闇識是種子後身是生芽相故六自相種種如經名色共生而不離相故七本順生因種種如經有癡求愛相續相故八集苦諦種種差別示現如經欲受欲生樂衆生相續無際相故貪著三界相出相皆如實知故是中欲愛者樂貪共取處處求故欲生者復有樂有衆生愛自身他身心著相往來上下界取著故小大无量無想相出有輪展轉苦諦差別示現云何習氣行稠林差別

經曰是菩薩如實知習氣行不行差別相隨道生處熏有習氣隨共衆生行有習氣隨業煩惱有習氣隨善不善無記法有習氣後有有習氣次第隨逐有習氣深入不斷煩惱牽有習氣有實不實有習氣聲聞辟支佛菩薩如來見聞親近熏有習氣皆如

實知

論曰習氣行稠林差別有十種一與果現在非現在差別如經是菩薩如實知習氣行不行相故二道熏差別如經隨道生處熏有習氣故三親近習氣故八離世間禪因熏差別遠入熏不斷煩惱煩惱牽故如經深入不斷煩惱牽有習氣故九同法異外道行解脫熏差別如經有實不實有習氣故十乘熏差別示現如經聲聞辟支佛菩薩如來見聞親近熏有習氣衆生熏差別如經隨共衆生行有習氣故四刃業煩惱熏差別如經隨業煩惱有習氣故五善業等熏差別如經隨善不善無記法有習氣故六中陰熏差別如經後有有習氣故七與果次第熏差別如經次第隨逐有皆如實知故云何三聚行稠林差別

經曰是菩薩如實知衆生三聚正定相邪定相離此二不定相正見正定相邪見邪定相離此二不定相五逆邪定相五根正定相離此二不定相八邪邪定相正位正定相更不作故

故離此二不定相姤慳惡行不轉邪定相脩行無上聖道正定相離此二不定相皆如實知佛子菩薩隨順如是智名為安住菩薩善慧地

論曰衆生三聚行稠林差別有五種一有涅槃法無涅槃法三乘中一向定差別如經是菩薩如實知衆生三聚正定相邪定相離此二不定相故二善行惡行因差別如經正見正定相邪見邪定相離此二不定相故三惡道善道因差別如經五逆邪定相五根正定相離此二不定相故四外道聲聞因差別如經八邪邪定相正位正定相更不作故離此二不定相故五菩薩差別示現如經姤慳惡行不轉邪定相脩行無上聖道正定相離此二不定相皆如實知故捨可化衆生名姤不喜施他財名慳過能生他苦惡行不轉菩薩波羅蜜相違邪定菩薩是名法師方便成就智成就入行成就三種事成就此地中善住如經佛子菩薩隨順如是智名為安住菩薩善慧地故云何說成就與衆

生解脫方便故
經曰是菩薩住此菩薩善慧地已如實知衆生如是諸行差別相隨其解脫而與因緣是菩薩如實知化衆生法如實知度衆生法說聲聞乘法說辟支佛乘法說菩薩乘法如實知說如來地法是菩薩如是知已如實為衆生說法令得解脫隨心差別隨使差別隨根差別隨信差別隨境界差別種種行習氣隨順一切境界智隨順性行稠林隨生煩惱業習氣轉隨聚差別隨乘信令得解脫而為說法
論曰說成就者隨其解脫而與因緣如經是菩薩住此菩薩善慧地已如實知衆生如是諸行差別相隨其解脫而與因緣故彼說成就復三種相示現一智成就二口業成就三法師成就智成就者隨所知隨所依此事說應知何者隨所知說解脫器得熟故解脫體正度故解脫差別以三乘差別故如經是菩薩如實知化衆生法乃至如實知說如來地法故何者隨所依說所說法對器故隨應度者

授對治法故是義二句說所說法器成隨根隨信而為說法此義二句說如經是菩薩如是知已如實為衆生說法令得解脫隨心差別隨使差別隨根差別隨信差別故隨辟喻解器如經隨境界差別種種行習氣故隨種種異行器如經隨順一切境界智故乃至得成就器如經隨順性行稠林故隨辟辯器彼生煩惱業熏同行故如經隨生煩惱業習氣轉故定不定根轉器如經隨聚差別故隨乘因能乘出器如經隨乘信令得解脫而為說法故云何智業成就
經曰是菩薩住此菩薩善慧地中略說作大法師住在大法師深妙義中守護諸佛法藏
論曰是中說者持者二句示現住在大法師深妙義中者有二十種能作法師事云何能作法師事一者時二者正意三者頓四者相續五者漸六者次七者句義漸次八者示九者喜十者勸十一者具十二者不毁十三者不亂十四者如法十五者隨衆十

六者慈心十七者安隱心十八者憐愍心十九者不著利養名聞二十者不自讚毁他是中時者無八難故如偈說

如王懷憂惱　病恚著諸欲　險處無侍衛
諂佞無忠臣　如是八難時　智臣不應語
心王亦如是　非時不應說

正意者正威儀住非不正住此義云何自立他坐不應為說法如是等如戒經中廣說何以故諸佛菩薩敬重法故以敬法故令他生尊重心聞法恭敬攝心聽故頓者是菩薩正意為一切衆說一切法離慳法垢故相續者說無休息捨諸法中嫉妬意故漸者如字句次第說故次者如字句次第義亦如是說故句義漸次者說同義法不說不同義法故示者示所應示等故喜者喜所應喜故勸者怯弱衆生助令勇猛故具德者現智比智阿含所證具說故不毁者隨順善道說故不亂者不動不雜正入非稠林故如法者具說四聖諦故隨衆者於四衆八部隨所應問而為說法故如是

十五種相菩薩隨順利益他說一切法故慈心者於怨衆生中起慈心說法故安隱心者於惡行衆生中起利益心說法故憐愍心者於受苦樂放逸衆生中起憐愍利樂心說法故不著利養名聞者心不悕望常行遠離故不自讚毀他者離我慢嫉妬隨煩惱為衆生說法故如是五種相菩薩自心清淨故具此二十事能作法師是名住大法師深妙義中故如是說成就中智成就已說云何口業成就

經曰通達無量智方便四無㝵智起菩薩言辭說法是菩薩日夜常不壞四无㝵智何等為四所謂法無㝵義無㝵辭无㝵樂說無㝵

論曰口業成就者菩薩以四無㝵言音說法如經通達无量智方便乃至樂說無㝵故不壞者不動故是中四無㝵境界者一法體二法境界體三正得與衆生四正求與無量門是中法體者遠離二邊生法所攝如色㝵相如是等法境界體者彼遠離二邊生法所攝中如實智境界菩薩如彼

生法所攝智境界中住如色何者是色服色等虛妄分別如是等正得與衆生者於彼如實智境界中隨他所喜言說正知隨他言說正知而與故正求與無量門者於彼隨他所喜言語正知無量種種義語隨知而與故是四無㝵智十種差別一依自相二依同相三行相四說相五智相六無我慢相七小乘大乘相八菩薩地相九如来地相十作住持相後五是淨相云何自相

經曰是菩薩用法無㝵智知諸法自相以義无㝵智知諸法差別相以辭无㝵智知不壞說諸法以樂說無㝵智知諸法次第不斷說

論曰是中自相者有四種一者法自相二差別自相三想堅固自相四彼想差別自相如經是菩薩用法無㝵智知諸法自相故以義无㝵智知諸法差別相故以辭無㝵智知不壞說諸法故以樂說無㝵智知諸法次第不斷故是中不壞說者隨所覺諸相隨彼彼衆生種種說法故次第不斷

說者次第不息無量衆多異名為堅固彼義故云何同相

經曰復次以法無㝵智知諸法無體性以義無㝵智知諸法生滅相以辭無㝵智知諸法假名而不斷假名法說以樂說無㝵智隨假名不壞无邊法說

論曰是中同相有四種一者一切法同相二者一切有為法同相三者一切法假名同相四者假名假名同相如經復次以法无㝵智知諸法无體性故以義無㝵智知諸法生滅相故以辭無㝵智知諸法假名而不斷假名法說故以樂說無㝵智隨假名不壞無邊法說故是中無常門入無我義中第二同相初智境界成是中知諸法假名而不斷假名法者假名法以餘假名法說隨假名不壞無邊法者不壞前假名而能異假名說云何行相

經曰復次以法無㝵智知現在諸法差別以義無㝵智知過去未来諸法差別以辭無㝵智知過去未来現在

諸法以不壞說法以樂說無㝵智於一一世得無量法明故說法

論曰是中行相者有四種一生行相二已生未生行相三物假名行相四說事行相如經復次以法無㝵智知現在諸法差別故以義无㝵智知過去未来諸法差別故以辯無㝵智知過去未来現在諸法以不壞說法故以樂說無㝵智於一一世得無邊法明故說法故一一世現在世故過去未来彼彼世間攝受應知見過去未来世知現在世如是彼菩薩智境界成說事行相者不出三世　應知无量法明者異異請應知云何說相

經曰復次以法無㝵智知諸法差別以義無㝵智知諸法義差別以辯无㝵智隨諸言音而為說法以樂說無㝵智隨所樂解而為說法

論曰是中說相者有四種一修多羅說相二彼解釋說相三隨順說相四相似說相如經復次以法無㝵智知諸法差別故以義無㝵智知諸法義差別故以辯无㝵智隨諸言音而為

說法故以樂說無㝵智隨所樂解而為說法故是中隨諸言音說者隨彼衆生言音說故隨所樂解說者隨諸衆生所有心念乃至隨所有種種辟諭說云何智相

經曰復次以法無㝵智以法智知諸法差別不壞方便以義無㝵智以比智如實知諸法差別以辯無㝵智以世智正見故說法以樂說无㝵智以第一義智方便故說法

論曰是中智相者有四種一現見智二比智三欲得方便智四得智如經復次以法無㝵智以法智知諸法差別不壞方便故以義無㝵智以比智如實知諸法差別故以辯无㝵智以世智正見故說法以樂說无㝵智以第一義智方便故說法是中法智者知諦差別不異方便法智差別不壞方便故比智者此此如實分別餘亦如是比知如實諦差別知故第一義智方便者非顛倒異樂說應知云何无我慢相

經曰復次以法无㝵智知諸法一相

不壞以義無㝵智知陰界入諦因緣集方便以辯无㝵智知一切世間之所歸敬善妙音聲字句說法以樂說无㝵智所說轉勝无量法明說法

論曰是中无我慢相者有四種一第一義諦无我慢相二世諦無我慢相三說美妙無我慢相四說无上無我慢相如經復次以法無㝵智知諸法一相不壞故以義无㝵智知陰界入諦因緣集方便故以辯无㝵智知一切世間之所歸敬善妙音聲字句說法故以樂說無㝵智所說轉勝无量法明說法故是中一相不壞者無我不壞故我知無我我證无我如是等壞陰等方便入无我故是故彼菩薩智境界成一聚積著我二異因著三欲著四作著此對治如是次第陰等方便應知云何小乘大乘相

經曰復次以法無㝵智知諸法无有差別攝在一乘以義无㝵智知分別諸乘差別門以辯無㝵智能說諸乘不壞以樂說無㝵智於一一乘无量法明說

論曰是中小乘大乘相者有四種一觀相二性相三解脫相四念相如經復次以法無㝵智知諸法无有差別攝在一乘故以義無㝵智知分別諸乘差別門故以辭無㝵智能說諸乘不壞故以樂說无㝵智於一一乘无量法明說故是中知諸法无有差別攝在一乘者一觀不異應知能說諸乘不壞者依同解脫不懼無量法明說者種種法明分別說故隨可度者依種種念行隨順解脫云何菩薩地相

經曰復次以法無㝵智知一切菩薩行法行智行隨智入以義无㝵智知分別說十地義差別入以辭无礙智不壞說與隨順諸地道以樂說無㝵智說一一地無量相

論曰是中菩薩地相者有四種一智相二說相三與方便相四入无量門相如經復次以法無㝵智知一切菩薩行法行智行隨智入故以義无㝵智知分別說十地義差別入故以辭无㝵智知不壞說與隨順諸地道故

以樂說無㝵智說一一地无量相故是中一切菩薩行者法行智行示現觀智說故十地差別者謂心說者口言應知不壞說與隨順諸地道者不顛倒教授故云何如來地相

經曰復次以法无㝵智知一切佛於一念間得正覺以義无㝵智知種種時事相差別以辭無㝵智隨正覺差別說以樂說无㝵智於一一句法無量劫說而不窮盡

論曰是中如來地相者有四種一法身相二色身相三正覺相四說相如經復次以法無㝵智知一切佛於一念間得正覺故以義无㝵智知種種時事相差別故以辭无㝵智隨正覺差別說故以樂說無㝵智於一一句法无量劫說而不窮盡故是中時者隨何劫中成何等佛事者隨以何等佛國土隨何等佛身相者隨名所記可得見聞故隨正覺者依十種佛如正覺應知云何作住持相

經曰復次以法无㝵智知一切佛語力无畏不共佛法大悲无㝵智行轉

法輪隨順一切智智以義无㝵智知隨順如來音聲出八万四千隨衆生心隨根隨信差別以辭无㝵智一切衆生行以如來音聲不壞說以樂說无㝵智以諸佛智行神通圓滿隨信說法

論曰是中作住持相者有四種一覺相二差別相三說相四彼无量相如經復次以法無㝵智知一切佛語力无畏不共佛法大悲无㝵智行轉法輪隨順一切智智故以義无㝵智知隨順如來音聲出八万四千隨衆生心隨根隨信差別故以辭无㝵智一切衆生行以如來音聲不壞說故以樂說无㝵智以諸佛智行神通圓滿隨信說法故是中佛語者能說法故力者能破煩惱衆生故無畏者能降伏外道故不共佛法者不同聲聞辟支佛故大悲者常能說法故无㝵智行者依彼說法故轉法輪者隨順說法故此一切事一切智智通達知故隨心者隨心性應知諸佛智行神通圓滿者諸佛法身此行為利益衆生

行不可壞故言圓滿隨彼信故示現菩薩無盡樂說如是口業成就已說云何法師自在成就四種事示現一持成就二說成就三問答成就四受持成就云何持成就

經曰佛子菩薩如是善知無㝵智安住第九菩薩地名為得諸佛法藏能作大法師得衆義陁羅尼衆法陁羅尼起智陁羅尼光明陁羅尼善意陁羅尼衆財陁羅尼威德陁羅尼无障㝵門陁羅尼无量陁羅尼得種種義陁羅尼得如是等陁羅尼門滿足十阿僧祇百千陁羅尼門如是十阿僧祇百千音聲方便如是十阿僧祇百千无量信樂門差別說法是菩薩得如是十阿僧祇百千无量陁羅尼門能於无量諸佛所聽法聞已不忘如所聞法能以无量差別門為人演說

論曰持成就者有十種陁羅尼一義陁羅尼如經得衆義陁羅尼故二聞陁羅尼如經得衆法陁羅尼故三智陁羅尼如經起智陁羅尼故四放光陁羅尼如經光明陁羅尼故五降伏

他陁羅尼如經善意陁羅尼故六供養如來布施攝取貧窮衆生陁羅尼如經得衆財陁羅尼故七於大乘中救苦衆生示教利益陁羅尼如經威德陁羅尼故八不斷辯才陁羅尼如經得無障㝵門陁羅尼故九无盡樂說陁羅尼如經得无量陁羅尼故十種種義樂說陁羅尼如經得種種義陁羅尼故乃至隨所聞无量差別說如是等餘經文說成就問答成就受持成就如經說應知易解故不釋餘如前說

經曰是菩薩於一佛所以十阿僧祇百千陁羅尼門聽受法如從一佛聽法餘無量无邊諸佛亦復如是是菩薩於礼敬佛時所聞法明門能受非多學聲聞得大陁羅尼力於十万劫所能受持是菩薩得如是陁羅尼力及无㝵智樂說力說法說法時在於法座遍一切三千大千世界隨衆生心差別說法是菩薩法座唯除諸佛及受職菩薩於一切中最為殊勝得无量法明是菩薩處於法座或以一

音說令一切大衆悉得解了即得解了或以種種音說令一切大衆各得開解即得開解或但放光明說令一切大衆各得解法即得解法或以一切毛孔皆出法音或以三千大千世界所有色物皆出法音或以一音周遍一切法界皆令得解或以一切音聲法聲住持或於一切世界歌詠樂音一切音聲皆出法音或於一字聲中一切法字句聲皆差別說或於不可說世界無量地水火風聚細微塵差別一一微塵中不可說法門皆悉能說是菩薩三千大千世界所有衆生於一念間一時問難彼一一衆生以无量音聲差別問難如一人所問餘者異問是菩薩於一念間悉受如是問難但以一音皆令開解如是二三千大千世界若三四五若十二十三十四十五十若百三千大千世界若千三千大千世界若万十万百万若億三千大千世界若千億百千萬億那由他乃至無量无邊不可說不可說三千大千世界滿中衆生於一

念間一時問難彼一一衆生以无量音聲差别問難如一人所問餘者異問是菩薩於一念間悉受如是問難但以一音皆令開解

是菩薩於不可說不可說世界遍滿其中隨心隨根隨信為衆生說法得法明故求如來力滿足佛事與一切衆生而作依止

是菩薩轉倍精進攝取如是智明若於一一毛頭處有不可說不可說世界微塵數如來大會佛在其中而為說法一一如來為不可說不可說世界微塵數衆生說法一一衆生心中有不可說不可說世界微塵數心生如來如是隨衆生心而與法門如一佛一切佛在一一毛頭處亦如是如是一切法界中於是中生大憶念力於一念間從一切佛所受一切法明而不失一句何况所說一切世界中衆生

是菩薩住此菩薩善慧地中轉勝晝夜更無餘念入佛境界常得親近一切諸佛通達甚深菩薩解脱是菩薩

隨順如是智常入三昧不離親近諸佛而於一一劫中見无量佛无量百佛无量千佛无量百千佛无量百千那由他佛无量億佛无量百億佛无量千億佛無量百千億佛无量百千億那由他佛以上妙供具供養恭敬尊重讚歎親近諸佛於諸佛所種種問難通達說法陁羅尼是菩薩彼諸善根轉勝明淨佛子辟如本真金作荘嚴具已繫在轉輪聖王若頸若頂一切小王四天下人所有一切諸荘嚴具無能及者如是佛子菩薩住此菩薩善慧地中彼諸善根轉勝明淨一切聲聞辟支佛及下地菩薩所不能壞是菩薩善根轉明能照衆生煩惱心稠林處照已還攝佛子辟如大梵王二千世界中所有一切深稠林處皆悉能照如是佛子菩薩住此善慧地中彼諸善根光明照諸衆生煩惱心稠林處照已還攝是菩薩十波羅蜜中力波羅蜜增上餘波羅蜜非不修習隨力隨分佛子是名略說菩薩第九菩薩善慧地若廣說者

於无量劫說不可盡菩薩住此地中多作大梵天王得大勢力主二千世界於自在中而得自在如實正解家為殊勝善能宣說聲聞辟支佛菩薩波羅蜜行衆生問難無能窮盡所作善業布施愛語利益同事是諸福德皆不離念佛念法念僧念菩薩念菩薩行念波羅蜜念十地念不壞力念無畏念不共佛法乃至不離念一切種一切智智常生是心我當於一切衆生中為首為勝為大為妙為微妙為上為無上為導為將為師為尊乃至為一切智智依止者復從是念發精進行以精進力故於一念間得十阿僧祇百千佛國土微塵數三昧見十阿僧祇百千佛國土微塵數佛知十阿僧祇百千佛國土微塵數佛神力能動十阿僧祇百千佛國土微塵數世界能入十阿僧祇百千佛國土微塵數世界能照十阿僧祇百千佛國土微塵數世界能化十阿僧祇百千佛國土微塵數世界衆生能住壽十阿僧祇百千佛國土微塵數劫能

知過去未來世各十阿僧祇百千佛 十地論卷第十一 第二十三張 爲字号
國土微塵數劫事能善入十阿僧祇
百千佛國土微塵數法門能變身為
十阿僧祇百千佛國土微塵數於一
一身能示十阿僧祇百千佛國土微
塵數菩薩以為眷屬若以願力自在
勝上菩薩願力過於此數示種種神
通或身或光明或神通或眼或境界
或音聲或行或莊嚴或加或信或業
是諸神通乃至無量百千万億那由
他劫不可數知

十地論善慧地第九卷之十一

十地論善慧地第九卷之十一

校勘記

一　底本，金藏廣勝寺本。

一　八〇七頁中一行經名，石、麗作「十地經論善慧地第九卷之(「之」石無)十一」；資、磧、普、南、徑、清作「十地經論卷第十一」。

一　八〇七頁中三行與四行之間，資、磧、普、南、徑、清有品名「善慧地第九」。

一　八〇七頁中七行「地中辯才力」，資無。

一　八〇七頁中二一行第四字，八一三頁中一七行第八字「想」，資、磧、普、南、徑、清作「相」。

一　八〇七頁中二一行第九字「作」，資、磧、普、南、徑、清作「他」。

一　八〇七頁下一五行第八字「地」，諸本作「事」。

一　八〇八頁上一行第二字「行」，資、磧、普、南、徑、清無。

一　八〇八頁上六行第九字「有」，麗作「有有」。

一　八〇八頁上一二行末字至一三行第二字「行法行」，徑、清作「法行故」。

一　八〇八頁上二二行第一三字「共」，石、麗無。

一　八〇八頁中三行「限等第次」，石作「限等次第」；資、磧、普、南、徑、清、麗作「根等次第」。

一　八〇八頁中一一行「不生」，資、磧、普、南、徑、清無。

一　八〇八頁下一〇行第一一字「順」，石、麗無。

一　八〇九頁上二行末字「隨」，清作「道」。

一　八〇九頁上九行第一二字「彰」，資、磧、普、南、徑、清、麗作「障」。

一　八〇九頁中一一行第三字「未」，磧、普、南、徑作「果」。

一　八〇九頁下四行「濡中」，石作「軟中」；資、磧、普、南、徑、清作「燸中」，下同。

一　八〇九頁下一七行第一三字「説」，資、磧、普、南、徑、清作「諸」。

一　八一〇頁上一行末字「懷」，諸本作「壞」。

一　八一〇頁上一三行「一一乘」，麗作「二乘」。

一　八一〇頁中一三行第八字「知」，徑、清作「知諸」。

一　八一〇頁中一六行第四字「順」，資、磧、普、南、徑、清作「逐」。

一　八一〇頁中二〇行「三昧」，資、磧、普、南作「如是」。

一　八一〇頁下一九行首字「愛」，石、麗作「受」。

一　八一〇頁下二〇行第二字「想」，諸本作「相」。

一　八一一頁上一行末字「人」，諸本無。

一　八一一頁上九行第一二字「受」，資、磧、普、南、徑、清作「愛」。上一一行第一一字磧、徑、清同。

一　八一一頁上一〇行末字「相」，資、磧、普、南、徑、清作「想」。

一　八一一頁上一九行首字「行」，石、資、磧、普、南、徑、清作「行行」。

一　八一一頁中六行首字至一一行末字「習氣……習氣」與一二行首字至一七行末字「衆生……有」，諸本二段經文互置。

一　八一一頁下一行首字「故」，諸本無。

一　八一二頁中二二行第七字「具」，資、磧、普、南、徑、清、麗作「具德」。

一　八一二頁下末行第七字「問」，諸本作「聞」。

一　八一三頁中一六行第一二字「者」，諸本作「生」。

一　八一四頁上一〇行「説法故」，資、磧、普、南、徑、清無。

一　八一四頁上一三行第二字「説」，石、麗作「就」。

一　八一四頁上一三行「三世」，資、磧、普、南、徑、清、麗作「三世中」。

一　八一四頁中一九行「此此」，石作「如此」；資、磧、普、南、徑、清、麗作「如此」。

一　八一四頁中二一行第九字「樂」，麗無。

一　八一四頁下八行第八字「法」，資、磧、普、南、徑、清作「此法」。

一　八一五頁上二一行第一〇字「故」，資、磧、普、南、徑、清無。

一　八一五頁下三行第一三字及一三行末字「一」，資、磧、南、徑、清作「知一」。

一　八一五頁下一五行第六字「修」，諸本無。

一　八一五頁下一七行第四字「破」，石作「礙」。

一　八一六頁上二〇行末字「聞」，資、磧、普、南、徑、清作「聞法」。

一　八一六頁中一一行第六字「説」，徑無。

一　八一六頁中一九行「説法説法」，石、資、磧、普、南、徑、清作「説法」。

一八一六頁下七行「法界」，徑作「世界」。

一八一六頁下九行第一三字「子」，諸本作「字」。

一八一六頁下二一行第一〇字「千」，資、磧、普、南、徑、清、麗作「十」。

一八一七頁中一七行「梵王」，資、磧、普、南、徑、清作「梵天王」。

一八一七頁下五行末字「作」，石作「行」。

一八一七頁下一〇行第一一字「當」，清作「常」。

一八一八頁上四行第一三字「於」，資、磧、普、南、徑、清作「身於」。

一八一八頁上一一行末字「知」後，徑、清有夾註「善慧地竟」。

一八一八頁上卷末經名，石、徑、清作「十地經論卷第十一」；資作「十地經論善慧地卷第十一」；磧、普、南作「十地經論卷第十一」，並有夾註「善慧地竟」；麗作「十地經論善慧地第九卷之十一」。

十地經論法雲地第十卷之十二　空

天親菩薩造

後魏北印度三藏菩提流支　譯

論曰菩薩於九地中已作淨佛國土及化衆生第十地中修行令智覺滿足此是勝故此地中有八分差別一方便作滿足地分二得三昧滿足分三得受位分四入大盡分五地釋名分六神通力無上有上分七地影像分八地利益分云何方便作滿足地分

經曰尒時金剛藏菩薩言佛子若菩薩如是無量智善觀智乃至第九菩薩地善擇智善滿足清白法集無量助道法善攝大功德智慧廣行增上大悲廣知世界差別深入衆生界稠林行念隨順入如來行境界深入趣向如來力無畏不共佛法名為得至一切種一切智智受位地

論曰是中地方便作滿足地分者於初地至九地中善擇智業應知如經佛子若菩薩如是無量智善觀智乃至第九菩薩地善擇智故此善擇智有七種相一善修行故有三句如經善滿足清白法集無量助道法善攝大功德智慧故此諸句次第相釋應知二普遍隨順自利利他故如經廣行增上大悲故三令佛土淨如經廣知世界差別故四教化衆生如經深入衆生界稠林行故五善解如經念隨順入如來行境界故如來境界者真如法故六無猒足如經深入趣向如來力無畏不共佛法故七地盡至入如經名為得至一切種一切智智受位地故如是十地方便作滿足地分已說云何得三昧滿足分

經曰佛子菩薩隨順行如是智得入受位地即得菩薩名離垢三昧而現在前名入法界差別三昧名莊嚴道場三昧名一切種花光三昧名海藏三昧名海成就三昧名虛空界廣三昧名善擇一切法性三昧名隨一切衆生心行三昧名現一切諸佛現前任菩薩三昧而現在前如是等上首十阿僧祇百千諸三昧門皆現在前是菩薩皆悉入此一切三昧善知三

昧方便乃至三昧所作正受此菩薩
乃至十阿僧祇百千三昧最後三昧
名一切智智受勝位菩薩三昧而現
在前
論曰得三昧滿足者離垢三昧等共
眷屬現前故離垢三昧者離煩惱垢
故而現在前若不加功力自然現在
前故此離垢三昧復有九種三昧離
八種垢應知一入容無垢如經名入
法界差別三昧故二近无垢如經名
莊嚴道場三昧故三放光無垢如經
名一切種花光三昧故四陁羅尼无
垢如經名海藏三昧故五起通无垢
如經名海成就三昧故六清淨佛土
无垢有二句無量正觀故如經名虛
空界廣三昧名善擇一切法性三昧
故七化衆生無垢如經名隨一切衆
生心行三昧故八正覺無垢成菩提
時一切諸佛從共現前知故如經名
現一切諸佛現前住菩薩三昧而現
在前故乃至名一切智智受勝位菩
薩三昧而現在前者一切智智無分
別一切智智平等受位故善知三昧

十地論卷第十二　第三張　空

方便乃至三昧所作正受者滿足三
昧事示現如是十地得三昧滿足分
已說云何得受位分
經曰是三昧現在前時即有大寶蓮
花王出周圓如十阿僧祇百千三千
大千世界一切衆寶間錯莊嚴過於
一切世間境界出世間善根所生行
諸法如幻性境界所成光明善照一
切法界過一切諸天所有境界大琉
璃摩尼寶為莖不可量栴檀王為臺
大瑪瑙寶為鬚閻浮檀金為葉華身
有無量光明一切衆寶間錯其內无
量寶網弥覆其上滿十三千大千世
界微塵數等蓮花以為眷屬如是
成就具足諸相已尒時菩薩其身殊
妙稱可花座是菩薩得一切智智受
勝位三昧力故即時身在大寶蓮花
王座上坐是菩薩在大寶蓮花王座
上坐時尒時大寶蓮花王眷屬蓮花座
上皆有菩薩一一菩薩皆坐蓮花座
上圍遶彼菩薩一一菩薩各得十
百千三昧皆一心恭敬瞻仰大菩薩
論曰是中得受位者隨何等座隨何

十地論卷第十二　第四張　空

等身量隨何等眷屬隨何等相隨何
等出處隨所得位隨如是說六事應
知是中座處者有十種相一生相如
經是三昧現在前時即有大寶蓮花
王出故二量相如經周圓如十阿僧
祇百千三千大千世界故三勝相如
經一切衆寶間錯莊嚴故四地相如
經過於一切世間境界故五因相如
經出世間善根所生故六成相如經
行諸法如幻性境界所成故七第一
義相如經光明善照一切法界故善
照者名為正觀故八功德相過一切
諸天故如經過一切諸天所有境界
故九體相莖臺等如經大琉璃摩尼
寶為莖等十莊嚴具足相如經花身
有無量光明一切衆寶間錯其內無
量寶網弥覆其上故隨何等身量者
身稱花座如經尒時菩薩其身殊妙
稱可花座如是等隨何等眷屬者此
坐處大寶蓮花王座眷屬菩薩眷屬
住在其中如經尒時大寶蓮花王眷
屬如是等
經曰是菩薩昇大寶蓮花王座及眷

十地論卷第十二　第五張　空

屬菩薩坐蓮花座入三昧已尒時十方一切世界皆大震動一切惡道皆悉休息光明普照一切法界一切世界皆悉嚴淨皆得見聞一切諸佛大會何以故佛子是菩薩坐大寶蓮花王座時即時兩足下放十阿僧祇百千光明出已悉照十方无量阿鼻地獄等滅衆生苦惱兩膝放十阿僧祇百千光明出已悉照十方無量畜生滅除苦惱齋輪放十阿僧祇百千光明出已悉照十方無量餓鬼滅除苦惱左右脅放十阿僧祇百千光明出已悉照十方无量人身滅除苦惱兩手放十阿僧祇百千光明出已悉照十方無量諸天阿修羅宮兩肩放十阿僧祇百千光明出已悉照十方無量聲聞人項背放十阿僧祇百千光明出已悉照十方無量辟支佛身面門放十阿僧祇百千光明出已悉照十方無量從初發心乃至得九地菩薩白毫相放十阿僧祇百千光明出已悉照十方無量得位菩薩身而住一切魔宮隱蔽不現頂上放十阿僧

祇百千三千大千世界微塵數光明出已悉照十方一切諸佛大會圍遶一切世界十匝住虛空中成大光明輪網臺名高大光明作大供養供養諸佛如是供養從初發心乃至得九地菩薩所作供養諸佛百分不及一千分不及一百千分不及一百千那由他分不及一億分不及一百億分不及一千億分不及一百千億分不及一百千億那由他分不及一乃至筭數辟喻所不能及是大光明輪網臺勝十方世界所有花香末香燒香塗香散香花鬘衣服寶蓋幢幡衆寶瓔珞摩尼寶珠供養之具過於一切世間境界以從出世間善根生故一一佛大會上皆雨衆寶猶如大雨若有衆生覺知如是供養者當知皆是必定不退無上大道如是諸光明雨大供養已彼一切光明悉照十方一切諸佛大會圍遶一切世界十匝入諸佛足下尒時彼諸佛及彼大菩薩知某世界中某甲菩薩行如是菩薩道成就菩薩得位地時又佛子即時十

方無邊菩薩乃至住九地者皆来圍遶設大供養一心瞻仰各得十十百千三昧諸得位地菩薩於功德莊嚴金剛万字胷出一大光明名壞魔怨有十阿僧祇百千光明以為眷屬出已悉照十方無量世界示無量神力亦来入是大菩薩功德莊嚴金剛万字胷此光明滅已是菩薩即時得百千增上大勢力功德智慧而現在前

論曰隨何等相者一切世界動等相如經是菩薩昇大寶蓮花王座乃至皆得見聞一切諸佛大會故隨何等出處者以此光明故復次光明三種業應知一利益業二發覺業三攝伏業如經何以故佛子是菩薩坐大蓮花王座即時兩足下放十阿僧祇百千光時乃至功德智慧而現在前故必定不退無上大道於地中決定義故復有異義定不放逸所作之事決定心故功德莊嚴金剛万字胷者於菩薩胷中有功德莊嚴金剛万字相名為無比

經曰如是佛子尒時諸佛放眉間白

毫相光名益一切智通有阿僧祇光明眷屬照於十方一切世界無有遺餘十匝圍遶一切世界示於諸佛大神通力勸發無量百千万億諸佛一切十方諸佛國土六種震動滅除一切惡道苦惱一切魔宫隱蔽不現示一切諸佛得菩提處示一切諸佛大會神通莊嚴之事照明一切法界際一切虛空界盡一切世界已還来集在一切菩薩大會之上周匝圍遶示大神通光明莊嚴之事是光明入彼大菩薩頂上其諸眷屬光明入諸眷屬蓮花座上菩薩頂上光明入是菩薩身時彼諸菩薩各得先所未得十十百千三昧彼諸光明一時入彼菩薩頂時彼菩薩名為得位入諸佛境界具佛十力墮在佛數佛子譬如轉輪聖王長子玉女寶所生具足王相轉輪聖王令子在白象寶閻浮檀金座上取四大海水上張羅網寶蓋幡華寶幢種種莊嚴手執金鍾香水灌子頂上即名灌頂刹利王數具足轉十善道故得名轉輪聖王如是佛子

彼菩薩從諸如来得受位已名得智位具足十力墮在佛數佛子是名菩薩大乘位地菩薩為是位故受無量百千万億苦難行事是菩薩得是位已无量功德智慧轉增名為安住菩薩法雲地

論曰隨所得位者諸如来光明彼菩薩迭互知平等攝受故如經如是佛子尒時諸佛放眉間白毫相光名益一切智通如是等云何得位如轉輪聖王長子如經譬如轉輪聖王長子如是等此菩薩同得位時名為善住此地中如經是菩薩得是位已無量功德智慧轉增名為安住菩薩法雲地如是得受位分已說云何入大盡分入大盡分者有五種一智大二解脫大三三昧大四陁羅尼大五神通大此事依五種義分别應知一依正覺實智義二依心自在義三依發心即成就一切事義四依一切世間隨利益衆生義五依堪能度衆生義云何智成就

經曰佛子是菩薩住此菩薩法雲地

如實知欲界集色界集無色界集如實知衆生界集識界集有為界集无為界集虛空界集法界集如實知涅槃界集如實知邪見諸煩惱界集世界成壞集聲聞行集辟支佛行集菩薩行集諸佛力無畏不共佛法色身法身集一切種一切智集得菩提轉法輪示滅度集略說乃至如實知入一切法成智差别集是菩薩以如是智通達勝慧如實知衆生業化煩惱化見作化世界化法界化聲聞化辟支佛化菩薩化如来化如實知一切分别無分别化是菩薩如實知佛力持法持僧持業持煩惱持時持願持供養持行持劫持如實知智持是菩薩如實知諸佛所有細微入智所謂行細微入智退細微入智入胎細微入智生細微入智奮迅細微入智出家細微入智得菩提細微入智轉法輪細微入智持壽命細微入智示涅槃細微入智如實知法久住細微入智是菩薩如實知諸佛所有密處所謂身密口密意密籌量時非時密與

菩薩授記密攝伏衆生密乘種種密
一切根行差別密一切信如實所作
密如實知行得菩提密是菩薩如實
知諸佛所有入劫智所謂一劫入阿
僧祇劫阿僧祇劫入一劫有數劫入
無數劫無數劫入有數劫一念劫入
无量劫無量劫入一念劫劫入非劫
非劫入劫有佛劫入无佛劫無佛劫
入有佛劫有佛劫入有佛劫无佛劫
入無佛劫過去未来劫入現在劫現
在劫入過去未来劫未来過去劫入
現在劫現在劫入未来過去劫長劫
入短劫短劫入長劫短劫入短劫長
劫入長劫如實知一切劫相相入是
菩薩如實知諸佛所有入智所謂入
凡夫道智入微塵智入國土身菩提
智入衆生身心菩提智入一切處隨
菩提智入亂行示現智入順行示現
智入逆行示現智入思議不思議智
世間出世間智行示現智入聲聞智
辟支佛智菩薩智如實知如来智行
智佛子諸佛智慧如是廣大无量無
邊菩薩住此地即能得入如是智慧

論曰是中智大復有七種應知一集
智大二應化智大三加持智大四入
細微智大五密處智大六入劫智大
七入道智大是中初依能斷疑力應
知第二依彼身起力第三依彼如是
如是轉行力第四依彼應化加持善
集不二智作故第五依護根未熟衆
生不令驚怖第六依命行加持捨自
在意故第七依對治意說是中集智
者因緣集智應知彼復隨所有分染
或淨或滅隨所有三界處隨所有衆
生隨染淨等心隨所　有有為法无
為法無知知故隨所有處虛空等隨
所說正不正法隨所證不證謂於涅
槃隨所邪見過餘外道等彼不能證
隨所有器世間壞成隨所有三乘彼
集差別應知如經佛子是菩薩住此
菩薩法雲地如實知欲界集乃至如
實知入一切法成智差別集故是中
應化智者衆生應化等差別應知如
經是菩薩以如是智通達勝慧乃至
如實知一切分別無分別化故是中
煩惱見作化者應化示煩惱染見作

故法界化者所說法行故彼應化一
切分別無分別如實知故是中加持
智者如經是菩薩如實知佛力持
乃至如實知智持故如經應知是中
智持者一切智智故此智能作一切
事故入細微智者如經是菩薩如實
知諸佛所有細微入智乃至如實知
法久住細微入智故如經應知是中
奮迅者現行七步等應知是中密處
智者如經是菩薩如實知諸佛所有
密處乃至如實知行得菩提密故如
經應知是中入劫智者所謂入劫如
經是菩薩如實知諸佛所有入劫智
所謂一劫入阿僧祇劫乃至如實知
一切劫相相入故如經應知是中入
者平等解脫一切劫迭相入故是中
入道智者依凡夫地依我慢行者依
信求生天者依覺觀者如經是菩薩
如實知諸佛所有入智所謂入凡夫
道智乃至即能得入如是智慧故如
是七種智大已說云何解脫大
經曰佛子是菩薩如是通達此地行
得名菩薩不思議解脫門无障㝵解

脫淨智差別解脫普門光解脫如來藏解脫隨順不退輪解脫入通達三世解脫法界藏解脫解脫光輪解脫名得菩薩一切境界無餘解脫佛子是菩薩十菩薩解脫門為首得如是等无量無邊百千万阿僧祇菩薩解脫門皆於第十菩薩地中得如是乃至無量无邊百千万阿僧祇三昧无量无邊百千万阿僧祇陁羅尼无量無邊百千万阿僧祇神通亦復如是

論曰是中解脫大者一依神通境界如經佛子是菩薩如是通達此地行得名菩薩不思議解脫門故二能至无量世界願智无㝵如經无障㝵解脫故三知世間出世間有學無學聲聞辟支佛菩薩如來解脫智等如經淨智差別解脫故四隨意轉事如經普門光解脫故五法陁羅尼如經如來藏解脫故六能破他言如經隨順不退輪解脫故七三世劫隨意住持如經入通達三世解脫故八一切法一切種因緣集智如經法界藏解脫故九光不離身而能普照如經解脫

光輪解脫故十依一時知无量世界諸衆生心如經名得菩薩一切境界无餘解脫故是中三昧大者如經如是乃至無量无邊百千万阿僧祇三昧故是中陁羅尼大者如經无量無邊百千万阿僧祇陁羅尼故是中神通大者如經無量无邊百千万阿僧祇神通亦復如是故如是十地入大盡分已說云何地釋名分

經曰是菩薩通達如是智慧隨順菩提成就无量念力方便畢竟是菩薩於十方無量佛所無量大法明無量大法照無量大法雨於一念間皆悉能受能堪能思能持佛子辟如娑伽羅雲澍大雨衆餘地處不能受不能堪不能思不能持唯除大海如是佛子一切如來秘密處所謂大法明大法照大法雨彼一切衆生一切聲聞辟支佛皆不能受不能堪不能思不能持從初地乃至住九地菩薩亦不能受不能堪不能思不能持唯此住法雲地菩薩皆悉能受能堪能思能持佛子辟如大海一大龍王起大雲

雨皆悉能受能堪能思能持若二若三四五若十二十三十四十五十若百龍王若千若万若億若百億若千億若百千億那由他龍王乃至无量無邊不可稱說諸大龍王起大雲雨於一念間一時澍下皆悉能受能堪能思能持所以者何大海是无量廣大器故如是佛子菩薩住此菩薩法雲地中於一佛所大法明大法照大法雨皆悉能受能堪能思能持若二若三四五若十二十三十四十五十若百諸佛若千若万若億若百億若千億若百千億那由他諸佛乃至无量無邊不可稱說諸佛所大法明大法照大法雨於一念間皆悉能受能堪能思能持是故此地名為法雲地解脫月菩薩言佛子菩薩住此法雲地幾許佛所大法明大法照大法雨於一念間能受能堪能思能持金剛藏菩薩言佛子菩薩住此法雲地於不可數不可說佛所大法明大法照大法雨於一念間皆悉能受能堪能思能持佛子辟如十方所有不可說

百千万億那由他佛國土微塵數等諸世界中所有衆生彼衆生中一衆生得聞持陁羅尼無餘為佛侍者聲大聲聞聞持陁羅尼第一辟如金剛蓮華上佛有名大勝比丘聞持陁羅尼第一其一衆生成就如是聞持陁羅尼力如彼一衆生餘一切世界所有衆生皆亦如是成就聞持陁羅尼力其一人所受法第二人不重受如是一切各各不同佛子於意云何彼一切衆生所受聞持陁羅尼力寧為多不解脫月菩薩言佛子彼一切衆生所受聞持陁羅尼力甚多無量金剛藏菩薩言佛子我今當為汝說是菩薩住此法雲地於一念間於一佛所名三世法界藏大法明大法照大法雨皆悉能受能堪能思能持彼大法明大法照大法雨受持方便上說一切衆生聞持陁羅尼力比此百分不及一千分不及一百千分不及一百千那由他分不及一億分不及一百億分不及一千億分不及一百千億分不及一百千億那由他分不及

一乃至筭數辟喻所不能及如一佛所如前所說十方世界微塵數等諸佛所復過此數无量無邊諸佛所名三世法界藏大法明大法照大法雨於一念間皆悉能受能堪能思能持是故此地名為法雲地復次佛子是菩薩住此法雲地自從願力起大慈悲雲震大法雷音通明無畏以為電光大智慧光以為疾風大福德善根為厚密雲現種種色身為雜色雲說正法雨破諸魔怨於一念間如前所說諸世界中所有微塵如是百千万億那由他世界皆悉遍覆復過此數无量無邊百千万億那由他世界亦皆遍覆澍大甘露善根法雨滅除衆生隨心所樂無明所起煩惱塵焰是故此地名為法雲地復次佛子是菩薩住此菩薩法雲地於一世界中從兜率天退入胎住胎初生出家得佛道請轉法輪示大涅槃一切佛事隨所度衆生得智自在若三千大千世界乃至如前微塵數等世界復過此數百千万億阿僧祇世界從兜率天退

乃至示大涅槃一切佛事隨所度衆生得智自在

論曰是中地釋名者有三種一雲法相似以遍覆地此地中聞法相似如虛空身遍覆故二滅塵除垢相似法此法能滅衆生煩惱塵故三度衆生從兜率天退乃至示大涅槃故漸化衆生故如大雲雨生成一切卉物萌芽故是中成就無量念力方便畢竟者近說受持義故如經是菩薩通達如是智慧隨順菩提成就無量念力方便畢竟故復能受持衆多微密速疾持故如經是菩薩於十方无量佛所无量大法明如是等是中無量諸佛无量大法明者說衆多故入如來微密處故一念聞者速疾受故聞法者性故作故二事示現云何性大法光明故聞思智攝受故大法照修慧智攝受故云何作大法雨如大雲與他法雨故於中起信故言受受所說字句故言堪以能取義故言思彼二攝受不失故言持大海亦如是以不濁故言受能受一切水故言堪餘水數

入失本名故言思用不可盡故言持應知如經名三世法界藏大法明大法照大法雨皆悉能受能堪能思能持乃至是故此地名為法雲地故是中名三世法界藏者於法界中三種事藏雲雷電等辟喻相似法應知如經復次佛子是菩薩住此法雲地自從願力乃至是故此地名為法雲地故是中大智慧光以為疾風者風相似法現種種色身者隨世閒種種身迴轉雜色雲相似法故說正法雨破諸魔怨者相似法故如是此地釋名分已說云何神通力無上有上分經曰是菩薩住在此地於智慧中得上自在力善擇大智通隨心所念或以垢國為淨淨國為垢如是廣大无量乱住倒住正住等一切世界自在力故種種能成是菩薩復隨心念或於一微塵中示一世界所有一切鐵圍山等然彼微塵而不增長若二若三四五若十二十三十四十五十若百若千若万若億若百億若千億若

百千億若百千億那由他世界乃至不可說不可說世界所有一切鐵圍山等入一微塵中然彼微塵亦不增長是菩薩復隨心念或以一世界莊嚴之事示二世界復隨心念或以一世界莊嚴之事乃至示無量不可說不可說世界復心念或以二世界莊嚴之事示一世界乃至或以無量不可說不可說世界莊嚴之事示一世界復隨心念乃至或以无量不可說不可說世界衆生置一世界中然諸衆生而不恐怖不覺不知復隨心念或以一世界衆生乃至置无量不可說不可說世界中然諸衆生亦不恐怖不覺不知復隨心念或於一毛道示一切佛境界莊嚴之事復隨心念乃至或以無量不可說不可說一切佛境界莊嚴之事示一毛道復隨心念於一念閒示現無量不可說不可說世界微塵等身於一一身中示如是等微塵數手以此諸手勤心供養十方諸佛以一一手執恒河沙等花箱以散諸佛如是花箱如是花鬘末

香塗香熏香衣服寶蓋幡花寶幢一切莊嚴事亦復如是於一一身中示如是等微塵數頭於一一頭中示如是等微塵數舌以此諸舌讚歎諸佛功德之事如是等事於念念中遍滿十方於念念中無量世界示得菩提乃至示大涅槃莊嚴住持於三世中示無量身於自身中示有无量諸佛示无量佛世界莊嚴之事亦示世界成壞之事或於自身一毛孔中出一切風災而不惱衆生復隨心念或以无量無邊世界為一海水此海水中作大蓮花光明莊嚴遍覆无量無邊世界於中示現大菩提樹莊嚴妙事乃至示一切種一切智智或於自身示十方光明摩尼寶珠雷光日月星宿諸光明等乃至一切世界諸光明等皆於身中現以口噓氣能動十方無量世界而不令衆生有驚怖想示十方世界風災劫盡火災劫盡水災劫盡隨一切衆生種種心念應現色身莊嚴成就或以自身作如来身以如来身作自身以如来身作自佛

國以自佛國作如來身如是佛子是菩薩住此菩薩法雲地中神變如是復過於此有餘無量无邊百千万億那由他神通莊嚴自在示現

論曰是中神通力無上有上者有六種相應知一依內二依外三自相四作住持五令歡喜六大勝是中神通力無上者比餘衆生神通力故有上者比於如來神通力故是中依內者有四種一不思議解脫二三昧三起智陁羅尼四神通如前所說依外者外事施等復有外事自他身等是中自相者有二種一轉外事等二應化自身等是中轉者復有三種一略廣轉二異事轉三自在轉能作一切衆生種種莊嚴等云何略廣轉如經是菩薩住在此地於智慧中得上自在力善擇大智通隨心所念或以狹國為廣廣國為狹故云何異事轉如經復隨心念或以垢國為淨淨國為垢乃至一切世界自在力故種種能成故云何自在轉如經是菩薩復隨心念於一微塵中示一世界乃至然諸衆

生亦不恐怖不覺不知故云何應化自身等如經復隨心念或於一毛道示一切佛境界莊嚴之事復隨心念乃至或以不可說不可說一切佛境界莊嚴之事示一毛道故是中作住持者供養門等成就集助菩提法故如經復隨心念於一念間示現無量不可說不可說世界微塵等身乃至無量无邊百千万億那由他莊嚴自在示現故云何令歡喜

經曰尒時會中一切菩薩衆及一切天龍夜叉乾闥婆阿脩羅迦樓羅緊那羅摩睺羅伽四天王釋提桓因梵天王摩醯首羅淨居天等各作是念若菩薩神通智力能如是无量無邊佛復云何尒時解脫月菩薩知諸大衆心所念已問金剛藏菩薩言佛子今諸大衆聞是菩薩神通智力墮在疑網為斷疑故少示菩薩神通之力莊嚴妙事尒時金剛藏菩薩即入一切佛國體性菩薩三昧金剛藏菩薩入一切佛國體性菩薩三昧時彼一切菩薩衆及一切天龍夜叉乾闥婆

阿脩羅迦樓羅緊那羅摩睺羅伽四天王釋提桓因梵天王摩醯首羅淨居天等皆自見身入金剛藏菩薩身中於其身內見佛國土彼國土中所有諸相莊嚴妙事於百千万億劫說不可盡於中有道場樹其莖周圍十万三千大千世界高百万三千大千世界覆蔭三千億三千大千世界稱樹高廣有師子座其座上有佛号一切智通王如來一切大衆咸皆見佛坐在道場樹下師子座上其中諸相莊嚴妙事於百千万億劫說不可盡金剛藏菩薩示現如是大神力已還令一切諸菩薩衆及一切天龍夜叉乾闥婆阿脩羅迦樓羅緊那羅摩睺羅伽四天王釋提桓因梵天王摩醯首羅淨居天等各在本處尒時一切大衆歡喜踊躍生希有想默然而住觀金剛藏菩薩尒時解脫月菩薩語金剛藏菩薩言佛子甚為希有此三昧神通莊嚴有大勢力佛子此三昧名為何等金剛藏菩薩言佛子此三昧名為一切佛國體性尒時解脫

月菩薩問金剛藏菩薩言佛子此三昧境界莊嚴神通妙事為齊幾許金剛藏菩薩言佛子若菩薩隨心所念善修成此三昧力故能示如是佛國土微塵數等諸佛國土自身中現復過此數佛子菩薩住此菩薩法雲地得如是等無量百千菩薩三昧以是義故此菩薩乃至得位菩薩及住善慧地菩薩不能測知若身身業難可測知若口口業難可測知若意意業難可則知若神通事難可則知若觀三世智難可測知若入三昧境界難可測知若智境界難可測知若遊戲諸解脫難可測知若應化所作若加所作若神力所作難可測知乃至舉足下足所作乃至得位菩薩及住善慧地菩薩不能測知佛子菩薩法雲地如是無量今已略說若廣說者無量百千阿僧祇劫無量百千万無量百千億不能得盡解脫月菩薩問金剛藏菩薩言佛子若菩薩神通行境界力如是無量佛神通行境界力復云何金剛藏菩薩言佛子辟如有人取

四天下中二三丑土作如是言無邊世界地界為多此耶汝所問者我謂如是如来無量智慧云何以菩薩智慧而欲測量佛子如人取四天下中少地界餘在極多如是佛子菩薩法雲地於無量劫說但說一分何況如来地金剛藏菩薩語解脫月菩薩言佛子是諸如来證知我言佛子假使十方於一一方无量世界微塵數等諸佛國土十地菩薩皆滿其中辟如甘蔗竹葦稻麻叢林此諸菩薩於无量劫所修行業功德智慧於如来功德智慧百分不及一千分不及一百千分不及一百千那由他分不及一億分不及一百億分不及一千億分不及一百千億分不及一百千億那由他分不及一乃至筭數辟喻所不能及如是佛子是菩薩通達如是智慧順如来身口意業不捨菩薩三昧力能見諸佛勤心供養於一一劫中以一切種供具上上供養無量諸佛而能具受諸佛神力所加轉復明勝是菩薩於法界中所有問難无能

勝者無量百劫無量千劫無量百千劫無量百千那由他劫無量億劫無量百億劫無量千億劫無量百千億劫无量百千億那由他劫不可窮盡佛子辟如善巧金師善治此金為莊嚴具以无上摩尼寶珠間錯其中繫在自在天王若頸若頂其餘天人莊嚴之具無能及者如是佛子是菩薩住此第十菩薩法雲地中彼菩薩不可思議智行一切衆生一切聲聞辟支佛從初地乃至住第九地菩薩所不能及是菩薩住此地中大智照光明能令一切衆生乃至住一切智智其餘智慧之明所不能壞佛子辟如摩醯首羅天王光明過一切生處衆生光明能令衆生身心清凉如是佛子是菩薩住此第十菩薩法雲地中彼智慧光明一切聲聞辟支佛從初地乃至住九地菩薩所不能及是菩薩住此地中能令一切衆生住一切智智法中佛子是菩薩隨順如是智慧十方諸佛為說智慧令通達三世行正知法界差別遍覆一切世間界

照一切世間界令一切衆生界得證法故略說乃至隨順得一切智智是菩薩十波羅蜜中智波羅蜜增上佛子是名略說菩薩第十菩薩法雲地若廣說者無量无邊阿僧祇劫不可窮盡若菩薩住此地中多作摩醯首羅天王具足自在善授衆生聲聞辟支佛菩薩波羅蜜行於法界中有問難者無能令盡所作善業布施愛語利益同事是諸福德皆不離念佛念法念僧念菩薩念菩薩行念波羅蜜念十地念不壞力念無畏念不共佛法乃至不離念具足一切種一切智智常生是心我當於一切衆生中為首為勝為大為妙為微妙為上為無上為導為將為師為尊乃至為一切智智依止者復從是念發精進行以精進力故於一念間得十不可說百千万億那由他佛世界微塵數三昧得見十不可說百千万億那由他佛世界微塵數佛能知十不可說百千万億那由他佛世界微塵數佛神力能動十不可說百千万億那由他佛世界

微塵數世界能入十不可說百千万億那由他佛世界微塵數世界能照十不可說百千万億那由他佛世界微塵數世界能教化十不可說百千万億那由他佛世界微塵數世界衆生住壽十不可說百千万億那由他佛世界微塵數劫能知過去未來世各十不可說百千万億那由他佛世界微塵數劫事能善入十不可說百千万億那由他佛世界微塵數法門能變身為十不可說百千万億那由他佛世界微塵數身於一一身示十不可說百千万億那由他佛世界微塵數菩薩以為眷屬若以願力自在勝上菩薩願力過於此數示種種神通或身或光明或神通或眼或境界或音聲或行或莊嚴或加或信或業是諸神通乃至無量百千万億那由他劫不可數知

論曰是中令歡喜者能斷疑故斷疑有二種一示現自神通力二說一切法故云何示現自神通力如經尒時會中一切菩薩衆及一切天龍夜叉

如是等如是自力示現斷衆生疑令歡喜故云何說一切法如經如是佛子是菩薩通達如是智慧順如來身口意業乃至轉復明勝是菩薩於法界中所有問難无能勝者如是等是中大勝者有二種一神通力勝二算數勝此二種事勝一切前地故如經說應知三世智等通故通三種行故一能斷疑行如經佛子是菩薩住此地中隨順如是智十方諸佛為說智慧令通達三世行等三世行者道義應知二速疾神通行聞說如來秘密法故如經正知法界差別故三等作助行此有三種應知一作淨佛國土平等為化衆生故二作法明平等三作正覺平等如經遍覆一切世間界故照一切世間界故令一切衆生界得證法故略說乃至隨順得一切智智如是等如是此地神通力無上有上分已說次說地影像分是中地影像者有四種一池二山三海四摩尼實珠以況四種功德故一修行功德二上勝功德三難度能度大果功德

四轉盡堅固功德云何修行功德
經曰佛子是菩薩十地次第順行趣向一切種一切智智佛子辟如從阿耨大池流出四河充滿閻浮提不可窮盡轉復增長乃至充滿大海如是佛子菩薩從菩提心流出善根大願之水以四攝法充滿衆生界不可窮盡轉復增長乃至滿足得一切種一切智智
論曰是中修行功德者依本願力修行以四攝法作利益他行自善根增長及得菩提自利益作應知如經佛子辟如從阿耨大池流出四河乃至滿足得一切種一切智智故云何上勝功德
經曰佛子是菩薩十地因佛智故而有差別辟如依大地故有十大山王差別何等為十所謂雪山王香山王毗陁略山王仙聖山王由乾陁羅山王馬耳山王尼民陁羅山王斫迦婆羅山王衆相山王須弥山王佛子辟如雪山王一切藥草集在其中是諸藥草取不可盡如是佛子菩薩住在

菩薩歡喜地中一切世間書論伎藝文誦呪術集在其中一切世間書論伎藝文誦呪術不可窮盡佛子辟如香山王一切諸香集在其中一切諸香取不可盡如是佛子菩薩住在菩薩離垢地中一切菩薩持戒正受行香集在其中一切菩薩持戒正受行香不可窮盡佛子辟如毗陁略山王純淨寶性一切諸寶集在其中一切諸寶取不可盡如是佛子菩薩住在菩薩明地中一切世間禪定神通解脫三昧三摩跋提集在其中一切世間禪定神通解脫三昧三摩跋提問答不可窮盡佛子辟如仙聖山王純淨寶性五通聖人集在其中五通聖人不可窮盡如是佛子菩薩住在菩薩焰地中一切行中殊勝智行集在其中一切行中殊勝智行種種問難不可窮盡佛子辟如由乾陁羅山王純淨寶性一切夜叉諸大鬼神集在其中一切夜叉諸大鬼神不可窮盡如是佛子菩薩住在菩薩難勝地中一切自在如意神通變化莊嚴集

在其中一切自在如意神通變化莊嚴問答不可窮盡佛子辟如馬耳山王純淨寶性一切衆果集在其中一切衆果取不可盡如是佛子菩薩住在菩薩現前地中說入因緣集觀集在其中說入因緣集觀聲聞果證問答不可窮盡佛子辟如尼民陁羅山王純淨寶性一切大力龍神集在其中一切大力龍神不可窮盡如是佛子菩薩住在菩薩遠行地中種種方便智集在其中種種方便智說辟支佛果證問答不可窮盡佛子辟如斫迦婆羅山王純淨寶性得自在衆集在其中得自在衆不可窮盡如是佛子菩薩住在菩薩不動地中起一切菩薩自在道集在其中起一切菩薩自在道說一切世間界差別問答不可窮盡佛子辟如衆相山王純淨寶性諸大阿修羅衆集在其中諸大阿修羅衆不可窮盡如是佛子菩薩住在菩薩善慧地中知一切衆生逆順行集在其中知一切衆生逆順行說一切世間生滅相問答不可窮盡佛

子譬如須弥山王純淨寶性諸大天衆集在其中諸大天衆不可窮盡如是佛子菩薩住在菩薩法雲地中如来力無畏不共佛法集在其中如来力无畏不共佛法示現佛事問荅不可窮盡佛子此十大寶山王同在大海因大海得名如是佛子菩薩十地同在一切智因一切智得名

論曰是中上勝功德者依一切智增上行十地故如經佛子是菩薩十地因佛智故而有差別譬如依大地故有十大山王差別故是中純淨諸寶山喻者喻八種地猷地善清淨故復次諸山王非衆生數衆生數依故非衆生數者有二種一受用事二守護積聚寶事等是中受用事者有二種一衆生四大增損對治二長養衆生依雪山香山毗陁略山馬耳山此四山非衆生數依故藥草衆香衆寶一切果集在其中一切果者第六山中衆生數者復有六種難對治故六種難者一貧難二死難三儉難四不調伏難五惡業難六怨敵難第四山中五

通福田對治貧難第五山中夜叉大神神通變化對治死難第七山中諸大龍王對治儉難第八山中得自在衆對治不調伏難第九山中阿脩羅說呪對治惡業難第十山中自在四天王對治怨敵難此一切山集在其中者如所說事能生一切物故言集在其中不可窮盡者順行行斷不休息故彼十大山因大海得名大海亦因大山得名菩薩十地亦復如是同在一切智因一切智得名彼因果相顯故如經佛子此十大寶山王同在大海因大海得名如是佛子菩薩十地同在一切智因一切智得名故云何難度能度大果功德

經曰佛子譬如大海以十相故數名大海無有能壞何等為十一漸次深二不受死屍三餘水失本名四同一味五无量寶聚六甚深難度七廣大無量八多有大身衆生依住九潮不過限十能受一切大雨无有猒足如是佛子菩薩行以十相故數名菩薩行无有能壞何等為十所謂菩薩歡

喜地中漸次起大願於菩薩離垢地中不共破戒死屍住故菩薩明地中捨諸世間假名數故菩薩焰地中恭敬三寶得一味不壞故菩薩難勝地中無量方便智起世間所作多寶故菩薩現前地中觀甚深因緣集法故菩薩遠行地中以無量方便智善釋諸法故菩薩不動地中示現起大莊嚴事故菩薩善慧地中得甚深解脫通達世間行如實所證不過限故菩薩法雲地中能受一切諸佛大法明雨無有猒足故

論曰是中難度能度大果功德者因果相順故十地如大海難度能度得大菩提果故大海有八種功德應知一易入功德如經漸次深故二淨功德如經不受死屍故三平等功德如經餘水失本名故四護功德如經同一味故五利益功德如經無量寶聚故六不竭功德謂深廣等如經甚深難度故廣大無量故七住處功德以大衆生依住故如經多有大身衆生依住故八護世間功德潮不過時受

水無猒如經潮不過限故能受一切大雨无有猒足故大海相似法菩薩十地行亦有十種相應知如經如是佛子菩薩行以十相故數名菩薩行无有能壞故如是等云何轉盡堅固功德

經曰佛子辟如大摩尼寶珠過十寶性一出大海二巧匠善治三善轉精妙四善清淨五善淨光澤六善攢穿七貫以寶縷八置在琉璃高幢九放一切光明十隨王意雨衆寶物能與一切衆生一切實物如是佛子菩薩發薩婆若心過十聖性一初發心布施離慳二善修持戒正行明淨三善修禪定三昧三摩跋提令轉精妙四善提分善清淨五方便神通善淨光澤六因緣集觀善攢穿七種種方便智縷善貫穿八置於自在神通幢上九觀衆生行放多聞智慧光明十諸佛授智位介時能為一切衆生現作佛事即名得薩婆若

論曰是中轉盡堅固功德者大摩尼寶諭如經佛子辟如大摩尼寶珠等

故過十寶性者摩尼寶過此琉璃等以出故取乃至故一切光明示現此寶有八種功德攝故八種功德者一出功德選擇而取以善觀故二色功德巧匠善治故三形相功德善轉精妙故四無垢功德善清淨故五明淨功德善淨光澤故六趣行功德善攢穿故貫以寶縷故置在琉璃高幢故此三句示現七神力功德放一切光明遍照一切處故八不誑功德隨王意雨衆寶物能與一切衆生一切實物正智受位故一切衆生同善根藏故過十聖性者過聲聞辟支佛等性故聲聞有八種性四行四果差別故辟支佛有二種性行果差別故如是十地影像分已說云何地利益分

經曰佛子是菩薩行善集一切種一切智智功德集法門品若衆生不深種善根者不能得聞解脫月菩薩言佛子此集一切種一切智智功德集法門品若得聞者此人成就幾許功德金剛藏菩薩言佛子隨一切智智所攝觀集諸功德此集一切種一切

智智功德集法門品亦復如是此人得聞此法門所得功德亦復如是何以故佛子若非菩薩不得聞此集一切種一切智智功德集法門品何況能信何況能持何況正修行說此經時以佛神力以得法力十方世界十億佛土微塵數等諸佛世界六種十八相動所謂動遍動等遍動踊遍踊等遍踊覺遍覺等遍覺起遍起等遍起震遍震等遍震吼遍吼等遍吼以佛神力以得法力故雨種種天花如雲而下雨天衣雨天寶雨天莊嚴具雨天蓋雨天幡雨天幢雨天伎樂雨天音聲讚歎一切智地及讚十地殊勝之事如此世界四天下他化自在天中自在天王宮摩尼寶藏殿說十地法如是十方一切世界周遍皆說此十地法以佛神力故十方過十億佛土微塵數等世界有十億佛土微塵數等諸菩薩來集遍滿十方虛空到已皆作是言善哉善哉佛子善說菩薩住諸地相佛子等我一切亦名金剛藏從名金剛勝世界金剛幢佛

所來彼一切世界皆承佛神力說此法門衆會亦如是字句亦如是釋名亦如是義趣亦如是不增不減佛子是故我等承佛神力來到此衆為證是法佛子如我等來至此衆如是十方一切世界一一世界中四天下上他化自在天中自在天王宮摩尼寶藏殿皆有十億佛土微塵數等菩薩徃為作證尒時金剛藏菩薩摩訶薩承佛神力說此經時如來隨喜彼一切菩薩衆及一切天龍夜叉乾闥婆阿修羅迦樓羅緊那羅摩睺羅伽四天王釋提桓因梵天王摩醯首羅淨居天衆皆大歡喜佛在他化自在天中成道未久第二七日自在天王宮摩尼寶藏殿金剛藏菩薩歎喜奉行

論曰是中地利益者有二種一生信功德二供養功德復次此法門中決定信說大利益義示現如經佛子是菩薩行善集一切種一切智智功德集法門品如是等解脫月菩薩言如是等金剛藏菩薩言如是等故為於此經中生信得功德復生信功德緣生

義故以神通力示現六種十八相動如經說此經時以佛神力以得法力故如是等是中六種動者一動二踊三上去四起五下去六吼十八相此六種動等相下中上如是次第應知器世間中依四種衆生聚一依不善衆生二依信種種天衆生三依我慢衆生四依呪術衆生為此衆生下中上次第差別故動乃至吼如是十八句異義應知如是生信功德及緣生義已說是中供養功德者如經雨種種天華如雲而下如是等一切世界說此法門示現為無量法門利益衆生示現如經如此世界四天下如是等餘者易解

十地論法雲地第十卷之十二

十地經論法雲地第十卷之十二

校勘記

一　底本，金藏廣勝寺本。

一　八二一頁中至八二三頁中共七版，原版漫漶不可用，以麗藏本換。

一　八二一頁中一行經名，石作「十地經論法雲地第十卷十二」；資、磧、普、南、徑、清作「十地經論卷第十二」。

一　八二一頁中三行與四行之間，資、磧、普、南、徑、清作品名「法雲地第十」。

一　八二一頁下三行第一三字「釋」，資、磧、普、南、徑、清作「擇」。

一　八二二頁上一九行首字「時」，資、磧、普、南、徑、清作「三昧」。

一　八二二頁中一〇行「栴檀王」，石、資、磧、普、南、徑作「真檀王」；清作「真檀玉」。

一　八二二頁中一八行「上坐」，資、磧、普、南、徑、清無。

一 八二二頁中一九行末字「座」，資、磧、普、南、徑、清無。

一 八二二頁中末行第一二字「座」，資、磧、普、南、徑、清作「座處」。

一 八二二頁下一一行「善照」，資、磧、普、南、徑、清作「普照」。

一 八二二頁下一一行末字「善」，清作「普」。

一 八二二頁下一二行「名爲」，資、磧、普、南、徑、清作「爲名」。

一 八二三頁上六行首字「王」，資、磧、普、南、徑、清無。

一 八二三頁中一二行「燒香」，資、磧、普、南、徑、清無。

一 八二三頁中一三行「寶蓋幢幡」，石、資、磧、普、南、徑、清作「寶幢幡蓋」。

一 八二三頁中一九行第一〇字「悉」，石無。

一 八二三頁下一行「無邊」，資、磧、普、南、徑、清作「無量無邊」。

一 八二三頁下一五行第一三字「大」，資、磧、南、徑、清作「大寶」。

一 八二三頁下一七行「光時」，諸本作「光明」。

一 八二四頁中一二行末字「住」，資、磧、普、南、徑、清作「依」。

一 八二四頁下七行第九字「智」，諸本作「智智」。

一 八二五頁上一四行第一二字，下一五行第四字，八二九頁上六行首字「相」，資、磧、普、南、徑、清作「想」。

一 八二五頁上一九行第三字「逆」，諸本作「逆」。

一 八二五頁上二〇行首字「世」，麗作「入世」。

一 八二五頁下一行第八字「法」，資、磧、普、南、徑、清無。

一 八二五頁下五行第六字「智」，資、磧、普、南、徑、清無。

一 八二六頁上二〇行第三字「輪」，資、磧、普、南、徑、清、麗作「轉輪」。

一 八二六頁中一一行首字，八三三頁下一五行第三字「提」，資、磧、普、南、徑、清作「薩」。

一 八二六頁中一八行「一切衆生」，資、磧、普、南、徑、清作「一一衆生」。

一 八二六頁中二一行「此住」，資、磧、普、南、徑、清作「住此」。

一 八二六頁下一四行第九字「佛」，資、磧、普、南、徑、清無。

一 八二六頁下一九行第四字「間」，資、磧、普、南、徑、清作「間皆悉」。

一 八二七頁上二〇行「千分不及一百千分不及一」，資、磧、普、南、徑、清作「乃至」。

一 八二七頁上末行「分不及一百千億」，資、磧、普、南、徑、清無。

一 八二七頁中一四行第六字「万」，資、磧、普、南、徑、清無。

一 八二七頁中一九行第七字「胎」，資、磧、普、南、徑、清無。

一 八二七頁下四行第六字「地」，諸本作「故」。

一 八二七頁下一六行第六字「間」，資、磧、普、南、徑、清作「聞」。

一 八二八頁上一二行第六字「相」，諸本作「雨相」。

一 八二八頁中七行第六字「復」，諸本作「復隨」。

一 八二八頁中一一行第一二字「中」，資、磧、普、南、徑、清無。

一 八二八頁下一行「寶幢」，資、磧、普、南、徑、清作「寶幡」。

一 八二八頁下一八行第四字「於」，資、磧、普、南、徑、清無。

一 八二九頁上一行首字「國」，資、磧、普、南、徑、清作「國土」。

一 八二九頁上九行「依內者」，資、磧、南作「依行者」。

一 八二九頁上一二行第二字「施」，諸本作「地」。

一 八二九頁中七行「一念間」，資、磧、普、南、徑、清作「一念門」。

一 八二九頁中二一行第一〇字至末行首字「金剛……彼一切」，資、磧、普、南、徑、清作「解脫月」。

一 八二九頁下一一行第二字「在」，資、磧、普、南、徑、清作「於」。

一 八三〇頁上九行第六字「惻」，石、磧、普、南、徑、清、麗作「測」。

一 八三〇頁上一四行第一三字「加」，資、磧、普、南、徑、清作「加持」。

一 八三〇頁下七行第一三字「人」，資、磧、普、南、徑、清無。

一 八三〇頁下一一行第九字「第」，資、磧、普、南、徑、清無。

一 八三一頁上七行「善授」，資、磧、普、南、徑、清作「善受」。

一 八三一頁中六行第二字「住」，諸本作「能住」。

一 八三一頁下一〇行第七字「智」，資、磧、普、南、徑、清作「知」。

一 八三一頁下一一行第一三字「道」，徑、清作「通」。

一 八三二頁上一二行「及得」，資、磧、普、南、徑、清作「乃得」。

一 八三二頁上一二行第九字「作」，諸本作「行」。

一 八三二頁下四行第七字「盡」，資、磧、普、南、徑、清作「窮盡」。

一 八三二頁下一五行第五字「在」，資、磧、普、南、徑、清無。

一 八三三頁上一二行「十大」，資、磧、普、南、徑、清作「十地」。

一 八三三頁上二二行及中三行「儉難」，資、磧、普、南、徑、清作「險難」。

一 八三三頁中一行第四字「對」，資、磧作「難」。

一 八三三頁中八行「行斷」，諸本作「不斷」。

一 八三三頁下五行第一二字「多」，資、磧、普、南、徑、清、麗無。

一 八三三頁下七行末字「釋」，諸本作「擇」。

一 八三四頁上三行第一〇字「知」，資、磧、普、南、徑、清、麗作。

一 八三四頁中六行「無垢」，資、磧、普、南、徑、清作「無相」。

一　八三四頁下二一行「善哉善哉」，資、磧、普、南、徑、清作「善哉」。

一　八三四頁下二二行「等我」，資、磧、普、南、徑、清、麗作「我等」。

一　八三四頁下末行「金剛幢」，磧、南作「舍利幢」。

一　八三五頁上一六行「菩薩」，諸本作「菩薩説」。

一　八三五頁上二一行第五字，中一四行第六字「如」，資、磧、普、南、徑、清無。

一　八三五頁上末行「生信得功德」，資、磧、普、南、徑、清無。

一　八三五頁中二行第六字「時」，資、磧、普、南、徑、清無。

一　八三五頁中卷末經名，石、磧、南、徑、清作「十地經論卷第十二」；資作「十地經論法雲地卷第十二」；麗作「十地經論法雲地第十卷之十二」。

弥勒菩薩所問經論卷第一　劉牲泄　谷

後魏天竺三藏菩提流支　譯

如是我聞一時婆伽婆住王舍城耆闍崛山中與大比丘衆千二百五十人俱并諸菩薩摩訶薩十千人等

尒時弥勒菩薩摩訶薩即從坐起偏袒右肩右膝着地合掌向佛白佛言世尊我今欲以少法問於如來應正遍知不審世尊聽許以不尒時世尊告弥勒菩薩摩訶薩言弥勒隨汝心念問於如來應正遍知我當為汝分別解說令汝心喜尒時弥勒菩薩摩訶薩白佛言世尊如是願樂欲聞世尊諸菩薩摩訶薩畢竟成就幾法不退阿耨多羅三藐三菩提於勝進法中不退轉行菩薩行時降伏一切諸魔怨敵如實知一切法自體相於諸世間心不疲惓以心不疲惓故不依他智速疾成就阿耨多羅三藐三菩提尒時世尊告弥勒菩薩摩訶薩言善哉善哉弥勒汝今乃能問於如來如是深義佛復告弥勒菩薩摩訶薩言

汝今應當一心諦聽吾當為汝分別解說如是深義即時弥勒菩薩摩訶薩白佛言世尊如是願樂欲聞佛復告弥勒菩薩摩訶薩言弥勒若諸菩薩摩訶薩畢竟成就八法不退阿耨多羅三藐三菩提於勝進法中不退不轉於菩薩行時降伏一切諸魔怨敵如實知一切法自體相於諸世間心不疲惓以心不疲惓故不依他智速疾成就阿耨多羅三藐三菩提何等為八弥勒所謂諸菩薩摩訶薩成就深心成就行心成就捨心成就善知迴向方便心成就大慈心成就大悲心成就善知方便成就般若波羅蜜弥勒云何諸菩薩摩訶薩成就深心弥勒若諸菩薩摩訶薩聞讚歎佛及毀呰佛其心畢竟於阿耨多羅三藐三菩提堅固不動聞讚歎法及毀呰法其心畢竟於阿耨多羅三藐三菩提堅固不動聞讚歎僧及毀呰僧其心畢竟於阿耨多羅三藐三菩提堅固不動弥勒如是諸菩薩摩訶薩畢竟成就深心弥勒云何諸菩薩摩

訶薩成就行心弥勒若諸菩薩摩訶薩遠離煞生遠離偷盗遠離邪婬遠離妄語遠離兩舌遠離惡口遠離綺語弥勒如是諸菩薩摩訶薩畢竟成就行心弥勒云何諸菩薩摩訶薩成就捨心弥勒若諸菩薩摩訶薩是能捨主是能施主施諸沙門及婆羅門貧窮乞匃下賤人等衣食卧具醫病湯藥所須之物弥勒如是諸菩薩摩訶薩畢竟成就捨心弥勒云何諸菩薩摩訶薩成就善知迴向方便心弥勒若諸菩薩摩訶薩所修善根謂身口意業皆悉迴向阿耨多羅三藐三菩提弥勒如是諸菩薩摩訶薩畢竟成就善知迴向方便心弥勒云何諸菩薩摩訶薩成就大慈心弥勒若諸菩薩摩訶薩畢竟成就大慈身業畢竟成就大慈口業畢竟成就大慈意業弥勒如是諸菩薩摩訶薩畢竟成就大慈心弥勒云何諸菩薩摩訶薩成就大悲心弥勒若諸菩薩摩訶薩畢竟成就不可譏呵身業畢竟成就不可譏呵口業畢竟成就不可譏呵

意業弥勒如是諸菩薩摩訶薩畢竟成就大悲心弥勒云何諸菩薩摩訶薩成就善知方便弥勒若諸菩薩摩訶薩善知世諦善知第一義諦善知二諦弥勒如是諸菩薩摩訶薩畢竟成就善知方便

弥勒云何諸菩薩摩訶薩成就般若波羅蜜弥勒若諸菩薩摩訶薩如是覺知依此法有此法依此法生此法所謂無明緣行行緣識識緣名色名色緣六入六入緣觸觸緣受受緣愛愛緣取取緣有有緣生生緣老死憂悲苦惱如是唯有大苦聚集弥勒此法無故此法無此法滅故此法滅所謂無明滅則行滅行滅則識滅識滅則名色滅名色滅則六入滅六入滅則觸滅觸滅則受滅受滅則愛滅愛滅則取滅取滅則有滅有滅則生滅生滅則老死憂悲苦惱滅如是唯有大苦聚集滅弥勒如是諸菩薩摩訶薩畢竟成就般若波羅蜜弥勒是名諸菩薩摩訶薩畢竟成就八法不退阿耨多羅三藐三菩提於勝進法

中不退不轉行菩薩行時降伏一切諸魔怨敵如實知一切法自體相於諸世間心不疲惓以心不疲惓故不依他智速疾成就阿耨多羅三藐三菩提

佛說此經已弥勒菩薩摩訶薩及餘諸菩薩摩訶薩比丘比丘尼優婆塞優婆夷天龍夜叉乾闥婆阿脩羅迦樓羅緊那羅摩睺羅伽人非人等一切大衆聞佛所說皆大歡喜信受奉行

弥勒菩薩摩訶薩所問經論卷第一

歸命弥勒世尊問曰何故如來說此修多羅荅曰捨等四句示現施戒脩行相三種功德是菩薩外道聲聞辟支佛共法深心等四句示現即彼四法唯菩薩行不與外道聲聞辟支佛共是故如來說此修多羅布施示現施功德遠離煞生等示現戒功德慈悲等二句示現修行功德此義云何有外道凡夫離善知識不聞正法不善思惟不如說行故妄執常見等能集業因諸結使等相依有力增長世間因故堅著妄執決定成就世間因

故離實諦見故無利益他心故貪著世樂故彼諸外道雖有施等善根種子以疑悔故愛水潤識住五取陰地無明土覆時節和合能生識牙次第增長成世間果又聲聞辟支佛人親近善知識從巳度生死海欲度生死海人聞說世間過患復自少見猒世間苦樂涅槃樂欲捨世間追求出道雖不取施等功德而亦不離施等功德能伏煩惱得上勝法以是義故雖復修集施等善法以無四法故不得大菩提又菩薩人畢竟具足成就八法建立大事荷負重擔親近真善知識深見世間過患知涅槃寂靜為衆生故不猒世間苦初發菩提心不失因故深心成就捨自身樂為利益衆生故修行施等功德迴向大菩提依方便力增長微少施等功德能護自身不隨聲聞辟支佛地以究竟成就般若波羅蜜故能清淨施等功德令住菩薩道示現深心等四句能攝取施等四句為菩薩不同法能得一切種智是故如来說此修多羅

問曰復以何義如来說此修多羅荅曰為遮無因顛倒因隨順正因果是故如来說此修多羅此義云何言不退阿耨多羅三藐三菩提者以深心成就故此明何義以諸菩薩摩訶薩見法界時即得永離菩提心障謂身見等一切煩惱出過聲聞辟支佛地入菩薩位起於初地菩提之心不失因故證得深心是故名為不退阿耨多羅三藐三菩提又言不轉者以證勝法故此明何義以成就施行故此復何義以起無損害心根本業道攝取上勝行是故不轉離根本業道修行施等行一切處不退以是義故名為不轉又言行菩薩行時降伏一切諸魔怨敵者以善知迴向方便心成就故此明何義略說四魔謂煩惱魔陰魔死魔及以天魔唯煩惱魔以為根本依煩惱魔有餘三魔何以故以諸凡夫煩惱纏心依此煩惱所纏之心樂於世間求彼處樂布施等法迴向天道以此義故為彼陰魔死魔所纏繫屬天魔是故菩薩斷身見等一

切煩惱復能遠離不活等畏捨自身樂為欲利益諸衆生故修集慈悲布施等行善根功德皆悉迴向薩婆若智遠離一切諸魔惡道是故名為行菩薩行時降伏一切諸魔怨敵又言於諸世間心不疲惓者以大慈大悲心成就故此明何義以諸菩薩摩訶薩常為世間一切衆生愚箭所射心受苦惱以大慈大悲心成就故見衆生利即是巳利是故大慈大悲心生則能利益一切衆生是故名為於諸世間心不疲惓又言如實知一切法自體相者以方便成就故此明何義以知諸法自相同相故此復何義以諸菩薩善知世諦善知第一義諦方便是故不著有無二邊此明何義菩薩雖見識境界事而先巳觀察識境界事何以故以常不捨第一義諦深心力故是故不墮著有邊見雖常不捨第一義諦而常善知世諦之事何以故以常明見諸有為行不捨世間心念言說故是故不墮著無邊見以能善知此二種義是故名為如實知

一切法自體相又言以心不疲惓故不依他智速疾成就阿耨多羅三藐三菩提者以般若波羅蜜成就故此明何義以諸菩薩摩訶薩般若觀察有為法故此復何義菩薩觀察諸有為行無人無衆生無主無自在迭共相因增長有力依於本業造一切業猶如幻師所作幻人往來跳躑種種伎術無疲惓者是故名為以心不疲惓故又心不疲惓者以離衆生相故此明何義有為諸行一切無實唯有種種諸業使行他力相依故能成就有為諸行是故菩薩知有為法實無神我而不依他智隨所修行皆以毗離耶波羅蜜增長成辦速疾成就阿耨多羅三藐三菩提以諸菩薩摩訶薩求薩婆若示現遠離無因顛倒因隨順正因果是故如來說此修多羅

問曰復以何義如來說此修多羅答曰依不定聚菩薩求定聚故成就何等行得入正定聚示現彼菩薩入正定聚修正因行是故如來說此修多羅此義云何菩薩未證初地正位雖

無量劫修集善根而未能得不退轉位未得畢竟無怖畏處心未安隱常為世間苦惱所逼未得菩提心根本慈悲心力未得增上力故以世間道智觀察十二因緣如實觀有為行以依世間道觀寂靜法界求大涅槃無方便智故墮聲聞辟支佛地若墮聲聞辟支佛地有三種失何等為三一者退失一切大乘善根種子二者退失能與一切衆生樂因三者退失薩婆若智以是義故如來經中說言迦葉譬如一切世間天人雖復修治偽琉璃珠而彼偽珠終不能作真琉璃寶如是迦葉一切聲聞修戒定慧及頭陁等一切功德終不能得坐於道場成阿耨多羅三藐三菩提迦葉譬如修治大毗琉璃隨意能得無量百千万億珎寶如是迦葉修菩薩行故能出生一切聲聞辟支佛等及以人天依此義故如來寶積經中說菩薩有四種非善知識何等為四一者求聲聞人但欲自度二者求緣覺人喜樂小事三者讀外經典路伽耶等四

者習學一切文辭嚴飾所有親近此四種者但增世利不增法利

復有經中大德迦葉白文殊師利有五逆人能發阿耨多羅三藐三菩提心修諸功德證大菩提而羅漢不能辟如根敗之人於五欲境界無所能為無所增益如是聲聞辟支佛人離諸結使於一切佛法無所能為無所增益無如是觀察佛法力是故文殊師利一切凡夫報如來恩非聲聞也何以故凡夫之人聞佛功德為不斷絶三寶種故能發阿耨多羅三藐三菩提心聲聞之人雖復終身聞諸佛法十力四無畏等而不能發阿耨多羅三藐三菩提心又般若波羅蜜經中說諸天子未發阿耨多羅三藐三菩提心者彼人應發大菩提心已入聲聞辟支佛位不能復發阿耨多羅三藐三菩提心何以故一切聲聞辟支佛等斷生死流不能數數受生世間發阿耨多羅三藐三菩提心諸菩薩摩訶薩於初地中見實諦故發阿耨多羅三藐三菩提心不失因故攝

得深心以般若波羅蜜如實攝取修戒行等不著身命唯為利益衆生修行彼時名為不退轉菩薩應知是故如来十地修多羅中說菩薩生如是心即時過凡夫地入菩薩位生在佛家種姓尊貴無可譏嫌過一切世間道善住菩薩法中善住菩薩正處入三世平等真如法中如來種中畢定究竟阿耨多羅三藐三菩提菩薩住如是法名住菩薩歡喜地以不動法故過五怖畏所謂不活畏惡名畏死畏墮惡道畏大衆威德畏彼皆遠離何以故是諸菩薩離我等相故過凡夫地者彼過有九種應知入菩薩位者位過初成出世間心如始住胎相似法故生在佛家者家過以依方便般若生家生相似法故種姓尊貴無可譏嫌者種姓過以大乘行生子相似法故過一切世間道者出過以世間道不能攝取出道生相似法故入出世間道者入過以出世間道攝取入道生相似法故善住菩薩法中者身過以大悲為體於作他事即是

已事自身體相似法故善住菩薩正處者處過不捨世間方便不染善巧正住生住處相似法故入三世平等真如法中者業過順空聖智生命相似法故如來種中決定究竟阿耨多羅三藐三菩提者畢竟過佛種不斷究竟涅槃道成就相似法故如是亦現凡夫生菩薩生入胎不相似以有染無染故如是次第家不相似種姓不相似出不相似入不相似身不相似處不相似生業不相似成就不相似如是尊者婆藪槃豆說畢竟成就心有餘論師更異法釋偈言

菩薩摩訶薩　以生何等心　見世間虛妄
佛說彼初心

此明何義見世間虛妄者以一切世間唯因緣生無有實體如尊者龍樹菩薩偈言

因緣和合生　彼法無實體　若無實體者
云何名有法

聖者無盡意菩薩摩訶薩無盡經中說觀察因緣方便智知一切法依因依緣和合而生若一切法依因依緣

依和合生彼法不依我人衆生壽命若法非我非人壽命彼法不可數為過去現在未來菩薩若能如是觀察是名菩薩摩訶薩觀察因緣和合方便智不依我者此義云何以依種種因緣法生不依我生以無實我體故如衆緣生火火體有熱熱無實體而因緣和合名火有熱如是不離身根智外更有實我以無實體故無實體者為同虛空為同有為若同虛空即是無物若同有為即是無常我人衆生壽命等者為可化衆生種種名說非有實我又如經中大海慧菩薩為聖者大悲思梵說成就一切佛法問答品中偈言

諸法因緣生　彼法無實體　法若實無體
彼法實不生　菩薩知衆生　如是無實際
依彼實際智　知諸法虛實

以是義故菩薩知一切法因緣和合而生衆生無其實體若如是者一切世間心識皆是虛妄分別彼菩薩心於一切法實際平等無垢智行即是初心是故名為初發阿耨多羅三藐

三菩提心是故偈言

彼不見凡地　以彼體空故　是故諸佛說
過彼凡夫地　遠離聖人法　染著身見等
住五欲資生　故名凡夫人

此明何義地者彼處生凡人是名凡夫地此是三界中煩惱所縛處依止煩惱生是名凡夫地是故彼初心見三界皆空不起一法相以其不起一法相故則不願樂一切處生除慈悲心為欲教化諸衆生故而常觀察寂靜法體以是義故說彼菩薩過凡夫地是故偈言

法體無故空　空故無所作　離一切相故
智者無所求

入菩薩位者偈言

即空名菩提　佛說煩惱病　墮辟支佛地
及取聲聞位

即空名菩提者如實覺知衆生虛空名為菩提是故聖者無盡意菩薩四念處說諸菩薩摩訶薩修法觀時若見一切法離空無相無願無行無生無起及離十二因緣者不名如實覺若不見少法離空無相無願無行無

生無起及離十二因緣菩薩若能如是覺知一切衆生無其實體是名如實覺是故偈言即空名菩提故名初地菩薩覺知一切諸衆生空棄捨利益一切衆生而取聲聞辟支佛位是則名為初地菩薩所治煩惱是故偈言佛說煩惱病墮辟支佛地及取聲聞位故又復偈言

知空離二邊　無二染涅槃　以為涅槃染
佛說菩薩位

知空離二邊者此義云何如如來法印經中說舍利弗言無差別法者即名為空舍利弗言世尊所言空者此言何謂佛告舍利弗所言空者非可說非不可說若非可說非不可說彼不可表若不可表彼非世間非出世間以非世間非出世間故說名為空若能如是了知空者名離二邊菩薩若離彼二邊者不墮煩惱不取聲聞辟支佛等二種涅槃佛說煩惱病者取異地相故取異地相者謂取聲聞辟支佛等異地相故亦名棄捨利益衆生以取無為涅槃樂故又以妨於

佛菩提故復有異義無煩惱病者離煩惱病故以其不取二乘涅槃依本願力不捨利益諸衆生故若如是者無二乘病無煩惱病如實修行一切法空是名諸菩薩摩訶薩入菩薩位以能遠離一切煩惱遠離一切對治法故如是菩薩以無二行依本願力不捨利益諸衆生故不墮聲聞辟支佛地不為世間煩惱所染此是菩薩摩訶薩等寂難勝事以雖不見一切衆生而為衆生修行諸行如是之事不可思議一切世間不能覺知第一希有一切聲聞辟支佛等所不能見以此義故龍樹菩薩摩訶薩集菩提功德論中說偈言

此寂希有事　第一不思議　菩薩為行行
而不見衆生

如來亦說為欲讚歎諸菩薩摩訶薩如實希有功德如經中說菩薩摩訶薩有四種真實功德何等為四一者能信解空亦信因果二者知一切法無有吾我而於衆生起大悲心三者深樂涅槃而遊生死四者所作施行

皆為衆生不求果報若如是者即生在佛家是故偈言

菩薩摩訶薩　以離諸煩惱　則證菩薩位
是故生佛家

此明何義又佛家者行何等法生如來家謂離煩惱故解空行故知自位故又作利益衆生行故不迷失行故得如是法名為菩薩摩訶薩生在佛家此明何義偈言

佛說如來家　謂方便般若　菩薩生是家
是故不可嫌

此義云何言方便者略說不捨一切衆生言般若者所謂不取一切諸法此二種法是諸佛家是故菩薩摩訶薩依方便般若生以為方便般若二法之所攝故菩薩摩訶薩為欲利益一切衆生生在世間而實不依煩惱業生若如是者菩薩摩訶薩不可譏嫌一切天等可呵之法皆悉遠離生佛勝家以是義故種姓尊貴不可譏嫌是故如來修多羅中為婆羅門而說偈言

天人乾闥婆　龍夜叉衆鳥　如是等諸業

皆悉已滅盡　彼漏散滅盡　如蓮華不染
若能如是知　不染者諸欲

如是菩薩摩訶薩是名真佛子非天等異子是故偈言

菩薩知實際　及修波羅蜜　以得無漏道
故出過世間

菩薩知實際者此明何義明一切法皆悉寂靜是故如來而說偈言

一切法無體　以實無諸事　不生不滅故
得名為實際

如是般若波羅蜜知一切諸法無體真實際以般若波羅蜜知斷道行五波羅蜜知方便功德道如是菩薩摩訶薩以此功德智慧能成佛菩提能盡諸煩惱能利益衆生又修諸波羅蜜亦知如實際云何知不見施者受者財物三種法故修行清淨諸波羅蜜菩薩如是修行實際是故無漏以無漏故出過一切諸世間道是故偈言

分別世間行　煩惱稠林中　取出世間位
是入出世道

分別世間行者略有二種分別一者實分別謂色是可見相如是等二者

勝分別即彼色中青黃赤白等世間者即五陰煩惱稠林者深嶮黑闇恐怖可畏不可觀察難見難知如是菩薩摩訶薩觀察自體分別勝分別五陰分別如向所說事中不著作是思惟我當云何令衆生解是故偈言

如實知諸法　實勝陰一二　不見衆生事
云何化衆生　菩薩摩訶薩　修行無漏智
及以功德行　趣於出世道

是故菩薩入出世間道問曰云何善住菩薩法中答曰偈言

入菩薩諸地　安住已法中　依通及自在
化一切衆生

入菩薩諸地者如下經言善知地地轉行故化一切衆生者如下經言得百三昧乃至無量百千万億那由他劫不可數知故得自在者如說種種功德何等時何等法何等自在何等成就事何等行得諸自在不退一切佛法種子義成就一切佛法故言善住菩薩法中問曰云何善住菩薩正覺答曰偈言

一時諸佛邊　聞持思修說　行解教成就

正覺供養等　菩薩摩訶薩　修行如是法
是名為安住　菩薩正處中

是故經言善住菩薩正處問曰云何入三世平等真如法中荅曰偈言

知諸佛菩提　及佛菩薩行　知佛三世空
是名善意入

此義云何謂知一切三世諸佛法身平等又復能知一切諸佛依色身故修行一切佛菩薩行及知一切過去未來現在諸法皆從因緣和合而生無其實體善意入者如向所說三世諸法平等無二如實而知一味等味不破壞入是故經言入三世平等真如法中問曰云何如來種中畢定究竟阿耨多羅三藐三菩提荅曰偈言

菩薩淨煩惱　及淨衆生心　具足大悲心
畢定成菩提

菩薩淨煩惱者此義云何以初地所治身見等煩惱於見道時中皆悉遠離故彼見道中遠離煩惱如向所說見一切法三世平等如實中說及淨衆生心者如下經言於一念須教化百衆生乃至若以願力自在勝上如

是等依教化力清淨諸煩惱故得故下經言是故我當先住善法亦令他人住於善法何以故若人自不行善不具善行為他說法令住善法無有是處以得大慈大悲心故是故上經言是心以大悲為首是故菩薩自淨煩惱淨衆生心其大慈悲名為畢竟得阿耨多羅三藐三菩提以畢定進趣大菩提故偈言

佛子金剛藏　說十法初心　即名佛菩提
畢成佛道故

此義云何以聖者金剛藏菩薩摩訶薩說此十種法為菩薩初地無漏善提心即此十種心名為佛菩提故言畢竟阿耨多羅三藐三菩提又偈言

譬如好種子　能生芽茎等　如是菩提心
不異諸佛法

此義云何以初證法心於一切佛法以為種子以初地法與一切佛法以為因故又偈言

初地心增長　佛說為諸地　寂妙勝菩薩
說初月為喻

此明如義如文殊師利問菩提經中

說偈言

譬如月初生　增長即滿月　如是歡喜地
增長即是佛

如是十句義餘論師異釋應知是故如來為不定聚菩薩求定聚故說此修多羅

佛說彌勒菩薩所問經論卷第一

彌勒菩薩所問經論卷第一

校勘記

一　底本，金藏廣勝寺本。

一　八三九頁中二行譯者，石作「元魏天竺三藏菩提流支譯」；資作「元魏菩提留支譯」；磧、普、南、徑、清作「元魏天竺三藏法師菩提留支譯」。

一　八三九頁中一六行第四字「轉」，諸本作「不轉」。

一　八三九頁下七行第三字「於」，諸本作「行」。

一　八四〇頁上一一行第八字，一五行第四字「知」，磧、南、徑、清作「根」。

一　八四〇頁下一一行「卷第一」，資、磧、普、南、徑、清無。

一　八四一頁上三行第一〇字「住」，磧、普、南、徑、清作「在」。

一　八四一頁上一一行「修集」，資、磧、普、南、徑、清作「修習」，下同。

一　八四一頁上一九行第三字「隨」，諸本作「墮」。

一　八四一頁中五行第五字「明」，資、磧、普、南、徑、清作「名」。

一　八四一頁中一三行第二字「上」，諸本作「上上」。

一　八四一頁中一九行第九字「三」，磧、南作「二」。

一　八四一頁中末行首字「纏」，石、資、磧、普、南、徑、清作「縛」。

一　八四一頁下八行第一〇字「愚」，石作「過」。

一　八四一頁下一九行第七字「墮」，資、磧、普、南、徑、清作「隨」。

一　八四二頁中一九行末字至二〇行首字「人天」，資、磧、普、南、徑、清作「天人」。

一　八四二頁下一七行第九字「大」，磧作「入」。

一　八四三頁上五行第九字「入」，清作「天」。

一　八四三頁中五行第八字「決」，石、資、磧、普、南、徑、清作「畢」。

一　八四三頁中八行第七字「生」，資、磧、普、南、徑、清作「出」。

一　八四三頁中一四行第六字「以」，資、磧、普、南、徑、清作「似」。

一　八四三頁中一八行第四字「言」，資、磧、普、南、徑、清作「説」。

一　八四三頁下九行首字「智」，諸本作「知」。

一　八四四頁上三行第一四字「見」，徑作「是」。

一　八四四頁上五行第一一字「人」，資、磧、普、南、徑、清作「夫人」。

一　八四四頁上一八行末字「空」，石、資、磧、普、南、徑、清作「妄」。

一　八四四頁上末行第一三字「行」，資、磧、普、南、徑、清作「作」。

一　八四四頁中三行第一三字「名」，麗作「若」。

一　八四四頁中九行第一二字「爲」，諸本作「無」。

一　八四四頁下四行第一〇字「實」，資、磧、普、南、徑、清作「是」。

一　八四四頁下一六行第一四字「行」，石、資、磧、普、南、徑、清作「修」。

一　八四五頁上九行第三字「明」，徑作「名」。

一　八四五頁上二一行首字「嫌」，資作「謙」。

一　八四五頁中四行第三字「子」，磧、南作「又」。

一　八四五頁下末行「諸佛」，石作「佛無」。

一　八四六頁上一六行「悲心」，諸本作「慈悲」。

一　八四六頁中七行第七字「其」，諸本作「具」。

一　八四六頁中末行第三字「如」，諸本作「何」。

一　八四六頁下末行經名，石、資無（未换卷）；「佛説」，磧、普、南、徑、清、麗無。

弥勒菩薩所問經論卷第二

後魏天竺三藏菩提流支　譯

問曰以何義故名不退轉荅曰以諸菩薩證得初地畢定因故乃至未得成佛以來常以深心如實修行次第增長菩提之心彼所治法不能障故名不退轉問曰復以何義名不退轉阿耨多羅三藐三菩提荅曰以得成就不退轉因謂深心等八種法故又不退轉心相違之法身見貪等一切煩惱以見道力悲遠離故又身見等一切煩惱無始世來隨無智生不能遠離取我樂等因離方便般若為諸世間苦惱所逼棄捨利益一切衆生取於涅槃是故菩薩得慈悲深心遠離取著我樂等因有方便般若離為世間苦惱所逼而不放捨利益衆生所作之事斷身見等煩惱根本彼時得不退轉阿耨多羅三藐三菩提是故聖者無盡意說言彼心離一切煩惱生如是等

問曰若離身見等煩惱名不退轉因

者菩薩及須陁洹俱離身見等煩惱何故菩薩不退轉阿耨多羅三藐三菩提而須陁洹等退轉荅曰以心行差別故此明何義菩薩聲聞發心以來心行等相一切差別故云何差別聲聞之人不能修學利益他因是故棄捨利益衆生自求涅槃見三界中貪等煩惱火之所燒無常所逼猒離三界如身衣火然觀無常等五陰有為行乃至離三結然後除貪等煩惱漸漸微薄出過三界菩薩之人得深心故常樂利益一切世間為諸衆生作利益行雖為世間苦惱所逼以成就方便智慧力故雖能如實修行聲聞道而不證聲聞道以先斷所障取聲聞位法故何者是取聲聞位法謂捨大悲心不能增長大悲等行若諸菩薩得深心等修行菩提心眷屬等法能作證菩提位因彼時菩薩見一切法故能增長菩提心力方便推求利益一切衆生之事彼時即見如實法界見法界故即時遠離見道所治一切煩惱即得畢竟大菩提心如十

地經說菩薩摩訶薩生如是心是心以大悲為首如是等彼菩薩如是證見道已方便推求利益一切諸衆生因善學大悲深心等法離我樂等不為煩惱火之所燒因不相似故菩薩摩訶薩常以深心為利益他而修行故即見道時斷三界中一切煩惱而聲聞等先不修集慈悲方便是故無有利益他行漸斷煩惱後得羅漢以是義故大海慧菩薩經中說菩薩先已修集善根相應煩惱所謂大悲波羅蜜等此諸善法名為煩惱非餘煩惱依彼煩惱為化衆生住於世間以其所求未究竟故以是義故雖復俱離彼身見等一切煩惱而菩薩不退轉阿耨多羅三藐三菩提聲聞退轉如阿耨大池聖者龍王經中佛告龍王菩薩摩訶薩所證之位是出世間法而不離世間龍王有方便般若聖智三昧是名菩薩摩訶薩出世間位龍王辟如聲聞入聲聞位名須陀洹不墮惡道龍王菩薩亦今入菩薩位名為不退轉菩薩不墮惡道龍王聲

聞之人不斷煩惱取聲聞位以其未過不自在法得初果故龍王菩薩摩訶薩過聲聞位證菩薩位是故不取聲聞小果乃取道場大菩提果以是義故聲聞有量菩薩無量龍王如有二人俱墮高山其一人者勇健多力先已習學種種伎能以方便智還上山頂其第二人身力微少先不習學種種伎能無方便智墮彼山下不能還上龍王如是菩薩摩訶薩觀察一切法空無相無願無為依般若力觀察衆生住於一切種智山頂復有經說大德須菩提菩薩摩訶薩斷身見等無量煩惱而不取彼聲聞小果乃取諸佛大菩提果觀察一切佛法以大慈悲心憐愍一切衆生修菩薩行斷身見等一切煩惱是故不取聲聞小果乃取諸佛大菩提果須菩提白文殊師利言文殊師利此事希有此大方便菩薩之人斷身見等一切煩惱而能不取聲聞小果文殊師利言大德須菩提菩薩摩訶薩有大方便所攝智性故菩薩雖如實知彼身見

等一切煩惱而能不取聲聞小果大德須菩提如大力士持薄利刀斬斫娑羅樹彼娑羅樹即住不倒大德須菩提菩薩摩訶薩亦復如是有大方便般若智性是故菩薩斷身見等一切煩惱而能不取聲聞小果大德須菩提彼娑羅樹復於異時值天雨潤即便還生枝葉華果具足如本衆生受用大德須菩提菩薩摩訶薩亦復如是得大慈悲心雨所潤雖斷身見等諸煩惱還入三界方便示現生世間家隨順一切衆生受用大德須菩提復於後時彼娑羅樹大風吹動即便倒地更不復生大德須菩提菩薩摩訶薩亦復如是為大智慧猛風所吹在道場地永滅不生是故菩薩摩訶薩發心已來一切心行不同聲聞辟支佛等以諸菩薩摩訶薩心行等法本來不同故若一切同者應聲聞作菩薩菩薩作聲聞

問曰如聲聞人先斷見道煩惱然後漸斷修道煩惱菩薩何故不同聲聞先斷見道煩惱然後乃斷修道煩惱

又問如菩薩取無量世住修集無量善根須陁洹等何故不取無量世住亦不修集無量善根答曰須陁洹等常有樂斷煩惱心故以得無漏對治明故轉轉怖畏諸世間故生如是心何時當得離一切苦入無餘涅槃故修道中餘殘煩惱自然漸盡以是義故聲聞不取無量世住亦不修集無量善根菩薩之人無量世來為諸衆生作利益因為諸衆生作利益事得如是等畢竟之心復見真如甘露法界觀察一切諸衆生身而實不異我所求處是故菩薩見修道中一切煩惱能障利益衆生行故即見道中一時俱斷又以觀察利益一切諸衆生樂勝涅槃樂是故菩薩取無量世住於世間修一切行謂薩婆若智故能明見修集無量菩提善根得大菩提利是故修集無量菩提

問曰菩薩若見修道煩惱能障利益諸衆生行以是義故於見道中即斷除者以何義故即見道中不以世間智決修道煩惱答曰遠離一切煩惱

名不退轉因若離無漏道見法離無漏道斷一切煩惱者可如是難何故世間道不伏修道煩惱若世間道同世間道無如是力是故不得言不退轉而此菩薩即見道時永斷一切所治之法得大悲等生畢竟菩提心名不退轉菩薩應知是故菩薩如實見法成就方便不取聲聞辟支佛地如實知見一切世間種種過患為欲利益一切衆生行世間行不捨世間不為世間過患所染是故聖者文殊師利告天子言諸天子菩薩摩訶薩不住有為不住無為是故菩薩名為福田何以故菩薩離有為法不住無為法知有為有過知無為無過知一切過故不住有為知無為法不住無為諸天子如大力士仰射虛空而彼射箭於虛空中無所依住而不墮地諸天子此事為難更有難者天子白文殊師利言如是之事希有寂難更無難者文殊師利告天子言菩薩摩訶薩所作難事復過於此以菩薩摩訶薩不捨有為而證無為不墮有為而

能教化墮有為者

問曰畢竟定者如來經說若畢竟定聲聞之人遠離三結得須陁洹不墮惡道人天七反永離諸苦畢竟證得阿羅漢道菩薩亦尒斷三結等以何義故不同聲聞而無量世住答曰此義不然何以故言畢竟定者依聲聞乘修多羅說菩薩摩訶薩依無量行依求一切種智清淨出世間道能淨薩婆若大乘修多羅中說以是義故菩薩攝取無量世住問曰此義不然何以故若初地菩薩摩訶薩遠離一切對治之法得畢竟不退轉阿耨多羅三藐三菩提者以何義故文殊師利問菩提經中說初發心能過聲聞地第二行發心能過辟支佛地第三不退發心過不定地第四一生補處發心安住定地答曰彼經中依證勝進地依遠中遠離所治法依上上地說過不定地是故此說不違彼經此義云何如初禪對治法此明何義如小乘人未來禪中斷不定曰欲界修道煩惱乃至第四禪中亦說斷修道

煩惱以遠中遠勝對治法而不相違何以故以對治因等故菩薩摩訶薩亦復如是於初地中斷菩提心相違退因謂身見等一切煩惱以得成就深心等修行畢竟遠離退菩提心因故乃至八地中得勝進遠中遠勝對治法名為過不定地安住定地以對治法等故以定因故言過不定地義不相違又言過不定地者求佛菩提大涅槃心未斷絶故所起諸行功用疲惓名不定因是故八地以上始言過不定地此義云何如彼處過苦等此明何義如小乘中猒過欲界苦雖猒過欲界苦而初禪地未過識等苦因以未過所治法是故如來經中說第二禪中過苦如經中說憂根何處滅佛言初禪中滅又問苦根何處滅佛言二禪中滅又問喜根何處滅佛言三禪中滅又問樂根何處滅佛言四禪中滅如是過一切色相等猒初禪時即過一切色等諸相而第四禪中猒過因故說第四禪過菩薩摩訶薩亦復如是於初地中已過不定

地二地已上乃至七地以來求佛菩提大涅槃心未斷絶故所起因行疲惓功用名不定地是故為彼未滿足心不定因故八地中說過不定地言不相違又得畢竟菩提心因緣具足和合故言初發心過聲聞地如法印經中如來說言弥勒發菩提心有七種因何等為七一者諸佛教化發菩提心二者見法欲滅發菩提心三者於諸衆生起大慈悲發菩提心四者菩薩教化發菩提心五者因布施故發菩提心六者學他發菩提心七者聞說如來三十二相八十種好發菩提心弥勒諸佛教化發菩提心見法欲滅發菩提心於諸衆生起大慈悲發菩提心此三發心能護正法速疾成就阿耨多羅三藐三菩提餘四發心非真菩薩不能護持護佛正法速疾成就阿耨多羅三藐三菩提此明何義者菩薩成就深心畢竟不退得大悲心大勇猛力為諸世間一切衆生過箭所射而觀衆生起大慈悲攝諸善根聚集增長故言初發心時過

聲聞地第二發心過辟支佛地者辟支佛人勝聲聞人畢竟不為他身畢竟自為身求寂滅涅槃若菩薩初觀察法性上上觀無生法忍時未得過不定道所有生心皆悉能過聲聞辟支佛地故言第二發心過辟支佛地第三發心過不定地者於初地中離不定因得定因故所有生心過不定地故言第三發心過不定地第四發心安住定地者二地已上遠離一切所治之法是故安住畢竟定地故言第四發心安住定地

又下退轉阿耨多羅三藐三菩提者所謂菩薩得離發菩提心相違法時名不退轉菩薩如寶女經中說寶女菩薩摩訶薩有三十二塁导漸路發菩提心相違之法何等三十二一者求聲聞乘二者求辟支佛乘三者求釋梵處四者倚著所生淨脩梵行五者專一德本言是我所六者若得財寶慳貪愛悋七者以偏黨心而施衆生八者輕易戒禁九者不念道心專精之行十者瞋恚之事以為名聞十

一者其心發趣十二者馳騁十三者不求博聞十四者不察所造十五者貢高自大十六者不能清淨身口心行十七者不護正法十八者背捨師恩十九者不棄捨恩二十者離堅要法二十一者習諸惡友二十二者隨諸陰種二十三者不勤助道二十四者念不善本二十五者所發道意無權方便二十六者不以懇懃諮問三寶二十七者憎諸菩薩二十八者所未聞法聞之誹謗二十九者不覺事三十者習持俗典三十一者不肯勸化衆生類三十二者厭於生死

又復所以不退不轉以諸菩薩畢竟受持不退轉法故如娑伽羅龍王經中說龍王菩薩摩訶薩畢竟成就八種法故得名為入不退不轉菩薩之數何等為八所謂如說修行一者觀察自過不觀他過二者乃至不為自身命故施惡於人三者若得利養其心不高若失利養心亦不下四者於諸衆生起福田想不生惡心五者所有財物悉與一切衆生共之六者於

諸法中不欲獨解令他不知七者見他得樂生歡喜心不由自樂生歡喜心八者於愛不受其心平等菩薩具此八種法故不退不轉阿耨多羅三藐三菩提

問曰應說不轉相云何不轉相答曰我正欲說而汝復問菩薩成就不轉相者如來處處修多羅中廣說應知如智印三昧修多羅中說言彌勒有五種法名為菩薩畢竟不轉阿耨多羅三藐三菩提相何等為五一者於諸衆生起平等心二者於他利養不生嫉心三者乃至自為身命不說法師比丘諸惡過失四者終不貪著供養恭敬讚歎等事五者畢竟得甚深法智忍彌勒更有五法故得名為不轉菩薩何等為五一者不見自身二者不見他身三者心不分別取說法界四者不見菩提五者不以相見如來如是等又般若波羅蜜經中廣說不轉之相如彼經說應知問曰云何得異法菩提心不退轉菩提心因於異佛菩提名不退轉阿耨多羅三藐

三菩提心答曰以得決定因故此明何義以初地菩薩成就畢竟因以依此因畢竟證大菩提是故言得不退轉阿耨多羅三藐三菩提言阿耨多羅者謂勝一切有為法故言三藐三菩提者謂離一切諸不善法煩惱習氣故於一切處無障导故一切種一切法如實正知故是故言三藐三菩提

問曰應說不退不轉功德云何不退不轉功德答曰不退不轉功德者如來處處經中廣說應知如十地經說諸佛子若有衆生厚集善根故善集諸善行故善集諸功德行故善供養諸佛故善集清白法故善知識善護故善清淨心故入深廣心故畢竟信樂大法故現大慈悲故如是衆生乃能發阿耨多羅三藐三菩提心厚集善根者菩薩從初發心已來能過聲聞辟支佛性是故能與不退不轉菩薩之位以為種子貪等善根非正種子又修無量諸功德行故言厚集善根故善集諸善行者菩薩正修諸行名修諸善行行修生起名異義一又

言行者清淨身口意業正命自活以諸菩薩離損害心為起成就利益一切諸衆生行一切聲聞辟支佛等不能得度智慧大海而菩薩能渡故言善集諸善行故善集諸功德者以布施忍辱不放逸等四攝四家化衆生因諸法種子增長正集故言善集諸功德故善供養諸佛者為增長他利益因力即是已事正使無量種種供養種種恭敬聞正法等生生供養恭敬諸佛故言善供養諸佛故善集清白法者以諸菩薩無量門集布施等行脩諸白法為取大菩提成就一味心正迴向故能成就不退轉法故言善集清白法故善知識善護者唯佛如來為善知識能護菩薩令發心增長安住不退不轉法中故言善知識善護故善清淨心者以不求自樂專一味心為他利益長夜不為自愛等門煩惱所染故言善清淨心故入深廣心者大乘法中專念廣勝畢竟因成就故言入深廣心故畢竟信樂大法者以起大心不怯弱廣不畏世間

一切諸苦見求小乘諸衆生等起大悲心欲與一切衆生樂故知一切種智處以方便方令衆生得故言畢竟信樂大法故現大慈悲者以見生死種種諸苦逼惱衆生無舍無洲無有救者為彼衆生滅諸苦惱行捨大捨極難捨等以方便力入大苦中故現慈悲又言慈者初發心菩薩以少力故但頋憐愍一切衆生是故名慈又言悲者如是如是為於一切衆生脩行如是如是於勝法中起上上心是故名悲故言現大慈悲故

又不退轉者菩薩摩訶薩有八種法能成不退轉地何等為八一者大悲二者心安住三者智慧四者方便五者不放逸六者發精進七者善住念八者值善知識初發心菩薩應速脩行此八種法如救頭然後方脩集菩薩其餘不退轉法依此八法脩集其餘不退不轉一切功德彼不退轉一切功德處處經中廣說應知

問曰但說不退阿耨多羅三藐三菩提便足何故復言不轉以得不退者

即是不轉故答曰以得不退因畢竟成就深心故名不退言不轉者依不退深心起餘心行上上勝進故名不轉

問曰若尒不退不轉更無異義云何不轉於不退為勝答曰言不退者依不損害心根本業道起利益他行謂上上勝義故言不轉者脩行成故又不退者永斷一切得勝法障身見等煩惱根本盡故言不轉者於脩道中斷滅根本無明故又不退者善集具足功德故言不轉者善集具足智慧故又不退者成就方便故言不轉者成就般若故又不退者過聲聞辟支佛地因故言不轉者善集得菩提諸善根故又不退者成就大力故言不轉者成就脩行故又不退者具足成就十力因故言不轉者具足成就四無畏因故又不退者依檀等白法為利益衆生故言不轉者檀等善根為衆生故迴向大菩提常樂利益諸衆生故又不退者以得初地不失菩提心因深心等成就故言不轉者二地已上起心十善業道所攝異十善業

道修行種等數數增長故
問曰勝進法者其義云何荅曰以諸菩薩心行增長於先所得白淨法中上上勝進以是義故名勝進法
降伏一切諸魔怨敵者以降伏魔降伏怨降伏敵對是故說言降伏一切諸魔怨敵此義云何菩薩降伏煩惱魔故天魔伺求不得少過故言降伏一切諸魔以得聞思修慧力故利益衆生相違怨等所不能障故言降伏一切諸怨一切外道諸論師等不能折伏故言降伏一切敵對是故說言降伏一切諸魔怨敵又以般若力故斷煩惱魔故言降伏一切諸魔以方便力故能修集菩提善根過二乘所證涅槃怨敵是故說言降伏一切諸魔怨敵又復成就深心等法過魔道因故言降伏一切諸魔求一切智地心未斷絕伏所敵對疲惓等法求一切智地心已斷絕斷所敵對疲惓等法故言降伏一切敵對又得菩薩十種自在故能降伏陰等四魔故言降伏一切諸魔以住正定聚過菩薩怨

敵聲聞辟支佛地是故名為降伏怨敵又能善知諸魔業事故言降伏一切諸魔得諸菩薩善淨諸業能過一切諸惡道因故言降伏一切怨敵又能善護所治等法諸魔怨敵是故名為降伏一切諸魔怨敵如經中佛說龍王菩薩摩訶薩成就八法故能降伏諸魔怨敵何等為八所謂一者知五陰法如幻化故二者離身見等一切煩惱如實知空故三者如實知一切有為行不生而生諸世間故四者常教化衆生常不捨離菩提心故五者心常堅固修行精進而常怖畏三界故六者不應入者而常求上智為衆生故七者常修集功德而信無常相故八者常修集智慧功德而不求聲聞辟支佛智故
問曰應說菩薩行云何菩薩行荅曰菩薩行者菩薩深見世間過患涅槃利益發起智慧方便所攝大慈悲心常為利益衆生修行是故名為行菩薩行
如實知一切法自體相者知一切法

如彼法相如實知故又自體相名為相如彼一切法自體相相如是如實知
問曰應如是說知一切法相不應說知一切法自體相荅曰為明可見能見法不二故是如說如實知一切法自體相此義云何為明諸法自體相不離諸法更有相故問曰若尒應如是說知諸法體不應說知相荅曰不然若如是說不離向所說過此明何義如諸法相離諸法更有體恐如是取為護彼過故二種說此明何義即自體相離體更無相自體與相名異義一是故說如實知一切法自體相不如向難所說
問曰何故名為自體相荅曰若如實知一切諸法因緣而有無實體相此明何義以諸菩薩隨順出世間智慧能如實知彼諸法體能如實知諸法體者以見一切有為諸行依他因緣不常不斷以是義故不著斷常虛妄執著有無不二成就中道如實知見諸有為行虛妄不實以得清淨心知有為行虛妄分別故遠離破戒等垢

因清淨戒具足乃至未成佛來修集
彌勒菩薩經論卷第二　第十三張　谷字号
善根與一切衆生樂因令得一切種智

彌勒菩薩所問經論卷第二

彌勒菩薩所問經論卷第二

校勘記

一　底本，金藏廣勝寺本。

一　八四九頁中一行經名，石、資無（未換卷）。

一　八四九頁中二行譯者，石、資無（未換卷）；磧、南、徑、清作「元魏天竺三藏法師菩提留支譯」；普作「元魏天竺三藏菩提留支譯」。

一　八四九頁下一〇行第六字「三」，石、麗作「三界」。

一　八四九頁下一〇行第一〇字「除」，資、磧、普、南、徑、清作「餘」。

一　八五〇頁中末行第五字「故」，諸本作「是故」。

一　八五一頁上六行第一三字「槃」，石、資、磧、普、南、徑、清作「槃界」。

一　八五一頁上一五行首字「時」，資、磧、普、南、徑、清作「切」。

一　八五一頁上一九行「菩提」，諸本作「善根」。

一　八五一頁中一〇行第六字「行」，磧、普、南作「有」。

一　八五二頁上一六行第七字「苦」，磧、南作「若」。

一　八五二頁中一八行第一〇字「護」，諸本作「諸」。

一　八五二頁中二二行第二字「過」，資、磧、普、南、徑、清作「愚」。

一　八五二頁下一二行至一三行之間石分卷，卷第一終，卷第二始。

一　八五二頁下一八行第一一字「乘」，資、磧、普、南、徑、清作「果」。

一　八五三頁上一行第五字「發」，麗作「放」。

一　八五三頁上六行末字「隨」，石作「墮」。

一　八五三頁上一三行第九字「厭」，石作「不厭」。

一　八五三頁中三行第七字「受」，諸本作「愛」。

一　八五三頁下二一行第二字「又」，諸本作「久」。

一　八五四頁上末行第一〇字「廣」，石、資、磧、普、南、徑、清、麗作「故」。

一　八五五頁上二〇行第八字「断」，資、磧、普、南、徑、清作「伏」。

一　八五五頁中一四行第四字「者」，諸本作「者入」。

一　八五五頁下五行第七字「如」，諸本作「故」。

一　八五五頁下一一行第七字「二」，磧、普、南、徑、清作「一」。

一　八五六頁上末行經名，石無（未換卷）；末字「二」，資作「一」。

弥勒菩薩所問經論卷第三　谷

後魏天竺三藏菩提流支　譯

問曰云何於諸世間心不疲惓答曰於見道時離身見等疲惓因故此明何義以諸凡夫取我相故為生死等種種諸苦之所逼惱於世間中生疲惓心諸菩薩等見法體時皆悉遠離著我相等是故菩薩於諸世間心不疲惓又復所以於諸世間心不疲惓以得遠離五怖畏故此明何義以世間衆生未離不活等五怖畏故於諸世間生疲惓心菩薩離不活等五種怖畏以離我相等故具足修集功德智慧是故菩薩於諸世間心不疲惓又得一味利他心故心不疲惓此明何義以諸菩薩依慈悲心起利他行深心善修猶如大海同一醎味菩薩亦尒為利益他一味心故以諸菩薩利益他行即是自利為利衆生修集諸行是故菩薩於諸世間心不疲惓又以菩薩得安住心故於諸世間心不疲惓此明何義以諸菩薩乃至惡道所謂活地獄黑繩地獄合地獄叫喚地獄多波鄰地獄波多波鄰地獄阿鼻地獄究究羅地獄死屍地獄刀林地獄劒林地獄劈裂地獄安浮陁地獄阿波波地獄阿吒吒地獄憂鉢羅地獄拘勿頭地獄香地獄分陁利地獄波頭摩地獄種種寒熱受諸苦惱及泥犁中畜生餓鬼修羅人天互相煞害共相食噉牽挽追求或生或退起於我慢嫉妬瞋恨恩愛別離怨憎合會老病死等憂悲苦惱如是種種諸苦惱相見聞受離利益衆生其心一向不退不轉畢竟安住大菩提心是名菩薩於諸世間心不疲惓又不疲惓者以願堅固故此明何義以諸菩薩依大慈悲等起利益衆生行畢竟得深心根本諸行善知堅固心故隨順諸願作利益行是故菩薩於諸世間心不疲惓問曰何者名為菩薩摩訶薩堅固之願答曰有五種法名為菩薩堅固之願何等為五一者聲聞乘不能動轉二者辟支佛乘不能動轉三者諸外道論不能動轉四者

弥勒菩薩經論卷第三　第二張　谷

一切諸魔不能動轉五者不以無因無緣自然動轉是故菩薩於諸世間心不疲惓復有五法於諸世間心不疲惓何等為五一者若見衰損利益心無憂喜二者所作已辦如實知道故三者如實知道果故四者自身得寂靜故五者拔諸衆生苦惱心故是故菩薩於諸世間心不疲惓又不疲惓者以得大慈大悲心故此明何義以諸菩薩得大悲心見諸衆生沒溺生等極苦淤泥無明所盲貪愛所縛無所歸依菩薩以得慈悲心力智慧為首勤行精進拔衆生苦為諸衆生於世間中受苦惱業是故菩薩於諸世間心不疲惓復有五法知菩薩有大慈悲心何等為五一者為與衆生安隱樂故不惜一切資生之物二者不惜自身三者不護惜命四者條一切行不待多時五者怨親等悲是故菩薩於諸世間心不疲惓又不疲惓者能忍一切諸苦惱故此明何義以諸菩薩得依緣力其心勇猛過無數劫能受苦惱以能忍受一切苦惱是故

菩薩於諸世間心不疲惓有五種法於諸世間能受苦惱何等為五一者信諸法無我二者信諸法空三者觀世間法四者觀諸業報五者觀察諸業已盡為諸衆生於無量劫而受苦惱又不疲惓者深心常求佛菩提故此明何義以諸菩薩常以深心樂於涅槃求佛菩提以堅固增長為一切衆生種菩提因緣善根種子行世間行是故菩薩於諸世間心不疲惓復有五法菩薩常求無上菩提何等為五一者不同餘乘智勝餘乘故二者世間最上首故三者自度身故四者度他人故五者具足一切功德藏故又不疲惓者以為教化諸衆生故此明何義菩薩長夜為諸世間可化衆生隨順教化為斷衆生世間苦惱雖為種種苦箭所射而於世間心不疲惓又教化衆生者觀衆生心隨諸衆生於五乘法應受化者而授與之何等為五一者應正遍知乘二者辟支佛乘三者聲聞乘四者天乘五者人乘又不疲惓者勇健無畏故此明何義

以諸菩薩依大智慧力故依勇猛無畏力故雖為世間苦箭所射而於世間不生疲惓有五種法得知菩薩勇猛無畏何等為五一者衰損敗壞其心不憂二者成就一切諸利益法其心不喜三者受諸苦惱其心不感四者得諸勝樂其心不放五者瞋喜二相不可測知是名菩薩勇健無畏應知又不疲惓者不著身命故此明何義以世間八著身命故常為生死苦箭所射猒背世間生疲惓心是故菩薩樂作利益諸衆生事如實知身命故棄而不著為欲利益一切衆生是故菩薩於諸世間心不疲惓菩薩能知五種法故不著自身何等為五一者知身不從過去世來二者知身不向未來世去三者知身非堅固法四者知身無實神我五者知身無實我所是故菩薩不著自身菩薩能知五種法故不貪著命何等為五一者依智慧活不依邪命二者怖畏一切諸不善法三者觀無始世來未曾不死四者等共一切諸衆生有五者不可

常保
又不疲惓者不著自樂故此明何義以諸衆生著自身樂受種種苦生疲惓心菩薩捨自身樂拔衆生苦是故菩薩於諸世間心不疲惓菩薩如實知五種法不求自樂何等為五一者知樂如水泡二者知樂取壞時苦三者得世間方便以諸菩薩依善知識聽聞正法繫念思惟以為根本得身及衆生出世方便四者不依他智五者依自智力
又不疲惓者現見一切諸白法故此明何義以諸菩薩依丈夫力得果報故以諸白法依丈夫力故無量刼事現見如夢於未來世不依他力依自丈夫力修集諸白法作是思惟一切種智非他能與依自力得是故菩薩知不依他自發精進修集諸行速得阿耨多羅三藐三菩提如佛告阿難唯精進波羅蜜能得大菩提是故菩薩於諸世間心不疲惓又不疲惓者以證自然智故此明何義以諸菩薩過彼惓因是故成就不疲惓心善知

一切諸因緣法依法生法次第增長猶如梯橙依般若根本成就精進是故速證阿耨多羅三藐三菩提
又不退不轉等諸句餘一切修多羅中廣說應知又復有義言不退者以得成就深心法故又不退者以得成就行心捨心故言不轉者以得成就深心法故降伏一切諸魔怨敵者以得成就善知迴向方便心故如實知一切法自體相者以得成就善知方便故於諸世間心不疲惓者以得成就大慈大悲心故以心不疲惓故不依他智速疾成就阿耨多羅三藐三菩提者以得成就般若波羅蜜故是故佛告弥勒菩薩摩訶薩言菩薩摩訶薩畢竟成就八法不退阿耨多羅三藐三菩提如是等
問曰何故如來唯說八法不多不少
荅曰此非正問何以故若多若少俱致問故然佛世尊非無因緣說此八法以此八法具足成就菩提因故此明何義成就深心乃至般若波羅蜜畢竟成就此八種法具足菩薩功德

智慧速疾成就一切種智以此八法具足成就佛菩提因是故如來唯說八法不多不少又復所以唯說八法以攝菩薩道故此明何義略說菩薩有二種道一者方便差別道二者慧道成就深心乃至方便等諸句示現方便差別道成就般若波羅蜜者示現慧道是故文殊師利問菩提經中聖者文殊師利言諸天子菩薩摩訶薩略道有二以是略道速得阿耨多羅三藐三菩提何等為二一者方便道二者慧道方便道者知攝善法智慧道者如實知諸法智又方便者觀諸衆生智慧者離諸法智又方便者知諸法相應智慧者知諸法不相應智又方便者觀因道智慧者滅因道智又方便者知諸法差別智慧者知諸法無差別智又方便者莊嚴佛土智慧者莊嚴佛土平等無差別智又方便者入衆生諸根行智慧者不見衆生智又方便者得至道場智慧者能證一切佛菩提法智以是義故但說八法不多不少又復所以但說八

法以攝助道斷道故此明何義即彼修多羅中說復次天子諸菩薩摩訶薩復有二種略道諸菩薩摩訶薩以是二道疾得阿耨多羅三藐三菩提何等為二一者助道二者斷道助道者五波羅蜜斷道者般若波羅蜜又從深心乃至方便以為助道攝五波心攝尸波羅蜜成就深心攝羼提波羅蜜成就捨心攝檀波羅蜜成就行羅蜜成就善知迴向方便心成就善知方便攝毗離耶波羅蜜成就大慈心成就大悲心攝禪波羅蜜成就般若波羅蜜攝斷道如是有導道無導道有漏無漏等皆可類解應知又攝有量無量道故如彼經中說復有二種略道何等為二一者有量道二者無量道有量道者取相分別無量道者不取相分別又從深心乃至方便等七句取相分別攝有量道應知如是成就般若波羅蜜不取相分別攝無量道應知如是四家四攝四無量三十七品諸菩薩摩訶薩一切功德隨義相應八法皆攝應知

問曰應說深心義云何深心義荅曰深心義者心實不住非心相應憐使異相五陰相應起業修行增長因果深心因相違涅槃果相違修行善根非心相應行屬陰聚體隨順涅槃果如因聞慧生餘慧等是名深心又深心者心少時住離心相應善根行體依行起行猶如流水次第生法是名深心又深心者依種子生猶如乳等一切白法隨順因緣修行善法是名深心又深心者如久卷物雖塵蠹舒故還依本深心亦尒隨本因作法還續如本不可說一不可說異是名深心又深心者修學白法名為深心又深心者修行一切諸善根法成就不失不增不減大涅槃法名為深心

問曰如毗摩羅吉利致所說經說菩薩摩訶薩修無量行有無量心此深心者為起何行荅曰此深心者志能發起求佛菩提一切諸行是名深心何以故以此深心發生一切菩提因故志能增長諸功德力譬如尸羅此明何義如持戒人得善根尸羅一切

善法無量差別悉名尸羅而身口意三業成就名為尸羅何以故身口意業與諸善法為根本故深心亦尒與佛菩提因一切善行以為根本故是故伽耶山頂經中月淨光德天子問文殊師利言諸菩薩摩訶薩深淨心以何為本文殊師利荅言天子諸菩薩摩訶薩深淨心以阿耨多羅三藐三菩提心為本以是義故此修多羅中所說深心菩提心為本如金剛般若經中說諸菩薩摩訶薩深心功德不誑世間以是故說為菩提因應知

問曰以何義故得言菩薩成就深心荅曰以一切所治法不能動轉故此明何義以種種苦惱不能動轉一切菩薩求菩提心彼時菩薩名為成就深心應知又諸菩薩他身樂心有力降伏自身樂心故此明何義以彼菩薩自求樂心為與他樂深心降伏彼時菩薩名為成就深心應知又成就深心者以至究竟故此明何義以依深心下中上法次第增長乃至畢竟堅固名為成就深心應知又成就深

心者以起難捨能捨心故此明何義若諸菩薩修行檀等難行布施深心發起修行等心彼時菩薩名為成就深心應知如聖者無盡意經中說以頭施等難捨能捨名為成就深心應知又成就深心者以能降伏慳嫉等心故此明何義以諸菩薩得畢竟成就深心能降伏慳嫉等菩提道相違法彼時菩薩名為成就深心應知如聖者無盡意經中說大德舍利弗諸菩薩深心者降伏嫉妬教化慳嫉衆生故如是等名為成就深心應知又成就深心者以因果不盡故此明何義以諸菩薩深心因果無盡彼時名為乘軟菩薩應知因不盡者修行廣大無量無邊故果不盡者一切佛法無量無邊以不斷絕三寶因故又無盡意經中說菩薩深心修行施等以其能捨一切物故是名菩薩成就修行如是等又言大德舍利弗諸佛如來十力四無所畏十八不共法略說乃至一切佛法皆不可盡是故深心亦不可盡以修行果不可盡故故言

菩薩成就深心又成就深心者依此經說應知以此經中說彌勒若菩薩摩訶薩聞讚歎佛及毀呰佛其心畢竟於阿耨多羅三藐三菩提堅固不動如是若聞讚歎法僧毀呰法僧亦復如是菩薩如是如實見知十二因緣即知諸佛如來法身於三寶中成堅固心以得無漏智畢竟深心故一切外道諸魔怨敵不能退轉是故菩薩成就深心

問曰以何義故先說深心次說修行答曰以彼修行是證智因故此明何義以修行心能與深心作證因故以起大慈大悲心故此心即是護持佛果應知而彼深心不可得見以依深心故眼耳等識於境界中不能發起損害等心為利益他離煞等行示現彼心以是義故說深心後次說修行應知又復示現次第義故此明何義一切諸法應當如是次第生故先說深心後說修行

問曰云何修行義答曰為利益他起不損害深心身口意業攝自利行及

利他行是名修行問曰云何菩薩成就修行答曰以不共外道聲聞辟支佛故此明何義以諸外道求世間樂修善業道貪著世間樂果報故所修諸行成世間果以其成就世間果故彼不能得成就修行又以聲聞辟支佛等求涅槃樂修善業道離大悲心成就小乘涅槃果故彼聲聞人於菩薩果不得名為成就修行菩薩過於一切世間見諸世間種種過失乃至不著轉輪聖王樂果報等雖復能證小乘涅槃依大慈悲勇猛心故捨涅槃樂求佛菩提修行十善業為救一切諸衆生故攝大勝願其心唯以一切種智以為究竟是故菩薩不同一切外道聲聞辟支佛等修行十善業道是故名為成就修行

又成就修行者受持增上十善業道故此明何義以菩薩修行過於聲聞辟支佛等十善業道是故名為成就修行諸菩薩摩訶薩有五種法勝於聲聞十善業道何等為五一者專心修行故二者常修行故三者為安隱

自身故四者為安隱他身故五者善清淨故專心修行者畢竟不離一味心故常修行者不斷不絕不休息故為安隱自身者為自身取人天安隱及大菩提故為安隱他身者為與一切衆生安隱畢竟迴向大菩提故以救過於無數衆生故善清淨者不破故不黠故不汙故無所屬故善究竟故不食故智者讃歎故破者少分修治少分不修治故名為破是故菩薩具足修治名為不破黠者自不修行教他修行故名為黠是故菩薩自身修行不教他修見他修行而心隨喜修行教他修行名為不黠汙者自不故名為汙是故菩薩具足修行名為不汙屬者要依他智而能修行故名為屬是故菩薩不依他智而能修行名無所屬善究竟者專念畢竟欲心專念畢竟愛心專念畢竟恭敬心專念畢竟信心專念畢竟畏心專念畢竟無常心以是義故名善究竟食者迴向於有取有資生故名為食是故菩薩不取於有名為不食智者不讃

歎者聲聞辟支佛乘中迴向世間大乘中迴向聲聞辟支佛乘故名智者所不讃歎是故菩薩聲聞辟支佛乘中不迴向世間大乘中不迴向聲聞辟支佛乘是故名為智者讃歎又成就修行者出過一切諸世間故此明何義以諸菩薩修行十善業道勝諸世間是故名為成就修行應知菩薩有五種法修行十善業道能過一切世間何等為五一者願二者安隱三者深心四者善清淨五者方便願者菩薩摩訶薩凡所發願一切凡夫聲聞辟支佛無如是願是故菩薩依願修行十善業道則能出過一切世間如摩訶衍修多羅中無垢稱女所說經言尊者目連諸菩薩摩訶薩從初發心乃至道場常為一切世間天人而作福田勝諸聲聞辟支佛故安隱者以諸菩薩雖為一切世間極深重苦之所逼惱不能迴轉取阿耨多羅三藐三菩提心為阿耨多羅三藐三菩提故專心修行十善業道是故菩薩依安隱心修行十善業道則能出

過一切世間深心者以取勝修行故以諸菩薩取深愛心修行十善業道是故菩薩依深心故修行十善業道則能出過一切世間清淨者除二地已上清淨菩薩何以故以諸菩薩摩訶薩等有三種清淨修行十善業道是故菩薩依清淨修行十善業道則能出過一切世間方便者菩薩於何等法中以何等方便修行十善業道餘世間衆生無如是方便是故菩薩依方便力修行十善業道則能出過一切世間又成就修行者以時等無量故此明何義以諸菩薩於無量世修行十善業道無量行等是故菩薩成就修行又諸菩薩得五種法故修行無量十善業道何等為五一者無量世二者無量善法三者無量觀四者無量盡五者無量迴向無量世者以諸菩薩過無量世修行十善業道是故菩薩於無量時修行十善業道無量善法者以諸菩薩修行無量善法以彼善法無量是故菩薩起無量善業道修行如如來清淨毗尼大乘

修多羅中說迦葉如四大海滿中生酥一切衆生之所受用菩薩摩訶薩修集一切有為善根亦復如是以諸菩薩迴向取彼無漏智故能與一切衆生受用無量觀者以為無量衆生觀故以諸菩薩非為有量衆生修行十善業道不作是念我為若干衆生修集善根不為若干衆生修集善根以諸菩薩觀一切衆生修集善根是故菩薩善業無量無盡者如如來清淨毗尼修多羅中說諸天子譬如長者財富無量是大捨者行大慈者行大悲者大商主者憐愍一切諸衆生故而修行者不退心者起如是心我能與彼一切衆生無量無邊安隱之樂諸天子菩薩摩訶薩亦復如是以住深心為諸衆生住安隱心起大精進心作是思惟我當教化無量無邊苦惱衆生皆悉安置涅槃樂中是故菩薩修行無盡無量迴向者如初地中起無量願行十盡句等菩薩以彼十盡無量修行善業道亦復無量以依先迴向無量故菩薩摩訶薩修行

一切善業道果亦復無量是名無量迴向

又成就修行者以真實故此明何義以諸菩薩摩訶薩真實希有修行十善業道是故菩薩成就修行菩薩有五種法成就希有何等為五一者起大勇猛心二者精進三者堅固四者慧五者果起大勇猛心者發心能取阿耨多羅三藐三菩提假使有人若以指鉗或一指節能擧三千大千世界無量劫住此事非難發心能取阿耨多羅三藐三菩提是事為難是故菩薩修行善業道成就希有精進者菩薩作是思惟衆生能發大勇猛心無量無邊勤精進者少不足言若能精進求菩提者是最希有是故菩薩若欲求於第一希有無量功德依大精進修善業道是故菩薩修行善業道成就希有堅固者以諸菩薩發大精進修行善業道住第一希有堅固力中故能進趣究竟精進是故菩薩修行善業道成就希有慧者菩薩作是思惟勇猛精進堅固等法皆依般

若根本而有是故般若希有之法何以故以依般若得有勇猛精進堅固是故菩薩作是思惟依於般若希有之法修行善業道是故菩薩成就般若果者以依修行善業道等故能生果證得無量無邊一切佛法是故成就希有之法

又成就修行者方便攝取故此明何義以諸菩薩依方便力攝取修行善業道故不同聲聞辟支佛等是故菩薩成就修行菩薩有五種法攝取方便應知何等為五一者時處智二者迴轉入智三者合智四者得意智五者次第智時處智者以何等時應說如是法以何等處應說如是法隨何等時應如是化衆生隨何等處應如是化衆生彼一切如實知以依如是如是時處智如是如是教化衆生是名時處智迴轉入智菩薩如實知諸衆生於外道法中應如是迴轉如實知於佛法中應如是入如實知如是迴轉如實知置安樂中如實知如是置佛法中不復迴轉取外道法彼處

非十二因緣觀是迴轉觀是名迴轉入智合智者隨諸衆生以何等何等門相合善知彼彼門依彼彼門合彼彼衆生如信如力如分教化是名合智得意智者知衆生意知衆生信知衆生求如是知菩薩入彼修行入信入求入於言語隨順彼故起可化事如是起不迴轉是名合智次第智者知衆生業次第覺展轉覺所謂聲聞乘中說布施持戒人天果報說諸欲過說在家染過說出家利益又說苦集滅道次說須陁洹斯陁含阿那含阿羅漢果次說不可壞解脫次說無身於辟支佛乘中說貯積過散用利益說在家過出家利益說戲論過靜默利益說聚落過阿蘭若利益說多欲不知足過少欲知足利益說護諸根門於食知量初夜後夜精勤修行說觀中念相過樂空閑處說戒重三昧重般若重不被譏呵讃歎自利益讃歎深法非他知如是等於大乘中次第憂波提舍布施持戒忍辱精進禪定智慧次說實捨滅慧是名次第智

又成就修行者發菩提心十句願十句盡十句遠離退轉法修行不退轉法遠離退轉法修行不退轉法讃歎堅固精進讃歎堅固心讃歎安住智是名菩薩成就修行又成就修行者讃歎住地法讃歎一向畢竟地法說染退地法讃歎清淨地法讃歎能進趣地法讃歎住地中間可得法說地退法讃歎地果法讃歎地習氣果法是名菩薩成就修行又成就修行者說諸地所謂歡喜地離垢地明地焰地難勝地現前地遠行地不動地善慧地法雲地是名菩薩成就修行

又成就修行者以諸菩薩深心攝取勝妙法故此明何義菩薩深心攝取妙法為不斷絕三寶為教化衆生行菩提行為一切種智修善業道是故菩薩成就修行善業道菩薩有五種法攝取妙法何等為五一者為欲報諸佛恩二者為自身故令妙法常住三者供養佛故四者為欲利益無量衆生五者難得妙法故彼法復有五種法故名為攝取妙法何等為五一者自如實修行二者教他如實修行三者降伏諸魔惡刺四者捨黑阿波提舍五者攝取大阿波提舍諸比丘是名菩薩成就修行

又成就修行者以所作業無可譏呵故此明何義以諸菩薩一切所作住持修行善業道等皆不可譏呵是名菩薩成就修行有五種法諸業成就不可譏呵何等為五一者有所為作一切能成二者能得大果三者不違善法四者隨順清淨法五者德稱名聞是名菩薩成就修行

彌勒菩薩所問經論卷第三

癸卯歲高麗國大藏都監奉
勅雕造

彌勒菩薩所問經論卷第三

校勘記

一 底本，金藏廣勝寺本。八五七頁中、下，八五九頁上、中、下及八六四頁下共六版原版殘，以麗藏本換。

一 八五七頁中一行經名，石無（未換卷）；末字「三」，資、磧、普、南、徑、清作「四」。

一 八五七頁中二行譯者，石無（未換卷）；資作「元魏天竺三藏法師菩提流支譯」；磧、普、南、徑、清作「元魏天竺三藏法師菩提留支譯」。

一 八五七頁中一九行第八字「爲」，石作「益」。

一 八五七頁下四行第七字「劈」，資、磧、普、南、徑、清作「擘」。

一 八五七頁下九行第三字「共」，石作「苦」。

一 八五七頁下一二行第七字「愛」，資、磧、普、南、徑、清作「不」。

一 八五七頁下二〇行第六字「之」，資、磧、普、南、徑、清作「心」。

一 八五八頁中一一行第一〇字「是」，諸本作「提」。

一 八五九頁上七行第四字「水」，石、資、磧、普、南、徑、清作「水上」。

一 八五九頁上末行第二字「彼」，石、資、磧、普、南、徑、清作「疲」。

一 八五九頁下一一行第一二字「者」，資、磧、普、南、徑、清無。

一 八五九頁下一二行第三字「者」，資、磧、普、南、徑、清作「智」。

一 八六〇頁上一三行第一二字「道」，石無。

一 八六〇頁中二〇行第三字「求」，石作「未」。

一 八六一頁中一三行第七字「與」，磧、南作「施」。

一 八六一頁中一五行第五字「彼」，磧作「波」。

一 八六一頁下五行第三字「成」，石作「成就」。

一 八六二頁下一八行第四字「盡」，石作「無盡」。

一 八六三頁下一九行第八字「智」，諸本作「智者」。

一 八六四頁上八行第九字「合」，資、磧、普、南、徑、清作「得意」。

一 八六四頁上一九行第五字「相」，諸本作「想」。

一 八六四頁中三行「遠離退轉法修行不退轉法」，諸本無。

一 八六四頁中七行首字「染」，資、磧、普、南、徑、清作「深」。

一 八六四頁中二一行「佛故」，石、資、磧、普、南、徑、清作「諸佛」。

一 八六四頁中二二行第五字「難」，石作「雖」。

一 八六四頁下一行第一〇字「他」，石、徑作「化」。

一 八六四頁下六行第一一字「切」，石作「切行」。

一 八六四頁下末行經名，資、磧、普、南、徑、清無（未換卷）；末字「三」，石作「二」。

彌勒菩薩所問經論卷第四　谷

後魏天竺三藏菩提流支譯

又成就修行者以起一切種修行清淨故此明何義以諸菩薩起一切種清淨十善業道是名菩薩成就修行如十地修多羅中說是菩薩復深思惟行十不善業道集因緣故則墮地獄畜生餓鬼行十善業道集因緣故則生人中乃至生有頂處又是上十善業道與智慧觀和合修行其心狹劣故心厭畏三界故遠離大悲故從他聞聲而通達故聞聲意解成聲聞乘又是上十善清淨業道不從他聞故自正覺故不能具足大悲方便故而能通達深因緣法成辟支佛乘又是上上十善業道清淨具足其心廣大無量故為諸衆生起悲愍故方便所攝故善起大願故不捨一切衆生故觀佛智廣大故菩薩地清淨波羅蜜清淨入深廣行成又是上上十善業道一切種清淨十力力故集一切佛法令成就故是故我應等行十善業道修行一切種令清淨具足故是名菩薩成就修行

又成就修行者以為利益一切衆生修行十善業道故此明何義以諸菩薩不著自樂修行十善業道為利益衆生見我能利益衆生以慈悲心非直自利能自利已復能令他住十善業道是故菩薩成就修行以是義故十地修多羅中說是故我當先住善法亦令他人住於善法是故成就修行又如十地修多羅中說是菩薩復於一切衆生中生安隱心柔軟心慈心悲心憐愍心利益心守護心我心平等心師心生尊心又菩薩復作此念是諸衆生墮於邪見惡意惡心行惡道稠林我應令彼衆生行真實道住正見道如實法中如是等是故名為成就修行

又成就修行者修行善業道畢竟無盡故此明何義以諸菩薩為不斷絕三寶修行不斷絕常修行善業道無盡是故名為成就修行如無盡意修多羅中說大德舍利弗諸菩薩摩訶

薩尸波羅蜜無盡以常修行故何以故凡夫戒者在所受生是故有盡人中十善盡故有盡欲界諸天福報功德盡故有盡色界諸天以禪無量盡故有盡無色界天取入諸定盡故有盡外道仙人所有諸戒退失神通盡故有盡一切聲聞學無學戒入涅槃際盡故有盡辟支佛戒無大悲心盡故有盡舍利弗菩薩淨戒皆無有盡何以故於是戒中出一切戒如種無盡果亦無盡是菩提種不可盡故如來戒禁亦無有盡

又成就修行者遠離身見煩惱垢故此明何義以諸菩薩十善業道離我見等垢彼時名為清淨業道是故菩薩成就修行即彼修多羅中說清淨戒者所謂不著我相戲論如是等是故名為成就修行

又成就修行者以成就一切種清淨故此明何義以諸菩薩修行善業道一切種一切眷屬清淨彼時菩薩名善業道成就修行應知如彼修多羅中說無盡意言唯舍利弗菩薩戒聚

六十六事清淨修治亦不可盡何等名為六十六事一者於他衆生不起惱苦二者於他財物不生竊盜三者於他婦女終不邪視四者於諸衆生無有欺誑五者初不兩舌於自眷屬知止足故六者無有惡口忍辱攝故七者無有綺語常善說故八者於他樂事不貪嫉故九者初無瞋恚忍惡言故十者正見不邪賊餘道故十一者深信於佛心不濁故十二者信順於法善法法故十三者信敬於僧尊重聖衆故十四者五體投地志念佛故十五者五體投地思惟法故十六者五體投地宗敬僧故十七者堅持禁戒一切無犯乃至小禁不放捨故十八者持不缺戒不依餘乘故十九者持不穿戒離惡處生故二十者持不荒戒不離諸結故二十一者持不汙戒專長白法故二十二者持是深戒隨意迴向得自在故二十三者持讚歎戒智者不呵故二十四者持純善戒正念知故二十五者持不呵戒一切戒不散故二十六者持善堅戒

防護諸根故二十七者持名聞戒諸佛所念故二十八者持知足戒無不厭故二十九者持少欲戒斷貪惜故三十者持性淨戒身心寂滅故三十一者持阿蘭若戒離憒閙故三十二者持聖種戒不求他意故三十三者持威儀戒一切善根得自在故三十四者持如說戒人無不歡喜故三十五者持慈心戒護衆生故三十六者持悲心戒能忍諸苦故三十七者持喜心戒不懈怠故三十八者持舍心戒離愛恚故三十九者持自省戒心善分別故四十者持不求短缺戒護他心故四十一者持善攝戒善守護故四十二者持慧施戒教化衆生故四十三者持忍辱戒心無恚身故四十四者持精進戒不退還故四十五者持禪定戒長諸禪支故四十六者持智慧戒多聞善根無厭足故四十七者持多聞戒憐學堅牢故四十八者持親近善知識戒助成菩提故四十九者持遠離惡知識戒捨遠離惡道故五十者持不惜身戒觀無常相

故五十一者持不惜命戒勤行善根故五十二者持不悔戒心清淨故五十三者持不邪命戒心行清淨故五十四者持不燋戒畢竟清淨故五十五者持不燒戒修善行業故五十六者持無慢戒心下不憍故五十七者持不恌戒遠離諸欲故五十八者持不高戒心平直故五十九者持柔和戒心無抵突故六十者持調伏戒無惱害故六十一者持寂滅戒心無垢穢故六十二者持順語戒如說行故六十三者持化衆生戒不離斷法故六十四者持護正法戒不違如實故六十五者持如頌成就戒於諸衆生心平等故六十六者持親近佛戒入佛三昧具足一切諸佛法故是故名為成就修行

又成就修行者以成不共果故此明何義以諸菩薩成就修行十善業道攝取菩提心以是義故得菩提時成不共果是故名為成就修行應知如聖者婆伽羅龍王經中說龍王離殺生人得十種清淨法遠離殺生一切善根迴向阿耨多羅三藐三菩提彼人得菩提時心自在故壽命無量如是等

問曰應說業道義云何業道義答曰次說云何說以造作故名為業相即業名道能趣地獄故名業道又身口七業即自體相名為業道餘三者意相應心又即彼業能作道故名業道此明何義唯心是業彼心七業共起名道餘三共相應名為業道問曰若即業名道皆悉能趣地獄等者何故餘三非是業道答曰如彼七業此三能作彼根本故以相應故不能如彼業故不名業道問曰一切美味飲酒食肉捲手摑打一切戲笑如是等惡行一切礼拜供養恭敬遠離飲酒等如是等善行何故不說以為業道答曰遠離飲酒等唯是心業能起七業非身口業是故非業道若作與心相應亦是業道

問曰若即彼業能作道名為業道如是相解業道者一切法於心皆應名業道若尒何故但說十種業道不說

無量業道答曰以勝重故此明何義以諸惡行及善行中十業道重餘非重故不說無量問曰此義不然何以故以業不定故此明何義或有近遠方便為重正業為輕是故不應但說十業以為業道不說無量答曰不然何以故十業多重近遠方便多輕又世間衆生多畏十業不畏近遠方便又十業道能作深重邊惱餘者不能是故汝說業不定者是義已答又汝向言一切法於心皆應名業道者此義不然何以故七業一向極重意三亦輕亦重飲酒等不尒以是義故但說彼十名為業道不說餘者名為業道

問曰遠離殺生者殺生等相應說答曰殺生有八種一者故心二者他三者定不定衆生相四者疑心五者起捨命方便六者作七者不作相八者無作相是等名為殺生身業口意業名為殺生故心者問曰有人言不作心殺成殺生罪譬如觸火此明何義如火能燒若故心觸不故心觸皆能燒人殺生亦尒若故心殺不故心

殺悉皆應得殺生罪報答曰不然何以故若無心殺得罪報者則阿羅漢不得涅槃此明何義以阿羅漢斷世間因有不作心而殺衆生如是亦應還生世間而實不然以是義故不故心殺不得罪報又言如火者此義不然何以故以惡業中無惡心觸故此明何義猶如彼火薪炭等觸觸而不燒如是彼惡業中無惡心觸雖復殺生不能與報是故火喻義不相應問曰云何死者受苦而殺生者不得罪報答曰以心不壞故又此義不然何以故離過惡衆生有罪雖利益衆生有福如斷善根慈無悲無諍滅盡定等得罪得福

問曰何故名他答曰非自命故問曰以何義故自斷命者不得罪報答曰以無可殺殺者故此明何義若有他人是可殺者能殺生人得殺生罪以自殺者無可殺境即更無殺者以無殺者故自斷命不得惡報又過去陰不續殺生等陰是故自殺罪不得殺問曰自殺身者起於殺心斷人命根破壞五陰捨離人趣殺業成就何故不得殺生罪報答曰若尒阿羅漢人應得殺罪此明何義以死相羅漢自害其身斷已命故彼阿羅漢亦應獲得斷命之罪而彼無罪何以故以離瞋心等故是故自殺不得殺罪

又定不定衆生相者定衆生相不定衆生相彼衆生相名為定不定衆生相又定衆生相者有百千人作心於中定殺於人是名為定若殺彼人得成殺罪若殺餘人不得殺罪不定者以捨一切故隨殺得罪以彼處不離衆生相故疑者疑心殺生亦得殺罪以彼是衆生既捨衆生其心雖疑以捨慈悲心殺衆生故得殺生罪起捨命方便者此明何義若殺者於彼事中起不善心必欲斷彼衆生命根非慈悲心無護罪心捨衆生心作殺方便是名為起

又作不作相無作相作者作者所作事不作者所不作事彼作事共起雖作業滅而善無記法相續不斷問曰云何不作而名為業答曰以能與作事作因與作果事作因此明何義處處亦有因中說果果中說因如如來經中說可見可觸名無作色以作不可見不可觸而作名為可見可觸以彼不作說名可見可觸如是彼處若身所依身事刀杖等殺生名為作不作得名身業又如自在人口勅令殺仙人瞋心欲殺衆生受勅使者依自在人口勅而殺信仙夜叉依仙瞋心而殺衆生彼自在人及仙人等作殺生因使人夜叉身業成時彼自在人及以仙人但得成就不作身業又如受戒人臨受戒時身動口說及受戒時默然而住身口不動所羯磨已彼人成就無作身業此亦如是又如口業事而口不言但動頭睛目舊眉舉手如是等相表前事者亦得成就不作口業又應身作業而身不動口說種種身業方便彼事成時亦得成就不作身業有人言口意亦得成就殺生此殺生業是口意業非是身業雖有此言是義不然何以故若即口說心念之時成殺生者可是口業可是意

業此明何義若口與意是殺業體自在人勑殺其衆生仙人心念殺其衆生即勑念時彼命應斷而此事不然以彼使人信仙夜叉身業成時成殺生事若不如是彼自在人口言殺時及彼仙人起瞋心時應即成殺而實不成又復有過彼自在人口勑殺生使人未殺彼自在人得證見道受勑使者後方殺生若口勑殺已成殺者證見道已殺後殺生而此義不然以得遠離彼殺生因破戒等惡心是故不以口意二業為殺生體何以故以業無差別故此明何義以善不善無記等業相各異故以無差別相如是身口意業則無差別而遠近方便身口意等成殺生業此則不墮

問曰口言殺者為畢竟成為不成耶

答曰不成何以故以過時等故此明何義以何等時以何等方便以何等處彼人殺時過自在人說時處等殺者得罪教者無罪身業者依身作業名為身業此明何義依身作業隨身所作名為身業

問曰無命可殺云何斷命得殺生罪

答曰雖無實命斷和合體名為殺生如斷樹林滅燈炷等若有神我神我是常無殺生義問曰害何等陰名之為殺為害過去為害未來為害現在若害過去過去已滅若害未來未來未到若害現在剎那不住答曰有人說言住現在世壞未來世和合陰體復有人言壞未來現在此明何義以現在陰中刀杖能到能作害事復有人言五陰自滅非因緣滅復有人言現在陰中唯壞色陰以刀杖等能害能觸餘四陰者不可割觸故復有人言殺害五陰自餘四陰雖不可觸而依色陰住色陰壞故彼亦隨壞如破故瓶水乳亦失復有人言唯害無記陰以無記陰中刀杖能觸以無觸陰有其二種一切業有三種如向所說應知問曰如來脩多羅中說有二種業一者起業二者作業此二種業廣說有三謂身口意業此三種業云何差別為從依說為從體說為從起說若從依說即是一業以一切業依止

身故若從體說即是一業以一切業唯口業故若從起說即是一業以一切業從心起故答曰依三次第有三種業此明何義由心思惟即是心業依彼心業起身口業以依心故起身口業如是次第應知彼作無作應知彼身口業差別應知又身業作者依身威儀依止身作彼彼形相是名身作業

問曰以身去來動轉名為身業不去不來不名為業答曰若言去來是身業者此事不然何以故一切有為法剎那不住故剎那不住者隨何處滅不去不來云何而言去來動轉名為身業問曰此義不然何以故若一切法剎那不住可如是說亦見有法剎那間住非是不住云何而言無去無來答曰此義不然何以故以有為法畢竟不住此明何義以彼一切有為諸法無因無緣自然而滅故此復何義以可作法是有因緣而滅法者即是無物若無物者彼法不作以有為法無因無緣自然滅故若法即生時

不滅後亦不應滅若不滅者應是定實若是定實不應變異若如是者不應從彼滅因緣滅問曰我見有法從因緣滅如薪等法從彼火等因緣而滅一切量中現見量勝以是義故一切法滅從相因緣荅曰云何知薪等法依於火等因緣而滅我言無因自然而能此義應思為因火等薪等法滅故不見耶為無因緣自然而滅故不見耶此義云何本相續因緣滅餘更不生是故不見非因緣滅如風滅燈手滅鈴聲如是等知是比智知荅曰已說非可作事故此明何義若有一法從因緣滅應一切法皆因緣滅不應有法非因緣滅猶如生法一切皆悉從因緣生無有法生不從因緣如心聲焰非因緣滅以彼不待因緣滅故問曰此義不然何以故以後心生前心滅後聲生前聲滅以彼先法待後法故是故得知從因緣滅荅曰此義不然何以故以彼心聲不相待故此明何義以有疑知決定知故二法不俱若樂貪恚等皆亦如是又以

前心聲疾後心聲遲云何不疾心聲而能害彼疾心疾聲是故法滅不從因緣問曰雖燈與焰念念不住以無因住而有滅法及滅非法依彼滅法滅於燈焰是故應依因緣而滅荅曰此義不然何以故以無物法云何能作滅因又生因滅法非法剎那不住剎那心剎那心中終不能作生因滅因如是一切有為諸法不從因滅應知又荅若依火等能作薪等滅因如是生即因是滅因此明何義依何等火焰生何等色即彼火焰能作熟熟勝勝滅因以是故即生因是滅因更無異因而此義不如是云何此一法能令法生能令法滅又異異火焰中如是因差別虛妄分別如因灰汁若酒雪日地水穀米能生熟熟異異等已彼處云何分別問曰不然何以故以火煎水水由火盡火為滅因荅曰如向解釋云何得知水因火滅非自然滅問曰若尒火何所作荅曰火界增上依彼火力水力漸微乃至後時水相續體斷絕不起是火所作非

火所滅是故一切有為之法自然而滅無因緣滅以彼滅法剎那不住是故即滅如是成就諸法剎那不住剎那不住是故此法不彼處去問曰我於餘處猶見此法若法不去云何而得於餘處見於餘處識荅曰如草火焰是故不去是故身威儀名身作法此義已成非謂異身別有實法如一方生色名為長色依彼長色更見餘色名為短色依四方故見四方色依圓物故名為圓色如是長短方圓高下諸色譬如挑火一相直去不斷不絕相續而見名為長火周匝四箱不斷不絕名為圓火隨種種轉見種種火如是離火更無別有實形相法若離火外有形相法應為二根所伺眼見甚身根觸短以一色入非二根見如觸法長短等如是色中應知觸法唯心非是現根可捉可知如見火色觸中生念知如嗅華香色中生念此法應如是依餘法念餘法而無一觸法於威儀中實有依觸法得餘法是故無實身威儀問曰此義不然何以

故若於闇夜遠見土牆等色或長或短此應是實答曰但見色不了虛妄分別長短等色如不異蟻子等見行見圓此亦如是異身威儀更無實法唯身威儀名為作法不離身外別有作法向說心思惟者心中分別我如是如是作能生身口業名為心業若身所作名為身業若口所作名為口業不異三業別有實法

問曰異身口業實有別法何以故以有三種無垢無增長不作業道等故此明何義以如來修多羅中說色攝三種何者為三一者有色可見可尋二者有色不可見可尋三者有色不可見不可尋無垢色者謂無漏色何者無垢色者謂無漏法何者無漏法謂於過去未來現在色中不生瞋愛乃至識中不生瞋愛以是義故名無漏法若如是者離無作法何處有色不可見不可尋是無漏故知應有無作法離身口意業增長者如來修多羅中說有信者善男子善女人修行七種功德行住睡寤等日夜

常生功德增長功德若離身口業更無無作云何異心法而得增長是故當知離身口業有無作法又自不作業使他作業若無無作此云何成又復非但使人作業即得名為成就業道以彼業未成復更有過雖作業未有實體成就以如來經中說諸比丘外入十一入不攝不可見不可尋而不說非色此為何義故如是說以如來見法入中攝無作色故如是說又復作難若無無作法亦應無八聖道以定中無正語正業及以正命當知決定有無作法又復有難若無無作法離波羅提木叉亦應無無作戒以受戒竟後即無故以在睡眠及顛狂等諸失心者亦名比丘比丘尼故當知決定有無作法復有修多羅中如來說言離破戒橋梁若無無作法云何說言離破戒橋梁是故當知有無作法

答曰此難極繁雖有種種衆多言說而義皆不然何以故汝向雖引如來修多羅中說色三種而汝不解如來

經意此義云何一切聖人禪定力見三昧境界色依三昧力而生彼色彼色非是眼根境界故不可見餘一切物所不能障故不可尋問曰若言非是眼根境界不可障尋云何名色答曰汝離心意有無作色云何得名為無作色又答此色乃是無漏境界聖智三昧色不同世間有漏之色又言無漏色者即是依彼三昧禪定力色名為無垢聖人於無漏三昧中說無漏法又有人言阿羅漢色及以外色名為無漏以離有漏法故我不受此義又增長功德者此義云何法如是故如是如是施主施物數數受用如是如是數數受用者依受用人功德力故雖施主異心而依本心念修相續體細細轉勝以轉勝故於未來世而得成就多福德果依此義故如來說言多生功德增長功德非離心離色有無作法問曰云何異身心依異身心異身心中相續轉細增長福德答曰云何異身心依異身心異身心中有無作法又答而此義不然我依

於心身業口業有善惡功德依本心作不失本心有相續體顛狂瞋等常得增長不作者已自不作使他人作云何而得成於業道此明何義以依使者於他衆生起於害法是故使者細相續體轉轉生盛以是義故未來世中能生多過亦復不但使人作惡自作惡者作惡事竟未來世中亦生多過是故於彼未來身體相續轉生名為業道以於因中明果義故離破戒橋梁者汝今為有狂顛病耶而作戒橋梁者汝今為有狂顛病耶而作是說若狂顛者速覓陳酥服令除愈不應種種非法言說

問曰何故增我有無作法而汝自立從心起於細相續體有增長法荅曰我不增汝有無作法而汝所說法無如是義此明何義以依心故身口行事行事訖竟成就業道汝所有法離心身口於佛法中無如是義是尼乹子微塵世性時方等法離心而有無心善惡如是等法智者不受是故不立離於色心身心之外有無作法

弥勒菩薩所問經論卷第四

彌勒菩薩所問經論卷第四

校勘記

一　底本，金藏廣勝寺本。

一　八六六頁中一行經名，資、磧、普、南、徑、清無（未換卷）。

一　八六六頁中一行末字「四」，石作「三」。

一　八六六頁中二行譯者，資、磧、普、南、徑、清無（未換卷）。

一　八六六頁中二行首字「後」，石作「元」。

一　八六六頁中末行第三字「令」，磧、南作「今」。

一　八六六頁下一三行首字「心」，資、磧、普、南、徑、清無。

一　八六七頁中三行第二字「苦」，石、資、磧、普、南、徑、清作「害」。

一　八六八頁上七行第三字「恍」，石、麗作「掉」；資、磧、普、南、徑、清作「婬」。

一　八六八頁上九行第四字「抂」，石作「紘」。

一　八六八頁上一四行第七字「頌」，石作「誦」。

一　八六八頁中一五行第三字「捲」，石作「拳」。

一　八六八頁下二行第一〇字「業」，資、磧、普、南、徑、清作「善」。

一　八六九頁上一四行第八字「無」，諸本無。

一　八六九頁上一五行末字「福」，至此，資卷第三終，卷第二始；磧、普、南、徑、清卷第四終，卷第三始。此係分卷不同以及卷次倒置所致。

一　八六九頁上二〇行第九字「更」，石作「便」。

一　八六九頁上二二行「罪不得煞」，

諸本作「不得殺罪」。

一 八六九頁中一〇行第四字「於」，諸本作「某」。

一 八六九頁下一二行第四字「但」，諸本作「俱」。

一 八六九頁下一二行第一二字「又」，磧、普、南、徑、清作「人」。

一 八七〇頁上二行「熱其」，諸本均作「熱某」。

一 八七〇頁上二二行第三字「身」，徑、清作「自」。

一 八七〇頁中一六行「故瓶」，諸本作「瓶故」。

一 八七一頁上六行第五字「相」，諸本作「於」。

一 八七一頁上八行第三字「能」，資、磧、普、南、徑、清、麗作「滅」。

一 八七一頁中七行第七字「滅」，資、磧、普、南、徑、清作「緣」。

一 八七一頁中一一行「即因」，諸本作「因即」。

一 八七一頁中一二行末字至一三行首字「熱勝」，諸本作「勝熱」。

一 八七一頁中一七行「熱異」，諸本作「異熱」。

一 八七一頁中一八行首字「已」，諸本作「色」。

一 八七一頁下一二行第九字「相」，石、麗作「廂」；資、磧、普、南、徑、清作「箱」。

一 八七一頁下一六行第一一字及一七行第四字「根」，資、磧、普、南、徑、清作「相」。

一 八七一頁下一六行末字「眼」，諸本作「眼根」。

一 八七一頁下一七行第二字「萇」，諸本作「長」。

一 八七一頁下末行第六字「儀」，諸本作「儀法」。

一 八七二頁上一行第九字「牆」，石作「堆」。

一 八七二頁上二行第二字「此」，磧、普、南、徑、清作「比」。

一 八七二頁上一一行第六字「無」，諸本作「色」。

一 八七二頁上一六行第三字及第六字「垢」，麗作「漏」。

一 八七二頁中一五行第一二字及次頁上一一行第一〇字、一三行第五字「顛」，資、磧、普、南、徑、清作「癲」。

一 八七二頁下一九行末字「離」，石無。

一 八七三頁上二行第一二字「瞋」，諸本作「睡」。

一 八七三頁上一一行第一三字至一二行第一二字「而作戒橋梁者汝今爲有狂顛病耶」，諸本無。

一 八七三頁上一五行第五字及一七行第三字「增」，石作「憎」。

一 八七三頁上末行第七字「心」，石、資、磧、普、南、徑、清作「口」。

一 八七三頁中一行經名，石、資、磧、普、南、徑、清無(未換卷)。

彌勒菩薩所問經論卷第五　谷

後魏天竺三藏菩提流支　譯

遠離偷盜者偷盜有九種一者他護二者彼想三者疑心四者知不隨五者欲奪六者知他物起我心七者作八者不作相九者无作相是等名為偷盜身業他護者此明取他護物彼想者若不生自想不言是我物名為彼想疑心者若心有疑為是我物為是他物而彼物他物知不隨者知他物生心他隨我想欲奪者起損害心知他物起我心者若不異見若闇地取若疾疾取若取餘物若取他物取自物想作不作相无作相者如前煞生中說成業道不成業道隨義相應解釋應知遠離邪婬者邪婬有八種一者護女人二者彼想三者疑心四者道非道五者不護六者非時七者作八者無作相是等名為邪婬身業護女人者所謂父護母護如是等彼想者若知彼女是父母等所護女想非不護想疑心者若生疑心為自女為他女為父母護為不護為我女為他女而彼女人為父母護於彼父母所護等女一一邪婬道非道者道者所有道非道者謂非道彼護女非道非時者亦名邪婬又非護者自護女不護女彼非道邪婬又非護女者一切不護女等邪婬作無作相者如前煞生中說應知不作相者邪婬中無如是不作法以要自作成故如病人服藥因服藥故遠離於病生於無病病者得差藥師病不差遠離妄語者妄語有七種一者見等事二者顛倒非顛倒事三者疑心四者起覆藏想五者作六者不作相七者無作相是等名為妄語口業見等事者謂見聞覺知於顛倒非顛倒事中又顛倒事者如聞如彼事非顛倒者謂如彼事疑心者生疑為如是為不如是為一向如是為一向不如是起覆藏想者覆藏實事異相事中住異相說作不作相無作相者如前煞生中說有人言身相及布薩中默然而住皆有妄語不作相成身意業以為妄語雖有此

言而義不如是何以故以業異相故異相者以身口意業異相故是故口業非身意業體而依本口業世間用事而口業事身業示現名為不作口業而口業得名若布薩中比丘不說而成口業何以故以依口業立制故以先要是語我於佛法中不作如是法作如是法而彼人先有要心而後時不說默然而住彼人退本要心所要是故得成妄語口業

遠離兩舌者兩舌有七種一者起不善意二者實虛妄三者破壞心四者先破不和合意五者作六者不作相七者無作相是等名為兩舌口業不善意者不善業煩惱心相應實虛妄者知他他心壞若實若妄語壞他心破他心以先破者無和合心以起惡意起自身不善法是名兩舌作不作相無作相者如前煞生中說有一人言破壞無作業兩舌中無如為破僧兩舌而說於如來邊不能破壞是則不成破僧惡業如是不破壞不兩舌業遠離惡口者惡口有七種一者依

不善意二者起惱乱心三者依乱心四者惡言說他五者作六者不作相七者無作相是等名為惡口口業依不善意者口說惡言令他聞者能生苦惱起惱乱心者但起惱乱心不起安隱心若為安隱心雖惡口說無惱乱罪依乱心者起如是心隨他聞時乱以不乱作惡心說作不作相無作相者如前煞生中說

遠離綺語者綺語有七種一者依不善意二者無義三者非時四者惡法相應五者作六者不作相七者無作相遍一切惡口是等名為綺語口業依不善意者依欲界修道煩惱心相應說名為綺語無義者離實義故非時者語雖有義而非時說亦成綺語又有時說於大衆中為自在人說亦成綺語惡法相應者謂一切戲詁非法歌舞等一切不與善法相應者皆是綺語作不作相無作相者如前煞生中說

貪者為愛心所纏欲得他人錢財為愛心貪心之所堅縛求他人自在是

名貪相應知瞋者於他衆生起於惡心欲打害等大慈悲心相違是名為瞋衆生者離非衆生事故他者離自身事故言他衆生瞋者於他衆生起於惡心害者無慈心打者無悲心以欲斷命故又打者以鞭杖土石等能生苦惱皆名為打慈悲相違者欲斷他命慈心相違打者悲心相違如是等是名瞋相應知

邪見者於施等中見無施等此明何義於施中見無施於與中見無與於捨中見無捨如是等見名為邪見問曰云何如是名為邪見又施與捨三句有何差別荅曰施者正心施與福田非福田與者亦正心施與福田非福田捨者但正心施與福田又言見無施者見所施不清淨故又言見無與者謗無施主功德故又言見無捨者謗無受者功德故如是不正見皆慳人相以見富人慳惜貧者能捨此人起如是心若實有施者慳人不應富何以故以其先世習慳来久故復生疑心此能施主不應貧窮何以故

以其先世習施来久故彼人雖生如是邪見而義不如是問曰若尒此義云何荅曰彼人過去雖久習慳而忽值遇清淨福田於彼田中少行布施是故獲得令身富報以習成性慳猶不捨貧能施者此復云何彼人過去於非福田無信心故不至心故為名稱故為求事故求尊重故彼人能施以是義故不得富報習施来故令猶能捨無善行惡行者此依自身見常無常起於過相無善惡行業果報者彼人見有行善者受苦行惡者受樂是故彼人生如是心苦樂果報自然而有非從因緣無此世他世者彼人心見即此世滅以不見更生故此人起心言無後世彼人復生是心實無有我若有我者世間則無化生衆生以不觀察十二因緣故復生疑心一切男女為自樂故而行婬欲不為生我我依自業於此中生如濕生衆生依濕地生濕地非是衆生父母我亦如是又見羅漢求冷求熱求飲食等便謂世間無阿羅漢何以故以阿羅

漢有愛心故彼人自無修行等力是
故不能斷諸煩惱便謂世間無阿
羅漢
問曰應說離煞生義以何義故得名
為離為有可煞事故得名為離為無
可煞事故而名為離若有可煞事故
名為離者離義不成何以故以作習
果成故云何而言離於煞生若無可
煞事故名為離者則無離煞生福如
無兎角可以割截則亦無有離割截
義又言離煞生者名為不煞生事不
捨攝衆生事荅曰以受不煞生法依
本受心有力故不作彼煞生惡事以
受離煞生法以起善法是故離煞生
不離攝取衆生
問曰為於可煞衆生邊離煞生為於
不可煞衆生邊離煞生為於可煞不
可煞衆生邊離煞生荅曰於可煞不
可煞衆生邊離煞生何以故以起惡
心不休息故是故名為離於煞生此
明何義若於可煞衆生邊離煞生不
可煞衆生邊不離煞生者離義不成
此復何義以離可煞衆生邊罪成不

可煞衆生邊福以是義故於可煞衆
生邊於不可煞衆生邊成離煞生福
若不如是不得言離煞生事不成捨
煞生事不受煞生事應得離煞生事
若不如是不受應是離受應是不離
問曰要依現在陰界入邊得離煞生
非過去未來荅曰若如向問荅者不
成離煞生義
問曰應說離煞生等有幾種離荅曰
有三種離一者成二者依三者起依者
成者煞生惡口依衆生以瞋心成偷
盜邪婬依資生以貪心成妄語兩舌
綺語依名字以貪心成邪見依色以
癡心成
起者十不善業道一切皆從貪瞋癡
起依貪心故起煞生者貪心煞生或
為皮肉筋骨齒角錢財等故斷衆生
命或為自身為所愛者二具足三
事依瞋心故起煞生者以瞋心故煞
害怨家及煞怨所愛人是名依瞋心
故起於煞生依癡心故起煞生者如
有人言煞虵蠍等雖煞無罪何以故
以生衆生諸苦惱故又有人言若煞

麞鹿水牛羊等无有罪報何以故以
是衆生業所感故又波羅斯等言煞
老父母及重病者則無罪報如是等
名依癡心故起於煞生依貪心故起
偷盜者以須如是如是物故取如是
如是物或為自身或為他身或為飲
食是名依貪心故起於偷盜依瞋心
故起偷盜者於瞋人邊及瞋人所愛
偷盜彼物是名依瞋心故起於偷盜
依癡心故起偷盜者如婆羅門言一
切大地諸所有物唯是我有何以故
以彼國王先施我故以我无力故為
餘姓奪我受用是故我取即是自物
不名偷盜而彼癡人生是心故有是
偷盜是名依癡心故起於偷盜依貪
心故起邪婬者謂於衆生起貪染心
不如實修行是名依貪心故起於邪
婬依瞋心故起邪婬者於他守護若
自護若他護資生依瞋心故起不如
實修行如怨家妻邊及怨所愛人妻
邊是名依瞋心故起於邪婬依癡心
故起邪婬者如有人言譬如碓臼熟
華熟果飲食河水及道路等女人如

是邪婬無罪又如波羅斯等邪婬母等是名依癡心故起於邪婬妄語貪心生者依貪心起瞋心生者依瞋心起癡心生者依癡心起如是兩舌惡口綺語皆亦如是應知貪依貪心起者依貪結生次第二心現前如是名為依貪心起依瞋結生名為依瞋心起依癡結生名為依癡心起如貪瞋與邪見皆亦如是應知

問曰何故不說作不作相無作相决定何業中有何業中無荅曰唯除邪婬餘六業道中悉皆不定此義云何若自作者成就作業及無作業若使他作唯有不作不得有作於邪婬中决定有作不得有不作何以故以此邪婬畢竟自作無使他作是故經言頗有非身作業而得成就煞生罪不荅言有口使人作成就煞罪又問頗有非口業作而得成就妄語罪不荅言有以身業作成就口業妄語之罪又問頗有非身業作非口業作而得成就身口業不荅言有以依仙人瞋心故以唯欲界色身善業道中畢竟

有作及以無作禪無漏戒無無作戒何以故以依心故中間禪不定若深厚心畢竟恭敬心作身口業成就作業及無作業若深厚結使心起身口業亦成就作業及無作業若非深厚心非畢竟恭敬心造身口業唯有作業無無作業若非深厚結使心發身口業亦唯有作業無無作業而方便作業心還悔者唯有作業無無作業

問曰於業道中何者是前眷屬何者是後眷屬荅曰若起煞生方便如屠兒捉羊或以物買將詣屠所始下一刀或二三刀羊命未斷所有惡業名前眷屬隨下何刀斷其命根即彼念時所有作業及無作業是等皆名根本業道次後所作身行作業是名煞生後眷屬業乃至綺語皆亦如是應知自餘貪瞋邪見等中無前眷屬以初起心即時成就根本業道故又身口意十不善業道一切皆有前後眷屬此義云何如人起心欲斷此衆生命因復更斷餘衆生命如欲祭天煞害衆生即奪他物欲煞彼人復婬其

妻生如是心還使彼妻自煞夫主復以種種鬪亂言說破彼親屬無時非實於彼物中生於貪心即於彼人復生瞋心為煞彼人故生如是邪見增長邪見以斷彼命復欲煞其妻男女等如是次第具足十種不善業道如是等業名前眷屬一切十不善業道皆亦如是應知又離善業道非方便修行善業道是方便以遠離根本故及遠離方便故言方便者如彼沙弥欲受大戒將詣戒場礼衆僧足即請和上受持三衣始作一白作第二白如是悉皆名前眷屬從第三白至羯磨竟所起作業及彼念時起無作業是等皆名根本業道次說四依乃至不捨所受善行身口作業及無作業如是悉皆名後眷屬

問曰應說不善業道於五道中何道具足何道不具足何道中多何道中少荅曰地獄有五不善業道兩舌綺語貪瞋邪見此義云何不煞害他故無煞生無他護心是故無盜無護女人故無邪婬以無正心故無妄語以

常無有正念相故無破壞心故無惡口以常破壞故依苦惱逼故有兩舌有非時說故有綺語貪瞋邪見以畢竟有故名為有非是現有以是義故一處說有一處說無如北鬱單越無前六種有後四種以命定故無有殺生以無守護故無偷盜無護女人故無邪婬彼人欲受婬欲樂時即捉女人將至樹下若樹曲枝覆彼人者則行婬欲受婬欲樂若樹不覆彼人慚愧即放而去無誑他心故無妄語以常定心故無兩舌常柔軟語故無惡口以有歌舞故有綺語餘意業者以畢竟有非是現有又除鬱單越餘三天下受十業道北鬱單越亦離不善業道畜生餓鬼欲界天中亦離受十業道欲界中天離無受戒不善業道雖天不煞天而天亦煞餘道衆生又有人言天中亦有截手足等即時還生若斷其頭若中間斷絕即死不生亦有煞他盜他物等不善業道色無色天中無不善業道

問曰不善業道於諸道中各有幾種

荅曰地獄北鬱單越無貪無瞋亦無邪見以畢竟有非是現有餘三天下及欲界天離受法有受法又欲界天有善無漏受法應知畜生餓鬼亦無受法色界天中有受法現前受善法攝取故又彼處所有聖人生者有依無漏善業道無色界中唯有心業道以成就業非是現有色界天中雖復成就非是現有彼處所有聖人生者一切現有以依無漏持戒力故

問曰應說十不善業道果及隨順因

荅曰有三種果一果報果二習氣果三增上果一一業道皆有三種此義云何具足十不善業道下中上生地獄中是名果報果習氣果者從地獄退生于人中依煞生故有斷命果依偷盜故無資生果依邪婬故不能護妻依妄語故有他謗果依兩舌故眷屬破壞依惡口故不聞好聲依綺語故為人不信依本貪故貪心增上依本瞋故瞋心增上依邪見故癡心增上如是一切名習氣果增上果者依彼十種不善業道一切外物無有氣

勢所謂土地高下雀鼠雹棘塵土臭氣多有蚰蜒少穀細穀少果細果及以苦果如是一切名增上果復有相似果煞者故與所害衆生種種諸苦因彼苦故生地獄中受種種苦以斷他命後生人中得短命報斷他暖觸是故一切外物資生無有氣量如是一切十業道中隨義相應解釋應知刼奪他物邪婬他妻雖不生他重逼惱苦而破壞心是故受罪雖不破壞不瞋不惡口而由惡心是故得罪

問曰故心起作一切惡行為決定成就不善惡業決定受彼惡道苦果為不決定成就惡業不決定受惡道苦果若諸惡業決定受者惡道罪業不可得過此明何義以畢竟成就惡道罪業墮惡道等除五逆業從無始世來所習作業取惡道罪畢竟定者一切惡道不可得過又空修梵行又與修多羅相違如如來修多羅中說有人修習不善業道所得罪報應地獄受彼人即於現身中受如是等若彼五逆罪等果報畢竟在於地獄中受

何故說言惡道罪業可得迴轉云何而言惡道等罪現身中受又復有過若地獄等惡道罪業現身中受若如是者因果雜乱何以故以時果輕重差不定故

答曰有人言現身中受地獄罪者此人見實諦故於現身中受少罪果而此義不然何以故以業無自在故此明何義一切所作罪業福業無自在力而隨何等因緣和合依彼因緣應現身中受果罪業後身中受應後身受果報罪業現在身受而有勝義若業應受樂果報者則受樂果應受苦果則受苦果是以依不定業故如是說又依不定相似業故作如是說亦非依定果何以故以無得解脫果故以阿羅漢受波羅提木叉戒禪定戒無漏戒業乃至命未盡來常有不斷波羅提木叉戒等若有果報則不得解脫是故現受不定業果

問曰若如是者諸業不定亦與修多羅相違何以故以如來修多羅中說故作習業不受果報無有是處而彼

習業若現身中若後身中畢竟定受

答曰此義不然何以故以諸因緣未和合故未受果報此義云何習作諸業雖實能受現身果報而現不受何以故以諸因緣未和合故猶如種子此明何義猶如種子依於地等因緣和合能生芽等此亦如是依於識住因緣和合業不淨識種子能生名色芽等此明何義若依如實修行隨順如實般若如實知有為行斷諸煩惱時依聖道力故修集諸功德能生善根芽彼時雖有受後生業以其無有煩惱伴侶是故不能受後生果以斷煩惱故雖復不受後身果報而猶依彼不善業道於現身中少受習果故不畢竟惡道中受如修多羅中如來說言應如是受應如是受者此明何義雖少受善樂雖少受憂惱而善不善業即時受盡乃至少受頭痛等苦此受少罪彼相似果向言修多羅相違者此義不然何以故以依不定果報依未治所治業修多羅中作如是說若畢竟定心作業不受果報無有

是處此明何義阿羅漢人斷生後報罪福等業於現身中受報因緣不復和合若如是者彼阿羅漢依此業道可不入涅槃以是義故知汝不解如來所說修多羅意

問曰應說清淨不清淨戒云何清淨戒云何不清淨戒答曰有同戒清淨聲聞辟支佛菩薩同修五種清淨戒法應知何等為五一者根本清淨二者眷屬清淨三者覺觀不乱四者攝取念五者迴向涅槃根本清淨者遠離根本業道罪故眷屬清淨者遠離煞生等方便行故覺觀不乱者遠離欲害瞋恚等覺所有惡行故攝取念者攝取念佛念法念僧等諸念故迴向涅槃者為涅槃護戒不為世間資生故此是少分同戒諸菩薩摩訶薩勝戒者依初發菩提不損害心所起戒聚乃至八地無量時修一切戒聚以利益他心迴向薩婆若智離一切習氣得大涅槃是諸菩薩摩訶薩一切戒善清淨應知自餘依師教持戒等皆不清淨

問曰：持戒有幾種？答曰：略說則有一種，持戒依不損害心、不顛倒心起身口業。又有二種：一者受戒，二者法戒。又有三種，謂學、無學、非學非無學。又有四種：一者受波羅提木叉戒，二者禪定戒，三者無漏戒，四者遠離煩惱戒。波羅提木叉戒者，所謂受世教戒，如七衆所受戒。禪定戒者，謂有漏所轉戒、無漏所轉戒。無漏戒者，謂學無學戒。遠離煩惱戒者，所謂依猒欲事中間道所轉彼戒、破戒及彼能起破戒因緣煩惱對治。又言有漏者，依禪定戒說；言無漏者，依無漏定戒說。又有五種：欲界、色界、無色界、作、不作、無漏不作。復有六種：不貪等作戒三種差別，無作三種差別。復有七種，謂離煞生乃至綺語，即此七種依作無作差別有十四種，即此七種依不貪等起有二十一種，即此七種依作無作差別有四十種，依刹那展轉差別有無量種。

問曰：何者是戒果？答曰：有漏定戒、無漏定戒彼屬界依屬界，即是相應果

彌勒菩薩經論卷第五　第十九張　谷

應知。無漏戒者，以離煩惱有二種果。諸菩薩摩訶薩爲薩婆若持戒，取佛菩提果。離煞生等十善業道勝果，諸脩多羅中如來廣說，如彼一切脩多羅中應知。如娑伽羅龍王所問經中，如來說言：「龍王！離煞善男子、善女人獲得十種離煩惱熱清涼之法。何等爲十？所謂一者施與一切衆生無畏，二者安住大慈念中，三者斷諸煩惱過患習氣，四者取無病果，五者種長壽種子，六者諸非人等常所守護，七者睡寤安隱，八者不見惡夢離怨恨心，九者不畏一切外道，十者退生天中。是名十種離煩惱熱清涼之法。龍王！若不煞善根迴向阿耨多羅三藐三菩提者，彼人得菩提時心得自在，是故壽命無量。」乃至正見道中皆應廣說，如一切脩多羅中應知。

彌勒菩薩所問經論卷第五

壬寅歲高麗國大藏都監奉勅雕造

彌勒菩薩經論卷第五　第二十張　谷

彌勒菩薩所問經論卷第五

校勘記

一　底本，麗藏本。

一　八七五頁上一行經名，石、資、磧、普、南、徑、清無（未換卷）。

一　八七五頁上二行譯者，石、資、磧、普、南、徑、清無（未換卷）。

一　八七五頁上一八行第九字「者」，石、資、磧、普、南、徑、清作「者非道」。

一　八七五頁中九行第五字「要」，資、磧、普、南、徑、清作「惡」。

一　八七六頁上一八行第一三字「話」，石、資、磧、南、徑、清作「語」。

一　八七六頁中一四行第一〇字「正」，資、磧、普、南、徑、清作「止」。

一　八七六頁中一六行第三字「捨」，磧、南、清作「與」。

一　八七六頁中一六行「但正」，磧、南、徑、清作「亦止」。

一　八七六頁下五行第三字「獲」，資、

磧、普、南、徑、清作「願」。

一 八七七頁上一二行第二字「攝」，徑作「釋」。

一 八七七頁下二二行第二字「起」，資、磧、普、南、徑、清作「起於」。

一 八七八頁上二行第一三字「語」，南作「世」。

一 八七八頁中一六行第一〇字「作」，資、磧、普、南、徑、清作「行」。

一 八七九頁上一一行第六字「無」，資、磧、普、南、徑、清作「非」。

一 八七九頁上二二行第二字「天」，徑無。

一 八七九頁中三行第一一字「又」，資、磧、普、南、徑、清作「界」。

一 八七九頁中二一行第五字「心」，資、磧、普、南作「故」。

一 八七九頁下一八行首字「來」，資、磧、普、南、徑、清作「界」。

一 八八〇頁下四行「可不」，石作「不可」。

一 八八〇頁下二一行第七字「是」，資、磧、普、南、徑、清作「是故」。

一 八八一頁上一三行第一一字「定」，資、磧、普、南、徑、清作「受」。

一 八八一頁上一四行第一〇字「界」，徑作「戒」。

一 八八一頁上末行第一一字「是」，資、磧、普、南、徑、清作「如」。

一 八八一頁中一三行第一二字「退」，南、徑、清作「形」。

一 八八一頁中一四行第一一字「涼」，資、磧、普、南、徑、清作「淨」。

一 八八一頁中末行經名，石作「彌勒菩薩所問經論卷第三」；磧、普、南、徑、清無(未換卷)。

弥勒菩薩所問經論卷第六　谷

後魏天竺三藏菩提流支　譯

成就捨心者問曰以何義故說持戒後次說成就捨心答曰以見作他利益力故此明何義以菩薩持戒依持戒故得生善道雖成就捨心而無具足資生若介不能作他利益又復不能成就諸餘一切功德何以故為他利益攝取世間而彼菩薩利益他時離捨財物不能成就以是義故依他利益說持戒後次說成就捨心又復有義持戒捨心迭共相依手為利益以彼持戒能益捨心捨心亦能利益持戒以是義故次持戒後說成就捨心又離持戒故生惡道中捨心不能受於果報如相應果則不能得具足現前而持戒人生善道中捨心則能受於果報如相應果具足現前以是義故持戒於捨能作利益捨心亦能利益持戒以持戒人生善道處無資生故則為貧窮苦惱所逼雖生善道即名惡道成就捨心生善道處於作

自利及他利因是故施能利益持戒又以修行次第義故此明何義菩薩為欲利益衆生修行義故如是次第欲自取勘等口言功德先住持戒次後依於不損害心起大慈悲心為他作利益法施資生施如彼衆生可化攝取又施等法能莊嚴戒故此明何義菩薩摩訶薩以施等法莊嚴持戒故能成就種種勝果如如來娑伽羅龍王所問經中說龍王菩薩摩訶薩離慾生故能起布施則得成就大富資生不可破壞得長壽命行菩薩行過諸世間所惱惡事如是等龍王十善業道亦復如是布施莊嚴十善業道成就大利益持戒莊嚴十善業道成就一切佛法願忍辱莊嚴十善業道成就三十二相八十種好佛妙音聲精進莊嚴十善業道成就佛法降伏一切諸魔怨敵思惟莊嚴十善業道成就聞慧思慧修慧堅固清淨般若莊嚴十善業道成就離諸邪見慈心莊嚴十善業道成就不害一切衆生心悲心莊嚴十善業道成就不捨

弥勒菩薩經論卷第六　第二張　谷

一切衆生心喜心莊嚴十善業道成就修行佛法不怯弱心捨心莊嚴十善業道成就遠離愛心憎心四攝莊嚴十善業道成就教化一切衆生心問曰捨義云何答曰對治貪著五陰及以資生起慈悲心為攝受彼利益他行不著因果等法住持修行名為捨義問曰應說捨成就義云何菩薩捨成就答曰菩薩遠離自取樂行名捨成就此義云何又外道人求自取樂行於布施彼外道人為自身捨雖廣行施而愛境界心之所纏故果報微薄又聲聞辟支佛人雖不求世間樂果報事而心畢竟取於涅槃捨利衆生但取涅槃樂是故施等業道功德雖少為他而畢竟自為畢竟尋念成就自身利益果報又菩薩摩訶薩出過一切世間大士為利益他發起堅固大力之心起大悲柔軟所施衆勝畢竟成就

又成就捨者有六種因何等為六一者捨自身樂二者觀無衆生三者求無量佛法四者攝取無量世住五者

弥勒菩薩經論卷第六　第三張　谷

修集無量種種善根六者不斷三寶以能成就無量果報是名菩薩捨成就義應知又為他利益一味心故此明何義世間衆生多為自身棄捨利益一切衆生為求自樂為現受報為未來果施與他物若諸菩薩摩訶薩等為利益他専心一味見諸衆生貧無資財般若等法以是義故不著因果依法施財施於現在世及未來世能與衆生大利益事是故菩薩摩訶薩捨成就又復以捨隨順義故此明何義布施等事隨順攝取衆生行故則能攝取一切衆生作大利益事雖為利益他事而外道聲聞辟支佛等棄捨利益一切衆生唯為成就自身利益菩薩摩訶薩依大慈悲心起樂利益他衆生行如菩薩所求如是成就以是義故名捨成就又以依於取佛菩提起心義故此明何義以菩薩摩訶薩為與一切衆生樂故自求佛菩提起於捨心見諸衆生墮墜惡趣我於現在及未來世令諸衆生離苦惱事是故菩薩其心日夜轉轉為欲利

益衆生名捨成就又以能攝取種種果故此明何義以諸菩薩為欲利益一切衆生種種布施於現在世及未來世為欲攝取一切衆生取種種果是名菩薩捨成就如無盡意修多羅中說求飲食者施與飲食為命為樂為辯為色及以為力如是等皆悉施與又為遠離邪命自活求資生故此明何義以諸菩薩布施波羅蜜相違之法貪求資生邪命自活等皆悉遠離如無盡意修多羅中說菩薩摩訶薩無顛倒邪命追求資生等布施

問曰應說清淨不清淨捨云何清淨云何不清淨荅曰菩薩摩訶薩依自心清淨布施清淨如如來修多羅中說有四種清淨布施何等為四謂有布施從施主清淨非是受者如是等於彼四種清淨施中所謂施主清淨非是受者是名菩薩摩訶薩清淨施又從施者受者清淨亦名菩薩清淨之施何以故以諸菩薩施與他物不求果報即能施與一切衆生又求布施果報者彼人於受者邊求清淨而

菩薩離果報故一切時自身心清淨以心清淨故施清淨又以遠離忽然施等此明何義以如來修多羅中說有九種施一者植施二者畏懼施三者報恩施四者求恩施五者學父母施六者為生天施七者為名稱施八者為莊嚴心施九者眷屬法施為修行功德為得上義施植布施者謂得植福田求多果報故又植施者謂近眷屬名植布施畏懼施者見一切物無常敗壞寧用布施故報恩施者謂報恩相施彼先施我我應還施求報恩施者謂求後時報恩故施學父母施者謂著過去修行起如是心我父母精進常行布施我亦如是行於布施故為生天施者謂求天中五欲境界故為名稱施者為令四方沙門婆羅門等知而施故如是七種施為智者所呵以不清淨故又聲聞辟支佛人離世間樂求涅槃樂如是布施亦非清淨又菩薩摩訶薩不著自樂唯求諸佛菩提心施於諸施中最勝清淨是名菩薩施清淨又以如實知有

為行體故此明何義以諸凡夫取著虛妄戲論我相心顛倒故唯求五欲樂境界事以離慧眼以為愛等煩惱諸垢之所染汙捨不清淨菩薩摩訶薩如實知見有為行體虛妄不實是故遠離我見等相及能遠離五怖畏故無有內外可施之物不能捨者以為求他利益所縛及能遠離自求樂等垢汙之法以是義故名捨清淨又以空觀觀所起故此明何義以諸菩薩空觀等觀觀施等法以是義故名捨清淨如無盡意脩多羅中如來說言以觀空觀觀起布施以是義故施不可盡如是等

問曰應說布施差別之相荅曰略說則有一種布施謂不貪心相應心施復有二種一見受者二不見受者不見受者者如置物火中及恒河中又見施主者有施有布施彼亦有二種謂染不染染者謂家法餘食及婬女人莊嚴具施是名染施不染施者謂施貧窮孤獨人等是不染施復有二種施謂法施資生施法施者謂離供

養恭敬等心於法中法想遠離愛心及顛倒心說脩多羅等是名法施復有三種施即此二種加無畏施無畏施者作如是言汝莫怖畏汝莫怖畏又無畏施者見諸衆生種種怖畏施與無畏此義云何謂見他畏起與現世及未來世無怖畏心而口說言汝莫怖畏汝莫怖畏我為汝作如是如是方便隨何等方便與汝畢竟無畏之處名無畏施彼怖畏者如貧窮人受於苦惱此怖畏者亦復如是以與無畏對治法故復有四種施即向三種復有大施言大施者謂受持五戒此是如來所說大施以能攝取無量衆生故成就無量衆生樂故資生飲食用布施者不能廣作利益衆生受持五戒能作利益以能盡形受持五戒念念增長種種功德以依止彼根本心故諸功德聚乃至命根不斷絕住復有四種施此四種施略有二種一者不淨二者淨不淨中有二種差別何等為二一者怖畏施二者求報恩施以何義故名為不淨如世間田

以為荊棘惡草等覆故名不淨此亦如是以怖畏故求報恩故名不淨施淨中亦有二種差別何等為二一者敬重心施二者慈悲心施除此四種更有上上勝施如偈言

下求有資生　下下怖畏施　智者敬重施
勝智慈悲施

復有四種施何等為四一者自利益施非他利益二者他利益施非自利益三者俱利益施四者俱無利益施自利益施非他利益者謂凡夫聖人伏離煩惱或有非是伏離煩惱或時施與諸佛如來或時施與形像塔廟是名自利益施非他利益他利益施非自利益者謂阿羅漢阿那含學除為現果施與衆生是名他利益施非自利益俱利益施者謂施伏離煩惱凡夫或未伏離煩惱凡夫是名俱利益施俱無利益施者除為現果謂阿羅漢阿那含等為現果施名俱無益施又復略說諸菩薩摩訶薩有四種施悉能攝取一切善根何等為四一者平等心施二者對治施三者迴向大菩提施四者依寂滅施如是諸菩薩摩訶薩為滿足檀波羅蜜故如是布施應知

問曰應說布施果云何布施果答曰略說布施有一種果所謂受用復有二種果所謂現在受果未來受果復有三種果即此二種復加般若復有四種果何謂四種一者有果而無用二者有用而無果三者有果亦有用四者無果亦無用有果而無用者謂不至心施不自手施輕心布施彼如是施雖得無量種種果報而不能受用如舍衛天主雖得無量種種珍寶而不能受用有用而無果者謂自不施見他行施起隨喜心以是義故雖得受用而自無果如天子物一切沙門婆羅門等雖得衣食及以受用而自無果又如轉輪聖王四兵雖得衣食而不得果有果亦有用者謂至心施不輕心施如樹提伽諸長者等無果亦無用者謂布施已因即滅盡以為出世聖道障故猶如遠離煩惱聖人復有五種謂得命色力樂辯等如如來修多羅中說因食得命是故施食即是施命以是因緣後得長命如是施色施力施樂施辯才等皆亦如是

復有五種勝果所謂施與父母病人法師菩薩得勝果報父母恩養生長身命是故施者得勝果報又病人者孤獨可愍以是義故起慈悲心施病人者得勝果報又說法者能生法身增長法身示導善惡平正非平正顛倒是故施者得勝果報又諸菩薩等慈能攝取利益衆生故以快心故以無因緣而能發起慈悲心故以攝取三寶不斷絶因故以是義故施菩薩者得勝果報

復有五種果即現身得何等為五一者入慈三昧二者入無諍三昧三者入滅盡定四者見道五者阿羅漢果若布施者即得果報入大慈定者能發心與無量衆生安隱之樂以與無量衆生樂故名為慈心以是慈心熏修自體是故初起慈心三昧即布施者得現果報又入無諍三昧者悉能防護一切衆生諸煩惱心以廣攝取利益衆生熏修自體是故初起無諍三昧即布施者得現果報又入滅盡定者則能攝取無量功德以取無量功德熏修自體以此三昧似於涅槃是故初起滅盡三昧即布施者得現果報又見道者離見道煩惱以聖道力熏修自體以是義故初起見道即布施者得現果報又阿羅漢果者遠離修道一切煩惱心得自在是故初起阿羅漢果即布施者得現果報又菩薩摩訶薩布施果者如無盡意修多羅中及餘一切修多羅中廣說應知而諸菩薩摩訶薩等修行布施勝餘人施離自取樂為欲利益他衆生故而行布施又復略說菩薩求於二種法故而行布施一者求於大富資生故二者求得成就波羅蜜故

又復菩薩起如是心我若無有多資生者雖有施心而無財物可以布施是故起心為欲成就資生大富施與衆生依此施故慈親平等攝取利益是故菩薩見依布施故得成就無量福德一者能攝取慈二者恒常給濟一切衆生衣食等物三者心不怯弱四者餘親不欺五者常為衆人敬信尊重六者一切眷屬信受其語七者

入大衆時心無怖畏八者一切怨敵不能傷害九者親屬歡喜十者現果資生常有不空十一者常為他求十二者所作已辦十三者情所愛敬常自圍遶十四者所不愛敬皆悉遠離十五者所有成就世間出世間利益勝事常為一切親屬所愛十六者若無利益一切諸親則懷憂惱十七者護一切惡十八者自令安住諸善法中十九者見他神通心不欣尚二十者恒常讚歎一切功德二十一者覆藏諸過二十二者棄捨一切非丈夫相二十三者成就一切大丈夫相二十四者無有貧窮下賤七人看施主眼二十五者一切求心稱事滿足是故菩薩摩訶薩深見布施有如是等無量功德為欲利益一切衆生自能成辦如是力故信意布施以依信意行布施故則能滿足檀波羅蜜

問曰為從勝心成就清淨布施果報從勝福田成就清淨布施果報荅曰有人言從勝心故成就清淨布施果報實以故現見施事是一而果報差

別猶如種子此義云何猶如種子地等是一而依種子見有勝果如是施物是一而依勝心乃至施畜生等以心力故得人天果轉輪聖王聲聞辟支佛佛菩提果以是義故依於勝心得勝果報是故得知勝心為重此復何義若施事是重依施事故成就清淨施果報者離重施事以慈悲心施與畜生施與福田如布施佛不應成就清淨施果又若離快勝尊重心等布施如來應得成就清淨施果而實不成以是義故成就清淨布施果報心為勝因而施事福田能生勝心依此義故如來經中讚歎福田復有人言依勝福田依重施事成清淨果何以故以聞布施不知福田得勝果報此明何義不識佛等功德福田布施佛等得勝果報如有獼猴施如來蜜及婆私咤加尸迦等又如女人愛念心故以諸幡蓋及華鬘等奉心實欲供養見塔而實供養辟支佛塔謂是見塔從辟支佛得無量福不從本心見邊得福如是等以是義故從勝福田及以重事得勝果報不從心得故知福田施事為重又有人言不知福田無福田事不得成就清淨施果如有一人施尼乹子生羅漢想而不成就清淨果報又有人言心以福田及施事等三種和合此明何義若布施者從所尊重起布施心知福田等無量功德值遇諸佛如來福田或時值遇如來弟子從尊重心起布施心所可施物是難捨事能捨布施三種和合方得成就清淨果報而心為重以是義故此三種中唯心一種為重為勝是能捨主能施主者問捨主施主有何差別荅曰有乞求者持他物施是能施主持自物施是能捨主又有人來乞持自物施是能施主若人發心求覓重物而口不言知心即施是能捨主又布施物時慳心數數中間隔起是能施主若無慳心數數起者是能捨主又雖施他物以慳心故自求果報是能施主若施他物不以慳心專求自果是能捨主又離喜等心而行布施是能施主共歡喜心於三時

中不悔心施是能捨主又若求未來勝果報者是能施主離世間報求涅槃果是能捨主又若施求於現在未來及涅槃果是能施主若發心求大菩提果唯大悲心施與衆生是能捨主成就善知迴向方便者問曰何故說戒施後次說善知迴向方便答曰為欲示現異道功德故此義云何外道人等求自樂故修戒施等迴向三有又聲聞人辟支佛等亦自為身求涅槃樂修戒施等迴向涅槃諸菩薩摩訶薩為利益他求大涅槃以慈悲心一味等心與衆生樂修戒施等迴向無上大菩提果以戒施等同彼外道聲聞辟支佛是故如來示現迴向勝道功德說戒施後次說善知迴向方便又修戒施等貪著世間樂果報心難可防護是故如來說施戒後次說善知迴向方便此明何義以戒施等非三昧行唯取欲界天人之中淨妙色等境界果報而彼淨妙色等境界雖作心護貪等煩惱不可得離何以故以於過去無始世來習貪愛等染

著境界以心取彼色等境界難防護故而諸菩薩彼時修行地方便法即於彼時雖復未離貪等煩惱而修戒施貪等煩惱不能染心又為斷疑是故如來說戒施後次說善知迴向方便此示現何義世間有人疑於菩薩不離煩惱修戒施等以利根故觀有為法一切皆悉苦空無常修戒施時貪等煩惱為染菩薩不染菩薩為斷彼疑菩薩介時為欲利益一切衆生捨自利益乃至不求轉輪王處樂果報事唯為一切衆生樂故求佛菩提所有善根迴向涅槃以是義故菩薩雖復未離世間一切世間所有過患不染菩薩又依清淨戒迴向清淨故此明何義以依清淨持戒之力是故能捨以捨力故諸所求法皆悉成就是故如來說戒施後次說迴向方便是故如來修多羅中說持戒人所願所作皆悉成就何以故戒清淨故

弥勒菩薩所問經論卷第六

壬寅歲高麗國大藏都監奉
勑雕造

彌勒菩薩所問經論卷第六

校勘記

一　底本，麗藏本。此卷金藏廣勝寺本見存，漫漶嚴重，只録八八五頁中、下，八八六頁上、中、下及八八七頁上、中共七版。

一　八八三頁上一行經名，石作「弥勒菩薩所問經論卷第四」；資、磧、普、南、徑、清無（未換卷）。

一　八八三頁上二行譯者「後魏」，石作「元魏」；資、磧、普、南、徑、清無（未換卷）。

一　八八三頁上一〇行首字及中一一行首字「離」，石作「雖」。

一　八八三頁上一六行第二字及一九行第五字「於」，資、磧、普、南、徑、清作「持」。

一　八八三頁上一六行「能得」，資、磧、普、南、徑、清作「得能」。

一　八八三頁上末行末字「作」，資、磧、普、南、徑、清無。

一　八八三頁下一二行第四字「而」，資、磧、南、徑、清作「而爲」。
一　八八四頁中八行第九字「活」，徑作「法」。
一　八八四頁下四行第七字及八行第九字，九行首字、第一〇字，一〇行第四字「植」，資、磧、普、南、徑、清作「值」。
一　八八五頁上三行末二字及四行首字「煩惱諸」，石、資、磧、普、南、徑、清作「諸煩惱」。
一　八八五頁上一八行第四字「者」，資、磧、普、南、徑、清無。
一　八八五頁上二〇行第一〇字「餘」，石、資、磧、普、南、徑、清作「飲」。
一　八八五頁中一四行第一一字「攝」，資、磧、普、南、徑、清作「授」。
一　八八五頁下六行「求有」，資、磧、普、南、徑、清作「有求」。
一　八八五頁下七行第二字「智」，石作「者」。
一　八八五頁下一一行第六字「他」，資、磧、普、南、徑、清作「施」。
一　八八五頁下二一行第一四字「捨」，資、磧、普、南、徑、清、麗作「攝」。
一　八八六頁上一〇行第六字「主」，石作「王」。
一　八八六頁上二〇行第五字「種」，諸本作「種果」。
一　八八六頁中七行首字「倒」，諸本作「倒非顛倒」。
一　八八六頁中八行末字「以」，資、磧、普、南、徑、清作「心」。
一　八八六頁中一七行末字、二一行第五字及下一行第三字、四行第二字「熏」，資、磧、普、南、徑、清作「勤」。
一　八八六頁下一五行第一二字「有」，磧、南作「故」；徑、清作「於」。
一　八八七頁上七行第一〇字「愛」，麗作「慶」。
一　八八七頁上一七行末字「能」，石作「然」。
一　八八七頁上一八行第二字「辦」，資、磧、普、南、徑、清作「就」。
一　八八七頁上末行第六字「見」，資、磧、普、南、徑、清作「在」。
一　八八七頁中四行第七字「果」，石、資、磧、普、南、徑、清作「果報」。
一　八八七頁中七行第九字「施」，資、磧、普、南、徑、清無。
一　八八七頁下一〇行「難捨事」，石作「事難捨」。
一　八八七頁下一二行第八字「唯」，徑作「唯唯」。
一　八八七頁下一三行第五字「能」，石、資、磧、普、南、徑、清作「是能」。
一　八八七頁下一三行「者問」，石、資、磧、普、南、徑、清作「問曰」。
一　八八七頁下一八行首字「捨」，資、磧、普、南、徑、清作「施」。
一　八八八頁上一三行第四字「心」，資、磧、普、南、徑、清作「味」。
一　八八八頁上一八行「施戒」，資、磧、普、南、徑、清作「戒施」。
一　八八八頁上末行末二字及中一行

首字「等染著」，資、磧、普、南、徑、清作「爲染等」。

一　八八八頁中卷末經名「卷第六」，石無（未換卷）；資作「卷第四」；磧、普、南、徑、清作「卷第五」。

弥勒菩薩所問經論卷第七　公

後魏天竺三藏菩提流支譯

問曰應說迴向義及說方便義云何迴向義云何方便義荅曰若迴餘處善根功德向佛菩提是名迴向又依佛菩提起修行心無量種門於一切時於一切處集諸善根為欲證得一切種智依於世諦境界般若迴向方便普令轉來故此明何義以諸菩薩依於世諦境界般若知因似果修有量因深心成就菩薩不共道功德等增長勝法置於無量果報之中是故名為迴向方便

又以同勝迴向故此明何義以略說菩薩摩訶薩有二種迴向何等為二一者同迴向二者勝迴向同迴向者一切善根皆悉迴向薩婆若智勝迴向者如無盡意修多羅布施果中說須食與食具足命辯色力樂故須飲與飲離渴愛故如是施衣得色施乘得樂施燈得眼施音樂者得淨天耳如是乃至施髓腦者得金剛身堅固

不壞如是等又同迴向者為與一切衆生樂故勝迴向者未生信心者令生信心故若有破戒者令得持戒故若無聞慧者令得聞慧故若有懈怠者令得精進故若有忘志者令得憶持故若心散乱者令得禪定故若無智慧者令得智慧故若有慳惜者令成就捨故如是等又同迴向者為滿六波羅蜜故勝迴向者謂捨外事故為令一切衆生具足大富饒生故捨手脚等一切肢節及以諸根為令一切衆生具足諸根手足等故如是等迴向一切修多羅中廣說應知又為欲清淨諸佛國土是故迴向此義云何菩薩為欲清淨四種義故種等諸白法迴向佛菩提何謂四種一者為欲清淨諸佛國土二者為欲清淨菩提之心三者為欲教化淳熟清淨衆生之心四者為欲清淨一切佛法而菩薩不為得世間位故迴向不為求於自身樂故迴向不為取聲聞辟支佛地故迴向又施等布施遠離盡因迴向以諸菩薩取一地種智因是故

菩薩善知迴向方便又菩薩有四種事施等功德盡何等為四一者不迴向阿耨多羅三藐三菩提二者求於世間人天生處三者無迴向方便四者親近惡知識如是菩薩一切施等善根盡滅若菩薩行布施等善三種法常現前者菩薩尒時施等功德遠離盡因能成一切種智何等為三一者正遍智菩提心二者憐愍衆生三者不違如來言教

又以攝受方便故此明何義以諸菩薩乃至攝取微少善根能成就廣果以即彼布施等世間衆生取天人果報即彼布施等諸菩薩摩訶薩取佛菩提是故菩薩成就迴向方便如如來方便修多羅中說又善男子菩薩摩訶薩以方便智乃至捨一口食施一人則能遍滿一切衆生何以故以菩薩有方便智慧故以一口食乃至施與畜生而心常共一切衆生以彼善根皆願迴向一切種智菩薩布施為二種事是故與一切衆生一者求一切智地二者迴向大菩提復次善

男子菩薩摩訶薩以方便力施布施時六波羅蜜皆悉滿足何以故以諸菩薩摩訶薩見乞索人時攝伏慳嫉心增長大捨心故即成就檀波羅蜜又諸菩薩以自身持戒布施持戒人所有破戒人令成就持戒是名菩薩摩訶薩尸波羅蜜

又諸菩薩慈心不瞋心定心布施是名菩薩摩訶薩羼提波羅蜜又諸菩薩布施佉陀尼蒲闍尼等種種飲食身口意業去來進止是名菩薩摩訶薩毗離耶波羅蜜又諸菩薩施布施時專心一念歡喜不散亂不求餘事是名菩薩摩訶薩禪波羅蜜又諸菩薩施布施時觀察法相誰是能捨誰是能受誰受果報是菩薩如是觀察不見一法以不見一法誰是能捨誰是能受誰能受果是名菩薩摩訶薩般若波羅蜜如是等方便修多羅中所明迴向方便應知

問曰應淨不淨迴向如布施中有淨不淨此迴向中亦應如是有淨不淨云何淨云何不淨答曰因修行果如

餘一切修多羅中廣說應知成就慈心者問曰何故如來說善知迴向方便後次說成就慈心答曰持戒布施是散亂心修道功德決定感於欲界果報菩薩以迴向方便攝取決定欲界果報轉求大菩提示現彼果不定亦現善能修習菩薩道故又持戒布施是三昧心修道功德決定感禪於地果報菩薩以迴向方便攝取決定禪地果報轉求大菩提示現彼果不定亦現善能修習菩薩道故是故如來說迴向方便復次說成就慈心此明何義以諸凡夫不如實知真實法界無始世來修習無智以無智故不能遠離我我所法以其妄執我我所故為色境界愛心所縛是故心常求世間果作極惡行自然成就世間果報修行戒施決定成就同界果報而菩薩心見諸世間所有一切種種過患見於涅槃安樂利益善能覺知真實法界善知因緣有為諸行其心唯為無上菩提修戒施等為欲救度世間所有墮墜嶮難放逸衆生持戒布

施雖不取彼世間果報而為衆生修一切行不為自身取於果報增長所修大功德力心能攝受迴向方便隨順成就求處果報

問曰應說四無量云何菩薩成就四無量云何行云何世辯云何體云何相云何地差別依止何處觀何境界觀何法云何相應云何得云何成就義荅曰云何菩薩成就四無量者以其不同外道等故此明何義諸外道輩雖復修行四無量行以為愛心之所潤著是故成就色界果報又聲聞人辟支佛等一切善根皆為自身其心常為自身樂故取於涅槃畏煩惱熱為伏諸結修行無量非為衆生者諸菩薩摩訶薩等其心常為一切衆生修行諸行皆悉轉施一切衆生以慈悲心起戒施等為欲利益一切衆生雖為世間極惡過患之所逼惱以為不捨諸衆生故為滅一一衆生苦惱畢竟寂滅一切苦惱觀察無量諸衆生身一一身有無量種種苦惱著別復如實知一一方便救彼無量苦惱衆生以無量時雖見涅槃界觀無量衆生能得成就無量佛法以是義故名為菩薩成就無量

又以遍取果故此明何義以諸菩薩摩訶薩等修行無量無邊行故慈等無量是故菩薩成就無量如無盡意修多羅中聖者無盡意告舍利弗言大德舍利弗菩薩修慈亦不可盡何以故菩薩之慈無量無邊是修慈者無有限齊等衆生界菩薩修慈發心普覆舍利弗辟如虛空無不普覆是菩薩慈亦復如是一切衆生無不普覆舍利弗知衆生界無量無邊不可窮盡菩薩修慈亦復如是無量無邊不可窮盡虛空無盡故衆生界無盡衆生無盡故菩薩修慈亦不可盡如是等又為安隱他與功德故起心修行此明何義菩薩摩訶薩修四無量不為自身為一切衆生為畢竟安隱一切衆生與功德心是故成就如無盡意修多羅中無盡意菩薩告舍利弗言大德舍利弗是慈能自擁護己身是慈亦能利益他人是慈無諍是慈能斷一切瞋恚嫌恨如是等

云何行者諸有所猒此明何義依猒所得四無量者彼初禪地所有無量猒欲界得如是乃至第四禪中所有無量猒三禪得而後時作方便後時現前問曰何等名為無量故修行方便荅曰慈依親起此明何義菩薩若欲修四無量彼時心於一切衆生三種分別一者親分二者怨分三者非親非怨分於親分中復為三分作三分已彼三分中於上親所起與上親安隱樂心所謂父母及餘尊重諸師僧等以無始來習極惡心難可平等是故如是分別報恩於親分中不能平等轉轉修習

又乃平等若心如彼增上親中若怨分中心住平等如與父母樂心無異尒時名為成就慈心悲喜捨心亦復如是應知而捨無量從於非怨非親分中起乃成就

又諸菩薩摩訶薩等不離煩惱修集禪地方便無量若斷煩惱攝取初禪無量如是四無量次第成就應知

又四無量說有三種一者衆生觀二者法觀三者無觀初發菩提心菩薩未知衆生相同於外道聲聞辟支佛觀無量是名衆生觀無量

又諸菩薩即彼衆生觀無量次第漸漸增長勝上如實知衆生相脩菩薩行未知一切有為法相依假名衆生有為諸行起衆生相戲論即取此有為行以為衆生名為法觀無量

又諸菩薩能如實知有為行相得無生法忍從慈心後次生平等觀般若相應覺分此明何義如慈心後次生擇法覺分而說名慈如是慈無量後次得平等觀般若說名慈無量是名說名慈心名為無觀無量如共慈心無觀無量

又諸菩薩摩訶薩等為與他樂從慈心故起一切行此明何義以諸菩薩摩訶薩等所起諸行一切皆從慈心而生以為利益他衆生故以為安隱他衆生故以得無生法忍菩薩摩訶薩般若從慈心起與一切衆生安隱之樂似於慈心說名為慈

又世諦境界法第一義諦境界法迭共相依增長有力能廣脩行成就無觀說名善清淨說名慈心云何名為世諦境界為般若因以諸菩薩見諸法體依慈悲心觀察衆生所作之事不墮聲聞辟支佛地以是義故不捨衆生所作之事是則名為世諦境界慈悲等法為般若因云何名為第一義諦境界般若為世諦境界慈悲等因以諸菩薩欲清淨世諦慈悲等法以知依止衆生行相起諸煩惱觀察煩惱染衆生行相以如實知煩惱從衆生行相起是故菩薩遠離慈等不清淨因一切煩惱是名般若能為世諦境界法因諸菩薩等如是脩行般若方便廣脩諸行是故成就無生忍彼時無觀不捨衆生所作事因清淨究竟慈心名字慈心說名慈心是名無觀云何世辯者釋彼無量名以能觀察無邊衆生故名無量云何體者慈悲心體者不瞋善根是何以故以慈對治瞋法故又對治可瞋處是名為慈對治不可瞋處是名為悲又對治

起捨衆生心是名為慈對治打衆生心是名為悲是以求功德故能生無量非求過故能生無量何以故以諸菩薩乃至斷善根人若求功德見淨業果乃至阿羅漢邊若覓過失見惡業果何以故以見羅漢現身中受不善業果不見過去餘業不盡謂阿羅漢今身造惡以是義故於阿羅漢不能發起慈悲無量喜心體者謂喜根是捨心體者不貪善根是問曰若如是者則非貪欲及害根等對治之法荅曰不然以不瞋善根相應法故如是說問曰若捨心能對治貪法不淨觀亦對治貪法荅曰汝知何等貪法捨能對治何等貪法不淨對治問曰不知荅曰汝聽色貪不淨能斷婬貪捨心能斷此四無量共心展轉五陰為體

云何相者與衆生樂相安隱衆生是名慈相拔衆生苦相滅相寂靜相憐愍衆生是名悲相離不樂心相疾妬對治法是名喜相捨愛不愛相利益一切衆生事因相還之法自然縱任

是名捨相
云何地差別者除喜無量餘三無量在六地中應知何等為六謂未來禪及中間禪四根本禪是名六地初禪二禪有喜無量餘三無量遍四禪中以喜無量喜根為體故
依止何處者依止欲界以欲界中現起四無量非是餘處何以故以欲界衆生多苦惱故見衆生苦起與樂心見衆生苦起拔苦心以色無色界無苦惱故又是惱害等對治法故此明何義以四無量對治害等法故以是義故經中說言修行慈心下中上成就離害心修行悲心下中上成就離瞋心修行喜心下中上成就離不樂心修行捨心下中上成就離貪欲害等心色無色界貪欲害等皆悉無有以是義故在欲界中非色無色雖在欲界唯三天下非鬱單越
觀何境界者謂慈觀樂悲觀拔苦喜觀喜境界捨觀捨境界
觀何法者謂觀欲界衆生五陰之身或觀二陰又若共心同類彼則五陰不共心同類彼則二陰或觀無心衆生或觀一陰衆生或觀二陰衆生
問曰有經中說慈悲喜捨普遍一方虛空法界如是乃至遍覆十方世界此中唯說觀於衆生其義云何荅曰遍十方者謂觀一切依世界住所有衆生故言遍覆十方世界非謂遍覆彼器世間言普遍者示現依彼器世界住所有衆生
又初禪地無量觀欲界衆生二禪地無量觀欲界及初禪如是乃至四禪地無量觀欲界乃至第三禪又初禪地無量觀欲界及初禪如是乃至四禪地無量觀欲界乃至第四禪又慈觀欲界乃至三禪何以故以慈觀樂境界故又樂根從欲界乃至第三禪故悲觀欲界至初禪何以故以悲心觀苦境界故以欲界衆生多苦惱故又苦根從欲界至初禪故喜觀欲界乃至第二禪何以故以彼喜心勇悅相故又喜根從欲界乃至第二禪故捨觀欲界乃至四禪何以故以捨捨相觀故又捨根從欲界乃至第四禪故又有人言一切無量雖觀欲界衆生
云何相應者初禪二禪地喜根捨根應如相應應知第三禪地樂根捨根相相應未來中間禪第四禪地捨根相應
云何得者若生第三第四禪者得三無量除喜無量何以故三禪已上無喜根故又欲界生離煩惱者及在初禪二禪生者得四無量如如來修多羅中說慈無量者至遍淨處以為邊畔悲無量者至虛空處以為邊畔喜無量者上至識處以為邊畔捨無量者無所有處以為邊畔何以故以根本初禪所攝故此明何義以無量從無邊虛空處以為邊畔故如是說又有人言彼處聖道以無量名說何以故以可化衆生有如是根聞無量名來入聖道故復有人言依彼對治覺分菩提分說此明何義以第三禪對治覺分即彼覺分以慈名說如是乃至無所有處依彼對治以捨名說復有人言彼相似法此明何義以慈觀樂而樂受乃至第三禪中以悲觀苦而

無邊虛空虛空共色相違以喜觀無樂而無邊識處識喜住故以捨觀捨而無所有處捨無所捨說名為捨復有餘修多羅中說大德舍利弗初發心菩薩以四無量觀於衆生名衆生觀菩薩摩訶薩行菩薩行觀已行故名為法觀菩薩摩訶薩得甚深無生法忍名為無觀

問曰四無量者觀於衆生云何復言觀法觀無荅曰為他利益一切行等以慈相以法故此明何義菩薩摩訶薩為諸衆生修一切行皆以般若為本是故般若以慈名說以彼慈能樂他相故如是菩薩捨自身樂般若波羅蜜與他樂相是故般若以慈名說是故觀法觀無皆是慈悲般若復有人言無觀慈心以慈名說此明何義以諸菩薩觀察衆生復為自身推求遠離煩惱方便觀有為行得甚深無量心時即得畢竟般若力作是思惟此諸衆生無智所覆不能如實知見法界我當令彼諸衆生等漸漸次第得入正道

復有餘修多羅中佛告諸比丘過去七年修行慈心世界成壞逕由七返不來生此乃至無量百千万劫作轉輪王等問曰若四無量所得果報非欲界者云何如來經中說言修行無量所得果報乃至無量百千万劫作轉輪王荅曰　經中依三地量作是說此義云何有欲界地果報無量作轉輪王有初禪地果報無量作梵天王有二禪地果報無量生少光天又欲界起心二摩跋提所有果報作帝釋王及轉輪王根本地禪所有果報作梵天王少光天

復有餘修多羅中佛告比丘過去世時有外道師名善眼世尊彼外道師善眼世尊獲得神通離欲界煩惱諸比丘彼外道師善眼世尊多有無量聲聞弟子有無量百有無量千有無量万有無量百千諸方比丘彼外道師善眼世尊所有聲聞具足持戒彼外道人修四梵行離欲界煩惱修四梵行生梵世間諸比丘彼外道師善眼世尊所有弟子不能具足修四梵

行彼弟子中或生他化自在天者乃至人中如是等尒時外道師善眼世尊生如是心我今不是云何乃與弟子一處去一處生是思惟我依慈心修第二禪生少光天諸比丘彼時外道師善眼世尊修上大慈入第二禪生第二禪如是等

問曰若諸菩薩摩訶薩等為利益他於諸衆生起平等心何故自生勝心慈心修第二禪生少光天而不為弟子說生少光天法又復有難彼外道師善眼世尊有所說法勝於佛法何以故以彼皆生上善道故而如來聲聞亦有入惡道者荅曰此無過失何以故菩薩觀機而說法故此明何義以彼外道婆羅門等長夜思惟初梵天處是究竟處隨順樂心而生彼處不能行生第二禪四無量行以是義故菩薩善知彼弟子心故不為說生第二禪四無量行又以無力故此明何義有人說言除佛出世無有道能具修行二禪無量生第二禪唯除大力諸菩薩等又言外道法勝佛法者

此義不然何以故以外道取世間果故

又以時節故此明何義有如是時多有衆生生善道處何況復有無量衆生修行無量又言如來弟子入惡道者非如來過

復有餘修多羅中說有三種行梵行天行聖行梵行者謂四無量天行者所謂四禪聖行者謂三十七菩提分法以何義故說四無量名為梵行荅曰以四無量梵天因故又以修行者身中可得故又以對治非梵行故

問曰何故色界諸善根中唯說無量以為福事荅曰以為起他利益行故此明何義世人多於他利益中生功德相餘利益中不多生故

問曰復有餘修多羅中說有四種人能生梵功德何等為四一者器世間地未有塔處於中立塔二者種植園林施四方僧三者和合先破壞僧四者能生四無量心問曰若修四無量得梵天果得言成就梵天果者立塔等三得梵天果此義云何荅曰依梵行說是故無過此明何義非立塔等成就梵果若有人依梵如來立舍利塔彼人能生梵行功德又依修梵行者施與園林如是施者成就梵福又依聖道修習梵行和合破僧得梵天果又以彼相似故此明何義立塔等三成就梵天果報功德非一向同四無量果而彼少分相似義故如人成就四無量心彼人則為攝受衆生成就無量利益功德此亦如是若人於彼器世間中未有塔處立舍利塔施僧園林和合破僧彼能成就無量福德以是故言修四無量立塔等三有相似義

問曰梵行功德其量幾何荅曰有人說言隨何等業得轉輪王王四天下勢力自在梵行功德其量如是復有人言隨何等業得帝釋王勢力自在梵行功德其量如是復有人言隨何等業得作魔王於欲界中勢力自在梵行功德其量如是復有人言隨何等業得生梵天梵行功德其量如是復有人言梵天請佛轉于法輪隨所得福梵行功德其量如是

問曰復有其餘修多羅中如來說言若有人能成就慈心彼人功德火不能燒水不能漂刀不能割毒不能害命不中夭為何義故作如是說荅曰諸佛如來所有境界不可思議一切禪定不可思議一切諸業不可思議如是等復有人言若人能與無量衆生無量安隱以是故說彼外因緣不能傷害

又彼人憶念色界四大山此明何義以彼修習心之人入慈心故依於色界成就色界四大之身以是義故外諸因緣不能傷害

問曰以何義故此修多羅中唯說修行慈心悲心得多功德不言喜捨荅曰以利益他多修行故此明何義修慈悲心與樂拔苦依慈悲故起心修行捨布施等得無量福而喜捨等不能如是此義云何以彼喜心見他衆生自修善業自得受樂彼人生喜以是故喜捨亦如是以他衆生自心分別瞋心愛心及無害心故名為捨以

是義故喜捨福少慈悲福多以慈悲心成就與他無量利樂非是喜心捨心成就以對治瞋名為慈心不瞋善根以為體故以寂勝義對治於瞋何以故以瞋心故捨諸衆生與一切衆生利益事相違是故菩薩為欲利益一切衆生對不利益衆生事因此經中說修行對治慈悲心等

又發菩提心修諸善行皆悉悲心以為根本此明何義即此修多羅中說不退轉心成就發菩提心因彼發菩提心初始欲生依慈悲心為根本則能修集無量功德非喜捨等以是義故此修多羅中唯說慈悲多生功德不言喜捨是故十地修多羅中說彼菩薩發菩提心是心以大悲為本如是等以畢竟成就大慈大悲身口意業故

又是三昧身口意業依慈悲心起與樂相應說名慈心以見世間因中說果譬如世間木作畫作因中說果成就無害身口意業以悲對害心不生他惱乱身口意業故

弥勒菩薩所問經論卷第七

弥勒菩薩所問經論卷第七

校勘記

一　底本，金藏廣勝寺本。

一　八九一頁中一行經名，石無（未換卷）；資作「弥勒菩薩所問經卷第五」；磧、普、南、徑、清作「弥勒菩薩所問經卷第六」。

一　八九一頁中二行譯者，石（未換卷）無；資、磧、普、南、徑、清同上卷。

一　八九一頁下一一行第六字「肢」，資、磧、普、南作「枝」；徑作「支」。

一　八九一頁下末行第九字「地」，諸本作「切」。

一　八九二頁上九行第四字「智」，諸本作「知」。

一　八九二頁上一七行末字「施」，諸本作「施與」。

一　八九二頁上二二行第六字「故」，諸本作「故施」。

一　八九二頁中四行第八字「即」，諸

本作「即得」。

一　八九二頁中一八行第三字「受」，磧、普、南作「無」。

一　八九二頁中二一行第三字「應」，諸本作「應說」。

一　八九二頁中末行首字及第四字「云」，磧、南作「去」。

一　八九二頁下八行「禪於」，諸本作「於禪」。

一　八九三頁中一三行第五字「知」，資、磧、南、徑、清、麗作「如」。

一　八九三頁下二行第五字「諸」，諸本作「謂」。

一　八九三頁下一三行第五字「始」，磧、南作「如」。

一　八九四頁中一二行第三字「染」，資、磧、普、南、麗作「深」。

一　八九四頁中一六行末字「忍」，諸本作「法忍」。

一　八九四頁下八行第二字「今」，資作「令」。

一　八九四頁下一二行第一三字「故」，諸本作「故故」。

一　八九四頁下一七行第七字「無」，石作「種」。

一　八九四頁下二一行第一三字「疾」，磧、南、徑、清、麗作「嫉」。

一　八九五頁上二二行第八字「界」，資、磧、普、南、徑、清作「境界」。

一　八九五頁中一五行第一二字「慈」，石、磧、南、徑、清作「慈心」。

一　八九五頁中一六行第四字「又」，石作「以」。

一　八九五頁中二〇行第一三字「勇」，石作「誦」。

一　八九五頁中二一行第一二字「二」，徑、清作「三」。

一　八九五頁下三行「應如相應應知」，石、磧、南、徑、清、麗作「相應」。

一　八九五頁下四行首字「相」，諸本無。

一　八九五頁下四行第五字「来」，諸本作「來禪」。

一　八九五頁下一一行首字「畔」，諸本作「畔」。

一　八九六頁上一行第五至第六字「虛空」，諸本作「處」。

一　八九六頁上一一行第二字「慈」，資、磧、普、南、徑、清作「前」。

一　八九六頁中一行第七字「中」，資、磧、普、南、徑、清作「中說」。

一　八九六頁中二行第一一字「逕」，諸本作「經」。

一　八九六頁中七行第六字「經」，諸本作「彼經」。

一　八九六頁中七行第一一字「量」，諸本作「無量」。

一　八九六頁中一〇行末字「又」，石作「有」。

一　八九六頁中一三行第五字「少」，諸本作「生少」。

一　八九六頁中一九行「諸方」，諸本作「萬諸」。

一　八九六頁下四行第八字「是」，諸本作「作是」。

一　八九六頁下七行第三字「二」，資、

磧、普、南、徑、清作「三」。

一 八九六頁下一八行第三字「行」，諸本作「修行」。

一 八九六頁下二一行第一三字「道」，諸本作「外道」。

一 八九七頁中四行第九字「者」，諸本作「者得」。

一 八九七頁中一四行第二字「義」，磧、南無。

一 八九七頁下一一行第一〇字「山」，石、徑、清、麗無。

一 八九七頁下一二行第五字「心」，諸本作「慈心」。

一 八九八頁上九行第一一字「悉」，諸本作「慈」。

一 八九八頁上一二行第一一字「爲」，諸本作「以爲」。

一 八九八頁上二〇行第三字「應」，資、磧、普、南、徑、清無。

一 八九八頁上二一行第六字「木」，徑、清作「本」。

一 八九八頁中一行經名，資、磧、普、南、徑、清無（未換卷）。

一 八九八頁中一行末字「七」，石作「四」。

彌勒菩薩所問經論卷第八

後魏天竺三藏菩提流支譯

成就善知方便問曰以何義故說無量後次說成就善知方便答曰為欲示現以方便力攝取所修四無量行隨順自心受果報故如說四大隨順此明何義略說菩薩二種善巧利益方便以外道等一切無有第一義諦巧方便故修行無量為愛所潤成色界果又諸聲聞辟支佛人為取涅槃心取以為究竟善根棄捨利益一切眾生棄捨世諦所作諸業其心專為利益自身不能如實修四無量不能究竟斷諸煩惱唯能折伏一切煩惱若諸菩薩摩訶薩等能如實知二種之法有為無為觀察眾生不捨有為雖如實知寂靜無為以為成就一切佛法不隨有為以諸所修為利益他以如實知自相同相以不能得隨心自在定得色界清淨果報四無量行以彼愛心所不能潤而隨順心成就果報如隨順四大此明何義如四大相非是成就第一義諦如禪定人隨順心力而能捨離四大自相此亦如是雖復成就有為法相以諸菩薩清淨持戒諸功德聚修四無量隨順心力成就果報而不隨順四無量心以是義故聖者思益梵天所問修多羅中如來說言若諸菩薩摩訶薩等成就四法修行四禪生於欲界何等四法一者得心自在二者具足諸善根力三者觀察一切眾生四者修行方便般若是故亦現方便攝取無量修行隨心受果說無量後次說方便

問曰應說方便義云何方便義答曰次說方便義有二種一者求異義二者不捨二義心修諸行智慧觀察名為方便此明何義求異義者諸菩薩等非為現前證聖道果亦非為厭世間苦惱捨於世間心為利益一切眾生及為自身取大菩提方便為教眾生菩提方便及欲清淨大悲等行取菩提法出過聲聞辟支佛等所證之位道功德等所對治法菩薩所證聖道現前名求異義不捨二義者謂菩

薩心不捨世諦第一義諦故此明何義以諸菩薩實見一切有為諸法皆悉無常觀察衆生不捨一切有為諸法不離有為法不捨無為法如是菩薩摩訶薩般若行不退轉因說名方便如聖者文殊師利於經中說天子菩薩摩訶薩般若智知菩薩摩訶薩非行有為智不墮無為智如是菩薩摩訶薩名為無畏菩薩復次天子若諸菩薩觀察衆生不捨有為行觀察諸佛法不墮無為行如是菩薩摩訶薩名為無畏菩薩如是等又隨順心所求之義稱心所求能成就行名為方便又以畢竟具足智故名為方便

問曰善知世諦者如是等句說何等義答曰善知世諦者善知自相故善知第一義諦者善知同相故善知二義者善知自相同相故問曰但說善知世諦善知第一義諦便足何故復說善知二義答曰為欲示現菩薩勝義知方便故是故復說善知二義此明何義外道遠離如實般若智唯有世智無出世智聲聞辟支佛捨世間

智但有涅槃智無世間智菩薩摩訶薩為欲利益一切衆生求妙法故於世諦中及第一義諦中修行方便智如來為欲示現菩薩勝方便智是故復說善知二義

成就般若波羅蜜問曰何故如來說方便後次說成就般若波羅蜜答曰示現方便攝取般若故又以示現諸菩薩等所證位義是故如來說方便後次說成就般若波羅蜜此明何義以觀能成菩提分法清淨善根菩薩欲見真如法體而未能見真如實智於先觀察出過聲聞辟支佛位所對治法觀察大慈悲等成就根本大慈悲等然後得見彼真如法以是義故見真如法不墮聲聞辟支佛地是故如來示現修行次第義故先說方便次說成就般若波羅蜜

問曰成就般若波羅蜜者應說般若義如實知見名為般若能觀所觀境界名為般若如實知深淺數量名為般若是義應說答曰到彼岸故名波羅蜜義又諸佛如來已到彼岸名波

羅蜜初地菩薩以其畢竟到彼岸故名波羅蜜以諸菩薩畢竟得彼岸行名波羅蜜是故如來經中說言隨順彼行名波羅蜜以彼處未決定彼岸義故是故如來於無盡意所問經中說滿足行菩薩行名波羅蜜義快深智滿足名波羅蜜義如是等

問曰應說般若波羅蜜義云何般若波羅蜜義答曰求佛菩提大慈悲心攝取所起方便智慧能如實知一切諸法同相別相勝義名為般若波羅蜜義

問曰應說成就義云何成就義答曰究竟義成就義遠離一切凡夫名為般若波羅蜜究竟義依般若波羅蜜遠離世間得究竟義名為般若波羅蜜成就此明何義依般若波羅蜜得究竟無畏處問曰若如是者證初地時即得名為究竟成就般若波羅蜜答曰彼依如分次第應知此明何義從初地來得佛菩提以得對治法現前以得對治法故又初地方便攝取方便般若離一切惡道及離聲聞辟

支佛地如是餘地隨分相應分處應知菩薩若能如是知者隨順如實智般若觀有為行他力相依無有自體

問曰依此法有此法依此法生此法而重說者有何勝義答曰為欲示現二種因義故二種說此明何義有為行生因有二種何者為二一者先生因二者共生因先生因者如眼識等欲生之時先生意識相似隨順前心不滅不容後心要前心滅後心得生前心雖滅與後為因名先生因共生因者諸識相應謂受等法及心不相應法共彼法生眼等諸法能作因緣依止彼法能生彼法彼法生時能與作因名共生因又依此法者說先生因生此法者說共生因問曰說依此法生此法者此義不然何以故共生之法無定因故無因果差別故此明何義共生之法此法是因此法是果無有如是定因差別以不可說此法是因此法是果故無定因果差別答曰以見故說此明何義亦見世間

共生之法一法是因一法非因猶如燈炷共照俱生而此燈炷能作照因照不能與燈炷作因何以故以此照法隨順燈炷此明何義以見照法隨順燈炷而非燈炷隨順於照以見燈炷有增有減照亦如是有增有減以燈炷滅照亦隨滅又以燈炷異處去時照亦復去如是共生眼識等法依眼身等因身眼等生眼識等非因眼識等生眼身等又依此法者諸菩薩等如是觀察先時生法無有作者唯共因緣和合而生以有此法生此法故又諸菩薩生如是心因既無常去何而得生于此法是故菩薩生如是心依此法故而生此法非先有法於後時生法若先有後時生者即是常法以是義故即法生時因緣和合無有一法是定實者無有定實眼識境界照了等法以是義故此法生時決定不從彼處而來又以即共因緣而滅若法即共因緣滅者離諸因緣念時不住以是義故此法滅時不離此處而餘處去又依此法生此法者謂

依彼彼因緣和合生彼彼法見彼彼法示現彼法因緣而生非無因緣又依此法生此法者因觀念故又依此法生此法者示現過去無明行分此明何義以依過去無明等二得有現在識等八分示現現在有分故又依此法生此法者示現現在有分此明何義依現在有分示現速有生老死分又依此法生此法者以無明愛取示現煩惱道依此煩惱道生行有業道又依此法生此法者依於業道生餘有支謂苦道等又依此法生此法者依無明行及愛取有集諦因故生餘七分名為苦諦又依此法生此法者即依七分苦諦法故生無明等五分集諦又依此法生此法者如來修多羅中說依無明行而生識等復有修多羅中說依行因緣生於無明此明何義以生相時無明等法共心相應及心不相應法身業口業皆悉共生非後時生又依此法生此法者即生念時無明闇智共同時生非先時生

問曰說無明因緣以為初因緣若如是者十二因緣則為有始何以故以無明前更不說有餘因緣故於諸世間有為法中以彼無明為最初故答曰以生煩惱業迭共因緣故此義云何從生生煩惱從煩惱生業從業生生如是無始輪生以是義故世間無始問曰自在天等所作此明何義從自在天及微塵等而生世間以是義故世間有始答曰此義不然何以故常法不能生世間故不見一法從自在天微塵等生見從無常因緣中生以不見從常法中生見從無常因緣中生而汝法中自在天等皆悉是常以是義故自在天等不能生法又以現見異異因中生種種果何以故以見烏馬牛羊驢駝至人天等有差別故以是故非自在等作問曰非從因緣生一切法何以故以見棘刺及孔雀等異異不同故知不從無明因緣有世間生此明何義以無因緣有世間生何以故我見棘刺及孔雀等非從因緣而有差別如是世間非無明

生答曰此義不然何以故我以現果從因生非無因生猶如種子地水時熟和合生牙非離此等種種因緣而有牙生若離於因無因而有万物生者此義不然何以故見異異法於異異法以比智知世間亦尒未曾見有離因無因而有法生以是義故從因生果是故世間一切諸法非無因生又有過咎若尒不應生種種果從種種因生種種果不離種種因生種種果而汝說果無因而有若如是者万物應等世間不應生種種果以我現見從種種因生種種果以是義故非無因生又復有咎若一切物無因生者應一物中一切法生不尒便應一切物中一一各有一切物生而此義不然以是義故非無因果又復有咎應無變異此義云何若一切物不從因生應不變異猶如虛空而此義不然何以故以變異故云何變異先無後有已有還無異生異滅無因法中不見如是果法轉變是故諸法從因而生非無因生又復有過一切所作

諸業空故此明何義若無因生一切物者諸所作業空無利益而實不見有如此事以是故非無因有果

問曰我見從智生智此明何義現見外物有為法中種子為因非過去因如是現見內有為法因赤白等和合而生非過去因答曰此義不然何以故以現在智從過去智而得生故此明何義以見智生從於過去智因而有非無智生若智不從前智生者應從土塊木石等生亦非從於異相續生何以故若異相續生於智者父母亦應能生兒智以是故我知彼胎等諸衆生智從相續生此明何義以胎等智前更有智彼胎等智不離先智相續而生是故知有過去世因問曰此義不然何以故如從攢燧人功牛糞衆緣和合先無有火而能生火智亦如是先無有智因緣和合而能生智答曰此義不然何以故以見餘法比智知故此明何義以見何等法中生法彼法相似能生於法非無相似異生中見如見從稻生稻雖不見稻

而見從稻還生於稻是故種稻火亦如是以見從於攢燧牛糞等中生火雖不見火而從攢燧等中求火如是以見從智生智雖不見智而知智從過去智生是以汝說如先無火而能生火先無有智而能生智說一切物唯從現在因生不從過去因生者是義不然以是義故從煩惱業生世間法此云何知以聖人論世間人說此義云何以離煩惱一切聖人諸佛如來及佛弟子聲聞人等彼如是說從煩惱業因而生世間作如是言若人者貪身作惡行口作惡行意作惡行彼人依彼惡行因緣此身壞已生惡道中一切諸論亦如是說從業有生是故經言從明入明從闇入闇世間之人亦如是說從業有生作如是言以毀一切不樂生處遠離一切種種惡行以求一切可樂生處修行一切種種善行以是義故依諸聖人依一切論偽世間人我如是知從業因故而生世間非無因生

問曰因念不住何能生果此以何義諸煩惱業剎那不住以煩惱業剎那即滅是故非從諸業煩惱而生世間答曰我見因滅而能生果此以何義以見因滅依彼滅因而能生果如於摩多隆伽果中見有酢味而於彼子牙莖枝葉及華等中悉皆不見而依彼子牙莖枝等相續後時於果中見而彼摩多隆伽果中所有酢味非即彼因亦非異因如是見外因果和合生如是法如是比智知因滅已依彼滅因有世間生非無因生亦非異因

問曰若非無因非顛倒因生於世間而依業煩惱有世間者此云何知答曰不知生過為作業行此明何義諸世間人不知生過彼人則著五欲境界一切種種無利益事為生世間一切種種無利益事是故修行為得世間果報作業非為除斷煩惱作業此以何義一切世間愚癡凡夫無智慧故不能觀察以無明闇智於無量百千種種苦惱中見有功德生求未來世受樂果故行功德行修戒施等諸功德行又復有人心顛倒故著現在世五欲境界見未來世無有福德是故修行無福德行餘生等業又復有人著三昧樂愛禪見禪慢禪疑禪增上禪等修行一切諸通等行是故於彼三界中生不斷不絕從生復起一切煩惱從煩惱故起一切業如是世間無始以來不斷不絕

問曰若從一切煩惱而生世間行者如來於此修多羅中何故唯說從於無明而生世間答曰雖說無明攝得貪等一切煩惱此明何義雖說無明而攝貪等一切諸過此云何知以愚癡人起於貪等以無智故起於貪等一切煩惱非無愚起如經中說無明因緣起於貪過起於瞋過起於闇過是故說彼無明根本攝得其餘煩惱諸過猶如世間王來王去諸臣兵衆亦來亦去

問曰以何義故過去分中唯說無明而不說愛未來分中而但說愛不說無明答曰大境界故此明何義以無明遍一切境界愛不如是此以何義以彼無明遍一切處愛不遍故又以

緣於有為無為此以何義以彼無明緣有為法及無為法愛不如是唯緣有為又以緣於同不同地此以何義以無明緣同不同地愛不如是唯緣同地又以一切煩惱相應此以何義以彼無明一切煩惱皆共相應愛不如是唯愚人起非智者起又一切苦不斷絕因此以何義以無明於一切苦聚以為根本以是義故於初分中唯說無明依彼第二煩惱門中唯示現愛是故於彼未來分中唯說於愛不說無明

問曰以何義故過去世中所攝諸業隨何煩惱能與作因彼諸煩惱以無明名說現在世中所攝諸業隨何煩惱能與作因彼諸煩惱以愛取名記荅曰以非現見以現見故此以何義過去世中所有煩惱以是遠故不可現見是故彼中煩惱差別不可示現以彼闇相不可得說是故皆以無明名說現在世生所攝煩惱可現見故彼諸煩惱差別可說可得示現此是愛取此是欲取此是見取如是等

是故現在所有煩惱以愛取名說

問曰此說是妙說以因煩惱業有世間生死非自在天微塵等故而無明等十二有支其義云何荅曰不如實知三世中事名為無明無明轉起取後有因福業罪業不動業等是名為行依行因有生分染意是名為識為彼識住名為名色彼清淨識之所依止名為六入根識境界三事和合對意地法是名為觸依觸而生愛不愛二顛倒念愛是名為受見著受等集樂名愛依止於愛求有斷有取我依止樂諸煩惱隨順煩惱是名為取取能起取後生因身口意業是名為有依止行有取後世身是名為生依止生身增長熟變是名為老先得身壞是名為死遠離不離愛不愛事求供養等從意地生焚燒自心是名為憂依悽憂心說愛功德內心愁縛種種悲言名為啼哭依色識身共意相應非愛樂受是名為苦唯意識身意地相應是名為愁於愛不愛二種境界或有求有或不求有求資生故受種種

苦其心逼惱是名為惱

問曰無明緣行云何名行荅曰依止容受伴侶觀起隨順共生名為行義

問曰應釋因緣名云何名因緣荅曰能成就果是名為因依此法故能顯彼法因此法故能生彼法是名為緣

問曰何故但說無明緣行而不說言無明因行荅曰為攝一切諸因緣故若說無明因於行者但攝因因緣不攝因緣是故不說無明因行以四因緣無明等共能因緣行是故唯依因緣名說以能攝取四因緣故問曰行亦能作無明因緣若如是者何故但說無明緣行而不說言行緣無明荅曰以有二義定不定故此以何義以無明因緣於行而非業行定緣無明何以知之以阿羅漢雖復有業而無無明是故非業定緣無明是故不說行緣無明又依無明因緣有業以是義故依彼無明因緣有業若如是者唯依無明因緣有業不應遠離無明有業而實遠離無明有業是故說依無明緣行不說依行緣於無明問曰

弥勒菩薩經論卷第八　第大張　谷字号

以何義故已受果業以行名說未受果業以有名說荅曰未受果業但有有為分是故說有以畢竟有故以未來世畢竟得果業體雖滅而畢竟有以必能與未來世果是故名有以有名說已受果業已受有為分是故說行以得受果是故名有以有名說又復有義何故名有以依此法能生名有此以何義隨何等業能畢竟生未來世果以有名說隨何等業非是畢竟未來世有如鴦瞿雞魔羅等業未曾有故以行名說是故經中行緣業果以識名說非生名說何以故以彼行業非是畢竟生有支故此以何義以現身中受果報業彼業行緣能生識支而不能生彼生支故又以見有力無力故此以何義何故名行能辦事故過去世生所作諸業見彼有力以能成果是故彼業以行名說現在世生所作諸業未見彼力以未成果彼業果報在未來故是故彼業不得名行以有名說

問曰以何義故名為不動荅曰異地

弥勒菩薩經論卷第八　第九張　谷字号

不能與果報故名為不動此以何義如欲界業於異地中能與果報隨以何等善根業道應生人中即彼善業依願求心乃至生於他化自在如如來依功德生修多羅說又隨何等惡不善業應生地獄受果報者即依彼業人中受苦如如來依鹽喻經說色無色業不得如是此以何義初禪地業不生二禪二禪地業不生初禪如是餘地皆亦如是應知是故佛說色無色業名為不動又諸蓋障所不能動故名不動如密室燈

弥勒菩薩所問經論卷第八

弥勒菩薩所問經論第八

校勘記

一　底本，金藏廣勝寺本。

一　九〇一頁中一行經名及二行譯者，資、磧、普、南、徑、清無(未換卷)。

一　九〇一頁中一行末字「八」，石作「五」。

一　九〇一頁中二行譯者，石作「元魏天竺三藏菩提流支譯」。

一　九〇一頁中一五行第一三字「二」，磧、普、南、徑、清作「一」。

一　九〇一頁中一八行第四字「隨」，諸本作「墮」。

一　九〇一頁下一六行第九字「果」，諸本作「異」。

一　九〇二頁下九行第一三字「悲」，石作「大悲」。

一　九〇三頁中六行末字「以」，徑作「有」。

一　九〇三頁中八行第四字「復」，諸本作「隨」。

一　九〇三頁中一一行末字「唯」，石作「雖」。

一　九〇三頁下末行後，資、磧、普、南、徑、清換卷，資卷第五終，卷第六始；磧、普、南、徑、清卷第六終，卷第七始。

一　九〇四頁中一行第一三字「現」，諸本作「現見」。

一　九〇四頁下一行第五字「此」，普作「比」。

一　九〇四頁下一六行第七字「知」，資、磧、普、南、徑、清作「智」。

一　九〇四頁下一九行「如是先」，磧、南作「是先如」。

一　九〇五頁中九行第五字及一一行第一三字「異」，資、磧、普、南、徑、清作「果」。

一　九〇五頁中二二行「行修」，資、磧、普、南、徑、清作「修行」。

一　九〇五頁下一四行第七字「愚」，石、麗作「過」；資、磧、普、南、徑、清作「因」。

一　九〇六頁上二行第五字「及」，磧、普、南作「又」。

一　九〇六頁上一一行第六字「彼」，資、磧、普作「愛」。

一　九〇六頁上一六行末字「記」，諸本作「説」。

一　九〇六頁中一〇行末字「受」，諸本作「愛」。

一　九〇六頁中一一行第五字「愛」，石、資、磧、南、徑、清、麗作「受」。

一　九〇六頁中一四行第二字「起」，諸本作「轉起」。

一　九〇六頁中二一行首字「愛」，資作「受」。

一　九〇六頁下一六行第三字「因」，諸本作「因定」。

一　九〇七頁中二行「界業」，資、磧、普、南作「果業」；徑、清作「果報」。

一　九〇七頁中末行經名，石、資、磧、普、南、徑、清（未換卷）無。

後魏天竺三藏菩提流支譯

問曰行以名色二因緣識而重說者此有何勝答曰初託胎識行為因緣以彼能作種子義故已種種子名色為因緣以能和合成就事故以二因緣住持成就依止能取境界觀故又行因緣而業得名是故經中說諸業因為能生因名色因緣而愛得名是故經中說彼愛緣為能生緣以二因緣於境界中依境界住又行因緣初生心得名名色因緣已生六入未成就六入得名又行因緣依一門行此以何義彼行因緣唯意門行名色因緣依二門行此以何義名色依於身根意根二門而行以因緣二依六門行又行因緣唯惡道中以依罪業能攝住故如經中說彼諸衆生於惡道中乃至惡業未盡不死業盡乃死如是等名色因緣人及天道欲色界中以彼處有名色二事無色界中無二因緣

問曰如來於彼城喻經中大因緣等修多羅中說依名色因緣於識何故於此修多羅中而說依識因緣名色答曰名色因緣依識而有此以何義以實有識名色與識迭共相因而依識有有名色有如依所依是故有依此以何義如王及臣迭共相依而王為勝以王去時臣亦隨去此亦如是識與名色迭共相依而識為勝是故依識而有名色若識因緣不託母胎諸心數法則不得有以識託胎諸心數法皆亦隨從又因根本心成歌羅邏以赤白等和合則能成歌羅邏為成衆生彼處識心為根本因如大因緣法門中說佛告阿難若彼識心不託母胎彼歌羅邏及名色等亦不成就是故識為諸苦種子為欲示現根本義故是故唯說識緣名色不說名色因緣於識

問曰有人說言十二因緣有於時節彼人依識因緣名色義則不成何以故無因緣故此以何義為識滅已然後能作名色因緣為識不滅能作因

緣若識滅已作名色因緣此義不成何以故以滅種子不能與牙作生因緣故

又復有過中間斷絕衆生體故若識不滅能與名色作因緣者一衆生身於一念中並有二識以是義故識不能作名色因緣答曰相續不斷不絕因緣如燈焰體相續不斷此以何義如焰相續不斷不絕而能有用非先焰滅而後焰生若先焰滅後焰生者是則滅已後時更生又復有過後焰生時無因而生又復有過若無因生則應常生又亦非是先生焰住後餘焰生若先焰住後焰生者先焰便應第二念住而佛法中無如是義又復有過先生之焰無因而生又復有過焰應增長又復有過應多焰生又亦非即先焰住時更生餘焰何以故不容受故此以何義隨先生焰以何等處何等因緣即彼生處即彼因緣即先生焰即時俱謝是故得容餘焰餘因緣又復有過前燈焰滅後燈焰生不從無火因緣而生此義不然何以燈炷焰前後次第不斷不絕相續而生如是識名色等次第生滅能成因果應知以是義故依識因緣能生名色因果義成

問曰名色因緣有六入者以何等因答曰以彼因故何以故以色清淨因緣五入以名清淨因緣意入故說名色因緣六入

問曰若以名色緣六入者此義不成何以故以雖有彼而無彼故此以何義歌羅邏等時雖有名色無六入等以是義故此義不成又復所以此義不成以衆生有盲聾等故此以何義若名色能作六入因者則不應有盲聾衆生一切悉應具足諸根答曰此義不然何以故不離彼有成猶如雲雨此以何義如汝天雨若先有雲後時雨者非離雲雨亦有有雲而無有雨如是六入若有名色有六入者非離名色復有名色而無六入

問曰以何義故有彼名色而無六入答曰以諸因緣不具足故此以何義猶如眼識如實有眼以諸因緣不具足故不成眼識又復猶如實有種子以諸因緣不和合故不能成牙此亦如是歌羅邏等時中因緣不具足故眼等諸入亦不具足

問曰彼諸因緣云何具足答曰以煩惱業名色和合淳熟故成

問曰云何得知煩惱亦是六入因緣答曰以阿羅漢不復生故此以何義以阿羅漢雖復有業而無煩惱是故不生以不生故無有六入是故得知煩惱亦是六入遠因業亦是彼六入因緣何以故以成盲等故是故雖復實有煩惱隨種類生具六種業有盲聾等是故知業亦六入因又以十二入有種種故此以何義以入種種差共不同但一衆生一身體中種種不同何況種種衆生身中諸業不同家力色命皆悉不同如是等以諸衆生家力色等一切差別此皆依業以是義故彼業亦是六入因緣名色亦是六入因緣以彼六入依種子故此以何義以雖復有煩惱業等名色種子生於六入不離名色能生六入如不

離子而能生牙是故得知近因名色生於六入亦依彼業生於六入何以故以雖有彼而無彼故此以何義以雖復有煩惱業等而彼名色不具成就如歌羅邏等時中無眼等入而依彼故成就六入如始結子終能成果是故得知煩惱業等名色淳熟而能作彼六入因緣

問曰汝說因緣猶不具足何以故是中不說外因緣故此以何義唯除聲入名色等緣共六入生若如是者但說六入因緣不具足說名色因緣此是過失荅曰彼不須說何以故以二處見故此以何義以彼外入二處見故以依眾生攝依非眾生攝此以何義此中但依眾生次第說彼十二因緣而不依彼非眾生說十二因緣是故但依眾生所攝入說不依非眾生說以是義故此中但依眾生所攝內因緣說而非依彼外因緣說

問曰若尒不應說於名色此以何義若如是者名色有支中不應說名色以色二處見故荅曰實如所難雖然

若於彼處不說名色但言以名緣六入者如是不說五種色入彼六入中色亦清淨非但名色入清淨此以何義應說可見色等入緣是故彼處亦說色名以是故說識因緣名名緣處入如是等如是三時無有分別是故如來於此中說是名正說

問曰何故不說外入因緣荅曰說眼等者是即成說此以何義此修多羅中具足成就說眾生體此復何義隨何等處眼等諸入彼處必有色等外入何以故以不遠離色等境界有眼識等以是義故說眼等入則已攝得外色等入是故不別說外入等又以依內入得名字故此以何義依內入故得眾生名非依外入以是義故唯說內入不說外入

問曰何故名觸荅曰對到名觸問曰此以何義荅曰於念境界中識相對法故以眼識等於彼色等諸境界中彼此相對是名為觸復有觸者近對和合到一處等名異義一又和合生意地法故名為觸

問曰說觸因緣猶不滿足以三種法和合因緣而生觸故此以何義以有三法和合生觸佛如是說此中唯說六入因緣而生於觸是故此中不具足說生觸因緣此是過咎荅曰以說內因緣攝得外故如彼鼓聲此以何義如人鼓揨和合生聲唯說鼓聲如是三法和合生觸雖依內說而攝得外是故無過又不同義如種子牙此以何義如雖有時及地水等和合能作生牙因緣而說種子名為勝因子能生牙是牙勝因此是稻牙此是麦牙不說共因觸亦如是有不同義雖有三法和合故生雖說內入不說共因又以勝因故此以何義雖有三事和合生觸以依根能生而說內因以彼勝故以依根故諸識能生以盲聾等無識等故以色等法識境界故是故依根三法和合能生彼法雖三法生而根是勝是故如來唯說勝法如說六入又雖說六入而攝得三法和合成觸以說入名即說六識以彼相隨以說眼等入即攝色等入何以故

不離色等入有眼等入以是義故如說六入此亦如是

問曰六入緣觸此是何因荅曰以盲等人無眼等觸餘者有故此以何義以有眼等根有眼等觸離眼等根無眼等觸如盲等人唯有意識此亦如是六入緣觸

問曰依觸緣受此是何因荅曰以樂受等境界和合有樂受等此以何義如人患熱依熱逼惱求於雪冷摩尼珠等及以蔭涼又如有人依寒逼惱求火求衣求温水等一切暖觸

問曰觸緣受者此義不然何以故共觸生故此以何義觸共受生以是義故觸緣受者此義不成如兩角共生右角不作左角因緣左角不作右角因緣此亦如是是故應依餘因緣生非觸因緣又若共生而觸能作受因緣者以何義故受不能與觸為因緣以受觸生相應因故荅曰雖復共生而一是因一非是因此以何義有二種法雖復共生而有一法能作彼因非第二法作彼法因如明與焰雖復

共生焰是明因明非焰因又如日與光二法共生而日能與光明作因光明不能與日作因又如牙共生牙作影因影非牙因觸亦如是雖共受生觸為受因受非觸因是疑已斷復有異義我此法中非觸共生次第因緣此以何義我此法中非受與觸一時俱生云何而生依過去時即與後時受法作因次第緣生此云何知以說一因此以何義以說依觸因緣生受不說依受因緣生觸此以何義若此二法共俱生者應說造因以是義故說次第緣不說一時

問曰依受緣愛此是何因荅曰以受為因欲取樂故而生於愛

問曰若如是者苦不應生荅曰以求離故問曰求樂受者見樂故求不應求苦以不用故荅曰雖不求苦而亦有愛以不欲得彼苦受故求欲離苦彼即是愛是故苦受亦受因緣又樂受者欲愛因緣苦受遠離有愛因緣此以何義如人有苦依苦逼惱不知無力為怨害身以不求苦以不求樂

而愛因緣又依無明盲故取苦如彼渴人闇夜飲於糞和合水此亦如是

問曰色等境界皆是愛緣何故但說受為愛緣荅曰為樂受故求彼色等此以何義樂受之生必有伴侶以是義故於色等法皆生受心愛為勝因非色香等是故但說受為愛因不說色等

問曰取有何義荅曰取近染著皆名為取求於有支及資生等一切染著以得染著不相捨離名之為取此有四種何者為四欲取見取戒取我取又欲取者貪於五欲境界功德戒取觸者謂以持戒取三種見見取身見及以我見又執著我名為我取彼人者我為我求樂是故求彼五欲境界求諸天樂戒取欲見諸天造行如是等法是名見取若已求得五欲境界貪著彼法是名欲取著未來世欲境界因不能遠離五欲境界如是持戒是名戒取又著已身隨順二邊是名見取此義云何若墮斷邊即便墮著五欲境界是名欲取若墮常邊貪著

五欲為勝生處如是持戒是名戒取問曰愛緣取者此是何因答曰不足愛故更求增長如飲醎水轉增長渴又依愛故有四種取此以何義依愛緣故求於現在五欲境界如經中說依愛因緣求於諸欲是名欲取又依愛故求未來世五欲境界爲彼愛故起於持戒是名戒取以彼但求五欲境界若以求得五欲境界不欲捨離求諸天故好日祭祀是我所欲如是著我名為我取是名依愛因緣於取

問曰以何等愛緣何等取答曰欲愛欲取有愛能取戒取我取離有支愛能取見取又復衆生我愛見取生愛戒取受愛欲取於一切取貪著見取又四取中欲取戒取二取是愛餘二以為無明根本

問曰有義云何答曰此能生故依此能生此能勤修依此法故能生餘法是故名有

問曰依有緣生此是何因答曰依業有生如何前說依行有識此中亦介應具足說

問曰煩惱亦是生支因緣如經中說愛因能生何故唯說有因緣生不說取緣答曰依勝生因故如是說此以何義此中唯說生法勝因云何為勝此是地獄此是人此是天如是等此種種身業為近因而非煩惱彼種種因復有已生同類生中各有差別謂家力色長壽短壽有病無病受用貴生一切差別此中亦介業種種故知是近因非煩惱也是以說有因緣有生非取因緣

問曰若有能作生因緣者何以故說有因緣生而不說生因緣於有答曰以有定不定故此以何義以有有支必有生支有生支者不必有有猶如依彼第二諦故必有初諦而不必因有初諦故有第二諦若不介者畢竟無有解脫因緣是故說依有支因緣必有生支非生緣有

問曰老者何義答曰消皴力減名之為老有人說言所謂老者以變異故此義不成何以故以不住故以有為行剎那不住若有為行念不住者云

何而言變異名老又復有過法若變者便應第二剎那中住法若第二剎那住者非佛法義又復有過言變異者捨於實體若即前法有變異者彼法便應即捨本體又若彼法不變異者則不得言有變有異若法不捨彼本體者亦不得言變異名老是故不得言有轉變名為老也先說老相彼是老義

問曰心心數法云何知老答曰以見心法依止法異所謂諸根四大損減思惟念薄忘失所有諸法門等闇聲不了見境界難見如是等知心有老

問曰死有何義答曰死者捨命終亡謝滅異世去等是名為死如是此死及先說老此二合故名老死支又復有言根四大等後時損減微細難別是名為老破壞名死如柯漸盡又四大破壞是名為老散盡名死如朽故車破壞散盡又於五陰隨順滅故是名為老滅名為死如故舍壞

問曰生緣老死此有何義答曰壞彼法故得有此法若無彼法亦無此法

此以何義如初作瓶後時朽故又先作瓶後時破壞此亦如是有衆生生後有老死非是不生是故說依生緣老死問曰若生念中即時死者彼中云何生緣老死答曰命滅此以何義彼處有命捨現前命五陰滅故是名為老猶如彼雨有雲故雨無雲無雨亦有有雲而無有雨彼處亦尒

問曰何故有為三相法中一處唯說生為生支一處說老以為老支答曰隨順義故法欲生時生能隨順法欲滅時老支隨順又老死支隨順壞法生支與彼老死相違老死二法迭共隨順言隨順者隨順破壞故名為老死亦如是故老死合為一支生者別支

問曰何故不說憂等為支答曰不遍一切諸衆生故此以何義憂等諸法不遍三界以是義故不說為支

問曰無明滅則行滅者有何次第答曰如來次第說無明等十二因緣能生於有以諸衆生不能識知十二因緣墮斷見故如來次第說無明滅餘

亦皆滅以諸衆生不能見知無明因緣墮常見故又如先說云何世間有以不見知十二因緣墮於無邊以是義故如來說云何世間滅以不見知何等法故墮於有邊以是義故如來次說如如來迦旃延經中說又已說身見集諦道諦未說身見苦諦滅諦是故欲說又已說染諦未說淨諦又已說縛諦未說解脫諦今欲說故是故說言無明滅行亦滅如是等

問曰此諸因緣有於幾種答曰略說四種何者為四一者有時十二因緣二者剎那三者次第四者不斷絕時者到時名因緣時此以何義無明時者謂過去時生煩惱者是無明時言行時者過去時業是名行時言識時者謂託生心共眷屬生是名識時名色時者未和合成即歌羅邏安浮陀狀尸堅支等如是時中未生眼等五情諸根六入未滿彼時生體是名名色時六入時者以生眼等諸根滿足六入諸根未能有力作彼心心數法依止是名六入時言觸時者隨何等

時諸根於彼心心數法能作依止而不能作分別苦樂亦不能作好惡諸事未有勝行是名觸時言受時者謂受苦樂分別苦樂攝好惡事愛食非愛欲貪五等未有取力是名受時言愛時者愛欲貪生行非分別有無時名愛時言取時者知有無分別求如是起是名取時言有時者求於此世未來世中五欲境界追求推覓為未來生起種種業是名有時言生時者此生已退即次後生所託生處是名生時老死時者自此以後破壞諸根名老死時言剎那者名色等支名為剎那以一念中具足一切十二有支此義云何如人依止貪心煞生彼處所有迷惑癡等名為無明彼處所有相應思心是名為行彼處所有相應意法是名為識彼處所有共識生法相等四大及依四大所生四塵如是等法名為名色彼處所有依入作業而非離入名為六入彼處所有相應對法是名為觸彼處所有相應覺者是名為受彼處所有相應貪心是名

為愛彼處所有不捨愛心是名為取彼處所有身口意業是名為有彼處所有如是等法所起之法是名為生彼處所有諸法變異是名為老彼處所有諸法散滅是名為死有次弟者無始義故此以何義以彼因果不斷絕故以是義故不知其始不斷絕者以彼因因不斷絕故此以何義遠釆義故又復非但十二有支能生因緣以彼一切有為諸法名為因緣

問曰深心等法有何次弟荅曰以成就一切勝功德故以一切法中不失菩提心以為根本故此以何義於諸菩薩摩訶薩脩行功德中說彼深心以為根本以諸菩薩成就深心以為不失菩提心因如深心諸行亦尒自然為欲利益一切衆生脩行是以如来為欲示現如實脩行次弟義故說深心後次說行心

又以菩薩成就深心成就行心然後於他利益脩行為欲示現如是勝義說脩行後次說成就捨心又以菩薩持戒布施等如實脩行相迴向勝法依如是義示現脩行助菩薩道是故次說成就迴向又從持戒乃至迴向非定善根次欲示現勝三昧法欲令衆生住慈悲等諸善根中以是義故說迴向後次說成就大慈悲等已置定法妙樂善根為欲離彼貪著心故說慈悲後次說方便以有方便故有智慧明見諸法以是義故不墮聲聞辟支佛地入菩薩位是故如来說方便後次說成就般若波羅蜜

又復略說成就深心乃至方便示現成就助道功德究竟成就般若波羅蜜者示現成就助道智慧

又成就深心乃至方便示現成就菩提功德道究竟成就般若波羅蜜示現成就菩提智慧道

又成就深心乃至迴向示現成就戒身慈悲二法示現成就定身方便般若示現成就慧身

餘七句示現成就脩行

又成就深心即是示現成就直心自

又成就深心成就行心示現戒家成就捨心成就迴向示現施家成就大慈成就大悲示現滅家成就方便成就般若波羅蜜示現智家如是有导無导等一切諸法諸餘一切脩多羅中廣說應知此脩多羅依諸菩薩摩訶薩學戒義說如是諸菩薩摩訶薩八万四千無量無邊諸法門等皆應類知

弥勒菩薩所問經論卷第九

弥勒菩薩所問經論卷第九

校勘記

一 底本，金藏廣勝寺本。

一 九〇九頁中一行經名及二行譯者，石、資、磧、普、南、徑、清無（未換卷）。

一 九〇九頁中一二行第五字「名」，資、磧、普、南、徑、清無。

一 九〇九頁中一四行第九字「意」，資、磧、普、南、徑、清作「依」。

一 九〇九頁中一六行「因緣二」，諸本作「二因緣」。

一 九一〇頁上二行末字「因」，資、磧、普、南、徑、清作「因因」。

一 九一〇頁下一行第三字「不」，資、磧、普、南、徑、清作「有」。

一 九一〇頁下二一行第三字「因」，資、磧、普、南、徑、清無。

一 九一一頁上一五行第三字「依」，徑作「彼」。

一 九一一頁中五行第一二字「名」，資、磧、普、南、徑、清作「色」。

一 九一一頁中六行第八字「時」，石作「昧」。

一 九一一頁中九行第六字「説」，資、磧、普、南、徑、清作「就」。

一 九一一頁中一二行首字「入」，磧、南作「人」。

一 九一一頁中二〇行首字「法」，資、磧、普、南、徑、清作「治」。

一 九一一頁中末行第四字「故」，資、磧、普、南、徑、清作「故故」。

一 九一一頁下一四行第八字「雖」，諸本作「唯」。

一 九一二頁上一二行第六字「温」，資、磧、普、南、徑、清作「煖」。

一 九一二頁中三行第一〇字、第一三字及四行第五字「牙」，資、磧、普、南、徑、清作「身」。

一 九一二頁中一二行首字「二」，磧、南作「一」。

一 九一二頁中二〇行第一〇字「受」，諸本作「愛」。

一 九一二頁下六行「受心愛」，諸本作「愛心受」。

一 九一二頁下一七行第五字「戒」，麗作「或」。

一 九一二頁下一七行第一一字「造」，麗作「苦」。

一 九一三頁中末行第六字「若」，南作「共」。

一 九一三頁中末行第一〇字「念」，資、磧、普、南、徑、清、麗作「念念」。

一 九一三頁下一二行「聞聲」，徑作「聲聞」。

一 九一三頁下二〇行第一二字及次頁上一二行首字「滅」，石作「減」。

一 九一四頁中九行第一〇字「今」，南作「念」。

一 九一四頁中一四行「因緣時」，石、資、磧、普、南、徑、清作「時因緣」。

一 九一四頁中一九行「枇尸」，石作「批尸」；資、磧、普、南、徑、清作「毗尼」；麗作「枇尼」。

一 九一四頁下六行末字「時」，資、

磧、普、南、徑、清、麗作「是」。

一　九一四頁下一九行首字「相」，石、資、磧、普、南、徑、清作「想」。

一　九一五頁上六行「因果」，石作「果因」。

一　九一五頁中六行「善根」，徑、清作「菩提」。

一　九一五頁下一行第八字「滅」，徑作「減」。

一　九一五頁下二行「波羅蜜」，石、資、磧、普、南、徑、清無。

一　九一五頁下末行末字「九」，石作「五」；資作「六」；磧、普、南、徑、清作「七」。

一　九一五頁下末行經名後，磧、普、南、徑、清附小記三行，今據清藏本抄録：「此經舊爲六卷開元録作五卷子注或七卷或十卷據此今開初卷爲二總爲七卷即釋大寶積經第四十一會是也」。

大寶積經論卷第一　谷

元魏天竺三藏菩提流支譯

歸命世間救　苦海度彼岸　大悲降魔怨
我釋寶積經　莊嚴十六種　真實微妙義
欲令法久住　自利利他故

問曰汝欲釋寶積經應先釋此法門以何義故名為寶積答曰大乘法寶中一切諸法差別義攝取故所有大乘法寶中諸法差別相者彼盡攝取義故名曰寶積一聚二積三陰四合和義一名異是中一切大乘法中如來為諸菩薩十六種相差別說法何者十六種相一法邪行相如是菩薩行邪行已名為行邪行相二正行相如是菩薩行正行已名為行正行相三行正行利益相菩薩住正行已名法行等行善行四行法行諸相差別五於諸菩薩所生慈心相為令生敬重心行說相故六菩薩住正行學戒相故七聲聞戒與菩薩戒中說優劣勝如相故八菩薩善學菩薩藏已能與世間智等饒益他行差別相故九受彼菩薩藏時教修聲聞戒相差別十不善學沙門相差別故十一不學沙門相差別故十二住假名行相差別故十三住真實行相差別故十四如來方便化度衆生相差別故十五說微密語相差別故十六於菩薩藏中得教誨已善信有益相差別故大乘經中如來為諸菩薩說如是等十六種相差別法故彼法門中此一切諸相現所說故彼大乘法寶中所有諸相盡攝取故此妙法門名為寶積問曰云何彼大乘正法寶中所有諸相而此法門中所攝取答曰迦葉有四法退失智慧如是等黑朋所攝八種四句攝邪行相差別故迦葉菩薩有得四大伏藏如是等六種四句所攝正行利益相差別如是此諸二十二四句具說深淨退益之事迦葉名菩薩者非但名字名為菩薩如是等有三十二種相差別應知迦葉菩薩功德無量無邊我當以譬喻演說如是十九喻所明諸相差別應知迦葉菩薩欲學此大寶積經乃至其燈明者聖慧根是其黑闇者諸結業是名住正行中攝諸戒相差別應知迦葉譬如種在空中而能生長者從本以來無有是處乃至能出無量百千聲聞辟支佛報知是等明聲聞戒

踰菩薩戒中勝劣相差別攝故應知尒時世尊復告大迦葉言乃至從本以來畢竟淨故如是等攝取世間出世間智饒益他行事差別相應知迦葉汝等觀內莫外逃走乃至出家人有二種病何等為二一者懷增上慢而自伏心二者壞他發大乘心如是等攝取受彼菩薩藏時教修聲聞戒相差別應知迦葉沙門沙門者以何義故名為沙門復云何沙門迦葉有四種沙門乃至如是普明是名菩薩速疾法通如是等攝前三種沙門不善學沙門相差別應知尒時尊者摩訶迦葉白佛言世尊希有希有此大寶積經行大乘者而能作利益乃至讀誦受持書寫此大寶積經彼人即供養一切諸佛如是等於菩薩得教授已善信有益相差別攝故應知如是大乘中所說十六種諸法相差別攝取故此法門名為寶積應知耳佛住王舍大城問曰何故初明住處答曰佛住此處者欲令敬重彼處故重福衆生敬此處故增長善根是故先明住處問曰何故此法唯王舍城說非餘城郭答曰釋此法

門法王住處故踰如王舍王所止住故明王舍此大法門亦復如是法王住處釋成此義故說住王舍城問曰何故唯在耆闍崛山非餘方中答曰說此大乘法比於聲聞緣覺乘中增上義故增上自利利他行故與大比丘衆八千人俱菩薩万六千人俱問曰既因菩薩明此法門以是義故應說菩薩大名稱衆說聲聞衆有何義也答曰說聲聞衆若有聲聞於大乘中所有疑心為除彼疑故若有不定助成正信若有自謂得清淨者為欲捨離彼淨心故復有聲聞謂盡諸結於佛法中無復所修所謂滅諸煩惱等障心生違得已利為欲捨離彼慢心故此法門中為諸菩薩說煩惱障滅因彼煩惱障及滅智障亦非餘所說勝於聲聞緣覺中得上果報問曰聲聞衆數此諸菩薩從何而至答曰未來世中有疑惑者為令除彼疑惑故經家所說從他方諸佛國土而來集會問曰何故說言皆得不退轉也答曰皆得不退轉者已得具足四忍故一生得者聞說此法堪為器故問曰是諸菩薩從他方諸

佛國土而來此土成有何益彼世界中是諸如來各自說法答曰為益衆生故此世界中亦有衆生彼諸菩薩本所化受既見本同修諸行故是則樂見及本所化諸菩薩法以復受是行餘方亦有無量諸佛為令生渴仰敬重諮請親近之心說無量佛故令諸衆生生堪得心起勇猛精進不生疲惓復是釋迦如來本所化故憶本化度修諸願行事從他方來親近如來問曰何故明菩薩多說聲聞少答曰說菩薩衆多者此法門中所辯諸行彼盡因為諸菩薩說問曰何故先說聲聞衆答曰因彼加持所說法故問曰何故說言從他方來集會皆得一生者說懈怠我慢故令不生往求於正法對治此患故言自樂法故從他方來集會不為順他心故釋成遠來諸佛世界中此諸菩薩已得佛位尚為法來况於餘者云何不來問曰如來何故但對迦葉說此法門不對菩薩答曰如來告大迦葉時知堪能說故唯未知覺復未正信以釋成堪知覺信大乘義故是中邪行所攝八種四句上上相釋漸次

應知第一四句說退失智慧邪行相第二四句退失智慧已忘於正念第三四句滅正念已令滅白法第四四句滅白法已似非菩薩行惡心相第五四句行惡心相已難調伏故第六四句難調伏已行於邪盜第七四句行邪盜已不應親近而能親近第八四句不應親近而能親近已令不助菩薩行成於邪行對治此故正行所攝亦有八四句上上相釋漸次應知第一四句說為滿足助道智已令不忘正念第二四句令不忘正念助道智增長故第三四句不忘正念已增長白法第四四句增長白法已行似菩薩心想行故第五四句行不惡心事善調伏故第六四句善調伏已行於正道第七四句既行正道已應親近者而能親近第八四句應親近而能親近已令隨菩薩所行諸行成於正行先所說正行利益有六種四句上下相釋漸次應知第一四句菩薩如是多行正行已習成福德智慧第二四句依功德智慧習成已令得障淨第三四句依障淨已令一切法門助習通達一法門故

第四四句依習一切白法門已一切相一切種利益一切衆生故復修行無量功德第五四句既修行無量功德已令過無明住地第六四句依過無明住地已令得無障礙地是名此諸二十二四句之中所說漸次自此已後還彼前四句次第解釋說應知經言迦葉菩薩有四法退失智慧問曰以何義故發此說答曰修大乘者為得無上菩提方便故愚癡者為令示現故放逸者令正勤故怯弱小心者令助慰喻使發大意故已行正行者為令讚歎故問曰明四法者此數無義而說自體明故答曰四莽數者說攝取義故廣不可盡伏防聽者不樂多聞故以數攝故令憶持則易如繩穿華不使零落故問曰何以故唯定四不多亦不少答曰遮無窮及無義問故復有喻者退失三種助智攝取故明四數復有餘者略說有三種智慧聞思修等是中前三法多示盡失助聞慧智故第四法者多明盡失思修慧等是故說四法次者是諸法中示相近漸次差別解釋義佛告迦葉時勸令聽衆聽衆之

徒一心不念餘緣聽故法者捨於入故言聽法若不言法者容有生疑為欲說法為欲說人問曰先言菩薩者以何義故名為菩薩答曰行大乘者此菩薩名為攝取多義然今略說三義說應知一者信二者修行三者證云何信覺知甚深智慧而能令覺故云何修行為自利利他因故往行無上菩提云何得證以智慧力故令得證無上菩提退失智慧者明二時有二種失一已得失二當得失何者退云何失於無漏中失當得鎽者世間故二時俱失不甄說退失智慧故問曰無漏亦失答曰解釋不尒說退失智慧者欲明不放逸因於所作事中令作法故言退失智慧何以故有漏智者與無漏智助道因故是有漏智得已未得二故便失無漏智失者以不得故既證無漏智則無有退失問曰云何不尊重等法令能退失智慧答曰瞋恨故不敬不敬故不聞不聞故不生解以不生解故即現退失智慧悋惜諸法所受諸法秘不盡說故不聞不聞故於未來世中衆緣不具緣不具故失智慧有樂

大寶積經論一　九　谷

法者為作留難說諸因緣沮壞其心說有餘言所犯覆藏不能悔過等故得聞障報已聞障報故得愚癡因是故未來必得愚癡以愚癡故退智慧其心憍慢自高讚己卑下他人故令恨他以恨他故即為倒說以顛倒說故於未來世中招倒以招倒故退失智慧問曰何時退失荅曰二時中現及未來問曰若布施等諸法亦是退失因有悋等諸法者何故但說唯退失智慧因不說布施等退失因也荅曰易失故先說菩提是智性故諸餘波羅蜜者從彼智所生智依止故菩薩於智中邪行已即於菩提及助菩提法中不名正行是故但說退失智慧因不說布施等退失因如是不敬等法退失智慧因四句顯說不樂聞等四法是中不敬重故顯說不樂聞悋惜法故不聞障他法故得不聞障報我慢故垢心倒說如是不能助聞等智退失意此四法已以復有餘智相謂生於四悔法現及未來何者四法一不能生解二衆緣不具三助愚癡福報四及已顛倒故依不聞故於現法中不生正解依不

大寶積經論一　十　谷

聞故於未來世中衆緣不具依聞障故亦於未來世中得愚癡報依妬心倒說故未來世得顛倒報問曰不尊重敬法及不敬法師者此二句重說有何義荅曰此二句重說中顯示具足不樂聞意設有人瞋謗不敬法不故聞其法敬重法師故樂聽聞法復有瞋恨不敬重法師故不聽聞法復有瞋敬重法故能樂聽聞法若二俱瞋恨謗不敬重者彼衆無方而能聽聞是故此二句重說示現具足不樂聽聞法意悋惜諸法所受諸法秘不盡說者此二句有何義悋惜諸法見既於他所知解中勝故即於法中秘不盡說護得復不敬防畏勝故或復有義若請不請一向不說故悋法者或有向說或復不說或復悋法故棄捨正法已捨法故即壞其心所受諸法秘不盡說起悋惜心行故說言壞行有樂法者為作留難說諸因緣沮壞其心說有餘言所犯覆藏不能悔過如是等句有何異義是中有樂法而作留難者此是說有餘言云何樂法者而作留難說諸因緣沮壞其心叮責說有餘言所犯覆藏

大寶積經論一　十一　谷

不能悔過云何沮壞人法並說諸惡所有法從人所欲樂聽聞者彼法及彼人已無實言及無義者而言能種種說既說已即令不復樂聞云何說諸因緣呵責等所說不正復言無限或復樂聞者為助種種難訪無限等言說聞難訪等即便不聽亦不樂聞云何不能為說教故復請而不受有他樂法者來請問說法已悋惜法故即不為說復不請餘法師等若欲請問不為許可云何覆藏說其聽者及可聽衆亦說彼法必等無智此法甚深不能通達知故已說聽衆故覆藏正法如是障法因緣令得難處果報其心憍慢自高讚已卑下他人如是等句有何義憍慢者說初句云何憍慢若讚已為勝毀謗於他云何讚已為勝自所說不善修行不正見他所說皆善修行亦正於中起慢妬心云何毀謗於他若他善說善修行中生不善說不善修憍慢妬心想已憍慢患故令不能得論正覺智慧諸法盡證所攝此要略而說一唯所退失二如何退失三以何時失四所有既法退失彼盡顯示何處退

失者於智慧中如何退失以何想退失者先已解釋何時退失者現在及未來所有既法而退失者明不敬重等四法已有此不恭敬等四法能令退失智慧等法障故說四對治法復次迦葉菩薩有四法成大智慧何等為四所謂尊敬重法及敬法師等菩薩順行此敬等法因故得與大智因故生四種智慧何等為四一者起二者成熟三者滿足助道四者能為成菩提然彼恭敬故樂聽聞法既聞法已便得起發智慧隨所聞讀誦受持諸法以清淨心廣為人說而不求一切名聞利養恭敬等事故令得化他成熟心智善知智慧從多聞生精進不懈怠如救頭燃聞法誦持樂如說行不隨言說常求多聞聞則憶持不忘故令得滿足助道智行其實行行不隨言語及已音聲為實行故令能得成菩提智慧是中尊敬重法及敬法師者以不敬重故對治說敬重應知隨所聞諸法讀誦受持是中聞者以耳識故誦持者以意識故或復聞者以聞慧故誦持者以思慧故經言以清淨心廣為人說者

以離慳妬嫉心故不求一切名聞利養恭敬等事者是則悋法因故利養者衣服等恭敬者礼拜等名聞者稱揚諸功德以多聞故堪得聞慧等智已如救頭燃修求聞慧為求聞慧故勸轉明修慧譬如有人或燃頭或燃衣彼人捨一切諸事先救頭及衣服菩薩亦如是知聞慧是智因智者乃至亦能得一切智因故轉勤求聞為自利利他故隨所聞法而能誦持及如說行者若隨聞而能取義者彼已順行故則能生如順智非如但有音聲語言者非如但求聞非但口說或復無義故或復所說皆無出世之益順次解釋不尊敬重法及行順法已成悋惜諸法悋惜法已於樂求法者起諸障礙秘不為說彼滅此三種智因已無智故則起我慢自法對治尊敬法者已順行法及次法故離慳悋惜心已隨所聞法廣為人說好樂法故求多聞記具多聞已即能行自利利他之行隨說修行不著語言語言音聲等事菩提心者唯智根本一切智者唯菩提心為本是以不忘菩提心故忘菩提心及已不

忘諸法因故佛告迦葉菩薩有四法忘失菩提心何等為四欺誑阿闍梨等問曰何故但說有四法能忘失菩提心因不多不少答曰忘失有四種故略說有四種一不正信忘失二信顛倒忘失於菩提心中見有過故三所受諸法皆是假名心故忘失四得法體心忘失此四種忘失中對有四種因如是次第應知是中欺誑阿闍梨師長等者於師長前不能如實語既犯罪不發露故妄語心誑故即成欺誑師長是中阿闍梨者能諫及勸指授隨彼所犯為令發露此不應作先所犯罪為欲懺滅故說諸方便汝應如是作師長者若能助益長老聖者雖非師長已有諸功德故謙慇與樂勸止惡修善為既犯故令彼以妄語忘失以是義故助得增上業報已助得增上業報故成不正信忘失菩提心應知若彼不能令忘失者如是彼已習妄語及得戒障故忘失菩提心是名初因無疑悔者令生疑悔同修梵行中無疑能令生顛倒疑故同梵行中正修戒行者於戒中令起疑惑故彼如是同梵行中

不至心恭敬及行諂曲心能於戒中生疑惑故生深重業障彼以是故於菩提心中顛倒不正信見過故忘菩提心彼若不能令生疑惑者如是彼已謗說故令忘菩提心是名第二因修大乘人呵罵誹謗廣彰惡名樂修法者隨所有法利彼能令遠離背故若有信樂修大乘者為欲壞彼故呵罵誹謗廣彰惡名說不善言破壞說無利益無利益語是中不善語者說惡名聲彰其諸過所謂破戒發言說謂惡廣彰人短謂非梵行分別說者不稱功德隨彰其說惡有如是等事礙如是向諸菩薩說無利語分別廢黜惡名等若欲修大乘者如是等令進深惑彼如是向諸菩薩心不恭敬已所有功德則便覆藏已覆藏故令惡深重業障以彼障故本所修戒心即便滅壞若使不能覆藏菩薩真實功德者彼如是以得戒障故退滅其心是名第三因以諂曲心與他從事非真實心者欲為諸法師開彰諸秘密之事令生迷惑故是中諂者以虛偽無有實心而與從事故曲者以心諂詐非真實心與人隨

順為欲諸法師開彰說行諸秘密之事從諸法師所聞深密微妙法已若有修行大乘者為彼能起誹謗意作如是意已令助無量惡業以有彼業障故應得順法心而成遠離退失若不能誹謗遠離者彼以如是故於戒障中心得退失略說以何退失所謂心何時退失現法中及已未來行中如何等行於師尊長中不正恭敬等故有何等相具四法故彼以顯說對治彼故說四善法應知經言菩薩乃至失命因緣不故妄語者護治實語故以不惜身命故何況戲笑者菩薩於微輕罪中生大怖畏故常以真心與人從事者以離無我諂曲心故是中真心者實心隨順親近故離無我患者菩薩如實親近不示假名行離諂曲遠離不調伏惡心故於一切菩薩生世尊想能為諸菩薩於四方中稱揚功德者隨所得法利彼常讚歎故自不愛樂諸小乘法隨所化衆生令彼一切住阿耨多羅三藐三菩提者不樂狹小乘已劣弱故既得上義行所攝取化意欲故此諸句漸次重釋欺誑阿闍梨等復不

供養恭敬阿闍梨師長等故於戒法中不生慇重速疾之意自無慚愧悔過見他有慚愧悔過者為令惱故助不安樂心憂惱彼已無慚愧開令悔故於修大乘人中說諸惡事以謗菩提心所起諸利益他心無故以諂曲心與他從事非實真心復有不失諸句漸次重釋以實語不忘菩提心集因故不失菩提心所起衆生饒益故自身中所有無量希有諸法知已敬菩提心及一切智因故於菩提心并一切菩薩所起世尊想已教菩提心故所化衆生彼一切勸令向阿耨多羅三藐三菩提不喜樂求行狹劣小乘之法菩提心者是菩提應義問曰若是菩薩初發心者我當成於正覺彼心有何等性復有何相有何等念有何功德有何勝事以何所攝為誰根本是誰現氣因誰所依止答曰初正願性豈欲求相菩提為念及念衆生以一切智因無量功德一切世間聲聞緣覺願中上故為勝信地所攝無上菩提根本慈悲現氣因菩薩戒所依止然是發菩提心略有二種一者出世因二者不出世

因是中出世因者若發心已永迻不忘是名出世因不出世因者若心不永迻中忘彼心退亦有二種一者永退二者不永退是中永退者若有數退而復能生不永退者若退已即生然彼心以四種緣四種因及四種力而能生何等四種緣一者見聞如來希有變化故發菩提心二者因於無上菩提以聞法為憐愍利益衆生故發菩提心三者菩薩為欲正法久住故發菩提心四者見末世衆生受諸重苦故發菩提心何者四種因一者具性故二者具善知識故三者慈悲為首故四者不驚怖世間長夜種種深重有聞等因故何等四力一者自力二者他力三者因力四者修行力是中自力者以自力故堪樂欲發阿耨多羅三藐三菩提心是名自力他力者以他所勸令發心是名他力前所習大乘善法者是名因力現在法中親近知識長夜之中聞思等正法習行善不息者是名修行力是中若廣略此四緣及四因藉故若使內自力及以因力具此二因生彼心者如是故名為有益名堅不

動而生他力修行力生彼心者名為不應動失應知彼心退轉相亦有四種無性故惡知識所攝於諸衆生不起悲愍心及恐怖世間故不忘菩提心菩薩還憶持彼菩提心故能修行功德智明助道所攝善根法中彼如是修諸行已善法滅不增長因故說諸法經曰佛語迦葉菩薩成就四法所生善法滅不增長何等為四但以憍慢心讀誦世間經典呪術如是等問曰何故唯有四法明因能滅善法不能增長不多亦不少答曰善法有四種滅不增長故此略有四種善法滅不增長事一者不生滅不增長二者不能增長滅不增長故三者除拔根本滅不增長四者作及遠離滅不增長是中不生諸白法滅因者以我慢心故讀誦世間經典求諸呪術不能通達菩薩六波羅蜜及菩薩法藏菩薩以我慢心降伏故悕望名聞利養妬勝憎他常誑故求於世間呪術不能求善白等法已不生諸白法滅盡故能令盡滅及先所得者以緣事故聞習轉弱故是不增長滅何以故貪著利養名聞故親近

諸檀越是中利養者衣服等供養者礼拜等著於利養名聞故說著利養名聞耳以著利養名聞故受於邪命資養等顯說應知以親近檀越家故多有親近中諸患若彼有如是二疑助成者故說以如法得財利養以為不滅因以依諂曲等意故不住聖處彼如是著名聞利養親近諸白衣家故以多緣親故聞等善法不能增長聞等不增長已聞等諸善法悉不增長故令盡義便滅根本因故及增謗菩薩已惡見還增及謗菩薩法藏已瞋故於諸菩薩覓諸錯謬等患令為諸菩薩以虛實等罪謗故令得大罪以此罪業因緣故所有善法從根本拔除遠離滅盡遠離滅因故未聞未曾受持諸脩多羅法而能誹謗未聞者未至耳識道故未曾受持者雖至耳識道不誦持諸頓說教及諸脩多羅法謗以是義故如來說此脩多羅大阿波提舍中亦說此義若有邪師能測量如來意者彼人得大毀謗正法之事是故彼遠離諸盡法故諸白等法令滅顛倒對治故明此白等法句應知是故如來告迦

葉言迦葉菩薩成就四法所生善法轉勝增長不令有失轉復倍勝何等為四捨離邪法唯求正法如是等是中唯求正法者六波羅蜜菩薩法藏所說正聞非不正聞所明世間呪術等不定聞現事故言非不定聞復是隨如勸心者柔耎善心故顯示何意求世間語言呪術等求因故著我慢者成世間呪術等事求世間呪術語言者成捨利養恭敬名聞之心令捨故言求六波羅蜜及菩薩法藏取以法財利養為足捨離一切諸邪命等及安住知足聖主性中者以法利為足如法所得利養心足故捨離一切諸邪命等者遠離諸諂曲等心故安住知足聖主性中者不生疲倦心故得失不以心故彼如是行之正行已為成自利利他行故防護他心若有失事不諫向人罪過虛實何况覓人長短諸過是菩薩修行六波羅蜜菩薩法藏以於諸佛法中心不通達是中唯佛為現作證故不生謗心何以故佛菩提無邊及所信根非一故演說諸法亦治諸法惑略而明以何退失不能增長如何退失

以何時失及何等法彼以顯說以何退失不能增長者謂諸善法如何退失者以我慢心求世間語言呪術等斷次說以何時失者現法中及未來何等法者具足四法白朋中亦尒所有善法生及如何生以何時生及何等法生以何對治說復此諸法斷次以何我慢所攝諸利養等悕望求世間語言呪術等求以隨所家中見利養者則能親近此家身為利養名聞被縛妬悋心故因彼家所有餘菩薩親近者為令起瞋及以惡謗因瞋謗彼人故則謗正法白朋法中漸次明離慢等諸患故六波羅蜜所攝菩薩修學正聞故能行順法行順法已如法得施以為知量捨離一切諸邪命等安住知足聖主性中以着利養名聞謗因緣故不說他人罪過實以不實不求人短離謗菩薩心故能行利益如法等事行如法行故不謗正法捨離滅諸白法因諸法故修行不滅諸白法因已捨離似非菩薩隨一一相習行惡心等修行似菩薩直心修相習諸行故為令勸故明顯生滅苦不行諸惱等行故佛語

迦葉菩薩有四種諂曲心菩薩常應捨離何等為四於佛法中心生疑悔不決了如是等問曰何故唯說四法答曰為因四種諂曲等法故以有此四種諂曲心故說四諂曲應知何等四一者於乘諸曲二者化受諂曲三者助功德諂曲四者助智諂曲是中乘諂曲者於佛法中心生疑惑不決了等及不撒尊復不敬諸戒等法於佛法中生疑惑等故諸大乘中生不信默然行是中於諸佛法中以有故生疑以有大意德故生惑以其不可得故生不決了等事化受諂曲因者於諸衆生起憍慢瞋恨妄想等以慢等心故化諸衆生中恨默故不能化導憍慢瞋恨妄想等於諸尊及弟子并勸諫有益無益等中應知助功德諂曲因者於他利養中生妬悋等心是中見他得利養心起忿惱瞋意妬若見彼求而起惜心是名悋彼如是既起妬悋心熾盛故於助功德智中恨不修行故諸功德智即便退失助智諂曲因者於諸菩薩廣彰諸惡惡名惡稱惡行等說惡名等事前已解說為諸菩薩說諸惡等

大寶積經論卷一　廿四　谷

句為說大乘經應知以謗大乘故菩薩
於到道智中默住懈怠不修行故修道
智中成就退失以為此故說明應知諂
曲對治故佛語迦葉菩薩有四質直之
相何等為四所謂所犯諸罪終不覆藏
如是等是中所犯諸罪終不覆藏若是
懺向他發露若發露事故說若有犯能
懺悔故彼如是懺悔是以後時不生悔
恨等情發起善故或失國土或財若以
其求實故示現不惜諸施等故身命難
若以捨離身命不依止餘種種不集餘
等捨彼事已令惑人故堪餘事故一切
惡事中罵詈誹謗撾打繫縛種種傷害
受此苦時但求自責自懟業報不瞋根
他此諸句有何異義是中罵者說盡要
故聽者盡實俱說故於他若者已說種
生姓等說諸惡事故誹謗者以因實見
故惑故撾打責數者於身中具諸縛故
責數者具三業故復撾打者以手足等
諸身分故繫者依身手等及刀杖等故
繫縛者以繩索鎖等如是等事中唯責
已之業報善惡業報因故不瞋恨他心
不壞瞋恨等及無諸結使不壞瞋恨結

大寶積經論卷一　二十五　谷

使彼善堅住信戒之中教使有不可信
諸佛法者彼能信以心清淨故顯說於
大乘中身心成就此諸句漸次說於諸
佛法中以疑心故不修戒行故令諸衆
生中行諸邪行行邪行已彼利養中貯
姓慳嫉妬心以不能制妬心故見聞有
功德利養諸菩薩中起誹謗廣宣惡名
白明法中漸次亦作依持戒故善持戒
者善護諸言說護諸語者能順忍法以具
忍故得身心清淨以清淨身心故能信
諸佛正法略說諂曲者是名心嶮嶇事
何者諂曲於諸佛法中及以衆生以何
時諂曲者現法中習不捨故亦至未來
隨所有法及隨所說二種四句隨所有
質直之相以何義中復以何時有記等
法對治明於白法應知於諸諂曲心中
諸菩薩識及以諸質直心菩薩說質直
心已為質直心菩薩說諸調伏義故防
諂曲法故勸彼調順緣示調順及不調
順等法故佛語迦葉菩薩有四種不調
順散壞之相何等為四讀誦經典而生
戲論法及順法不隨而行於諸教誨中
不調散壞如是等四法何故但說四法

大寶積經論卷一　二十六　谷

有四法有四種不調散壞因故何者不
調散壞四法一者處不調散壞二者發
行中不調散壞三者受用中不調散壞
四者共住不調散壞是中不調散壞者
名為不善調伏故喻如惡馬此諸不調
散四法能障修彼菩薩行故名為不調
散法是中聞諸法及修行處而生戲論
者是名處不調散壞因喻如不調散惡
馬以不調故還安本處已介時不能善
住復不能調伏不能散壞菩薩亦介如
法義中多聞已多聞故心不調伏彼諸
善知識正教令行修諸法及次法不能
正住於教誡中不能正受法行是名發
行不調散壞因譬如不調伏惡馬安置
正道處中以不調伏故向於惡道不調
伏菩薩亦復如是為諸善知識所勸修
行法及次法諸悔之中現以心顛倒分
別念故即便倒取捨他信施供養恭敬
若是名受用中不調散壞因喻如不調
伏惡馬共諸調伏馬同其一處而與諸
調伏馬行異故說不調伏也不調伏菩
薩亦復如是雖在調伏菩薩同其一處
已漏戒行故受諸信施供養恭敬以求

共悔恨於善調伏菩薩所行行不相似不樂知見善調伏菩薩中起心誹謗不生恭敬是名處不調伏散壞因譬如不調惡馬共諸調伏馬同其一處以不調伏故心不悅樂善調伏者共不調伏同其一處亦介不調伏菩薩亦復如是以自有見取義故共諸善調伏菩薩同在一處故心不悅樂善調伏菩薩亦復如是是中調者根調勝故伏者一心滅惡得勝行故轉一切黑法對治說白朋法應知經言善說所聞聞便信受如所說行依止於法不依言說者非妬心諍勝故但聽聞正法唯求利益不求覓見人諸短菩薩如是行諸行已常得值不離法善知識隨順師教能知依止以餘言語所作皆善不失師意不退戒定者此諸句有異義是中於教誨處隨順師教者是惣能令善以餘言語者聞善惡等忍故所作皆善者一切時不犯戒故不失師意者於教誨中心敬重故菩薩如是行諸行已常得值不離阿練善知識故不退戒定以調順心而受供養者所說不退戒定者重明戒以定名說故應

知菩薩如是行行已諸常得不離行諸功德善知識見諸善調順菩薩已恭敬愛樂隨順善人勸受等行順向順意順諸功德為令得利此諸句有何異義是中善調及順等諸句前已解釋恭敬愛樂者示現喜敬重心故順向者樂見故順意者正親近意故順諸功德者樂聞意故為令得彼利者順行此法意故菩薩如是行諸行已成不離得衆首善知識略說以何故調順不調順邊壞事及云何而有唯以聞等諸相故以何時現法中及未來習學不止故以何等相具足四法行聞等法對治故說白朋等法應知起次說者行聞等法慢心故順行正法次法等行已於正教授處不如法行既正教授處不如法行已所用受信施中諸事彼令能墮不饒益處彼如是雜垢染心故見諸善調伏心菩薩已即不生恭敬對治漸次說白朋等法應知不調伏諸法中諫已勸修調伏等法故防護住調伏法菩薩錯謬等法勸修不錯謬等法故說錯謬不錯謬等法佛語迦葉菩薩有四錯謬法何等為四未與

所化信受衆生而共同意是菩薩錯謬乃至攝取破戒惡人等是菩薩錯謬問曰何故但說四法答曰依四種錯謬法故說菩薩有四種錯謬何等四種一者不作錯謬二者過量錯謬三者不正作錯謬四者惡作錯謬是中不作錯謬者未受化衆生而與同意依化衆生勸令到究竟故信心敬衆生中所說法中斷絕是菩薩錯謬過量錯謬者非器衆生中說深妙上法故於小乘衆生悕求大乘而不隨根說是菩薩錯謬不正作錯謬者為諸上根衆生說小乘法於大乘衆生求小乘不隨根說法是名錯謬惡作錯謬者住正行衆生如法持戒者於罰不敬攝取破戒等於持戒破戒中偏心倒說法故是中持戒者有三義應知住正行者不犯諸業故持戒者不缺漏諸戒故真法者敬戒法故有二種相釋戒破戒者破戒缺漏戒故惡法者不敬重諸戒錯謬者取不正道及示不正道故應知此四錯謬句顯說四法一者不說二者不相似說三者不稱根說四者惡說不說者對前後說法疲惓已生惡

心故不相似說者所說無方便故不攝根說者憙樂小乘法故惡說者以利養心訓誨行行故是中惡心者以不說故於諸善根中而便退失不能滿足以不滿足故調誑衆生已說法中無方便善巧故及不能攝取諸上善根以樂小乘故及遠離上善根復悕求利養心訓誨行行故不集功德及助諸惡故調誑衆生對治彼故白朋所說應知經言於諸衆生其心平等乃至普令衆生等住正行於諸衆生其心平等者自己及他心平等故於不深信衆生化未成熟者而為說法防護不作錯謬心知於一切衆生平等說法者法等故名為等法於非器衆生樂小乘等悕求大乘者隨力說法防護過量錯謬應知隨器說故普化一切衆生令入佛慧者信樂大乘上根衆生而意求小乘法勸令入佛慧防護不正作錯謬應知普令衆生等住正行者捨諸利養名聞破戒持戒等心以等同說法護惡作錯謬事應知諫菩薩不正取因及不應親近已示現可親近不可親近因故佛語迦葉菩薩有四非善

知識非善等侶菩薩常應捨彼何等為四求小乘者但欲自利乃至親近以成世間利而無法利問曰何故定說四法答曰因非善知識故說四種非善知識非善等侶應知何等四種一者於乘中非善知識二者於行中非善知識三者於佛法中非善知識四者於正法中非善知識是中小乘人者但求已利不求他益性行狹劣相似故勸菩薩令遠離大乘法中故是名於乘中非善知識應知求緣覺者少欲少作背衆生益及修行處令勸菩薩遠離衆生益及諸行等以遠離益故成失行因是名於行中非善知識應知盧伽耶陁者說種種異言故勸令遠離於佛法中以遠離故成失行因是名於正法中非善知識應知彼親近已唯有世間利而無法利於善法中勤修故得成退失因以退失善法因故名為於正法非善知識應知對治非故說四種善知識經言諸來求者是菩薩善知識佛道因緣者對不斷絕大乘法故說諸來求者是菩薩善知識差別應知菩薩作是念我依來求善知識因

故修無量功德迴向無上菩提修行不虛故不悕求小乘所修布施助成菩提作善根故令不失大乘行說法者是菩薩善知識生智慧純志者不失行對治以多聞故能令為他說法是故不求少欲之事聞慧多純志故雖得世間苦而不疲倦教化人令得出家者是菩薩善知識純志增長一切善法者不斷正法理對治勸出家故於諸邪法而成遠離以一切善根純志故作利益而不生懈怠疲倦退失諸佛世尊是菩薩善知識純志一切佛法增長者對治不失佛法故示現得諸佛挍量勝不退故釋成不著利養名聞等既著利養名聞故令遠離退失諸佛法修習純志諸佛法及以積善根力故不能退失以是義故從非善知識中諫已勸修如是實行行菩薩事故明不如實及如實諸菩薩相故佛語迦葉菩薩有四非菩薩而似菩薩何等為四一者貪求利養而不求法乃至樂聚徒衆不樂遠離問曰何故唯有四法答曰因四種非菩薩相故說四種非豈菩薩相事而似菩薩應知一者多聞

大寶積經論卷一 三三 谷字號

相似二者阿蘭若相似三者造作功德行相似四者將諸徒衆相似貪求利養而不求法者菩薩於諸信心中悕求利養者雖復持法是名不如實非如實貪求名聞稱已之德不求出世功德者樂名聞菩薩者雖為阿蘭若是名不如實非如實貪求自樂不能救拔衆生諸苦者以利養悕求心縛故菩薩雖作功德行而名不如實非如實樂求聚徒衆不樂遠離者以供養恭敬心縛故菩薩雖是衆首而名不如實行非如實行菩薩如是行行已令失持法阿蘭若作諸功德及衆首之事對治彼故說諸真實功德應知經言能信解空亦信業報以信解空故不樂利養等事及信業報故意樂諸法因樂法故聞修無量功德忍一切無我我所者以忍無我故不喜樂著名聞稱等事於一切衆生起大悲心者以大悲故悕求菩薩功德入涅槃意者以涅槃意不樂自樂不捨世間行者以不捨世間故拔衆生苦為化衆生者心不捨衆生故而行布施者以行施故善知衆生功德雖修行施而不望報者以樂寂靜故行施而不求報耳問曰自明中演信樂等法說空等法何用答曰布施等助道諸行者意謂與聲聞緣覺等共諸行而欲聞菩薩勝行故及生猶豫心為欲現說聲聞緣覺不共助成正覺諸菩薩法故

大乘寶積經論卷第一

此論宋藏第一卷與諸藏本文義逈異未知去取按開元錄云右釋舊單卷大寶積經則寶積第四十三會是寶積部云第四十三普明菩薩會一卷失譯右舊譯單卷大寶積經有釋論四卷今撿之宋本初卷則全是彼經非論文也是則宋本錯將經本名加論字為論初卷又為留支譯何也今取二本為正其所釋經本則是大經第一百一十二卷耳後賢欲知今之所去宋本初卷是何等者請見彼經即是耳

壬寅歲高麗國大藏都監奉
勅雕造

大乘寶積經論卷一 第三十四張 谷

大寶積經論卷第一
校勘記

一 底本，金藏廣勝寺本。九二九頁中一行至六行原版缺，以麗藏本補；此卷僅麗藏本有後記一篇，今補之，附於卷末。

一 九一八頁中一行首字「大」，石作「大乘」。

一 九一八頁中一行末字「一」下，麗有夾註「釋文函第二卷」。

一 九一八頁中二行譯者，資、磧、南、徑、清作「元魏天竺三藏法師菩提留支譯」；麗作「後魏北天竺三藏菩提流支譯」。

一 九一八頁中六行第一四字「問」，資、磧、南、徑、清作「門」。

一 九一八頁下一一行第五字「邪」，資、磧、南、徑、清作「取」。

一 九一八頁下一四行第三字「深」，麗作「染」。

一 九一八頁下末行第九字「知」，石、

一 資、磧、南、徑、清、麗作「如」。
一 九一九頁中一六行第一〇字「亦」，資、磧、南、徑、清無。
一 九二〇頁上三行第九字「白」，磧作「曰」。
一 九二〇頁上六行「邪盜」，資、磧、南、徑、清均作「邪道」。
一 九二〇頁上一九行第一三字「下」，資、磧、南、徑、清作「上」。
一 九二〇頁中一〇行第一四字「勸」，資、磧、南、徑作「勤」。
一 九二〇頁中二〇行「慧智」，資、磧、南、徑、清作「智慧」。
一 九二〇頁下一行第二字「一」，資、磧、南、徑、清作「二」。
一 九二〇頁下三行第六字「問」，徑作「間」。
一 九二〇頁下末行第一一字「失」，石、資、磧、南、徑、清、麗作「退失」。
一 九二一頁上一九行首字「垢」，石、麗作「姤」；資、磧、南、徑、清作「妬」。
一 九二一頁中二行第一二字「妬」，資、磧、南、徑、清作「姤」。
一 九二一頁中四行第一一字「說」，徑、清作「說中」。
一 九二一頁中六行「不故」，資、磧、南、徑、清、麗作「故不」。
一 九二一頁中八行第九字「瞋」，資、磧、南、徑、清作「瞋恨」。
一 九二一頁中一四行「防畏」，資、磧、南、徑、清作「防慰」。
一 九二一頁中一五行第一二字及一六行第一〇字「悋」，資、磧、南、徑、清作「悋惜」。
一 九二一頁中末行第六字「叮」，石、資、磧、南、麗作「呵」；徑、清作「訶」。
一 九二一頁下六行第四字「種」，資、磧、南、徑、清無。
一 九二一頁下九行「悋惜」，資作「慳悋」；磧、南、徑、清作「慳悋」。
一 九二一頁下一〇行第六字「問」，麗作「聞」。
一 九二二頁上二行第二字「先」，麗作「失」。
一 九二二頁中四行第六字「堪」，資、磧、南、徑、清作「助勸」。
一 九二二頁中一七行第八字「自」，資、磧、南、徑、清作「白」。
一 九二二頁中一九行末字「記」，資、磧、南、徑、清作「說」。
一 九二二頁下一二行「指授」，資、磧、南、徑、清作「至受」。
一 九二二頁下一四行第一四字「秀」，資、磧、南、徑、清作「誘」。
一 九二三頁上七行第六字「離」，資、磧、南、徑、清作「利」。
一 九二三頁上末行第八字「鉚」，資、磧、南、徑、清作「掉」；麗作「誑」。
一 九二三頁中二一行第一二字「狭」，資、磧、南、徑、清作「狭劣」。
一 九二三頁下一四行第一〇、一一字「菩提」，資、磧、南、徑、清作「菩薩」。
一 九二四頁上二二行「自力」，資、

磧、南、徑、清作「因力」。

一　九二四頁下一九行第一二字「阿」，資、磧、南、徑、清作「優」。

一　九二四頁下二一行第一四字「彼」，資、磧、南、徑、清作「彼違」。

一　九二五頁上一一行第三字「耳」，資、磧、徑、清作「取」；南作「取之」。

一　九二五頁上一八行第二字「向」，磧、南、徑、清作「白」。

一　九二五頁中五行第六字「朋」，石作「明」。

一　九二五頁中二二行第一三字「爲」，資、磧、南、徑、清作「行爲」。

一　九二五頁下一二行首字「其」，資、磧、南、徑、清作「智」。

一　九二六頁上一七行首字「生」，資、磧、南、徑、清無。

一　九二六頁上二〇行第一四字「等」，資、磧、南、徑、清無。

一　九二六頁中一九行第九字及次頁下二一行第九字「顯」，麗作「現」。

一　九二六頁下一行第二字「四」，資、磧、南、徑、清作「中」。

一　九二七頁上一〇行第七字「切」，資、磧、南、徑、清作「此」。

一　九二七頁下六行第四字「者」，資、磧、南、徑、清作「者及」。

一　九二八頁上七行第八字「復」，資、磧、南、徑、清、麗作「復常」。

一　九二八頁中七行「善養」，石、資、磧、南、徑、清、麗作「善」。

一　九二八頁中一九行第五字「正」，資、磧、南、徑、清無。

一　九二八頁下一三行第七字「校」，資、磧、南、徑、清作「教」。

一　九二八頁下末行首字「豈」，資、磧、南、徑、清無。

一　九二九頁上九行第一〇字「樂」，南作「行」。

一　九二九頁上一二行第七字「失」，資、磧、南、徑、清作「共」。

一　九二九頁中五行第八字「現」，石、資、磧、南、徑、清作「顯」。

一　九二九頁中七行第二字「乘」，資、磧、南、徑、清無。

大寶積經論卷第二

後魏北印度三藏菩提流支譯

尒時佛語迦葉菩薩有四種得大伏藏何等為四能持諸佛能聞六波羅蜜乃至樂著山林心無懈怠問曰何故但定四法不多不少荅曰為遮無窮故亦是非問故復為顯示未曾有因故說四種於長夜中善修空故得一切智猶修空因故無明闇弊世間者為滅無明故說法以能親近向涅槃心者寂靜甚深以不修故不調伏淨故世間者說上妙法誰能親近故財法二施是妬悋心相違久修習故世間樂阿梨耶為著阿梨耶故說法時能親近或復攝取一切菩薩行故略說四法諸菩薩有二種助菩薩道行一者助智道行二者助功德道行是中信空無我及不捨涅槃等是助智道行信業報等三句助成功德智廣修六波羅蜜攝取行故明四種行是中不捨化衆生意故財法二施而不墜報是名助檀波羅蜜行不捨涅

槃意故助戒波羅蜜行向涅槃心菩薩者常恐怖世間常防伏破戒等諸煩惱因故得性持戒法體菩薩成就無我忍及以伏衆生相所依故設使衆生有過及惱時而心不可動能信業報故及意不捨世間故助成精進波羅蜜行助成功德智慧行果信薩婆若事菩薩者雖照世間重苦已心不捨衆生及丈夫志故不捨世間諸苦唯在世間為增長善根故起大精進以大悲故助成禪定波羅蜜大悲者依止根本禪定故信空者助成智慧波羅蜜行菩薩不捨菩提心者是名持諦語不欺誑故彼菩薩有大悲及信業報心常向世間伴故作衆生處中而不助說顛倒是故大悲及信業報心不捨世間行不捨菩提心因故此諸法如是亦現持諦語菩薩諦語者不捨菩提心是即取發心處不墜報財法等施是名持勢菩薩施心者於財法二施中破慳悋妬事成向涅槃心者是持寂靜事菩薩寂靜者滅除不寂靜事故能成善因信空無

我等是名持智慧菩薩智慧者伏滅諸煩惱對治令得淨菩提善根及能增長乃至得菩提不望報及財法二施等慈令利益他故大悲者是名大悲以大悲為道及信業報故行世間時唯作衆生益等成就事中所生心喜悅等是名喜或復心向涅槃故能伏諸煩惱以無煩惱故心喜事者名喜或觀諸行無我等諸法離愛敬或憶念如來無量諸功德故生喜者是名喜或復自觀知我堪能出世或見世間諸衆生沒煩惱塵中已我堪能於此大世間塵中拔諸無明闇弊衆生已令致寂滅涅槃界中所有此濟拔塵衆生心或我能作他利益及見他益不相離或見衆生受諸樂故心生喜事者是名喜觀諸行無我故除怨親等事得真如平等作衆生益相違法中自然捨菩提分法是名捨財法等施及不望施報布施愛語及悲不捨作衆生益利益餘句常益持衆生行故明同事耳是故攝取一切菩薩助道行故釋成此四句問曰今

須說空義以何為空答曰以智慧善釋諸行性相而不得者是名空問曰為智能滅諸行也答曰不也然是識相境界故真實中無虛妄耶而施識境界是不實事於有作地中同識生智慧從發行下忍乃至性法時上中下漸次別分前中後了別已能與無漏智作緣已還滅無漏智故真實中無故虛妄而識故識境界是不實事於作地中同識生智從發行忍乃至性法時漸次分別前中後了別已與無漏智作緣已還滅無漏智亦與真實見中障因相識境界中不能緣故退還已真實境界故見無相境界見法界故過煩惱地非自相見故自相境界唯行識在故彼法事等耳唯識作世間者修道行成向智是相者不能自取相故若作如是依智非性相分別智是自相本無常等智慧非正事有記相是識是故非識劣勝是義不成何故不能取自相故若智非相者智是同相境界彼不虛自取相若能取自相者捨自相故唯有記事相

釋成識是不異識隨順報者是不相違若作如是依智共識同生是緣然是事境界如是相果智亦取自相無上等者是事不然何故相違故況自同相相違已色事亦無常若以色事成無常者智即能取然是不成是故智無自取相義智隨順識故彼性是故不滅作真實境界相故成捨自相義是故智無自相境界或識是真實相境界問曰以何為信空業報事能隨順以是義故說言能信諸業報耳答曰以有生故說是故無患此亦有以智分別觀諸行衆生不可見故智知諸行生無相無分別緣此故不善不能住事及無分別事有故諸行誰作是誰果而能相順故生疑或生疑惑故不信業報以是義故佛語迦葉寧起衆生見積如須弥不以我慢者起於我慢心如論中說偈

空除一切見　是諸佛所說　若有空見者
是則不可治　不正觀諸空　能壞無智明
喻若惡捉蛇　及行呪無方　是中迴向故
如來說是偈　知法及次法　然根離測量

菩薩善巧世諦第一義諦雖善觀分
別諸行故通達諸因緣集甚深智已
久長習故乃識知因緣事是故不生
疑惑成彼隨所如是因他已不成就
性故諸行無分別以是義故有如是
種種分別念佛方便善巧所攝作行
而作所成如應化處故漸次得薩婆
若果菩薩以信心故發上勇猛精進
忍無我等故問曰應說忍無我事荅
曰以觀衆生想識境界以有世諦故
諸法同唯知善釋分別已求覓無衆
生故作是念此但有法亦如幻無分
別不能自由迭相緣力業煩惱然火
因生故如燈焰體以本法緣相似義
故而相續不斷然彼生時無所從来
滅亦無迹及無所至於中所有尚希
用求者是名無我忍問曰若無我忍
能作無衆生分別及令菩薩皆衆生
益者何故為說無我忍事荅曰於諸
衆生所能作利益義故說菩薩無我
忍者唯為利益衆生故以彼無我忍
故菩薩伏諸煩惱及觀脩衆生相故
知諸行緣假無分別事已設使有衆

生患及世間行還来惱菩薩者以善
知衆生故不捨菩提心還持彼心成
就智慧慈悲故不捨衆生及脩習種
種善根為得薩婆若故不捨諸行為
乃得菩提耳問曰信空及忍無我有
何異義荅曰信空無我事者能順分
別觀一切諸行故證法界根本處無
我忍者自相境界彼能順分別觀衆
生物唯見法處本根故信空者除取
法性慢無我忍者除衆生性慢問曰
菩薩有衆生相故起大悲何故為說
信無我法是菩薩大悲相違法荅曰
是大悲因故菩薩證知一切法無我
已唯念衆生界此諸衆生是無明闇
弊故但有習於無我法中横計作衆
生相已作執此是我我所已愛緣故
造復有業以此故還不斷世間生死
是故作是念我令衆生信樂此諸法
是故菩薩生深重悲愍悲心問曰向
涅槃心者今須釋涅槃義荅曰無業
煩惱親緣果故無緣故陰流滅故名
為涅槃如緣無故火滅或智慧火燒
彼識種無緣滅有未来緣雖有所有

有牙生如種火熱滅有牙生滅煩惱
火是真涅槃如樹拔根然彼涅槃有
二種一者有餘二者無餘是中有餘
者唯滅煩惱無餘者緣無故不從集
苦滅故名涅槃至涅槃故名到涅槃
亦名住涅槃問曰何者向涅槃心荅
曰見世間諸患生如是心我去何如
是滅煩惱已得彼寂滅甘露處耳向
涅槃等意同識生諸白法心集是名
向涅槃意問曰意不捨世間者何者
是世間義荅曰業煩惱事中迭相緣
假無始以来相續不斷世間至世間
等故名倒世間寂滅世間有學是義
菩薩雖見諸患而心發已世間意不
捨衆生故唯脩發行世間行問曰若
隨心相似發諸行時應脩白得白脩
黑得黑者去何菩薩意向涅槃與世
間不相似發諸業行荅曰菩薩心利
益他故久脩習行菩薩向涅槃意者
以利益他心能違退善知世間多有
諸患故菩薩雖猒世間向涅槃意以
心不捨衆生故發世間行菩薩作如
是念諸菩薩非無漏法體中增長生

菩薩法然唯有漏體中增長生諸佛法是故菩薩不捨菩薩法雖見世間諸患而願取世間如佛所說迦葉辟如種在空中而能生長者乃至有諸使離世間法故能長佛法菩薩為化衆生故而行布施問曰今須釋化衆生事荅曰以煩惱水所潤作自相諸衆生心戒聞思等修造熘相為初乃至攢成出世善根燒熘故隨心令安無漏善根種中隨衆生心戒普化故名教化菩薩以善修慈悲及方便善巧為化衆生心戒故以財法二施攝取衆生攝已觀衆生心所樂隨於力化三乘法中問曰說布施者何故名布施荅曰不貪等同生心念及同起一果施法持行布施及不望報心是名布施是中種種化受故報種種果差別義故不望報者捨已之樂不求果報是義問曰說不捨衆生意而行布施者豈不名為求報也何故復說所行布施心不求報荅曰雖不求報行布施化衆生自然有故無患或作如是念此是果報處廣博方便所謂

發菩提心已念一切衆生及不捨衆生為化衆生故行布施行布施已世間得無量果報後乃至得薩婆若事中相違雖現向衆生行施為遮彼故觀令修菩薩真實功德故說言所行布施不望其報而亦現此義故說菩薩成就深心直心故不為悕求已之樂故行諸布施等法而求果報然於因及果中心不著不悕求唯為利益衆生令他衆生得佛菩提故而發諸願修諸善根時作如是願菩薩復作是念若有如是法者我修薩婆若已捨與一切衆生然諸法各自有體修諸行者自身得報雖尒我此薩婆若唯為利益他以此方便義故菩薩從靜心已來所有行令發一切智及布施等諸法因所有依為一切智等諸果法彼一切法皆是菩薩為益他故起心現向成利益以是義故菩薩功德不與聲聞緣覺同故名為菩薩真實功德是諸聲聞辟支佛行者是世間布施為化自身故而行布施諸外道為求外事果報行邪行故對治說

住正行意故明四種利益四四句說應如何等四種利益事一者得大伏藏自在事故二者超過魔道故令無諸怨家故三者離諂曲心在空閑處等故於諸受用中無諸譏嫌事故四者助無量福德莊嚴故得助無邊功德事此諸益等次第相釋於中初句得大伏藏者助成功德智慧行是中能值諸佛者助成功德行餘三句助成智慧行依集功德智慧行故第二四句超過魔道故令淨諸障依淨障故第三四句攝一切善根法集一切諸白法門依集一切諸白法門故第四四句助集成無量功德能作一切衆生益事相及得無邊功德應知四種得大伏藏者親近善人能聞正法寂靜思惟順行法及以次法應知能值佛故親近善人能聞六波羅蜜故能聞正法以無我心親待說法者故寂靜思惟心不放逸樂住山林心無懈怠故能行順法及以次法是中能值諸佛者供養諸佛故助成功德行餘三句者聞思修等慧淨故助成智

慧行依世間勢事相似法故說此四種得大伏藏等法應知世間四種事一者見事相樂種種戲等二者聽受用事伎樂等三者念受用等事庫藏諸財等四者觸受用事餚食等如是見佛者聞思修等應知菩薩有四種超過魔道法者依四種魔故說超過魔道法應知四種魔者於行大乘法中作障捨菩提心教化衆生中作障中作障能善覺知一切見故於行滿於一切衆生所不生惡心於不異行足中作障及一切衆生起憍心對治說不動乘自捨衆生諸非行因捨諸邪行因及捨不滿足正行因超過魔道應知菩薩有四法攝一切善根依四種善根故說四種法攝一切善故應知一者一心地修相二者不一心地相是三種化衆生相修苦行相及聞思相離諂曲心在空閑處者亦現修相善根於諸衆生行四攝法而不求報者為化衆生故行行是化衆生故行行是化衆生相為一切衆生故不惜身命為求正法是難有苦行相

聞無厭足及義無厭足故為集一切善根及行精進是名聞思相菩薩有四無量福德莊嚴事依欲起發衆生令捨故說四處何等四處疑惑猶預等為防墮惡道故樂小乘故及於佛法中起惡心謗等是中心不求報而行布施者迴彼疑惑猶預等心故於破戒人而生大悲者迴彼墮惡道衆生故稱揚讚歎勸化一切衆生菩提心者迴彼樂小乘之心故於諸下劣修習忍者迴彼於佛法中起惡心謗等者不護狹劣者於正法中起惡故說菩薩有四種超過無明煩惱地法何等為四以持禁戒攝取正法及施光明世世資用乃至同意是名四法超過無明煩惱地菩薩有四無障㝵令得具足無障㝵智一者法施二者攝護正法三者不起妬心四者不輕謗他耳非但名字名為菩薩者示現正行差別故發覺至漸次說法行等方便亦現依勝如等行故菩薩法行者示現聲聞等行中勝故等行者自身及他身與已等故菩薩行行示現

不以一切衆生故善行者於菩薩行中示現勝義盡至善淨方便善巧作菩提故行正法行者菩薩行中示現彼方便故是中菩薩行正法行於聲聞緣覺行中示現有五種勝事故常為一切衆生深益求樂令得住一切智善能稱量已之功德者以深心勝故菩薩深心勝故自身常為一切衆生深益與樂非諸聲聞緣覺等能以四種勝行勸令信入一切智人智諸菩薩者勸衆生令入一切智慧中非諸聲聞緣覺等善能稱量已之功德不壞他智者菩薩善能知已之所得亦知二乘等行非二乘等能違菩薩功德故無諂曲心者菩薩無執者勝心以證知法無我故修彼第二句聲聞等有說此是福田處勝故深入堅意者菩薩為化利益衆生故起深入堅意非諸聲聞緣覺等捨衆生證而入涅槃故菩薩等行中示現有八種等故愛敬等者有三種差別故心行時差別故不虛愛敬者示現無所悕求心故於慈親中其心同等者示現

於作利益不作利益中等同行行故永能作善知識乃至涅槃者示現一切時愛敬故常籌量至意念具愛敬先意問訊者亦現慰喻問訊中等同心故有限量諸成熟心等化喜樂故所許之事終不患息者示現佐助同等事隨所許重擔乃至末下故普為一切衆生不斷行大悲心無疲倦者示現悲心同等無偏心許諸重擔故復心無疲惓者示現不被縛等同不喜惱心而將諸重擔故永求正法名聞無猒足者示現方便善巧等同文義善巧等故隨化者方便化故但見自過見他過者以不瞋心令彼人說示現於諸說中等同故若不見自過乃以瞋心說者是名不等同說以善提心行一切依儀者示現發願等等同一切善故所作皆等迴向大菩提作願善根行者示現謂六波羅蜜所行布施而不求報如是等一一波羅蜜說有障對治顯說無导布施等諸波羅蜜事容有身口能忍一切衆生而不能不壞心忍故經言不壞一切

衆生忍故為修集一切諸善根者示現修習三乘善根故勤行精進離生無色而起禪定行者以有生故色界中善分應知非三摩拔提中菩薩生色界中者成熟已身佛法故至餘世界親近諸佛故欲界中利益衆生勝故非色界處方便所攝慧行四攝法所攝方便者彼方便者以四攝法所攝示現何等四法一者法行事二者修行事三者性行事四者果修行事有三種相行者於持戒破戒衆生中生慈悲心無二之心及作分別心此教授者是持戒是不持戒所有教授者諸功德及諸患等彼即捨諸分別悕求教授及親近教授故至心聽法者至心勇猛受諸教誨故常樂山林者依寂靜治諸欲貪等故此三句示現修行事向等三句示現性事心不樂著世間衆事者示現心相不散以不亂故不著小乘於大乘中常見大利者過捨小乘心成就順大乘心故離惡知識成親近善友者於寂靜踊猛無暫息衆生親近忍親近寂靜踊

猛無暫息化衆生故所說法行者拔摩他毗婆舍那不亂想生所攝隨存念及隨所同侶而有此法行事性果有二種相心淨故及教化衆生是中心淨者以智慧淨故世間出世間應知成四梵行莊嚴遊戲五通者依淨世間智慧受大功德助集依力修果故淨世間智慧應知常依止智慧者修世間智慧而為知足捨彼心而淨求出世間智慧故是名出世間智慧應知教化衆生事四句示現於諸衆生住邪行正行而意不捨者住不能忍惱等諸患故越堪忍惱而不報故言常決定者所說之言常定及敬前後相應非前說已後不喜說貴真實語者愛敬及護實語隨說而行故一切依儀所依之中唯菩提心為首者依為得菩提故不喜求利養名聞故如是分別住正行菩薩已為顯亦諸勝功德故說諸喻應知迦葉譬如大地皆能容受者初喻中示現菩薩依衆生令增長發種種愛果種子故然心無分別不求其報者作惡不能報

作好不悕報於利益及惡中心不足故以第二第三第四喻示現發依義故為教化眾生令增長善根因盡至事譬如月初生時月輪光明形色日日轉明滿足增長第五喻依眾生益故示現菩薩增長自成菩提助道行譬如師子獸王隨所至處不驚不怖安詳而行第七唯示現不恐怖世間涅槃及不著彼二譬如善調象王能持一切重擔不生疲惓第八喻示現荷負世間重擔而不生疲惓譬如蓮華生於水中水不能著第九喻示現世間煩惱不能染故譬如有人伐樹根在還生第十喻示現雖有煩惱染而不證涅槃譬如一切諸方一切諸河水皆入大海入海已皆成一味第十一喻雖有善根及以煩惱迴向發願攝取示菩提因譬如須弥山王忉利諸天及四天王等皆依止住第十二喻防聲聞同涅槃彼聲聞捨自願及諸善根而取涅槃諸菩薩者雖示涅槃而不捨自願示現於諸根得大自在譬如國王以自力故能辦一切

國繼等事第十三喻示現釋成云何入涅槃而能作眾生益譬如天起大雲必能降雨皆能增長一切果實第十四喻隨轉輪王所出之處彼處則有具足七寶第十五喻何故不恒說及生示現待時第十六喻譬如隨摩尼珠所在之處彼處則有無量百千万金銀等寶第十六喻示現同聲聞等涅槃中有過患故彼聲聞等則無譬如忉利諸天入同等園所有用物皆悉同等第十七喻示現彼聲聞等無力不堪證入勝法故菩薩於已及他等行利益一切眾生譬如呪術藥力持毒不能害人諸大城中所有糞穢彼若致甘蔗糯稻田中則有利第十八第十九喻說菩薩雖未斷諸煩惱示現勝聲聞等以不能作患及作大利益功德之事此諸喻前句顯分別說後句漸次應知彼復云何答曰菩薩從初發心前中後依助成一切眾生善根心不悕報於一切好惡中心如大地復非如無分別地諸眾生依已自假力而能受用菩薩不尒然

菩薩為欲生善根因故起愛等心如水復非如水於正受增長中而相違菩薩不尒然菩薩為欲成熟諸善根故說猒離等法心如火復非如火化諸佛世界相違成菩薩不尒然菩薩為欲教化成熟者示現解脫現氣應化故助正教授心如風復非如風見相假力故而能受用菩薩不尒然菩薩自能增長諸白法心如月復非如月唯能照白月不照黑月菩薩不尒然菩薩於諸黑白法中等心以智慧照明一切法故心如日復非如日畏羅睺障而轉行菩薩不尒然菩薩於一切道生處不畏諸煩惱而行心如師子復非如師子將諸重擔而生退還菩薩不尒然菩薩能忍一切重擔諸苦等心如調伏龍王復非如龍王得利或失利柔軟語苦樂防護益失中有深心菩薩不尒然菩薩於一切世間法中增益之中心不生染心如蓮華復非如蓮華斷莖已不復能生菩薩不尒然菩薩雖復滅諸煩惱以善根力故即能世間生心如不伐

樹根復不如樹根我所唯有正根菩薩不尒然菩薩諸善根迴向發願大菩提及涅槃故心如入海水復非如入海水唯名順如海水菩薩不尒諸菩薩依修集大成就大菩提涅槃等諸善根故而能遊戲心如須彌山王所住諸天復非如須彌山王所住者唯樂着自樂心多故逸菩薩不尒然菩薩以不共方便智慧力故能辨一切諸佛所作之事心如國王以臣力故能辦國丝等事復非如國王以臣力故唯為自利故防護已之國菩薩不尒然菩薩捨己之樂將護潤益衆生心如天起大雲復非如天起大雲不能常興以時善熟菩薩不尒然菩薩永能增長生諸善提分等法心如轉輪王所出之處復非如轉輪王所出之處唯一無二大人共生菩薩不尒然菩薩解脫心等共同一時生故心如摩尼珠復非如摩尼珠永不離庫藏迦離沙波郍等菩薩不尒然菩薩已入無漏戒中同有所作同受諸樂心如忉利諸天入同等園復非如

忉利諸天入同等林已唯能增長諸煩惱業捨身墮惡道中菩薩不尒然菩薩滅諸煩惱不能令墮惡處故如伏滅煩惱毒故復非如持毒已不能害物及無利益菩薩不尒然菩薩以自己煩惱能利益一切衆生心如諸大城中所有糞穢煩惱菩薩亦尒如世間讚歎等事功德過勝彼功德故名無比功德以是義故諸菩薩者名為無比功德應知正行差別中已說諸勝功德未說正行體性相是故彼體性相以中道義示現捨二邊是中道義應知何者二邊一者外道邊所有我見彼則於陰界入中攝而執是則常見是後時惣而說言常是一邊我是一邊二者聲聞緣覺邊若於諸陰等中執無常及執無我是則後時惣而說言無常是二邊無我是二邊所有此二邊中間是名無分別智彼無分別義故名無色不可演說義故名不可見非識事作故名不住離可取所取義故故名無相離能取唯記識等義故名無記不住世間及涅槃

義故名無着應知於中是諸外道攝執有我故說對治若不觀我人衆生衆生壽命養育丈夫富伽羅及不觀摩郍婆等所識應知聲聞緣覺於諸陰中攝執無常及以無我對治彼故說若觀色非常亦非無常觀受想行識非常亦非無常乃至我是一邊無我是二邊所有此二中間彼一切無色無行無命無智無覺無着迦葉是名中道諸法真實正觀說執無常執無我為因者無破除無常執時亦除無我執事應知亦現分別所取之事無量故分別說能取之事亦復無量迦葉若心有實是名一邊若心無實是名二邊是中真實心者若本所說順執分別無常無我真實者若分別常我等若無心數者業行所依故無心數者唯造業行故無意者若非思量所說故無識者是報善不善法者順愚癡非愚癡故彼即是不愛果對治彼故說有罪無罪者無諸惡世間出世間故有漏無漏無漏者有漏心不能取故有漏者彼復果朋所說染

等法故白明等法者諸淨等法故是中若心有實若心無實者此是二及彼所順諸法中有善不善乃至有垢無垢所有此二邊不可得不可說不可辯是名諸法中道真實正觀是中不可得者以彼見故不可說者唯說彼故體不可說他來問者不能為正說復有餘傍義善不善者是本餘上上句是正釋應知外道聲聞等對治說中道義已對治說菩薩邊對治說是中有諸外道等常我執倒從何而起說言如盲者倒地諸聲聞緣覺等修行見人無我已唯覺知行故生諸行無常無我及本見法無我依諸行從無常無我而生菩薩見修行法無我已本習法無我後生攝執有邊依為三種攝執有邊故示現對治等白相攝執於有無事中說迦葉有是一邊無是二邊乃至無命無知無覺無者是名中道諸法真實正觀如說應知依有障對治故所執無明為明說經言迦葉我為汝等所說十二因緣所謂無明緣行乃至無明滅已憂悲

苦惱妄想等滅執有為無為及滅餘道故行及滅行如是等諸句此諸執等對治是名不二妄想分別執性離是平等性故說不二相故非明令能生非無明能滅非行等能滅除非滅令可得者雖有分別性相成就如是此所有智彼能防謗邊非明無非無明如是等若不以空故令諸法空但法性自空不以無相故令諸法無相但法自無相乃至但法自無起無取無性如是等亦現何義已得明空等相因緣生法妄想分別性或成就性不能令空何以故是諸法體尒若妄想分別性或復成就性故諸法亦空如是乃至無性此說有明及有彼障亦現離妄想成就性已防遮護謗邊是中有七種障對治故說明為空乃至無性七種障一者見對治彼故說空貪瞋癡相因對治彼故說無相復於有中取願對治彼故說無願復造有諸業行對治彼故說無作因彼有果故有生對治彼故說無生生已必起苦樂對治彼故說無起見空故生

我慢對治彼故說諸法亦無性耳是中非無我觀遮人執取相餘者乃至不二等相者諸法執取相故言迦葉非無人故名日為空但空自空者遮人及法攝執取相非滅衆生執取相非滅衆生執取相故而修空然空自空示現滅法中執相故以妄執分別性故空是空何況一切法妄者分別中所執取者故如是已空則非事依妄執分別性中無故復非無事已成就性中有故如空者一切諸法亦令者諸法中執取故亦現法無我然彼者成就亦現故日月經言前際空中際空後際亦空示現一切時凡夫有學無學體中亦現有故汝等當依於空者依了義故於空亦現防方便莫依其人者依了義故遮依彼已名住依了義事所有人分別及墮事因彼二富伽羅故言若以得空便依空此亦現何義非妄分別空性覺故應依空義如是依已本以執人我見故壞有取執故我法亦失令轉失疾以作彼及知疾失事釋成故言迦葉寧起

我見積如須彌不以空見乃至一切諸見唯空能滅以分別覺空故識知空我慢真實義令不能得為得而起謗是則轉難除人見故汝藥動病在内而不出者是名有病經言迦葉若起空見者我説彼人則不可治或以妄執分性一切諸物一切非事但攝執是義虛空喻者防護轉變不正執取著有空見彼以空故色等法中求非事故於事中作非事分別是名彼者轉變中攝執取是諸色等法性自無喻若起求除空諸衆生者喻行空法體中幻畏彼體巳事妄分別故若色等諸法無者徒修諸行護此患故説畫師喻喻若實無鬼畫師自分別思量巳迷没蹿地如是亦無色等事諸凡夫攝自分別行念故世間轉輪而行可除彼無智故修行而不虛先者以釋妄分別行念説發行中不虛事若此但是迷心者云何彼心能識知是彼心遮防護難故言先防妄分別發取令須遮説發行事故説幻師喻是中如幻師還者如繫心念智如

幻師幻作者觀無事智如食者唯觀無念想智觀如空等故本從聖慧根如實觀見故無彼云何不如實觀而得出世間智遮難故説二木相摩處寂靜思惟緣故火慶生聖慧根生巳捨彼寂靜觀亦現應知為巳生智與無智對治為當未生遮故説燈明喻智無分別相亦現智慧生時即對治無智云何無始煩惱染有始對治能滅遮防難故説者内燈明喻此喻喻中道義略而釋説廣分別者菩薩住正行戒中故老別應知法行菩薩者説世諦實語理及分別實語現漸教不如聞音聲取以如是相故不依聲聞乘過彼巳説是中曾供養及修善根者順向大乘諸甚深法及順空於分別不分別實諦理所攝故世諦及真實諦所説唯一法界了義中説以是義故順向所依名為行寂靜行寂靜故名曰順向中道義如是彼法指斥釋説十三種中道之事釋衆生空是衆生無我及法空是法無我攝分別始邊及謗邊醫法并彼發顯向大

菩提如是行巳於煩苦中心無猒足及勝信二無我前無我中後無我為寂盡至諸空彼者亦如是釋説神力云何釋衆生空以一相故言若不見觀者示現不自覺知是中有此不分別有三種不分別事於衆生事中明陰事及彼種種事轉明諸界中彼受用事中諸入等内及外并二中間如凡夫攝執

大寶積經論卷第二

大寶積經論卷第二

校勘記

一 底本，金藏廣勝寺本。

一 九三二頁中一行首字「大」，石作「大乘」。

一 九三二頁中一行末字「二」下，麗有夾註「釋文函第二卷」。

一 九三二頁中二行譯者，石作「元魏天竺三藏菩提流支譯」；資、磧、普、南、徑、清作「元魏天竺三藏法師菩提留支譯」。

一 九三二頁中二〇行第一一字「明」，資、磧、普、南、徑、清、麗作「助」。

一 九三二頁下五行第四字「過」，石作「逼」；麗作「逼過」。

一 九三二頁下九行第一一字「捨」，石、資、磧、普、南、徑、清作「離」。

一 九三三頁上五行第六字「道」，諸本作「首」。

一 九三三頁上一一行第四字「復」，南、徑、清作「後」。

一 九三三頁上一三行第四字「大」，石無。

一 九三三頁上二一行第一一字「句」，磧、南、徑、清作「向」。

一 九三三頁中一六行「在故」，資、磧、普、南、徑、清作「故在」。

一 九三四頁上三行第五字「乃」，石作「及」。

一 九三四頁上八行第八字「故」，磧作「放」。

一 九三四頁上九行第四字「等」，資、磧、普、南、徑、清作「事」。

一 九三四頁上一一行第七字「釋」，石、資、磧、普、南、徑、清作「擇」。

一 九三四頁上一六行第四字「迹」，石作「所迹」。

一 九三四頁上二〇行「所能」，資、磧、普、南、徑、清作「能所」。

一 九三四頁中九行第八字「根」，資、磧、普、南、徑、清作「相」。

一 九三四頁中末行首字「波」，石、資、磧、普、南、徑、清作「彼」。

一 九三四頁下一行第七字「熱」，資、磧、普、南、徑、清作「熱」。

一 九三五頁下二行第二字「如」，諸本作「知」。

一 九三五頁下七行第三字「此」，徑作「比」。

一 九三五頁下七行第六字「等」，石作「事」。

一 九三五頁下八行第七字「成」，磧、普、南、徑、清作「人」。

一 九三五頁下一七行第八字「及」，磧、普、南、徑、清作「乃」。

一 九三六頁上一二行第一一字「憍」，石、磧、普、南、徑、清作「慢」。

一 九三六頁上一四行第一二字「起」，諸本作「超」。

一 九三六頁中九行第七字及下一〇行第五字「勸」，徑作「歡」。

一 九三六頁中一四行末字「施」，石、磧、普、南、徑、清作「放」。

一 九三六頁中一五行第一〇字「意」，石、磧、普、南、徑、清作「意等」。

一　九三六頁中二〇行第七字「竟」，諸本作「意」。

一　九三六頁下二行第四字「眹」，諸本作「勝」。

一　九三六頁下一〇行第一三字「智」，石、麗作「知」。

一　九三六頁下二一行第九字「稱」，諸本作「種」。

一　九三七頁上五行第四字「限」，徑作「薩」。

一　九三七頁上七行第一〇字「末」，資、磧、普、南、徑、清、麗作「未」。

一　九三七頁上一六行首字「乃」，資、磧、普、南、徑、清作「及」。

一　九三七頁上一七行末字「等」，石無。

一　九三七頁中二行第一三字「離」，諸本作「雖」。

一　九三七頁中一五行第八字「教」，石作「故」。

一　九三七頁下二行第一〇字「生」，石、麗無。

一　九三七頁下一七行第二字「依」，麗作「威」。

一　九三七頁下一七行第五字「依」，石、磧、南、徑、清、麗作「作」。

一　九三八頁上六行末字「行」，磧、普、南、徑、清作「行第六喻」。

一　九三八頁上八行第七字「唯」，諸本作「喻」。

一　九三八頁上一四行第一一字「有」，石、麗作「不」。

一　九三八頁上一八行第三字「取」，諸本作「取故」。

一　九三八頁上二二行第一二字「根」，諸本作「善根」。

一　九三八頁中一行第二字「继」，石作「計」，下同。

一　九三八頁中八行第八字「六」，磧、普、南、徑、清作「七」。

一　九三八頁中一五行第一三字「利」，石、麗作「利益」。

一　九三八頁中一八行第四字「功」，清作「訪」。

一　九三八頁下一九行第四字「深」，諸本作「染」。

一　九三九頁上一行第八字「戎」，諸本作「伐」。

一　九三九頁上三行第三字「及」，徑作「反」。

一　九三九頁上九行第五字「共」，石作「失」。

一　九三九頁中七行首字「大」，磧、南、徑、清作「天」。

一　九三九頁中八行第四字「歎」，磧、普作「漢」。

一　九三九頁中二一行第八字「作」，諸本作「住」。

一　九三九頁下三行「衆生」，石無。

一　九三九頁下一一行第八字及末字「除」，麗作「陰」。

一　九四〇頁上二行末字「及」，麗作「乃」。

一　九四〇頁中六行首字「令」，磧作「今」。

一　九四〇頁中七行第一二字「無」，

諸本無。

一　九四〇頁下二行第二字「非」，磧、普、南、徑、清、麗作「作」。

一　九四〇頁下四行第六字「日」，諸本作「曰」。

一　九四〇頁下二一行末字「壞」，石、麗作「懷」。

一　九四一頁上七行第三字「分」，諸本作「分別」。

一　九四一頁上一九行第八字「念」，石、普作「念今」；磧、南、徑、清、麗作「今」。

一　九四一頁中九行第九字「染」，石作「染汙」。

一　九四一頁中一〇行第四字「難」，磧、南、徑、清作「護」。

一　九四一頁中一五行第三字「遇」，磧、普、南、徑、清作「過」。

一　九四一頁中二一行首字「斥」，石作「庍」。

一　九四一頁中末行第二字「始」，麗作「如」。

一　九四一頁下四行末字「見」，諸本作「自」。

一　九四一頁下末行首字「大」，石作「大乘」。

趙城縣廣勝寺

大寶積經論卷第三

後魏北印度三藏菩提流支譯

谷

不見我云何釋成人無我示現以一相故覺是中有此覺事故說不常觀知還彼三種事中凡夫計執所生常不見凡夫所計自異相見故陰等無常事云何釋法空示現亦以一相不覺故說非無常觀故知是中有此不覺事還彼事中無常趣故內外及二中間是凡夫計執假說相體性不可覺知得無常者若計執已於不可說事中橫安云何釋說法無我示現以一相覺故是中有此覺覺事故還彼事中所覺見聖智境界唯彼自內證知餘人不能說彼有六種相如凡夫所計執假見說性不相似何者六種非色者自測指斥不可得說是此此是不可見者是以彼不可得示他不住者過色根境界故彼處色等根不能住故無相者離念性相故無記者離意識境界故無著者無煩惱事故云何釋成橫計執有邊示現有二種

勝相正說故及示現彼體性相正說故是中何者勝正說性相彼上上有八種應知還彼事中常正執無常正執及依常正執故有我取正執正依無常執有無我執及依無我取執故有取實心大執依有我執故說不取實心執彼所依者亦求彼復求者依執故及依執共順依取不實心所執取不善等執着乃至取染執相有五種障患於染法中有顛倒患謗患發起患麁惡患無常患依執取實心彼對治於淨法中善等所安乃至淨得所安此是成八種諸勝安是諸八種勝安菩薩不覺念順不執著故不說順不勸他故不悟順不毀他故是中真實執安者上明依此八種勝安事中凡夫繫念假用性執安言有如是安云何釋謗邊亦以一相故示現有謗事故是中有謗事者如彼信邪法無我一切時執故言無一切法相以是義故略說此橫執謗邊離六種相顯說中道義云何釋成諸法證事如經迦葉明與無明無異無別如是知

者是名中道真實正觀乃至老死滅是無二無別等有三種相釋說證法事還彼本說三種事中及第四因緣事中有障有對治住有為無為示現性相不可得故示現勝事不可得故及習彼已證得如實智是中性相不可得者如凡夫計執明與無明性不可得是中勝事不可得者所有彼凡夫橫計執性相滅生聚集不見二相故是中證得智者無說彼智及依所依念相行不念故及行不障故以内智知證法無我故云何釋菩薩證法迴發願向大菩提故亦是一相故言若不以空故令諸法空如是等七句說菩薩為利益衆生故以空故不令諸法空不捨煩惱是義如是不以無願故令諸法無願不以無相故令諸法無相不現起復業生流及生流一切諸行無性以涅槃滅世間流云何如是行已釋成未離煩惱苦心事亦以一相義故言如諸法有性無性如是等七句說未滅諸煞障等法如實觀證是中如實證者還彼障等諸法

以體性行法無我見不染及苦云何勝釋四種相故示現見勝相故示現還彼遠相離勝故示現失禪亂勝故示現心亂勝故是中見勝者經言迦葉非無人故名曰為空乃至中際亦空故非但不見人故說空是義何以故住衆生空者不見法空惟法自體空未來於涅槃中作斷慢心善觀所取乃至行能取無我智離假名性空所攝不善觀三時過去未來現在故名不正觀真如智尒焰空假名妄取故名相退失於此法中菩薩不如是彼以不滅本所取衆生空及有取生法慢故言依空不依法無我真實空以是義故顯勝說菩薩行示法無我故佛語迦葉汝等當依於空乃至於佛法中則為退失是中有此遠離勝住衆生無我故自我見是以於凡夫寂下中轉復寂下有二種相故一不免苦二行苦此是一相故言迦葉寧起衆生見積如須弥不以空見起增上慢所以者何迦葉一切諸見以空得脫若起空見者彼則不可治此文顯

示彼義寧起我見積如須弥者以我見是可對治可令得滅不以空見起增上慢以不見法無我故起增上慢應知我以空故見諸見諸行空妄相執性空亦是空彼不可得體空撗執分別性空撗安顛倒處故以撗安執見故成於空見若起空見者彼不得與對治故不可持應知以不可持故不勉生等諸苦一切時不離煩惱熱故不能樂行喻如不可治病人滅二種執取故為前者說有二種相辟如病人良醫授藥乃至若起空見者我說彼人則不可治此喻示現辟如病人不正將息令動諸患順動病因順不動病因前後故受二種苦受如是人無我見不滅同我見及生空法無我執不離自慎煩惱病故前後取二種滅故名為滅菩薩不如是是中滅善勝者如經辟如有人怖畏虛空如是等如人空中自念分別授執計作物怖畏彼已作如是言除此空除此空如是等如是住人無我中不住法無我我慢故生怖畏於虛空處不可

說事中横執虛横妄執已妄執故色等故色等想求彼斷事菩薩不尒是中有此心亂勝事故言迦葉譬如畫師自畫作恐怖夜叉鬼像如是等如是失行亂者住人無我故自分別念實有境界彼以相爭倒故令成就到菩薩不尒云何釋說因以二種喻一者幻喻二者二木相磨喻初喻示現觀能取者人無我智唯取諸行彼以法無我智觀是故法無我智名為能取及觀然彼人無智與法無我智為因以有彼故有此喻若幻師與幻人為因喻若幻人食彼師如是行者以法無我智衆生無我智離假名性故空離彼分別故寂可捨相故無有堅固空無物故不牢觀者如食第二喻示現譬如二實證得是中如實證得所有觀彼能取所取寂靜思惟念因不捨離求得彼內知決定智生是中觀所取者謂衆生無我智觀能取者行法無我智彼二如上下二木順故寂靜思惟以寂靜因故內所證知生決定知名為真實證此之二木喻顯

示有因可得喻如因磨二木故生火生已還燒彼二木如是人無我法無我智行因生是法無我智以緣內智決定生智彼行智所有忘念計執性彼如實觀而能燒云何說遍至空亦以一相義故還彼法無我智中如實見故言譬如然燈時一切黑闇皆悉自滅此喻解釋說是中如實見故無智等離假名性故空者如是不執故不可取寂滅者不覺故云何如是釋彼空一者業滅煩惱滅是現對治言迦葉譬如宅內若室若房若屋中過千歲以來乃至其黑闇者諸結業是此喻說是中顯示滅至失者爭即所生智慧光明能滅無始以來諸業煩惱若能如是速滅諸煩惱者何故菩薩久長行世間二喻示現得勝果故言迦葉譬如種在空中乃至諸使雜世間法能長佛法者雜穢良田中能生長種子如是等喻示現此事菩薩向涅槃心故不捨衆生為得佛法故願取世間已迴向發願諸善根故長夜中行行是中涅槃是無為喻如虛

空彼依故不長諸佛法世間如煩惱雜穢田菩薩大悲亦如煩惱穢地處持彼地故能增長菩薩佛法

問曰云何依下劣有為法中能增長菩薩無上佛法以蓮華喻顯釋故言迦葉譬如卑濕淤泥乃生蓮華菩薩亦尒於生死泥邪定衆生中菩薩乃至佛法問曰若如是者諸聲聞於菩薩中無此十二種勝事何等十二種所謂修習現諸雜善根勝事修習行勝事解脫果所攝盡無生智解脫同至勝事滅降伏諸魔恐等勝事無學勝事阿羅漢事應供義故說衆上勝事依四雙八人故明諸說者上勝事現法中得涅槃說法故明衆生中上勝事乃至衆生乃至九衆生處如是中得寂寂滅勝事於心得自在勝事及難伏生勝事為防難故說諸喻應知為防初勝難故說二種大海生酥喻無量衆生不受受用相似法故第二防難菩薩智有二自及他無量衆生身中障對治故第三護難彼有二種丈夫人喻如上夫人處解脫應知

如貧人處諸聲聞乘及願是婢使處
者不捨衆生故王處者諸大乘願以
防護諸惑故初轉輪王喻與如來真
子故防護無學勝事第二轉輪王喻
不斷佛種事故防護阿羅漢勝事堪
應供故說第三轉輪王喻授薩婆若
因故防護說衆上勝事以毗琉璃喻
初攝得菩提心故防護說法者上勝
事故說藥樹王喻與衆生除煩惱病
故防護明衆生中上勝事喻者無能
捨月輪如是能作一切衆生智慧光
明故防護得寂滅勝事作月初喻
集功德智因助得菩提故防護心得
自在勝事喻琉璃珠菩薩得薩婆果
故防護難復生勝事喻如治毗琉璃
珠故心自在勝利養等諸聲聞功德
者依菩薩故如是此諸喻略說菩薩
於聲聞中示勝功德故自此已後廣
說諸功德有幾種聲聞聲聞戒中菩
薩戒有何勝事有四種聲聞復有十
三種相諸聲聞戒中菩薩戒有勝事
應知是中有四種聲聞者謂應聲聞
我慢聲聞作菩提願聲聞及定滅性

聲聞是中應聲聞者若為度衆生故
諸佛菩薩所化是名應聲聞我慢聲
聞者若唯衆生無我智故及邪法無
我慢執智故以為淨是名我慢聲聞
作菩提願聲聞者若從本來憐愍心
微少以親近如來及以習故於上妙
佛法中身心信作功德相勳成雖彼
盡至作無漏戒中而諸佛為勸說諸
方便彼以此因令得修大菩提雖如
是修菩提然後行中而是鈍根故及
樂淨故非如初發心而有佛性者是
故名菩提願聲聞定滅性聲聞者若
從本來慈心微薄性故一向背衆生
及怖畏世間苦心故唯住向涅槃故
不堪得修大菩提譬如二王子形貌
無異等同愛王諸樂於中一善違王
法伎藝等事第二不如是此二王子
有伎藝中勝故非受用樂處如是菩
薩住無漏戒中及滅定性聲聞應知
彼復有勝事身中應知及習諸白法
處智集處相似處性處家持處行處
修行處福田處上勝處因果處及依
生處應知譬如種在空中而能生長

者無有是處種在雜穢良田中則能
生長高原陸地不生蓮華如是等喻
示現定滅性聲聞及說菩薩至心信
勝事定滅性聲聞如雜穢地諸雜行
於雜泥煩惱染諸衆生中背故一向
涅槃界如地處熾然於淨衆生界中
同心及住心反質菩薩向涅槃心及
住淨衆生心不捨有煩惱衆生度故
取雜染世間及攝取衆生雖迭互等
喻集諸白法處示現作勝事聲聞有
諸白法微薄唯益自己菩薩法無量
益增長一切衆生如子譬如父以生
酥長養諸子菩薩亦尒自善根無量
如生酥養育增長新學菩薩如子男
子虛空唯等示現智集勝事聲聞以
無漏智故唯見自身空寂諸煩惱中
菩薩者憐愍故同證智令迴與十方
一切衆生發願向無上菩提故寂大
夫人及婢使喻示現相似勝處聲聞
念勝解脫寂大夫人母處狹劣小意
如父貧窮心增長不成佛子諸菩薩
者捨下劣凡夫衆生性念婢使母處
以上念心如灌頂大王成就故名為

佛子初轉輪王喻示現性處勝事如
轉輪聖王子成就諸力成就勢力成
就至成以無轉輪王相故不堪作轉
輪聖王聲聞亦介以懃精進故成就諸力譬善功
故成就勢力不捨心故成就至咸无佛性相故諸佛
如来未與擁護攝取菩薩以第二轉輪王喻示現
持家勝事聲聞雖盡至故未来不能
持佛家初發心菩薩堪能故第三轉
輪聖王喻示現行勝處聲聞雖得盡
至諸天聖人不如是恭敬讚歎如新
行菩薩毗琉璃寶珠喻示現神力勝
事盡至菩薩從初地以智慧神力故
退一切聲聞緣覺雪山藥樹喻示現
修行勝事聲聞雖成就智能滅煩惱
病智藥滅衆生煩惱病及質菩薩者唯常行益
他故星宿喻示現現福田勝事盡至聲聞不能以智
慧光照衆生故不作福田度一切人天知不滅煩惱善
薩一切人天而作福田月初月喻示
現於勝中示勝事一切時聲聞中諸
佛如来常勝彼勝中諸菩薩復轉勝
彼從菩薩而成故諸菩薩有二種
相故轉勝應知如是彼亦教化衆生
及成熟佛法是故有菩提及得果證

所化衆生令得解脫譬如營作覺者
成奇異怖心不於食者此亦如是應
知譬如諸天及人一切世間善持琉
璃此喻示現因果勝事聲聞雖一向
修集淨法勝因復值親近無量善知
識不能令得大菩提果及質故說諸
菩薩者能令得大菩提果故譬如治
毗琉璃寶喻示現依生勝事諸聲聞
者依菩薩故而出現世間非菩薩依
聲聞而出世間為滅惡持住義故語
尊者摩訶迦葉言迦葉若有國中有
駱駝咽黑頭仰明者乃至彼國無有
恐怖畏等事是故迦葉菩薩常應救
護利益衆生者有何漸次說自此已
後示現得彼果益勝事前所說言雜
染煩惱泥中能長菩薩佛法若尒非
彼身中增長者亦非諸菩薩令助彼
身中者云何彼身中而能增長菩薩
為衆生故修諸行示現此說若增長
彼者亦增長自已經言菩薩常應救
護如是等示現至於四方一切世界
一切菩薩願利益衆生事真實畢竟
治者所有離良醫療治身患乃至離

外道治煩惱是名非真實治假名故
乃顛倒故是中菩薩者喻良醫應知
一切衆生如病者諸病者如貪等藥者
如不淨等觀如有三種相故諸大動
而生諸病或以積諸惡故或不應食
而食故或以捨諸病故如是此三種
因惡心相故生心病或以積諸貪等
惡故於長夜中諸貪等習故或以見
不應行而行復現有行諸見等事故
或行顛倒事捨故是中初煩惱病不
淨等對治應知以不淨對治諸貪瞋
慈心對治瞋恚四因緣觀對治愚癡
如是等說有病故為說對治諸空等
依四種衆生故說一者執見二者樂
著三摩拔提三者喜樂諸生四者於
非解脫處而作解脫想是中依執著
諸見衆生故言一切諸見唯空能治
若起空見如是等說應知樂著三摩
拔提故說無相一切有無諸念分別
相中無相故示現一切有無示令樂著
三昧依喜樂諸生故說無願滅一切
欲色無色界等故說言無願依非解
脫處而作解脫相說非四倒為滅一

切倒故說四倒見常等故於非解脫處而生解脫相捨習顛倒故依有者故廣略說四顛倒對治應知有凡夫復有六種依善身者對治彼故說諸念處煩惱散者對治彼故說四正勤迭互我慢所縛者故對治說諸如意足離修諸善故對治彼說諸根及力不達諸諦故對治說諸覺道分及喜好吉凶等見對治故說諸道分云何不順觀身隨身見若我所見不分別背善治法不信等應知彼對治故說諸根及力迦葉所有閻浮提內諸醫師及師醫師弟子中耆婆醫王最為第一迦葉假使三千大千世界中所有衆生彼一切皆如耆婆醫王如是等耆婆相似諸衆生示現諸論醫方多聞善巧勝故有辨取見教悔見疑悔等難治故是中方便定心故諸見等能作譬如尊者闡陀說諸大德我作如是念色是無常乃至然復我行合摩陀空無分別滅愛離欲滅及涅槃中心不安不喜不住不解我意迴轉生猒懈怠心然何者是我所作如

是說彼尒時以智慧心念憶涅槃不滅我身見故言我當無我於涅槃中心退轉生惱然何者是我我所不作如是念此唯是行以何誰彼無然此時世間道行不能治故名為不可治欲攝未入定心故縛作疑悔能疑悔因故除教誨者餐諸佛如来并諸菩薩無有諸毒患有大力是故唯說見疑悔無力能覺知意不能測及不能說不能誦不能正說不能以言求此助道行已求出世間行有餘中心求然後有餘依衆生無我故有二種應知依法無我有一緣入智等因欲信本智信智唯心是中諫斷無緣覺及無我因緣習中求覓示現證人無我於內外入中及依彼念識處中妄相攝念性故心不可得及成就無色等相見性故示現證法無我然是成就性故作心事有護不正取故言迦葉心一切諸佛不見故言非自然故不見示現住法體故一切諸佛說三時見故如是先說無攝念分別性彼攝念相示現他性相說故有依止故言

彼以何為性耳於中明心及心數法若以意隨唯是相此云何世間成生死釋成如幻唯是一心行者如河流如是行猒離中心何故不得解脫釋成就如風是中遠至者一切事中以彼性故應知如是難知云何得解脫釋成如燈焰以無明緣力故行示現彼盡故不行者心煩惱力故染成不者順如彼煩惱不淨故不見覺解脫防護此患故示現如虛空防護諸患故如虛空無分別示現現如雷電念念滅貪等中不住故示現無常相相故示現防作異相患雖淨心念念滅故示現如獼猴彼非怖求種種境界故散是以順貪等各不能降成有散故何故不一切等共生釋成如畫師事何故不一切時如是等造業釋成不住故何故退現在業或以本現氣力故生釋成如王事所有業依力最上彼熏心故得增上成願說若如王者何故自已能生諸苦釋成如怨家故何故自已如怨家釋成如灰聚家示現故身等示現有四倒順等行故

防護患有如是以何故生樂處而取生事示現如怨家故有三苦故示現彼處亦生苦故如是苦何故不取苦對治示現如聋人力夜叉鬼等防護樂著三昧故如次復何故不樂對治中示現如賊作事不防護不將彼助道行善根故若以苦中作功德樂意樂住者如是以何患示現如是有熱無熱憎愛事何故癡狂故著色等故釋成如幾滅燈故佛語迦葉求是心相而不可得若不可得則不可見乃至如是聖性衆非身作業非口非意彼性中亦無上中下差別求是心相而不可得者有何漸次亦現他性相行已如彼他性相求故亦求攢妄念及求成就性時彼示現熱彼攢妄相分別性心理中求不可得是故性相不可得彼亦是以不可得所顯成就性相心彼則無為後時當說示彼三世生事非如入滅盡定當時心不等三世生如是彼生事應知示現過三世故彼不過三世起已復更生心故若過三世者彼亦不名有防護攢執取

故傍名示現亦有亦無妄相念他想性等故顯說成就性故有彼則不生者以觀身因故彼則無性者於地獄等定性因故彼無起者作生因故則無滅者已滅故彼則無離者以滅故不離者未滅故彼則無行業者謂陰故彼是無為者為顯彼故說此一切彼無為今欲分別釋安是一切聖性本者以此念故得彼聖處諸聖以此為顯然彼性以有餘無餘涅槃所顯及菩薩涅槃所顯是中依有餘涅槃故言無有持戒亦無破戒以善學戒故無行有餘滅故非行有餘滅有餘故非不行諸煩惱無心無心數法者離染故是中業者復有煩惱因業故亦無業執者依無餘涅槃故言以是義故作如是說若無苦及無樂者則是聖性如前說言彼則無業者三修多羅句者說彼業差別第四句說衆生差別依菩薩涅槃故言是性平等如虛空乃至是性真淨從本已來畢竟淨故是性平等如虛空者示現等同行自益他益故是性無勝一切諸

法等味者示現諸淨菩薩中彼不異故一切菩提分法中不異勝故是性寂靜遠離身心寂靜者示現彼體不異故是性隨順向涅槃者示現他身中有彼身業勝故是性寂靜遠離一切煩惱垢者示現雖同解脫滅習有勝故是性無我離我我所者示現淨世界永滅定故是性無惡者虛若實從平等生者示現彼行中世間涅槃無失無得不生分別以平等故實義故涅槃是實虛義故世間不實應知是性真實第一義諦者示現離彼謗及非外道共故是性無可盡畢竟不至者示現雖得無餘涅槃不斷作衆生益故復是性畢竟不生者示現彼非煩惱業生以得勝自在力生故是性常住一切諸真如常者示現住世及涅槃者彼不是故說彼性是安樂清淨無我等應知是性真淨從本以來畢竟淨者示現介焰障淨故隨所應淨顯示如是淨故是故乃至世間出世間對治差別大義事應知此是以漸次及起次釋應知迦葉菩薩至

於四方應利益衆生者示現以世間出世間智等利益他故至四方者何等四方謂為教化衆生故從世界至餘世界以神力故從一世界至餘世界中間如從國至餘國故還復世界中來生故及彼處處取生故令淨地故隨有衆生彼諸菩薩所教化者為彼淨故作真實畢竟治者菩薩治煩惱以煩惱大顛狂衆生菩薩治故得成無上大醫教授三種清淨戒行故非者婆等諸大醫王能治諸見及治除疑悔者或復治大者真實治故名治大大者謂真實不以是義然後真實畢竟治以出世間道行滅煩惱使故成是中間世智有二種一麁二中麁滅煩惱對治故中者以伏對治故所謂多貪欲者不淨觀對治乃至滅一切諸倒有四倒如是滅麁煩惱對治四念處乃至八正道中者伏對治是中麁煩惱於現境界中貪欲等行故轉成中應知是中行者以世間智自境界相防染等煩惱貪伏已令淨性行是中性行是中性行差別在家

之者多貪瞋癡等行出家者多依諸見以依彼故及依不正念性念性念分別廣略四種到非解脫處生解脫執惕是中貪欲等觀不淨對治令清淨瞋者慈悲觀對治癡者因緣觀對治諸見者空對治不正念所攝分別及性勝分別中無相對治復有怖願者無願對治非解脫處生解脫者非不到對治辟如此處是常是中煩惱何者防麁煩惱依自對治依染境界貪瞋癡事於現境界中貪等行患集是行義滅彼修念處等諸菩提分法以修念處法正念中繫故於未繫念心令得繫念故修行不以此念自心起取言我修念處諸念中繫心已修行正對如意足取住以取住故身心從男女相以內知觀故伏中煩惱於有無漏智行道故出世間法對治滅不欲等依欲等對治非與根力而令作見於有因緣集癡及人無我癡以菩提分法伏於有不正道及正道行中決定成如是所有此處相麁中煩惱正防及伏對治事智者是名世界智

所何出世間智如是伏貪瞋癡煩惱染處及所有微細使煩惱對治事智彼復何者於彼伏對治中善巧三處所謂緣智善巧因緣無我無衆生無命無養育無富伽羅法中生信智可信人無我故於空無分別法中不生怖故信法無我故求心生精進所有晝度過諸煩惱對治教四種無智不取故觀內心用意於智同相自相染相及淨相於無智是中有三種想同想義應知彼如是求心何者心可樂可染可恥為過去未來現在所有過去者是名盡未來者未至現在者念念不住是中過去未來緣成心皆無覺觀現在者念念無覺故及諸貪等自緣所生非心所作等諸相心自相應知迦葉是心不在內不在外不在中間覺故如是心求不可得如本說假名說性不可得故是心無色無形無住無相無記無著如是如前六種相知真如故一切言諸佛不已見不今見不當見故一切諸聖不以智見覺故種相故心有染相應如不順不

順故及行行故心如幻以虛妄憶想分別起種種業行生受種種身心諸道中受種種身生不順涤故心如流水生滅不住者還彼生以自順念念流故心如風遠行去不可捉者一切念中難治順行故心如燈焰衆因緣有行者愛潤自在順行涤故隨所行而能行故此是行涤何處行心如電或向作善處行或如電生善心時心如虛空或向不善如如虛客塵煩惱涤故心如獼猴一向貪諸境界故心如畫師一向起作諸業行故迦葉心不一定能逐種種煩惱者或一向煩惱中復能行貪欲瞋癡不住而行故心如獨行無侶者非彼本有涤貪已而有成離已離離欲已而復有欲如是等釋說心如王得一切法自在故於樂法中得自在世力而行故心如怨家能生一切苦故捨已樂能生苦故心如灰聚如魚鉤如夢如青蠅以執無我故自能生苦然以顛倒如怨家助自己苦不厭足故心如奪人力夜叉鬼令修善捨彼覓便故心如

怨家行不善覓諸過故常高下有勢無勢愛憎等解故心如賊至放逸故所作不作一切善根能滅故心樂諸色等色等境界樂著故於永可得甘露界中憶憶念念已令難安故以三種相故心得清淨應知不得得相故非有為相故二無相故三性相故迦葉是心求不可得若不可得故不可覺知名性求覓不可得是不得故彼不可覺知心有如是相觀是心淨因已故有異思惟行求心淨不能得如是思惟已令能得是名不得相如是修行法無我修行行已以慧是真如相心以智見然後真如相心以九種相說對有為相法故說九無為應知過三世者非三世行故復非如入滅盡定起已復能生故彼非有無者假名性不可分別測故以真如性可測知彼非二相故彼不住者無生相故彼無無性者過生相因相故彼則無彼者未來中過諸生故彼則無滅者過分段死故彼無所離者過離念念故無所離者則無來無去無退無生者

過轉諸道故是中無行業者過業煩惱故若無為者則是聖種性是中性相者謂無為界相應知以見彼故顯諸聖事然彼現法中過五事若聖性彼無有持戒者過作事故亦無破戒者過無作故無行者過作行故非無行者過作非行故及非行者過不行作行故未來過有事故是則無無心心數法者過諸復有生發起行故無業者過彼行故無業報者過彼生家故彼無有苦亦復無樂者彼所依有勢無勢故是中無業無起業彼然後性中非身作業非口非心者依苦樂一切有記動轉故無業者過諸學戒故無起業行者過諸願故然彼性中非身等則業者過不受報故彼性中亦無上下差別者過依彼種種身故然彼有四時九種相差別性相應知不淨時淨時證時及盡時是性平等如虛空者不淨時等至一切諸相如空如虛空遍一切色一切想中真如亦介現者淨時見等至此是不淨時一想是性無分別一切諸法等味故

是性寂靜遠離身心寂靜者淨時一味及身心寂靜故淨時有二種想應知是相寂靜隨順向涅槃故是性清淨遠離一切煩惱垢者永證故是故隨順及以清淨是故順向盡至證得時是名證時初相是性不等離我我所者過身見證時中第二相是性無惡若虛若實從平等生者過彼根本惡見故還彼第三相是性真諦第一義諦者此說永盡時彼盡中住者常故及成就諸樂過三種轉變故是中三種轉變事一者生死等轉二者到處轉三者退淨轉是性無盡畢竟不生過生死等轉變故是名成就盡時中初相是性常樂淨無我者過顛倒處轉變故還彼後盡至中第二相是性真淨從本以來畢竟淨者過失淨轉變故還彼盡至中時第三相是故乃至世間出世間道行示現益他故言迦葉汝當自觀內莫外逃走乃至迦葉行道比丘隨心所縛應當求解迦葉汝當自觀內者有何漸次如彼性所顯淨諸聖彼已示現如今隨如聖所生彼咨顯說

大寶積經論卷第三

大寶積經論卷第三

校勘記

一　底本，金藏廣勝寺本。

一　九四五頁中一行首字「大」，石作「大乘」。

一　九四五頁中一行第六字「卷」，清無。

一　九四五頁中一行末字下，麗有夾註「釋文函第二卷」。

一　九四五頁中二行譯者，石、磧、普、南、徑、清同上卷。

一　九四五頁中四行「故覺」，諸本作「覺故」。

一　九四五頁中五行第一一字「執」，石、資、磧、南、徑、清作「執緣」。

一　九四五頁中一七行第一一字「說」，石作「言」。

一　九四五頁下四行第一三字「正」，諸本作「及」。

一　九四五頁下八行第四字「依」，石、資、磧、普、南、徑、清作「彼」。

一 九四五頁下一五行第一〇字「毀」，麗作「動」。

一 九四六頁上七行第一三字「性」，諸本作「性相」。

一 九四六頁上一〇行第八字「無」，諸本作「所」。

一 九四六頁上一八行第一一字「及」，諸本作「及念」。

一 九四六頁中九行第二字「乃」，資、磧、普、南、徑、清作「及」。

一 九四六頁中一三行末字「生」，諸本作「生法」。

一 九四六頁中二〇行第八字「一」，麗作「二」。

一 九四六頁中末行第一一字「治」，資、磧、普、南、徑、清作「持」。

一 九四六頁下四行「見諸見諸」，諸本作「見諸」。

一 九四六頁下四行末字「相」，石、資、磧、南、清作「想」。

一 九四六頁下九行末字「熱」，資、磧、普、南、徑、清作「執」。

一 九四六頁下一五行第二字「動」，石、資、磧、南、徑、清作「離」。

一 九四六頁下一七行第六字「慎」，諸本作「順」。

一 九四六頁下二〇行第一一字「授」，諸本作「橫」。

一 九四七頁上六行第二字「有」，石、資、磧、普、南、徑、清作「有諸」。

一 九四七頁上六行第七字「相」，資、磧、南、徑、清、麗作「想」。

一 九四七頁上六行「就到」，諸本作「顛倒」。

一 九四七頁上八行「幻喻」，諸本作「幻師喻」。

一 九四七頁上一〇行第七字「故」，麗無。

一 九四七頁上一一行第七字「無」，諸本作「無我」。

一 九四七頁上末行第三字「知」，石、資、磧、普、南、徑、清作「智」。

一 九四七頁中五行第八字「云」，磧、普、南、徑、清作「去」。

一 九四七頁中八行第七字「說」，資作「梵」。

一 九四七頁中一一行第一三字「治」，諸本作「治故」。

一 九四七頁中二二行首字「願」，石作「顯」。

一 九四七頁下二行第一二字「穢」，諸本作「雜穢」。

一 九四七頁下八行首字「至」，諸本作「生」。

一 九四七頁下一二行第九字「恐」，諸本作「怨」。

一 九四七頁下一三行第六字「事」，諸本作「勝事」。

一 九四七頁下一三行第一三字「上」，資、磧、普、南、徑、清作「生」。

一 九四七頁下一四行第一〇字「說」，石、資、磧、普、南、徑、清作「法」。

一 九四七頁下一九行末字「酥」，磧、南、清作「蘇」。

一 九四八頁上七行首字「因」，石作「同」。

一 九四八頁上七行「說衆上」，石作「諸衆生」。
一 九四八頁上九行第七字「喻」，諸本作「喻能」。
一 九四八頁上一四行末字「果」，諸本作「若果」。
一 九四八頁中八行第三字「作」，諸本作「住」。
一 九四八頁中一三行第一二字「背」，石作「皆」。
一 九四八頁中一六行第五字「愛」，諸本作「受」。
一 九四八頁中二一行末字「處」，諸本作「處神力處」。
一 九四八頁中二二行第七字「上」，石作「土」。
一 九四八頁下五行第六字「染」，石、麗作「染還恕」。
一 九四八頁下五行第一三字「一」，石、資、磧、普、南、徑、清作「一定」。
一 九四八頁下一二行首字「益」，諸本作「利益」。
一 九四八頁下一五行第四字「唯」，南、徑、清作「雖」。
一 九四八頁下二〇行第九字及二二行第一三字「母」，徑作「毋」。
一 九四九頁上四行末字「功」，諸本作「巧」。
一 九四九頁上一六行第八字「現」，諸本無。次頁下一一行第一〇字，磧、南、徑、清、麗同。
一 九四九頁上一六行第一二字「事」，諸本作「事雖」。
一 九四九頁上一九行第五字「示」，資、磧、普、南、徑、清、麗作「示現」。
一 九四九頁上二一行第八字「故」，諸本無。
一 九四九頁中一行第一三字「麦」，資、普、麗作「影」；磧、南、徑、清作「濇」。
一 九四九頁中六行第一〇字「及」，資、磧、普、南、徑、清、麗作「反」。
一 九四九頁中一二行第七字「明」，資、磧、普、南、徑、清作「眠」。
一 九四九頁中一三行第二字「怖」，石、資、磧、普、南、徑、清作「怖怖」。
一 九四九頁中一六行第一一字「法」，石、磧、普、南、徑、清作「法者」。
一 九四九頁下二行首字「乃」，石、磧、普、南、徑、清、麗作「及」。
一 九四九頁下一一行末字「瞋」，石、磧、普、南、徑、清、麗無。
一 九五〇頁上一一行第三字「治」，石、磧、南、徑、清無。
一 九五〇頁上一三行第三字「師」，石、磧、普、南、徑、清、麗無。
一 九五〇頁中二行第一〇字「我」，石、麗作「故」。
一 九五〇頁中六行第一二字「能」，石、磧、普、南、徑、清、麗作「能散」。
一 九五〇頁中七行第七字「喰」，石、磧、普、南、徑、清、麗作「唯」。
一 九五〇頁中一六行「妄相」，石、磧、普、南、徑、清、麗作「妄想」，下同。
一 九五〇頁下一行第六字「耳」，磧、普、南、徑、清作「取」。

一　九五〇頁下一一行第七字「别」，麗作「別故」。

一　九五〇頁下一一行第一〇字「現」，石、磧、普、南、徑、清、麗無。

一　九五〇頁下一五行第一一字「降」，石、磧、普、南、徑、清作「除」。

一　九五〇頁下二二行第一二字「灰」，麗作「疾」。

一　九五一頁上二行第一一字「苦」，石作「苦苦」。

一　九五一頁上八行末字及九行第二字「熱」，石、磧、普、南、徑、清、麗作「勢」。

一　九五一頁上一〇行第四字「鵝」，石、磧、南、徑、清、麗作「蛾」。

一　九五一頁上一四行第九字「亦」，石、磧、普、南、徑、清、麗作「示」。

一　九五一頁中四行第八字「起」，麗作「趣」。

一　九五一頁中一五行首字「雜」，石、磧、普、南、徑、清、麗作「離」。

一　九五一頁中一六行第四字「執」，石、磧、普、南、徑、清、麗作「報」。

一　九五一頁下一四行首字「至」，石、磧、普、南、徑、清、麗作「生」。

一　九五二頁上六行末字「地」，石、磧、南、徑、清、麗作「他」。

一　九五二頁上二二行第一〇字「貪」，石作「令」。

一　九五二頁中一二行第四字「彼」，石、磧、普、南、徑、清、麗作「彼故」。

一　九五二頁中一六行第二字「對」，麗作「勤」。

一　九五二頁下一行「所何」，石、磧、普、南、徑、清、麗作「何者」。

一　九五二頁下五行末字「可」，磧、普、南、徑、清作「取」。

一　九五二頁下一四行第一三字「背」，麗作「皆」。

一　九五三頁上七行第五字「愛」，麗作「受」。

一　九五三頁上一〇行「如如虛」，磧、普、南、徑、清作「如虛空」；麗作「知如虛」。

一　九五三頁上一一行第九字「向」，石作「切」。

一　九五三頁上一六行第五字「離」，石作「雜」。

一　九五三頁上一八行第九字「世」，磧、普、南、徑、清作「勢」。

一　九五三頁上二〇行第六字「聚」，石、磧、普、南、徑、清、麗作「家」。

一　九五三頁上末行第一一字「便」，磧、普、南、徑、清作「使」。

一　九五三頁中五行「憶念」，石、磧、普、南、徑、清、麗作「念憶」。

一　九五三頁中九行第二字「知」，石、磧、普、南、徑、清作「知彼」。

一　九五三頁中一二行第一一字「得」，石、麗作「得得」。

一　九五三頁中一五行第九字「九」，磧、普、南、徑、清無。

一　九五三頁中一七行第一一字「無」，石、磧、南、徑、清、麗作「非無」。

一　九五三頁中二〇行第二字「無」，石、磧、普、南、徑、清、麗無。

一九五三頁中二〇行第七字「相」，石、磧、普、南、徑、清、麗作「性」。

一九五三頁中二〇行末字「彼」，石、磧、普、南、徑、清、麗作「起」。

一九五三頁下四行末字「性」，磧作「佳」。

一九五三頁下七行末字「行」，石、麗無。

一九五三頁下八行第四字「未」，石、磧、普、南、徑、清、麗作「及未」。

一九五三頁下八行「無心」，石、磧、普、南、徑、清、麗作「心無」。

一九五三頁下一〇行首字「業」，石、麗作「發」。

一九五三頁下一一行第一一字「彼」，石、磧、普、南、徑、清、麗作「過彼」。

一九五三頁下一二行「彼然後」，磧、普、南、徑、清、麗作「行然彼」。

一九五三頁下一六行第四字「則」，磧、南、徑、清、麗作「作」。

一九五三頁下一六行第四字「則」至一七行第九字「依」共二〇字，石作「作業」。

一九五三頁下二一行第一一字「想」，石、磧、普、南、徑、清、麗作「相」，下同。

一九五四頁上七行第一一字「相」，石、磧、普、南、徑、清、麗作「相故」。

一九五四頁上一四行首字「生」，石、磧、普、南、徑、清、麗作「生者」。

一九五四頁上一七行第一三字「失」，麗作「退」。

一九五四頁中末行首字「大」，石作「大乘」。

趙城縣廣勝寺

大寶積經論卷第四　谷

後魏北印度三藏菩提流支譯

迦葉有當來比丘如犬逐塊者是中向外道如犬者色等五種境界如塊擲者如畏色聲香味觸示現畏諸境界彼畏境界不證知畏因故示現有四種相故惟逐境界住空閑處者為欲轉得勝境界取空閑處彼住獨無等侶除彼離染永住無二以身離五欲而心不捨是人有時或念好聲香味觸貪心繫著而不觀內不知不覺故憶念諸境界忍故彼不知去何當得離色聲香味觸彼不以不　知覺故後時來入城邑聚落王都等在人衆中還復為好色聲香味觸五欲所縛故還復退若空閑處死者持俗戒故便得生天有為上天五欲所愛縛復彼從天上滅亦不離四惡道何等為四所謂地獄餓鬼畜生阿脩羅道天中生墮盡依貪欲行故黑朋應知依見行故說

白朋應知以見人無我故彼對治釋

成二種黑白朋等應知如是修諸行已有散心令使攝取以攝者令得解脫是中修多羅句喻以不入定心為得解脫故說諸方便舍摩他取捨諸煩惱舍摩他等相錯心治故顯說咽喉喻及縛人喻等以一心定心中說解說方便示現見修相煩惱中說方便令滅故彼障身見愛樂三昧故如咽喉及縛喻等識故證觪時以出世間智作令離故身見如咽喉處病應知如是行行已防有防等法故說二種空喻不淨心一者讀誦世間外道經書諸論等二者多畜好衣鉢依蓋及依身故此諸二法能令得二種縛如次一見縛二利養名聞等縛然此二種能縛以未生善法為令不生作障當得二種法一者聖種朋二者親近諸檀越已生善法能滅及作汙染故令得二種垢一者忍諸煩惱垢二者貪諸檀越知識等永斷拔諸善根法故令助得二種雨雹壞法一者毀謗正法二者破戒受人信施現法中彼不可治故令得二種癰瘡一者求

見他過二者自覆諸罪現法中苦惡
行故令得二種燒法一者有垢身心
受著袈裟二者受他持戒有功德人
所礼拜供養等未来喻者為得不得
不能生故令得二種不可治病一者
懷增上慢而自伏心二者壞他發大
乘心謗菩薩故依聲聞戒未来更有
漸次應知迹藥當自觀內者如是乃
至中有誰黠慧調伏貪惱等故說增
上戒行多聞喻生厭悔意故明增上
心戒行咽喉喻及繫縛人喻者以人
無我及法無我故增上智戒行若以
調伏貪惱等增上心戒行經所說者
何故此中說增上戒行荅曰能發起
貪惱行故罪多因貪瞋癡等相發起
是故說調伏貪惱等是增上戒行問
曰云何貪惱等令能發起罪荅曰有
二種相故如彼不能懺悔如彼懺悔
而不成懺悔喻若有諸沙門及婆羅
門不知煩惱因故怖畏色等境界住
閑空處自心發起不善思惟故亦起
貪惱我慢境界或餘處念見貪等隨
逐如犬逐土塊以塊打故唯逐塊如

是不除貪等故若以聚落等所有親
近事作現念是名未除煩惱義故名
除及以除竟何故黑朋中說貪調伏
不說於惱白朋中說惱調伏不說於貪
荅曰二俱欲界中故示現有餘調有
餘不調亦現有餘調有餘不調者若
在空閑處而命終如是未調故住戒
者亦壞成增上戒故況復不住戒者
如馬下道或錯如是行者行增上戒
以錯諸念亦名亂如咽喉病能斷命
根如是依人無我行增上智以身見
能斷法命根如有人隨所縛處而求
解脫如是依法無我行增上智隨所
性脫妄念中令計心此三條戒中有
八種戒相違法有八種隨順不淨心
讀誦世間外道經書諸論等多好衣
鉢等無所用故如空攢淶攢淶是縛
因故漸次說二種縛一者見縛二者
名聞利養縛於縛作因故說此漸次
以見縛故增謗聖種朋以利養名聞
故親近白衣如垢障因故漸次說二
種垢一增怨謗聖朋忍受諸煩惱二
親近白衣故貪諸檀越知識等是垢

如雨雹因故次說雨雹忍受諸煩惱
故毀謗正法貪諸檀越以親近破戒
緣故說破戒受人信施於雨雹因故
次有難壽以毀謗正法及破戒受人
信施故自覆諸罪故瘦羸壽因故
次說燒法求見他過說有垢身心受
著袈裟以自覆罪故受他持戒有功
德人所礼拜供養等於燒成病因故
次說不可治病故言有垢身心受著
袈裟而懷增上慢而集戒心故受他
持戒有功德人所作礼拜供養等故
壞他住發大乘心對此故說白朋應
知此二人中初是見行人第二貪愛
行人應知有四種沙門者以何漸次
示現如彼違戒法患戒親近或捨得
人患或得人功德已所有於念中成
障或非障者彼示現是中人患有三
種依三種人故說應知所服相沙門
者心行俱壞依喜惡故說依義誑詐
沙門及名聞沙門行成就而壞心依
二種喜欲大及有喜欲是中喜欲惡
者若言沙門而非沙門怖大者名有
諸德而自意過有自德恒作是念有

喜欲者若有德而與德等生心初者有二種壞行一者有餘二者無餘有餘者依四沙門故說應知依於受戒有漏乃至行不淨意業就此三不善調伏等如次示現依乞食故說不淨命依受用故說慳事受用畜聚積宿等依修業故說不淨命依受用故說慳事受用畜積宿等依修業故說懈怠無餘者以破戒故教犯根本戒故壞心者以惡法故及覆藏彼故第二成就行故依行命戒受用及修道應知是中成就行者依行故成就戒界者依命故成就威儀者以淨心四行故依戒者受用麤澁食故少欲四聖種性者依受用故言不親近諸道俗等故依修道故少言少語故樂寂靜依論說慰喻等應知雖行如是等法皆為誑詐不為善淨心者以壞心故依修行行故誑詐應知常有我見者依人無我不滅我見行行故於空法中而生怖畏難知臨深坑依法無我不分別空及彼說者生怨家等相第三者成就行順住念住止及依行隨

順諸法應知是中住者持戒念者多聞念彼故得順諸事依止者空閑處坐以空閑坐故順諸功德隨順諸法者少知足少欲等違心於親親中應知是中不滅諸念者示現有猒離欲彼對治故滅熾然等欲三菩提故滅三菩提以道行果故第四人二俱成就以九種成就勢應知一常行勢二多聞勢三欲勢四寂靜思惟勢五正見勢六證勢七滅勢八修勢九正證勢不求身命者以不惜身命故是名常行勢應知樂聞空等法意喜者明第二多聞勢亦不喜空見等復不喜涅槃修諸梵行何況怖求三界不悕求諸見法亦應滅法故彼果彼道得涅槃意故說第三欲勢常依止於法不依止文字章句者諸煩惱求內解脫不向外逃走以依止法故求禪解脫思心世間智等第四寂靜思惟勢於一切煩惱常求解脫不向外求見一法本來性無垢畢竟清淨而自依止亦不依他者性不染故有學出世間法自內知見第五正見勢以正法

身尚不見佛何況色身者以不見三寶故真實三寶亦以出世間知分別念故第六證勢以空患離上不見法何況貪著音聲言說以滅除所應除者故第七滅勢無所修應修者以修故第八修勢不生生死不著涅槃知一切法本來寂滅不見有縛不求解脫是故不捨世間不證涅槃者以滅世間因故及以得涅槃故不生世間不求涅槃不怖來死及壽命不求解不求縛已滅故及有餘分故不行亦不滅是中性滅盡無生智等所攝諸無學法應知是名第九正證勢所有彼三種沙門立沙門名彼名無義及不相似示現以名所伐故說貪窮喻云何以名所伐異沙門名形服故妄受施信利養自此已後非真實行沙門及識知起我慢真實行沙門故并持戒識知顛倒說似如持戒故聞思修等智依彼慢故說二喻譬如有人漂沒大水渴之而死此喻示現以有聞慧故生我慢樂師喻以有思慧故樂著三摩跋提凡夫禪故者樂著利養

恭敬故有學者起悔修三摩拔提者修慧邪行故示現行正行中起我慢故說餘三喻初名病人喻第二者寶喻第三者死人喻依戒起彼慢故示現有四種破戒比丘自善持戒等喻是中初者假受戒第二者說不善持律明了懈怠三者以行似彼故於破戒障壞故說壞障戒第四者說具受十二頭陁功德是假名持戒是中初者見恚滅破戒對治障故名為破戒應知有者以破戒故不可持彼中一於涅槃中生恐怖不能滅破戒障故修行對治第二以我慢故生得解脫相對治彼故說諸真實持戒功德然彼戒惡所顯及修道行所顯是中初持戒者說內入非外入故第二說作染業無作善無作非是身等作染業亦無非作是能作善無行無非行依雜染不雜染依乞食無所行亦無不行依雜染不雜染受用故無名無色無餘涅槃無想無非想無相行中離念一切想故及念無想戒無滅無非滅無學行於涅槃有餘故煩惱無餘

故無取無捨常行離喜憂故及捨念同生有故無可取無可捨還彼初境界不取憂喜及取捨念同生故無衆生無衆生名乃至無心無心名依解釋喻既滅隨所能記乃隨所記隨所者無世間無非世間依器世間雜不雜行人行故言無依止無非依止依雜染及不雜染依六識村田境界故言不以戒自高不諂下他戒依親近家故亦不憶想分別彼戒不分別我是持戒我有如是持戒不分別教性說不共然後若三界非界非求三界因是二句示現是名以漸次依於戒有順不順諸法故說善學不善學沙門差別事何者不善學沙門是中有三種應知形服相似沙門不惜沙門戒誰形服同不同者形命受用與命戒見心不相似等是中形處及服處故名形服處相似是中服處者以彼僧伽梨等故名服同形處者以剃鬚髮執持鉢故名為形同以不淨身等業行故名行不相似不淨命故命不

相似慳故於受用中不相似懈怠故用行不相似破戒故於持戒中不相似以惡法故於見不相似不調不伏不隱諸根故於心不相似二威儀誑詐沙門者乞資用精進用等應知增上心增上慧同彼行及心不相似成就用意等故增上戒同一心安詳故乃至不樂雜亂故增上心行同少言少語故增上智行同誑詐等彼行心不同故三名聞沙門者唯求名聞應知舍摩他分同毗婆舍那分同彼二分修同還彼二助行同心性不同是中以戒故有戒分故舍摩他分同戒是三昧因故以多聞故於毗婆舍那分同聞熏領得無漏智故以住空閑阿蘭若故彼二修分相似同於空閑處住修因故少欲等彼二助道行同彼少欲等是助習行等故親近他故心不相似應知何者善學沙門有四種相應知行故心故證故及盡至故以不惜身命故於現法中得厭悔行故空等沙門意喜故未來生教化身行故是名行勢應知以依真如行故

信法無我意故不喜涅槃故及不喜空故所應得及所能得彼亦離假名性相不正執故常依了義不依文字者悕求所須義故於煩惱中而求解脫不向外逃走不如隨聲性故是名心執應知見一切法體永清淨不染以真如法故作助已作及他不緣他智性不染證故是中諸報等盡見解脫不見假名性相故是名證勢應知一切衆生自性滅故不行善修一切煩惱染等對治故不取滅度真如不斷故及不觀非事是名盡至勢應知是中貧人喻與不善學沙門以三種相故於名不如義應知壞心成就行成就心而壞行亦壞心及壞行是中壞心成就行有三種應知能聞及所聞心為知足能說彼中而為知足得出聞三昧故及得彼功德以為樂者是中渫堕河喻說壞心成就行唯有聞等事應知醫師喻還彼唯有說事應知幻喻得彼世間三昧唯樂著彼事應知摩尼寶喻成就心而壞行應知死喻說壞心及壞行應知長者

子喻成就心及成就行應知以一相義故善學沙門應知說有四種破戒比丘似善持戒有何漸次以真實沙門示受真實行以示現如戒相似住假名戒示現假名戒示現假名戒何者住假名戒行有四種應知彼復以我慢等壞身故名為住假名戒行初者成就六種戒以二種障壞戒何者六種行分戒持成依波羅提木叉所說而行成就行成就壞境界成就於微罪中而見怖畏受而修行於諸戒中有二種障何者二種身見繳盛令戒中起及命知第二捨彼二患離身見熾然處故以律師故於諸犯戒善能發起然以等世間淨故諸利益不能動同生身見第三此同法得世間淨戒復同生身見不解法無我聞生恐怖懇息第四離一切與患然以信邪法無我故壞我慢戒住四種不正戒覺知諦等法戒彼相彼無漏應知何者諦等法初住假名戒者亦見有我亦言有我所對治彼故言無我無我所故所作犯戒者是名不作對治

彼故言無作無非作故作行彼亦非行對治彼故言無有所作亦無作者故安詳行亦名非行對治彼故言無行無非無行故妄念行者是名非行對治彼故言無有所行亦無不行故第二住假名戒行身見用煩惱隨順亦見名及見色對治彼故言無名無色故未來生想定有及彼想對治彼故言無想無非想故彼熾然滅使者亦名不滅對治彼故言無滅無非滅故執人無我及捨取人對治彼故言無取無捨故還彼衆生無我執中亦可取亦不可取對治彼故言無可取無可捨故不以色等執衆生相彼說取善哉對治彼故言無衆生無衆生名語亦說彼取善哉分別對治彼故言無身無身名無口無口名故彼分別是心及彼取分別善哉對治彼故言無心無心分別名第三住戒行者上生世間亦向捨下故非世間對治彼故言無世間無非世間依三昧亦依不貪欲對治彼故言無依止無非依止攝取自戒不毀他戒對治彼故言

不以戒自高不毀下他戒第四住假名戒言我是能持戒生分別念對治彼故言亦不分別戒故勝性念等戒分別念對治彼故言不分別戒及不念此戒故是名謗法無漏戒中盡能滅盡是名諸聖持戒無漏足句無所著者出世間故不至三界理不順一切煩惱故離一切依止對治離三界故是故於有還淨示現勝彼持戒故說諸偈應知

具足持戒者　無垢無所有

初偈第一句離垢故說性清淨貪欲等有餘離已彼因淨故得戒性淨示現同因等淨餘三句者還彼持戒示現同伴等因淨是中破戒同伴及諸同因對治故於戒同伴及諸同因者有三種差別應知是中破戒同伴有三種慢同色等依止因故迷惑癡故見如愚癡同樂三摩拔提屈復同伴取念同事念者如鹿覊同身樂愛恚伴是名第一偈義還彼持戒中一切相明依清淨戒故說第二偈應知寂滅常畢竟知是等是中有四種性同

恚對治故說波羅提木叉戒清淨應知以不闕故於聖戒禪淨餘者無漏戒淨還依彼持戒無諸患淨故說第三偈

不貪惜身命

如是等有五種患何者彼五患一者利養恭敬患以惜身故二者懸念患繼念莫死起樂命故三者起願持梵行患希求一切有生故四者唯誠爲足患不正至故五者不出至患如諸外道說成不正里故遠離此五種患故釋成清淨無諸患應知依無煩惱淨故說第四偈

持戒不染世

世法不能染故依集諦所攝染同至熾染起欲愛二識者諸愛染故言不依世法耳不依世者滅前復有愛故滅

逮得智慧明　以得光明故　於見諦道中

無垢無所有無垢無所有事以修道無明等及餘對治彼故言

無我無彼相離我他相故依無學道離我慢清淨故說第五偈

無此無彼岸　亦無有中間

無相行中不著內外入故

無著縛無漏滅煩惱及使熾然滅故無諂及無漏無我慢差別明依永涅故說第六偈

心不著名色於有不起願故不離寂滅法

彼者以持戒不足故　諸根調伏故

於三昧中不足故

不生我我所乃至有頂世間知足故住持戒故說於戒中永示現依世間淨故說第七偈應知

雖行持諸戒　其心不自高

示現以持戒故心不生高下無厭足故

亦不以爲上　過是求聖道

淨持戒者此相以三昧不足故求出世間道依出世間淨故說第八偈

不以戒爲家不以戒爲足故亦不貪三昧

不樂著三昧故　過此二事已

修習上智慧

無分別是聖性無分別是修攝取增上智諸佛所稱歎是故知餘者勝歎事故依有學無學非有學非無學涅故說第九偈

心解脫身見　　滅有分別身見
示現學戒淨故　滅除我我所
以滅同生身見故　示現無學戒淨
信空佛境界
以信空故示現非學非無學淨事依
惱著淨故說第十偈
依戒得三昧　三昧能修慧
示現未得八聖道戒故說不持戒淨
依因所修慧　速得於淨智　以得淨智故
具足清淨戒
示現以得聖智故後得戒清淨說此偈時八百比丘不受諸漏心得解脫三万二千人遠塵離垢得法眼淨亦現此教誨中有如是等大利益亦復示現現即得大果於化者有學無學等得故及五百比丘得禪定者聞此深法心不信解不能通達從座而起去者示現彼難調伏能調伏已不能信解不能通達入深法故有二種相不能通達諸法以不信故以信不樂故智慧不能通達諸義故是偈甚深者難知故諸佛如來菩提甚深者愚難則量故彼若不淳種諸善根惡知識

所攝自信力少難得信受以惡知識所攝故不淳修諸善根以不信多故應知介時世尊語尊者須菩提顯菩提時諸聲聞是如來作堪能化度勝義故是故乃至假名真實差別應知介時世尊即時化作二比丘者示現如來方便應度故示現化者有二種相故示現信於同服及見同法事故彼諸比丘攝取為已說正教誨故彼以妄執取涅槃生我慢故生怖畏為信故說如實涅槃無有來生者入涅槃者非諸貪欲等有故而有盡滅彼者如不生故示現涅槃者雖滅不生故言汝等莫作憶想莫作分別者於內外入中是我我所如次即於諸法無著者以貪瞋本來無生故無離者未來不離故是名寂滅者防護此執本非寂滅而有寂滅所有戒等品彼亦不住不來復不滅盡者以來生名永寂滅故不住不來者以不染故復不滅盡者性自滅盡故彼者亦無餘若本不寂滅已於後成寂滅汝等可捨離是相所謂涅槃無彼事故言勿

我入涅槃以相向涅槃故作涅槃相勿以貪欲等相故識為涅槃相非貪欲等無故名為涅槃是名彼者相復無相行中方便設無漏已次後說現法樂行方便入滅盡定行起故或復此是異義經言彼若不淳種諸善根者智慧功德助道行之少故增上煩惱塵是義非惡知識所攝者以善知識所不攝故壞是義不能信解者離智助道行故能信甚深處是義不能信解者是故想不能通達者不能測量知法體智住故復不能信解已不能正決真智故如來化度方便事有二種應知化者以我慢共體故示現同共事故所說能順行教故及得教誨有出世因故說正淨教方便教授故彼復有四種相應知染淨中恐怖故依順說故離授煩惱因於淨法中教授捨恐怖因故及教授現法見寂樂行方便故此身復有我見以我正證故依於淨染中順空教授故言我當無辜生怖染以染故世間行是名初相汝等莫作憶想莫作分別者煩

惱因示現有二種假名性慢執煩惱分別性故及執彼功德患勝分別故是名第二相淨略有二種應知一者淨道行二者涅槃淨是中有二種相故淨道行是怖畏因應知汝等比丘所有戒品彼不往來復不滅盡者計是真如中永淨故前者釋有煩惱分別及離煩惱分別亦不成彼淨道行中煩惱及離煩惱彼分別已於淨道行中而生恐怖有二種相故於淨涅槃因中生恐怖應知汝等可捨離是相所謂涅槃不異假名性想執故莫隨於想莫隨非想者是名涅槃異想憶作心想故莫異想識相莫異想觀名是名寂滅內心之想復莫以想觀想者此二無因故於涅槃中不生恐怖是名第三想應知捨彼二因故教授衆上行諸方便等應知捨彼二因事及捨煩惱因於淨法中捨恐怖因是名第四相應知於中乃至如來化度方便應知自此已後說正智作大益應知依六事故說一者為因事二者作諍三者響音事四者寂靜思惟事五者訓誨事六者證法及順法事故爾時尊者須菩提問彼比丘言汝等比丘去至何所今何從來諸比丘言須菩提佛所說法無所從來去無所至有何義故作如是說初依樂因故以何義故彼處無有來往譬若世間復問誰為汝師荅言我等師者若先來不生亦無有滅有何義故作如是說依第二因事依非色身世尊故彼無生亦無滅是涅槃性故復問汝等云何從誰聞法荅言不為縛不為解有何義故作如是說第三依響音因事為說法彼不為縛依上等生愛對治故不為解彼已得脫故復問汝等習行何法荅曰不為滅無明不為生明者有何義故作如是說第四依寂靜思惟事故不為滅無明故不為依離無明諸聖聞有彼行故不為生明者已生故復問汝等師是誰荅言若無得無知者是彼第子若未得及未證者以何義故作如是說依第五訓誨事故所有化比丘身勸彼故第六證法及順法行事依十事故說

應知依有餘涅槃無餘涅槃滅見諦行煩惱滅修道行煩惱滅苦供養尊者行布施行過凡夫地入住聖人地及同得至解脫故復問汝等是誰同習梵行荅言若於三界不行亦非不行者有何義故作如是說無餘涅槃有餘事故爾時共諸同法者住故復問汝等幾何當得涅槃也荅言如若如來所化人入涅槃者我等亦當得入有何義故作如是說依有餘涅槃彼本起滅故他力相似法本業應故爾時共餘者住故復問汝等煩惱盡耶荅言一切諸法畢竟盡相者有何義故作如是說以滅見諦惑故一切法永滅者諸趣惡處故復問汝等已得已利耶荅言知斷無我無我所者有何義故作如是說依滅修想煩惱故及滅同生身見故復問汝等破於魔耶荅言陰魔不可得者何義故作如是說滅苦故及陰魔不可得故未來生彼不可見故是故於中降伏一切魔慾應知以陰無故餘魔不行復問汝等奉如來耶荅言不以身口心

者有何義故作如是說恭敬尊者不以身等得涅槃中得親敬故復問汝等作福田耶荅言無取無有作者何等故作如是說檀越作敬不可取及不可作離見動惡等故如次復問汝等斷於生死往來也荅言無常無斷者何義故作如是說過非聖人地故不斷世間令作少方便非上者以有涅槃故此示現不斷等事故復問汝等隨順聖人地行耶荅言離一切取有得無㝵解脫者有何義故作如是說住聖人地故離一切取解脫故不攢執離不正取故復問汝等究竟當依止何所荅言隨於如來化人所至者有何義故作如是說解脫同至於如來無異勝相似法故示現解脫同至或復以心得自在諸善男子是能隨時以能受於正記為如是尊者故為次說正記能作大利益應知何者密語不二相智及一切密語入想不二相何者是所說句處事然是彼性無故所說性熏一相境界性相有故不二彼不二中生執二相是染不執

二故名淨雖說所有說一切句處有事者彼亦假名言熏相境界性無故彼二熏相境界性有故彼二於彼不二執二相故有染不執盡故淨如是一切諸佛入彼密語是不二相應知是中五種相者於尊處及彼教授中有五種果事及有五種果益事成就持故說諸密事應知有五種相何者五種尊者有想說彼成就故成就尊事應知復有何義謂涅槃永諦彼故佛所說法無所從來去無所至離六種入滅故彼界中諸有等諦不能諦故及無分別覺故一切諸法何者是彼尊而能說法彼有何相先來未生亦無有滅依法身無生滅故說何等法若不為縛不為解縛解者性相無故為令覺知彼故以幾種性相說不斷滅無明不生明故明與無明假名性不可得見覺故為誰說若未得及未正覺正覺不已彼無故何者成就果勝事謂無餘涅槃界故若於三界不行依無餘涅槃界處唯淨真如住處故作如是說有餘涅槃界若如來

化者而入涅槃真實處唯有性涅槃一切諸法依世諦涅槃故作如是說能滿聖道行所作已辦故言我作已辦於有我無我我所依諸法無我故作如是說伏內怨以內力故諸煩惱怨以證法無我故永滅說故作如是言伏外怨不覺見陰魔故所有外陰所攝陰者外怨聲說應知勝彼者離分別念陰性不覺故應知是中成就果利益事者已恭敬於尊非身等耳以順行法故善淨受信施所施故以了福田不取一切法故度世間苦海度世間者以法無我不斷及常故不退於福田處故行福田地捨取法慢故及法化者名成佛子依如來故言汝等何行去無於至者如如來所化者來故須菩提如是問荅諸比丘時有八百比丘不受諸法心得解脫三万二千人遠塵離垢得法眼淨者此正授記中有此大利益事若有學者得無學成就凡夫得有學地世尊此寶積法門是希有能興住大乘善男子善女人作大利益者自此已後顯

此法門說大利益事以有益故於諸菩薩成佛法及化衆生故以中道義訓誨等如次彼善男子善女人得幾功德者示現聞菩薩藏中有教誨信益事迦葉若有善男子善女人如是等示現有五種相現利益信事一世界持時大德二自在成就退因故三轉身故四彼處故成就堪作器故五聽者作器故及捨身時得見淨業故是中世界大者佛及彼聲聞并諸塔等持者諸寶滿諸世界衣服等是時無量阿僧祇劫故是中有五種相得大自在因退事應知以有量悕無量果因故以有盡無盡法故以非上得上樂故助知道彼行性故及以彼引取故復有五種相令得成就大自在退因事應知一微惡樂因故二不定一向樂因故三不永樂因故四顛倒意受樂因故五依苦身受樂因故是名彼者家後受女身轉身故及彼地處所敬如聖塔故彼處所以為作器故隨彼法法所讀誦受持等者明說者為作器故彼人命終時得見如

來得身口意業清淨捨身時得見淨故及得淨業故無有諸患而令命終離諸苦受故及以離憂惱因故憂惱心不能降伏故不動眴諸自識諦知諸意有故不動搖手足成就威儀故不失大小便曾分無汗以無畏故不作捲不攪空不諸惡相故隨坐而捨受命者以身調伏故善正言音者以離諸畏難故滑利言音者以離過惡言故上妙言音者以上妙言說諸佛如來妙法語故愛樂言音者讚歎說諸如來故天人所樂擁護言音及柔軟言音者同法者以理施答對故不背說言音者以無諸妄故快說言音者前後言不相違故可取言音者不違順理語故天擁護言音者信佛法諸天擁護故諸佛所擁護言音者諸佛攝取故不瞋現得惡能忍故不恨者能忍過去惡故不忿惱者不覆諸惡故不懷報者憂悔等熱不能燒故不計過患者不悕求貪欲等故不壞者以不悕求保故無有異相不怯弱心於戒法中者不取異見故常不放

逸勤心精進者不亂寂靜心故以不怯弱心取佛世界清淨者以不喜自身諸佛菩薩所持而取上妙佛世界故離慢及增上慢者得一切佛法現氣故離慢及增上慢者世間三昧三摩拔提微細深心分別以不求以用一切佛法現氣因得不以勝一切諸佛三昧為菩薩藏得教誨中正信利益事如是無邊阿僧祇應知耳

作此寶積論　我所得功德　以勇意讚故　願世得究竟
妙法寶積經　無垢大智明　此論除翳障　造寫所得福
所有者諸見　及墮無智網　無障尋佛眼　願世速令得

大寶積經論卷第四

大寶積經論卷第四

校勘記

一　底本，金藏廣勝寺本。

一　九五九頁中一行首字「大」，石作「大乘」。

一　九五九頁中一行末字下，麗有夾註，同卷三。

一　九五九頁中二行譯者，石、磧、普、南、徑、清同上卷；資作「元魏天竺三藏法師菩提留支譯」。

一　九五九頁中三行第五字「衰」，諸本作「來」。

一　九五九頁中一〇行第一二字「好」，資、磧、普、南、徑、清作「好色」。

一　九五九頁中一三行「不以不知覺」，石作「不以不知不覺」；麗作「以不知不覺」。

一　九五九頁下七行第二字「說」，石、資、磧、南、徑、清、麗作「脫」。

一　九五九頁下一三行第一三字「依」，石作「衣」。

一　九六〇頁上六行首字「懷」，資、磧作「壞」。

一　九六〇頁上末行第一一字「唯」，石作「隨」。

一　九六〇頁中二行「煩惱」，諸本作「順」。

一　九六〇頁中四行第五字「白」，普作「曰」。

一　九六〇頁中一四行「脫妄」，資、磧、普、南、徑、清作「勝忘」。

一　九六〇頁中二〇行第五字「增」，資、磧、普、南、徑、清、麗作「憎」；二二行第四字，資、磧、南、清、麗同。

一　九六〇頁下七行首字「著」，石作「者」。

一　九六〇頁下九行第一三字「愛」，徑、清、麗作「受」。

一　九六〇頁下一五行第九字「戒」，資、磧、普、南、徑、清、麗作「或」。

一　九六〇頁下一八行第一〇字「所」，諸本作「形」。

一　九六〇頁下二二行「名有」，石、資、磧、南、徑、清、麗作「若有」。

一　九六一頁上二一行第七字「知」，諸本作「如」。

一　九六一頁上二二行第一三字「相」，麗作「想」。

一　九六一頁中二一行第四字「未」，諸本作「來」。

一　九六一頁下一〇行第六字「怖」，石、麗作「悕」；資、磧、南、徑、清作「希」。

一　九六一頁下一四行第一三字「義」，磧作「我」。

一　九六一頁下一五行第九字及一六行第六字「伐」，南、徑、清作「代」。

一　九六一頁下一七行「施信」，諸本作「信施」。

一　九六一頁下二二行「藥師」，諸本作「藥師」。

一　九六二頁上一五行首字「彼」，麗作「破」。

一　九六二頁上二〇行首字「行」，石作「作」。

一　九六二頁上末行第一二字「惱」，資作「惚」。

一　九六二頁中五行第九字「乃」，諸本作「及」。

一　九六二頁中一三行第五字「後」，資、磧、普、南、徑、清、麗作「彼」。

一　九六二頁中一三行第一〇字「界」，石、麗作「果」。

一　九六二頁中二二行末字至末行首字「等業」，資、磧、普、南、徑、清作「業等」。

一　九六三頁上六行第二字「執」，諸本作「勢」。

一　九六三頁上七行第九字「作」，諸本作「形」。

一　九六三頁上一七行第二字「心」，石、資、磧、普、南、徑、清作「以」。

一　九六三頁上二一行第九字「閒」，南作「門」。

一　九六三頁中一〇行第一一字「界」，磧作「思」。

一　九六三頁中一五行第八字「閒」，石作「聞」。

一　九六三頁中一五行「利益」，諸本作「利養」。

一　九六三頁下三行第三字「詳」，南作「庠」。

一　九六三頁下四行第四字「無」，諸本無。

一　九六三頁下六行第一〇字「用」諸本作「朋」。

一　九六四頁上一五行第一〇字及一六行第七字「戒」，石作「我」。

一　九六四頁上二〇行第八字「鹿」，磧、南作「麁」；徑、清作「麤」。

一　九六四頁上二〇行末字「患」，諸本作「喜」。

一　九六四頁中一一行第七字「里」，資、磧、南、徑、清、麗作「理」。

一　九六四頁中一六行第一一字「染」，石作「滅」。

一　九六五頁上一三行第一三字「亦」，石、資、磧、南、徑、清、麗作「示」。

一　九六五頁上一五行第二字「現」，資、磧、普、南、徑、清無。

一　九六五頁上末行首字「則」，諸本作「測」。

一　九六五頁中三行第一三字「顯」，南、徑、清作「須」。

一　九六五頁中一九行及二〇行「不住」，石、資、磧、普、南、徑、清作「不往」。

一　九六六頁上一二行首字及一四行第一〇字「相」，資、磧、普、南、徑、清、麗作「想」。

一　九六六頁上末行第二字「作」，諸本作「依」。

一　九六六頁中五行末字「樂」，石、資、磧、普、南、徑、清作「涅槃」。

一　九六六頁中一八行第三字「雜」，資、磧、南、徑、清作「離」。

一　九六六頁下二行首字「行」，資、磧、普作「依」。

一　九六六頁下一九行第二字「耶」，石、磧、南、清作「師」。

一　九六六頁下一九行第一一字「何」，

石、麗作「有何」。

一　九六六頁下二〇行第五字「苦」，磧、普作「若」。

一　九六六頁下二一行第一二字「降」，資、磧、普、南、徑、清作「陰」。

一　九六六頁下二二行第一二字「不」，磧、普、南、徑、清作「不能」。

一　九六七頁上二〇行第一三字「想」，諸本作「相」。

一　九六七頁中三行第二字「二」，石作「於」。

一　九六七頁中一三行第六字「覺」，石、磧、普、南、徑、清作「學」。

一　九六七頁中一七行第六字「彼」，石、麗作「諸行」。

一　九六七頁下一六行第七字「於」，諸本作「所」。

一　九六七頁下二一行「成就」，石、麗作「成熟」。

一　九六八頁上八行第一〇字「就」，諸本作「說」。

一　九六八頁中六行第七字「分」，資、磧、普、南、徑、清作「心」。

一　九六八頁中六行第九字「汗」，石、磧、普、南、徑、清作「汙」；資、麗作「汙」。

一　九六八頁中七行第六字「不」，諸本作「無」。

一　九六八頁中一一行第七字「愛」，資、磧、普作「受」。

一　九六八頁中二一行末字「壞」，石、資、磧、普、南、清、麗作「懷」。

一　九六八頁下九行第四字「無」，諸本作「無量阿僧祇彼分別從本差別信益轉無量」。

一　九六八頁下一〇行第一四字「請」，麗作「淨」。

一　九六八頁下末行首字「大」，石作「大乘」。

寶髻經四法憂波提舍翻譯之記一卷 谷

寶髻經者是大集中之一集也其宗四法玄深與嵡天親菩薩略開其門是故名為憂婆波提舍聖自在力行之彼古時人處會出於此金興和三年歲次辛酉九月朔旦庚午之日烏萇國人剎利王種三藏法師毗目智仙中天竺國婆羅門人瞿曇流支譯法大士魏驃騎大將軍開府儀同三司御史中尉勃海高仲密愛法之人沙門曇林道俗相假於鄴城内金華寺譯四千九百九十七字

寶髻經四法憂波提舍

天親菩薩造

元魏烏萇國三藏毗目智仙 譯

如是我聞一時婆伽婆住王舍城耆闍崛山中與大比丘僧大菩薩衆俱尒時世尊告寶髻菩薩言善男子菩薩四種發起精進不離布施何等為四一者滿足一切佛法發起精進二者滿足一切衆生發起精進三者究竟相隨形好發起精進四者清淨佛之世界發起精進如是四種發起精進乃至盡此修多羅說

如是菩薩四種正法大乘經攝諸菩薩行證明說此今解釋以何義故彼不可量無垢精勤不動寂勝堅固精進大力具足如是世尊而說此經偈言

世尊牟尼王　不可量精進　無垢勤不動
寂勝精進力　說此修多羅　為何所饒益

又復何義名為世尊何所饒益在王舍城以何義故世尊告彼寶髻菩薩何故菩薩名為寶髻彼善男子菩薩四種發起精進不離布施如是菩薩是何種姓此義須釋何故發起四種精進不多不少何者布施幾種布施滿足衆生發起精進此應解釋何者衆生為有為無衆生若有一切諸法離衆生說云何可避衆生若無而言滿足一切衆生則不相應菩薩布施為當滿足一切衆生為不滿足若皆滿足何因緣故一切衆生不覺不知如世尊說彼言龍王若我四法已取衆生彼諸衆生一切皆應知我說法若不滿足自違所說修多羅言

若說滿足一切佛法發起精進彼說
何者名為佛法又復云何菩薩布施
如是滿足一切佛法何須更說六波
羅蜜若彼布施如是滿足是則無有
五波羅蜜若有六者自違所說修多
羅言
若說究竟相隨形好發起精進相隨
形好此義須說何者相好又復此義
世尊已說若世尊說究竟相好發起
精進尸波羅蜜佛如是說若有菩薩
怖墜欲得相隨形好而布施者當知
彼是取著菩薩以何義故此中隨說
尸波羅蜜彼處則遮如是因緣此義
須說
若說清淨佛之世界發起精進諸佛
世界幾種清淨幾種不淨此義須說
又此世尊釋迦牟尼佛之世界為是
清淨為不清淨若皆清淨違阿弥陁
莊嚴經說於彼經中來說
我今出於五濁惡世阿耨多羅三藐
三菩提覺若不清淨何故此說菩薩
四種發起精進不離布施此義須說
以要言之何者滿足一切眾生發起

精進如是乃至何者清淨佛之世界
發起精進世尊已說此皆是難
如是第一無垢清淨勝修多羅如所
問難彼義今說此所說法其義云何
以何義故彼無障导不可稱量離垢
勝慧不可思議勝身口意第一天人
阿修羅眾之所供養寂靜勝行不可
思議無等等光已說此經偈言
無导廣無量　勝慧三界上　身不可思議
口意亦如是　天人阿修羅　眾等所供養
何義故說此　無上離垢行　正教佛已說
寂靜第一行　有不可思議　無等等光明
此義今說為有疑者斷疑饒益於大
會中有天有人有阿修羅若龍夜叉
鳩槃荼等聞佛世尊為菩薩說飲食
車乘衣服莊嚴種種珎寶若馬若象
修道之處園林戲處城邑聚落多人
住處或以洲渚妻子頭目手足心皮
肉血骨髓上身等分以用布施聞此
說已生於疑心菩薩幾許發起精進
如是種種難行布施如來觀知彼生
疑心斷彼疑故為說此經言善男子
菩薩四種發起精進不離布施一切

智人已說此法非謂菩薩懈怠布施
是故四種發起精進如是饒益
又復如來何所饒益而說如是檀波
羅蜜施行清淨有人憶念欲聞佛說
檀波羅蜜施行清淨聞已饒益何人
欲聞此我今說所謂寶髻諸菩薩等
如是大聖菩薩眾俱善應世界而來
至此種種勝妙供養世尊供養已訖
問言世尊未知菩薩幾種淨行願世
尊說我今欲聞世尊說言善男子菩
薩具有四種淨行何等為四一者波
羅蜜淨行二者菩提分法淨行三者
通智究竟淨行四者眾生淳熟淨行
何者布施波羅蜜淨行彼云何說彼
世尊說菩薩四種發起精進不離布
施如是等如是饒益
又復此義何所利益此我今說為自
利益為他利益不知自他利益因故
如來示彼自他利因是故為說此修
多羅一切智人何以故示有人起發
菩提心已四種發起精進布施彼人
自他利益具足非唯憶念
究竟相好發起精進滿足佛法發起

精進是故布施得自利益滿足衆生發起精進淨佛世界發起精進是故布施得他利益如是饒益

又復更有何所饒益此義今說若有菩薩不學施智令彼菩薩學施智故如是饒益一切智示若有菩薩不學施智而亦行施得名為施非波羅蜜如世尊說檀波羅蜜彼中說言若人恒伽河沙等劫修行布施不學施智如是菩薩得名為施非波羅蜜

又復更有何所饒益此義今說若有菩薩欲少行施多得果報以何方便彼不學人一切智人善方便學彼不學人饒益彼故為說此經一切智人四種示現以此方便少行布施多得果報如善方便修多羅說善方便菩薩少施作廣作無量如是饒益

又復更有何所饒益此義今說若有菩薩離於願智令彼菩薩願智和合如是饒益一切智示菩薩無願則不布施又如是願我今食等布施滿足願未來世以無上法布施滿足力無所畏不共法等如是佛法相隨形好

皆悉證得我得善淨佛之世界如是饒益

又復更有何所饒益此義今說菩薩求於四種具足不學其因學因饒益一切智示若汝欲求四種具足應行四種發起精進行於布施何等為四一者衆僧具足二者智具足三者身具足四者佛世界具足一切智示若汝欲求四種具足應行四種發起精進行於布施若說滿足一切衆生發起精進得僧具足若說滿足一切佛法發起精進得智具足若說究竟相隨形好發起精進得身具足若說清淨佛之世界發起精進得佛世界具足如是饒益自他利益故說此經

又復何義名為世尊何所饒益在王舍城此之二難如菩提心憂波提舍彼說應知

何故菩薩名寶髻者彼義今說如是無量無數百千阿僧祇劫善根究竟得珠寶髻直十三千大千世界滿中七寶是故彼聖名為寶髻譬如以手執金剛故名金剛手如是髻中有寶

珠故名為寶髻三善具足憂波提舍彼說應知

何故發起四種精進不多不少彼義今說以思念因此之四種發起精進思念饒益具足究竟彼有何物思念饒益此我今說自他利益彼不須多亦不得少又復思念饒益究竟不得說少如是四種世尊已說譬如丈夫兩脚得行更不用多一不得行此亦如是

何者布施幾種布施此二種難三善具足憂波提舍彼說應知

何者衆生為有无如菩提心憂波提舍彼說應知菩薩布施為當滿足一切衆生為不滿足彼義今說菩薩滿足云何滿足菩薩普於一切衆生心皆平等捨一切物普施衆生滿足一切衆生願故菩薩云何捨一切物所有一切內外之物願令一切衆生解脫清淨心捨乞求人來如自己物自物想取一切衆生平等心故若菩薩施離彼我過捨衣食等布施滿足一切衆生若不取者非菩薩過菩薩心於一

切乞者猶如龍王辟如龍王一切求者皆悉等與若不受者非龍王過辟如龍王興大密雲覆於虛空平等降雨藥草藂林樹木生長陂池悉滿高處不受非龍王咎如是菩薩平等普施一切乞者若有不受非菩薩過滿足一切衆生願故菩薩布施作如是願我為滿足一切衆生無上樂故種種物施一切生處我常滿足一切衆生是故菩薩作願布施一切生處得大富樂以彼願力布施力熏生生處處種種布施無量衆生皆悉滿足離煞生等種種不善是無畏施一切衆生皆悉滿足如世尊說止煞生故是則布施一切衆生不畏不憎如是等故如為示現畢竟涅槃無量衆生住涅槃樂為諸菩薩授佛記已然後菩薩自取涅槃如是因緣捨苦得樂如是滿足一切衆生

何者佛法彼義今說法身依止十力無畏不共法等此是佛法彼一切法皆是佛知故名佛法如彼聖者文殊師利所說偈言

不思議正覺　不可量如來　緣覺聲聞等
所不能測量　況一切衆生　能知彼如來
凡夫戲論行　如來無戲論　唯佛能知佛
佛法行依止　自然身心智　除佛無能解

又復云何菩薩布施如是滿足一切佛法何須說六彼義今說實有六種以何意故唯說布施此義今說此是菩薩善方便意如善方便菩薩布施則能滿足六波羅蜜如善方便修多羅說郁伽羅問修多羅說在家菩薩布施滿足六波羅蜜云何滿足所謂菩薩異異種物彼彼求者皆悉施與心不分別如是名為檀波羅蜜依菩提心修行布施如是為尸波羅蜜於乞求者不瞋不動如是名為羼提波羅蜜若布施他我何所用無如是心有如是力如是名為毗梨耶波羅蜜若有來乞若施施已不熱不悔自心喜樂善意心生如是名為禪波羅蜜若布施已於一切法心無所得不望果報如彼黠慧無有少法貪著喜樂如是人不著唯願阿耨多羅三藐三菩提如是名為般若波羅蜜如是滿

足六波羅蜜以要言之一切具足又如世尊大乘經說無量具足如是一切皆此中攝又住大地諸菩薩等有如是意彼住大地諸菩薩意布施滿足一切佛法又復對治諸衆生故世尊說法或有衆生以布施門為說滿足一切佛法或有衆生乃至慧門又復為示菩薩願故菩薩滿足乞求者意作如是願如我滿足彼求者意以此善根願令滿足一切佛法如是說者則無有過

何者相好彼義今說三十二相所謂手足皆有輪文善安平住手網縵指手足少軟七處平滿指長身寬正直大身項則如貝身毛上靡因尼鹿踹脞平臂平陰馬王藏皮妙金色一孔一毛眉間則有白毫顯面師子上身肩前後圓其背平正味中上味身體圓滿如尼拘陁頂上高圓脩廣長舌妙梵音聲師子頰類齒則鮮白齊平而密有四十齒目睫紺青牛王眼八十種好隆赤膩甲圓指錦文脉深不見手足踝平骨節堅密二足趺平

寶髻四法經論一卷 第十二張 谷字号

足下文長手足平正文深膩潤舌次第語脣色赤好如頻婆果不高不下舌赤軟少白為王舌雷吼雲聲善美音聲如文殊響滿足衆好兩臂平等身體淨潔衣裳亦尔普身柔軟衆分皆等次第善密身分分善分分寬博善坐圓滿舌正美言語論次第齊舌皆深行密仙王普皆可喜第一善淨離闇電光普遍光明師子牛王龍王鵝步右旋轉行舌不長短舌則圓美腹腸不卓離於要欲身無黑黶無有垢惡外圓而利又不前却高隆而淨無有垢穢笑微而緩目如青葉居婆羅耶笑則如法眉面處所次第相應眉正不邪不少不多皆悉離過不可毀呰皆不可嫌諸根善勝額中善滿第一可喜面額相類上身平滿不白不黑有種種香不堅不濁次第善緊勝妙文章有難提旋跋陁摩那應量身形幾順不亂

佛何以故此中教示相好究竟尸波羅蜜中便遮此義今說初業菩薩憶念相好悕望欲得饒益彼故方便教

寶髻四法經論一卷 第十三張 谷

示彼未久行故愛相好捨離饒益悲心布施相應饒益如是故遮又復若人貪著妙色究竟相好悕望憶念為彼人遮若有衆生成熟饒益彼須教示此有衆生見如來身相好莊嚴發菩提心故如是說如轉女身修多羅說又復未發菩提心者饒益教示又復久發菩提心者空等相應饒益故遮又具福德滿足饒益是故教示智具滿足饒益故遮又永世尊相隨形好滿足究竟取者故遮又復貪著喜樂等過寂靜饒益為彼故遮如是因緣此經不遮諸佛世界幾種清淨幾種不淨彼義不說彼不清淨要有二種何者為二一者衆生相二者行相衆生相者謂衆生過言行相者所謂行過彼衆生過惡行衆生依止種種虛妄諸見彼行過者坑坎堆阜棘刺等過如是地多食飲衣服寶等受用皆不具足如是相對衆生功德行功德故世界清淨彼復菩薩無量種種願力自在應如是知諸佛世界功德無邊菩薩願力自在無邊發起精進是

寶髻四法經論一卷 第十四張 谷

亦無邊如是種種不可盡說又此諸佛世界清淨唯說少分餘者應知如世尊說有十二種諸功德場和合聚集彼清淨覺得佛世界何等十二一者劫場和集故得以功德場皆究竟故二者時場和集故得以法行等不過時故三者衆生場和集故得以法智故四者世界場和集故得以善淨故五者調御衆生場和集故得以無嫉故六者乘場和集故得以一行故七者陁羅尼場和集故得以無餘物故八者佛法場和集故得以無一切外道法故九者功德場和集故得以不諂故十者直心深心場和集故得以本性淨生淨衆生處淨故十一者聖場和集故得以不離福田故十二者道場和集故得以乘前佛所乘來故又此世尊釋迦牟尼佛之世界為是清淨為不清淨今說清淨何以知之以世尊心善清淨故若復有人心不清淨故見此佛世界不淨依彼意故世尊說言我今出於五濁惡世阿耨多羅三藐三菩提覺如無垢稱修

寶髻四法經論一卷　第十五張　谷字号

多羅說菩薩欲得淨佛世界當淨其心隨其心淨佛世界淨尒時慧命舍利弗承佛威神作是疑念若菩薩心淨佛世界淨者今我世尊釋迦牟尼行菩薩時意豈不淨而佛世界不淨若此

尒時世尊以知慧命舍利弗念而問之言舍利弗於意云何汝舍利弗勿作是念日月豈不淨耶而盲者不見慧命舍利弗言不也世尊是盲者過非日月咎佛言舍利弗衆生如是無智罪故不見如來世界清淨非如來咎舍利弗我此世界常自清淨而汝不見尒時螺髻梵王語慧命舍利弗言大德舍利弗仁意莫謂此佛世界為不清淨今此世尊釋迦牟尼世界清淨慧命舍利弗問梵王言此佛世界云何清淨螺髻梵言大德舍利弗譬如他化自在天宮莊嚴殊妙我見世尊釋迦牟尼世界清淨功德莊嚴亦復如是慧命舍利弗復言梵王我今唯見此佛世界丘陵坑坎𦯀剌沙礫土石諸山穢惡充滿螺髻梵言大德舍利弗仁者如是心有丘陵坑坎等穢信不清淨故見此佛世界不淨復次大德舍利弗若有能於一切衆生心皆平等深心清淨則見此佛世界清淨尒時世尊足指案地即時三千大千世界無量百千不可計數功德珎寶具足莊嚴譬如寶莊嚴佛無量功德勝妙珎寶莊嚴世界時此三千大千世界亦復如是大衆皆見歎未曾有而皆自見坐寶蓮華尒時世尊告慧命舍利弗言舍利弗汝今為見我佛世界無量功德勝莊嚴不慧命舍利弗言我見世尊本所不見本所不聞今見世尊不可思議莊嚴世界清淨悉現佛言舍利弗我佛世界清淨如是下劣衆生見不淨耳舍利弗譬如諸天共寶器食隨其業力飯則不同如是舍利弗衆生共生一佛世界若心淨者則見世尊世界清淨我今以此修多羅量故說清淨

寶髻四法經論一卷　第十六張　谷字号

以要言之滿足衆生發起精進一切衆生等心示現滿足佛法發起精進自證示現究竟相好發起精進此則示現普賢依止清淨世界發起精進一切衆生富樂示現

寶髻四法經論一卷　第十七張　谷字号

又復有義初如猒病二如聞藥三如怖藥四如病人所居舍宅

又復示現初大悲力二智力三身心力四者直心深心修力如是示現

又復有義初說不捨一切衆生二者得力四無所畏不共法等一切佛法三者得身者不可壞四者得佛無上法王相應世界

又復有義滿足衆生發起精進檀波羅蜜毗梨耶波羅蜜為示現故滿足佛法發起精進般若波羅蜜智波羅蜜故究竟相好發起精進羼提波羅蜜方便波羅蜜故淨佛世界發起精進尸波羅蜜禪波羅蜜如是示現

寶髻經四法憂波提舍一

寶髻經四法憂波提舍

校勘記

一　底本，金藏廣勝寺本。
一　九七二頁中一行第三字「經」，資作「寶髻經論一卷」。「之記一卷」，石、資、磧、麗作「之記」；南、徑、清作「記」。
一　九七二頁中一三行末字「舍」，石、麗作「舍一卷」。
一　九七二頁中一四行「天親菩薩造」，石無。
一　九七二頁中一五行譯者，資、磧、南、徑、清作「元魏天竺三藏法師毗目智仙等譯」。
一　九七三頁上一九行「来説」，石、資、磧、南、徑、清、麗作「如來説言」。
一　九七三頁中六行第一〇字「意」，磧、南、徑、清作「音」。
一　九七三頁中一八行第六字「埏」，資、磧、南、徑、清作「渾」。
一　九七四頁上五行第七字「令」，石、資、磧、南、徑、清、麗作「令」。
一　九七四頁上一七行第五字「廣」，石、資、磧、南、徑、清、麗作「廣廣」。
一　九七四頁中四行第一一字「學」，資、磧、南、徑、清作「覺」。
一　九七四頁下七行第六字「復」，石作「得」。
一　九七四頁下一三行第七字「无」，資、磧、南、徑、清、麗作「爲无」。
一　九七四頁下末行第一三字「於」，麗作「施」。
一　九七五頁上一〇行末字「得」，徑無。
一　九七五頁上二行第四字「知」，石作「智」。
一　九七五頁中五行第九字「如」，石作「於」。
一　九七五頁中七行第七字「布」，石作「有」。
一　九七五頁中一四行第八字「是」，石、資、磧、南、徑、清、麗作「是名」。
一　九七五頁中二二行第三字「人」，石、資、磧、南、徑、清、麗無。
一　九七五頁下一三行第一三字「縵」，石作「綄」。
一　九七五頁下一四行第三字「少」，資、磧、南、徑、清、麗作「柔」。
一　九七五頁下一六行第二字「平」，資、磧、南、徑、清作「手」。
一　九七五頁下二一行第一一字「牛」，南、徑、清作「如牛」。
一　九七五頁下二二行第五字「隆」，石作「絳」。
一　九七五頁下末行第二字「見」，資、磧、南、徑、清作「現」。
一　九七六頁上一一行第四字「卓」，南、徑、清作「彰」。
一　九七六頁上一一行第七字「要」，石、資、磧、南、徑、清、麗作「惡」。
一　九七六頁上二二行第三字「中」，石、資、磧、南、徑、清、麗作「彼中」。
一　九七六頁中一五行第三字「爲」，資、磧、南、徑、清作「等」。
一　九七六頁中一八行第一〇字「塠」，

石作「埠」。

一　九七六頁下一九行末字至二〇行首字「知之」，資、磧、南、徑、清作「故知」。

一　九七七頁上一八行第八字「梵」，資、磧、南、徑、清作「梵王」。

一　九七七頁中一五行第五字「現」，資、磧、南、徑、清作「見」。

一　九七七頁下五行第九字「二」，石、資、磧、南、徑、清、麗作「二示」。

一　九七七頁下末行末字「一」，石、資、磧、麗作「一卷」；南、徑、清無。

中華大藏經(漢文部分)

校勘凡例

一 《中華大藏經(漢文部分)》的底本以《趙城金藏》爲主；《趙城金藏》缺佚，則以《高麗藏》等作底本。各卷所用底本的名稱及涉及底本的其他問題，均在校勘記的第一條中說明。

一 《中華大藏經(漢文部分)》選用的參校本共八種，即《房山雲居寺石經》(石)、宋《資福藏》(資)、《影印宋磧砂藏》(磧)、元《普寧藏》(普)、明《永樂南藏》(南)、明《徑山藏》(徑)、《清藏》(清)、《高麗藏》(麗)。

一 校勘記中的「諸本」，若底本爲金藏，即包括石、資、磧、普、南、徑、清、麗全部八種校本；若底本爲麗藏，則包括石、資、磧、普、南、徑、清全部七種校本。其他情况若用「諸本」，校勘記中則另加說明。

一 校勘採用底本與校本逐字對校的办法，只勘出經文中的異同及字句錯落，一般不加評注。參校本若有缺卷，或有殘缺、漫漶等字迹無可辨認者，則略去不校，校勘記亦不作記録。

一 一經多卷，經名、譯者、品名出現同樣性質的問題，一般只在第一卷出校，並注明以下各卷同；分卷不同時，以底本爲主出校。

一 古今字、異體字、正俗字、通假字及同義字，一般不出校。如：

古今字：宍(肉)；猗(倚)；距(跛)；鉾(矛)；誼(義)等。

異體字：腜(槃)；剎(刹)；皃(貌)；惱(惱)；㝵(碍、礙、閡)等。

正俗字：怪(恠)；滴(渧)；體(躰)；刺(刾)；閉(閇)等。

通假字：惟(唯)；嫉(疾)；頻(嚬、顰)；揣(摶)；尠(鮮)等。

同義字：言(曰)；如(若)；弗(不)等。